KB210310

원리론

I

De Principiis
by Origenes

Published by Acanet, Korea, 2014

이 책은 저작권법에 따라 보호를 받는 저작물이므로 무단 전재와 무단 복제를 금하며
이 책 내용의 전부 또는 일부를 이용하려면 반드시 저작권자와 아카넷의 동의를 받아야 합니다.

학술명저번역 567

원리론

De Principiis

오리게네스 지음 | 이성효 · 이형우 · 최원오 · 하성수 해제 · 역주

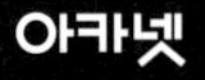

차례

해제

1. 오리게네스의 생애 | 11
1.1. 알렉산드리아의 오리게네스 | 13
1.2. 오리게네스와 데메트리우스의 긴장 | 34
1.3. 카이사리아의 오리게네스 | 41
2. 오리게네스의 저서 | 65
2.1. 저서 개괄 | 65
2.2. 저술 장소와 시기 | 69
2.3. 남아 있는 저서 | 73
3. 오리게네스의 저서 목록과 편집본, 번역본 | 85
4. 오리게네스와 『원리론』의 영향사 | 119
4.1. 3~5세기 오리게네스 찬반 논쟁 | 122
4.2. 오리게네스 첫째 논쟁 | 125
4.3. 오리게네스 둘째 논쟁 | 132
4.4. 6세기 이후의 오리게네스 영향 | 137
5. 『원리론』 | 141
5.1. 『원리론』의 저술 시기 | 141
5.2. 오늘날의 의의와 당시의 독자 | 143
5.3. 『원리론』 제목의 의미 | 146
5.4. 『원리론』의 구조 | 149
5.5. 『원리론』 본문 | 154
5.5.1. 『필로칼리아』 | 154
5.5.2. 루피누스의 라틴어 역본 | 155
5.5.3. 히에로니무스의 번역과 단편 | 159
5.5.4. 유스티니아누스의 인용 | 161
5.5.5. 포티우스의 『저서 평론』 8 | 162

6. 오리게네스의 인간 이해 | 163
6.1. 성경의 인간 이해 | 164
6.2. 오리게네스의 삼분법적 인간학 | 166
6.3. 하느님 모상에 인간의 참여 | 174
6.4. '누스'(νοῦς, mens)의 번역 문제 | 185
7. 교부들의 성경 해석 — 오리게네스를 중심으로 | 189
7.1. 고대 해석학에 관한 용어와 원칙 | 190
7.2. 오리게네스 이전의 주석 | 195
7.2.1. 사도 교부들의 주석 | 195
7.2.2. 영지주의자들의 주석 | 198
7.2.3. 유스티누스와 이레네우스의 주석 | 201
7.2.4. 알렉산드리아의 클레멘스의 주석 | 204
7.3. 오리게네스의 주석 | 207
7.3.1. 성경 해석 방법 | 210
7.3.2. 알레고리의 필연성과 성경의 이해 | 213
7.3.3. 성경의 영감과 교회의 전통 | 218
7.4. 오리게네스의 영향과 반작용 | 221
7.5. 성경의 올바른 이해 | 223
8. 참고문헌 | 227

본문과 각주

루피누스의 머리말 | 255

제1권

서론 | 265
성부와 성자(그리스도)와 성령
1장 하느님 | 279
2장 그리스도 | 297
3장 성령 | 323
4장 [강등과 타락] | 341
[피조물과 창조] | 343
5장 이성적 본성들 | 347
[적대 세력들] | 348
6장 [종말 또는 완성] | 361
7장 [비육체적 존재와 육체적 존재] | 371
[별들] | 373
8장 천사들 | 383

제2권

1장 세상과 그 안에 있는 피조물들(그리스어)
세상(라틴어) | 395
2장 [육체적 본성의 영원성] | 407
3장 [세상의 시작과 그 원인들] | 411
4장 율법과 예언서의 하느님은 한 분이시고 구약성경과 신약성경의 하느님은 같은 분이시다(그리스어)
율법과 예언서의 하느님과 주 예수 그리스도의 아버지는 한 분이시다(라틴어) | 431

5장 [의인과 선인] | 443
6장 구원자의 육화(그리스어)
그리스도의 육화(라틴어) | 457
7장 같은 성령이 모세와 다른 예언자들과 거룩한 사도들 안에 있었다(그리스어)
[성령](라틴어) | 473
8장 영혼 | 483
9장 세상과, 선하거나 악한 이성적 피조물들의 움직임과 그 원인 | 497
10장 부활(그리스어) | 513
심판(라틴어) | 519
11장 약속들 | 527

제3권

루피누스의 머리말 | 547
1장 자유의지, 이를 부인하는 듯한 성경 본문들에 대한 풀이와 설명
(그리스어) | 551
자유의지 (루피누스의 라틴어 역본) | 599
2장 성경에서 악마와 적대 세력들이 어떻게 인류와 맞서 싸우는가?
(그리스어)
적대 세력들(라틴어) | 645
3장 지혜의 세 가지 형태 | 669
4장 [사람들이] 각각 두 영혼을 지니고 있다는 어떤 이들의 말이 옳은가? | 685
5장 시대 안에서 시작되었기에 세상은 생성되었고 소멸한다(그리스어)
시대 안에서 시작된 세상(라틴어) | 703
6장 종말(그리스어)
세상의 완성(라틴어) | 719

제4권

1장 성경은 거룩하다. … 성경을 어떻게 읽고 이해해야 하는가?
(포티우스)
성경의 영감[을 어떻게 이해해야 하며], 성경을 어떻게 읽고 이해해야 하는가? 성경이 불명료하고, 문자에 따라 여러 구절의 [해석이] 불가능하며 불합리한 이유는 무엇인가?
(『필로칼리아』 1) | 739
2장 성경을 어떻게 읽고 이해해야 하는가? | 753
3장 성경이 모호한 이유, 그리고 몇 구절에서 문자적 의미가 불가능하거나 이성적이 아닌 이유 | 775

루피누스의 라틴어 역본 4,1-4,4

1장 신적 영감을 받은 성경 | 797
2장 성경을 영적으로 이해하지 못하고 잘못 해석한 많은 이가 이단에 빠졌다 | 809
3장 성경을 이해하는 방법에 관해 성경에서 이끌어낸 실례들 | 825
4장 성부와 성자와 성령, 그리고 앞에서 다룬 다른 주제들에 관한 요약 | 855

찾아보기

저자·저서명 | 887
인명·주제 | 900
성경 | 919

해제

| 일러두기 |

1. 인명과 지명은 한국교부학연구회의 『교부학 인명·지명 용례집』(하성수 엮음, 분도출판사, 2008)을 따랐다.
2. 저서명은 한국교부학연구회의 『교부 문헌 용례집』(노성기·안봉환·이상규·이성효·최원오·하성수 엮음, 수원가톨릭대학교출판부 2014) 시안을 따랐다.
3. 오리게네스의 저서는 라틴어 원문과 주요 현대어 번역본을 병기하여 해제(85쪽)에 따로 실었다.
4. 이 책에 소개된 고대 문헌은 '겹낫표'(『 』)안에 표기했다. 그밖의 현대의 모든 참고문헌은 해제(227쪽)에 덧붙였다.
5. 각주에서는 참고문헌을 약어로 표기하였고, 참고문헌 목록(227쪽)에서는 해당 약어를 볼드체로 표시했다.
6. 시편의 장(章) 표기는 두 가지(히브리어 성경과 칠십인역 성경) 방식으로 이루어지지만, 이 책에서는 고대 저술가들이 사용한 칠십인역 표기 방식을 따랐으므로, 현대 독자들이 익숙한 칠십인역 성경의 편수와 다른 곳도 있다.
7. 이 책의 번역에 사용된 판본은 Crouzel, Henri et Simonetti, Manlio, *Origené, Traité des Principes*. Tome I (Livres I et II); Tome II (Livres I et II); Tome III (Livres III et IV); Tome IV (Livres III et IV); Tome V (Compléments et Indez). Introduction, Texte critique de la version de Rufin, Traduction (SC 252; 253; 268; 269; 312), Paris 1978~1984이다.
8. 이 판본은 루피누스의 라틴어 역본(제1-4권)이며, 제3권 1장과 제4권 1장-3장 11절은 『필로칼리아』에 수록된 그리스어본이다.

1.
오리게네스의 생애[1]

오리게네스의 남아 있는 저서들에는 그에 관한 정보가 별로 없지만, 그의 생애는 카르타고의 키프리아누스(200/210년경~258)를 제외하면 니케아 공의회 이전 시대의 어떤 저술가보다 잘 알려져 있다. 이는 세 가지 주요 사료와 몇몇 2차 사료에서 모을 수 있는 부차적인 기록에 근거한다.

그의 생애에 관한 가장 중요한 증인은 최초의 교회사가인 카이사리아의 주교 에우세비우스(260/264~339/340)다. 그는 4세기 초에 10권으로 출간된 『교회사』 제6권에서, 성인전적·호교적 의도로 윤색한 것은 분명하지만 알렉산드리아의 위대한 신학자 오리게네스의 생애, 저서, 활동, 그와 관련된 인물, 사건 등을 비교적 상세하게 다루었다.[2] 그 다음으로 주요한 사료

1) 해제의 일부분은 Henri Crouzel(Translated by A.S. Worall), *Origen, The Life and Thought of the First Great Theologian*, Harper & Row, 1989에 힘입은 바가 크다는 사실을 밝혀둔다.

는 오리게네스의 제자이며 전통적으로 폰투스 지방의 사도로 여겨지는 기적가 그레고리우스(213~270/275)가 238년경 카이사리아에서 학업을 마치고 떠날 때 행한 연설인 『오리게네스 찬양 연설』[3]이다. 또한 오리게네스의 변론자인 순교자 팜필루스(240년경~309/310)가 감옥에서 저술한 『오리게네스를 위한 변론』 가운데 제1권 서론도 그가 오리게네스를 어떻게 이해했는지에 관한 귀중한 단서들을 담고 있다. 포티우스의 『저서 평론』 118장을 통해 『오리게네스를 위한 변론』의 나머지 내용도 알 수 있다. 그밖에 에우세비우스의 소실된 저서들에서 자료를 모은 히에로니무스(347~419/420)의 『명인록』 54와 62, 『서간집』 33과 44,1, 교회사가 소크라테스의 『교회사』와 『팜필루스의 생애』에 오리게네스에 관한 내용이 실려 있다.

2) 에우세비우스가 정보를 얻은 주된 출처는 오리게네스가 주고받았던 많은 편지인데, 그는 이 편지 두루마리들을 모아 카이사리아 도서관에 보존하였다(참조 『교회사』 6,36,3-4). 에우세비우스가 『교회사』 제6권의 많은 부분을 오리게네스의 전기에 할당했다는 사실로 보아 그가 오리게네스와 그의 저서들을 특별히 높이 평가했음을 알 수 있다. 에우세비우스는 오리게네스에 관한 사료를 수집할 때 비그리스도교 문헌도 참고했다. 신플라톤학파의 포르피리오스(232~304)는 15권으로 저술한 『그리스도인 반박』 제3권에서 오리게네스를 다루었다. 이 작품은 소실되었지만 에우세비우스는 제3권에 나오는 오리게네스에 관한 토막글을 전한다(참조 『교회사』 6,19,5-8).

3) 이 저서는 『감사의 연설』로도 번역된다. 다행스럽게도 원어인 그리스어로 온전하게 전해지는 이 문헌은, 첫째 부분에서 오리게네스와 학생들과의 관계 및 그레고리우스가 오리게네스에게 느낀 감정과 호의에 관해 다루며, 둘째 부분에서는 스승이 가르치는 교과과정을 상세하게 서술한다.

1.1. 알렉산드리아의 오리게네스

오리게네스는 185년경[4] 알렉산드리아에서 유복한 그리스도교 가정[5]의 일곱 남매 가운데 장남으로 태어났다. 카이사리아의 에우세비우스가 알고 있던 구전[6]에 따르면, 그의 아버지는 레오니데스[7]라고 하며 셉티미우스 세

4) 오리게네스의 출생연도는 셉티미우스 세베루스 통치 10년, 곧 202년에 일어난 박해를 실마리로 추정할 수 있다. 에우세비우스에 따르면 이 시기에 오리게네스는 "채 열일곱 살이 안 되었다"(『교회사』 6,2,12). 그렇다면 그는 185~186년경에 태어난 셈이다. 그가 태어난 시기에는 콤모두스가 통치하고 있었다. 콤모두스는 철학자 황제인 마르쿠스 아우렐리우스의 아들이며, 로마 제국 황제들의 전 역사를 통틀어 가장 뛰어난 왕조인 안토니우스 왕조의 마지막 황제였다. 콤모두스를 제외하고 이 왕조의 통치자들은 한결같이 위대한 인물이었다. 콤모두스는 폭군이었지만, 그의 아버지와 달리 그리스도인들을 박해하지는 않았다. 그의 첩 마르키아가 그리스도교에 호의적인 태도를 보였기 때문이었다.

5) '오리게네스'는 이집트의 신 이시스와 오시리스의 아들이며 떠오르는 태양을 상징하는 '호루스의 아들' 또는 '호루스 기념일에 태어난 사람'을 뜻하는 것 같다. 호루스라는 이름은 보통 거친 숨표(ὁ)와 함께 쓰였지만 때때로 연한 숨표(ὀ)와 함께 쓰였다. 어떤 이들은 오리게네스가 태어날 당시 그의 부모가 아직 이교인이었다고 생각하였다. 그들이 아들에게 이교인 이름을 지어 주었기 때문이다. 그러나 첫 몇 세기에는, 그리스도인으로 태어났지만 이교인의 신성에서 유래하는 이름을 지닌 그리스도인이 적지 않았다. 만일 그가 태어났을 당시 그의 부모가 그리스도인이 아니었다면, 그들은 그가 태어난 뒤 곧바로 그리스도인이 되었을 것이다. 오리게네스는 아버지에게서 그리스도교 교육을 받았기 때문이다. 그러면 오리게네스는 유아 때 세례를 받았는가? 그는 이 시기 유아 세례에 대해 증언한 중요한 증인이었으므로 그랬을 가능성이 크다. 그러나 그리스도교 가정 출신으로 4세기에 활동한 많은 그리스도인이 성인이 될 때까지 세례를 받지 않았다는 것을 생각하면, 그도 세례를 받지 않았을 수 있다. 어떤 문헌도 오리게네스가 몇 살에 세례를 받았다고 말하지 않기 때문이다.

6) 에우세비우스는 "오리게네스의 아버지라고 알려진 레오니데스"(『교회사』 6,1)라는 흥미로운 표현을 사용한다. 이에 관해 노텡(P. Nautin)은 에우세비우스가 오리게네스 아버지의 이름을 알지 못했으며, 그가 잘 알려진 알렉산드리아의 순교자의 이름을 임의로 붙였다고 주장하는 반면, 바르디(G. Bardy)는 레오니데스의 명성이 아들의 후광을 입은 측면이 크므로 이러한 표현을 사용했다고 내세운다(참조 SC 41, 82쪽 각주 3).

7) 레오니데스는 이오니아어이고, 도리아어로는 레오니다스다. 그는 종종 후자로 불린다. 스파르타의 레오니다스로 인해 그 이름이 더 널리 알려졌기 때문이다.

베루스 황제 통치 10년째인 202년에 일어난 박해 때 순교하였다.[8] 레오니데스가 순교한 것은 한편으로 자신의 명성과 고결함 때문이었고,[9] 다른 한편으로는 교회와 이교인 사회에서 발생한 긴장 때문이었다. 아버지의 순교는 오리게네스의 사상에 영향을 주었다. 레오니데스가 체포되었을 때 오리게네스가 아버지에게 "저희 때문에 아버님 심경에 변화가 일어나지 않도록 마음을 추스르십시오"라는 내용의 편지를 보냈다고, 에우세비우스는 그 구절을 말 그대로(κατὰ λέξιν) 전한다.[10]

오리게네스의 어머니는 이름조차 알려져 있지 않다. 에우세비우스에 따르면 그녀는 맏아들이 아버지를 따라 순교하려고 결심하자 놀란 나머지 아들이 집 밖에 나가지 못하도록 그의 옷을 숨겼다.[11] 알린 루셀(Aline Rousselle)[12]은 그녀가 남편과 같은 신분이 아니었다는 이유를 제시한다. 실제로 알렉산드리아에는 세 부류의 자유인이 있었다. 첫 번째는 로마 시민, 두 번째는 알렉산드리아의 시민과 이집트에 자리한 다른 그리스 도시

8) 참조 에우세비우스, 『교회사』 6,1.

9) 레오니데스가 중요한 인물이었던 것은 확실하다. 212년 카라칼라의 칙령 또는 안토니우스 헌법에 따라 로마 시민은 다른 방식으로 처형될 수 없었으므로, 레오니데스가 참수되었다는 사실은 그가 로마 시민이었음을 나타낸다. 『로마 황제 역사』(*Historia Augusta*)(세베루스 17,1)에 나오는 내용이 사실이라면, 셉티미우스 세베루스가 박해한 주목적은 개종을 막기 위해서였다. 레오니데스는 알렉산드리아 교회에서 교리학교 수강생들을 가르쳤기 때문에 박해를 받았던 것으로 보인다. 그가 아들에게 교육했던 내용을 통해 그가 그리스인이 일반적으로 공부하는 것 이외에 성경을 열심히 연구한 지성인이었다는 점을 알 수 있다. 그가 문법 교사였다는 사실은 거의 확실하다.

10) 에우세비우스, 『교회사』 6,2,6. 에우세비우스가 오리게네스의 수많은 편지 가운데 이 편지의 본문을 갖고 있었는지는 의심스럽지만, 여기에 '카타 렉신'(κατὰ λέξιν, 말 그대로)이라는 표현을 사용한 점으로 보아 그가 이 편지를 지니고 있었다고 보아도 무방할 것 같다.

11) 참조 에우세비우스, 『교회사』 6,2,5.

12) 참조 A. Rousselle, *The persecution*, 222-251쪽; 특히 231-233쪽.

들의 시민, 마지막은 앞의 두 부류에 속하지 않는 그리스인과 이집트인이다. 부류가 서로 다른 남녀가 자식을 낳으면 그 사람은 두 계급이 낮아졌다. 따라서 오리게네스는 로마 시민인 아버지와 같은 신분이 아니라 이집트인일 가능성이 매우 높은 어머니의 신분에 속했던 것 같다. 셉티미우스 세베루스의 박해는 높은 두 부류의 그리스도인을 목표로 삼았기 때문에 오리게네스와 그의 어머니는 박해의 대상이 아니었던 듯하다.[13]

오리게네스는 아버지에게서 헬레니즘 교육을 받았다. 그는 오늘날의 중등교육에 해당하는, 철학 공부의 준비 단계로서 백과사전식으로 여러 가지 주제에 대해 배우는 전반적인 교육(ἐγκύκλιος παιδεία) 과정을 마쳤다.[14] 동시에 그의 아버지는 아들에게 성경도 가르쳤다. 그는 오리게네스가 읽은 것을 점검하고 그에게 성경을 암송하게 했지만, 자식이 묻는 난처한 질문들에 답변하지 못하는 경우도 자주 있었다. 많은 역사가는 오리게네스의 아버지가 순교한 시기에 오리게네스가 보인 태도, 일찍 시작된 아버지의 가정교육, 특히 레오니데스가 종종 성령의 거처를 대하듯 자식의 가슴에 경건하게 입맞춤했다는 에우세비우스의 글[15]의 진정성에 이의를 제기하였다. 이런 식의 표현은 고대의 수사학적 사고에 들어맞지 않을 뿐 아니라 성인전적 어조가 분명하게 드러나기 때문이다.

레오니데스가 순교한 뒤 가족의 재산은 제국의 국고로 몰수되어 오리게네스 집안은 궁핍한 상황에 처하였다. 그러나 그리스도교를 믿는 부유한 여성의 호의로 오리게네스는 그녀의 집에 몇 달 동안 머물면서 공부를 계

13) 그런 연유로 오리게네스는, 알렉산드리아에서 수년 동안 진행된 박해로 인해 그의 학생들이 순교하였을 때도(참조 에우세비우스, 『교회사』 6,4,1) 학생들을 줄곧 가르칠 수 있었다.

14) 참조 오리게네스, 『그레고리우스에게 보낸 편지』 2(SC 148, 188쪽).

15) 참조 에우세비우스, 『교회사』 6,2,1-15.

속할 수 있었다. 그녀는 아들처럼 여긴 파울루스라는 안티오키아 출신의 이단자—어떤 분파인지 알려져 있지 않다—에게 헌신적인 애정을 쏟았는데, 오리게네스는 같은 집에 살면서도 파울루스가 마련한 기도 모임에 참가하기를 거부했다. 이단자들뿐 아니라 모교회의 신자들도 참석한 모임이었다. 이 시기에 그는 문법과 문학을 가르칠 수 있는 자격을 갖추었다고 에우세비우스는 전한다.[16]

또한 에우세비우스는 오리게네스가 알렉산드리아의 교리교육 학교 책임자인 판타이누스를 뒤이은 클레멘스의 제자가 되었다고 말한다.[17] 일부 학자는 에우세비우스의 진술에도 불구하고 오리게네스가 맡은 시설은 공적 시설이며, 판타이누스와 클레멘스가 이끈 학교는 교회의 공적인 시설이 아니라 당시 수사학자와 철학자가 학생들을 가르쳤던 대부분의 학교처럼 사립이었다고 생각하였다. 실제로 오리게네스가 클레멘스의 제자였다면 그 시기는 틀림없이 17세 이전, 셉티미우스 세베루스가 일으킨 박해 이전이었을 것이다. 그 이후엔 박해의 위협 때문에 교리교육 강의를 맡은 이들이 모두 피신하여 알렉산드리아에 아무도 없었기[18] 때문이다. 클레멘스는 박해 시기에 알렉산드리아를 떠났으며 그곳으로 결코 돌아온 것 같지 않다. 오리게네스와 클레멘스의 관계에 관해서 구체적으로 밝혀진 것은 없지만, 오리게네스가 클레멘스의 저서들을 알았던 것은 확실하다. 그러나 자신의 여러 저서에서 그리스도인 저술가들의 이름을 들어 인용할 때도 클레멘스의 이름을 언급한 일은 한 번도 없다. 간혹 클레멘스의 일부 학설을 언급할

16) 참조 에우세비우스, 『교회사』 6,2,12-15.
17) 참조 에우세비우스, 『교회사』 6,6.
18) 참조 에우세비우스, 『교회사』 6,3,1.

경우 그것을 “우리보다 앞선 이들 가운데 어떤 분이(τις τῶν πρὸ ἡμῶν) 말했듯이”[19] 또는 “어떤 권위자들이 전하듯이”(sicut quidam tradunt)[20]와 같은 상투적 문구로 소개한다. 두 사람은 어휘를 사용하는 방식도 다르다. 오리게네스는 클레멘스가 자주 사용하는 형용사 ‘그노스티코스’(γνωστικός)를 영적 인간에게 결코 사용하지 않는다. 이러한 점에 비추어볼 때, 오리게네스가 클레멘스의 제자였다고 확신하기는 어렵다.[21]

아버지가 죽은 뒤 오리게네스는 장남으로서 가족을 부양해야 했기에, 당시 학문의 기초인 문법[22]을 언어적-문헌학적 방식으로 가르쳤다. 앞에서 언급했듯이 박해 때문에 교리교육 책임자들이 모두 알렉산드리아를 떠나 피신했기에, 그리스도교 신앙에 관해 배우려는 이교인들은 오리게네스의 강의를 듣고자 했다. 에우세비우스는 오리게네스의 제자 가운데 플루타르쿠스를 특히 중요하게 언급한다. 플루타르쿠스는 곧바로 순교자가 되었으며, 그의 형제 헤라클라스는 이후에 오리게네스의 협력자이자 후임자가 되었고 훗날 데메트리우스의 뒤를 이어 알렉산드리아의 주교가 되었다. 데메트리우스 주교가 오리게네스에게 교리교육 학교를 맡겼다는 사실에서 알 수 있듯이[23] 젊은 오리게네스가 알렉산드리아 교회에서 맡은 것은 공적인 직무였다.

에우세비우스는 알렉산드리아에서 교사로서 활동한 오리게네스에 관해

19) 오리게네스, 『마태오 복음 주해』 14,2: 오리게네스는 여기서 클레멘스, 『양탄자』 3,10,68,1 (GCS 2)에 나오는 마태 18,19-20에 대한 해석을 참조한다.

20) 오리게네스, 『로마서 주해』 1,1(PG 14,839B); 오리게네스는 여기서 알렉산드리아의 클레멘스, 『양탄자』 3,6,53,1에서 필리 4,3에 나오는 동지(σύζυγος)에 대한 해석을 참조한다.

21) 참조 A. S. Worrall, *Origen*, 6쪽.

22) 루피누스는 『원리론』 제3권 머리말에서 당시 문법이 얼마나 중요한 것이었는지 강조한다.

23) 참조 에우세비우스, 『교회사』 6,3,1-8.

많은 정보를 준다. 아직 젊은 나이인데도 불구하고 오리게네스는 '백과사전적 주제'로 다루는 문학적 주제에 관한 가르침과 신적 규율의 수업 과정이 양립할 수 없다고 판단하고, 교리교육에 자신의 온 힘을 기울이고자 하였다. 그는 성경 연구에 더 많은 시간을 할애하기 위해, 강의를 두 과정으로 나누었다. 그는 제자 헤라클라스[24]에게 초급 강의를 넘겨주고 자신은 상급자들만 가르쳤다.[25] 오리게네스는 더 뛰어난 정신을 지닌 이들에게 이론적 신학을 가르치기 위해 문학 강의를 그만둔 것이다. 에우세비우스는 오리게네스에게 가르침을 받으러 온 이들 가운데는 이단자들과 유명한 철학자들도 있었다며 수사학적으로 과장하여 묘사한다. 그는 고등 과정의 학생들에게 기하학이나 산술과 같이 철학을 배울 때 필수적인 과목들과 함께 철학적 주제를 가르쳤다. 그는 여러 철학학파의 가르침을 자세히 설명하고 그들의 여러 저서를 해설했다. 이로써 그는 위대한 철학자라는 명성을 얻기에 이른다.[26]

이 강의가 어떤 것이었는지 이해하기 위해서는 당시 주민 수 100만 명을 헤아리던 알렉산드리아의 정신적 환경에 대해 알아야 한다. 알렉산더 대제가 기원전 333년(또는 332년)에 건립한 이 도시는 곧바로 상업 중심지로 발전했을 뿐 아니라 매우 다양한 문화의 용광로가 되었다. 셈족의 사상이 이집트 신화 및 제식(祭式)과 만났으며, 이 모든 것은 다시 헬레니즘 지성, 플라톤의 사상과 섞였다. 당시 알렉산드리아에는 다양한 밀의종교, 여러 학파의 철학, 영지주의 운동이 공존했다.

24) 오리게네스의 가장 뛰어난 제자인 헤라클라스는 당시 알렉산드리아에서 가장 저명한 철학자였으며 신플라톤주의의 아버지인 암모니오스 사카스의 학교에서 철학을 공부했다.

25) 참조 에우세비우스, 『교회사』 6,15.

26) 참조 에우세비우스, 『교회사』 6,18.

오리게네스 당시 농업과 대지의 여신을 추종하는 데메테르 밀교는 로마 제국에 널리 퍼져 있었다. 특히 구원과 관련된 일종의 밀교 제식들—가령 사모트라케의 카비라 밀교와 그리스의 신 디오니소스 밀교, 바쿠스 밀교—이 알렉산드리아에서 인기를 얻었다. 로마 원로원은 기원전 186년에 일어났던 광란으로 말미암아 이 밀교들을 금지했다. 이러한 그리스의 밀교 외에도 황제 시대의 종교적 욕구에 따라 동방에서 기원한 여러 밀교가 자리를 잡았다. 프리기아에서 키벨레 밀교와 아티스 밀교가 유래했다. 운명과 생명, 죽음을 지배하는 이시스와 오시리스 밀교는 이집트에서 유래했으며 죽은 뒤 일종의 부활을 약속했다. 아도니스 밀교도 죽음과 부활 의식을 치렀다. 이란에서 유래한 미트라 밀교는 로마 군인들에게 받아들여졌다. 미트라는 불멸의 신으로, 축성된 이들에게 도덕과 절제를 요구한다. 미트라 밀교는 12월 25일에 신의 탄생 축제를 지냈고, 축성된 이에게 인상 깊은 입교의식과 거룩한 식사를 행함으로써 그리스도교를 위협했다.

또한 신피타고라스학파, 중플라톤주의를 비롯한 거의 모든 철학학파가 알렉산드리아에서 활동하고 있었다. 그곳에서 신플라톤주의가 생겨났고(암모니오스 사카스 175~242; 플로티노스 204~270; 포르피리오스 233/234~304), 포르피리오스의 제자 얌블리쿠스(240/250~330년경)는 시리아학파의 토대를 놓았다. 유명한 알렉산드리아 도서관은 학문에 관심 있는 이들에게 고대 세계의 저서들을 확산시키는 데 한몫했다.

갓 생겨난 그리스도교와 마찬가지로 영지주의의 여러 분파들도 추종자를 얻으려고 애썼다. 2~3세기는 영지주의와 그리스도교 사이의 논쟁이 정점에 이른 시기였다. 로마 교회는 시리아의 영지주의자 케르돈에게 참회할 것을 요구했으며, 143년에는 이집트 출신으로 알렉산드리아에서 성장한 영지주의자 발렌티누스를 파문했다. 144년 6월 로마 공동체는 폰투스 출신으로 주교의 아들인 마르키온을 공동체에서 내쫓았지만 마르키온파 대립교회는 5세기까지 시리아에 존속하였다. 150년경에는 영지주의자 바실리데스가 알렉산드리아에서 강의를 했으며, 그의 분파는 4세기까지 하부 이집트에서 활동하였다. 오리게네스가 살던 시대에 유대아-이집트, 플라톤-헬레니즘, 이단, 나아가 인도의 요소까지 혼합하여 구원론을 제시한 영지주의적 논고들의 편찬물인 『헤르메스 전집』(*Corpus Hermeticum*)이 나왔다.[27] 게다가 그리스도교 안에도 영지주의자들의 무리가 있었으며 그들은 교회의 교사로 활동했다. 프톨레마이우스(180년 사망), 헤라클레온, 테오도투스는 2세기 중엽에 저마다 나름의 학설을 가르쳤다. 이레네우스(130/140~202)와 맞싸운 영지주의자 마르쿠스를 추종하는 무리는 뢰네 계곡까지 왔다. 마니(216~277)는 오리게네스가 활동하던 시대에 알렉산드리아에서 태어났다. 그의 가르침은 아우구스티누스를 사로잡았고, 외몽고 지역에까지 퍼져나갔다.

이러한 상황에서 철학에 관심 있고 밀의종교에서 위로를 찾는 많은 비그리스도인 또는 세례 받은 지식인이나 영지주의자들이 오리게네스의 강의에 참석했다. 그래서 그의 강의 내용에는 이교 문화, 신-표상, 세상-표상, 가치-표상에 관한 철학적·신학적 주제도 포함되었다. 이교인뿐 아니라 유대인도 그의 강의를 들었기에, 오리게네스는 유대교 신앙과 논쟁하지 않을 수 없었다. 당시 그는 저서인 『원리론』에서 원리를 구성하는 소재와 요소들을 다루었는데, 이 사실로부터 젊은 오리게네스의 강의가 교회에 들어오려는 이들의 욕구를 어떻게 채워 주었는지 추측해볼 수 있다.

오리게네스는 문법 강의를 그만두고 신학을 강의하기로 결심한 이 시기

27) 참조 K. W. Tröger, *Mysterienglaube*.

에 자신이 지닌 모든 수사본을 6오볼루스[28]에 팔았다. 그 가운데는 자신이 필사한 책도 있었을 것이고, 국고에 귀속되지 않은 레오니데스의 소장본도 있었을 것이다. 그가 책을 판 행위는 세속 학문 연구를 완전히 포기했음을 뜻하였다. 아마도 이교에 관한 책을 지니는 것을 비금욕적이라 여겼기 때문일 것이다. 책을 판 뒤 젊은 교사 오리게네스는 여러 해 동안 매우 엄격한 철학적 생활[29]을 하여 많은 이에게 금욕 생활의 본보기를 보여 주었다. 그는 낮에는 힘든 노동을 하고 밤에는 성경을 연구했으며, 자주 금식하고 맨바닥에서 잠을 잤다. 그는 복음의 가르침을 반드시 지켜야 한다고 생각하여 옷을 한 벌 이상 지니지 않았고 맨발로 다녔으며, 목숨을 유지하는 데 필요하지 않으면 음식도 먹지 않을 정도로 금욕적인 생활을 했다.[30]

에우세비우스는 오리게네스가 복음 계명을 매우 진지하게 받아들여, "미숙하고 젊은 혈기와 신앙심과 자제심을 입증하는 행위를 실행하였다"고 말한다. 그는 마태오 복음 19장 12절("하늘 나라 때문에 스스로 고자가 된 이들도 있다")을 문자 그대로 이해하여, 문제의 수술을 받았다.[31] 에우세비우스는 그가 어떻게 이를 행했는지는 말하지 않는다. 그러면 오리게네스

28) 마태 20,1-16의 선한 포도밭 주인의 비유에서 포도밭 주인이 일꾼들에게 준 '한 데나리온'은 2세기 이전의 하루치 품삯으로 매우 적은 금액이었다. 6오볼루스는 1데나리온과 등가(等價)다.

29) 에우세비우스는 초기 수도원 운동에 영향을 미친 오리게네스의 금욕 생활을 '철학적 생활'이라고 두 번 묘사하며, 기적가 그레고리우스도 『오리게네스 찬양 연설』에서 이러한 금욕 생활에 대해 서술한다. 곧, 철학—이교인 철학도—은 단순히 지성적 활동이기만 한 것이 아니라 세상의 의미와 인간의 모든 생활방식에 관한 체계였던 것이다.

30) 참조 에우세비우스, 『교회사』 6,3,9-12.

31) 참조 에우세비우스, 『교회사』 6,8,4; 6,23,4; 6,26. 포티우스의 『저서 평론』 118에 수록된 팜필루스의 『오리게네스를 위한 변론』. 금욕적 열정에서 비롯된 이러한 행위는 고대 교회 시기 내내 이루어졌다. 순교자 유스티누스는 이 외과 수술을 합법적으로 받을 수 있도록 총독에게 청원했지만 거부당한 이집트의 젊은 그리스도인에 관해 전한다. 그러나 에피파니우스는 오리게네스가 마약을 복용하고 충동적으로 자신을 거세한 것이라고 주장한다.

가 스스로를 거세한 동기는 무엇이었을까? 이에 관한 유일한 정보 제공자인 에우세비우스는 두 가지 동기를 언급한다. 첫째 동기는 이렇게 표현된다. "그는 그것을 주님의 말씀을 완수하는 것으로 생각했다." 그렇다면 '알레고리아의 대가'가 될 그가, 이전의 교회가 주로 우의적으로 이해했던 구절을 문자적으로 이해했다는 것은 매우 흥미로운 일이다. 이로써 젊은 시기에 그는 전 생애에 걸쳐 그렇게 철저하게 다툰 문자주의자와 한패가 되었다. 에우세비우스가 제시한 둘째 동기는 더 이해하기 어렵다. "따라서 그때에 젊었지만 그는 남자들뿐 아니라 여자들에게도 신성을 가르치고 있었고, 비신자들의 치욕적인 비방이 발생할 모든 꼬투리를 없애고자 하였기에 구원자의 말씀을 문자적으로 실행하게 되었다." 오리게네스가 실제로 추문과 비방을 피하길 원했다면, 그는 그 행위가 널리 알려지길 바랐을 것이다. 그러나 에우세비우스에 따르면, 오리게네스는 그 일이 주위의 제자들에게 알려지지 않도록 주의했다고 한다.[32] 이는 둘째 동기와 모순된다. 하드리아누스(117~138년 재위) 시대 이후 거세는 로마법에서 금지되었음에도 불구하고 데메트리우스가 나중에 그 사실을 알고서 오리게네스를 칭찬하였다는 사실, 곧 교회가 그것을 승인했다는 사실도 믿기 어렵다.[33]

32) 참조 에우세비우스, 『교회사』 6,8,1-5.

33) 오리게네스의 신체절단 행위는 대중들에게까지 널리 알려졌지만, 일부 학자는 이것이 사실인지 의혹을 제기하였다. 그들은 에우세비우스의 이 단락(『교회사』 6,8,1-5)이 유일한 사료라는 점에 주목했다. 곧 '한 명의 증인은 증인이 아니다'(testis unus testis nullus)라는 것이다. 학자들이 근거로 내세운 것은 오리게네스가 생애 말기인 60세 때 쓴 마태 19,12에 관한 주석(참조 『마태오 복음 주해』 15,1-5)이다. 여기서 그는 자신의 경우를 암시하지 않은 채, 마태 19,12에서 말하는 세 종류의 고자를 문자적 의미로 이해하는 사람들을 맹렬히 비난한다. 오리게네스는 그 이전에 있었던 전통, 특히 하늘 나라를 위해 독신으로 사는 일을 나타내는 '에우누키아'(εὐνουχία)를 자주 사용한 클레멘스와 마찬가지로 이 낱말을 영적 의미로만 이해하였다. 그러나 오리게네스의 『마태오 복음 주해』 해설이 에우세비우스의 진술을 의

자신의 책을 판 뒤 얼마 지나지 않아 그는 세속적 학문 분야와 철학[34]을 연구하는 것이 성경 해석과 선교활동에 매우 중요하다는 사실을 깨달았다.[35] 그는 교회의 전통을 알았고 신앙 규범을 고수했지만, 나름대로 독특하게 사변했고 그리스도교적이지 않은 낯선 해석을 하는 것도 두려워하지 않았기 때문이다. 그는 이교인 철학, 특히 동시대의 플라톤주의에 매우 심취했으며, 유명한 암모니오스 사카스[36]의 강의를 들었다. 당시의 그리스 철학자들은 오리게네스의 이러한 노력이 결실을 맺었다고 증언한다. 이에 관한 중요한 사료인『교회사』제6권 19장에 따르면, 특히 플로티노스의 제자인 포르피리오스는 오리게네스가 교사로서 누린 상당한 명성에 대해 증언한다. 그러나 그는 그리스도인이 우의적으로 해석하는 것을 비판하면서, 자신이 젊었을 때 알게 된 이러한 우의적 해석 방식의 주범으로 오리

심하게 만드는 것은 아니다. 오리게네스는 젊은 시절에 자신이 행한 행동을 늙어서 비난할 만큼 매우 겸손하였다. 게다가 그는 거세로 말미암아 야기되는 심리적 문제들을 개인적 체험으로 아는 듯이 말한다. 그는 이것들을 그리스 의사들이 사용하는 과학적 개념으로 설명한다.

34) 오리게네스는 되풀이하여 철학의 예비 교육적 특성을 강조했다. 철학은 인간의 지혜이며 '체조 학교'로, 영혼을 교육하는 수단이다. "영혼이 추구하는 최고의 목표는 신적 지혜다."(『켈수스 반박』6,13) 그렇지만 철학은 호교가들의 경우와 마찬가지로, 그에게 성경 계시를 이해하기 위한 도구일 뿐이다. 그는 자신의 저서에서 자신의 우주론과 인간학, 신론에 상당한 영향을 미친 중플라톤학파의 철학과 성경의 일치점을 찾았다. 오리게네스는 철학과 거리 두는 것을 중요하게 여겼지만(**참조**『레위기 강해』7,6에서 신명 21,10-13에 대한 설명과『그레고리우스에게 보낸 편지』2-3), 신플라톤주의를 "신적 철학"(『아가 주해』서론)으로 여겼으며, 이를 바탕으로 독창적이고 포괄적인 신학 체계를 마련했다. 오늘날에도 플로티노스의 저서와 오리게네스의 저서에서 가령 이성과 계시의 관계에 대한 문제, 본문을 해석하는 방법 등을 비교하면 두 사람이 여러 문제에 관해 유사하게 인식했음을 알 수 있다.

35) **참조** 에우세비우스,『교회사』6,18,2-4.

36) 몇 년 뒤 신플라톤주의의 창시자인 플로티노스가 암모니오스의 제자가 되었다. 플로티노스는 오리게네스보다 스무 살 어렸다. 오리게네스는 암모니오스 사카스의 강의를 듣기 시작했을 때 이미 교리교육 학교의 책임자였다.

게네스를 꼽았다.[37] 포르피리오스는 암모니오스 사카스와 오리게네스를 이렇게 비교한다. 암모니오스 사카스는 그리스도인으로 태어나 그리스도교 교육을 받았지만 헬레니즘을 위해 그리스도교를 떠났으며, 오리게네스는 헬레니즘 안에서 태어나 그리스인으로 교육받았지만 "야만적인 기획"(βάρβαρον…τόλμημα), 곧 그리스도교에 현혹되어 헬레니즘을 떠났다. 오리게네스는 그리스도인으로 살았으며 그리스인처럼 생각했다. 그는 늘 플라톤·누메니오스·크로니오스·론기노스·모데라토스·니코마코스 같은 플라톤학파 및 피타고라스학파 철학자들의 저서, 아폴로파네스와 케레몬(네로의 개인교사) 또는 라틴 시인 페르시우스를 가르친 코르누투스 같은 스토아학파 철학자들의 저서를 읽었다. 에우세비우스는 포르피리오스가 그리스도인을 논박하기 위해 쓴 저서(『그리스도인 반박』)에 나오는 이러한 내용[38]을 인용한 뒤, 그것을 여러 관점에서 반박했다. 곧, 암모니오스는 그리스도인이 아닌 적이 없으며, 오리게네스는 그리스도인으로 태어나 성장했다는 것이다. 에우세비우스는 오리게네스에 대해서는 올바른 평가를 내렸다고 볼 수 있지만, 암모니오스에 대한 평가에서는 자신이 언급하는 책 『모세와 예수의 일치』의 저자인 암모니오스 사카스와 혼동한 것 같다. 에우세비우스는 오리게네스의 편지 가운데 이단자 및 철학자들이 오리게네스를

37) 포르피리오스가 오리게네스의 해석 방법을 안 곳은 카이사리아였다. 포르피리오스는 오리게네스가 그 도시에 머무르고 있던 때인 233/234년경 태어났기 때문이다.

38) 이 내용은 포르피리오스가 『플로티노스의 생애』에서 말한 것과는 다르다. 포르피리오스가 말한 것과 오리게네스에 관해 알려진 것 사이에는 모순이 있기에, 신플라톤주의 전문가들이 오리게네스를 '이교인' '신플라톤주의자'로 보았는지는 아직도 해결되지 않았다. 또한 포르피리오스가 『그리스도인 반박』에서 그리스도인 오리게네스가 암모니오스 사카스의 강의를 들었으며 그가 매우 유명했다고 보고하는 반면, 『플로티노스의 생애』에서는 다르게 서술하는 것도 이해하기 어렵다.

찾아왔다는 단락을 인용하면서, 오리게네스의 철학 연구를 그리스도교가 승리했다는 증거라며 정당화한다. 오리게네스는 클레멘스를 가르친 판타이누스, 그리고 헤라클라스[39]의 본보기에 따라 철학을 연구했다고 한다.[40]

오리게네스가 강의할 당시 알렉산드리아에서는 여러 총독 치하에서 줄곧 박해가 일어났다. 오리게네스는 제자 플루타르쿠스가 형장으로 끌려갈 때 마지막 순간까지 그와 함께 있었다. 성난 군중은 오리게네스를 돌로쳐 죽이려고 위협했다. 플루타르쿠스 이외에도 그의 제자 가운데 여러 명이 순교하였으며,[41] 그 자신은 교리교육 교사로 자신의 의무를 계속 수행하는 동안 지명수배자와 같은 삶을 살았다.[42] 그러나 그는 경찰에 체포되지도 않았고 당국에 끌려가지도 않았다. 일부 역사가들은 이러한 사실에 의혹의 눈길을 보냈고, 에우세비우스가 이야기를 교묘하게 조작한 것이 아닌지 의심했다.[43]

에우세비우스는 오리게네스의 『육중역본』의 구성을 다룬 『교회사』 제6권 16장에서 오리게네스가 히브리어를 배웠다고 전한다. 이에 관해서는 『원리론』에서도 두 번 언급되는데, 오리게네스는 유대계 그리스도인인 히브리어 교사[44]에게서 그 언어를 배웠음이 틀림없다. 그는 오리게네스에게 이사야서 6장 3절(거룩하시다, 거룩하시다, 거룩하시다)을 해석해 준 그리스도

39) 헤라클라스는 오리게네스가 철학 강의를 듣기 이전에 5년 동안 암모니오스 사카스의 강의를 들었고, 알렉산드리아 교회의 사제였으며 늘 철학자의 외투를 입고 다녔다고 한다.

40) 참조 에우세비우스, 『교회사』 6,19,1-14.

41) 참조 에우세비우스, 『교회사』 6,4,1-3.

42) 참조 에우세비우스, 『교회사』 6,3,6.

43) 앞에 언급한 알린 루셀(Aline Russelle, *The persecution*, 222-251쪽; 특히 231-233쪽)의 논문은 그가 박해받지 않았던 믿을 만한 이유를 제시한다.

44) 참조 『원리론』 1,3,4에서 Hebraeus magister; 『원리론』 4,3,14에서 Hebraueus doctor.

인이다. 그럼에도 오리게네스의 히브리어 지식에 관한 에우세비우스의 진술을 받아들이지 않는 학자들이 종종 있었다. 그들은 오리게네스가 히브리어를 전혀 몰랐으며, 그가 저서들에서 때때로 언급하는 성경의 '히브리어 사본'이란 단순히 원문 어구에 충실한 아퀼라의 그리스어 번역본을 뜻한다고 내세운다. 그러나 언어 지식의 범위는 사람마다 다르다. 확실히, 오리게네스에게 히에로니무스와 같은 언어 지식이 있다고 기대하는 것은 잘못일 수 있다. 그러나 『육중역본』의 실질적인 작업이 일부 보조자들의 도움으로 이루어졌다 할지라도, 그가 『육중역본』의 편집을 감독할 만한 충분한 역량을 지녔던 것은 틀림없다.

오리게네스가 히브리어 원문을 잘 이해하고 있는 경우에도 늘 칠십인역으로 주석했다는 사실을 두고 다음과 같은 해석이 이루어졌다. 히에로니무스 이전의 모든 교부와 마찬가지로 오리게네스에게도 칠십인역 그리스어 성경은 사도들이 교회에 준 본문이며 그리스도인이 따라야 하는 공식 본문이었다. 이해하기 어려운 경우에도 오리게네스가 칠십인역을 사용한 것은, 그가 히브리어를 몰라서가 아니라 신학적 동기에서 비롯된 것이라 말할 수 있다. 그는 칠십인역에서 이해하기 어려운 구절들을 독자들이 영적 의미를 찾도록 성령이 성경 안에 넣어둔 '방해물'로 여겼다.

오리게네스가 방대한 저서들을 쓰기 시작한 것은 비교적 늦은 시기인 215년에서 220년 사이다. 이 새로운 활동은 암브로시우스라는 사람의 개종과 관계 있는 듯하다. 암브로시우스는 부유했으며 발렌티누스파 이단을 추종했다. 왜냐하면 그는 모(母)교회(곧, 정통 그리스도교)에서 사상의 양식을 찾지 못했기 때문이다. 오리게네스에 의해 이단에서 정통신앙으로 되돌아섰을 때, 당연하게도 그는 자신의 스승에게서 그가 이전에 찾지 못한 것을 얻기를 바랐다. 그는 오리게네스를 위해 비서진, 오리게네스가 구술하는 것을 교대로 받아 쓸 속기사 일곱 명, 필경사들과 달필가들로 구성된 사무실을 꾸려 주고는, 오리게네스가 자신의 재산을 마음대로 쓸 수 있게 해 주었다. 『요한 복음 주해』 첫 부분은 이 시기에 쓰였으며, 그 뒤 『원리론』이 저술되었다. 에우세비우스[45]는 암브로시우스가 오리게네스의 저술활동과 관련해 연구 목표를 세우고 그에게 가한 압박에 관해 증언한다. 『요한 복음 주해』 제5권 서론의 단편에서 오리게네스는 그를 히브리인들이 이집트를 탈출하기 전에 그들에게 일을 맡긴 이집트인 공사 감독에 비유하며 '하느님의 공사 감독'이라고 부르는가 하면,[46] 어떤 편지에서는[47] 자신을 이끌고 가는 협력자의 삶에 관해 넌지시 불평한다. 암브로시우스의 경우가 보여 주듯이 그는 지성적인 문제에 관해 해결책을 찾고자 하였고, 이것이 오리게네스가 글을 쓰게 된 근원적 동기였다고 말할 수 있다. 이를 알려 주는 중요한 본문이 『요한 복음 주해』 제5권에 나온다.

"그러나 지금도 영지(γνῶσις)를 구실 삼아, 비전통적 가르침을 신봉하는 자들이 그리스도의 거룩한 교회에 반대하여 들고 일어나고, 복음서와 사도들의 서간을 해석하면서 많은 책을 제멋대로 짜맞추고 있다. 우리가 침묵하고, 그들에게 반대하여 참되고 건전한 가르침을 규정하지 않는다면, 몸에 좋은 자양분이 부족한 까닭에 금지되고 참으로 불결하고 혐오스러운 양식으로 서둘러 가는 탐구적인 영혼들을 그들이 사로잡을 것이다.

그러므로 교회의 가르침을 위하여 참된 방식으로 중재할 수 있고, 이른

45) 참조 에우세비우스, 『교회사』 6,17,1과 6,18,1-2.
46) 참조 Origène, *Commentaire sur saint Jean*: SC 120 (1996), 372쪽; 이 표현은 히에로니무스의 『명인록』 61에도 전해진다.
47) 이 편지는 비잔티움 연대기 작가 게오르고스 케드레노스(PG 121,485BC)의 저술에 보존되어 있다.

바 영지를 거짓으로 추구하는 자들을 꾸짖을 수 있는 사람이 장엄한 복음 메시지를 인증(引證)—구약과 신약에 공동으로 들어 있는 교의에 일치하여—하면서 이설의 위조문서에 반대 입장을 취할 필요가 있다고 나는 생각한다. 더 좋은 것들을 위해 중재하는 이들이 없었던 까닭에, 당신(암브로시우스)은 예수에 대한 사랑 때문에 한때 영지주의자들의 가르침에 빠졌다. 당신은 비이성적이거나 몽매한 신앙을 찾지는 않았기 때문이다. 그 뒤에, 때마침 이해력을 발휘하여 그들을 비판적으로 판단했기에 당신은 그들을 버렸다."[48]

지성적인 문제들을 제기한 그리스도인들은 성경과 일치하는 답변을 들음으로써 영지주의 분파에서 답을 찾지 않아도 되었다. 이것이 오리게네스가 문학 활동을 한 주요 목적 가운데 하나였다.

오리게네스가 알렉산드리아에 머무르던 시기에 관한 서술을 마치기 전에, 당시 행했던 중요한 여행을 언급해야 한다. 비교적 젊은 나이에 고향인 알렉산드리아 교회 밖에서도 상당한 명성을 누린 오리게네스는 여러 도시로부터 초청받았다. 에우세비우스에 따르면 제피리누스 교황(198~217년 재임)이 재임할 때인 212년경, 오리게네스는 "로마의 옛 교회를 보길 원했기" 때문에 로마에 잠시 체류하였다.[49] 히에로니무스가 전하듯이,[50] 오리게네스는 구원자를 찬양하는 히폴리투스의 강해를 이때 들었다. 오리게네스가 후에 알렉산드리아에서 고발당한 사건에 대해 파비아누스 교황에게 쓴 편지가 말해 주듯이, 이 방문은 로마 교회의 중요성을 나타낸다.[51]

48) 오리게네스, 『요한 복음 주해』 5,8.
49) 참조 에우세비우스, 『교회사』 6,14,10.
50) 참조 히에로니무스, 『명인록』 61.
51) 참조 히에로니무스, 『서간집』 84,10(팜마키우스와 오케아누스에게 보낸 편지).

에우세비우스의 연대기를 신뢰한다면 두 번째 여행은 215년 또는 그보다 조금 앞서 이루어졌다. 아라비아(지금의 요르단)의 로마 총독이 데메트리우스 주교와 이집트 총독에게 보낸 편지를 어떤 병사가 알렉산드리아에 가지고 왔다. 편지는 오리게네스와 대화를 나눌 수 있도록 그를 즉시 보내 달라고 요청하는 내용이었다. 이 총독은 새 종교의 지도적인 인물 가운데 한 명에게서 그리스도교에 관해 배우고자 했다.[52] 오리게네스는 아라비아 지방의 로마 총독을 만나기 위해 보스트라로 갔다. 그는 이 선교 여행을 짧은 기간에 마치고 알렉산드리아로 돌아왔다.[53]

그러나 '그 사이에', 곧 그가 아라비아로 떠났다가 고향으로 돌아온 사이에 "알렉산드리아에서 큰 전쟁이 일어났다". 동생 게타를 암살한 카라칼라 황제가 알렉산드리아에 왔을 때, 학생들은 그에게 빈정댔고 "게티쿠스"(Geticus)라고 외치면서 그를 조롱하였다. 이에 카라칼라는 격노하여 도시를 약탈하고 시민들을 학살했으며, 학교를 폐쇄하고 교사들을 추방했다. 에우세비우스에 따르면 그때 오리게네스는 몰래 도시를 떠나 팔레스티나의 카이사리아로 피신했다. 그곳의 주교들 특히 카이사리아의 테오크티스투스와 아일리아, 곧 예루살렘의 알렉산더는 이 저명한 성서학자를 대면하고 난 뒤 오리게네스가 평신도임에도 불구하고 그에게 공동체에서 성경을 풀이해달라고 요청했다. 데메트리우스는 그 소식을 듣고 팔레스티나

52) 카라칼라가 통치하던 때(211~217)인 이 시기에 그리스도인은 그런대로 평화롭게 지냈다. 황실의 공주들 그리고 죽은 셉티미우스 세베루스 황제의 부인이며 현 황제의 어머니인 율리아 돔나, 그녀의 자매 율리아 모이사, 율리아 모이사의 두 딸 율리아 소이미아스와 율리아 맘마이아도 종교 문제에 매우 관심이 깊었다. 하지만 이들 가운데 앞의 세 명은 그리스도교에 특별히 관심을 기울이지 않았다.

53) 참조 에우세비우스, 『교회사』 6,19,15.

주교들이 전통과 어긋난 일을 했다고 항의했다. "평신도가 주교들 앞에서 설교하는 것은 결코 들어본 일 없고 결코 일어나서도 안 됩니다." 한참 뒤인 231~233년경에 테오크티스투스와 알렉산더는 이 편지에 적힌 말은 명백히 틀렸다고 맞받아 응수했다. 그들은 "형제들에게 좋은 일을 할 수 있는 사람들이 있는 곳이라면 어디서나 거룩한 주교들은 신자들에게 강연을 해 달라고 정중히 요청했다"라고 말하면서 그러한 예들을 들었다. 데메트리우스는 편지를 보내 자신의 교리교사를 급히 불러들였다. 오리게네스는 다시 알렉산드리아로 돌아와 자신의 직무를 수행했다.[54]

오리게네스의 카이사리아 체류와 관련해, 그를 받아들이고 그를 옹호한 예루살렘의 알렉산더 주교에 대하여 부언할 필요가 있다. 정확한 시기는 알려져 있지 않지만 3세기 초에 예루살렘, 곧 아일리아[55] 교회는 나르키수스라는 이가 이끌고 있었다. 덕행과 기적들로 존경받던 나르키수스는 혹독한 비방의 희생자가 되었으며, 신경쇠약에 걸린 채 광야로 물러났다.[56] 나르키수스가 물러나자 이웃 주교들은 예루살렘 관할구에 세 명의 주교를 연이어 임명했으며, 이들은 각각 몇 개월씩만 교구를 이끌었다. 나르키수스는 세 번째 주교가 아직 주교좌에 있을 때 다시 나타나 즉시 복직되었다. 그러나 그는 매우 늙어 직무를 수행하기 어려웠다. 그때 예루살렘 순례 여행을 하던 알렉산더라는 카파도키아 출신의 주교는 거룩한 계시의 명령에 따라 나르키수스를 정성을 다해 모셨으며, 그의 후임자가 되었다.[57]

54) 참조 에우세비우스, 『교회사』 6,19,16-19.

55) 참조 에우세비우스, 『교회사』 5,12,2. 하드리아누스 황제는 예루살렘을 재건한 뒤 자신의 가문 이름을 따서 '아일리아'라고 명명했다.

56) 반면 그의 고발자들은 자신들의 고발이 사실이 아닐 경우 자신들에게 내려 달라고 청한 병으로 비참하게 죽었다.

오리게네스가 팔레스티나의 카이사리아에서 첫 번째로 체류하던 시기에 관해 또 다른 의문을 제기할 수 있다. 팔라디우스는 『라우수스에게 바친 수도승 이야기』에서 율리아나라고 하는 동정녀에 관해 이렇게 전한다.

"따라서 카파도키아의 카이사리아에 뛰어난 지혜와 믿음을 지닌 율리아나라는 동정녀가 있었다고 한다. 오리게네스가 그리스인들의 반란 때문에 피신하였을 때 그녀는 저술가인 그를 자기 집에 받아들여 3년 동안 숨겨 주었다. 그녀는 자비(自費)로 여러 가지를 조달하고 그를 돌보아 주었다. 내가 발견한 모든 것은, 매우 오래된 책에 몇 줄로 쓰인 오리게네스 자신의 이러한 글이다. '나는 카이사리아에 숨어 있을 때 그곳에 있는 동정녀 율리아나의 집에서 이 책을 발견했다. 그녀는 자신이 그것을 유대인 주석가 심마쿠스에게서 직접 얻었다고 했다.'"[58]

저자들은 일반적으로 이 '그리스인들의 반란'을 235년에 일어난 트라키아인 막시미누스의 박해로 이해했으며, 그때 오리게네스가 팔레스티나의 카이사리아를 떠나 카파도키아의 카이사리아에 숨었을 것이라고 추정했다. 에우세비우스는 위와 같은 기록을 당시에 발견되어 팔레스티나 카이사리아의 도서관에 보관된 수사본들에서 읽었으며, 에비온파[59]인 심마쿠스[60]의 주해서 또한 그 도서관에서 발견했다면서, 오리게네스가 이 저서들을 성경

57) 참조 에우세비우스, 『교회사』 6,9-11; 6,14,8-9. 여기에서 그는 오리게네스와 판타이누스와 클레멘스와의 관계를 언급한다. 주교가 된 뒤 알렉산더는 예루살렘에 도서관을 세웠다. 에우세비우스는 이 도서관과 카이사리아 도서관을 이용했다(참조 에우세비우스, 『교회사』 6,20,1). 에우세비우스는 알렉산더가 쓴, 오리게네스에게 보낸 편지를 포함하여 여러 편지에 나오는 구절들을 전한다.

58) 팔라디우스, 『라우수스에게 바친 수도승 이야기』 147(PG 34,1250D).

59) 에비온파에 관해서는 참조 『원리론』(루피누스 라틴어 번역) 4,3,8 각주 25.

60) 심마쿠스는 『육중역본』 안에 대조된 그리스어 번역본 네 개 가운데 하나의 저자다.

에 관한 심마쿠스의 다른 해석서들과 함께 율리아나에게서 얻었다고 말한다.[61] 이 구절은 오리게네스가 어떻게 『육중역본』을 구성했는지 에우세비우스가 설명하는 장(章) 다음에 온다.[62] 그러나 『육중역본』은 오리게네스가 알렉산드리아에서 활동하던 시기에 만들어졌다.

카이사리아에 머문 시기와 관련 있는 『교회사』 6권 27장은 오리게네스에게 호감을 지닌, 카파도키아 지방 카이사리아의 주교 피르밀리아누스에 관해 언급한다. 그는 "자신의 지역 교회들을 위하여" 오리게네스를 초대한 최초 인물이었으며, 그 뒤 유대아에서 얼마간 오리게네스와 함께 지냈다고 한다. 따라서 막시미누스의 박해는 피르밀리아누스가 오리게네스를 카파도키아로 불러들인 바로 그때 일어났고, 오리게네스는 추적을 피하기 위해 율리아나의 집에 숨었다고 추론할 수 있다. 그러나 이 추론은 설명하기 어려운 여러 가지 사실을 밝히지 못한다. 오리게네스의 기록을 읽은 에우세비우스가 율리아나의 집에 오리게네스가 2년간 머물렀다는 사실을 언급하지 않은 이유는 무엇인가? 또한 이 체류는 오리게네스가 막시미누스가 일으킨 박해 때 체포된 두 사람, 곧 후원자인 암브로시우스와 프로토크테투스 사제에게 보낸 자신의 저서 『순교 권면』의 내용과 모순되지 않는가? 더욱이 기적가 그레고리우스는 오리게네스가 팔레스티나의 카이사리아에 온 직후에 그곳에 왔으며, 그와 함께 5년—막시미누스의 박해와 겹치는 기간이다—을 보냈다.[63] 그레고리우스의 『오리게네스 찬양 연설』은[64] 자기 스승

61) 참조 에우세비우스, 『교회사』 6,17. 오리게네스는 율리아나가 이 저서들을 심마쿠스에게서 물려받았다고 말한다.

62) 참조 에우세비우스, 『교회사』 6,16.

63) 참조 에우세비우스, 『교회사』 6,30.

64) 참조 기적가 그레고리우스, 『오리게네스 찬양 연설』 5,63.

이 그렇게 오랫동안 팔레스티나의 카이사리아를 떠나 있었다는 사실을 전혀 암시하지 않는다. 따라서 우리는 '그리스인들의 반란'을 막시미누스의 박해가 아니라 카라칼라가 알렉산드리아를 방문했을 때 알렉산드리아에서 일어난 전쟁으로 추정하며, 팔라디우스가 팔레스티나 대신 카파도키아를 언급함으로써 두 곳의 카이사리아를 혼동했다고 추론하는 것이 옳다고 생각한다. 그러나 팔라디우스는 율리아나가 카파도키아의 카이사리아에 살았다는 사실을 다른 사료에서 알았을 가능성도 있다.

오리게네스의 마지막 여행은 알렉산드리아에서 추방되기 이전에 행해졌다. 218년 또는 222년 알렉산더 세베루스 황제의 어머니 율리아 맘마이아[65]가 오리게네스를 안티오키아로 초빙하였다. "오리게네스의 명성이 도처에 퍼져 있어 그녀도 이를 듣게 되었다. 그녀는 이 사람의 견해를 듣고나서, 모든 이가 신적인 것에 관한 이해력이 대단하다고 감탄하는 그에 대해 알아보아야겠다고 생각했다. 그녀는 오리게네스가 안티오키아에 머무르는 동안 그를 보호하도록 호위병도 몇 명 보냈다. 그는 얼마 동안 그녀와 함께 머무르면서 그녀에게 주님의 영광과 종교적인 연구의 유익한 점에 관해 매우 많은 것을 설명하였다. 그 뒤 곧바로 그는 자신의 교사직을 계속 수행했다."[66] 그러나 그리스도교에 관심을 보였고, 히폴리투스가 그녀를 위해 부활에 관한 글을 썼다고 해서 율리아 맘마이아가 그리스도인이 된 것

65) 엘리오가발루스(헬리오가발루스)의 사촌이자 왕위 계승자인 알렉산더 세베루스(222~235년 재위)는 시리아 출신 공주들 가운데 마지막 공주인 어머니 율리아 맘마이아의 영향을 받았으며, 그리스도인들에게 호의적 태도를 취했다. 황제의 어머니는 그리스도교와 로마 문명을 조화시키는 것을 꿈꾸었으며, 황제는 사적인 신전인 궁전의 사당(lararium)에 아브라함과 예수의 상을 세웠다.

66) 에우세비우스, 『교회사』 6,21,3-4.

은 아니다. 한편 오리게네스 자신은 『알렉산드리아 친구들에게 보낸 편지』[67]에서 안티오키아에 머물렀던 일에 관해 언급한다. 안티오키아에서 그는 에페소에서 대면한 적 있는 이단자가 자신을 중상한 것을 논박해야 했다.

1.2. 오리게네스와 데메트리우스의 긴장

오리게네스를 알렉산드리아에서 팔레스티나의 카이사리아로 떠나게 만든 오리게네스와 데메트리우스의 반목에 관해서는 여러 문헌으로부터 정보를 얻을 수 있다.[68] 이 기록들을 통해 사건이 일어난 과정을 재구성할 수 있다. 에우세비우스는 229년 "오리게네스가 교회의 긴급한 일에 대처하기 위해 팔레스티나를 경유하여 그리스로 갔다"[69]고 전하며, 포티우스는 그가 "주교의 허락 없이 아테네로" 떠났다고 한다. 이 여행을 하게 한 '교회의 긴급한 일'은 무엇이었는가? 오리게네스가 아테네에서 쓴 『알렉산드리아 친구들에게 보낸 편지』에서 해답을 찾을 수 있을 듯한데, 그곳에서 어느 이단자와의 토론이 예정되어 있었기 때문이다. 그런데 알렉산드리아에서 팔레스티나의 카이사리아를 거쳐 아테네로 가는 것은 지름길이 아니었다. 그가 이렇게 길을 둘러 여행을 한 이유는 무엇인가? 이에 관해서는 별

67) 이 편지는 루피누스의 『오리게네스 저서 변조』에 남아 있다.

68) 에우세비우스, 『교회사』 6,8,4-5; 6,23,5; 포티우스, 『저서 평론』 118(CUFr II). 포티우스는 팜필루스의 『오리게네스를 위한 변론』에서 읽은 것을 그대로 수록했다.; 히에로니무스, 『서간집』 33(파울라에게 보낸 편지)(CUFr II); 오리게네스 자신이 쓴 『알렉산드리아 친구들에게 보낸 편지』. 이는 히에로니무스의 『루피누스 저서 반박 변론』 2,18-19에 일부분 남아 있으며, 루피누스의 『오리게네스 저서 변조』에도 일부분 남아 있다.; 『요한 복음 주해』 4 서론.

69) 에우세비우스, 『교회사』 6,23,4.

다른 정보가 없지만 팔레스티나의 친구들, 곧 카이사리아의 주교 테오크티스투스와 예루살렘의 주교 알렉산더를 만나기 위해서였던 듯하다. 문제는 오리게네스가 그곳에서 사제로 서품되었다는 사실이다. 이 사건은 그와 데메트리우스가 반목하는 계기가 되었다.

에우세비우스는 "팔레스티나에서 최고의 존경과 명성을 얻은 주교들, 곧 카이사리아와 예루살렘의 주교들"[70]이 오리게네스를 서품했다고 전한다. 그러나 사제 한 명을 서품하는 데 주교 두 명은 필요 없었다. 한 명으로도 충분하였기 때문에 "예루살렘의 주교 알렉산더의 동의를 얻어 오리게네스를 직접 서품한 이는 팔레스티나 지방 카이사리아의 대주교 테오테크누스였다"[71]라는 포티우스의 기술이 더 정확하다고 할 수 있다. 그런데 주교 한 명이 오리게네스에게 서품을 준 점에 대해 이의가 제기되었다. 거의 한 세기 뒤 니케아 공의회의 『법규』 16조는 그러한 서품이 무효(ἄκυρος)라고 선언했지만 이 법규는 오리게네스 사후에 생겨난 규정이었다.

테오크티스투스와 알렉산더 주교는 "오리게네스가 최고의 존경(πρεσβυτέριον)과 영예(τιμῆ)를 받을 자격이 있다고 생각했다"[72]고 에우세비우스는 말한다. 그들은 데메트리우스가 오리게네스에게 사제직의 '영예'를 주지 않았다는 사실에 분개한 듯하다. 이는 아마도 그들이 몇 년 전 평신도였던 오리게네스로 하여금 교회에서 설교하도록 허락했을 때 데메트리우스가 그들에게 이의를 제기한 일과 관련 있으리라고 추측해볼 수 있다. 그러나 알렉산드리아의 주교가 분노할 것이 뻔한 상황에서 그들이 단지 그 이

70) 에우세비우스, 『교회사』 6,8,4.
71) 포티우스는 오리게네스를 서품한 테오크티스투스 주교와, 그의 다음 다음 후임자이자 오리게네스의 제자인 테오테크누스를 자주 혼동하였다.
72) 에우세비우스, 『교회사』 6,8,4.

유 때문에 그 일을 실행한 것 같지는 않다. 거기에는 다른 이유가 더 있을 것이 틀림없다. 그들은 오리게네스가 그리스에서 떠맡은 사명을 더 잘 수행하도록 큰 명예를 부여하고 싶어했지만, 오리게네스에게는 카이사리아에 머무를 생각이 아직 없었다. 그는 그리스에서 자신의 임무를 마치자마자 알렉산드리아와 자신의 학교로 돌아가려 했다. 따라서 이 주교들이 알렉산드리아의 주교에게 알리지 않은 채 그곳에서 직무를 수행할 사람에게 서품을 주었다는 것은 이해하기 힘든 일이다.

그러면 오리게네스는 어떤 마음으로 이 서품을 받아들였을까? 그가 사제직을 요청했는가 아니면 마지못해 받아들였는가? 말하기 어렵다. 오리게네스는 데메트리우스가 그의 서품을 선뜻 승인하리라고는 생각하지 않았을 것이며, 따라서 그가 서품을 강요받았으리라고는 생각하기 어렵다.[73] 그는 확실히 서품에 동의했을 것이다. 그가 크나큰 은총으로 또는 주교들의 은근한 권유로 마지못해 서품을 받았는지는 말할 수 없다. 아무튼 그는 카이사리아에 정주했을 때 사제의 설교 직무를 수행하는 데 어려움이 없었을 것이며, 강해에서 여러 번 자신의 사제직에 대해 넌지시 말하기도 했다.

오리게네스가 이제 사제로서 아테네로 가고 있을 때, 그의 서품 소식이

73) 초기 교회에서도 서품을 강요한 예가 종종 있었으며, 그 후로 150~160년 동안 그러했다. 377년 안티오키아의 파울리누스에 의한 히에로니무스의 서품, 394년 바르셀로나의 람피우스에 의한 놀라의 파울리누스의 서품, 특히 가장 놀라운 것은 살라미스의 에피파니우스에 의한 히에로니무스의 형제 파울리니아누스의 서품이다. 이 서품은 에피파니우스가 예루살렘의 요한에게 보낸 편지를 통해 알려졌으며, 서품 후보자의 형제 히에로니무스가 이 편지를 라틴어로 번역했다(참조 히에로니무스, 『서간집』 51). 파울리니아누스는 부제품, 그러고 나서 사제품을 받았다. 그 서품을 받을 때 여러 부제가 그를 꼼짝 못하게 했는데, 그들 가운데 한 명은 파울리니아누스가 마지못해 받는 것이라고 외치지 못하도록 손으로 그의 입을 막았다. 에피파니우스의 같은 편지에 따르면 이와 비슷한 일이 키프로스 지방에서 통상적으로 행해졌음을 알 수 있다.

매우 빨리 알렉산드리아에 알려졌다. 데메트리우스는 격분했다. 더욱이 아테네에서 이단자와 토론한 결과는 불에 기름을 부은 격이었다. 이에 관한 정보는 오리게네스가 아테네에서—아마도 데메트리우스가 오리게네스에 대해 생각하고 있는 것을 그에게 알려 주었을—알렉산드리아의 친구들에게 보낸 편지에 나온다. 히에로니무스의 단편 끝 부분과 루피누스의 단편 시작 부분에 나오는 짧은 구절이 중요하다.[74] 이 두 번역자는 그 편지를 비슷한 용어로 옮겼지만 루피누스의 번역은 다소 함축적이다. 오리게네스는 자신이 결코 악의와 파멸의 아버지이며 하느님 나라에서 배제된 사람들의 아버지인 악마가 구원받을 수 있다고 말하지 않았다고 주장한다. 미친 사람이라도 그렇게 말할 수 없을 거라며 오리게네스는 자신의 가르침이 테살로니카 2서 2장 1-3절의 가르침처럼 자신의 적대자들에 의해 왜곡되었다고 불평한다. 루피누스의 단편에 실린 그의 말을 직접 들어보자.

"비슷한 일들이 저에게 일어나고 있다고 생각합니다. 저는 많은 신자 앞에서 어떤 이단의 우두머리와 토론을 벌였고, 그가 첨가하기를 바란 것을 첨가하고 그가 발췌하기를 바란 것을 발췌한 필사본을 비서들에게서 받았으며, 그에게 최선이라고 생각되는 방향으로 그것을 바꾸었습니다. 그런데 그는 자신이 쓴 것으로 저를 모욕하면서 그것을 제가 그렇게 썼다고 사방에 퍼뜨리고 있었습니다. 이에 팔레스티나에 있는 형제들이 분개하여, 저에게서 사실 여부를 확인하고자 아테네에 있는 저에게 사람을 보냈습니다. 그러나 저는 그 당시에 본문을 다시 읽지도 교정하지도 않은 상태에서

74) 사실상 루피누스가 번역한 단편보다, 오리게네스 편지의 앞부분에 나오는 내용을 보존하고 있는 히에로니무스의 단편이 지도자들에 대한 신랄한 비평—그들을 욕하거나 미워하는 것은 잘못이다. 오히려 그들을 동정하고 그들을 위해 기도해야 한다. 어떤 사람을 욕해서도 악마를 욕해서도 안 된다. 그들을 바로 잡는 것은 주님께 맡겨야 한다—을 담고 있다.

그것을 어디에 놓았는지 몰라 본문을 다시 찾기 어려웠습니다. 그렇지만 저는 〔그 후에〕 본문을 그들에게 보냈습니다. 맹세코 저는 제 책을 왜곡한 사람을 만났을 때 왜 그렇게 했는지 그에게 물었으며, 그는 저를 만족시키려는 듯 이렇게 말했습니다. '나는 토론의 질을 높이고 그것을 수정하기를 원했기 때문입니다.' 마르키온[75]과 그의 후계자 아펠레스가 복음서와 사도들의 편지를 수정한 것처럼 그는 본문을 수정했습니다. 이들이 성경의 진리를 망쳐 놓았듯이, 그 사람은 실제로 우리가 말한 것을 가져가서 우리를 고발하기 위해 그릇된 말들을 끼워 넣었습니다. 그들은 이런 식으로 행동하는 이단적이고 불경한 사람들이었지만, 사람들이 우리에 대한 고발 내용을 믿을 수 있도록 하느님을 자신들의 심판관으로 삼고자 했습니다."

사건은 오리게네스와 대화한 사람이 토론에 관한 보고 내용을 꾸며내면서 시작되었다. 이는 오리게네스가 서품을 받았다는 소식이 전해진 뒤 알렉산드리아에서 또 다른 문제를 야기했다.

히에로니무스는 『루피누스 저서 반박 변론』[76]에서 오리게네스가 칸디두스라는 발렌티누스의 제자와 나눈 토론의 내용을 읽었다고 말한다. 토론의 첫째 주안점은 아버지와 아들의 본성의 일치에 관한 것이었고, 둘째 주안점은 악마의 구원에 관한 것이었다. 히에로니무스는 이를 이렇게 요약한다. "칸디두스는 악마가 결코 구원될 수 없는 매우 악한 본성을 지니고 있다고 단언했다. 이에 오리게네스는, 악마가 파멸하기로 예정된 실체 때문

75) 발렌티누스와 함께 2세기 중요한 이단의 창시자인 마르키온은 벌하시는 창조주 하느님을 예수 그리스도의 선하신 아버지와 일치시킬 수 없었기에 두 하느님의 동일성을 부인하고 벌하시는 하느님과 관련해 신약성경에 인용된 구약성경의 모든 구절을 없애 버렸다. 아펠레스는 그의 가장 유명한 제자다.

76) 참조 히에로니무스, 『루피누스 저서 반박 변론』 2,19.

이 아니라 자신의 의지로 타락했고 그래서 구원받을 수 없다고 옳게 답변했다(recte Origenes respondit). 실제로 오리게네스는 칸디두스의 그릇된 이론(異論)을 논박했는데도, 칸디두스는 오리게네스가 악마가 구원받아야 하는 본성을 지니고 있다고 말했다면서 그를 중상하였다."

위에 언급한 토론 과정, 그리고 히에로니무스가 말한 내용을 이해하기 위해 발렌티누스파의 운명예정설을 알아볼 필요가 있다. 운명예정설에 따르면 더러는 구원받고 더러는 단죄받는데, 이는 그들 의지의 선택 때문이 아니라 그들이 창조된 본성의 결과 때문이다. 선과 악의 근본적 이원론을 전제하는 칸디두스는 악마는 본디 단죄받도록 예정되었다고 말한다. 자유의지를 매우 강조한 신학자이며, 발렌티누스의 예정론을 줄곧 반대한 오리게네스는 사람의 구원과 단죄를 결정하는 것은 본성이 아니라 은총을 받아들이거나 거부하는 자유의지 때문이라고 반박한다. 악마는 하느님께 완고하게 반항하지 않았더라면 구원받을 수 있었을 것이다. 그러나 오리게네스의 견해를 자신에게 유리한 방향으로 해석한 칸디두스는, 오리게네스가 말한 것이 악마가 그의 본성 때문에 구원받는다는 의미라고 결론지었다.[77]

오리게네스는 아테네에서 이단자와 토론을 마친 뒤 알렉산드리아로 돌아갔다. 팜필루스의 글을 인용하는 포티우스에 따르면, 데메트리우스는 오리게네스에 관한 사건을 판결하기 위해 이집트 주교들과 사제들이 참석하는 교회회의를 소집했다. 이 교회회의는 오리게네스가 알렉산드리아를

77) 편지 가운데 아테네에서 일어난 사건을 전하는 부분은 히에로니무스가 아니라 루피누스의 글에 실려 있으며, 오리게네스가 그 도시에서 만난 이단자가 칸디두스였다는 사실은 그럴 가능성은 있지만 결코 확실하게 입증된 것은 아니다.

떠나야 하며 더 이상 그곳에서 살거나 가르치는 일을 해서는 안 된다고 결정했지만,[78] 그에게서 사제직의 '영예'를 박탈하지는 않았다. 오리게네스는 알렉산드리아의 주교가 아니라 카이사리아의 주교에게 서품되었기 때문에[79] 이 판결로 이제 알렉산드리아에서 직무를 수행할 수 없었다. 그러나 이 결정은 오리게네스에게 사제직을 허용하지 않는다고 선언한 데메트리우스를 만족시키지는 못했다.[80] 포티우스가 사용한 낱말 '아포케리테인'(ἀποκηρύττειν)은 '공개적 선언으로 몰아내다'라는 의미다. 이는 파면을 의미하는 듯하다. 후대에 니케아 공의회의 『법규』 16조가 언명하듯이 테오크티스투스가 베푼 서품이 '아키로스'(ἄκυρος), 곧 무효임을 뜻하지는 않는다. 히에로니무스에 따르면 이 판결은 로마 교회회의에서 최종적으로 승인되었다.[81]

78) 오리게네스가 교의적 문제로 단죄받지 않았다는 히에로니무스의 진술(참조 『서간집』 33, 파울라에게 보낸 편지) 이외에, 그가 어떤 이유로 단죄받았는지는 알 수 없다. 이 편지는 수사학적으로 표현되었지만 데메트리우스의 질투가 오리게네스를 단죄하는 동기였음을 분명하게 암시한다.

79) 참조 에우세비우스, 『교회사』 6,23,4. 에우세비우스에 따르면 데메트리우스가 그때 오리게네스의 거세 사실에 대해 공표했다고 하는데(참조 『교회사』 6,8,4), 이는 부차적 역할을 하였을 것이다. 니케아 공의회 『법규』 1조에 스스로 불구가 된 사람에게 서품을 베풀지 못하도록 하는 규칙이 명시된 것은 이보다 1세기 뒤였다.

80) 에우세비우스는 데메트리우스가 매우 뛰어난 이 교리교사를 질투했다고 비난한다. "그(데메트리우스)는 그(오리게네스)에 대한 인간적인 감정에 굴복하였다."(『교회사』 6,8,4) 그리고 히에로니무스는 『명인록』에서 오리게네스에 대한 데메트리우스의 태도를 거리낌 없이 비난하는데, 그가 매우 심하게 "자제력을 잃어(debacchatus est) 전세계에 오리게네스에 대해 알렸다"라고 표현했다.

81) 로마는 오리게네스에 관한 교회회의를 소집하여 '전세계'라는 과장된 표현을 사용하면서 알렉산드리아의 결정을 최종적으로 승인했다. 그러나 네 지방, 곧 팔레스티나, 아라비아, 페니키아, 아카이아의 주교들은 이 판결에 동의하지 않았다. 히에로니무스는 오리게네스에게 심취해 있을 때 이렇게 쓰는 것을 주저하지 않았다. 로마가 오리게네스에 관한 교회회의를 소집한 것은 "혁신적인 교의 때문이 아니었으며, 정신 나간 이 인간들 가운데 많은 사람이 요즈음 주장하는 것과 달리 그를 이단으로 고발하기 위해서가 아니었습니다. 오히려 그들은

데메트리우스는 오리게네스를 단죄한 뒤 곧바로 43년간의 주교로서의 삶을 마감하였고(231년), 헤라클라스가 그의 후계자로 임명되었다.[82] 오리게네스는 새 주교에게서 더 나은 대우를 바랐을 것이다. 그는 헤라클라스를 개종시키고 그를 가르쳤으며 동료로 생각했기 때문이다. 그러나 그의 제자이자 동료인 헤라클레스가 데메트리우스의 후계자가 된 뒤에도 변한 것은 아무것도 없었으며 오히려 상황은 더 악화되었다. 포티우스는『열 가지 질문과 답변』[83]이라는 소책자의 아홉째 질문에서, 오리게네스가 시리아(실제로는 팔레스티나)에 가기 위해 알렉산드리아를 떠난 뒤 삼각주가 있는 트무이스라는 도시에 도착했을 때, 그곳 주교 암모니우스의 환대를 받았으며 그의 요청으로 교회에서 설교했다고 전한다. 헤라클라스는 이 소식을 듣고 서둘러 트무이스로 가 암모니우스를 면직시키지 않은 채 필리푸스를 동료 주교로 임명하였다.

1.3. 카이사리아의 오리게네스

알렉산드리아의 주교 데메트리우스의 조치로, 오리게네스는 231년 또는 233년 알렉산드리아를 영원히 떠나 카이사리아에 정착하였다.[84] 오리게네

오리게네스의 능변과 뛰어난 학식의 영향을 참지 못했던 것입니다"(『서간집』 33). 몇 년 뒤부터 히에로니무스는 이와 같은 진술을 더 이상 하지 않았다.

82) 참조 에우세비우스, 『교회사』 6,26.

83) PG 104. 그는 전통에 따라 사료를 밝히지 않는다.

84) 오리게네스가 알렉산드리아를 떠나 팔레스티나의 카이사리아에 정착한 연도는 그의 생애를 두 시기로 나누는 분기점이기 때문에 중요하다. 에우세비우스가 저술한『교회사』의 필사본 대부분에 따르면 이 사건은 알렉산더 세베루스의 통치 10년, 곧 231년에 일어났다. 어떤 사

스의 친구인 팔레스티나 지방의 주교들이 추방당한 그를 받아들였다. "오리게네스가 알렉산드리아에서 추방되었을 때, 팔레스티나의 주교 테오테크누스(테오크티스투스로 읽어야 한다)는 그를 기꺼이 카이사리아에 머무르게 했으며, 가르치는 일을 전적으로 그의 뜻대로 할 수 있도록 권한을 주었다." 포티우스는 팜필루스의 글을 따라 이와 같이 썼다. 이후 카이사리아는 오리게네스에게 두 번째 고향이 되었다. 이제 그는 알렉산드리아에서 행하던 가르치고 글쓰는 일에 더해 사제의 직무인 설교까지 하게 되었다. 그가 알렉산드리아 시기에 쓴 저서들의 내용은 무척 영적인데, 이러한 경향이 사제직을 수행하면서 얼마나 심화되었는지는 말하기 어렵다. 그러나 사목적 관심사는 그의 생애 둘째 시기에 더 강하게 나타난다. 그의 사제직과 설교는, 그가 지성인들뿐 아니라 다양한 그리스도인 신자와 만나는 다리 역할을 했기 때문이다.

오리게네스는 저서에서 자신에 관해 거의 말하지 않지만, 카이사리아에서 마무리한 첫 저서인 『요한 복음 주해』 제6권 서론에서는[85] 알렉산드리아에서 벌어진 최근의 사건들로 인한 쓰라린 심정을 그대로 쏟아 낸다. 탈출기 시대의 히브리인들처럼 주님께서는 그를 이집트에서 데리고 나오셨다. 그를 상대로 '매우 잔인한 전쟁'이 벌어졌음에도 불구하고, 그는 마음의 평정을 유지하고 폭풍우처럼 휘몰아치는 악한 생각을 영혼에서 몰아내려고

본은 통치 12년, 곧 233년이라고 전한다(참조 에우세비우스, 『교회사』 6,26). 에우세비우스는 알렉산드리아의 주교 데메트리우스가 오리게네스가 떠난 직후, 적어도 43년 동안 주교 직무를 수행한 끝에 죽었다고 전한다. 에우세비우스는 데메트리우스의 주교 승계를 콤모두스 통치 9년(참조 『교회사』 5,22), 곧 190년이라고 언급하였다. 그리고 데메트리우스가 233년에 죽었다면 오리게네스는 231년이 아니라 233년에 카파도키아에 정주했을 가능성이 더 크다.

85) 참조 오리게네스, 『요한 복음 주해』 2,8-10.

애썼다. 이제 하느님께서는 그를 노리는 많은 불화살을 꺼 주셨으며, 그의 영혼은 불행에 익숙해지고 자신에 대한 음해를 감수했다. 오리게네스는 평정을 되찾았고, 암브로시우스가 그를 위해 고용한 속기사들과—아마도 필경사들과 달필가들까지—카이사리아에서 합류해 중단된 주해서 저술을 이어나갈 수 있었다. 그는 알렉산드리아에서보다 카이사리아에서 더 활발한 저술활동을 하였다.

오리게네스는 카이사리아로 이주하자마자 그곳에 도서관이 있는 학교를 세웠으며,[86] 알렉산드리아에서처럼 사람들을 가르쳤다. 카이사리아에서 오리게네스가 교사로서 활동한 내용에 관해 가장 중요한 문헌은『오리게네스 찬양 연설』이다. 이 글의 저자는 동방 교회에서 가장 존경받는 성인 가운데 한 명이며 오리게네스의 제자인 기적가 그레고리우스다.[87] 그는 카이사리아에서 5년 동안 공부한 다음 그곳을 떠날 때, 스승에게 바칠 수 있는 최고의 찬사를 담은 내용을 완전히 이교인 학파의 양식에 따라 연설하였다. 이 연설의 목적은 오리게네스에게 감사하고 강의를 통해 그리스도교 철학을 가장 설득력 있게 전개한 오리게네스를 알리는 것이었다.

연설에 따르면[88] 오리게네스가 카이사리아에 도착한 직후 두 젊은 형제

86) **참조** H. Crouzel, *L'École d'Origène*, 15-27쪽; A. Knauber, *Das Anliegen*, 182~203쪽.

87) 노텡(Pierre Nautin, *Origène*)은 폰투스(오늘날 터키의 북쪽 지역) 지방 네오카이사리아의 주교인 기적가 그레고리우스가『오리게네스 찬양 연설』의 저자라는 사실을 인정하지 않는다. 또한 그의 견해에 따르면『그레고리우스에게 보낸 오리게네스의 편지』는『오리게네스 찬양 연설』의 저자에게 보낸 것도 네오카이사리아의 주교에게도 보낸 것도 아니다. 노텡은 니사의 그레고리우스가 쓴『기적가 그레고리우스의 생애』(PG 48, 893-958)에 나오는 명백한 증거에도 불구하고, 이 주교가 오리게네스의 강의를 결코 듣지 않았으며 편지의 수령인도 오리게네스가 공부에 관해 조언했던 제3자인 젊은이라고 내세운다.

88) **참조** 기적가 그레고리우스,『오리게네스 찬양 연설』5,62-63.

가 흑해에 자리한 폰투스—아마도 네오카이사리아—로부터 카이사리아에 왔다. 그들은 누이를 팔레스티나 총독의 법무관인 매부에게 데려가는 중이었으며, 네오카이사리아에서 시작한 법률 공부를 베리투스(베이루트)의 유명한 법률학교—이 연설에서 처음으로 언급된다—에서 마치기 위해 그 도시로 갈 작정이었다. 에우세비우스[89]는 그들 가운데 한 명이 테오도루스라고 말한다. 테오도루스는 세례를 받을 때 그레고리우스[90]라는 이름을 받았다. 다른 형제는 아테노도루스라고 한다.

그들은 이교 가정에서 태어났으며, 아버지를 일찍 여의었다. 그레고리우스가 그리스도교를 처음 알게 된 것은 14세 때였지만, 카이사리아에 왔을 때 아직 세례는 받지 않았던 것 같다. 그 도시에서 두 형제는 그곳에 방금 정주한 오리게네스를 만났다.[91] 그들은 오리게네스의 매혹적인 말솜씨에 압도당해[92] 베리투스에서 공부하려던 생각을 접고 오리게네스의 학교에 다니기로 결심했다. 『오리게네스 찬양 연설』 첫 부분의 마지막 단락에서 그레고리우스는 스승이 말씀(로고스)에 관해 이야기할 때 자신을 매혹시킨 말솜씨와 그들과 스승 사이에 싹튼 짙은 애정에 대해 감동적으로 서술한다.

“따라서 우리의 가장 깊숙한 영혼에 불을 붙이는 불꽃처럼 우리 안에 사랑—만물 가운데 가장 사랑스런 분이신 거룩한 말씀, 말로 표현할 수 없

89) 참조 에우세비우스, 『교회사』 6,30.
90) 그레고리우스는 이 이름으로 알려진 첫 인물이었다. 이 이름은 실제로는 그레고로스, 다니 4,10에 나오는 '감시자'를 뜻한다.
91) 기적가 그레고리우스는 나중에 이 만남을 신적 섭리라고 생각하였다.
92) 오리게네스의 말은 '화살'처럼 그들의 마음을 뚫고 들어갔다고 한다. 두 형제는 오리게네스를 처음 만난 날을 “진실로 나에게 참된 해가 내 앞에 떠오르기 시작한 첫날이었다”라고 회상했다(기적가 그레고리우스, 『오리게네스 찬양 연설』 6,73).

는 아름다움으로 모두를 당신 자신에게 끌어당기시는 분에 대한 사랑과, 그분의 친구이며 변론자이신 이분에 대한 사랑—이 불붙기 시작하고 확 타올랐습니다. 이 사랑에 너무나 깊숙이 빠져, 저는 우리에게 어울린다고 보이는 이 모든 대상 또는 일, 특히 제가 자랑스러워하는 법리학—그뿐만 아니라 제 선조의 땅, 친척, 그때 저와 함께 있던 분들, 저와 헤어진 분들—을 포기하도록 설득당했습니다. 그리고 제가 보기에 유일하게 소중하고 가치 있는 대상에 대한 욕망, 곧 철학[93]과 철학의 대가, 거룩한 분을 알고자 하는 욕망이 일어났습니다."[94]

『오리게네스 찬양 연설』의 둘째 부분에서는 오리게네스의 강의 요강이 서술된다. 강의는 소크라테스의 방식과 마찬가지로 논리적·변증법적 방식으로 시작한다.[95] 오리게네스는 자연과학을 가르친 다음에 신의 뜻을 다루었다.[96] 그 다음에 그레고리우스는 네 가지 기본 덕을 중심으로 전개되는 오리게네스의 윤리학적 연구에 관해 상세히 서술한다. 오리게네스는 이론적 훈련뿐 아니라 실천적 훈련 또한 매우 강조했다.[97] 그는 강의에서 말한 내용이나 이상을 스스로 실천하려고 애썼다. 또한 그는 학생들에게 모든 덕의 본보기를 소개하여 그들이 이를 따르도록 북돋았다.[98] 무엇보다도 오

93) 여기에서 언급되는 '철학'은 『오리게네스 찬양 연설』이 나중에 언급하는 그리스 철학을 의미하지 않는다. 이 구절 앞에 철학에 대한 찬양(6,75-80)이 등장하는데 여기서의 '철학'과 의미가 일치하며, 그 당시 그리스도인들의 글에서 종종 나타났던 '그리스도인과 이교인 모두의 도덕적·금욕적 생활'을 뜻한다.

94) 기적가 그레고리우스, 『오리게네스 찬양 연설』 6,83-84.

95) **참조** 기적가 그레고리우스, 『오리게네스 찬양 연설』 7,93-108; 7,97.

96) **참조** 기적가 그레고리우스, 『오리게네스 찬양 연설』 8,109-114.

97) **참조** 기적가 그레고리우스, 『오리게네스 찬양 연설』 9-12,115-149.

98) **참조** 기적가 그레고리우스, 『오리게네스 찬양 연설』 11,135-138.

리게네스는 세상, 그리고 세상에서 일어나는 모든 것을 하느님 중심으로 생각하였다.[99] 인간에 관한 그의 가르침, 곧 그의 인간학도 신학이었다. 가장 중요한 주제는 신학에 관한 것이었다. 그리하여 강의는 신에 관해 말하는—무신론자를 제외하고 모든 학파의—이교인 철학자들과 시인들의 저서 가운데서 오리게네스가 선택한 것들을 읽는 것으로 시작하였다. 오리게네스에게 철학자들에 대한 연구는 성경 연구의 서곡이었다.[100] 성경 연구는 그가 모든 강의를 통해 추구했던 최고의 체험이다. 그에게 성경은 교회의 신앙을 설명하고 발전시키는 해석학적 토대였으며, 특히 오리게네스는 인간의 자유에 관심을 두었다.

『오리게네스 찬양 연설』은 감정을 가득 실은 채 토해내는 열변으로 끝난다.[101] 저자는 많은 성경 인용문으로 작별을 고하면서, 오리게네스 및 동료 학생들과 함께한 수도승과 같은 삶을 그만두고 떠나는 것을 슬퍼하였다. "… 그곳에는 낮에도 밤에도 거룩한 법들이 선포되며, 찬가와 시가와 영적인 말들이 들렸습니다. 따라서 그곳에는 영원한 햇빛이 있었습니다. 그곳에서 우리는 낮에는 깨어 있으면서 본 것을 통해 하느님의 신비에 가까이 갈 수 있었고 밤에는 꿈속에서 영혼이 낮에 보고 만진 것에 여전히 전념하였습니다. 한마디로 말해, 그곳에서는 신성한 것들의 영감이 우리를 끊임없이 사로잡았습니다."[102]

비잔티움의 연대기 작가 게오르고 케드레노스(George Kedrenos)의 글에 오리게네스의 편지들이 일부 보존되어 있는데, 여기 나오는 짤막한 내용들

99) 참조 기적가 그레고리우스, 『오리게네스 찬양 연설』 15.
100) 참조 기적가 그레고리우스, 『오리게네스 찬양 연설』 15,173-183.
101) 참조 기적가 그레고리우스, 『오리게네스 찬양 연설』 16-19,184-207.
102) 기적가 그레고리우스, 『오리게네스 찬양 연설』 16,196-197.

을 보면 오리게네스는 암브로시우스와 함께 학생들과 공동생활을 한 것 같다. 이 편지들 가운데 첫 번째에서[103] 오리게네스는 암브로시우스가 자신에게 쉴 새 없이 부과한 저술활동에 대해 넌지시 불평한다. 낮 동안 내내 그리고 밤에도 본문을 대조하고 수정하는 데 시간을 보냈으며, 아침에 시작한 작업이 '9시경 또는 때때로 10시경', 곧 현재의 시각으로 오후 3~4시쯤에 끝났다고 말한다. "일하기를 원하는 모든 이는 이 시간대에 신성한 말들의 연구와 읽기에 몰두했습니다." 본디 암브로시우스가 아테네에서 오리게네스에게 쓴 편지—히에로니무스가 『서간집』 43(마르켈라에게 보낸 편지)에서 인용—에는 이렇게 쓰여 있다. "나는 오리게네스 앞에서 읽기를 하지 않고는 결코 식사하지 않았습니다. 그분은 형제들 가운데 한 명이 큰 소리로 하느님의 말씀들을 읽기 전에는 결코 잠자러 가지 않았습니다. 이런 일이 밤낮 계속되어, 읽은 다음 기도하고 기도한 다음 또 읽었습니다."

카이사리아에서 이루어진 강의가 어떤 특징을 지녔는지, 그레고리우스가 스승을 어떻게 이해했는지도 『오리게네스 찬양 연설』을 통해서 알 수 있다. 카이사리아에 있던 오리게네스의 학교를 교리교육 학교, 더욱이 신학을 가르치는 학교로 이해하는 것은 옳지 않다. 강의는 그리스도교와 관련된 특수한 내용이 아니라 철학적 용어로 명확히 이해할 수 있는 내용만 다루었다. 예를 들어 강의 첫 부분에서 로고스를 주제로 다룬 구절이 아버지와 아들의 관계에 관한 삼위일체 교의를 표현한다면, 여기에서는 결코 육화도 그리스도나 예수의 이름도 언급되지 않는다.[104] 말하자면 강

103) 참조 PG 121,485BC.
104) 참조 기적가 그레고리우스, 『오리게네스 찬양 연설』 4,35-39.

의는 오리게네스가 펼친 그리스도론의 한 관점만 제시한다. 크나우버(A. Knauber)[105]에 따르면 카이사리아의 학교는 일종의 선교 학교였으며, 그리스도교에 관심은 있지만 세례를 받을 준비는 아직 확실히 되지 않은 젊은 이교인들을 대상으로 하였다고 한다. 따라서 오리게네스는 이들에게 철학을 가르치면서 그리스도교 교의를 소개하였다. 학생들이 나중에 그리스도인이 되고자 하면, 그들은 그때에 엄격한 의미에서 교리교육을 받아야 했다.

카이사리아의 학교는 무엇보다도 영적 생활을 강조했다. 그곳의 모든 강의는 영성과 관련되었다. 그레고리우스는 스승이 박식가나 사변적 현자가 아니라 하느님의 사람이고 영혼의 길잡이라는 사실에 감탄했다고 말한다. 오리게네스는 그레고리우스가 하느님께 동화될 수 있도록 영적으로 진보하는 데 큰 영향을 미친 것 같다.[106] 따라서 그는 그레고리우스에게 더 이상 평범한 천사가 아니라 이미 위대한 조언의 천사,[107] 곧 로고스 자체였다. 그는 하느님에게서 특별한 영적 선물들을 받았다. 그는 하느님에 관해 말할 수 있으며, 말씀과 덕의 '대변자' 또는 '전령'이며, 철학을 도덕적·종교적으로 응용하는 지도자다.[108] 그는 영감을 받은 저자가 받은 선물과 유사한 주석가의 선물을 지닌 유일한 사람이다. 그는 하느님의 말씀을 어떻게 들어야 하는지 알고 있다. "그분은 하느님에게서 가장 큰 선물을 받았으며, 하늘에서 더 좋은 부분을 받았습니다. 그분은 하느님의 말씀들을 사람들에

105) 참조 A. Knauber, *Das Anliegen*, 182-203쪽. 이 주제에 관해서는 참조 H. Crouzel, '*L'ecole d'Origène*, 15-27쪽.

106) 참조 기적가 그레고리우스, 『오리게네스 찬양 연설』 2,10-13.

107) 참조 기적가 그레고리우스, 『오리게네스 찬양 연설』 4,42; 이사 9,6(칠십인역).

108) 참조 기적가 그레고리우스, 『오리게네스 찬양 연설』 6,82-83; 15,176; 12,147; 6,84.

게 해석해 주며, 하느님께서 그에게 말씀하시는 것처럼 하느님에 관한 것들을 이해하고, 사람들이 이해할 수 있도록 그것들을 사람들에게 해설합니다."[109] 그레고리우스에게 오리게네스는 하느님에게서 선물을 받은, '말씀을 제외하고 경건의 대가'인 모든 이 가운데 가장 위대한 인물이었다.[110]

노텡[111]은 오리게네스가 239~242년에 모든 미사에서, 곧 사제로서 매일 설교하고 3년 주기로 읽은 모든 성경을 해석하는 과제를 맡았을 것으로 추정한다. 오리게네스의 강해는 300여 편 남아 있다. 로마의 클레멘스가 쓴 『코린토 신자들에게 보낸 둘째 편지』, 사르데스의 멜리톤의 『부활절』, 알렉산드리아의 클레멘스의 『어떤 부자가 구원받는가?』, 히폴리투스의 『그리스도와 그리스도의 적』과 몇몇 단편만 강해로 불리며, 오리게네스 이전에 쓰인 강해가 얼마나 적은지 생각한다면 상당한 수라고 할 수 있다. 오리게네스가 쓴 강해들은, 학교에서 배우는 수사학을 사용하지 않은 채 성경 본문을 한 절씩 해설하는 형태였다.

"오리게네스는 60세가 넘어 오랜 준비로 매우 능숙해졌을 때, 속기사들에게 자신이 공개적으로 행한 '디알렉세이스'(διαλέξεις, dialexeis)를 적는 것을 허락했다고 한다. 이는 그가 전에는 결코 허락하지 않았던 일이었다."[112] 이 '디알렉세이스'는 무엇을 뜻하는가? 강해를 의미한다는 견해가 일반적이지만 에우세비우스가 사용한 이 낱말은 다양하게 해석되었다. 어떤 이들은 그것이 오리게네스의 저서 전체를 의미한다고 여긴다. 이들의 견해에 따르면 오리게네스는 저서들을 출판하기 위해 쓰지 않았으며, 후에 암브

109) 기적가 그레고리우스, 『오리게네스 찬양 연설』 15,181.
110) 참조 기적가 그레고리우스, 『오리게네스 찬양 연설』 6,82.
111) 참조 P. Nautin, *Origène*, 389쪽 이하.
112) 에우세비우스, 『교회사』 6,36,1-2.

로시우스가 오리게네스에게 알리지 않고 출판했다는 것이다. 그러나 그럴 가능성은 전혀 없다. '디알렉세이스'는 주해서처럼 정식으로 쓰인 저서에는 사용할 수 없는 낱말이기 때문이다. 다른 이들은 '디알렉세이스'가 투라(Toura)에서 발견된 『헤라클리데스와의 논쟁』처럼—오리게네스가 가령 그리스도의 선재에 관해 아라비아 지방 보스트라의 주교와 대화했듯이[113]—무엇보다 대화나 신학적 토론을 의미한다고 생각하며, 강해를 배제한다. 그러나 "그가 공개적으로 행한 디알렉세이스"는 평신도일 때 교회에서 설교한 오리게네스를 옹호하여 테오크티스투스와 알렉산더가 데메트리우스에게 보낸 글에서도 언급된다.[114] 에우세비우스는 동사 '디알레게스타이'(διαλεγέσθαι)를 사용하는데, 이는 '디알렉세이스'와 같은 어근에서 나온 말이며 '공개적으로 성경을 해설하는 것'을 뜻한다. 데메트리우스의 견해에 반대한 두 주교의 편지에서는 '호밀리아'라는 단어가 사용되었는데, 그리스어 '호밀리아'(ὁμιλία, homilia)는 '회화체의 이야기'를 뜻한다. 성경을 풀이하는 초기 그리스도인은 이른바 수사학적 표현 없이 단순한 어법으로 설교를 했다. 곧, '호밀리아'에 해당하는 '호밀레인'(ὁμίλειν)과 '프로소밀레인'(προσομίλειν)도 성경 해설을 의미하며, 이들 낱말과 유사어 관계에 있는 '디알렉세이스'(διαλέξεις)는 강해를 뜻한다고 보는 것이 옳다.

강해가 회중 앞에서 그날 읽어야 할 성경 구절을 해설하는 것을 뜻하고, 때때로 오리게네스가 말씀의 전례에서 읽을 구절을 미리 알지 못한 채 즉석에서 해설하였다면 에우세비우스의 이 진술을 쉽게 이해할 수 있다. 오

113) 참조 에우세비우스, 『교회사』 6,33,1-3. 이 토론을 받아 쓴 글은 1941년 카이로 근처 투라에서 발견된 사본에 남아 있다. 2판에 관해서는 참조 J. Scherer, SC 67 (1960).
114) 참조 에우세비우스, 『교회사』 6,19,16.

리게네스가 강해를 준비 없이 즉석에서 할 정도로 성경에 대한 지식이 풍부해지고 강해의 내용을 직접 받아쓰게 하며, 이를 출판하는 데 그리 큰 문제가 없다고 생각한 것은 60세 때였다. 이러한 사실로부터 우리에게 전해진 많은 강해는 245년 이후에 쓰인 것이라고 추론할 수 있다. 그러나 예를 들어 『루카 복음 강해』는 그 이전에, 곧 그가 카이사리아에 머물기 시작한 초기에 쓰인 것 같다. 이 강해는 다른 강해들과 구조가 다르며 훨씬 짧다. 『루카 복음 강해』는 강연 전이나 후에 오리게네스 자신이 쓴 것으로 추측된다.

그리스어로 남아 있는 사울과 점쟁이 엔도르에 관한 유명한 강해[115]는 설교가 사전에 준비 없이 행해졌다는 사실을 알려 주는 오리게네스와 주교의 흥미로운 대화로 시작한다. 성찬례 전에 행하는 말씀의 전례에서 오리게네스는 자신이 어떤 구절을 설교해야 하는지 미리 알지 못했다. 그는 네 가지 성경 구절을 읽었으며, 그것 모두를 해설할 수는 없다고 말한다. 따라서 그는 자신이 어떤 구절을 해설해야 할지 결정해 달라고 주교에게 청했고, 주교는 점쟁이에 관한 한 구절을 지정하였다. 그러자 오리게네스는 곧바로 강해에서 그 구절을 풍부한 신학적 내용으로 해설하였다.

강해 가운데 대부분은 팔레스티나의 카이사리아에서 이루어진 것이 틀림없다. 그러나 사무엘의 탄생에 관한 강해는 예루살렘, 곧 알렉산더 주교 앞에서 이루어진 것이라고 확신할 수 있다. 오리게네스가 이렇게 말하기 때문이다. "여러분이 알렉산더 주교님(Papa)[116]에 대해 알고 있는 것을 저에

115) 참조 『사무엘 전서 강해』 28: GCS 3.

116) Papa는 그리스어 '파파스'(πάπας)에 해당하는데, 그 당시 주교를 가리키는 일반적인 호칭이었다.

게서 찾으려 하지 마십시오. 그분은 온화한 기품에서 우리 모두를 능가하시니까요."[117] 그는 조금 뒤에 이렇게 말한다. "저는 새로운 방식으로 설교했습니다. 여러분이 매우 다정하신 주교님의 감미로운 설교에 익숙해 있다는 것을 알고 있기 때문입니다."

오리게네스가 카이사리아에 머물던 시기에 행한 여러 여행은 주목할 만하다. 카파도키아의 수도 카이사리아의 주교 피르밀리아누스는 '자신의 지역 교회들을 위하여' 오리게네스를 초대했으며, 그다음에 오리게네스와 함께 얼마간 시간을 보내기 위해 유대아에 왔다.[118] 에우세비우스[119]는 정확한 연대를 제시하지 않지만 고르디아누스 3세 통치 기간(238~244년)에 오리게네스가 두 번째로 아테네에 머물렀다고 언급한다. 이 체류는 틀림없이 다소 길게, 적어도 몇 달 이상 지속되었을 것이다. 왜냐하면 그 기간에 오리게네스는『에제키엘서 강해』를 마무리하고『아가 주해』를 시작하여 제5권까지 저술했기 때문이다. 그 뒤에 "카이사리아로 돌아와 그는『아가 주해』를 제10권까지 완성했다". 그가 마르마라 해의 아시아 쪽 해안 가까이 있는 니코메디아로 여행을 떠났다는 사실은 오리게네스가 율리우스 아프리카누스에게 쓴 긴 편지[120]의 마무리 인사에서 입증된다. 이 편지는 그리스어로 번역된 다니엘서를 읽고 수산나 이야기의 친저성과 정경성에 관해 이의를 제기한 율리우스에게 답변한 것이다. 에우세비우스는 이것이 고르디아누스 3세의 통치 말기 이전, 따라서 244년 이전에 쓰였다고 이야기한다. 실제로 편지를 보낸 곳은 니코메디아였다. 그 편지의 끝부분 인사말에, 편

117)『사무엘 전서 강해』1: GCS 8.

118) 참조 에우세비우스,『교회사』6,27.

119) 참조 에우세비우스,『교회사』6,32,2.

120) 참조 M. Harl, *Origène, Philocalie*.

지를 수정한 암브로시우스와 그의 부인 마르켈라와 자식들이 언급되기 때문이라는 것이다.[121]

그밖에도 오리게네스는 신앙을 지키기 위한 선교여행을 세 차례 했다. 첫 번째로 그는 로마 제국 아라비아[122] 지방의 수도인 보스트라의 주교 베릴루스를 만나러 갔다. 에우세비우스는 베릴루스가 양태설과 입양설[123]에서 유래한 교의를 내세웠다고 말한다.[124] 베릴루스는 "우리 주님 구원자께서는 인간들 가운데 거처하시기 전에 자신의 방식으로 선재하지 않으셨고, 그분은 자신의 신성을 지니지 않으며, 단지 그분 안에 거주하는 아버지 때문에 신성을 지닌다"고 주장하였다. 많은 주교가 보스트라에서 열린 교회회의에서 베릴루스와 토론하였으며, 그들은 오리게네스를 그 교회회의에 초청했다. 오리게네스는 베릴루스를 설득해 정통신앙의 견해에 동의하게 하였다. 에우세비우스는 베릴루스의 저서들—'편지들과 여러 저서 모음집'[125]—과 오리게네스가 그와 나눈 대화를 담고 있는 교회회의의 의사록을 언급한다.

121) 편지에 나오는 암브로시우스 아내의 이름과 『기도론』 헌정사에서 암브로시우스와 함께 언급되는 아내(타티아나) 이름이 다르다. 물론 그녀의 이름이 둘이었을 가능성도 없지는 않다. 히에로니무스(『명인록』 56)의 말대로 암브로시우스가 부제였다는 것이 사실이라면, 그는 두 번 혼인할 수 없었다. 오리게네스는 두 번 혼인한 사람들을 부제·사제·주교직에 임명하는 것을 금지하고, 또한 사제·부제·주교가 홀아비가 되면 재혼하지 못하게 규정한 '일부일처법'을 여러 번 강조했다(참조 『레위기 강해』 17,10; 『마태오 복음 주해』 14,22).

122) 아라비아는 오리게네스가 알렉산드리아에 살던 시기에 그곳 총독의 초대로 이미 방문한 적 있는 곳이었다.

123) 양태설은 신성의 일치를 보호하기 위해 한 분이신 하느님께서 개별 신적 위격의 실재인 성부와 성자와 성령이라는 세 방식으로 나타난다고 여기는 유설이며, 양자설/입양설은 그리스도가 순수한 인간으로 태어났지만 세례를 통하여 또는 부활한 뒤 그 공로로 아버지의 아들로 받아들여졌다는 유설이다.

124) 참조 에우세비우스, 『교회사』 6,33; 6,20,2.

125) 참조 에우세비우스, 『교회사』 6,20,2.

두 번째 선교여행도 역시 아라비아 출신인 필리푸스라는 인물과 관련되며, 영혼사멸론파(θνητοψυχῖται)—영혼은 육체와 함께 죽을 수밖에 없다고 내세우는 사람들—라는 명칭으로 알려진 어떤 그리스도인들의 견해 때문에 이루어졌다. "그들은 현 상황에서 인간의 영혼은 죽는 순간에 육체와 함께 죽으며, 육체와 함께 썩지만 부활하는 날에 육체와 함께 다시 살아나리라고 말했다."[126] 이 때문에 다시 교회회의가 소집되고 오리게네스가 초빙되었으며, 그는 사회의 상식을 벗어난 이들을 설득해 정통신앙으로 돌아오게 했다.

세 번째 선교여행 때 논의된 주제도 이전의 두 여행 때와 크게 다르지 않다. 이에 대한 정보는 『(성부와 성자, 영혼에 관한) 헤라클리데스와의 논쟁』[127]에서 발견된다. 이는 교회회의 의사록의 한 부분이지만, 교회회의가 열린 시기와 장소에 관해서는 알려진 것이 없다. 그러나 토의된 교의들의 유사성으로 미루어 짐작하건대, 이 교회회의는 로마 제국의 아라비아에서 열렸던 교회회의와 거의 같은 시기에 열렸을 것이다. 헤라클리데스의 동료들은 헤라클리데스 주교의 견해를 의심하여 주교좌 도시에 모였고 오리게네스를 논쟁에 참여하게 하였다. 헤라클리데스의 견해에 문제를 제기한 주교들은 자신의 의견을 말하고 질문하였다. 헤라클리데스는 자신이 정통신앙을 지녔다고 고백했지만 핵심적인 문제에서는 그리 명확하게 답변하지 않았다. 이에 오리게네스는 논쟁점들에 관해 그에게서 명확한 답변을 듣기

126) 에우세비우스, 『교회사』 6,37.

127) Origène, *Entrentien avec Héraclide*: SC 67(1960): J. Scherer. 이 본문은 오리게네스와 4세기에 알렉산드리아 교리학교의 책임자였던 장님 디디무스의 저서들을 담고 있는 일련의 파피루스에 나온다. 이는 1941년 카이로 근처 투라(Toura)의 옛 채석장에서 발견되었다. 제5차 세계공의회, 제2차 콘스탄티노플 공의회가 이를 단죄한 후 성 아르세니우스 수도원의 수도승들이 내버린 것 같다.

위해, 정중하게 그러나 철저하게 헬라클리데스 주교에게 물었다. 논쟁점은 그리스도의 선재, 그리스도와 아버지의 구별과 일치, 하느님과 인간인 아들의 두 본성이었다. 오리게네스는 아버지와 아들이 본질적으로 일치한다는 점과 위격적으로 다르다는 사실을 피력하여 양태설과 입양설을 통렬히 비판하였다.

영혼사멸론파의 그릇된 생각은 초기 교회 동안 여러 번 다시 고개를 쳐든다. 4세기 초에 열린 엘비라 교회회의 『법규』 34조는 "성도들의 영을 방해하지 않도록" 낮 동안에 공동묘지에서 촛불을 켜는 것을 금했다. 히에로니무스의 『비길란티우스 반박』에 따르면 5세기 초에 칼라구리스의 비길란티우스가 이와 비슷한 견해를 지녔으며, 같은 시기 같은 지역에서 쓰인 『성 사투르니누스의 수난』은 툴루즈의 주교 엑수페레스가 순교자 주교의 유골을 자신이 지은 바실리카로 옮겼을 때 양심의 가책을 느꼈다고 전한다. 그는 성인의 휴식을 방해하지나 않을까 두려워했다. 『헤라클리데스와의 논쟁』에 따르면 영혼사멸론파의 교의와 관련한 문제에 대해 헤라클리데스는 오리게네스에게 직접 질문하기도 했다. 그리고 "필리푸스 주교가 왔고 다른 주교 데메트리우스는 그에게 '우리 형제 오리게네스가 영혼은 죽지 않는다고 가르친다'고 말했다"[128]라는 말에 사람들이 놀란 것으로 보아, 주교들도 영혼의 불사를 자명하게 이해하지 못했다고 결론 내려야 한다.

오리게네스는 데키우스 황제가 일으킨 박해로 감옥에 갇히기 전까지 카이사리아에서 방해받지 않고 학생들을 가르칠 수 있었다. 오리게네스는 자신의 생애에서 일어난 첫 두 박해를 잘 피해갔다. 셉티미우스 세베루스의 박해 때는 오리게네스의 아버지가, 그 뒤에는 그의 제자 여러 명이 순교

128) 오리게네스, 『헤라클리데스와의 논쟁』 24.

했으며, 트라키아인 막시미누스의 박해 때는 오리게네스의 후원자 암브로시우스가 감옥에 갇혔다.[129] 그러나 249년에 일어난 데키우스[130]의 박해는 오리게네스도 피하지 못했다. 박해의 결과는 서방에서는 카르타고의 키프리아누스의 편지를 통해, 동방에서는 에우세비우스에 의해 보존된 알렉산드리아의 디오니시우스의 편지를 통해 잘 알려져 있다.[131] 아랍인 필리푸스[132]

129) 이 당시 오리게네스는 암브로시우스와 프로토크테투스 사제에게 보내는 『순교 권면』을 썼다. 암브로시우스는 몇 년 뒤 오리게네스에게 켈수스의 『참말』을 논박해 달라고 청하였으며, 『켈수스 반박』은 그에게 헌정되었기에 남아 있다.

130) 248년 『켈수스 반박』에서 오리게네스는 많은 사람이 제국에서 일어난 내란 동안 그리스도인에게 대참사의 책임을 지우면서, 반그리스도교적 분위기가 급속히 형성되었다고 말한다. 로마 건립 천년 축제(247~248년)는 제국의 전통적인 제신에 대한 의무감을 강조하고 애국적 감정을 북돋았다. 아무튼 데키우스 황제는 즉위(249년)하자마자 모든 시민이 위원회 앞에서 제신에게 희생 제물을 바쳐야 한다는 칙령을 내렸다. 이에 관한 여러 증서가 아직도 남아 있다. 이 조처로 로마 제국 전역에서 박해가 일어났다. 그리스도인에 대한 박해의 영향은 에우세비우스의 기록으로 남아 있는 카르타고의 키프리아누스의 편지, 알렉산드리아의 디오니시우스가 주고받은 편지를 통해 주로 알려졌다.

131) 교리교육 학교에서 오리게네스의 제자였던 디오니시우스는 처음에는 그 학교의 책임자로, 247년 또는 248년부터는 알렉산드리아의 주교로 헤라클라스의 후임자가 되었다. 에우세비우스도 알렉산드리아의 주교 디오니시우스가 감옥에 갇혀 있는 오리게네스에게 보낸 편지 한 통을 언급한다. 이는 순교록, 아마도 『순교 권면』에 관한 내용일 것이 틀림 없다.(참조 에우세비우스, 『교회사』 6,46,2) 이 본문은 남아 있지 않지만 알렉산드리아 주교좌에 오리게네스와 화해를 바라는 인물이 임명되었다는 사실을 알려 준다. 루카 22,43-48에 바탕을 둔 겟세마니 동산에서의 예수의 고뇌에 관한 긴 단편이 '알렉산드리아의 디오니시우스가 오리게네스에게'라는 제목으로 바티칸 필사본에서 발견되었으며, 하르낙(A. v. Harnack), 바르덴헤버(O. Bardenhewer), 디오니시우스의 문헌을 최근에 독일어로 번역한 비너르트(참조 W.A. Bienert, *Dionysius von Alexandrien*, 95-102쪽. 122-123쪽 각주)는 이 단편이 오리게네스에게 보낸 편지의 일부분이라 여긴다. 그러나 디오니시우스 작품의 영어 편집자 펠토(참조 Ch. L. Feltoe, *The Letters*, 229-250쪽)는 제목에 디오니시우스의 이름이 들어 있음에도 불구하고 이 단편을 그의 글로 여기는 것을 주저한다. 어떤 견해가 옳은지는 더 연구할 필요가 있다. 디오니시우스가 오리게네스에게 보낸 편지는, 삼신론자로 불리는 스테파누스 고바루스라는 사람의 책에 대해 보고하는 포티우스의 글에서도 언급된다(참조 포티우스, 『저서 평론』 232,291b.).

치하에서 교회가 누린 평화로운 시기에 개종한 수많은 사람들은 아직 시련을 견딜 준비를 갖추지 못한 상태였다. 박해로 말미암아 많은 사람이 배교했고, 주교들은 배교로 말미암아 제기된 사목적·신학적 문제들에 대처해야 했다. 오리게네스는 그때 행한 강해들에서 신자들의 도덕적·영적 수준이 질적으로 떨어졌다고 한탄하였다.

오리게네스의 친구인 예루살렘의 알렉산더는 데키우스 박해 때 카이사리아의 감옥에서 죽었다.[133] 오리게네스 자신은 아마도 티루스에 있었을 것으로 추정되는 감옥에 갇혀 여러 차례 심한 고문을 받았다. 재판관들은 그리스도인 가운데 가장 저명한 인사인 오리게네스를 죽이지 않은 채 무슨 수를 쓰든 배교시키려 하였다. 그의 배교는 다른 이들에게 크나큰 영향을 미칠 수 있었기 때문이다. 그는 어린 시절부터 보여준 담대한 정신으로 이 고통을 견뎌냈다. 에우세비우스는 오리게네스가 겪은 고난을 이렇게 전한다. "그를 파멸시키려 결심한 사악한 악마는 자신의 병기고에 있는 모든 무기를 효과적으로 사용하여, 악마가 그 당시에 싸우고 있던 어떤 사람보다 더 강력하게 오리게네스를 공격하면서 모든 책략과 편법으로 그와 맞서 싸웠다. 그때 그가 겪은 고난들—그가 그리스도의 말씀을 위해 견뎌 낸 무시무시하고 잔인한 행위, 족쇄와 육체적 고문, 족쇄로 인한 심한

132) 하우란 출신의 아랍인 황제 필리푸스는 실제로 첫 그리스도인 황제인 것 같다. 그는 통치를 시작했을 때 지은 죄 때문에 안티오키아의 주교 바빌라스에 의해 참회를 해야 했다. 이는 그가 세례를 받았다는 사실을 암시한다. 부활절 철야기도 동안 행해진 이 공개 참회는 에우세비우스와 요한 크리소스토무스의 기록 및 『부활절 연대기』에 나온다. 황제가 그리스도교에 호의를 보임으로써 옛 종교가 위험에 처하자 필리푸스에게 황제직을 찬탈하려는 여러 경쟁자가 맞섰다. 필리푸스는 첫 세 경쟁자를 물리쳤지만, 249년 네 번째 경쟁자인 데키우스에게 패배해 죽임을 당했다.

133) 참조 에우세비우스, 『교회사』 6,39,2.

고통, 어두운 감방, 여러 날 계속해 차꼬대 네 곳에 사지가 묶여 끌려 당긴 일—이 어떻게 끝났는지에 관한 이야기, 어떻게 해서든지 그의 사형집행 선고를 피하려고 애쓴 재판관의 이야기, 불을 사용한 위협과 적대자들이 고안한 모든 고문을 견뎌 낸 용기, 그에 대한 학대가 어떻게 끝났는지에 대한 이야기, 그리고 그가 이 모든 것을 겪은 다음에 우리에게 남긴 유익한 말, 위로를 필요로 하는 이들에게 도움이 되는 많은 유익한 말, 이 모든 것에 관한 진실되고 상세한 이야기를 그 자신이 쓴 긴 편지에서 발견할 것이다."[134]

박해는 251년 데키우스가 죽으면서 끝났다. 오리게네스는 황제가 죽은 뒤 석방되었다. 그가 배교하지 않았다는 사실은 그가 석방 후에 쓴 편지들로 알 수 있다. 그가 배교했다면 "북돋워줄 필요가 있는 이들을 위해 유익한 말로 가득 찬" 편지들을 쓰지 못했을 것이기 때문이다. 포티우스는 오리게네스에 대해 그다지 호의적이지 않은 내용을 담은 보고서에서 배교에 관해서는 전혀 의심을 품지 않지만, 이 편지들의 친저성에는 이유를 제시하지 않은 채 의혹의 눈길을 보낸다.

박해 때 받은 고문으로 인해 이 고백자는 몇 년 뒤 티루스에서 죽었다. 당시 그의 나이는 69세 또는 70세였을 것이다.[135] 팜필루스의 『오리게네스

134) 에우세비우스, 『교회사』 6,39,4.

135) 오리게네스가 데키우스의 후계자인 갈루스의 시대에 사망했을 때 그는 "70세에서 한 살이 모자랐다". 따라서 그의 사망연도는 254~255년이었을 것이다(참조 에우세비우스, 『교회사』 7,1). 문제는 갈루스와 그의 아들 볼루시아누스가 채 2년을 통치하지 못하고 253년 5월 폐위되었다는 점이다(참조 에우세비우스, 『교회사』 7,10,11). 그렇다면 오리게네스는 그들의 후계자 발레리아누스 시대에 죽었거나 아니면 69세까지 살지 못했다고 보아야 한다. 발레리아누스 황제에 관한 역사 기록이 더 정확하다는 데 근거해, 우리는 갈루스의 통치 시대에 사망했다는 진술에 강조점을 두기보다는 254~255년이라는 연도에 더 무게를 둔다.

를 위한 변론』의 이야기를 전하는 포티우스는 오리게네스의 죽음에 관해 두 가지 전승이 있다고 말한다. 첫째 전승은 다음과 같다. "데키우스가 그리스도인에 대해 잔인한 행위를 계속 자행하던 때에 그는 카이사리아에서 빛나는 순교로 생을 마감하였다."[136] 이는 그가 박해 때 순교했음을 암시한다. 둘째 전승은 에우세비우스가 증언한다. "그는 갈루스와 볼루시아누스[137] 시대까지 살았고, 69세에 죽어 티루스에 묻혔다."[138] 히에로니무스도 오리게네스가 티루스에서 죽었고 그곳에 묻혔다고 증언한다.[139] 13세기까지 남아 있었던 그의 무덤에 관해서 돔 들라뤼(Dom Delarue)는 후에(Huet)가 쓴 「오리게니아나」(*Origeniana*)[140]에 덧붙인 각주에서, 이를 언급하는 중세 저자들의 매우 긴 명단을 제시하며 이렇게 요약한다. "이 모든 저술가의 언급을 고려할 때, 오리게네스는 성모대성당이라는 티루스의 한 대성당 벽 뒤에 묻혀 있다고 단정할 수 있다. 조각된 대리석 기둥에 금과 보석으로 장식된 그의 비문과 이름은 1283년에도 읽을 수 있었다." 그러나 대성당은 오리게네스 생시에는 없었고, 시신이 처음으로 묻힌 곳도 아니었다. 아마도 처음 그가 묻힌 곳은 카이사리아의 에우세비우스가 티루스의 성전 봉헌식 때 행했던 유명한 설교에서 언급한 대성당일 것이다.[141]

오리게네스는 아우구스티누스와 더불어 고대 그리스도교에서 가장 뛰

136) 포티우스, 『저서 평론』 118,92b. 포티우스는 이렇게 덧붙인다. "이 번역은 정확하며, 우리가 갖고 있는 편지들이 적어도 데키우스의 박해 이후에 쓰였다면 위조문서가 아니다."
137) 데키우스 다음에 갈루스와 갈루스의 아들 볼루시아누스가 왕위를 이어받았다. 그들은 251년 살해되었고 발레리아누스와 그의 아들 갈리에누스가 제위에 올랐다.
138) 에우세비우스, 『교회사』 7,1.
139) **참조** 히에로니무스, 『명인록』 54; 『서간집』 84(팜마키우스와 오케아누스에게 보낸 편지).
140) **참조** PG 17,696, 각주 48.
141) **참조** 에우세비우스, 『교회사』 10,4,1-72.

어나고 위대한 신학자였으며 지성적으로 매우 비범한 인물이었다. 그는 우주에 관해 매우 폭넓게 숙고하였다. 이 세상 다음의 세상이 무한하게 연속되는 과정에서 하느님께서 모든 영혼을 자유롭게 창조하신 태고의 시대부터 강등과 고통의 무수한 영고성쇠를 거쳐 영혼들이 본디의 상태와 완성으로 돌아가고 "하느님께서 모든 것 안에서 모든 것이실" 때까지 숙고하였다.

우리는 오리게네스를 더없이 지성적이고 심오하며 사변적·이론적으로 설명하는 신학자로만 보는 견해에서 벗어나야 한다. 또한 신학을 확립하는 첫 시대인 3세기 사상가의 가르침에 피할 수 없는 몇 가지 결함이 있다고 해서 그가 지닌 신앙의 순수한 특징을 부정하면 안 된다. 그가 자신이 교회의 사람이며 그리스도의 신앙 안에 살고 있다는 고백을 저서들에서 되풀이하고 있듯이, 그의 지성은 전적으로 교회적·그리스도교적으로 형성되었다는 것도 잊지 말아야 한다. 순교자 유스티누스와 타티아누스, 알렉산드리아의 클레멘스[142] 같은 교부들은 개종하였지만, 그들은 젊은 시절 지성의 형성에 중요한 역할을 했던 정신적 변화를 그대로 유지하였기 때문에 철학자로 남아 있었다.

그러나 오리게네스가 자신은 '교회의 사람'이라고 애정을 담아 단언하였을 때, 그는 타고난 특성과 같은 어떤 것[143]을 분명히 나타냈다. 오리게네

142) 클레멘스는 여전히 모세와 그리스도교의 가르침을 '야만인 철학'이라고 불렀다. 그러나 오리게네스는 이집트인인 '야만인'과 이스라엘의 위대한 '성도들'을 뚜렷이 대비하여 나타낸다.

143) 그가 '세상'에 관해 말할 때, 이 낱말은 그가 복음서에서 이해한 의미—지나갈 세상, 특히 예수 그리스도가 우리를 자유롭게 하기 위해 온 악한 세상—로 종종 사용된다. 그는 어릴 적에 성경을 배웠으며 성경 외에는 거룩한 것이 아무것도 없다고 늘 단언하였다. 『켈수스 반박』을 제외하고 그는 세속의 저자들을 거의 인용하지 않았다.

스는 교회의 사람이었으며 오직 교회의 사람이길 바랐기 때문에 그를 무엇보다도 교회의 사람으로 보아야 한다. 『루카 복음 강해』에서 그는 이렇게 말한다. "저는 교회의 사람이 되기를 바라며, 어떤 이단의 창시자가 아니라 세상에서 축복받는 그리스도의 이름으로 불리며 이 이름을 지니길 바랍니다. 그리스도인이라고 불리는 것은 영에 따른 것이기보다는 행위에 따른 제 열망입니다. 그대의 오른손처럼 보이고, 사제의 명칭을 지닌 채 하느님의 말씀을 선포해야 하는 제가 교회의 가르침과 복음의 규칙을 혹시 위반하여, 그대, 곧 교회를 불쾌하게 했다면, 온 교회가 만장일치로 결정하여 저, 곧 그대의 오른손을 잘라 버리고 떨쳐 버리기 바랍니다."[144] 교회에 대한 사랑과 일치, 정통신앙에 대한 열망이 이 부르짖음에 녹아 있다. 그는 자신의 신학이 교회에 도움이 되기만을 바랐다. 게다가 그는 '성경 규범' 또는 복음적·사도적 규범에 호소하는 것에 만족하지 않고, '교회 규범' '교회 신앙' '교회의 말' '교회의 설교' '교회 전통' '교회의 교의' '교회의 생각과 가르침'이라는 표현을 끊임없이 사용하였다. 오리게네스는 교회에 복종하였고 교회의 결정과 교의를 매우 존경하였으며 이교인 사상가나 이단자[145]들을 거슬러 교회의 일치에 전념한 인물이었다. 그는 교회를 어머니

144) 『루카 복음 강해』 16; 참조 E. Dassmann, *Identifikation*, 324쪽.

145) 그는 우상 숭배자와 이단자, 철학자 모두를 포괄적으로 비난하였다. 그는 사도들의 책들을 예리코의 성벽, 곧 모든 이교적 사상가들의 체계를 무너뜨리는 이스라엘 군대의 나팔에 비유한다. 그에게 이교 사상가들은 그들 정신이 조작한 것들을 숭배하기 때문에 실질적으로 우상 숭배자나 다름없다. 오리게네스는 세속의 이 사상가들이 그리스도교 신앙을 거스르고 그 신앙의 단순성을 모욕하는 이단자들과 결탁하고 있다고 보았다. 이단자들의 자만은 자신들의 교의를 "레바논의 삼나무보다 더 높이" 올리고, 그들의 궤변은 속임으로 가득하다. 그들은 자신들의 전통이 사도들로부터 이어져온 것이라고 사칭하지만 헛소리다. 그들은 오류의 고백자다. 신실한 그리스도인은 결코 위대한 전통에서 벗어나지 않는 반면, 그들은 자신의 거짓말을 확증하기 위해 성경으로 인정받지 못한 책들과 비밀 전통에 호소

라고 부르는 버릇이 있었으며, 그리스도인을 교회의 자녀라고 보았다. 그는 영적인 사람이 더 성장하면 교회의 아름다운 얼굴을 더 많이 인식한다고 확신하였다. 또한 교회라는 신비체에서 떨어져 나가는 것을 가장 큰 불운이라고 생각했다.

교회에 대한 그의 감정은 실제로 그리스도에 대한 감정만큼 깊었다. 그는 사람들을 거룩한 삶으로 향하도록 변화시키는 지식은 그리스도에게서만 오며, 그리스도는 교회에서만 발견된다는 것을 알았다. 그는『아가 주해』 2,5에서 이렇게 말한다. "당신의 말 때문에 저는 당신을 참된 말로 인정하고 당신에게 갔습니다. 내가 들은 모든 말, 내가 내 나라에 있는 동안 세속의 스승들과 철학자들에게 들은 모든 말은 참말이 아니기 때문입니다. 참말은 당신 안에만 있습니다." 그는, 예수 이외에는 아무도 본받지 말아야 하며, 예수 이외에 사랑해야 할 가치를 지닌 것은 아무것도 없다고 말한다. 그는 우리가 하느님을 사랑하듯이 예수를 사랑해야 하며, 예수 안에서 하느님을 사랑해야 하고, 성부에게 하듯 예수에게 기도해야 하며, 예수는 마음의 고독과 침묵 속에서만 발견된다고 말한다. 그는 우리가 예수를 열심히 그리고 인내심을 가지고 필요한 경우엔 고뇌와 슬픔 안에서 찾

한다. 따라서 그들은 우리가 자신들이 조작한 어떤 그리스도를 숭배하기를 원하는 반면, 한 분이신 진짜 그리스도는 교회에서 자신을 드러낸다. 그들은 성경 본문을 자신들의 공상 속 대상들에 맞추기 위해, 성경 본문인 금그릇과 은그릇의 외관을 망가뜨린다. 그들은 자신들의 잘못된 해석으로 신적 말씀들을 볼품없게 만드는 도둑이며 간통자다. 그들은 교회 밖에서 자신들의 교의를 만들어내기 때문에 위조자다. 그들은 자신들이 제기한 것을 자기들 논리로 장황하게 이야기하는 거짓 교사, 거짓 예언자이며, 에제키엘이 말한 거짓말쟁이다. 그들은 허울 좋은 속임수로 종종 자신의 우상들, 곧 속 빈 교의들을 감춘다. 그들은 하나같이 예수를 스승님이라 부르며 그를 껴안지만 그들의 입맞춤은 유다의 입맞춤일 뿐이다.

기를, 예수와 늘 함께 살며 예수에게 질문하고 예수의 답변을 듣기를 바란다. 이는, 오리게네스에게 성경이 실제로 의미하는 것을 추구하는 것이다. 그는 우리가 매우 겸손한 태도로 예수의 감미로운 목소리만 듣기를 원한다. 그는 인간이 기대할 수 있고 하느님께서 주실 수 있는 모든 선한 것이 예수 안에 집약되어 있다고 단언한다. 그는 그리스도를 정관하고 애정 어린 감정의 끈으로 예수에게 묶여 있으며, 자신의 말보다 자신의 양심을 선호하는 이들을 칭찬한다. 더욱이 오리게네스는 사람이 되신 그리스도 그리고 그의 어머니 마리아와 동떨어진 참된 그리스도인의 삶은 없다고 단언한다. 그는 종종 '나의 예수' '나의 주님' '나의 구원자'에 관해 말한다.[146] 이런 사적인 짧은 언급은 그에게 습관이 되어 그는 성경을 인용할 때도 때때로 무심결에 이 말들을 집어넣었다. 이는 나중에 일종의 그리스도교 신심 용어가 되었다.

그의 인품에 관해서도 좋은 평판만이 전해진다. 그는 매우 겸손하고 질투심이 없으며 권력에도 부(富)에도 관심이 없었다. 그는 친구와 반대자들에게서 부당한 억압을 받았지만 이를 불평 없이 견뎌 냈다. 그의 삶은 처음부터 끝까지 힘들었지만, 그는 진리를 진심으로 사랑했고 필적할 사람

146) 테르툴리아누스도 '나의 그리스도'라고 말하곤 하였으며, 이는 참그리스도를 '창조자의 그리스도' '이사야의 그리스도' '예언자들의 그리스도' 등이라고 말하는 것과 같다. 모세나 바오로에 관한 논고에서는 '나의 모세' '나의 바오로'라고 말하였다. 『마르키온 반박』에 나오는 주제들에서 논쟁이 되는 문제는 '두 그리스도', 곧 그리스도에 관한 서로 반대되는 두 개념이었다. 따라서 테르툴리아누스가 사용한 이 표현들, 특히 1인칭 단수(meus, mihi)를 사용한 것은 자신의 반대자와 개인적으로 투쟁한 결과였다. 테르툴리아누스는 마르키온에게 말할 때 '너의 그리스도'라고 말한다. 따라서 테르툴리아누스가 사용한 '나의 그리스도'란 '교회의 그리스도, 가톨릭 전통의 교회, 정통신앙의 교회'와 동의어이며, 소유대명사는 단순히 이 힘찬 투사가 자신의 신앙을 자각한 개인적이고 논쟁적인 표현이었다.

이 없을 정도로 열의에 차 있었으며 생활방식은 철저히 금욕적이었다. 한마디로 그는 늘 그리스도를 본받으려 애썼으며, 실제로 순교한 이 못지 않은 삶을 살았다. 오리게네스는 어린 시절부터 순교자로서 삶을 마감하고 싶어했지만 그러지 못했다. 이는 오리게네스 개인에게도 교회에게도 비극이다. 그가 고문으로 감옥에서 죽어 순교자의 월계관을 썼다면, 그의 신학적 적대자들이 그를 그리 심하게 중상하지 않았을 것이고, 알렉산드리아의 데메트리우스 주교와 빚어진 갈등도 객관적으로 조명될 수 있었을 것이다. 물론 이단시되는 일도 없었을 테고, 저서가 대부분 소실되어 부분만 남는 일도 없었을 것이다.

오늘날의 관점에서 볼 때 그가 정통신앙만을 내세운 것은 아니다. 그러나 그의 저서는 학문 연구에 매우 유익하고 그의 천성과 인품은 어떤 교부보다 뛰어나 본받을 만하다. 그렇기에 우리는 그를 위대한 성인이라 부르길 주저하지 않을 것이다.

2.
오리게네스의 저서

2.1. 저서 개괄

후대에 오리게네스 자신과 저서 때문에 일어난 논쟁으로 말미암아 그리스어로 쓰인 많은 원본이 소실되었지만, 그는 고대 그리스도교 역사상 아우구스티누스를 제외하고 가장 활발히 활동한 저술가였다. 그의 저술 범위는 매우 폭넓다. 다음의 목록은 저서 전체를 파악할 수 있도록 히에로니무스가 파울라에게 준 목록[1]을 옮긴 것이다.[2]

구약성경 창세기 13권(券),[3] 이 가운데 2권은 강해로 분류된다. 탈출기

1) 히에로니무스, 『서간집』 33. 이는 에우세비우스의 목록을 참고한 것이 확실하다.
2) 여기에서는 노텡(P. Nautin, *Lettres et écrivains*, 233~240쪽)을 참고하여, 히에로니무스가 오리게네스의 서신교환을 다룬 『서간집』 33의 마지막 부분을 재배열하였다.
3) 에우세비우스(『교회사』 6,24,2)는 12권이라고 주장한다. 여기에서 사용된 권(券)은 관례적으

발췌 주해; 레위기 발췌 주해; 양탄자 10권; 이사야서 36권; 또한 이사야서 발췌 주해; 에프라임에 관한 호세아서 1권; 호세아서 주해; 요엘서 2권; 아모스서 6권; 요나서 1권; 미카서 3권; 나훔서 2권; 하바쿡서 3권; 스바니야서 2권; 하까이서 1권; 즈카르야서 시작에 관해 2권; 말라키서 2권; 에제키엘서 29권. 시편 제1편에서 제15편에 관한 발췌 주해; 시편[4] 제1, 2, 3, 4, 5, 6, 7, 8, 9, 10, 11, 12, 13, 14, 15, 16, 20, 24, 29, 38, 40편 각 1권; 시편 제43편 2권; 시편 제44편 3권; 시편 제45편 1권; 시편 제46편 1권; 시편 제50편 2권; 시편 제51편 1권; 시편 제52편 1권; 시편 제53편 1권; 시편 제57편 1권; 시편 제58편 1권; 시편 제59편 1권; 시편 제62편 1권; 시편 제63편 1권; 시편 제64편 1권; 시편 제65편 1권; 시편 제68편 1권; 시편 제70편 1권; 시편 제71편 1권; 시편 제72편 시작에 관해 1권; 시편 제103편 2권. 잠언 3권; 코헬렛 발췌 주해; 아가 10권과 오리게네스가 젊은 시절에 쓴 아가 2권; 예레미야의 애가 5권. 또한 모노비블라(Monobibla)[5]; 원리론 4권; 부활에 관해 2권, 그리고 부활에 관한 대화록 2권; 잠언의 어떤 문제에 관해 1권; 발렌티누스파 칸디두스 반박 대화; 순교에 관해 1권.

신약성경 마태오 복음 25권; 요한 복음 32권[6]; 요한의 어떤 부분에 관한 발췌 주해 1권; 루카 복음 15권; 로마서 15권; 갈라티아서 15권[7]; 에페소서

로 파피루스 두루마리 한 개 분량의 본문을 나타낸다.

4) 시편은 히브리어 성경 체계가 아니라 그리스어 성경 체계(칠십인역)에 따라 번호가 매겨졌다.

5) 어원적으로 '성경만'을 뜻하지만, 우리는 이 낱말이 무엇을 의미하는지 알 수 없다.

6) 에우세비우스 『교회사』 6,24,1에 따르면 22권; 그러나 6,28과 32에는 32권으로 기록되어 있다.

7) 이 숫자는 확실히 잘못되었다. 히에로니무스는 아우구스티누스에게 보낸 『서간집』 11,2에서 5권으로 언급한다.

3권; 필리피서 1권; 콜로새서 2권; 테살로니카 1서 3권[8]; 테살로니카 2서 1권; 티토서 1권; 필레몬서 1권.[9]

구약성경 강해 창세기 17권; 탈출기 8권; 레위기 11권; 민수기 28권; 신명기 13권; 눈의 아들 예수(여호수아기) 26권; 판관기 9권; 과월절에 관해 8권; 열왕기 상권 4권; 욥기 22권; 잠언 7권; 코헬렛 8권; 아가 2권; 이사야서 32권; 예레미야서 14권; 에제키엘서 12권. 시편 제3, 4, 8, 12, 13편 각 1권; 시편 제15편 3권; 시편 제16, 18, 22, 23, 24, 25, 26, 27편 각 1권; 시편 제36편 5권; 시편 제37, 38, 39편 각 2권; 시편 제49, 51편 각 1권; 시편 제52편 2권; 시편 제54편 1권; 시편 제67편 7권; 시편 제71편 2권; 시편 제72, 73편 각 3권; 시편 제74, 75편 각 1권; 시편 제76편 3권; 시편 제77편 9권; 시편 제79편 4권; 시편 제80편 2권; 시편 제81편 1권; 시편 제82편 3권; 시편 제83편 1권; 시편 제84편 2권; 시편 제85, 87, 108, 110편 각 1권; 시편 제118편 3권; 시편 제120편 1권; 시편 제121, 122, 123, 124편 각 2권; 시편 제125, 127, 128, 129, 131편 각 1권; 시편 제132, 133, 134편 각 2권;

8) 히에로니무스는 3권의 긴 구절을 라틴어로 번역하여 미네르비우스와 알렉산더에게 보낸 『서간집』 119에서 인용하였다.

9) 신약성경에 관한 오리게네스 저서 목록의 경우 이미 소실된 것도 고려되어야 한다. 예를 들어 오리게네스 자신은 『요한 복음 주해』(32,2,5)에서 히에로니무스가 언급하거나 번역하지 않은(남아 있는 단편 모두는 출간됨: Rauer, Die Griechischen Christlichen Schriftsteller(GCS), *Origene IX*, ²1959) 루카 14,16에 관한 강해를 참조하라고 말하며, 17번째 『루카 복음 강해』(GCS 9, 110쪽 각주 6)에서는 히에로니무스가 빠뜨린 『코린토 1서 강해』를 참조하라고도 지시하기 때문이다. 이 목록에서 마르코 복음, 티모테오 1서 · 2서, 가톨릭 서간, 묵시록은 주해서에서도 강해에서도 다루어지지 않은 것이 눈에 띈다. 마르코 복음은 (루카 복음처럼) 본문이 다른 내용일 경우 마태오 복음을 해석할 때 인용된다. 오리게네스는 묵시록도 주해하려 했다. 그는 묵시 12,4(… 용의 꼬리가 하늘의 별 삼분의 일을 휩쓸었다)를 인용하는 마태 24,29-30(… 별들은 하늘에서 떨어질 것이다)을 해석할 때 묵시록도 주해하려 했다고 말한다(마태 22,34-27,66에 관해서는 옛 라틴어 번역만 남아 있다).

시편 제135편 4권; 시편 제137편 2권; 시편 제138편 4권; 시편 제139편 2권; 시편 제144편 3권; 시편 제145, 146, 147, 149편 각 1권, 시편 전체 발췌 주해.

신약성경 강해 마태오 복음 25권; 루카 복음 39권; 사도행전 17권; 코린토 2서 11권; 테살로니카서 2권; 갈라티아서 7권; 티토서 1권; 히브리서 18권; 평화에 관한 강해 1권; 피오니아에게 했던 단식 권고에 관한 강해 1권; 일부일처제와 일부삼처제[10]에 관한 강해 2권; 타르수스에서 행한 강해 2권이 있으며, 또한 오리게네스에 의한 발췌 주해; 피르밀리아누스와 그레고리우스, 여러 사람이 보낸 편지에 대한 발췌 주해 2권; 오리게네스 소송에 관한 교회회의 서간 2통; 그가 여러 사람에게 보낸 편지 9통; 그의 저서들을 변론하는 편지 2통이 있다.

히에로니무스의 『서간집』 33에 있는 목록은 네 부분, 곧 ① 구약성경에 관한 주해서와 발췌 주해(Scholia),[11] ② 신약성경에 관한 주해서와 발췌 주해, ③ 구약성경에 관한 강해(Homilia), ④ 신약성경에 관해 강해로 이루어진다. 성경을 직접적으로 주석하지 않은 저서들과 여러 주제에 관한 강해와 편지도 ①과 ④ 뒤에 개별적으로 배치되었다. 성경 주석서는 세 유형, 곧 성경의 각 구절을 학문적으로 해석한 주해서, 동일한 종류의 주석이지만 발췌한 문장이나 어구와 관계 있는 발췌 주해(스콜리아), 그리스도교 집회에서 일반 대중에게 공개적으로 성경 본문을 구절별로 해설하는 강해로 구분된다.

10) 고대 교회에서 이 낱말은 한 번 혼인한 사람과 세 번 혼인한 사람을 나타낸다. 한 남자가 세 여자와 혼인하여 함께 사는 것은 그리스-로마 세계에서는 불법이었다.
11) excerpta와 마찬가지로 scholia도 '발췌 주해'로 번역했다.

2.2. 저술 장소와 시기

에우세비우스는 이 저서들 가운데 일부에 관해 대략적인 저술연도를 제시하며, 상대적 연도를 알려 주는 내용도 기술해 두었다. 오리게네스가 알렉산드리아에 살던 시기(231년 또는 233년 이전)에 쓴 저서로는[12] 『요한 복음 주해』의 첫 다섯 권이 있다. 에우세비우스는 이 저서가 22권으로 마무리되었다고 말하지만 실제로는 32권이다. 『창세기 주해』 첫 여덟 권도 알렉산드리아에 살던 시기에 저술되었다. 에우세비우스는 이 저서가 총 12권이라고 말하지만, 히에로니무스가 다마수스에게 쓴 『서간집』 36에서는 13권으로 기술된다.[13] 『애가 주해』에 관해 에우세비우스는 히에로니무스처럼 5권으로, 『부활론』은 2권으로 알고 있다. 오리게네스는 코린토 1서 15장에 나오는 죽은 이들의 부활한 육체란 단순하고 순진한 신자들이 이해하듯이 다시 살아나는 인간의 육체가 아니라는 점을 설명하기 위해 『부활론』을 저술했다. 에우세비우스는 220~230년에 쓰인 『원리론』이 몇 권으로 이루어졌는지 언급하지 않지만 히에로니무스와 여러 다른 증인, 우리가 지닌 본문에 따르면 4권이다. 또한 클레멘스와 동시대의 이교인 저술가들의 방식을 따라 쓴 『양탄자』(스트로마테이스)는 10권으로, 단편들만 남아 있는 이 저서의 제목은 벽걸이 융단을 뜻한다. 『양탄자』에서 그는 그리스도교와 플라톤의 가르침의 유사점들을 밝히려고 애썼다. 또한 히에로니무스가 마그누스에게 보낸 『서간집』 70에 따르면[14] 오리게네스는 그리스도인의 실천

12) 참조 에우세비우스, 『교회사』 6,24,1-4.
13) 참조 히에로니무스, 『서간집』 70,9.
14) 참조 히에로니무스, 『서간집』 70,4.

원칙을 철학자들의 격률과 비교했으며, 플라톤과 아리스토텔레스, 누메니우스와 코르누투스에게서 발췌한 내용들로 그리스도교의 모든 교의를 뒷받침했다.

두 번째 목록은 오리게네스가 카이사리아에 머문 초기 저서에 해당한다.[15] 에우세비우스는 『이사야서 주해』를 30권으로 알았지만 히에로니무스는 36권으로 알았다. 『에제키엘서 주해』는 아테네에서 25권으로 마무리했지만 히에로니무스는 29권이라고 말한다. 마지막으로 오리게네스는 자신의 금욕적 · 신비적 갈망에 따라 주석한 『아가 주해』 10권 가운데 첫 다섯 권은 아테네에서, 마지막 다섯 권은 카이사리아에서 저술하였다.

세 번째 목록은[16] 노년기의 저서들이다. 『켈수스 반박』 8권에 대해 히에로니무스는 『서간집』 33의 목록에 올리지 않고 다른 곳에서 언급한다.[17] 에우세비우스는 『마태오 복음 주해』는 25권, 『소예언서 주해』는 25권이라고 말하고 있지만 히에로니무스는 26권으로 언급한다. 에우세비우스는 오리게네스가 쓴 100통이 넘는 편지에 관해 말하면서, 그가 자신의 정통신앙에 대하여 로마의 파비아누스를 비롯한 교회의 많은 지도자들에게 쓴 편지를 특별히 언급한다. 에우세비우스는 그 편지들의 목록을 자신이 팜필루스의 『오리게네스를 위한 변론』에 덧붙인 6권에 실었다. 또한 에우세비우스는 오리게네스가 아랍인 필리푸스 황제와 그의 아내 오타킬리아 세베라에게 보낸 편지들에 대해서도 말한다.

히에로니무스의 『서간집』 33에서 언급되지 않은 주요한 저서는 『육중

15) 참조 에우세비우스, 『교회사』 6,32,1-2.
16) 참조 에우세비우스, 『교회사』 6,36,2-3.
17) 참조 히에로니무스,『서간집』 49(팜마키우스에게 보낸 편지).

역본』(*Hexapla*, 헥사플라)[18]이다. 이 저서에 관해 오리게네스 자신과 에우세비우스, 에피파니우스, 히에로니무스, 루피누스의 보고뿐 아니라 여러 필사본의 난외 각주에 나오는 기술을 일치시키는 것은 쉽지 않다.[19] 간단히 말해 헥사플라는 여섯 난이라는 의미이며 테트라플라(네 개의 난), 헵타플라(일곱 개의 난), 옥타플라(여덟 개의 난)로 불리는 다른 판본처럼 각 난에 구약성경 전체를 담고 있는 판본을 의미한다.[20] 기본적으로 그것은 네 개의 그리스어 번역본, 곧 아퀼라와 심마쿠스, 칠십인역(공식 번역본), 테오도티온의 번역본으로 구성되어 있다.[21] 그다음에 두 개(또는 세 개)의 다른 번역본이 때때로 배열되는데 오늘날 이를 퀸타, 섹스타, 또는 셉티마라고도 부른다. 에우세비우스에 따르면 그리스어 번역본인 퀸타와 섹스타 가운데 하나는 에피루스에 자리한 악티움 근처의 니코폴리스에서, 다른 하나는 예리코 근처 동굴의 단지—그것 가운데 한 단지에서 사해 사본이 발견되었다—에서 발견되었다.[22]

18) 『육중역본』은 오리게네스가 구약성경의 여섯 가지 본문을 서로 대조할 수 있도록 여섯 항에 배열한 본문비평 작품이다. 여섯 항은 첫째 히브리어 문자로 기록한 히브리어 본문, 둘째 그리스어 문자로 발음기호를 달아 놓은 히브리어 본문, 셋째 아퀼라의 그리스어 역본, 넷째 심마쿠스의 그리스어 역본, 다섯째 칠십인역의 그리스어 역본, 여섯째 테오도티온의 그리스어 역본으로 구성된다. 『육중역본』의 정확한 형태에 관해서는 아직도 논란이 있다. 『육중역본』에 관해서는 가장 최근에 저술된 A. Salvesen, ed., *Origen's Hexapla* 참조.
19) 노텡(P. Nautin, *Origène*, 303-361쪽)은 이 증거들을 매우 철저하게 연구했지만 결론이 늘 만족스럽지는 않다.
20) 에우세비우스는 오리게네스 최초의 업적은 주제 중심의 저서도 성서주석서도 아니고 본문비평 작업이라고 말한다. 오리게네스는 히브리어 성경뿐 아니라 72명(또는 70명)이 번역하여 약어로 칠십인역(Septuaginta, LXX)으로 불리는 구약성경의 그리스어 번역, 그리고 몇십 년 뒤 번역된 아퀼라와 심마쿠스, 테오도티온 번역본을 입수하였다.
21) 이미 오리게네스는 성서주석 작업 초기에 잘 알려진 네 번역본을 사용했지만, 에우세비우스가 말하는 네 부분으로 이루어진 작품이 이것을 의미하는 것 같지는 않다. 에우세비우스 글에 나오는 용어는 Tetrassa(Tetrapla가 아님)이며 '4권으로 이루어진 작품'을 뜻하는 것 같다.

네 개의 그리스어 번역본들 앞에 히브리어 본문의 그리스어 음역, 히브리어 본문이 온다. 『육중역본』은 그리스도교 호교가들로 하여금 어느 구절에서는 히브리어 본문과 칠십인역이, 그리고 칠십인역과 다른 번역본들이 서로 다르다는 점에 주의를 기울이게 하였지만, 그 목적이 무엇인지는 분명하지 않다. 학자들은 오리게네스가 이러한 거대한 작업[23]을 한 동기에 관해 의견의 일치를 이루지 못했고, 다음과 같이 추측했을 따름이다. ① 그리스도인과 유대인이 사용하는 성경 본문에 차이가 있기에 그들 논쟁의 쟁점이 무엇인지를 쉽게 파악하기 위해, ② 필경사들이 실수했을 경우 다른 번역본들에서 정확한 본문을 찾기 위해, ③ 칠십인역의 원문을 가능한 한 정확히 복원하기 위해, ④ 아퀼라의 문자적 번역과 심마쿠스의 문학적 번역을 통해 히브리어 본문으로 돌아가기 위해. 그는 『육중역본』으로 하느님 계시의 정확한 원문을 확인하고자 했다. 뿐만 아니라 수많은 성경 주석 작품들과 학문적 주해, 짧은 각주나 발췌 주해(스콜리아), 성경의 거의 모든 작품에 관한 강해나 설교에서 늘 원문을 더 철저히 파헤치고자 했을 것이다. 분명한 것은 『육중역본』이 성경을 해석하는 데 더 풍부한 자료를 제공하였다는 사실이다. 이 점이 오리게네스가 추구한 목적이었을 터이다. 성경을 주석한 그의 주해서와 강해에서 이러한 목적이 분명히 드러난다.

오리게네스를 비롯한 많은 학자는 히브리어 본문(이를테면 히브리어 본문이 명확하지 않을 때는)을 칠십인역으로 수정하기도 했다. 이들은 히브리어 본문이 더 정확한 구절에서는 이 본문으로 칠십인역을 보충하였고, 히브리

22) 참조 에우세비우스, 『교회사』 6,16.

23) 지치지 않는 학구열과 성경에 대한 경의를 말해 주는 이 작업을 마무리하는 데 오리게네스는 28년이 걸렸다.

어 본문이 없는 구절에서는 그리스도교 학자들에게 칠십인역의 해당 구절에 주의를 기울이게 하였다. 오리게네스는 칠십인역에만 있는 구절을 표시할 때나 히브리어 성경에 있는 구절을 칠십인역에 덧붙였을 경우, 이를 나타내기 위해 고대 학문에서 사용된 기호인 의구표(÷)와 별표(*)를 사용했다.

2.3. 남아 있는 저서

유감스럽게도 543년 유스티니아누스 황제는 오리게네스를 단죄한 뒤 그의 저서를 몰수하여 없애 버렸고 발행을 금지하였기 때문에 그의 저서 대부분은 소실되었다. 이후로 필경사들은 그의 저서들을 더 이상 베낄 수 없었다. 다행히도 최근에 여러 파피루스에 쓰인 오리게네스의 저서와, 유스티니아누스의 또 다른 희생자인 디디무스의 저서가 카이로 근처 투라(Toura)의 옛 채석장에서 발견되었다. 아마도 성 아르세니우스 수도원의 수도승들이 제국경찰의 불시 단속을 예상하여 이 파피루스들을 그곳에 숨겼던 것 같다.

오리게네스의 작품 가운데 많은 부분을 차지하는 성경과 관련된 주해서와 강해, 스콜리아 또는 성경을 직접 주석한 것은 아니지만 남아 있는 많은 저서는 그리스어 원본이 아니라 라틴어 번역이다. 대부분 4세기 말과 5세기 초에 활동한 번역가 두 명, 곧 아퀼레이아의 루피누스와 히에로니무스가 번역한 것이다. 여기에 아마도 5세기 말이나 6세기에 『마태오 복음 주해』를 번역했을, 이름이 알려지지 않은 인물도 추가되어야 한다. 완전하게 남아 있는 저서들 외에 매우 많은 단편이 긴 구절로 남아 있다.

『육중역본』은 많은 단편으로만 남아 있다. 후대에 오리게네스의 제자들은 그것을 많이 인용하였다. 베껴 쓰지 않은 완전한 원본은 페르시아인이나 아랍인들이 도서관을 파괴할 때까지 틀림없이 카이사리아 도서관에 남아 있었을 것이다. 다른 번역본들에서 보완된 칠십인역 본문은 자주 필사되었다. 예를 들어 『콘스탄티누스의 생애』 4,36-37에는 콘스탄티누스 황제가 교회에서 사용하기 위해 카이사리아의 에우세비우스에게 성경 필사본을 50권 주문했다는 내용이 나온다. 텔라의 주교 파울루스는 『육중역본』을 시리아어로 번역했으며, 시리아어 헥사플라(Syrohexaplarion)의 일부가 남아 있다. 남아 있는 『육중역본』 단편들의 최근 판본은 1867~1875년에 두 권으로 이루어진 필드(Fr. Field)의 판본이며, 1960년에 개정되지 않고 재발행되었다. 그러나 1875년 이후 수많은 다른 단편이 발견되었기에 신판이 요구된다.

비평적 관점에서, 원문을 번역본과 단편들을 통해 파악하는 데는 많은 어려움이 있다. 루피누스와 히에로니무스의 진술, 루피누스의 머리말, 히에로니무스가 번역하는 가장 좋은 방법에 관해 쓴 『서간집』 57(팜마키우스에게 보낸 편지) 등에서 그들이 오리게네스의 저서를 어떻게 번역하려 했는지 판단할 수 있다. 또한 일부 저서에서는 그들의 번역본과 남아 있는 그리스어 본문을 비교할 수 있다. 예를 들어 루피누스의 경우, 그가 번역한 『원리론』의 제3권 1장과 제4권 1-3장은 『필로칼리아』에 보존된 그리스어 본문과 비교될 수 있다. 히에로니무스의 경우, 그가 번역한 『예레미야서 강해』 14권 가운데 12권을 그리스어 본문과 비교할 수 있다. 번역가의 이름을 알 수 없는 『마태오 복음 주해』는 12권 9장부터 17권에 이르는 부분이 우리에게 두 언어(그리스어와 라틴어)로 전해진다. 전체적으로 이 번역들은 문자적 번역이라 할지라도 축어적 번역이 아니며, 라틴 대중을 염두에 두었기에 적지 않은 부분이 문장 전체의 뜻을 살려 의역되었다. 원문에 충실하게 번역했다기보다는 알기 쉽게 옮겨 적었다는 의미다. 번역본들은 그리스어를 사용하는 3세기의 박해받는 소수파 교회와 라틴어를 사용하는 4세기 말 승리자 교회의 입장을 모두 반영한다.

오리게네스의 걸작이라 할 수 있는 『요한 복음 주해』는 여덟 권(1, 2, 6, 10, 13, 19, 20, 27, 32권)만 그리스어로 남아 있다. 이 가운데 19권은 처음과 끝부분이 없다. 이 주해서에서 오리게네스는, 그리스도교에서 처음으로 요한 복음을 주해한 발렌티누스파 영지주의자 헤라클레온의 해석을 자주 논한다. 오리게네스는 헤라클레온 저서의 일부 단편을 이 저서에 수록하였다. 제1권은 일반적 서론을 담고 있으며 그다음에 요한 복음 1장 1절 ㄱ(한 처음에 말씀이 계셨다)만 해설한다. 제2권은 요한 복음 1장 1절 ㄴ에서 1장 7절까지 다룬다. 다른 권(券)들은 이렇게 상세하게 다루어지지 않는다. 그리스어로 여덟 권(10권에서 17권까지)이 남아 있는 『마태오 복음 주해』는 마태오 복음 13장 36절에서 22장 33절까지에 해당한다. 이름이 알려지지 않은 번역가의 라틴어본은, 수사본과 16세기 판본에서 강해 35권 또는 36권으로 분류되어 전해진다. 오리게네스가 노년에 쓴 『마태오 복음 주해』는 전체적으로 『요한 복음 주해』 보다 덜 신비적이지만 더 사목적이다. 『아가 주해』는 루피누스의 라틴어 역본으로 전해진다. 본디 10권으로 이루어진 『아가 주해』의 일부분만 남아 있으며, 첫 다섯 권은 아테네에서, 마지막 다섯 권은 카이사리아에서 저술되었다. 서론, 제1권, 제2권, 아마도 제4권 앞부분은 아가 1장 1절-2장 15절에 관한 해설이다. 루피누스는 그리스어 단편들에 보존된 아퀼라와 심마쿠스, 테오도티온 역의 이본(異本)에 관해 언급하지 않는다. 그의 독자들은 학구적이고 상세한 설명에 관심이 없기 때문이다. 신비 문학에서 가장 중요한 걸작인 『아가 주해』는 고대와 중세에 상당한 영향을 미쳤다. 루피누스가 번역한 『로마서 주해』는 10권으로 되어 있지만 그리스어 원본은 15권이다. 루피누스는 번역본 머리말에서 그의 필사본에 결함이 있다는 사실을 밝히고 사과한다. 우리는 그가 생략한 구절 가운데 일부가 어떤 주제를 다루었는지 알 수 있다. 예를 들어 교회사가 소크라테스[24]는 제1권에 있는 하느님의 모친(테오토코스)에 관한 구절을 특별히 언급한다.

오리게네스의 강해는 거의 300편, 정확히 말하면 279편이 전해진다. 이 가운데 21편만 그리스어로 보존되어 있다. 예레미야서 강해 20편 가운데 12편과 사무엘 상권 28장에 나오는 사울과 점쟁이 엔도르에 관한 유명한 강해는 그리스어로 남아 있다. 루피누스가 번역한 강해로는 창세기 강해 16편, 탈출기 강해 13편, 레위기 강해 16편, 민수기 강해 28편, 여호수아기 강해 26편, 판관기 강해 9편, 시편 제36편 강해 5편, 시편 제37편 강해 2편, 시편 제38편 강해 2편, 사무엘 전서의 사무엘 탄생에 관한 강해 1편(이는 루피누스의 번역인지 확실하지 않다)이 있다. 히에로니무스가 번역한 강해로는 아가 강해 2편, 이사야서 강해 9편, 예레미야서 강해 14편(이 가운데 12편은 그리스어로도 남아 있다), 에제키엘서 강해 14편, 루카 복음 강해 39편이 있다. 최근에 페리(V. Peri)[25]는 돔 모린(Dom Morin)이 히에로니무스의 저서로 여겼던 『시편 제74편 강해』가 오리게네스의 것임을 밝혀냈다. 주해서와 같은 방식으로 성경 본문을 한 구절 또는 몇 구절씩 해설하는 강해들은 주해서보다 학문적이지 않으며 교육받지 못한 신자들의 수준에 맞추어 단순한 방식으로 설명한다. 따라서 강해에는 수사학적 요소가 거의 없다.

24) 참조 소크라테스, 『교회사』 7,32.

25) 참조 V. Peri, *Omelie origeniane*.

기적가 그레고리우스에 따르면 오리게네스는 수사학에 일종의 경멸을 느꼈다.[26] 그러나 문학적 가치를 따져 볼 때, 오리게네스의 가장 세련된 강해는 아브라함이 바치는 희생 제물을 설명하는 창세기의 여덟 번째 강해다. 하느님께서 아브라함에게 그의 아들을 산 제물로 바치라고 요구하셨을 때 아브라함이 천사의 개입으로 숫양을 산 제물로 바치는 구절인데, 오리게네스는 이를 우의적으로 해석한다. 아브라함은 당신 아들을 산 제물로 바치시는 하느님을 나타내며, 이사악은 말씀의 신성을 상징하지 않지만 아들의 인성을 상징한다.

소실된 주해서나 강해 가운데 남아 있는 상당수의 단편은 세 가지 방식으로 전해졌다. 첫째, 정선된 부분들의 모음집인 『오리게네스를 위한 변론』과 『필로칼리아』에서 전해진다. 포티우스[27]가 말하듯이 『오리게네스를 위한 변론』은 6권으로 이루어졌으며, 첫 5권은 (팔레스티나의) 카이사리아의 순교자 팜필루스가 감옥에서 저술했다. 그는 오리게네스가 카이사리아에 세운 학교를 복구하고 오리게네스의 장서를 보존하였다. 에우세비우스는 감옥에 갇힌 그를 찾아가곤 했으며 그에게 자료를 가져다주기도 했다. 여섯째 권은 310년 2월 16일 팜필루스가 죽은 뒤 에우세비우스가 덧붙였다. 이 여섯 권 가운데 제1권만 루피누스의 번역으로 남아 있다. 오리게네스를 어떻게 이해해야 하는지 루피누스가 설명하는 머리말 뒤에, 오리게네스에 대한 일련의 고발에 답변하는 팜필루스의 글이 실려 있다. 어원적으로 '아름다운 것들에 대한 사랑'을 뜻하는 『필로칼리아』는 카파도키아의 두 교부, 바실리우스와 나지안주스의 그레고리우스가 모은 오리게네스의 본

26) 참조 『오리게네스 찬양 연설』 1,4; 7,107.
27) 참조 포티우스,『저서 평론』 118.

문 모음집이다. 『필로칼리아』는 그리스어로 전해진다. 오리게네스에 대한 나쁜 평판이 있을 때였지만 이 작품은 편집자의 권위 덕분에 보존되었다. 첫 15장은 성령에 관한 것이고, 『켈수스 반박』에서 취한 16-20장은 성경에 관해 철학자들과 벌인 논쟁을, 21-27장은 자유의지를 다룬다. 이 가운데 마지막 장은 위-클레멘스의 『재인식』(*Clementine Recognitions*)에서 취한 구절과 자유의지에 관한 메토디우스의 글에서 모은 것이다. 본문에 오리게네스의 글만이 아니라 이것들을 포함시킨 이유는 아직도 논쟁의 대상이다.

둘째, 많은 단편들은 초기 여러 교부의 성경 주석을 발췌하여 실은 성경 주해 선집(catenae)에 남아 있다. 성경 주석을 모은 최초의 인물은 6세기에 활동한 가자의 프로코피우스인 것 같다. 오리게네스는 성경 주해 선집에 가장 많이 등장하는 인물이다. 그런데 성경 주해 선집의 단편들을 연구하는 데는 비평적 관점에서 두 가지 주요한 어려움이 있다. 성경 주해 선집에서 언급되는 저자들의 일부 단편은 다른 성경 주해 선집에서 다른 저자들의 것으로 여겨진다는 것. 그리고 많은 경우에 단편들은 선집가가 긴 구절을 요약한 듯 보인다는 것. 이는 그리스어나 라틴어 번역으로 온전히 남아 있는 구절들과 비교해 보면 명백히 드러난다.

셋째, 매우 많은 단편이 우호적이든 적대적이든 후대 저자들의 인용으로 남아 있다. 그러나 그들이 본문을 정확하고 완전하게 인용했는지는 늘 확실하지 않다. 올림푸스의 메토디우스는 『부활론』이라는 저서에서 오리게네스의 『시편 주해』 제1권의 긴 구절을 인용했다. 메토디우스의 저서가 고대 슬라브어 번역으로 완전하게 보존되어 있지만, 그 대목의 절반을 자신의 『약상자』 64에 수록한 에피파니우스의 그리스어 본문과 비교하면, 메토디우스는 구절의 의미는 바꾸지 않은 채 불필요하다고 생각한 모든 표현을 요약한 것처럼 보인다. 그리고 일부 인용들은 본문의 구절들을 여기저기에서 취하여 이어 붙인 것이라 해도 무방하다.

오리게네스는 『원리론』을 통해 고대 교회에서 처음으로 그리스도교의 가르침에 관한 포괄적이며 체계적이고 신학적인 구상을 제시했다. 그는 『원리론』 서론에서 신앙 규범을 제시한다. 『원리론』 제1권은 하느님과 삼위일체, 영적 피조물(천사)들과 그들의 타락에 관한 가르침으로 시작된다. 제2권에서는 주된 주제로 창조주 하느님과 성부 하느님의 동일성, 세상과 인간의 창조, 원죄, 예수 그리스도에 의한 구원, 최후의 심판을 다룬다. 제3권에서는 자유의지와 죄, 유혹, 하느님 안에서 모든 사물이 본디의 상태로 돌아감을 다룬다. 제4권에서는 신앙의 원천인 성경의 영감과 해석을 논하며, '아나케팔라이오시스'(ἀνακεφαλαίωσις), 곧 요약이라는 표제가 붙은 제4권 4장은 일종의 재론(retractatio)으로 앞에서 다룬 세 원리를 다시 논한다. 그러나 『원리론』을 네 권으로 분류하는 것은 본디의 의도와 그리 일치하지 않는 것 같다. 제1권 1장에서 제2권 3장에 이르는 첫째 부분은 원리를 구성하는 실재에 관한 세 무리, 곧 세 위격, 이성적인 피조물, 세상을 연구한다. 제2권 4장에서 제4권 3장에 이르는 둘째 부분은 서론에서 제시된 신앙 규범에 대한 9가지 관점에서 비롯되는 문제들에 집중한다. 오리게네스가 죽은 뒤 매우 많은 논란을 낳은 『원리론』을 학자들은 종종 최초의 신학대전이라 여겼다. 이는 옳지 않다. 무엇보다도 이 저서는 '원리'에 관해 사색하는 철학적 문학의 범주에 속한다. 오리게네스에게 삼위일체와 이성적인 피조물과 세상은 넓은 의미의 원리였으며, 성부만 좁은 의미의 원리였다. 그는 교의를 제시하는 것이 아니라, 신학에서 '체계'를 끌어내기 위해 하나의 문제에 종종 두 개나 세 개의 다른 해결책을 제안하면서 신학을 '연습으로', 곧 탐구로서 제안한다.

『원리론』의 그리스어 본문은, 『필로칼리아』에 남아 있는 자유의지에 관한 제3권 1장과 성경 주석에 관한 제4권 1-3장[28]을 제외하고는 모두 소실되었다. 이 저서는 4세기에 오리게네스를 열렬히 변론한 아퀼레이아의 루피누스의 라틴어 역본으로 완전하게 보존되어 있다. 루피누스는 머리말에서, 이단자들이 삽입했다고 판단되는 삼위일체에 관한 일부 구절들을 삭제하고 그것들을 같은 주제에 관한 오리게네스의 다른 진술로 대체하였다고 언명한다. 『필로칼리아』에 있는 본문과 루피누스의 번역을 비교하면 대체로 양호한 본문을 얻을 수 있다. 히에로니무스 그리고 543년 유스티니아누스 황제가 단죄하는 편지에서 인용한 단편들은 루피누스 번역의 부족한 점을 보완해 주지만, 이 단편들을 해석할 때는 히에로니무스와 유스티니아누스가 문맥과 전혀 상관없이 인용했다는 사실을 고려해야 한다. 또한 오리게네스의 다른 저서들과 비교해 보면, 그들이 오리게네스를 올바로 이해하지 못한 채 그의 견해를 획일화하기 일쑤였다는 사실도 드러난다. 다른 저자들, 곧 아타나시우스와 안키라의 마르켈루스, 보스트라의 안티파테르, 스키토폴리스의 요한, 알렉산드리아의 테오필루스도 오리게네스의 단편들을 인용했다. 그러나 쾨차우(P. Koetschau)가 자신의 판본에서 말했듯이, 후대 오리게네스 추종자들의 모든 견해가 『원리론』에서 비롯되었다고 여겨서는 안된다. 예를 들어 553년 제5차 세계공의회(제2차 콘스탄티노플 공의회)의 15파문문은 공의회의 공식 의사록에 기록되어 있지는 않지만, 『원리론』의 내용이 아니라 당시 이소크리스테스(Isochristes)라고 하는 극단적 오리게네스파를 명시적 목표로 삼았으며, 폰투스의 에바그리우스가 인

28) 오리게네스는 『원리론』 4,1-3에서 성경과 성경의 세 가지 의미에 관한 학설, 곧 역사적·문법적(육체적) 의미, 각자에게 어떤 의미가 있는지를 묻는 도덕적(영혼적) 의미, 신학적 의미를 눈에 띄게 강조하는 신비적·영적 의미를 이론적으로 뒷받침했다. 그는 실천적 관점에서 어떤 기본 틀을 엄격히 고수하지 않았으며, 다양한 해석 영역의 순서나 규정에 변화를 주었다.

용한 본문을 종종 문자 그대로 재현했다.

그리스어로 보존된 다음의 두 소책자는 오리게네스의 영성생활과 가르침, 그리고 그리스도인이 무엇을 실천하며 생활해야 하는지를 알려 준다. 트라키아인 막시미누스[29]의 박해 때 감금된 암브로시우스, 그리고 그와 함께 작은 방을 사용한 카이사리아의 사제 프로토크테투스에게 용기를 북돋워 주기 위해 저술한 『순교 권면』과 암브로시우스와 타티아나라는 그리스도교를 믿는 부인의 질문에 답변하면서 주님의 기도를 설명하는 『기도론』이 그것이다. 테르툴리아누스의 같은 제목의 저서보다 20년 늦게 출간된 『기도론』은 그리스도인 신심사뿐 아니라 기도의 실행과 관련해서도 중요하다.

1941년 투라에서 파스카에 관한 강해 단편 두 편과 『헤라클리데스와의 논쟁』이 발견되었으며, 노텡은 이를 출간하였다.

그밖에 오리게네스는 많은 편지를 썼다.[30] 그의 중요한 편지 가운데, 기적가 그레고리우스에게 보낸 편지, 칠십인역의 다니엘서에 덧붙여진 수산나 이야기의 친저성과 경전성에 관해 율리우스 아프리카누스[31]에게 보낸 긴 내용의 편지가 유일하게 완전한 형태로 남아 있다. 또 그가 쓴 다른 편지들도 여러 단편이 남아 있는데, 가장 긴 단편은 『알렉산드리아 친구들에게 보낸 편지』의 일부다.

29) 알렉산더 세베루스가 암살된 뒤 트라키아의 농부인 난폭한 막시미누스가 왕위를 계승하였으며, 그는 다시 그리스도인을 박해하기 시작했다(235~238년).

30) 에우세비우스는 이 가운데 100통의 편지를 입수할 수 있었다.

31) 율리우스 아프리카누스는 수산나 이야기가 본디 다니엘서의 한 부분이 아니라 후대에 덧붙여졌다고 주장했다. 곧, 매우 현대적인 본문 비평 방식으로 이 이야기가 히브리어 성경에 없다는 사실을 내세웠다.

오리게네스의 가장 중요한 호교서인 『켈수스 반박』은 켈수스가 8권으로 저술한 『참말』에서 그리스도교를 비판한 것에 대해 그리스도교를 객관적이고 사실적이며 이성적으로 변론한 반박서다. 『참말』이 저술된 지 70년이 지났을 때인 아랍인 필리푸스의 통치시기(244~249년)에, 암브로시우스가 오리게네스에게 켈수스의 글을 반박하기를 요청했다. 아마도 로마 건립 1000년 기념 축제에 즈음하여 활기를 띤 로마 전통 종교 부흥운동[32]이 직접적인 계기가 되었을 것이다. 오리게네스의 서론은 암브로시우스가 이 반박의 필요성을 확신한 첫 번째 사람이 아니었음을 암시한다. 『켈수스 반박』은 그리스어로 완전히 보존되어 있다. 우리는 켈수스에 대해 아는 바가 거의 없으며 그가 언제 어디서 살았는지도 모른다. 그에 대한 가설은 다양하고 종종 모순된다. 사모사타의 루키아누스가 『알렉산더 또는 거짓 예언자』를 그에게 헌정했다니, 이 둘은 친구였는가? 더러는 이를 강력히 주장하고 더러는 이를 부인하다. 그러나 그의 저서가 마르쿠스 아우렐리우스 치세(161~180년)에 쓰였다는 데는 일반적으로 이의가 없다. 그리스도교에 대한 고대의 모든 비판 가운데 가장 지성적인 『참말』의 내용은 이를 반박하는 오리게네스의 짧은 인용으로만 알려져 있지만, 이를 바탕으로 하여 『참말』의 많은 부분을 틀림없이 재구성할 수 있다.[33] 그는 고대의 포르피리오

32) 이 부흥운동은 데키우스 박해 때 정점에 이르렀다.

33) 켈수스는 유대교-그리스도교 전통의 유일신론을 주로 비판하였다. 그는 다신론의 제신은 지역의 통치자와 총독처럼 제우스라는 최고의 신성에 종속되어 지역적 숭배를 받지만, 모세는 유목생활을 하던 유대인들이 그들의 신이 하나이며 유일무이하다는 사실을 믿도록 마법으로(고대 사회에서 모세는 마법사로 이름이 높았다) 미혹시켰다. 유대교에 관한 켈수스의 관점에는 경멸과 일종의 존경이 섞여 있었다. "그들의 종교는 매우 많은 이가 믿는다는 점에서 특별하기는 하다. 하지만 그것은 그들 조상의 신앙이다." 또한 켈수스는 그리스도인을 반사회적이고 선동적인 유대교의 분파라 여기고 그리스도인의 종교적 관습과 예식을 비

스와 율리아누스 황제와 후대의 반-그리스도교적 인물들, 그리고 19세기와 20세기의 그러한 인물에게도 상당한 영향을 미쳤다. 오리게네스는 성경을 주석할 때와 같은 방식으로, 켈수스가 비판한 내용을 매 구절 논박한다. 『켈수스 반박』은 그리스도교와 그리스 철학 및 문화의 관계, 그리스도교 제국의 가능성 등에 대한 폭넓은 전망을 제시한다.

오리게네스의 많은 원문은 번역과 단편으로 남아 있다. 비평적 관점에서 번역과 단편 연구에 많은 어려움이 있음에도 불구하고 학자들은 그리스어로 남아 있는 주요 저서들을 통해 오리게네스의 사상을 재구성하려 하였다. 특히 루피누스의 번역에 의구심이 생기면 전문가들은 저마다 자신의 방식과 창의력으로 『원리론』을 재구성했다. 그러나 이는 오리게네스가 쓴 대다수의 강해들을 고려하지 않은 것이며 그를 하느님의 사람으로 드러내지 않기 때문에 그의 모습을 왜곡하는 일이나 다름 없다. 『원리론』의 경우에 오리게네스를 올바로 그리고 제대로 이해하기 위해서는 가능한 많은 자료, 곧 루피누스의 라틴어 역본, 히에로니무스의 라틴어 번역, 원문으로 보존된 문장들을 비교 검토함으로써 일치의 흔적을 찾아내야 한다.

난한다. "그들은 공직을 맡거나 군대에서 복무하는 것을 거부하고, 교회 밖에 있는 모든 이가 지옥에 떨어질 것이라고 말하며, 황제 자신이 개종하고 제국의 종교가 바뀔 날을 노골적으로 기다린다. 그들이 말하는 지옥은 땅 아래에 있는 법정에 관한 플라톤 설화를 잘못 이해한 것이다." 그밖에 그들이 말하는 것 가운데 많은 수가 켈수스가 보기에는 플라톤의 말을 왜곡한 것이었다. "사탄은 (그리스 신화에 나오는) 거인족들 또는 오시리스와 트리폰에 관한 이야기에서 나오듯이 고대 이원론의 신화에 대한 오해다. 더욱이 그리스도인의 윤리적 가르침에는 새로운 것이 아무것도 없다." 그는 그리스도교의 기적 이야기들이 왜 아스클레피우스의 치유 보고보다 더 믿을 만한지 묻는다. "그리스도인이 내세우듯이 구약성경의 예언들이 그렇게 명백하다면, 유대인들은 왜 예수가 예언들을 성취했다는 사실을 믿으려 하지 않았는가? 성경의 예언들이 받아들여져야 한다면 이교인들은 델피나 클라로스의 신탁들을 왜 믿어서는 안 되는가?" 그리고 켈수스는 그리스도인의 전교 능력은 그리스도인에 대한 이교인들의 부정적 시각으로 말미암은 그리스도인의 굳건한 유대관계에서 비롯된다고 보았다.

특히 이러한 본문이 담고 있는 내용과 오리게네스가 다른 저서에서 말한 내용이 서로 다른 경우, 비평적 방법론에 따라 논증해야 그의 사고에 가장 합리적으로 가까이 다가갈 수 있다.

3.
오리게네스의 저서 목록과 편집본, 번역본

Alia fragmenta varia 여러 가지 단편집

Fragmenta papyracea commentariorum 주해에 관한 파피루스 단편

Fragmenta papyracea homiliae 강해에 관한 파피루스 단편

Fragmenta papyracea homiliarum 강해에 관한 파피루스 단편

Fragmenta papyracea incerta 불확실한 파피루스 단편

Fragmentum apud Eustathium Antiochenum 안티오키아의 에우스타티우스의 저서에 나오는 단편

Fragmentum de transfiguratione 변모에 관한 단편

Fragmentum papyraceum homiliae exhortatoriae 권유적 강해에 관한 파피루스 단편

Fragmentum papyraceum tractatus christologici 그리스도론에 관한 파피루스 단편

Homilia in Psalmos 시편 강해

Commentarii in Colossenses/Commentarii in Epistulam ad Colossenses **콜로새서 주해** (단편, 라틴어)

편집본 PG 14,1297-1298.

Commentarii in Ephesios/Commentarii in Epistulam ad Ephesios **에페소서 주해** (단편, 그리스어)

편집본 J. A. F. GREGG JThS 3 (1902) S. 233-244; S. 398-420; S. 554-576.
PG 14,1298.

Commentarii in Epistulam primam ad Thessalonicenses **테살로니카 1서 주해**

편집본 I. HILBERG: CSEL 55 (1912) 460-467.

Commentarii in Epistulam secundam ad Thessalonicenses **테살로니카 2서 주해**

Commentarii in Galatas/Commentarii in Epistulam ad Galatas **갈라티아서 주해** (단편, 라틴어)

편집본 PG 14,1293-1298.

Commentarii in Genesim **창세기 주해** (단편, 1-8: 231/232년 이전, 8-13: 234년 이전, 그리스어)

편집본 P. SANZ: Griech. literarische Papyri christl. Inhalts. Mitt. aus d. Papyrussammling der Nationalbibliothek in Wien. Baden b. Wien 1946. S. 87~104.
1-8: PG 12,45-92; 8-13: PG 12,92-145.

Commentarii in Iob **욥기 주해** (라틴어/Sp.)

Commentarii in Iohannem/In Ioannem commentarii 요한 복음 주해 (235~248년; 그리스어)

편집본 C. BLANC: SC 120 bis (^{2}1996) 56-395 [Libri I-V]; SC 157 (1970) 128-581 [Libri VI et X]; SC 222 (1975) 34-283 [Liber XIII]; SC 290 (1982) 44-361 [Libri XIX et XX]; SC 385 (1992) 56-395 [Liber XXVIII 58-177. Liber XXXII 186-361].

E. PREUSCHEN: GCS 10 (1903) 3-480.

번역본 독일어 *Origenes: Das Evangelium nach Johannes*. Übersetzt und eingeführt von R. GÖGLER (= Menschen der Kirche in Zeugnis und Urkunde. NF 4). Einsiedeln-Zürich-Köln 1959.

영어 R. E. HEINE: FOTC 80 (1989) [libri I, II, IV, V, VI, X]; FOTC 89 (1993) 69-417 [Liber XIII 69-165. Liber XIX 166-204. Liber XX 205-291. Liber XXVIII 292-341. Liber XXXII 342-417].

Origen: *Selections from the Commentaries and Homilies of Origen*. Edited and translated by R. B. TOLLINGTON (= Translations of Christian Literature. Series 1. Greek texts. SPCK). London 1929 [libri I-X].

A. MENZIES: ANF 10 (1980) 297-408.

프랑스어 C. BLANC: SC 120 bis (^{2}1996) 56-395 [Libri I-V] (본문/번역); SC 157 (1970) 128-581 [Libri VI et X] (본문/번역); SC 222 (1975) 34-283 [Liber XIII] (본문/번역); SC 290 (1982) 44-361 [Libri XIX et XX] (본문/번역); SC 385 (1992) 56-395 [Liber XXVIII 58-177. Liber XXXII 186-361] (본문/번역).

이탈리아어 *Origine: Commento al Vangelo di Giovanni*. A cura di E. CORSINI (= Classici della filosofia 3 = Classici UTET). Torino 1968.

Origine: *Commento al Vangelo di Giovanni*. A cura di E. CORSINI (= Classici della filosofia 3). Torino 1995.

Commentarii in Lucam 루카 복음 주해 (단편, 그리스어)

편집본 GCS 9²(M. RAUER, 1959) S. 227-336.

PG 13,1901-1910; 17,312-369.

Commentarii in Matthaeum/In Matthaeum commentarii 마태오 복음 주해

(1) Mt 13,36-22,33 (244~249년, 그리스어/라틴어)

편집본 R. GIROD: SC 162 (1970) 140-387 [libri X et XI].

E. KLOSTERMANN/E. BENZ: GCS 40 (1935).

PG 13,836-1600.

번역본 독일어 H.J. VOGT: BGL 18 (1983) 61-303 [libri X-XIII]; BGL 30 (1990) 33-298 [libri XIV-XVII].

프랑스어 R. Girod: SC 162 (1970) 140-387 [libri X et XI] (본문/번역).

(2) Mt 22,34-27,63 (244~249년: 라틴어)

편집본 E. KLOSTERMANN /E. BENZ/U. TREU: GCS 38 (²1976).

PG 13,1599-1800.

번역본 독일어 H.J. VOGT: BGL 38 (1993).

Commentarii in Romanos 로마서 주해

Commentarius in Philemonem/Commentarius in Epistulam ad Philemonem 필레몬서 주해

편집본 PG 17, 591C-593C.

Commentarius in Titum/Commentarius in Epistulam ad Titum 티토서 주해

편집본 PG 17, 553, B1-C11. 553, C14-556, B14. 556, C2-8. 604, A15-B13. 604, C1-8.

Contra Celsum 켈수스 반박 (244~249년, 그리스어)

편집본 P. KOETSCHAU: GCS 2 (1899) 51-374 [Libri I-IV]; GCS 3 (1899) 1-293 [Libri V-VIII].

M. BORRET: SC 132 (1967) 64-477 [Libri I-Ii]; SC 136 (1968) 14-435 [Libri III-IV]; SC 147 (1969) 14-383 [Libri V-VI]; SC 150 (1969) 14-353 [Libri VII-VIII].

Origenis Contra Celsum libri VIII. Edidit M. MARCOVICH (= Supplements to Vigiliae Christianae 54). Leiden-Boston-Köln 2001.

PG 11,641-1632.

번역본 독일어 P. KOETSCHAU/K. PICHLER: SKV 6 (1986) 13-200.

P. KOETSCHAU: BKV^2 52 (1926) 1-429 [Libri I-IV]; P. KOETSCHAU BKV^2 53 (1927) 7-395 [Libri V-VIII]; J. RÖHM: BKV^1 1876/1877.

영어 *Origen: Contra Celsum*. Translated with an introduction and notes by H. CHADWICK. Cambridge 1980.

F. CROMBIE: ANF 4 (재인쇄 1994) 395-669.

프랑스어 M. BORRET: SC 132 (1967) 64-477 [Libri I-II] (본문/번역); SC 136 (1968) 14-435 [Libri III-IV] (본문/번역); SC 147 (1969) 14-383 [Libri V-VI] (본문/번역); SC 150 (1969) 14-353 [Libri VII-VIII] (본문/번역).

이탈리아어 *Origene: Contro Celso*. A cura di A. COLONNA (= Classici delle religioni 19=Sezione 4. La religione cattolica). Torino 1971.

Origene: Contro Celso. A cura di P. RESSA (= Letteratura crisiana antica. Testi). Brescia 2000.

에스파냐어 *Orígines: Contra Celso*: Introducción, versión y notas por D. RUÍZ BUENO. 2.ed., reimp. (= BAC 271). Madrid 1996.

De naturis 본성 (단편)

De oratione 기도론 (233/234년경, 그리스어)

편집본 P. KOETSCHAU: GCS 3 (1899) 297-403.

PG 11,111-414.

번역본 독일어 P. KOETSCHAU: BKV² 48 (1926) 17-148.

영어 *Origen: Alexandrian Christianity*. Selected translations of Clement and Origen with introductions and notes by J. E. L. OULTON and H. CHADWICK (= The Library of Christian Classics II). London 1954, 238-387.

Origens's treatise on prayer. Translation and notes with an account of the practice and doctrine of prayer from New Testament times to Origen by E. G. JAY (= SPCK). London 1954.

Origen: An exhortation to martyrdom. Prayer. First Principles book IV. Prologue to the commentary on 『The Song of songs』. Homily XXVII on Numbers. Translation and introduction by R. A. GREER. Preface by H. U. von Balthasar (= The Classics of Western Spirituality). London 1979, 81-170.

J.J. O MEARA: ACW 19 (1954) 15-140.

프랑스어 *Origène: La prière*. Introduction, traduction et orientation par A.-G. HAMMAN (= Les Pères dans la Foi 2). Paris 1995.

Orgiène: *De la prière*. Introductione, traductione et notes par G. BARDY. 2. éd. (= Bibliothèque patristique de spiritualité). Paris 1932.

이탈리아어 *Origene: La preghiera*. Introduzione, traduzione e note a cura di N. ANTONIONO. 2. ed. (= Collana di Testi Patristici 138). Roma 2000.

Origene: *La preghiera*. A cura di G. DEL TON (= Oscar classici). Milano 1995.

에스파냐어 *Orígenes: Tratado sobre la oración*. Traducción, presentación y notas por F. MENDOZA RUIZ. 2ª ed. (= Nebli, clásicos de espiritualidad 37). Madrid 1994.

Orígenes: Tratado de la oración (= Los Santos Padres 54). Sevilla 1999.

Orígenes: Exhortacion al martirio. Sobre la oracion. Introducción, traducción y notas por T. H. MARTIN (= Ichthys 12). Salamanca 1991, 73-154.

Orad sin cesar. La oración del corazón de la iniciación cristiana. Prólogo de J. L. del Palacio (= Collección Trípode 9). Bilbao 2002.

De Pascha 부활절 (그리스어)

편집본 B. WITTE: *Die Schrift der Origenes 『Über das Passa』*. Textausgabe und Kommentar. Diss. Berlin 1990 (= Arbeiten zum spätantiken und koptischen Ägypten 4). Altenberge 1993, 85-149.

Origène: Sur la Pâque. Traité inédit publiée d'après un papyrus de Toura par O. GUÉRAUD et P. NAUTIN. Avec la collaboration de M.-T. NAUTIN (= Christianisme antique 2). Paris 1979.

번역본 독일어 B. WITTE: *Die Schrift der Origenes 『Über das Passa』*. Textausgabe und Kommentar. Diss. Berlin 1990 (= Arbeiten zum spätantiken und koptischen Ägypten 4). Altenberge 1993, 85-149 (본문/번역).

영어 R. J. DALY: ACW 54 (1992) 27-56.

프랑스어 Orgiène: *Sur la Pâque*. Traité inédit publiée d'après un papyrus de Toura par O. GUÉRAUD et P. NAUTIN. Avec la collaboration de M.-T. NAUTIN (= Christianisme antique 2). Paris 1979 (본문/번역).

이탈리아어 *Origene: Sulla Pasqua. Il Papiro di Tura.* Introduzione, traduzione e note di G. SGHERRI (= Letture cristiane del primo millennio 6). Torino 1989.

De principiis 원리론 (230년, 그리스어/라틴어)

편집본 P. KOETSCHAU: GCS 22 (1913) [Praefatio Rufini 3-6. Origenis De principiis 7-364].

Origenes: Vier Bücher von den Prinzipien. Heraugegeben, übersetzt, mit kritischen und erläuternden Anmerkungen versehen von H. GÖRGEMANNS und H. KARRP. 3., gegenüber der 2. unveränderte Auflage (= Texte zur Forschung 24). Darmstadt 1992.

H. CROUZEL/M. SIMONETTI: SC 252 (1978) [Praefatio Rufuni 68-71. Liber I 76-233. Liber II 234-413]; SC 268 (1980) [Liber tertius. Praefatio Rufini 12-15. De arbitrii libertate l 16-151. De contrariis potestatibus l 152-217. Quod mundus ex tempore coeperit I 218-255. Liber quartus. Quod scripturae divinitus inspiratae sunt 256-399. Anacefaleosis de patre et filio et spiritu sancto ceterisque, quae superius dicta sunt 400-429].

PG 11,111-414.

번역본 독일어 *Vier Bücher von den Prinzipien.* Heraugegeben, übersetzt, mit kritischen und erläuternden Anmerkungen versehen von H. GÖRGEMANNS und H. KARRP. 3., gegenüber der 2. unveränderte Auflage (= Texte zur Forschung 24). Darmstadt 1992 (본문/번역).

영어 *An exhortation to martyrdom. Prayer. First Principles book IV. Prologue to the commentary on 『The Song of Songs』. Homily XXVII on 『Numbers』 by Origen.* Translation from the Latin and introduction by R. A. GREER. Preface by H. U. von Balthasar

(= The Classics of Western Spirituality). London 1979, 171-216 [liber IV].

Origen: On first principles. Being P. Koetschau's text of the 『*De principiis*』, translated into English, together with an introduction and notes by G. W. BUTTERWORTH. Introduction to the torchbook edition by H. de Lubac. Reprint, originally publisched London 1936. Gloucester/Massachusets 1973.

F. CROMBIE: ANF 4 (재인쇄 1994) 239-382.

프랑스어 *Origène: Traité des principes. Peri archon*. Traduction de la version latine du Rufin avec un dossier annexe d'autres témoines du texte par M. HARL, G. DORIVAL, A. LE BOULLUC (= Études Augustiniennes. Série Antiquité 68). Paris 1976.

H. CROUZEL/M. SIMONETTI: SC 252 (1978) [Praefatio Rufuni 68-71. Liber I 76-233. Liber II 234-413] (본문/번역); SC 268 (1980) [Liber tertius. Praefatio Rufini 12-15. De arbitrii libertate 16-151. De contrariis potestatibus l 152-217. Quod mundus ex tempore coeperit l 218-255. Liber quartus. Quod scripturae divinitus inspiratae sunt 256-399. Anacefaleosis de patre et filio et spiritu sancto ceterisque, quae superius dicta sunt 400-429] (본문/번역).

이탈리아어 *Origene: I principi*. A cura di M. SIMONETTI (= Classici delle religioni. N. 7 = Sezion 4. La religione cattolica). Torino 1979.

에스파냐어 *Orígenes: Tractat sobre els principis*. Traducció i edició a cura de J. RIUS-CAMPS (= Textos filosòfics 49). Barcelona 1988 (Ücatalán).

Orígenes: Tractat dels principis. Introducció, text revisat, traducció i notes de J. RIUS-CAMPS (= Colleció dels clàssics grecs i llatins. Escriptors cristians text i traducció 309). Barcelona 1998 (Ücatalán).

Lo mejor de Orígenes. Tratado de los principios. Compilado por A. Ropero. Traducido y adaptado al castellano por A. Ropero (= Grandes autores de la fe 6. Patr stica). Terrassa 2002.

De resurrectione libri II 부활 (2권) (단편, 220년 이전, 그리스어/라틴어)

편집본 참조: GCS 27 Methodius (G. N. BONWETSCH, 1917) S. 242-345와 413-416.

PG 11,93-100.

Dialogus de recta in Deum fide 하느님에 대한 올바른 믿음에 관한 대화 (Sp.)

Disputatio cum Heracleida/Dialogus cum Heracleide 헤라클리데스와의 논쟁/헤라클레이데스와의 대화 (244/245년, 그리스어)

편집본 J. SCHERER: SC 67 ([2]2002).

번역본 독일어 E. FRÜCHTEL: BGL 5 (1974) 27-44.

영어 R. J. DALY: ACW 54 (1992) 57-78.

Origen: Alexandrian Christianity. Selected translations of Clement and Origen with introductions and notes by J. E. L. OULTON and H. CHADWICK (= The Library of Christian Classics II). London 1954, 467-455.

프랑스어 J. SCHERER: SC 67 ([2]2002) (본문/번역).

이탈리아어 *Origene: Disputa con Eraclide*. Introduzione, traduzione e note a cura di G. GENTILI (= Patristica). Alba 1971.

G. LOMIETO: *Il dialogo di Origene con Eraclide e di vescovi suoi colleghi sul padre, il figlio e l anima*. Bari 1970.

Epistula ad Firmilianum 피르밀리아누스에게 보낸 편지 (단편)

Epistula ad Gobarum 고바루스에게 보낸 편지 (단편)

Epistula ad Gregorium (Thaumaturgum) (기적가) 그레고리우스에게 보낸 편지

(235~243년, 그리스어)

편집본 H. CROUZEL: SC 148 (1969) [Remerciement à Origène 94-183. Lettre d'Origène à Grégoire le Thaumaturge 186-195].

P. GOUYOT: FC 24 (1996) 214-221.

Des Gregorios Thaumaturgos Dankrede an Origenes. Als Anhang: Der Brief des Origenes an Gregorios Thaumaturgos. Herausgegeben von P. KOETSCHAU (= Sammlung ausgewählter kirchen-und dogmengeschichtlicher Quellenschriften. Reihe 1. 9). Freiburg im Br. 1894, 40-44.

J. A. ROBINSON: The Philocalia of Origen. Cambridge 1893, 64-67.

PG 11,88-92.

번역본 독일어 P. GOUYOT: FC 24 (1996) 214-221 (본문/번역).

영어 F. CROMBIE: ANF 4 (재인쇄 1994) 393-394.

A. MENZIES: ANF 10 (1980) 295-296.

Gregory: Address to Origen. Origen's Letter to Gregory. Translated and edited by W. METCALFE (= Translations of Christian literature. Series 1). London 1920.

J. W. TRIGG: *Origen* (= The early church fathers). London-New York 1998, 210-213.

프랑스어 H. CROUZEL: SC 148 (1969) [Remerciement à Origène 94-183. Lettre d'Origène à Grégoire le Thaumaturge 186-195] (본문/번역).

이탈리아어 *Gregorio il Taumaturgo: Discorso a Origene. Una pagina di pedagogia cristiana*. Traduzione, introduzione e note a cura di E. MAROTTA (= Collana di Testi Patristici 40). Roma 1983.

Epistula ad Ignotum (Fabianum Romanum) 미상의 인물(로마의 파비아누스)에게 보낸 편지

Epistula ad Iulium Africanum 율리우스 아프리카누스에게 보낸 편지 (240년경, 그리스어)

편집본 N. DE LANGE: SC 302 (1983) 514-573.

W. REICHARDT: Die Briefe des Sextus Iulius Africanus an Aristides und Origenes (= Texte und Untersuchungen zur Geschichte der altchristlichen Literatur 34,3). Leipzig 1909, 78-90.

PG 11,48-85.

번역본 영어 F. CROMBIE: ANF 4 (재인쇄 1994) 386-392.

프랑스어 N. DE LANGE: SC 302 (1983) 514-573 (본문/번역).

Epistula ad quosdam caros suos Alexandriam 알렉산드리아의 친구들에게 보낸 편지

편집본 H. CROUZEL: *A letter from Origin 『to friends in Alexandria』* (= Orientalia Christiana Analecta 195). Roma 1973, 135-150.

Epistula quibusdam qui ei obtrectabant (ad Alexandrum Hierosolymitanum) 그를 비방한 어떤 이들(예루살렘의 알렉산더)에게 보낸 편지 (단편)

Excerpta in Ecclesiasten 코헬렛 발췌 주해

편집본 S. LEANZA: *L'esegesi di Origene al libro dell'Ecclesiaste*. Reggio Calabria 1975, 10-20.

Excerpta in Psalmos I-XXV 시편 제1-25편 발췌 주해

편집본 Excerpta in Psalmum I: PG 12, 1076 C-1077 C 11; PG 12, 1080 B 7-1080 C 14; PG 12, 1080 D-1081 D; PG 12, 1084 A; PG 12, 1084 BC; PG 12, 1092 A 5-1097 C 5.

Excerptum in Psalmum VI: PG 17, 602 D 6-603 B 6.

Excerpta in Psalmum XV: PG 17, 600 A 1-B 5. 600 B 7-11.

Excerptum in Psalmum XVIII: PG 17, 600 C 7-601 B 2.

Excerpta (Scholia) in totum Psalterium 전 시편집 발췌 주해 (단편)

Exhortatio ad martyrium 순교 권면 (235-238년, 그리스어)

편집본 P. KOETSCHAU: GCS 2 (1899) 3-47.

PG 11,564-637.

번역본 독일어 E. FRÜCHTEL: BGL 5 (1974) 81-119.

P. KOETSCHAU: BKV[2] 48 (1926) 154-213.

영어 *An exhortation to martyrdom. Prayer. First principles book IV. Prologue to the commentary on 『The song of songs』. Homily XXVII on 『Numbers』 by Origen*. Translation from the Latin and introduction by R. A. GREER. Preface by H. U. von Balthasar (= The classics of Western spirituality). London 1979, 41-79.

J. J. O'MEARA: ACW 19 (1954) 141-196.

Origen: Alexandrian Christianity. Selected translations of Clement and Origen with introductions and notes by J. E. L. OULTON and H. CHADWICK (= The Library of Christian Classics II). London 1954, 393-429.

프랑스어 *Origène: De la prière*. Introductione, traductione et notes par G. BARDY. 2. édition. Exhortation au martyre (= Bibliothèque patristique de spiritualité). Paris 1932.

Le martyre dans l'antiquité chrétienne. Textes choisis et présentés par A.-G. Hamman. Traduction par F. PAPILLON (= Les Pères dans la Foi 38). Paris 1990, 35-83.

이탈리아어 *Origene: Esortazione al martiro*. Introduzione, traduzione, note di C. NOCE (= Studia Urbania 27). Roma 1985.

에스파냐어 *Orígenes: Exhortacion al martirio. Sobre la oracion.* Introducción, traducción y notas por T. H. MARTIN (= Ichthys 12). Salamanca 1991, 31-69.

Fragmenta armeniaca 아르메니아어 단편집

Fragmenta in Epistulas catholicas 가톨릭 서간 단편

Fragmenta in Ezechielem 에제키엘서 단편

Fragmenta in florilegio 'Radix fidei' '신앙의 근원' 선집 단편

Fragmenta in Leviticum 레위기 단편

Fragmentum in Iob. Origenis dicta in visionem per allegoriam 욥기 단편

Verba utilia 유익한 말

Fragmenta III de Gog et Magog, Nabuchodonosor, Raphael 곡과 마곡, 네부카드네자르, 라파엘에 관한 단편 3편 (라틴어/Sp.)

Fragmenta e catenis in Epistulam primam ad Corinthios 코린토 1서 주해 선집 단편

Fragmenta epistularum ap. Euseb. et alios 에우세비우스와 다른 이들에게 보낸 편지 단편들 (라틴어/Sp.)

편집본 참조: 에우세비우스, 교회사 6,19,12-14.

PG 17,624-626; 121,485BC.

Fragmentum ex comm. in Mt. 마태오 복음 주해 단편 (244~249년, 그리스어/라틴어)

편집본 GCS 12(E. KLOSTERMANN u. E. BENZ, 1941) S. 3-9.

PG 13,829-834.

Fragmenta ex homiliis in I. ep. ad. Cor. 코린토 1서 강해 단편 (240년경, 그리스어)

편집본 C. JENKINS JThS 9 (1908) S. 231-247, S. 353-372, S. 500-514; 10 (1909) S. 29-51.

Fragmenta in catenis 성경 주해 선집 단편

Fragmenta in Lamentationes in catenis 애가 주해 선집에서 발췌한 단편

Fragmenta in Mt. 마태오 복음 단편 (그리스어)

편집본 GCS 12 (E. KLOSTERMANN u. E. BENZ, 1941) S. 13-235.
J. B. PIGHI: VigChr. 2 (1948) S. 109-112.
PG 17,289-309.

Fragmenta in Lc. 루카 복음 단편 (그리스어)

편집본 GCS 92(M. RAUER, 1959) S. 227-336.
PG 13,1901-1910; 17,312-369.

Fragmenta in Numeros 민수기 단편

Fragmenta in Proverbia 잠언 단편

Fragmentum de Mechisedech 멜키체덱에 관한 단편 (Sp.)

Hexapla 육중역본 (단편, ?~245년, 시리아어)

편집본 F. Field: *Origenis Hexaplorum quae supersunt*, 2 Bde. Oxford 1867-1875, [2]1960.
C. Taylor: *Hebrew-Greek Cairo Genizah Palimpsests from the Taylor Schlechter Collection*. Cambridge 1900. (Ps. 22: S. 1-50).
Psalterii Hexapli reliquiae studio Joh. Card. Mercati editae. Pars I,

Vaticano 1958. Dazu: Voll. II. Osservazioni, Vaticano 1965.

A. M. Ceriani: *Monumenta sacra et profana ex codicibus praesertim bibliothecae Ambrosianae* 7. Mailand 1874.

P. Lagarde: *Bibliothecae Syriacae a P. de Lagarde collectae*. Göttingen 1892.

PG 15: 43-1442 (창세-1열왕); PG 16,1: 11-1266 (2열왕-시편); PG 16,2: 1279-2298 (잠언-예레); PG 16,3: 2399-3008 (에제-말라); PG 16,2: 2303-23294 (L)

Homilia de Maria Magdalena 마리아 막달레나에 관한 강해 (라틴어/Sp.)

Homilia XVII in Genesim 창세기 17번째 강해 (라틴어/Sp.)

Homilia in Melchisedech 멜키체덱에 관한 강해 (라틴어/Sp.)

Homiliae XVI 강해 16편

Homiliae de Psalmis 시편 강해 (240년경)

PG 12,1319-1410.

(1) Homiliae 5 in Ps. XXXVI (라틴어)

편집본 E. PRINZIVALLI/H. CROUZEL/L. BRÉSARD: SC 411 (1995) 50-255.

번역본 프랑스어 E. PRINZIVALLI/H. CROUZEL/L. BRÉSARD: SC 411 (1995) 50-255 (본문/번역).

이탈리아어 *Origene: Omelie sui salmi XXXVI, XXXVII, XXXVIII*. A cura di E. PRINZIVALLI (= Biblioteca patristica 18). Firenze 1991, 26-245 (본문/번역).

Origene/Gerolamo: 74 Omelie sul libro dei Salmi. Introduzione, traduzione e note di G. COPPA (= Letture cristiane del primo millennio 15). Milano 1993.

(2) Homiliae 2 in Ps. XXXVII (라틴어)

편집본 E. PRINZIVALLI/H. CROUZEL/L. BRÉSARD: SC 411 (1995) 258-327.

번역본 프랑스어 E. PRINZIVALLI/H. CROUZEL/L. BRÉSARD: SC 411 (1995) 258-327 (본문/번역).

이탈리아어 *Origene: Omelie sui salmi XXXVI, XXXVII, XXXVIII*. A cura di E. PRINZIVALLI (= Biblioteca patristica 18). Firenze 1991, 246-321 (본문/번역).

Origene/Gerolamo: 74 Omelie sul libro dei Salmi. Introduzione, traduzione e note di G. COPPA (= Letture cristiane del primo millennio 15). Milano 1993.

(3) Homiliae 2 in Ps. XXXVIII (라틴어)

편집본 E. PRINZIVALLI/H. CROUZEL/L. BRÉSARD: SC 411 (1995) 330-405.

번역본 프랑스어 E. PRINZIVALLI/H. CROUZEL/L. BRÉSARD: SC 411 (1995) 330-405 (본문/번역).

이탈리아어 *Origene: Omelie sui salmi XXXVI, XXXVII, XXXVIII*. A cura di E. PRINZIVALLI (= Biblioteca patristica 18). Firenze 1991, 246-321 (본문/번역).

Origene/Gerolamo: 74 Omelie sul libro dei Salmi. Introduzione, traduzione e note di G. COPPA (= Letture cristiane del primo millennio 15). Milano 1993.

Homiliae in Actus apostolorum 사도행전 강해 (단편, 그리스어)

편집본 PG 14,829-832.

Homiliae in Deuteronomium 신명기 강해 (단편, 240년경, 그리스어)

편집본 E. v. d. GOLTZ: TU 17,4, S. 51f.

Homiliae in Ieremiam/In Jeremiam homiliae 예레미아서 강해 (240년경, 그리스어/히에로니무스)

(I) Homiliae XX (그리스어)

편집본 E. KLOSTERMANN: GCS 6 ([2]1983) 1-194.

P. HUSSON / P. NAUTIN: SC 232 (1976) 196-431 [homiliae I-XI]; SC 238 (1977) 10-299. 368-377 [homiliae XII-XX].

PG 13,255-542.

번역본 독일어 E. SCHADEL: BGL 10 (1980) 52-235.

F. J. WINTER: *Origenes und die Predigt der ersten drei Jahrhunderte*. Leipzig 1893(hom. 15,16,39).

L. PELT/H. RHEINWALD: *Homilieensammlung aus den ersten sechs Jahrhunderten der christ*. Kirche. Berlin 1829 (hom. 39,9,15,16).

영어 J. C. SMITH: FOTC 97 (1998).

J. W. TRIGG: *Origen (= The early church fathers)*. London-New York 1998 [homilia XII 179-192].

프랑스어 P. HUSSON/P. NAUTIN: SC 232 (1976) 196-431 [homiliae I-XI] (본문/번역); SC 238 (1977) 10-299. 368-377 [homiliae XII-XX] (본문/번역).

이탈리아어 *Origene: Omelie su Geremia*. Introduzione, traduzione e note a cura di L. MORTARI (= Collana di Testi Patristici 123). Roma 1995.

(2) Homiliae II (라틴어)

편집본 W. A. BAEHRENS: GCS 33 (1925) 290-317

P. HUSSON/P. NAUTIN: SC SC 238 (1977) 300-367.

번역본 프랑스어 P. HUSSON/P. NAUTIN: SC 238 (1977) 300-367 (본문/번역).

Homiliae in Iob 욥기 강해 (단편, 240년경)

편집본 PG 12,1029-1030.

Homiliae VIII in Matthaeum 마태오 복음 강해 8편 (Sp.)

Homiliae in Regnorum libros 열왕기 강해

(1) Homilia in I Reg (1 Sam) 1,2 (라틴어)

편집본 W. A. BAEHRENS: GCS 33 (1925) 1-25.

P. NAUTIN/M.-T. NAUTIN: SC 328 (1986) 94-153.

번역본 프랑스어 P. NAUTIN/M.-T. NAUTIN: SC 328 (1986) 94-153 (본문/번역).

(2) Homilia in I Reg (1 Sam) 28,3-25 (240년경, 그리스어)

편집본 E. KLOSTERMANN: GCS 6 (1901) 283-294.

E. KLOSTERMANN: *Origenes, Eustathius von Antiochien und Gregor von Nyssa ber die Hexe von Endor* (= Kleine Texte 83). Bonn 1912, 3-15.

P. NAUTIN/M.-T. NAUTIN: SC 328 (1986) 172-213.

O. GUÉRAUD RHR (1946) S. 85-108.

PG 12,995-1028.

번역본 영어 J. C. SMITH: FOTC 97 (1998).

J. W. TRIGG: *Origen (= The early church fathers)*. London-New York 1998 [homilia V 199-209].

프랑스어 P. NAUTIN/M.-T. NAUTIN: SC 328 (1986) 172-213 (본문/번역).

(3) Fragmenta e catenis in Regnorum libros (그리스어)

편집본 E. KLOSTERMANN: GCS 6 (1901) 295-304.

PG 12,992-996; 17,40-57.

In Canticum canticorum homiliae II 아가 강해 (2편) (240년경, 라틴어)

편집본 W. A. BAEHRENS: GCS 33 (1925) 27-60.

O. ROUSSEAU: SC 37 bis (²1966) 58-103.

PG 13,37-58.

번역본 독일어 Origenes und Gregor der Gorße: Das Hohelied. Eingeleitet und übersetzt von K. S. FRANK (= Christliche Meister 29). Einsiedeln 1987, 39-78.

Origenes und die Predigt der ersten drei Jahrhunderte. Ausgewählte Reden. Mit einer Einleitung in deutscher Übersetzung herausgegeben von F. J. WINTER (= Predigt der Kirche 22). Leipzig 1893, 53-67 [homilia I].

영어 R. P. LAWSON: ACW 26 (1957) 21-305.

프랑스어 O. ROUSSEAU: SC 37 (²1966) 58-103 (본문/번역).

Le Cantique des cantiques d'Origène à saint Bernard. Réunit: 『Deux homélies sur le Cantique des cantiques』 d'Origène. 『Commentaire sur le Cantique des cantiques』 de Grégoire d'Elvire. 『Homélies sur le Cantique des cantiques』 de saint Bernard. Traduction par R. WINLING et par LES CARMÉLITES DE MAZILLE. Introduction par R. Winling et A.-G. Hamman (= Les Péres dans la Foi 24. 3e série. Les Péres et la Bible. Ancien Testament). Paris 1983.

이탈리아어 *Origene: Omelie sul Cantico dei cantici*. A cura di M. SIMONETTI (= Scrittori greci e latini). Roma 1998 (T/Üi).

Origene: Omelie al Cantico dei cantici. Traduzione, introduzione e note a cura di M. SIMONETTI. 3. ed. (= Collana di Testi Patristici). Roma 1991.

Origene: Omelie sul Cantico dei cantici. Traduzione, introduzione e note a cura di M. I. DANIELI. 2. ed. (= Collana di Testi Patristici 83). Roma 1995.

에스파냐어 *Origenes: Homilies sobre el Càntic dels Càntics.* Traducció y próleg de J. RIERA I SANS (= El gra del blat 26). Montserrat 1979 (Ücatalán).

Orígenes: Homilías sobre el Cantar de los Cantares. Introducción, traducción y notas de S. FERNÁNDEZ EYZAGUIRRE (= Biblioteca de patrística 51). Madrid 2000.

In Canticum canticorum libri II 아가 강해 (2권) (단편, 그리스어)

편집본 GCS 8 (W. A. BAEHRENS, 1925) S. 90-241 (App.).

In Epistulam ad Hebraeos homiliae 히브리서 강해 (단편, 그리스어)

편집본 E. RIGGENBACH: Historische Studien zum Hebräerbrief, Forschungen zur Gesch. des NT-Kanons VIII, 1. Leipzig 1907. S. 7-10.

PG 14,1307-1308.

In Epistulam Pauli ad Romanos libri XV 바오로의 로마서 주해 (15권) (244년경, 라틴어/그리스어)

편집본 T. HEITHER: FC 2/1 (1990) 58-329 [libri I-II]; FC 2/2 (1992) 30-301. [libri III-IV]; FC 2/3 (1993) 30-319 [libri V-VI]; FC 2/4 (1994) 30-319. [libri VII-VIII]; FC 2/5 (1996) 22-285. [libri IX-X].

J. SCHERER: *Le commentaire d'Origène sur Rom III, 5-V, 7.* Kairo 1957.

A. RAMSBOTHAM JThS 13 (1912).

S. 209-224; S. 357-368; 14 (1913) 10-22.

K. STAAB BiZ 18 (1927/28) 72-83.

Der Römerbriefkommentar des Origenes. Kritische Ausgabe der Übersetzung Rufins. Buch 1-3. Herausgegeben von C. P. HAMMOND BAMMEL (= Vetus Latina. Aus der Geschichte der lateinischen Bibel 16). Freiburg 1990 [libri I-III]; Buch 4-6 (= Vetus Latina. Aus der Geschichte der lateinischen Bibel 33). Freiburg 1997 [libri IV-VI]; Buch 7-10. Herausgegeben von C. P. HAMMOND BAMMEL (= Vetus Latina. Aus der Geschichte der lateinischen Bibel 34). Freiburg 1998 [libri VII-X].

PG 14, 831-1292.

번역본 독일어 T. HEITHER: FC 2/1 (1990) 58-329 [libri I-II] (T/Üd); FC 2/2 (1992) 30-301. [libri III-IV] (T/Üd); FC 2/3 (1993) 30-319 [libri V-VI] (T/Üd); FC 2/4 (1994) 30-319. [libri VII-VIII] (T/Üd); FC 2/5 (1996) 22-285. [libri IX-X] (T/ d).

H. RAHNER: *Kirche und Staat in frühen Christentum*. München 1961. 58-63 (IX,26-36).

영어 T. P. SCHECK: FOTC 103 (2001) [libri I-V]; FOTC 104 (2002) [libri VI-X].

프랑스어 *Le Commentaire d'Origène sur Rom. III,5—V,7.* D'après les extraits du papyrus No. 88748 du Musée du Caire et les fragments de la philocalie et du Vaticanus Gr. 762. Essaie de reconstitution du texte et de la pensée des tomes V et VI du 『commentaire sur l'épître aux Romains』 par J. SCHERER (= Institut Francais d'Archéologie Orientale 〈Al-Qahira〉. Bibiothèque d'étude 27). Le Caire 1957, 124-233 (본문/번역).

이탈리아어 *Origenes: Commento alla Lettera ai Romani.* Introduzione, traduzione e note a cura di F. COCCHINI. Volume I: libri I-VII. Casale 1985 [libri I-VII]; Volume II: libri VII-X. Casale Monferrato 1986 [libri VII-X].

In Exodum excerpta 탈출기 발췌 주해 (단편, 그리스어)

편집본 PG 12,281-287.

In Exodum homiliae XIII 탈출기 강해 (13편) (246년경, 라틴어)

편집본 M. BORRET: SC 321 (1985) [Homilia I 42-67. Homilia II. De obsetricibus et natiuitate Moysi 68-87. Homilia III. De eo quod scriptum est: Ego autem gracili uoce sum et tardus lingua 88-115. Homilia IV. De decem plagis quibus percussa est Aegyptus 116-147. Homilia V. De profectione filiorum Istrahel 148-169. Homilia VI. De cantico quod cantauit Moyses cum populo et Maria cum mulieribus 170-203. Homilia VII. De amaritudine aquae Merrae 204-239. Homilia VIII. De initio Decalogi 240-277. Homilia IX. De tabernaculo 278-305. Homilia X. De muliere praegnante quae duobus uiris litigantibus abortierit 306-325. Homilia XI. De siti populi Raphidin, et de bello Amalechitarum et praesentia Iothor 326-351. Homilia XII. De uultu Moysi glorificato, et de uelamine quod ponebat in facie sua 352-371. Homilia XIII. De his quae offeruntur ad tabernaculum 372-401].

W. A. BAEHRENS: GCS 29 (1920) 145-279.

PG 12,297-396.

번역본 영어 R. E. HEINE: FOTC 71 (^{2}2002) 227-387.

프랑스어 M. BORRET: SC 321 (1985) [Homilia I 42-67. Homilia II. De obsetricibus et natiuitate Moysi 68-87. Homilia III. De eo quod scriptum est: Ego autem gracili uoce sum et tardus lingua 88-115. Homilia IV. De decem plagis quibus percussa est Aegyptus 116-147. Homilia V. De profectione filiorum Istrahel 148-169. Homilia VI. De cantico quod cantauit Moyses cum populo et Maria cum mulieribus 170-203. Homilia VII. De amaritudine aquae Merrae 204-239. Homilia VIII. De initio Decalogi 240-277. Homilia IX. De tabernaculo 278-305. Homilia X. De muliere praegnante quae duobus uiris litigantibus abortierit 306-325. Homilia XI. De siti populi Raphidin, et de bello Amalechitarum et praesentia Iothor 326-351. Homilia XII. De uultu Moysi glorificato, et de uelamine quod ponebat in facie sua 352-371. Homilia XIII. De his quae offeruntur ad tabernaculum 372-401] (본문/번역).

P. FORTIER: SC 16 (1947) 77-271.

이탈리아어 *Origene: Omelie sulla Genesi e sull'Esodo*. Introduzione, traduzione e note di G. GENTILI (= Collana Patristica e del pensiero cristiano 54). Alba 1976, 349-572.

Origene: Omelie sull'Esodo. Traduzione, introduzione e note d cura di M. I. DANIELI. 2. ed. (= Collana di Testi Patristica 27). Roma 1991.

에스파냐어 *Orígenes: Homilías sobre el Exodo*. Introducción y notas de M. I. Danieli. Traducción del latín de A. CASTAÑO FÉLIX (= Biblioteca de patrística 17). Madrid 1992.

In Ezechielem homiliae XIV 에제키엘서 강해 (14편) (240년경, 라틴어)

편집본 W. A. BAEHRENS: GCS 33 (1925) 319-454.

M. BORRET SC 352 (1989) [Praefatio 30-33. Homilia I 36-97. Homilia II 100-121. Homilia III 124-149. Homilia IV 152-187. Homilia V 190-209. Homilia VI 212-247. Homilia VII 250-275. Homilia VIII 278-291. Homilia IX 294-323. Homilia X 326-347. Homilia XI 350-375. Homilia XII 378-397. Homilia XIII 402-431. Homilia XIV 434-443].

PG 13,665-768.

번역본 프랑스어 M. BORRET SC 352 (1989) [Praefatio 30-33. Homilia I 36-97. Homilia II 100-121. Homilia III 124-149. Homilia IV 152-187. Homilia V 190-209. Homilia VI 212-247. Homilia VII 250-275. Homilia VIII 278-291. Homilia IX 294-323. X 326-

347. Homilia XI 350-375. Homilia XII 378-397. Homilia XIII 402-431. Homilia XIV 434-443] (본문/번역).

이탈리아어 *Origene: Omelie su Ezechiele*. Traduzione, introduzione e note a cura di N. ANTONIONO (= Collana di Testi Patristici 67). Roma 1987.

In Ezechielem libri 에제키엘서 (단편, 그리스어)

편집본 Analecta Sacra 3,541 (J. B. PITRA, 1884).

PG 17,288.

In Genesim homiliae XIV 창세기 강해 (14편) (240년경, 그리스어/라틴어)

편집본 H. DE LUBAC/L. DOUTRELEAU: SC 7 bis (^{2}1996) 24-393.

W. A. BAEHRENS: GCS 29 (1920) 1-144.

PG 12,145-262.

번역본 독일어 *Origenes und die Predigt der ersten drei Jahrhunderte. Ausgewählte Reden*. Homilien 2 und 5. Übersetzt von F. J. WINTER (= Predigt der Kirche 22). Leipzig 1893 [homilia II 20-32. homilia V 33-42].

Origenes: Homilien zum Buch Genesis. Übertragen und herausgegeben von T. HEITHER (= Edition Cardo 90). Köln 2002.

영어 R. E. HEINE: FOTC 71 (^{2}2002) 47-224.

프랑스어 L. DOUTRELEAU: SC 7 bis (^{2}1996) 24-393 (본문/번역).

이탈리아어 *Origene: Omelie sulla Genesi*. Traduzione, introduzione e note a cura di M. I. DANIELI. 2. ed. (= Collana di Testi Patristica 14). Roma 1992.

Origene: Omelie sulla Genesi e sull'Esodo. Introduzione, traduzione e note di G. GENTILI (= Collana Patristica e del pensiero cristiano). Alba 1976, 112-348.

Origene: Omelie sulla Genesi. A cura di M. SIMONETTI. Troduzione di M. I. DANIELI. Roma 2002.

에스파냐어 *Orígenes: Homilías sobre el Génesis*. Introducción, traducción y notas de J. R. DÍAZ SÀNCHEZ-CID (= Biblioteca de patrística 48). Madrid 1999.

In Iesu Nave homiliae XXVI 여호수아기 강해 (26편) (240년경; 라틴어)

편집본 A. JAUBERT: SC 71 (²2000) 90-501.

W. A. BAEHRENS: GCS 30 (1921) 286-463.

PG 12,825-948.

번역본 영어 B. J. BRUCE: FOTC 105 (2002).

프랑스어 A. JAUBERT: SC 71 (²2000) 90-501 (본문/번역).

이탈리아어 *Origene: Omelie su Giosué*. Traduzione, introduzione e note a cura di R. SCOGNAMIGLIO e M. I. DANIELI (= Collana di Testi Patristica 108). Roma 1993.

In Ioel liber 요엘서 (단편, 그리스어)

편집본 Pap. Oxyr. 1601 (vgl. R. REITZENSTEIN ZNW XX, S. 90-93).

In Isaiam excerpta 이사야서 발췌 주해 (단편, 235년경, 라틴어)

편집본 PG 13,217-220.

In Isaiam homiliae XXXII 이사야서 강해 (32편) (240년경, 라틴어)

편집본 W. A. BAEHRENS: GCS 33 (1925) 242-289.

PG 13,219-254.

번역본 프랑스어 *Isaie expliqué par les pères. Origène: Homélies*. Traduction par J. MILLET. Introduction et conseils de travail personnel par A.-G. HAMMAN (= Les Pères dans la Foi 25). Paris 1983, 19-88.

이탈리아어 *Origene: Omelie su Isaia*. Traduzione, introduzione e note a cura di M. I. DANIELI (= Collana di Testi Patristici 132). Roma 1996.

In Leviticum excerpta 레위기 발췌 주해 (단편, 그리스어)

편집본 PG 12,397-404.

In Leviticum homiliae XVI 레위기 강해 (16편) (240년경, 라틴어)

편집본 M. BORRET: SC 286 (1981) [Homilia I 66-89. Homilia II 90-119. Homilia III 120-161. Homilia IV 162-201. Homilia V 202-267. Homilia VI 268-297. Homilia VII 298-353]; SC 287 (1981) [Homilia VIII 8-69. Homilia IX 70-127. Homilia X 128-141. Homilia XI 142-163. Homilia XII 164-195. Homilia XIII 196-225. Homilia XIV 226-249. Homilia XV 250-261. Homilia XVI 262-301].

W. A. BAEHRENS: GCS 29 (1920) 280-507.

PG 12,405-574.

번역본 독일어 *Origenes und die Predigt der ersten drei Jahrhunderte. Ausgewählte Reden*. Mit einer Einleitung in deutscher Übersetzung herausgegeben von F. J. WINTER (= Die Predigt der Kirche 22). Leipzig 1893, 41-52 [homilia II].

영어 G. W. BARKLEY: FOTC 83 (1990).

G. W. BARKLEY: *Origen's homilies on Leviticus*. An annotated translation. Diss. (Microfilm). Ann Arbor/Michigan 1986.

프랑스어 M. BORRET: SC 286 (1981) [Homilia I 66-89. Homilia II 90-119. Homilia III 120-161. Homilia IV 162-201. Homilia V 202-267. Homilia VI 268-297. Homilia VII 298-353] (본문/번역); SC 287 (1981) [Homilia VIII 8-69. Homilia IX 70-127. Homilia X 128-141. Homilia XI 142-163. Homilia XII 164-195.

Homilia XIII 196-225. Homilia XIV 226-249. Homilia XV 250-261. Homilia XVI 262-301] (본문/번역).

이탈리아어 *Origene: Omelie sul Levitico*. Traduzione, introduzione e note a cura di M. I. DANIELI (= Collana di Testi Patristici 51). Roma 1985.

In librum Iudicum homiliae IX 판관기 강해 (9편) (240년경, 라틴어)

편집본 P. MESSIE/L. NEYRAND/M. BORRET: SC 389 (1993).

W. A. BAEHRENS: GCS 30 (1921) 464-522.

PG 12,951-990.

번역본 프랑스어 P. MESSIE/L. NEYRAND/M. BORRET: SC 389 (1993) (본문/번역).

이탈리아어 *Origene: Omelie sui giudici*. Traduzione, introduzione e note a cura di M. I. DANIELI (= Collana di Testi Patristici 101). Roma 1992.

In Lucam homiliae XXXIX 루카 복음 강해 (39편) (240년경, 라틴어/그리스어)

편집본 H. CROUZEL/F. FOURNIER/P. PÉRICHO: SC 87 ([2]1998) [Incipit praefatio beati Hieronymi presbyteri in omelias Origenis super Lucam evangelistam. Hieronymus Paulae et Eustochio 94-97. Homilia I 98-109. Homilia II 110-119. Homilia III 120-127. Homilia IV 128-135. Homilia V 136-141. Homilia VI 142-153. Homilia VII 154-163. Homilia VIII 164-173. Homilia IX 174-179. Homilia X 180-187. Homilia XI 188-197. Homilia XII 198-205. Homilia XIII 206-215. Homilia XIV 216-231. Homilia XV 232-237. Homilia XVI 238-249. Homilia XVII 250-263. Homilia XVIII 264-271. Homilia XIX 272-279. Homilia XX 280-289. Homilia XXI 290-299. Homilia XXII 300-311. Homilia XXIII 312-323. Homilia XXIV 324-327. Homilia XXV 328-

337. Homilia XXVI 338-343. Homilia XXVII 344-351. Homilia XXVIII 352-359. Homilia XXIX 360-369. Homilia XXX 370-375. Homilia XXXI 376-385. Homilia XXXII 386-393. Homilia XXXIII 394-399. Homilia XXXIV 400-411. Homilia XXXV 412-431. Homilia XXXVI 432-435. Homilia XXXVII 436-441. Homilia XXXVIII 442-449. Homilia XXXIX 450-459. Fragmenta graeca 464-547].

H.-J. SIEBEN: FC 4/1 (1991) [homiliae I-XXV]; FC 4/2 (1992) [homiliae XXVI-XXXIX].

M. RAUER: GCS 49 ([2]1959) 1-222.

PG 13,1799-1902.

번역본 **독일어** H.-J. SIEBEN: FC 4/1 (1991) [homiliae I-XXV] (본문/번역); FC 4/2 (1992) [homiliae XXVI-XXXIX] (본문/번역).

F. J. WINTER: *Origenes und die Predigt der ersten drei Jahrhunderte*. Leipzig 1893(hom. 2,7,8).

J. C. W. AUGUSTI: *Predigten für alle Sonn-und Festtage des Kirchenjahres*. Aus den Schriften der Kirchenväter ausgewählt, übersetzt und mit kurzen historischen und philologischen Anmerkungen erläutert. 2 Bde. Leipzig 1838/1839 (hom. 17,20,7,8).

L. PELT/H. RHEINWALD: *Homilieensammlung* …, Berlin 1829 (hom. 2.).

W. SCHULTZ: *Origenes*. (Quellen. Ausgewählte Texte aud der Geschichte der christl. Kirche. H. 6) Berlin 1962. S. 63-113(hom. 1,12,13,29,30,31,34).

영어 J. T. LIENHARD: FOTC 94 (1996).

J. W. TRIGG: Origen (= The early church fathers). London-New York 1998 [homiliae XIV 193-196. homilia XX 196-198].

프랑스어 H. CROUZEL/F. FOURNIER/P. PÉRICHON: SC 87 (²1998) [Incipit praefatio beati Hieronymi presbyteri in omelias Origenis super Lucam evangelistam. Hieronymus Paulae et Eustochio 94-97. Homilia I 98-109. Homilia II 110-119. Homilia III 120-127. Homilia IV 128-135. Homilia V 136-141. Homilia VI 142-153. Homilia VII 154-163. Homilia VIII 164-173. Homilia IX 174-179. Homilia X 180-187. Homilia XI 188-197. Homilia XII 198-205. Homilia XIII 206-215. Homilia XIV 216-231. Homilia XV 232-237. Homilia XVI 238-249. Homilia XVII 250-263. Homilia XVIII 264-271. Homilia XIX 272-279. Homilia XX 280-289. Homilia XXI 290-299. Homilia XXII 300-311. Homilia XXIII 312-323. Homilia XXIV 324-327. Homilia XXV 328-337. Homilia XXVI 338-343. Homilia XXVII 344-351. Homilia XXVIII 352-359. Homilia XXIX 360-369. Homilia XXX 370-375. Homilia XXXI 376-385. Homilia XXXII 386-393. Homilia XXXIII 394-399. Homilia XXXIV 400-411. Homilia XXXV 412-431. Homilia XXXVI 432-435. Homilia XXXVII 436-441. Homilia XXXVIII 442-449. Homilia XXXIX 450-459. Fragmenta graeca 464-547] (본문/번역).

이탈리아어 Origene: Commento al Vangelo di Luca. Traduzione di S. ALIQUÒ. Introduzione e note di C. FAILLA. 2. ed. Roma 1974.

In Numeros homiliae XXVIII 민수기 강해 (28편) (240년경, 라틴어)

편집본 W. A. BAEHRENS (GCS)/L. DOUTRELEAU/A. MÉHAT/M. BORRET: SC 415 (1996) [homiliae I-X]; SC 442 (1999) [homiliae XI-XIX]; SC 461 (2001) [homiliae XX-XXVIII].

W. A. BAEHRENS: GCS 7 (1921) 3-285.

PG 12,585-806.

번역본 독일어 *Origenes: 27. Homilie zum Buch Numeri*. In: H. J. SIEBEN: Ausgestreckt nach dem, was vor mir ist. Geistliche Texte von Origenes bis Johannes Climacus. Übersetzt und eingeleitet von H. J. SIEBEN (= Sophia 30). Trier 1998, 16-48 〔homilia XXVII〕.

영어 *An exhortation to martyrdom. Prayer. First principles book IV. Prologue to the commentary on 『The song of songs』. Homily XXVII on 『Numbers』 by Origen*. Translation from the Latin and introduction by R. A. GREER. Preface by H. U. von Balthasar (= The Classics of Western Spirituality). London 1979, 245-269.

프랑스어 W. A. BAEHRENS (GCS)/L. DOUTRELEAU/A. MÉHAT/M. BORRET: SC 415 (1996) 〔homiliae I-X〕 (본문/번역). SC 442 (1999) 〔homiliae XI-XIX〕 (본문/번역). SC 461 (2001) 〔homiliae XX-XXVIII〕 (본문/번역).

A. MÉHAT: SC 29 (1951) 69-566.

이탈리아어 *Origene: Omelie sui numeri*. Traduzione, introduzione e note a cura di M. I. DANIELI. 2. ed. (= Collana di Testi Patristici 76). Roma 2001.

In Osee commentarius 호세아서 주해 (단편, 그리스어)

편집본 PG 13,825-828.

In Ruth fragmentum 룻기 단편 (그리스어)

편집본 PG 12,989.

Libri X in Canticum canticorum 아가 주해 (10권) (245~247년, 라틴어)

편집본 L. BRÉSARD/H. CROUZEL/M. BORRET: SC 375 (1991) 80-461; SC 376 (1992) 492-739.

W. A. BAEHRENS: GCS 33 (1925) 61-241.

PG 13,61-198.

번역본 영어 R. P. LAWSON: ACW 26 (1957) 21-305.

프랑스어 L. BRÉSARD/H. CROUZEL/M. BORRET: SC 375 (1991) 80-461 (본문/번역); SC 376 (1992) 492-739 (본문/번역).

Le Cantique des cantiques d'Origène à saint Bernard. Réunit: 『Deux homélies sur le Cantique des cantiques』 d'Origène. 『Commentaire sur le Cantique des cantiques』 de Grégoire d'Elvire. 『Homélies sur le Cantique des cantiques』 de saint Bernard. Traduction par R. WINLING et par LES CARMÉLITES DE MAZILLE. Introduction par R. Winling et A.-G. Hamman (= Les Péres dans la Foi. 3e série. Les Péres et la Bible. Ancien Testament). Paris 1983.

에스파냐어 *Orígenes: Comentario al Cantar de los Cantares*. Introducción y notas de M. Simonetti. Traducción de A. VELASCO DELGADO. 2ª ed. (= Biblioteca de patrística 1). Madrid 1994.

Libri in Psalmos [1-16, 20, 24, 37, 40, 43-46, 50-53, 57-59, 62-65, 68, 70-72, 103 (118)]

시편[1-16, 20, 24, 37, 40, 43-46, 50-53, 57-59, 62-65, 68, 70-72, 103 (118)]

Philocalia 필로칼리아 (단편)

Planctus seu Lamentum 울부짖음 또는 탄식 (라틴어/Sp.)

Scholia in Apocalypsim 묵시록 발췌 주해 (그리스어)

편집본 Origenes: *Der Scholien-Kommentar zur Apokalypse Johannis*. Nebst einem Stück aus Irenaeus, Lib. V, Graece. Herausgegeben von K. DIOBOUNIOTIS und A. von HARNACK (= Texte und

Untersuchungen zur Geschichte der altchristlichen Literatur 38,3). Leipzig 1911, 21-44.

C. H. TURNER: In: JThS 13 (1912) 386-397; JThS 25 (1924) 1-16.

번역본 프랑스어 *L'apocalypse expliquée par Césaire d'Arles*. Commentaire de l'Apocalypse traduit par J. Courreau. Scholies attrbuées à Origène, traduites par S. BOUQUET, introduction par I. de la Potterie et A.-G. Hamann, annotations et directives de travail par A.-G. Hamann (= Collection Les Pères dans la Foi 2e série no. 36). Paris 1989, 168-203.

Scholia in Genesim 창세기 발췌 주해 (단편, 그리스어)

편집본 PG 17,12-16.

Sermones Origenis in Canticum canticorum 오리게네스의 아가 설교 (arm./Sp.)

Stromata 양탄자 (232년 이전, 단편, 라틴어)

편집본 Vgl. jedoch auch E. V. D. GOLTZ TU 17,4, S. 96-98.

PG 11,101-108.

Tractatus LIX in Psalmos 시편 주해 59편 (240년경, 라틴어)

편집본 C. MORIN: CCL 78 (1958) 3-352.

번역본 이탈리아어 *Origene/Gerolamo: 74 Omelie sul libro dei Salmi*. Introduzione, traduzione e note di G. COPPA (= Letture cristiane del primo millennio 15). Milano 1993.

Tractatus XX Origenis de libris sanctarum Scripturarum 성경에 관한 오리게네스의 논고 20편 (라틴어)

4.

오리게네스와 『원리론』의 영향사

"사도 시대 이후 교회의 가장 위대한 스승." 이는 히에로니무스가 알렉산드리아의 장님 신학자 디디무스 글에서 채택하여 위대한 스승(오리게네스)의 『에제키엘서 강해』 번역본 머리말에 넣은 표현이었다.[1] 히에로니무스는 자신의 저서 『히브리인 이름 해설』 서론에서 이 표현을 되풀이하였지만 이 찬사가 옳은지 잘 알지 못하겠다고 말하였다.[2] 그는 나중에 오리게네스에 대한 흠모의 정이 식었을 때, 자신이 이전에 쓴 이 찬사를 기억하고 당혹감을 감추지 못하였다. 하지만 그가 최초에 내린 판단은 확실히 옳았으며, 오늘날 오리게네스의 저서를 연구하는 일부 사람은 이 표현을 흐뭇하게 여길 것이다.

1) 참조 히에로니무스의 오리게네스, 『에제키엘서 강해』 머리말(Lommatzsch XIV 4); 루피누스, 『히에로니무스 반박 변론』 2,13(PG 21,596).

2) 참조 루피누스, 『히에로니무스 반박 변론』 2,16(PL 21,597).

오리게네스는 그리스도교 역사에서 가장 쟁점이 되는 인물 가운데 한 명이다. 그를 두고 고대 그리스도교와 그리스도교 신학 전체를 위한 아다만티오스, 곧 "철 또는 금강석 같은 사람"[3]이라고 한 말은 결코 과대평가가 아니다. 성경과 관련된 오리게네스의 작품은 고대 그리스도교 주석 전체에, 그리고 중세 때 네 가지 성경 의미에 관한 체계적 학설을 마련하는 데 바탕이 되었다. 또한 수도제도의 선구자로서 그의 영성신학은 그리스도교의 수덕과 신비주의로 특징지어진다. 그는 5세기까지 동방 교회의 가장 위대한 교부 사상가·신학자로 명성을 얻었으며, 삼위일체 신학과 그리스도론 문제를 해결하기 위해 그가 여러 차례 제안한 내용[4]은 그가 죽은 뒤 몇 세기 동안 이어진 논쟁에 지속적으로 영향을 미쳤다. 르네상스 시기 그의 저서들은 플라톤주의 철학자 미란돌라(Giovanni Pico dela Mirandola)와 에라스무스(Erasmus)와 같은 매우 위대한 인문주의자들에게 영감을 주었으며, 16세기 이후에도 그는 한결같이 관심의 대상이었다.

그가 『원리론』 서론에서 강조하듯이 성경과 신앙 규범은 모든 신학의 토대였다. 그러나 오리게네스는 기본 학설로 만족하지 않았으며, 이를 사변적으로 파헤치고 아직 해결되지 않은 문제들을 이해하려고 애썼다.[5] 영혼이 선재한다는 것, 세상이 창조되기도 전에 타락이 일어나 이에 대한 반작용으로 물질이 창조되었다는 것, 코린토 1서 15장 28절의 말씀대로 피조

3) 에우세비우스, 『교회사』 6,14,10; 히에로니무스, 『명인록』 54. 직역은 "철 또는 다이아몬드 같은 사람"이다.

4) 이는 상이한 관점에서 해석되고 계속 발전되었다. 삼위의 하느님에 관한 신앙 논쟁에서는 늘 오리게네스가 언급된다. 그의 위격 해석이나 말씀이 영원 전에 탄생했다는 학설은 니케아파와 반니케아파의 신학 체계에 똑같이 영향을 미쳤다.

5) 참조 오리게네스, 『원리론』 1, 서론.

물이 모든 것 안에서 모든 것이실 하느님에게 복귀한다는 내용을 비롯한 많은 주제는 동시대인들에게도 낯선 것이었다. 궁극적으로 지옥도 악마도 더 이상 있을 수 없다는 그의 이론은 세기가 바뀌면서 몰이해에 부딪혔고, 『원리론』은 오리게네스의 다른 저서와 달리 그가 죽은 뒤 일어난 첫 번째 오리게네스 논쟁(4세기 말)의 주요 표적이 되었다. 이 저서는 오리게네스를 따르는 이집트와 팔레스티나의 수도승들에게 신비적·수덕적 사상을 고취시켰으며, 그의 사상에 대한 연구는 폰투스의 에바그리우스의 저서, 특히 『영지에 관한 문제들』과 『멜라니아에게 보낸 편지』[6]에서 정점을 이루었다. 오리게네스파와 반오리게네스파 논쟁의 실마리가 된 이 저서 때문에 니케아 공의회 이전 시대의 가장 위대한 신학자는 모든 정통신앙의 아버지와 모든 이단의 아버지라는 상반된 칭호를 동시에 얻었다. 그러므로 이 저서에 관한 역사적 평가를 한 마디로 정리하기는 너무 어렵다.

확실히 오리게네스의 가르침에 대한 후대의 단죄로—무엇보다도 『원리론』이 비판의 대상이었다—이 저서는 도서관에서 사라지게 되었다. 이 저서가 현존했다는 마지막 흔적은 9세기 포티우스의 서술 속에서 발견할 수 있다(『저서 평론』 8). 발췌, 번역, 인용의 형식으로 남아 있는 대목들은 오리게네스에 관한 교의 논쟁 과정에서 인용되었으며, 예외 없이 논쟁적 특징을 지닌다. 반대자들은 특정 구절들을 논박하였으며, 추종자들은 그 구절들을 변론하고 교회에 문제가 되지 않는다는 점을 강조했다. 『원리론』을 복구하기 위해 이 문헌들을 평가할 때는 이 논쟁들에서 오리게네스가 선 자리를 고려해야 한다. 따라서 맨 먼저 오리게네스 논쟁에 관해 역사적으로 개괄할 필요가 있다. 오리게네스의 신학에 관한 논쟁은 그가 죽은 뒤

6) 참조 A. Guillaumont, *Kephalaia Gnostica*.

에만 일어난 것은 아니다. 이 위대한 알렉산드리아인의 신학적 입장과 정통신앙은 이미 생존해 있을 때부터 의심을 받았다. 그는 많은 편지에서 자신의 정통신앙을 변론해야 했으며,[7] 그의 저서와 활동의 역사는 투쟁과 변론의 역사였다.[8] 이 역사에서 4세기 말과 6세기 중엽에 일어난 오리게네스 논쟁은 매우 중요하다.

4.1. 3~5세기 오리게네스 찬반 논쟁

오리게네스는 살아 있을 때 이미 매우 명망 높은 신학적 권위자였다.[9] 3~4세기에 활동한 신학자 가운데 오리게네스를 부정적으로 바라본 인물로는 알렉산드리아의 주교 데메트리우스가 있다. 231년경 데메트리우스가 오리게네스에게 제기한 교회 소송에서 『원리론』이 어떤 역할을 했는지는 단언할 수 없다. 소송의 주된 이유는 오리게네스가 다른 총대주교 관할의 주교에 의해 사제로 서품되었다는 것이었다. 이 사건에 관해 정보를 제공하는 에우세비우스,[10] 히에로니무스, 포티우스 가운데 누구도 교의적 문제

7) 에우세비우스(참조 『교회사』 6,36,4)에 따르면 오리게네스는 파비아누스 교황에게 악마의 구원에 관한 자신의 견해가 왜곡되었다고 변론하는 글을 썼다.

8) 오리게네스의 영향사에 관해서는 참조 M. Schär, *Das Nachleben des Origenes*; Lothar Lies, *Origenes' Eicharistielehre*.

9) 오리게네스에게는 늘 추종자와 반대자가 있었다.

10) 오리게네스가 후대에 미친 영향에 관한 가장 오래된 증인은 에우세비우스 주교다. 에우세비우스는 디오클레티아누스 박해 때 투옥된 그의 스승 팜필루스가 다섯 권으로 오리게네스의 변론을 쓰는 것을 도와주었고, 그 자신도 팜필루스가 죽은 뒤 이 저서에 한 권을 더 추가 집필하였다.

를 제기하지 않는다. 그럼에도 최근의 연구는 그 소송이 교의적 주제와 연관되었음을 암시하는 여러 징후를 포착하였다. 데메트리우스가 오리게네스를 그의 신학적 견해를 근거로 단죄했으며, 후계자인 헤라클라스도 교의적 동기로 그를 멀리했다는 것이다. 오리게네스에 대한 비판은 260년부터 안티오키아에서 활동한 주교 사모사타의 파울루스에 이르러 정점을 찍었다. 몇 년 뒤엔 알렉산드리아의 주교 페트루스(300~311년 재임)가 오리게네스의 영혼 선재 사상을 날카롭게 비판했다. 마찬가지로 올림푸스의 메토디우스(311년 사망)도 『부활론』에서는 『원리론』을 직접 언급하지 않았지만, 『피조물』에서는 『원리론』에 나오는 부활한 육체의 영적 특성·영혼의 선재·창조의 영원성에 관한 특징적인 가르침을 논박하였다고 포티우스[11]는 전한다.

반면 알렉산드리아 교리교육 학교의 책임자로 명성을 떨친 디오니시우스(247/248~264/265년 재임), 카이사리아의 피르밀리아누스(230년경~268년 재임), 테오그노스투스, 피에리우스(309년 이후 사망)는 온힘을 기울여 오리게네스를 변론하였다. 피에리우스의 제자인 카이사리아의 팜필루스(240년경~309/310)도 남아 있는 『오리게네스를 위한 변론』[12] 제1권에서 『원리론』을 많이 인용하면서 오리게네스를 변론했다. 팜필루스의 변론서는 삼위일체와 육화, 우의적 해석, 부활, 지옥 형벌의 영원성 및 인간 영혼의 선재와 윤회에 관한 오리게네스의 견해를 담고 있다. 그러나 그는 영혼에 관한 오리게네스의 견해가 교회의 가르침과 다르다는 것을 확인시켜 주기도 했다.

11) 참조 포티우스, 『저서 평론』 235.
12) PG 17,541-616. 이 저서는 본디 여섯 권이며 제1권만 루피누스의 라틴어 역본으로 남아 있다.

아리우스 논쟁으로 오리게네스는 아리우스주의의 아버지라고 불렸다. 이 논쟁에서 니케아 신경을 철저히 변론한 아타나시우스(295~373)는 오리게네스 편을 들었으며, 오리게네스가 가르친 것과 사람들이 그에게 덮어씌운 것을 구분해야 한다고 강조했다. 세 명의 위대한 카파도키아 교부 바실리우스(330년경~379)와 나지안주스의 그레고리우스(330~390), 니사의 그레고리우스(335년경~394)는 오리게네스의 저서들이 전적으로 문제가 없다고 보지는 않았지만 그를 정통신앙인으로 여겼으며, 『필로칼리아』[13]를 통해서 또 삼위일체 교의를 통해서 오리게네스를 긍정적으로 평가했다. 동방에서 장님 디디무스(313~398), 폰투스의 에바그리우스(346~399)와 팔라디우스(431년 이전 사망)는 이른바 오리게네스파로 여겨지며, 서방에서는 페타우의 빅토리누스(230년경~304)와 푸아티에의 힐라리우스(315년경~367),[14] 베르첼리의 에우세비우스(345~371년 재임)가 오리게네스 변론자로 여겨진다. 암브로시우스(334~397)와 아우구스티누스(354~430)[15]는 오리게

13) 4세기 후반에 접어들 무렵 바실리우스—훗날 카파도키아 지방 카이사리아의 주교가 됨—는 폰투스에 있는 자신의 암자를 방문한 친구 나지안주스의 그레고리우스의 도움을 받아 오리게네스 저서 선집, 곧 『필로칼리아』를 편찬했다. 오리게네스를 매우 존경한 대 바실리우스와 나지안주스의 그레고리우스가 360~378년에 출간한 이 편찬물은 『원리론』 제4권의 가장 많은 부분을 그리스어로 제공한다.

14) 푸아티에의 주교 힐라리우스는 오리게네스의 주석을 서방에 퍼뜨린 인물이다. 그는 355년 니케아 신앙을 믿는다는 이유로, 아리우스파에 우호적인 콘스탄티우스 황제에 의해 동방으로 추방되었다. 힐라리우스는 그곳에서 그리스 신학을 알게 되면서 동방 신학을 새로운 관점에서 이해하였다. 그가 추방지에서 서방으로 돌아간 뒤 360년에 저술한 『시편 주해』는 오리게네스의 영향을 매우 강하게 받았다. 히에로니무스는 과장이 분명한 투로, 이 주해서는 오리게네스 저서의 번역에 지나지 않는다고 혹평했다.

15) 아우구스티누스는 『고백록』(6,4,6)에서 암브로시우스에 관해 이렇게 썼다. "종종 나는 암브로시우스가 강연 중 신자들에게 '문자는 죽이고 영은 살립니다'(2코린 3,6)라고 한 다음, 문자가 잘못된 것을 가르치는 듯 보일 때 어떻게 신비의 너울을 걷어내고 영적 이해를 해설하는지 듣는 것을 즐겼다." 이 표현으로 아우구스티누스가 오리게네스의 영향을 얼마나 많이

네스의 독자 무리에 속한다고 할 수 있다. 이와 달리 안키라의 마르켈루스와 라오디케아의 아폴리나리스, 에우스타티우스는 오리게네스 비판자다.

4.2. 오리게네스 첫째 논쟁

삼위일체론 논쟁의 결과로서 이른바 첫째 오리게네스 논쟁이 벌어졌다. 논쟁은 고대 교회에서 '가장 위험한 이단자 사냥꾼'인 키프로스 출신의 주교 살라미스(또는 콘스탄티아)의 에피파니우스(376~403년 재임)에 의해 일어났다. 그는 날조된 혐오스러운 이야기로 오리게네스를 중상했다. 그는 오리게네스가 데키우스의 박해 동안 배교했다고 주장하고, 이 사건을 철저히 추적하면서 『약상자』에서 오리게네스를 이단 64종 가운데 포함시켰다.[16] 더

받았는지 알 수 있다. 아우구스티누스는 우의적 의미, 곧 오리게네스가 이해한 의미로 행한 암브로시우스의 설교를 통해서야 구약성경을 올바로 이해하게 되었다. 그때까지 그는 '교양 있는' 마니교도들의 영향으로 그리스도교의 맹목적인 문자 신앙을 비난하였다. 하지만 아우구스티누스는 뒤에 은총에 관해 펠라기우스파와 벌인 논쟁에서 암브로시우스가 매우 소중하게 인용했던 바오로의 말을 새로 이해하였다. 곧, 금지하는 율법의 문자들은 죽이는 것으로, 영의 선물인 은총은 생명을 주는 것으로 이해했다(참조 『영과 문자』 6). 이는 바오로의 견해에 더 잘 상응하는 것이다. 아우구스티누스는 이후로도 계속, "우리는 문자적 의미가 모순되거나, 표현이 상징적인 경우 글자 그대로 이해하지 않고 달리 풀이한다"고 말했다. 그는 히에로니무스, 암브로시우스, 특히 대 그레고리우스—그의 『욥기의 도덕적 해설』은 우의적 해석으로 가득 차 있다—와 함께 이 이해 방법을 중세에 넘겨주었다. 그 결과 중세의 성경 해석은 거의 전적으로 영적 해석, 곧 궁극적으로 오리게네스의 주석에 지배되었다.

16) 에피파니우스, 『약상자』 274-277. 앙리 드 뤼박(A. de Lubac, *Exégèse Mediévale*, 257~260쪽)은 이 구절을 분석하여 이 구절이 논리에 맞지 않고 역사적 사실 같지 않다는 점을 밝혀내었다. 히에로니무스는 393년 이후 오리게네스 반대파에 서면서 에피파니우스의 친구가 되었으며, 그와 협력하여 오리게네스의 가르침을 고발하였다. 그러나 히에로니무스는 살라미스의 주교가 전하는 보고를 앵무새처럼 되풀이하지는 않았으며, 『서간집』 84(팜마키우스

욱이 살라미스의 에피파니우스는 오리게네스를 "아리우스의 시조, 모든 다른 이단의 근원이며 원조"[17]라고 매도했다. 그는 올림푸스의 메토디우스를 증인으로 내세워 헬레니즘 철학이 오리게네스의 학설 체계에 미친 영향과 오리게네스가 전개한 독특한 방식을 비판했다.

오리게네스에 관한 논쟁은 개인적 차원의 논쟁과 결부되면서 첨예화되었다. 가장 중요한 참여자 가운데 오리게네스 반대자 측에는 에피파니우스와 히에로니무스(347/348~419/420), 알렉산드리아의 테오필루스(385~412년 재임)가 있었으며, 오리게네스 변론자 측에는 예루살렘의 주교 요한과 루피누스, 그리고 이 논쟁에 깊이 관여하지는 않은 요한 크리소스토무스가 있었다.[18] 살라미스의 에피파니우스는 393년 예루살렘을 방문했을 때 행한 설교에서 오리게네스를 격렬히 공격하여 그곳의 주교와 갈등을 빚었다. 그가 예루살렘의 요한을 고발한 조목은 대부분 『원리론』에 관한 것이었다. 그는 394년 예루살렘의 주교 요한에게 오리게네스의 저서들을 단죄할 것을 요구했고, 요한은 이를 단호하게 거부했다.

에피파니우스는 팔레스티나로 여행할 때 예루살렘에서 히에로니무스를

∴

와 오케아누스에게 보낸 편지)에서 오리게네스의 오류를 매정하게 강조할 때도 오리게네스에 대해 "우리가 그의 덕을 모방할 수 없지만 그의 결점을 모방하지는 맙시다"라고 서술한다. 수사학적 표현이라 할지라도, 히에로니무스가 배교했다고 생각한 사람에 대해 이런 식으로 묘사했을 것 같지는 않다. 그가 399년 『서간집』 84를 쓰고 있었을 때, 친구인 에피파니우스가 22년 전인 377년에 마무리한 『약상자』를 몰랐을 리는 없다. 마찬가지로 오리게네스가 유명한 배교자였다면 어떻게 돔 들라뤼(Dom Delarue)가 서술한 티루스의 대성당에 매장될 수 있었겠는가?

17) 히에로니무스, 『서간집』 51,3; 에피파니우스, 『약상자』 63~64.

18) 실제로 392년부터는 방랑하는 수도승들이 오리게네스와 그의 유설에 대한 투쟁을 이어받았다. 따라서 아테르비우스라는 수도승은 예루살렘의 올리브 산에 있는 루피누스의 수도원에 출입이 허락되지 않은 반면, 히에로니무스는 그를 자신의 수도원에 받아 주었다. 이 논쟁으로 두 수도원은 서로 적대적인 관계가 되었다.

자기편으로 끌어들였다. 그때까지 오리게네스의 열렬한 추종자로 그의 신학적 업적을 찬양해 온 히에로니무스[19]는 에피파니우스의 견해에 동조하며 이제는 요한과 맞섰다. 반면 예루살렘 올리브 산에서 수도승으로 살던 아퀼레이아의 루피누스[20]는 요한을 지지하여 오리게네스의 저서들을 단죄하기를 거부했다. 친구였던 히에로니무스와 루피누스는 격렬한 의견충돌을 겪었다. 오랜 기간 맺어온 우정이 이 시기에 깨졌다. 아퀼레이아의 루피누스는 397년 이탈리아로 돌아갔고, 오리게네스의 정통신앙을 입증하고자 398년에 『원리론』을 라틴어로 번역하였다. 그의 오랜 친구였던 히에로니무스도 오리게네스의 학설이 담고 있는 위험성을 밝히고자 『원리론』을 라틴어로 번역하면서 오리게네스 논쟁은 확대되었다. 루피누스에게는 당시의 교회를 위한 『원리론』의 유용성이 관심사였고, 히에로니무스[21]는 『원리론』 속 유설과 교의적으로 불쾌감을 유발하는 진술들을 정확히 재현하는 것에 관심을 쏟았다.[22] 따라서 이 두 저자의 번역은 오리게네스가 쓴 본래의 글과 상당한 차이가 있다. 루피누스는 그 뒤에도[23] 『히에로니무스 반

19) 성서주석가 오리게네스는 사랑하지만 교의학자 오리게네스는 경멸한다는 구별은 히에로니무스에게서 유래한다. 참조 히에로니무스, 『서간집』 62; 83-84.

20) 루피누스는 373~380년까지 니트리아 사막과 이집트에 머물며 팔레스티나 수도승들에게서 수도생활에 대해 배웠다. 그는 장님 디디무스와 나지안주스의 그레고리우스의 지도를 받으면서 6년간 성경과 오리게네스를 연구했다. 381년 노 멜라니아가 올리브 산(예루살렘)에 세운 여자 수도원 근처에 있는 남자 수도원에 들어가 397년까지 그곳에서 살았다.

21) 참조 히에로니무스, 『서간집』 80-84.

22) 이는 16세기에 예수회와 베네딕도회 사이에 벌어진 아우구스티누스 저서들에 관한 해석 논쟁과 유사하다. 이들은 이론적-방법적 논쟁에서, 아우구스티누스를 가능한 한 역사적으로 정확히 재현해야 한다는 입장과 그 사이에 놓여 있는 교의 발전에 초점을 맞추어야 한다는 입장으로 서로 대립했다.

23) 400~407년에 루피누스는 오리게네스의 저서들을 라틴어로 열심히 번역하였다. 각 작품의 번역 연도는 아직 확실하지 않지만, 오리게네스의 『여호수아기 강해』(400년), 『판관기 강해』

박 변론』으로 오리게네스를 변론했고, 이에 히에로니무스는 『루피누스 저서 반박 변론』으로 대응했다. 히에로니무스는 이 저서에서 오리게네스와 그의 변론자를 비난하는 수위를 더 높였다. 그러나 히에로니무스는 주석서를 쓸 때 루피누스와 같은 잘못을 저질렀다. 오리게네스의 주해서를 거리낌 없이 활용하며 성경 주해서를 썼을 뿐 아니라, 오리게네스의 시편 강해들을 거의 수정하지 않고 자신의 저서에 끼워 넣었다.[24)]

와 『시편 제36-38편 강해』(401년), 『창세기 강해』와 『탈출기 강해』, 『레위기 강해』(403~405년), 『로마서 주해』(405~406년), 『민수기 강해』(408~410년), 『사무엘기 강해』와 『아가 주해』(410년경)를 번역했다. 410~411년에 계획된 오리게네스의 『신명기 강해』 번역은 실현되지 않았다. 루피누스는 바실리우스의 저서 『소 수덕집』(397년), 강해 여덟 편, 단식에 관한 강해 두 편(398~399년)을 번역했으며, 398~399년에는 나지안주스의 그레고리우스의 『연설』 몇 편을 번역했다. 401년경에는 카이사리아의 에우세비우스의 『교회사』를 번역하고 그 다음엔 테오도시우스 1세의 사망(395년)때까지의 역사를 이어 기술했으며, 403~404년 『이집트 수도승 역사』를 번역했다. 같은 시기에 그는 폰투스의 에바그리우스의 다른 저서들과 더불어 『수도승을 위한 금언집』과 『동정녀를 위한 금언집』도 번역했다. 다음 세 저서의 번역에서는 친저성에 대한 그의 비판적 시각이 부족함이 드러난다. 아다만티우스의 『하느님에 관한 올바른 믿음』을 그는 오리게네스의 저서로 여기고 번역했으며(398~399년), 『섹스투스의 금언집』을 로마의 주교 식스투스 2세의 저서로 여겼다(400년). 위-클레멘스의 『야고보에게 보낸 베드로 서간』(398년)과 『재인식』(407년)은 친저성에 확신을 지니고 번역했다. 루피누스는 많은 번역서에 자신의 서론(prologi, praefationes)과 결론(epilogi)를 덧붙였다. 루피누스는 그리스어에 대한 지식이 줄어드는 시기에 번역자로 활동했다는 점에서 매우 중요한 인물이다. 오리게네스의 신학은 주로 루피누스의 번역을 통해 알아볼 수 있다. 그러나 루피누스는 오리게네스의 저서를 정확하게 번역하지 않았기 때문에 루피누스 번역을 사용할 때는 주의가 요구된다.

24) "따라서 동방과 서방 교회에서 8세기에 걸쳐 이루어진 시편 해설은 거의 모든 것이 오리게네스에게로 거슬러 올라간다"(*Paul de Lagarde*). 그의 다른 주석서들은 이 정도로 평가되지도 않았고 이만큼 영향이 크지도 않았다. 단지 많은 주석서가 단편적으로만 전해지거나 우리에게 전혀 전해지지 않았다는 사실을 알 수 있을 뿐이다.

한편 『마태오 복음 주해』의 가장 이른 라틴어 번역이 카시오도루스의 주변 인물과 관계 있다는 사실도 밝혀졌다. 카시오도루스는 6세기 후반기에 전 성경에 관한 하나의 주해서를 편찬하고자 했다. 이에 관해서는 참조 R. Girod, *La traduction latine anonyme du Commentaire sur Mattieu*, in: Origeniana: Quaderni di Vetera Christianorum 12, Bari

수석대주교들, 더 나아가 교황까지 오리게네스에 대해 반대의사를 밝혀야 했다. 알렉산드리아의 총대주교 테오필루스는 처음에는 신중한 태도를 취하며 중재자 역할을 했지만, 399년 오리게네스의 견해에 거리를 두었다. 히에로니무스는 테오필루스에게 "불경스러운 유설"에 대하여 단호한 조처를 취할 것을 강력히 요구했다.[25]

이 당시 이집트 수도승 가운데는 오리게네스 추종자들(그들 가운데 루피누스의 스승인 장님 디디무스, 폰투스의 에바그리우스)이 있었다. 스케티스 사막에 사는 수도승들이 오리게네스 사상을 진보적 입장에서 펼쳐 나감으로써 논쟁이 격화되었다. 이들이 테오필루스의 성직 수행과 생활 방식을 비판하자, 알렉산드리아의 총대주교는 격렬하게 반발했다.[26] 이 때문에 제국 수도의 주교인 요한 크리소스토무스도 논쟁에 관여하게 된다. 이 시기에 알렉산드리아의 총대주교 테오필루스는 오리게네스를 지지하는 입장에서 반대하는 입장으로 태도를 바꾸었다. 그는 오리게네스를 추종하는 수도승들을 박해하고 그들을 니트리아에서 내쫓았다. 일부 수도승은 콘스탄티노플로 도피하여 요한 크리소스토무스의 도움을 받았다. 400년 또는 401년에 열린 알렉산드리아 교회회의에서 테오필루스는 오리게네스주의를 단죄했다.[27] 그는 오리게네스의 저서들을 여러 교회회의에서 단죄하게 했으며, 직접 사막으로 가서 오리게네스 저서들을 약탈했다. 그의 반오리게네스적

1975, 125-138쪽, 특히 132쪽. 오리게네스의 것으로 여겨진 강해들에 관해서는 참조 V. Peri, *Omelie Origeniane*.

25) 참조 히에로니무스,『서간집』63; 82; 86-89; 99.

26) 참조 알렉산드리아의 테오필루스,『부활절 서간』; 히에로니무스,『서간집』96; 98; 100.

27) 참조 히에로니무스,『서간집』98; 90.『원리론』은 알렉산드리아의 총대주교 테오필루스가 알렉산드리아 교회회의에서 오리게네스주의를 단죄하는 실마리가 되었다.

태도는 로마의 교황 아나스타시우스(399~402년 재임)의 엄호를 받았다. 아마도 루피누스가 수정한 번역의 발췌문밖에 몰랐을[28] 로마의 아나스타시우스는 오리게네스라는 인물과 그의 작품을 격렬히 비판했다. 황제도 이에 관여했다. 테오도시우스 황제는 오리게네스를 존경하는 요한 크리소스토무스(344/353~407)를 콘스탄티노플의 주교직에서 파면하고, 오리게네스의 작품을 읽지 못하게 하는 칙령을 반포했다.[29] 반오리게네스파는 이 음울한 논쟁에서 승리자가 되었다. 그들은 이 알렉산드리아 출신의 대 신학자가 쓴 작품을 '신성모독과 망상'으로 여겨 교회에서 몰아냈고, 파급 효과가 큰 그의 영향력을 지우려 했다. 이른 5세기에 일어난 오리게네스 논쟁은 553년 그에 대해 결정적 판결을 내린 사건의 서막이었다.

머피(Francis Murphy)[30]는 이 논쟁에 관해 상세하게 서술하지만, 여기서는 『원리론』의 전승에서 중요한 문서들만 열거한다.

374~377년 에피파니우스, 『약상자』 저술.

394년 에피파니우스, 예루살렘의 요한에게 보낸 편지(라틴어 번역: 히에로니무스 『서간집』 51).

396년 히에로니무스, 『예루살렘의 요한 반박』.

396/397년 히에로니무스, 테오필루스에게 보낸 편지(『서간집』 82).

397년 루피누스가 이탈리아로 돌아가다.

397년 루피누스가 마카리우스라는 사람의 제안으로 팜필루스의 『오리

28) 참조 루피누스, 『히에로니무스 반박 변론』 1,17-21.
29) 참조 아나스타시우스, 『예루살렘의 요한에게 보낸 편지』 1,5.
30) 참조 F. X. Murphy, *Rufinus of Aquileia*, 59-127쪽.

게네스를 위한 변론』 제1권을 번역하다.[31]

398년 루피누스가 위에 언급한 마카리우스의 요청으로 『원리론』 제1권과 제2권을 사순 시기에, 제3권과 제4권은 그 뒤에 번역하다.[32] 수정되지 않은 견본이 히에로니무스 손에 들어가다.

399년 히에로니무스도 『원리론』을 번역하여, 이 번역본을 팜마키우스와 오케아누스에게 보내는 공개서한에 첨부하다(『서간집』 84). 루피누스에게도 편지를 쓰다(『서간집』 81).

400년 알렉산드리아의 테오필루스, 『교회회의 서간』(라틴어 번역: 히에로니무스, 『서간집』 92). 루피누스, 『로마의 주교 아나스타시우스에게 보낸 변론』.

401년 알렉산드리아의 테오필루스, 『부활절 서간』 I(라틴어 번역: 히에로니무스, 『서간집』 96). 루피누스, 『히에로니무스 반박 변론』. 히에로니무스, 『루피누스 저서 반박 변론』(제1-2권).

402년 히에로니무스, 『루피누스 저서 반박 변론』(제3권). 알렉산드리아의 테오필루스, 『부활절 서간』 II(라틴어 번역: 히에로니무스, 『서간집』 98).

404년 알렉산드리아의 테오필루스, 『부활절 서간』 III(라틴어 번역: 히에로니무스, 『서간집』 100』[33]).

408년경 히에로니무스, 아비투스에게 보낸 편지(『서간집』 124).

31) 루피누스는 이 저서의 서론에 자신의 정통신앙에 관해 고백했으며, 부록 내지 결론으로 오리게네스 저서에 나오는 비정통신앙적 구절들이 후대에 변조되었다는 내용을 담은 『오리게네스 저서 변조』를 썼다.

32) 루피누스는 『원리론』 제1권과 제3권 머리말에서 히에로니무스를 권위자로 언급한다.

33) 알렉산드리아의 테오필루스의 『부활절 서간』 이외에 히에로니무스는 반오리게네스적 관점에서 살라미스의 에피파니우스(『서간집』 91), 로마의 아타나시우스가 밀라노의 심플리키아누스에게 보낸 편지(『서간집』 95), 에피파니우스에게 보낸 테오필루스의 편지(『서간집』 90), 교회회의 서간(『서간집』 92-93)을 번역했다.

4.3. 오리게네스 둘째 논쟁

오리게네스주의는 동방에서 계승되었다. 펠라기우스(418년 이후 사망)는 인간의 자유의지를 논증하기 위해 오리게네스의 『로마서 주해』[34]를 이용했다. 위-디오니시우스 아레오파기타(500년경 사망)는 영혼의 육체성과 특히 만유회복론을 반대했지만 그도 오리게네스에게서 많은 것을 넘겨받았다. 서방에서 오리게네스의 저서들을—물론 결점이 있지만—라틴어로 번역한 사람은 요한 카시아누스(360년경~430/435)였다. 반대자로는 누구보다 타르수스의 디오도루스(344년 이전~394년 이전)와 그의 제자 몹수에스티아의 테오도루스(350년경~428)를 꼽을 수 있다. 두 사람은 안티오키아 성서 주석학파에 속했으며, 오리게네스의 우의적 방법을 반대했다. 아라비아 지방 보스트라의 주교 안티파테르[35]와 에우티미우스 아빠스(377~413년 재임)도 반대 진영에 속했다. 에우티미우스는 자신이 예루살렘 근처에 세운 "라우라"에 오리게네스파를 받아들이지 않았다. 교황 레오 1세(440~461년 재임)는 오리게네스의 영혼론 때문에 그를 반대했다. 남부 갈리아의 수도승이 쓴 것으로 보이며, 당시 로마의 입장을 반영하는 『겔라시우스 교령』(*Decretum Gelasianum*)은 히에로니무스가 정통신앙이라 인정한 오리게네스의 성서주석서들은 인가했지만 교의적-철학적 저서들은 배척했다.

바야흐로 6세기 전반기에 팔레스티나에 다시금 오리게네스를 추종하는 수도승 무리가 생겨났다. 그들은 무엇보다 폰투스의 에바그리우스

34) 이 주해서에서 오리게네스는 "테오토코스(하느님의 어머니)" 개념을 사용했다. 알렉산드리아의 키릴루스가 오리게네스의 주석을 기꺼이 활용했다는 것은 잘 알려진 사실이다.

35) 그는 5세기 중엽에 오리게네스를 반박하는 논쟁서를 저술했으며, 현재는 단편들만 남아 있다.

(345/346~399)의 영향을 받았다. 오리게네스 숭배자인 폰투스의 에바그리우스가 팔레스티나 수도승들에게 끼친 엄청난 영향 때문에 6세기 전반기에 오리게네스의 정통신앙에 관한 새로운 논쟁이 일어났다. 이 논쟁은 오리게네스보다 에바그리우스의 영성에 더 고취된 팔레스티나 수도승들의 동요에서 비롯되었다. 오리게네스와 관한 논쟁은 교의적 영역이 아니라 신심적 영역에서, 특히 신학적 교양 없이 열광주의에 심취한 수도승 무리에게서 심화되었다.

483년 예루살렘 근처에, 카파도키아 출신의 독거수도승 사바스(439~532)의 지도를 받는 은수자 마을이 생겨났다. 사바스는 494년부터 그가 지도하던 팔레스티나 독거수도승 사이에 일고 있는, 무엇보다도 폰투스의 에바그리우스에 의해 특징지어지는 극단적인 영성화를 이해하지 못하여 오리게네스파를 박해하기 시작했다. 오리게네스파는 논누스의 지도 아래 507년 테코아 근처, 새로운 은수자 마을(새 라우라)에 모였다. 본격적인 논쟁이 수도승 무리에서 시작되었다. 그 뒤 에데사에서 추방된 수도승 스테파누스 바르 수다일리(bar Sudaili)가 512년경 예루살렘 지역에 나타나 "새 라우라"에 연합한 수도승들을 오리게네스주의자라고 비난하면서, 그들에게 반감을 갖도록 전 수도승 무리, 특히 "대 라우라"(성 사바스의 수도원)의 수도승들을 자극했기 때문이었다. 논쟁은 폭력으로 이어졌다. 오리게네스파는 일시적으로 추방되었지만, 519년부터 자신들의 학설을 비밀리에 전파했다.[36]

36) 오리게네스파 가운데 일부는 콘스탄티노플로 가 비잔티움의 레온티우스의 지원을 받으며 공개적으로 설교했다. 유스티니아누스는 그들 가운데 두 명을 대주교(안키라에는 도미티아누스, 카이사리아에는 테오도루스 아스키다스)로 임명했다.

반오리게네스파는 안티오키아와 예루살렘의 총대주교들의 지지를 얻어 유스티니아누스 황제에게 『원리론』의 발췌문을 첨부한 소장을 제출하였다. 이들은 아마도 콘스탄티노플에 머물던 교황의 사절인 펠라기우스(후에 교황이 됨)의 영향을 받았던 듯하며, 교회의 교사라는 경건한 망상에 사로잡힌 유스티니아누스 황제도 이 논쟁에 관여했다. 황제는 논쟁에 상당한 관심을 갖고 긴 논고에서 이에 대해 다루었으며, 543년 오리게네스와 그의 학설, 특히 『원리론』에 나오는 아홉 명제를 파문하고[37] 그의 저서들의 발행

37) 아홉 파문문은 다음과 같다. 1. 인간의 영혼들이 선재하였고, 영혼들이 이전에 이성적 존재이자 거룩한 세력이었지만 하느님을 바라봄에 싫증을 느껴 더 열등한 것으로 변하면서 하느님에 대한 사랑이 식었으며(ψύχω) 이런 이유로 영혼(ψυχή)이라 불리며, 벌을 받아 육체 안에 내려보내졌다고 말하거나 〔그런 믿음을〕 고수하는 자는 파문될 것이다. 2. 주님의 영혼이 선재하였고, 동정녀에게서 육화하고 태어나기 이전에 하느님 말씀과 결합되었다고 말하거나 〔그런 믿음을〕 고수하는 자는 파문될 것이다. 3. 우리 주 예수 그리스도의 육체가 맨 먼저 거룩한 동정녀의 모태에서 형성되었으며, 그 뒤 하느님 말씀과 선재한 영혼이 육체와 일치되었다고 말하거나 〔그런 믿음을〕 고수하는 자는 파문될 것이다. 4. 하느님의 말씀이 하늘의 커룹에게는 커룹이 되고 사랍에게는 사랍이 되듯 모든 무리와 비슷하게 되었다고, 간단히 말해 하느님의 말씀이 높은 곳에 있는 모든 세력과 비슷하게 되었다고 말하거나 〔그런 믿음을〕 고수하는 자는 파문될 것이다. 5. 부활 때 인간의 육체들이 구형(球形)으로 부활한다고 말하거나 〔그런 믿음을〕 고수하고, 우리가 똑바로 〔육체의 곧추선 자세는(참조 크세노폰, 『소크라테스 회상』 1,4) 인간의 본질적 특징으로 여겨진다. 유대-그리스도교 종교철학에서 이 자세는 인간이 하늘과 하느님을 지향하는 표시다(참조 A. Wlosok, *Laktanz*, 6쪽)〕 부활한다고 고백하지 않는 자는 파문될 것이다. 6. 하늘 위에 있는 하늘과 해, 달, 별, 물에 영혼이 있고, 그것들이 이성을 지닌 〔물리적인〕 세력이라고 말하거나 〔그런 믿음을〕 고수하는 자는 파문될 것이다. 7. 주 그리스도께서 인간들을 위해서도, 다가올 시대에 악마들을 위해서도 십자가에 못 박히실 것이라고 말하거나 〔그런 믿음을〕 고수하는 자는 파문될 것이다. 8. 하느님의 능력이 유한하고 그분께서 이해하거나 생각하실 수 있는 만큼 창조하셨다거나 피조물이 하느님과 마찬가지로 영원하다고 말하거나 〔그런 믿음을〕 고수하는 자는 파문될 것이다. 9. 악마들과 불경한 사람들이 받은 벌이 일시적이며, 일정한 기간이 지나면 끝난다거나 악마들과 불경한 사람들의 만유회복을 말하거나 〔그런 믿음을〕 고수하는 자는 파문될 것이다.

을 금지하는 칙령을 공포했다.[38] 이로써 오리게네스의 이름은 주교들과 대수도원장이 서품을 받을 때 파문 선언을 해야 하는 이단자 명단에 올랐다. 콘스탄티노플의 총대주교 메나스를 비롯한 동방의 모든 총대주교와 로마의 주교 비길리우스(537~555년 재임)도 543년의 이 단죄에 찬성했다.[39] 그럼에도 오리게네스파는 그들의 지도자 논누스가 죽었을 때(547년) "새 라우라"를 다시 차지했다. 그들은 격렬히 투쟁하는 이소크리스테스(Isochristes)라는 극단적 오리게네스파와 프로토크티스테스(Protoktistes, 그리스도를 첫째 창조자로 믿는 이들)라는 온건파로 갈라졌다. 프로토크티스테스는 이소크리스테스에 맞서 정통신앙파와 결합하였다. 다시 552년 황제 측에서 오리게네스파를 고발하였다. 삼두서(三頭書) 논쟁[40] 때문에 소집된 보편 교회회의, 곧 제5차 세계공의회(553년)에서 유스티니아누스 황제는 공의회가 시작하기 바로 전에[41] 참석한 교부들로 하여금 자신이 작성한 열다섯 파문문을 담고 있는 편지를 무조건 인정하게 했다.[42] 여기에 오리게네스의 이름이 언급되지는 않았지만 그는 공의회가 끝날 무렵에 다른 이단자 명단에

38) 참조 ACO III, 189-214; 파문 연도 없이 DH 403-411. 칙령은 총대주교 메나스에게 보낸 편지를 통해 전해진다. 이 칙령에 『원리론』 가운데 24개 대목이 인용되었고, 궁극적으로 오리게네스의 가르침에 대한 10개의 파문문이 첨가되었다.

39) "새 라우라"의 대변인 주교이며 황제의 친지인 테오도루스 아스키다스(558년 사망)가 이를 막으려고 애썼음에도 말이다.

40) 삼두서란 몹수에스티아의 테오도루스의 신학과 인물, 키루스의 테오도레투스 저서들의 일부 내용, (테오도레투스를 단죄하기를 거부하는 내용을 담고 있는) 에데사의 이바스의 편지를 가리킨다.

41) 오리게네스는 553년에 열린 콘스탄티노플 공의회 바로 직전에 다시 단죄되었으며, 이때 알렉산드리아의 디디무스와 폰투스의 에바그리우스도 함께 단죄되었다(참조 ACO IV 1,248-249).

42) 이 단죄에 관한 문서 가운데 유스티니아누스의 편지(『교회회의에 보낸 편지』)와 열다섯 파문문(콘스탄티노플 공의회 파문문)만 남아 있다.

포함되었다.

제5차 세계공의회는 오리게네스를 단죄했다. 신학자들은 유스티니아누스의 저서들 또는 에피파니우스의 『약상자』에 근거하여 판결을 내렸다. 일찍이 4세기가 끝날 무렵의 오리게네스 반대자들과 543년에 반포된 칙령, 553년의 열다섯 파문문은 오리게네스의 어떤 사상을 비난한 것인가? 무엇보다 지속적으로 비난받은 것은 영성적 이론에 바탕을 둔 우의적 성경 해석이다. 오리게네스는 이 해석으로 이른바 그의 불경한 모든 가르침을 정당화했다는 것이다. 거기에는 영혼의 선재와 세상 창조 이전의 인류의 타락, 영혼 이전, 영혼의 부활에 관한 표상들이 속했다. 또한 육화를 경시한 오리게네스의 주지적(主知的) 그리스도론도 이단적이라 평가되었다. 그 이유는 다음과 같았다. ① 하느님 아버지는 성자에게 보이지 않는다고 가르침. ② 로고스가 아니라 구원자의 선재하는 영혼이 인간의 모습을 받아들인 것이라 가르침. ③ 그리스도의 통치는 시간적으로 제한되며 그 자신은 악마를 구원하기 위해 악마가 되어야 했고 악마로서 두 번째로 십자가에 못 박혔다고 가르침. ④ 천체에 영혼이 있고, 시대의 종말에 악마가 본디의 상태로 돌아간다는 학설을 가르침. 또한 그가 마법 실행을 옹호했으며 점성술을 추종했다는 내용도 있었다.[43] 유스티니아누스의 편지(『교회회의에 보낸 편지』)와 열다섯 파문문(제2차 콘스탄티노플 공의회 파문문)은 황제에게 제기된 고발 내용에 상응하여, 오리게네스의 고유한 가르침보다 에바그리우스의 영향을 강하게 받은 팔레스티나의 극단적 오리게네스파(Isochristes) 수도승들 가운데 매우 격렬한 과격 분리주의자들의 이단적 견해를 과녁으로 삼았다.[44] 이 공의회가 단죄한 명제들 가운데 많은 것이 오리게네스의

43) 참조 M. Schär, *Das Nachleben*, 38쪽.

저서가 아니라 그를 숭배한 에바그리우스의 저서, 특히 『그노스티코스』에서 유래한 인용이었다. 객관적으로 볼 때 오리게네스의 명제들이 단죄되었다기보다는 오히려 에바그리우스의 명제들이 단죄된 셈이었다.

4.4. 6세기 이후의 오리게네스 영향

553년의 단죄로 오리게네스와 특히 『원리론』의 파급력이 줄어들긴 했지만 그의 영향이 모두 사라진 것은 아니었다. 오리게네스의 본문 역시 모두 없어진 것은 아니었다. 물론 오리게네스의 주저 『원리론』의 그리스어 사본도 그리스어로 쓰인 성경 주해서도 우리에게 전해지지 않는다. 이로부터 오리게네스가 얼마나 선택적으로 전해졌는지 알 수 있다. 이 모든 것에도 불구하고 오리게네스는 폰투스의 에바그리우스의 영적 전통을 넘어 신비가들, 곧 요한 클리마쿠스 탈라시우스·신 신학자 시메온·니케타스·스테타투스·그레고리우스 팔라마스에게 영향을 미쳤다. 한편 성서주석을 장려하기 위해 이른바 성서주석선집들이 생겨났는데, 이 선집들은 오리게네스의 해석을 많이 담고 있었다. 『켈수스 반박』은 주요 부분을 뽑아 모은 초록 형태로 널리 유포되었다.

다마스쿠스의 요한(670년경~750) 이후 동방의 신학은 교의면에서 아리스토텔레스의 영향을 더 많이 받아 오리게네스의 사상이 딛고 설 토대가 점차 줄어들었다. 동방에서 포티우스(820년경~890)는 오리게네스를 "신성

44) Max Schär, *Das Nachleben* 47쪽; 참조 A. Guillaumont, *Kephalaia Gnostica*; Fr. Diekamp, *Die orgenistischen Streitigkeiten*.

모독의 전형"이며 "모든 이단의 총체"라고 불렀다. 오리게네스에 대해 이해했던 비잔틴인은 베사리온 추기경이 유일했다고 할 수 있다.

서방에서는 예를 들어 겔라시우스 교령에서처럼 오리게네스를 공적으로 반대했음에도 불구하고 『원리론』을 제외한 그의 일부 저서는 수도원에서 필사되었으며, 9~12세기에는 오리게네스 부흥운동이 일어났다. 히에로니무스와 루피누스의 번역, 카시아누스의 모음집 덕택에 그의 강해들은 라틴어로 번역되어 중세에 많이 읽혔다. 중세에 세비야의 이시도루스와 존자 베다(673/674~725), 알쿠이누스(730년경~804)는 오리게네스를 어느 정도 이해한 인물이었고, 부제 파울루스(720~799)는 자신의 강해에 오리게네스의 강해를 끼워 넣었다. 오르바이스의 고트샬크, 랭스의 힝크마르, 요한 스코투스 에우리게나, 파스카시우스 라트베르트투스(790~850/859), 라바누스 마우루스(780~856) 같은 인물도 오리게네스의 사상을 이어받았다.[45]

특히 12세기에 오리게네스를 사랑한 클레르보의 베르나르두스(1190~1153)를 언급하지 않을 수 없다. 그는 오리게네스의 저서를 직접 자신의 설교에 사용했다.[46] 생 티에리의 빌헬름(1148년 사망), 상트-블라지엔의 아빠스 퀴센베르크의 베르너, 생 빅토르의 후고와 안드레아스, 리카르두스 같은 인물도 빼놓을 수 없다. 무엇보다 성경의 영적 해석과 우의적 해석, 오리게네스의 주석 방법이 그들을 사로잡았다. 특히 오리게네스의 『아가 주해』는 매우 인기 있었으며, 오리게네스는 그들에게 뛰어난 영성생활의 스승이었다. 이미 9세기에 상트-갈렌 수도원 도서관에 『원리론』의 견본이 존재했으며, 클레르보의 베르나르두스는 루피누스가 번역한 『원리론』을 가

45) 이에 관해서는 참조 L. Lies, *Origenes und die Eucharistiekontroverse*, 414-426쪽.

46) 참조 L. Brésard, *Bernard et Origène*.

지고 있었다. 요한 스코투스 에우리게나는 『원리론』을 인용하였다. 그의 초기 저서 『예정』(*De praedestinatione*)은 오리게네스의 『원리론』에서 영향을 받았지만 선재하는 영적 피조물에 관한 이론은 받아들이지 않았다. 대체로 『원리론』에 나오는 이단적 내용은 알쿠이누스, 라바누스 마우루스, 라우텐바흐의 마네골트(Manegold, 1030년경~1103년경)에게 받아들여지지 않았다. 베르나르두스는 오리게네스의 삼위일체론을 비판했다. 오리게네스에게 씌워진 이단자의 혐의를 벗기려 『원리론』의 이단적 내용들을 슬쩍 바꾸어 해석하려는 경향도 보인다.

오리게네스가 스콜라 철학에 진입하기는 쉽지 않았다. 알베르투스 마그누스(1200년경~1280), 보나벤투라(1221~1274), 둔스 스코투스(1270년경~1308)는 오리게네스를 용어 주해(Glossa)와 명제 주해서들을 통해서만 알았다. 토마스 아퀴나스(1225~1274)는 곳곳에서 오리게네스의 견해를 참고하긴 했지만 그의 영향을 전혀 받지 않았다. 중세의 신비주의도 오리게네스를 받아들이지 않았다.

5.
원리론

5.1. 『원리론』의 저술 시기

에우세비우스에 따르면 오리게네스는 암브로시우스의 권유로 알렉산더 세베루스 황제가 즉위한 222년부터 성경을 주석하기 시작했으며,[1] 『원리론』은 그가 231년 알렉산드리아를 떠나기 전에 저술하였다.[2] 에우세비우스는 오리게네스가 알렉산드리아에 머물던 시기에 저술한 작품으로 『요한 복음 주해』 『창세기 주해』 『시편 주해』—이 세 작품은 카이사리아에서도 계속 작업하였다— 『애가 주해』 『부활론』 『원리론』 『양탄자』 등을 뒤섞

1) 참조 에우세비우스, 『교회사』 6,23,1.
2) 참조 에우세비우스, 『교회사』 6,24.

어 열거한다.[3] 오리게네스 저서들의 집필 연대는 그가 자신의 작품에서 언급하는 내용으로만 대강 파악할 수 있다. 이에 따르면 오리게네스는 여러 저서를 동시에 저술하였다.

학자들은 『원리론』의 저술 시기에 관해 아직 견해를 일치시키지 못했다. 카디우(R. Cadiou)[4]는 오리게네스가 『요한 복음 주해』 1,35(40),255에서 『원리론』 4,4,8을 인용하고 있다는 사실에 근거해 『원리론』이 『요한 복음 주해』를 저술할 때 이미 마무리되었다고 생각한다. 마찬가지로 하르낙(A. v. Harnack), 카텐부쉬(Kattenbusch), 프라트(F. Prat), 쾨차우(P. Koetschau)도 오리게네스가 문법학교를 이끈 지 18년째 되던 해인 222년, 곧 37세에 『원리론』을 비롯한 저술에 전념했다는 견해를 내세운다.

한편, 에우세비우스의 견해를 따르지 않는 학자들은 오리게네스가 212~213년경에 저술활동을 시작했다고 주장한다. 프로이센(E. Preuschen)과 바르디(G. Bardy)는 오리게네스가 『원리론』을 215년 카라칼라의 알렉산드리아 주민 학살 때 몸을 피했다가 알렉산드리아로 돌아온 뒤에 그리고 그의 후원자 암브로시우스가 개종하기 이전, 곧 217년경에 저술했다고 산정한다.[5] 슈니처(K. Fr. Schnitzer)는 에우세비우스가 알렉산드리아에 머물던 시기의 작품으로 분류한 저서들을 오리게네스가 9년 만에 모두 저술했다는 것은 믿을 수 없다고 판단한다. 그는 『원리론』에 오리게네스의 학술 후원자인 암브로시우스가 나오지 않음에 주목한다. 『요한 복음 주해』 제1권부터 대부분의 저서가 그에게 헌정됐기 때문이다. 따라서 그는 바르디

3) 참조 에우세비우스, 『교회사』 6,24.

4) 참조 R. Cadiou, *Introduction*, 11-14쪽.

5) 참조 H. Crouzel et M. Simonetti, *Origène, Traité des Principes*, SC 252, 12쪽.

와 마찬가지로 『원리론』의 저술 시기를 암브로시우스가 개종하기 이전인 카라칼라의 통치 시대,[6] 더 정확히는 황제의 학살을 피해 도피했다가 돌아온 217년경 이후로 추측한다.[7] 여기에 더해 그는 이 책에 알렉산드리아에서 집필한 다른 저서들에서는 볼 수 없는 성경에 대한 강의들이 담겨 있으므로, 『원리론』의 저술 시기는 카라칼라 시대에 편집하기 시작한 『육중역본』이나 오리게네스가 히브리어를 집중적으로 연구한 시기보다 앞섰을 것이라고 판단한다.[8] 『원리론』 3,4,6에서 오리게네스는 성경의 증언을 토대로 세상 창조 이후 지나간 시간을 산정한다. 여기에서 그는 율리우스 아프리카누스의 『연대기』를 참고했음을 암시하는데, 포티우스의 『저서 평론』 34에 따르면 『연대기』는 마크리누스 통치 시대(217~218년)로 끝난다. 그렇다면 『원리론』 제3권은 이 시기 이후에 집필되었다고 보아야 할 것이다. 이를 종합하면 『원리론』은 대략 220년과 231년 사이에 저술되었다고 할 수 있다.

5.2. 오늘날의 의의와 당시의 독자

초기 그리스도교 시대에 그리스도교 신앙을 최초로 신학적으로 펼친 『원리론』은 오늘날 철학에 관심 있는 현대의 모든 이에게 풍부한 보고(寶庫)다. 오리게네스 시대 이후 지금까지도 신학자들은 줄곧 이 저서에 관심을 보여왔는데, 오리게네스가 그리스도교 신앙에 관한 명제들을 처음으로 폭넓게

6) 참조 에우세비우스, 『교회사』 6,18,1 ; 카라칼라의 즉위에 관해서는 참조 6,8,7
7) 참조 H. Crouzel et M. Simonetti, *Origène, Traité des Principes*, SC 252, 11-12쪽.
8) 참조 에우세비우스, 『교회사』 6,16; K. Fr. Schnitzer, *Origenes*, xix-xxi쪽.

다루었기 때문이다. 특히 『원리론』은 모든 신학적 논증 작업과 그 토대인 성경을 상세하게 다루면서, 교회의 신앙 규범인 당시의 정경 사용에 관한 정보를 제공한다. 오리게네스는 성경 해석사에서 이정표 역할을 하였는데, 무엇보다도 구약성경과 신약성경의 내적 관계에 관한 그의 논증은 오늘날에도 주의를 끈다. 신학사에 관심 있는 이들은 고대 교회의 이단과 정통신앙에 관한 논쟁 과정, 곧 유스티니아누스가 『원리론』에 바탕을 두고 543년과 553년에 단죄한 오리게네스주의의 명제들이 과연 오리게네스와 연관되는지 따져봐야 한다. 나아가 오리게네스는 그리스도교 영성의 특징을 구상하려 했던 최초의 인물이었다.[9] 『원리론』에서 영에 관해 다룸으로써, 그는 영성사에 관심 있는 이들에게도 주목받았다.

오리게네스가 『원리론』으로 그리스도교 신앙에 관한 고유한 교의학을 썼다고 말하는 사람들도 있다. 『원리론』의 체계와 다루는 내용만 놓고 보면 그렇다. 그러나 『원리론』은 전문지식이 있는 청중 가운데서 선발된 무리를 위해 구상되었으며, 그리스도교 신앙고백과 관련된 핵심적인 문제에 관해 여러 가지 답변을 시도하면서 저자 자신의 견해를 숨김없이 드러낸다. 오리게네스는 자신이 제기하는 문제들에 대한 답을 독자의 판단에 맡긴다. 『원리론』은 그리스도교 신앙의 기본적인 명제 모두를 상론하지 않기 때문에, 신학대전(Summa Theologica)이라고 할 수는 없다.[10] 다만 오리게네스를 매우 적극적으로 후원한 암브로시우스가 성급하게 이 저서를 출간하

9) 참조 예를 들어 L. Lies, *Ignatius von Loyola*, 183-203쪽.

10) 이에 관해서도 참조 Henri Crouzel, *Origène*, 74-75쪽. 아돌프 폰 하르낙은 『원리론』을 오리게네스의 "체계적인 주저"라고 불렀으며, 오늘날 네 권으로 분류된 이 저서를 하느님과 세상, 자유, 계시에 관한 가르침을 다룬 교의학이라고 명명하였다(참조 A. v. Harnack, *Lehrbuch der Dogemengeschichte*, 652쪽 각주 1; 662-663쪽 각주 2).

는 바람에, 오리게네스는 살아 있을 때부터 오늘날까지 아직도 극복되지 않은 큰 혼란의 중심에 서고 말았다.[11)]

그러면 『원리론』은 시대를 너무 앞서 갔고 그런 이유로 실패한 저서인가? 이는 안키라의 마르켈루스[12)]가 『원리론』을 비난하면서 한 말이다. 그러나 오리게네스가 활동하던 시대에는 아퀴노의 토마스가 『신학대전』을 저술할 때와 비교할 수 있는 신학적 연구 전통이 없었다. 대부분의 신학적 문제에서 그는 선구자이자 개척자였다. 이런 의미에서 『원리론』은 시대를 앞선 저서가 맞다. 그러나 결코 실패한 저서라고 볼 수는 없다. 저자는 자신이 죽은 뒤 이단자들이 펼친 신학활동을 예측할 수 없었으며, 교회가 이들에 대한 반작용으로 정통신앙의 개념을 강화할 것도 예견할 수 없었다. 당시 영지주의 여러 분파가 그리스도인에게 지성적인 유혹의 손길을 뻗치고 있었기 때문에, 오리게네스는 당시의 그리스도교가 당면한 문제들에 해결책을 제시하려 하였다. 그가 『원리론』으로 이러한 시도를 하며 교부 시대의 신학 발전에 토대를 놓았듯이, 이에 관한 연구는 오늘날의 신학 문제를 해결하는 데 새로운 방법론을 제시할 수 있을 것이다.

한편 도리발(Gilles Dorival)[13)]은 고대 후기 다른 저자들의 저서와 비교하여 『원리론』의 유형을 분석함으로써 대상 독자가 누구인지 찾아내려 했다. 기적가 그레고리우스가 『오리게네스 찬양 연설』에서 묘사한 바에 따르면, 231년 이후 카이사리아 학교의 교과과정에는 『원리론』과 비슷한 내용이 없었다.[14)] 따라서 『원리론』의 내용으로 유추해 보면, 당시 이 저서가 대상으로

11) 참조 히에로니무스, 『서간집』 84,10.
12) 참조 카이사리아의 에우세비우스, 『마르켈루스 반박』 1,4.
13) 참조 G. Dorival, *Remarques sur la Forme*, 33-45쪽, 특히 43쪽 이하.
14) 참조 SC 148.

한 이들은 교양 있는 그리스도인과 초기 그리스도교 신앙의 '철학적' 관점에 관심이 있는 비그리스도인, 그리고 영지주의자 및 이교인 철학자들과의 논쟁처럼 구약성경의 신앙과 논쟁하고 있던 그리스도인이었다. 곧, 『원리론』은 오리게네스가 교리교육 학교의 등급을 둘로 나누어 초급반 학생들은 헤라클라스에게 맡기고 자신은 교양 있는 상급 학생들을 맡아 가르치던 시절의 엄격한 틀 안에서 교육받은 독자를 대상으로 하였다.

5.3. 『원리론』 제목의 의미

루피누스는 『원리론』의 머리말에서 '페리 아르콘'(Περί Αρχῶν, 원리론)을 vel de Principiis vel de Principatibus로 번역한다. 어떤 사본들에서는 De Principatibus 대신에 De Principalibus로 쓰기도 하는데, 이는 권품천사를 가리키는 말이지만 그 역할은 이 저서의 제목으로 사용될 만큼 중요하지 않다. 따라서 첫 번째 낱말만 고려할 필요가 있다. 바로 Principes(원리들)다. 여기에는 두 가지 중요한 의미가 있다. 첫째, 그리스도교 신앙의 원리. 둘째, 존재와 인식에 관한 형이상학적 원리.

두 번째 의미는 이미 4세기에 안키라의 주교 마르켈루스가 언급한 내용이다. 마르켈루스는 오리게네스의 '원리들'을 플라톤적 '아르카이'(ἀρχαί)와 연결짓는다. 하지만 이 견해와 상반되는 내용을 전하는 에우세비우스는 오리게네스가 "태어나지 않았고 시작도 없으며 모든 것 위에 있는 유일한 원리, 모든 것을 창조하신 독생자의 아버지인 하나의 원리밖에 모른다"[15]

15) 참조 카이사리아의 에우세비우스, 『마르켈루스 반박』 1,4.

고 말한다. 이 주장은 오리게네스가 사용하는 원리들에 철학적 의미를 부여하기를 거부하는 모든 이들에 의해 되풀이된다. 사실 플라톤학파의 철학자들도 창조되지 않고 처음부터 존재한 세 원리, 곧 하느님과 물질, 관념에 대해 인지하고 있었다. 원리론이라는 제목은 엄격한 의미에서 플라톤학파에게 걸맞는 것이다.[16] 아리스토텔레스학파와 스토아학파에게도 그들 나름의 원리들(ἀρχαί)이 있었다.[17] 그러나 그리스도인인 오리게네스는 물질도 창조되었고 지성적인 세상도 성자의 아버지에 의해 태고에 창조되었으며, 엄격한 의미에서 유일한 원리(ἀρχή)인 성부만 있다고 고백한다. 그런데도 에우세비우스가 위에서 제시한 논거는 결정적인 것 같지 않다. 오리게네스는 이 저서를 특정한 철학적 장르에 속하게 하려고[18] 자신의 책에 그런 제목을 붙였으며, 이 낱말을 넓은 의미로 이해하였기 때문이다. 따라서 오리게네스가 이해하는 '아르카이'는 그가 연구하는 세 가지 실재, 곧 세 위격, 이성적 피조물, 세상이다.

이 '아르카이'의 주된 의의와 정의는 '그리스도교 가르침에 관한 원리들'과 '존재의 형이상학적 원리들'[19]이란 두 의미로 요약할 수 있다. 첫째 의미

16) 참조 중플라톤학파 알비노스, 『개요』 8-10; H. Koch, *Pronoia und Paideusis*, 251-253쪽.
17) 참조 J. Pépin, *Théologie*, 17-71쪽; 거의 같은 표현이 요한 스토배우스의 『시선집』 1,10,16에 나타난다. 알렉산드리아의 클레멘스는 자주 철학자들의 'archai'와 그들의 가르침 'peri archon'에 대해 암시했다.
18) '원리론'이라는 제목이 붙은 여러 저서가 있다. 위-아르키타스의 『περὶ ἀρχᾶν』(도리아어) 단편들이 요한 스토배우스의 『시선집』에 실려 있다(참조 J. Pépin, *Théologi*, 61-63쪽). 보이틀러(R. Beutler)에 따르면 포르피리오스도 이 제목의 저서가 있었다(참조 "Porphyrios", Realencyclopädie 43 Halbband, col. 288). 신플라톤학파의 마지막 인물 중 한 명인 다마스키오스의 저서 『최초 원리에 대한 어려움과 해결』(J. Pépin, *Théologie*, 18쪽 각주 5)도 비슷한 제목이다.
19) 참조 H. Koch, *Pronoia und Paideusis*, 251-253쪽.

에 관해서는 『원리론』의 머리말에 신앙 규범에 관한 다양한 관점이 열거되고 있긴 하지만 그리스도교 신앙의 근본적 문제들(교회, 그리스도를 통한 구원 등[20])은 이 저서에서 다루어지지 않는다. 둘째 의미에 관해서는 제1부의 구상과 종말에 본디의 상태로 돌아감에 관한 구상이 넓은 의미로 위에 열거한 세 원리들에 부합한다는 것에 주목해야 한다. 제2부의 내용도 1부와 같은 순서로 배열되었다.

오리게네스가 붙인 제목은 철학 교육을 받았으며 교양 있는 그리스도인들을 대상으로 한 것이고, 독자들에게는 이 제목이 비교적 명확하고 익숙한 의미로 다가왔을 것이다. 하지만 『원리론』이라는 제목은 의도적으로 두 의미 사이에서 어떤 모호성을 염두에 둔 것으로 보인다. 이 모호성은 저서의 구성 자체에서 기인하며, 이러한 구성 방식은 오리게네스 고유의 특징이다. 그는 종종 한 낱말을 여러 의미로 사용하면서 으뜸음 같은 하나의 의미 주변에서 배음과 같은 다른 의미들이 울려 퍼지게 하였다. 그는 학교의 문학 장르를 그리스도교적 의미로 옮겨 놓으면서 한 의미에서 다른 의미로 나아간다. 『원리론』은 일관성 있게 모호성을 유지한다. 따라서 계시에 관한 부분은 오늘날의 의미로 신학적이지만, 그 시대의 철학에서 유래하는 개념과 논증법을 사용하면서, 분명하게 말하기보다 에둘러 표현하고 있다.

20) 오리게네스는 이에 대해 자주 언급한다.

5.4. 『원리론』의 구조

1733년 출간된 들라뤼(Ch. Delarue)의 『원리론』 판본과 1913년 출간된 쾨차우의 판본은 오리게네스 시대 이후의 정보를 토대로 하여 『원리론』을 네 권으로 분류하였다. 팜필루스는 『오리게네스를 위한 변론』에서 이 분류에 대해 암시하였지만 에우세비우스는 이 분류를 언급하지 않는다. 카이사리아의 바실리우스와 나지안주스의 그레고리우스의 『필로칼리아』에서도 『원리론』은 네 부분으로 나뉘어 있다. 이 분류는 루피누스의 번역본과 히에로니무스가 아비투스에게 보낸 편지(『서간집』 124)에서도 발견된다. 6세기에 쓰인 유스티니아누스의 단편들과 9세기에 쓰인 포티우스의 『저서 평론』에서도 마찬가지다. 따라서 이 분류는 애초에 오리게네스가 고안한 것이라는 사실이 확실하다.[21] 당시 '토무스'(Tomus)란 한 통의 두루마리 분량에 해당하는 책(권)이라는 의미를 지니고 있었다. 오리게네스의 다른 저서들을 비교해 보면(가령 『켈수스 반박』 또는 성경 주해서) 실질적인 내용이 두루마리 한 통 분량이 아닌 경우가 더러 있었고, 두루마리 한 통의 끝과 책(권)의 실질적인 끝이 '우연히' 일치하는 경우도 더러 있었다. 그러나 『원리론』을 네 권으로 분류하는 것은 외면적이고 부차적이어서, 학자들은 실질적으로 내용에 바탕을 두고 설명하는 방법을 제시하려 하였다.

이후 본문 전승 과정에서 『원리론』은 점차 장(章)으로 분류하게 되었으며, 이어서 또 단락으로 나누어졌다.[22] 괴르게만스-카르프(H. Görgemanns-H.

21) 참조 H. Crouzel et M. Simonetti, *Origène, Traité des Principes*, SC 252, 15-22쪽.
22) 『원리론』의 분류에 관한 상론에 관해서는 참조 H. Crouzel et M. Simonetti, *Origène, Traité des Principes*, SC 252, 15-22쪽. 특히 16쪽 이하.

Karpp)의 『원리론』 판본은 본문 전승사를 다룬 부분에서 여러 가지 권 표제와 장 표제에 관한 정보를 풍부히 제시한다.[23] 그럼에도 객관적인 구조에 관한 문제는 아직도 미해결인 채로 남아 있다.

스타이들레(B. Steidle)는 객관적인 분류 방법을 제시하면서, 『원리론』의 내용을 이루는 세 가지 계열을 다음과 같이 구분하였다.[24] 일반적인 권 분류에 따라 첫째 계열은 제1권에서 제2권 3장까지, 둘째 계열은 제2권 4장에서 제4권 3장까지이며, 셋째 계열은 제4권 4장이다. 오리게네스는 첫째 계열에서 성부와 그리스도, 성령(제1권 1-4장), 이성적 존재들(천사와 악마, 인간, 제1권 5-8장), 세상(제2권 1-3장)에 관해 말한다. 둘째 계열은 다시 성부와 그리스도, 성령에 관한 논고로 시작하며(제2권 4-7장), 모든 이성적 존재와 관련된 개별 논고가 이어진다(제2권 8장-제3권 4장). 뒤이어 세상(제3권 5-6장)에 관한 논고와 궁극적으로 성경에 관한 더 긴 상론(제4권 1-3장)이 나온다. 셋째 계열은 다시 성부와 그리스도, 성령으로 시작한 다음 물질(세상)과 이성적 존재의 불사에 관한 짧은 상론이 이어진다. 오리게네스가 이 모든 세 가지 계열에 어떤 도식—성부와 그리스도, 성령, 이성적 존재, 세상—을 담고 있다는 인상이 기계적으로 떠오르며 세 계열을 통해 궁극적으로 동일한 문제들을 다룬다는 인상을 준다. 『원리론』은 세 개의 주요 부분—우리는 이를 권(卷)이라고 부를 수 있다—으로 구분되지만 서로 관계되는 전체(σῶμα)다. 따라서 『원리론』 본문을 네 권으로 나누는 것은 적절하지 않다. 오리게네스는 이 세 가지 강의 또는 과정에서 제목 '페

23) 참조 H. Görgemanns-H. Karpp, Origenes, *Vier Bücher von den Prinzipien*, 10-15쪽.
24) 참조 Basilius Steidle, *Neue Untersuchungen zu Origenes,* 『*Peri archon*』, in: ZNW 40/41 (1940/1941), 236-243쪽, 특히 236-239쪽.

리 아르콘'(Περί Αρχῶν)이 암시하는 학문의 계열을 입문적·기초적 첫째 과정(제1권), 포괄적이며 집중적인 둘째 과정(제2권), 궁극적으로 최종적 과정(제3권)으로 나누었다. 『원리론』이 오리게네스의 학교 강의와 긴밀한 관계에서 저술되었다는 것은 명백하며,[25] 이 책을 통해 그의 강의가 어떠했는지 구체적으로 알 수 있다.

시모네티(M. Simonetti)[26]는 스타이들레의 견해에 관해 다음과 같이 이의를 제기하였다. 오리게네스는 같은 주제들을 재론하지만 매번 같은 방법으로 다루지는 않는다. 이는 요약이라기보다는 재론(retractatio)이라 할 수 있는 '아나케 팔라이오시스'(ἀνακεφαλαίωσις, recapitulatio, 요약)에서도 마찬가지다. 어떤 장(章)들은 본론을 벗어나지만 하나의 총체를 이루고 있다. 제3권 5장과 6장은 이미 연구된 주제를 다시 다루며, 이는 이전의 서술로부터 제기된 것을 같은 관점에서 더욱 분명히 하기 위해서다. 스타이들레가 구별한 첫째 계열은 교의적 결정보다는 자유로운 문제들이 더 많이 관련되는 반면, 둘째 계열은 교회의 신앙을 더 많이 다루었다. 또한 첫째 계열은 무엇보다도 이론적이고 사변적인 관심을 제시하며, 둘째 계열은 신앙의 결정과 이단에 대한 투쟁에 더 많은 관심을 나타낸다.

최근에 하를(M. Harl)[27]은 방금 언급한 내적 기준에 바탕을 두고 완전히 다른 제안을 하면서, 『원리론』이 본디 일련의 독자적인 개별 강의(얼추 18개)로 구성되었다고 여겼다. 하를에 따르면 『원리론』은 두 개의 계열로 분류

25) 참조 Basilius Steidle, *Neue Untersuchungen zu Origenes*, 『*Peri archon*』, in: ZNW 40/41 (1940/1941), 238-239쪽.
26) 참조 M. Simonetti, *Osservationi*, 273-290쪽. 특히 372-393쪽.
27) 참조 Marguerite Harl, *Structure et cohérence*, 11-32쪽.

된다. 첫째 계열(1,1-2,3)에는 오리게네스가 『원리론』 서론[28]에서 제시했던 교회의 가르침에 대한 일련의 아홉 주제를 포괄하는데, 전체적으로 사도 전승에 관한 신앙 자료가 서술된다. 둘째 계열(2,4-4,3)에서는 첫째 부분의 아홉 주제와 관련이 있거나 첫 부분에 포함되거나 다른 소재들 때문에 전혀 다룰 수 없었던 문제들이 다루어진다. 첫째 계열의 아홉 주제 가운데 네 가지는 둘째 계열에서야 다루어지기 때문에 일관성 있게 마무리하는 문제는 아직도 남아 있다. 『원리론』은 삼위일체(4,1-5), 세상〔4,4,5(종말에 대해 4,48)〕, 영적 존재의 불사(4,4,9-10)에 관한 간략한 요약으로 끝난다.[29]

하를의 견해를 요약하면 『원리론』은 다음과 같이 구성되었다. 첫째, 서론에서는 사도적 선포의 아홉 항목이 언급된다. ① 유일하신 하느님 ② 그리스도 ③ 성령 ④ 영혼 ⑤ 부활 ⑥ 자유의지 ⑦ 악마와 천사 ⑧ 세상은 창조되었고 종말이 있을 것이다 ⑨ 영감을 받아 쓰인 성경. 둘째, 첫째 계열(1,1-2,3)은 고대 후기의 자연학과 유사하게, 그리고 오리게네스의 '신적 철학'에 따라 세 개의 그리스도교 원리들(ἀρχαί)을 포함한다. ① 신적 세 위격, 곧 성부(1,1), 성자(1,2), 성령(1,3-1,4), 각 위격의 고유한 행위(1,3,5-1,4,5) ② 이성적 본성들〔1,5-6(유類, genus); 1,7-8(종種, species)〕 ③ 세상, 그 안에 있는 피조물들(2,1-3). 셋째, 논증의 둘째 계열(2,4-4,3)은 서론의 그리스도교 신앙고백의 아홉 항목을 더 상세하게 다룬다. ① 유일하신 하느님(2,4-5) ② 그리스도의 육화(2,6) ③ 성령(2,7) ④ 영혼(일반적으로 2,8; 영혼의 상이성 2,9) ⑤ 부활과 벌, 보상(2,10-11) ⑥ 자유의지(3,1) ⑦ 악마와 악한 세력에 대한 인간의 투쟁(3,2-4) ⑧ 창조된 그리고 사라질 세상(3,5)

28) 참조 『원리론』 1,서론,4-8.

29) 이 도식에 관해서는 참조 M. Harl, *Origène, Traité des Principes*, 20-21쪽.

과 세상의 종말(3,6) ⑨ 성경(4,1-3). 끝부분(4,3,15)에는 서론의 끝부분에서처럼 성경에 비육체적이라는 낱말이 없다는 소견이 적혀 있으며, 4,3,14는 인식의 문제에 관한 소견이다. 넷째, 요약(ἀνακεφαλαίωσις)은 첫째 주요 부분을 다시 받아들이지만 둘째 원리와 셋째 원리를 뒤바꾼다. ① 신적 세 위격(4,4,1-5) ② 세상(4,4,5-8) ③ 이성적 존재의 불멸(4,4,9-10).

퀴벨(P. Kübel)은, 『원리론』을 네 권으로 나누지 않을 경우 열여섯 강의로 식별해야 한다면서, 스타이들레와 하를의 견해를 통합하려 한다. 그는 하를의 견해에 주목하면서 이렇게 내세운다. "따라서 『원리론』은 오리게네스의 학교 강의에서 유래한 모음집으로 보인다. 그러나 이 결론을 얻었다고 해서 더 이상 분석할 필요가 없다고 여겨서는 안 된다. 하를은 오리게네스가 자신이 구상한 도식에 관해 비교적 자주 말했다는 사실을 알고 있지만, 그 도식이 무엇인지에 관해서는 다루지 않는다. 스타이들레의 논문은 이에 관한 해결책을 제시하는 것 같다. … 따라서 제1-3권은 16강으로 구성되어 있으며, 1-5번째 강의와 6-16번째 강의가 각기 하나의 단위를 이룬다. 두 그룹의 구상은 도식(성부·성자·성령, 이성적 존재, 세상)을 따른다."[30]

오리게네스 자신이 『원리론』의 서론에서 제시한 개관을 고찰하면[31] 지금까지 제시된 주제들에 여러 논고를 귀속시킬 수 있으므로, 두 개의 큰 계열은 『원리론』 1,1-2,3과 2,4-3,6이라고 볼 수 있다.[32] 퀴벨은 한 걸음 더 내딛는다. 그는 계열에 관한 오리게네스의 분류가 유일한 것인지, 그러한 배열에 관한 유사한 본보기가 있는지 묻는다. 실제로 포르피리오스는 『플

30) P. Kübel, *Zum Aufbau*, 31-39, 특히 32-33쪽.
31) 참조 『원리론』 1,서론,4-10.
32) 참조 P. Kübel, *Zum Aufbau*, 31-39쪽, 특히 36쪽.

로티노스의 생애』에서 아홉 가지 주제에 관한 상세한 분류에 대해 알려 준다.[33] 계열의 이러한 분류는 기원전 1세기에도 나타난다.[34]

이들의 견해를 요약하면 『원리론』이 강의 과정에서 생겨났으며, 실질적으로 세 권으로 분류된 열여섯 또는 열여섯이나 열여덟 개의 주제로 구성되어 있음을 알 수 있다. 『원리론』에는 결론이 없지만 논고들은 고심하여 구상된 순서로 배열되어 있으며 그 순서가 이중으로 엇갈리기도 한다. 곧, 서론과 둘째 계열이 서로 상응하는 반면, 첫째 계열은 요약(ἀνακεφαλαίωσις)과 일치함을 보여 준다.

5.5. 『원리론』 본문

앞서 살펴보았듯이 『원리론』은 다음의 네 문헌에 일부가 보존되어 있을 뿐, 온전한 형태로 전해지지 않는다. 이러한 상황은 문헌 비평에 관한 중요한 문제를 야기한다.[35]

5.5.1. 『필로칼리아』

『원리론』의 그리스어 원본은 남아 있지 않다. 그러나 카이사리아의 바실리우스와 나지안주스의 그레고리우스가 오리게네스의 저서에서 발췌한 선집인 『필로칼리아』[36]에 『원리론』의 7분의 1 정도가 그리스어로 남아 있다.

33) 참조 P. Kübel, *Zum Aufbau*, 31-39쪽, 특히 37쪽.

34) 참조 P. Kübel, *Zum Aufbau*, 31-39쪽, 특히 39쪽.

35) 참조 H. Crouzel et M. Simonetti, *Origène, Traité des Principes*, SC 252, 22-33쪽.

36) 로빈슨(J. A. Robinson)이 케임브리지에서 1893년 판본을 출간했다. 이와 별도로 쾨차우는

곧, 『필로칼리아』 1장은 영감에 의해 쓰인 성경의 이해를 다루는 『원리론』 4,1-3을, 『필로칼리아』 21장은 자유의지를 다루는 『원리론』 3,1을 담고 있다. 『필로칼리아』는 『원리론』의 본문을 대체로 충실하게 재현하지만, 이따금 일부 대목을—더러는 이유를 밝히면서 더러는 침묵하면서—생략했다.[37] 생략된 곳은 루피누스의 번역과 비교해 보면 알 수 있다. 하지만 루피누스는 교의적 이유로 내용을 덧붙이는 버릇이 있기 때문에, 생략된 곳을 모두 밝혀내기는 쉽지 않다.[38] 『필로칼리아』의 가치가 높은 것은 단순히 이 저서가 그리스어 『원리론』의 많은 부분을 담고 있기 때문만이 아니라, 루피누스와 히에로니무스의 번역 방식을 파악하게 해주기 때문이기도 하다.

5.5.2. 루피누스의 라틴어 역본

루피누스는 397년 말경 마카리우스라는 사람의 요청에 따라 오리게네스의 작품들을 번역하기 시작했다. 맨 먼저 그는 팜필루스의 『오리게네스를 위한 변론』 제1권을 번역했고, 398년 사순시기에 『원리론』의 첫 두 권을, 여름이 끝나기 전에 뒤의 두 권을 번역했다. 루피누스의 라틴어 역본이 가장 완전하게 남아 있는 판본이기 때문에[39] 『원리론』에 관한 지식의 중요한 토대가 될 수밖에 없다. 그는 『원리론』 머리말에서 자신의 번역 원칙

『켈수스 반박』 GCS 2-3, 1899년)과 『원리론』(GCS 22, 1913년) 판본을 위해 수사본들을 연구했다. 수사본 전승에 대한 로빈슨과 쾨차우는 평가는 거의 일치한다. 이에 관해서는 참조 J. A. Robinson, *The Philocalia*, XIII-XXVIII쪽; P. Koetschau, GCS 2, LXVI-LXXIV쪽과 GCS 22, CI-CV쪽; 또한 P. Koetschau, *Die Textüberlieferung*.

37) 참조 M. Harl, *Origène, Philocalie*.

38) 참조 P. Koetschau, GCS 22, CIII-CV쪽; G. Bardy, *Recherches*, 41-47쪽.

39) 쾨차우(P. Koetschau, GCS 22)는 24개 수사본(XXIII-XLVI쪽)을 알고 있으며, 그 가운데 7개를 그의 판본의 토대로 삼았다.

을 제시하며, 오리게네스의 저서를 첨삭 없이 온전하게 라틴 독자들에게 전하려 한다는 뜻을 밝힌다. "내가 머리말에서 이 점을 밝혀 두는 까닭은 〔오리게네스를〕 비방하는 자들이 비난거리를 새롭게 찾아냈다고 여기지 못하게 하려는 것이다. 사악하고 다투기 좋아하는 자들이 무슨 짓을 하였는지 그대는 보게 될 것이다. 하느님께서 그대들의 간청을 들어 주시고 도와주셨기에 나는 이처럼 엄청난 노고를 받아들였다. 내가 이 일을 하는 것은 비방자들의 입을 틀어막기 위해서가 아니라(이는 하느님께서 하시지 않는 한 불가능할 것이다) 사실을 올바로 이해하려는 이들에게 자료를 제공하기 위해서다. 그러므로 장차 도래할 나라에 대한 믿음을 통하여, 죽은 이의 부활 신비를 통하여, 그리고 "악마와 그 부하들을 위하여 영원한 불을 마련하신"(마태 25,41) 분을 통하여 성부와 성자와 성령 앞에서 권고하고 간청하노니, 이 책들을 필사하거나 읽으려는 모든 이는 "울고 이를 가는"(마태 8,12) 곳, "구더기도 죽지 않고 불도 꺼지지 않는"(마르 9,48; 이사 66,24 참조) 곳을 영원한 유산으로 차지하지 않도록 이 책에 그 무엇도 덧붙이지도, 빼지도, 끼워 넣지도, 바꾸지도 말 것이며, 자기가 필사한 것을 원본과 대조하면서 철자를 교정하고 구두점을 찍어야 할 것이다."[40]

루피누스는 머리말에서 이렇게 말하지만 원문에 대한 번역의 정확성에 대해서는 반박할 여지가 있다. 루피누스는 친오리게네스적 관점에서, 신학적으로 문제가 있는 부분들을 수정했기 때문이다. 그는 오리게네스에게서 이단의 혐의를 벗기고자 했으며, 『원리론』에 나오는 이단적 구절들은 오리게네스의 반대자들이 끼워 넣은 것이라 여겼다. 그는 정통신앙이라고 여겨지지 않는 구절들 그리고 오리게네스의 정통신앙적 진술과 다른 이단적 진

40) 『원리론』 1권, 루피누스의 머리말, 4.

술들을 생략하거나 바꾸었고, 이해하기 어려운 구절에는 오리게네스의 다른 저서에 있는 더 명백한 내용의 본문을 끼워 넣었다.[41] 그는 특히 삼위일체론에 관계된 부분을 수정했으며, 이성적 피조물들에 관한 가르침은 그다지 수정하지 않았다. 루피누스는 문제가 되는 구절들은 이단자들이 개찬한 것이라고 여겼기에 자신의 개입이 정당하다고 생각했다. 남의 글을 바꾸어 쓰던 당시의 관행을 고려하면 이런 태도가 완전히 잘못된 것은 아니다.[42] 그렇지만 루피누스는 이러한 관행을 원본의 내용을 정통신앙적으로 개작하기 위한 특권으로 이용했다. 히에로니무스와 벌인 논쟁은 대부분 번역 원칙에 관한 것이었다. 최근의 연구에서 루피누스의 번역은 상당한 주목을 받았는데,[43] 이 연구들은 루피누스의 목적과 능력, 개인적 성실함보다는 그의 번역으로부터 오리게네스의 원본을 추리하는 데 초점을 맞췄다.[44] 오리게네스의 사상은 이해하기 어려운 구석이 있었고, 따라서 루피누스는 오리게네스의 신학에 관한 자신의 지식으로 이 저서의 내용을 규명하면서 번역했다. 그리스어 원문과 루피누스의 번역을 비교해 보면 그가 일부 내용을 생략하거나 (특히 성경 구절을) 덧붙이고 바꾸었으며, 어려운 구절에는 해설을 곁들이면서 때때로 매우 자유롭게 번역했음을 알 수 있다. 오리게네스의 본문이 너무 장황하다고 여겨지는 곳은 요약했다. 하지만 내용을 확대하는 경향이 요약하려는 경향보다 더 강했다. 루피누스의

41) 참조 그밖에 『원리론』 3,머리말; 루피누스, 『아나스타시우스에게 보낸 변론』 7; 『히에로니무스 반박 변론』 2,31.

42) 참조 G. Bardy, *Faux et fraudes littéraires*, 5-23, 275-302쪽.

43) 참조 H. Crouzel, *Connaissance*, 546-547쪽; Fr. Winkelmann, *Einige Bemerkungen*, 532-533쪽 각주 1과 2.

44) 이에 관해서는 참조 J. A. Robinson, *The Philocalia*, XXXI-XXXIX쪽; P. Koetschau, GCS 22, CXXVIII-CXXXVI쪽; G. Bardy, *Recherches*, 106-153쪽.

번역은 대부분 원본보다 길다. 특히 그리스어 낱말 하나를 두 개 이상의 라틴어 동의어로 옮긴 점이 눈에 띈다. 그가 번역한 다른 본문들에서 입증된 특징은 모두 『원리론』에도 적용된다. 그러나 『필로칼리아』의 그리스어 본문과 비교하면 루피누스가 『원리론』을 매우 객관적으로 정확하게 번역했으며 사고의 과정을 명료하게 전개하려고 애썼다는 사실을 알 수 있다. 물론 루피누스가 원문을 제대로 이해하지 못한 구절도 있었다. 라틴인 루피누스는 철학에 관한 그리스어 용어들을 정확하게 번역하는 데 어려움이 있었던 것 같다. 특히 의지의 자유에 관한 주제에서 스토아학파의 그리스어 용어 때문에 무척이나 애를 먹었다. 그럴 경우 그는 때때로 그리스어 표현을 그대로 제시하거나 다른 말로 풀어 설명했다.

게다가 루피누스는 오리게네스의 철학적 표현들을 자기 시대의 (신학적) 언어로 번역하였다. 루피누스의 번역에서는 정확한 석의(釋義)가 문제였고, 히에로니무스와 유스티니아누스의 단편들은 종종 루피누스가 빠뜨린 내용을 제공하기 때문에 상당한 가치가 있다. 여기서 중요한 점은, 삼위일체론과 그리스도론 진술이 상반될 경우 루피누스 번역과 위 두 사람의 단편들 가운데 어느 하나가 더 우수하다고 여겨서는 안 된다는 것이다. 교의적으로 위험하지 않은 오리게네스의 본문들은 거의 원문으로 남아 있기 때문에, 신학적으로 입증된 차이점들—무엇보다도 신적 위격의 관계(종속론), 영혼의 선재, 부활, 종말에 관한 가르침—은 하나하나 분리해서 검토해야 한다. 전체적으로 볼 때 오리게네스의 신학이 변조된 것 같지는 않다. 오리게네스 신학의 일부 대담한 정식들만 생략되거나 바뀌었다. 루피누스의 번역에 관해서는 다음과 같이 요약하여 말할 수 있다. 이 번역을 통해 우리는 일반적으로—교의적으로 매우 다루기 힘든 구절들을 제외하고—오리게네스의 문장 구조와 정식이 아니라 그의 사고 과정을 알 수 있다. 그리스어 본문이 어떠했을지는 부분적으로만 드러난다. 그러한 경우 원문의 표현들을 규명할 수는 있지만,[45] 원문으로 재번역하는 것은 불가능하다.

5.5.3. 히에로니무스의 번역과 단편

398년 여름이 지나갈 무렵 크레모나의 에우세비우스라는, 베들레헴에서 온 수도승이 이탈리아에 체류하는 동안 루피누스의 번역 견본을 훔쳤다. 히에로니무스와 그의 이탈리아 친구들은 이 견본을 보고 루피누스의 '교묘하게 둘러대는' 식의 방식에 깜짝 놀랐다. 그의 친구들은 히에로니무스에게 『원리론』을 정확하게 번역해 줄 것을 요청했다. 히에로니무스의 친구 가운데 한 명인 팜마키우스도 루피누스의 번역에 격분하여 히에로니무스의 번역본을 귀중하게 보관했다. 409년에는 아비투스라고 하는 사람이 히에로니무스에게서 직접 번역본을 얻었다. 히에로니무스는 자신이 『원리론』에서 발견한 이단적 내용을 열거한 편지와 함께 번역본을 그에게 보냈다. 히에로니무스의 번역본은 전해지지 않지만 히에로니무스가 아비투스에게 보낸 편지(『서간집』 124)[46]에 발췌문이 남아 있다. 이 편지에 담겨 있는 53개 인용문을 통해 히에로니무스의 번역 방법을 어느 정도 미루어 알 수 있다.

히에로니무스는 『서간집』 57(팜마키우스에게 보낸 편지)에서 '번역하는 가장 좋은 방법'이라는 제목으로 자신의 번역 원칙을 제시한다. 세속적 저

45) 이 작업을 시도한 연구서가 Fr. H. Kettler, *Der ursprüngliche Sinn*이다. 카디우(R. Cadiou, *Introduction*, 101-114쪽)는 영혼에 관한 그리스어-라틴어 낱말 색인을 만들었다.

46) 『서간집』 124는 힐베르크(I. Hilberg, CSEL 56, 96-117쪽)의 판본이 권위 있다. 그러나 이 판본은 전승 상황을 서술하지 않기 때문에, 힐베르크의 보고의 기초가 되는 쾨차우(P. Koetschau, GCS 22)의 XC쪽을 참조해야 한다.

서의 경우 번역자는 본문의 의미를 중요하게 여겨야 하는 반면 형식에서는 어느 정도 자유로울 수 있다. 번역에서 히에로니무스는 대체로 루피누스와 근본적으로 다르지 않은 자유로운 방식을 따랐다.[47] 번역자는 자신의 말과 정확한 표현 방식으로 새로운 예술 작품을 만들어내야 하는 임무가 있다. 그러나 성경의 경우 문자적 의미를 중요시하며 옮겨야 한다. 『원리론』에서 히에로니무스는 루피누스의 석의에 주목하면서 본문을 정확하게 번역하려 했다. 그러나 『필로칼리아』(그리스어)와 히에로니무스의 번역, 루피누스의 번역(라틴어)을 비교하면, 삼위일체와 만유회복에 관한 내용 등에서 루피누스가 더 정확한 번역자임이 입증된다.

『원리론』 번역에 관해[48] 히에로니무스 자신이 언급하는 글은 『서간집』 124에 발췌문으로 남아 있다. 히에로니무스의 관심사는 오로지 오리게네스가 얼마나 이단적이며 루피누스의 석의가 얼마나 편파적인지 입증하는 것이었기에, 히에로니무스의 번역[49]도 회의적으로 다루어야 한다. 유감스럽게도 『아비투스에게 보낸 편지』에 담겨 있는 『원리론』의 인용들은 대부분 히에로니무스가 이단적이라고 여긴 내용을 발췌한 것이다. 인용된 많은 본문이 『원리론』에 실제로 존재하는 구절들이지만, 그 인용들을 해석할 경우에는 히에로니무스가 그밖의 본문들도 이단적 관점에서 평가했다는 사실을 잊지 말아야 한다. 따라서 평가를 위해 내용 진술과 문자 그대로의 인용을 구분해야 하는데, 이 과정에서 루피누스가 생략한 요소들이 드러난다. 그런데 그리스어 본문과 비교해 보면, 히에로니무스도 글자 그대로

47) 이에 관해서는 참조 Fr. Winkelmann, *Einige Bemerkungen*, 538쪽 각주 27.
48) 히에로니무스는 그리스어에 특별한 관심을 기울였다. 이에 대한 연구에 관해서는 참조 P. Koetschau, GCS 22, LXXXVII-XCV쪽; G. Bardy, *Recherches*, 154-222쪽.
49) 참조 히에로니무스, 『서간집』 84,12; 85,3; 『루피누스 저서 반박 변론』 1,6-7; 1,21

번역하지 않았음을 알 수 있다. 따라서 히에로니무스가 인용한 내용을 해석할 때는 루피누스 번역을 교차 참고해야 한다.

5.5.4. 유스티니아누스의 인용

유스티니아누스 황제의 칙령(543년)[50]에 덧붙여진 24개의 『원리론』 인용(『메나스에게 보낸 편지』)[51]은 순수한 발췌다.[52] 인용문들에는 매번 표제가 앞에 온다. 인용문들은 유설에 대한 증거로 사용된다. 이 서술은 논쟁적 성격을 띠고 직접적인 문헌 가치가 없으며, 해당 대목 인용문의 내용과 일치하지 않는 경우도 있다. 표제들은 부분적으로는 인용된 책에 관한 기술도 담고 있지만 이 기술들은 정확하지 않다. 그리고 앞뒤를 뒤바꾸어 인용하기 때문에 이 인용들은 히에로니무스의 『서간집』 124에 나오는 인용보다 분석하기가 더 어렵다. 칙령 자체에서 오리게네스의 가르침에 관해 말한 것들은 『원리론』에 관한 직접적인 지식이 아니라 인용에 바탕을 둔 것이다. 인용의 내용을 넘어서는 가르침에 관한 모든 기술은 오리게네스 본인보다 유스티니아누스 황제 시대의 오리게네스파와 더 관련 있는 듯 보인다. 뒤따르는 열 개의 파문문도 마찬가지다. 제1차 오리게네스 논쟁의 초점이었던[53] 이러한 형태의 오리게네스주의는, 오리게네스의 저서들을 신

50) 참조 H. Crouzel et M. Simonetti, *Origène, Traité des Principes*, SC 252, 30쪽 이하.

51) 24개의 인용문에 관해서는 슈바르츠(Ed. Schwartz)의 판본(ACO III, 6,26-213,10)이 권위 있다.

52) 전체에 관해서는 참조 H. Görgemanns-H. Karpp, *Origenes Vier Bücher von den Prinzipien*, 44-45쪽. 인용문 연구를 통해 『원리론』에서 순수하게 발췌한 부분들이 문제라는 것을 밝혀냈다. 이에 관해서는 참조 P. Koetschau, GCS 22, CV-CXV쪽; G. Bardy, *Recherches*, 52-74쪽; 인용문의 생성에 관해서는 참조 G. Bardy, *Recherches*, 34쪽.

53) 참조 A. Guillaumont, *Kephalaia Gnostica*, 141-142쪽.

봉하는 이들과 더 관계가 깊은 것 같다. 553년의 기록을 살펴보면 폰투스의 에바그리우스가 규정했으며 순수한 오리게네스 사상과 확연히 차이 나는[54] 가르침이 나타난다. 따라서 『원리론』을 재구성하려 할 때 이것들은 관련시키지 말아야 한다.[55]

5.5.5. 포티우스의 『저서 평론』 8

포티우스 총대주교의 『저서평론』 8에는 그가 가지고 있던 『원리론』 견본의 그리스어 장(章) 표제들이 정확히 실려 있다. 이는 내용 서술이 부분적으로 라틴어 판본의 장 표제들과 일치하는 것으로 입증된다. 라틴어 전승에서 표제들이 (특히 제1권에서) 늘어나 구조가 불분명하게 되었기 때문에, 저서의 구조에 관한 증인으로서 포티우스는 매우 중요하다(오늘날 『원리론』의 일반적 장 구분은 라틴어 표제에 바탕을 두고 있기 때문에, 장 구분이 때때로 터무니없다).[56]

54) 참조 A. Guillaumont, *Kephalaia Gnostica*, 34쪽.

55) 참조 H. Görgemanns-H. Karpp, *Origenes Vier Bücher von den Prinzipien*, 45쪽.

56) 참조 H. Görgemanns-H. Karpp, *Origenes Vier Bücher von den Prinzipien*, 45쪽; H. Crouzel et M. Simonetti, *Origène, Traité des Principes*, SC 252, 32-33쪽.

6.

오리게네스의 인간 이해[1)]

오리게네스는 인간을 영(프네우마, πνεῦμα, spiritus), 영혼(프시케, ψυχή, anima), 육체(소마, σῶμα, corpus)로 구분하는 '삼분법적 인간학' 또는 '삼중 인간학'을 보여 준다. 이는 바오로 사도가 테살로니카 신자들에게 보낸 첫째 서간 5장 23절에서 언급한 삼분법적 인간 이해에 바탕을 둔 것이다. "우리 주 예수 그리스도께서 재림하실 때까지 여러분의 영과 혼(영혼)과 몸(육체)을 온전하고 흠 없이 지켜 주시기를 빕니다." 따라서 오리게네스의 삼분법적 인간학을 이해하기 위해서는 먼저 성경의 인간 이해를 살펴보고,

1) 이 장(章)은 '누스'(νοῦς, mens)에 대한 한글 번역 '얼'이 객관적 · 학문적 타당성이 있는지를 확인하기 위해 수원가톨릭대학교 「이성과 신앙」 48호—오리게네스 인간 이해 안에 나타난 '누스(νοῦς)'의 번역 문제—에 기고한 글이다. 이 책 본문에서는 '누스'(νοῦς)를 '정신'으로 번역하였음을 밝힌다. 또한 '누스'(νοῦς)에 대한 신학적 가치평가와 적절한 번역은 연구과제로 남긴다. 이 글은 수원가톨릭대학교의 허가를 받아 여기에 수록하였음을 밝힌다.

그의 인간학이 헬레니즘의 인간 이해와 어떻게 구별되는지 규명해야 한다. 이어서 그가 따르는 전통적인 교회의 가르침에서 인간 이해의 핵심적인 부분이 무엇인지 파악해야 한다.

6.1. 성경의 인간 이해[2]

오리게네스는『원리론』제1권에서 인간은 성경을 통해서만 확실하게 인식할 수 있다고 여기며[3] "성령의 영감으로 쓰인 성경, 곧 복음서와 서간들을 비롯하여 율법과 예언서들 외에 (인식에 대한) 다른 어떤 가능성도 없다는 사실을 우리는 믿는다"[4]라고 적었다. 하느님의 아들에 관해서는 비록 "아버지 외에는 아무도 아들을 알지 못하지만"(마태 11,27), 인간은 성경을 통해 그분에 관하여 어떻게 생각해야 하는지 배울 수 있다는 사실을 강조한다. 그에게 성경은 가장 뛰어난 인식의 유일한 원천이다. 따라서 성경이 인간을 어떻게 이해하는지 살펴보면 오리게네스의 삼분법적 인간학이 헬레니즘의 인간 이해와 구별될 수밖에 없는 간접적인 이유를 알 수 있을 것이다.

성경에서 '영혼'은 히브리어 '네페쉬'(נפשׁ, nèfèsh)와 그리스어 '프시케'(ψυχή)

2) 참조 이성효,『그리스도교 인간 이해—통시적(Diachronique) 관점에서의 아우구스티누스의 인간 이해』, 수원가톨릭대학교 출판부(2011), 138-140쪽.

3) 성경만이 확실한 인식의 원천이라는 오리게네스의 확신에 관해서는 참조『마태오 복음 강해』 18;『민수기 강해』 26,6;『예레미야서 강해』 1,7;『에제키엘서 강해』 2,5. 오리게네스는 이성 능력을 그리 신뢰하지 않았으며(참조『켈수스 반박』 3,37; 4,26), 이성이 불확실하다는 견해를 숨기지 않았다(참조『원리론』 1,7,1; 1,7,4; 2,2,2; 4,1,1).

4)『원리론』 1,3,1.

로 표현되는데, '네페쉬'에는 네 가지 의미가 있다. 첫째, 생명을 유지하는 데 필요한 몸의 기관으로서 음식을 섭취하는 식도와 숨을 쉬는 기도를 통칭하는 목. 둘째, 물질을 향한 갈망(미카 7,1)이나 인간 실재(2사무 3,21; 예레 22,27) 또는 인간 행동(1사무 20,4)에 대한 열망 또는 하느님을 향한 동경(시편 24,1; 41,2)을 포함하는 인간의 열망과 감정. 셋째, 생명 자체(시편 29,4). 넷째, 살아 있는 존재인 인격(레위 2,1). 미묘한 차이가 있지만 칠십인역에서 '네페쉬'에 해당하는 개념은 '프시케'다.[5] 성경의 저자는 '육체(몸)'를, 자신이 이 세상에 오랫동안 머물게 되리라는 약속의 지평에서 이해한다. 몸에 대한 이러한 이해는 예수의 부활로 수정되지만 성경의 역사에서 육체가 구원의 장소라는 사실은 한 번도 부인되지 않는다.[6]

따라서 성경의 인간 이해와 관련하여 성경에 매우 자주 나오는 개별 개념들을 일괄적으로 '육체' '영혼' '영'으로 번역한다면 상당한 오해를 일으킬 수 있다는 점을 주목해야 한다.[7] 이는 성경에서 '육체' 또는 '영혼' 또는 '영'이라는 하나의 개념으로 인격 전체를 표현하기 때문이다.[8] "이런 오해는 이미 고대 그리스어 번역인 칠십인역에도 나타난다. 이 번역본은 육체와 영혼과 영을 서로 대립되는 관계로 묘사하여, 인간을 이분(二分) 또는 삼분하는 인간학으로 잘못 인도하였다."[9] 따라서 볼프는 '네페쉬'를 '갈망하는 인간'으로 '레브'(לב, léb) 또는 '레바브'(לבב, lébâb)를 '이성적인 인간'으로 보는

5) 참조 A, Wénin, *Ame(théologie biblique)*, 24-25쪽.
6) 참조 이성효, 『그리스도교 인간 이해』, 138-140쪽.
7) 참조 H. W. Wolff, *Anthropologie*, 18쪽.
8) 참조 송창현, 『그리스도교 인간 이해—쿰란 사본과 신약성경의 인간 이해』, 수원가톨릭대학교 출판부(2011), 109-110쪽.
9) H. W. Wolff, *Anthropologie*, 18쪽.

포괄적인 시각이 필요하다고 지적한다. 곧, 구약성경은 중심되는 두 개념, 곧 '바자르'(בפש, bāsār, 몰락할 인간)와 '루아흐'(בוח, rūah, 전권을 부여받은 인간)를 구분하며, 그밖에 '육체의 생명' '육체의 내부' '육체의 모습' '인간의 본질' 등의 개념으로 포괄적인 인간 전체를 묘사한다.[10]

크루젤(H. Crouzel)이 언급했듯이 오리게네스의 주된 관심사는 "인간이 자신의 삼분법적 구조 가운데 어떤 요소로 하느님을 대면하고 하느님과 소통하는가?"[11]다. 오리게네스가 성경을 가장 뛰어난 인식의 원천이라고 확신했다면, 그의 삼분법적 인간학은 인간 안에 내포된 구별되는 세 가지 실재에 대한 철학적 규명이 아니라 하느님께로 향하는 인간의 신비를 밝히는 신학적 논증이라 할 수 있다.

6.2. 오리게네스의 삼분법적 인간학

오리게네스 이전에도 많은 저자가 체계적이지는 않을지라도 다양한 방식으로 삼분법적 인간학을 제시했다. 한편에서는 리옹의 이레네우스가, 다른 한편에서는 발렌티누스파 영지주의자들이 이 삼분법을 체계적으로 발전시켰다.[12] 이레네우스는 당시 이단자들의 학설체계를 논박하는 『이단 반박』에서 '완전한 인간'에 대해 언급하는데, 이는 '영적 인간'을 의미한다. "성부의 손(manus)을 통해서, 곧 성자와 성령을 통해서 인간의 부분이 아

10) 참조 H. W. Wolff, *Anthropologie*, 18-20쪽.
11) H. Crouzel, *Origène*, 123쪽.
12) 참조 H. Crouzel, *Origène*, 123-124쪽.

니라 인간이 하느님의 모상대로 창조되었다. 영혼과 영은 인간의 부분이 될 수 있지만 결코 인간 자체는 아니다. 완전한 인간이란 아버지의 성령을 받은 영혼과 결합된 그리고 일치된 인간을 말한다."[13] 유스티누스도 『부활론』에서 "몸은 영혼의 집이고, 영혼은 영의 집이다"[14]라며 인간을 삼분법적으로 이해한다. 삼분법적 인간 이해가 교부들의 사상에서 핵심적 역할을 하든 하지 않든 대부분의 교부는 인간에 대해 말할 때 이를 전제로 하였다. 전통적으로 인간의 삼중 구조는 동물과 분명히 구별되는 주요한 요소로 파악되며, 다중적 의미로 이해되었다. 동방과 서방 교부들에게서 영과 관련된 개념인 '프네우마'를 '누스'(νοῦς, mens)와 같은 차원에서 이해하거나 다른 실재로 이해하는 경우가 종종 나타난다. 그러므로 이에 관한 해석이 쉽지 않다.[15]

오리게네스는 이를 논리적으로 종합했고, 이 종합된 체계를 활동 기간 동안 줄곧 사용한 것으로 보인다. 그럼에도 오리게네스의 삼분법이 그가 죽은 뒤 거의 사용되지 않았다는 점은 주목할 만하다. 심지어 여러 정식을 주창한 장님 디디무스와 폰투스의 에바그리우스 같은 오리게네스의 뛰어난 제자들도 이 체계를 사용하지 않았다. 에바그리우스는 '영'을 나타내는 프네우마와 누스를 혼용하여 오리게네스 인간 삼분법의 특징인 정교한 논

13) 이레네우스, 『이단 반박』 5,6,1(Sources Chrétiennes 153, 72-73쪽: "Per manus enim Patris, hoc est per Filium et Spiritum, fit homo secundum similitudinem Dei, sed non pars hominis. Anima autem et spiritus pars hominis esse possunt, homo autem et nequaquam: perfectus autem homo commixtio et adunitio est animae assumentis Spiritum Patris."

14) 유스티누스, 『부활론』 6; **참조** H. de Lubac, *Antropologie tripartite*, 118쪽.

15) **참조** 곽진상, 『그리스도교 인간 이해—앙리 드 뤼박의 신학사상에 나타난 그리스도교 인간 이해』, 수원가톨릭대학교 출판부(2011), 261-262쪽.

리를 무디게 하면서 그 삼분법을 왜곡하였다.[16]

오리게네스의 인간 이해 삼분법과 플라톤의 삼분법은 같은 것으로 보기에는 허투루 넘길 수 없는 중요한 차이점이 있다. 플라톤의 삼분법은 영혼과 관련된 것이고 오리게네스의 삼분법은 인간 전체에 관한 것이며, 사용하는 용어도 서로 다르다. 플라톤이 사용하는 용어는 '누스'(νοῦς), '티모스'(θυμός), '에피티미아'(ἐπιθυμία)고, 오리게네스는 '프네우마'(πνεῦμα), '프시케'(ψυχή), '소마'(σῶμα)를 사용한다. 플라톤의 '누스'는 지성 또는 정신, '티모스'는 성마름 또는 분노, '에피티미아'는 욕망 또는 탐욕을 나타낸다. 오리게네스는 인간 삼분법을 그리스 사상에서 넘겨받았지만 기원은 본디 성경이다. 오리게네스 삼분법의 틀을 갖추는 지배적 개념은 '프네우마'(영)다. 히브리어 '루아흐'의 의미를 이어받은 개념이다. 그리스인에게 프네우마는 이해하기 어려운 형태를 띠고 있는 물질적 존재인 반면, 오리게네스에게 프네우마는 절대적으로 비물질적인 것이다.[17]

따라서 오리게네스의 인간학에 나타나는 세 구성 요소, 곧 영·영혼·육체를 이해하는 데 주의해야 할 점이 있다. 첫째, '프네우마'와 '누스'를 구별해야 한다. 지성 또는 정신을 의미하는 플라톤 철학의 용어 '누스'와 오리게네스가 사용하는 '누스'의 뜻이 다르기 때문이다. 둘째, 오리게네스는 영혼 그 자체에 상위 인자(因子)와 하위 인자가 있다고 여긴다. 영혼의 두 인자라 표현했지만, 인자나 부분이라는 용어보다는 성향이라는 표현이 더 적절할 것이다. 오리게네스의 삼분법적 가르침은 비록 존재론에 기초하지만, 존재론적 배열을 다루기보다 동적 또는 성향적 배열을 다루기 때문

16) 참조 H. Crouzel, *Origène*, 123-124쪽.
17) 참조 H. Crouzel, *Origène*, 124쪽.

이다. 영혼의 상위 인자라는 개념은 지성을 나타내는 플라톤의 철학 용어인 누스와 혼동을 피하기 위해 '얼'[18]이라 부른다. 이는 스토아 철학의 용어 '헤게모니콘'(ἡγεμονικόν, 지배적 또는 주도적 능력)과 같은 의미로, 라틴어로는 principale cordis, principale mentis 또는 principale animae라고 번역된다. 성경의 용어로는 하느님께로 향하는 마음의 역동성을 나타내는 히브리어 '레브', '레바브'와 그리스어 '카르디아'(καρδία, cor)[19]와 유사하다.[20]

인간에게 내재된 신적 요소인 영(πνευμα, spiritus)은 히브리어 '루아흐'와 직접 연관된다. 영은 하느님의 선물이기에 엄밀히 말해 인간적 자아의 일부가 아니다. 영은 인간이 짓는 죄에 어떤 책임도 없기 때문이다. 그런데도 인간의 죄는 영을 마비시키면서 영을 방해하여 영혼에 영향을 미치지 못하게 한다. 영은 영혼의 교사, 더욱이 '얼'의 교사다. 영 안에서 도덕적 의식이 드러나는 곳이 '얼'이기에, 영은 덕행의 실천을 통해 '얼'을 훈련시킨다. 또한 영은 하느님에 대한 앎이나 기도를 통해서도 '얼'을 훈련시킨다. 영은 성령과 구별되지만 성령에 참여하는 일종의 창조물로서, 성령이 인간 안에 현존할 때 성령의 자리가 된다. 오리게네스는 영을 다양한 방식으로 표현하였는데, 나중에는 '성화하는 은총'이라 부르기에 이르렀다. 그러나 다음

18) '얼'은 '정신의 줏대'를 의미한다[참조 국립국어연구원 표준국어대사전(중), 4247쪽]. 크루젤은 이를 intelligence로 부른다(참조 H. Crouzel, *Origène*, 124쪽). '누스'의 번역 문제는 6.4.에서 자세히 다룰 것이다.

19) 참조 A. Wénin, *Coeur(théologie biblique)*, 25-26쪽. 웨냉은 성경에 나타난 '마음'의 의미를 다음과 같이 밝힌다. 첫째, 히브리인들이 인간의 다양한 감정을 그 안에 위치시키는 감정의 자리다. 둘째, 이성적이고 지성적인 기능을 수행하는 지적 자리다. 셋째, 의사가 표출되는 의지의 자리다. 이러한 마음의 의미는 하느님의 뜻을 거스르는 '마음의 완고함'과 하느님께로 향하는 '마음의 회개와 새 계약' 등 신학적 개념을 표현하는 데 활용된다.

20) 참조 H. Crouzel, *Origène*, 124쪽.

과 같은 점에서 스콜라철학의 개념과는 다르다. 첫째, 이 인자는 단지 세례받은 사람에게서만이 아니라 모든 사람에게서 나타난다. 둘째, 사람이 이 세상에서 죄를 범해도 이 인자는 그 사람을 떠나지 않는다. 곧, 자력으로 행동할 수 없는 상태이지만 회개할 가능성으로서 그 사람과 함께 머무른다.[21)]

영혼은 자유의지와 선택 능력의 자리다. 따라서 영혼은 자아의 자리다. 영혼이 영의 인도를 받아 영과 동화되면 영혼의 하위 인자도 완전히 영적 성질을 띤다. 그러나 영혼이 영을 거부하고 육으로 돌아서면, 영혼의 하위 인자는 상위 인자로부터 영혼에 대한 지배적 역할을 넘겨받아 영혼을 완전히 육적으로 만든다. 오리게네스의 이론에 따르면 상위 인자인 얼, 마음 또는 지배적 능력은 선재(先在) 시기에 영혼 전체를 이루었다. 말씀이신 하느님의 모상대로 창조된 영혼은 하느님의 모상에 참여하면서 신과 비슷해지기에 영혼은 그리스도인으로서 삶을 살아갈수록 점점 더 신성을 닮게 된다. 영혼은 영의 가장 탁월한 제자다. 영은 신성한 선물로서 은총의 활동적 측면을 나타내는 반면, 그 선물을 받아들이는 '얼'은 은총의 수동적이고 수용적인 측면을 나타낸다. 영혼은 도덕적이고 고결하게 살아가는 기관이며, 관상(觀想)하고 기도하는 기관이다. 이 활동들은 모두 영의 인도를 받는다. 영혼은 신적 감각, 곧 영적 시각과 청각·촉각·후각·미각을 낳는다. '영'과 '얼'은 이 세상 삶에서는 구별되지 않지만 세심한 논리로 묘사할 경우 두 개념을 명확히 구분하는 것이 가능하다. 이 둘은 은총의 근본적인 관점, 곧 하느님의 선물과 인간의 그 수용으로 구별된다.[22)]

21) 참조 H. Crouzel, *Origène*, 124-125쪽.
22) 참조 H. Crouzel, *Origène*, 125쪽.

영혼의 하위 인자는 태초에 인간이 타락한 뒤 영혼에 속하게 되었으므로, 영을 외면하고 육에 매혹되어 지속적인 유혹을 받는다. 이는 본능과 열정의 원천이며, 때로 플라톤의 인간 삼분법에서 더 낮은 두 개의 하위 인자인 '티모스', '에피티미아'와 동등한 것으로 다루어진다. 이 경우 오리게네스는 이들 안에 있는 고귀한 성향과 사악한 성향을 구별하지 않는다. 하위 인자는 로마서 8장 6절에 따라 '육의 관심사'(φρόνημα τῆς σαρκός) 또는 라틴어 번역인 '육의 마음'(sensus carnis) 또는 '육적 마음'(sensus carnalis)으로 불린다. 하위 인자는 육(사륵스, σάρξ, caro)이란 표현에 담긴 의미로 종종 사용되는데, 육은 육체(σῶμα, corpus)와 달리 늘 경멸적인 의미를 지녔다. 곧, 육은 영혼을 육체로 유혹하는 힘이다. 이 모든 명칭은 후대의 신학에서 욕정이라고 부르는 것과 어느 정도 일치한다. '육적인 것에 대한 생각'은 죄에 대한 유혹 이상을 뜻하기 때문이다. 그 생각은 자연스런 작용까지 포함한 것으로서 그 자체로 사악하지 않으며, '얼'이 영과 결합할 때 파멸되지 않고 영화될 수 있다. 이는 그리스도의 인성에 대한 오리게네스의 고찰에서 명료하게 알 수 있다. 선재(先在) 시기에 말씀(로고스)과 결합된 영혼은 결코 죄를 지을 수 없었다. 영혼이 말씀의 지극한 사랑으로 그분과 결합되어 어느 정도 그분과 같은 모습을 지니고 있었기 때문이다. 이는 마치 불속에 던져진 철이 불이 되는 것과 같은 이치다. 그리고 그 결합은 신성이 그러하듯이 실체적으로 선을 소유하며, "하느님의 모상을 지니신"(필리 2,6)[23] 말씀과 어느 정도 같게 된다. 이는 피조물에게 우발적인 방식으로는 알려지지 않는다. 그러나 말씀께서 육화하셨을 때 그분의 영혼은 이 하위 인자를 지니셨다. 하위 인자가 없었다면 말씀께서는 우리와 같은 인간이

23) 참조 『원리론』 2,6,6.

되지 못하셨을 것이다. 그분은 죄를 제외하고 우리 인간의 나약함을 공유하셨기 때문이다. 그러므로 영혼의 하위 인자는 그분께 유혹의 원천일 수는 없었으나, 성경이 증언하듯이 고뇌와 슬픔, 고통의 원천이었다.[24]

육체에 대한 오리게네스의 개념을 명료하게 설명하기는 쉽지 않다. 매우 모호하게 사용되는 개념이기 때문이다. 그는『원리론』에서 세 번이나 삼위일체 하느님만 절대적으로 비육체적이라고 내세운다. 육체는 피조물의 특성을 나타내는 것이다. 테르툴리아누스에게는 영혼도 육체적이지만, 오리게네스에게는 그런 의미가 아니다.[25] 오리게네스는 영혼의 비육체성을 확언하지만 영혼이 늘 육체와 결합되어 있다고 말한다. 또한 피조물이라는 표시인 육체는 삼위일체 하느님의 실체성과 대비되는 피조물의 우유성을 나타낸다. 다시 말하면 피조물이 소유한 모든 것은 받은 것이고, 자유의지를 사용함으로써 앞으로 어찌될지 모르는 상태로 이 모든 것을 지니고 있는 것이다. 다른 한편 오리게네스는『원리론』서론 끝부분[26]에서 비육체성이라는 낱말은 서로 다른 두 의미를 지닐 수 있다고 말한다. 철학적 체계에 따른 절대적 비육체성이란 의미가 그중 하나다. 그리고 오늘날의 표현법으로 공기는 비육체적이라고 말할 때처럼 더 미묘한 형태의 육체성에 상응하는 상대적 비육체성이라는 의미가 또 있다. 사실 오리게네스는 육체라는 낱말을 지상의 육체와 더 미묘한 형태의 육체 모두에 적용한다. 오리게네스는 이성적 존재들의 역사를 고찰하면서 더 미묘한 형태의 육체를 다음과 같이 구별하였다. 선재 시기의 얼에 속한 '영묘한' 육체 또는 '눈

24) 참조 H. Crouzel, *Origène*, 126쪽.
25) 참조『원리론』1,6,4; 2,2,2; 4,3,15.
26) 참조『원리론』1,서론,8-9; 4,3,15.

부신' 육체, 천사들, 죽어서 영원한 지복 상태로 들어간 사람들, 죽어서 단죄된 사람들과 악마들의 '어두운' 육체. 오리게네스에게 '어떤 형태의 육체도 없음'이나 단순히 '지상 육체의 없음'을 나타내는 '비육체성'이라는 낱말은 세 번째 의미도 지닌다. 육체의 잘못된 욕망과 거리가 먼, 도덕적 생활방식이라는 의미다. 비육체성이라는 말은 영겁의 축복을 받은 사람들에게 적용되는 의미인데, 현세에 살고 있는 의로운 사람들에게도 자주 적용된다.[27]

육체의 의미와 대부분 경멸적으로 사용되는 육의 의미를 혼동해서는 안 된다. 육은 육체에 대한 지나친 집착을 뜻하기에 영혼의 하위 인자와 관련된다. 물론 선재 시기의 영묘한 육체는 인간이 타락한 뒤 지상적 특성을 지닌다. 이 특질은 모든 감성적 존재가 그러하듯 인간의 이기심 때문에 육체를 끊임없이 유혹하며, 자신의 모상인 신비로 다가가려는 영혼의 상승을 방해한다. 그러나 모든 감성적 존재처럼 지상적 육체 자체는 선하다. 하느님께서 창조하신 육체는 실체의 심원한 본질이라는 측면에서 보았을 때 "하느님께서 보시니 좋았다" 하고 성경에서 말한 그 실체들에 속한다.[28] 오리게네스의 세계관을 뒷받침하는 모형론(exemplarisme)에 따르면, 육체는 이 세상의 모든 존재와 같이 신적 실재의 모상이다. 만일 하느님의 모상에 인간의 참여가 육체가 아닌 영혼에서 이루어진다 할지라도 그 가치는 모상을 담고 있는 성소처럼 육체에 부여된다. 그러므로 코린토 1서 6장 13-20절에서 말하듯 육이 짓는 죄는 거룩한 이 육체에 대한 모독이다. 선재 시기의 영묘한 육체는 인간이 타락한 뒤에도 지혜의 씨앗('씨뿌려진 로고스', λόγος σπερματικός) 형태로 지상의 육체 안에 살아남아 있다. 그 씨앗

27) 참조 H. Crouzel, *Origène*, 126-127쪽.

28) 참조 창세기 1,10.12.18.21.25.31; 『요한 복음 주해』 13,42,280.

에서 영묘한 육체는 영광스런 육체를 형성하기 위해 싹틀 것이다. 다른 말로 표현하자면, 육체의 실체(substantia)는 동일한데 특질만 천상적 육체, 그다음에 지상적 육체, 그다음에 다시 천상의 육체로 변한다. 예언자들에게 작용한 성령의 활동과 관련하여 오리게네스가 지적하였듯이, 의인은 아직 세상에 살고 있지만 흙으로 된 육체는 영의 광채를 알았기 때문이다.[29]

오리게네스의 삼분법적 인간학을 지배하는 환경은 신비보다는 도덕과 금욕, 곧 영적 투쟁이다. 영혼은 지상의 육체를 유혹하는 처지에 있는 육과 영 사이에서 고민한다. 영혼은 이 투쟁의 현장이다. 영과 육 가운데 하나를 승자로 결정해야 하는 것은 자유의지를 갖춘 영혼이다. 영혼은 자신을 나눈 두 인자 또는 두 성향 때문에 육과 영 양측과 동시에 손잡고 있다.[30]

6.3. 하느님 모상에 인간의 참여[31]

창세기는 인간이 하느님의 모상(imago Dei)으로 창조되었다고 세 번 언급한다. 창세기 1장 26-27절은 인간이 동물을 다스리는 것을 하느님 모상과 연결시키고, 5장 1-3절에서 그 모상은 친자 관계를 나타내며, 9장 6절에서는 하느님의 모상대로 창조된 인간은 피 흘림이 허락되지 않는 신성

29) 참조 『켈수스 반박』 7,4.

30) 참조 H. Crouzel, *Origène*, 127-130쪽.

31) '하느님 모상(imago Dei)에 인간의 참여(participatio)'란 주제에 대해서는 특별한 설명을 하지 않고, 크루젤의 *Origène* 해설만 참조하기로 한다. 크루젤이 제시하는 각주는 필요한 경우 본문에 병기하고, 특별한 설명이 필요할 때면 각주를 이용하며, 히브리어나 그리스어는 원문을 실어 독자의 이해를 돕기로 한다.

한 존재라고 말한다.[32)]

그런데 칠십인역에서 히브리어 '셀렘'(צלמ, 모상)과 '데무트'(ומות, 유사함)를 그리스어 '에이콘'(εἰκών, 모상)과 '호모이오시스'(ὁμοίωσις, 유사함)로 번역함으로써, 이 용어들이 담고 있는 철학적 의미가 성경 본문 이해에 도입되었다. 에이콘 개념은 감각적 존재를 (플라톤이 이데아라고 부르는) 신성하며 지고한 실재들의 모상으로 만든다는 '플라톤의 모형론'을 받아들였다. 플라톤이 신성한 존재와 영혼의 유사함을 표현하는 데 에이콘이라는 용어를 사용하지 않았다는 것은 사실이다. 플라톤에게 에이콘은 늘 감각과 관련된 낱말이기 때문이다.[33)] 플라톤은 대신 '쉉게네이아'(συγγένεια, 혈연관계)나 '오이케이오시스'(οἰκείοσις, 친교)를 사용한다. 그러나 소크라테스 이전 철학자들과 플라톤[34)]은 신과 유사함, 곧 '호모이오시스'를 이미 인간 삶의 목표로 여긴다. 따라서 처음엔 유대인 필론이, 그다음엔 오리게네스 전후 수많은 교부가 그들의 저서에서 '인간 안에 있는 하느님 모상'이란 가르침을 제시하는 것은 놀라운 일이 아니다.[35)]

그리스도인들은 창세기의 증언을 바오로 서간의 많은 구절과 연관지어 해석한다. 특히 그리스도를 '보이지 않는 하느님의 모상'이라고 하는 콜로새서 1장 15절이 자주 인용되었다. 오리게네스에게 구약과 신약을 일치시키는 것은 어려운 일이 아니었다. 엄밀한 의미에서 그리스도만 하느님의 모상이며, 완전한 모상이다. 그리스도는 그분의 신성으로 인하여 '보이지

32) 참조 H. Crouzel, *Origène*, 130쪽.

33) 참조 H. Crouzel, *Origène*, 130쪽.

34) 참조 플라톤, 『테아이테토스』 176-177; 소크라테스는 여기서 프로타고라스의 관능주의와 학문의 결정적인 정의에 이르지 않는 우주유동설을 비판적으로 해석한다.

35) 참조 H. Crouzel, *Origène*, 130쪽.

않는 하느님의 보이지 않는 모상'일 수 있다. 비가시적이고 비육체적인 하느님께는 비가시적이고 비육체적인 하나의 모상만 있을 수 있기 때문이다. 그런데 이레네우스는 상당히 다른 추론을 전개한다. 그는 이중의 본성을 지니고 육화하신 말씀 안에서 하느님의 계획에 따라 영원으로부터 존재하는 하느님의 모상을 보았다. 그에게 하느님의 모상은 가시적인 것으로 옮기는 것과는 다른 어떤 것일 수 있기 때문이다. 그러나 이 두 신학자는 모상의 관점에서 말씀(로고스)과 인간의 관계를 다르게 이해하지 않는다.

"하느님께서 말씀하셨다. 우리와 유사하게 우리 모습으로 사람을 만들자"라는 구절이 기본이다. '유사함'이란 낱말에 대한 설명을 잠시 보류하고, 이 문장을 다음과 같이 설명해보자. 먼저, 니케아 이전의 교부 대부분과 마찬가지로 오리게네스는 "우리가 … 만들자"라는 말이 복수 표현이며 창조 때 협력자인 성자와 성부가 나눈 대화라고 설명한다. 따라서 인간은 하느님의 모상대로 창조되었다. 이 경우 하느님 모상은 말씀이시며 인간 창조의 대행자이자 모형(母型)이셨다. 한편 그분은 세상을 창조할 때 다른 방식으로 다른 역할을 하셨다. 이는 오리게네스가 용어를 일관되게 사용하는 몇 가지 관점 가운데 하나다. 곧, 성자만 하느님의 모상이라 불리며 인간은 그저 '모상을 따르는 존재' 또는 '모상의 모상'이다. 오리게네스는 '모상을 따르는 존재'라는 표현을 인간이 하느님 모상에 참여(participatio)한다는 의미로 자주 사용하였다.[36]

오리게네스가 하느님의 모상에 포함시키지 않은 그리스도의 인성은 모든 인간의 인성처럼 '모상을 따르는 존재' 또는 '모상의 모상'이다. 그러나 그리스도의 인성은 모상을 전파하는 데 특별한 역할을 한다. 말씀이신 성

36) 참조 H. Crouzel, *Origène*, 130-131쪽.

자께서 하느님과 우리 인간 사이의 첫 번째 모상이었다면, 그리스도의 인성은 두 번째, 중개자적 모상과 같은 것이다. 그리스도의 인성이 우리가 가장 본받아야 할 모형이며, 오리게네스의 애가 4장 20절 풀이에 따르면 그리스도의 인성은 '민족들 사이에서 사는 우리의 삶' 위에 드리운 주 그리스도의 그림자다. 이와 대조적으로 우리는 오리게네스의 글에서 하느님의 모상과 관련하여 성령을 관여시키는 어떤 구절도 알지 못한다. 오리게네스는 성부의 영이 성자의 모든 '에피노이아이', 다른 말로 '속성을 성령에게 전하는 성자의 중개'로 오는 것이라고 이해했지만[37] 성령을 성자의 모상이라고 말한 적은 없다.

오리게네스는 창세기의 첫 두 장을 창조에 대한 두 가지 이야기가 아니라 두 개의 다른 창조로 이해한다. 첫째는 영혼의 창조다. 영혼은 비육체적이고 보이지 않는 말씀의 모상을 따라 비육체적이며 보이지 않는다. 둘째는 육체의 창조다. 육체는 단순히 모상을 담고 있는 그릇이다. 오리게네스는『창세기 주해』에서 창세기 2장을 선재 시기의 영묘한 육체를 창조하는 이야기로 여겼다. 삼위일체만 육체가 없기 때문에 이 두 가지 창조가 논리적으로는 구별되지만 시간적으로는 동시에 일어난 것이다. 남아 있는 오리게네스 저서를 살펴보면, 창세기 2장의 '창조된 육체'가 영묘한 육체를 말하는 것인지 지상의 육체를 말하는 것인지 분명하지 않다. 이러한 이중 창조 방식에 대해 말하는 오리게네스의 여덟 구절 가운데 한 구절만 지상의 육체와 관련된 죄를 언급하며, 나머지 일곱 구절은 육체가 무엇을 의미하는지 말하지 않는다. 만일 그것이 지상의 육체를 의미했다면 해석상의 중대한 문제를 일으킬 것이다. 오리게네스의 선재 이론에 따르면, 선재

37) 참조『요한 복음 주해』2,10(6),75-76.

시기에 일어났으며 창세기 3장에 묘사되는 인간의 타락 이후에 지상적 '특질'이 육체에 주어졌으므로 지상의 육체 창조가 2장(타락 이전)에 기록되었다는 사실은 이해하기 어렵다. 가자의 프로코피우스는 살갗이라는 의복을 입음으로써 육체의 특질이 천상적인 것에서 지상적인 것으로 변화하는 것이라고 지적함으로써 이 곤혹스러운 문제를 해결하였다. 그렇다면 오리게네스가 『창세기 주해』에서는 본문 자체를 설명하였기에 이 곤란한 문제에 주의를 기울였지만 다른 구절들에서는 이 문제에 무관심했다고 보는 것이 옳은가? 옳지 않다. 오리게네스는 육체의 특질에 대해 명확하게 설명하지 않은 몇몇 구절은 일반인 청중을 위한 강해에서 다루었다. 다만 그는 자신의 선재 가설을 깊이 다루어 청중을 당혹스럽게 만들고 싶지 않았을 것이다.[38]

그러므로 오리게네스는 '모상에 따라'라는 말을 육체에 적용하지 않고 —육체에 적용한다면 신인동형론자들의 주장대로 하느님은 육체가 있는 분이 된다—영혼에 적용한다. 나아가 영혼의 상위 인자인 '얼' 또는 '지배적 능력'에 적용하고, 때로는 하느님 말씀에 참여하는 인간 안에 있는 이성(로고스)에 적용한다. 이 이성은 '얼'과 같은 실재를 나타낸다.[39] '모상에 따라'라는 말은 성부와 성자에 참여하는 일을 나타내는 것이다. 불꽃이 이는데도 타지 않는 가시덤불 속에서 모세가 들은 말에 따르면 '있는 나'인 분(탈출 3,14), 곧 성부에 참여하는 것이다. 존재하는 모든 사람은 존재의 근원인 성부에 참여한다. 그러나 오리게네스는 자신의 사유 방식과는 다르지만, 종종 그 존재의 개념을 자연적 의미보다는 초자연적 의미로 받아들

38) 참조 H. Crouzel, *Origène*, 132쪽.
39) 참조 H. Crouzel, *Origène*, 132-133쪽.

인다. 그는 이렇게 생각한다. 악은 '비존재'이며, 요한 복음 1장 3절에 말씀 없이 생겨난 것은 '하나도 없다'고 말한 그 '없는 것'이다.[40] 악마는 한처음에 하느님이 창조한 '존재'였지만 하느님과의 관계를 끊음으로써 '비존재'가 되었다. 그러나 '모상에 따름'은 하느님이신 하느님께 참여하는 것이다. 이성적 피조물은 피조물로 존재하는 우유성에도 불구하고 신격화되고 신성 안에서 성장한다. 성자의 활동으로 이성적 존재들은 시편 제81편에서 말하는 '신들', 말하자면 만들어지는 신이 된다. 그들의 신격화는 '모상에 따라' 하느님과 '유사함'을 완전히 이룰 때 영원한 지복 속에서 완성된다. 하느님께 참여한다는 것은 동적인 개념이다. 모상은 모형과 재결합하고 모형을 재생산하는 경향이 있기 때문이다. '모상에 따라'라는 말은 '성화하는 은총'과 유사한 오리게네스의 수많은 용어 가운데 하나다.[41]

따라서 '모상에 따라'라는 말은 성자에 참여하는 것이기도 하며, 이 용어는 오리게네스의 그리스도론에서 주된 역할을 하는 성자에 대한 모든 명칭(에피노이아이, ἐπίνοιαι)에 적용된다. 이 명칭들은 신약성경에서 그리스도에게 주어졌지만, 영적 해석에 따라 읽을 경우 구약성경에서도 발견된다. 이 명칭들은 성자 자신과 우리의 관계에서 나타나는 성자의 다양한 속성에 부합한다. 우선 그리스도께서는 '모상에 따라' 우리에게 아들의 특질을 물려주신다. 우리는 외아들 성자의 활동을 통해 성부께 입양된 아들이 되었다. 마찬가지로 기름부음 받으신 그리스도께서 우리에게 지혜와 진리, 생명, 빛 같은 그분의 특질들을 주신다. 마침내 로고스로서 성자는 우리를 '로기카'(λόγικα)[42]로 만드셨다. 로기카는 무엇보다도 초자연적 존재를 뜻

40) 참조 『요한 복음 주해』 2,13(7),91-99; 『원리론』 1,3,6.
41) 참조 H. Crouzel, *Origène*, 133쪽.

하며, 오리게네스는 성인만 '로기코스'(λόγικος, 이성적인)라고 분명히 말한다. 악마들은 한때 로기카였으나 하느님을 거부하여 '알로가'(ἄλογα), 곧 이성이 없는 존재가 되어 동물과 비슷해졌다. 영적인 짐승이 된 것이다.[43)]

오리게네스는 '모상에 따라'라는 말이 '우리의 주된 실체'[44)](notre principale substance), 우리 본성의 토대 자체라고 분명하게 말한다. 인간을 존재의 가장 깊은 근본에서 규정한다면 그 내용은 다음과 같다. ① 처음과 영적 성장의 각 단계에서 나타나는 신적 활동에 의해 규정됨. ② 인간을 창조할 때 하느님께서 인간에게 주신 자유를 통해 규정됨. ③ 하느님과의 관계에 의해 규정됨. ④ 자신의 원형과 점점 더 닮고자 나아가는 활동을 통해 규정됨. 자유의지와 선택 능력이 중요한 자리를 차지하는 이 자유는 자유의지에 한정된 것이 아니다. 오리게네스의 영적 가르침에 따르면 이 자유는 바오로가 말하는 자유(ἐλευθερία)에 내포된 모든 음영, 곧 하느님께 충실하면 자유로워지고 거역하면 노예가 된다는 진리를 포함한다. 또한 '모상에 따르'는 것은 '지식의 근원'이다. 물론 하느님에 대한 모든 지식은 계시지만, 이 계시 가운데 첫 번째는 하느님께서 우리를 당신의 모상으로 창조하실 때 우리에게 주신 것이다. 우리 존재의 가장 심오한 요소인 이 모상을 따르면 우리는 하느님을 발견한다. 오리게네스는 여기에서 그리스 철학의 통상적인 원리를 재현한다. 곧, 유사한 것만 유사한 것을 안다.[45)]

그러나 인간은 자유의지를 지녔기 때문에 하느님을 선택하는 대신 하느님을 거역할 수 있고 실제로 거역한다. 이때 죄와 씨름하는 경우 '모상

42) "로기카"를 "이성적"이라고 해석하는 것은 적절하지 않다.
43) 참조 H. Crouzel, *Origène*, 133-134쪽.
44) 참조 『요한 복음 주해』 20,22(20),182.
45) 참조 H. Crouzel, *Origène*, 134쪽.

에 따름'은 어떻게 될까? 죄는 '모상에 따름'을 거역하는 모상으로 감싸고, 거역하는 모상의 더미 아래 숨겨 버린다. 이런 모상들은 종류가 다양하다. 지상의 모상이 천상의 모상 위에 포개진다. 그러나 대부분의 본문에서, 지상의 모상은 코린토 신자들에게 보낸 첫째 서간 15장 49절에서처럼 아담이 아니라 선재 시기 지성의 타락 원인이 된 악마다. 인간은 지금 악마의 모상 안에 있고 악마의 자녀가 되었는데 이는 자연스런 관계가 아니다. 하느님만이 본디 인간의 아버지이고 악마는 하느님의 자녀를 훔치고 있다. 주화에 기념으로 장식된 카이사르의 초상(마태 22,15-22 참조)은 이 세상의 왕자, 곧 악마를 나타낸다. 이는 다소 부정적인 통찰이지만 오리게네스의 정치 이론에는 더 긍정적인 설명도 있다. 마침내 죄는 오리게네스가 주요 특징에 따라 열거한 짐승의 모상들을 입혀 신학적 동물원을 만들어 낸다. 도덕적 지평에서 본 이 짐승들과 동화는 오리게네스가 윤회를 믿었다고 하는 히에로니무스의 고발에 대한 해명이 될 것이다. 오리게네스가 윤회를 믿었다고 고발하는 내용과 반대되는 본문들이 그리스어로 남아 있는 저서들에 나오는데, 여기서 오리게네스는 이 윤회에 관한 가르침이 터무니없으며 교회의 가르침과 반대된다는 점을 지적한다.[46)]

그럼에도 이런 사악하고 짐승 같은 모상은 하느님의 모상을 파괴할 수 없다. 필리스티아인들이 진흙으로 메워 버린 아브라함의 우물 속 물처럼 하느님의 모상은 짐승 같은 모상의 눌림을 견뎌 낸다.[47)] 하느님의 성자께서 그린 그림이 지워질 수 없다.[48)] 이사악이 아버지가 판 우물을 비워야 했

46) 참조 H. Crouzel, *Origène*, 134-135쪽.
47) 참조 『창세기 강해』 13,3-4.
48) 참조 『창세기 강해』 13,3-4.

듯이, 우리의 이사악인 그리스도만이 우리의 죄악이 덧칠해 놓은 더러움이라는 우리 영혼의 우물을 깨끗이 만들어 다시 살아 있는 물을 흐르게 해줄 수 있다. 인간의 잘못에도 불구하고 인간 안에 '모상에 따름'의 영속성이 존재한다는 사실은 그리스도의 은총을 통한 회개의 가능성을 확인시켜 준다. 이는 삼분법적 인간학의 한 요소인 영의 영속성과 같다.[49]

앞서 말한 것처럼 '모상에 따름'은 동적 실재이며, 모형과 재결합하고 동화하려는 성향을 띤다. '모상에 따름'은 싹이 돋고 자라나야 할 일종의 씨앗 상태, 곧 출발점이다. 이와 같이 자라나서 궁극적으로 도달하고자 하는 목표는 '하느님과 유사함'인데, 이는 종말의 지복 안에서만 완성된다. 오리게네스는 창세기 1장 26절에서는 하느님께서 사람을 만들겠다고 하시면서 모상과 '하느님과 유사함'에 대해 언급하지만, 인간의 창조가 완료되었음을 보여 주는 창세기 1장 27절에서는 더 이상 '하느님과 유사함'이 언급되지 않고 모상만 언급된 점을 주목한다. 이는 '하느님과 유사함'을 종말을 위해 유보해 놓은 것이다. 곧 '하느님과 유사함'은 모상의 완성일 것이다. 마찬가지로 요한은 그의 첫째 서간에서 "그분께서 나타나시면(재림하신 그리스도), 우리도 그분과 비슷하게(호모이오이, ὅμοιοι) 되리라는 것은 알고 있습니다. 그분을 있는 그대로 뵙게 될 것이기 때문입니다"(1요한 3,2) 하고 기술한다.[50] '모상에 따름'이 이제 하느님을 새롭게 알아가는 단계라고 하면 유사함(호모이오시스, ὁμοίωσις, similitudo)은 있는 그대로 그리스도와 하느님을 뵙고 그리스도와 하느님이 알고 계시는 것을 아는 것이라고 할 수 있다. 되풀이하자면, 이 '유사함' 개념은 신과 비슷해지는 것을 인간 삶의

49) 참조 H. Crouzel, *Origène*, 135쪽.
50) 참조 『원리론』 3,6,1.

목표로 삼았던 소크라테스 이전의 철학자 및 플라톤의 개념과 연계된다. 이는 클레멘스의 저서에 이미 언급된 것이며, 이레네우스는 모상과 비슷함을 구별할 때 자연적인 것과 초자연적인 것을 시사하는 다른 의미를 부여한다.[51]

'모상에 따름'에서 출발하여 '유사함'에까지 이르는 여정은 영적으로 성장해 가는 길이다. 하느님의 모상에 대한 신학과 관련해 그것을 다루는 주제는—오리게네스는 이를 종합하려 하거나 문제를 제기하지 않는다—인간 자신의 행위, 하느님 은총의 행위에 관한 것이다. 무엇보다도 인간의 행위에는 하느님과 그리스도를 모방하려는 모든 행위가 내포되어 있다.[52]

하지만 다른 주제에서 오리게네스는 신적 행위를 더 강조한다. 말씀께서는 예수가 아직 어머니의 태에 계실 때 엘리사벳의 태에 있던 요한에게 그랬던 것처럼 믿는 이들의 꼴을 갖추게 해 주신다(동사 모르포오, μορφόω: 모양을 만들다, 형성하다, 꼴을 이루다).[53] 덕의 실천을 통해 말씀께서는 그리스도인 안에 스스로 꼴을 갖추신다. 실로 덕은 그리스도를 가리키는 명칭(에피노이아이, ἐπίνοιαι)에서 많이 찾아볼 수 있다. 그분은 각각의 덕행이고 덕행들은 그리스도이다. 그분은 '완전하고 약동하며 살아 있는 덕'[54]이라는

51) 참조 H. Crouzel, *Origène*, 135-136쪽.

52) 참조 H. Crouzel, *Origène*, 136쪽. 신을 모방하고 따르는 것은 그리스 철학과 플라톤 철학, 여러 시기의 스토아 철학, 중플라톤주의와 신플라톤주의에 이미 나타난다. 히브리어로 된 구약성경에서는 거의 찾아볼 수 없지만 하느님을 모방하고 '따르는' 것은 유대인 필론의 저서에 풍부하게 제시된다. 이는 그리스도를 모방하고 '따르는' 것과 결합되어 복음서와 바오로 서간, 히브리 신자들에게 보낸 서간, 가톨릭 서간들에서도 제시되고 있다. 그 뒤 하느님과 그리스도를 모방하고 따르는 전통은 2세기의 교부들에게로 이어졌고 순교 관련 문헌에서 흔히 발견된다. 오리게네스는 그들을 상당히 중요하게 여긴다(참조 H. Crouzel, *'L'imitation*, 7-14쪽).

53) 참조 『요한 복음 주해』 6,49(30),252-256.

한 주목할 만한 명제에서, 앞의 두 형용사는 일반적인 덕행과 개별적 덕이 성자의 신적 위격임을 의미한다. 그러므로 덕의 실천은 그리스도의 위격 안에서 실존적 명령에 참여하는 것이다. 마지막으로 그리스도의 영광에 대해 관상하는 이는 관상하는 바로 그 모상으로 바뀌어 간다(2코린 3,18 참조). 이런 관상 행위를 하는 주체는 '얼', 지배적 능력 또는 영혼의 상위 인자인 마음이다. 이 주체는 주님께 의탁하면서 관상을 통해 옛 법의 참된 뜻을 가리고 있는 너울, 지각할 수 있는 것에 집착하는 너울, 죄의 너울, 성경을 조악하게 이해하는 너울을 벗겨 낸다. 따라서 몇몇 구절에서 오리게네스는 성령의 행위를 씨앗이 열매 맺도록 하는 힘이라고 지적하는데, 이는 인간을 하느님 모상에 따라 하느님과 완전하게 유사하게 자라도록 한다.[55]

'하느님과 유사함'은 부활과 지복의 상태에서 하느님을 완전히 알게 되는 것으로 성취된다. 간단히 말해 '하느님과 유사함'은 그리스도와의 일치로 귀결된다. 이 일치는 범신론적 접근법으로 이해될 수 있는 것이 아니다. 오리게네스가 스토아학파의 '종말'을 반박하면서 명백히 했듯이, 이 일치는 천사와 사람의 '인격'을 존중하기 때문이다. 하지만 외아들 성자 안에서 하느님의 자녀가 된 모든 이는 성자가 성부를 보는 것과 똑같이 성부를 보게 될 것이다. 말씀이신 의로움의 태양 안에서 하나의 태양이 된 모든 이는 같은 영광으로 빛날 것이다. 그때는 말씀이 더 이상 중재하지 않는다고 성급히 결론 내리지 말아야 한다. 말씀의 중재는 늘 있지만 단지 그 방식이 변화하였을 뿐이다. 성인들은 성자처럼 성부를 뵙고 그분 영광과 함께 빛나게 되는데, 이는 성자 안에 머묾을 통하여 이루어질 것이다.[56]

54) 참조 『요한 복음 주해』 32,11(7),127.
55) 참조 『루카 복음 강해』 13,27(PG 17,357C).

6.4. '누스'(νοῦς, mens)의 번역 문제

오리게네스의 삼분법적 인간학을 통해 인간에 대한 오리게네스의 신학적 사색과 가르침을 살펴보면, 그의 신학 개념들이 영적으로 풍요롭다는 사실을 알 수 있다. 삼분법적 인간학은 영적 투쟁이라는 주제로 나타나는 오리게네스의 금욕적이고 도덕적인 가르침에 상응한다. 하느님의 모상에 관한 신학은 하느님을 알 수 있다는 믿음에 바탕을 두고 있기에, 오리게네스의 신비주의의 전반적인 토대가 된다. 이러한 그의 신학의 핵심 개념 가운데 하나가 '누스'다. 앞서 살펴본 것처럼 이 개념은 플라톤의 철학 개념과 같지 않으며, '누스'를 '프네우마'와 동일하게 보는 아리스토텔레스의 개념과도 상당한 거리가 있다. 의미상으로는 오히려 '지배적 또는 주도적 능력'을 나타내는 스토아 철학 개념과 가깝다. 오리게네스가 사용하는 '누스'는 '하느님께로 향하는 인간'의 역동적 성향을 나타내는 성서적 개념이다.

루피누스는 '누스'를 일관되게 라틴어 '멘스'로 번역한다. 『원리론』에서 누스를 '멘스'로 번역한, 성부에 관해 언급하는 제1권의 대목을 살펴보자.

"얼과 영혼 자체가 육체라고 생각하는 사람들이 있다면, 얼이 그처럼 난해하고 미묘한 문제들에 대한 개념과 주장을 어떻게 얻을 수 있는지 내게 대답해 보기 바란다. 기억의 기능은 어디서 오는가? 비가시적인 것들을 관상할 수 있는 능력은 어디서 오며, 확실히 비육체적인 것들에 대한 이해가 어디서부터 육체로 오는가? 육체적 본성이 어떻게 여러 분야의 학문 연구에 열중할 수 있으며 사물들에 대한 관상과 이해를 얻을 수 있는가? 분명 비육체적인 것에 속하는 신적 진리들을 생각하고 이해할 수 있는 능력

56) 참조 H. Crouzel, *Origène*, 136-137쪽.

은 어디서 오는가? 이렇게 생각해 볼 수 있겠다. 몸의 형태와 귀와 눈의 모양이 듣고 보는 것과 어떤 관계가 있는 것처럼, 하느님께서 만드신 각 지체들도 모양의 특성에 따라 본래 정해진 것을 위한 어떤 기능을 지니고 있다. 이와 마찬가지로, 영혼과 얼의 형상도 각 사물을 감지하고 이해하면서 활발하게 활동하는 데 맞고 어울리게 형성되었다는 사실도 믿어야 한다. 그런데 나는 얼이 존재하며 지성적으로 활동한다(mens est et intellegibiliter movetur)는 사실은 〔인정하지만〕, 그 얼의 색깔(colorem mentis)을 어떻게 묘사하고 설명할 수 있을지 모르겠다."[57]

여기서 '멘스'는 지성적 활동을 뜻한다. 크루젤과 시모네티는 이를 프랑스어 intelligence로 번역하고[58] 보랄도 영어 intellect로 번역한다.[59] 또한 게르게만스와 카르프는 독일어 Vernunft로 번역한다.[60] 우리나라 말로 '지성' 또는 '정신'으로 번역될 수 있다. 그런데 이렇게 번역하면 '멘스'의 기억 기능은 어느 정도 설명할 수 있으나, 하느님을 직접 대면하는 관상과 이해의 측면을 왜곡시킬 여지가 있다. intellegentia 또는 intelligentia로 번역할 수 있었을 텐데 왜 루피누스는 '멘스'로 번역하는지 그 이유를 숙고할 필요가 있다.

루피누스와 동시대 사람인 아우구스티누스에게서 그 해답을 찾을 수 있다. 아우구스티누스는 『신앙과 신경』에서 '멘스'를 '이성적 영'으로 설명한다. "(그리스도의) 이 일시적인 사명을 그르치는 많은 함정을 이단들이 제기했다. 그러나 가톨릭 신앙에 연결된 완전한 인간—육체, 영혼 그리고

57) 참조 『원리론』 1,1,7.

58) 참조 H. Crouzel et M. Simonetti, *Origène, Traité des Principes*, SC 252, 105쪽.

59) 참조 A. S. Worrall, *Origen*, 88쪽.

60) 참조 H. Görgemanns-H. Karpp, *Origenes Vier Bücher von den Prinzipien*, 249쪽.

영—이 하느님의 말씀에 의해 받아들여졌다고 믿는 사람들은 그들에 대항하여 충분히 보호된다. 우리를 구원하기 위해 하느님의 말씀이 완전한 인성을 받아들였기 때문이다. 하느님의 말씀이 구원을 위해 완전한 인성을 받아들였지만 우리 존재의 어떤 요소도 이를 이해할 수 없다는 점에 주의를 기울여야 한다. 그러나 살아 있는 존재의 다양한 류(類)에 속한 개체들의 서로 다른 형태를 제외하고 사람은 '멘스'라는 이성적 영을 소유했다는 점에서 동물과 다르다. 하느님의 지혜가 우리와 동물이 공통적으로 가지고 있는 것을 취했다고 믿는 신앙이 어떻게 건전할 수 있는가? 오히려 지혜의 빛으로 비춰진, 우리 안에 있으며 인간 존재의 특질을 이루는 것을 취했다고 믿는 신앙이 건전하지 않은가?"[61] 아우구스티누스도 오리게네스처럼 삼분법적으로 인간을 이해하며, 영혼이 하느님께 향하는 성향의 가치를 언급한다.[62] 또한 토나르는 『영혼의 본성과 기원』에 나타난 아우구스티누스의 용어를 분석하여 '멘스'와 spiritus가 animus와 anima와 밀접한 관계가 있으며 animus와 anima가 동의어라고 밝힌다. 그는 특히 『삼위일체론』에서 "non igitur anima, sed quod excellit in anima mens dicitur" (15,7,11)라는 구절을 인용하면서 anima와 구별되는 '멘스'에 'anima의 가

61) 『신앙과 신경』 4,8: "Sed si quia tenuerit catholicam fidem, ut totum hominem credat a Verbo Dei esse susceptum, id est corpus, animam, spiritum, satis contra illos munitus est. Quippe cum ista susceptio pro salute nostra sit gesta, cavendum est ne cum crediderit aliquid nostrum non pertinere ad istam susceptionem, non pertineat ad salutem. Et cum homo excepta forma membrorum, quae diversis generibus animantium diversa tributa est, non distet a pecore nisi rationali spiritu, quae mens etiam nominatur, quomodo sana est fides qua creditur quod id nostrum susceperit Dei Sapientia quod habemus commune cum pecore, illud autem non susceperit quod illustratur luce sapientiae, et quod hominis proprium est?"

62) 참조 이성효, 『그리스도교 인간 이해』, 167-172쪽.

장 탁월한 부분'이라는 고유한 의미가 있다고 말한다.[63] 이는 앞서 살펴본 오리게네스의 누스와 같은 의미임을 알 수 있다.

'누스'를 '지성' 또는 '정신'으로 번역하면, 부족한 부분을 신학적 해설로 보충할 수밖에 없다. 어떠한 어휘를 사용해도 오리게네스의 '누스'가 갖는 고유한 신학적 가치를 온전하게 표현할 수 없다. 그렇지만 원래의 가치와 가장 가까운 어휘를 선택하려는 노력은 필요하다. 이런 이유에서 우리는 오리게네스의 '누스'를 '정신의 줏대' 또는 '정신의 가장 중요한 부분'을 일컫는 '얼'로 번역한다. 양명수는 테야르 드 샤르댕의 『인간현상』을 번역하면서 '얼'은 '정신'을 가리키는 우리말이고, 우리말 '얼'은 한자말 '정신'이 지니지 못하는 장점을 지니고 있다고 지적한다. 그는 서양에 물질보다 높은 존재를 가리키는 '누스'와 '프시케'라는 말이 있는데, 이 둘을 그냥 정신이라고 쓸 수도 있으나 때로는 사람에게 들어 있는 것을 구분해서 쓸 때 누스는 사람에게만 있는 '얼'이 된다는 설명은 설득력이 있다.[64] '얼'은 다른 외국어보다 풍요로운 해석을 가능케 해 주는 아름다운 우리말이다.

63) 참조 Thonnard, 'mens' et 'spiritus', BA 22, 857-863쪽; 이성효, 『그리스도교 인간 이해』, 187쪽.

64) 참조 양명수 옮김, 테야르 드 샤르댕, 『인간현상』, 한길사 1997, 43쪽; 양명수는 누스와 프시케를 같은 의미로 간주하면서 테야르 드 샤르댕의 'Esprit'를 '얼'로 번역한다(참조 P. Teilhard de Chardin, *Le phénomène humain*, Paris 1955, 27쪽). 테야르 드 샤르댕의 사상 안에서 이 번역이 올바른지에 대한 검증이 필요하지만, 적어도 누스를 '얼'로 표현한 부분은 신학적인 타당성을 갖는다.

7.
교부들의 성경 해석
-오리게네스를 중심으로

그리스도교는 성경을 바탕으로 하는 종교다. 하느님 계시의 원천이라 믿는 성경은 그리스도교의 토대이자 신앙의 뿌리이며, 공동체 구성원의 양식이자 영성생활의 기반이었다. 하늘에 계신 아버지께서 성경 안에서 당신 자녀들과 만나시며 그들과 함께 말씀을 나누시듯이[1] 공동체의 모든 활동은 성경에 따라 이루어졌다. 4세기에 최종적으로 성경이 정경으로 결정되기 전에도 그리스도교 공동체는 성경을 읽고 사용하고 해석하였다. 성경 해석을 통해 성경은 생활영역에 받아들여지고 신학적 가르침에 적용되었으며, 전례에 도입되고 거룩한 독서에서 중요한 자리를 차지하였으며 예술에도 활용되었다. 성경 해석은 공동체의 삶 전체를 결정했다고 볼 수 있으며 초기 교회 그리스도교 문화의 실질적인 밑바탕이었다. 이런 경우 성경

1) 참조『계시 헌장』21항.

해석은 종교적 문화사의 영역으로 옮겨간다.

교의의 전반적인 발전도 성경의 일부 구절에 대한 해석에 근거하고 있기 때문에 성경 해석의 역사는 교의사라 할 수 있다. 이는 교회 생활의 다른 측면, 곧 조직이나 규율 등에 대해서도 똑같이 말할 수 있기 때문에 성경 해석의 역사는 그리스도교의 역사라고 해도 무방하다.[2] 더욱이 교회사의 본질에 관한 이해는 해석학적 문제로 귀결된다. 해석 자체가 역사적 성격을 띠고 있기에 해석학은 교회사에서 펼쳐지는 해석의 과정인 역사적 전승과 깊이 관련되어 있다. 해석학의 꽃인 이해의 방법이 고정되지 않고 역사 속에서 변할 뿐 아니라 해석의 내용도 변화하기 때문이다.[3] 이 논문에서는 고대 교회 성경 해석의 역사를 통해, 특히 오리게네스(185년경~254)를 중심으로 하는 동방교회 해석사의 맥락에서 교부들이 사용한 원칙·개념·방식에 관한 방법론을 조명하고자 한다.

7.1. 고대 해석학에 관한 용어와 원칙

해석학(ἑρμηνευτική)이라는 개념은 그리스어 동사 '헤르메네우에인'(ἑρμηνεύειν)과 그 파생어인 '헤르메네우스'(ἑρμηνεύς)와 '헤르메네이아'(ἑρμηνεία)에서 유래한다.[4] '헤르메네우티케'(ἑρμηνευτική)는 그리스 올림푸스의 일곱 신 가운데 최고신인 제우스의 아들로서 제신들의 의사를 명백하게 전달하

2) 참조 M. Simonetti, *Biblical Interpretation*, 1-2쪽.

3) 참조 G. Ebeling, *Hermeneutik*, 244-245쪽.

4) 해석학의 어원학적 개념에 관해서는 참조 G. Ebeling, *Hermeneutik*, 243쪽; J. Pépin, *Hermeneutik*, 724-728쪽.

거나 선포하는 사자인 헤르메스와 관련 있다. 헤르메스의 선포를 뜻하는 낱말이 '헤르메네우에인'이었다. 이 동사의 명사형인 '헤르메네이아'는 신의 대변자나 고지자의 행위를 가리키는 말이었다. 이 의미는 성경에도 나타난다. "그들은 바르나바를 제우스라 부르고, 또한 바오로를 헤르메스라 불렀는데, 바오로가 주로 말하였기 때문이다."(사도 14,12) 탈출기 4장 16절에서 아론이 모세를 대신하여 백성에게 말했다고 하여 필론은 아론을 모세의 대변자로 여겼다. 그리스도의 전통적 칭호 가운데는 성부의 '말하는 사람/대변자'(ἑρμηνεύς)라는 칭호도 있다. 고대 교회에서 이에 관한 가장 오래된 증언 가운데 하나는 오리게네스의 제자인 알렉산드리아의 디오니시우스(247/248~264/265 재위)에게서 유래한다.[5] 온전히 '누스'(νοῦς, 정신)인 성부는 자신의 아들 안에서 '말하는 사람/대변자'이며 사자(ἄγγελος)인 자신의 고유한 로고스(말씀)를 지닌다.[6] 얼마 뒤 카이사리아의 에우세비우스(260/264~339/240)[7]는 성부가 인간들에게 자신의 신적 본질을 대변자인 독생성자를 통하여 계시하였다고 진술한다.

플라톤의 대화편 『이온』에 나오는 동사 '헤르메네우에인'은 세 가지 의미를 지닌다. 첫째, 불명확한 언어를 명확한 언어로 '표현하다, 말하다'(표현)라는 의미. 둘째, 명백한 말로 불명확한 말의 의미를 '해석하다, 주석하다'(해설/주석)라는 의미. 셋째, 불명확한 외국어를 명확한 자국어로 '번역하다'(번역/통역)라는 의미를 지닌다. 이 동사는 이처럼 다양한 의미를 지니기는 하나, 어떤 것을 "이해하게 하다"라는 기본 의미와 공통성을 지니고 있

5) 이 증언은 아타나시우스의 『디오니시우스의 명제』 23,4에 수록되어 있다.
6) 아타나시우스 자신도 『이교인 반박 연설』 45에서 비슷한 낱말들로 유사한 정식을 사용하였다.
7) 참조 카이사리아의 에우세비우스, 『교회 신학』 2,22.

음을 알 수 있다. 또한 7세기에 익명의 저자는 『다마스쿠스에서 유대인에 대한 승리』(*Τρόπαια κατὰ Ἰουδαίων ἐν Δαμάσκῳ*)라는 작품에서, 유대인과 그리스도교인 대화의 한 구절을 인용하면서 '헤르메네이아'를 비문자적 해석으로 이해한다.[8] '헤르메네이아'의 이러한 특수한 의미는 훨씬 이전에도 사용되었다. 오리게네스는 『루카 복음 강해』 16,5에서 루카 복음 2장 34절을 문자적으로 이해하는 것을 반대하면서 interpretatio(ἑρμηνεία?)를 명백히 비문자적 주석이라는 의미로 사용한다. 하지만 이러한 특수한 용법은 '헤르메네이아'가 성경을 해석할 때는 의미가 세분화되지 않았고, 일반적으로 "해석/주석"의 의미를 지녔음을 나타낸다. 용어를 의도적으로 세분하는 것은 다른 낱말이 첨가되면서 이루어졌다.[9]

그리스어 '엑세게시스'(ἐξήγησις)와 라틴어 intepretatio는, 곧바로 이해할 수 없는 본문에 대한 해설과 해석/주석[10]이다. 일반적으로 그리스인들은 고대 로마인들처럼 산문보다 운문을 더 자주 주석했고, 그 뒤 산문은 특히 특수 학문이나 철학 계통의 본문일 경우 주해서를 통해 해설되었다.[11]

8) 참조 『다마스쿠스에서 유대인에 대한 승리』 4,1.

9) 예를 들어 ἡ κατὰ λέξιν ἑρμηνεία(문자적 의미에 따른 해석), ἡ κατὰ μέρος ἑρμηνεία(개별 주석. 시편 각 편은 전체 시편에 관한 고찰과 구분됨), ἡ κατὰ λεπτόν ἑρμηνεία(상세히 다룬 주석). 이러한 예문들은 타르수스의 디오도루스의 『시편 주해』 서론에 언급된다. 라틴어 주석에도 대부분 의미가 불확실한 부가어를 덧붙이면서 용어를 세분화하였다. 예를 들어 allegorica interpretatio(테르툴리아누스, 『마르키온 반박』 3,34,2), allegoricus interpres(히에로니무스, 『예레미아서 주해』 5,2,16), allegoriae interpretatio[히에로니무스, 『말라기 주해』 서론(PL 25,1543A)], interpretatio figurata(테르툴리아누스, 『기도론』 4,1), mystica interpretatio(카시오도루스, 『시편 해설』 44,10; 대 그레고리우스, 『욥기의 도덕적 해설』 6,1,1), interpretatio typica(아우구스티누스, 『시편 상해』 134,19).

10) 주석에 관한 용어인 '엑세게시스'(ἐξήγησις), '엑세게스타이'(ἐξηγεῖσθαι), '엑세게테스'(ἐξηγητής)는 라틴어에서 interpretatio, interpretari, interpres로 번역된다.

11) 참조 H. Schreckenberg, *Exegese I*, 1174쪽.

오늘날 해석학은 이론적 학문이며 주석은 이를 실제에 적용하는 기술로 분류되는 반면, 고대에는 '헤르메네이아'와 주석(ἐξήγησις)이 같은 의미를 나타내었다. 따라서 해석학과 주석이 성경에 적용될 경우 두 용어의 차이점을 밝혀내는 것은 쉽지 않다. 예를 들어 '이레네우스'의 『이단 반박』 1,3,6에는 영지주의자들이 '타스 헤르메니이아스'(τὰς ἑρμηνείας)를 왜곡하고 '타스 엑세게세이스'(τὰς ἐξηγήσεις)를 기만하면서 복음서와 사도들의 서간뿐 아니라 율법과 예언자로 그들의 학설을 논증한다고 말한다. 두 낱말은 여기서 동일한 의미, 곧 해설을 나타낸다.[12] 몇몇 그리스도교 저자들은 '헤르메네우에인'(ἑρμηνεύειν)을 성경의 해설, 해석/주석을 나타내는 데 사용하였다. 예를 들어 4세기에 쓰인 『사도 헌장』 2,5,4에서는 성경을 해설하는 것(ἑρμηνεύειν)을 주교에게 위임하고, 그는 예언서와 율법과 일치하여(ὁμο στοίχως) 복음서를 해석해야(ἑρμηνεύειν) 한다. 마찬가지로 율법과 예언서에 관한 해석들(ἑρμηνείαι)은 복음서와 일치해야 한다(στοιχείτωσαν). 『사도 헌장』 2,5,7에서는 주교가 가능한 한 모든 것을 문자적으로 해석하도록(πάντα κατὰ λέξιν ἑρμηνεύσῃς) 배려할 것을 권한다.[13]

한편, 그리스의 매우 유명한 작품들의 편집인과 해석가들은 작품 속 모호한 구절의 의미를 해당 저자의 다른 작품 속 구절을 통해 충분히 밝힐 수 있다고 여겼다. 따라서 다른 사람의 글이나 사전 등의 도움을 받을 필요가 없다고 생각하였다. 이 원칙은 "저자 자신이 해석가다"라는 주목할 만한 정식을 만들어냈다. 곧, 호메로스의 표현 방식(λέξις)의 해설(ἐξήγησις)은 호메로스 자신의 작품들에서 입증되어야 한다.[14] 그리스도교의 많은 저자들

12) 참조 카이사리아의 에우세비우스, 『복음의 준비』 4,9,3: ἐπεξηγεῖται τὸν χρησμὸν ἑρμηνεύων.
13) 참조 J. Pépin, *Hermeneutik*, 752쪽.

도 이러한 입장을 받아들여 성경에 관해 유사한 정식들을 만들어 냈다. 알렉산드리아의 클레멘스[15]는 이단자와 달리 참된 영지주의자에게는 성경의 모든 가르침이 성경 자체를 통하여 설득력 있게 입증된다고 확언하였다. 성경의 불명료한 구절은 명료한 구절에 바탕을 두고 해석되어야 한다. 오리게네스도 『원리론』 4,2,4에서 성경은 성경 자체를 통해 올바로 이해될 수 있다고 말한다. 『시편 주해』 서론에서[16] 그는 더 명확히 표현하였다. 주석의 원칙은 성경 자체에 산재해 있기 때문에[17] 성경을 이해하기 위해서는 성경의 다른 부분에서 참된 뜻을 찾아야 한다.[18] 이 원칙은 안티오키아학파가 우의적 해석을 배제하지 않도록 도움을 주었다. 예를 들어 요한 크리소스토무스는 『이사야서 강해』 5,3에서 우의적 해석이 독자의 기분에 좌우되지 않고 성경 어디에서나 발견되는 법칙에 지배받기 때문에, 성경 자체는 우의로 해석할 구절들을 제시하거나(λέγειν καὶ ἀλληγορίας τὴν ἑρμηνείαν) 달리 표현하며, 성경은 성경 자체를 통하여 해석할(ἑαυτὴν ἑρμήνευσεν) 권

14) 호메로스에 관한 이 정식은 아리스타르쿠스(기원전 2세기)에게서 유래했다. 참조 A. Roemer, E. Balzner, *Die Homerexegese*, 131-136쪽. 179-181쪽.

15) 참조 알렉산드리아의 클레멘스, 『양탄자』 7,96,1-4.

16) 오리게네스, 『필로칼리아』 2,3(SC 302,244)에 수록됨.

17) 이를 위해 종종 이 주제와 연결되는 성경 구절인 1코린 2,13이 인용되었다.

18) 참조 오리게네스, 『원리론』 4,3,5: "그럼에도 정확히 이해하길 바라는 사람은 역사[적 사건이]라고 생각된 특정한 이야기가 문자적 의미에 따라 일어났는지 일어나지 않았는지, 그리고 특정한 입법을 문자적 의미에 따라 지켜야 하는지 지키지 않아야 하는지를 상세히 탐구하지 않고는 결정할 수 없다는 사실을 알기에 어떤 구절들에 관해서는 망설일 것이다. 이 때문에 정확한 방식으로 읽는 이는 '성경을 연구하라'(요한 5,39)는 구원자의 명령을 충실히 신뢰하면서 문자적 의미가 어느 경우에 사실이 되고 어느 경우에 이해할 수 없는지 주의 깊게 탐구해야 하며, 성경 여러 곳에 흩어져 있는, 문자적으로 이해할 수 없는 구절의 의미를 비슷한 표현들을 통해 힘닿는 대로 찾아야 한다."

한을 받았다고 말하였다. 성경은 서로 모순되지 않으며, 성경 자체를 통하여 설명된다는 의미다.[19]

7.2. 오리게네스 이전의 주석

7.2.1. 사도 교부들의 주석

초기 그리스도인들은 자신의 가르침을 뒷받침하기 위해 칠십인역과 주님의 말씀, 사도들에게서 유래한 말을 사용하였다. 주님의 말씀은 절대적으로 유효하기 때문에 직접 인용된 반면,[20] 구약성경은 해석을 통해서만 하느님의 절대적인 말씀이 되었다. 따라서 사도교부 시대의 문헌들은 구약성경에 관해 신약성경과 다른 태도를 나타내었다. 『클레멘스의 편지』는 유대계-그리스도인 요소가 융합된 헬레니즘 문화 환경과 깊은 관계가 있음에도 불구하고 구약성경을 일부 구절에서만 비문자적 의미로 사용한다. 질투의 파멸적 결과는 카인, 에사우, 아론 등에서 예증된다(4장). 순종의 본보기는 에녹, 노아, 아브라함, 롯, 라합(9-12장)에서, 겸손의 장점은 아브라함, 욥, 다윗의 본보기(17-18장)에서 제시된다. 이 인물 가운데 일부와 자주 언급되는 다른 인물들(요셉, 모세)은 그리스도론적으로 해석된다. 마찬가지로 라합의 주홍줄은 어떤 다른 설명 없이 그리스도 피의 예형으로 서술된다. 그러나 클레멘스는 이러한 유형의(비문자적) 해석을 적극적으로 활용하지는 않았다.

19) 참조 J. Pépin, *Hermeneutik*, 758-759쪽.
20) 참조 『클레멘스의 첫째 편지』 13,2; 46,8; 『디다케』 8,2; 유스티누스, 『첫째 호교론』 15-17.

비문자적 해석은 『바르나바의 편지』에 많이 나타난다. 이그나티우스(105년 이전~135년경)의 극단적 입장과 달리[21] 바르나바(2세기 전반기)는 구약성경에 깊은 관심을 나타낸다. 『바르나바의 편지』는 구약성경을 그리스도 및 그리스도교적 생활 방식에 관한 율법과 예언으로 이해한다. 하느님께서 이스라엘인과 계약을 맺은 이래, 성경은 인간이 어떻게 구원될 수 있는지에 관해 답변하는 유일한 문헌이다. 그러나 이 계약은 이스라엘인이 터무니없는 문자적 실현을 추구하고 모세가 시나이 산에서 내려와 계약판을 부수었을 때 파기되었다. 반면 그리스도인은 율법을 영적·도덕적 의미로 이해하고 따라서 원칙적으로 모든 율법을 새로 해석하기 때문에, 이 계약은 그리스도인에게 적용되어야 한다. 『바르나바의 편지』에 따르면, 새 율법은 성경을 '예형론적으로' 해석한 율법이다.[22] 안식일은 일요일에 지내는 부활과 승천의 축제로(15장), 성전은 신자들 가운데 하느님의 거함으로 해석된다(16장). 그는 유대인이 해석하는 구약성경의 문자적 해석을 악한 천사의 미혹에 의해 야기된 그릇된 견해(9,4)라고 반박하면서, 주님의 영이 예언한(9,2) 구약성경을 영적, 곧 우의적·예형론적으로 해석하였다.[23] 예를 들어 그는 모세의 음식 규정을 우의적으로 해석한다. 이 규정은 문자적으로 이러한 짐승들의 고기를 먹지 말라는 것이 아니라 그리스도인이 어떤 사람을 피해야 할지를 암시한다는 것이다. 토끼를 먹지 말라는 규정은 소아성애자(남색자)를 피하라는 의미로 받아들였고, 독수리는 스스로 양

21) 『이그나티우스의 편지』에서는 구약성경이 5~6번 정도밖에 인용되지 않는다.
22) 바르나바는 예형(τύπος)이라는 용어를 여러 번 사용하지만, 우의(ἀλληγορία)는 한 번도 사용하지 않는다.
23) 오리게네스 이전의 주석가들은 우의와 예형론을 뚜렷이 구분하지 않고 우의를 도덕적 해석과 예형론적 해석을 포함한 영적 의미로 여겼다.

식을 얻지 않고 불법으로 다른 사람의 소유물을 빼앗는 사람으로, 하이에나는 매년 자웅을 바꾸기 때문에 부도덕한 사람으로 이해했다(10장). 숫자 318을 해석하는 9장 8절에서는, 아브라함이 할례를 베푼 종의 숫자를 가리키는 318에서 300(τ)은 십자가를, 10(ι)과 8(η)은 예수의 첫 두 철자를 나타내기 때문에 아브라함이 318명의 종에게 할례를 베푼 것은 그리스도의 십자가와 죽음을 통한 구원의 신비를 뜻한다는 것이다. 예형론적 해석[24]에

24) 예형론은 그리스도교에 고유한 해석학의 일종이다. 예형론에 근거하여 구약성경의 특정 인물 또는 사건을 그리스도 또는 그리스도교의 여러 사건의 예형(τύπος)으로 인식하게 된다. 예형론적으로 성경을 해석하는 결정적인 증거는 바오로의 서간에서 발견된다. 예형론이 무엇인지는 다음의 열거로 충분히 이해할 수 있다. 로마 5,14; 1코린 10,4.6.11; 15,45-49; 갈라 4,22-26; 콜로 2,16-17; 히브리인들에게 보낸 서간의 여러 구절; 1베드 3,21에서와 같이 세례는 노아의 방주의 원형이다.
특히 2세기에 예형론의 발전에 기여한 두 인물은 사르데스의 멜리톤과 리옹의 이레네우스이다. 사르데스의 멜리톤은 『부활절』 35-46에서 여러 중요한 개념들을 요약하였다. 예형은 일어난 것(τὸ γινόμενον)과 말해진 것(τὸ λεγόμενον)이다(35). 예형의 실재가 나타나면 예형은 그 의미를 잃어버린다(36-38). 예형이 두 번(41과 42) 비유(παραβολή)로, 참된 실재의 나타남이 해석(ἑρμηνεία)으로 언급되고 있다는 사실에 주목할 필요가 있다. 리옹의 이레네우스는 『이단 반박』 4,20,8.12에서 예언자들이 그들의 임무를 환시나 말뿐 아니라 특히 예형론적 의미를 지니는 그들의 행위를 통해서도 실현했다고 말한다. 예를 들어 호세아 예언자와 창녀의 혼인(호세 1; **참조** 1코린 7,14)은 예형이며, 그 예형의 참된 요지는 교회와 그리스도의 일치다(id quod a propheta typice per operationem factum est ostendit Apostolus vero factum in Ecclesia a Christo: 이레네우스, 『이단 반박』 4,20,12). 알렉산드리아학파의 주석가들과 마찬가지로 안티오키아학파의 주석가들도 예형론의 개념을 엄격히 구분하였다. 몹수에스티아의 테오도루스(350년경~428)는 예형론 해석에는 다음의 세 가지 기준이 적용되어야 한다고 진술한다. 1) 구약성경과 신약성경의 사건들이 비교될 수 있어야 한다. 2) 사건들은 구약성경 안에서 구체적인 구원의 힘을 지녀야 한다. 3) 그 사건들은 신약성경의 사실성에 적합해야 한다(**참조** H.R. 드롭너, 『교부학』, 하성수 옮김, 분도출판사 2001, 445쪽). 요한 크리소스토무스는 『로마서 강해』 1,2(PG 60,397A)에서 예형론 개념을 다음과 같이 증언한다. 예언자들은 말해진 것을 말하고 기록했을 뿐 아니라 말해진 것을 행동을 통해서도 앞서서 이루었다(διὰ πραγμάτων ἐτύπουν). 예를 들어 자기 아들 이사악을 희생 제물로 바친 아브라함, 구리 뱀을 (기둥에) 달아 놓은 모세, 아말렉을 쳐부수기 위하여 자기 양팔을 벌리고 있는 모세, 과월절 어린양을 희생 제물로 바치는 모세.

따르면, 아말렉 사람들과 이스라엘 사람들이 벌인 전쟁 중에 모세가 팔을 벌리고서 바친 기도는 십자가와 십자가에 박힌 분의 예형이고(12,2-3) 여호수아는 그리스도의 예형(12,8-10)이다. 사도교부 시대에 많은 낱말이 상징적으로 해석되었다. 예를 들어 해는 그리스도의 상징, 달과 배는 교회의 상징, 바다는 세상의 상징으로 해석되었다.[25]

7.2.2. 영지주의자들의 주석

영지주의자 대부분은 구약성경을 조물주, 곧 데미우르구스의 계시라고 여겨 철저히 거부한 반면[26] 일부 영지주의자들은 복잡하고 미묘한 태도를 취하여 자신들의 기원과 본성에 관한 근본적 특징들을 구약성경에서 이끌어 내기도 하였다. 발렌티누스파인 프톨레마이우스(180년경 사망)는 『플로라에게 보낸 편지』에서 율법을 모두 인정하는 가톨릭파와 극단적으로 거부하는 마르키온파 사이에서 중간 입장을 취하였다. 많은 영지주의자들이 신약성경은 구약성경과 달리 지극히 높은 신의 아들인 그리스도 자신의 계시라며 완전한 권위를 지닌 작품으로 여겼다. 이들은 구약성경을 대부분 문자적으로 해석한 반면 신약성경에 대해서는 자기들 교의의 여러 관점과 일치시키기 위해 우의적 해석을 두드러지게 사용하였다. 이레네우스에 따르면 발렌티누스파는 상징적 숫자를 폭넓게 사용하였는데 대체로 피상적이었다고 말한다. 예를 들어 마태오 복음 20장 1절 이하에 나오는 비유(포도원 일꾼의 비유)에서 한 시, 세 시, 여섯 시, 아홉 시, 열한 시는 플레로마 세계의 서른 에온을 상징한다. 이 숫자들의 합계가 30이기 때문이다.[27]

25) 참조 M. Simonetti, *Biblical Interpretation*, 12-14쪽.
26) 참조 로마의 히폴리투스, 『모든 이단 반박』 6,35,1.

요한 복음은 영지주의 해석에 매우 적합했기 때문에 발렌티누스파는 이 복음서에 특별한 가치를 두었다. 프톨레마이우스는 교의적으로 가장 중요한 부분인 요한 복음의 서문에 관한 긴 해석에서, 플레로마 세계에서 가장 중요한 여덟 에온의 명칭(아버지, 은총, 아들, 진리, 말씀, 생명, 인간, 교회)에 대해 이해하기 어려운 궤변을 늘어 놓는다.[28]

우리가 알고 있는 그리스도교 최초의 주해서인 헤라클레온(145년경~180년경)의『요한 복음 주해』는 다양한 독자층을 고려하여 전문적인 논증을 의도적으로 피했으며, 영지주의 교의의 두 가지 핵심에 관심을 기울였다, 곧 지극히 높은 신약의 신과 구약의 신인 데미우르구스를 구분하고, 인간의 기원과 운명에서 세 가지 다른 본성을 구분하는 것이다. 요한 복음 2장 12절의 "그분은 카파르나움에 내려가셨다"(κατέβη εἰς Καφαρναούμ)라는 표현은 세상의 가장 낮은 곳으로 내려감으로,[29] "예루살렘으로 올라가셨다"(ἀνέβη εἰς Ἱεροσόλυμα, 요한 2,13)라는 표현은 물질적 영역에서 영혼적 영역으로 올라감으로 이해되며, 성전 정화(요한 2,17)는 악마의 세력을 쫓아냄으로 이해된다.[30] 이와 같이 헤라클레온은 주로 우의로 해석하지만,[31]

27) 참조 리옹의 이레네우스,『이단 반박』1,1,3.

28) 참조 M. Simonetti, *Biblical Interpretation*, 14-18쪽. 요한 복음 서문에 대한 프톨레마이우스의 주해는 영지주의 공동체에서 사용될 것을 고려하여 저술되었다.

29) 카파르나움은 호수(흐르지 않는 물) 옆에 위치하고 있기에 물질세계의 상징으로 여겨진다.

30) 또한 요한 복음 4장에서 야곱의 샘은 구약의 상징으로 풀이되고, 샘의 물은 생명(ζωή)이며, 사마리아 여인은 영적 인간으로 설명된다. 산(요한 4,21)은 세상, 물질, 마귀의 나라다. "아버지의 뜻"(요한 4,34)이라는 표현은 아버지에 대한 인식과 연관된다. 수확(요한 4,35)은 영혼의 구원을 뜻하며, 일부 영혼은 이미 성숙하였거나 성숙해 가고 있다. 추수하는 이(요한 4,36)는 구원자다. 왕실 관리(요한 4,46 이하)는 데미우르구스이며, 그와 그의 아들은 물질적 인간을 대표한다. 참조 W. E. Gerber, *Exegese III*, 1215-1216쪽.

31) 참조 헤라클레온,『단편』32,39 등.

문자적 의미를 전적으로 배제하지는 않는다. 어떤 구절들은 문자적으로 해석된 다음 우의로 해석되기도 한다.[32] 이러한 두 가지 유형의 관계는 임의적이기에 간단한 규칙을 추론하기가 어렵다.[33]

그러나 교부들이 영지주의자로 여긴 마르키온은 일정한 학설 체계를 주장하였다. 예수 그리스도가 선포한 선하신 하느님이 어떻게 구약의 정의롭고 벌하시는 하느님과 같을 수 있는가? 마르키온은 선하신 하느님을 절대화하였고 따라서 선하신 하느님을 벌을 내리는 하느님과 동일시할 수 없었다. 그 결과 그는 두 하느님의 동일성과 구약성경 전체를 배제하였다. 마르키온은 당시 교회의 문자적 의미의 영화(靈化)와 우의화에 거의 정반대로 대응하였다. 그는 구약성경을 문자 그대로 읽고, 결국 무자비하고 잔인하게 벌하는 창조자-신에 관한 기록인 구약성경의 가면을 벗겨내겠다며 극도로 구체화하고 풍자하였다. 구름을 타고 다니고 두려움의 대상인 유대 민족의 하느님은 주 예수 그리스도의 아버지와 아무런 관계가 없다는 것이었다. 그런데 구약성경을 제거하는 것만이 그가 원하는 전부가 아니었다. 구원의 계시에 관한 그의 척도에 따라 마르키온은 말로 전해진 그리스도 선포도 불신했으며, 벌을 내리는 하느님과 관련된 신약성경의 모든 구절을 거부하였다.[34] 그래서 그의 성경에는 루카 복음과 (히브리 서간과 사목 서간을 제외한) 바오로 서간만 실려 있는데 그나마도 많은 구절이 삭제되었다. 예를 들어 로마서 1장 18절에서 선하신 하느님은 진노할 수 없기 때문에 '진노'(ὀργή) 다음에 오는 '하느님의'(θεοῦ)가 삭제되었다. 마르키온은 로

32) 참조 헤라클레온, 『단편』 8,22.
33) 참조 M. Simonetti, *Biblical Interpretation*, 19쪽.
34) 참조 에른스트 다스만, 『교회사』 I, 하성수 옮김, 분도출판사 2007, 293쪽.

마서 3장 31절-4장 25절에서 전개되는, 율법을 유지해야 한다는 견해에 반대하기 때문에 이 단락을 삭제했다. 로마서 9장 1-33절은 유대인에게 매우 호의적이기 때문에 생략되었다. 로마서 10장 15절-11장 33절도 같은 이유로 빠졌으며, 코린토 1서 3장 17절에서 "하느님께서 그를 파멸시키신다"(φθερεί τοῦτον ὁ θεός)는 선하신 하느님은 아무도 파멸시키지 않기 때문에 동사가 미래 수동태(φθαρήσεται)로 대체되었다.[35]

7.2.3. 유스티누스와 이레네우스의 주석

2세기 후반기에는 그리스도교와 마주한 서로 다른 두 전선, 곧 유대주의와 영지주의가 있었다. 유스티누스(100년경~165년경)와 이레네우스는 대상이 서로 다르지만 근본적으로 일치하는 접근법을 보여 준다. 유스티누스는 자연 도덕적 규정과 법적 규정을 구분할 수 있다고 생각했기에 율법에 대해 『바르나바의 편지』보다 온건한 태도를 취한다. 자연 도덕적 규정은 영구불변이지만 법적 규정은 가치가 없다. 바오로와 『바르나바의 편지』처럼 유스티누스에게 율법은 무엇보다도 앞으로 있을 실재인 그리스도와 교회의 예형(τύπος)이다. 그는 예형들(τύποι)과 예언들(λόγοι)을 구분하면서 반유대적 방식에서 개념을 명료하게 표현한다. "성경은 때때로 앞으로 있을 사건들의 예형을 명료하게 규정한다. 또 어떤 때에는 일어날 사건들

35) 참조 W. E. Gerber, *Exegese III*, 1216쪽. 또한 1코린 15,45("마지막 아담은 생명을 주는 영이 되셨습니다")에서는 그리스도가 아담으로 이해될 수 없기 때문에, "마지막 주님은 생명을 주는 영이 되셨습니다"(ὁ ἔσχτος κύριος εἰς πνεῦμα ζωοποιοῦν)로 쓰였다. 갈라 1,18-24는 마르키온이 바오로와 베드로의 관계, 바오로와 유대계 그리스도교 공동체의 관계를 최대한 무시하려 했기 때문에 삭제된 것 같다. 갈라 3,15-25는 아브라함, 후손, 율법에 관한 상론이 의심스럽기 때문에 삭제되었다. 갈라 4,4는 예수의 모습이 세속적으로 고찰되어서는 안 되기 때문에 "여인에게서 태어나"(γενόμενον ἐκ γυναικός)라는 구절이 빠졌다.

을 말하는 예언들(λόγους)을 표명한다."[36] 유대인들은 예형을 표면적 가치로 해석하고 예언이 그리스도 안에서 실현되었다는 것을 인정하려 하지 않기 때문에 이를 잘못 해석하였다.[37] 또한 유스티누스는 예언자들이 이미 오래 전에 예언한 사건을 통해, 로고스가 하느님이라는 사실을 논증한다. 따라서 그는 그리스도에 관한 예언을 '예언-성취' 도식으로 해석한다.[38]

이레네우스도 유스티누스처럼 예형과 예언을 구분하는데,[39] 특히 종말론적 해석을 전개할 때는 해석 과정을 확대한다. 예를 들어, 레위기 11장 2절 이하의 식사규정에서 굽이 갈라지고 새김질하는 동물들은 깨끗한 동물로 상징되는 그리스도인이다. 이들은 새김질을 한다. 하느님의 율법을 새김질하듯 밤낮 묵상하며, 성부와 성자에 대한 굳건한 믿음을 지니고 있다. 굽도 갈라지지 않고 새김질도 하지 않는 동물들은 이교인을 상징한다. 그들에겐 그리스도인의 두 가지 특징이 없기 때문이다. 마지막으로 새김질은 하지만 굽이 갈라지지 않은 동물들은 유대인을 나타낸다. 그들은 하느님의 율법을 묵상하지만 그리스도를 믿지 않기 때문이다.[40] 이레네우스는 예언들이 그리스도에게서 실현되었다는 사실을 증명하려 할 때는 문자적으로 해석하고, 그리스도에 관한 예형론에서는 우의로 해석한다. 그러나 그는 영지주의자들이 자신들의 학설을 성경의 권위로 뒷받침하기 위해 같은 해석 방법을 사용한다는 것을 알고 있었다. 그는 신약성경에 많은 비유와

36) 유스티누스, 『유대인 트리폰과의 대화』 114,1.
37) 참조 유스티누스, 『유대인 트리폰과의 대화』 12.
38) 예를 들어, 유스티누스는 우리가 알고 있는 한 이사 33,16을 베들레헴의 동굴과 관련지은 최초의 인물이다. 참조 유스티누스, 『유대인 트리폰과의 대화』 78,6.
39) 참조 리옹의 이레네우스, 『이단 반박』 4,20,8.
40) 참조 리옹의 이레네우스, 『이단 반박』 5,8,3.

우의(multae parabolae et allegoriae)가 있고, 영지주의자들은 이를 모호하고 (in ambiguum) 교묘하게 다룰 줄 안다고 인정하였다.[41]

한편, 이레네우스는 영지주의자와의 논쟁에서 신약과 구약은 한 분 하느님의 섭리에 따라 기록되었기 때문에 두 성경 사이에는 단절이 있을 수 없다고 단언하였다. 신약과 구약을 분리하고 문장의 순서와 문맥을 무시하는 발렌티누스파 영지주의자들에 대해 이레네우스는 다음과 같이 말하였다. "그들은 〔성경 본문들의〕 순서를 바꾸고 변형시키며, 이것〔곧, 바뀐 본문〕에서 완전히 다른 것을 만들어 내었다. 마찬가지로 주님께서 사용하신 적절한 말씀들을 멋대로 잘못 구성하여 많은 이를 미혹하였다. 이는 유능한 예술가가 값진 작은 돌로 세심하게 완성한 왕의 아름다운 〔모자이크〕 상을 다른 사람이 작은 돌을 뒤죽박죽 던져서 바꾸어 인간 모습의 윤곽을 망쳐 놓고 개나 여우의 모습으로 만들어 놓은 것과 같다."[42] 이레네우스는 확고한 해석학적 원칙을 갖고 있지 않았기 때문에 영지주의자들에 반대하여 주석에 관한 이론을 펼치기보다는 내용면에서 그들의 성경 해석을 논박하였다.[43] 따라서 그가 전통의 원칙에 의지할 필요를 느낀 것은 이해할 수 있다. "우리는 진리를 사도들에게 소급하고 장로들의 계승을 통해 교회 안에 보존된 전통 위에 확립하려 하는 반면, 그들은 전통에서 벗어났으며 자기들은 순수한 진리를 찾으려 하기 때문에 장로들보다, 나아가 사도들보다 더 현명하다고 주장한다. 사도들은 구원자의 말씀과 율법의 요소들을 함께 받아들였다. … 따라서 그들은 성경에도 전통에도 바탕을 두지 않

41) 참조 리옹의 이레네우스, 『이단 반박』 1,3,6.
42) 리옹의 이레네우스, 『이단 반박』 1,8,1.
43) 참조 리옹의 이레네우스, 『이단 반박』 2,20-25.

고 있다는 사실이 명백히 드러난다."[44] 이레네우스에게 성경 해석의 중요한 기준은 사도 전통이었기에, 그는 사도들에게서 시작되고 주교들을 통해 순수하게 전해진 '계시의 계승' 사상을 중요하게 여길 수밖에 없었다.[45] "주님께서는 특히 제자들에게 복음을 선포하는 전권을 주셨습니다. 그들을 통해 우리는 진리, 곧 하느님 아들의 가르침을 알게 되었습니다. 주님께서는 그들에게 이렇게 말씀하셨습니다. "너희의 말을 듣는 이는 내 말을 듣는 사람이고, 너희를 물리치는 자는 나를 물리치는 사람이며, 나를 물리치는 자는 나를 보내신 분을 물리치는 것이다."(루카 10,16) 우리는 우리에게 복음을 전해 준 이들 외에 다른 이들을 통해서는 우리 구원의 계통을 알지 못합니다. 그렇지만 당시 (구두로) 선포한 것을 그들은 그 뒤에 하느님의 뜻에 따라 우리 신앙의 장래의 바탕이자 기둥인 성경을 통해 우리에게 전했습니다."[46] 이레네우스에게는 가톨릭교회에만 있는 사도 전통이 진리의 시금석이며,[47] 기본적 교의와 성경 해석의 확실성에 대한 결정적 기준이었다. "이는 사도 시대부터 오늘날까지 교회 안에서 보존되었고 진리 안에서 전승된, 하나이며 같은 믿음에 대한 가장 결정적인 증거입니다."[48]

7.2.4. 알렉산드리아의 클레멘스의 주석

에우세비우스에 따르면[49] 클레멘스는 대부분이 소실된 『소묘』에서 성경

44) 리옹의 이레네우스, 『이단 반박』 3,2,2.
45) 에른스트 다스만, 『교회사』 I, 298쪽
46) 리옹의 이레네우스, 『이단 반박』 3권 서론과 3,1,1.
47) 참조 리옹의 이레네우스, 『이단 반박』 3,1-5.
48) 리옹의 이레네우스, 『이단 반박』 3,3,3.
49) 참조 카이사리아의 에우세비우스, 『교회사』 6,14,1.

전체뿐 아니라 경전성이 의심되는 저서들에 대해서도 간략히 설명하였다. 남아 있는 다른 저서들은 주해서는 아니지만 성경 본문을 매우 많이 인용하고 해석학적 이론도 종종 다룬다.[50] 클레멘스는 성경을 로고스가 실제로 말한 것의 기록으로 여겼다.[51] 또한 복음은 율법의 실현이자 완성이며, 따라서 구약은 그리스도의 빛 안에서 해석되어야 한다는 당시의 전통적 입장을 취한다.[52] 한편 클레멘스는 주님께서 당신의 말씀을 이해하기 어렵게 표현했기에[53] 세속 학문, 특히 철학적 훈련이 성경을 더 깊게 이해하는 데 도움이 된다고 말한다. 필론과 마찬가지로 그는 성경의 모든 낱말은 분명한 의도에 따라 쓰였다고 확신하였다. 게다가 이러한 의도는 감추어져 있을 수 있으며 즉시 인지할 수 없다고 믿었다.[54] 따라서 그리스도의 말씀은 성스럽고 신비한 지혜를 나타내기에 그 말씀을 육체적 귀로만 들어서는 안 된다.[55] 성경의 가르침은 두 가지 수준으로 나뉜다. 하나는 즉시 이해할 수 있는 것이다. 다른 하나는 모호하고 감추어진 방식으로 표현되며 그러한 말의 뜻은 해석하는 방법을 아는 사람에게만 열려 있다.[56] 여기서 우의는 해석학적 원리가 되며, 이 원리를 적용하면 낮은 수준, 곧 문자적 수준

∴

50) 클레멘스는 『양탄자』 5,19-77에서 말끔히 정돈되지는 않았지만 내용이 매우 풍부한 자료를 제시한다. 저자는 우의의 사용이 성경만의 독특한 현상이 아니며 다른 유사한 예가 있음을 설명하려 애썼다. 이를테면 그리스 시인들과 철학자들(특히 피타고라스학파의 '상징')이 우의를 사용했고, 이집트인의 상징적 신학에서도 우의가 발견된다. 그는 유대인의 성막 성전과 그 시설의 상징적 의미의 배후에도 유사한 사고방식이 있음을 밝혀내었다. 또한 하느님에 대한 참된 인식에 다다르기를 바라는 경우 우의적 해석이 필요한 이유를 제시한다.

51) 참조 알렉산드리아의 클레멘스, 『권고』 9,82,84.

52) 참조 알렉산드리아의 클레멘스, 『양탄자』 4,21,134.

53) 참조 알렉산드리아의 클레멘스, 『양탄자』 1,9,45.

54) 참조 알렉산드리아의 클레멘스, 『양탄자』 4,25,160.

55) 참조 알렉산드리아의 클레멘스, 『어떤 부자가 구원받는가?』 5,2.

56) 참조 알렉산드리아의 클레멘스, 『교육자』 3,12,97.

으로부터 그리 명백하지 않은 내용들을 꿰뚫어보는 더 높은 수준으로 나아갈 수 있다. 이러한 표현에서 알 수 있듯이 클레멘스는 우의적 해석을 선호했으며,[57] '알레고리아'(ἀλληγορία)와 같은 의미로 '파라볼레'(παραβολή, 비유), '아이니그마'(αἴνιγμα, 수수께끼) 등을 사용하였다. 클레멘스는 이 규칙을 적용할 때 발생하는 위험과 영지주의자의 지나친 우의화가 진리를 왜곡한다는 사실을 알고 있었다. 다른 한편으로 클레멘스는 영지주의자들에 반대하여 구약성경을 신앙의 기록으로 여겼다. 그는 두 성경의 일치를 강조하면서 전통적 예형론도 사용했다. 여기에서, 특히 클레멘스가 상당한 관심을 기울이는 '우주론적 · 도덕적' 해석에서는 필론의 영향이 두드러진다. 예를 들어 그는 신전을 우주의 상징으로[58] 풀이한다. 필론의 주석을 많이 활용하기는 하나 클레멘스는 구약성경을 그리스도에 집중하여 해석한다는 점에서 필론과 근본적으로 다르다.[59]

57) 예를 들어 제물로 바쳐지는 발굽이 갈라지고 되새김질하는 동물들은 신앙을 통해 아버지나 아들에게 오는 의인들을 가리킨다. 되새김질을 하지만 발굽이 갈라지지 않은 동물들은 하느님의 말씀을 입에 담지만 신앙을 갖지 않아 아들을 통해 아버지께 이르지 못한 유대 민족을 가리킨다. 마지막으로 발굽이 갈라졌지만 되새김질은 하지 않는 동물들은 믿기는 하지만 유설을 퍼뜨리는 자들을 상징적으로 표현한다. 참조 알렉산드리아의 클레멘스, 『양탄자』 7,109,1 이하.

58) 참조 알렉산드리아의 클레멘스, 『양탄자』 5,6,32 이하.

59) 참조 M. Simonetti, *Biblical Interpretation*, 35-39쪽.

7.3. 오리게네스의 주석

오리게네스는 앞 시대 주석가들보다 훨씬 뛰어난 성경 본문에 관한 지식으로 매우 깊이 있게 주석 작업을 했다. 뿐만 아니라 영지주의자들과 논쟁한 경험을 바탕으로 성경 주석의 여러 전통적 특징을 확대·심화하면서 동시에 이를 체계화했다. 한마디로 그는 성경 해석학을 진지한 학문으로 만들었으며, 이런 의미에서 그는 이후의 모든 교부가 사용한 주석 방법에 결정적 토대를 마련한 셈이다. 오리게네스가 그리스도교 성경 주석의 범위를 —형태와 주제의 측면에서— 얼마나 넓혔는지는 그가 주석한 작품 수만으로도 알 수 있다.[60] 오리게네스 이전의 주석가들은 구약성경의 몇몇 저서, 곧 창세기·탈출기·시편·이사야서와 그밖의 일부 다른 저서나 이 저서들의 특정 부분만 집중적으로 해석하였다. 신약성경의 경우에도 연구 대상은 거의 대부분 마태오 복음, 바오로 서간 일부, 천년왕국설을 신봉하는 사람들이 많이 다루는 요한 묵시록에 한정되었다. 이와 달리 오리게네스는 신적 진리를 인식하기 위한 열망에서 연구 범위를 성경 전체로 확대하여 구약과 신약의 모든 책을 주석하였다.[61] 해석한 작품의 내용도 방대하여 『요한 복음 주해』는 무려 33권으로 이루어져 있을 정도다. 해석 유형도 무척 다양했는데, 오리게네스는 스콜리아·강해·주해로[62] 성경 작품을 해석하였다.

60) 호밀리아(강해)만 해도 총 279편이 전해진다.

61) **참조** 히에로니무스, 『서간집』 33. 오리게네스는 지혜 문학 해석에 관심을 기울인 최초의 인물이다.

62) 역사적·고고학적·언어학적 지식에 근거한 주해서는 물론 호밀리아(강해)도 오리게네스 이전에는 그다지 알려지지 않았다. 스콜리아는 여러 책에서 발췌한 구절이나 어구를 설명한 모음집이다. 강해는 카이사리아 공동체에서 교육받지 못한 신자들을 교화하기 위해 그들의 수준에 맞추어 행한 설교로, 나중에 표현 형식과 내용을 손본 다음 출간되었다. 주해는 본

오리게네스는 동시대의 문헌학을 바탕으로 성격을 해석했고, 문법학자들에게서 본문 주석 방법을 배웠다. 그는 유대인과의 논쟁을 통해 그리스도인과 유대인이 사용하는 성경 본문에 차이가 있으며, 영지주의자들이 자신들의 교의를 뒷받침하기 위해 성경 본문을 때때로 수정했다는 사실도 알았다. 그는 이미 오래 전부터 호메로스의 작품(일리아스, 오디세이아)을 해석하는 데 널리 사용되던 방법, 모세의 율법을 헬레니즘 사상을 지닌 이들에게 이해시키기 위해 필론이 사용한 방법(우의적 해석)을 잘 알고 있었다. 그럼에도 그는 성경 해석은 역사적 · 문자적 의미를 찾는 것에서 출발해야 한다고 생각하여, 먼저 성경 본문을 문헌학적 · 비평적으로 탐구했다.[63] 이를 위해 그는 230년경 『육중역본』을 편집하여 구약성경의 여러 번역본을 비교하였다. 이 작업은 교부들이 영감을 받아 썼다고 여겨진 칠십인역의 본문을 가능한 한 정확히 파악하기 위한 것이었다.[64] 본문의 의미를 정확히 파악하려는 오리게네스의 의도는 그가 요한 복음 1장 28절에 나오는 '베타니아'를 '베타바라'(Bethabara)라고 읽었다는 사실에서 드러난다. 비록 오늘날에는 쓰이지 않는 낱말이지만, 그는 해당 지역의 지명이 베타바라라는 사실을 논증하였을 뿐 아니라 그곳에 다녀오기까지 했다.[65] 또

문비평적 · 문헌학적 · 철학적 · 역사적 · 신학적 설명을 곁들인 학문적 글이다.

63) 정확한 해석이란 성경 본문의 문자와 영을 연결시키는 것이라는 『원리론』 4,2,6과 4,3,4의 진술을 굳이 떠올리지 않더라도, 히폴리투스가 아가를 순전히 예형론적(곧 영적)으로 해석한 반면 오리게네스가 『아가 주해』에서 문자적 해석을 먼저 다루었다는 점을 보면 오리게네스가 성경 연구에서 무엇을 중시했는지 알 수 있다. 이 접근법을 사용한 이유를 이해하기 위해서는 영지주의자들의 지나친 우의화를 논박하는 진술을 참고해야 한다. 문자적 의미를 파악하는 것은 이해의 낮은 차원에서 높은 차원으로 갈 수 있는 출발점이었다. 참조 M. Simonetti, *Biblical Interpretation*, 44쪽.

64) 참조 H.R. 드롭너, 『교부학』, 하성수 옮김, 분도출판사 2001, 223쪽.

65) 참조 M. Simonetti, *Biblical Interpretation*, 39-41쪽.

한 오리게네스는 당시의 모든 연구 방법을 성경 해석에 적용하였다. 그는 당시 이교인 주석가들이 서론을 어떻게 작성했는지 알았으며, 그 도식을 성경 주해에 받아들였다. 일반적으로 통용되는 서론 도식은 다음과 같았다. 문제의 저서를 쓰는 목적/의도(σκοπός), 저서의 유용성(τὸ χρήσιμον), 저서의 순수성(τὸ γνήσιον), 읽는 순서(ἡ τάξις τῆς ἀναγνώσεως), 주요 단락의 구분(ἡ εἰς τὰ κεφάλαια διαίρεσις), 저서의 제목을 이와 같이 붙인 이유(ἡ αἰτία τής ἐπιγραφής) 등을 서술하였다.[66] 각 단락과 문장의 해석은 본문 비평으로 시작되고, 문장들은 의역하여 명료하게 이해되도록 하며, 낱말들은 사전적·문법적으로 주해되고, 역사적·심리학적 상황(ὑπόθεσις)이 설명되며, 본문의 의미를 밝히는 논제(ζήτημα)가 간략히 표현되고, 본문 서술의 논리를 확인하며, 서술 의도/목적(σκόπός)이 상론되었다. 또한 오리게네스는 사전 같은 보조 자료를 사용했고 교양 있는 유대인들에게서 정보를 수집했으며 해석학에 관한 이론[67]도 전개하였다.

66) 이교인 주해서의 서론 연구에 관해서는 참조 Christoph Schäublin, *Untersuchungen*, 66쪽 이하.

67) 『원리론』 제4권은 성경 해석에 관해 그리스어로 쓰인 가장 중요한 문헌이다. 1장: 구약성경의 예언들이 그리스도에게서 실현되었다는 사실로 입증된 성경의 신적 영감성을 다룬다. 2장: 성경 해석에는 두 가지 근본적인 오류가 있다. 곧, 예언의 문자들을 매우 배타적으로 고집하는 유대인의 오류와 한 분 하느님을 악한 창조자와 예수가 선포한 완전한 하느님으로 구분하는 (영지주의) 이단자들의 오류. 두 오류 모두 영적 의미로 해석할 수 있다는 가능성을 배제한 채 문자(ψιλὸν γράμμα)에 따라서만 성경을 해석하는 동일한 잘못에 바탕을 두고 있다. 그러므로 해석의 올바른 방법을 그들에게 설명해야 한다(참조 4,2,2). 성경은 인간과 마찬가지로 육체·영혼·영으로 이루어져 있다(참조 4,2,4). 하지만 성경의 많은 구절에서 첫째 요소는 나타나지 않는다. 설명의 둘째 방법은 영혼과 관련된다(εἰς ψυχὴν ἀναγομένη: 4,2,6). 여기서 오리게네스는 '헤르메네이아이'(ἑρμηνείαι), "해석"에 관하여 말한다(참조 루피누스의 번역: quae hoc modo sunt interpretata). 이 해석 방법은 많은 사람을 교화하는 데 적합하다. 마지막으로 구약성경의 어떤 사건을 어떤 진리나 사건의 "예형"으로 이해하는 영적 해석(πνευματικὴ διήγησις: 4,2,6)이 있다. 말씀은 불가능한 것, 하느님에게

7.3.1. 성경 해석 방법

오리게네스는 당시의 여러 해석 방법을 체계화하기 위해 성경은 세 가지 방식으로 해석되어야 한다고 말했다. 여기서 '세 가지'는 인간에게서 추론된 육체와 영혼에 관한 이분법적 도식이 육체·영혼·영의 존재론적 삼분법으로 확대된 것이다. "그러므로 성경의 의미를 자신의 영혼 안에 삼중으로 기술해야 한다. 더 단순한 사람은 말하자면 성경의 육—우리는 이를 명백한 해석이라고 부른다—으로 교화될 수 있다. 반면 어느 정도 진보를 이룬 사람은 말하자면 성경의 영혼으로 교화될 수 있다. 그리고 사도의 '우리는 완전한 이들 가운데서 지혜를 말하지만 그 지혜는 이 세상의 지혜도 아니고 파멸하게 되어 있는 이 세상 통치자들의 지혜도 아니며, 신비에 감추어져 있는 하느님의 지혜, 세상이 시작되기 전 하느님께서 우리의 영광을 위해 미리 정하신 지혜입니다'(1코린 2,6-7)라는 말 속의 이들과 비슷한 완전한 사람은 '앞으로 일어날 좋은 것들의 그림자를 지니고 있는 영적 율법'(참조 히브 10,1; 로마 7,14)으로 교화될 수 있다. 인간이 육체와 영혼과 영으로 이루어져 있듯이, 하느님께서 당신의 섭리에 따라 인간을 구원하기

∴

합당하지 않은 것, 불필요한 것도 담고 있는 동시에, 독자들에게 깊은 의미를 탐구하게 하는 내용도 율법과 역사에 끼워 넣는다(이에 관해서는 참조 J. Pépin, *À propos de l'histoire*, 395-413쪽). 3장: 성경은 어떤 신비를 암시하려는 목적으로 실제로 일어나지 않은 사건들을 역사적인 것처럼 내세운다. 이에 관한 예는 창세기 첫 부분, 복음서, 율법의 일부 규정, 예수 또는 바오로가 전하는 규정 속에 있다. 종말론적 이스라엘의 예형인 "이스라엘의 육에 따른" 본보기 또는 실제로 다양한 영혼의 종류를 상징적으로 표현하는 낯선 민족들에 관한 본보기가 나타내듯이, 이러한 경우에는 영적 의미가 있다. 그밖에 오리게네스가 기적가 그레고리우스(210년경~260)에게 보낸 편지(238년 이후에 쓰임)는 더 근본적으로 고찰한 해석학적 결과들을 싣고 있다. 『필로칼리아』 13장에 수록되어 있는 이 편지는 성경을 해석할 때 철학과 세속 학문을 어떻게 응용해야 하는지를 다룬다〔편지의 제목: εἰς τὴν τῶν ἱερῶν γραφῶν διήγησιν〕.

위해 주신 성경도 그러하다."[68]

하지만 오리게네스 주해서에서 이 해석학적 기준은 결코 규범적으로 적용되지 않는다. 많은 사람은 그의 해석학이 실제로는 자구와 영, 곧 문자적 의미와 비문자적/영적 의미로 나누는 이원론에 근거한다고[69] 여긴다.[70] 다른 곳에서 오리게네스는 성경의 의미를 더 간결하게 구분한다. 인간인 그리스도와 하느님인 그리스도는 각각 성경의 문자적 의미와 비문자적/영적 의미에 해당한다.[71] 오리게네스는 이 상관성을 더 확장하여, 곧 단순한 그리스도인과 완전한 그리스도인을 구분하는 데 도입한다.[72] 인간인 그리스도와 단순한 그리스도인들은 문자적 의미에, 하느님인 그리스도와 완전

68) 오리게네스, 『원리론』 4,2,4.

69) 이미 필론이 즐겨 사용했던 두 가지 의미로 나눈 도식이 오리게네스의 영향으로 우의적 해석을 한 주석가들에게 선호되었다는 것은 확실하다. 예를 들어 니사의 그레고리우스는 『아가 강해』 서론에서 비문자적 성경 의미를 나타내는 다양한 명칭들을 세분하지 말고 통일할 것을 제안한다. "지금 해석(ἀναγωγή)의 도움으로 발견된 성경 의미(θεωρία)를 '트로폴로기아'(τροπολογία), '알레고리아'(ἀλληγορία) 또는 그밖의 다른 명칭으로 부를 수 있지만 명칭에 관해서는 논쟁하지 말자."(니사의 그레고리우스, 『아가 강해』 6,5,6-8) 그레고리우스는 비문자적 해석에 대해 여러 낱말, 곧 우의(아브라함의 아들들에 관한 갈라 4,24), 예형(1코린 10,11), 거울과 수수께끼(1코린 13,12)를 사용한 바오로의 권위를 예증으로 인용한다. 더군다나 그레고리우스가 성경을 두 가지 의미로 구분하면서 '테오리아'(θεωρία)와 '알레고리아'(ἀλληγορία)를 같은 의미라고 두 번 내세웠다는 것은 중요하다. 알렉산드리아의 디디무스의 『욥기 주해』에서 발췌된 성경 주해 선집(PG 39,1144C)에서도 '테오리아'(θεωρία)와 '알레고리아'(ἀλληγορία)를 이와 유사하게 사용한다. 욥기 9,13에서 언급되는 바다 괴물은 영적 의미에 따라(πρὸς θεωρίαν), 우의적 의미에 따라(ἀλληγορικῶς) 악령을 뜻한다. 여기서 언급되거나 그리스도교의 다른 많은 저자가 사용하는 '알레고리아'라는 낱말은 비문자적 성경 의미의 모든 종류를 내포한다(참조 R. Hahn, *Die Allegorie*, 176-181쪽).

70) 오리게네스도 『켈수스 반박』 1,18에서 본문의 이중적 차원(διπλόη τής λέξεως)에 대해 이야기한다.

71) 참조 오리게네스, 『레위기 강해』 1,1

72) 참조 오리게네스, 『원리론』 4,2,6

한 그리스도인들은 영적 의미에 해당한다. 일반적이고 무지한 그리스도인들은 그리스도 인성에 대한 지식을 쌓고 성경을 문자적으로 이해하는 데 머무르고, 완전한 그리스도인들은 그리스도 신성에 대한 지식과 성경의 영적 의미에까지 도달한다. 따라서 오리게네스가 성경 해석에서 문자적·영적 의미를 구분할 경우, 영적 의미는 주로 그리스도와 관련된다.[73]

오리게네스의 비문자적/영적 해석 방법에는 도덕성에 관한 단순한 훈계,[74] 필론이 구분한 유형에 따른 인간학적 해석,[75] 가장 흔히 사용되는 전통적인 예형론 등 여러 유형이 있다.[76] 어떤 구절에 관한 비문자적/영적 해석은 그리스도와 교회 전체에 강조점을 두느냐, 또는 개인의 구원사적 의미에서 그리스도인 개개인에 강조점을 두느냐에 따라 더 상세하게 구분된다. 전자는 우의적 해석에 더 알맞고, 후자는 도덕적 의미(트로폴로기아)에 더 상응한다. 한편으로 구약성경의 영적 해석은 구약성경에서 미래의 원형을 파악하는 것이다. 구약성경의 그림자가 신약성경의 그리스도 안에서 빛이 되었다.[77] 약속과 실현이라는 이 도식은 구원사적 도식이라고 말할 수

73) 참조 M. Simonetti, *Biblical Interpretation*, 43쪽.

74) 참조 오리게네스, 『원리론』 4,2,6.

75) 롯과 그의 아내는 각각 이성과 관능성의 상징이다. 참조 오리게네스, 『창세기 강해』 5,2.

76) 또한 오리게네스는 숫자, 히브리 인명의 기원, 성경 본문에 나오는 수많은 동물명, 식물명 등을 해석할 때 알렉산드리아의 전통적·전형적인 방법을 사용한다. 하지만 그도 그러한 방법에 내포된 임의성의 위험을 알고 있었으며 여러 방법으로 이를 극복하려 하였다. 오리게네스는 문자적 해석이 일부 경우에만 결점이 있다는 사실을 강조하고(참조 『원리론』 4,3,4), 영적 해석은 문자적 해석과 관련해 생각해야 하며 성경의 다른 구절에서 입증되어야 한다고 말한다(참조 『원리론』 4,2,9; 4,3,4.5). 참조 M. Simonetti, *Biblical Interpretation*, 43-46쪽.

77) 구약성경과 신약성경의 관계에 대해 오리게네스는 반영지주의적 시각에서 히브리서 8장 5절과 10장 1절을 바탕으로, 구약성경은 그림자를 나타내며 진리의 이미지는 신약에서 완전하게 나타난다고 말한다. 또한 때때로 구약성경과 신약성경을 각각 그림자와 천상 실재의 이미지로 구분한다(오리게네스, 『시편 제38편 강해』 2,2).

있으며,[78] 이런 의미에서 예형론적 해석은 성경의 구원사적 해석이라 할 수 있다. 이 경우 예형론이 '알레고리아'와 '아나고기아', 곧 두 성경의 교의적, 신비적-종말론적 관계에서 어느 것에 중점을 두느냐는 별로 중요하지 않다. 『원리론』 4,1-3에서 그는 지상의 신자들을 천상의 실재로 상징화하는 신비적-종말론적 해석의 여러 예를 제시한다.[79] 여기에서 예형론은 수직적, 곧 신비적 의미이지만 다른 곳에서는 '수평적' 의미로, 구약성경은 신약성경의 예형이고 신약성경은 묵시록 14장 6절의 '영원한 복음'의 예형이다. 또한 그리스도는 첫 번째 오심에서 장차 있을 좋은 것들의 그림자를 나타내는 율법을 완성하고, 영광 가운데(곧 두 번째) 오실 때 첫 번째 오심에서 제시된 그림자를 완성하실 것이다.[80]

7.3.2. 알레고리의 필연성과 성경의 이해

테살로니카 1서 5장 23절에 서술되는 인간의 존재론적 삼분법 모델을 세 가지 성경 의미로 구분했음에도 불구하고[81] 필론의 성경 해석에서 많은 영향을 받은 오리게네스는 때때로 성경의 어떤 문맥에서는 문자적 의미의 존재를 부인하였다. "우리는 성경 전체에 관해, 영적 의미는 모든 구절이 지니고 있지만 육체적 의미는 그렇지 않다고 생각한다."[82] 곧, 오리게네스

78) 참조 에른스트 다스만, 『교회사』 I, 302-303쪽.
79) 또한 오리게네스는 예루살렘과 이스라엘, 이스라엘을 둘러싸고 있는 국가들을 모두 하늘에 거주하는 영적 피조물의 예형으로 이해한다(참조 『원리론』 4,3,7-10).
80) 참조 오리게네스, 『원리론』 4,3,13; 『요한 복음 주해』 1,7; M. Simonetti, *Biblical Interpretation*, 42-43쪽.
81) 참조 오리게네스, 『원리론』 4,2,4; 『레위기 강해』 5,1; 『창세기 강해』 2,6 등.
82) 오리게네스, 『원리론』 4,3,5. 하느님께서 노아에게 지붕 두 개나 세 개가 있는 방주를 만들라고 한 명령(창세 6,16)은 성경이 보통 세 개의 의미를 지니나, 때때로 문자적 의미가 없기 때

는 성경의 많은 구절에는 문자적 의미가 없고 영적 의미만 담겨 있다고 여겼던 것이다. "우리가 아래에서 입증하려는 바와 같이, 육체적 의미가 전혀 없는 성경 〔구절〕들이 있다. 말하자면 성경의 영혼과 영만 찾아야 하는 경우들이다."[83]

자신의 이론을 확고히 하기 위한 근거로 오리게네스는 구약에 나오는 많은 역사적 보고나 하느님의 의인화, 신약의 많은 문장을 든다. 그는 이를 오로지 문자적으로만 파악하려 하면 전혀 납득할 만한 의미를 밝히지 못한다고 지적한다. 매우 극심한 기근이나 궁핍한 상황에서도 사람들은 독수리를 먹을 생각을 할 수 없는데도 이 동물을 먹으라는 계명, 염소사슴은 결코 존재하지 않는데도 이 동물을 희생 제물로 바치라는 규정, 아무도 독수리 머리와 날개에 사자 몸을 한 동물을 보지 못했는데도 이 동물을 먹으라는 구약성경의 예와 걸려 넘어지게 하는 오른쪽 눈을 뽑아내라는 신약성경의 예에서 오리게네스는 이 모든 것은 더 깊고 감추어진 의미가 있다는 것을 보이기 위한 것이며, 문자적 의미를 나타내기 위한 것이 아니라고 여긴다.

"구약성경뿐 아니라 신약성경에서도 우의적 해석은 궁극적으로 성경의 영감에 대한 확신 때문에 불가피했다. 성경의 영감은 하느님 자신, 성령 또는 로고스가 성경 저자들에게 그들이 기록한 것에 영감을 불어넣었다는 것을 뜻하였다. 그러나 하느님이 결국 성경의 저자라면 성경은 오류가 없어야 한다. … 성경에 오류가 없다는 주장은 어떻게 유지되어 왔는가? 켈수스와 루키아누스, 후대에 포르피리오스(233~304) 이래 교회의 가르침을

문에 두 개의 의미만 지닌다는 오리게네스의 주장을 뒷받침하는 논거로 제시된다.

83) 오리게네스, 『원리론』 4,2,5.

비판한 이들은 성경, 특히 네 복음서의 모순을 계속 지적하지 않았는가? 여기에 구약성경에서의 상스러운 언동, 성조들의 일부다처제, 본보기로 여겨진 이스라엘 왕들의 생활 방식이 더해진다. 하느님은 어떻게 자기 형 에사오의 장자권을 빼앗은 야곱의 속임수를 인정하고 야곱을 성조로 세웠을까?(창세 25-27) 이에 대한 이해는 문자나 보고된 사실 배후에 더 깊은 의미가 숨어 있을 때에만 가능하다. 성경이 영감을 받아 쓰였다는 주장은 우의적 해석과 관련해서만 이성적으로 유지될 수 있다. … 우의적 해석 방법은 성경 해석학 이상의 문제였으며, 그리스도교 선교사들은 이 방법을 사용하여 한 분 하느님에 대한 선포를 할 수 있었다."[84] 이러한 이유로 이 해석 기준은 오리게네스에 의해 성경 주석 이론에 없어서는 안 되는 부분으로 구체화된다. 특히 구약성경이 죽은 문자로 남아 있지 않으려면 영적 추론을 필요로 하였다. 오리게네스는 바오로가 이미 구약성경의 율법을 영적으로 이해하기 시작한 것을 받아들여 더 완성된 방식으로 교회에 정착시켰다. 바오로가 제시한 실마리는 오리게네스에 의해 다시 이어지고 여기에서 밝혀진 추론은 체계적으로 다음과 같이 이해된다. "간단히 말해 우리는 사도의 약속에 따라 모든 것에서, 신비 안에 감추어져 있는 지혜—'하느님께서 세상이 시작되기 전 의로운 이들의 영광을 위하여 미리 정하셨으며, 이 세상의 우두머리들은 아무도 깨닫지 못한 지혜'(1코린 2,7-8 참조)—를 찾아야 한다. … 게다가 그는 갈라티아 신자들에게 보낸 서간에서도 율법을 읽지만 그것을 이해하지 못한다고 생각하는 사람들을 나무라면서, 그들이 이 책들 안에(ἐν τοἷς γεγραμμένοις) 우의(ἀλληγορία)가 있다고 생각하지 않기 때문에 율법을 이해하지 못한다고 한다."[85]

84) 참조 에른스트 다스만, 『교회사』 I, 301-302쪽.

하느님 말씀을 완전히 이해하기는 어려운데, 이 어려움은 성경의 본질적·영적 의미가 문자적 표현들로 감추어져 있기 때문이다. 이 어려움으로 인해 많은 사람이 문자적·육체적 의미에서 멈추고 오류로 떨어진다. 문자적 의미는 (그 자체가 틀린 것은 아니지만) 성경의 궁극적 목적이 아니고, 독자들로 하여금 더 깊은 이해로 향하도록 하는 교육적 출발점이다. 만약 문자적 이해에 잘못이 있다면 오류가 발생하는데, 율법을 문자 그대로 지켜야 한다는 유대인, 구약의 신인동형론을 문자대로 이해하는 영지주의자, 그리고 교회에서 교육받지 못한 많은 이들이 이런 오류를 범한다. 오리게네스는 많은 사람이 성경의 깊은 영적 의미를 알지 못한다고 생각한다. 성령이 성경의 영적 의미에 대한 이해를 어렵게 하는데, 이는 진리의 가치를 올바르게 평가하지 못하는 이들이 진리를 이용할 수 없도록 하기 위해서다.

오리게네스는 영이 보통 듣는 사람의 이해 수준에 맞게 말한다고 추론하였다. 따라서 영은 초심자(단순한 이)들에게는 문자적 영역에서, 더 진보된 사람들에게는 도덕적 영역에서, 마지막으로 완전한 이들에게는 영적 영역에서 말한다. 다시 말하면 ① 성경의 문자적 의미는 육체에 해당하며, 이는 단순한 이들/초심자들(incipientes)을 위해 마련된 것이다. ② 그다음에 도덕적 의미는 영혼에 상응하며, 진보자들(progridientes)을 위한 것이다. ③ 마지막으로 영적 의미는 영에 해당하며, 완전한 이들(perfecti)을 위한 것이다.[86] "성경은 하느님 영으로 저술되었으며, 분명하게 드러난 의미뿐 아니라 많은 이에게는 숨겨진 다른 의미도 지니고 있다. 성경에 기록되어

85) 오리게네스, 『원리론』 4,2,6.

86) 참조 M. Simonetti, *Biblical Interpretation*, 42-43쪽.

있는 것은 신비의 형상(forma)이며 신적 실재의 모상(imago)에 지나지 않기 때문이다. 모든 교회는 이 점에 동의한다. 모든 율법은 영적이지만(로마 7,14 참조), 율법이 영적으로 의미하는 바를 모든 이가 아는 것이 아니고, 지혜와 지식과 말씀 안에서 성령의 은사를 받은 이들만 알고 있을 따름이다(1코린 12,8 참조)."[87)]

따라서 오리게네스가 성경의 의미를 두 가지 또는 세 가지로 구분한 것은 상대적 가치만 지니는 것 같다. 씨앗이 농부의 기술과 토양의 질에 비례하여 열매를 생산하듯이, 하느님 말씀의 신비는 주석가의 열의와 능력에 비례하여 밝혀지기 때문이다.[88)]

한편 오리게네스는 성경과 독자의 관계를 정적으로 보지 않고 동적으로 보는데, 주석가는 자신의 노력으로 메마르지 않는 하느님 말씀의 더 깊은 의미를 간파할 수 있다고 보았지만 모든 말씀을 완전하게 터득할 수 없다고 말한다. "어떤 사람이 탐구하면서 향상되고, 열성적인 연구로써 진보하며, 하느님 은총의 도움을 받고 이성이 조명을 받는다 할지라도(에페 1,18 참조) 그는 연구의 최종 목적지에 결코 다다를 수 없을 것이다."[89)] 이 때문에 오리게네스는 예언서나 복음서를 읽을 때 자신이 생각한 의미를 그리스도의 의미로 전가하지 말 것을 늘 경고했으며, 깨달음을 얻기 위해 끊임없이 기도할 것을 권고하였다. 성경의 올바른 이해는 하느님의 선물이자 은총이기 때문이다. 그는 제자 기적가 그레고리우스에게 다음과 같은 글을 썼다. "무엇보다도 성경을 신앙의 원칙과 하느님 마음에 들려는 의도로 읽

87) 오리게네스, 『원리론』 1,서론,8.
88) 참조 『마태오 복음 주해』 14,6.
89) 오리게네스, 『원리론』 4,3,14.

도록 전력을 기울이시오. 성경을 이해하고자 하는 이에게는 대부분 기도가 필요합니다."[90]

7.3.3. 성경의 영감과 교회의 전통

오리게네스는 성경의 저자이신 하느님을 성경의 인간 저자들에게 영감을 주어 구원의 소식을 기록하게 하신 분으로 이해한다. 따라서 그의 성경 해석은 이전의 교부들과 마찬가지로[91] 성경의 완전한 영감에 바탕을 두고 있다. 그는 예수 그리스도에 관해 보고하는 모든 글에서 영감성을 추론했을 뿐 아니라[92] 신적 말씀을 그리스도(로고스)의 말씀과 동일시한다. 성경 본문의 문자는 마치 그리스도에 의해 취해진 인간 육체처럼 신적 로고스를 둘러싼 외피 기능을 한다.[93] 곧, 성경은 영원한 말씀(λόγος)의 육화다. 오리게네스는 전통적으로 메시아에 관한 예언을 담고 있는 구약성경 구절(창세 49,10, 신명 32,21 등)에 관심을 두고, 이 예언들이 인간이 되신 그리스도에게서 실제로 어떻게 완성되었는지 제시하면서[94] 성경 영감성의 특징을 논증한다. 그는 그리스도교의 놀랄 만한 전파가 이미 그리스도에 의해 예고되었다는 사실에서도 그리스도의 신성과 성경(그리스도의 책)이 신적 영감을 받았음을 연역한다.[95]

오리게네스는 성경은 성령의 영감을 받아 쓰였으므로, 성경을 올바로

90) 오리게네스, 『(기적가) 그레고리우스에게 보낸 편지』 3(92A).
91) **참조** 예를 들어 리옹의 이레네우스, 『이단 반박』 2,28,2: "성경은 하느님의 말씀과 하느님의 성령이 직접 기록한 것이므로 완전하다."
92) **참조** 오리게네스, 『시편 발췌 주해』 1; 『예레미야서 강해』 21,2.
93) **참조** 오리게네스, 『켈수스 반박』 4,77; 『마태오 복음 주해』 27.
94) **참조** 오리게네스, 『원리론』 4,1,3 이하.
95) **참조** 오리게네스, 『원리론』 4,1,2; M. Simonetti, *Biblical Interpretation*, 41쪽.

이해하기 위해서는 성령의 도우심이 필요하다고 여긴다. “할례나 안식일의 휴식, 짐승의 피 흘림을(창세 17,10-14; 탈출 31,12-17; 레위 1 참조) 육체적〔의미〕로 이해해서는 안 되며, 이것은 하느님께서 모세에게 주신 계명들과 부합하지 않는다는 점을 확신하고 있다. 모든 이가 성령의 능력을 통하여 이렇게 이해했다는 사실에는 의심할 여지가 없다.”[96]

오리게네스는 성경을 이해하는 모든 방법과 매우 유사하게 정해진 규범과 규칙을 교회의 신앙을 이해하는 의미에 활용하였다. 사람들은 교회의 전통에서 전해진 것과 다른 것을 믿어서는 결코 안 된다.[97] 오리게네스는 성경을 올바로 이해하기 위해서는 사도 전승에 알맞게 해석하는 데 토대가 되는 교회의 규범도 따라야 한다고 말한다.[98] 이는 하느님께서 성령의 영감으로 쓰인 성경을 하느님의 백성인 교회에 주셨다는 확신이 있기 때문이다.[99]

96) 오리게네스, 『원리론』 2,7,2. 히에로니무스도 『갈라티아서 주해』 5,20에서 유사하게 말한다. “성경은 이 책이 쓰인 영 안에서 해석되어야 한다.”

97) **참조** 오리게네스 『마태오 복음 강해』 46. 이는 오리게네스가 신앙에 관한 교회의 전통, 사도 전통, 신앙 규범(regula fidei)이 성경 해석을 위한 원칙이라는 위대한 교부들의 일반적인 이해를 따르고 있음을 알려 준다. 아우구스티누스가 『그리스도교 교양』 제2권에서 강조하듯이 학문(언어 지식, 문학, 역사, 철학, 논리학, 자연과학, 수사학, 변증법)이 성경의 진지한 연구를 위해 필수적이기는 하지만, 진리에 대한 궁극적인 기준은 성경을 이해하는 개인에게 있는 것이 아니라 교회의 권위에 있다. “가톨릭교회의 권위가 나에게 복음서를 믿게 하지 않았더라면 나는 복음서를 믿지 않았을 것이다.”(아우구스티누스, 『마니교 기조 서간 반박』 5)

98) “이 전통은 경직되고 고정된 틀이 아니라 생동적인 유기체이기 때문에, 전통은 성경 주석과 전반적인 신학적 인식의 결과들을 고려하여, 이 결과들과 함께 발전한다. 이러한 기준은 신앙 규범, 곧 성경에 기초를 두고 교회 전통에서 이어져 오고, 교회가 승인한 신앙 자산이 되었다. 정통신앙을 지닌 교부들의 일치된 확신에 따르면 교회의 전승이 아니거나 이에 상반되는 신학은 인정될 수 없었다. 따라서 그들 자신은 이러한 교회 전통의 근본적인 부분이 되었다.” 『믿고 듣고 알고 믿고』(정양모 교수 은퇴 기념논문집), 하성수, 교부학/론의 연구 방법과 동향, 분도출판사 2001, 204쪽.

99) **참조** 『계시 헌장』 11항.

오리게네스는 이를 다음과 같이 표현한다. "우리는 성경이 인간의 작품이 아니라 만물의 아버지의 뜻에 따라 예수 그리스도를 통하여 성령의 영감으로 쓰였으며 우리에게 전해졌다고 확신하는 이들에게, 〔성경을 이해하는 데〕 우리에게 옳다고 보이는 〔해석〕 방법을 보여 주어야 한다. 이는 사도 계승을 통해 전해진 예수 그리스도의 천상 교회의 규범을 지키는 이들을 위한 것이다."[100] 이를 위해 성경 해석가는 하느님께서 성경 저자들을 통하여 뜻하신 것이 무엇인지를 주의 깊게 연구해야 한다. "그리고 〔성경을〕 읽는 사람들은 성경을 쓴 사람들의 생각과 뜻을 발견하기 바라며 그것을 통해서 하느님의 뜻을 찾고자 할 따름이다."[101] 오리게네스는 성경에서 지식을 얻으려고도 교회 신앙의 전통적 길에서 벗어나려고도 하지 않았다. 다만 그는 성경에서 하느님을 만나고자 하였다.[102]

100) 오리게네스, 『원리론』 4,2,2.

101) 아우구스티누스, 『그리스도교 교양』 2,1,6, 성염 역주, 분도출판사 1989, 123-125쪽.

102) 아우구스티누스도 성경 해석의 궁극적 목적을 하느님과 만나는 사랑이라고 말하였다. "그러므로 누가 자기는 성경(들)이나 그 일부를 이해하였다고 생각하면서 자기 지성으로 하느님 사랑과 이웃 사랑의 이중 사랑을 세우지 못한다면 (그는 마땅히 알아야 할 것을) 아직 알지 못하고 있는 것이다."(『그리스도교 교양』 1,36,40) 아우구스티누스는 성경을 연구하는 이들이 성경에서 "하느님을 하느님 때문에 사랑하고 이웃을 하느님 때문에 사랑해야 한다는 것 외에 다른 것은 발견하지 못할 것이다"(『그리스도교 교양』 1,7,10)라고 단언했듯이 성경의 가장 근본적인 존재 이유는 사랑이라고 보았다.

7.4. 오리게네스의 영향과 반작용

모든 실재에 대한 플라톤적 해석에 이론적 바탕을 둔 오리게네스의 우의적 해석은 사실상 매우 폭넓은 영향을 미쳤지만 후대의 사람들은 이러한 해석에 거부감을 나타내기도 하였다. 알렉산드리아학파의 주석가 디디무스가 지나친 우의화를 비판했듯이, 오리게네스의 후계자들도 스승과 똑같은 방식으로는 작업하지 않았다. 또한 이교인 사회에서도 호메로스의 작품과 신화에 대한 우의적 해석은 일반적으로 여러 형태의 반대에 부딪쳤다. 포르피리오스는 그리스도인들, 특히 오리게네스가 펼친 성경의 자의적 우의화를 비난했다.[103] 포르피리오스의 비평은 꽤 효과를 거두어, 동방 그리스도교의 지식층에 상당한 영향을 미쳤다.[104]

4세기 전반기에 안티오키아의 에우스타티우스(324/325~328/329년 재임)는 사울과 점쟁이 엔도르와의 만남(1사무 28)에 관해 오리게네스가 해석한 글을 논박하면서, 성경의 모든 구절을 우의화하여 문자적 의미로 해석되어야 하는 구절까지 우의적 방식으로 해석하고, 히브리어 명칭의 어원에 대해 자의적으로 해석한다고 비판하였다. 카이사리아의 에우세비우스

103) 참조 카이사리아의 에우세비우스, 『교회사』 6,19,4-5.

104) 오경에 관한 에메사의 에우세비우스의 남아 있는 단편들은 성경을 문자적으로 해석하는 분명한 성향을 보여 준다. 칼데아에서 가나안까지 아브라함의 여정에 대한 기술은 본문을 해석하기 어렵지만 알렉산드리아학파의 우의에 의지하지 않고 풀이한다. 라틴어 번역으로 전해진 에메사의 에우세비우스의 강해들은 성경 해석학에서 중요한 의미를 지닌다. 제11권 『무화과나무』(마태 21,18-22)에서 저자는 성경의 우의적 해석의 중요성도 드러낸다. "우리는 모든 우의를 거부하지는 않지만, 그렇다고 그것들을 모두 받아들이지도 않는다." 그러나 사람들이 우의적 해석에 현혹되어, 실제로 어려운 구절들을 탐구하지 않고 쉬운 도피 수단을 찾는다는 것이 에우세비우스가 우의에 관해 지닌 실질적인 견해였다. 이는 포르피리오스가 그리스도인들, 특히 오리게네스를 비판한 내용이기도 하다.

는 오리게네스의 열렬한 지지자였지만 성경 해석에서 스승의 우의화에 균형을 잡는 노선을 취했으며, 스승의 문헌학적·비평적 연구 방법을 받아들임과 함께 역사적 사실에 대해서도 깊은 관심을 보였다. 이 두 가지 경향의 결합, 곧 오리게네스의 문헌학(알렉산드리아학파의 경향) 및 본문 비평의 영향과 본문의 문자에 충실한 경향은 문자적 해석(안티오키아학파의 경향)에 힘을 실어 주었다. 따라서 4세기 중반기에 시리아-팔레스티나 지역에서 활동한 세 명의 성경 해석자, 카이사리아의 아카키우스(340~366년 재임), 에메사의 에우세비우스(295/300~359년경), 라오디케아의 아폴리나리스(315년경~392)는 서로 문화적 배경은 달랐지만,[105] 성경을 문자적으로 해석해야 한다는 것에서는 견해를 같이 하였다. 안티오키아를 비롯한 일부 지역에서 우의적 해석 대신 문자적 해석 방법을 선호한 것은 놀라운 일이 아니었다.

반우의적 경향이 뚜렷하게 나타남과 동시에 4~5세기 그리스도교 지식층은 역사적·과학적·고고학적 관심사에 몰두하기 시작했다. 육일 창조에 관한 여러 강해에서 대 바실리우스는 창조에 관한 진술을 설명하기 위하여 당시의 과학 지식을 사용한다. 예를 들어 『육일 창조에 관한 강해』 7,8,9에서 동물의 창조를 설명할 때 당시의 동물학 지식을 이용한다. 『육일 창조에 관한 강해』 2(PG 29,40)에서는 비문자적 해석을 거부한다고 명시적으로 밝히면서 문자적 의미를 고수한다. 마찬가지로 『육일 창조에 관한

105) 아카키우스는 카이사리아의 에우세비우스의 제자였다. 에메사의 에우세비우스는 에우스타시우스가 주교로 있던 시기에 안티오키아에서 교육받았지만 카이사리아의 에우세비우스의 영향을 많이 받았고 학문의 완성을 위해 알렉산드리아에서 얼마간 지냈다. 아폴리나리스는 안티오키아의 영향 아래 있던 라오디케아에서 태어나고 자랐지만 알렉산드리아학파로부터 결정적 영향을 받았다.

강해』 3에서는 창세기 1장 7절에 나오는 창공 위와 아래에 있는 물들을 천사들이 지닌 권세의 상징으로 풀이하는 비문자적 해석은 환상이거나 꾸며낸 이야기라고 평가한다. 사실 이 해석이 오리게네스의 해석이었다는 점을 고려한다면, 이렇게 강한 비판은 의외일 수 있다. 우의적 해석에 대한 5세기의 반작용이 바실리우스에게도 큰 영향을 미쳤다고 볼 수 있다. 이처럼 오리게네스 이후의 많은 교부들은 성경의 우의적 해석을 주로 구약성경의 그리스도론 해석에만 허용하였으며, 이스라엘의 역사적 부침(浮沈)이나 창조에 관한 성경 이야기의 상세한 묘사가 그리스도 및 교회에 관련이 없으면 관심을 기울이지 않았다. 이러한 시대 풍조에 따라 일부 교부들은 성경의 문자적 해석을 중시하였다. 우의적 해석보다 문자적 해석의 우위를 인정한 접근법이 안티오키아 등에서 사용되었는데, 다른 지역에서는 아직도 전통적 방법이 더 널리 사용되었다. 그러나 구약성경을 계속 우의적으로 해석하는 지역에서도 신약성경의 내용을 우의적으로 해석하려는 경향은 눈에 띄게 줄어들었다.[106]

7.5. 성경의 올바른 이해

고대 교회 성경 해석의 역사를 살펴보면, 교부들은 하느님의 말씀인 성경이 성령의 영감으로 쓰였다는 사실을 강조하고, 구약성경과 신약성경의 내용이 하느님의 한 말씀이라는 사실을 예형론에 의거하여 일관되게 주장했으며, 성경을 전체 교회의 전통 안에서 해석하였다. 이들은 본디 성경 본

106) 참조 M. Simonetti, *Biblical Interpretation*, 53-54쪽.

문을 역사 안에서 이루어진 인간의 언어로 이해하지 않고 교회 안에서 신앙생활에 적합한 하느님의 말씀으로 이해했다. 그러나 교부들이 성령의 영감성이나 교회의 전통을 강조했다 해서 저자의 의도를 밝히려는 학문적 연구를 게을리 했다는 것은 아니다. 대부분의 교부는 그 시대의 가장 뛰어난 문헌학자였으며 당대의 해석학적 방법론을 받아들여 성경을 올바로 설명하려 애썼다.

교부들은 성경이 파악하기 어려운 깊은 의미를 담고 있지만 이를 우의를 통해 풀이할 수 있다 여겼으며, 로고스가 성경의 저자이기 때문에 성경의 많은 구절을 그리스도론적으로 해석하였다. 그렇지만 그들이 펼친 성경 주석 방법의 결과, 예를 들어 알렉산드리아학파의 특징인 우의적 해석의 일부 결과들은 오늘날의 입장에서 보면 다소 이해하기 어렵고 불합리하며, 순수한 학문적 연구결과라기보다 자의적 해석으로 여겨질 수 있다. 그러나 그들이 놓은 기초는 나름대로 타당성도 있으며, 오늘날에도 이 방법은 성경 이해의 한 축을 이루고 있다는 사실을 염두에 둘 필요가 있다. 더구나 교부들의 성경 주석적 관심사, 곧 신앙을 지키고 성경을 더 깊이 이해하기 위한 노력과 공동체의 영적 양식을 위한 열매라는 관심사는 시간을 초월하여 오늘날에도 적용된다.

성경은 역사 안에서 태어난 책이기에 저자의 의도를 올바로 찾아내기 위해서는 오늘날의 연구 방법(본문 비평, 전승 비평, 역사 비평, 구조주의 해석 등)이 뒷받침되어야 한다. 그러나 모든 진리를 완전히 파악하기란 쉽지 않다. 오늘날의 해석에도 주관주의의 위험은 늘 도사리고 있다. 우리는 성경 이해에 있어서 해석학적 한계성과 인간의 주관주의에서 비롯하는 위험을 늘 깨달아 겸허하게 진리를 받아들이려고 노력해야 한다. 중요한 사실은 성경은 우리가 하느님을 만나는 곳이며, 방법론이란 간접적으로 하느님을 만날 수 있도록 도와주는 수단에 지나지 않는다는 것을 명심해야 한다.[107] 이를 위해서는 하느님을 만날 수 있는 해석학적 반성(성경의 영을 바라보는 것)이 늘 수반되어야 한다. 지금까지 교의와 삶의 규범에 관하여 성경이 해석되고 재해석되었다. 그 과정에서 자신이나 종파의 주관적 입장에 따른 상이한 해석이 개인적 차원으로부터 신앙고백 차원에 이르기까지 폭넓게 나타났다. 오늘날에도 수위권, 죄의 용서, 여성 사제직, 교회의 구조와 제도, 윤리 등에 대해 저마다 다른 태도를 취한다. 성경을 올바로 이해하기 위한 방법은 늘 탐구되어야 하며, 인간의 뜻이 아니라 하느님의 뜻이 무엇인지 가려야 한다. 하느님의 말씀은 과거에 갇혀 있는 죽은 말이 아니라 오늘날에도 우리에게 생생하게 전해지는 말이기 때문이다.

107) 참조 에른스트 다스만, 『교회사』 I, 304쪽.

8.
참고문헌[1]

원리론 판본

Crouzel, Henri et Simonetti, Manlio, ***Origenè, Traité des Principes.*** Tome I (Livres I et II); Tome II (Livres I et II); Tome III (Livres III et IV); Tome IV (Livres III et IV); Tome V (Compléments et Indez). Introduction, Texte critique de la version de Rufin, Traduction (SC 252; 253; 268; 269; 312), Paris 1978-1984.

Delarue, Charles, Paris 1733 〔*Opera omnia quae graece vel latine tantum extant* (Tom I)〕. Réédité par J. P. MIGNE: PG 11-14 et 17. Peri Archon:

1) 아래의 참고문헌 가운데 더러는 볼드체로 표시가 되어 있고 더러는 표시가 없다. 저서나 논문 가운데 볼드체로 표시되어 있는 참고문헌은 분량을 줄이기 위해 본문 각주에 문헌정보를 주요 낱말만 간략하게 적어둔 것이고, 볼드체가 없는 참고문헌은 『원리론』을 더 연구하려는 독자들을 위해 수록한 것이다.

PG 11,107-414; Apologia Pamphili Martyris pro Origene: PG 17,521-616 = Lommatzsch, C. H. E.: Tom. 21, Berlin 1847 [Mignes Patrologia, Series Graeca 11 (1857)] = Redepenning, E. R.: ***De Principiis***, Leipzig 1836.

Koetschau, Paul., Leipzig 1913 = ***Origenes, Vier Bücher von den Prinzipien***. Hrsg., übers. und mit kritischen und erl. Anmerkungen vers. von Herwig Görgemanns und Heinrich Karpp (Texte zur Forschung, Bd. 24), Darmstadt 1976 ([2]1985).

원리론 번역본

Butterworth, George W., ***Origen on First Principles***. Introduction by Henri de Lubac, London 1936 (재인쇄 New York 1966).

Crombie, Frederick, ***Origen de Principiis***. In: Ante-Nicene Christian Library: Translations of the Writings of the Fathers down to A. D. 325. Edited by A. Roberts and J. Donaldson. Vol. 10. The Writings of Origen (Vol. I). 1-365, Edinburgh 1869; (재인쇄 Buffalo 1885, 293-382).

Crouzel, Henri et Simonetti, Manlio, ***Origenè, Traité des Principes***. Tome I (Livres I et II); Tome II (Livres I et II); Tome III (Livres III et IV); Tome IV (Livres III et IV); Tome V (Compléments et Indez). Introduction, Texte critique de la version de Rufin, Traduction (SC 252; 253; 268; 269; 312), Paris 1978-1984.

Görgemanns, Herwig und Karpp, Heinrich, ***Origenes, Vier Bücher von den Prinzipien***. Hrsg., übers. und mit kritischen und erl. Anmerkungen vers. von Herwig Görgemanns und Heinrich Karpp (Texte zur Forschung, Bd. 24), Darmstadt 1976 ([2]1985 [3]1992).

Harl, Marguerite, ***Origène, Philocalie***, *1-20 sur les Écritures*. Introduction, Texte, Traduction et Notes (SC 302), Paris 1983.

Lewis, George, *Origen. The Philocalia of Origen*, Edinburgh 1911.

Meyboom, Hajo Uden, *Origenes*. I. Over de (hoofd)beginselen (der geloofsleer). In: Oudchristelijke geschriften in Nederlandsche vertaling. Deel 31, Leiden 1921.

Robinson J. Armitage, ***The Philocalia** of Origen*, Cambridge 1893.

Rössler, Christian Fr., *Origenes*, Leipzig 1776, 83-196.

Schnitzer Karl, Fr., ***Origenes** über die Grundlehren der Glaubenswissenschaft*. Widerherstellungsversuch, Stuttgart 1835.

Simonetti, Manlio, ***I Principi di Origene*** (Classici delle Religioni), Turin 1968.

단행본과 잡지

Abt, A., ***Die Apologie** des Apuleius von Madaura und die antike Zauberei*, RVV IV 2, 1908.

Aeby, Gervais, ***Les Missions divines** de saint Justin à Origène* (Paradosis XII), Fribourg (Suisse) 1958.

Alcain, José Antonio, ***Cautiverio** y Redención del Hombre en Origenes* (Teologia Deusto 4), Bilbao 1973.

Amand, D., ***Fatalisme et liberté** dans l'antiquité greque*, Louvain 1945.

Andresen, Carl (Hrsg.), ***Handbuch** der Dogmen— und Theologiegeschichte*. Bd. 1: Die Lehrentwicklung im Rahmen der Katholozität, Göttingen 1982.

_______, ***Logos und Nomos***, Berlin 1955.

Anrich, G., ***Clemens und Origenes** als Begründer der Lehre vom Fegefeuer*, in: Theologische Abhandlungen, Festgaben H. Holzmann, Tübingen 1902.

Beckaert A., ***La connaissance de Dieu** dans la philosophie de Philon d'Alexandrie*, Paris.

Bardo, Weiss, ***Die Unsterblichkeit** der Seele als eschatologisches Heilsgut nach Origenes*, in: Trierer Theol. Zeitschr. 80 (1971), 156-169.

Bardy, Gustave, ***Faux et fraudes littéraires** dans l'antiquité chrétienne*, in: Rev.

Hist. Eccl. 32 (1936), 5-23, 275-302.

_______, ***La règle de foi** d'Origène*, in: RSR 9 (1919), 162-196.

_______, "***Les traditions judives** dans l'œuvre d'Origène*", in: Revue Biblique 34 (1925), 217-252.

_______, "*Le texte du Peri Archon d'Origène et Justinien*", in: Recherches de Science Religieuse 10 (1920), 224-252.

_______, "***Les citations bibliques** d'Origène dans le De Principiis*", in: Revue Biblique 28 (1919), 106-135.

_______, ***Origène et l'aristotelisme***, Melanges Glotz, Paris 1932.

_______, ***Origène et la magie***, Rech. de sciences relig. 1928, 126-142.

_______, ***Recherches** sur l histoire du texte et des versions latines du 「De principiis」 d'Origène* (Mém. et trav. Fac. Cath. de Lille 25), Paris 1923.

Baud, René Claude, "***Les 'Régles'** de la théologie d'Origène*", in: Recherches de Science Religieuse 55 (1967), 161-208.

Baudissin, S., *Baal und Bel*, in: RE 2,337, 25ff.

Babut, D., ***Plutarque** de la vertu éthique*, Paris 1970, 62-66.

Berner, Ulrich, *Origenes* (Erträge der Forschung 147), Darmstadt 1981.

_______, *Zur Frage der dogmatischen Terminologie in der lateinischen Übersetzung von Origenes' 「De principiis」*, in: Epektasis. Mélanges patristiques offerts au Cardinal Jean Daniélou. Publiés par Jacques Fontaine et Charles Kannesngiesser, Paris 1972, 403-414.

Bettencourt, Stephanus Tavares, *Doctrina ascetica Origenis, seu quid docuerit de ratione animae humanae cum daemonibus* (Studia Anselmiana 16), Rome 1945.

Bigg, Charles, *The Christian Platonists of Alexandria*, Oxford 1886.

Bickermann, E., ***Chronologie***, Leipzig [2]1963.

Bienert, W. A., "***Allegoria***" *und "Anagogie" bei Didymos dem Blinden von Alexandria*. Patristische Texte und Studien 13, 1972.

_______, ***Dionysius von Alexandrien***, Das erhaltenen Werk, Stuttgart 1972.

Blanc, C., "***Les nourritures** spirituelles d'après Origène*", in: Didascalia 6 (1976), 3-19.

Bonnefoy, Jean-François, "***Origène, théoricien*** de la méthode théologique", dans Mélanges offerts au R. P. F. Cavallera, Toulouse 1948, 87-145.

Bonsirrem, J., ***Textes rabbiniques***, Romae 1955.

Boyancé, P., "***Les deux démons personnels** dans l'antiquité grecque et latine*", in: Revue de Philologie 61 (1935), 189-202.

Boyd, W. J. P., ***Origen on Pharaoh's hardened heart**: A Study of Justification and Election in St Paul and Origen*, in: Studia Patristica VII (Teste und Untersuchungen 92), Berlin 1966, 434-442.

Brésard, Luc, ***Bernard et Origène** commentent le Cantique*. Avantpropos par Henri Crouzel SJ., Forges 1983. (Zugleich in Collectanea Cisterciensia 44).

Brox, N., *Spiritualität und Orthodoxie. Zum Konflikt des Origenes mit der Geschichte des Dogmas*, in: Dassmann, E.— Frank, K. S. (Hg.), Pietas (FS B. Kötting), Münster 1980, 140-154.

Brühl, Leo, ***Die Erlösung** des Menschen durch Jesus Christus. Anthropologische und soteriologische Grundzüge in der Theologie des Origenes*, Theol. Diss., Münster i. W. 1970.

Cadiou, René, ***Introduction** au système d'Origène* (Association Guillaume Budé), Paris 1932.

_______, ***La Jeunesse d'Origène**. Histoire de l'École d'Alexandrie au début du IIIe siècle*. Étude de Théologie Historique, Paris 1935.

Campenhausen, Hans Frhr. von, ***Die Entstehung** der christlichen Bibel* (Beitr. zur hist. Theologie, 39). Tübingen 1968, 354-376.

Chardin, P. Teilhard de, ***Le phénomène humain***, Paris 1955.

Chênevert, Jacques, ***L'Église dans le Commentaire** d'Origène sur la Cantique des Cantiques* (Studia 24), Bruxelles-Paris-Montréal 1969.

Chawick, Henry, *Early Christian Thought and the Classical Tradition*. Studies in Justin, Clement, and Origen, Oxford 1966.

Clark, E. A., *New perspectives on the Origenistic Controversy. Human embodiment and ascetic strategies*, in: ChH 59 (1990), 145-162.

Cornelis, H., "***Les fondements cosmologiques** de l'eschatologie d'Origène*", Revue des Sciences Philosophiques et Théologiques 31 (1959), 32-80, 201-247.

Crehan, J., ***The analogy** between Verbum Dei Incarnatum and Verbum Dei scriptum in the Fathers*, in: Journal of theological studies 6 (1955), 87-90.

Crouzel, Henri, *A letter from Origen 'to friends in Alexandria'*, dans The Heritage of the Early Church, Essays in honor of … G. V. Florovsky, edited by David Neiman and Margaret Schatkin (Orientalia Christiana Analecta 195), Rome 1973, 135-150.

_______, *Bibliographie critique d'Origène* (Instrumenta Patristica VIII), Den Haag-Steenbrugge-La Haye 1971.

_______, *Bibliographie critique d'Origène*. Supplément I (Instrumenta Patristica VIII A), Den Haag-Steenbrugge 1982.

_______, "***Geist** (Heiliger Geist)*", in: Reallexikon für Antike und Christentum IX, 511-524

_______, "***Grégoire de Nysse** est-il le fondateur de la théologie mystique?*", in: Revue d'Ascétique et de Mystique 33 (1957), 191-202.

_______, "***Il cuore secondo Origene***", Interiorià e Alterità; Ricerche sul Simbolismo del Cuore, Studia Spiritualia 2, Roma 1977.

_______, "***La distinction** de la typologie et de l'allégorie*", in: Bulletin de Littérature Ecclésiastique 65 (1964), 161-174.

_______, "***La doctrine** origénienne du corps ressuscité*", dans Aufstieg und Niedergang der römischen Welt (Joseph Vogt gewidmet), II: Principat (à paraître). Les critique adressées par Méthode à la doctrine origénienne du corps ressuscité, in: Gregorianum 53 (1972), 679-716.

_______, "***La premier** …* " in: Didaskalia 3 (1973), 3-19.

_______, "***L'anthropologie** d'Origène dans la perspective du combat spirituel*", in: Revue d'Ascétique et de Mystique 31 (1955), 364-385.

_______, ***L'École d'Origène*** *à Césarée. Postscriptum une édition de Grégoire le Thaumaturge*, in: BLE 71 (1970), 15-27.

_______, "***L'exégèse*** *origénienne de I Cor. 3, 11-15 et la purification eschatologique*", dans Epektasis, Mélanges patristiques offerts au Cardinal Jean Daniélou, publiés par J. Fontaine et Ch. Kannengiesser, Paris 1972, 273-283.

_______, '***L'imitation*** *et la "suite" de Dieu et du Christ dans les premiers siècles chrétiens ainsi que leurs sources gréco-romaines et hébraïques*', in: Jahrbuch für Antike und Christentum 21 (1978), 7-14.

_______, ***Les critiques adressées par Méthode*** *à la doctrine origénienne du corps ressuscité*, in: Gregorisnum 53 (1972), 679-716.

_______, *Les fins dernières selon Origène*, Aldershot 1990.

_______, *Les personnes de la Trinité sont-elles de puissance inégale selon 『Peri Archon』 I, 3,5-8*, in: Gregorianum 57 (1976), 109-125.

_______, *Notes critiques sur Origène: 1. Encore Origène et Ammonius Saccas*, in: BLE 59 (1958), 3-7.

_______, ***Origène***, Paris-Namur 1984.

_______, *Origène est-il un systématique?* in: BLE 60 (1959), 81-116.

_______, *Origène et la* 「***Connaissance*** *mystique*」(Collection Museum Lessianum, section théologique 56), Bruges-Paris 1961, 537-578.

_______, ***Origène et la philosophie*** (Collection Théologie 52), Paris 1962.

_______, *Pic de la Mirandole et Origène*, in: BLE 66 (1965), 81-106, 174-194, 272-288.

_______, "*Qu'a voulu faire Origène en composant le Traité des Principes?*", in: Bulletin de Littérature Ecclésiastique 76 (1975), 161-186, 241-260.

_______, *「Quand le Fils transmet le Royaume à Dieu son Père」: L'interprétation d'Origène*, in: Ders., Les fins dernières selon Origène, Aldershot 1990, XIII, 359-384.

_______, ***Théologie de l'Image*** *de Dieu chez Origène* (Théologie 34), Paris 1956.

_______, *Une Controverse sur Origène à la Renaissance: Jean Pic de la Mirandole et Pierre Garcia*. Textes présentés, traduits et annotés. Préface du Révérend Père Henri de Lubac SJ de l'Institut (De Pétrarque à Descartes 36), Paris 1977.

_______, ***Virginité** et mariage chez Origène* (Museum Lessianum, section théologique 58), Bruges-Paris 1963.

Crouzel, Henri, u. a., *Chronique Origénienne*, in: BLE 86, 1985, 127-138; 92, 1991, 123-132; 93, 1992, 225-230; 94, 1993, 131-144; 95, 1994, 333-342.

Daniélou, Jean, ***Christos Kyrios***, dans Mélanges Lebriton, tome I, in: Recherches de Science Religieuse 39 (1951), 338-352.

_______, ***Message évangélique** et culture hellénistique aux IIe et IIIe siècles.* Histoire des doctrines chrétiennes avant Nicée, II (Bibliothèque de Théologie), Paris 1961.

_______, ***Origène*** (Le Génie du Christianisme. Collection publiée sous la direction de François Mauriac de l'Académie française), Paris 1948.

_______, *Origène comme exégète de la Bible*, in: St. Patr. 1 (= TU 63) (1957), 280-290.

_______, ***Sacramentum futuri***, 1950, 191-192.

_______, *The Origenist controversy. The cultural construction of an early christian debate*, Princeton 1992.

Dassmann, Ernst, ***Identifikation** mit der Kirche*, in: MThZ 40 (1989).

Dechow, J. F., *Dogma and mysticism in early christianity. Epiphanius of Cyprus and the legacy of Origen*, Macon 1988.

Declerck, J., *Théophile d'Alexandrie contre Origène. Nouveaux fragments de l'Epistula synodalis prima (CPG 2595)*, in: Byz 54 (1984), 495-507.

Denis, M. Jacques, ***De la philosophie** d'Origène*, Paris 1884.

Diekamp, Franz, ***Die origenistischen Streitigkeiten** im sechsten Jahrhundert und das fünfte allgemeine Concil*. Münster i. w. 1899 (dazu A. Jülicher in: Theologische Literaturzeitung 25 [1900], 173-176).

_______, *Zur Chronologie der origenistischen Streitigkeiten im 6. Jahrhundert*, in: Historisches Jahrbuch 21 (1900), 743-757.

Dobschütz, E. von, ***Das Kerygma*** Petri, in: TU XI/1, Leipzig 1893, 82-84.

Dorival, Gilles, *Remarques sur la Forme du 『Peri Archon』*, in: Henri Crouzel u. a. (Hrsg.), Origeniana. Premier colloque international des études origéniennes, Bari 1975, 33-45.

Dörrie, Heinrich, *Ammonius, der Lehrer Plotins*, in: Hermes 83 (1955), 439-477.

Dumeige, G., "***Le Christ Médecin*** *dans la littérature chrétienne des premiers siècles*", in: Rivista di archeologia cristiana, 1972, 129-138.

Dupuis Jacques, "***L'espirit de l'homme***": *Étude sur l'anthropologie religieuse d'Origène* (Museum Lessianum, section théologique 62), Bruges-Paris 1967.

Duval, Y.-M., *Sur les insinuations de Jérôme me contre Jean de Jérusalem. De l'arianisme à l'origénisme*, in: RHE 65 (1970), 353-374.

Ebeling, G., "***Hermeneutik***", in: RGG III ([3]1959), 244-245.

Eusebius von Caesarea, *Kirchengeschichte*. Hrsg. und eingel. von Heinrich Kraft, München 1967. Die Übersetzung von Philipp Haeuser (Kempten 1932) wurde neu durchgesehen von Hans Armin Gärtner.

Favale, A., *Teofilo d'Alessandria* (345~412). Scritti, vita e dottrina, Turin 1958.

Faye, Eugène,, ***Origène***. *Sa vie, son œuvre, sa pensée*, tome III: La doctrine, Paris 1928.

Fedou, M., *Christianisme et religions paiennes dans le ‚Contre Celse' d'Origène*, Paris 1988.

Feltoe, Charles L., ***The Apocrypha and Pseudepigraphia*** *of the Old Testament*, II, 1963, 407-412. 421ff..

_______, ***The Letters*** *and other Remains of Dionysius of Alexandria*, Cambridge 1904, 229-250.

Festugière A. J., ***La Révélation*** *d'Hermès Trismégiste III*, Paris, 1953

Fischer, J. A., *Die alexandrinischen Synoden gegen Origenes*, in: OKS 28 (1979), 3-16.

Florovsky, George, *Origen, Eusebius, and the Iconoclastic Controversy*, in: Church History 19 (1950), 77-96.

Gerber, W. E., *Exegese III*, in: RAC 6 (1966), 1215-1216.

Giet, Stan, *Hermas et les Pasteurs*, Paris 1963.

______, *Studi sull'Arianesimo* (Verba Seniorum, Nuova serie 5), Rome 1965.

______, *Sull'interpretazione di un passo del De Principiis di Origene* (I 3, 5-8), in: Riv. di cult. class. e med., 6 (1964), 15-32.

Ginzberg, Louis, "***Die Haggada** bei den Kirchenv tern: Exodus*" dans Livre d'hommage à la mémoire du Dr. Samuel Poznanski, Varsovie/Leipzig 1927, 211.

Girod, R., ***La traduction** latine anonyme du Commentaire sur Mattieu*, in: Origeniana: Quaderni di Vetera Christianorum 12, Bari 1975, 125-138.

Godin, André, *De Vitrier à Origène*, in: Recherches sur la patristique érasmienne, in: Colloquium Erasmianum, Mons 1968, 47-57.

Gögler, Rolf, ***Zur Theologie** des biblischen Wortes bei Origenes*, Düsseldorf 1963.

Goldschmidt, L., ***Der Dabylonische Talmud***, La Haye 1933.

Görgemanns, Herwig, *Die "Schöpfung" der "Weisheit" bei Origenes. Eine textkritische Untersuchung zu 『De principiis』* Fr. 32, in: St. Patr. 7 (=TU 92) (1966), 194-209.

Grant, Robert M., *Early Alexandrian Christianity*, in: Church History 40 (1971), 133-144.

______, *Eusebius and his Lives of Origen*, in: Forma Futuri. Studi in onore del Cardinale Michele Pellegrino, Turin 1974.

Gregorius Thaumaturgos, *Des heiligen Gregorius Thaumaturgos ausgewählte Schriften*. Aus dem Griechischen übers. von Dr. P. Hermann Bourier OSB (Bibliothek der Kirchenväter. Nr.), Kempten u. München 1911, 211-259 (bzw. 1-49).

Grillmeier, Aloys, *La ‚Peste d'Origène', soucis du patriarche d'Alexandrie dus à l'apparition d'Origénistes en Haute Égypte (444–451)*, in: Alexandrina (FS C. Mondésert), Paris 1987, 221–238.

_______, ***Das Konzil*** *von Chalkedon I*, Würzburg, 1979.

Gruber, Gerhard, *'ΖΩΗ'. Wesen, Stufen und Mitteilung des wahren Lebens bei Origenes*, München 1962.

Guillaumont, Antoine, ***Évagre*** *et les anathématismes antiorigénistes de 553*, in: St. Patr. 3 (= TU 78) (1961), 219–226.

_______, Les *『Kephalaia Gnostica』 d'Évagre le Pontique et l'Histoire de l'Origénisme chez les Grecs et chez les Syriens* (Patristica Sorbonensia 5), Paris 1962.

Gundel, P. W., ***Astrologie***, in: RAC I.

Haenchen, E., ***Die Apostelgeschichte***, Göttingen 1956.

Hahn, R., ***Die Allegorie*** *in der antiken Rhetorik*, Diss. Tübingen, 1967.

Hammon, A., ***Patroligiae*** *cursus completus*, Supplementum: Series latine IV, Paris, 1969, col. 1192.

Hanson, Richard P. C., *A Note on Origen's Self–Mutilation*, in: VChr 20 (1966), 81–82.

_______, *Allegory and Event. A study of the sources and significance of Origen's Interpretation of Scripture*, London 1959.

_______, *Did Origen apply the word homoousios to the Son?* In: Epektasis (FS J. Daniélou). Hrsg. von J. Fontaine u. Ch. Kannengiesser, Paris 1972, 293–303.

_______, *Origen's doctrine of tradition*, Londres 1954.

_______, ***Tradition***, 134–235.

Harl, Marguerite, "***Recherches sur l'origénisme*** d'*Origène: la satiété (κόρος) de la contemplation comme motif de la chute des âmes*", in: Studia Patristica VIII (TU 93), Berlin 1966, 373–405.

_______, ***La mort salutaire*** *du Pharaon selon Origène*, in: Studi in onore di

Alberto Pincherle, in: Studi e materiali di storia delle religioni, 38, I, Roma 1967, 260-268.

_______, ***Origène et la fonction** révélatrice du Verbe Incarné*, Paris 1958.

_______, ***Origène, Traité des Principes** (「Peri Archon」)*. Traduction de la version latine de Rufin avec un dossier annexe d'autres témoins du texte, Paris 1979.

_______, *Recherches sur le 「Peri archon」 d'Origène eu vue d'une nouvelle édition: la division en chapitres*, in: St. Patr. 3 (= TU 78) (1961), 57-67.

_______, ***Structure et cohérence** du 「Peri Archon」*, in: H. Crouzel u. a., Origeniana. Premier colloque international des études origéniennes, Bari 1975, 11-32.

Harnack, Adolf von, ***Marcion***, in: TU XLV, 166-167; Leipzig [2]1924..

_______, ***Lehrbuch der Dogemengeschichte*** Bd. 1. Tübingen ([4]1909 =) [5]1931.

_______, ***Patristische Miscellen***, in: TU 20, 1900.

Hauck, R., *The more divine proof. Prophecy and inspiration in Celsus and Origen*, Atlanta 1989.

Hauschild, W., ***Gottes Geist** und der Mensch*, München 1972.

Heath, Th., ***A History** of Greek Mathematics I*, Oxford 1921, 74.

Heimann, P., *Erwähltes Schicksal. Präexistenz der Seele und christlicher Glaube im Denkmodell des Origenes*, Tübingen 1988.

Heine, R. E., *Stoic logic as handmaid to exegesis and theology in Origen's Commentary in the Gospel of John*, in: JThS 44 (1993), 89-116.

Heinemann, I., ***Altjüdische Allegoristik***: In Bericht des jüdischen-theologischen Seminars (Fraenkelsche Stiftung) für das Jahr 1935, Breslau 1936.

Hennecke-Schneemelcher, ***Neutest. Apokryphen*** II 3, Tübingen 1964.

Hischberg M., ***Studien zur Geschichte** der Simplices in der Alten Kirche*, Berlin 1944.

Holl, Karl-Jülicher, A., *Die Zeitfolge des ersten origenistischen Streits*, in: Holl, K. (Hg.), Gesammelte Aufsätze zur Kirchengeschichte, Bd. II, 1928, 재인쇄,

Darmstadt 1964, 310-350.

Holz, Harald, ***Über den Begriff des Willens*** *und der Freiheir bei Origenes*, in: Neue Zeitschrift für Systematische Theologie und Religionsphilosophie 12 (1970), 63-84.

Horn, H. J., "***Antakoluthie*** *der Tugenden und Einheit Gottes*", in: Jahrbuch für Antike und Christentum 13 (1970), 5-28.

_______, ***Die Hölle als Krankenheit*** *der Seele*, in: Jahrb. f. Antike u. Chr. 11/12 (1968/9), 55-64.

_______, ***Ignis aeternua.*** *Une interprétation morale du feu éternel chez Origène*, in: Revue des études Grecques 82 (1969), 76-88.

Hornschuh, Manfred, *Das Leben des Origenes und die Entstehung der alexandrinischen Schule*, in: ZKG 71 (1960), 1-25; 193-214.

Huet, Pierre Daniel, Origeniana. Liber II, Caput IV: Fortuna doctrinae Origenianae, 1668. Abgedr. bei Migne: PG 17,1115-1182, und in Lommatzsch's Origenes-Ausgabe 24, Berlin 1846, 1-105.

Hunstorfer, Karl, F. W. J. *Schelling und Origenes*. Ein problemgeschichtlicher Vergleich. Diss. masch. Innsbruck 1990.

Internationale Origeneskongresse: *Origeniana* I, Montserrat 1973.—II, Bari 1980.—III, Bari 1985.—IV, Innsbruck 1987.—V, Löwen 1992.

Ivánka, Endre von, ***Origenes***, in: Plato Christianus. Übernahme und Umgestaltung des Platonismus durch die Väter, Kap. 3, Einsiedeln 1964, 101-148.

Jaeger, W., ***Über Ursprung und Kreislauf*** *des Philosophischen Lebensideels*, SB Berlin 1928.

Jonas, Hans, *Die origenistische Spekulation und die Mystik*, in: Theologische Zeitschrift 5 (1949), 24-45.

_______, ***Gnosis*** *und spätantiker Geist*. Teil 2. 1. Hälfte: Von der Mythologie zur mystischen Philosophie, Göttingen 1954.

_______, *Origines'『PERI ARCHON』— ein System partistischer Gnosis*, in:

Theologische Zeitschrift 4 (1948), 101-119.

Junod, Eric, *Remarques sur la composition de la 『Philocalie』 d'Origène par Basil de Césarée et Grégoire de Nazianze*, in: Revue d Histoire et de Philosophie religieuses 52 (1972), 149-156.

Kannengiesser, C.—Petersen, W. L., *Origen of Alexandria. His world and his legacy*, Notre Dame 1988.

Karpp, Heinrich, ***Probleme altchristlicher Anthropologie***. Biblische Anthropologie und philosophische Psychologie bei den Kirchenvätern des dritten Jahrhunderts, Gütersloh 1950.

_______, *Textkritische Bemerkungen zum 4. Buch des Origenes 『De Principiis』*, in: Rheinisches Museum für Philologie NF. 109 (1966), 165-169.

_______, *Viva Vox*, in: Mullus. Festsch. Theodor Klauser. Jahrbuch für Antike und Christentum, Ergänzungsband 1 (1964), 190-198.

Kattenbusch, F., ***Das apostolische Symbol II***, Leipzig 1900.

Kautzsch, ***Apok. u. Pseud.***, in: RGG II 311; III 337.

Kettler, Franz Heinrich, ***Der ursprüngliche Sinn*** *der Dogmatik des Origenes* (Beiheft 31 zur ZNW), Berlin 1966.

_______, ***Die Ewigkeit*** *der geistigen Schöpfung nach Origenes*, in: Reformation und Humanismus—Robert Stupperich zum 65. Geburtstag. Hrsg. von M. Greschat und J. F. G. Goeters. Witten 1969, 272-297.

_______, *Funktion und Tragweite der Historischen Kritik des Origenes an den Evangelien*, in: Kairos 15 (1973), 36-49.

_______, *War Origenes Schüler des Ammonios Sakkas?* in: Epektasis. Mélanges patristiques offerts au Cardinal Jean Daniélou. Publiés par J. Fontaine et Ch. Kannengiesser, Paris 1972, 327-334.

Klostermann, E., ***Formen der exegetischen Arbeiten*** *des Or.*, in: Theol. Lit.-Zeitung 72 (1947), 203-208.

_______, ***Überkommene Definitionen*** *im Werke des Or.*, in: ZNW 37 (1938), 57-58.

Knauber, Adolf, ***Das Anliegen** der Schule des Origenes zu Cäsarea*, in: Münchener Theologische Zeitschrift 19 (1968), 182-203.

Koch, Hal, ***Pronoia und Paideusis**. Studien über Origenes und sein Verhältnis zum Platonismus* (Arbeiten zur Kirchengeschichte Bd. 22), Berlin u. Leipzig 1932.

Koetschau, Paul, ***Die Textüberlieferung** der Bücher des Origenes gegen Celsus* (TU VI I), Leipzig 1889.

_______, *Origene Werke*. Fünfter Band: De Principiis (ΠΕΡΙ 'ΑΡΧΩΝ), in: GCS 22, Leipzig 1913.

Kretschmar, G., *Studien zur frühchristlichen Trinitätstheologie*, Tübingen 1956.

Kübel, Paul, *Schuld und Schicksal bei Origenes, Gnostikern und Platonikern* (Calwer theol. Monogr. Reihe B, Bd. 1), Stuttgart 1973.

_______, ***Zum Aufbau** von Origenes' De Principiis*, in: VChr 25 (1971), 31-39.

Lampe, O., ***Patristic Greek Lexikon***.

Langerbeck, Hermann, "***Die Verbindung** aristotelischer dun Christlicher Elemente in der Philosophie des Ammonius Saccas*. In: Aufsätze zur Gnosis. Aus dem Nachlaß herausgegeben von Hermann Dörries, Göttingen 1967, 146-166.

Laperrousaz, E. M., ***Le Testament** de Moïse*, Semitica IX, Paris 1970.

Laporte, Jean, *La chute chez Philon et Origène*, in: Kyriakon. Festschrift für Johannes Quasten, 1, Münster 1970, 320-335.

Leroux, J.-M., *Jean Chrysostome et la querelle origéniste*, in: Fontaine, J.— Kannengiesser, C. (Hg.), Epektasis (FS J. Daniélou), Paris 1972, 335-341.

Lesky, A., ***Göttliche und menschliche Motivation** um homerischen Epos*, SB Heidelberg 1861.

Levi, Israël, "*L'origine davidique de Hillel*", in: Revue des Études Juives, 31, 1895, 202-211; 33, 1896, 143-144.

Lewy, L., ***Sobria Ebrictas***, Gissen 1929.

Lies, Lothar, ***Ignatius von Loyola*** *und Origenes*, in: Ignatianisch. Eigenart und Methode der Gesellschaft Jesu. Hrsg. von Michael Sievernich und Günter Switek, Freiburg I. Br. 1990, 183-203.

_______, ***Origenes' Eucharistielehre*** *im Streit der Konfessionen*. Die Auslegungsgeschichte seit der Reformation (ITS 15), Innsbruck 1985.

_______, ***Origenes und die Eucharistiekontroverse*** *zwischen Paschasius Radbertus und Ratramnus*, in: Zeitschrift für katholische Theologie 101 (1979), 414-426.

_______, *Origenes' Peri Archon. Eine undogmatische Dogmatik*, Darmstadt 1992.

_______, *Rezeption der Eucharistielehre des Origenes bei den Reformatoren*, in: Origeniana tertia, Rom 1985, 287-303.

_______, *Vom Christentum zu Christus nach Origenes 『Contra Celsum』*, in: Zeitschrift für katholische Theologie (ZKTh) 112 (1990), 150-177.

_______, *Zum derzeitigen Stand der Origenesforschung*, in: ZKTh 115 (1993), 37-62; 145-171.

Lubac, Henri de, A***ntropologie tripartite***, Theologie dans l'histoire, t. 1, La lumière du Christ, Avant-propos de Michel Sales, Paris, DDB, 118.

_______, ***Exégèse Médiévale***. *Les quatre Sens de l'Écriture*. Bd. 1,1 (Théologie. Études publiées sous la direction de la Faculté de Théologie S.J. de Lyon-Fourvière 41), Paris 1959.

_______, ***Geist*** *aus der Geschichte. Das Schriftverständnis des Origenes*, Einsiedeln 1968 (frz. 1950).

_______, ***Histoire et Esprit***: *L'intelligence de l'Écriture d'après Origène*. (Théologie 16), Paris 1950.—Deutsche Übersetzung von H. Urs von Balthasar: Geist aus der Geschichte. Das Schriftverständnis des Origenes, Einsiedeln 1968.

_______, ***Tu m'as trompé***, *Seigneur! Le Commentaire d'Origène sur Jérémie XX, 7*, dans Mémorial Chaîne, Lyon 1950, 255-280.

Luz, M. Martinez, ***Pastor Marcelo,*** *Teologia de la Luz en Origenes (De Princ. e In Joh.)*, publicaciones anejas a "Miscelanea Comillas", Comillas (Santander) 1963. Ou dans Miscelanes Comillas 38 (1962), 5-120; 39 (1963), 69-208.

Maier, J., ***Die Texte*** *von Toten Meer*, I, 182-183.

Mansi J. D., *Sacrorum conciliorum nova et amplissima collectio*, tomus IX, Paris-Leipzig 1902 (textes de Justinien et du concile de Constantinople II).

Manning, Eugène, *S. Bernard et Origène*, in: Collectanea Ordinis Cisterciensium Reformatorum 25, Rom 1963, 85-86.

Marcus, Wolfgang, *Der Subordinatianismus als historiologisches Problem*. Ein Beitrag zu unserer Kenntnis von der Entstehung der altchristlichen ‚Theologie' und Kultur unter besonderer Berücksichtigung der Begriffe OIKONOMIA und THEOLOGIA, München 1963.

Marrou, H. I., ***Histoire de l'éducation*** *dans l'antiquité*, Paris 1955.

Marty, Fr., ***Le discernement des esprits*** *dans le Peri Archon d'Origène*, in: Revue d'ascétique et de mystique 34 (1958), 147-164. 253-273.

Mates, B., ***Stoic Logic***, Berkeley ²1961.

Monaci Castagno, A., *Origene predicatore e il suo publico*, Mailand 1987.

Müller, Karl, *Kritische Beiträge I: Zu den Auszügen des Hieronymus (ad Avitum) aus des Origenes 『Peri archon』*, in: SB Berlin 36 (1919), 616-631.

Murphy, Francis Xaver, *Evagrius Ponticus and Origenism*, in: Hanson, R.— Crouzel, H. (Hg.), Origeniana Tertia, Rom 1985, 253-269.

_______, ***Rufinus of Aquileia*** (345-411). *His life and works* (The Catholic University of America. Studies in Mediaeval history NS 6), Washington (D. C.) 1945.

Nautin, Pierre, ***La lettre*** *de Théophile d'Alexandrie à l'Église de Jérusalem et la réponse de Jean de Jérusalem (juin-juillet 396)*, in: RHE 69 (1974), 365-394.

_______, ***Lettres et écrivains*** *Chrétiens des IIᵉ et IIIᵉ siècles*, 233-240.

_______, ***Origène.*** *Sa vie et son œuvre* (Christianisme Antique 1), Paris 1977.

Nemeshegyi, Peter, ***La Paternité*** *de Dieu chez Origène* (Bibliothèque de

Théologie), Paris-Tournai 1960.

_______, *La personnalité d'Origène. L'「Éthde sur Origène」du professeur Tetsutaro Ariga, in*: BLE 64 (1963), 3-8.

Neuschäfer, B., *Origenes als Philologe*, 2 Bde., Basel 1987.

Ogg, G., ***The Chronology** of the Public Ministry of Jesus*, Cambridge 1940, 특히 139f.

Opitz, H. G., ***Athanasius*** Werke III/1, 27.

Orbe, Antonio, ***En los albores** de la exégesis iohannea (Ioh. I, 3)* (Estudios Valentinianos II): Analecta Gregoriana 65, Rome 1955.

_______, ***Hacia la primera teologia** de la procesión del Verbo* (Estudios Valentinianos I, 2 vol.): Analecta Gregoriana 99-100, Rome 1958.

_______, *La teologia del **Espiritu Santo*** (Estudios Valentinianos IV): Analecta Gregoriana 158, Rome 1966.

_______, ***Los primeros herejes** ante la persecución* (Estudios Valentinianos V): Analecta Gregoriana 83, Rome 1956.

_______, ***Processión***.

Origeniana: Premier colloque international des études origéniennes (Montserrat, 18-20 septembre 1973). Dirigé par Henri Crouzel, Gennaro Lomiento, Josep Rius-Camps (Quaderni di「Vetera Christianorum」12), Bari 1975.

Origeniana secunda: Second colloque international des études origéniennes (Bari, 20-23 septembre 1977). Textes rassemblés par Henri Crouzel, Antonio Quacquarelli (Quaderni di「Vetera Christianorum」15), Rom 1980.

Origeniana tertia: The Third international Colloquium for Origen Studies (University of Manchester, September 7th-11th 1981). Papers edited by Richard Hanson and Henri Crouzel, Rom 1985.

Origeniana quarta: Die Referate des 4. Internationalen Origeneskongresses (Innsbruck, 2.-6. September 1985). Hrsg. von Lothar Lies (ITS 19), Innsbruck 1987.

Otto, A., ***Die Sprichwörter** und Sprichwörterlichen Redensarten der Römer*,

Leipzig 1890 (재인쇄 Hildesheim 1962).

Pauly-Wissowa, Realencyclopädie, *Boreas, III*, 720-721.

Pépin, Jean, "*A propos de* ***l'histoire de l'exégèse*** *allégorique: l'absurdité, signe de l'allégorie*" in: Studia Patristica I, Texte und Untersuchung 63 (1957), 395-413.

_______, "***Hermeneutik***", in: RAC 14 (1988), 724-728.

_______, ***Théologie cosmique*** *et théologie chrétienne* (Bibliothèque de Philosophie contemporaine), Paris 1964.

Palgen, Rudolf, *Dante und Origenes*, in: Österreichische Akademie der Wissenschaften, philosophisch-historische Klasse. Anzeiger 96 (1959), 214-227.

Peri, V., ***Omelie Origeniane*** *sui Salme*. Contributo all'identificazione del test lantino = Studi e Testi 289, Città del Vaticano 1980.

Peuch, H. Ch., ***Origène et l'exégèse trinitaire*** *du Ps 50,12-24*, dans: Aux sources de la tradition chrétienne, Mélanges offerts à Maurice Goguel, Neuchâtel-Paris 1850.

Pfättisch, J. M., ***Die Dauer*** *der Lehrtäigkeit Jesu nach dem Evangel. des Johannes*, in: Bib. Sutdien 16, 3 u. 4 (1911), 15ff..

Pietras, H., L'amore in Origene, Rom 1988.

Pietron, Josef, *Geistige Schriftauslegung und biblische Predigt*. Überlegungen zu einer Neubestimmung geistiger Exegese im Blick auf heutige Verkündigung, Düsseldorf 1979.

Places, E. des, ***Syngeneia:*** *La parenté de l'homme avec Dieu d'Homère à la patristique*, Paris 1964.

Pohlenz, Max, ***Die Stoa.*** *Geschichte einer geistigen Bewegung*, Göttingen ^{2}1959 ^{3}1964.

_______, *Vom Zorne Gottes*, Göttingen 1909.

Prat, Ferdinand, ***Origène.*** *Le théologien et l'exégète. La pensée chrétienne*, Paris 1907.

Prestige G. L., ***Dieu** dans la pensée patristique*, traduit de l'anglais par D. L. (Les Religions, 10), Paris 1945.

_______, ***God*** in Patristic Thought, London ²1952.

Preuschen, Erwin, *Besprechung von: Origenes' Werke*. 5. Band. De principiis (『peri archon』). Hrsg. von P. Koetschau, in: Berliner Philol. Wochenschr. 36 (1916), 1198-1206.

Ratzinger J., "***Menschheit und Staatenbau** in der Sicht der frühen Kirche*", Studium Generale 14 (1961), 664-682

Rauer, *Die Griechischen Christlichen Schriftsteller*(GCS) Origene IX, ²1959.

Redepenning, Ernst Rudolf, ***Origenes**. Eine Darstellung seines Lebens und seiner Lehre*. 2 Bde., Bonn 1841. (재인쇄) Aalen 1966.

_______, Origenes: ***De Principiis***, Leipzig 1836.

Refoulé, François, *La christologie d'Evagre et l'orgénisme*, in: Orientalia Christiana Periodica 27 (1961), 221-266.

Reijners, G. Q., *Das Wort vom Kreuz. Kreuzes-und Erlösungssymbolik bei Origenes*, Köln-Wien 1983.

Richardson, Cyril, *The condemnation of Origen*, in: Church History 6 (1937), 50-64.

Ricken, Friedo, *Philosophie der Antike* (Grundkurs Philosophie 6), Stuttgart u. a. 1988.

Rius-Camps, Josep, *Comunicabilidad de la naturaleza de Dios según Orígenes*, in: Orientalis Christiana Periodica 34 (1968), 1-37; 36 (1970), 201-247; 38 (1972), 430-453.

_______, *El dinamismo trinitario en la divinización de los seres racionales según Orígenes* (Orientalia Christiana Analecta 188), Rom 1970.

_______, *El 『Peri Archon』 d'Orígenes. Radiografia del primer tractat de teologia dogmàtico-sapiencial*, Barcelona 1985.

_______, "***La suerte final** de la naturaleza corpórea según el Peri Archon de Origenes*", in: Vetera Christianorum 10 (1973), 291-304.

Roberts, L., ***Origen and Stoic Logic***, in: Transactions and Proc. of the Am. Philol. Ass. 101 (1970), 433-444.

Robinson J. Armitage, ***The Philocalia*** *of Origen*. Cambridge 1893.

Roemer, A./Balzner, E., ***Die Homerexegese*** *Aristarchs in ihren Grundzügen*, 1924, 131-136, 179-181.

Rousselle, Aline, ***The persecution*** *of the Christians at Alexandria in the third century*, in: Revue historique de Droit français et etranger, 1974/2, 222-251.

Rüsche, F., ***Blut***, *Leben und Seele*, Paderborn 1930.

Rowe, J. N., *Origen's doctrine of subordination. A study in Origen's Christology*, Frankfurt 1987.

Ruwet, R., ***Les apocryphes*** *dans l'œuvre d'Origène*, in: Biblica 25 (1944), 143-166, 311-334.

Saake, Helmut, ***Der Tractatus-philosophicus*** des *Origenes in 『Peri Archon』 I, 3*, in: Hermes 101 (1973), 91-114.

_______, *La notion de la Trinité à visée pansptériologique chez Origène et son déplacement intra-ecclesial chez Athanase d'Alexandrie*, in: Ch. Kannengiesser (Hrsg.), Politique et Théologie chez Athanase d'Alexandrie, Paris 1974, 295-304.

Sagnard, François, ***La gnose valentinienne*** *et le témoignage de saint Irénée* (Études de philosophie médiévale), Paris 1947.

Salvesen, A., ed., *Origen's Hexapla and Fragments*: Papers Presented at the Rich Seminar on the Hexapla, Oxford Centre for Hebrew and Jewish Studies, Texte und Studien zum antiken Judentum 0721-8753; 58 (Tübingen: Mohr Siebeck, 1998).

Schär, Max, *Das Nachleben des Origenes im Zeitalter des Humanismus* (Basler Beiträge zur Geschichtswissenschaft 140), Basel-Stuttgart 1979.

Schäublin, Christoph. *Untersuchungen zu Methode und Herkunft der antiochenischen Exegese*, Köln-Bonn 1974.

Schendel, E., ***Herrschaft** und Unterwerfung Christi*, Tübingen, 1971.

Schmid, J., *Brautschaft, heilige*, in: RAC II s.v.

Schmidt, K., ***Die alten Petrusakten***, in: TU 24, 1903.

Schneider, A., ***Der Gedanke** der Erkenntnis des Gleichen durch Gleiches*, in: antiker und patristischer Zeit. Beitr. z. Gesch. d. Phil. des Mittelalters. Suppl. 2 (1923), 71ff.

Schnitzer, Karl Fr., ***Origenes** über die Grundlehren der Glaubenswissenschsft. Wiederherstellungsversuch*, Stuttgart 1835.

Schottroff, L., ***Animae naturaliter salvandae**, in Christentum und Gnosis*, hsrg. v. Eltester, in: ZNW Beiheft 37 (1969), 65-97.

Scholten, C., *Die alexandrinischen Katechetenschule*, in: JAC 38 (1995), 16-37.

Schreckenberg, H., ***"Exegese I"***, in: RAC 6 (1966), 1174.

Scott, A., *Origen and the life of the stars. A history of an idea*, Oxford 1991.

Sfameni Gasparro, G. S., *Origene. Studi di antropologia e di storia della tradizione*, Rom 1984.

Sgherri, G., *Chiesa e Sinagoga nelle opere di Origene*, Mailand 1982.

Sieben, H. J., ***Heméneutique** de l'exégèse dogmatique d'Athanase*, dans Ch. Kannengiesser, Politique et Théologie chez Athanase d'Alexandre, Paris 1974.

Simonetti, Manlio, ***Biblical Interpretation** in the Early Church. An Historical Introduction to Patristic Exegesis*, translator John Hughes, T&T Clark 1994.

_______, ***Due note** sull'angelologia origeniana*, in: Rivista di cultura classica e medíoevale 4 (1962), 165-208.

_______, ***Eracleone e Origene***, in: Vetera Christianorum 3 (1966).

_______, ***I Principi** di Origene* (Classici delle religioni, Sezione quarta), Turin 1968.

_______, ***Note sulla teologia** trinitaria di Origene*, in: Vetere Christianorum, 1971.

_______, ***Osservazioni** sulla struttura del「De principiis」di Origene*, in: Rivista di filologia e d'istruzione classica, N. S. 40 (1962), 273-290, 372-393.

_______, ***Psyche e psychikos*** *nella Gnosi valentiniana*, in: Rivista di storia e litteratura religiosa 2 (1966), 9-10.

Steidle, Basilius, *Neue Untersuchungen zu Origenes' 『Peri archon』*, in: ZNW 40 (1942 für 1941), 236-243.

Studer, Basil, *A propos des traductions d'Origène par Jérôme et Rufin*, in: VetChr 5 (1968), 137-155.

_______, ***Zur Frage der dogmatischen Terminologie*** *in der lateinischen Übersetzung von Origenes' 『De principiis』*, in: Epektasis. Mélanges patristiques offerts au Cardinal Jean Daniélou. Publiés par Jacques Fontaine et Charles Kannesngiesser, Paris 1972, 403-414.

_______, ***Zur Frage des westlichen Origenismus***, in: St. Patr. 9 (= TU 94) (1966), 270-287.

Teichtweier, Georg, *Die Sündenlehre des Origenes* (Studien zur Geschichte der katholischen Moraltheologie), Ratisbonne 1958.

Theiler, Willy, *spiritus der Lehrer des Origenes*, in: Forschungen zum Neuplatonismus, Berlin 1966, 1-45.

_______, ***Die Vorbereitung*** *des Neuplatonismus*, Berlin 1930.

_______, *Tacitus und die antike Schicksalslehre*, in: Phyllobolia, Basel 1946.

Torjesen, K. J., *Hermeneutical procedure and theological method in Origen's exegesis*, Berlin 1986.

Trevijano, Etcheverria Ramón, *En lucha contra las potestades* (Exégesis primitiva de Ef. 6,11-17 hasta Origenes), Rome 1968.

Tripolitis, Antonia, *Origen. A Critical Reading* (American University Studies, Series VII: Theology and Religion 8), New York 1985.

Tröger, Karl-Wolfgang, ***Mysterienglaube*** *und Gnosis im Corpus Hermeticum XIII*, Berlin 1971.

Vagaggini, C., ***Maria*** *nelle opere di Origene*, Rome 1942.

Van Laak, Werner, *Allversöhnung. Die Lehre von der Apokatastasis*. Ihre

Grundlegung durch Origenes und ihre Bewertung in der gegenwärtigen Theologie bei Karl Barth und Hans Urs von Balthasar (SthTSt 11), Sinzig 1990.

Van den Eynde, D., ***Les normes** de l'enseignement chrétien dans la littérature patristique des trois premiers siècles*, Gembloux-Paris 1933.

Van Unnik, W. C., The "***Wise Fire**" in a Gnostic eschatological vision*, in: Kyriakon, Festschrift Quasten, Münster 1970, I 277-288.

Verbeke, G., ***L'Evolution de la doctrine** du Pneuma du Stoïcisme à saint Augustin*, Paris/Louvain 1945.

Vogt, Hermann Josef, ***Das Kirchenverständnis** des Origenes* (Bonner Beiträge zur Kirchengeschichte 4), Köln-Wien 1974.

Völker, Walther, ***Das Vollkommenheitsideal** des Origenes* (Beiträge zur historischen Theologie Bd. 7), Tübingen 1931.

Weber, Karl-Otto, *Origenes der Neuplatoniker* (Zetemata 27). München 1962.

Wehrli, F., (Hrsg.), ***Die Schule** des Aristoteles: Straton von Lampsakos*, Basel. 1950

Weiss, Bardo, ***Die Unsterblichkeit der Seele** als eschatologisches Heilsgut nach Origenes*, in: Trierer Theol. Zeitschr. 80 (1971), 156-169

Wénin, A., ***Ame(théologie biblique)***, in: Dictionnaire critique de Théologie, Paris 1998, 24-25.

_______, ***Coeur(théologie biblique)***, in: Dictionnaire critique de Théologie, Paris 1998, 25-26

Wickert, Ulrich, *Glauben und Denken bei Tertullian und Origenes*, in: Zeitschrift für Theologie und Kirche 62 (1965), 153-177.

Winkelmann, Friedhelm, ***Einige Bemerkungen** zu den Aussagen des Rufinus von Aguileia und des Hieronymus über ihre Übersetzungstheorie und -methode*, in: Kyriakon, Festschrift Johannes Quasten, 2, Münster 1970, 532-547.

Wlosok A., ***Laktanz***, Abh. d. Heid. Ak. d. Wiss. 1960.

Wolff, H. W., ***Anthropologie** des Alten Testaments, München* 1973.

Wolfson, H. A., *The Philosophy of the Church Fathers I*, Cambridge (Mass.) [3]1970.

_______, ***Philo***, Cambridge (Mass.) 1948.

Worrall, A. S., ***Origen** The Life and Thouht of the First Great Theologian*, New York 1989.

Wünsche, A., ***Bibliotheca Rabbïni** ca, I*, Hildesheim 1967.

Zeller, E., ***Die Philosophie** der Griechen II*, 2/3(Aristoteles und die alten Peripatetiker), 437-438.

본문과 각주

루피누스의 머리말[1]

1. 성경을 이해하고 싶은 열망에 사로잡힌 많은 형제가 그리스 문헌에

1) 루피누스는 머리말에서 오리게네스의 『원리론』 번역 원칙을 설명하면서 히에로니무스의 방법을 따랐노라고 밝힌다. 히에로니무스는 오리게네스의 저서들을 번역하면서 걸림돌을 피하기 위하여 교회의 신앙과 일치하지 않는 대목들은 손질할 필요가 있다고 판단했다. 루피누스는 『원리론』을 라틴어로 번역하면서 오리게네스의 다른 저서들에 설명된 것과 분명히 대비되는 구절이 보이면 가필이라 판단하여 삭제하거나 손질했으며, 지나치게 모호한 대목은 라틴어 독자들의 이해를 돕기 위하여 내용을 덧붙이기도 했다고 한다. 또한 『원리론』의 라틴어 번역이 오리게네스 적대자들에게 공격의 빌미를 주지 않도록 자신의 번역에 "그 무엇도 덧붙이지도, 빼지도, 끼워 넣지도, 바꾸지도 말라"고 경고한다(참조 머리말 4). 루피누스의 머리말은 오리게네스 논쟁에서 가장 중요한 문헌이다. 당시 동방에서는 잠시 가라앉았던 논쟁이 이 저서로 말미암아 서방에서 시작되었기 때문이다. 루피누스 스스로는 히에로니무스의 모범에 따라 번역했다고 합리화하지만, 정작 열렬한 반오리게네스주의자로 변신한 히에로니무스는 이를 받아들일 수 없었다. 히에로니무스는 비록 젊은 시절에 오리게네스에게 매료되기는 했으나 이제는 적대시하는 저술가 오리게네스의 저서를 퍼뜨리기 위해 자신의 권위를 도용하는 루피누스의 주장을 견딜 수 없었기 때문이다. 루피누스의 번역에 대한 히에로니무스의 강력한 반격은 『서간집』 84에 담겨 있다.

능통한 몇몇 학자에게 오리게네스의 저서를 번역하여 라틴어로도 들을 수 있게 해 달라고[2] 요청했다는 사실을 나는 알고 있다. 그래서 우리의 동료인 한 형제[3]가 다마수스 주교의 부탁으로 〔오리게네스의〕『아가 강해』 두 편을 그리스어에서 라틴어로 번역하였는데,[4] 그 저서의 첫머리에 누구나 오리게네스의 저서들을 읽고 열심히 탐구하고픈 열망을 느낄 정도로 고상하고 멋들어진 머리말을 썼다. 〔히에로니무스는〕 "임금님이 나를 내전으로 데려가 주셨네"(아가 1,4)라는 말씀이 오리게네스의 영혼에 딱 어울린다고 하였다.[5] 〔오리게네스는〕 다른 저서들에서도 모든 이를 능가하지만,『아가 강해』는 자기 자신도 뛰어넘었다는 것이다. 〔히에로니무스는〕 바로 그 머리말에서 이『아가 주해』뿐 아니라 오리게네스의 수많은 다른 저서도 로마인 독자들에게 〔라틴어로〕 제공하겠노라고 약속하고 있다.[6] 그러나 내가 보기에 그는 자신의 철필로 저술하는 일을 즐기면서 더 큰 영광을 추구했기에,[7]

2) 직역은 "오리게네스를 로마인으로 만들어 입혀 라틴어 독자들의 귀에도 그를 선사해 달라고"다.

3) 히에로니무스를 가리킨다.

4) 이 번역은 남아 있으며, 로마의 주교 다마수스에게 헌정되었다(GCS 33, 26쪽).

5) **참조** 히에로니무스가 번역한 오리게네스의『아가 강해』 머리말(GCS 33, 26쪽). 히에로니무스는『서간집』 84,7과 2에서 오리게네스를 신학자(theologus)가 아니라 주석가(exegeta)로서 칭송했다고 밝힌다(**참조** 루피누스,『히에로니무스 반박 변론』 2,17).

6) 이는 루피누스의 착각이다. 루피누스가 암시하는 히에로니무스의 번역 약속은 오리게네스의『아가 강해』 머리말이 아니라『에제키엘서 강해』 머리말(GCS 33, 318쪽)에 들어 있다. 히에로니무스는『아가 강해』 머리말에서 오리게네스의『아가 주해』 열 권의 번역이 얼마나 힘든 일인지만 얘기한다. 결국 히에로니무스는『아가 주해』를 한 권도 번역하지 않았고, 루피누스가 번역한『아가 주해』 네 권만 전해질 따름이다.

7) 히에로니무스는 오리게네스를 비롯한 다른 그리스 저술가들의 주해를 활용하여 바오로 서간을 비롯한 성경 주해들을 저술해 자기 이름으로 출판했다. 루피누스가 이 사실을 빗대어 말하는 것일 수도 있다.

말의 번역자보다는 오히려 '말의 아버지'[8]가 되었다. 우리는 그가 시작하고 성과를 거둔 일을 계속하겠지만, 그처럼 위대한 인물의 말을 그토록 우아한 수사학적 기교로 장식할 수는 없다. 지식과 지혜(로마 11,33; 1코린 12,8 참조) 때문에 '사도들 이후 교회의 또 다른 스승'[9]으로 칭송받는 그분의 진가를 우리의 어설픈 문체로 심하게 깎아내리는 과오를 저지르지는 않을까 두렵기만 하다.

2. 나는 이 점을 자주 생각하면서 침묵을 지켰으며, 나에게 번역 작업을 해 달라고 수시로 요구하던 형제들의 간청을 받아들이지 않았다. 가장 충실한 형제 마카리우스,[10] 그대의 고집은 나의 재주 없음을 이유로 들어서도 저항할 수 없을 만큼 대단했다. 나는 그대의 무거운 압박으로 고생하지 않을 양으로, 나보다 앞서 번역한 이들과 특히 앞에서 언급한 이〔히에로니무스〕

8) '말의 아버지'(πατὴρ τοῦ λόγου)는 저자를 나타내는 상투적인 표현이다(참조 Lampe, πατήρ A 11). 루피누스가 플라톤의 『향연』 177d(참조 『파이드로스』 257b)를 생각한 것 같지는 않다. 루피누스는 빈정대면서 히에로니무스가 오리게네스에게 호의를 보이지 않는 이유를 문학적 명예심으로 돌려 버린다.

9) 참조 이 표현은 히에로니무스가 번역한 오리게네스의 『에제키엘서 강해』 머리말(GCS 33, 318쪽)의 인용이다. "Magnum est quidem, amice, quod postulas, ut Origenem faciam Latinum et hominem iuxta Didymi videntis sententiam alterum post apostolum(이본: apostolos) ecclesiarum magistrum etiam Romanis auribus donem." 이 대목은 루피누스의 『히에로니무스 반박 변론』 2,16에 더 정확히 인용된다. 히에로니무스는 doctorem이 아니라 magistrum을 두 번 사용한다.

10) 마카리우스에 관해서는 히에로니무스가 암시하고 있고(참조 『서간집』 127,9), 루피누스도 『원리론』 제1권과 제3권의 번역 머리말과 『히에로니무스 반박 변론』(1,11)뿐 아니라 팜필루스의 『오리게네스를 위한 변론』을 번역하면서 머리말에서 이 인물을 언급한다. 마카리우스는 천체 숭배자들을 반박하는 작품을 기대했다(참조 팜필루스, 『오리게네스를 위한 변론』 서론). 또한 겐나디우스의 『명인록』 28에서도 짧게 언급되지만(참조 G. Bardy, *Recherches*, 90-92쪽) 이 인물이 누구인지는 정확하게 알 수 없다. 그는 루피누스가 팔레스티나에서 돌아오자마자 팜필루스의 『오리게네스를 위한 변론』 번역을 부탁했다. 그러고 나서 『원리론』 번역을 청하였다.

의 번역 원칙에 따라 힘닿는 만큼 번역한다는 조건 아래 처음의 뜻과는 달리 이를 수락하였다. 〔히에로니무스는〕 강해라고 이름 붙인 일흔 권이 넘는 오리게네스의 저서[11]와 사도들의 서간에 관한 몇 가지 주해서[12]를 라틴어로 번역한 바 있다. 그런데 그리스어 본문에서 걸림돌이 될 수 있는 몇몇 부분을 발견한 그는, 라틴 독자들이 우리 신앙과 일치하지 않는 그 무엇도 그 저서에서 찾아내지 못하도록 번역 과정에서 그런 모든 것을 삭제하고 손질했다.[13] 수려한 필치를 지닌 사람들에게는 미치지 못하겠지만, 나도 가능한 한 〔히에로니무스 번역의〕 원칙을 따를 것이며, 오리게네스의 저서들에서 그의 가르침과 일치하지 않고 모순되는 대목은 옮기지 않도록 조심할 것이다.

3. 이러한 차이점에 관해서는 팜필루스가 오리게네스의 저서들을 옹호하기 위해 쓴 『오리게네스를 위한 변론』을 번역하면서 내가 그대에게 충분

11) 히에로니무스는 오리게네스의 강해를 77편 또는 78편 번역했다. 루피누스는 히에로니무스의 『에제키엘서 강해』 머리말(GCS 33, 318쪽)에서 히에로니무스가 오리게네스의 성경 주해서를 '토모스'(τόμος, commentarius, 주해), '스콜리아'(σχόλια, 짧은 발췌 주해), '호밀리아'(ὁμιλία, homilia, 강해)로 구분한다고 넌지시 언급한다. 이에 관해서는 참조 E. Klostermann, *Formen der exegetischen Arbeiten*, 203-208쪽. 오늘날까지 전해지는 저서는 『아가 강해』 두 권, 『이사야서 강해』 아홉 권, 『예레미야서 강해』 열네 권, 『에제키엘서 강해』 열네 권, 『루카 복음 강해』 서른아홉 권이다.

12) 히에로니무스는 오리게네스의 주해서를 번역하지 않았지만 자신의 『갈라티아서 주해』와 『에페소서 주해』는 오리게네스의 영향을 많이 받았고 그의 저서를 활용했다고 말한다. 『필레몬서 주해』와 『티토서 주해』도 마찬가지일 것이다.

13) 히에로니무스 자신은 『서간집』 61,2; 82,7; 84,7(참조 『루피누스 저서 반박 변론』 1,7; 3,14)에서, 자신과 오리게네스 저서를 번역한 다른 이들이 추구한 방식, 곧 걸림돌이 될 수 있는 원문을 바꾸거나 생략한 것에 관해 말한다. 이러한 처리 방식에 관해서는 참조 G. Bardy, *Recherches*, 161쪽. 이와 달리 빙켈만(F. Winkelmann, *Einige Bemerkungen*)은 루피누스가 전략적 이유에서 히에로니무스의 번역 방식을 왜곡해 전하였다고 판단한다.

히 설명한 바 있다. 곧, 나는 앞에서 언급한 아주 짤막한 책자[14]를 덧붙였는데, 이단자들과 악의로 가득 찬 사람들이 오리게네스의 저서들, 특히 그대가 나에게 지금 번역을 요청하는 저서인 『페리 아르콘』(*ΠΕΡΙ ΑΡΧΩΝ*)의 상당 부분을 변질시켰다는 확실한 증거를 거기서 제시하였다. 『페리 아르콘』은 『원리론』(*De Principiis*) 또는 『권세론』(*De Principatibus*)[15]이라고 할 수 있는데, 실제로 매우 모호하고 난해한 점이 많다. 여기서 그는 철학자들이 일생을 다 바쳐도 아무것도 찾아낼 수 없었던 그런 문제들을 다루고 있다. 그러나 우리 저자〔오리게네스〕는 그들이 불경한 방향으로 끌고 갔던 창조주에 대한 신앙과 피조물에 대한 이해를 경건한 방향으로 바꾸어 놓기 위해 최선을 다했다. 오리게네스의 저서에서는 그가 다른 저서들에서 삼위일체에 관해 정통교리에 맞게 정의한 내용과는 다른 점들이 발견된다. 나는 그것이 〔누군가에 의해〕 변질되었고 그의 것이 아니라고 여겼기 때문에 생략하기도 했고, 그가 다른 저서들에서 자주 밝힌 〔신앙〕 규범[16]에 맞추어 손

14) 루피누스가 쓴 『오리게네스 저서 변조』를 가리킨다.

15) 그리스어 '아르카이'(ἀρχαί)는 여러 의미로 이해될 수 있다. 루피누스의 둘째 번역은 명백히 콜로 1,16의 천사 무리와 관련된다(참조 『원리론』 1,7,1). 콜로 1,16의 "왕권이든 주권이든 권세든 권력이든"(εἴτε θρόνοι εἴτε κυριότητες εἴτε ἀρχαὶ εἴτε ἐξουσίαι)이라는 대목에서 '아르카이'는 '권세'(principati)라는 뜻을 지니고 있다. 루피누스 시대에도 오리게네스가 이 제목을 정확히 어떤 뜻으로 달았는지 확실하게 알 수 없었다. 그러나 이 의미는 진지하게 고려되지 않았다. De principiis이라는 첫째 번역이 적절하다. 최근의 번역자들은 이를 두 가지 의미, 곧 '기초 원리들' 또는 '원리들'로 번역하는 것을 검토하였다. 슈니처(K. Fr. Schnitzer, *Origenes*, XXI쪽 이하)는 제목을 '신앙의 지식에 관한 기본 원리들'로 번역했다. 이와 달리 코흐(H. Koch, *Pronoia und Paideusis*, 251쪽 이하)는 '페리 아르콘'(περὶ ἀρχῶν)이 플라톤학파의 신학 강의의 관습적인 제목이며 최고의 존재론적 원리들을 뜻한다고 말한다(참조 알비노스, 『교육자』 7-8).

16) 루피누스는 틀림없이 '오리게네스가 그의 다른 저서들에서 증언한 신앙 규범에 따라'라는 뜻으로 말했을 것이다.

질하기도 했다. 오리게네스가 이미 전문성과 학식을 갖춘 사람들을 대상으로 말할 때 간단히 설명했던 부분들이 모호해 보이는데, 나는 같은 주제에 대해 그의 다른 저서들에서 읽은 내용을 검토하여 설명을 덧붙임으로써 이를 더 명확하게 하였다.[17] 그러나 내 말을 덧붙인 것이 아니라, 비록 다른 저서에서 언급한 것이지만 그의 말을 그대로 옮겨 놓았다.[18]

4. 내가 머리말에서 이 점을 밝혀 두는 까닭은, 〔오리게네스를〕 비방하는 자들이 비난거리를 새롭게 찾아냈다고[19] 여기지 못하게 하려는 것이다. 사악하고 다투기 좋아하는 자들이 무슨 짓을 하였는지 그대는 보게 될 것이다. 하느님께서 그대들의 간청을 들어 주시고 도와 주셨기에 나는 이처럼 엄청난 노고를 받아들였다. 내가 이 일을 하는 것은 비방자들의 입을 틀어막기 위해서가 아니라(이는 하느님께서 하시지 않는 한 불가능할 것이다) 사실[20]을 올바로 이해하려는 이들에게 자료를 제공하기 위해서다. 그러므로 장차 도래할 나라에 대한 믿음을 통하여, 죽은 이의 부활 신비를 통하여, 그리고 "악마와 그 부하들을 위하여 영원한 불을 마련하신"(마태 25,41)

17) 루피누스가 오리게네스의 『원리론』을 그대로 번역하지 않고 오리게네스의 다른 저서들을 바탕으로 다시 손질하였다는 사실을 알 수 있다. 히에로니무스는 루피누스가 『원리론』 1,1,8에서 본문의 의미를 더 명확하게 하기 위하여 심지어 디디무스 발췌 주해의 한 구절까지 집어넣었다고 비난한다(참조 『루피누스 저서 반박 변론』 2,11). 그러나 루피누스의 가필을 일일이 정확하게 찾아내는 일은 불가능하다.

18) 히에로니무스는 이 확언을 비난한다(참조 『루피누스 저서 반박 변론』 3,29).

19) 예루살렘의 요한이 알렉산드리아의 테오필루스에게 보낸 편지—여기에는 신앙고백에 관한 내용이 담겨 있다—는 오리게네스 반대자들이 비방하는 원인이 되었다(참조 루피누스, 『히에로니무스 반박 변론』 1,16). 히에로니무스는 『예루살렘의 요한 반박』에서 이 편지의 내용을 부분적으로 인용하며 나머지 내용을 알려 준다(참조 P. Nautin, *La lettre*, 365-394쪽).

20) Rerum. 이 낱말은 종교적 인식의 목표인 신적 신비들을 가리킨다. 이는 플라톤 전통을 계승하는 오리게네스가 자주 사용했던 '프라그마타'(πράγματα)에 해당한다. 이는 sacramentum과 res로 정의된 성사에 관한 스콜라학파의 개념에서 발견된다.

분을 통하여 성부와 성자와 성령 앞에서 권고하고 간청하노니, 이 책들을 필사하거나 읽으려는 모든 이는 "울고 이를 가는"(마태 8,12) 곳, "구더기도 죽지 않고 불도 꺼지지 않는"(마르 9,48; 이사 66,24 참조) 곳을 영원한 유산으로 차지하지 않도록 이 책에 그 무엇도 덧붙이지도, 빼지도, 끼워 넣지도, 바꾸지도 말 것이며, 자기가 필사한 것을 원본과 대조하면서 철자를 교정하고 구두점을 찍어야 할 것이다.[21]

21) 원문을 대조하여 교정하고 구두점을 찍는 일은 으레 책의 필사 마지막 과정에서 이루어졌다. 이 과정이 생략될 경우 오류가 담긴 부정확한 사본들이 독자들에게 혼란을 불러일으키곤 했다. 이 낱말들에 관해서는 참조 H. I. Marrou, *Histoire de l'éducation*, 553쪽. 구두점은 끊어지지 않고 쓰인 사본에서 횡선으로 낱말들을 분리시키는 부호를 가리킨다.

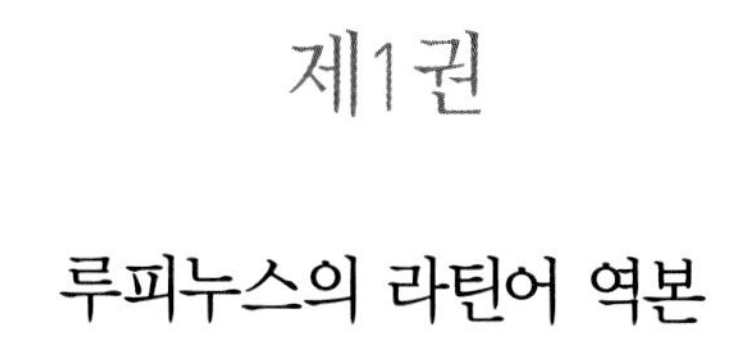

제1권

루피누스의 라틴어 역본

* 제1권 이하의 각주는 Butterworth, G.W., *Origen on First Principles*. Introduction by Henri de Lubac, London 1936 (재인쇄 New York 1966); Crouzel, H. et Simonetti, M., *Origenè, Traité des Principes*. Tome II (Livres I et II); Tome IV (Livres III et IV). Introduction, Texte critique de la version de Rufin, Traduction (SC 253 269), Paris 1978-1984; Görgemanns, H. und Karpp, H., *Origenes, Vier Bücher von den Prinzipien*. Hrsg., übers. und mit kritischen und erl. Anmerkungen vers. von Herwig Görgemanns und Heinrich Karpp (Texte zur Forschung, Bd. 24), Darmstadt 1976 ([2]1985 [3]1992); Simonetti, M., *I Principi di Origene* (Classici delle Religioni), Turin 1968와 다른 연구결과를 참조하였다.

서론

1. 은총과 진리가 예수 그리스도를 통해 이루어진다는 사실을 믿고 확신하는 이들과, 그분 몸소 "나는 진리다"(요한 14,6)라고 말씀하신 대로 그리스도께서 진리이심을 알고 있는 모든 이는[1] 사람을 바르고 복되게 살도록 인도하는 지식을 얻는다. 이 지식은 오직 그리스도의 말씀 자체와 가르침에서 오는 것이다. 그리스도의 말씀이란 그분이 사람이 되셔서 육(肉) 안에 계실 때에 가르치신 말씀만을 일컫는 것이 아니다. 하느님의 말씀

1) 이 시작 부분은 그리스어로 남아 있다. 루피누스는 에우세비우스의 『마르켈루스 반박』 1,4를 글자 그대로 번역했다. 안키라의 마르켈루스는 플라톤의 『고르기아스』 454e에서 차용한 것으로 보이는 '믿고 확신하는 이들'(οἱ πεπιστευκότες καὶ πεπεισμένοι)이라는 표현을 인용했으며, 이를 오리게네스가 플라톤의 가르침에 근거해 『원리론』을 저술했다는 증거로 보았다. 에우세비우스는 『원리론』이 플라톤과 아무 관계가 없다는 것을 입증하기 위해 이 구절을 인용했다. 실제로 관계가 없으며 기껏해야 어렴풋한 기억이라고 보는 것이 옳다.

(로고스)이신 그리스도께서는 예전에도 모세와 예언자들 안에 계셨기 때문이다. 그들이 하느님의 말씀 없이 어떻게 그리스도에 관해 예언할 수 있었겠는가?[2] 모세나 예언자들이 행한 모든 것은 그리스도의 영을 충만히 받아 말하거나 행했다는 사실을 성경을 통해 입증해 보이는 것은 그리 어려운 일이 아니다. 그러나 가능한 한 짧게 이 문제를 다루는 것이 우리의 과제다. 그러므로 나는 바오로가 히브리인들에게 쓴 서간 가운데 이 증언을 인용하는 것으로 충분하다고 본다.[3] "믿음으로써, 모세는 어른이 되었을 때에 파라오 딸의 아들이라고 불리기를 거부하였습니다. 죄의 일시적인 향락을 누리기보다 하느님의 백성과 함께 학대받는 길을 선택하였습니다. 그는 그리스도를 위하여 받는 모욕을 이집트의 보물보다 더 큰 재산으로 여겼습니다."(히브 11,24-26) 그리스도께서 하늘에 오르신 다음에는 당신 사도들 안에서 말씀하셨는데, 이에 관해 바오로 사도는 이렇게 지적한다. "여러분은 그리스도께서 내 안에서 말씀하신다는 증거를 찾고 있습니까?"(2코린 13,3 참조)

2. 그런데 그리스도에 대한 믿음을 고백하는 이들 가운데 많은 이가 작고 아주 사소한 문제들에서뿐만 아니라 크고 아주 중요한 문제들에서도 일치를 이루지 못하고 있다.[4] 예컨대 하느님이나 주 예수 그리스도

2) 오리게네스의 글에 자주 나타나는 견해로, 그는 그리스도가 모세와 예언자들 안에 있었다고 여러 번 이야기한다(**참조**『마태오 복음 강해』 28;『이사야서 강해』 1,5; 7,2;『예레미야서 강해』 9,1;『켈수스 반박』 6,5,21).

3) 히브리서는 바오로의 제자가 손질했지만 바오로의 사상을 고스란히 보존하고 있다고 여긴 오리게네스는 히브리서를 인용할 때마다 바오로의 저서라고 밝힌다(**참조** 에우세비우스,『교회사』 6,25,11-14).

4) 이 주제에 관해서는 **참조** 오리게네스,『요한 복음 주해』 32,16(9),183;『마태오 복음 강해』 33; 알렉산드리아의 클레멘스,『양탄자』 7,15,90.

나 성령에 관한 문제뿐 아니라, 다른 피조물들,[5] 곧 신적 주권〔의 천사〕(dominationes)과 능력〔의 천사〕(virtutes)에 관한 문제가 그렇다. 따라서 〔신앙〕 규범[6]이 이 문제들 하나하나에 확실하고 명확하게 제시한 방향을 먼저 살펴본 다음, 다른 문제들에 관해 탐구할 필요가 있겠다. 그리스인이나 다른 민족 사람들 가운데 많은 이가 진리를 약속했지만, 우리는 그리스도께서 하느님의 아들이심을 믿고 그분에게서 진리를 배워야 한다는 확신을 갖게 된 뒤로는 그릇된 견해를 퍼뜨리는 그들에게서 더 이상 진리를 찾지 않았다. 이처럼 그리스도의 진리를 알고 있다고 믿는 이가 많지만 그들 가운데 일부는 앞 시대 그리스도인들과 의견이 어긋난다.[7] 그러나 우리는 사도들의 계승을 통해 전승되어 오늘날까지 교회 안에 남아 있는 교회의 선포[8]를 보존해야 한다. 교회 전통과 사도 전통[9]에서 한 점도 어긋나지 않는 진리

5) '다른 피조물들에 관한'(de aliis creaturis)이라는 표현은 성령이 적어도 피조물들 안에 내포되는 것이라고 생각하게 한다. 그러나 이 표현은 아들과 성령이 이 개념에 포함되는 "다른 피조물에 관한"이라는 의미가 아니라 "다른 것들, 곧 피조물들에 관한"이라는 뜻이다. 슈니처(K. Fr. Schnitzer, *Origenes*, 2쪽 각주)에 따르면, 그리스어에서 흔한 중복 어법(ἀλλὰ καὶ περὶ ἄλλων κτίσεων)이 문제다. 하지만 오리게네스에게 '크티시스'(κτίσις)는 엄밀히 '피조물'에 부합하지 않고, 아들과 성령을 포함한 하느님에게서 생겨나는 모든 것을 총괄한다.

6) 신앙 규범(regula fidei), 신심 규범(regula pietatis)에서 라틴어 '레굴라'(regula)는 루피누스가 그리스어 '카논'(κανών)을 옮긴 말일 것이다. 여하튼 이 낱말들은 오리게네스의 글에서 대체로 '카논'에 해당한다. 오리게네스는 교회의 선포를 성서주석적 논제에서처럼 교의적 문제에서 규범(κανών, regula)으로 여긴다(참조 『원리론』 4,2,2). 루피누스의 번역에서 regula pietatis를 증거로 끌어 대는 것은 때때로 이 의미로 사용된다(예를 들어 『원리론』 1,5,4; 3,1,7.17.23; 3,5,4; 4,3,14). 바우드(R. Cl. Baud, *Les régles*, 161-208쪽)는 이 주제에 관해 많은 문헌을 증거로 제시한다.

7) 켈수스는 그리스도인이 여러 분파로 분열된 것을 조롱하였다(참조 『켈수스 반박』 3,12; 5,63). 오리게네스는 『켈수스 반박』에서 서로 견해가 다른 것은 매우 당연하며, 이를 세심하게 검토함으로써 진리에 이를 수 있다고 답변한다.

8) praedicatio=κήρυγμα.

9) traditio=παράδοσις. 교회 전통(traditio ecclesiastica)과 사도 전통(traditio apostolica)은 신

만이 믿을 만한 것이다.

3. 거룩한 사도들은 그리스도 신앙을 선포하면서 필요하다고 여기는 것들을 모든 신자에게는 물론 신적 지식을 탐구하는 데 게으른 이들에게도 분명하게 전해 주었다. 그러나 자신들이 선포한 것에 대한 합리적인 설명은, 성령으로부터 직접 말씀과 지혜와 지식[10]의 은사를 받은 이들이 탐구하도록 남겨 두었다(1코린 12,8 참조).[11] 〔사도들은〕 세상에 존재하는 다른 것들에 관해서 말하면서도 그 존재 양식과 기원에 대해서는 침묵한다. 이는 분명 그들의 후계자들 가운데 더 열성적이고 지혜를 사랑하는 이들을 훈련하기 위해서였을 것이다. 지혜를 얻을 자격과 능력을 갖춘 이들은 이 훈련[12]을 통해 자기 재능의 결실을 드러내게 된다.[13]

앙 규범(regula fidei), 진리 규범(regula veritatis)과 같은 뜻으로 널리 사용된다(참조 이레네우스, 『이단 반박』 1,9,4; 1,10,1; 3,2,2; 테르툴리아누스, 『이단자에 대한 항고』 13; 『호교론』 47,10; 『동정녀의 베일』 1,3; 『프락세아스 반박』 2,2; 알렉산드리아의 클레멘스, 『양탄자』 7,16,94-95; 7,17,107; 오리게네스, 『요한 복음 주해』 13,16,98). 참조 R. P. C. Hanson, *Tradition*. 전통 또는 전승(tradito)에 대한 오리게네스의 분명한 정의에 관해서는 참조 『마태오 복음 주해』 46.

10) 지혜와 지식〔scientia는 보통 '그노시스'(γνῶσις)를 나타낸다〕은 단순한 신앙보다 더 완전한 은사에 속한다. 오리게네스는 1코린 12,7-9에 근거하여 이에 관해 자주 말한다. 참조 H. Crouzel, *Connaissance*, 443-460쪽. 지식 안에서 모든 진보는 성령의 활동이다〔참조 『아가 주해』 3(GCS 8, 208쪽)〕.

11) 오리게네스는 '신적 지식'에 도달하는 것은 성령의 힘으로 가능하다고 믿었다(참조 『켈수스 반박』 1,7).

12) 오리게네스는 진리와 지혜를 탐구하기 위해서는 훈련(γυμνασία)이 필요하다고 거듭 주장한다(참조 『원리론』 1,6,1; 1,7,1; 1,8,4; 『마태오 복음 주해』 15,33; 『요한 복음 주해』 32,24(16),305; 『예레미야서 강해』 1,7; H. Crouzel, *Connaissance*, 400-409쪽).

13) 오리게네스는 '더 단순한 사람들'(ἁπλούστεροι, simpliciores, 또한 ἀκεραιότεροι: 『원리론』 4,2,1)과, 문자적 의미로부터 영혼적 의미와 영적 의미로 나아가는 진보된 이들(참조 『원리론』 4,2,4)을 구분한다. 이 구분은 단순하게 믿는 이(ἁπλῶς πεπιστευκῶς)와 영지주의자(γνωστικός)를 비교하는 알렉산드리아의 클레멘스의 글에도 나온다(참조 『양탄자』

4. 사도들의 선포를 통해 분명하게 전해 오는 것들은 이러하다.[14] 첫째, 만물을 창조하시고 정돈하셨으며 아무것도 없었을 때에 우주를 만드신 하느님은 한 분이시다.[15] 하느님은 세상이 창조되고 형성되기 전부터 계셨으며,[16] 모든 의인, 곧 아담과 아벨, 셋, 에노스, 에녹, 노아, 셈, 아브라함, 이사악, 야곱과 열두 성조, 모세와 예언자들의 하느님이시다. 이 하느님은 당신 예언자들을 통해 미리 약속하신 대로 마지막 때에(히브 1,2 참조) 주 예수 그리스도를 보내시어, 먼저 이스라엘 백성을 부르시고 이스라엘 백성이 배신한 뒤에는 다른 민족들을(마태 15,24와 28,19 참조) 부르셨다. 이 하느님은 의롭고 선하시며, 우리 주 예수 그리스도의 아버지이시며(로마 15,6

4,18,114). 이에 관해서는 **참조** Fr. H. Kettler, *Der ursprüngliche Sinn*, 1-12쪽; M. Hischberg, *Studien zur Geschichte*.

14) 오리게네스는 교회의 기본적인 가르침에 관한 개관을 다른 저서들에서도 제시한다(**참조** F. Kattenbusch, *Das apostolische Symbol II*, 134쪽 이하). 오리게네스는 여기에서 다루는 가르침을, 나중에 다른 가장 중요한 문제들과 체계적으로 연결짓는다. 신앙 진리에 관한 다른 목록에 관해서는 **참조** 『요한 복음 주해』 20,30(24),269-272; 32,16(9),187-193; 『마태오 복음 강해』 33; 『티토서 단편』(PG 14,1303).

15) 그리스인들에게 알려지지 않은, '무에서'(ex nihilo) 창조에 관한 단언은 헤르마스의 『목자』 계명 1(26),1을 인용하는 『원리론』 1,3,3과 『목자』의 같은 구절을 인용하는 『원리론』 2,1,5에 있다. 오리게네스가 이렇게 단언했다는 것에는 의심의 여지가 없다. 『목자』와 2마카에 바탕을 둔 이 단언은 거의 같은 시기에 쓰인 『요한 복음 주해』 1,17(18),103에도 나오기 때문이다. 오리게네스 이전의 '무에서 창조'에 관해서는 **참조** 아리스티데스, 『호교론』 4; 타티아누스, 『그리스인에 대한 연설』 4-5; 안티오키아의 테오필루스, 『아우톨리쿠스에게』 1,4; 이레네우스, 『사도적 가르침의 논증』 4. 그밖에 『목자』는 『원리론』 4,2,4; 『여호수아기 강해』 10,1; 『로마서 주해』 10,31; 『시편 제37편 강해』 1,1; 『민수기 강해』 8,1에서 인용된다(**참조** J. Daniélou, *Message évangélique*, 455-456쪽). 오리게네스는 『목자』를 성경으로 소개하지만, 경전성에서 이론이 분분하다는 것을 알고 있었다(**참조** 『마태오 복음 주해』 14,21).

16) 다음의 내용은, 세상에서 활동하는 여러 하느님을 가정하는 영지주의자들(바실리데스, 발렌티누스)의 가르침을 반박한다. 특히 구약의 '의로운' 하느님과 신약의 '선한' 하느님을 구분하는 마르키온을 염두에 두고 있다.

등 참조), 몸소 율법과 예언서와 복음서를 주셨다. 사도들의 이 하느님이 바로 구약과 신약의 하느님이시다.[17)]

둘째, 몸소 내려오신 예수 그리스도(요한 5,43 등 참조)는 모든 피조물 이전에 성부에게서 나신 분이다.[18)] 그분은 만물을 창조할 때 아버지를 도우셨으니,[19)] 사실 "모든 것이 그분을 통하여 생겨났다"(요한 1,3).[20)] 그리고 그분은 하느님이셨지만, 마지막 때에 당신 자신을 비우시어 사람이 되시고 육화하셨으며[21)](히브 1,2; 필리 2,7 참조), 사람이 되셨지만 예전에 그러하셨듯

17) 구약의 불완전하고 악한 조물주 하느님과 신약의 완전하고 선한 하느님을 구별하던 영지주의자들이나 마르키온파와는 달리, 오리게네스는 의로우신 구약의 하느님과 선하신 신약의 하느님이 같은 분이라 고백한다(참조 『원리론』 2,4-5).

18) 성자는 성부에게서 '났다'(natus)라고 번역한 루피누스와는 달리, 히에로니무스는 성자가 성부에게서 '창조되었다'(factus)는 것이 오리게네스의 표현이라고 주장한다. 그리스어에서 ἐγεννήθη(태어난)과 ἐγενήθη(창조된)의 구분이 이에 상응한다. 곧, 성자를 '나신 분'(γεννητός)이 아니라 '창조된 분'(γενητός)으로 여겼다는 것이다(참조 『서간집』 124,2). 그러나 '겐네토스'(γεννητός)라는 낱말 자체가 '창조된 이'라는 의미도 지니고 있었을 뿐 아니라, 이 비슷한 두 낱말이 필사 과정에서 종종 혼동됨으로써 오리게네스는 이단 논쟁에 휘말리게 되었다. 니케아 공의회(325년) 이전에 이 낱말들은 내용적으로 명확하게 구분되지 않았다(참조 G. L. Prestige, *God*, 37-50쪽). 아리우스 논쟁을 통해 명백히 구분된 뒤, 오리게네스는 '게네토스'(γενητός)를 사용하였다는 사실 때문에 의혹을 받았다. 오리게네스의 변론자들이 오리게네스에게 '게네토스'가 '겐네토스'와 같은 의미라고 내세우는 반면, 에피파니우스(『약상자』 64,8)는 그 낱말에 이단적 의미가 있다고 전한다. 성자는 성부에게서 났다는 오리게네스의 한결같은 진술에 관해서는 참조 『원리론』 4,4,1; 『예레미야서 강해』 9,4.

19) 아들이 창조에서 아버지를 도왔다는 단언은 니케아 공의회 이전 교부들의 글에 흔히 나오며, 아리우스 논쟁 이후에도 나타난다. 이는, 아버지가 근원에서 그리고 구원경륜에서 첫째였다는 이단적 요소가 전혀 없는 종속론을 나타낸다(참조 『켈수스 반박』 2,9; 5,12; 6,60; 『요한 복음 주해』 1,19(22),110-111; 2,3,19; 2,10(6),77; 2,30(24),183). 또한 참조 K. Fr. Schnitzer, *Origenes*, 4쪽 각주; E. R. Redepennig, *De Principiis*, 91쪽. 레데펜닝(Redepenning)는 여기에서 오리게네스 이전의 많은 교부와, 푸아티에의 힐라리우스, 마리우스 빅토리누스, 에피파니우스 같은 아리우스 이후의 교부들을 인용한다.

20) 참조 『원리론』 1,2,2-3.

21) 참조 『원리론』 1,2,1.

이 하느님으로 머물러 계신다. 그분은 동정녀와 성령으로부터 나셨다는 점만 다를 뿐,[22] 우리와 비슷한 육체를 받아들이셨다.[23] 이 예수 그리스도는 환상으로가 아니라[24] 참으로 태어나시고 수난하셨기 때문에 〔모든 인간에게〕 공통된 죽음[25]으로 돌아가셨다. 그분은 죽은 이들 가운데서 참으로 부활하셨으며, 부활 후에는 당신 제자들과 함께 지내시다가 〔하늘로〕 올림을 받으셨다.[26]

끝으로, 〔사도들은〕 영예와 존엄에서 성부와 성자와 일치하시는 성령에 관한 교의를 전해 주었다. 그분(성령)이 나셨는지 나지 않으셨는지,[27] 그분

22) 참조 『요한 복음 주해』 32,16(9),191.

23) 영지주의파, 특히 마르키온파에 널리 퍼진 가현설적 견해에 대한 반박. 참조 『루카 복음 주해』 17,4; 『켈수스 반박』 1,66; 1,69; 2,23; 2,31. 그리스도의 육체와 죽음의 실제에 관한 오리게네스의 주장은 반영지주의적 의미다. 영지주의자들은 예수가 가짜 육체를 입고 있었으므로 십자가에서 실제로 고통을 겪을 수 없었다고 주장했다. 영지주의에 관해서는 참조 이수민, 『영지주의자들』, 분도출판사 2005.

24) 참조 『요한 복음 단편』 53(GCS 4); 『켈수스 반박』 2,16.

25) 오리게네스에게는 세 종류의 죽음이 있다. 하나는 '공통된 죽음'(κοινὸν θάνατον; 참조 오리게네스, 『순교 권면』 39)으로 모든 이에게 공통된 죽음을 의미한다. 이는 스토아학파의 용어 '메소스'(μέσος)나 동의어 '아디아포로스'(ἀδιάφορος, 상관 없는, 무관심한)가 표현하듯이 도덕적으로 좋지도 나쁘지도 않은 물리적 죽음이다. 다른 하나는 좋은 죄의 죽음이고 다른 하나는 나쁜 죄의 죽음이다. 따라서 '공통된 죽음'은 좋은 죄의 죽음이나 나쁜 죄의 죽음과 구분된다(참조 『헤라클리데스와의 대화』 25-27; 로마서 주해』 5,3; 5,10; 6,6; 7,12; 『마태오 복음 주해』 13,9; 『레위기 강해』 9,11; 『요한 복음 주해』 13,23,140; 20,25(21),220-230). 또한 자주 나쁜 죄의 죽음이 물리적 죽음과 서로 대조를 이룬다(참조 『기도론』 27,9; 『요한 복음 주해』 13,61(59),427-429; 『원리론』 2,8,3)

26) 영지주의자들이 내세우는 가현설에 반대하여 그리스도의 육체, 그의 고통, 죽음, 부활의 사실성에 관해 오리게네스가 내세운 주장.

27) 히에로니무스는 오리게네스가 "창조되었는지 창조되지 않았는지"라고 썼으리라고 본다(참조 『서간집』 124,2). 바로 앞 단락의 혼동이 되풀이되는 셈인데, '창조되지 않은 분'(ἀγένητος)과 '나지 않은 분'(ἀγέννητος)은 4세기까지는 종종 동의어처럼 사용되었다(참조 『원리론』 4,2,1). 아리우스 논쟁에 이르러서야 이 용어의 정확한 구분이 이루어진다. 아리우스 논

을 하느님의 아들로 여겨야 하는지 말아야 하는지는[28] 아직 명확하게 밝혀지지 않았다. 그러나 이 문제들은 가능한 한 성경을 바탕으로 한 면밀한 연구를 통해 검토되어야 한다.[29] 이 성령은 신적 예언자들과 사도들에게 영감을 주셨으니, 구약의 사람들에게 영감을 주신 성령과 그리스도께서 오셔서 사람들에게 불어넣어 주신 성령이 다르지 않다.[30] 이것은 교회가 가장 명백하게 선포하는 가르침이다.

5. 그다음으로 영혼은 고유한 실체와 생명을 지니고 있으며, 이 세상을 떠날 때에 그 공로에 따라 보상받게 될 것이다. 만일 그의 행실이 합당하였으면 영원한 생명과 지복의 유산을 보상받게 될 것이나, 영혼이 이 세상에서 악행의 잘못을 저질렀다면 영원한 불과 탄식에 떨어질 것이다.[31] 그리고 죽은 이들이 부활할 때가 올 터인데, 지금 "썩을 것으로 씨 뿌려진 것이 〔그때에는〕 썩지 않는 것으로 되살아나고", 지금 "비천한 것으로 씨 뿌려진 것이 〔그때에는〕 영광스러운 것으로 되살아날 것이다"(1코린 15,42-43 참조).[32]

이성적인 모든 영혼은 자유의지와 원의를 지니고 있다는 것[33]이 교회의

쟁 경험을 통하여 루피누스는 엄격한 니케아 공의회의 의미로 오리게네스의 표현을 번역했고, 히에로니무스는 아리우스파의 의미로 번역하였다.

28) 참조 『요한 복음 주해』 2,10(6),75-76.

29) 참조 『원리론』 1,3.

30) 이 대목도 반영지주의적 의미를 담고 있다. 영지주의자들은 구약성경은 데미우르구스의 영감을 받았고, 신약성경은 선하신 하느님의 영감을 받았다고 주장했다. 이는 두 성경과 두 하느님을 내세우는 영지주의자들을 반박하는 데 늘 사용되는 단언이다. 참조 『원리론』 2,7.

31) 참조 『켈수스 반박』 3,31; 8,48; 8,52.

32) 참조 『원리론』 2,10-11.

33) 이성적인 모든 영혼은 하나의 본성만 지니고 있다. 오리게네스는 발렌티누스파가 인간들을 영적 인간, 영혼적 인간, 물질적 인간으로 분류하는 것에 반대한다(참조 『켈수스 반박』 3,69; 4,83; 『티토서 단편』(PG 14,1305A).

선포로 확정되어 있다.[34] 영혼은 악마와 그 부하 및 적대 세력들과 싸움을 벌이고 있는데(에페 6,12 참조), 그들은 영혼에게 죄의 짐을 지우려 애쓴다.[35] 그렇지만 우리는 바르고 지혜롭게 살아가면서 이러한 짐에서 벗어나고자 애쓴다.[36] 원하지 않는데도 어쩔 도리 없이 악이나 선을 행할 수밖에 없다는 그런 필연에 우리가 종속되어 있지 않다는 사실을 깨달아야 한다.[37] 우리가 자유의지를 지니고 있으니 어떤 세력이 우리를 죄악으로 유인하거나 다른 세력이 구원을 위해 우리를 도와줄 수는 있겠지만, 우리가 바르게 행동하거나 악하게 행동하는 것이 필연이 아니다.[38] 그런데도 별들의 궤도와 움직임이 인간 행위, 곧 자유의지와 상관없이 벌어지는 일뿐 아니라 우리 능력에 속한 모든 행위의 원인이 된다고 내세우는 자들이 있다.[39]

영혼이 씨앗을 통해 태어난다면,[40] 영혼의 원리나 실체가 육체의 씨앗에 들어 있다고 여겨야 하는가 아니면 다른 어떤 기원을 생각해야 하는가? 그 기원은 난 것인가 나지 않은 것인가? 만일 영혼이 외부에서 온다면, 육체

34) 『원리론』 3,1에서 이 문장은 직접적으로 교회의 가르침이 아니지만 계명들과 심판에 관한 가르침에 대한 불가피한 전제임을 보여 준다.

35) 참조 『요한 복음 주해』 20,40(32),378.

36) 참조 『원리론』 3,2,3.

37) 영지주의자들 가운데 발렌티누스파는 본성상 선을 향하여 예정되고 구원받는 영적 인간과 악을 향하여 예정되고 파멸하는 물질적 인간이 있다고 주장했다(참조 『예레미야서 강해』 20,2; 『요한 복음 주해』 32,16(9),189; 『요한 복음 단편』 43(GCS 4).

38) 참조 『기도론』 27,12.

39) 점성술적 운명론에 관해서는 참조 P. W. Gundel, *Astrologie*; W. Theiler, *Tacitus* 41쪽 이하. 그 당시 천체 숭배는 철학자들과 민중 사이에 널리 퍼져 있었다. 『필로칼리아』 23과 에우세비우스의 『복음의 준비』 6,11에 남아 있는 오리게네스 『창세기 주해』의 일부 긴 구절은 별들이 인간 운명의 동인이 아니라 단지 표상이라는 것을 입증한다(참조 『마태오 복음 주해』 13,6).

40) 영혼유전설(traducianismus)이 북아프리카에 널리 퍼져 있었다(참조 테르툴리아누스, 아우구스티누스). 오리게네스는 이 문제를 『아가 주해』 2; 『원리론』 3,4,2에서도 다룬다.

안으로 유입되는 것인가 아닌가?[41] 이런 문제들은 〔교회의〕 선포를 통해 충분히 설명되어 있지 않다.[42]

6. 교회의 선포는 악마와 그 부하들과 적대 세력들의 존재에 대해 일깨워 주고 있지만, 그 본성과 존재 방식에 대해서는 분명하게 언급하지 않는다. 그런데 많은 이들은 본디 천사였던 악마가[43] 배신하여 많은 천사를 자기와 함께 타락하도록 꼬드겼고, 이들이 지금까지 그의 부하로 불린다는 (마태 25,41 등 참조) 생각을 가지고 있다.[44]

7. 교회의 선포는 이러한 것도 있다. 이 세상은 창조되었기 때문에 특정한 때에 존재하기 시작하였으며, 소멸하는 본성 때문에 언젠가는 없어진다는 것이다.[45] 그럼에도 이 세상 이전에 무엇이 있었으며, 이 세상 이후에는 무엇이 있을지 분명하게 아는 이는 많지 않다. 교회의 선포가 이에 대해 명확하게 언급하지 않고 있기 때문이다.[46]

8. 성경은 하느님 영으로 저술되었으며,[47] 분명하게 드러난 의미뿐 아니라 많은 이에게는 숨겨진 다른 의미도 지니고 있다.[48] 성경에 기록되어 있

41) 참조 『원리론』 1,7,4. 이 질문들은 오리게네스의 영혼론을 암시한다(참조 『원리론』 2,8; 1,4,3-5).

42) 이러한 문제들의 불확실성에 관해서는 참조 루피누스, 『로마의 주교 아나스타시우스에게 보낸 변론』 6.

43) 참조 이레네우스, 『사도적 가르침의 논증』 16; 아테나고라스, 『Legatio』 24. 오리게네스에 관해서는 참조 『원리론』 1,5,4-5; 『켈수스 반박』 6,44-45와 H. Crouzel, *Théologie de l'Image*, 151-152.189쪽에 인용된 본문들.

44) 참조 『원리론』 1,5,2-5.

45) 참조 『켈수스 반박』 1,37; 4,9; 4,21; 『요한 복음 주해』 1,26(24),178.

46) 참조 『원리론』 2,3; 3,5-6.

47) 참조 『원리론』 4,1.

48) 참조 『원리론』 4,2. 성경은 문자적 의미(sensus litteralis)뿐 아니라 우의적 의미(sensus allegoricus), 곧 영적 의미도 지니고 있다는 점을 모든 교회가 받아들이고 있었다(참조

는 것은 신비의 형상(forma)이며 신적 실재의 모상(imago)에 지나지 않기 때문이다. 모든 교회는 이 점에 동의한다. 모든 율법은 영적이지만(로마 7,14 참조), 율법이 영적으로 의미하는 바를 모든 이가 아는 것이 아니고, 지혜와 지식과 말씀 안에서 성령의 은사를 받은 이들만 알고 있을 따름이다(1코린 12,8 참조).

'아소마토스'(ἀσώματος),[49] 곧 '비육체적'(非肉體的, incorporeus)이라는 용어는 많은 이에게 알려져 있지 않을 뿐 아니라 성경에서도 잘 사용되지 않는 생소한 낱말이다.[50] 만일 어떤 이가 구원자께서 제자들에게 "나는 비육체적 유령이 아니다"[51]라고 말씀하셨다는 이른바 『베드로의 가르침』(*Petri Doctrina*)이라는 책을 우리에게 제시한다면, 먼저 그 책 자체가 교회의 책[52]이 아니라고 그에게 대답해 주고, 게다가 그 책이 베드로의 것도 아니며 하느님의 영으로 감도를 받은 다른 이의 저서도 아니라는 사실을 입증해 주어야 한다. 우리가 양보하여 이〔저자〕 문제를 따지지 않더라도, 여기

『원리론』 4,1-3).

49) '비육체적'(ἀσώματος)에 관해서는 참조 『창세기 강해』 1,3(내적 인간); 『요한 복음 주해』 13,22,132; 『기도론』 27,8.

50) 오리게네스는 하느님이 비육체적이라고 가르친다(이는 『원리론』 1,1의 주제다). 그는 이 표현이 성경에 나오지 않은 이유를 설명하면서, 이 의미에서 이 낱말은 대중들이 사용하는 언어가 아니라 철학적 용어이기 때문이라고 그 근거를 댄다.

51) 『베드로의 가르침』이 소실된 Kerygma Petrou를 가리키는지는 의심스럽다(참조 Hennecke-Schneemelcher, *Neutest. Apokryphen*, 60쪽). 이 구절의 그리스어 인용문은 이그나티우스, 『스미르나 신자들에게 보낸 편지』 3,2; 에우세비우스, 『교회사』 3,36,11에 나온다. 히에로니무스는 『명인록』 16과 『이사야서 주해』 18 서론에서 이 구절이 『히브리 복음서』의 한 대목이라고 한다. 이는 루카 복음 24,36-39에 상응한다. 곧 부활한 예수를 본 제자들은 자신이 유령을 보았다고 생각했지만, 예수는 그들이 확신하도록 자신의 몸을 만지게 하였다. 참조 E. von Dobschütz, *Das Kerygma*, 82-84쪽.

52) 신약 정경에 포함된 책을 가리킨다. 오리게네스가 사용한 정경에 관해서는 참조 에우세비우스, 『교회사』 3,36,11.

서 '아소마토스'라는 말이 가리키는 의미는 그리스 저술가들이나 다른 민족 저술가들이 표현하는 것과 같지 않으니, 철학자들 사이에서도 비육체적 본성에 관한 논쟁이 벌어지고 있기 때문이다. (『베드로의 가르침』이라는) 이 책에서 그분을 가리켜 '비육체적 유령'이라고 말한 것은 유령의 신체적 형태와 모양이 어찌됐든 우리의 촘촘하고 가시적인 육체와는 비슷하지 않다는 뜻이다. 그러나 그 책을 저술한 이가 말하고자 하는 의미에 따라 이해할 필요가 있겠다. 곧, 그리스도께서는 유령이 지닌 것과 같은 육체를 지니신 것이 아니라—유령의 육체란 가벼운 숨결과 같이 본성적으로 섬세한 그 무엇이라 여긴 까닭에 많은 이는 이것을 비육체적인 것이라 생각하며 그렇게 말한다[53]—단단하고 만질 수 있는 육체를 지니셨다는 것이다. 그러나 모든 인간의 관습상, 더 단순하고 무지한 사람들은 이러한 특질들을 지니지 않은 것을 일컬어 비육체적이라고 한다. 우리가 들이키는 이 공기는 잡거나 붙들어 두거나 힘으로 밀 수 있는 물체가 아닌 까닭에 비육체적이라고 부르는 것과 같다.

9. 그건 그렇다 치고, 그리스 철학자들이 '아소마토스', 곧 '비육체적'이라고 부르는 것 자체가 성경에서 혹시 다른 용어로 일컬어지고 있는지[54] 찾아보기로 하자. 또한 하느님 자체가 어떻게 인식되고 있는지도 살펴볼 일이다. 그분이 육체적 존재로서[55] 어떤 모양을 갖춘 분인지,[56] 아니면 육체

53) 유령들(daemonici)은 아주 섬세한 육체를 지니고 있다고 여겼던 그 시대의 생각을 오리게네스도 받아들이고 있다(참조 테르툴리아누스, 『호교론』 22,5). 오리게네스에 따르면 천사들도 영기로 가득 찬 육체를 지녔다(참조 『마태오 복음 주해』 17,30). 삼위일체만 비육체적이다(참조 『원리론』 1,6,4; 2,2,2; 4,3,15).

54) '비가시적'에 관해서는 참조 『원리론』 1,1,8; 2,3,6; 4,3,15; 4,4,1.

55) 참조 『켈수스 반박』 6,64; 7,27; 7,38; 7,66; 8,49; 『창세기 선별 강해』 1,26(PG 12,93). 이와 달리 테르툴리아누스는 하느님을 육체적으로 이해한다. 그는 육체성을 실재와 떼어 생각할

와는 다른 본성을 지닌 분인지는 우리 〔교회의〕 선포에 분명하게 설명되어 있지 않다. 또 성자와 성령, 모든 영혼 그리고 모든 이성적 본성에 대해서도 같은 물음을 던져야 하겠다.[57]

10. 교회의 선포에 따르면, 인간 구원을 이루기 위해 하느님을 시중드는 그분의 천사들과 선한 세력들이 있다(히브 1,14 참조). 그러나 그들이 언제 창조되었으며 어떤 본성을 지니고 어떻게 존재하는지에 관해서는 매우 분명하게 말해지지 않았다.[58] 그리고 해와 달과 별들이 영혼을 지니고 있는지 아닌지에 관해서도 분명하게 전해지지 않았다.[59]

그러므로 "지식의 빛이 여러분 안에서 빛나도록 하시오!"[60](호세 10,12)라는 명령에 따라 이 모든 문제에 대한 합리적인 설명을 체계적으로 정리하고자 하는 사람은 누구나 기본적인 요소들을 이용하여 명쾌하고 필수적인 논증으로 개별 문제에 관한 진리를 찾아내야 하고, 앞에서 말한 것처럼 성경에서 찾아냈거나 성경을 논리적으로 올바르게 연구한 끝에 얻어 낸 본보기와 설명들을 통해서 체계적인 저서를 만들어야 한다.[61]

수 없었기 때문이다. 스토아학파의 물질주의의 영향으로 이 시기에는 모교회의 많은 그리스도인이 신인동형론자였다.

56) 스토아 철학의 물질주의 개념을 공유한 그 당시의 대중 사상에 관해서는 참조 『원리론』 1,1,1.

57) 참조 『원리론』 1,1; 1,2,6; 1,1,3; 1,7,1.

58) 참조 『원리론』 1,5.

59) 이미 플라톤은 별들이 영혼을 지니고 있었다고 보았고(참조 『티마이오스』 38e), 이러한 견해는 오리게네스 시대의 철학에서 보편적이었다(참조 『원리론』 1,7; 『켈수스 반박』 5,10-11; 『예레미야서 강해』 10,6). 오리게네스는 이러한 견해 때문에 오리게네스 논쟁 때 비난의 대상이 되었다(참조 543년의 유스티니아누스의 파문문 6조).

60) 참조 M. M. Luz, *Pastor Marcelo*, 39 (1963), 178-196쪽.

61) 『원리론』을 통하여 체계적인 그리스도교 교리를 세우려는 오리게네스의 의도를 엿볼 수 있다.

성부와 성자(그리스도)와 성령

1장
하느님[1]

1. 우리가 사용하는 성경을 근거로 대면서 하느님은 육체라고 주장하려는 사람들이 있다는 사실을 나는 잘 알고 있다.[2] 〔그들이 내세우는 성경 구

1) 하느님 아버지를 다루는 1장에서 오리게네스는 '비육체적 존재'에 관한 문제를 다룬다. 우선 하느님의 육체성을 끌어낼 수 있을 듯이 보이는 몇몇 성경 구절은 상징적 언어구조로 이루어져 있음을 밝힌다(1-5절). 하느님은 인식할 수도, 이해할 수도 없고, 오직 '유비의 길'(via analogiae)을 통하여 떠올릴 수 있을 뿐이라고 전제한 다음, 하느님의 절대적 단순성, 비육체성, 불변성을 드러내기 위하여 몇 가지 상징과 비유를 사용한다(6-7절).

2) 이들은 성경의 신인동형론을 글자 그대로 이해하거나, 테르툴리아누스처럼 스토아학파의 물질주의 영향을 받아 비육체적 존재는 이해할 수 없다는 신인동형론자들이다. 오리게네스는 하느님의 육체성(corporeitas)을 주장하는 자들 가운데 하나로 사르데스의 멜리톤을 꼽는다(참조 『창세기 선별 강해』 1,26; PG 12,93). 하느님의 육체적 본성을 주장하는 까닭은 성경의 몇 대목을 지나치게 문자적으로 해석한 탓이거나(참조 『창세기 강해』 1,13), 하느님을 포함한 모든 존재는 육체적이라고 주장한 스토아 철학의 영향이다(참조 테르툴리아누스, 『프락세아스 반박』 7,8; 오리게네스, 『켈수스 반박』 8,49).

절은] 모세가 "우리 하느님은 태워 버리는 불이시다"(신명 4,24)[3]라고 한 구절과, 요한 복음에 "하느님은 영이시다. 그러므로 그분께 예배를 드리는 이는 영과 진리 안에서 예배를 드려야 한다"(요한 4,24)라고 한 구절이다. 그들은 불과 영이 바로 육체라고 생각한다.[4] 그러면 나는, 요한 사도가 자신의 서간에서 "하느님은 빛이시며 그분께는 어둠이 전혀 없습니다"(1요한 1,5)라고 한 성경 말씀에 대해서는 뭐라고 말하려는 것인지 그들에게 묻고 싶다. 시편 제35편에서 "우리는 당신 빛으로 빛을 보게 되리라"(시편 35,10)라고 하였듯이, 그 빛은 진리를 깨달을 수 있는 이들의 모든 감각을 비추는 빛이다. 사람들이 그 안에서 보게 되는 하느님의 빛은, 빛을 받은 사람으로 하여금 사물의 진리를 꿰뚫어보게 하며, 진리라고 불리는(요한 14,6 참조) 하느님 자신을 깨닫게 해 주는 하느님의 능력이 아니고 무엇이겠는가? 그러므로 "우리는 당신 빛 안에서 빛을 보게 되리라"라는 말은 당신 아들이신 당신 말씀과 지혜 안에서(1코린 1,24 참조), 곧 그분 안에서 아버지이신 당신을 보게 되리라는 뜻이다.[5] 그분을 빛이라 불렀다고 해서 그분을 이 세상 태양 빛이라고 보아야 하겠는가? 미약한 지성이 어떻게 이 육체적 빛에서 지식의 원인을 이해하고 진리의 의미를 발견할 수 있다고 생각할 수 있겠는가?

3) 영지주의자들은 이 성경 구절을 바탕으로 구약의 더 낮은 신인 데미우르구스의 형상을 불이라고 정의했다(참조 히폴리투스, 『모든 이단 반박』 6,32,7).

4) 스토아학파의 전형적인 개념이다(참조 『켈수스 반박』 6,71; 테르툴리아누스, 『프락세아스 반박』 7,8). 참조 G. Verbeke, *L'Évolution de la doctrine*.

5) 시편 35,10에 관한 이 해석은 알렉산드리아학파의 신학 전통이 된다(참조 알렉산드리아의 알렉산더, 『(테살로니카의) 알렉산더에게 보낸 편지』 40). 아들이 아버지의 빛을 반영하고 있다는 사상은 오리게네스의 여러 저서에서 나타난다(참조 『여호수아기 강해』 8,7; 『요한 복음 주해』 2,23(18),152; 『창세기 강해』 13,4).

2. 이성 자체가 빛의 본성을 밝혀 주었으니, 누가 만일 우리의 설명을 받아들여 이러한 빛의 의미로는 하느님을 육체라고 여길 수 없다는 사실을 인정한다면, 우리는 그에게 "태워 버리는 불"(신명 4,24)에 대해서도 이와 비슷한 설명을 할 수 있다. 하느님은 불이신데, 도대체 무엇을 태워버린다는 것인가? 혹시 하느님이 "나무나 풀이나 짚"(1코린 3,12)처럼 육체를 지닌 물질을 태워버린다고 생각하는 사람이 있겠는가?[6] 하느님이 그런 종류의 물질을 태우는 불이시라면, 그런 하느님을 찬미하는 것이 합당하겠는가? 하느님은 태워 없애 버리시는 분이시라고 할 때, 그 말은 그분께서 나쁜 생각을 태워 버리시고 추악한 행위를 태워 버리시고 죄의 욕망을 태워 버리신다는 뜻이다. 이것은 하느님이 당신 말씀과 지혜를 받아들이기에 알맞은 영혼들 안에, "나와 아버지가 가서 그와 함께 살 것이다"(요한 14,23 참조)[7]라고 말씀하신 대로 신자들의 마음속에 들어와 그들의 모든 악습과 정욕을 태워 버리신 다음 그들을 당신의 깨끗하고 합당한 성전이 되게 하실 때 이루어진다.

"하느님은 영"(요한 4,24)이라고 기록되어 있으므로 하느님은 육체를 지니고 있다고 생각하는 이들[8]에게도 이렇게 대답해야 하겠다. 성경은 우리

6) 신명 4,24에 대한 똑같은 해석에 관해서는 참조 『예레미야서 강해』 16,6; 2,3; 『켈수스 반박』 4,13; 『요한 복음 주해』 13,23,138; 『마태오 복음 주해』 17,19; 『루카 복음 주해』 26,1; 『원리론』 2,8,3; 2,10,4; H. Crouzel, *Connaissance*, 132-133쪽, M. M. Luz, *Pastor Marcelo*, 81-90쪽.

7) 이 성경 구절은 우리를 위한 구원 활동을 펼치기 위하여 아들이 보이지 않는 방식으로 우리 안에 현존한다는 오리게네스의 교의에 결정적인 근거를 제공한다(참조 『기도론』 20,2; 23,1; 25,1; 『예레미야서 강해』 8,1; 『여호수아기』 20,1; 24,3; 『켈수스 반박』 8,18). 참조 G. Aeby, *Les missions divines*, 146-147쪽.

8) 이렇게 해석하는 이들은 영(spiritus)을 '입김'이라 여긴다. 스토아 철학에서도 '영'은 물질적이다(참조 오리게네스, 『켈수스 반박』 6,70).

의 촘촘하고 단단한 이 육체에 반대되는 어떤 것을 가리키려 할 때, "문자는 죽이고 영은 살립니다"(2코린 3,6)라고 기록되어 있는 것처럼, 이를 흔히 영이라 부른다. 여기에서 분명히 문자는 육체적인 것을 뜻하고, 영은 우리가 '영적인 것'이라고 부르는 지성적인 것을 뜻한다.[9] 사도는 "사실 오늘날까지도 모세[의 율법]을 읽을 때마다 그들(이스라엘의 자손들)의 마음에는 너울이 덮여 있습니다. 그러나 주님께 돌아서기만 하면 그 너울은 치워집니다. 주님은 영이십니다. 그리고 주님의 영이 계신 곳에는 자유가 있습니다"(2코린 3,15-17)라고 말하였다. 영적 인식으로 돌아서지 않는 사람은 마음에 너울이 덮여 있으며, 그 너울, 곧 둔한 이해 때문에 성경 자체가 가려져 있다고 말하거나 생각하는 것이다. 이것은 모세가 백성에게 말할 때, 곧 대중에게 율법을 공포할 때 그의 얼굴에 덮여 있던 너울을 말한다(탈출 34,35 참조). 그러나 하느님의 말씀이 계시고 성령께서 영적 인식을 열어 주시는 곳인 주님께로 돌아서기만 하면, 그때는 너울이 치워지고 너울 벗은 얼굴로 성경 안에 가려져 있던 주님의 영광을 바라보게 될 것이다(2코린 3,16-18 참조).[10]

3. 그러나 많은 성도가 성령에 참여한다고 해서 성령을 마치 육체로 여겨 성도 각자가 그 육체의 일부를 나누어 받는다고 이해해서는 안 된다.[11]

9) 고대인들은 대부분 현대에는 구분되는 '지성적(개념적, 논증적)'과 '영적(직관적, 신비적)'이라는 두 개념을 동일한 것으로 취급했다(참조 『켈수스 반박』 6,70).

10) 오리게네스에게 있어서, 하느님을 바라본다는 것은 성경을 영적으로 인식한다는 것과 같은 뜻이다(참조 『로마서 주해』 2,5; 『에페소서 강해 단편』 9(JTS 3, 399쪽); 『창세기 강해』 6,1; 『에제키엘서 강해』 14,2). 참조 H. Crouzel, *Théologie de l'Image*, 232-235쪽. '너울'은 때로는 성경의 문자적 이해, 때로는 육체성, 때로는 죄를 나타낸다.

11) 참조 『켈수스 반박』 6,70; 알렉산드리아의 클레멘스, 『양탄자』 6,16,138. 하느님에게 참여(participatio)한다는 생각은 그 당시 철학에 널리 퍼져 있었다(참조 에우세비우스, 『복음

분명 성령은 거룩하게 하는 능력이며, 성령에 참여하는 모든 이는 그분의 은총으로 거룩하게 된다고 할 수 있다.[12] 우리가 말하는 내용을 좀 더 쉽게 이해할 수 있도록 이와는 다른 예를 들어 보자. 많은 이가 의학과 의술에 관여한다고 하자.[13] 그렇다고 해서 의학에 관여하는 모든 이가 그들 가운데 자리 잡은 의학이라고 하는 어떤 육체의 일부분을 떼어 자기 것으로 삼는다고 생각할 수 있겠는가? 차라리 적절하고 잘 갖추어진 이해력으로 의학과 의술을 습득한 사람이야말로 의학에 관여하는 것이라는 뜻으로 알아들어야 하지 않겠는가? 그러나 의학의 예가 성령의 모든 면에 적용된다고 여겨서는 안 된다. 많은 이가 관여하는 것이라고 하여 반드시 육체라고 생각해서는 안 된다는 사실을 밝히려고 예를 들었을 따름이다. 성령은 의학의 본질이나 체계와는 전혀 다르다. 성령은 지성적 실체[14]이며 고유하게 존재하는 분이지만, 의학은 전혀 그렇지 않기 때문이다.

∴

의 준비』 11,18). 참조 A. Orbe, *Procesión*, 599-600쪽; G. Gruber, *ΖΩΗ*, 224-225쪽 각주 80.

12) 이 주제에 관해서는 『원리론』 1,3에서 집중적으로 다룬다(참조 『에페소서 강해 단편』 8; 『민수기 강해』 3,1; 6,3; 11,8; 『아가 주해』 3).

13) 오리게네스는 의학 개념을 즐겨 사용하였는데, 이는 플라톤 이래 철학에서 널리 활용된 논리 전개 방식이다(참조 『원리론』 1,4,1; 1,8,3). 하느님과 그리스도는 자주 의사에 비유된다(참조 G. Dumeige, *Le Christ Médicin*, 115-141쪽. 또한 참조 『원리론』 3,1,13.

14) 루피누스는 그리스어 '히포스타시스'(ὑπόστασις)를 라틴어 '숩스탄티아'(substantia), 곧 실체라고 옮겼을 것이다. 오리게네스는 이 용어를 사용하여 성부와 성자와 성령은 신성에서 서로 구별되는 존재라고 정의했다(참조 『요한 복음 주해』 2,10(6),75-76; 『켈수스 반박』 8,12). 반면 '숩시스텐티아'(subsistentia)는 '숩스탄티아'처럼 일반적 의미가 아니라 개체적 의미를 지닌 '히포스타시스'에 상응한다. '히포스타시스'는 신적 각 위격의 고유한 인격에 부여된다〔참조 『요한 복음 주해』 1,24(23),151; 2,10(6),75-76; 『켈수스 반박』 8,12〕. 슈니처(K. Fr. Schnitzer, *Origenes*, 15쪽 각주)는 이 구절을 이렇게 재구성한다. ὑπόστασίς ἐστι νοητὴ καὶ ὑφίσταται ἰδίως καὶ ὑπάρχει. Subsistit et extat는 루피누스가 중복적으로 사용한 표현이다.

4. 이제 "하느님은 영이시다"(요한 4,24)라고 기록된 복음 말씀으로 옮겨가서 〔앞에서〕 언급한 내용에 따라 이 말씀을 어떻게 이해해야 하는지를 설명해야 하겠다. 우리 구원자께서 이 말씀을 하셨을 때 누구에게 그리고 무슨 목적으로 하셨는지 물어보자. 사마리아인들의 신념에 따라 그리짐 산에서 하느님께 예배를 드려야 한다고 생각하는 사마리아 여인과 대화하실 때 그분께서는 분명히 "하느님은 영이시다"라고 말씀하셨다. 사마리아 여인은 그분이 유대인이라 생각하여 예루살렘에서 하느님께 예배를 드려야 하는지, 아니면 이 산에서 예배를 드려야 하는지 물어보고자 이렇게 말하였다. "저희 조상들은 이 산에서 예배를 드렸습니다. 그런데 선생님네는 예배를 드려야 하는 곳이 예루살렘에 있다고 말합니다."(요한 4,20) 사마리아 여인은 물리적 장소에 부여된 어떤 특전에 따라 유대인들은 예루살렘에서, 사마리아인들은 그리짐 산에서 하느님을 예배하는 것이 옳고 그른지를 염두에 두고 있었다. 구원자께서는 하느님을 따르고자 하는 이는 물리적 장소에 대한 그런 치우친 생각에서 벗어나야 한다는 뜻으로 이렇게 말씀하셨다. "진실한 예배자들이 예루살렘도 아니고 이 산도 아닌 곳에서 아버지께 예배를 드릴 때가 온다. 하느님은 영이시다. 그러므로 그분을 예배하는 이들은 영과 진리 안에서 예배를 드려야 한다."(요한 4,21.24 참조) 여기서 진리를 영과 얼마나 밀접하게 연결시키고 있는지 보아야 하겠다. 그래서 영과 육체를 구분하고, 진리를 그림자나 모상과 구분하여 말하고 있는 것이다.[15] 예루살렘에서 예배하는 이들은 진리와 영 안에서가 아니라 하늘에 있는 것들의 그림자와 모상[16](히브 8,5 참조)에 매달려 하느님을 예배

15) 오리게네스는 성경을 문자적으로만 해석하는 일이 '육체성'과 직결되어 있다고 보았다(참조 『레위기 강해』 51; 『마태오 복음 강해』 27).

하고 있을 따름이다.[17] 그리짐 산에서 예배하는 이들도 마찬가지다.[18]

5. 하느님을 어떤 육체적 존재라고 설득하기 위해 내세우는 모든 주장을 우리는 가능한 한 반박하였으니, 이제는 하느님은 이해할 수 없고[19] 파악할 수 없는 분이시라는 점을 진리에 따라 말해 보고자 한다. 우리는 하느님에 관하여 무엇인가 생각하고 이해할 수 있다고 여기지만, 사실 그분은 우리가 생각하는 것보다 훨씬 높은 차원에 계시는 분임을 믿어야 한다. 우리가 가느다란 빛줄기나 아주 작은 등잔 빛을 간신히 쳐다볼 수 있는 사람을 대하고 있다 치자. 그의 시력으로는 앞서 말한 빛보다 더 밝은 빛을 감당할 수 없다고 해서, 태양의 광채[20]는 그가 보고 있는 빛보다 표현할 수

16) 진리(ἀλήθεια)는 '마스테리온'(μυστήριον)과 '프라그마'(πρᾶγμα), 곧 지혜로서 그리스도 안에 내포된 초자연적이며 종말론적인 신비와 동일시된다. 진리는 그림자(구약성경)와 모상과 대조를 이룬다. 참조 H. Crouzel, *Connaissance*, 31-35. 324-370쪽. 진리와 모상의 대립은 플라톤적이며, 정통신앙의 저자들(참조 『바르나바의 편지』 7-8; 유스티누스, 『유대인 트리폰과의 대화』 40-41)과 영지주의자들〔참조 『테오도투스 작품 발췌집』 47; 헤라클레온의 글을 인용하는 오리게네스, 『요한 복음 주해』 10,33(19),210-216; 13,19,114-118; 프톨레마이우스, 『플로라에게 보낸 편지』 5,8〕이 쓴 글에도 나온다.

17) 천상 예루살렘과 지상 예루살렘을 대비시키는 바오로 사상(갈라 4,26 참조)을 바탕으로 오리게네스는 구약성경의 실재는 신약성경 실재의 모상이며 상징이라는 개념을 발전시킨다(참조 『켈수스 반박』 4,31; 7,29; 『마태오 복음 주해』 16,3; 『요한 복음 주해』 6,4).

18) 여기서 오리게네스는 사마리아인들의 그리짐 산 예배와 유대인들의 예루살렘 예배를 똑같은 차원에서 말하는 듯하지만, 『요한 복음 주해』 13,13,80-81에서는 이 두 가지 예배를 구별하여, 그리짐 산 예배는 이단자들이 가로챈 그릇된 예배의 상징이요 예루살렘 예배는 영과 진리 안에서 드리는 예배의 상징이라고 보았다.

19) 하느님은 이해할 수 없는 분이라는 사상은 유대교와 그리스도교, 플라톤 철학과 영지주의에서 매우 보편적인 개념이다. 참조 J. Daniélou, *Message évangélique*, 297-298쪽.

20) 태양의 유비를 통하여 신성을 가리키는 대목에 관해서는 참조 『켈수스 반박』 5,11; 『요한 복음 주해』 1,17(11),120-121. 오리게네스는 태양을 줄곧 신적 빛의 상징으로 보았다(참조 M. M. Luz, *Pastor Marcelo*; H. Crouzel, *Connaissance*, 130-154쪽; 필론, 『아브라함의 이주』 40). 여기서 오리게네스는 당대에 널리 퍼져 있던 세 가지 '유비의 길'(via analogiae), 곧 '긍정의 길'(via affirmativa), '부정의 길'(via negativa), '탁월의 길'(via eminentiae) 가운데 하

도 없고 생각조차 할 수 없을 정도로 큰 빛이라는 사실을 그에게 말하지 말아야 하겠는가? 마찬가지로 우리 정신은 비록 육체적 본성에 비해 훨씬 우위에 있지만, 살과 피의 창살 안에 갇혀 있고 이러한 물질들에[21] 참여함으로써 더 멍청하고 우둔하게 된다. 그러나 비육체적인 것들을 추구하고 그것들에 대한 직관을 얻으려 애쓸 때에는 간신히 어떤 섬광이나 등불 같은 능력을 지니게 된다. 그런데 모든 지성적 존재, 곧 비육체적 존재 가운데서 하느님만큼 이루 말할 수 없고 가늠할 수 없을 정도로 뛰어난 존재가 무엇이 있겠는가? 인간 정신이 아무리 순수하고 맑다 하더라도 인간 정신의 총명함으로는 그분의 본성을 파악할 수 없다.

6. 개념을 더 분명하게 제시하기 위해 다른 비유를 사용하는 것이 어리석다고 생각하지 않는다. 우리 눈은[22] 빛의 본성 자체, 곧 태양의 실체를 직접 쳐다볼 수 없다. 그렇지만 우리는 창문을 통해 들어오거나 잠시 스쳐가는 태양 빛의 광선과 섬광을 쳐다보면서 이 물질적 빛의 근원과 원천이 얼마나 큰지를 헤아릴 수는 있다. 이와 같이 하느님의 섭리로 생겨난 작품들과 이 우주에 나타나 있는 그분의 기술은 그분의 실체 자체와 본성에 비하면 한낱 신적 본성의 흐릿한 빛줄기에 지나지 않는다.[23] 따라서 우리 정신은 실제로 존재하시는 하느님의 본 모습을 직관할 수 없고, 단지 그

느님은 피조물을 무한히 뛰어넘는 탁월한 분이시라는 '탁월의 길'을 전제하고 있다.

21) 참조 『켈수스 반박』 6,17; 8,32; 『요한 복음 주해』 2,30(24),182; 알렉산드리아의 클레멘스, 『양탄자』 5,1,7.

22) 참조 M. M. Luz, *Pastor Marcelo*, 114-115쪽.

23) 하느님의 놀라운 작품들을 통하여 하느님께 다가갈 수 있다는 '탁월의 길'(via eminentiae)을 적용하고 있다. 스토아 철학에 기원을 둔 이러한 설명 방법은 일찍이 호교 교부들도 사용하였다(참조 안티오키아의 테오필루스, 『아우톨리쿠스에게』 1,5; 오리게네스, 『켈수스 반박』 1,23; 3,77; 4,48; 7,46; 8,38; 『루카 복음 강해』 22,9).

분 작품의 아름다움, 피조물들의 영광을 통해 우주 만물의 아버지를 인식한다.[24]

그러므로 하느님이 어떤 육체라거나 육체 안에 존재한다고 생각해서는 안 된다. 그분은 그 어떤 것도 절대로 덧붙일 수 없는 단순한[25] 지성적 본성이시다.[26] 그분은 전적으로 '유일성'(唯一性, μονάς), 말하자면 '일성'(一性, ἑνάς)[27]인 분이시며, 모든 지성적 본성이나 정신이 시작되는 정신[28]이요 원

24) 플라톤이 이미 정의한 바 있는 초월자에 대한 인식 문제(참조 『티마이오스』 28c)는 후대 철학과 헬레니즘 유대교에 큰 영향을 미쳤고, 바오로 서간에서도 활용되었으며(참조 에페 4,6), 오리게네스 이전의 교부들도 널리 받아들였다〔참조 로마의 클레멘스, 『코린토 신자들에게 보낸 편지』 19,2; 유스티누스, 『첫째 호교론』 63; 타티아누스, 『그리스인에 대한 연설』 4; 알렉산드리아의 클레멘스, 『교육자』 1,5,21; 1,6,42; 『양탄자』 1,28,178; 5,1,6; 5,2,71; 오리게네스, 『원리론』 1,3,3; 4,2,2; 『요한 복음 주해』 1,5; 1,9(11),57; 『켈수스 반박』 8,53〕.

25) 참조 오리게네스, 『원리론』 4,4,4.

26) 참조 오리게네스, 『기도론』 27,8. 하느님의 단순성에 관해서는 참조 『요한 복음 주해』 1-20(22),119; 『켈수스 반박』 7,38.

27) 루피누스는 그리스어 '모나스'(μονάς, 유일성)와 '헤나스'(ἑνάς, 일성)를 라틴어로 번역하지 않고 그냥 두었다. 하느님을 '유일성'이라고 정의한 것은 피타고라스학파에 그 기원을 두고 있으며(참조 오리게네스, 『요한 복음 주해』 5,5; 알렉산드리아의 클레멘스, 『양탄자』 5,11,71), 플라톤 전통에서는 하느님을 '일자'(ἕν, unum)라고 정의한다(참조 필론, 『커룹』 87; 『우의의 법칙』 2,2; 알렉산드리아의 클레멘스, 『교육자』 1,8,71; 2,8,75; 『양탄자』 5,12,81). 반면, 이 저서에서 최초로 사용된 '일성'이라는 정의는 별로 알려지지 않았다〔참조 오리게네스, 『켈수스 반박』 1,23; 7,38; 『요한 복음 주해』 1,20(22),119〕.

28) 루피누스는 오리게네스가 사용하는 '누스'(νοῦς)를 일관되게 라틴어 mens로 번역하였다. 이는 '정신의 줏대'를 가리키는 우리말 '얼'과 가깝다. 그러나 독자들의 언어습관을 고려하여 '정신'으로 번역한다(참조 해제 6. 오리게네스의 인간 이해, 178-188쪽, 특히 185-188쪽). 오리게네스는 여기서 하느님과 '정신'을 동일시한다. 그러나 『켈수스 반박』(7,38)에서는 하느님은 정신이거나 정신과 '우시아'(οὐσία)를, 『순교 권면』 47에서는 지성적인 것들(νοητά)을, 『요한 복음 주해』 19,6(1),37에서는 '우시아'를 뛰어넘어 계신다고 한다. 필론과 알렉산드리아의 클레멘스도 이러한 견해를 보여 주지만, 누메니오스는 플라톤 전통 안에서 '일자'와 '정신'을 하느님과 동일시하고, 플로티노스와 발렌티누스파는 '정신'이 '일자'(하느님)에게 종속된다고 보았다.

천이시기 때문에, 그분 안에는 넘침도 모자람도 없다는 사실을 믿어야 한다. 정신이 움직이거나 활동하기 위해서는 육체적 장소나 감각적 영역, 육체적 형상이나 색깔뿐 아니라 육체와 물질의 특질에 속하는 그 어떤 것도 필요하지 않다.[29] 완전한 정신인 이 단순한 본성은 움직이거나 무엇을 행하는 데 굼뜨거나 지체되는 일이 없다. 그렇지 않다면 신적 본성의 단순성은 이렇게 덧붙인 것 때문에 어떤 방식으로 제한되거나 방해를 받을 것이다. 만물의 원천이 되는 것이 하나가 아니라 여러 다른 요소들로 구성되기 때문이다. 신성의 유일한 특질은 이를테면 어떠한 육체와도 섞이지 않는 것이어야 한다.

정신이 자기 본성에 따라 움직이는 데 어떤 장소도 필요하지 않다는 것은 우리 정신의 사고에서도 분명히 드러난다. 정신은 자기 역량을 지니고 있고 어떤 이유로든지 무디어지지 않는다면, 장소의 차이로 자기 활동을 하는 데 방해받지 않으며,[30] 장소의 특성 때문에 정신의 활동이 증가되거나 촉진되지도 않는다. 어떤 사람은 예컨대, 파도치는 바다를 항해하는 이들의 정신이 육지에서보다 다소 활발하지 못하다는 말에 이의를 제기할 수 있다. 그러나 그것은 장소가 다르기 때문에 생기는 일이 아니라 정신이 결합되고 심겨 있는 육체가 동요되고 혼란을 겪기 때문에 생기는 일이다. 사실 바다에서는 인간 육체가 자연적이지 못한 조건에 있게 된다. 그 불안정한 여건 때문에 육체는 안정되지 못한 비정상적인 상태로 정신의 활동을 받치게 되고, 날카로운 자극에도 둔하게 반응하게 되는 것이다. 열병에 시

29) 참조 오리게네스, 『켈수스 반박』 7,34; 알렉산드리아의 클레멘스, 『양탄자』 7,6,30.
30) 참조 기적가 그레고리우스, 『오리게네스 찬양 연설』 6,85-86. 이는 오리게네스의 가르침의 반향이다.

달리는 사람들의 경우 육지에 있더라도 이와 마찬가지 현상이 일어난다. 사실 열병을 앓는 동안 정신이 제 기능을 다하지 못하는 것은 장소 탓이 아니라 그 원인을 제공하는 육체의 병 때문이라는 것이 분명하다. 병 때문에 방해받고 혼란해진 육체는 잘 알려진 자연스런 법칙에 따라 정신에게 통상적인 봉사를 할 수 없다. 우리 인간은 육체와 영혼으로 이루어져 살아가는 존재이며,[31] 지상에서 그러한 형태로 살도록 되어 있기 때문이다. 그러나 만물의 근원이신 하느님이 〔복합적인 것들로〕 구성된 존재라고 생각해서는 안 된다. 그렇지 않다면 복합체라고 불리는 모든 것을 구성하는 요소들이 원천 자체이신 그분보다 먼저 있어야 하기 때문이다.[32]

눈이 큰 물체를 볼 때는 커지고, 작은 물체를 볼 때는 좁아지고 가늘어지는 것과 달리, 정신은 어떤 일을 하거나 움직이기 위해서 그런 육체적 크기를 필요로 하지 않는다. 분명히 정신은 지적 크기를 필요로 한다. 육체적으로 자라는 것이 아니라 지성적으로 자라기 때문이다. 정신은 육체처럼 스무 살이나 서른 살까지 신체적으로 성장하여 커지는 것이 아니라,[33] 교육과 적절한 훈련으로 재능을 예리하게 연마하며 이해력을 키우기 위해 자기

31) 참조 알렉산드리아의 클레멘스, 『양탄자』 4,26,164; 오리게네스, 『켈수스 반박』 6,63; 7,24. 이 본문에서 오리게네스는 인간을 이분법으로 나누는 것처럼 보이지만 사실 당시 대부분의 사람처럼 삼분법, 곧 영(πνεῦμα/spiritus), 영혼(ψυχή/anima), 육체(σῶμα/corpus)로 구분하였다(참조 H. Crouzel, *L'anthropologie*; J. Dupuis, *L'espirit de l'homme*). 오리게네스는 발렌티누스파 이단과 벌인 논쟁에서 인간은 영혼적 영혼(anima)과 육체(corpus)로만 이루어져 있고, 영(spiritus)은 하느님의 은총으로 고양된 완전한 존재가 지니는 것이라고 보았다(참조 오리게네스, 『요한 복음 주해』 2,21(15),138; 『원리론』 2,8,2; 2,10,7; 『마태오 복음 주해』 17,27; 알렉산드리아의 클레멘스, 『양탄자』 5,12,80).

32) 참조 『켈수스 반박』 6,63.

33) 스토아 철학자 타르수스의 안티파테르는 영혼이 육체와 함께 커지고 줄어든다고 가르쳤다 (SVF 3,50쪽).

에게 주어진 자질들을 자극함으로써 커지는 것이다. 지성이 더 큰 능력을 갖게 되는 것은 육체적 성장으로 커지기 때문이 아니라 교육의 훈련을 통해 양성되기 때문이다. 그러므로 이것을 출생 때나 유년기에 즉시 받을 수는 없다. 왜냐하면 정신이 자기 훈련을 도모하기 위해 사용할 지체들의 기관이 아직 연약하고 허약하여 활동할 힘이 없을 뿐만 아니라 교육을 받을 기능도 충분히 갖추지 못하고 있기 때문이다.

7. 정신 자체와 영혼이 육체라고 생각하는 사람들이 있다면,[34] 정신이 그처럼 난해하고 미묘한 문제들에 대한 개념과 주장을 어떻게 얻을 수 있는지 내게 대답해 보기 바란다. 기억의 기능은 어디서 오는가? 비가시적인 것들을 관상할 수 있는 능력은 어디서 오며, 확실히 비육체적인 것들에 대한 이해가 어디서부터 육체로 오는가? 육체적 본성이 어떻게 여러 분야의 학문 연구에 열중할 수 있으며 사물들에 대한 관상과 이해를 얻을 수 있는가? 분명 비육체적인 것에 속하는 신적 진리들을 생각하고 이해할 수 있는 능력은 어디서 오는가? 이렇게 생각해 볼 수 있겠다. 몸의 형태와 귀와 눈의 모양이 듣고 보는 것과 어떤 관계가 있는 것처럼, 하느님께서 만드신 각 지체들도 모양의 특성에 따라 본디 정해진 것을 위한 어떤 기능을 지니고 있다.[35] 이와 마찬가지로, 영혼과 정신의 형상 역시 각 사물을 감지하고 이해하면서 활발하게 활동하는 데 적합하고 어울리게 형성되었다는 사실도 믿어야 한다. 그런데 나는 정신이 존재하며 지성적으로 활동한다는 사실은 〔인정하지만〕, 그 정신의 색깔을 어떻게 묘사하고 설명할 수 있을지 모르겠다.

34) 이는 스토아학파와 에피쿠로스학파의 견해이며, 그리스도인 가운데서는 테르툴리아누스가 이러한 입장을 대표한다.

35) 참조 『예레미야서 강해』 39,2 (『필로칼리아』 10,2); 『순교 권면』 47. 반대자들은 스토아학파와 에피쿠로스학파의 물질주의자와 신인동형론자들이다.

지금까지 정신이나 영혼이 모든 육체적 본성보다 우월하다는 사실에 대하여 확인하고 설명해 온 것에,[36] 다음 사항을 덧붙일 수 있겠다. 감지될 수 있는 실체는 육체의 감각기능 하나하나와 고유하게 연관되어 있으며, 그 감각기능은 각기 제 역할을 하고 있다. 예컨대 시각에는 색깔과 모양과 크기, 청각에는 목소리와 소리들, 후각에는 좋거나 나쁜 냄새, 미각에는 맛, 촉각에는 찬 것이나 뜨거운 것, 딱딱한 것이나 부드러운 것과 꺼칠꺼칠한 것이나 매끄러운 것이 연관되어 있다.[37] 그런데 정신의 감수성이 앞에서 언급한 이 감각기능들을 훨씬 능가한다는 것은 모두에게 자명한 사실이다. 하위에 있는 이 감각기능에 대상이 되는 실체가 연관되어 있는데, 이보다 상위에 있는 정신의 감각에 어떠한 실체도 연관되어 있지 않고 지성적 본성의 기능이 육체에서 일어나는 우연한 일과 그 결과에 지나지 않는다고 한다면 어떻게 어리석게 보이지 않겠는가?[38] 그렇게 말하는 이들이야말로 자기 안에 최상의 것으로 자리 잡고 있는 것을 명백히 경멸하는 자들이다. 게다가 그들은 육체적 본성을 통해서 하느님을 인식할 수 있으며, 또 하느님은 한낱 육체에 지나지 않아 육체를 통하여 이해되고 생각될 수 있다고 믿는데, 이는 바로 하느님에 대한 모독이다. 그들은 정신이 하느님과 유사함을 가지고 있다[39]는 사실, 곧 정신 자체는 〔하느님의〕 지

36) 참조 플라톤, 『법률』 10,892ab.

37) 참조 필론, 『세상 만듦』 20,62.

38) 오리게네스는 플라톤주의자들처럼 물질주의 철학의 이러한 결론을 거부한다. 그는 『기도론』 27,8에서 '우시아'의 두 개념, 곧 플라톤에게서 유래하는 지성적이고 비육체적 존재들이라는 개념과 스토아학파에 기원을 둔 물질적 존재들이라는 개념을 구분한다.

39) 정신과 하느님의 유사성에 관해서는 참조 『원리론』 3,1,13; 4,2,7; 4,4,10; 『순교 권면』 47; 『켈수스 반박』 7,32. 오리게네스는 『켈수스 반박』 6,18에서 이러한 의미를 담은 플라톤의 핵심 대목(『서간집』 2,312e)을 인용한다.

성적 모상[40]이며 이 때문에 정신이 특히 육체적 물질에서 분리되고 정화될 때 신적 본성에 관한 것을 깨닫게 된다는 사실을 이해하려 하지 않는다.

8. 그러나 성경에서 신적 문제들에 관한 가르침을 얻기를 원하고, 거기서 하느님의 본성이 육체들의 본성을 어떤 식으로 뛰어넘는지를 입증하려는 사람들에게는 이러한 설명들이 별로 권위 있게 보이지 않을 것이다. 사도가 그리스도에 관하여 "그분은 보이지 않는[41] 하느님의 모상이시며 모든 피조물의 맏이이십니다"(콜로 1,15)라고 말하였을 때 이와 같은 내용을 언급하지 않았는지 살펴보아야 하겠다. 어떤 이들이 생각하는 것처럼 하느님의 본성은 어떤 사람에게는 가시적이고 다른 사람에게는 비가시적인 그런 것이 아니다. 사도는 하느님의 모상이 사람들에게 보이지 않는 모상이라거나 죄인들에게는 보이는 모상이라고 하지 않고, 다만 '보이지 않는 하느님의 모상'이라 함으로써 하느님의 본성 자체를 매우 확실하게 표현했다. 요한도 복음서에서 "아무도 하느님을 본 적이 없다"(요한 1,18)고 함으로써 하느님의 본성에는 가시적인 것이 전혀 없다는 사실을 알아들을 수 있는 사람들에게 분명하게 설명했다. 하느님이 본디 가시적인 분이지만 피조물들의 매우 약한 시력으로는 볼 수 없다고 알아들어서는 안 되고, 오히려 하느님을 본다는 것은 본질적으로 불가능하다는(본질적으로 볼 수 없다는) 뜻으로 이해해야 한다.[42]

40) 영혼(anima)보다 우월한 정신(mens, νοῦς)은 하느님의 모상이다. '정신'은 창조되었다는 점에서 아들이신 하느님의 모상이며(참조 콜로 1,15), 하느님의 모상(=성자)의 모상인 셈이다. 이 주제에 관해서는 참조 『창세기 강해』 1,13. 정신은 '모상에 따른' 장소다(참조 H. Crouzel, *Théologie de l'Image*, 156-160쪽).

41) "보이지 않는"이라는 말은 "비육체적"을 나타내는 성서적 표현방식이다(참조 『원리론』 3,4,3과 1, 서론, 9).

그대가 외아들에 대한 나의 생각을 알아볼 요량으로 본성적으로 비가시적인 하느님의 본성이 아들에게도 보이지 않는가라고 물을 때, 바로 그것을 그대는 불경스럽고 어리석은 질문이라고 생각하지 않는 듯하다. 그러나 나는 그대에게 이에 관하여 합리적으로 설명해 주겠다.[43] 보는 것과 인식하는 것은 서로 다른 것이다.[44] 그리고 보이는 것과 보는 것은 육체들의 특질에 속하지만, 인식되는 것과 인식하는 것은 지성적 본성의 속성이다. 그러므로 육체들의 특질에 속하는 것은 무엇이나 아버지에게뿐 아니라 아들에게도 적용하지 말아야 한다. 그러나 신적 본성에 속하는 것은 아버지와 아들에게 같이 적용된다. 아들 자신이 복음서에서, 아들 외에는 아무도 아버지를 보지 못하고 아버지 외에는 아들을 보지 못한다고 말씀하지 않으시고, "아버지 외에는 아무도 아들을 알지 못한다. 또 아들 외에는 아버지를 알아보지 못한다"(마태 11,27)라고 말씀하셨다. 여기서 분명히 지적하는 바는, '보다'와 '보인다'라는 말은 육체적 본성 사이의 관계를 일컫고 '인식하다'와 '인식되다'라는 말은 아버지와 아들의 관계를 가리키는데, 후자는 인식 능력을 통해 이루어지는 것이지 약한 시력 때문에 일어나는 것이

42) 오리게네스는 하느님이란 천사들에게조차 보이지 않는 존재라고 여겼다(참조 『요한 복음 단편』 13(GCS 4)).

43) 어떤 필사본들은 이 본문 대신 "아들이 아버지를 보지 못하는 것처럼 성령도 아들을 보지 못한다"라는 본문을 채택한다. 루피누스는 논쟁거리가 될 수 있는 오리게네스의 이 본문을 "그러나 나는 그대에게 이에 관하여 합리적으로 설명해 주겠다"라는 대목으로 대체했다. 루피누스는 『히에로니무스 반박 변론』 1,19에서 오리게네스의 원문을 손질하였다고 인정하고 있으며, 히에로니무스의 로마 친구들이 서둘러 원래대로 바로잡았다고 한다.

44) 히에로니무스는 루피누스가 "아들은 아버지를 보지 못한다"라는 오리게네스의 진술을 손질하기 위하여 디디무스의 명제("아들은 아버지를 보지 못하지만 안다")를 끌어들였다고 비판한다(참조 『루피누스 저서 반박 변론』 2,2). 그러나 똑같은 설명이 『원리론』의 다른 곳에도 있다(참조 2,4,3; 2,2,7; 『켈수스 반박』 7,43). 이 혼란스러운 대목의 진정성에 관한 논란은 아직도 계속되고 있다.

아니다. '보다'나 '보이다'라는 말은 비육체적이고 비가시적인 본성에 특유하게 적용될 수 없는 까닭에, 복음서에서 아들이 아버지를 보고 아버지가 아들을 본다고 말하는 대신 〔두 분이〕 서로 알고 있다고 말한 것이다.

9. 도대체 왜 〔복음서에는〕 "행복하여라, 마음이 깨끗한 사람들! 그들은 하느님을 볼 것이다"(마태 5,8)라고 쓰여 있느냐며 누군가 우리에게 따져 묻는다면,[45] 나는 이 구절 덕분에 우리의 논증이 한층 더 뒷받침된다고 생각한다. 마음으로 하느님을 본다는 것은, 앞에서 설명하였듯이 정신으로 그분을 이해하고 알아본다는 뜻이 아니고 무엇이겠는가?[46] 게다가 감각기관들의 명칭이 영혼을 일컫는 경우가 많다. 예컨대, "마음의 눈으로"(에페 1,18 참조) 본다는 말은 영혼이 지성의 힘으로 지적 실재를 헤아린다는 뜻이다. 또 영혼이 귀로 듣는다는 표현은 더 깊이 이해한다는 뜻이다. 또 하늘에서 내려온 생명의 빵을 씹어 먹는다고 할 때(요한 6,32-33.50-51 참조), 마치 영혼이 치아를 사용할 수 있는 것처럼 말하기도 한다. 이와 비슷하게 영혼이 다른 지체들의 기능을 사용하는 것처럼 말하기도 하는데, "너는 신적 감각을 찾게 되리라"[47](잠언 2,5)라는 솔로몬의 말에서처럼 육체의 명칭들로 나타내는 바를 영혼의 기능에 적용하고 있는 것이다. 솔로몬은 우리 안에 두 가지 감각이 있다는 것을 알고 있었는데, 하나는 죽고 썩어 없어지는 인간적 감각이고, 다른 하나는 그가 여기서 '신적'이라고 부르는

45) 이와 매우 비슷한 표현이 『켈수스 반박』 7,33; 『요한 복음 강해 단편』 13에도 나온다.

46) 참조 『원리론』 1,1,5-6. 같은 인용문이 같은 문맥에서 관찰된다〔참조 『켈수스 반박』 7,33; 『요한 복음 단편』 13(GCS 4)〕. 바로 다음에 오는 개념들에 관해서는 참조 『켈수스 반박』 6,69; 7,34; 7,44; 『요한 복음 주해』 28,4-5.23-38; 『마태오 복음 강해』 85; 『기도론』 13,4.

47) 잠언 2,5(칠십인역)의 이 본문에서 감각(sensus)은 인식(αἴσθησις)이 아니라 지식(ἐπίγνωσις)을 나타낸다. 오리게네스가 영적 의미에 관해 다룰 때면 늘 인용하는 구절이다.

불멸하는 지성적 감각이다.[48] 그러므로 이 신적 감각은 눈(에서 오는 것)이 아니라 깨끗한 마음, 곧 정신에서 오며, 하느님은 이 신적 감각을 통해 합당한 이들에게 보일 수 있다. 마음이라는 말이 '정신', 곧 '지성적 능력'이라는 의미로 사용되는 것을 신 · 구약성경 전체에서 많이 찾아볼 수 있다.[49]

인간의 지성이 약하기 때문에 본디 걸맞은 것에 훨씬 못 미치지만 우리가 하느님의 본성에 대해 이 정도로 깨달았으니 이제는 그리스도의 이름이 무엇을 뜻하는지 살펴보자.[50]

48) 현대에 이르기까지 신비신학에 엄청난 영향을 끼친 '영적 감각'(sensus spiritualis) 이론이 바로 여기서 분명히 드러난다. 바오로 사도에 기원을 둔 이 이론에 따르면, 우리 모든 인간 안에서는 영적인 내적 인간과 육적인 외적 인간이 서로 맞서 싸우고 있다. 신적 말씀은 영혼 안에서 내적 인간의 영적 감각들을 일깨워 영적 실재를 인식하게 하고, 우리는 우리 안에 현존하는 말씀 덕분에 내적 인간을 성숙시켜 나간다는 것이다〔참조 『켈수스 반박』 1,48; 『아가 주해』 1; 『원리론』 4,4,10(37)〕.

49) '마음'이라는 낱말은 성경과 고대 그리스도교에서 논증적이라기보다는 직관적으로 아는 능력을 나타낸다. 오리게네스에게 '마음'은 영혼의 상위 부분을 나타내는 정신(νοῦς) 및 주도적 능력(ἡγεμονικόν)과 동의어다.

50) 하느님(아버지)에 관해 다룬 부분에서 아들을 다루는 부분으로 명확하게 논리가 전개된다.

2장

그리스도

1. 무엇보다 먼저 우리는 그리스도 안에서, 성부의 외아들이신 그분의 신성과 마지막 때에 구원경륜[1]을 위해 취하신 인성이 구분된다는 점을 알아야 한다.[2] 따라서 먼저 하느님의 외아들이 무엇을 뜻하는지 살펴보아야 하는데, 아들은 그분의 이름을 부르는 이들의 사정과 생각에 따라 여러 다양한 이름으로 불린다.[3] 솔로몬이 지혜를 인격화하여 다음과 같이 말하였

1) dispensatio는 육화를 통해 실현된 세상과 인간에 대한 하느님의 구원경륜(구원계획, 구원섭리)을 뜻하는 '오이코노미아'(οἰκονομία)의 통상적인 번역이다.

2) 그리스도의 두 본성(natura), 곧 신성과 인성에 관한 오리게네스의 명확한 정의는 알렉산드리아 교회의 규범이 된다(참조 『켈수스 반박』 3,28; 7,17; 『요한 복음 주해』 19,2,6). 서방 교회에서는 테르툴리아누스가 두 본성에 관하여 말한 바 있다(참조 『마르키온 반박』 3,8,2-3; 『프락세아스 반박』 27,10-15; 29,2-3; 『그리스도의 육신』 5,7).

3) 성경에서 그리스도의 명칭이 다양하다는 것은 오리게네스에게 매우 중요하다. 아버지는 한 분이시고 단순하신 반면 아들은 세상 안에서 다양한 역할과 활동을 수행하지만(참조 『요한

듯이 그분은 지혜라고 불린다. "주님께서는 당신의 일들을 위한 당신 길들의 시작으로 나를 창조하셨으며, 다른 것을 지으시기 전에 시대들에 앞서 나를 세우셨다. 땅이 생기기 전 한처음에, 샘에서 물이 솟기도 전에, 멧부리가 박히기 전에, 언덕이 생겨나기 전에 나를 낳으신다."(잠언 8,22-25 칠십인역)[4] 또 바오로 사도가 "그분은 모든 피조물의 맏이십니다"(콜로 1,15)라고 말하였듯이 그분은 '맏이'라고 불린다. 그러나 '맏이'는 본성적으로 '지혜'와 다른 분이 아니라, 같은 한 분이시다. 바오로 사도도 "그리스도는 하느님의 힘이시며 지혜이십니다"(1코린 1,24)라고 했다.[5]

2. 그러나 우리가 그분을 '하느님의 지혜'라고 부를 때, 실체가 없는 존재를 일컫는다고 여기지 말아야 한다.[6] 이는 예를 들어 그분이 지혜로운 어

복음 주해』 1,20-22(22-23),119-141], 이 다양성이 거룩한 말씀의 단일한 실체를 위협하지는 않는다고 보았다[참조 『요한 복음 주해』 1,28(30),196-197.200; 『원리론』 4,4,5]. 오리게네스는 그리스도의 다양한 명칭을 두 가지 범주로 구분하는데, 첫째는 그리스도의 신적 선재를 나타내고, 둘째는 그리스도의 육화 신비를 가리킨다고 보았다(참조 『요한 복음 주해』 1,9 이하).

4) 잠언의 이 대목을 그리스도에게 적용하는 것은 오랜 전통이었다. 참조 유스티누스, 『유대인 트리폰과의 대화』 61; 『둘째 호교론』 6. 『예레미야서 강해』 9,14에 따르면 이 성경 구절에서 일련의 부정과거형 뒤에 오는 현재형 '나를 낳으신다'(γεννᾷ με)는 영원하고 지속적인 낳음을 뜻한다.

5) 바오로 사도의 이 말은 그리스도와 구약의 지혜를 동일하게 여기는 데 크게 이바지하여 교부들의 신학에서 큰 반향을 불러일으켰지만(참조 유스티누스, 『유대인 트리폰과의 대화』 61), 구약의 지혜를 성령과 동일시하는 경향은 상대적으로 적었다(참조 이레네우스, 『이단 반박』 4,20,3).

6) 참조 『요한 복음 주해』 1,24(23),151-152. 오리게네스는 여기서 단원론(monarchianismus)과 양태설(modalismus)을 겨냥하고 있다. 양태설을 주장하는 이들은 그리스도의 신성을 부정하였을 뿐 아니라, 아들과 성령은 유일한 신적 위격의 존재 양식(modus)에 지나지 않는다고 주장했다[참조 『요한 복음 주해』 10,37(21),246-247; 『기도론』 15,1; 『헤라클리데스와의 논쟁』 4; 『티토서 강해 단편』(PG 14,1304D)]. 발렌티누스파를 비롯한 영지주의자들도 지혜가 성부로부터 흘러나오기 전에는 실체를 지니지 않았다고 주장했는데, 오리게네스는 그들이 지혜의 유출(emanatio)을 육체적 형태로 상상하고 있다고 반박했다(참조 『원리론』 4,4,1).

떤 존재가 아니라, 그분의 힘과 지성을 받아들일 수 있는 다른 존재에게 자신을 내어주고 그들 정신에 들어감으로써 그것들을 지혜롭게 하는 존재라고 생각해야 한다는 것이다. 하느님의 외아들이 실체로 자존하는 하느님의 지혜[7]라는 사실을 일단 옳게 인정하였으면, 육체적인 것은 모두 형태와 색깔과 크기의 특성을 지니고 있다는 이유로 그분의 '히포스타시스'(ὑπόστασις), 곧 숩스탄티아(substantia, 실체)[8]가 육체를 지니고 있지는 않은가라는 물음에까지 우리 생각을 밀어붙일 필요가 있는지 나는 모르겠다. 건전한 정신을 지닌 사람이라면 도대체 그 누가 지혜가 존재한다는 이유로 그 지혜의 형태나 색깔, 또는 측정할 수 있는 크기를 찾으려 하겠는가? 하느님에 관하여 경건하게 인식하고 생각할 줄 아는 사람이라면, 하느님 아버지께서 이 지혜를 낳으시지 않은 상태로 존재하신 때가 단 한 순간이라도 있다고 어떻게 생각하거나 믿을 수 있단 말인가? 하느님이 지혜를 낳기

7) 같은 확언에 관해서는 참조 『요한 복음 주해』 6,38(22),188; 1,34(39),244; 『기도론』 27,12; 『켈수스 반박』 8,12.

8) 루피누스는 그리스어 '히포스타시스'(ὑπόστασις)를 그대로 옮겨 쓰고, 라틴어 숩스탄티아(substantia, 때로는 subsistentia로 쓰기도 한다)도 병기하였다. 통상 우리말로 '위격'이라고 옮길 수 있는 이 두 낱말이 늘 정확하게 맞아떨어지지는 않는다. '히포스타시스'가 언제나 개별적 실재를 가리킨 반면, 숩스탄티아는 그리스어 '우시아'(οὐσία)와 같이 개별적 실재를 일컫기도 하고 모든 존재의 보편적 본질을 가리키기도 했기 때문이다. 카이사리아의 에우세비우스는 이 두 가지를 이렇게 구별한다. "숩스탄티아는 그것을 구성하는 사물의 본성 자체나 존재 방식을 표현한다. 그러나 한 인간의 숩시스텐티아는 존재하고 실재하는 것을 드러낸다."(참조 『교회사』 1,29) 라틴 교회에서는 '히포스타시스'를 숩스탄티아와 단순하게 동일시했기 때문에, 아리우스 논쟁이 벌어지던 때에는 '우시아'(일반적인 본질) 문제로 고통스러운 오해에 휘말리게 된다. 루피누스가 '숩스탄티아'라고 번역한 이 낱말을 오리게네스도 언제나 '히포스타시스'라고 썼는지는 확실하지 않지만, 오리게네스가 신성을 지닌 개별 존재를 가리키기 위하여 '히포스타시스'라는 낱말을 즐겨 사용한 것은 분명하다〔참조 『켈수스 반박』 8,12; 『요한 복음 강해』 2,10(6),75〕. 오리게네스는 때로 '히포스타시스'와 '우시아'를 동일시하기도 했다〔참조 『요한 복음 주해』 10,37(21),246〕.

전에는 지혜를 낳을 수 없었기에, 이전에 존재하지 않은 지혜를 나중에 낳으셨다고 말하거나,— 하느님에 대해 이렇게 말하는 것은 부당한 일이겠지만— 하느님이 지혜를 낳을 수는 있었지만 이를 원하시지 않았다고 말하는 이가 있다. 이 두 가지 가설, 곧 하느님이 할 수 없는 상태에서 할 수 있는 상태로 발전하였다는 가설이나, 하느님이 지혜를 낳을 수는 있었지만 이를 게을리 하거나 연기하셨다는 가설 모두 분명히 어리석고 불경스럽다. 하느님이 언제나 당신 외아들의 아버지라는 사실을 우리는 알고 있다. 아들은 아버지로부터 낳음을 받으시고 아버지에게서 나오셨지만, 여기에는 어떤 시간적 간격으로 구분될 수 있는 시작이 없을 뿐만 아니라[9] 정신 자체로만 상상할 수 있는 시작, 말하자면 지성과 영혼만으로 관찰할 수 있는 그런 시작도 없다. 그러므로 지혜는 표현하거나 상상할 수 있는 어떠한 시작도 없이 태어났다는 사실을 믿어야 한다. 이 자존적 지혜 안에는 처음으로 존재하는 것들이나, 부수적이거나 부차적인 방법으로 생겨난 것들이나,[10] 미래의 모든 피조물의 능력과 모상이 내재되어 있었으니,[11] 이들

9) "언덕들이 생겨나기 전에 나를 낳으신다"(잠언 8,25)라는 성경 말씀을 바탕으로 오리게네스는 아들의 영원한 출생(generatio aeterna)에 관하여 말한다. 그 출생은 언제나 지속되고 언제나 현재이며 동시에 영원하다[참조 『예레미야서 강해』 9,4; 『원리론』 1,2,4; 『요한 복음 주해』 1,29(32),204; 2,1,8-9; 2,2; 10,37; 플로티노스, 『엔네아데스』 5,1,6; 알비노스, 『개요』 14,3].

10) 이는 실체(οὐσία)와 특성들(ποιότητες)의 구분[참조 『원리론』 2,1,4; 2,3,2; 4,4,7(34)]인지 『원리론』 2,9,3에서처럼 이성적 피조물들인 principalia와 동물과 다른 존재들인 consequentia의 구분인지 확실하지 않다.

11) 오리게네스는 『원리론』 2,3,6에서 자율적인 이데아계의 존재를 인정하지 않지만, 여기와 다른 저서에서는 지혜요 로고스인 아들 안에 이데아계를 자리매김한다[참조 『요한 복음 주해』 1,19(22),111; 19,22(5),146-150; 『켈수스 반박』 5,39; 6,24; 『아가 주해』 3(GCS 8, 208쪽); H. Crouzel, *Connaissance*, 54-61쪽]. 이러한 사상은 그 당시 철학에 널리 퍼져 있었고, 알렉산드리아의 클레멘스도 공유한 개념이었다(참조 『양탄자』 4,25,155; 5,11,73).

은 모두 예지를 통해 미리 꼴을 갖추고 안배되어 있었던 것이다. 모든 피조물은 지혜 자체 안에 한정되고 미리 꼴을 갖추고 있었기 때문에 지혜는 솔로몬의 입을 통해 자기 자신을 '하느님의 길들의 시작'이라고 했는데, 이는 자신 안에 모든 피조물의 시작과 이성과 종류들을 내포하고 있다는 뜻이다.[12)]

3. 지혜가 자신 안에 모든 피조물의 종류와 이성을 미리 형성하고 내포하고 있다는 사실에서 우리는 지혜가 어떻게 하느님의 길들의 시작이 되며(잠언 8,22 참조), 또 어떤 뜻에서 창조되었다고 하는지를 이해하게 되었다.[13)] 마찬가지로 지혜가 하느님의 말씀이라는 사실을 깨달아야 하는데, 이는 지혜 자신이 다른 모든 것, 곧 하느님의 지혜 안에 포함되어 있는 모든 피조물에게 신비와 비밀의 의미를 밝혀 주기 때문이다. 또한 지혜가 정신의 비밀을 해설해 주기 때문에 지혜를 말씀이라고 부른다. 따라서 "이분은 생명 있는 존재인 말씀이시다"라고 기록되어 있는 『바오로 행전』[14)]의 말은 옳

12) initia=ἀρχαί, rationes=λόγοι, species=εἴδη. 오리게네스의 지성적 세계에는 일반적 의미(유와 종)인 개념들뿐 아니라 개체적 의미인 이성들(미래 존재들의 씨앗들, λόγοι σπερματικόι)이 있다〔참조 『원리론』 1,4,5; 2,3,6; 『요한 복음 주해』 1,19(22),113-115; 1,34(39),244; 1,38(42),283; 2,18(12),126; 5,5; 19,22(5),146-150; 『켈수스 반박』 5,22; 5,39; 6,64; 『에페소서 단편』 6(JTS 3, 241쪽)〕.

13) 잠언 8장 22절(칠십인역)은 라틴어로 으레 "지혜는 주님이 창조하셨다"고 번역되었는데, 4세기에 이르러 아리우스는 성자의 완전한 신성을 부정하는 데 이 대목을 근간으로 삼는다. 오리게네스에게 '크티제인'(κτίζειν)은 '창조하다'라는 명확한 의미가 아니다(참조 『원리론』 4,4,1).

14) 이 외경(apocripha)은 소실되었다. 이 외경은 『예레미야서 강해』 20(19),1; 에우세비우스, 『교회사』 3,3,5; 3,25,4에서 인용되며 『바오로와 테클라 행전』(이 외경에 관해서는 참조 A. v. Harnack, *Patristische Miscellen*; K. Schmidt, *Die alten Petrusakten*)과 혼동하지 말아야 한다(참조 『요한 복음 주해』 20,12,91). 신약외경에 대해서는 참조 송혜경, 『신약외경입문』, 바오로딸, 2013.

은 것 같다. 한편 요한은 자기 복음서의 첫머리에서 더 뛰어나고 더 훌륭한 방법으로 말씀이 하느님이심을 적절하게 정의하였으니, "말씀은 하느님이셨고, 그분께서는 한처음에 하느님과 함께 계셨다"(요한 1,1-2)라고 하였다. 하느님의 말씀과 하느님의 지혜의 한처음을 인정하는 사람이라면 지난 모든 시간과 시대, 어떤 다른 명칭을 붙일 수 있는 모든 때에도 아버지께서 늘 아버지이셨고, 말씀을 낳으셨으며 지혜를 지니고 계셨다는 사실을 부인함으로써 나지 않으신 아버지 자신을 거슬러 떠들어 대는 불경을 저지르지는 않을 것이다.

4. 또한 이 아들은 존재하는 모든 것의 '진리'이며 '생명'이시다(요한 14,6 참조). 창조된 모든 것이 생명 없이 어떻게 살 수 있겠는가?[15] 또 진리에서 나오지 않는다면 어떻게 진리 안에 토대를 둘 수 있겠는가? 또 '말씀' 또는 '이성'이 선재(先在)하지 않았다면 어떻게 이성적 존재들이 존재할 수 있으며, 또 '지혜'가 없었다면 어떻게 지혜로운 이들이 있을 수 있는가?[16] 그런데 어떤 것이 생명에서 멀어지면, 생명에서 멀어졌다는 바로 그 사실 때문에 자기 자신을 죽음에 내맡기게 되는 일이 생긴다. (사실 죽음은 생명에서 멀어지는 것과 다른 것이 아니기 때문이다.)[17] 한편 하느님에게서 한 번 창조되어 생명을 받은 것들이 완전히 사라져 없어지는 일은 없으므로, 다가오는

15) 참조 『요한 복음 주해』 1,21(23),126; 1,37(42),267-268; 『켈수스 반박』 7,16. 길이신 그리스도에 관해서는 참조 『요한 복음 주해』 2,16(10),114-115; 6,19(11),107; G. Gruber, *ΖΩΗ*. 특히 초자연적인 생명이 관건이다.

16) 참조 『요한 복음 주해』 6,38(22),188; 『기도론』 27,2; H. Crouzel, *Théologie de l'Image*, 168-175쪽. 루피누스는 로고스(λόγος)를 종종 말씀 또는 이성(verbum vel ratio)이라고 번역하는데, 그리스어 낱말의 이중 의미를 달리 표현할 수 없었기 때문이다.

17) 오리게네스는 윤리적 조건과 존재론적 조건을 언제나 밀접하게 연관시킨다. 따라서 죽음은 생명이신 그리스도에게서 떨어져나간 결과다[참조 『요한 복음 주해』 32,18(11),233-234].

죽음을 없애고 〔몸소〕 부활이 되는 그런 능력은 죽음에 앞서 존재해야 한다(요한 11,25 참조).[18] 그 능력은 우리 주 구원자 안에 형성되어 있으며, 부활은 바로 하느님의 지혜와 말씀과 생명에 바탕을 두고 있다. 끝으로, 어떤 피조물들은 선(善)을 본성적으로, 곧 실체적으로 지니고 있는 것이 아니라 우유적(偶有的)으로 지니고 있으며,[19] 바뀌거나 변화되지 않는 똑같은 선의 상태에서 언제까지나 균형 잡히고 절도 있게 머무를 수 없기에, 바뀌고 변화하여 첫 상태에서 타락하게 되었으므로 하느님의 말씀과 지혜가 길이 되었다(요한 14,6 참조).[20] 길이라 불리는 까닭은 그 길을 따라 걷는 이들을 아버지께 이끌어 주기 때문이다.

하느님의 지혜에 관하여 우리가 말한 모든 것은 하느님의 아들을 생명, 말씀, 진리, 길, 부활이라고 부를 때에도 적절히 적용되고 그 명칭들은 그분에 관한 것으로 이해된다. 이 모든 명칭은 그분의 활동과 능력에서 비롯하며, 그 가운데 어떤 것도 크기나 형태나 색상을 암시하는 듯이 보이는 육체적인 그 무엇이라 여길 아무런 이유가 없다. 우리 주변에서 볼 수 있는 인간의 자식이나 짐승의 새끼들은 그들을 낳은 아비와 태중에서 꼴을 갖추고 길러낸 어미의 씨에 상응하고, 그들이 지니고 태어나는 모든 것은 이 부모에게서 유래한다.[21] 그러나 하느님 아버지께서 당신 외아들을 낳으시고 그에게 존재를 주시는 것과, 인간이나 동물이 낳는 행위를 같은 차원에 두는 것은 말도 안 되는 부당한 일이다.[22] 그러나 나지 않으신 하느님

18) 참조 『요한 복음 주해』 1,37(42),268; H. Crouzel, *La premier*, 3-19쪽.
19) 참조 『요한 복음 주해』 2,18(12),124; 『켈수스 반박』 6,44.
20) 참조 『요한 복음 주해』 6,19(11),103-107; 32,7(6),80-82.
21) 참조 『요한 복음 주해』 20,5,34-35.
22) 동정녀로부터의 예수의 탄생에 관해서는 참조 『켈수스 반박』 2,69. 이 구절은 아버지에 의한

이 어떻게 외아들의 아버지가 되는지 인간의 생각으로 이해할 수 있도록, 사물뿐 아니라 생각이나 상상으로도 결코 비교할 수 없고 오로지 하느님께만 어울리는 그 무엇을 정의할 필요가 있다.[23] 이 낳음은 마치 광채가 빛에서 태어나듯[24] 그렇게 영원하고 지속적이다. 그분은 성령의 입양을 통해 밖으로부터 아들이 되는 것이 아니라, 본성상 아들이기 때문이다.[25]

5. 이제 우리가 말한 것들이 성경의 권위로 어떻게 뒷받침되고 있는지 살펴보자. 바오로 사도는 외아들을 "보이지 않는 하느님의 모상이시며 모든 피조물의 맏이이십니다"(콜로 1,15)라고 하고, 히브리인들에게 보내는 서간[26]에서는 그분에 관하여 "영광의 광채이시며 그분 본질의 모상"(히브 1,3)이라고 한다. 솔로몬의 저서라고 하는 지혜서도 하느님의 지혜에 관하여 다음과 같이 묘사하고 있다. "〔지혜는〕 하느님 능력의 숨결이며, 전능하신 분이 지닌 영광의 가장 순수한 '아포로이아'(ἀπόρροια), 곧 유출

아들의 낳음을 육체적 낳음과 같은 방식, 곧 생출(προβολή, prolatio)로 생각하는 이들을 반박한다. 오리게네스는 아버지가 아들을 낳는 일을 영지주의자들이 지나치게 물질적으로 해석한다고 비판한다(참조 『원리론』 4,4,1). 더 나아가 아버지의 낳음(generatio)이 지니고 있는 깊은 신비를 너무 단순하게 인간의 출산에 비유하는 호교론자들에 대한 경고일 수도 있다.

23) 말로 표현할 수 없는 하느님의 '낳으심'에 관해서는 참조 이레네우스, 『이단 반박』 2,28,6; 오리게네스, 『켈수스 반박』 8,14.

24) 이미 유스티누스는 아버지와 아들의 관계를 해와 햇빛에 빗대어 설명했다(참조 『유대인 트리폰과의 대화』 61,128; 타티아누스, 『그리스인에 대한 연설』 5; 테르툴리아누스, 『프락세아스 반박』). 오리게네스는 '빛이신 하느님'(참조 1요한 1,5)이라는 주제와 '아버지의 빛에서 나오는 광채이신 그리스도'(참조 히브 1,3)라는 주제를 연결시키면서 아들의 '동일한 영원성'(coaeternitas)을 설명한다. 광채 없는 아들은 빛이 아니기 때문이다(참조 『원리론』 4,4,1; 『예레미야서 강해』 9,4). 아들은 아버지의 모든 영광의 광채다〔참조 『요한 복음 주해』 32,18(28),353; M. M. Luz, *Pastor Marcelo*〕.

25) 참조 『이사야서 단편』(PG 13,217); 『요한 복음 주해』 2,10(6),76; 『요한 복음 단편』 108-109(GCS 4); 『예레미야서 강해』 9,4; 『에페소서 단편』 3(JTS 3, 237쪽).

26) 바오로와 히브리서에 관해서는 참조 『원리론』 1,서론,1 각주 3.

(manatio)이다."[27](지혜 7,25 참조) 그러므로 "티끌 만한 점 하나라도 지혜를 더럽힐 수 없다. 지혜는 영원한 빛의 광채이며 하느님의 활동을 비쳐 주는 티 없는 거울이며, 하느님의 선을 보여 주는 모상이다"(지혜 7,25-26). 우리가 앞에서 말하였듯이, 하느님의 지혜(1코린 1,24 참조)는 다른 존재들이 아니라 만물의 시작이신 분 안에 자존적 존재(subsistentia)를 지니고 있으며,[28] 그분에게서 태어났다. 이 지혜는 본성적으로 유일하게 아들이신 바로 그분이기 때문에 "외아들"(요한 3,16)이라고 불린다(요한 1,18 참조).

6. 그분은 "보이지 않는 하느님의 모상"(콜로 1,15)이라는 말을 어떻게 알아들어야 하는지 이제 살펴보고자 한다. 그러면 하느님이 당신 아들의 아버지라는 말이 어째서 합당한지 깨닫게 될 것이다(마태 11,27; 콜로 1,3; 히브 1,5 참조). 먼저 사람들이 관례에 따라 모상(imago)이라고 부르는 것들을 생각해 보자. 사람들은 때때로 나무나 돌과 같은 물체에 그리거나 조각한 대상을 모상이라 부른다. 또는 아버지의 모습이 자식 안에 그대로 나타날 때 아들을 아버지의 모상이라고 말하기도 한다.[29] "하느님의 모상(imago)으로 비슷(similitudo)하게"(창세 1,26) 만들어진 인간에게 첫째 예를 적용할 수 있다고 나는 생각한다. 인간에 대해서는 창세기에 나오는 바로 이 구절을 다루기 시작할 때 하느님의 도우심에 힘입어 더 상세하게 살펴보자.[30]

지금 우리가 거론하고 있는 '하느님 아들의 모상'이라는 말은 그분께서

27) 『요한 복음 주해』 13,25,153; 『켈수스 반박』 3,72; 8,14.
28) 오리게네스에 따르면 아들은 언제나 아버지를 보고 있고, 아버지의 영적 존재에 온전히 참여하고 있기에 하느님이시다(참조 『요한 복음 주해』 2,2,18).
29) 『요한 복음 주해』 2,6(4),52; 『마태오 복음 주해』 10,11.
30) 오리게네스는 『창세기 강해』 1,13에서 이 대목에 관하여 설명하고, 『원리론』 1,3,3과 2,3,6에서는 창세 1,1-2에 관하여 해설한다. 『원리론』과 『창세기 주해』는 같은 시기에 쓰였다.

보이지 않는 하느님의 보이지 않는 모상이라는 점에서 둘째 예와 비교할 수 있다.[31] 이는 우리가 성경에 따라 아담의 아들 셋은 아담의 모상이라고 말하는 것과 같다. 그래서 이렇게 기록되어 있다. "아담은 자기 모상과 자기 형상에 따라 셋을 낳았다."(창세 5,3) 이 모상에는 성부와 성자의 본성 및 본질이 일치한다는 의미가 내포되어 있다. 그러므로 만일 "아버지께서 하시는 모든 일을 아들이 똑같이 한다"(요한 5,19)면, 아들이 아버지처럼 모든 것을 한다는 점에서 아버지의 모상은, 의지가 정신에서 나오듯이, 아버지에게서 태어난 아들 안에 새겨져 있다.[32] 그러므로 나는, 아버지께서 원하시는 것이 존재하기 위해서는 아버지의 뜻만 있으면 충분하다고 생각한다. 그분께서는 무엇을 원하실 때 당신 의지의 숙고에서 나오는 것 말고 다른 길을 이용하지 않으시기 때문이다.[33] 아들의 자존적 존재도 이런 식으로 그분에게서 난다.

하느님 아버지 말고는 나지 않은, 곧 태어나지 않은[34] 존재는 아무도 없

31) 이미 필론이 로고스를 하느님의 모상이라고 정의하였고(참조 『언어의 혼란』 147), 알렉산드리아의 클레멘스도 하느님의 모상인 로고스에 관하여 말하였지만(참조 『권고』 10,98,4), 그리스도교 환경에서는 육화하신 그리스도를 하느님의 모상이라고 여겼다(참조 이레네우스, 『사도적 가르침의 논증』 22). 영지주의자들은 아들을 하느님의 보이는 모상이라고 여겼다(참조 『켈수스 반박』 7,43; 『요한 복음 주해』 13,36,228-235).

32) 아들의 출생을 '비물질적인 것'(immaterialitas)으로 묘사하기 위하여 오리게네스가 즐겨 사용하는 상징이다[참조 『원리론』 4,4,1; 『요한 복음 강해 단편』 108(GCS 4)]. 아버지의 의지인 그리스도에 관해서는 참조 테르툴리아누스, 『기도론』 4; 알렉산드리아의 클레멘스, 『교육자』 3,12,98; 『양탄자』 5,1,6; 오리게네스, 『요한 복음 주해』 13,36.

33) 영지주의자들은 아들의 출생이 아버지의 실체(substantia)의 발출이라고 주장했지만, 오리게네스는 아버지의 의지의 발출이라고 보았다(참조 『원리론』 4,4,1).

34) 루피누스는 '나지 않은'(ingenitum), 곧 '태어나지 않은'(innatum, ἀγέννητος)이라고 정확하게 밝힌다. 그러나 히에로니무스는 오리게네스가 오직 아버지만 '창조되지 않은'(infectum, ἀγένητος) 분이라고 썼으리라고 추정한다(참조 『서간집』 124,2). 이 문제에 관해서는 참조 『원리론』 1,서론,4 각주 18.

다는 것을 고백하는 사람은 무엇보다 먼저 이 사실을 인정해야 한다. 신성에 참여하기 위해서, 또는 하느님 아버지의 본성을 나누어 받기 위해서 생출(生出, prolatio)[35]이라는 것을 상상하는 이들의 어처구니없는 이야기에 걸려들지 않도록 조심해야 한다. 비육체적 본성에 관한 이런 식의 이야기는 사소한 가설일지라도 엄청난 불경이요 지극히 어리석은 짓이며, 비육체적 본성의 실체적 분리를 생각한다는 것 자체가 지극히 비논리적인 일이다. 의지가 정신에서 나올 때에는 정신의 일부분을 떼어 놓지도 않고 정신에서 분리되거나 갈라지지도 않는다. 아버지께서 당신의 모상인 아들을 낳는 것도 이와 같은 양식이어서 본성상 비가시적인 분이 비가시적인 모상을 낳는 것으로[36] 생각해야 한다.

성자는 말씀이시므로 그분 안에는 감각으로 인지되는 어떤 것도 있지 않다는 사실을 깨달아야 한다. 그분은 지혜이시고 우리는 그 지혜 안에 육체적인 어떤 것이 있으리라 상상조차 해서는 안 된다. "그분은 참된 빛이셨으니 그 빛이 세상에 오시어 모든 사람을 비추고 있는데"(요한 1,9), 그 빛은 우리 태양의 빛과 어떤 공통점도 없다. 그러므로 우리 구원자는 보이지 않는 하느님, 곧 성부의 모상이시다. 그분은 성부와의 관계에서는 진리이시며(요한 14,6 참조), 우리와의 관계에서는 성부를 계시해 주시는 모상이시다. 이 모상을 통해 우리는, "아들과 아들이 계시해 주려는 사람이 아니

35) 그리스어 '프로볼레'(προβολή) 또는 '프로볼레마'(πρόβλημα, 참조 『원리론』 4,4,1). 이는 영지주의자들에게 '아포리아'(ἀπόρροια)와 더불어 나타나는 용어다(RAC IV, 1219쪽 이하). 특히 발렌티누스파는 생출을 인간의 낳음과 유사하게 매우 사실적으로 표현한다(참조 이레네우스, 『이단 반박』1,1,1).

36) 아들이 비가시적 모상이라는 오리게네스의 이론은 아들을 아버지와 모든 것에서 같게 하는 '본성의 일치'(unitas naturae)에 바탕을 두고 있다.

면"(마태 11,27) 아무도 알아보지 못하는 아버지를 알게 된다.[37] 그분 친히 "나를 본 사람은 곧 아버지를 뵌 것이다"(요한 14,9)라고 말씀하셨듯이, 그분을 알아본 사람은 아버지도 알아보게 된다.

7. 우리는 그리스도에 관하여 "그분은 하느님 영광의 광채이시며 그 분 본질의 모상"(히브 1,3)이라고 한 바오로의 말을 인용하였으니, 이 말을 어떻게 알아들어야 하는지 살펴보자. 요한에 따르면 "하느님은 빛이시다" (1요한 1,5). 그러므로 이 빛의 광채는 외아들이고, 광채가 빛에서 나오는 것처럼 성자는 성부에게서 분리되지 않고 나오시어 모든 피조물을 비추고 계신다(요한 1,9 참조).[38] 그분께서 어떻게 길이시고 성부께 〔우리를〕 인도하시는지, 어떻게 이성을 지닌 피조물에게 지혜의 비밀과 인식의 신비를 해설해 주고 전해 주는 말씀이신지, 또 어떻게 진리와 생명과 부활이신지 앞에서 설명하였으니 이에 알맞게 광채의 작용도 이해해야 한다. 이 광채를 통하여 우리는 빛 자체를 알게 되고 깨닫게 된다. 이 광채는 사멸할 것들의 연약하고 흐린 눈들을 부드럽고 유연하게 비추어,[39] 그들이 빛의 밝음을 견디는 데 점차 순응하고 익숙해지도록 해 주며, "네 눈에서 들보를 빼내어라"(마태 7,5)라고 하신 주님의 말씀에 따라 시각을 어둡게 하고 방해하는 모든 것을 그들에게서 없앰으로써 그들이 빛의 영광을 받아들일 수 있

37) 아들을 이해하는 사람은 아버지도 이해한다. 아들은 아버지의 모상이기 때문이다〔참조 『요한 복음 주해』 32,29(18),359; 19,6(2),35; 『켈수스 반박』 7,43-44〕.

38) 오리게네스는 『요한 복음 주해』 13,25,153에서 지혜 7,25와 히브 1,3을 바탕으로 아들의 종속성을 주장한다. 그리스도는 하느님 선의 모상이지만 하느님의 영광을 반영하고, 아버지의 빛줄기가 아니라 아버지의 권능을 반영하며, 아버지의 영광의 유출이며 아버지의 활동의 거울이라는 것이다.

39) 오리게네스에 따르면, 아들은 육화를 통하여 인간에게 부분적이고 불완전한 형태로 하느님의 광채를 인식하게 해 주었다(참조 『여호수아기 강해』 3,5).

게 해 주기에, 이 점에서 인간과 빛 사이의 중개자가 되는 것이다(1티모 2,5 참조).

8. 그런데 사도는 그분을 '영광의 광채'라고 하였을 뿐 아니라 그분 본질(숩스탄티아 또는 숩시스텐티아)[40]의 모상이라 하였다(히브 1,3 참조). 본질이 숩스탄티아라 불리든 숩시스텐티아라고 불리든, 하느님의 본질 이외의 다른 본질이 어떻게 그분 본질의 모상이라고 말할 수 있는지에 관해 주의를 돌리는 것도 나는 쓸데없는 일이 아니라고 본다. 하느님의 아들은 그분의 말씀이며 지혜라고 불리고, 홀로 하느님을 알고 있으며, 〔아들이〕 원하는 사람들, 곧 그분의 말씀과 지혜를 받아들일 수 있는 사람들에게 하느님을 계시하는 분이기에(마태 11,27 참조), 하느님을 알게 해 주고 깨닫게 해 준다는 점에서 그분을 일컬어 하느님 본질(숩스탄티아 또는 숩시스텐티아)의 모상이라고 표현한 것은 아닌지 살펴보자. 곧, 지혜는 다른 이들에게 계시하려는 것을 먼저 자기 자신 안에서 재현하고, 이러한 재현을 통해 그들이 하느님을 알게 되고 깨닫게 되므로 이 지혜는 하느님 본질의 모상이라 하는 것이다.

구원자께서 어떻게 하느님 본질(숩스탄티아 또는 숩시스텐티아)의 모상인지 더 잘 이해하기 위해 예를 하나 들어 보자(히브 1,3 참조). 이 예는 우리가 거론하고 있는 문제를 나타내기에 충분하거나 적절하지는 않지만, 하느님의 형상으로 계셨던 아들이 자신을 낮추고, 그 낮춤을 통해 우리에게 신성의 충만함을 보여 주려 했다는 사실에 대한 설명은 될 것이다[41](참조 필리 2,6-7; 콜로 2,9). 예컨대 크기가 온 세상을 덮을 만하여 아무도 그 규모

40) 참조『원리론』1,2,2 각주 8.

41) 마찬가지로 필리 2,6-8을 인용하는『창세기 강해』1,13을 참조하라.

를 생각할 수 없을 정도로 거대한 어떤 상(像)이 있다고 가정하자.[42] 그리고 지체의 모양과 얼굴 윤곽, 형상과 재료 등 모든 점에서 닮았지만 무한히 크지는 않은 또 다른 상을 만들었는데, 이는 저 거대한 상을 상상하거나 알아볼 수 없는 이들이 이 〔둘째〕 상을 봄으로써 저 〔첫째〕 상을 보고 있다는 믿음을 갖게 하기 위해서라고 하자. 이들은 지체나 얼굴 윤곽, 그 모습과 재료가 구별할 수 없을 정도로 완전히 똑같다. 이와 마찬가지로, 아들은 아버지를 알아보는 길을 우리에게 보여 주기 위해 '아버지와 같음'에서 당신을 비우심으로써 그분 본질의 표상이 되셨다. 우리는 그분 신성의 위대함에서 오는 순수한 빛의 영광을 직접 볼 수는 없지만, 그분이 우리를 위해 〔빛을 반사하는〕 광채가 되셨기에, 우리는 이 광채를 봄으로써 하느님의 빛을 볼 수 있는 길을 얻게 되었다. 물질로 된 〔위의 두〕 상에 대한 비교는, 하느님의 아들이 인간 육체라는 좁은 형체 안에 잠시 들어가셨지만 업적과 능력에서 하느님 아버지의 무한하고 보이지 않는 위대함을 나타내고 있다는 점 외에 달리 적용시켜서는 안 된다.[43] 이 때문에 그분은 당신 제자들에게 "나를 본 사람은 곧 아버지를 뵌 것이다"(요한 14,9), "나와 아버지는 하나다"(요한 10,30)라고 말씀하셨다. "아버지께서 내 안에 계시고 내가 아버지 안에 있다"[44](요한 10,38)라는 말씀도 이런 맥락에서 알아들어야 한다.

9. 이제 솔로몬의 지혜서에 다음과 같이 기록된 지혜라는 말을 어떻게 알아들어야 하는지도 살펴보자. "〔지혜는〕 하느님 능력의 숨결이며, 전

42) 히에로니무스는 이 비유를 요약해서 전한다(참조 『서간집』 124,2).

43) 육화하신 그리스도는 당신의 놀라운 업적을 통하여 아버지의 위대하심을 드러낸다. 성부와 성자가 하나라는 요한 10,30의 말씀에 대한 설명에 관해서는 참조 『켈수스 반박』 8,12. 또한 참조 『창세기 강해』 1,13; 『원리론』 1,2,12.

44) 참조 『예레미야서 강해』 10,7; 『요한 복음 주해』 20,18(16),153-159.

능하신 분이 지니신 영광의 가장 순수한 '아포로이아'(ἀπόρροια), 곧 유출(manatio)이다. 지혜는 영원한 빛의 광채이며 하느님의 활동력을 비쳐 주는 티 없는 거울이며, 하느님의 선을 보여 주는 형상이다."(지혜 7,25-26 참조) 하느님에 관한 다섯 가지 정의가 열거되어 있는데, 이들은 각기 하느님 지혜의 속성, 곧 하느님의 능력, 영광, 영원한 빛, 활동 그리고 선을 묘사한다. 그러나 지혜를 '전능하신 분의 영광의 숨결'이나 '영원한 빛의 숨결'이나 '아버지 활동의 숨결'이나 '그분의 선의 숨결'이라고 부르지는 않는다. 숨을 이러한 특성들에 적용시키는 일이 어울리지 않기 때문이다.[45] 그러나 지혜를 하느님 능력의 '숨결'이라고 부르는 것은 매우 적절하다. '하느님의 능력'[46]이라는 말은 그분께서 이 능력을 통하여 활동하시고, 보이는 것과 보이지 않는 것 모두를 만드시고 품으시고 다스리시며, 당신이 돌보시는 모든 것을 충만히 섭리하시고, 모든 것과 일치를 이룬 듯이 그들 안에 현존하신다는 뜻이다.[47] '숨결', 이른바 그처럼 크고 무한한 이 능력의 힘은 독자적인 존재를 취한다.[48] 의지가 정신에서 나오듯 하느님의 의지는 능

45) 참조 『요한 복음 주해』 13,25,153. 오리게네스는 숨결(ἀτμίς)이란 아버지의 능력(potentia)과 의지(voluntas)의 직접적인 유출이며, 지혜는 아버지에게서 비롯하는 실체라고 보는 것 같다. 달리 말해, 지혜는 아버지의 영광과 빛과 선에서 비롯하는 것이 아니라, 아버지의 능력과 의지에서 곧바로 나온다는 것이다. 참조 A. Orbe, *Procesión*, 404-405쪽. 아들이 아버지의 실체(그리스어 '우시아'를 나타내는 숩스탄티아)에서 태어난다는 같은 견해는 『히브리서 단편』(PG 14,1308)에 있다.

46) 하느님의 능력(virtus, δύναμις)이신 그리스도에 관해서는 참조 유스티누스, 『유대인 트리폰과의 대화』 128; 안티오키아의 테오필루스, 『아우톨리쿠스에게』 2,10; 알렉산드리아의 클레멘스, 『소묘』 23(GCS 3, 202쪽). 오리게네스의 글에서 『예레미야서 강해』 8,1; 『요한 복음 주해』 1,33(38),242; 20,15(13),120.

47) 플라톤학파의 세상의 영혼과 스토아학파의 '프네우마'(πνεῦμα)처럼 세상을 존속시키는 하느님의 능력에 관해 오리게네스는 유스티누스, 이레네우스, 알렉산드리아의 클레멘스와 마찬가지로 당대의 우주관과 철학 개념을 공유한다(참조 『원리론』 2,1,2).

력 자체에서 비롯하지만, 하느님의 의지 자체가 하느님의 능력이 된다. 자신의 고유성 안에서 자존하는 또 다른 능력은 성경이 말하듯 첫 번째이자 생겨나지 않은 하느님 능력의 숨결이며, 하느님의 능력으로 인해 자기 존재를 갖게 된 것이다(지혜 7,25 참조). 따라서 그것이 존재하지 않았던 때는 없었다.[49]

그 능력이 전에는 존재하지 않았다가 나중에 존재하게 되었다고 주장하려는 자가 있다면, 그는 이것을 존재하게 하신 아버지께서 왜 전에는 그렇게 하지 않았는지 그 까닭을 설명해야 할 것이다. 만일 이 숨결이 하느님의 능력에서 나오게 된 시작이 있었다고 그가 주장한다면, 우리는 그가 말하는 '시작' 전에는 왜 일이 일어나지 않았는지 그 이유를 다시 따져 물을 것이다. 이렇게 계속 이전의 시간들에 대하여 묻고 그런 질문으로 거슬러 올라갈 때, 우리는 다음의 결론에 이르게 될 것이다. 하느님은 항상 하실 수 있고 원하시므로 당신이 원하시는 이 선을 항상 지니고 계실 필요가 없다.[50] 하느님 능력의 숨결은 언제나 존재했고, 하느님 외에 어떤 다른 시작도 없는 것이 분명하다. "그리스도는 하느님의 능력"(1코린 1,24)이라고 한 사도의 말씀대로, 그분은 하느님 능력의 숨결일 뿐 아니라 능력에서 나온 능력이라고 해야 한다.

10. 그리스도는 "전능하신 분이 지니신 영광의 가장 순수한 유출(아포로

48) 참조 『켈수스 반박』 8,12; 『요한 복음 주해』 10,37(21),246. 하느님께는 당신 안에 내재하는 능력과 고유한 존재가 되는 능력이 있다. 세상을 창조하시고 존속시키고 다스리시는 하느님의 이 능력은 바로 하느님의 자존적 능력인 아들이다.

49) 이 표현은 아타나시우스가 아들의 영원한 태어남에 관해 아리우스파의 견해를 반대한 유명한 정식(οὐκ ἦν ὅτε οὐκ ἦν)인데, 오리게네스가 최초로 사용하였다. 또한 『원리론』 4,4,1과 『로마서 주해』 1,5(non erat quando non erat)를 참조하라.

50) 이 주제에 관해서는 참조 알렉산드리아의 클레멘스, 『양탄자』 5,14,141.

이아, 곧 마나티오)"(지혜 7,25)이라고 한 표현에 대해 살펴보자. 먼저 '전능하신 분의 영광'이 무엇을 뜻하는지 숙고한 다음, '그분의 유출'[51]이 무엇을 뜻하는지 알아보자. 자식이 없는 아버지가 있을 수 없고,[52] 어떤 소유물이나 종이 없는 주인이 있을 수 없듯이 권력을 행사할 대상들이 없다면 하느님은 전능하신 분[53]일 수 없다. 그러므로 하느님이 전능하신 분으로 드러나기 위해서는 만물이 존재할 필요가 있다. 피조물들이 아직 창조되지 않은 여러 시대나 기간이 지나갔다거나 또는 어떻게 부르든지 간에 그런 적이 있었다고 주장하는 사람이 있다면, 이는 분명 하느님께서 그 시대와 기간에는 전능하지 않으셨고, 당신 권능을 행사할 대상들을 갖기 시작한 다음에야 비로소 전능하신 분이 되었다고 주장하는 것이다. 전능하지 않으신 것보다 전능하신 것이 하느님께 더 낫다는 사실이 의심할 여지가 없다면, 그분은 어떤 진보를 하신 것이고 더 낮은 상태에서 더 나은 상태로 옮아가신 셈이다.

하느님께서 지니시기에 합당한 것들 가운데 어떤 것을 전에는 가지지 못하다가 나중에 갖게 될 정도로 진보하셨다는 주장이 어찌 어리석게 보이지 않겠는가? 그분께서 전능하지 않았을 때가 없었다면, 〔그분을〕 전능

51) 『히브리서 단편 강해』(PG 16,1308)에서 오리게네스는 "유출은 발출하는 존재와 '동일본질'(consubstantialis, ὁμοούσιος)"이라고 한다. 이 대목은 루피누스의 번역으로만 전해지기 때문에 오리게네스가 정말 '호모우시오스'(동일본질)라는 용어를 사용했는지는 단정할 수 없지만, 전체 문맥으로는 아들이 아버지와 같은 본성에 참여하고 있다는 뜻이다.

52) 참조 오리게네스 『요한 복음 주해』 10,37; 『헤라클리데스와의 논쟁』 4.

53) 라틴어 옴니포텐스(omnipotens, 전능하신)는 그리스어 '판토크라토르'(παντοκράτωρ)에 해당한다. 이 낱말은 가상적인 권능의 지배를 가리키는 '판토디나모스'(παντοδύναμος)와는 달리 언제나 실질적인 지배를 뜻한다. 바로 여기서 하느님의 전능과 불변성을 '세상 창조'와 조화시켜야 하는 어려움이 생긴다(참조 아우구스티누스, 『신국론』 12,16).

하신 분으로 불러 드릴 모든 것도 늘 존재해야 했으며, 당신 전능을 행사하시는 대상들, 왕이나 우두머리로서 통치하시는 대상들을 늘 갖고 계셔야 했다. 이 문제에 관해서는 그분의 피조물에 대해 거론하는 자리에서 상세히 다룰 것이다.[54] 그러나 지금은 지혜에 관한 문제를 거론하고 있으므로, 지혜가 어떻게 "전능하신 분이 지니신 영광의 가장 순수한 유출"이 되는지 간단히 언급할 필요가 있다고 생각한다.[55] 이는 '전능하신 분'이라는 명칭이 지혜가 나기 전에는 하느님에게 속했고[56] 지혜를 통하여 비로소 아버지라 불리게 되었다고 생각하지 않게 하기 위해서다. 하느님의 아들인 지혜는 '전능하신 분이 지닌 영광의 가장 순수한 유출'이라고 불리기 때문이다. 그런 식으로 생각하려는 사람은, 성경이 "당신은 지혜 안에서 모든 것을 만드셨나이다"(시편 103,24)라고 분명히 선언하고, 복음서가 "모든 것이 그분을 통하여 생겨났고 그분 없이 생겨난 것은 하나도 없다"(요한 1,3)고 가르치는 바를 귀담아 들어야 한다.[57] 그리하여 하느님에게 '전능하신 분'이란 명칭은 '아버지'라는 명칭보다 더 오래된 것일 수 없다는 점을 깨달아야 한다. 아버지는 아들을 통해서 전능하신 분이기 때문이다.

그런데 〔성경은〕 전능하신 분의 영광이 있으며, 지혜는 그분 영광의 유출

54) 이에 관해서는 삼위일체에 관한 논고의 일부를 이루는 『원리론』 1,4,3-5에서 다루어진다.

55) 여기서 오리게네스는 하느님의 지혜이신 그리스도에 관해서만 다룬다.

56) 아들의 명칭들(ἐπίνοιαι) 가운데 이성적 피조물들과 관계를 맺지 않은 '에피노이아이'(ἐπίνοιαι)는 낳음처럼 영원하다. 그리고 아들은 지혜로서 지성적 세계를 내포하기 때문에, 지혜는 지성적 세계와 긴밀하게 연결된다.

57) 오리게네스에 따르면 아들은 세상 창조 때 아버지와 함께 일했는데, 로고스인 아들은 아버지의 의지를 통하여 세상을 창조하였고, 아버지는 지혜인 아들 안에서 세상을 창조했다 〔**참조** 『요한 복음 주해』 1,19(22),109-118; 2,10(6),72; 2,12(16),89; 6,38(22),188; 『켈수스 반박』 2,9; 6,60; 『원리론』 1,3,1; 2,8,5 등〕.

이라고 말하기 때문에 하느님을 전능하신 분일 수 있도록 해 주는 지혜는 전능의 영광에도 동참한다는 사실을 깨달아야 한다. 하느님은 그리스도이신 지혜로 말미암아 만물에 대한 권한을 주권자의 권위로써뿐 아니라 피지배자들의 자발적인 복종을 통해서도 지니고 계신다.[58] 성부와 성자의 전능은 하나이고 같으며, 마찬가지로 〔아들은〕 아버지와 하나이며 같은 하느님이며 주님이시라는 사실을 알아들어야 한다. 이에 대해 요한이 묵시록에서 한 말을 귀담아 들으라. "지금도 계시고 전에도 계셨으며 또 앞으로 오실 전능하신 주 하느님께서 말씀하십니다."(묵시 1,8) '앞으로 오실 분'이 그리스도 말고 누구겠는가? 아버지께서 하느님이시기 때문에 구원자도 하느님이시라는 말에 아무도 놀라지 말아야 하듯이,[59] 아버지께서 전능하신 분이라 불리기 때문에 하느님의 아들도 전능하신 분이라고 불리는 사실에 아무도 놀라서는 안 된다.[60] 이로써 그분 친히 아버지께 "저의 것은 다 아버지의 것이고 아버지의 것은 제 것입니다. 이 사람들을 통하여 제가 영광스럽게 되었습니다"(요한 17,10)라고 하신 말씀이 진실한 말씀이 될 것이다. 아버지의 것이 모두 그리스도의 것이고, 아버지의 존재를 나타내는 모든 것 가운데 전능하신 분이라는 것도 포함되어 있다면, 아버지께서 지니신 모든 것을 아들도 지니기 위해 외아들도 전능하시다는 사실은 의심할 여지가 없다.[61] 그분은 "이 사람들을 통하여 제가 영광스럽게 되었습니다"(요

58) 참조 『원리론』 1,2,10; 2,1,2; 3,5,8.

59) 아들은 아버지에게 참여(participatio)함으로써 하느님이시기에, 아버지보다 낮은 신성(divinitas)을 지닌다는 오리게네스의 주장에 관해서는 참조 『요한 복음 주해』 2,2.

60) 성부와 성자가 모든 일에서 일치한다는 명확한 단언이다(참조 기적가 그레고리우스, 『오리게네스 찬양 연설』 4,37).

61) 존재와 소유에서 하느님과의 동일성에 관해서는 참조 에피파니우스, 『약상자』 73,8(안키라의 바실리우스의 글); 푸아티에의 힐라리우스, 『삼위일체론』 8,43.

한 17,10)라고 말씀하셨다. 사실 "예수님의 이름 앞에 하늘과 땅 위와 땅 아래에 있는 자들이 다 무릎을 꿇고, 예수는 하느님 아버지의 영광 안에 계신 주님이라고 모두 고백할 것이다"[62](필리 2,10-11). 그러므로 하느님의 지혜 자체는 전능하신 분이기에 하느님 영광의 순수하고 맑은 유출이며, 전능과 영광의 유출로 영광을 받는 것이다(지혜 7,25 참조).

'전능의 영광'이 무엇을 뜻하는지 더 명확하게 이해하기 위해서 우리는 이렇게 덧붙이고자 한다. 하느님 아버지는 만물, 곧 하늘과 땅, 해와 달과 별들과 그 안에 있는 모든 것에 대한 주권을 지니고 계시므로 전능하시다(시편 144,6 참조). 그분은 당신의 말씀을 통하여 이 주권을 행사하고 계시니, "예수님의 이름 앞에 하늘과 땅 위와 땅 아래에 있는 자들이 다 무릎을 꿇고"(필리 2,10) 있다. 모두가 예수님 앞에 무릎을 꿇고 있으니, 모든 것이 복종하는 분은 의심할 나위 없이 예수님이시며, 그분 친히 모든 것에 대한 주권을 행사하시고, 모든 것은 그분을 통해 아버지께 굴복하는데(1코린 15,27 참조), 이는 강제나 필연성 때문이 아니라 지혜를 통하여, 곧 말씀과 이성을 통해 복종한다.[63] 그분의 영광은 그분이 모든 것을 품어 안고 계신다는 사실에 있다. 모든 것이 강제나 필연성 때문이 아니라 이성과 지혜를 통해 복종하기 때문에 이 영광은 전능의 가장 순수하고 가장 맑은 영광이 된다. '지혜의 가장 순수하고 가장 맑은 영광'이라는 표현은, 순수하지도 못하고 진실하지도 못한 방법으로 '영광'이라 불리는 그런 영광과 〔그분

62) 우리는 필리 2,10-11을, 『요한 복음 주해』 6,44(26),231; 『켈수스 반박』 3,59; 『예레미야서 강해』 18,2에서 입증된 그리스어 본문에 따라 번역한다. 라틴어 문장은 "주 예수께서 아버지 하느님의 영광 안에 계십니다"로 번역된다.

63) 아들은 로고스, 곧 말씀-이성이시기에 세상 안에서 이성의 원리이며(참조 『원리론』 1,3,5) 이 원리 위에서 세상을 다스리신다.

의 영광을] 구분 짓는 데 매우 적절하다. 변질될 수 있고 변화될 수 있는 모든 본성[64]은 비록 정의와 지혜의 활동을 통해 영광스럽게 된다 하더라도, 그 정의와 지혜는 우유적으로 지니는 것이며, 우유적인 것은 없어질 수도 있으므로 그 영광이 진실하거나 맑은 것이라 할 수 없다. 하느님의 외아들이신 하느님의 지혜는 모든 것 안에서 변질될 수도 없고 변화될 수도 없으며[65] 모든 선을 본질적으로 지니고 있으므로, 어떠한 변화나 변질의 가능성이 없는 그분의 영광은 순수하고 진실하다고 일컫는다.

11. 셋째로, 지혜를 "영원한 빛의 광채"(지혜 7,26)라고 한다. 우리는 이미 앞에서 태양과 그 빛줄기의 광채에 관한 비유를 도입하여 이 표현의 의미를 밝혔으며[66] 우리 능력에 따라 이를 어떻게 알아들어야 하는지를 제시한 바 있다. 그럼에도 이 한 가지를 덧붙이고자 한다. 존재하기 시작한 때가 없고, 그 존재가 절대로 끝날 수 없는 것을 본디의 의미로 영원무궁하다고 한다.[67] 요한은 "하느님은 빛이시다"(1요한 1,5)라고 하였을 때 이 사실을 지적한 것이다. 하느님은 빛이실 뿐 아니라 그 빛은 영원하다는 사실에서 하느님의 지혜는 그분 빛의 광채다. 이처럼 그분의 지혜는 영원한 광채이며 영원성의 광채다. 이 점이 완전히 이해되면, 아들의 존재는 바로 아버

64) 피조물의 가변성에 관해서는 참조 『원리론』 1,2,13; 1,5; 4,4,8; 『켈수스 반박』 6,5; 『요한 복음 주해』 6,38(22),193; 『묵시록 발췌 주해』 20과 22(TU 28, 29-30쪽).

65) 참조 오리게네스, 『켈수스 반박』 4,5; 『요한 복음 강해』 4,38. 아들의 인성의 가변성에 관해서는 참조 『요한 복음 주해』 2,17.

66) 아버지에 관해서는 참조 『원리론』 1,1,6; 아들에 관해서는 1,2,7. 참조 M. M. Luz, *Pastor Marcelo*, 114-115쪽.

67) 영원성에 관한 이 견해는 영원성에 관한 철학적 개념을 나타내지 않는다. 이 영원은 시작도 끝도 없는 시대가 아니며 순간들의 연속도 아니다. 따라서 모든 것은 동시적이다. 『예레미야서 강해』 9,4에서 오리게네스는 아들의 낳음을 모든 영원성의 산물일 뿐 아니라 매 순간마다 생기는 것으로 나타낸다. 곧, 아들은 아버지에 의해 지속적으로 태어난다.

지에게서 나왔다는 점이 분명히 밝혀진다. 그러나 시간 안에서 나오지도, 오직 하느님 외에 다른 어떤 시작에서 나오지도 않았다.

12. 그런데 지혜를 "하느님 활동력(ἐνεργεία, inoperatio)의 티 없는 거울"(지혜 7,26)이라고도 한다. 우선 '하느님 능력의 활동력'이 무엇을 뜻하는지 이해해야 한다. 이는 아버지께서 창조하실 때나 섭리하실 때나 판단하실 때나 하나하나 제때에 안배하시고 다스리실 때 펼치시는 힘이다. 거울을 쳐다보는 사람이 움직이고 행동하는 모든 동작과 행위의 형상이 거울을 통하여 조금도 다르지 않게 반영되듯이, 지혜가 아버지의 능력과 활동력의 티 없는 거울이라는 이름으로 불릴 때에도 지혜를 그런 식으로 이해해야 한다. 하느님의 지혜이신 주 예수 그리스도께서도 당신 자신에 관하여 "아버지께서 하시는 것을 아들도 그대로 할 따름이다"(요한 5,19)라고 말씀하신다. 또 "아버지께서 하시는 것을 보지 않고서 아들이 스스로 할 수 있는 것은 하나도 없다"(요한 5,19)고도 하신다. 아들은 활동력에서 아버지와 조금도 차이가 있거나 구별되지 않으며,[68] 아들의 활동이 아버지의 활동과 다르지 않고 두 분 안에서 움직임이 하나이고 같기 때문에, 아들과 아버지가 모든 점에서 완전히 같다는 점을 인식시키기 위해 아들을 티 없는 거울이라고 부른다. 어떤 이들은 제자가 스승과 비슷하고 스승을 닮은 것처럼,[69] 아버지가 영적 본질 안에서 먼저 빚어낸 것을 아들은 육체적 물질 안에서 이루어낸다고도 한다.[70] 그러나 복음서에서는 아들이 비슷한 일을 한다고 하지 않고 똑같은 일을 같은 방식으로 행한다고 하니, 앞의 견해가 복음서

---

68) 성부와 성자의 일치된 의지와 활동에 관해서는 참조 『원리론』 1,2,10; 『켈수스 반박』 8,12; 『레위기 강해』 13,4; 『요한 복음 주해』 8,36,228-234.

69) 참조 『요한 복음 주해』 6,4(2),17; 20,17(15),148. 아들이 아버지를 닮았다면 이는 외적 방식으로 닮은 것이 아니라고 오리게네스는 생각한다.

내용과 어찌 조화된다고 할 수 있겠는가?

13. 당신 "선의 모상"(지혜 7,26)이 무엇을 뜻하는지 알아보는 일이 남아 있다. 내 생각에는, 거울에 비치는 모상에 관해 앞에서 언급한 것과 같은 뜻으로 이 문제를 이해하는 것이 적절하다고 본다. 본디의 선은 의심할 여지없이 아버지다. 모든 면에서 아버지의 모상인 아들은 본디의 선에서 태어났으니, 그분 선의 모상이라고 불리는 것은 분명 적절하다.[71] 아버지 안에 있는 선과 다른 선이 아들 안에 있는 것이 아니다. 구원자께서 복음서에서 이렇게 말씀하셨기 때문이다. "아버지 하느님 한 분 외에는 아무도 선하지 않다."(마르 10,18; 루카 18,19) 그러므로 아들은 그 유일한 선 말고 다른 선을 지니고 있지 않다는 사실을 깨달아야 한다. 아들이 아버지의 형상이라고 불리는 것은 당연하니, 아들은 본디의 선 자체 말고는 다른 데서 오지 않고, 아버지 안에 있는 선 말고는 다른 선이 아들 안에 있지 않으며,

70) 물질 세계는 이데아계의 모형이라는 플라톤 사상은 물질을 극단적으로 경시하는 영지주의에도 영향을 끼쳤다(참조 이레네우스, 『이단 반박』 1,5,5). 오리게네스는 이러한 플라톤 사상을 공유하되(참조 『아가 주해』 3), 여기에 바오로 사상의 토대를 결합시킨다(로마 1,20 참조). 발렌티누스파와 같은 영지주의자들은 영적 세계(플레로마)는 하느님에게서 비롯하고, 물질 세계는 조물주 데미우르구스의 작품이라고 보았지만, 오리게네스는 이러한 구별을 받아들이지 않았다.

71) 루피누스는 본문의 의미를 바꾸어 간략하게 서술하였다. "본디의 선은 의심할 여지없이 아버지다. 모든 부분에서 아버지의 모상인 아들은 본디의 선에서 태어났다. 따라서 사람들이 구원자에 관하여 아들이 '하느님의 선의 모상'이기는 하지만 선 자체는 아니라고 말하는 것이 옳다고 나는 생각한다. 아들도 선하지만 전적으로 선하지는 않다. 마찬가지로 그는 "보이지 않는 하느님의 모상"(콜로 1,15)이듯이, 따라서 하느님인 한 그리스도 자신이 "그들이 홀로 참하느님이신 당신을 알도록"(요한 17,3) 말하는 하느님과 같지 않다. 그는 선의 모상이지만 아버지처럼 불변의 선은 아니다"(유스티니아누스, 『메나스에게 보낸 편지』). 또한 히에로니무스의 증언에 따르면 "그(오리게네스)는 전능하신 아버지 하느님이 선하고 완전한 선이라고 말한다. 아들은 선하지 않고 일종의 선의 바람이며 모상이다. 따라서 아들은 절대적으로 선하다고 불리지 않고 선한 목자 등과 같은 부가어와 함께 불린다"(『서간집』 124,2).

아들 안에는 선의 다름이나 차이가 없기 때문이다. 그러므로 "아버지 하느님 한 분 외에는 아무도 선하지 않다"[72]라는 말씀이 마치 그리스도나 성령의 선을 부인하는 일종의 신성모독이라 여겨서는 안 된다. 오히려 앞에서 말한 것처럼, 하느님 아버지 안에 본디의 선이 있고, 거기에서 아들이 태어나고 성령이 나옴[73]으로써 자신들 안에서 그 선의 본성을 의심 없이 재현한다는 사실을 깨달아야 한다. 그 원천에 존재하는 이 선의 본성에서 아들이 태어나고 성령이 나온다.

성경에서는 천사(토빗 5,22 참조), 사람(마태 12,55 참조), 종(마태 25,21 참조), 곳간(루카 6,45 참조) 같은 것들을 선하다고 하고, 착한 마음(루카 8,15 참조), 좋은 나무[74](마태 7,17 참조)라고도 한다. 이 모든 것은 넓은 의미로 말한 것이니, 그것들은 안에 실체적 선이 아니라 우유적 선만을 지니고 있기 때문이다.[75] 하느님 아들의 다른 모든 명칭, 예컨대 참빛(요한 1,9 참조), 문(요한 10,7.9 참조), 의로움과 거룩함과 속량(1코린 1,30 참조)을 비롯한 다른 수많은 명칭[76]을 모두 찾아내어, 이것들이 무슨 이유와 가치와 의미로

72) 오리게네스는 마태 19,17에도 마르 10,18에도 루카 18,20에도 없는 아버지(ὁ πατήρ)를 덧붙인다. 에피파니우스는 이 구절에 동일하게 '아버지'를 붙인 마르키온을 비난했지만(참조 『약상자』 42,11), 마르키온주의 반대자의 대표격인 오리게네스는 마르키온과는 완전히 다른 의미로 이 구절을 이렇게 고쳤다.

73) '나옴'(ἐκπορεύεσθαι, procedere)은 성령이 아버지에게서 아들을 통하여 비롯한다는 사실을 가리키되, 아들의 태어남(generatio)과 구별하기 위하여 요한 15,26에서 착안한 기술적 용어다. 오리게네스는 성령의 기원을 확실히 알지 못한다는 사실을 숨기지 않는다(참조 『원리론』 1,서론,4; 1,3,3). 그는 성령이 세상 모든 것 가운데 가장 뛰어나다고 하면서도(참조 『요한 복음 주해』 2,10(6),73-76), 성령의 신성을 부인하지는 않는다(참조 『요한 복음 주해』 2,28(23),172; 13,36,231).

74) 참조 『요한 복음 주해』 6,19(11),105; 『루카 복음 강해』 12,2.

75) 참조 『원리론』 1,2,12 각주 66.

76) 그리스도의 명칭들(ἐπίνοιαι)에 관한 가장 충실한 목록은 『요한 복음 주해』 1,21-24(23),

아들에게 적용되는지를 밝히자면 다른 저서들과 상당한 시간이 필요하다. 그러나 앞에서 거론한 것에 만족하고 순서에 따라 나머지 주제들로 넘어가자.

125-150에 있다. 알렉산드리아에서 쓰인 『요한 복음 주해』의 첫 다섯 권은 『원리론』과 거의 동시대에 쓰였다. 그러나 이 구절은 『요한 복음 주해』가 아직 편집되지 않았다는 사실을 입증한다.

3장
성령[1]

1. 순서에 따라 이제 우리는 성령에 관해 말할 수 있는 것을 간략하게 살펴보고자 한다. 어떤 방식으로든 〔하느님의〕 섭리가 있다고 믿는 모든 이는 만물을 창조하시고 다스리시는 하느님은 나지 않은 분이심을 고백하고 그분이 우주의 아버지이심을 인정한다.[2] 그런데 그분에게 아들이 있다는 것을 우리만 공언하는 것이 아니라, 매우 기묘하고 믿기 어려운 일이지만 그리스인들과 다른 민족 사람들 가운데 철학을 하는 이들도 말하고 있다. 그들 가운데 일부가 이런 생각을 하고 있다고 여겨지는 이유는 이들이 만물은 하느님의 말씀 또는 이성에 의해 창조되었다고 고백하기 때문

1) 3장의 성령에 대한 상세한 해설에 관해서는 참조 H. Saake, *De Tractatus-philosophius*, 91-114쪽.

2) 그리스 철학자들이 신적 로고스를 인식하고 있었다는 사실에 관해서는 참조 『창세기 강해』 6,2; 『켈수스 반박』 3,47; 6,30; 7,44; 『원리론』 1,1,5-6.

이다.[3] 그러나 하느님께 영감 받은 것이라고 우리가 확신하는 가르침에 대한 믿음에 따라, 하느님의 아들에 관해 더 탁월하고 더 신묘한 설명을 제시하며 사람들에게 이를 깨닫게 해 주는 것은 그리스도께서 몸소 말씀하신 바와 같이(루카 24,25-27; 요한 5,39 참조) 성령의 영감으로 쓰인 성경, 곧 복음서와 서간들을 비롯하여 율법과 예언서들 외에 다른 어떤 것도 있을 수 없다는 사실을 우리는 믿는다.[4] 그러나 성령의 본질에 관해서는 율법과 예언서를 잘 알고 있는 사람들과 그리스도에 대한 믿음을 고백한 사람들 외에는 아무도 상상조차 할 수 없었다. 사실 하느님 아버지에 관해 맞갖게 말할 수 있는 사람은 아무도 없지만, 가시적인 피조물들을 보거나 인간의 정신이 자연적으로 느끼는 것을 바탕으로 그분에 대한 어떤 인식을 가질 수는 있다.[5] 더 나아가 성경을 통해 이 인식을 굳건히 할 수 있다. 하느님의 아들에 관해서는, 비록 "아버지 외에는 아무도 아들을 알지 못하지만"(마태 11,27) 인간 정신은 성경을 통해 그분에 관하여 어떻게 생각해야 하는지 배우게 된다. 신약성경뿐 아니라 구약성경에서도 그리스도를 비유적으

3) 참조 『창세기 강해』 14,3. 오리게네스는 명백히 플라톤의 세 신 가운데 두 번째 신에 비추어 보았다. 그는 이를 무엇보다도 플라톤의 서간집에서 찾아내었다(켈수스가 인용하고 오리게네스가 『켈수스 반박』 6,18에서 설명한 플라톤의 『서간집』 2,312e-313a; 오리게네스가 『켈수스 반박』 6,8에서 인용한 『서간집』 6,323d). 참조 플라톤, 『티마이오스』 2; 마크로비오스, 『스키피오의 꿈』 1,14; 플로티노스, 『엔네아데스』 5,1,6-7.

4) 성경만이 확실한 인식을 준다는 오리게네스의 확신에 관해서는 참조 『마태오 복음 강해』 18, 『민수기 강해』 26,6; 『예레미야서 강해』 1,1; 『에제키엘서 강해』 2,5. 오리게네스는 이성적 능력을 그리 신뢰하지 않았으며(참조 『켈수스 반박』 3,37; 4,26), 이성은 불확실하다는 견해를 숨기지 않았다(참조 『원리론』 1,7,1; 1,7,4; 2,2,2; 4,1,1).

5) 이는 감각 세계에 대한 관찰을 바탕으로 한 유추와 인간이 자연적으로 생각하고 추구하는 것에 대한 유추에 바탕을 둔다〔참조 『탈출기 선별 강해』 12,43-44(PG 12,285D); 『레위기 강해』 5,1; 『로마서 주해』 1,16; 『아가 주해』 3(GCS 8, 208쪽)〕. 참조 H. Crouzel, *Connaissance*, 104-107쪽.

로 알려 주는 성인들의 행적을 통하여[6] 그분의 신성과 그분이 취하신 인성에 대해 알게 된다.

2. 많은 성경 구절이 성령이 계시다는 사실을 우리에게 가르쳐 준다. 예컨대 다윗은 시편 제50편에서 "당신의 신적 영을 제게서 거두지 마소서!"(시편 50,13)라고 하였다.[7] 또 다니엘서에서는 "신적 영이 네 안에 계신다"(다니 4,6 Θ)라고 한다. 신약성경에서도 많은 증언을 얻을 수 있는데, 성령께서 그리스도 위에 내려오셨다고 서술되어 있으며(마태 3,16 참조), 주님께서는 부활하신 뒤 몸소 제자들에게 숨을 불어넣으시며 "성령을 받아라"[8](요한 20,22) 하고 말씀하셨다. 또 천사가 마리아에게 "성령께서 너에게 내려오실 것이다"(루카 1,35)라고 하였고, 바오로는 "성령에 힘입지 않고서는 아무도 '예수님은 주님이시다' 할 수 없습니다"(1코린 12,3)라고 가르친다. 또 사도행전에서는 사도들이 세례 때 안수를 통해 성령을 주었다(사도 8,18 참조). 우리는 이 모든 〔증언을〕 통하여 성령의 본질이 얼마나 큰 권위와 존귀함을 지니고 있는지 알게 되었다. 구원의 세례는 모든 것 가운데 가장 탁월한 삼위일체[9]의 권위, 곧 성부와 성자와 성령의 이름 말고는 다른 어떤 것으

6) 이미 바오로 사도 때부터 존재했던 그리스도인의 전통적인 구약성경 해석 방식에 관해서는 참조 『원리론』 4,1-3.

7) 참조 『요한 복음 주해』 28,15(13),122-129(예언자 안에서 활동하는 성령은 죄지은 영혼을 떠난다).

8) 참조 『요한 복음 주해』 28,15(13),128; 『마태오 복음 주해』 12,11; 16,15.

9) 지금까지 전해지는 오리게네스의 그리스어 저서 가운데 삼위일체(trinitas, τριάς)라는 용어는 세 차례 나온다〔참조 『요한 복음 주해』 6,33(17),166; 10,39(23),270; 『마태오 복음 주해』 15,31〕. 『예레미야서 강해』 18,9에는 이 용어가 나오지는 않지만 그 개념은 분명히 표현되어 있다. 종속론에 기울어져 있었던 오리게네스는 성부와 성자와 성령을 '삼위일체'라는 용어로 한꺼번에 언급하기보다는 차례로 나열하기를 선호했다. 따라서 『원리론』에 자주 나오는 '삼위일체' 용어는 루피누스의 가필일 가능성이 크다.

로도 이루어지지 않으며(마태 28,19 참조), 성령의 이름은 낳음을 받지 않으신 아버지와 그분의 외아들과 연계되어 있다. 사람의 아들을 거슬러 말하는 자는 감히 용서를 바랄 수 있지만 성령을 거슬러 말하는 자는 현세에서도 내세에서도 용서받지 못할 것이라고 하니[10](마태 12,32 참조), 성령의 엄청난 위엄에 누가 놀라지 않겠는가?

3. 만물이 하느님에 의해 창조되었고, 그분으로부터 존재를 받지 않은 어떤 실체도 없다는 사실은 성경 전체에서 확증된다.[11] 그러므로 하느님과 똑같이 영원한 물질이 있다거나,[12] 낳음을 받지 않은 영혼들이 있고,[13] 하느님께서 그들 안에 존재의 본성뿐 아니라 생명의 특성과 질서를 심어 주지 않았다는 엉터리 주장들을 배척하고 배격해야 한다.[14] 사실 헤르마스가 쓴 『목자』라는 소책자에서 참회의 천사[15]는 이렇게 말한다. "무엇보다도 하느

10) 이 구절은 『원리론』 1,3,7에서 설명된다.

11) 그리스 철학자들과는 달리, 하느님께서 세상을 '무에서'(ex nihilo) 창조하셨다고 보는 그리스도교 저술가들의 주장에 관해서는 참조 아리스티데스, 『호교론』 4; 타티아누스, 『그리스인에 대한 연설』 4; 안티오키아의 테오필루스, 『아우톨리쿠스에게』 1,4; 이레네우스, 『사도적 가르침의 논증』 4; 오리게네스, 『요한 복음 주해』 32,16; 1,18. '무에서 창조'(creatio ex nihilo)에 관해서는 참조 『원리론』 1,서론,4 각주 15.

12) 이러한 견해에 대한 그리스 철학자들의 반론에 관해서는 참조 타티아누스, 『그리스인에 대한 연설』 5.12; 안티오키아의 테오필루스, 『아우톨리쿠스에게』 2,4; 이레네우스, 『이단 반박』 2,10,4; 오리게네스, 『요한 복음 주해』 1,17(18),103; 『창세기 강해』 14,3(PG 12,48); 테르툴리아누스, 『헤르모게네스 반박』 3-4.

13) 플라톤의 영향을 받은 이러한 그리스 철학 사상은 다양한 영지주의 안에 널리 퍼져 있었는데, 영혼은 육체 안에 갇혀 있는 신적 본질이므로 창조되지 않았을 뿐 아니라 불멸성을 지닌다고 보았다(참조 유스티누스, 『유대인 트리폰과의 대화』 3; 이레네우스 『이단 반박』 2,34,2; 테르툴리아누스, 『영혼론』 24). 오리게네스는 영혼이 육체보다 선재했다고 고백하지만, 하느님께서 영혼을 창조하셨다고 분명하게 밝힌다(참조 『원리론』 1,7,1; 2,9,1).

14) 참조 『켈수스 반박』 4,30. 하느님께서 창조하신 영혼이 죄를 지은 결과 현세의 육체 안에 놓였다는 오리게네스의 견해에 관해서는 참조 루피누스, 『아나스타시스에게 보낸 변론』 6.

님은 한 분이심을 믿어라. 하느님께서는 만물을 창조하시고 꼴을 갖추셨다. 그분은 아무것도 없을 때 만물을 있게 하셨고, 만물을 품고 계시지만 자신은 어느 것에도 속하지 않으신다."[16] 에녹서에도 이와 비슷하게 서술되어 있다(1에녹 2-5 참조).[17] 그런데 우리는 지금까지 성경에서 성령이 만들어졌다거나 창조되었다고 하는 표현을 찾아볼 수 없었고, 위에서 지적하였듯이 솔로몬이 지혜에 대하여 말할 때 '하느님의 아들'의 이름들, 곧 생명, 말씀을 비롯한 다른 명칭들을 어떻게 알아들어야 하는지에 관하여 논했던 식으로 성령에 관해 논한 내용도 찾아볼 수 없었다. 그러므로 기록된 대로 세상이 창조되던 맨 처음에 물 위에 내려오셨던 하느님의 영(창세 1,2 참조)은 역사적 의미에서가 아니라 영적 의미에 따라 내가 이해한 만큼 해설했던 그 대목과 조금도 다르지 않다고 믿는다.[18]

4. 우리 선임자들[19] 가운데 어떤 이들은 신약성경에서 어떤 영인지를 말해 주는 수식어 없이 그냥 '영'이라고 이름 붙은 구절들을 성령으로 알아들어야 한다고 지적하였다.[20] 예컨대 "영의 열매는 사랑, 기쁨, 평화 등입니다"(갈라 5,22)라는 구절과, 같은 성경의 "여러분은 영으로 시작하고서는 육

15) 목자는 「환시」 5,8에서 참회의 천사로 제시된다. 같은 표현에 관해서는 참조 알렉산드리아의 클레멘스, 『양탄자』 1,17,85.

16) 헤르마스, 『목자』 26,1,1(참조 하성수 역주, 교부 문헌 총서, 14,163).

17) 히브리인들은 에녹서를 받아들이지 않았지만 오리게네스는 영감 받은 책으로 여기고 기꺼이 활용한다[참조 『원리론』 4,4,8; 『민수기 강해』 28,2; 『요한 복음 강해』 6,42(25),217; 『켈수스 반박』 5,55].

18) 지금은 소실된 『창세기 주해』에 관한 언급이다(참조 『원리론』 1,2,6). 오리게네스는 물(창세 1,2 참조)을 상징적 의미로 풀이하였다(참조 히폴리투스, 『모든 이단 반박』 5,12,7; 5,19,2; 오리게네스, 『켈수스 반박』 6,52; 이레네우스, 『이단 반박』 2,14,3).

19) 이 선임자들이 누구인지 밝히는 것은 쉽지 않다.

20) 아리우스 논쟁을 거치면서 성령과 관련된 성경 구절을 인용하는 수가 늘어났다(참조 아타나시우스, 『세라피온에게 보낸 편지』 1,4).

으로 마쳤습니다"(갈라 3,3)라는 구절이다. 이런 특수한 용법은 구약성경에서도 관찰된다고 나는 생각한다. 예컨대 "〔하느님은〕 땅 위에 있는 백성에게 영을 주시고, 거기를 밟고 다니는 이들에게 영을 주신다"(이사 42,5)고 한다. 의심할 여지없이 여기서 땅, 곧 세속적이고 육체적인 것을 밟고 다니는 사람들은 하느님에게서 성령을 받아 성령에 참여하게 된다. 이사야서에 날개가 여섯씩 달린 두 사랍(Seraphim)이 서로 주고받으며 "거룩하시다, 거룩하시다, 거룩하시다, 만군의 주님"(이사 6,3)이라고 외쳤다고 묘사되어 있는데, 히브리인 교사는 이 두 사랍이 하느님의 외아들과 성령이라고 이해해야 한다고 말하였다. 하바쿡의 찬가에는 "두 동물(또는 생물) 가운데서 당신은 알려질 것입니다"(하바 3,2 참조)라고 기록되어 있는데, 우리는 이를 그리스도와 성령에 관한 말로 알아들어야 한다. 아버지에 관한 모든 지식은 아들의 계시를 통해서 성령 안에서 얻어지니,[21] 예언자에 따라 동물 또는 생물이라고 불리는 이 둘은 우리가 하느님 아버지에 관한 지식을 얻는 근원이다. "아들 외에는, 그리고 그가 아버지를 드러내 보여 주려는 사람 외에는 아무도 아버지를 알지 못한다"(마태 11,27)라고 아들에 관하여 말하였듯이, 사도는 성령에 관해서도 같은 식으로 말한다. "하느님께서는 성령을 통하여 그것들을 바로 우리에게 계시해 주셨습니다. 성령께서는 모든 것을, 그리고 하느님의 깊은 비밀까지도 통찰하십니다."(1코린 2,10) 또 주님께서는 복음서에서 당신 사도들이 아직 알아들을 수 없던 더 심오한 신적 가르침에 관하여 그들에게 이렇게 말씀하신다. "내가 너희에게 할 말이

21) 오리게네스에 따르면 성령은 하느님을 인식하는 데 이바지한다. 성령은 로고스를 알게 하고(참조 『민수기 강해』 12,2), 아버지께서 아들을 통하여 베풀어 주시는 은사를 주관한다(참조 『요한 복음 주해』 2,10; 『원리론』 2,7,3).

아직도 많지만 너희가 지금은 그것을 알아들을 수 없다. 그러나 보호자, 곧 아버지에게서 나오는 성령께서 오시면 너희에게 모든 것을 가르치시고 내가 너희에게 말한 모든 것을 기억하게 해 주실 것이다."(요한 16,12-13; 14,26; 15,26 참조) 홀로 아버지를 아시는 아들께서 당신이 원하는 이에게 아버지를 계시하시는 것처럼, 홀로 하느님의 깊은 비밀까지도 살피시는 성령께서 당신이 원하는 이에게 하느님을 계시하신다. "바람은 불고 싶은 데로 불기"(요한 3,8) 때문이다.

아들의 계시를 통하여 비로소 영을 알게 된다고 생각해서는 안 된다.[22)] 만일 아들이 아버지를 계시할 때서야 성령이 아버지를 알게 된다고 한다면, 성령은 무지에서 인식으로 나아간 것이다. 성령을 그런 식으로 고백하고 그분에게 무지를 돌리는 것은 실로 불경스럽고 어리석은 짓이다. 성령보다 앞서 다른 어떤 것이 존재했고, 그것이 발전하여 성령이 되었다고 여겨서는 안 된다. 이는 아직 성령이 아니었을 때에는 아버지를 알지 못했다가, 인식을 얻은 후에야 비로소 성령이 되었다고 감히 주장하는 것과 같다.[23)] 성령이 늘 성령이 아니었다면, 성령은 결코 변하지 않는 하느님 아버지와 그분의 아들이 함께하는 삼위일체의 일치에 속하지 못한다.[24)] '늘' 또는 '이

22) 얼핏 보면 이 대목은 성령에 대한 인식이 로고스에서 비롯한다는 『요한 복음 주해』 2,18의 진술과 어긋나는 듯하다. 그러나 성령이 계시를 받음으로써 비로소 무지의 상태에서 지식의 상태로 넘어왔다고 하는 주장을 거부하고자 오리게네스가 이렇게 진술했다는 점을 감안한다면, 이 논리적 모순은 크게 문제되지 않는다.

23) 이 대목은, 요한 16,14에 따라 성령의 인식이 로고스에게서 유래한다고 말하는 『요한 복음 주해』와 모순되어 보일 수 있지만 실제로는 모순되지 않는다. 여기서 오리게네스는 성령이 무지에서 인식으로 건너온 것이 아니라 태초부터 알고 있다는 사실만을 밝히고 있다. 이 본문은 발렌티누스의 견해를 반박하는 논쟁의 배경에서 이해할 수 있다. 참조 H. Crouzel, *Connaissance*, 97-98쪽; A. Orbe, *Espiritu Santo*, 453-457쪽.

24) 본성적으로 변하지 않는 성령의 거룩함에 관해서는 참조 『원리론』 1,8,3; 『민수기 강해』 11,8.

었다'라는 말과 시간적 의미를 지닌 다른 용어를 사용하고 있지만, 단순하게 그리고 관대하게 이를 이해해야 한다.[25] 사실 이 용어들의 의미는 시간적인 것이다. 우리가 거론하고 있는 내용은 언어적인 표현 때문에 시간적인 것으로 보이기는 하지만 그 본성상 모든 시간적 개념을 초월하는 것이다.

5. 하느님으로 말미암아 구원으로 다시 태어난(1베드 1,3 참조) 사람이 왜 성부와 성자와 성령을 필요로 하며, 삼위(일체) 전부 없이는 구원을 얻지 못하는지, 그리고 왜 성령 없이는 성부와 성자에 참여할 수 없는지 그 이유를 찾아보는 것이 타당할 것 같다. 이 문제들을 거론할 때 성령의 특별한 활동과, 성부와 성자의 특별한 활동을 설명할 필요가 있다는 것은 두말할 여지가 없다.[26] 그러므로 나는 성부의 활동과 성자의 활동이 성인들이나 죄인들, 이성적 인간들, 말할 줄 모르는 짐승들, 영혼이 없는 것들,[27] 존재하는 모든 것에 미친다고 생각한다. 성령의 활동은 영혼이 없는 존재, 영혼은 있지만 말할 줄 모르는 존재, 이성을 타고나기는 했지만 악의에 빠져(1요한 5,19 참조) 더 좋은 것으로 결코 돌아서지 않는 이들에게는 일어나지 않는다. 성령께서는 이미 더 좋은 것으로 돌아섰고 예수 그리스도의 길을 따라 걷는 이들(1코린 4,17 참조), 곧 선을 행하며(에페 2,10 참조) 하느

25) 똑같은 주제가 『원리론』 4,4,1; 『요한 복음 강해 단편』(GCS 4, 183쪽)에도 나온다.

26) 유스티니아누스가 전하는 다음 대목은 루피누스의 번역본에는 빠져 있다. "모든 것을 포괄하시는 하느님 아버지는 모든 존재 하나하나를 당신 존재에 참여시켜 존재가 되게 하시기에 그 누구보다 우월하시다. 아버지보다 하위에 있는 아들은 이성적 피조물들에 대해서만 우월하시다. 아들은 아버지 다음의 둘째 자리에 계시기 때문이다. 그리고 거룩한 존재들 안에만 계시는 성령은 아들보다 하위에 계신다. 그러므로 아버지의 능력은 아들의 능력이나 성령의 능력보다 더 크고, 아들의 능력은 성령의 능력보다 더 크며, 성령의 능력은 모든 거룩한 존재의 능력을 능가한다."(유스티니아누스, 『서간집』 124,2)

27) 그리스인들은 말하지 못하는 것이 이성을 지니지 못한 증거라고 보았다. 여기서 영혼(anima)이란 짐승 안에 있는 생명력의 단순한 원리라는 뜻이다.

님 안에 머물러 있는 이들(1요한 4,13 참조)에게만 역사하신다고 나는 생각한다.

6. 성부와 성자가 성인들과 죄인들에게 역사하신다는 것은 모든 이성적인 존재가 하느님의 말씀(verbum), 곧 이성(ratio)에 참여하며,[28] 이 때문에 지혜와 정의이신 그리스도[29]께서 그들 안에 씨앗처럼 심어진다는 사실에서 분명히 드러난다.[30] 존재하는 모든 것은 참으로 존재하시는 분, 곧 모세를 통해 "나는 있는 나다"(탈출 3,14)라고 말씀하신 분에 참여한다. 하느님 아버지에 대한 이러한 참여는 의인과 죄인, 이성적 존재와 비이성적 존재, 존재하는 모든 것에게 두루 미친다. 바오로 사도도 모든 이가 그리스도에 참여한다는 사실을 이렇게 분명히 말하였다. "'누가 하늘로 올라가리오? 하고 마음속으로 생각해서는 안 된다.' 이 말씀은 그리스도를 모시고 내려오라는 것입니다. 또 말합니다. '누가 지하로 내려가리오? 하지 마라.' 이 말씀은 그리스도를 죽은 이들 가운데서 모시고 올라오라는 것입니다. 그런데 성경은 뭐라고 합니까? '그 말씀은 너희에게 가까이 있다. 너희 입과 너희 마음에 있다.'"(로마 10,6-8; 신명 30,12-14 참조) 이 말은 그리스도께서

28) 모든 이성적 존재는 이성의 원리인 로고스에 참여하고 있다는 스토아 사상의 영향을 받은 말이다. 그러나 스토아학파는 로고스가 비인격적으로 세상에 유출되었다고 보았으나, 오리게네스는 하느님의 아들인 인격적인 로고스 개념을 지니고 있었으며, 스토아학파의 물질주의 개념을 배척했다(참조 『켈수스 반박』 6,71; 8,49).

29) 참조 『요한 복음 주해』 1,34(39),243-244; 1,37(42),267-268; 2,2,15; 2,15(9),105-106; 6,38(22),188-189; 『예레미야서 강해』 14,10.

30) 오리게네스에 따르면, 로고스는 자연적 이성의 원리일 뿐 아니라 초자연적 영성의 원리이기도 하다(참조 『요한 복음 주해』 1,37). 이성적 존재들이 참여하고 있는 이성은 인간의 모든 윤리적·영적 활동의 원천이므로, 모든 이성적 존재는 윤리적 생활을 진보시킬 수 있는 능력을 지니고 있다. 그러므로 이성적 피조물의 거룩함은 로고스에 얼마만큼 참여하느냐에 달려 있다(참조 『원리론』 2,6,3; 2,6,6; 2,7,3; 4,4,2; 『예레미야서 강해』 14,10).

'말씀' 또는 '이성'으로서 모든 이의 마음속에[31] 계시다는 것을 의미하며, 이성적 존재는 그분에 참여한다는 뜻이다. 그러나 복음서에서는 "내가 와서 그들에게 말하지 않았으면 그들은 죄가 없었을 것이다. 그러나 이제는 자기들의 죄를 변명할 구실이 없다"(요한 15,22)라고 말씀하셨는데, 인간이 어느 시기까지 죄를 짓지 않았으며 어느 시대부터 죄에 종속되었는지를 설명할 줄 모르는 이들은 이 대목을 통해 명확하게 이해하게 되었다. 말씀 또는 이성에 참여하는 까닭에 인간은 이해하고 인식할 줄 아는 능력을 갖게 되고, 선과 악을 구별할 줄 아는 이성이 그들 내부에 심긴 때부터 죄를 짓게 된 것이다.[32] 그래서 악이 무엇인지 알고 난 다음에도 악을 행하면 변명할 구실이 없다고 하였다. 신적 말씀 또는 이성이 그들 마음 안에서 선과 악을 구별하기 시작하였으니, 악한 것을 피하고 조심해야 했다. 그래서 "좋은 일을 할 줄 알면서도 하지 않으면 곧 죄가 됩니다"(야고 4,17)라고 한 것이다. "하느님의 나라는 눈에 보이는 모습으로 오지 않는다. 또 '보라, 여기에 있다.', 또는 '저기에 있다.' 하고 사람들이 말하지도 않을 것이다"(루카 17,20-21)라고 하신 구원자의 말씀을 통해 복음서가 가르치는 바와 같이, 모든 사람은 하느님과의 친교에서 벗어나 있지 않다. 또한 "사람의

31) 마음은 영혼의 상위 부분인 정신(νοῦς) 또는 주도적 능력(ἡγεμονικόν)을 나타낸다(참조 『예레미야서 강해』 5,15). 참조 『원리론』 1,1,9 각주 49.

32) 오리게네스는 영지주의자들에게 맞서서, 이성적 존재는 자신의 의지로써 죄와 악을 저지른다고 밝힌다. 곧, 선과 악을 구별할 수 있는 능력을 지닌 인간은 특별한 본성적 조건이나 저항할 수 없는 세력 때문이 아니라 전적인 자유의지로 죄를 짓는다는 것이다[참조 『원리론』 1,5,5; 3,1,3; 3,2,3; 『켈수스 반박』 4,3; 『요한 복음 주해』 20,13-15(13),96-127; 『마태오 복음 주해』 10,11]. 그리스도의 육화 전에도 이성에 참여하고 있던 인간의 '죄 지을 가능성'(peccabilitas)에 관해서는 참조 『요한 복음 주해』 1,37. 이성의 천사에 관해서는 참조 기적가 그레고리우스, 『오리게네스 찬양 연설』 5,48-54.

얼굴에 생명의 숨을 불어넣으시니, 사람은 살아 있는 영혼이 되었다"(창세 2,7)라고 기록되어 있는 창세기 말씀 안에서도 같은 뜻을 찾을 수 있는지 살펴보아야 한다. 만일 이것〔생명의 숨〕이 모든 사람에게 일반적으로 주어졌다고 이해한다면 모든 사람은 하느님께 참여하는 셈이다. 그러나 이것〔생명의 숨〕을 하느님의 영에 관한 말씀으로 본다면, 아담도 여러 번 예언했듯이,[33] 이것〔하느님의 영〕은 모든 사람에게 주어지지 않고 거룩한 이들에게만 주어졌다고 받아들일 수 있다.[34]

7. 마침내 홍수 때에, 육을 지닌 모든 존재가 하느님의 길을 벗어나 타락하였을 때(창세 6,12 참조), 하느님께서 마치 부당한 자들과 죄인들을 두고 하시는 말씀인 양 "사람들은 살덩어리일 따름이니, 나의 영이 그들 안에 영원히 머물러서는 안 된다"(창세 6,3)고 말씀하셨다고 기록되어 있다. 이 말씀은 하느님의 영이 모든 부당한 자에게서 제거되었음을 분명히 보여 준다. 또 시편에 "당신의 얼굴을 감추시면 그들은 소스라치고 당신께서

33) 이에 관한 라삐 전승의 기원에 관해서는 참조 오리게네스, 『아가 주해』 2; 안티오키아의 테오필루스, 『아우톨리쿠스에게』 2,28; 테르툴리아누스, 『영혼론』 11,4; 21,2; 알렉산드리아의 클레멘스, 『양탄자』 1,21,135; J. Chênevert, *L'Église dans le Commentaire*, 28-43쪽. 이 문헌들에서 아담은 아내에 관한 예언(창세 2,24) 때문에 예언자에 속한다.

34) 창세 2,7에서 모든 사람은 하느님에게서 생명의 숨(πνοή)을 받지만, 거룩한 이들만 성령(πνεῦμα)을 받는다. 이는 발레티누스의 신화와 대조하여 논할 수 있다. 발렌티누스에 따르면 데미우르구스는 자신이 창조한 사람들, 곧 영혼적 사람들 안에 생명의 숨을 불어넣는다. 그러나 구원자와 아카모트는 데미우르구스에게 알리지 않고 영적인 사람들에게 영적 씨앗들을 불어넣는다(참조 이레네우스, 『이단 반박』 1,5,5). 모든 사람은 생명의 숨(πνοή)을 받지만, 거룩한 이들은 성령(πνεῦμα)을 받는다는 이 주제는 오리게네스의 『창세기 주해』를 바탕으로 저술된 가자의 프로코피우스의 창세기에 관한 저서(『팔경 주해 선집』)에서 되풀이된다(참조 PG 87,153-154). 거룩한 이들에 대한 성령의 작용에 관해서는 참조 『민수기 강해』 3,1; 6,3; 『에제키엘서 강해』 6,5; 『원리론』 1,1,3; 2,11,5; 『아가 주해』 3(GCS 8, 214쪽); 『요한 복음 주해』 28,15(13),122-123; 32,8(6),86.

그들의 숨을 거두시면 그들은 죽어 먼지로 돌아갑니다. 당신의 숨을 내보내시면 그들은 창조되고 당신께서는 땅의 얼굴을 새롭게 하십니다"[35](시편 103,29-30)라고 기록되어 있다. 이 구절은 분명히 성령에 관한 것인데, 성령께서는 죄인들과 부당한 자들을 없애고 멸하신 다음 몸소 새로운 백성을 창조하고 땅의 얼굴을 새롭게 하실 것이니, 이때 그들은 성령의 은총으로 옛 인간을 버리고 새로운 생명 안에서 살아가기 시작할 것이다(콜로 3,9; 로마 6,4 참조). 따라서 성령께서 모든 이들, 육을 지닌 이들 안에 거처하지 않으시고, 그들의 땅이 새롭게 된 이들 안에만 거처하신다고 한 것은 일리가 있다(시편 103,30 참조). 이 때문에 세례[36]의 은총과 재생이 있은 뒤에야 성령께서 사도들의 안수를 통해 전해졌다(사도 8,18; 티토 3,5 참조). 우리 구원자께서도 부활하신 다음 낡은 것이 지나가고 모든 것이 새로워졌을 때(2코린 5,17 참조), 몸소 새로운 인간(에페 2,15 참조)이 되시고 죽은 이들 가운데 맏이가 되시어(콜로 1,18 참조) 당신 부활에 대한 믿음을 통하여 새롭게 된 사도들에게 "성령을 받아라!"(요한 20,22) 하고 말씀하셨다. 주님이신 구원자께서는 새 포도주를 헌 가죽 부대에 넣어서는 안 되니 새로 만든 부대에 넣으라고 복음서에서 명하셨는데(마태 9,17 참조), 이는 사람들이 새로운 생명 안에서 거닒으로써(로마 6,4 참조) 새로운 술, 곧 성령의 새로운 은총을 받아야 한다는 뜻이다.

35) 이 구절은 4세기 후반 성령의 신성에 관한 논의에서 아타나시우스, 에피파니우스, 대 바실리우스, 암브로시우스 등이 자주 활용하는 핵심 대목이 된다.

36) 세례와 성령의 밀접한 관계에 관해서는 **참조** 『기도론』 28,3; 『레위기 강해』 6,2. 그러나 오리게네스는 코르넬리우스 일화가 증명하듯이(사도 10장) 마음가짐에 따라 세례 전에 성령을 받을 가능성과 마술사 시몬처럼(사도 8,13-19) 세례를 받고서도 성령을 받지 못할 가능성을 배제하지 않는다. **참조** 『민수기 강해』 3,1; 『에제키엘서 강해』 6,5.

이와 같이 하느님 아버지의 능력과 아들의 능력은 그 활동이 모든 피조물에 구별 없이 두루 미치지만 성령에 참여하는 몫은 성인들만의 것이라는 사실을 우리는 발견하였다. 그래서 "성령에 힘입지 않고서는 아무도 '예수님은 주님이시다' 할 수 없습니다"(1코린 12,3)라고 한 것이다. 사도들 자신도 겨우 마지막에 가서야 "성령께서 너희에게 내리시면 너희는 힘을 받을 것이다"(사도 1,8 참조)라는 말씀을 듣기에 합당한 자들이 되었다. 그러므로 나는 사람의 아들을 거슬러 말하는 자는 용서받을 만하다는 말은 논리에 맞다고 생각한다(마태 12,32 참조). 왜냐하면 말씀(또는 이성)에 참여하는 사람이 이성적으로 살기를 그만두었다면, 무지나 어리석음에 빠진 것일 터이므로 용서받을 수 있다. 그러나 성령에 참여하기에 이미 합당한데도 등을 돌려 버린 사람은 그 사실 자체와 행위로 보아 성령을 거슬러 모독한(마태 12,31 참조) 셈이다.

성령은 거룩한 사람들에게만 주어지는 반면, 성부와 성자의 은혜나 활동은 선한 사람들에게나 악한 사람들, 의로운 사람들에게나 의롭지 못한 사람들에게 모두 베풀어진다고 우리가 말했다고 하여(마태 5,45 참조), 성령을 성부와 성자 위에 놓고 그분의 존귀함이 더 크다고 주장해서는 절대로 안 될 일이다. 그것은 전적인 모순이다. 우리는 은총과 활동의 특성을 서술하였을 따름이기 때문이다. 오히려 삼위일체 안에는 더 크고 작음이 없다고 해야 한다.[37] 당신 말씀과 이성으로 만물을 품으시고, 당신 입의 영으로 성화에 합당한 존재들을 거룩하게 만드시는 신성의 유일한 원천이 있

37) 이 대목은 오리게네스의 종속론적 경향과 대조되는 까닭에 루피누스의 가필이리라 여겨지기도 한다. 그러나 문맥상 신자들의 성화를 위하여 일치하여 일하는 삼위의 동등성을 가리키는 말이므로 오리게네스의 친필로 볼 수도 있다.

을 뿐이기 때문이다. 이는 시편에 "주님의 말씀으로 하늘이, 그분 입의 영으로 그들의 모든 능력이 만들어졌네"(시편 32,6)라고 기록된 바와 같다. 우선 하느님 아버지의 특별한 활동이 있고 그 활동으로 그분은 모든 존재에게 본성에 따라 존재를 주신다.[38] 주 예수 그리스도의 주요 직무는 본성적으로 이성을 받은 존재들을 위한 것으로서, 그들이 더 선한 존재가 되게 하는 것이다. 합당한 이들에게 그리스도를 통하여 베풀어지는 성령의 또 다른 은총[39]도 있으니, 이 은총을 받기에 합당한 이들에게 그들의 공로에 따라 아버지께서 주시는 것이다. 삼위(일체)의 능력이 하나이며 같다는 사실에 관하여 바오로 사도는 다음과 같이 매우 분명하게 말했다. "은사는 여러 가지지만 성령은 같은 성령이십니다. 직분은 여러 가지지만 주님은 같은 주님이십니다. 활동은 여러 가지지만 모든 사람 안에서 모든 활동을 일으키시는 분은 같은 하느님이십니다."(1코린 12,4-6) 이로써 삼위일체 안에 어떠한 차별도 없으며, 이른바 성령의 은사는 아들을 통하여 베풀어지고 아버지 하느님을 통하여 행하여진다는 사실이 아주 분명하게 드러났다.[40] "이 모든 것을 한 분이신 같은 성령께서 일으키십니다. 그분께서는 당신이 원하시는 대로 각자에게 그것들을 따로따로 나누어 주십니다."(1코린 12,11)

8. 성부와 성자와 성령의 일치에 관하여 이 정도 설명하였으니, 이제는

38) 여기서 오리게네스는 아버지의 활동과 아들의 활동을 구별한다. 존재이신 아버지의 활동은 모든 피조물에게 존재를 주는 것이고, 로고스이신 아들의 활동은 로고스를 이성적 존재에게 전해 주는 것이다.

39) '또 다른 은총'(alia gratia)이란 성령의 이중 활동이 아니라, 그 은총이 성부와 성자가 베푸시는 은총을 하나로 모아낸다는 뜻이다.

40) 오리게네스에 따르면 아버지는 활동을 시작하시고, 이 활동은 아들을 통하여 발전하며, 성령은 성화 은총을 베푸신다[참조 『요한 복음 주해』 2,10(6),77; 『기도론』 2,6]. 『원리론』 2,7,3에서 성령은 '온갖 종류의 은사들'(omnis natura donorum)이라 불린다.

거론하기 시작한 문제로 되돌아가자. 하느님 아버지는 모든 것에게 존재를 주신다. 그리스도는 말씀(또는 이성)이시므로 사람들은 그분에 참여함으로써 이성적 존재가 된다. 그들은 덕이나 악습을 행할 능력이 있으므로 칭찬이나 꾸중을 들어 마땅하다. 따라서 성령의 은총은 본질적으로는 거룩하지 못한 그들이 성령에 참여함으로써 거룩해지도록 하는 것이다.[41] 첫째로 하느님 아버지로부터 존재를 받고, 둘째로 말씀을 통하여 이성적 존재가 되고, 셋째로 성령으로 말미암아 신적 존재가 되면, 성령으로 말미암아 이미 거룩하게 된 존재들이 하느님의 의로움(1코린 1,30 참조)이신 그리스도를 맞아들일 수 있게 된다.[42] 성령의 성화 은총으로 이 단계까지 진보한 이들은 하느님 영의 활동에 힘입어 지혜의 선물을 얻는다. 같은 영으로 말미암아 어떤 이들에게는 지혜의 말씀이 베풀어지고 다른 이들에게는 지식의 말씀이 베풀어진다고 바오로가 말하였을 때, 나는 그가 이 점을 염두에 두었다고 생각한다(1코린 12,8 참조). 그는 각 은사의 차이를 열거하면서 모든 은사를 모든 것의 원천에 연결시켜 다음과 같이 말한다. "활동은 여러 가지지만 모든 사람 안에서 모든 활동을 일으키시는 분은 같은 하느님이십니다."(1코린 12,6) 그러므로 모든 이에게 존재를 주시는 하느님의 활동은 이들 각자가 지혜이며 지식이고 성화이신 그리스도에 참여함으로써 진보하여 더 높은 차원에 이르게 될 때, 더 찬란하고 더 위대해진다.[43] 그리고

41) 참조 『요한 복음 주해』 13,36,231-232. 피조물의 성덕은 실체적이 아니라 우유적이다.

42) 모든 이성적 존재는 로고스이신 그리스도에게 참여하지만, 성령의 은총으로 거룩해지기 시작한 사람들은 정의와 지혜이신 그리스도에게 더 높은 차원에서 참여하게 된다. 삼위일체의 일치된 활동 안에 있는 성령의 은총은 아들과 아버지에게 충만하게 참여시키는 성화(聖化)에 필수적이다(참조 『호세아서 강해』 3,2).

43) 참조 『요한 복음 주해』 1,34(39),247; 1,27(29),189; 2,18(12),129; 19,6(1),38.

어떤 사람은 성령에 참여함으로써 거룩하게 되어 더욱 더 순수하고 맑아질수록 지혜와 지식[44]의 은총을 받기에 더 합당해진다. 그리하여 그는 불결과 무지의 모든 얼룩을 없애고 깨끗하게 됨으로써[45] 하느님으로부터 존재를 받았던 바로 그 깨끗하고 순수한 모습으로 진보하여, 순수하고 완전하게 존재하도록 해 주신 하느님께 합당한 자가 될 것이다. 이리하여 존재하는 것은 존재하게 해 주신 분에 합당하게 된다. 사실 자기를 만드신 분께서 원하셨던 그대로 존재하는 이는, 언제나 존재하고 영원히 지속되는 능력을 하느님으로부터 받을 것이다.[46] 그런 일을 실현하고, 하느님께서 창조하신 이들이 '존재하시는 분'과 끊임없이 일치하게 만들기 위해서, 지혜의 활동은 그들을 가르치고 훈련하며[47] 그들을 굳건하게 하고[48] 끊임없이 거룩하게 하는 성령을 통해 완덕으로 이끌어 준다.[49] 이를 통해서만 그들은 하느님을 받아들일 수 있다.

이처럼 성부와 성자와 성령께서는 완덕을 향한 각 단계마다 끊임없이 우리에게 역사하시어 우리가 언젠가는 마침내 거룩하고 복된 삶을 직관할 수 있게 해 주신다. 우리가 많은 투쟁을 한 다음 이 삶에 도달할 수 있

44) 성화의 과정 가운데 그리스도에 대한 지식의 최고 단계에 관해서는 『원리론』 3,6,9; 『요한 복음 주해』 1,34; 『예레미야서 강해』 1,8; 성화의 과정 가운데 그리스도의 역동적 활동에 관해서는 『아가 주해』 3; 그리스도를 통한 성화에 관해서는 참조 『요한 복음 주해』 1,34; 아버지에게 다다르기 위한 그리스도의 중재에 관해서는 참조 『요한 복음 주해』 19,6.

45) 참조 『요한 복음 단편』 54(GCS 4).

46) 완덕의 최고 상태의 불변성(immutabilitas)에 관해서는 참조 『요한 복음 주해』 10,42(26), 288-289; 『마태오 복음 주해』 12,34; 『아가 주해』 1(GCS 8, 103쪽); 『열왕기 강해』 1,4; 『헤라클리데스와의 논쟁』 26. 하지만 다른 본문들은 지복의 상태가 항구적이지 않다고 가정하는 것 같다(참조 『원리론』 2,3,3; 3,1,23; 3,5,5; 3,6,3).

47) 로고스가 신자들에게 주는 가르침에 관해서는 참조 『원리론』 1,6,3; 『요한 복음 주해』 10,24.

48) 참조 이레네우스, 『이단 반박』 3,2,8.

49) 참조 『기도론』 25,1-2; 『순교 권고』 39; 『요한 복음 주해』 20,33(27),288-289.

게 되면, 선에 대한 싫증[50]에 사로잡히는 일 없이 이 삶에 머물러야 한다. 그 행복을 맛볼수록 그 갈망이 우리 안에 더 커지고 자라날 것이며, 우리는 성부와 성자와 성령을 언제나 더욱 열렬히 그리고 더욱 완전하게 받아들이고 모시게 될 것이다.

그러나 완덕의 최고 단계에 도달한 이들 가운데 싫증을 느끼는 이가 있다면, 그는 한순간에 완덕을 잃어버리거나 곤두박질치는 것이 아니라 반드시 조금씩 부분적으로 퇴보한다고 생각한다. 잠시 타락한 사람이 금세 뉘우치고 되돌아오는 경우가 종종 생길 수 있기 때문이다. 그런 사람은 완전히 파멸한 것이 아니라, 자기 발걸음을 돌이켜 게으름 때문에 잃어버렸던 것을 회복함으로써 본디의 상태로 되돌아올 가능성이 있다고 나는 생각한다.

50) 악을 자극하는 선에 대한 싫증(κόρος)에 관해서는 참조 필론, 『누가 신적 사물들의 상속자인가?』 240; 『카인의 후손』 145; 『아브라함』 134-135; 오리게네스, 『원리론』 3,1,13과 M. Harl, *Recherches sur l'origénisme*, 373-405쪽, 특히 292-293쪽.

4장

[강등과 타락][1)]

1. 게으르게 처신한 이들[2)]의 그러한 강등이나 타락을 설명하기 위해 한 가지 예를 비유로 드는 것은 어리석은 일이 아니라고 본다. 기하학이나 의학과 같은 전문 지식이나 기술을 가진 사람이 완벽해지기까지 조금씩 숙련되고, 오랜 기간 교육을 받고 훈련을 하여 그 분야에 관한 법칙을 완전

1) 4장의 제목은 포티우스의 목록에는 빠져 있고 문맥상 3장의 마지막 부분에 해당된다고 볼 수 있지만, 루피누스 역본에서는 3장과 4장이 구분되어 있다. 판본에 따라 빠지기도 하는 장에는 〔 〕로 표시하였다.

2) 오리게네스는 게으름(negligentia)을 강등과 타락의 원인으로 본다(참조 『원리론』 1,6,2; 2,9,2; 2,9,6). 여기서 게으름이란 하느님을 관상할 때 일어나는 분심이나 무관심 따위가 아니라, 교만 때문에 하느님에 대한 사랑이 결핍되는 죄이며 전적으로 의지에서 나온 행위를 가리킨다〔참조 『원리론』 3,1,12; 『에제키엘서 강해』 9,5; 『켈수스 반박』 6,45; 7,69; 『요한 복음 주해』 20,39(31),363-364〕.

히 습득하였다고 하자.[3] 그런 사람이 모든 것을 알고 있는 상태로 잠들었다가 모르는 상태로 눈을 뜨는 일은 결코 일어날 수 없다. 여기서 상처나 병 때문에 생기는 우연한 일들을 제시하거나 고려하지 않는 까닭은 비유나 예에 어울리지 않기 때문이다. 우리가 제시한 예는 기하학자나 의사가 기술을 연마하고 합리적인 교육을 받아 관련 법칙에 관한 지식을 계속 지니고 있다는 사실을 전제한다. 만일 그가 훈련을 하지 않거나 건성으로 게을리 한다면, 점차 그 게으름 때문에 처음에는 지식을 적게 잃겠지만 나중에는 많이 잃게 되어 긴 세월이 흐른 다음에는 모든 지식이 망각 속으로 빠져들고 결국 모든 것이 완전히 사라져 버릴 것이다. 그러나 어떤 사람이 타락이 시작되는 초기 단계에서 아직 심한 게으름에 빠지지 않았을 때 정신을 차려 본디의 상태로 빨리 되돌아오면 조금 전까지 잃어버렸던 것들을 회복하고, 기억에서 약간 지워진 지식을 되살릴 수 있을 것이다. 그러면 이제 하느님에 관한 지식과 지혜(로마 11,33 참조)에 몸 바친 이들에게 위의 예를 적용해 보자. 그들의 학문과 실천은 다른 모든 규율과 비교할 수 없을 정도로 뛰어난 것인데, 위에서 든 비유의 형식에 따라 어떻게 그 지식을 얻고 잃어버리게 되는지 살펴보자.[4] 특히, 완전한 이들에 관한 사도의 말씀, 곧 신비들이 계시되면 얼굴과 얼굴을 마주하고서 하느님의 영광을 보게 되리라는(로마 16,25; 1코린 13,12 참조) 말씀을 염두에 두고 살펴보자.[5]

3) 이러한 지식에 대한 다른 비유들의 관해서는 참조 『원리론』 1,1,3; 1,8,3.

4) 하느님에 대한 지식에서 진보하기 위해서는 훈련이 필요하다는 주제에 관해서는 참조 『요한 복음 주해』 13,24,141-142; 『아가 주해』 1(GCS 8, 105쪽); 『마태오 복음 강해』 66; 『창세기 강해』 14,4.

5) 참조 『민수기 강해』 21,1; 『요한 복음 주해』 1,16,93; 2,37(30),229; 『원리론』 2,6,7; 『아가 주해』 3(GCS 8, 183쪽). 자주 인용되는 1코린 13,12에 관해서는 참조 『원리론』 2,11,7; 『켈수스 반박』 6,20; 7,50; 『기도론』 11,2; 25,2; 『순교 권면』 13; 『헤라클리데스와의 논쟁』 27; 『루카 복음 강

2. 모든 성덕의 원천이신 삼위일체 성부와 성자와 성령[6]을 통하여 우리에게 주어진 하느님의 은혜를 증명하려는 우리가 주제에서 벗어나 이런 논제에 관해 이야기하는 까닭은, 영혼의 문제가 제기된 이상 이성적 본성과 유사한 문제를 다룰 필요가 있겠다고 생각했기 때문이다. 그러나 하느님께서 예수 그리스도와 성령을 통해 허락하신다면, 이성적 본성을 세 가지 종류와 유형[7]으로 나누어 고찰하는 것 등 그 전반에 대해 나중에 더 적절한 기회에 논하게 될 것이다.[8]

[피조물과 창조][9]

3. 이 복되고 '통치하는 능력',[10] 곧 모든 것을 다스리는 능력을 우리는 삼위일체라 부른다. 이는 선하신 하느님, 모든 이의 인자하신 아버지시다. 동시에 선을 행하시고 창조하시며 섭리하시는 능력이다.[11] 하느님의 이러

해』 3,4; 『여호수아기 강해』 6,1; 『예레미야서 강해』 6,3.

6) 참조 『요한 복음 주해』 6,33(17),166.

7) 이는 둘째 논고다(참조 『원리론』 1,5-8).

8) 참조 『원리론』 1,5,1.

9) 감마 필사본에는 제목을 포함하여 3~5절까지가 빠져 있다. 쾨차우(*Origenes, Vier Bücher von den Prinzipien*)의 편집본이 나오기 전까지는 이 대목이 누락되었다.

10) '통치하는 능력'(ἀρχικὴ δύναμις)이란 모든 것을 다스리시며 모든 것의 원천이신 삼위일체를 의미한다.

11) 루피누스는 '선을 행하시고 창조하시며 섭리하시는 능력'을 그리스어(εὐεργετικὴ δύναμις et δημιουργική)와 라틴어(bene faciendi virtus et creandi ac providendi)로 병기한다. 여기서는 플라톤 사상이 엿보이는데, 플라톤에 따르면 선한 신은 자신의 창조적 선을 늘 펼치지 않을 수 없다(참조 플라톤, 『티마이오스』 29e). '아르키코스'(ἀρχικός)에 관해서는 참조 『마태오 복음 주해』 15,31; 『요한 복음 주해』 10,18,160.

한 능력들이 한순간이라도 한가하게 있었다고 여기는 것은 어리석고도 불경스러운 일이다.[12] 우리가 하느님을 무엇보다도 적절하게 인식하도록 해 주는 이 능력들이 한순간이라도 그 자신에게 합당한 일들을 그만두고 아무 활동도 하지 않았으리라고 털끝만큼 의심하는 것조차 터무니없다. 하느님인 이 능력들, 곧 하느님 안에 있는 이 능력들이 외부의 방해를 받는다고 여겨서도 안 되며, 이와 반대로 아무런 방해를 받지 않았는데도 그 능력들에게 합당한 일들을 행하거나 활동하는 데 소홀하거나 게을렀다고 믿어서도 안 된다. 선을 행하는 그 능력이 선을 행하지 않은 때가 한 순간이라도 있었다고 생각할 수 없다. 그러므로 그분께서 선을 행하실 대상들, 곧 그분의 창조물과 피조물들은 언제나 있었으며, 하느님께서는 그들의 순서와 공로에 따라 은혜를 내리시면서 당신 섭리에서 나온 선을 베풀어 주신다는 결론이 나온다. 따라서 하느님께서 창조주가 아니었거나 선을 베풀거나 섭리하지 않으신 적은 한시도 없었다.

4. 그러나 하느님이 계시는 한 피조물들도 늘 존재했으며, 하느님에 의해 창조되고 만들어졌다고 의심 없이 믿어야 하는 것들도 시작이 없이 존재했다는 사실을 어떻게 이해할 수 있는지에 관해서 인간 지성은 미약하

12) 하느님이 '영원으로부터'(ab aeterno) 활동하시지 않았다고 주장할 때 생기는 문제는 철학적 측면에서나 그리스도교적 관점에서나 많은 어려움을 안고 있었다(참조 『원리론』 3,5,3; 4,4,8; 아우구스티누스, 『신국론』 12,16). 하느님이 일하지 않으셨다면 두 가지 이유가 있을 터이니, 하느님이 외부 세력의 방해를 받았거나 일하기를 원하지 않으셨기 때문이다. 그러나 이는 전능하시고 선하시고 변하지 않으시는 하느님의 속성에 맞지 않는다(참조 『원리론』 1,4,3). 그와는 반대로 하느님이 영원으로부터 일하고 계신다고 하면 시작이 없는 '똑같이 영원한 창조'(coaeterna creatio)를 인정하는 셈이고 이는 신앙 규범에 어긋난다(참조 『원리론』 1,4,4). 결국 오리게네스는 아버지와 늘 함께 계셨던 '지혜' 안에 창조가 미리 내재되어 있었다는 해답을 내놓는다(참조 『원리론』 1,4,4).

고 부족하기만 하다. 이 문제에 대한 사람들의 생각과 지성이 서로 어긋나는 까닭은 양편에서 자기 논리를 매우 적극적으로 제시할 뿐 아니라, 이에 대해 숙고하는 사람의 생각을 자기편으로 끌어당기며 다투고 있기 때문이다. 우리의 이해력이 매우 부족하고 짧지만, 신앙에 어떠한 위험도 불러일으키지 않으면서 고백할 수 있는 해결책은 이러하다. 하느님 아버지는 늘 계셨고, 그분께는 우리가 앞에서 제시한 바에 따라 '지혜'라고도 불리는 외아들이 늘 계셨다.[13] 이 지혜는 하느님께서 세상을 완성하셨을 때 늘 기쁨이 되었던 그 지혜이며(잠언 8,30-31 참조), 하느님께서는 늘 기뻐하신다는 사실을 우리에게 알려 주는 지혜다.[14] 그러므로 아버지와 늘 함께 계셨던 이 지혜 안에서 창조물은 미리 그려지고 꼴을 갖춘 형태로 늘 있었으며,[15] 지혜 안에 앞으로 존재하게 될 것들의 예표(praefiguratio)가 존재하지 않았던 때는 한시도 없었다.

5. 우리의 〔지성이〕 미약하지만 하느님에 관하여 이런 식으로 경건하게 생각할 수 있을 것이다. 우리는 피조물이 낳음을 받지 않았고[16] 하느님과 똑같이 영원하다고 주장하지 않는다. 또 하느님께서 전에는 어떠한 선도 행하지 않으시다가 마음을 바꾸어 선을 행하셨다고 주장하지도 않는다. "당신은 모든 것을 지혜 안에서 만드셨나이다"(시편 103,24 참조)라고 한 성경 말씀은 진실하기 때문이다. 모든 것이 지혜 안에서 만들어졌다면, 지혜

13) 직역은 "그분은 … 외아들을 늘 지니고 계셨다"다. 참조 『요한 복음 주해』 1,9(11),55; 메토디우스, 『자유의지』 22,9; 락탄티우스, 『신적 가르침』 4,6.

14) 오리게네스에 따르면, '영원으로부터'(ab aeterno) 존재하는 세계는 미리 지혜 안에 자리 잡고 있던 이데아계다(참조 『원리론』 1,2,2).

15) 참조 『원리론』 1,2,2; 1,2,10; 『요한 복음 주해』 19,22(5),146-147.

16) 참조 『원리론』 1,3,3; 2,9,2.

는 항상 있었기 때문에 나중에 실체적으로 만들어진 것들은 지혜 안에서 늘 예표와 예형에 따라 존재했던 셈이다. 나는 솔로몬 역시 그렇게 생각하고 그런 의미로 코헬렛에서 이렇게 말한 것이라고 생각한다. "이미 만들어진 것은 무엇인가? 앞으로 있을 것이다. 이미 창조된 것은 무엇인가? 앞으로 창조될 것이다. 태양 아래 새로운 것이란 없다. '이걸 보아라, 새로운 것이다.' 사람들이 이렇게 말하는 것이 있더라도 그것은 우리 이전에 존재했던 시대들에 이미 있던 것이다."(코헬 1,9-10) 그러므로 태양 아래 있는 모든 것이 우리 이전에 존재했던 시대들에 이미 있었다고 한다면, 태양 아래 새로운 것이란 없으니 모든 유(類, genus)와 종(種, species)은 의심할 나위 없이 늘 있었으며[17] 아마 개체들로도 존재했을 것이다.[18] 어쨌든 하느님께서 한때 창조주가 아니셨다가 어느 시점에 창조주가 되신 것이 아니라는 사실은 분명히 드러났다.

17) 이 대목 때문에 오리게네스는 세상이 하느님과 '똑같이 영원하다'(coaeternus)고 주장한다는 비난을 받았다. 오리게네스가 아버지와 '똑같이 영원하다'고 인정한 세상이란 다름 아닌 아들 안에 자리 잡은 이데아계였는데, 플라톤 철학에 토대를 둔 철학자에게 이데아계는 곧 현실 세계였기 때문에 오해를 불러일으킬 소지가 있었다. 오리게네스가 창조주와 달리 피조물은 영원하지 않다고 거듭 밝히고 있다는 점을 잊지 말아야 한다(참조 『원리론』 2,9,2).

18) 개별 존재에 대한 사상에 관해서는 참조 『기도론』 24,2.

을 것이다.[4] 이것은 악마 자신 그리고 그와 함께 있으면서 그의 부하라 불리는 것들에 대한 이야기로 알아들어야 한다. 우리가 말하고자 하는 것들이 어떤 존재인지 알기 위해 그들의 이름도 열거할 필요가 있다.

성경 많은 곳에서 마귀[5]와 사탄과 악마의 이름이 불리고 있는데, 이들은 하느님의 원수로 묘사된다(마태 25,41; 묵시 12,7.9; 1요한 2,13; 마태 13,39 참조). 그밖에 '악마의 부하들'(마태 25,41 참조)이라는 이름도 있고, '이 세상의 우두머리'(요한 12,31; 14,30; 16,11 참조)라는 이름도 있는데, 이것이 악마 자신인지 아니면 다른 어떤 존재인지는 분명하지 않다. 그리고 '파멸하게 될 지혜'를 지니고 있는 '이 세상의 우두머리들'(1코린 2,6 참조)이 있다고 한다. 그런데 이 '우두머리들'이 우리가 싸워야 할 저 권세와 같은 것인지(에페 6,12 참조), 아니면 다른 것인지는 나로서는 말하기 쉽지 않다. 권세 다음에는 우리가 싸우고 투쟁해야 할 권력이 거명되는데, 이 세상의 우두머리들과 어둠의 지배자들을 거슬러 우리는 싸우고 투쟁해야 한다. 바오로는 '하늘에 있는 악령들'(에페 6,12)도 거명한다. 그러면 복음서들에서 거명되는 '악령들'과 '더러운 마귀들'에 대해서는 어떻게 말해야 하겠는가?(루카 7,21; 4,33 참조) 끝으로 어떤 것들은 비슷한 이름으로 '하늘의 존재들'[6]이라고 불리며, 이들은 예수의 이름 앞에 무릎을 꿇거나 꿇게 될 것이라고 한다. 그리고 바오로가 여기서 열거한 순서에 따르면 "땅 위와 땅 아래에 있는 존재들"(필리 2,10 참조)이라는 이름도 있다.

4) **참조** 『원리론』 2,10,4-5; 1,6,1; 『켈수스 반박』 4,99; 『예레미야서 강해』 20,2.
5) **참조** 『요한 복음 주해』 20,25(21),220-221; 『예레미야서 강해』 20,1-2; 『에제키엘서 강해』 1,3.
6) '하늘의 존재들'(caelestia)도 '땅 위와 땅 아래에 있는 존재들'(terrestria et inferna)처럼 그리스도 앞에서 복종과 회개의 표지로 무릎을 꿇게 되리라는 사실(**참조** 필리 2,10)은 오리게네스로 하여금 '하늘의 존재들'도 악령이라 믿게 만들었다(**참조** 『원리론』 3,5,6 이하).

이성적 본성들에 관해 논하고 있는 이 자리에서 우리 인간에 대해 언급하지 않는 것은 옳지 않다. 우리 인간도 이성적 동물이기 때문이다. 그리고 우리 인간에 대한 여러 부류의 이름이 있다는 점을 그냥 지나쳐 버릴 수 없다. "주님의 몫은 당신의 백성 야곱, 그분의 유산은 이스라엘"(신명 32,9 참조)인 반면, 다른 민족들은 천사들의 몫이라 불린다.[7] 지존하신 분께서 민족들을 갈라 놓으시고 아담의 후손들을 흩으실 때, 하느님의 천사들의 수에 따라 민족들의 경계를 정하셨기 때문이다. 그러므로 다른 이성적 본성들과 함께 인간 영혼에 관한 가르침도 살펴보아야 한다.

3. 분명 실체 있는 존재에 속하는 것들의 서열과 직분에 관하여 이처럼 많고 중요한 이름들이 있다. 이제 우리는 만물을 세우시고 창조하신 하느님께서 이들 가운데 더러는 본성과 반대되는 어떠한 것도 받아들일 수 없도록 거룩하고 복되게 만드시고, 더러는 선과 악을 둘 다 행할 수 있게 만드셨는지 물어야 한다. 또는 하느님께서 더러는 선을 전혀 행할 수 없는 존재로, 더러는 악을 전혀 받아들일 수 없어 지복에서만 머무르는 존재로, 그리고 더러는 선과 악 모두를 다 받아들일 수 있는 존재로 만드셨는지[8] 추론해야 한다. 이름들 자체에 대한 우리의 연구를 시작하기에 앞서 우리는 거룩한 천사들(마르 8,38 참조)이 존재하게 된 때부터 늘 거룩하였고 거룩하고 거룩할지, 죄가 그들 안에 결코 자리 잡을 수 없었고 앞으로도 자

7) 이스라엘만 하느님의 보호 아래 있고, 다른 민족들은 천사들의 인도에 맡겨져 있다는 유대교의 개념에 관해서는 참조 다니 10,13 이하; 집회 17,17; 1에녹 89,51-52; 이레네우스, 『이단 반박』 3,12,9; 알렉산드리아의 클레멘스, 『양탄자』 6,17,157; 7,2,6; 오리게네스, 『원리론』 1,8,1; 3,3,2-3; 『창세기 강해』 9,3; 『루카 복음 강해』 12,3; 『켈수스 반박』 5,30; 『요한 복음 주해』 13,50; 『예레미야서 강해』 5,2.

8) 이는 발렌티누스파가 구별하는 세 본성, 곧 구원된 영적 존재들, 파멸할 물질적 존재들, 구원되거나 파멸할 영혼적 존재들(참조 이레네우스, 『이단 반박』 1,6,1)이다.

리 잡을 수 없는 것인지 숙고하자(콜로 1,16 참조). 그 다음 거룩한 권세(principatus)라 불리는 존재들은 하느님께서 창조하신 바로 그때부터 자신에게 속한 존재들에 대하여 권세를 행사하고 있는지, 그리고 그들의 부하들은 종속되고 복종하도록 만들어지고 창조된 것인지 생각해 보자.[9] 이와 마찬가지로, '권력'(potestates)이라 불리는 존재들에 대해서도 살펴보자. 이들은 권력을 행사하기 위한 바로 그 목적 때문에 창조되었는가, 아니면 어떤 공로를 세우고 덕행에 대한 상급으로 그런 권력과 지위를 얻은 것인가? 또 '권좌'[throni, 또는 '왕권'(sedes)]라 불리는 존재들의 경우, 하느님께서 그렇게 원하셨다는 오직 한 가지 이유 때문에 그들 실체가 생겨남과 동시에 그처럼 복되고 확고한 자리를 얻게 된 것인가? 또 '주권'(dominationes)이라 불리는 존재들의 경우 그들이 진보한 공로 덕분에 주권을 보상으로 받은 것인가, 아니면 창조 때 이미 분리될 수 없는 본성적 형태의 특권으로 부여받은 것인가?(콜로 1,16 참조)

거룩한 천사들, 거룩한 권세[의 천사들], 복된 왕권[의 천사들], 영광스러운 주권[의 천사들], 위풍당당한 권력[의 천사들]이 그 권세와 지위와 영광을 본질적으로 지니고 있는 것이라고 여긴다면, 정반대 직분을 지니고 있다고 불리는 존재들에 대해서도 그런 식으로 이해해야 한다는 결론이 나온다. 그렇다면 우리가 싸워야 할 저 '권세'(principatus)[의 악마들]이 모든 선을 거슬러 싸우고 저항한다는 뜻을 지니는 것은 그들이 나중에 자유의지로 선에서 벗어났기 때문이 아니라, 본질적으로 존재하기 시작한 그때부터 그렇게 된 것이라고 생각해야 한다(에페 6,12 참조). 이와 마찬가지로 권

9) 천사 세력들의 이름은 그들의 활동을 나타낸다[참조 『켈수스 반박』 5,4; 『요한 복음 주해』 2,23(17),145; 테르툴리아누스, 『영혼론』 37,1].

력(potestates)[의 악마들]과 권능(virtus)[의 악마들]의 경우에도, 그들 안의 악이 그들의 본질보다 먼저나 나중에 있었다고 여겨서는 안 된다. 또 어둠의 세계를 다스리는 지배자들이라 불리는 것들의 경우에도, 어둠에 대한 그들의 지배와 세력은 그들의 사악한 뜻에서가 아니라 그렇게 창조된 필연성에서 기인한다. 이러한 논리에 따라 사악한 영들, 악한 영들, 더러운 악마들도 같은 방식으로 이해해야 한다(루카 7,21; 4,33 참조).

그러나 사악한 적대 세력들이 저지르는 악의 원인을 그들의 자유의지에서 비롯한 고의에서 찾지 않고 그들의 창조주 탓인 필연으로 돌리는 것은 분명 어리석다.[10] 사악한 적대 세력들에 대하여 그렇게 이해하는 것이 어리석은 일이라면, 선하고 거룩한 세력들에게도 같은 식으로 말해야 할 것이다. 그들 안의 선은 본질적인 것이 아니며, 우리가 앞에서 분명하게 설명하였듯이 [선은] 아버지 안에서는 두말할 나위도 없고 오직 그리스도와 성령 안에서만 본질적이다.[11] 우리가 입증했듯이, 삼위일체의 본성에는 어떠한 혼합도 없기 때문에 이러한 일이 필연적으로 벌어지는 것 같다. 이제 모든 피조물에 관한 문제가 남아 있는데, 앞의 논리에 따르면 그들의 지위는 자기 행동과 활동의 결과다. 그들이 다른 것들에 대해 권세나 주권을 행사하는 능력을 지닌 듯이 보이고, 지배와 통치의 대상이 되는 이들보다 높은 지위를 얻은 것은 그들의 공로에서 비롯한 것이지 창조 때 받은 특권 때문이 아니다.

4. 그러나 이처럼 중요하고 어려운 문제들에 대하여 우리가 논리만으로

10) 이 주제는 발렌티누스파 영지주의자 헤라클레온과 벌인 논쟁에서 크게 발전했다[참조 『요한 복음 주해』 20,23(20),198-199; 20,28(22),252-253].

11) 참조 『원리론』 1,2,13; 1,6,2; 1,8,3; 『사무엘기 상권 강해』 1,11; 『민수기 강해』 11,8; 『켈수스 반박』 6,44.

대답하고 가설만으로 독자들의 동의를 강요하는 듯이 보이는 일은 없어야 할 것이다. 그래서 우리는 성경에서 어떤 진술들을 얻을 수 있는지 살펴봄으로써, 그 권위를 통하여 우리의 주장을 더 믿을 만하게 뒷받침할 것이다. 우리는 먼저 악한 세력들에 관해 성경에 담겨 있는 내용을 제시할 것이다. 그런 다음 주님께서 우리를 합당하게 비추어 주시는 대로 다른 것들을 탐구하여, 그처럼 어려운 문제들에서 진리에 더욱 가까이 다가가고 신심 규범[12]에 따라 우리가 믿어야 할 바를 정리하고자 한다.

우리는 에제키엘 예언서에서 티로의 군주에게 내린 두 가지 예언을 찾아볼 수 있다(에제 28,1-10과 11-19 참조). 둘째 예언을 듣기 전에는 첫째 예언이 티로의 군주인 어떤 인간을 두고 한 예언으로 보일 것이다. 그러니 지금은 잠시 첫째 예언에서 아무것도 인용하지 말자. 둘째 예언이 어떤 인간에 관한 언급이 아니라 더 높은 곳에서 떨어져 더 낮고 더 나쁜 곳으로 내쫓긴 더 높은 어떤 세력에 관한 말씀으로 이해되어야 한다는 것은 매우 분명하다. 우리는 여기서 다음의 사실을 분명하게 입증해 주는 예를 얻게 될 것이다. 곧, 적대적이고 사악한 이 세력들은 본성적으로 그렇게 만들어지거나 창조된 것이 아니라, 더 좋은 상태에서 더 나쁜 상태로 떨어져 더 사

12) 오리게네스가 신학 논쟁을 펼치거나 어려운 문제들을 다루면서 신심 규범 또는 신앙 규범(regula fidei)을 상기시키는 예에 관해서는 참조 『원리론』 1,7,1; 2,4,1; 2,9,1; 3,1,1; 4,2,1. 오리게네스가 '신앙 규범'을 가리킬 때 으레 사용한 그리스어 '카논'(κανών: 『요한 복음 주해』 13,16)을 루피누스가 라틴어로 신앙 규범(regula fidei), 교회 규범(regula ecclesiae), 그리스도교 규범(regula christiana), 진리 규범(regula veritatis) 등으로 번역한 관행에 관해서는 참조 D. Van Den Eynde, *Les normes*, 308-309쪽(M. Simonetti, *I Princìpi di Origene*, 193쪽에서 재인용)과 R. Cl. Baud, *Les Régles*, 161-162쪽. 신심 규범(Regula pietatis)에서 둘째 낱말(pietatis)은 오리게네스의 '신심을 지키다'(τηρεῖν τὸ εὐσεβές)라는 표현에 해당한다(참조 『원리론』 3,1,7). 이는 『원리론』 3,1,17; 3,1,23; 3,5,3; 4,3,14에도 나온다.

악한 것으로 돌아섰다는 것이다. 복된 세력들도 마찬가지로 자신과 반대되는 상태를 원하거나 주의를 기울여 자신의 복된 상태를 보존하는 일을 게을리 하더라도 반대 상태를 받아들일 수 없는 본성을 타고난 것이 아니다. 만일 티로의 군주라는 자가 신적 이들 가운데서 죄 없이 있었고 하느님의 낙원에서 빛나고 아름다운 화관으로 장식된 상태로 있었다면, 묻건대 그런 자가 어떻게 거룩한 이들 가운데 어떤 이보다 더 하위에 있었다고 생각할 수 있겠는가? 사실 그는 빛나고 아름다운 화관이었으며, 하느님의 낙원에서 죄 없이 거닐었다고 묘사되어 있다. 이보다 더 큰 영예는 없다고 믿을 만한 지복의 상태에 있던 그가 어찌 거룩하고 복된 세력들 가운데 하나가 아니었다고 생각할 수 있는가?

그러면 바로 그 예언 말씀이 우리에게 무엇을 가르쳐 주는지 살펴보자. "주님의 말씀이 내게 내려 이렇게 말씀하신다. 사람의 아들아, 너는 티로의 군주를 두고 애가를 불러라. 너는 그에게 이렇게 전하여라. 주 하느님께서 이렇게 말한다. 너는 정교하게 만든 도장이었으며, 하느님 낙원의 즐거움 가운데서 빛나는 화관이었다. 너는 온갖 돌과 값진 보석으로 치장하였다. 너는 홍옥수와 황옥 백수정과 녹주석과 마노 벽옥과 청옥과 홍옥과 취옥 온갖 보석으로 너를 치장하였다. 너는 너를 위해 너의 보석함과 창고를 금으로 가득 채웠다. 네가 커룹과 함께 창조되던 날부터 나는 너를 하느님의 신적 산에 두었다. 너는 불타는 돌들 사이에 있었으며, 네가 창조되던 날부터 네 안에서 죄악이 드러날 때까지 너는 무죄하였다. 장사하는 일이 많아지면서 너의 곳간은 사악과 죄악으로 가득 찼고, 너는 상처를 입고 하느님의 산에서 내쫓겼다. 커룹이 불타는 돌들 사이에서 너를 쫓아냈다. 너는 네 영화에 마음이 교만하여졌고, 네 지혜는 네 미모와 함께 썩어 버렸다. 네가 저지른 수많은 죄악 때문에 나는 왕들의 면전에서 너를 땅바닥에 쓰러뜨렸다. 너는 너의 수많은 죄악과 악행 때문에 너를 구경거리와 웃음거리가 되게 하였다. 너는 장사를 하면서 너의 성소를 더럽혔다. 그래서 나는 네 한가운데 불을 나오게 하여 너를 삼키도록 하였으며, 너를 구경하는 모든 사람의 눈앞에서 너를 재가 되도록 하였다. 민족들 가운데 너를 아는 모든 사람이 너를 보고 애통해하였다. 너는 멸망하여 영원토록 아주 없어지고 말리라."(에제 28,11-19 참조)[13]

예언자의 이런 말, "너는 정교하게 만든 도장이며, 하느님 낙원의 즐거움 가운데서 빛나는 화관이었다"라는 말이나 "네가 커룹과 함께 창조되던 날부터 나는 너를 하느님의 거룩한 산에 두었다"라는 말을 듣고 이 말들이 티로의 군주에 대한 말이 아니라 설령 성인이라도 사람에 대한 말이라 여길 자가 누구 있겠는가? 또 어느 인간이 불타는 돌들[14] 가운데서 지낼 수 있다고 생각할 수 있겠는가? 또 어떤 사람에 대해 창조되던 날부터 무죄하였는데 훗날 그 안에서 죄악이 드러나 지상으로 내쫓겼다고 말할 수 있겠는가? 이러한 사실은 이 예언이 본디 지상에 있지 않았지만 자신의 성소를 더럽혀 땅으로 내쫓긴 존재에 관한 것임을 알려 준다. 티로의 군주에 대한 에제키엘의 예언은, 우리가 이미 지적하였듯이 적대 세력에 대한 것이다. 이 세력은 전에는 거룩하고 복된 세력이었지만 그 안에서 죄악이 드러난 때부터 지복[의 상태]에서 떨어졌고 지상으로 내던져졌다. 이 세력은 본성과 창조 때문에 사악해진 것이 아니라는 사실이 명백히 밝혀졌다.[15] 그러므로 우리는 이 예언 말씀들이 티로 백성을 다스리고 그들의 영혼을 돌볼

13) 오리게네스는 성경 본문에서 우의적 의미를 끌어내기 위하여 본문의 문자적 의미를 언제나 꼼꼼하게 살핀다(참조 『원리론』 4,3,9).

14) '불타는 돌들' 또는 '불타는 석탄들'의 의미는 분명하지 않다.

15) 반영지주의적 관점이다.

책임을 맡은 어떤 천사에 관한 것이라고 생각한다.[16] 그런데 여기서 티로는 무엇을 뜻하며 티로인의 영혼들은 무엇이라고 이해해야 하는가?[17] 또 티로는 페니키아의 한 지방에 속한 도시를 말하는가, 아니면 우리가 이 지상에서 알고 있는 다른 도시의 표상인가? 티로인의 영혼들이란 현세의 티로인을 가리키는가 아니면 영적으로 이해해야 할 다른 티로인을 일컫는가? 이런 것들은 여기서 탐구해야 할 문제가 아니라고 본다. 이처럼 중요하고도 감추어진 문제들은 가벼이 다룰 수 없고 본격적인 작업과 특별한 노력이 필요하기 때문이다.

5. 우리는 이사야 예언서에서 다른 반대 세력에 관한 같은 가르침을 얻는다. "아침에 떠오르는 루키페르가 어떻게 하늘에서 떨어졌는가? 민족들을 침공하던 자가 박살이 나 땅에 부딪쳤구나. 너는 네 마음속으로 '나는 하늘로 올라가리라. 하늘의 별들 위에 내 어좌를 놓으리라. 나는 북극에 있는 가장 높은 산들보다 더 높은 산에 좌정하고 구름 위에 올라가 지존하신 이와 같아지리라'고 하였다. 그러나 너는 지옥과 지상의 심연으로 떨어지리라. 너를 보는 이들은 네 모습에 놀라 '이 자가 온 세상을 떨게 한 자이며, 왕들을 동요하게 한 자이고, 온 땅을 황무지로 만들어 놓고 그 도시들을 파괴하고 감옥에 갇힌 이들을 풀어주지 않은 자다' 하고 말하리라. 민족들의 임금들은 각자 자기 집에서 영광 속에 잠들어 있지만, 너는 칼에 찔리고 지옥에 떨어진 많은 죽은 자들과 함께 저주받아 죽은 자들처럼 산에 내버려져 있으리라. 피에 절고 더러워진 옷이 깨끗하지 못한 것처럼 너

16) '티로의 군주'를 백성을 다스리는 역할을 하는 천사에 비긴 또 다른 대목에 관해서는 참조 『에제키엘서 강해』 13,1. 『켈수스 반박』 6,44에서는 티로의 군주가 사탄과 동일시된다. 참조 『원리론』 3,2,1; 3,3,2.

17) 티로의 우의적 의미에 관해서는 참조 『요한 복음 주해』 10,41(25),286; 『원리론』 4,3,9.

도 깨끗하지 못하리니, 너는 내 땅을 황폐하게 만들었고, 내 백성을 죽였기 때문이다. 가장 나쁜 종자야, 너는 영원히 남아 있지 못하리라. 너는 네 아비의 죄 때문에 네 자식들을 죽일 채비를 하라. 이는 그들이 일어나지 못하고 땅을 유산으로 차지하지 못하며 땅을 전쟁으로 가득 채우지 못하게 하기 위해서다. 군대들의 주님께서 말씀하신다. '나는 저들을 거슬러 일어나 그들의 이름과 그 남은 것과 그들의 후예를 모두 근절하리라.'"(이사 14,12-22 참조)

이 구절에서도 하늘에서 떨어진 자가 전에는 아침에 떠오르는 루키페르였다는 것이 매우 명확하게 드러났다.[18] 어떤 이들이 생각하는 것처럼 만일 그가 어둠의 본성이었다면 전에는 어떻게 루키페르라고 불렸겠는가? 자기 안에 아무 빛도 지니고 있지 못한 자가 어떻게 아침에 떠오를 수 있었겠는가? 그런데 구원자께서 악마에 대해 "나는 사탄이 번개처럼 하늘에서 떨어지는 것을 보았다"(루카 10,18)라고 우리에게 가르치신다. 그런즉 그 자는 한때 빛이었다. 더 나아가 진리이신 우리 주님께서는 당신의 영광스런 오심 자체를 번개에 비유하여, "마치 번개가 하늘 맨 이쪽에서 맨 저쪽까지 번쩍이는 것처럼 사람의 아들의 재림도 그러할 것이다"(마태 24,27; 루카 17,24)라고 하셨다. 또한 이 사탄도 번개에 비유하시며 하늘에서 떨어졌다고 하시는데, 이는 그가 한때는 하늘에 있었고 거룩한 이들 가운데 함께 자리하였으며 거룩한 모든 이가 참여하는 그 빛에 참여하였다는 사실을 알려 주시기 위해서다. 이 빛 덕분에 빛의 천사들이 생겨났고(2코린 11,14

18) 바빌로니아 임금에 대한 이사야의 이 예언은 이미 신약성경에서 사탄의 타락에 관한 것으로 해석되었다(참조 루카 10,18; 묵시 8,10; 9,1; 요한 12,31). 오리게네스의 바로 이 해석에서 루키페르(Lucifer)라는 사탄의 이름이 유래한다(참조『에제키엘서 강해』1,3; 13,1 이하).

참조), 주님께서 사도들을 세상의 빛이라고 불렀다(마태 5,14 참조). 이처럼 이 사탄은 타락하여 이곳에 떨어지고 그의 영광이 먼지로 변하기 전에는 빛이었다(이사 14,11; 에제 28,18 참조).[19] 예언자가 말한 바와 같이, 이것은 불충한 자들이 겪는 고유한 운명이다. 이 때문에 그는 '이 세상의 우두머리'(요한 12,31; 14,30; 16,11), 곧 이 세상에 사는 사람들의 우두머리라고 불린다. 그는 자신의 악의를 추종하는 자들 위에서 권세를 부리는데, 온 세상이(나는 여기서 '세상'을 지상적 장소로 이해한다[20]) 악한 자, 곧 배반자의 지배 아래 있기 때문이다. 이 자는 배반자(곧 도망자)이니, 주님께서도 욥기에서 "너는 배반자(곧 도망자) 용을 갈고리로 낚으리라"(욥 40,25; 26,13)라고 하셨다. 이 용이 다름 아닌 악마를 나타낸다는 것은 분명하다.[21]

도망자라고 불리는 이 적대 세력들은 한때는 무죄한 자들이었다고 한다. 그런데 성부와 성자와 성령 이외에는 어느 누구도 실체적으로 무죄하지 않고, 모든 피조물 안에 있는 거룩함은 우유적인 것에 지나지 않는다(우유적인 것은 타락할 수 있다).[22] 이 적대 세력들은 한때 무죄한 자들이었고, 아직도 무죄한 채 남아 있는 이들 가운데 있었다. 이것은 아무도 실체적으로나 본성적으로 무죄하지 않으며, 실체적으로 깨끗하지 못하다는 사실을 알려 준다.[23] 따라서 우리가 복되고 거룩한 이가 되는 것은 우리와 우리 자

19) 참조『원리론』1,8,3.

20) 오리게네스는『창세기 주해』3(PG 12,89)에서도 같은 견해를 밝힌다. 그는 악이 지배하는 세계에 천상계도 포함된다는 주장을 거부한다. 오리게네스가『원리론』에서 밝히는 바, 온 세상은 이성적 존재의 타락에서 비롯했지만, 악의 지배는 오직 대죄를 저지른 존재들에게만 미친다는 것이다(참조『켈수스 반박』6,59).

21) 욥기 40장에 나오는 악마 용에 관해서는 참조『요한 복음 주해』20,22(20),182;『기도론』26,5.

22) 참조『원리론』1,3,8; 1,5,2; 1,8,3.

신의 움직임[24]에 달려 있으며, 타성과 게으름으로 말미암아 지복에서 사악과 멸망으로 떨어지기도 한다. (이를테면) 사악이 극도로 발전할 정도로 게으름이 심해지면 적대 세력이라고 불리는 상태에까지 이르게 된다.

23) 오리게네스는 5장을 마무리하면서 다시금 반영지주의적 주장을 펼친다.

24) 오리게네스가 말하는 이 '움직임'은 의지를 결정하는 행위들, 그 때문에 윤리적으로 중요한 행위들을 가리킨다. 철학적 배경에 관해서는 참조 『원리론』 3,1.

6장
[종말 또는 완성]

1. 종말 또는 완성이란 사물들이 완전한 상태에 이르렀음을 나타내는 것 같다. 이 글을 읽고 이 문제들을 이해하려는 사람은 이처럼 까다롭고 어려운 문제를 이해하기 위해 완전하고 숙련된 정신을 사용해야 한다는 점을 명심해야 한다. 이런 종류의 탐구에 전혀 익숙하지 않은 사람에게는 이것들이 헛되고 쓸데없는 일처럼 보일 것이다. 또는 다른 문제들에 관해 이미 선입관과 편견이 자리 잡은 사람이라면, 이성적 확신이 아니라 자기 마음의 편견에 따라 단정하면서 이런 탐구가 이단이며 교회의 신앙에 반대된다고 생각할 것이다. 우리도 이 주제들에 대하여 확실하고 결정적인 해결책을 내놓기보다는 매우 두렵고 조심스런 마음으로 논의하고 검토하는 자세로 말하고자 한다. 우리는 교의로 분명하게 결정되어야 할 주제들이 무엇인지 앞에서 제시하였다. 삼위일체에 관하여 논할 때 우리는 이에 관해 있는 힘을 다했다고 나는 생각한다.[1] 그렇지만 이 주제들에 대해서는

가능한 한 정의를 내리기보다는 토론하는 형식을 취하고자 한다.

세상의 끝과 완성은 각자가 죄의 대가로 벌을 받게 될 때[2] 일어날 것이다(마태 24,36 이하 참조). 각자가 공로대로 받는 그 때가 언제인지는 하느님만이 아신다. 그러나 우리는 선하신 하느님께서 원수들까지도 굴복시키시고 복종시킨 다음, 당신 그리스도를 통하여 모든 피조물을 하나의 종말 안에 불러 모으시리라고 생각한다. 성경은 이렇게 말한다. "주님께서 내 주군께 하신 말씀. '내 오른쪽에 앉아라, 내가 너의 원수들을 네 발판으로 삼을 때까지.'"(시편 109,1) 이 예언 말씀이 무엇을 뜻하는지 분명하지 않다고 생각한다면, 바오로 사도가 더 명확하게 말한 것을 들어 보자. "〔하느님께서〕 모든 원수를 그리스도의 발아래 잡아다 놓으실 때까지는 그리스도께서 다스리셔야 합니다."(1코린 15,25) 이처럼 명쾌한 사도의 말씀으로도 원수들을 발아래 잡아다 놓는다는 것이 무슨 뜻인지 충분히 알아듣지 못하겠다면, 사도가 한 다음 말씀을 더 들어 보라. "모든 것이 그분에게 굴복해야 합니다."(1코린 15,27) 모든 것이 그리스도께 굴복해야 한다고 할 때 '굴복'이란 무엇인가? 이 굴복은, 우리가 그분께 복종하기를 바라며 그리스도를 따랐던 사도들과 모든 성인이 그분께 복종했던 바로 그것이라고 나는 생각한다. 우리를 그리스도께 복종시키는 이 굴복이라는 말은 다윗이 "내 영혼은 오직 하느님을 향해 말없이 기다리니 그분에게서 나의 구원이 오기 때문이네"(시편 61,2)라고 말한 것처럼, 당신께 굴복하는 이들에게 그리스도께서 주시는 구원을 뜻한다.[3]

1) 참조 『원리론』 1,1-4.
2) 참조 『원리론』 1,5,2; 『켈수스 반박』 4,98; 『예레미야서 강해』 20,2.
3) 세상 종말과 '만유회복'(ἀποκατάστασις)에 관한 오리게네스의 사상은 1코린 15,25("하느님께서 모든 원수를 그리스도의 발아래 잡아다 놓으실 때까지는 그리스도께서 다스리셔야 합

2. 그러므로 우리는 모든 적이 그리스도께 굴복할 때, 맨 마지막 적인 죽음이 파멸될 때, 모든 것이 굴복하는 그리스도께서 왕국을 하느님 아버지께 바칠 때 그것이 바로 종말이라고 본다(1코린 15,24-28 참조). 우리는 그런 종말에서부터 만물의 시작을 고찰할 수 있다고 나는 말하고 싶다. 끝과 시작은 언제나 비슷하기 때문이다. 또 만물의 끝이 하나인 것처럼 만물의 시작도 하나라고 이해해야 한다. 많은 것의 끝이 하나인 것처럼, 다양하고 수많은 것이 하나의 시작에서 나왔다. 그들은 하느님의 선과 그리스도에 대한 굴복과 성령과의 일치를 통해 시작과 비슷한 하나의 종말로 다시 모일 것이다. 자신들이 굴복한다는 표시로 예수의 이름 앞에 무릎을 꿇는 이들은 하늘과 땅 위와 땅 아래에 있는 자들이다(필리 2,10 참조). 여기서 세 부류는 온 우주를 가리키며, 이들은 하나의 시작에서 나왔고 각자 자신의 움직임에 따라 다른 방식으로 처신하였으며 그 공로에 따라 서로 다른 서열에 배정되었다. 하느님과 그분의 그리스도와 성령 안에는 선(bonitas)이 실체적으로 있지만, 이들 안에는 그렇지 못하다.[4] 모든 것의 창조주이신 삼위(일체) 안에만 선이 실체적으로 있고,[5] 다른 존재들은 우유적으로 선을 지니고 있으며, 그 선은 잃어버릴 수도 있다. 그들은 거룩함과 지혜와 신

니다")에 토대를 두고 있다. '만유회복'은 하느님의 선하심의 결과다. 곧 선하신 하느님께서는 죄인들이 죽기를 바라지 않으시고 오히려 회개하여 살기를 바라신다는 것이다(참조 『원리론』 1,8,3). 그러므로 바오로가 시편을 바탕으로 말하는 '굴복'이란 강압적 복종이 아니라 이성과 지혜를 통한 자발적 순종이다(참조 『원리론』 1,2,10; 3,5,6-8; 『마태오 복음 주해』 16,8; 『마태오 복음 강해』 8; 『요한 복음 주해』 6,57(37),293-296; 『시편 제36편 강해』 2,1; 『레위기 강해』 7,2).

4) 참조 『원리론』 1,5,5; 1,8,3. 천상의 존재들, 지상의 존재들, 땅 아래의 존재들은 여기에서 천사, 인간, 악마(마귀)에 해당하는 것 같다.

5) 참조 『원리론』 1,4,3.

성 자체에 참여할 때 비로소 지복 속에 머물게 된다.[6]

그러나 그들이 이러한 참여를 게을리 하거나 모르는 체한다면, 나태의 악습 때문에 어떤 이는 더 빨리 다른 이는 더 늦게 어떤 이는 더 적고 다른 이는 더 많은 정도의 차이는 있겠지만 자신의 타락이나 전락의 원인이 된다. 앞에서 말했듯이 각자가 자신의 〔본디의〕 상태에서 떨어져 나가게 되는 타락과 전락은 정신과 의지의 움직임에 따라 매우 다양하게 나타나기 때문에, 어떤 이는 더 가볍게 떨어지고 어떤 이는 더 무겁게 아래로 떨어진다. 이에 대하여 하느님 섭리의 판결이 저마다 다른 행실에 따라 탈선과 태만에 대한 평가를 공정하게 내릴 것이다. 미래의 종말과 비슷하다고 앞에서 서술한 그 시작의 상태에 계속 머물러 있는 존재 가운데 더러는[7] 세상을 조정하고 질서를 잡는 천사 계급[8]에 배정되어, 어떤 존재들은 능력〔의 천사 계급〕에, 어떤 이들은 권력〔의 천사 계급〕(명백히 이들은 권력을 지닐 필요가 있는 이들에게 권력을 행사한다)에(1코린 11,10 참조), 어떤 존재들은 그럴 필요가 있는 이들을 판단하고 다스릴 직무를 지닌 권좌〔의 천사 계급〕에, 어떤 존재들은 명백히 종들에 대한 주권〔의 천사 계급〕에 배정되었다. 이 모든 특권은 하느님께 참여하고 하느님을 본받음[9]으로써 이루어 낸 진보와 그들의 공로에 대해 공정하고 의롭게 판단하신 하느님의 섭리에 일치한다. 치유할 수 없는 정도는 아니지만 최초의 복된 상태에서 떨어진 이

6) 참조 『순교 권면』 47; 『켈수스 반박』 3,47; 『원리론』 1,3,8; 3,6,1.

7) 그리스도의 영혼을 제외한 모든 이성적 존재가 타락했다는 오리게네스의 앞선 주장(참조 『원리론』 2,6,4)에 반해, 여기서는 타락하기 이전의 원래 상태에 남아 있는 이성적 존재가 있다고 한다. 어떤 학자들은 이 대목이 루피누스의 가필일 수도 있다고 추정하지만, 루피누스가 중대한 논리적 모순을 지닌 가필을 여기저기서 감행했으리라고 단정하기는 어렵다.

8) 참조 히에로니무스, 『에페소서 주해』 1(PL 26,461-462).

9) 참조 『원리론』 1,8,4; 2,9,6; 3,6,1; 『에제키엘서 강해』 1,3.

들은 우리가 묘사한 복되고 거룩한 계급 천사들의 수하에 맡겨져 다스림과 인도를 받게끔 되었으니, 이는 그들이 〔천사들의〕 도움을 받아 계명과 구원을 위한 가르침으로 개선됨으로써 본디의 복된 상태로 되돌아오고 회복되게 하려는 것이다. 내가 판단할 수 있는 바로는 미래의 시대 또는 다가올 시대들에도 인간 계열에 속한 존재들은 이사야 예언자가 말하는 "새 하늘과 새 땅"(이사 65,17; 66,22 참조)이 올 때에, 주 예수께서 하느님 아버지께 다음과 같이 말씀하시면서 당신 제자들에게 약속하신 그 일치 안에서 회복되리라고 생각한다. 주님께서는 "저는 이들만이 아니라 이들의 말을 듣고 저를 믿는 이들을 위해서도 빕니다. 그들이 모두 하나가 되게 해 주십시오. 아버지, 아버지께서 제 안에 계시고 제가 아버지 안에 있듯이, 그들도 우리 안에 있게 해 주십시오"(요한 17,20-21)라고 하시고, 또 "우리가 하나인 것처럼 그들도 하나가 되도록 제가 그들 안에 있고 아버지께서 제 안에 계십니다. 이는 그들이 완전히 하나가 되도록 하려는 것입니다"(요한 17,22)라고 하셨다. 바오로 사도도 이를 확증하여 "우리가 믿음에서 일치하여 완전한 사람이 되고 그리스도의 충만한 경지에 다다르기까지"(에페 4,13)라고 말하였다. 이 사도는 또 이미 현세의 삶에서 장차 올 왕국의 표상인 교회[10] 안에 살아가는 우리에게 그런 일치를 추구하라고 권고하며 이렇게 말한다. "모두 합심하여 여러분 가운데서 분열이 일어나지 않게 하십시

10) 오리게네스는 지상 교회가 천상 교회의 표상이라는 개념을 발전시키는 데 크게 이바지했다. 천상 교회에는 지상 교회의 이데아만 있는 것이 아니라, 성인들과 천사들이 사는 참된 교회 자체가 있다. 거기서는 그리스도와 사도들과 예언자들이 가르치고, 그리스도께서 당신 희생제를 봉헌하시며, 합당한 이들에게만 계시된 가르침이 나오는데, 그 교회가 바로 그리스도의 신비체다〔참조 『원리론』 4,2,2; 『아가 주해』 2(GCS 8,157쪽); 『예레미야서 강해』 5,16; 『루카 복음 강해』 23,7; 『레위기 강해』 1,3; 『기도론』 31,5; 『요한 복음 주해』 10,35(20),229-230〕.

오. 오히려 같은 생각과 같은 뜻으로 하나가 되십시오."(1코린 1,10)

3. 우리가 앞에서 말한 그 하나의 원천[11]에서 떨어진 이들 가운데 더러는 그러한 부당한 짓과 그러한 사악에 자신을 내맡기고 있으니, 그들은 천상 세력들의 도움으로 육을 통해 인류에게 주어지는 이러한 가르침과 교화를 받을 자격이 없음은 물론, 가르침을 받아들여 잘 교화된 이들을 적대시하고 그들과 싸우기까지 한다는 사실을 알아야 한다. 그 죽을 운명을 지닌 인간들의 현세 삶이 내내 투쟁과 다툼으로 이어지는 이유는,[12] 좋았던 상태에서 떨어져 다시는 돌아갈 길 없는 자들이 우리를 대적해 공격하고 싸움을 벌이고 있기 때문이다(마태 25,41 참조). 그들은 악마와 그 심부름꾼들 그리고 사도가 적대 세력이라고 거명한 그밖의 다른 사악한 계층들이다(에페 6,12 참조).

악마의 권세 아래서 행동하며 악마의 사악에 복종하는 이 계층들 가운데 어떤 존재들은, 자신들 안에 있는 자유의지의 능력으로 말미암아 미래의 시대에는 언젠가 선으로 되돌아올 수 있는가? 아니면 계속되고 고질화된 사악이 습관이 되어 마침내 본성처럼 굳어지는가?[13] 이 글을 읽고 있는 그대도, 보이는 현세에서뿐 아니라 보이지 않는 영원한 내세에서까지(2코린 4,18 참조) 창조의 한 부분이 최후의 일치와 조화로부터 완전히 떨어져 나갈 것인지 생각해 보기 바란다. 한편 이 모든 존재는 보이는 현세에서

11) 또는 '시작'으로 번역될 수도 있다.

12) 인간이 겪는 현세 생활의 투쟁과 다툼의 동기에 관해서는 참조 『원리론』 3,2.

13) 전체 문맥상 악마의 회개 가능성에 대한 질문의 대답은 긍정적이다. 모든 것이 본디의 무죄 상태로 되돌아간다는 '만유회복'(apocatastasis) 개념은 모두에게 적용되기 때문이다. 그러나 오리게네스는 악마 하나하나가 사악한 본성으로 변해버렸다고도 하고(참조 『요한 복음 주해』 20,21), 자신은 악마가 구원된다고 주장한 적이 없다고도 한다(참조 루피누스, 『오리게네스 저서 변조』 7). 악마의 만유회복에 관해서는 참조 『원리론』 3,6,5.

뿐 아니라 보이지 않는 영원한 내세에서도 그들의 서열과 이성, 공로의 정도와 탁월함에 따라 대우를 받게 될 것이다. 어떤 존재들은 먼저, 어떤 존재들은 그다음에, 또 어떤 존재들은 제일 마지막 때에 매우 크고 고통스럽고 지속적인 벌을 받을 것이다. 수많은 세월 동안[14] 견뎌 내야 하는 벌을 받고 혹독한 교정[15]을 거치면서 모두 회복되고 복원될 것이다. 먼저 그 심부름꾼들이 교화되고 그다음에는 상위 세력들이 교화될 것이며, 이런 식으로 한 단계 한 단계 올라가 보이지 않는 영원한 존재들에까지 이르게 되며, 각자 교화의 정도에 따라 천상 세력의 직무를 수행하게 될 것이다. 나는 이 사실에서 다음과 같은 결론을 내릴 수 있다고 본다. 이성을 지닌 본성 하나하나는 한 서열에서 다른 서열로 옮겨가며, 개체를 거쳐 전체로 또 전체로부터 각 개체에 다다를 수 있다. 각 개체는 자유의지에 따른 활동이나 노력에 따라 다양하게 진보나 퇴보를 할 수 있기 때문이다.

4. 바오로가 눈에 보이는 일시적인 것들이 있고, 보이지 않는 영원한 것들이 있다 하였으니(2코린 4,18 참조),[16] 보이는 것들이 어찌하여 일시적인지 알아보자. 이는 하나의 원천에서 분산되고 분리된 것들이 하나이며 같은 종말과 유사함으로 회복되는, 이 모든 시기와 다가올 시대들에는 이 현

14) 참조 『원리론』 1,6,2; 3,1,23; 3,6,6.

15) 죄인은 벌을 통하여 선으로 교화된다는 것이다(참조 『켈수스 반박』 5,31; 『에제키엘서 강해』 11,2; 『탈출기 강해』 3,3). 벌의 교육적 효과에 관해서는 참조 『켈수스 반박』 4,99; 『원리론』 2,5,3; 2,10,6.

16) 여기서 '눈에 보이는 것들'(visibilia)은 '육체적인 것들'(corporea)과, '눈에 보이지 않는 것들'(invisibilia)은 '비육체적인 것들'(incorporea)과 동의어다(참조 『원리론』 2,3,6). 또한 물질(materia)은 육체성(corporalitas)과 같은 뜻이다. 여기서 오리게네스는 육체, 곧 물질의 영원성에 대한 물음을 제기한다. 이 문제는 『원리론』 2,1-3에서 깊이 다루며 여러 차례 되풀이되는데, 육체의 부활 교리와 맞물려 있다.

세상에 상응하는 아무것도 존재하지 않으리라는 의미인가? 아니면 보이는 것들의 외적 형체는 사라져 버리는 반면 그 실체는 결코 소멸하지 않는다는 의미인가? 바오로는 "이 세상의 형체가 사라지고 있다"(1코린 7,31)라고 하므로, 앞서 말한 것 가운데 뒤엣것을 확인해 주는 것 같다. 다윗도 이런 말로 같은 진실을 밝히는 듯하다. "하늘이 사라져 가도 당신께서는 그대로 계십니다. 모든 것은 옷처럼 닳아 없어지고, 당신은 그것들을 옷가지처럼 변화시키시니, 옷처럼 사라져 버립니다."(시편 101,27 참조) 하늘이 변한다고 하였는데, 변하는 것은 사라지지 않는 것이 분명하다. 이 세상의 형체가 사라진다고 하였는데, 물질적 실체가 완전히 해체되거나 없어지는 것이 아니라 단지 특성이 변하고 형체가 변형되는 것이다. 이사야도 예언을 통하여 새 하늘 새 땅이 오리라고 하였을 때(이사 65,17 참조), 분명 비슷한 개념을 제시하였다. 하늘과 땅이 새로워지고 이 세상의 형체가 사라져 가고 하늘이 변하는 것은, 우리가 앞에서 제시한 그 길을 따라 저 복된 종말을 향해 걸어가는 이들을 위해 준비된 것임이 분명하다. 그때에는 원수들도 굴복하고, 끝에 가서는 하느님께서 모든 것 안에서 모든 것이 되신다고 한다(1코린 15,24.28 참조).[17] 만일[18] 누군가 그 종말에 물질적 본성, 곧 육체적 본성이 완전히 없어져 버릴 것이라고 생각한다면, 나는 그처럼 많고 강한 존재들이 육체 없이 어떻게 행동하고 존재할 수 있다는 것인지 도무지 이해할 수 없다. 물질적 실체 없이, 육체적 요소의 어떤 결합도 없이 존재하는 것은 하느님, 곧 성부와 성자와 성령만의 고유한 본성이기 때문이다. 혹시 다른 이는 모든 육체적 실체가 저 종말에는 에테르[19]처럼 생각될 정

17) 참조 『원리론』 3,6,3.

18) 이 두 가지 가정에 관해서는 히에로니무스가 요약하여 전해 준다(참조 『서간집』 124,4).

도로 순수하게 정화되어, 말하자면 천상의 순수함과 맑음과 같아질 것이라고 말할지도 모른다. 그러나 그것이 정확히 어떻게 될지는 하느님만이, 그리고 그리스도와 성령을 통하여 그분의 친구(요한 15,15; 야고 2,23 참조)[20]가 된 이들만이 알고 있을 따름이다.[21]

19) 에테르에 관해서는 참조 『원리론』 1,7,5 각주 25.

20) '거룩한 신비'에 대한 인식(성경 공부)을 심화한 이들로서, 거룩한 실재에 대한 피상적 이해(성경의 문자적 해석)에 만족해 버리는 종(참조 요한 15,15; 로마 8,15)과 대비된다(참조 『요한 복음 주해』 1,29; 『마태오 복음 주해』 14,4; 『켈수스 반박』 4,7).

21) 오리게네스는 어려운 문제들을 제기하고는 종종 이렇게 확실한 답을 하지 않고 마무리한다(참조 『원리론』 1,8,4; 2,8,4; 2,8,5).

7장

[비육체적 존재와 육체적 존재][1]

1. 우리는 앞에서 우리의 능력이 닿는 한 성부와 성자와 성령에 관해 서술한 다음, 이성적 본성들에 대해서는 교의적으로 검토하고 토론하여 정의(定義)[2]를 내리기보다 논리적 이해를 돕기 위해 일반적인 개관 형식으로 다루었다. 이제는 우리의 교의, 곧 교회의 신앙에 따라 그다음에 거론해야 할 문제들에 관해 살펴보자.

모든 영혼과 모든 이성적 본성은 선한 것이든 악한 것이든 모두 만들어

1) 루피누스 사본이 전해주는 이 제목은 천체에 관하여 다루는 7장의 주제와 별로 어울리지 않는다. 그렇다면 어째서 이런 제목이 붙었을까? 모든 육체적 존재와 비육체적 존재에 관해 언급하는 첫 번째 절의 어구를 따랐을 것이다.

2) 루피누스가 라틴어 번역에 사용한 '교의적 정의'(definitio dogmate)라는 낱말은 교회의 공식적인 정의를 뜻한다. 그러나 오리게네스가 말하는 '도그마'(δόγμα)는 그릇된 가르침도 포함된 일반적인 가르침을 뜻한다. 참조 Fr. H. Kettler, *Der ursprüngliche Sinn*, 17쪽.

지고 창조되었다.[3] 이 모두는 고유한 본성에 따라 비육체적인 것들이다.[4] 이들은 비육체적이기는 하지만 만들어진 것들이다. 하느님께서 그리스도를 통하여 만물을 창조하신 까닭이다. 이를 요한은 복음서에서 다음과 같이 개괄적으로 가르친다. "한처음에 말씀이 계셨다. 말씀은 하느님과 함께 계셨는데 말씀은 하느님이셨다. 그분께서는 한처음에 하느님과 함께 계셨다. 모든 것이 그분을 통하여 생겨났고 그분 없이 생겨난 것은 하나도 없다."[5](요한 1,1-3) 한편 바오로는 생겨난 것들을 그 종류와 수와 서열에 따라 서술하면서, 모든 것이 그리스도를 통하여 생겨났다는 사실을 입증하기 위해 다음과 같이 말한다. "하늘과 땅 위에 있는 만물은 그분 안에서 창조되었습니다. 보이는 것이든 보이지 않는 것이든 왕권이든 주권이든 권세든 권력이든 만물이 그분을 통하여 또 그분 안에서 창조되었습니다. 그분께서는 만물에 앞서 계시고 그분은 머리이십니다."(콜로 1,16-18) 여기서 바오로는 만물, 곧 육체를 지니고 있어서 보이는 것이든[6] 비육체적이며

3) 오리게네스는 하느님께서 우주만상을 창조하셨다고 앞서 밝힌 바 있지만(참조 『원리론』 1,3,1), 여기서는 성경을 바탕으로 영지주의를 반박한다. '영적 본성'(natura spiritualis)은 하느님으로부터 창조되지 않고 유출되었기에 신적 기원을 지니고 있다고 주장하는 발렌티누스파 영지주의자들과는 달리, 오리게네스는 영적 본성도 창조된 것으로 본다(참조 『원리론』 2,9,2).

4) 6장 끝자락에서 이성적 존재는 육체 없이 존재할 수 없다고 분명히 밝히고 있으므로(참조 『원리론』 1,6,4; 2,3,7) 오리게네스의 이 진술은 얼핏 보면 모순된 것 같다. 그러나 오리게네스는 영혼(이성적 존재)이 본성적으로 비육체적이고(참조 『켈수스 반박』 7,32; 6,71; 『원리론』 4,3,15), 육체는 플라톤 철학에서 주장하듯 껍데기처럼 영혼을 감싸고 있다고 보았다. 영혼은 육체와 결합되어 있으며, 오직 '생각과 지성으로써'(opinione et intellectu) 구별될 따름이라는 것이다(참조 『원리론』 2,2,2; 4,3,15; 4,4,10). 오리게네스는 창조나 종말과 연계해서만 '이성적 존재의 육체성'을 주장하였고, 여기서는 영지주의자들의 통상적인 구분을 받아들여 '영적 실체'는 비육체적이라고 한다.

5) 참조 『원리론』 1,2,10 각주 57.

실체적인 세력들[7]로 내가 이해하는 보이지 않는 것이든 모두 그리스도 안에서 그리스도를 통하여 생겨나고 창조되었다는 사실을 분명하게 밝히고 있다. 내 생각에 바오로는 존재들을 일반적으로 육체적 존재와 비육체적 존재로 분류한 다음 이어서 그 종류, 곧 왕권, 주권, 권세, 권력, 세력을 열거하는 것 같다.

[별들]

2. 우리가 앞서 말한 모든 것은 논리적인 연구를 통하여 해와 달과 별들을 탐구하는 순서에 이르기 위해서였다.[8] 해와 달과 별들은 낮과 밤에 대해 '권세'(ἀρχή, 곧 principatus)를 행하도록 생겨났다고 하니(창세 1,16 참조),[9] 그것들을 권세〔의 천사〕들 가운데 하나로 여기는 것이 타당한가, 아니면 그것들이 권세〔의 천사〕들과 같은 서열이나 직책을 지니고 있다는 뜻이 아니라 단지 밤과 낮을 비추는 임무를 지니고 있다는 뜻으로 알아들어야 하는가? 그런데 "만물은 그분으로 말미암아 생겨났다"(요한 1,3)고 하고, "하늘에 있는 것이든 땅에 있는 것이든 만물은 그분 안에서 창조되었다"(콜로

6) '눈에 보이는 것들'(visibilia)과 '육체적인 것들'(corporea)은 같은 뜻이다(참조 『원리론』 1,6,4와 각주 16; 2,3,6). 참조 필론, 『세상 만듦』 29.

7) "영적 세력들"로도 번역될 수 있다.

8) 참조 『원리론』 1,서론,10. 별들에게 영혼이 있는지 없는지는 신앙 규범으로 알 수 없다.

9) 창세 1,16의 "낮과 밤에 대한 권세 안에서"(εἰς ἀρχάς τῆς ἡμέρας … τῆς νυκτός)에 대한 오리게네스의 이러한 해석은 '아르케'(ἀρχή)가 지니고 있는 이중 의미('명령'과 '천사 위계')에 바탕을 두고 있다. '권세'(principatum)에 관해서는 참조 콜로 1,16. 본느포아(J. Fr. Bonnefoy, *Origène, théoricien*)는 별들이 이성적 존재이며 '아르카이'(ἀρχαί)라고 생각한다.

1,16 참조)고 하니, 분명 하늘이라 불리는 궁창[10]에 배치되었다고 하는(창세 1,17 참조) 이 빛나는 것들이 하늘에 속한다는 것은 의심할 수 없다. 끝으로 그 모든 것이 만들어졌고 창조되었으며, 만들어진 것[11] 가운데 선과 악을 받아들이지 못하는 것은 하나도 없다는 사실은 토론을 통하여 분명하게 밝혀졌다. 그렇다면 우리 가운데 어떤 이들이 해와 달과 별들에 대해 갖고 있는 생각, 곧 그것들이 불변하며 적대적인 태도를 지닐 수도 없다는 생각이 어떻게 논리적이라 할 수 있겠는가?[12] 어떤 이들은 거룩한 천사들에 대해서 그렇게 생각하고, 이단자들은 영혼들을 영적 본성이라 부르면서 그 영혼들에 대해서도 그렇게 생각한다.

어떤 이들이 생각하는 바와 같이 해와 달과 별들이 변할 수 없다는 가정이 옳다면, 이성 자체가 해와 달과 별들에 대해 어떻게 이해하고 있는지 살펴보자. 우선 우리가 할 수 있는 한 성경 말씀을 활용해 보자. 욥은 별들이 죄에 종속될 수 있을 뿐 아니라 죄로 오염될 가능성으로부터 자유롭지 않다는 점을 입증하려 한 듯하다. "그(하느님)의 면전에서는 별들도 깨끗하지 않다"[13](욥 25,5 참조)라고 썼기 때문이다. 이를 예컨대 "이 옷은 깨

10) 오리게네스는 여기에서 궁창(στερέωμα)과 하늘(οὐρανός)을 동일시하는 통상 개념을 받아들인다. 그러나 『원리론』 2,9,1에서는 궁창과 하늘을 구별한다.

11) 여기서 오리게네스는 이성적 존재만을 가리킨다(참조 『원리론』 2,1).

12) 오리게네스는 모든 천체가 이성적이고 영혼을 지니고 있으므로 선과 악을 선택할 수 있다고 생각한다. 이는 천체를 신적인 것으로 여겼던 플라톤에게서 비롯된 그리스 철학의 영향이지만, 오리게네스는 그리스 철학을 곧이곧대로 받아들이지 않고 오히려 '천체숭배'(astrolatria)를 배격한다(참조 『켈수스 반박』 5,8; 5,10). 그러나 여기서는 천체를 인간보다 아주 높은 곳에 있는 매우 뛰어난 피조물, 곧 이성을 지닌 존재라고 본다. 천체는 '신적 능력'(θεῖαι)을 지니고 있으며(참조 『기도론』 7; 『마태오 복음 주해』 13,20; 『켈수스 반박』 5,10-11), 천사들이 그 위에 앉아 있다고 보았다(참조 『예레미야서 강해』 10,6).

13) 여기서 오리게네스는 별들이 이성적 존재이며 선과 악을 행할 능력을 지니고 있다는 사실을 입증하기 위하여 노골적으로 욥 25,5을 문자적으로 해석한다. 그는 『요한 복음 주해』

끗하지 않다"라고 말하는 식으로 별들의 광채에 대하여 표현한 것이라 여겨서는 안 된다. 만일 그런 식으로 알아들어 별들의 광채에 어떤 불순물이 있다고 탓한다면 그것은 의심할 여지없이 창조주에 대한 모욕이다. 별들이 자신의 부지런함으로 더 빛나는 육체를 얻을 수도 없고 자신의 게으름 탓에 덜 순수한 육체를 받을 수도 없다면, 깨끗하다고 해서 그들이 칭찬을 받는 것도 아닌데 깨끗하지 못하다고 해서 어찌 그들을 탓하겠는가?

3. 이 문제를 더 명확하게 이해하려면 우리는 먼저 그 별들이 영혼을 지닌 이성적 존재라고 이해할 수 있는지 검토해야 한다. 그런 다음 별들의 영혼이 육체와 함께 동시에 존재했는지, 아니면 육체보다 앞서 있었는지 살펴보아야 한다. 그리고 세상 종말 다음에는 우리가 현세 생활을 끝내듯이 별들의 영혼도 육체를 떠나 세상을 비추는 일을 그만두는지 검토해야 한다. 이러한 탐구가 무모한 일처럼 보일지 모르지만, 우리는 진리를 파악하려는 열의에 자극받고 있기에 성령[14]의 은총을 통하여 가능한 모든 것을 탐구하고 살피는 일을 어리석다고 여기지 않는다.

나는 별들을 영혼을 지닌 존재로 여길 수 있다고 생각한다. 왜냐하면 그것들은 하느님으로부터 명령을 받는다고 하는데, 영혼을 지닌 이성적 존재들이 아니고서는 그렇게 될 수 없기 때문이다. 하느님께서는 다음과 같이 명령하신다. "나는 모든 별에게 명령하였다."(이사 45,12 참조) 이 명령이란 무엇인가? 각기 자기 순서와 자기 진로에 따라 〔움직이면서〕 자기에게 주어진 분량의 빛을 세상에 나누어 주라는 것이다. 사실 행성(planetae)이라

1,35(40),257에서도 이와 같이 해석하지만 문자적 해석이 과장일 수 있다는 사실을 받아들인다. 참조 『요한 복음 주해』 1,26(24),173; 『로마서 주해』 3,6.

14) 비춤(illuminatio)의 원천이신 성령에 관해서는 참조 『원리론』 1,서론,3; 『탈출기 강해』 3,2; 『에페소서 단편』 9(JTS 3, 399쪽); 『마태오 복음 주해』 17,17.

불리는 별들은 어떤 질서에 따라 움직이고, 항성(ἀπλανεῖς)이라 불리는 별들은 다른 질서에 따라 움직인다. 여기서 우리가 매우 분명하게 상기해야 할 점은, 어떠한 육체도 영혼 없이는 움직일 수 없으며, 영혼을 지닌 것은 움직이지 않고 항상 그대로 있을 수 없다는 사실이다.[15] 별들은 자기 진로에서 조금도 흐트러짐이 없는 듯 보일 만큼 질서와 계획에 따라 움직이고 있는데,[16] 비이성적 존재들이 그런 질서를 유지하고 그런 규율과 이성을 지켜 낸다고 말하는 것이야말로 더없이 어리석은 일이 아니겠는가? 예레미야는 달을 하늘의 여왕이라 부른다(예레 44,17-19.25 참조). 별들이 영혼을 지닌 이성적 존재라면,[17] 틀림없이 그들에게도 진보와 퇴보가 있을 것이다. "그의 면전에서는 별들이 깨끗하지 않다"(욥 25,5 참조)라는 욥의 말이 내게는 이런 뜻을 알려 주는 것으로 보인다.

4. 지금까지 검토한 결과, 별들은 영혼을 지닌 이성적 존재라는 것이 밝혀졌다. 그렇다면 별들은 "하느님께서는 큰 빛물체 두 개를 만드시어, 그 가운데서 큰 빛물체는 낮을 다스리고 작은 빛물체는 밤을 다스리게 하셨다. 그리고 별들도 만드셨다"(창세 1,16 참조)라고 성경에서 말하는 바로 그 시각에 육체와 함께 영혼을 받게 되었는지, 아니면 하느님께서 이미 만들어진 육체 안에 영을 밖에서 넣은 것인지 숙고해야 한다.[18] 나는 영이 밖에서 넣어졌다고 생각하는데,[19] 성경을 통하여 이를 입증하는 일이 중요하다

15) 당대 철학의 통상적 흐름을 반영하고 있다(참조 『켈수스 반박』 6,48; 『원리론』 2,8,1; 2,9,2; 3,1,2).

16) 별들이 지닌 합리성을 입증하기 위한 그리스 철학의 고전적 논증.

17) 참조 『켈수스 반박』 5,10; 『마태오 복음 주해』 13,6.

18) 알렉산드리아의 테오필루스, 『부활절 서간』 2,10.

19) 여기서 오리게네스는 영혼선재설, 곧 영혼이 육체보다 먼저 있었다는 주장을 분명하게 펼친다. 플라톤 철학에서 유래한 이 사상은(참조 『파이드로스』 247b; 249c; 알비노스, 『개요』

고 본다. 추론을 통해 입증하기는 쉽지만, 성경의 증거들을 찾아 확인하기란 어려운 일이다. 추론을 통해 이것이 진실임을 밝히자면 이렇다. 인간 영혼은 별들의 영혼보다 분명히 하위에 있게 마련인데, 그 인간 영혼이 육체와 함께 만들어지지 않고 밖에서 육체에 넣어졌다고 한다면, 하늘에 있는 것들이라 불리는 별들의 영혼의 경우에는 당연히 더 그러할 것이다.[20] 사람에 대해 따져볼 때[21] 모태에서 자기 형의 자리를 빼앗은 자, 곧 야곱의 영혼이 어떻게 육체와 동시에 만들어졌다고 하겠는가?(창세 25,22-26 참조) 또 아직 모태에 있으면서 성령으로 충만했던 이의 영혼이 어떻게 육체와 동시에 만들어졌거나 빚어졌다고 하겠는가?(루카 1,41.44 참조) 나는 요한에 관하여 말하고 있는데, 그는 마리아의 인사말이 자기 어머니 엘리사벳의 귀에 이르자 어머니 태 안에서 크게 기뻐하며 뛰놀았다.[22] 모태에서 형성되기도 전에 하느님에게 알려졌으며(예레 1,5 참조), 모태에서 나오기도 전에 이미 그분에 의해 거룩하게 된 사람의 영혼이 어떻게 육체와 동시에

16,2; 필론, 『거인』 12; 『꿈』 1,138) 오리게네스의 저서 여기저기서 다양한 논리로 등장한다〔참조 『원리론』 2,8,3-4; 2,9,6-7; 3,3,5; 『켈수스 반박』 4,40; 5,29; 7,32; 『요한 복음 주해』 19,20(5),128-129; 20,19(17),162; 20,22(20),182-183; 『예레미야서 강해』 8,1〕.

20) 알렉산드리아의 클레멘스와 마찬가지로 오리게네스도 천사가 영혼을 육체 안에 넣어 준다고 믿었고, 육체가 죽은 다음에는 천사들의 인도로 영혼은 돌아간다고 여겼다〔참조 『요한 복음 주해』 19,15(4),98〕.

21) 오리게네스가 여기서 제시하는 성경의 세 가지 예는 '영혼선재설'의 중심 기둥이 된다. 이 성경 구절들은 하느님께서 야곱과 요한과 예레미야를 태어나기 전부터 특별히 사랑하시고, 에사우는 미워하신다는 사실을 드러낸다. 그러나 오리게네스는 야곱과 요한, 예레미야가 영적 인간의 운명을 타고났고, 에사우는 물질적 인간의 운명으로 예정되었다는 영지주의자들의 결정론을 피하고자 플라톤식 해석을 시도한다. 곧, 이들이 다양한 운명을 지닌 까닭은 그들의 영혼이 육체 안에 내려오기 전에 쌓은 공로와 허물 때문이라는 것이다〔참조 『요한 복음 주해』 2,30(24),181-182; 2,31(25),191-192; 『원리론』 2,9,7; 3,3,5; 3,4,2; 히에로니무스, 『에페소서 주해』 1〕.

22) 이 방문에 관해서는 참조 『요한 복음 주해』 6,49(30),252-253; 『루카 복음 강해』 7-9.

만들어지고 빚어졌겠는가? 혹시라도 〔이를〕 하느님께서 판단 없이 공로도 보지 않으신 채 어떤 이들은 성령으로 채워 주시고, 아무 공로가 없는데도 거룩하게 해 주신다는 말로 여겨서는 안 된다.[23] 그렇다면 "하느님 쪽이 불의하시다는 것입니까? 결코 그렇지 않습니다"(로마 9,14)라는 말과, "하느님께서 사람을 차별하신다는 말입니까?"(로마 2,11 참조)라는 말을 우리는 도대체 어떻게 피할 수 있겠는가? 이는 영혼이 육체와 동시에 존재했다는 주장을 옹호하다가 나온 결론이다. 인간의 상태와 비교하여 추정해 볼 수 있다면, 이성과 성경의 권위를 통해 입증한 인간에 관한 진실은 천상 존재들에 대해서는 훨씬 더 잘 들어맞는 진실이라고 나는 생각한다.

5. 성경에서 천상 존재들에 관해 직접 언급하는 구절을 찾아낼 수 있는지 살펴보자. 바오로 사도는 "피조물이 허무의 지배 아래 든 것은 자의가 아니라 그렇게 하신 분의 뜻이었습니다. 그러나 그것은 희망을 간직하고 있습니다. 피조물도 멸망의 종살이에서 해방되어, 하느님의 자녀들이 누리는 영광의 자유를 얻을 것입니다"(로마 8,20-21)라고 말하였다. 묻건대, 피조물이 어떤 허무에 굴복했는가? 이 피조물이란 무엇인가? 원하지 않았는데 어떻게 그리 되었는가? 그것은 어떤 희망을 지니고 있는가? 그 피조물은 어떻게 부패의 종살이에서 해방될 것인가? 사도 자신이 다른 곳에서 "피조물은 하느님의 자녀가 드러나기를 간절히 기다리고 있습니다"(로마 8,19 참조)라고 하고, 또 다른 곳에서는 "그뿐만 아니라 피조물 자신은 지금까지 다 함께 탄식하고 진통을 겪고 있습니다"(로마 8,22)라고 하였다. 그

23) 오리게네스는 인간 조건과 운명의 다양성을 반영지주의적 의미로 설명하기 위하여 플라톤의 영혼 선재 사상을 거의 그대로 되풀이한다. 오리게네스는 영혼의 선재를 신의 임의적 행위로 여기는 것을 거부한다(**참조** 플라톤, 『국가』 10,617e). 이미 알비노스(요한 스토배우스의 『시선집』 1,49,37)는 육체 안에서 영혼의 전락을 자유의지의 결과로 여겼다.

러므로 피조물의 탄식이 무엇이며 그의 진통이 무엇인지를 알아내야 한다. 먼저 피조물이 굴복한 허무가 무엇인지 살펴보자. 나는 그 허무가 육체와 다른 것이 아니라 여긴다.[24] 별들의 육체가 에테르[25]로 되어 있다지만 그것도 물질에 지나지 않는다. 솔로몬은 이러한 말로 모든 육체적 본성이 무거우며 영의 힘을 둔화시킨다는 사실을 알려 주었다고 생각한다.[26] "허무로다, 허무! 코헬렛이 말한다. 허무로다, 허무! 모든 것이 허무로다!" 그가 말하기를 "나는 태양 아래에서 이루어지는 모든 일을 살펴보았는데 보라, 이 모든 것이 허무다"(코헬 1,2.14).

그러므로 피조물은 이 허무에 굴복하였으며, 이 세상에서 가장 높고 맡은 역할 덕분에 매우 뛰어난 지위에 있는 피조물도 그러하다. 곧, 해와 달과 별들은 육체를 입고 인간에게 빛을 비추어 주는 역할을 맡으면서 허무에 굴복했다고 쓰여 있다. 이 피조물들은 자의로 허무의 지배 아래에 든 것이 아니라고 한다. 이들은 허무에 봉사하는 직무를 원해서 받은 것이 아니라, 그들을 굴복시키신 분께서 이를 원하셨기 때문이다. 그들을 굴복시키신 분께서는 허무에 마지못해 굴복한 그들에게, 이 위대한 봉사를 끝마친 다음 하느님의 자녀가 영광스럽게 구원받는 때가 오면 부패와 허무의 이 종살이에서 풀려나리라고 약속하셨다. 이러한 희망을 받은 모든 피조물은 그 약속이 이루어지기를 바라면서, 지금은 봉사하는 존재들에 대한

24) 바오로 서간에 관한 오리게네스의 이러한 해석은 참조 『원리론』 2,8,3; 2,9,7; 3,5,4; 『로마서 주해』 7,4; 『요한 복음 주해』 1,17,98; 1,26(24),173; 『켈수스 반박』 7,65; 『순교 권면』 7.

25) 아리스토텔레스는 세상을 구성하는 네 가지 기본 요소(흙, 공기, 물, 불) 외에 다섯 번째 원소인 이른바 에테르(aetherium)가 있다고 보았는데(참조 『원리론』 3,6,6), 오리게네스는 이 주장을 받아들이지 않았다. 오리게네스는 하늘과 땅을 구성하는 옅은 물질을 가리킬 때만 '에테르'라는 용어를 사용한다(참조 『요한 복음 주해』 13,21,126).

26) 루피누스는 여기서 영을 가리키는 말로 mens나 animus 대신 spiritus를 사용한다.

애정을 지닌 채 그들과 함께 탄식하고, 약속된 것을 바라면서 그들과 함께 참을성 있게 진통을 겪고 있다.

자기 원의가 아니라 자신을 굴복시키신 분의 뜻 때문에, 그리고 약속들에 대한 희망 때문에 허무에 굴복한 존재들에게 바오로의 이 말을 적용할 수 있는지 살펴보자. "나는 떠나가(또는 돌아가) 그리스도와 함께 있기를 원합니다. 그 편이 훨씬 낫습니다"(필리 1,23 참조)라고 그는 말하였다. 나는 해 또한 "나는 떠나가(또는 돌아가) 그리스도와 함께 있기를 원하니, 그 편이 훨씬 낫습니다"라고 말할 것이라고 생각한다. 그리고 바오로는 "그러나 내가 이 육체 속에 머물러 있는 것이 여러분에게는 더 필요합니다"(필리 1,24)라고 덧붙여 말했듯이, 해 또한 "내가 하늘의 이 빛나는 육체 속에 계속 머물러 있는 것이 하느님의 자녀를 드러내는 데 더 필요하다"라고 말할 것이다. 달과 별들에 대해서도 똑같이 생각하고 말할 수 있을 것이다.

이제 피조물의 자유는 무엇이고, 종살이에서 해방된다는 것이 무엇인지 살펴보자.[27] 그리스도께서 나라를 하느님 아버지께 바치실 때(1코린 15,24 참조), 이미 그리스도 나라의 일원이 된 영혼을 지닌 이 존재들도 모든 나라와 함께 아버지께 바쳐져 아버지께서 그들을 다스리실 것이다. 하느님께서 모든 것 안에서 모든 것이 되실 때에는(1코린 15,28 참조) 그들도 모든 것

27) 히에로니무스, 『서간집』 124,4에는 이러한 대목이 덧붙어 있다. "세상의 끝, 곧 종말에 영혼들과 이성적 피조물들이 주님에 의해 이른바 철창과 감옥에서 풀려날 때에, 그들 가운데 어떤 존재들은 게으름 때문에 더 천천히 움직이고 다른 존재들은 부지런함 때문에 신속하게 날아갈 것이다. 모두가 자유의지를 지니고 있고, 덕이나 악습을 자발적으로 취할 수 있기 때문에, 악습을 취한 존재들은 지금보다 더 못한 상태가 되고 덕을 쌓은 존재들은 더 좋은 지위에 이르게 될 것이다. 양편은 서로 다른 움직임과 서로 다른 원의로 인해 다른 지위를 받게 될 것이므로 천사들도 사람이나 악마가 될 수 있고, 악마들이 사탄이나 천사가 될 수도 있다."

의 한 부분이 되고, 하느님께서는 모든 것 안에 계시듯 그들 안에도 계실 것이다.

8장
천사들

1. 나는 천사들에 대해서도 같은 논리를 적용해야 한다고 생각한다. 특정 천사에게 특정한 직무, 이를테면 라파엘에게는 돌보고 치유하는 일이, 가브리엘에게는 전쟁을 감독하는 일이, 미카엘에게는 인간들의 기도와 간청을 돌보는 일이 맡겨진 것을 우연이라 여겨서는 안 된다고 나는 생각한다.[1] 사실 이 세상이 형성되기 전에 그들이 행했던 공로와 노력과 덕행들로 말미암아 이런 직무들을 받을 만했다고밖에 달리 생각할 수 없다. 그때에 대천사 계열에 있던 하나하나에게 이러저러한 직무가 맡겨졌다. 그러나 다른 존재들은 천사 계열에 배치되어 이러저러한 대천사 아래

1) 오리게네스는 천사들의 기원과 직무에 관해 논하면서 유대계 그리스도교에 널리 퍼져 있던 전승들을 통합한다. 세 천사의 전통적 직무와 이름에 관해서는 참조 『민수기 강해』 14,2; 『켈수스 반박』 1,25; 『호세아서 강해』 23,4. 참조 토빗 3,17; 1에녹 40,9; 3바룩(그리스어 묵시록) 11,4-5.

서 또는 자기 계열의 우두머리나 으뜸 아래서 활동한다.[2] 이미 말한 바와 같이 이 모든 것은 우연히 또는 아무렇게나 이루어진 일이 아니라, 하느님의 가장 알맞고 가장 공정한 판단으로 명령받은 것이다. 하느님 몸소 각자의 공로에 따라 판단하시고 검토하셔서 그렇게 정하신 것이다. 에페소 교회는 특정 천사에게 맡겨졌고, 스미르나 교회는 다른 천사에게 맡겨졌다(묵시 2,1.8 참조). 그리고 어떤 천사는 베드로의 천사가 되고, 어떤 천사는 바오로의 천사가 되었다[3](사도 12,7; 27,23 참조). 더 나아가 교회 안에 있는 모든 작은 이는 이러저러한 천사들에게 맡겨졌는데,[4] 이들은 날마다 하느님의 얼굴을 보며(마태 18,10 참조) 하느님을 경외하는 이들을 둘러싸고 있다(시편 33,8 참조). 이런 일들이 우연히 또는 어쩌다가 일어났고, 천사들은 본성적으로 그렇게 만들어졌다고 여겨서는 안 된다. 그렇다면 창조주께서 편파적인 행위를 했다고 비난받으실 것이다. 오히려 가장 정의로우시고 공평하신 만물의 통치자께서 각자의 공로와 덕행과 능력과 재능에 따라 〔이 과제를〕 맡기셨다고 믿어야 한다.

2. 그렇게 하지 않는다면 천상의 존재들뿐 아니라 인간 영혼들이 지닌 여러 이성적 본성들[5]이 서로 다른 창조주에 의해 만들어졌다고 상상하는 자들[6]의 그 어리석고 불경스런 이야기에 빠져들게 될 것이다. 그들은 이성

2) 참조 『요한 복음 주해』 1,31(34),216.

3) 참조 『루카 복음 강해』 23,7; 『민수기 강해』 11,4.

4) 여기서 암시하는 '수호천사'에 관한 자세한 가르침에 관해서는 참조 『원리론』 2,10,7. 이 교리는 "너희는 이 작은 이들 가운데 하나라도 업신여기지 않도록 주의하여라. 내가 너희에게 말한다. 하늘에서 그들의 천사들이 하늘에 계신 내 아버지의 얼굴을 늘 보고 있다"(마태 18,10)라는 구절과 밀접한 관계가 있다(참조 『에제키엘서 강해』 1,7; 『여호수아기 강해』 23,3; 『루카 복음 강해』 23,8). 참조 M. Simonetti, *Due note*, 165-179쪽.

5) "영적 본성들"로 번역될 수도 있다.

을 지닌 피조물들의 여러 가지 본성이 한 분이고 같은 창조주에게서 기원한다고 보는 것이 어리석다고 여기는데, 그들의 주장이야말로 실로 어리석다. 게다가 그들은 피조물 안에 있는 이런 다양성의 원인을 알지도 못한다. 한 분이고 같은 창조주께서 공로를 고려하지 않은 채 어떤 존재들에게는 주권의 권력을 맡기시고 다른 존재들을 그 주권〔의 천사들〕에게 종속시키시는 것이나, 어떤 존재들에게는 권세를 맡기시고 다른 존재들을 권세〔의 천사들〕에게 종속시키시는 것은 논리에 맞지 않는다고 그들은 말한다. 우리가 앞서 제시한 합리적인 논리가 이 모든 주장을 반박하고 논박했다고 나는 생각한다. 우리는 각 피조물들 안에 있는 차이와 다양성의 원인이 모든 것을 명령하시는 분의 불공정으로 말미암은 것이 아니라, 덕행이나 악행에 상응하는 그들의 더 열정적인 활동이나 더 게으른 활동에 달려 있다는 사실을 설명하였다.

천상 존재들의 사정이 그러하다는 점을 더 쉽게 이해하기 위하여 인간 사이에 행해졌고 행해지고 있는 예를 들어 보자. 이는 가시적인 것들을 토대로 비가시적인 것들을 추론하기 위해서다. 그들은[7] 바오로와 베드로가 분명 영적 본성을 지닌 사람이었다고 주장한다[8](1코린 2,13 이하 참조). 그

∴

6) 발렌티누스파를 가리킨다. 이들은 천사들의 본성을 구별하여 플레로마(충만)인 구원자의 천사(영적 존재), 중개자인 데미우르구스의 천사(영혼적 존재), 악마(물질적 존재)가 있다고 한다. 영적 존재는 구원받아 신적 세계(플레로마)로 돌아가는 운명을 지니고 있고, 영혼적 존재는 자신의 자유로운 결단에 따라 상급이나 벌을 받게 되며, 물질적 존재는 본성적으로 파멸할 운명을 지니고 있다는 것이다(참조 이레네우스, 『이단 반박』 1,6,1; 1,7,1). '서로 다른 창조주'란 신약성경에서 계시된 영적 실체의 근원인 지극히 높으신 하느님과 세상의 창조주인 구약성경의 데미우르구스를 가리킨다(참조 이레네우스, 『이단 반박』 1,1,1 이하). 천사의 본성을 구별하고, 구약의 하느님과 신약의 하느님의 본성을 구별하는 영지주의의 오류를 오리게네스는 『원리론』을 비롯한 자신의 모든 저술에서 체계적으로 반박한다.

7) 발렌티누스파를 가리킨다.

러나 바오로는 하느님의 교회를 박해함으로써 신앙을 거스르는 많은 잘못을 저질렀으며(1코린 15,9; 갈라 1,13 참조), 베드로도 자기에게 물어보는 문지기 하녀에게 그리스도가 누구인지 모른다고 맹세로 단언하는 무거운 죄를 저질렀다(마태 26,72; 요한 18,17 참조). 그들〔이단자들〕은 "좋은 나무가 나쁜 열매를 맺을 수 없다"(마태 7,18; 루카 6,43)라는 말씀을 버릇처럼 들먹이는데,[9] 그렇다면 그들이 영적 인물이라고 주장하는 이 두 사람은 어찌하여 그런 죄에 떨어졌는가? 좋은 나무가 나쁜 열매를 맺을 수 없는 것이라면, 그들이 주장하듯이 바오로와 베드로는 좋은 나무의 뿌리에서 왔는데 어떻게 이런 나쁜 열매를 맺었다고 생각할 수 있겠는가? 늘 하는 짓거리대로, 그들은 바오로가 박해한 것이 아니라 바오로 안의 다른 존재가 박해했고, 베드로가 부인한 것이 아니라 베드로 안의 다른 존재가 부인했다고 하는데,[10] 바오로가 아무런 죄도 짓지 않았다면 왜 "나는 사도라고 불릴

8) 이 본문에 관해서는 참조 A. Orbe, *Los primeros herejes*, 70-72쪽.

9) 오리게네스는 발렌티누스파가 자신들의 교설을 위하여 즐겨 사용하던 성경 구절들로 그 이단을 반박한다(참조 『원리론』 2,5,4; 3,1,8; 『요한 복음 주해』 13,11,73; 『로마서 주해』 8,11; 또한 알렉산드리아의 클레멘스, 『양탄자』 3,5,44). 발렌티누스파가 주장하는 대로 영적 존재가 참으로 자신 안에 신적 배아를 지니고 있다면 그는 죄에 빠지지 말아야 했다. 그러나 실제로는 헤라클레온이 영적 존재의 상징이라 해석한 사마리아 여인(참조 요한 4,12 이하)도 죄에 빠졌고(참조 『요한 복음 주해』 13,10 이하), 영지주의자들이 영적 존재들이라 여기던 사도들도 죄에 빠졌다는 것이다〔참조 『요한 복음 주해』 2,20(14),134; 20,33(27),287-288; 19,14(3),90; 20,17(5),135-136; 알렉산드리아의 클레멘스, 『양탄자』 2,20,115〕.

10) 오리게네스에게 반박당한 발렌티누스파가 대답하기를, 죄를 지은 것은 바오로와 베드로 안에 있던 영적 존재가 아니라 그들 안에 있던 물질적 존재였다고 한다(참조 루피누스, 『오리게네스 저서 변조』 7). 이 개념을 이해하기 위해서는 이른바 '껍데기'(enveloppements) 법칙을 알아야 한다. 곧, 물질적 인간은 물질적 실체로만 구성되어 있고, 영혼적 인간은 물질의 껍데기(물질적 인간)를 입고 있으며, 영적 인간은 영혼적 인간과 물질적 인간을 입고 있는데, 죽을 때에야 비로소 다양한 요소들이 서로 떨어져 나가고 마침내 각자 다양한 운명을 만나게 된다는 것이다(참조 M. Simonetti, *I Principi di Origene*, 223쪽).

자격조차 없는 몸입니다. 하느님의 교회를 박해하였기 때문입니다"(1코린 15,9)라고 말했겠는가? 또 다른 사람이 죄를 지었다면 베드로는 또 왜 매우 슬피 울었는가?(마태 26,75; 루카 22,62 참조) 이로써 그들의 모든 추론이 얼마나 엉터리인지가 드러났다.

3. 우리는 이렇게 주장한다. 이성을 지닌 모든 피조물 가운데 선과 악을 행할 수 없는 것은 하나도 없다. 그러나 우리가 악을 받아들일 수 없는 본성이 하나도 없다고 말한다고 해서, 모든 본성이 악을 받아들였으며 그리하여 악해졌다고 단언하는 것은 아니다. 이는 모든 인간 본성이 항해할 수 있는 능력을 지니고 있다고 우리가 말한다고 해서 모든 사람이 다 항해하지는 않는 것과 같다. 또는 모든 사람이 문법이나 의술을 배울 수는 있지만 그 사실이 모든 사람이 의사나 문법학자라는 증명은 아니다. 이와 마찬가지로 우리가 악을 받아들일 수 없는 본성이 하나도 없다고 말한다고 해서 모두가 다 악을 받아들였다는 뜻은 아니다. 또한 선을 받아들이지 않을 본성은 하나도 없다고 해서 모든 본성이 선을 받아들였다는 뜻은 아니다. 우리의 견해는 악마 자신이 선을 행할 수 없었던 것이 아니며 선을 받아들일 수 없었던 것도 아니지만 그는 이를 원하지 않았고 덕을 행하지도 않았다는 것이다. 우리가 인용한 예언서의 말씀이 가르치듯이, 악마는 옛적에 하느님의 낙원에서 커룹들 사이에 거처하던 선한 존재였다[11](에제 28,13 이하 참조). 악마는 덕이나 악을 받아들일 능력을 자기 안에 지니고 있었지만, 덕에서 벗어나 온 정신을 다해 악으로 돌아섰던 것이다. 이와 같이 다른 피조물들도 두 가지 능력을 지니고 있기 때문에 자유의지로 악을 피하고 선에 다가갈 수 있다.

11) 참조 『원리론』 1,5,4-5.

그러므로 선이나 악을 받아들일 수 없는 본성은 모든 선의 원천이신 하느님의 본성과 그리스도의 본성밖에 없다. 그리스도는 지혜이시고, 지혜는 어리석음을 결코 받아들일 수 없기 때문이다. 그분은 정의이시되, 불의를 결코 받아들이지 않는 정의이시다. 그분은 말씀 또는 이성이시되, 결코 비이성적 존재가 될 수 없는 말씀 또는 이성이시다. 그분은 빛이시되, 어둠이 붙잡아 둘 수 없는 빛이심이 분명하다(요한 1,5 참조). 이와 마찬가지로 거룩하신 성령의 본성도 더러움을 받아들일 수 없으니, 그분은 본성적으로나 실체적으로 거룩하시기 때문이다. 만일 다른 본성이 거룩하다면, 성령을 받아들였거나 성령의 영향을 받아 거룩하게 된 것이다.[12] 이 특성은 자신의 본성 때문이 아니라 우유적 방식으로 지니게 되며, 우유적으로 지니게 된 것은 다시 〔나쁜 상태로〕 떨어질 수도 있다. 이와 마찬가지로 우유적으로 지니게 된 의로움도 잃어버릴 수도 있다. 우리가 우유적으로 지혜를 지니고 있을지라도 우리의 노력과 생활의 공로, 지혜의 실천을 통해 지혜롭게 되는 것은 우리의 능력에 달려 있다. 그리고 우리가 그 노력을 늘 계속하면 지혜에 항상 참여하게 될 것이다. 그 지혜는 생활의 공로나 노력의 정도에 따라 우리에게 더 많이 또는 더 적게 주어진다. 하느님은 호의(로마 2,4 참조)를 베풀어 당신께 합당한 모든 존재를 초대하시고 복된 종말로 이끌어 주시는데, 그때에는 모든 고통과 슬픔과 통곡이 끝나고 사라질 것이다(이사 35,10 참조).

4. 그러므로 권세〔의 천사들〕이 권세를 지니고, 다른 계층의 천사들이 각기 자기 직무에 할당된 것은 우유적으로 또는 아무렇게나 벌어진 일이 아니라는 점을 앞의 논의를 통해 충분히 입증하였다고 나는 생각한다. 그들

12) 참조 『원리론』 1,3,5-8.

은 자신의 공로에 따라 존귀함의 등급을 얻는다. 그러나 그들이 이런 서열에 오르기에 합당하도록 만들어 준 그들의 행적이 무엇이었는지를 알아내거나 탐구하는 일은 우리의 몫이 아니다. 하느님의 공평성과 정의를 확신하기 위해서는 바오로 사도가 말한 대로 "하느님께서는 사람을 차별하지 않으시고"(로마 2,11) 오히려 각자의 공로와 진보에 따라 베풀어 주신다는 사실을 아는 것만으로 충분하다. 그러므로 천사들의 직무는 오로지 자신의 공로에서 비롯하고, 권력〔의 천사들〕도 오직 자신의 진보로 말미암아 권력을 행사하며, 왕권〔의 천사들〕, 곧 심판하고 다스리는 권력도 오직 자신의 공로로 말미암아 다스리며, 주권〔의 천사들〕도 공로 없이 주권을 행사하는 것이 아니다. 하늘에 있는 이성적 피조물들의 가장 높고 뛰어난 이 서열은 이처럼 다양하고 영광스런 직무로 분류되어 있다.

적대 세력들에 대해서도 같은 식으로 생각해야 한다. 그들은 권세 또는 권력〔의 악마들〕, 어두운 세계의 지배자, 사악한 영, 악령, 더러운 마귀라는 지위와 직책을 지니고 있는데,[13] 이를 본질적으로 지니고 있거나 그렇게 창조되었기 때문이 아니라 자신들이 악의에서 빚어낸 행위와 타락 때문에 사악한 이 서열들을 차지하게 된 것이다. 이성적 피조물의 둘째 계열에 속하는 이 존재들이 이처럼 철저하게 타락한 까닭은, 그들이 회개할 수 없어서가 아니라 원하지 않은 탓이며,[14] 죄악에 대한 광기가 이미 욕망과 쾌락으로 변해 버렸기 때문이다.[15]

이성적 피조물의 셋째 계열은 하느님께서 인류에게 채워 주기에 적합하

13) 적대 세력들의 이름에 관해서는 참조 『원리론』 1,5,2.
14) 마귀들이 자신의 상태를 개선하지 못하는 까닭은 그것이 불가능해서가 아니라, 자신의 의지를 완전히 악에 내맡겨 버렸기 때문이다.
15) dem은 '… 때문에'라고 번역할 수도 있다.

다고 판단하신 영들, 곧 인간 영혼들로 구성되어 있다. 그들 가운데 어떤 이들은 진보하여 천사들의 계열에 오르기까지 하였다는 것을 우리는 알고 있다.[16] 이들은 하느님의 자녀(로마 8,14 참조)와 부활의 자녀(루카 20,36 참조)가 된 이들, 어둠을 버리고 빛을 사랑하여 빛의 자녀(루카 16,8 참조)가 된 이들, 모든 싸움에서 이기고 평화로운 이들이 됨으로써 평화의 자녀[17]와 하느님의 자녀(마태 5,9; 루카 10,6 참조)가 된 이들이다. 또 이들은 지상에 있는 자기 지체들을 죽이고(콜로 3,5 참조) 육체적 본성뿐 아니라 영혼 자체의 흔들리고 불안정한 움직임까지도 초월함으로써 주님과 결합하여 그분과 함께 항상 한 영이 되며[18](1코린 6,17 참조), 그분과 함께 모든 것을 판단할 정도로 온전히 영적인 존재가 되며, 마침내 완전한 영적 인간이 되고 모든 것을 판단하게 된다(1코린 2,15 참조). 그러나 그들 자신은 누구에게도 판단될 수 없는데, 그들의 생각은 하느님의 말씀과 지혜[19]를 통하여 모든 거룩함 안에서 빛을 받기 때문이다.

영혼들이 이성적 본성과 그 품위를 잃어버리고 영혼이 있는 비이성적 존재나 짐승이나 가축의 지위로 떨어질 정도로 타락하는 일이 생길 수 있다

16) 참조 『레위기 강해』 9,11; 『마태오 복음 주해』 17,30; 『에제키엘서 강해』 13,2; 『요한 복음 주해』 13,6,33-34. 오리게네스도 알렉산드리아의 클레멘스가 주장하는 것처럼(참조 『교육자』 1,6,36; 2,10,110; 『양탄자』 6,13,105) 인간이 이미 이승에서 천사의 지위와 품위를 누릴 수 있다고 인정하는 것인지는 분명하지 않다. 인간이 천사와 비슷해질 수 있다는 주장에 관해서는 참조 『요한 복음 주해』 1,2(3),9; 13,7,41; 20,29(23),263.267; 『예레미야서 강해』 15,6.

17) 참조 『요한 복음 주해』 32,14(8),157-158.

18) 오리게네스의 삼분법적 인간학에 부합하는 표현이다(J. Dupuis, *L'Esprit de l'homme*; H. Crouzel, *L'anthropologie*). 영을 따르는 영혼은 영과 동화된다(참조 『기도론』 9,2).

19) 오리게네스는 『원리론』 1,2와 많은 본문에서 지혜를 성자와 동일시하지만(참조 『원리론』 2,9,8), 어떤 본문에서도 지혜와 성령을 동일시하지는 않는다. 1코린 2,15에 관해서는 참조 『코린토 1서 단편』 2(JTS 9, 241쪽); 72-73(JTS 10, 40-41쪽); 『요한 복음 주해』 28,21(16),179-180; 『마태오 복음 주해』 17,13. 참조 H. Crouzel, *Connaissance*, 490~491쪽.

며, 종종 쓸데없는 연구 결과를 주장하는 자들이 있지만, 우리는 이를 절대로 받아들여서는 안 된다고 생각한다. 그들은 자신의 엉터리 주장을 뒷받침하기 위해 성경 구절들을 인용하곤 한다. 예컨대 한 여인이 본성을 거슬러 짐승과 교접하였으면 그 짐승을 여인과 함께 법정에 세워 돌로 쳐 죽이라고 명하고(레위 20,16 참조), 또는 뿔로 〔사람을〕 받은 황소도 돌로 쳐 죽이라고 명하며(탈출 21,28 참조), 또한 발람의 나귀 이야기에서 하느님께서 나귀의 입을 열어 주시자 말을 하였고(민수 22,28 이하 참조), 말 못하는 짐승이 사람의 소리를 내어 예언자의 광기를 막았다(2베드 2,16 참조)는 구절들을 인용한다. 우리는 이 이 모든 것을 받아들이지 않을 뿐 아니라 우리 신앙에 반대되는 그들의 주장들을 거부하고 배척한다. 우리는 적당한 자리와 때가 마련되면 이 그릇된 가르침을 논박하고 배격할 것이며 그들이 성경에서 인용한 구절들을 어떻게 이해해야 하는지 밝힐 것이다.[20)]

20) 루피누스는 팜필루스의『오리게네스를 위한 변론』을 라틴어로 옮기면서 이 마지막 구절을 다르게 옮긴다. 이는 히에로니무스의 번역과 매우 비슷하다.

제2권

루피누스의 라틴어 역본

1장

세상과 그 안에 있는 피조물들
(그리스어)

세상
(라틴어)

1. 우리가 제1권에서 거론한 내용은 세상과 그 배치에 관한 것이었는데,[1] 순서에 따라 이제는 세상 자체에 관한 몇 가지 문제들을 특별히 다시 다룰 필요가 있는 것 같다. 세상의 시작과 끝에 관한 문제, 시작과 끝 사이에 이루어지는 하느님 섭리의 활동에 관한 문제, 또는 세상 이전이나 이후에 관하여 생각할 수 있는 문제들이다.

여기서 첫째로 분명히 드러나는 것은, 온 세상이 다양하고 상이하게 구성되어 있다는 것이다.[2] 세상은 이성적 본성을 지닌 존재들과 신적인 본성

1) 루피누스의 이 진술은 실제로 제1권에서 다룬 내용과 딱 맞아떨어지지는 않는다. 아마도 이성적 본성에 관한 가르침(참조 『원리론』 1,5-8)에서 이미 우주론에 관한 전제들이 제시되었다는 뜻인 것 같다.

2) 참조 『원리론』 2,9,2; 2,9,5.

에 더 가까운 존재들과 상이한 육체를 지닌 존재들로 구성되어 있다.[3] 그 밖에 말 못하는 짐승들, 곧 들짐승과 집짐승과 새들과 물속에 사는 모든 것도 포함되며, 게다가 장소에 따라서는 하늘이나 하늘들, 땅, 물, 하늘과 땅 사이에 있는 공중 또는 사람들이 에테르라고 부르는 것, 마침내 땅에서 나오거나 생겨나는 모든 것으로 구성되어 있다.[4] 세상이 이처럼 다양한 것을 담고 있고, 이성적 영혼을 지닌 존재들도 서로 매우 다르므로, 다른 모든 것에도 다양성과 차이가 있다고 생각해야 한다. 우리가 제1권에서 거론한 대로, 모든 것이 종말에 본디의 상태로 회복되리라는 사실에 각별히 주목한다면 세상이 존재하는 다른 원인에 대해 말할 필요가 있겠는가? 이 모든 것이 논리적이라고 인정된다면, 이 세상의 이 큰 상이성의 원인은 하느님에 의해 창조된 본디의 상태였던 최초의 일치와 화합에서 떨어져나간 이들의 움직임과 타락이 상이하고 다양했다는 것 말고 다른 어떤 이유를 생각할 수 있는가?[5] 사실 그들은 혼란과 분열 때문에, 그리고 영혼의 다양한

3) 물질적 세계의 구성에 관해서는 참조 『켈수스 반박』 6,59. 가시적 세계와 이성적 세계의 대립에 관해서는 참조 『요한 복음 주해』 19,22(5),143-150.

4) 참조 『원리론』 1,7,5 각주 25.

5) 제2차 콘스탄티노플 공의회(553년)에서는 모든 이성적 존재가 신적 로고스와 일치를 이루고 있었다는 주장을 단죄했다. 이 공의회는 오리게네스가 이성적 존재들의 '처음의 일치'(unitas initii)를 '로고스'라 여겼다고 주장했다. 곧, '지성적 세계'(mundus intelligibilis)와 구별되지 않는 로고스를 상정했다는 것이다. 그러나 오리게네스는 '신적 세계'에 참여하는 로고스와 '창조된 세상'에 참여하는 로고스를 분명히 구별한다(참조 『원리론』 2,1,1; 『요한 복음 주해』 1,5; 『기도론』 21,2). 그렇다면 제2차 콘스탄티노플 공의회는 오리게네스의 사상이 아니라 오리게네스 이후에 변형된 교의, 특히 에바그리우스의 주장을 단죄한 셈이다. 일치는 선이고 분열은 악이라는 사상을 오리게네스는 여러모로 강조하였고(참조 『요한 복음 주해』 1,5; 『기도론』 21,2), '처음의 일치'를 깨고 분열된 것이 죄라는 사상은 '성의 구별'을 죄의 상태로 보는 영지주의자들에 의해서 여러 방식으로 제시된 바 있다(참조 『필립보 복음서』 116,22; 118,17-18).

움직임과 갈망으로 동요되어 선한 이 상태에서 멀어졌으며, 그들의 다양한 경향에 따라 그들 본성의 유일하고 구별할 수 없는 이 선을 다양한 특성을 지닌 정신으로 나누었다.

2. 그러나 하느님은 당신 지혜의 놀라운 방법을 통하여 모든 것이 유익과 공동선을 위하여 나아가도록, 영혼들의 다양성 때문에 서로 멀리 떨어져 있던 이 피조물들 자체가 그 행동과 의향에서 한결같은 조화를 이루도록 불러 주신다.[6] 비록 그 영혼들의 움직임이 서로 다를지라도 충만하고 완전한 하나인 세계를 이루어 내고, 정신의 다양성 자체가 유일한 목적지인 완성으로 나아가게 하려는 것이다.[7] 사실 세상의 모든 상이성을 관장하고 유지하며, 이처럼 거대한 작품인 세상이 영혼들의 갈등 때문에 흩어지지 않도록 다양한 움직임을 하나로 모아내는 하나의 능력이 있다.[8] 이런 이

6) 세상 안에서 펼치는 하느님의 섭리에 관해서는 참조 『창세기 강해』 3,2; 『켈수스 반박』 4,74; 4,99; 6,71; 8,70; 『원리론』 2,2,5. 악에서도 유익을 이끌어 낼 줄 아는 하느님의 섭리에 관해서는 참조 『민수기 강해』 14,2. 오리게네스가 스토아 사상의 물질주의를 반박하기는 하지만, 위의 주장은 스토아 사상에서 영감을 받았다.

7) 세상을 질서정연하고 조화로운 거대한 우주로 보는 관점은 스토아 사상에 기원을 두고 있다. 스토아학파 철학자들은 특히 세상의 일치와 결합에 관한 문제에 몰두하였다(참조 SVF II, 441.447-448.548-552쪽). 이들은 결합하는 힘에 관해 '결합하는 응력'(συνεκτικὸς τόνος) 이론을 발전시켰다. 결합의 이론에 관해서는 참조 『원리론』 3,1,2 각주 6. 오리게네스는 이 물리적 힘을 하느님의 능력으로 이해한다. 이 '하느님의 능력'(δύναμις θεοῦ)에 관해서는 참조 J. Pépin, *Théologie cosmique*, 375쪽. 오리게네스는 이 개념을 '하느님의 교육'과 연결짓는데, 세상이란 그 창조 때부터 죄 많은 피조물들의 구원을 위한 도구로 마련되었다는 것이다. 세상은 죄로 말미암아 이성적 피조물들이 강등된 장소이며 구원의 자리인 까닭에 오리게네스는 한편으로는 세상을 감옥이며 불완전의 원천으로 여기지만(참조 『원리론』 1,7,5; 2,10,8; 3,4,2; 3,5,1), 다른 한편으로는 하느님의 섭리 안에 있는 세상의 아름다움과 질서에 감탄한다(참조 『원리론』 1,1,6; 『켈수스 반박』 1,23; 3,77; 4,26; 8,38; 『마태오 복음 주해』 11,18).

8) 참조 『켈수스 반박』 4,54.

유로 만물의 아버지이신 하느님께서 형언할 길 없는 당신 말씀과 지혜를 통해 당신의 모든 피조물을 구원하시기 위하여 모든 것을 다음과 같이 안배하셨다고 우리는 생각한다.[9] 이성적 기체(基體, subsistentia)라고 불리는 영 또는 영혼들[10] 하나하나는, 자기 정신의 움직임을 제외하고는 억지로 다른 것을 행하도록 강요받지 않는다.[11] 왜냐하면 자유의지 능력이 그들〔영 또는 영혼〕에게서 제거되는 듯이 보인다면, 이미 본성 자체의 특성이 완전히 바뀐 것임이 분명하기 때문이다.[12] 오히려 하느님은 그들 의향의 서로 다른 움직임들을 하나인 세상의 조화를 위해 적절하고 유익하게 결합시키신다. 한편 〔피조물들 가운데〕 어떤 것들은[13] 도움을 필요로 하고, 어떤 것들은 도와줄 수 있다. 또 어떤 것들은 진보하는 이들에게 싸움을 걸고 방해하는데, 진보하는 이들이란 부지런히 노력하여 더욱 훌륭해지고 어려움과 노고를 헤쳐 나가 승리를 거둔 뒤에 되찾은 지위를 더 확고하게 견지하는 이들이다.

3. 비록 온 세상이 서로 다른 직무로 배치되어 있다 할지라도 부조화와 불일치의 상태라고 믿어서는 안 된다. 오히려 많은 지체로 형성되어 있는 우리 몸이 하나이고(1코린 12,12 참조) 하나의 영혼에 의해 결합되고 있

9) 하느님의 섭리는 모든 것을 다 돌볼 능력을 지니고 있기에 "매우 섬세하고 세세하다"(minutissima et subtilissima)고 일컬어진다(참조 『레위기 강해』 9,8; 『원리론』 2,9,8; 3,1,15; 3,1,17).

10) 영(spiritus)과 영혼(anima)의 구분에 관해서는 참조 『원리론』 2,8,3.

11) 하느님의 의지를 거슬러 행동할 수 있는 인간의 자유의지와 하느님의 섭리 사이의 상충 가능성에 관해서는 참조 『창세기 강해』 3,2: "많은 것이 그분의 의지 없이 벌어지지만, 그 무엇도 그분의 섭리 없이 일어나지는 않는다." 여기서 오리게네스는 선하신 하느님의 섭리와 인간의 자유의지 사이의 변증법적 관계를 소개하고 있다. 이는 오리게네스의 우주론과 인간론의 두 가지 핵심 요소다.

12) 따뜻함〔溫〕, 차가움〔冷〕, 메마름〔乾〕, 축축함〔濕〕이 물질의 특성이라면, 자유의지는 이성적 · 비육체적 존재의 영적 특성이다(참조 『원리론』 4,4,6-7).

13) '어떤 것들은'이라는 어구는 각기 천사와 인간과 악마를 가리키는데, 하느님의 섭리는 공동선을 위하여 악마들의 행위를 꺾어 버린다.

는 것처럼,[14] 엄청나게 큰 동물과 같은 우주[15]는 하나의 영혼[16]과 같이 하느님의 능력과 이성에 의해 지배된다는 견해를 받아들여야 한다고 나는 생각한다. 나는 성서도 이 사실을 지적하고 있다고 생각하는데, 예언서는 이렇게 말한다. "내가 하늘과 땅을 가득 채우고 있지 않느냐? 주님의 말씀이다."(예레 23,24) 또 "하늘이 나의 어좌요 땅이 나의 발판이다"(이사 66,1)라고도 쓰여 있다. 구원자께서도 "하늘을 두고도 맹세하지 마라. 하느님의 옥좌이기 때문이다. 땅을 두고도 맹세하지 마라. 그분의 발판이기 때문이다"(마태 5,34-35)라고 말씀하셨다. 바오로도 아테네 사람들에게 설교할 때, "우리는 그분 안에서 살고 움직이며 존재합니다"(사도 17,28)라고 하였다. 하느님께서 세상을 당신 능력으로 보살피시고 존속시키시지 않는다면 어떻게 우리가 그분 안에서 살고 움직이며 존재한다고 하겠는가? "내가 하늘과 땅을 가득 채우고 있지 않느냐? 주님의 말씀이다"(예레 23,24)라고 말씀하셨듯이, 하느님의 능력이 이 세상 안에 있는 모든 것을 가득 채우지 않는다면 구원자께서 몸소 말씀하신 것처럼 어떻게 하늘이 하느님의 옥좌가 되고 땅이 그분의 발판이 되겠는가? 그러므로 나는 우리가 제시한 이 말씀을 토대로 만물의 아버지[17]이신 하느님께서 당신 능력의 충만함으로

14) 육체가 영혼을 결합시키지 않고 영혼이 육체를 결합시킨다는 진술은 아리스토텔레스로 거슬러 올라가는 스토아학파의 사상이다(참조 아리스토텔레스, 『영혼론』 1,5,411b).

15) 플라톤은 우주를 영혼을 지닌 생물(세상의 영혼)로 여겼으며(참조 『티마이오스』 30b), 이는 전형적인 스토아학파의 개념이다(참조 SVF II, 364쪽).

16) 하느님의 능력이며 로고스인 아들은 외형적으로는 플라톤이 말하는 '세상의 영혼'(anima mundi)과 닮았고(참조 알비노스, 『서간집』 14,3), 스토아 철학에서 말하는 세상에 유출되는 거룩한 영과도 비슷하다(참조 유스티누스, 『첫째 호교론』 60).

17) '만물의 아버지'(parens omnium)는 그리스 철학에서 즐겨 사용하던 표현이다(참조 『원리론』 1,1,2).

온 세상을 채우시고 존속시키신다는 사실을 받아들이는 데는 아무런 어려움이 없다고 생각한다.

앞의 토론에서 이성적 피조물들의 서로 다른 활동과 의향들이 이 세상이 지니고 있는 상이성의 원인이었다고 밝혔으니,[18] 이제는 이 세상의 종말이 시작과 비슷하다는 것이 적절한지 따져 보아야 한다. 확실히 종말에도 여전히 많은 상이성과 다양성이 있을 것이며, 세상 종말에 나타날 다양성은 이 세상 다음에 올 또 다른 세상의 상이성의 원인과 계기가 될 터이니, 이 세상의 끝이 다음 세상의 시작이 되리라는 사실은 의심할 여지가 없다.[19]

4. 토론 과정에서 우리는 이러한 결론들을 얻어냈고, 세상의 상이성은 육체 없이는 있을 수 없으므로 이제는 육체적 본성에 관해 논해야 할 것 같다. 육체적 본성은 모든 것에서 모든 것으로 변형될 수 있는 만큼 서로 다르고 다양하게 변화한다는 사실이 사물들 자체에서 잘 드러난다.[20] 예컨대 나무가 불로 바뀌고 불이 연기로 바뀌고 연기가 공기로 바뀌고, 액체인 기름이 불로 변하기도 한다. 또한 사람이나 동물들이 먹는 음식도 그와 같은 변화를 보여 주지 않는가? 우리가 음식으로 먹는 것은 무엇이든 우리

18) 『원리론』 1,6,2에서 오리게네스는 이성적 피조물들이 지녔던 '처음의 일치'(unitas initii)가 종말에 회복되리라고 추정한다. 그러나 여기서는 세상이 이성적 피조물들의 다양한 활동을 통하여 시작되었으므로 종말에도 다양한 조건들이 여전히 존재하고, 그 다양성을 바탕으로 내세가 시작되리라고 본다. 그렇다면 이 두 대목은 모순인가? 오리게네스가 『원리론』 1,6,2에서는 이성적 피조물의 시작과, 오랫동안 이어진 여러 세상들이 지나간 다음에 일어날 마지막 '만유회복'(apocatastasis)에 관하여 말하고 있지만, 여기서는(참조 『원리론』 2,1,3) 이성적 피조물들의 타락에서 비롯한 '이' 세상의 시작에 관해서, 그리고 다음 세상의 시작에 원인을 제공하는 종말에 관해서만 말하고 있으므로 모순이 아니다.

19) 참조 『원리론』 1,6,2; 2,3,3; 3,5,3.

20) 물질(= 육체적 본성)의 근본 특성은 수동성(passivitas)인데, 이로 말미암아 온갖 변화와 변형을 겪게 된다.

육체의 요소(substantia)로 변한다. 어떻게 물이 흙이나 공기로 변하고 공기가 다시 불로 변하며 불이 공기로 변하고 공기가 물로 변하는지 설명하는 것은 어려운 일이 아니지만,[21] 우리의 목적은 육체적 물질의 본성에 관하여 논하는 것이니 지금 여기서는 위의 사실을 예로 든 것만으로 충분할 것이다. 육체의 기초가 되는 것을 우리는 물질이라고 이해한다. 곧, 물질에 특성들이 삽입되고 첨가됨으로 말미암아 육체는 존속한다. 우리는 따뜻함〔溫〕, 차가움〔冷〕, 메마름〔乾〕, 축축함〔濕〕, 이 네 가지 특성[22]에 관하여 말하곤 한다. 물질은 앞에서 열거한 특성들과는 상관없이 고유의 본성을 지니고 있다. 이 네 가지 특성들이 '힐레'(ὕλη), 곧 물질에 들어갈 때 서로 다른 종류의 육체를 만들어 낸다.[23] 우리가 앞에서 말한 대로 이 물질이 특성들 없이 자기 고유의 본성에 따라 존재할지라도, 이 특성들 없이 실제로 존재할 수는 없다.[24]

그러므로 이 물질은 하느님께서 존재하기를 원하신 세상의 모든 육체에

---

21) 물질을 구성하는 네 가지 기본 요소에 관해서는 참조 『원리론』 3,6,6; 『요한 복음 주해』 13,40,262-267; 『예레미야서 강해』 10,6. 중기 플라톤주의의 물질 개념에 관해서는 참조 알비노스, 『개요』 8,2.

22) 『원리론』 4,4,7에서는 따뜻함, 차가움, 메마름, 축축함 네 가지에 딱딱함과 부드러움을 덧붙인다.

23) 오리게네스가 이미 밝힌 대로(참조 『켈수스 반박』 3,41), 오리게네스의 물질 개념은 플라톤과 스토아학파와 중기 플라톤주의를 따르고 있다(참조 플라톤, 『티마이오스』 50b-51b; 알비노스, 『개요』 8,2; 플루타르코스, 『스토아학파 반박 공통 인식』 34와 48; 엠피리쿠스, 『수학자들 반박』 10,312).

24) 특성을 지니지 않은 물질에 관한 이론은 스토아학파의 이론이다(참조 SVF II, 309쪽: ἄποιος ὕλη καὶ δἰὅλων τρεπτή). 플라톤이 시작한 이 이론을 후기 플라톤학파 철학자들도 이어받았다. 오리게네스는 이 이론을 자주, 특히 『원리론』 4,4,6-7과 『기도론』 27,8에서 상론한다. 특성을 지니지 않은 물질이란 추상적이고 이론적인 개념에 지나지 않고, 물질은 언제나 특성들을 통하여 꼴을 갖추는 법이다.

게 충분한 양과 질로 이루어져 있으며,[25] 또 물질은 창조주께서 당신의 의지로 부여한 특성들을 자기 안에 받아들임으로써 만물 가운데 그분께서 원하신 형상과 종류들을 만드는 데 사용되었다.[26] 그런데 어떻게 그처럼 많은 유명 인사가 물질은 창조되지 않은 것,[27] 곧 만물의 창조주이신 하느님께서 만드신 것이 아니라고 생각하며, 물질의 본성과 능력[28]이 우연히 생겨났다고 여기는지 나는 모르겠다. 이 인사들이 하느님께서 우주를 창조하고 섭리하시는 분이라는 사실을 부인하는 사람들을 왜 비난하고, 이처럼 거대한 작품인 세상이 창조하신 분이나 섭리하시는 분 없이도 존속한다고 말하는 것을 불경스런 생각이라고 고발하는지 나는 놀라울 따름이다. 그들 자신은 물질이 창조되지 않았으며, 창조되지 않은 분과 똑같이 영원하다고 주장함으로써[29] 앞의 주장과 다를 바 없는 불경스러운 죄를 저

25) 오리게네스는 그리스 철학자들처럼 육체적 물질을 악의 원인이라고 여기지도 않았고, 영지주의자들처럼 악의 결과로 빚어진 나쁜 것으로 보지도 않았다(참조 『창세기 단편』). 영지주의자들의 주장에 따르면 육체적 물질은 이성적 피조물들의 죄로 말미암아 창조되었으므로 정화되어야 하는 운명을 지니고 있다. 영지주의에 관해서는 참조 이수민, 『영지주의자들』, 분도출판사 2005.

26) 따라서 물질은 처음부터 목적론적으로 정해졌다. 양과 질(속성)은 매우 적절하며(참조『원리론』 2,9,1), 가변성을 통해 상이한 이성적 존재들에 적응한다.

27) 루피누스는 틀림없이 그리스어 '아게네토스'(ἀγενητός)를 '창조되지 않은 것'(ingenitam)이라고 옮겼을 것이다. 아리우스 논쟁 이전에 생긴 '나신 분'(γεννητός)과 '창조된 분'(γενητός) 개념의 혼란에 관해서는 참조 『원리론』 1,서론,4. 창조되지 않은 물질 개념에 대한 오리게네스의 반박에 관해서는 참조 『원리론』 1,3,3.

28) 여기서 '능력'이라고 옮긴 라틴어 virtus는 그리스어 '디나미스'(δύναμις)의 번역인 것 같다. 이는 아리스토텔레스적 의미에서, 물질 안에 있는 가능성(능력)을 나타낸다. 오리게네스는 물질의 힘을 주장하려 하지 않았을 것이다.

29) 신의 실존을 부인하지 않지만 창조와 섭리에서 그의 활동을 부인하는 에피쿠로스학파들에 맞서 벌인 플라톤주의자와 스토아학파의 논쟁을 가리킨다(참조 『켈수스 반박』 1,19; 4,60). 오리게네스는 창조되지 않고 영원한 물질을 하느님의 섭리와 함께 인정하는 것은 사리에 조금도 맞지 않는다고 본다. 하느님께 기원을 두지 않는 물질이 하느님의 전능을 제한할

지르기 때문이다. 그들의 이러한 논리에 따라 만약 물질이 존재하지 않았다고 가정한다면, 그들 말대로 아무것도 없었을 때에는 하느님께서 아무것도 만드실 수 없었을 테니, 하느님은 작업하실 물질을 아직 갖고 계시지 못했으므로 틀림없이 한가하셨을 것이다.[30] 사실 그들은 물질이 그분의 섭리로 생겨난 것이 아니라 우연히 존재하게 되었다고 생각하며, 우연히 존재한 물질이 이처럼 거대한 작품과 그분의 활동 능력에 충분할 수 있다고 믿는다.[31] 물질이 그분 지혜의 모든 계획을 받아들임으로써 세상을 형성하는 데 구별되고 정돈되었다는 것이다. 이 논리가 나에게는 참으로 어리석고, 창조되지 않은 본성의 능력과 지성을 전혀 모르는 인간적인 생각으로 보인다. 그러나 사실을 좀 더 자세히 연구하기 위해, 물질이 존재하지 않았고 하느님은 아무것도 없는 상태에서 당신이 원하신 것들을 존재하게 하셨다고 잠시 가정해 보자. 우리는 어떻게 생각해야 하는가? 전에는 없었던 것을 있게 하기 위하여, 하느님께서 당신 능력과 지혜로써 만들어내신 것보다 더 좋거나 더 훌륭하거나 또는 다른 종류의 물질을 만드셨는가? 아니면 하느님께서 그들이 창조되지 않은 것이라 일컫는 것보다는 더 못하게 또는 더 나쁘게 또는 그것과 비슷하거나 같게 만드셨는가? 더 좋은 물질이나 더 나쁜 물질도 이러한 수용 방식이 아니고서는 세상의 형태

수는 없기 때문이다. 테르툴리아누스도 영지주의자 헤르모게네스와의 반박 논쟁에서 이와 같은 주장을 펼치고 있다. 하느님으로부터 창조되지 않은 제2의 원리는 있을 수 없다는 것이다(참조 『헤르모게네스 반박』).

30) 참조 『원리론』 1,4,3. '한가하신 하느님'(Deus otiosus)이라는 주제는 '고통받으실 수 없는 하느님'(impassibilitas Dei)이라는 그리스 사상을 극단적으로 해석한 결과다.

31) 오리게네스는 『원리론』 2,9,1에서 창조된 물질의 양, 그리고 물질이 사용된 육체들이 완벽하게 일치한다고 주장한다. 만일 사용할 수 있는 물질이 하느님에게서 오지 않고 우연히 주어진 것이라면 이러한 일치를 주장하기는 어렵다.

와 종(種)들을 받아들일 수 없었으리라는 사실을 누구라도 쉽게 이해할 수 있다고 나는 생각한다. 그러므로 하느님께서 물질을 창조하셨다고 믿으면서도, 그 물질이 창조되지 않았다고 여겨지는 것과 확실히 같은 종류였다고 말하는 것이 어찌 불경스럽게 보이지 않겠는가?[32)]

5. 사실이 그러하다는 것을 성경의 권위를 통하여 믿을 수 있도록, 일곱 순교자들의 어머니가 자기 아들들 가운데 하나에게 고통을 참고 견디라고 권고하는 마카베오서에서 이 가르침이 어떻게 확언되고 있는지 들어 보라. "아들아 너에게 당부한다. 하늘과 땅과 그 안에 있는 모든 것을 살펴보아라. 이것들을 바라보면서 이것들이 아직 있지도 않았을 때 하느님께서 이것들을 만드셨다는 것을 알아라."(2마카 7,28 참조) 게다가 『목자』라는 책의 첫째 계명은 이렇게 말한다.[33)] "무엇보다도 하느님은 한 분이심을 믿어라. 하느님께서는 만물을 창조하시고 꼴을 갖추셨으며, 만물을 무에서 유로 만드셨다."[34)] 시편에 "그분께서 말씀하시자 저들이 만들어졌고, 그분께서

32) 플라톤학파는 실제로 존재하는 사물은 세상의 불완전성에 대한 근거라고 주장했으므로, 하느님에 의해 창조된 물질이 더 좋았을 것이라는 오리게네스의 말에 이의를 제기했을 것이다. 그러나 오리게네스에게 불완전성은 영의 타락에 대한 근거나 이유가 아니라 신의 섭리에 따른 목적에 도움이 되는 것이었다.

33) 오리게네스는 '무에서 창조'(creatio ex nihilo)를 증명하기 위하여 마카베오서의 이 대목을 『요한 복음 주해』 1,17,103에서도 인용하고, 헤르마스의 『목자』를 『원리론』 1,3,3에서도 인용한다. 히브리 성경에는 없는 마카베오서를 오리게네스는 성경처럼 인용하고 있으며(**참조** 에우세비우스, 『교회사』 6,25,2), 헤르마스의 『목자』도 거의 성경처럼 여기고 있다(**참조** 『원리론』 4,2,4). 오리게네스는 죽은 성도들이 살아 있는 이들을 위하여 하느님께 바치는 기도에 대해 설명하기 위하여 마카베오 2서도 인용한다(**참조** 『요한 복음 주해』 13,58,403). '무에서 창조'(creatio ex nihilo)에 관한 진술이 그리스어로 전해지는 작품인 『요한 복음 주해』와 『원리론』에 동시에 나온다는 점에서 이 교의는 루피누스의 손질이 아니라 오리게네스 자신의 것임이 분명하다.

34) 헤르마스의 『목자』 계명 1,1(하성수 역주, 교부 문헌 총서, 14,163).

명하시자 저들이 창조되었다"(시편 148,5)라고 쓰여 있는 것도 아마 이 가르침과 관계가 있을 것이다. "그분께서 말씀하시자 저들이 만들어졌다"라는 말은 존재하는 것들의 실체를 가리키는 것 같고, "그분께서 명하시자 저들이 창조되었다"라는 말은 이 실체[35] 자체를 형성하는 데 쓰인 특성들에 관한 것으로 보인다.[36]

35) 여기서 '실체'라고 옮긴 라틴어 숩스탄티아(substatantia)는 그리스어 '토 히포케이메논'(τὸ ὑποκείμενον, 기초가 되는 물질, 기체)의 번역인 것 같다.

36) 이러한 해석은 오리게네스의 작품에서 낯설게 느껴진다. 아버지는 세상의 창조를 명했고, 말씀이신 아들이 창조를 이루어냈다는 것이 성경의 창조 설화에 대한 오리게네스의 통상적인 해석이기 때문이다(참조 『원리론』 1,2,10). 물질은 특성 없이 존재할 수 없다는 오리게네스의 진술(참조 『원리론』 2,1,4)로 미루어 볼 때, 창조의 두 순간은 논리적으로는 구별되지만 시간적으로는 구분되지 않는다(참조 『원리론』 4,4,8). 꼴이 갖추어지지 않은 물질과 특성을 구별하는 것은 창조되지 않은 물질에 관한 그리스 개념에서 다소 영향을 받았을 수도 있다. 유스티누스도 이러한 영향을 받아, 무기력하고 특성이 결핍된 물질을 로고스가 조직화했다고 주장한다(참조 『첫째 호교론』 10,59).

2장

[육체적 본성의 영원성]

1. 이 점에서 어떤 이들은, 아버지께서 외아들을 낳으시고 성령을 보내신[1] 것은 이들이 전에 존재하지 않았다는 뜻이 아니라 아버지께서 아들과 성령의 기원이고 원천이며 이분들에게는 이전과 이후가 있다고 생각할 수 없음을 의미하듯이, 이성적 본성과 육체적 물질 사이에도 이와 비슷한 결합이나 유사성이 있다고 이해할 수 있는지 묻곤 한다. 이 문제를 더 폭넓고 철저하게 탐구하기 위하여 그들은 토론의 시작을 바꾸어 영적이고 이

1) 성령의 기원 방식은 불확실하다고 이미 강조한 바 있는(참조 『원리론』 1,3,3) 오리게네스가 "성부가 성령을 보내다"(Pater sanctum spiritum profert)라는 표현을 사용했으리라고 보기는 어렵다. '보내다'(profert)라는 루피누스의 라틴어 역본은 '프로페레이'(προφέρει)나 '프로발레이'(προβάλλει)를 연상시키지만, 오리게네스는 발렌티누스파 이단과 벌인 논쟁에서 생출(προβολή, emanatio) 개념을 성자에게 적용하기를 거부했다. 신적 본성을 지나치게 물질적으로 묘사하는 개념이라고 보았기 때문이다[참조 『원리론』 1,2,6; 1,3,3; 4,4,1; 『요한 복음 주해』 20,18(16),157-159].

성적인 정신들의 생명을 유지하고 그 움직임을 지탱하는 이 육체적 본성 자체가 정신들처럼 영원히 존속하는지 아니면 파멸하여 완전히 없어지는지 알아보려는 경향을 보인다.[2] 이 문제를 더 정확히 이해하기 위해서는, 이성적 본성들이 거룩함과 지복의 정점에 이르렀을 때 완전히 육체 없이 존속할 수 있는지—내가 보기엔 이것이 매우 어렵고 거의 불가능한 것 같다[3]—아니면 언제나 육체와 결합되어 있어야 하는지 먼저 탐구할 필요가 있을 것 같다. 만일 누가 이성적 본성들이 육체 없이도 온전히 존재할 수 있는 이유를 제시할 수 있다면, 육체적 본성이 시간적 간격에서[4] 무(無)에서 창조되었고 비존재에서 만들어졌듯이, 그 본성이 주어진 용도로서의 임무를 다할 때 존재하는 것을 끝내리라는 것이 논리적으로 보일 것이다.

2. 그러나 아무리 해도 성부와 성자와 성령 이외에는 어떤 본성도 육체 없이 살 수 있다고 주장할 수 없다면,[5] 논리와 이성의 필연성에 따라 다음

2) 이성적 피조물들의 영원성(또는 불멸성)을 인정하면, 이성적 피조물들과 육체적 실체들의 관계 문제가 생기는데, 특히 육체의 영속성을 인정할 수 있는가라는 문제가 두드러진다. 이 문제는 육체의 부활 및 영혼의 최종 상태에 관한 교리와 직접 연결되어 있다. 오리게네스는 종말이란 최초의 상태로 회복되는 것으로 보기 때문에 문제는 더 복잡해진다.

3) 이 어려움은 육체가 생명과 움직임에 꼭 필요하다는 전제에서 생기는데, 이는 스토아학파의 사고방식이다. 오리게네스는 다른 곳에서 비육체성이 가능하다고 여기기도 한 까닭에(참조 『원리론』 1,6,4; 2,3,2), 이 여담이 오리게네스의 것이 아니라는 견해도 있다(참조 E. de Faye, *Origène*, III 76-77쪽; H. Kettler, *Der ursprüngliche Sinn*, 16쪽 각주 73; B. Studer, *Zur Frage der dogmatischen Terminologie*, 409쪽 각주 46). 오리게네스가 이 문제에 관하여 얼마나 확신이 없었는지가 루피누스의 번역에서도 엿보인다. 이 논의는 3장에서 더 폭넓게 펼쳐진다.

4) '시간적 간격에서'는 주기적 실존을 암시하는 것 같다. 그리스어로는 '에크 디알레임마톤'(ἐκ διαλειμμάτων)(참조 『원리론』 4,4,8)이다.

5) 이 전제는 오리게네스가 다른 대목들에서 주장하는 바와 대비된다. 물질적 실체 없이, 육체적 요소의 어떤 결합도 없이 존재하는 것은 하느님, 곧 성부와 성자와 성령만의 고유한 본성이라는 분명한 진술도 있기 때문이다(참조 『원리론』 1,6,4; 4,3,15; 『탈출기 강해』 6,5). 그렇

과 같이 이해할 수밖에 없다. 이성적 본성들이 원초적으로[6] 창조되었지만 물질적 실체가 그것들과 구별되는 것은 개념과 생각 안에서 뿐이며,[7] 물질적 실체는 이성적 본성들을 위해 또는 그것들 다음에 만들어진 것처럼 보이지만 이성적 본성들은 물질적 실체 자체 없이는 결코 살지 못했거나 살지 못한다. 왜냐하면 비육체적 생명은 삼위(일체) 안에서만 존재할 수 있다고 여기는 것이 올바르기 때문이다. 앞에서 말한 바와 같이[8] 이 물질적 실체는 모든 것에서 모든 것으로 변형될 수 있는 본성을 지니고 있으며, 하위 피조물들에 사용될 때에는 더 촘촘하고 더 단단한 상태의 육체로 형성되어 세상의 가시적이고 다양한 종류들을 구분짓는다. 그러나 물체적 실체가 더 완전하고 복된 존재들에 사용될 때에는 천상 육체(1코린 15,40 참조)

다면 이 논리적 모순은 어디서 비롯한 것일까? 그리스어 작품들에서는 '최종적인 비육체성'(incorporeitas finalis)을 한결같이 주장하고 있으므로, 비육체성이 성부와 성자와 성령만의 특권이라는 진술은 루피누스의 가필일 가능성이 크다.

6) '원초적으로'〔principaliter, προηγουμένως; 『요한 복음 주해』 1,28(30),195; 20,22(20),182; 『마태오 복음 주해』 17,20 등〕라는 말은 시간적으로 앞섬을 가리키는 것이 아니라, 이성적 존재들은 육체적 물질에 비해 논리적 우선권(anterioritas)과 품위(dignitas)를 지닌다는 뜻이다. 이성적 존재들은 하느님 창조 활동의 첫째 목적이며 직접적인 대상이기 때문이다. 이에 비해 물질은 이성적 존재들의 창조 '결과에 따라'(per consequentiam, κατ' ἐπακολούθησιν) 부차적으로 창조되었다(참조 『시편 제1편 주해』; 『켈수스 반박』 4,99).

7) 루피누스가 더 분명한 어조로 강조하였을 수는 있지만, 여기에 사용된 전문용어들로 미루어 볼 때 이 대목의 친저성 자체를 근본적으로 의심할 수는 없다. 오리게네스에 따르면 이성적 존재들은 그 자체로 비육체적이지만 낮은 품위의 육체를 받았다(참조 『원리론』 4,3,15; 2,9,1; 4,4,8; 1,7,1). 가자의 프로코피우스는 오리게네스의 『창세기 주해』를 비판하면서 오리게네스가 창세 1,26의 창조와 2,7절의 창조를 시간적으로가 아니라 논리적으로 구별했다고 주장한다(참조 『팔경 주해 선집』 PG 87,221AB). 곧, 창세 1,26은 영혼(= 이성적 존재)의 창조이고, 창세 2,7은 아담이 낙원에서 입었던 얇고 빛나는 육체(= 이성적 피조물이 처음에 받은 육체)의 창조라는 것이다. 또한 오리게네스는 창세 3,21의 가죽옷은 아담(= 이성적 피조물)이 죄를 지은 뒤에 받은 무겁고 두꺼운 육체를 상징한다고 여긴다.

8) 참조 『원리론』 2,1,4.

의 광채 안에서 빛나며 영적 육체(1코린 15,44 참조)[9]의 옷으로 하느님의 천사들(마태 22,30 참조)과 부활의 자녀들(루카 20,36 참조)[10]을 꾸민다. 하나인 세상의 상이하고 다양한 상태는 〔마지막의 이 존재들로〕 가득 채워질 것이다.[11]

그러나 이 문제를 더 충분히 논의하려면, 하느님을 두려워하고 공경하는 마음으로 성경을 더 주의 깊고 성실하게 연구해야 하겠다. 성경에 이 문제들에 관한 신비롭고도 감추어진 의미가 들어 있는지 살펴보기 위해서다. 또한 이 주제에 관한 더 많은 증언을 모은 다음, 성령께서 합당한 이들[12]에게 계시해 주신다면 숨겨지고 감추어진 진술들에서 무언가를 찾아낼 수 있을 것이다.

9) '영적 육체'(corpus spirituale)란 아주 얇은 물질로 이루어진 육체를 일컫는데, 언제나 육체로 남아 있지만 하느님의 은총으로 불멸성을 얻는다(참조 『요한 복음 주해』 17,30).

10) 참조 『원리론』 1,8,4.

11) 오리게네스는 1코린 15,41-42를 바탕으로 부활한 존재들에 다양한 등급이 있다고 주장한다(참조 『원리론』 2,3,7).

12) 다른 곳에서는 '하느님의 친구들'이라고 부른다(참조 『원리론』 1,6,4).

3장
[세상의 시작과 그 원인들]

1. 그다음으로는 이 세상 이전에 다른 세상이 있었는지 탐구해야 한다.[1] 만일 있었다면 지금 존재하는 이 세상처럼 있었는지 아니면 조금 다르거나 더 못한 상태로 있었는지, 아니면 〔이전에 다른〕 세상은 전혀 존재하지 않았고, 우리가 생각하는 미래의 종말 상태, 곧 모든 것이 끝난 다음 나라가 하느님 아버지께 되돌려질 때(1코린 15,24 참조) 존재하게 될 것인지 탐구해야

1) 『원리론』 2,3,1은 히에로니무스, 『서간집』 124,5에 이렇게 요약된다. "제2권에서 그(오리게네스)는 매우 많은 세상—에피쿠로스처럼 동시적이고 서로 비슷한 세상들이 아니라 어떤 세상이 끝난 다음에 다른 세상이 시작하는 세상—의 현존을 주장한다. 우리의 이 세상 이전에 다른 세상이 있었으며, 그 세상 뒤에 다시 다른 세상이 있을 것이고 그 뒤 다시 다른 세상이 계속 있을 것이다. 그러나 그는 어떤 세상이 다른 세상과 모든 면에서 비슷하기에 그 두 세상이 어떤 것으로도 구분될 수 없는 것처럼 보이는지 또는 다른 세상과 완전히 구별될 수 없고 비슷한 어떤 세상이 결코 있을 수 없는지에 관해서는 의심한다."

한다.[2] 또한 이 종말 상태가 우리의 세상이 시작하기 이전의 다른 세상의 종말이었는지, 그리고 이성적 본성들의 다양한 타락 때문에 하느님께서 이처럼 상이하고 다양한 세상을 만드시게 되었는지도 탐구해야 한다. 게다가 이 세상이 끝난 다음 하느님의 말씀에 순종하기를 원치 않았던 자들에게 분명 더 가혹하고 고통 가득한 교정과 정화[3] 과정이 있겠지만, 이미 이승의 삶에서 교육과 이성적 훈련 과정에 헌신하여 정신을 깨끗이 한 이들이 신적 지혜를 받을 수 있고 진리에 대한 더 풍부한 이해로 진보할 수 있는지, 아니면 이 세상이 끝난 다음에 곧바로 만물의 종말이 있을 것인지에 관해서도 의문을 제기해야 한다고 생각한다. 아니면 교정과 정화가 필요한 자들을 위해 또 다른 세상이 있을 것인지, 그 세상은 지금 이 세상과 비슷할지 더 좋을지 훨씬 더 못할지, 그리고 이 세상 다음에 올 저 세상은 어떤 세상이며, 얼마 동안 지속될 것인지, 정말 존재할 것인지 물어야 한다. 또한 어떤 세상도 전혀 존재하지 않을 때가 있을 것인지, 어떤 세상도 전혀 존재하지 않았던 때가 있었는지, 또 여러 세상이 있었거나 있을 것인지, 한 세상이 다른 세상과 조금도 차이가 없이 온전히 똑같아지거나 비슷해질 날이 올 것인지도 물어야 한다.[4]

2. 육체적 물질이 일정한 기간만 존속하는지, 창조되기 전에 존재하지

2) 코린토 1서 15장은 부활에 관한 오리게네스의 숙고에서 언제나 토대가 된다.

3) 참조 『원리론』 1,6,3. 오리게네스는 죽은 다음에 불로 이루어지는 정화(= 종말론적 불의 세례)에 관하여 자주 언급한다[참조 『마태오 복음 주해』 15,23; 『요한 복음 주해』 2,7(4),57; 『레위기 강해』 8,4; 14,3; 『예레미야서 강해』 2,3]. 이러한 교정과 정화에 대한 심리학적 해석에 관해서는 참조 『원리론』 2,10,4-8. 종말론적 정화로 이해된 1코린 3,11-15의 주석에 관해서는 참조 H. Crouzel, *L'exégèse*.

4) 스토아학파는 완전히 똑같은 세상들이 계속 이어지리라고 여겼지만, 오리게네스는 이러한 주장을 거부한다(참조 『원리론』 2,3,4; 『켈수스 반박』 5,20.23).

않았던 것처럼 언젠가 소멸하여 존재하지 않게 되는지를 더 분명하게 파악하기 위하여, 먼저 육체 없이 살 수 있는 어떤 존재가 있는지 살펴보자. 만일 어떤 존재가 육체 없이 살 수 있다면 모든 존재도 육체 없이 살 수 있다. 왜냐하면 앞의 토론에서[5] 모든 것이 하나의 종말을 향해 나아가고 있다는 점이 밝혀졌기 때문이다.[6] 모든 것이 육체 없이 살 수 있다면, 쓸모를 다한 육체적 실체가 더 이상 존재하지 않게 되리라는 사실은 의심할 나위가 없다. 사도가 죽은 이들의 부활에 관해 논한 구절에서 한 말들을 우리는 어떻게 이해해야 하는가? "이 썩는 것은 썩지 않는 것을 입고 이 죽는 것은 죽지 않는 것을 입어야 합니다. 이 썩는 것이 썩지 않는 것을 입고 이 죽는 것이 죽지 않는 것을 입으면, 그때에 〔성경에〕 기록된 말씀이 이루어질 것입니다. '승리가 죽음을 삼켜 버렸다.[7] 죽음이 승리 안에 삼켜졌구나. 죽음아, 너의 승리가 어디 있느냐? 죽음아, 너의 독침이 어디 있느냐?' (이사 25,8; 호세 13,14 참조) 죽음의 독침은 죄이며 죄의 힘은 율법입니다." (1코린 15,53-56) 사도는 이러한 의미를 암시하는 것 같다.[8] 그가 마치 만져 보고 제시하는 듯한 '이 썩는 것'과 '이 죽는 것'이라는 표현을 육체적 물질 외에 다른 어떤 것에 적용할 수 있겠는가? 그러므로 지금은 썩는 이 육체의 물질은, 불멸의 교리로 가르침을 받은 완전한 영혼이 썩지 않는 것을 사용하기 시작하는 순간부터 썩지 않는 것을 입을 것이다.

우리가 여기서 완전한 영혼을 마치 육체의 옷처럼 묘사한다고 해서 놀라지 않기를 바란다. 그 완전한 영혼은 하느님의 말씀과 그분의 지혜 때문

5) 참조 『원리론』 1,6.
6) 참조 『원리론』 1,6,2; 2,1,2.
7) 직역은 "죽음이 승리 안에 삼켜졌다"다.
8) 바오로는 부활이 물질적 육체를 없애 버리지 않는다고 여겼다는 말이다.

에 여기서 불멸이라고 불리기 때문이다. 사실 사도는 “주 예수 그리스도를 입으십시오”(로마 13,14)라며, 영혼의 주님이시며 창조자이신 예수 그리스도께서 몸소 성도들의 옷이 되셨다고 표현하였다. 따라서 그리스도가 영혼의 옷이듯이, 같은 논리에 따라 영혼은 육체의 옷이라고 말할 수 있다.[9] 영혼은 육체의 죽을 본성을 감추어 주고 감싸 주는 육체의 장식이기 때문이다. 그러므로 “이 썩는 것이 썩지 않는 것을 입어야 한다”(1코린 15,53)라는 말은, 썩는 육체의 이 본성이 불멸의 옷을 받아야 한다는 말과 같은 뜻이다. 영혼은 하느님의 지혜이며 말씀이신 그리스도를 입을 때 자기 안에 불멸을 지니게 되는 것이다. 우리가 언젠가 더 영광스러운 형태로 지니게 될 이 육체가 생명에 참여하게 되면, 그때에는 죽지 않는 존재뿐 아니라 썩지도 않는 존재가 될 것이다.[10] 죽는 것은 바로 그 이유로 썩는다. 그러나 썩는 것이 죽는 것이라고 말할 수는 없다. 우리는 돌이나 나무토막을 썩는

9) 지혜와 신적 말씀으로 말미암아 축복받고 완전해진 영혼은, 물질인 까닭에 본성적으로는 썩을 수밖에 없는 육체의 불멸을 보장해 준다(참조 『로마서 주해』 7,4; 『원리론』 2,4,3). 이처럼 성경은 불멸을 보증하는 축복의 과정을 옷의 비유를 통하여 상징적으로 묘사한다. 그리스도는 영혼을 옷처럼 입어 영혼을 축복하고, 영혼은 육체를 입음으로써 육체를 썩지 않게 만든다는 것인데, 이는 영지주의자들에게 친숙한 비유다(참조 『토마스 행전』 108의 ‘진주가’; 『필립보 복음』 105,19 이하). 오리게네스에 따르면 육체의 죽을 본성이 불멸의 본성으로 변화되는 것이 아니라 불멸성을 입을 따름이다. 육체는 본성상 썩을 수밖에 없지만 축복받은 영혼이 육체에 불멸을 입게 해 준다는 오리게네스의 주장에 관해서는 참조 『요한 복음 주해』 13,61; 『켈수스 반박』 5,19; 7,32; 『기도론』 25,3.

10) 더 높고, 영적인 형태로 육체가 바뀌는 것에 관해서는 참조 『원리론』 3,6,4-9. 오리게네스는 다른 곳에서(참조 『요한 복음 주해』 13,61,429-430) 죽는 것에서 죽지 않는 것으로의 변화, 썩는 것에서 썩지 않는 것으로의 변화를 강조한다. 이것은 육체적인 것에서 비육체적인 것으로 바뀐다는 뜻이다. 다른 특성을 받아들일 수 있게 된 물질은 영혼의 복된 상태에 따라 육체를 변화할 수 있게 한다(참조 『켈수스 반박』 7,32). 수많은 변화 속에서도 육체의 정체성은 유지되고, 개체의 모습은 그대로 남는다는 주장에 관해서는 참조 『원리론』 2,10,1-3. 천사의 것과 비슷하게 된 육체에 관해서는 참조 『마태오 복음 주해』 17,30.

것이라고 말하지만, 죽는 것이라고 하지는 않는다. 그것들은 살아 본 적이 없기 때문이다. 그러나 생명에 참여하는 육체의 경우, 생명이 육체에서 분리될 수도 있고 또 실제로 분리되기 때문에 우리는 그것을 결과적으로 죽는 것이라 부르며, 다른 관점에 따라 썩는 것이라고도 한다.[11]

거룩한 사도는 먼저 육체적 물질의 일반적인 조건에 관하여 뛰어난 방식으로 말하였다. 곧, 영혼은 그 물질이 어떠한 특성을 지니고 있든 언제나 그것을 사용하는데, 지금은 육적인 특성의 물질을 사용하지만 나중에는 영적인 것이라 불리는 더 섬세하고 더 순수한 특성의 물질을 사용한다는 것이다.[12] 그래서 그는 "이 썩는 것이 썩지 않는 것을 입어야 한다"(1코린 15,53)라고 말한 것이다. 그다음에 사도는 육체의 특별한 조건에 관하여 "이 죽는 것이 죽지 않는 것을 입어야 한다"(1코린 15,53)라고 말한다. 불멸(不滅)과 불사(不死)는 영혼을 빚어내시고 입히시고 꾸미시는 하느님의 지혜와 말씀과 의로움이 아니고 무엇이겠는가?[13] 그래서 썩는 것이 썩지 않

11) 오리게네스에 따르면 모든 육체적 존재는 '썩을'(corruptibiles) 운명이지만, 영혼을 지닌 존재들만 '죽을'(mortales) 운명을 지닌다. 따라서 가멸성(可滅性, corruptibilitas)은 사멸성(死滅性, mortalitas)보다 더 넓은 개념이다. 오리게네스에게 '육체의 죽음'이란 목숨이 육체에서 물리적으로 분리된다는 뜻이 아니라, 죄로 말미암아 그리스도의 생명에서 떨어져 나가는 것을 뜻한다. 반면, 썩는다는 것은 생명이 육체에서 분리된다는 뜻이다. 그런 의미에서 영혼의 정화는 육체의 불사(= 무죄 상태)와 물리적 불멸을 보증한다.

12) 육체는 물질이기 때문에 썩게 되지만, 죄에서 정화되어 이성적 원리를 받으면 죽지 않는다는 것이다.

13) 오리게네스는 철학적 의미에서의 일반적인 불멸성과 더불어 종교적 불멸성 개념을 안다. 종교적 불멸성 개념은 로고스와의 결합에 근거한다(참조 B. Weiss, *Die Unsterblichkeit der Seele*, 156-169쪽). 오리게네스는 영혼의 물리적 사멸성(불멸성)과 윤리적 사멸성(불멸성)을 구별한다. 모든 영혼은 물리적으로는 죽지 않고(immortalis) 본성상 썩지 않는다(incorruptiblis). 그러나 영혼이 죄에 사로잡히면 죽게 되고, 신적 말씀에 다가갈 때 죽지 않게 된다[참조 『기도론』 27,9; 『레위기 강해』 9,11; 『헤라클리데스와의 논쟁』 25-27; 『요한 복음 주해』 13,61(59),427-429; 『원리론』 2,8,3].

는 것을 입고, 죽는 것이 죽지 않는 것을 입는다고 말한 것이다. 지금 우리가 상당히 진보해 있다 할지라도 우리는 부분적으로 인식하고 부분적으로 예언하며, 우리가 이해하였다고 여기는 것들 자체도 거울을 통해서 어렴풋이 보는 것이기(1코린 13,9와 12 참조) 때문에 이 썩는 것은 아직 썩지 않는 것을 입지 않았고, 이 죽는 것은 아직 죽지 않는 것으로 에워싸여 있지 않다.[14] 육체 안에서 우리가 받아야 할 이 교육은 확실히 오래 걸릴 것이며, 우리가 에워싸여 있는 우리 육체들이 하느님의 말씀과 지혜와 완전한 의로움을 통하여 불사불멸을 누리기까지 계속될 것이 틀림없다.[15] 그래서 〔사도는〕 "이 썩는 것은 썩지 않는 것을 입어야 하고 이 죽는 것은 죽지 않는 것을 입어야 한다"(1코린 15,53)고 말한 것이다.

3. 그러나 이성적 피조물들이 육체를 벗어나서 살 수 있다고 생각하는 이들은 여기서 몇 가지 이의를 제기할 수 있다. 만일 이 썩는 것이 썩지 않는 것을 입고, 이 죽는 것이 죽지 않는 것을 입으며, 또 종말에 죽음이 삼켜져 버린다면, 이는 죽음이 활동할 수 있었던 자리인 물질적 본성이 파멸되었다는 뜻과 다르지 않다. 사실 육체 안에 있는 존재들의 정신적 예리함은 육체적 물질의 본성으로 말미암아 둔해지는 것처럼 보이기 때문이다. 그러나 이성적 피조물들이 육체를 벗어나서 존재하면, 그때에는 이러한 고통으로 말미암은 모든 괴로움을 피하게 될 것이다. 그렇지만 모든 육체적 옷을 한순간에 벗어 버릴 수는 없기 때문에, 더 이상 죽음에 패배하거나 죽음의 독침에 찔리지 않도록 무엇보다도 더 섬세하고 순수한 육체 안에

14) 우리가 무겁고 두꺼운 이 육체에 짓눌려 있는 한, 영적 진보가 이루어진다 할지라도 신적 실재를 매우 불완전하게 볼 수밖에 없다(참조 『민수기 강해』 23,11; 『로마서 주해』 3,2; 『아가 주해』 3).

15) 이러한 교육의 과정에 관해서는 참조 『원리론』 2,2,4-7.

머물러야 한다고 생각할 것이다. 그리하여 마침내 물질적 본성이 점차 사라지고, 죽음이 삼켜지고 마침내 없어져 버리면, 죽음의 독침은 하느님의 은총 때문에 완전히 무디어질 것이다. 이 은총을 받을 수 있는 영혼은 불멸과 불사를 받기에 합당하게 된다. 그때에는 모든 이가 "죽음아, 너의 승리가 어디 있느냐? 죽음아, 너의 독침이 어디 있느냐? 죽음의 독침은 죄이며 죄의 힘은 율법입니다"(1코린 15,55-56)라고 당연히 말할 수 있을 것이다. 그러므로 이것이 논리적이라고 여겨진다면, 우리가 언젠가는 비육체적인 상태에 있을 것이라고 믿어야 하는 일이 남아 있다. 만일 이를 받아들이고 모든 것이 그리스도께 굴복해야 한다고 말한다면(1코린 15,24-28 참조), 이 단언은 그리스도께 굴복한 모든 이에게 적용되어야 한다.[16] 왜냐하면 그리스도께 굴복한 모든 이는 종말에 하느님 아버지께도 굴복할 터인데, 〔성경은〕 그리스도께서 나라를 아버지께 넘겨드릴 것이라고 하므로, 그때에는 육체의 사용도 멈출 것으로 보이기 때문이다. 그 사용을 멈춘다면 육체는 이전에 존재하지 않았던 상태대로 무(無)로 되돌아갈 것이다.

이렇게 주장하는 이들이 직면하는 문제점이 무엇인지 살펴보자. 만일 육체적 본성이 완전히 없어져 버린다면, 그 본성은 두 번째로 회복되고 창조될 필요가 있는 것처럼 보일 것이다.[17] 자유의지의 기능을 한 번도 빼앗

---

16) 오리게네스에 따르면 그리스도께 굴복한다는 것은 타락한 이성적 피조물의 정화와 회복을 뜻하는데(참조 『원리론』 1,6,1), 이러한 굴복을 통하여 모든 피조물이 비육체적 존재가 된다는 것이다(참조 『원리론』 3,5,6-7).

17) 이와 똑같은 개념이 『원리론』 3,6,3과 4,4,8에도 나온다. 오리게네스는 완전한 회복(참조 『원리론』 3,6,3) 교리를 뒷받침하기 위하여 이러한 견해를 밝히는데, 이성적 피조물들이 지닌 자유의지는 마지막 정화와 회복 이후에도 또 다시 하느님으로부터 멀어질 수 있다는 것이다. 『원리론』 몇 대목이 전하는 이러한 견해는 오리게네스가 던지는 가정일 뿐 명확한 진술은 아니다.

기지 않은 이성적 본성들은 다시금 어떤 활동들을 하게 될 수도 있기 때문이다. 이들이 항상 부동의 상태에 있다면 저 복된 종말의 상태가 자기 덕이 아니라 하느님의 은총 덕분이라는 사실을 잊어버릴 수 있으므로, 하느님 몸소 이 활동들을 용인하실 것이다.[18] 이러한 활동들은 틀림없이 또 다시 육체들의 다양성과 상이성을 빚어낼 것이다. 세상은 언제나 이것들로 꾸며지니, 이러한 다양성과 상이성 없이는 결코 구성될 수 없고, 육체적 물질을 벗어나서는 어떠한 방식으로도 생겨날 수 없기 때문이다.

4. 서로 비슷하며 모든 점에서 같은 세상들이 이미 이어지고 있다고 내세우는 자들이 어떤 근거로 그렇게 주장할 수 있는지 나는 모르겠다.[19] 만일 한 세상이 다른 세상과 완전히 비슷하다면, 아담이나 하와는 그들이 이전에 저질렀던 짓을 다시 저지를 것이고 홍수가 다시 일어날 것이며, 같은 모세가 육십만 명이나 되는 백성을 이집트에서 또 다시 데리고 나와야 할 것이다. 유다도 주님을 두 번 배반할 것이고, 바오로는 스테파노를 돌로 친 이들의 옷을 두 번째로 지킬 것이며, 이승에서 행한 모든 일이 다시 일어나야 한다고 말할 것이다.[20] 그러나 영혼들은 자유의지에 따라 행동하고, 진보나 퇴보는 자기 의지력에 따라 이루어지기 때문에 이러한 주장은 어떠

18) 하느님의 도우심이 필요하고 인간의 노력은 충분하지 않다는 주장에 관해서는 참조 『원리론』 3,1,15; 3,1,17; 3,1,24; 『시편 주해』 4,6(『필로칼리아』 26,7); 『켈수스 반박』 7,33; 『시편 제36편 강해』 4,1. 이 점에서 오리게네스는 훗날 인간의 공로를 지나치게 강조한 펠라기우스 이단과 구별된다.

19) 이는 윤회에 관한 스토아학파의 주장인데(SVF II, 623-632쪽, 특히 626쪽; 『켈수스 반박』 6,68), 오리게네스는 이러한 주장이 플라톤주의자들과 피타고라스학파의 견해라고도 하면서 이를 반박한다(참조 『켈수스 반박』 4,67-68; 5,20-21). 스토아학파의 이론은 내세에서도 똑같은 상황이 펼쳐지고 별들의 규칙적인 순환운동이 되풀이된다는 경직된 결정론에 바탕을 두고 있다. 그러나 오리게네스는 이성적 피조물들이 지닌 자유의지를 바탕으로 지금과는 다른 또 다른 세상을 이어가리라고 본다.

한 논리로도 성립될 수 없다고 생각한다. 영혼들이 행하거나 원하는 이런 저런 일은 수많은 시대가 지난 다음 똑같은 주기로 되돌아오는 윤회의 경로를 통하여 이루어지지 않고, 고유한 본성의 자유가 지향하는 방향으로 행동의 진로를 결정한다.

그들이 말하는 내용은, 누가 만일 많은 양의 곡식을 땅에 쏟았을 때, 두 번째 쏟은 낱알들 하나하나가 첫 번째 쏟은 낱알들과 똑같은 순서와 모양으로 흩어져 있을 정도로 두 번째 떨어진 낱알들과 첫 번째 떨어진 낱알들의 경우가 똑같으며 조금도 다르지 않을 수 있다고 주장하는 것과도 같다.[21] 헤아릴 수 없는 낱알의 경우, 수많은 시대에 걸쳐 끊임없이 꾸준히 쏟아 붓는다 할지라도 그런 일은 절대로 일어날 수 없다. 이와 마찬가지로 한 세상에서 사람들이 태어나고 죽고 행동한 것이 둘째 세상에서도 똑같은 순서와 똑같은 방식으로 되풀이될 수 없다고 본다. 오히려 나는 다양한 세상에 상당한 차이가 있을 수 있다고 생각하는데, 〔어떤〕 세상은 어떤 분명한 이유에서 다른 세상보다 더 나은 상태이고, 다른 이유에서 더 못한 상태이고, 또 다른 이유에서는 중간 상태에 있다고 본다.[22] 그러나 고백하건대 그 세상들의 수나 방식에 관하여 나는 알지 못한다. 만일 누가 나에

20) 오리게네스는 『켈수스 반박』 4,67과 5,20에서처럼 여기서도 신구약 성경의 예를 들고 있다. 비슷한 예로 『켈수스 반박』에서는 그리스 역사, 특히 소크라테스의 생애도 다룬다. 모세의 생애에 관해서는 참조 『켈수스 반박』 4,47.

21) 키케로도 비슷한 방식으로 에피쿠로스학파를 반박한다(참조 『신들의 본성』 2,6-7).

22) 스토아학파의 세계관과 오리게네스의 세계관의 본질적 차이는 스토아학파는 최초의 세상에 관해 물리적 결정론을 내세우는 반면, 오리게네스는 영적·윤리적 역동성을 인정한다는 점이다. 곧, 선과 악 사이에서 이루어지는 선택이 다음 세상의 움직임을 결정한다. 오리게네스에 따르면 이성적 피조물들은 처음부터 하느님에 의해 다수로 창조되었고, 이들은 이 연극이나 이어지는 연극들에서 늘 같은 배우 역할, 곧 낱알 역할을 한다. 참조 H. Cornélis, *Les fondements cosmologiques*, 235-245쪽.

게 그것을 입증할 수 있다면 나는 기꺼이 배울 것이다.

5. 한편 이 세상은 여러 시대들의 끝이라고 하는데, 이 세상 자체도 시대라고 일컬어진다.[23] 그리스도께서는 이 시대가 있기 전에 고난을 겪지 않으셨고, 당신이 계시기 전에 고난을 겪지도 않으셨다고 신적 사도는 가르치는데, 그리스도께서 고난을 겪지 않으신 이전 시대들을 내가 헤아릴 수 있을지 모르겠다. 나는 바오로의 다음 말씀을 통해 이것을 인식하게 되었음을 밝혀둔다. "그리스도께서는 시대들의 끝인 지금 당신 자신을 제물로 바쳐 죄를 없애시려고 단 한 번 나타나셨습니다."(히브 9,26) 바오로는 그분께서 당신 자신을 제물로 바쳐 죄를 없애려고 나타나신 것은 시대들의 끝에 단 한 번이라고 말한다.[24] 다른 시대들 끝에 생겨났다고 하는 이 시대 다

23) 오리게네스는 『마태오 복음 주해』 15,31과 『기도론』 27,15에서 시대(αἰών, seculum)의 의미에 관해 설명한다. 이는 확정되지 않는 기간인 '시대' 또는 어떤 일정한 기간에 펼쳐진 사건들 전체를 가리키는 '세상'(mundus)을 뜻한다. 마찬가지로 『로마서 주해』 6,5는 '영원'(αἰώνιος, aeternus)으로 설명한다. 영지주의자들은 이 낱말을 신적 세계인 플레로마 그리고 에온들을 구성하는, 의인화한 각각의 신적 존재들에 적용한다(참조 Lampe, *Patristic Greek Lexikon*).

24) 오리게네스는 그리스어로 쓰인 『기도론』 27,15에서도 같은 주장을 펼친다. 히에로니무스에 따르면 오리게네스는 그리스도께서 여러 차례 수난하셨다고 주장했고, 그리스도께서 악마들의 구원을 위하여 다른 세상에서 수난하셨다는 진술을 자신이 『원리론』 4,3,13에서 읽었다고 하는데(참조 『루피누스 저서 반박 변론』 1,20), 이 대목은 루피누스의 가필이 아니다. 사실 오리게네스는 여러 차례에 걸쳐 지상의 구원과 천상의 구원을 위하여 바친 그리스도의 '이중 희생'에 관해 언급하고, 가시적 십자가에 못 박히심과 비가시적 십자가에 못 박히심에 관해서도 언급한다(참조 『레위기 강해』 1,3; 『여호수아서 강해』 8,3; 『켈수스 반박』 7,17). 그럼에도 오리게네스는 하늘과 땅을 정화하는 그리스도의 '유일한' 십자가 희생이 있었다는 사실을 분명히 밝힌다. 이 본문과 『기도론』 27,15 이외에도 『원리론』과 같은 시기에 저술된 『요한 복음 주해』 1,35(40),255의 그리스어 본문이 다음과 같이 매우 분명하게 증언한다. "〔그리스도는〕 사람들만이 아니라 모든 이성적인 존재들을 위해 단 한 번(τὴν ἅπαξ θυσίαν) 바쳐진 희생 제물이시다."(참조 『로마서 주해』 5,10; 『루카 복음 강해』 10,3) 따라서 히에로니무스의 주장은 악의적 왜곡인 셈이다. 참조 H. de Lubac, *Histoire et Esprit*, 291-

음에 또 다른 시대들이 뒤따르리라는 것을 우리는 바오로 자신의 다음의 말을 통해 알 수 있다. "〔하느님께서는〕 우리를 위한 당신 선하심으로 당신 은총의 엄청난 풍요로움을 앞으로 다가올 시대들에 보여 주려고 하셨습니다."(에페 2,7) 사도는 앞으로 다가올 한 시대나 두 시대라 하지 않고 다가올 시대들이라고 하였다. 그래서 나는 이 말이 여러 시대들을 가리킨다고 생각한다.[25]

만일 시대들보다 더 큰 어떤 것이 있다면,—시대들[26]이란 피조물들과의 연관성 속에서 이해되는 말로, 가시적인 피조물들을 능가하고 초월하는 다른 존재들과 연관해서는 우주가 완전한 종말에 이르러 모든 것이 회복될 때(사도 3,21 참조) 아마 있게 될 것을 의미하는데—시대보다 더 큰 그 무엇이 모든 것의 종말에 있으리라는 뜻으로 알아들어야 한다. 나는 "시대들과 아직 더 큰"[27](다니 12,3 Θ 참조)이라고 한 성경의 권위로 이러한 결론에 이르렀다. 여기서 말하는 "아직 더 큰"이라는 표현은 의심할 나위 없이 한 시대보다 더 큰 어떤 것을 의미하는 것이다. 또 구원자께서 "이들도 제가 있는 곳에 저와 함께 있게 하시고, 저와 아버지가 하나인 것처럼 그들도 우리 안에서 하나가 되게 해 주소서"(요한 17,24.21)라고 하신 말씀은 시대나 시대들보다 더 많은 어떤 것, 어쩌면 시대들의 시대들(시편 83,5 등 참조)[28]보다 더 많은 어떤 것, 곧 모든 것이 시대 안에 더 이상 존재하지 않

294쪽; A. Orbe, *Los primeros herejes*, 236-240쪽; J. Losada, *El sacrificio de Cristo en los cielos según Origenes*, Miscelánea Comillas 50, 1968, 5-19쪽.

25) 에페 2,7에 관한 똑같은 해석은 『요한 복음 주해』 13,52(51),351에도 나온다. 오리게네스는 '이어지는 세상들'에 대한 가르침을 펼치기 위해 바오로 사도가 복수로서 '시대들'(αἰῶνες, seculi)이라고 썼다고 논증한다.

26) 그리스어 'αἰών'은 관용적으로 동물과 사람의 '생의 기간, 세대'도 뜻한다.

27) 그리스어로는 다음과 같다. "εἰς τοὺς αιῶνας καὶ ἔτί."

고 오히려 "하느님께서 모든 것 안에서 모든 것"(1코린 15,28)이 되실 그때를 나타내려 하신 것은 아닌지 생각해야 한다.

6. 지금까지 세상에 관한 문제를 능력껏 논하였으니, 이제 세상이라는 용어 자체가 무엇을 뜻하는지 탐구하는 것도 부적절하지 않은 듯하다. 성경에서 이 용어는 여러 가지 다른 뜻으로 자주 사용된다. 우리가 라틴어로 문두스(mundus)라고 부르는 것은 그리스어로는 '코스모스'(κόσμος)라고 하는데,[29] '코스모스'는 '세상'뿐 아니라 '장식'이라는 뜻도 지닌다. 이사야서에서는 시온의 귀족 딸들(이사 3,17.24 참조)을 비난하는 자리에서 "네가 저지른 짓들 때문에 너는 머리의 금장식 대신 대머리가 되리라"라고 하는데, 세상을 일컫는 코스모스라는 낱말을 장식이라는 뜻으로 쓴 것이다. 그리고 대사제의 옷에는 세상의 이치가 담겨 있다고 하는데, 솔로몬의 지혜서에서 찾아볼 수 있듯이 "〔대사제의〕 늘어진 옷에는 온 세상이 있었다"(지혜 18,24)고 한다. 또 성경이 "온 세상은 악마의 지배 아래 있습니다"(1요한 5,19)라고 말할 때처럼, 세상은 땅과 우리가 사는 그 주민들을 나타내기도 한다. 사도들의 제자인 클레멘스는 그리스인들이 북극인(ἀντίχθονος)이라 부르는 이들과, 지구 땅의 다른 편에 살고 있어 우리 가운데 아무도 그들에게 다가갈 수 없고 그들 가운데 누구도 우리에게 건너올 수 없는 이들에 대해 분명히 언급했는데, "대양은 인간이 횡단할 수 없고, 그 너머에 있는 세상들은 주권자이신 하느님의 안배로 다스려진다"[30]라고 하면서 그들

28) 전통적인 우리말 기도문에서는 '세세에 영원히'(saecula saeculorum)로 번역하여 사용한다.

29) 이 설명은 루피누스의 것임이 분명하다. 세상을 가리키는 라틴어 문두스(mundus)로는 그리스어 '코스모스'(κόσμος)의 복합적인 의미를 다 담아낼 수 없기 때문이다. 이 용어에 대한 오리게네스의 유사한 전개에 관해서는 참조 『요한 복음 주해』 6,59(38), 301-305; 『마태오 복음 주해』 13,20.

자체를 '세상들'이라고 불렀다.

또한 바오로가 "이 세상의 형체가 사라지고 있습니다"(1코린 7,31)라고 말하듯이, 하늘과 땅으로 구성되어 있는 우주도 세상이라 한다.[31] 우리 주님이신 구원자께서도 가시적인 이 세상 외에 다른 세상, 그 실재를 묘사하고 정의하기 어려운 다른 세상에 관하여 "나는 이 세상에 속하지 않는다"(요한 17,14와 16 참조)라고 말씀하셨다. 마치 다른 세상에서 오신 것처럼 "나는 이 세상에 속하지 않는다"라고 말씀하신 것이다. 우리는 그 세상에 관하여 설명하기 어렵다고 앞에서 말하였는데,[32] 이는 그리스인들이 '이데아'(ἰδέα)[33]라고 부르는 어떤 모상들의 존재를 우리가 인정한다는 오해를 불러일으킬 빌미를 아무에게도 주지 않기 위해서다. 비육체적 세상이 오직 정신의 표상[34] 속이나 흔들리는 생각 안에만 존재한다는 주장은 우리의 논리방식에 매우 낯설다.[35] 어떻게 구원자께서 그곳에서부터 오셨으며 성인들이 그곳으로 갈 것이라고 주장할 수 있는지 나는 이해하지 못하겠다. 그러나 구원자께서 이 현세상보다 더 뛰어나고 더 찬란한 어떤 것을 알려

---

30) 가장 오래된 교부 문헌 가운데 하나인 로마의 클레멘스의 『코린토 신자들에게 보낸 편지』 20,8가 인용되고 있지만 원문과는 다소 차이가 있다.

31) 이는 스토아학파 철학자 크리시포스(SVF II, 527쪽)의 '코스모스'에 관한 정의다: σύστημα ἐξ οὐρανοῦ καὶ γῆς καὶ τῶν ἐν τούτοις φύσεων.

32) 이 다음의 내용('… 이해하지 못하겠다'까지)은 플라톤학파의 '이데아계'를 반박하는 것이다. 오리게네스는 다른 곳에서 '지성적 세계'(νοητὸς κόσμος)에 관해 말한다(참조 『요한 복음 주해』 19,22,146). 오리게네스는 필론과 거리를 두려 한 것이 틀림없다.

33) 세네카는 이 용어를 라틴어 이데아(idea)로 소개했고, 키케로는 형상(forma) 또는 모습(species)으로 번역한 바 있으므로, 루피누스는 굳이 이 용어를 라틴어로 옮기려 하지 않았을 것이다.

34) 표상(φαντασία)에 관한 정의에 관해서는 참조 아미다의 아에티우스, 『Placita』 1,3과 1,10.

35) 오리게네스는 관념의 세계도 로고스 안에 자리 잡고 있다고 보았다(참조 『원리론』 1,2,2; 파울루스 오로시우스, 『프리스킬라누스파와 오리게네스파의 오류에 관한 회상록』 PL 42,668).

주셨고, 당신을 믿는 이들이 그곳을 향해가도록 촉구하시고 권고하셨다는 것은 의심할 여지가 없다. 그러나 그분께서 알려 주려 하신 그 세상이 이 세상과는 공간적으로나 질적으로나 영광으로나 매우 떨어져 분리되어 있는지, 아니면 영광과 특성으로는 월등하지만 이 세상의 테두리 안에 있는지가 문제다. 나에게는 후자가 더 그럴듯하게 보이지만 확실하지는 않은데, 이 문제가 인간의 사고와 정신에는 아직 생소하기 때문이라고 생각한다. 클레멘스가 "인간이 횡단할 수 없는 대양과 그 너머에 있는 세상들"을 말하며 그 너머에 있는 '세상들'을 복수(複數)로 사용하고, 이 모든 것이 지존하신 하느님의 같은 섭리로 이끌리고 다스려진다고 할 때, 그는 우리에게 어떤 인식의 씨앗을 뿌려 주려고 한 듯하다. 곧, 존재하고 현존하는 것인 하늘과 그 위에 있는 실재들 그리고 땅과 땅 아래에 있는 실재들로 구성된 우주를 일반적으로 유일하고 완전한 세상[36]이라 일컫고, 그 세상 안에 다른 세상들이 있다면 그것들은 〔유일하고 완전한〕 세상 안에 있다거나 그 세상에 포함된다고 여겨야 한다는 것이다.

어떤 이들은 달과 해, 그리고 유성(πλανήτας)이라 부르는 다른 별들의 천체(globus) 하나하나를 모두 세상이라 주장하며, 항성(ἀπλανεῖς)이라고 하는 최상의 천체는 본디의 의미에서 세상이라 부르고 싶어한다. 그들은 이러한 주장의 증거로, 일곱 세상 또는 하늘에 관하여 더 분명하게 알려 주는

36) 영적 존재들에게만 유보된 플레로마의 신적 세계와, 멸망할 운명을 지닌 악의 권좌인 지상의 세계를 구별하던 영지주의자와 벌인 논쟁에서 오리게네스는 우주의 단일성을 주장한다. 비록 가시적 세계와 비가시적 세계를 구별하고(참조 『원리론』 2,9,3; 『레위기 강해』 5,1; 『요한 복음 주해』 1,15,87), 플라톤처럼 초천상세계(超天上世界, supercaelestes)와 가시적 하늘을 구분하지만(참조 『켈수스 반박』 3,80; 5,4; 6,59; 7,44; 『에제키엘서 강해』 1,16), 감각적 세계는 지성적 세계와 구별될 뿐 결코 분리되지 않는다는 것이다(참조 『요한 복음 주해』 19,22(5),146).

바룩 예언서를 제시한다.[37] 그런데 그들은 항성이라 하는 그 천체(σφαῖρα) 위에 다른 천체가 있다고 한다. 우리의 체계에서 하늘이 그 아래 있는 모든 것을 포괄하고 있다고 말하듯이, 이 천체가 엄청난 크기와 형언할 수 없는 너비로 더 장대하고 둥근 테두리 안에 모든 천체의 공간을 감싸고 있다고 그들은 주장한다.[38] 그리하여 하늘 아래 우리의 이 땅이 있듯이 이 천체 안에 모든 것이 있다는 것이다. 그들은 이 천체가 성경에서 '좋은 땅'(탈출 3,8 참조), '살아 있는 이들의 땅'(루카 8,8; 예레 11,19; 시편 26,13; 141,6 참조)이라고 불리고, 우리가 앞에서 말한 자신의 하늘을 갖고 있으며, 이 하늘에는 구원자께서 말씀하신 대로 성도들의 이름이 기록되어 있거나 기록되어 있었으며(루카 10,20 참조), 이 하늘은 복음서에서 구원자께서 온유한 이들과 양순한 이들에게 약속하신 땅(마태 5,5 참조)을 포함하고 있으며 감

---

37) 오늘날 전해지는 『바룩의 그리스어 묵시록』 또는 『바룩 제3권』은 '다섯 하늘'밖에 언급하지 않는다. 그러나 오리게네스가 사용한 문헌과 현재 우리가 사용하는 판본이 서로 다를 수도 있기 때문에, 실제로 오리게네스가 읽은 문헌에는 '일곱 하늘'이라고 쓰여 있었을 가능성도 있다(참조 M. R. James, *Texts and Studies V*, 1897, LI쪽; R. H. Charles, *The Apocrypha and Pseudepigraphica of the Old Testament II*, 527쪽). 『바룩의 그리스어 묵시록』 또는 『바룩 제3권』으로 불리는 이 작품은 2세기 초에 유대교 작품을 그리스도교적으로 편집한 것이다. 이레네우스는 일곱 하늘을 언급하고(참조 『사도적 가르침의 논증』 9), 어떤 교부들은 '세 하늘'을 언급하기도 한다(참조 힐라리우스, 『시편 주해』 135,10; 니사의 그레고리우스, 『육일 창조 변론』 PG 44,120; 바실리우스, 『육일 창조에 관한 강해』 3). 영지주의자들은 '헤브도마데'라고 부르는 '일곱 유성'(πλανήτας)을 '오그도아데'라는 여덟 번째 '항성'(ἀπλανεῖς)과 구별하였고, 일곱 유성은 해·달·화성·수성·목성·금성·토성이라고 여겼다(참조 이레네우스, 『이단 반박』 1,5,2). 오리게네스는 바오로 서간(2코린 12,2)에 따라 '세 하늘'에 관해 말하며, 『시편 주해』에서 전적으로 오리게네스의 영향을 받은 힐라리우스도 바오로 서간과 연계하여 '세 하늘' 개념을 펼치고 있다. 오리게네스는 성경에 바탕을 두지 않았다는 이유로 '일곱 하늘' 개념을 거부한다(참조 『켈수스 반박』 6,21과 23).

38) '아홉 번째 천체'에 관해서는 참조 키케로의 『국가』 6,17; 니사의 그레고리우스, 『육일 창조 변론』 PG 44,117B.

싸고 있다고 믿는다. 그들은 전에는 '뭍'이라고 불린 우리의 이 땅이 저 땅에서부터 이름을 받았으며, 우리의 하늘인 궁창도 저 하늘의 이름에 따라 불리게 되었다고도 한다(창세 1,10.8 참조). 그러나 우리는 "한처음에 하느님께서 하늘과 땅을 창조하셨다"(창세 1,1)라는 구절을 강해하는 자리에서 이러한 종류의 의견들에 대해 충분히 거론하였다.[39] 거기에는 이틀 뒤에 창조되었다고 하는 궁창이나 나중에 땅이라 불린 뭍과는 다른 하늘과 땅이 있다고 제시되어 있다(창세 1,7 이하 참조).[40]

어떤 이들은 이 세상이 창조된 것이기에 소멸하지만, 그것을 만드시고 보존하시는 하느님의 의지가 소멸보다 더 강하고 강력하기 때문에 소멸이 이 세상을 지배하지 못한다고 말한다(로마 8,21 참조).[41] 이것은 우리가 앞에서 말한 항성이라는 천체[42]인 저 세상에 더 들어맞는 말이다. 왜냐하면 저 세상은 소멸의 원인이 되는 어떤 것도 받지 않았으니, 하느님의 의지에 따라 소멸하지 않기 때문이다. 저 세상은 완전하게 정화된 성인들의 세상이지 우리 세상처럼 불경한 이들의 세상이 아니다. 사도가 이 점을 염두에 두고 다음과 같이 말한 것이 아닌지 살펴보자. "우리는 보이는 것이 아

39) 소실된 『창세기 주해』를 가리킨다(참조 『원리론』 1,2,6).

40) 하늘과 땅은 창세 1,1에서 가장 높은 영역이다. 창세 1,8-10에서야 현재의 땅과 하늘이 창조되고, 이 둘의 최초 명칭은 현재의 땅과 하늘로 옮겨졌다. 오리게네스의 『창세기 주해』에서 이 주제를 다룬 부분은 소실되었지만 그 의미에 관해서는 다른 곳에서 설명된다. 오리게네스에 따르면, 하늘과 땅(참조 창세 1,1)은 궁창과 뭍(참조 창세 1,8.10)과는 다르다. 하늘과 땅은 축복받은 이들, 곧 이성적 피조물이 예전에 살던 곳이다(참조 『원리론』 2,9,1; 3,6,8; 『민수기 강해』 26,5; 『시편 제36편 강해』 2,4와 5,4; 『켈수스 반박』 7,28-29와 31). 반면 땅과 뭍의 구분은 영지주의적 개념이다.

41) 이 대목에서는 플라톤의 『티마이오스』 41ab의 영향이 감지된다.

42) 여기서 '항성이라는 천체'는 축복받은 이들이 예전에 누리던 참된 하늘과 참된 땅을 가리킨다.

니라 보이지 않는 것을 바라봅니다. 보이는 것은 잠시뿐이지만 보이지 않는 것은 영원합니다. 우리의 이 지상 살림집이 허물어지면 하느님으로부터 건물을, 곧 손으로 짓지 않은 영원한 집을 하늘에서 얻는다는 사실을 우리는 압니다."(2코린 4,18; 5,1) 사실 다른 곳에서 〔사도는〕 "나는 당신 손가락의 작품인 하늘들을 보리라"(시편 8,4)라고 하였고, 가시적인 모든 것에 관하여 하느님께서 예언자들을 통해 "내 손이 이 모든 것을 만들었다"(이사 66,2)라고 하셨으니, 성도들에게 약속하신 하늘에 있는 이 영원한 집은 손으로 만든 것이 아님을 알려 주시는 말씀이다. 이는 보이는 것들의 창조와 보이지 않는 것들의 창조 사이에 차이가 있다는 것을 알려 준다.[43] 보이지 않는다는 것은 보일 수 없다는 것과 같은 뜻이 아니다.[44] 보일 수 없는 것은 보이지 않을 뿐 아니라 보일 수 있는 본성을 지니지 않은 것이며, 그리스인들은 이를 '아소마타'(ἀσῶματα), 곧 비육체적인 것들이라 부른다.[45] 그러나 바오로가 "보이지 않는 것들"이라 말한 것들은 보일 수 있는 본성을

43) 오리게네스는 하느님의 손으로 만들어졌다고 상징적으로 일컬어지는 더 낮은 이 세상과, 지상의 물질로 만들어지지 않은, 곧 하느님의 손으로 만들어지지 않은 더 높은 세상을 지나치게 문자적으로 구분한다. 손으로 만들어지지 않은 세상은 보이지 않는다. 따라서 이는 별이 총총하게 보이는 하늘이 아니라 그 위에 있는 영역을 뜻한다. 따라서 그곳에서는 복된 이들이 산다. 이는 『시편 제36편 강해』 5,4에 쓰여 있듯이 '우리의 궁창 뒤에'(dorsum ipsum firmamenti huius) 있는 세상이다.

44) 참조 『요한 복음 강해 단편』 13(GCS 4, 494쪽); 『켈수스 반박』 7,46. 비가시적이며 비육체적인 실재의 정체성을 다루는 과정에서 이러한 구분이 강조되었다(참조 『원리론』 1,서론,8-9; 1,7,1; 4,3,15). 그러나 오리게네스는 복된 이들이 볼 수 없는 실재뿐 아니라 보이지 않는 실재에도 다다를 수 있다고 한다(참조 『원리론』 2,2,7). 더 나아가 오리게네스는 복된 이들이 다다르게 되는 세상은 볼 수 없는(ἀόρατος) 세상이라고 정의하면서, 그 세상은 보이지 않는(οὐ βλεπόμενος) 세상, 지성적(νοητός) 세상이라고 한다〔참조 『요한 복음 주해』 19,22(5),146〕.

45) 참조 『원리론』 1,서론,8-9.

지니고는 있지만 약속받은 이들에게 아직 보이지 않았음을 뜻한다.[46)]

7. 우리가 이해할 수 있는 한도에서 모든 것의 종말과 최고의 복됨에 관하여 다음의 세 가지 의견을 내놓았으니, 독자 각자가 이 가운데 하나를 인정하거나 채택하려면 스스로 더 성실하고 더 면밀하게 판단해야 한다. 내가 말했듯이 〔첫째〕 모든 것이 그리스도께 굴복하고 그리스도를 통하여 하느님 아버지께 굴복한 다음, 하느님께서 모든 것 안에 모든 것이 되실 때(1코린 15,28 참조) 우리는 비육체적인 삶을 엮어갈 수 있다고 여겨야 한다는 것이다. 〔둘째〕 우주가 그리스도께 굴복하고 그리스도를 통하여 하느님께 굴복할 때, 이성적인 본성들은 영이므로(1코린 6,17 참조) 하느님과 함께 모두 한 영이 될 것이며, 그때에 가장 좋고 가장 순수한 영들과 결합된 육체적 실체 자체는 이를 받아들인 이들의 자질이나 공로에 따라 "우리도 변화할 것입니다"(1코린 15,52)라고 한 사도의 말대로 에테르[47)]의 상태로 변화되어 빛나게 되리라는 것이다. 〔셋째〕 보이는 것들의 모습이 사라지고 그들의 모든 소멸성이 제거되고 정화되며, 유성이라는 천체가 있는 이 세상의 모든 상태가 지나가고 대체될 때, 온유한 이들과 양순한 이들이 유산으로 물려받게 될 "좋은 땅"(탈출 3,8 참조)과 살아 있는 이들의 땅(루카 8,8; 시편 26,13; 마태 5,4 참조)에서처럼 항성이라 하는 천체 위에 경건하고 복된 이들의 거처가 마련되리라는 것이다. 이 땅에 해당하는 하늘은 더 장대하고 둥근 테두리로 이 땅을 둘러 감싸고 있으며, 올바르고 본격적인 의미에서 하늘이라 불린다. 이 하늘이나 땅 안에서 모든 것의 종말과 완성이 확

46) 우리는 아직 물질적이고 보이는 세상에 있기에, 복된 이들의 장소를 인지할 수 없다. 그 장소는 '우리의 궁창 뒤에' 있기 때문이다.

47) 에테르(aetherium)에 관해서는 참조 『원리론』 1,7,5 각주 25. 에테르 개념은 아리스토텔레스적 의미로 이해되어서는 안 된다(참조 『원리론』 3,6,6 각주 38).

실하고도 가장 항구한 방식으로 실현될 것이다.[48] 지은 죄들을 씻기 위해 겪는 벌로 교정된 이들은 보속할 모든 것을 끝마친 다음에야 이 땅의 거처를 얻어 누리게 되겠지만, 현세에서 이미 하느님의 말씀에 순종하였고 그분의 지혜를 받아들일 역량을 갖추어 따랐던 이들은 성경 말씀에 따라 그 하늘 또는 하늘들의 나라(마태 5,3 참조)를 차지하게 되리라는 말을 들을 것이다.[49] 그리하여 "행복하여라, 온유한 사람들, 그들은 땅을 차지할 것이다"(마태 5,4), "행복하여라, 영으로 가난한 사람들, 그들은 하늘들의 나라를 상속받을 것이다"(마태 5,3)라는 말씀과 "그분께서 너를 들어 올리시어 땅을 상속받게 하시리라"(시편 36,34)라고 한 시편 말씀이 완전하게 이루어질 것이다. 이 땅에 대해서는 내려온다는 표현을 쓰고, 높은 곳에 있는 저 땅에 대해서는 올라간다는 표현을 쓴다. 그 땅에서부터 그 하늘들에 이르는 길이 성인들의 진보로 말미암아 열리는 것 같고, 성인들은 그 땅에서 계속 머물거나 거주하는 것이 아니라 하늘 나라를 상속받기 위해 나아가는 과정에서 그 땅을 거치게 되는 것 같다.[50]

48) 복된 이들은『원리론』2,11,5-7에서 묘사된 진보할 만한 소질이 있기 때문에 고정 상태에 있지 않으며 선 안에 항구하게 있다.

49) 오리게네스의 천상 지형도는 이 장(章)에 묘사된 것보다 훨씬 더 복잡하다. 왜냐하면 이스라엘과 그 이웃 나라들과 적국들의 지리는 상징이며, 천상 예루살렘과 지상 예루살렘이 중심이 된다(**참조**『원리론』4,3,7-12;『켈수스 반박』6,23; 7,29;『탈출기 강해』1,2;『레위기 강해』13,4;『민수기 강해』1,3; 3,3; 21,2; 27,2;『여호수아기 강해』23,4; 25,3;『마태오 복음 주해』15,24).

50)『시편 제36편 강해』5,7에서 하늘들의 나라는 하느님 나라의 일을 이어갈 운명을 지닌 복된 이들이 거쳐 가는 일시적인 단계처럼 여겨진다. 다른 본문들은 이를 신적 신비들의 인식에서 무한정한 상승으로 생각한다[**참조**『민수기 강해』17,4;『원리론』4,3,15;『기도론』25,2;『아가 주해』서론(GCS 8, 79쪽); 이레네우스,『이단 반박』2,28,3]. 그러나 이것은 장소의 변화를 의미하지 않는다.

4장

율법과 예언서의 하느님은 한 분이시고 구약성경과 신약성경의 하느님은 같은 분이시다

(그리스어)

율법과 예언서의 하느님과 주 예수 그리스도의 아버지는 한 분이시다

(라틴어)

1. 우리가 첫머리에서 제시한 바에 따라, 이 문제들을 순서에 맞게 힘닿는 대로 간략하게 다루었다.[1] 이제 우리는 우리 주 예수 그리스도의 아버지께서 모세에게 율법 말씀을 넘겨 주시고 예언자들을 파견하셨으며, 〔그분이〕 성조 아브라함과 이사악과 야곱의 하느님이신 분과 다른 하느님이라고 생각하는 자들을[2] 논박해야 한다. 먼저 이 문제에 관한 신앙의 가르침

1) 참조『원리론』1,서론,4. 이 부분은 논문의 첫째 계열과 둘째 계열, 곧 세 주제(하느님, 그리스도, 성령)와 그다음에 서론에서 제기된 문제들 사이의 접합점에 해당된다.

2) 이 견해는 영지주의자들 사이에 널리 퍼져 있었으며, 마르키온의 고전적인 주장이다(오리게네스는『원리론』2,7,1에서 마르키온과 발렌티누스를 언급한다). 다음 논쟁의 많은 세목은 마르키온의 주저『대립 명제』와 관련된다. 마르키온의 근본적 표상은 다음과 같다. 구약, 곧 율법과 예언서의 하느님은 세상의 창조자이며, 물질과 결합되어 있다. 반면 신약의 하느님은 영적인 것과 결합되어 있다. 구약의 하느님은 엄격하고 무자비한 심판관이고 편협하게 인식하시는 의로운 분이다. 신약의 하느님은 모든 것을 포용하고 구원하는 사랑이시며 선하신 분

을 확고히 해둘 필요가 있다.[3] 따라서 우리는 이러저러한 "예언자들을 통해 말씀하신 것이 이루어지도록"(마태 2,15; 4,14 참조)이라고 복음서들에 자주 언급되어 있으며 우리 주님이시요 구원자이신 분의 모든 행적에 덧붙어 있는 진술들에 대해 고찰해야 하겠다. 왜냐하면 그들은 세상을 만드신 하느님의 예언자들임이 분명하기 때문이다. 바로 이 논리에서, 예언자들을 파견하신 분은 바로 그리스도에 관하여 예언되어야 할 바를 예언하신 분이라는 결론이 나온다.[4] 그리스도에게 낯선 존재가 아니라, 바로 그분의 아버지께서 예언하셨다는 것은 의심할 여지가 없다. 구원자나 그분의 사도들이 구약성경에 나오는 예들을 자주 인용한다는 사실은 다름이 아니라 구원자와 사도들이 구약성경의 저자들에게 권위를 보태었다는 것을 알려 준다. 또한 구원자께서는 당신 제자들에게 선하게 살도록 권고하기 위해 "하늘의 아버지께서 완전하신 것같이 너희도 완전한 사람이 되어야 한다. 그분께서는 악인에게나 선인에게나 당신의 해가 떠오르게 하시고, 의로운 이에게나 불의한 이에게나 비를 내려 주신다"(마태 5,48.45)라고 말씀하셨는데, 이는 그분께서 당신 제자들에게 하늘을 만드시고 비를 내려 주시는 분 말고 다른 신을 본받아야 한다고 이르신 것이 아니라는 점을 지성

이다. 테르툴리아누스는 이 관점에 관해 이미 마르키온을 논박하였다. 그러나 오리게네스는 알렉산드리아의 클레멘스처럼 이 문제에서 영지주의자들과 마르키온파를 구분하지 않는다. 그러나 『원리론』 2,5,4에서 재론하는 본성들에 관한 문제는 특별히 발렌티누스파를 염두에 두고 있다. 참조 『켈수스 반박』 5,61; 『티토서 주해 단편』(PG 14,1303); 에우세비우스, 『교회사』 4,11.

3) 이를 위해 오리게네스는 구약성경의 내용이 성취되는 신약성경 본문들이나 구약성경의 하느님을 자신의 아버지로 나타내는 그리스도의 말을 인용하려 한다.

4) 구약의 예언이 그리스도에게 적용되지 않는다는 마르키온의 교의다(참조 A. v. Harnack, *Marcion*, 284-285쪽).

이 좀 모자라는 사람이라도 아주 분명하게 알아듣게 하시기 위해서였다.

그분은 우리가 기도할 때 "하늘에 계신 우리 아버지"(마태 6,9)라고 말해야 한다고 가르치셨는데, 이 말이 당신 피조물인 세상의 더 높은 곳에 계시는 하느님을 찾아야 한다는 뜻 말고 다른 무엇을 드러낸다고 보이는가?[5] 맹세에 대한 가장 뛰어난 계명을 주시면서 "하늘을 두고도 맹세하지 마라. 하느님의 옥좌이기 때문이다. 땅을 두고도 맹세하지 마라. 그분의 발판이기 때문이다"(마태 5,34-35)라고 말씀하셨는데, "하늘은 나의 옥좌요, 땅은 나의 발판이다"[6](이사 66,1)라는 예언서의 말씀과 아주 명백하게 일치하지 않는가? 주님께서 소와 양과 비둘기를 팔던 자들을 성전에서 쫓아내시고 환전상들의 상을 둘러엎으시면서 "이것들을 여기서 치워라. 내 아버지의 집을 장사하는 집으로 만들지 마라"(요한 2,16)라고 말씀하셨을 때, 솔로몬이 그분 이름을 위하여 멋진 성전을 지어 바쳤던 바로 그 하느님을 아버지라 부르셨다는 사실은 의심할 여지가 없다.[7] 또한 그분은 "하느님께서 모세에게 '나는 아브라함의 하느님, 이사악의 하느님, 야곱의 하느님이다'라고 하신 말씀을 너희는 읽어보지 못하였느냐? 그분께서는 죽은 이들의 하느님이 아니라 산 이들의 하느님이시다"[8](마태 22,31-32)라고 말씀하

5) 알렉산드리아의 클레멘스(참조 『교육자』 1,8,72)는 마태 5,48.45를 같은 의미로 인용한다. 『교육자』 1,8,73에서도 '하늘에 계신 우리 아버지'에 관해 여기와 같은 식으로 논증한다.

6) 참조 『요한 복음 주해』 6,39(23),201-202.

7) 참조 『요한 복음 주해』 10,33(19),210-216. 여기서 예수는 솔로몬의 성전을 알지 못하고 헤로데의 성전을 안다.

8) 영지주의자들에게는 영적인 사람들만이 살아 있는 참된 이들이었다(오리게네스, 『요한 복음 주해』 2,21(15),137에 나오는 헤라클레온의 주장; 이레네우스, 『이단 반박』 1,8,5). 그런데 예수는 구약성경의 하느님(발렌티누스파의 데미우르구스)을 살아 있는 이들의 하느님이라고 부른다. 발렌티누스파는 아브라함을 데미우르구스의 상징으로 여겼다(참조 『Elenchos』 6,34,4).

셨다. 그분이 하느님을 '성조들의 하느님', '살아 있는 이들의 하느님'이라 불렀던 것은 성조들이 거룩하고 살아 있던 이들이었기 때문이며, 그 하느님은 예언서에서 "나는 하느님이다. 나 외에 다른 신은 없다"[9](이사 46,9)라고 말씀하신 분이라는 사실을 우리에게 아주 분명하게 가르쳐 주신 것이다. 구원자는 아브라함의 하느님이 율법에 기록되어 있는 분이시고, "나는 하느님이다. 나 외에 다른 신은 없다"라고 말씀하신 바로 그분이시라는 사실을 알고 계셨으며, 바로 그분을 아버지로 인정하셨기 때문이다. 그런데 이단자들[10]은 〔구원자의 하느님이〕 자신 위에 다른 신이 있다는 것을 몰랐으며, 더 뛰어난 신이 있다는 것을 몰랐던 그런 자를 구원자가 어리석게도 자기 아버지라고 선언했다고 생각한다. 만일 〔구원자의 하느님이〕 몰랐던 것이 아니라 자신 외에 다른 신은 없다는 말로써 속였다면, 구원자가 그런 거짓말쟁이를 자기 아버지로 인정하였다고 생각하는 것은 훨씬 더 어리석은 짓이다. 이 모든 점을 고려해 볼 때 그분은 만물을 만드시고 창조하신 하느님 외에 다른 아버지를 인정하지 않으셨다는 결론에 이르게 된다.

2. 율법의 하느님과 복음서의 하느님이 한 분이고 같은 분이시라는 것을 가르쳐 주고 증언하는 복음서의 구절들을 모두 모아내려면 무척 오래

9) 마태 22,31과 이사 46,9(또는 45,5)의 연결은 중요하다. 왜냐하면 영지주의자들은 데미우르구스가 자신보다 높은 하느님의 존재를 모른다는 사실에 대한 증거로 이사 46,9(또는 45,5)를 사용하였기 때문이다(참조 이레네우스, 『이단 반박』 1,5; 『Elenchos』 6,33; 7,23; 7,25,3; 『아르콘의 실체』 134,27-31).

10) 테르툴리아누스(참조 『마르키온 반박』 1,11,9; 2,26,1; 2,28,1)에 따르면 마르키온을 가리킨다. 발렌티누스파에 따르면 데미우르구스는 아카모트에 관해 아무것도 모른다(참조 이레네우스, 『이단 반박』 1,5,3; 알렉산드리아의 클레멘스, 『테오도시우스의 글에서 발췌』 49,1; 히폴리투스, 『모든 이단 반박』 6,33). 히폴리투스(『모든 이단 반박』 7,23)에 따르면 바실리데스도 비슷한 견해를 지녔다. 사람들은 이 가르침을 이사 46,9로 뒷받침한다.

걸릴 것이다. 그렇지만 스테파노와 사도들이 하늘과 땅을 만드신 하느님, 당신의 신적 예언자들의 입을 통하여 당신 자신을 아브라함의 하느님, 이사악의 하느님, 야곱의 하느님이라 하신 하느님, 당신 백성을 이집트 땅에서 이끌어내신 하느님께 기도를 바쳤다고 하는 사도행전의 말씀들에 대해서는 간략하게 언급하자(사도 3,13; 3,18; 4,24; 7,32.34.40 참조). 이 말씀들은 의심할 여지없이 창조주에 대한 믿음으로 우리 마음을 이끌어 주며, 그분에 관하여 경건하고 충실하게 배운 이들 안에 그분에 대한 사랑을 심어준다. 구원자께서는 율법에서 가장 큰 계명이 무엇이냐는 질문을 받았을 때 몸소 이렇게 대답하셨다. "네 온 마음으로 네 온 영혼으로 네 온 정신으로 주 너의 하느님을 사랑해야 한다. 둘째도 이와 같다. 네 이웃을 너 자신처럼 사랑해야 한다." 그리고 이에 덧붙여 "모든 율법과 예언서가 이 두 계명에 달려 있다"(마태 22,36-40)라고 말씀하셨다. 그렇다면 의심할 나위 없이 율법의 하느님을 사랑하라고 요구하는 이 계명을 당신께서 다른 모든 계명에 앞서 가르치시고 당신 제자가 되도록 불러 주신 사람들에게 권고하신 이유가 무엇이겠는가? 이 계명이 이미 율법(레위 19,18; 신명 6,5)에서 똑같은 말로 선포되었기 때문이다.

그러나 매우 명백한 이 모든 증거와 반대로 가정한다면, 구원자께서 도대체 어떤 다른 하느님을 두고 "네 온 마음으로 주 너의 하느님을 사랑해야 한다"라고 말씀하신 것인지, 나머지 말씀들은 또 무슨 의미인지 나는 이해하지 못하겠다. 그들[이단자들][11]이 주장하는 바와 같이 율법과 예언서

11) 참조 프톨레마이우스, 『플로라에게 보낸 편지』 7,2-4; 오리게네스, 『요한 복음 주해』 6,20(12),109에서 언급되는 헤라클레온; 『Elenchos』 6,35,1; 오리게네스, 『기도론』 29,12; 『예레미야서 강해』 10,5; 12,5.

들이 창조자의 것이고, 그 창조자가 그들이 선하다고 말하는 분과는 다른 신이라면, 이는 율법과 예언서들이 이 두 계명에 달려 있다고 덧붙이신 말씀과 어떻게 조화를 이루겠는가? 하느님과 다르고 낯선 것이 어떻게 그 하느님에게 달려 있겠는가? 바오로[12]는 "내가 나의 조상들을 본받아 깨끗한 양심으로 섬기는 하느님께 감사를 드립니다"(2티모 1,3)라고 말하면서, 어떤 새로운 하느님께 가기 위해 그리스도께 가는 것이 아니라는 사실을 분명히 밝힌다. 바오로가 친히 "그들이 히브리 사람입니까? 나도 그렇습니다. 그들이 이스라엘 사람입니까? 나도 그렇습니다"(2코린 11,22)라고 말한 이들을 바오로의 조상 이외의 다른 조상들이라고 생각할 수 있는가?[13] 로마 신자들에게 보낸 서간의 서문 자체는 바오로가 자신의 서간들을 이해할 줄 아는 이들에게 '선포하는 하느님'이 어떤 분인지를 정확하게 보여 주지 않는가? 그는 이렇게 말한다. "예수 그리스도의 종 바오로는 사도로 부르심을 받았으며 하느님의 복음을 위하여 선별되었습니다. 이 복음은 하느님께서 당신의 예언자들을 통하여 미리 성경에 약속해 놓으신 것으로, 당신 아드님에 관한 말씀입니다. 그분은 육으로는 다윗의 씨로부터 태어나셨고, 거룩하게 만드는 영으로는 죽은 이들 가운데에서 부활하시어 힘을 지니신 하느님 아드님으로 예정되신 우리 주 예수 그리스도이십니다. (…)" (로마 1,1-4 참조) 또 이런 말도 하였다. "'타작 일을 하는 소에게 부리망을 씌워서는 안 된다'고 해서 하느님께서 소들에게 마음을 쓰시는 것입니까? 우리를 위하여 말씀하시는 것이 아닙니까? 물론 우리를 위하여

12) 발렌티누스파는 바오로를 영적인 사람으로 여겼다(참조 『원리론』 1,8,2; 『요한 복음 주해』 10,33(27),290-291).

13) 오리게네스는 확실히 다음의 말도 생각하였다. "그들이 아브라함의 자손입니까? 나도 그렇습니다." 여기에서야 실제로 조상들이 논의된다.

그렇게 기록된 것입니다. 밭을 가는 이는 마땅히 희망 속에서 갈아야 하고, 타작하는 이는 제 몫을 받으리라는 희망 아래 그 일을 하기 때문입니다."(1코린 9,9-10) 여기서 바오로는 율법을 주신 하느님께서 "타작 일을 하는 소에게 부리망을 씌워서는 안 된다"(신명 25,4)고 말씀하시는 것은 우리를, 곧 사도들을 위한 것이라는 사실을 분명히 보여 준다. 하느님께서는 소들을 걱정하신 것이 아니라 그리스도의 복음을 선포한 사도들에게 마음을 쓰신 것이다. 바오로 자신도 율법의 약속을 받아들이면서 다른 곳에서 이렇게 말한다. "'아버지와 어머니를 공경하여라.' 이는 약속이 딸린 첫 계명입니다. '네가 잘되고 너의 주 하느님께서 너에게 주실 땅, 좋은 땅에서 오래 살 것이다' 하신 약속입니다."(에페 6,2-3; 탈출 20,12) [바오로가] 이 말을 통해 율법과 율법의 하느님과 그분의 약속이 자기 마음에 든다고 선언하고 있다는 것은 의심할 여지가 없다.

3. 이 이단을 옹호하는 자들이 종종 교묘한 궤변으로 마음이 단순한 이들을 속이고 있기 때문에, 그들이 주장할 때 흔히 내세우는 논리들 안에서 우리가 그들의 속임수와 거짓말을 밝혀 내고 논박하는 것이 불합리하지 않다고 나는 생각한다. 그들은 [성경에] "아무도 하느님을 본 적이 없다"(요한 1,18)고 기록되어 있는데 모세가 예언한 그 하느님은 모세에게 보였고 그 이전에 성조들에게도 보인 반면, 구원자께서 알려 주신 그분은 아무에게도 결코 보이지 않았다고 말한다.[14] 그러면 우리도 그들이 하느님이라 고백하고 창조자 하느님과는 다른 존재라고 말하는 분이 가시적인 분인지 아니면 비가시적인 분인지 그들에게 물어 보자. 만일 그분이 가시적인 분

14) 마르키온은 요한 복음서를 인정하지 않았다. 이 인용과 논거는 확실히 마르키온의 것이 아니다.

이라고 말한다면,[15] 그들은 "그분이 보이지 않는 하느님의 모상이시며 모든 피조물의 맏이이십니다"(콜로 1,15)라는 구원자에 관한 성경 말씀에 어긋난다는 비난을 받게 될 뿐 아니라, 하느님이 육체적인 존재라고 말하는 어리석음에 떨어지게 될 것이다. 육체들의 특성인 모양과 크기와 색깔을 통하지 않고서는 어떤 것도 보일 수 없기 때문이다. 그리고 만일 그들이 하느님은 육체라고 주장한다면, 모든 육체는 물질로 되어 있기 때문에 하느님도 물질로 되어 있다는 결론이 나온다. 만일 하느님이 물질로 되어 있다면, 물질은 의심할 나위 없이 썩는 것이므로, 그들의 주장에 따라 하느님도 썩는 분이 되실 것이다. 우리는 다시 그들에게 물을 것이다. 물질은 만들어진 것인가 아니면 창조되지 않은 것, 곧 만들어지지 않은 것인가? 만일 그들이 물질은 만들어지지 않은 것, 곧 창조되지 않은 것이라 한다면, 우리는 그들에게 하느님이 물질의 한 부분이고 세상도 〔물질의〕 한 부분인지 묻겠다.[16] 만일 그들이 물질은 만들어진 것이라 대답한다면,[17] 그들이 하느님이라고 말하는 그분도 의심할 여지없이 만들어진 존재로 인정한다는 결론이 나온다. 이것은 그들의 논리로 보나 우리의 논리로 보나 분명히 받아들일 수 없는 것이다.

그러나 그들은 하느님이 보이지 않는다고 말할 것이다.[18] 그러면 그대

15) 발렌티누스파는 비가시적이고 알 수 없는 최고의 하느님을 믿었기에 이 가정은 추론을 필요로 한다. 오리게네스는 생출(προβολή)에 관한 그들 가르침의 물질주의를 비난한다(참조 『원리론』 1,2,6; 4,4,1).

16) 명백히 터무니없다고 곧바로 알 수 있는 것.

17) 테르툴리아누스의 유사한 추론에 관해서는 참조 『헤르모게네스 반박』 7.

18) 참조 히에로니무스, 『서간집』 124,6. "그리고 같은 책에: 하느님께서 보이지 않는 것은 사실이다. 하느님께서 본성상 보이지 않는다면 구원자도 보이지 않을 것이다."(Et in eodem libro: 'Restat ut invisibilis sit Deus. Si autem invisivilis per naturam est, neque Salvator

들은 어떻게 추론하겠는가? 만일 하느님이 본성상 보이지 않는다고 그대들이 말한다면,[19] 그분은 구원자에게도 보일 수 없어야 한다. 그럼에도 그리스도의 아버지 하느님은 보일 수 있다고 하는 까닭은 그리스도께서 "아들을 본 사람은 아버지도 본 것이다"(요한 14,9 참조)라고 말씀하셨기 때문이다. 그대들을 매우 당황스럽게 만드는 이 말씀을[20] 우리는 '본다'는 뜻이 아니라 '안다'는 뜻으로 더 적절하게 이해한다. 아들을 아는(1코린 13,9.12 참조) 사람은 아버지도 알기 때문이다. 그러므로 모세가 하느님을 보았다는 것도 이런 방식으로 생각해야 할 것이니, 육의 눈으로 그분을 본 것이 아니라 마음의 눈과 정신의 감각을 통하여 "부분적으로" 알아보았다고 여겨야 한다. 사실 〔모세에게 대답하시는 분께서는〕 "너는 내 얼굴을 보지 못하고 내 뒷모습만 볼 것이다"[21](탈출 33,23)라고 말씀하셨다. 이는 신적 말씀을 이해하는 데 어울리는 신비로 알아들어야 하며, 무지한 자들이 하느님의 얼굴과 등을 상상하는 그런 허황된 이야기들은 완전히 배척하고 경멸해야 한다.[22] 앞에서 말한 바와 같이[23] 어떤 사람도 아버지는 구원자에게

visibilis erit') 이 본문은 루피누스의 번역과 상통하지만 히에로니무스는 『원리론』 1,8-9에서처럼 루피누스가 문맥을 이해하지 못했기 때문에 이 본문이 터무니없다고 생각한다.

19) 정통신앙인들에게와 마찬가지로 영지주의자들에게 '비가시적'이란 표현은 '알 수 없는'이라는 의미도 담고 있다(참조 A. Orbe, *Hacia la prìmera teologia*, 411-412쪽). 『원리론』 1,1,8-9이 단순한 이들, 곧 신인동형론자를 대상으로 삼은 것과 달리 여기서는 영지주의자를 대상으로 삼았다.

20) 뒤따르는 내용을 말 그대로 이해하면 그러하다. 마르키온은 성경의 영적 의미를 부인하였다(참조 A. v. Harnack, *Marcion*, 259-260쪽).

21) 참조 『예레미야서 강해』 16,2와 『아가 주해』 3 (GCS 8, 231쪽)

22) 무지한 이들은, 영지주의자들과 마르키온파가 구약성경의 가치를 떨어뜨리기 위해 내세운 성경의 신인동형론을 문자 그대로 해석하였다. 오리게네스는 그들의 주장을 반박하기 위해 이 구절들을 우의적으로 해석하였다(참조 『요한 복음 주해』 13,22,131; 『창세기 강해』 13,2).

23) 참조 『원리론』 1,1,8.

도 보일 수 없다고 우리가 말했다고 해서 무슨 불경스런 것을 생각하고 있다고 여기지 말고, 이단자들을 논박할 때 그런 구별을 사용했다고 여겨야 한다.[24] 우리는 보는 것과 보이는 것, 아는 것과 알려지는 것, 인식하는 것과 인식되는 것은 서로 다르다고 말했다. 보는 것과 보이는 것은 육체의 특성이니, 이는 성부와 성자와 성령의 상호관계에는 적절하게 적용될 수 없다. 삼위일체의 본성은 시력의 능력을 초월하지만 육체를 지닌 존재들, 곧 나머지 모든 피조물들은 서로를 볼 수 있기 때문이다. 그래서 비육체적 본성, 특히 이성적 본성에게는 아는 것과 알려지는 것 외에는 아무것도 걸맞지 않다. 이는 구원자께서 다음과 같이 말씀하신 바와 같다. "아버지가 아니면 아무도 아들을 알지 못한다. 또 아들과 아들이 드러내 주려는 사람이 아니면 아무도 아버지를 알지 못한다."(마태 11,27 참조) '아들이 아니면 아무도 〔아버지를〕 보지 못한다'고 말씀하신 것이 아니라 "아들이 아니면 아무도 〔아버지를〕 알지 못한다"고 분명하게 말씀하셨다.

4. 〔이단자들은〕 구약성경에서 하느님이 분노하시고 후회하시는 등 인간적인 감정[25]을 드러내셨다는 구절들에서,[26] 사실 하느님은 전혀 고통을 받

24) 이는 에피파니우스와 히에로니무스가 구원자 자신도 하느님을 보지 못했다고 오리게네스가 말했다며 그를 비난한 내용이 아니다(참조 『원리론』 1,1,8-9와 각주 44). 루피누스가 이 구절을 덧붙였다고 주장하기 위해서는, 그가 전체적으로 '보다/이해하다'의 구분에 근거를 두고 있는 『원리론』 2,4,3의 둘째 부분 모두를 가필했다고 가정해야 하기 때문이다. 그런데 이 둘째 부분은 첫째 부분과 2,4,2 그리고 2,4,3 전체와 논리적으로 연결된다. 곧, 이 단락의 구조에는 결점이 없다. 이 부분의 친저성은 1,1,8에서 발전시킨 개념들로 확증된다.

25) 그리스어로는 '파토스'(πάθος)다. 이 낱말 본디의 의미를 염두에 두는 것이 중요하다. 따라서 '아파테스'(ἀπαθής)에는 '감정이 없는'이라는 의미뿐 아니라 '고통이 없는'이라는 의미도 있다. 여기에서 서술된 견해는 마르키온의 것이다(참조 M. Pohlenz, *Vom Zorne Gottes*).

26) 성경의 신인동형론은 하느님에게도 적용된다. 오리게네스는, 이단자들이 하느님이 감정을 드러내셨다는 이유로 구약성경에 반론을 내세우지만 이와 같은 예가 신약성경에서도 발견된다고 답변한다. 오리게네스에 따르면 이 표현들은 어떤 신적 실재들에 해당한다(참조 H.

으실 수 없고 어떠한 감정도 느끼실 수 없다고 주장하면서 우리를 반박할 빌미를 잡았다고 생각한다. 이제 우리는 그들에게 복음서의 비유 가운데도 이와 비슷한 표현들이 있다는 사실을 입증해야 한다. 어떤 사람이 포도밭을 만들고 그것을 농부들에게 도지로 주었다. 그런데 그 농부들은 자신들에게 보낸 종들을 죽이고, 마침내 자신들에게 보낸 아들마저 죽였다. 분노한 그는 그들에게서 포도밭을 빼앗고 그 악한 농부들을 없애 버리고, 제때 곡식을 바칠 다른 농부들에게 포도밭을 맡길 것이라고 한다(마태 21,33-41 참조). 또한 어떤 가장이 왕권을 받으러 떠나자 그의 백성은 사절을 뒤따라 보내어 "저희는 이 사람이 저희 위에 군림하는 것을 바라지 않습니다"라고 말하였다. 왕권을 받고 돌아온 그 가장은 분노하여 그들을 자기 면전에서 죽이고 그들의 마을을 불태워 버리도록 명령하였다(루카 19,11-27 참조). 그러나 우리가 구약성경이나 신약성경에서 하느님의 분노에 관한 구절을 읽을 때 거기에서 말하는 것을 문자적으로 이해하는 대신[27] 영적 이해를 추구해야 하는 까닭은 하느님께 합당한 방식으로 이해하기 위해서다. 시편 제2편에 나오는 "그분께서 당신 분노로 그들에게 말씀하시고 당신 진노로 그들을 놀라게 하시리라"(시편 2,5)라는 구절을 해설하는 자리에서[28] 우리는 우리의 빈약한 지성으로 할 수 있는 한 이를 어떻게 이해해야 하는지 제시한 바 있다.[29]

Crouzel, *Connaissance*, 258-262쪽).

27) 참조 『예레미야서 강해』 18,6; 20,1. 한편으로는 영지주의자들과 마르키온파, 다른 한편으로는 신인동형론자들에게 우의적 해석의 정당성을 강변하는 발언이다.

28) 이는 오리게네스의 소실된 『시편 주해』를 암시한다. 우리는 이 견해, 곧 하느님의 분노는 감정이 아니라 교육적 태도라는 것을 『시편 제2편 선별 강해』 5(PG 12,1105CD-1108A)와 히에로니무스의 『시편 제2편 주해』 5(PL Suppl. 2,32)에서 미루어 알 수 있다.

29) 하느님에게는 사랑과 자비의 감정이 있으며, 아버지는 감정이 없는 분이 아니시다. 그분께서는 인간들을 사랑하시어 자신의 아들을 그들 가운데로 보내셨다(**참조** 『에제키엘서 강해』 6,6). 그리고 『마태오 복음 주해』 10,23은 이 주제에 관해, 군중을 불쌍히 여기신 로고스에 대하여 역설적 방식으로 표현한다. "그분께서는 인간에 대한 사랑 때문에 고통을 느끼지 않으면서도 그 고통을 겪으셨다(πέπονθεν ὁ ἀπαθής)." 교육적 의미로 해석된 하느님의 분노에 관해서는 **참조** 『요한 복음 주해』 6,58(37),300; 『켈수스 반박』 4,72; 『예레미야서 강해』 20(19),1; 『에제키엘서 강해』 1,2; 『마태오 복음 주해』 15,11. 구원을 위한 두려움의 유익함에 관해서는 **참조** 『켈수스 반박』 4,10; 5,15; 『창세기 강해』 7,4. 유사한 견해를 보여 주는 알렉산드리아의 클레멘스의 글에 관해서는 **참조** 『교육자』 1,8,64-65; 『양탄자』 2,16,72; 또한 필론, 『하느님의 불변성』 52.

5장

[의인과 선인]

1. 어떤 이들은 이 이단의 우두머리들이 해 놓은 것으로 보이는 구분 때문에 혼란을 겪고 있다. 이 이단자들은 의로운 것과 선한 것은 다르다고 하면서,[1] 이러한 구분을 신성에도 적용시켜 우리 주 예수 그리스도의 아버지는 선한 하느님이지만 의롭지는 않으신 반면, 율법과 예언서의 하느님은 의롭지만 선하지는 않다고 주장한다. 나는 이 문제에 관하여 가능한 한 간략하게 대답할 필요가 있다고 생각한다.

그들이 생각하는[2] 선이란 모두에게 잘하려는 의향이다. 비록 은혜를 받는 이가 호의를 입을 자격이 없거나 부적절하더라도 말이다. 그러나 내가

1) 이는 마르키온의 근본 사상이다(참조 『원리론』 2,4,1 각주 2).

2) 오리게네스는 영지주의자들이 의로움과 선함을 대립시키는 것은 두 덕목의 그릇된 개념—의로움은 가치 있는 것에 대한 사랑과 가치 없는 것에 대한 미움을 담고 있으며, 선함은 이 구별 없이 모든 것에 대한 호의를 담고 있다—에서 비롯한다고 생각한다.

보기에는 그들은 이러한 정의(定義)를 올바로 적용하지 않는 것 같다. 왜냐하면 그들은 고통스러운 일이나 슬픈 일을 겪는 이에게는 선한 일이 일어나지 않는다고 생각하기 때문이다.[3] 반면, 그들이 생각하는 의로움은 공로에 따라 각자에게 베풀어주는 의향이다.[4] 그러나 그들은 이 점에서도 자신들이 내린 정의의 의미를 올바르게 풀이하지 못한다. 그들은 의로움이란 악인들에게 악을 행하고 선인들에게는 선을 행하는 것이라고 생각하기 때문이다. 그들의 생각에 따르면 의인은 악인들에게 선을 행하기를 원하지 않고 오히려 일종의 미움이 치민다. 그들은 구약성경에서 이에 관련된 이야기를 모아들였는데, 예컨대 홍수와 벌로 물에 빠져 죽은 이들에 관한 이야기(창세 6,5-7; 7,21-22 참조), 소돔과 고모라가 불과 유황 비로 멸망한 이야기(창세 19,24-25 참조), 이집트에서 떠난 이들이 자기들 죄 때문에 모두 사막에서 죽고 여호수아와 칼렙만이 약속의 땅으로 들어갈 수 있었다는 이야기(민수 14,11-24.30 참조) 등이다. 또 그들은 신약성경에서는 자비와 자애에 관한 말씀들을 모아들였는데, 구원자께서 이 말씀들로 제자들을 가르치시고 이 말씀들을 통하여 "하느님 한 분 외에는 아무도 선하지 않다"(마르 10,18)고 선포하셨다는 것이다. 이렇게 그들은 구원자 예수 그리스도의 아버지는 선한 하느님이라 일컫고, 세상의 하느님은 〔선한 하느님과〕 다르며 의롭기는 하지만 선하지는 않다고 감히 주장한다.

2. 나는 먼저 그들이 정의하는 바에 따라 의로운 창조주가 홍수 때 멸망한 이들, 소돔 사람들, 이집트를 탈출한 이들을 행실에 따라 벌했다고 증

3) 오리게네스는 이와 반대로 벌은 죄지은 이의 선을 목적으로 삼아야 한다고 생각한다.

4) 선함과 의로움의 정의는 스토아학파에서 유래한다(참조 E. Klostermann, *Überkommene Definitionen*, 57-58쪽).

명할 수 있는지 그들에게 물어보아야 한다고 생각한다. 한편 우리는 앞에서 언급한 사람들을 죽게 한 죄보다 훨씬 나쁘고 흉악한 죄들을 저지른 사람들을 보지만 이들 죄인들 가운데 아무도 겪어 마땅한 벌을 받는 것을 아직 보지 못하였다. 그렇다면 그들은 이전에 의로우셨던 분이 선해지셨다고 말하겠는가? 아니면 지금은 의로운 분이라서 인간의 죄를 끈기 있게 참아 주시지만, 그때에는 의롭지 않아서 포악하고 불경한 거인들(창세 6,4 참조)과 함께 무죄한 어린이들과 젖먹이들까지 없애 버리셨다고 생각하겠는가? 그러나 그들은 문자를 넘어서 그 어떤 것도 이해하려 하지 않기 때문에 그렇게 생각하는 것이다.[5] 문자[적 의미]로 부모의 죄가 아들 손자들을 거쳐 삼대 사대까지 갚아지는 것을 어찌하여 의로운 일이라고 하는지 그들이 입증해야 한다(탈출 20,5; 34,7; 신명 5,9; 시편 78,12 참조). 그러나 우리는 그런 말들을 문자[적 의미]로 해석하지 않고, 에제키엘이 비유[6]를 들어 가르쳐 주었듯이(에제 18,2-3 참조) 비유 자체의 내적 의미를 찾는다. 각자에게 공로에 따라 갚아 주신다고 하면서도 벌받을 만한 잘못을 아무것도 저지르지 않은 세속적인 사람들을 악마와 함께 벌하시는 분을 어찌 의롭다고 하는지 그들은 증명해야 한다. 이단자들의 주장에 따르면 그들은 악하고 멸망할 본성을 지녔기 때문에 어떠한 선도 행할 수 없었다.[7] 그들이

5) 영지주의자들이 의롭다고 여기는 것을 문자적으로 이해하면 하느님은 의롭지 않고 잔인하며 냉혹하다.

6) 에제 18장은 이 비유를 우의적으로 해석해야 한다는 사실을 입증한다. 마찬가지로 『탈출기 선별 강해』(PG 12,289C)와 『탈출기 강해』 8,6에서는 악마, (자신들의 행실을 고치기 위해 벌받는) 악마의 자녀들, 죄인들이 문제다.

7) 본성에 관한 발렌티누스파의 가르침이다. 악마와 그 자녀들은 본성 때문에 나쁜 짓만 할 수 있다. 이 경우에, 곧 그들이 자신의 악의에 대해 책임지지 않을 때 하느님께서 그들을 벌하시는 것이 의로운 것 아니냐고 오리게네스는 적절한 물음을 던진다(참조 『요한 복음 주해』

하느님을 심판관이라고 하는데, 악한 본성은 선을 행할 수 없고 선한 본성은 악을 행할 수 없는 법이라면 하느님은 행위에 대한 심판관이라기보다 본성에 대한 심판관인 것 같다.

그 다음, 그들이 선하다고 하는 그분이[8] 모든 이에게 선하다면 멸망할 사람들에게도 선하다는 데는 의심할 여지가 없을 것이다. 그렇다면 어찌하여 그분은 그들을 구원하지 않는가? 만일 그분이 이를 원하지 않는다면 더 이상 선하지 않고, 원하지만 할 수 없다면 전능하지 않을 것이다. 한편 그들은 우리 주 예수 그리스도의 아버지께서 악마와 그의 부하들을 위하여 불을 마련하셨다는 복음서 말씀을 귀담아 들어야 한다(마태 25,41 참조). 이렇게 벌을 주고 슬픔을 주는 행위와 그들의 개념에 따른 선한 하느님을 어떻게 연관시킬 수 있겠는가? 또한 선한 하느님의 아들이신 구원자께서 친히 복음서에서 "이 표징들과 기적들이 티로와 시돈에서 일어났더라면 그들은 벌써 자루와 재를 뒤집어쓰고 회개했을 것이다"(마태 11,21; 루카 10,13)라고 말씀하셨다. 묻건대, 그분께서 그 지역에 들어섰을 때 그들이 자루와 재를 뒤집어쓰고 회개하리라는 확신을 지니고 계셨다면 어찌하여 마을 안으로 들어가서(마태 15,21 참조)[9] 그들에게 많은 표징과 기적을 베

20,24(20),202-219; 20,28(22),254). 곧, 오리게네스는 이원론적 섭리론을 반박한다. 그는 『원리론』 2,9,5에서 그러한 가르침을 마르키온과 발렌티누스, 바실리데스의 것으로 여긴다.

8) 신약성경의 하느님도 벌하시는 하느님이다. 『요한 복음 주해』 1,35(40),253-258에서 오리게네스는 의로움은 아들의 고유한 특성이고, 선함은 아버지의 고유한 특성으로 여긴다. 그러나 255-258에서 인간을 위해 그리스도가 희생 제물이 되었다는 사실은 그분의 선함과 동정심을 드러낸다.

9) 발렌티누스파에 따르면 예수가 티로와 시돈에 가지 않은 것은 그곳 주민들이 이교인, 따라서 파멸로 예정된 물질적 인간들이었기 때문이다. 오리게네스(참조 『요한 복음 주해』 13,16,95)가 인용한 헤라클레온에 따르면 모든 이교인은 물질적이다. 그러나 오리게네스는 그들이 회개할 것이라고 복음서가 말하기 때문에, 그들이 본성상 파멸로 예정되지 않았다고 반박한다.

풀기를 거절하셨는가? 그분께서 이를 행하시지 않았다는 것은 그들을 멸망하게 내버려두셨다는 것이 분명한데, 그들이 회개할 수도 있었다는 복음서의 말씀 자체는 그들의 본성이 악하고 멸망할 운명을 지니지 않았다는 사실을 가르쳐 준다. 게다가 복음서에는 이런 비유도 나온다. "임금이 초대받은 손님들을 둘러보려고 들어왔다가 혼인 예복을 입지 않은 사람을 보고, '친구여, 그대는 혼인 예복도 갖추지 않고 어떻게 여기 들어왔나?' 하고 말하였다. 그때 임금은 하인들에게 '그의 손과 발을 묶어서 바깥 어둠 속으로 보내 버려라. 거기서는 울고 이를 갈게 될 것이다' 하고 말하였다." (마태 22,11-13) 그들에게 묻겠다. 우리에게 말해 보라. 들어와서 손님들을 둘러보고 그들 가운데 더러운 옷을 입은 사람을 발견하고는 자기 하인들을 시켜 그를 묶어서 바깥 어둠 속으로 쫓아내라고 명령한 그 임금은 누구인가? 그가 실로 그들이 말하는 의로운 분인가? 그렇다면 그는 어찌하여 하인들을 시켜 그들이 합당한지 가려 보라고 명하지 않고 선인이나 악인(마태 22,10 참조)이나 모두 초대하라고 명령했는가? 이는 그들이 주장하는 대로 공로에 따라 베풀어 주는, 단지 의로운 분의 의향이 아니라 모든 이에게 차별 없이 호의를 베풀어 주는 분의 의향이다. 그런데 이 비유를 선한 하느님, 곧 그리스도나 그리스도의 아버지에 관한 것으로 이해해야 한다면, 그들이 의로운 하느님을 반대할 무슨 이유가 더 있는가? 게다가 자기 하인들을 보내어 선인들과 악인들을 모두 초대해 놓고는 그들 가운데 한 사람이 더러운 옷을 입었다고 하여 손과 발을 묶어서 바깥 어둠 속으로 내던져 버리라고 명령한 임금과 비교해서 율법의 하느님을 더 비난할 수 있는가?

3. 우리가 성경의 권위에서 이끌어 낸 이 논증들은 이단자들이 흔히 내세우는 주장들을 논박하는 데 충분할 것이다. 그러나 논리적 차원에서 그

들과 어느 정도 논쟁을 벌이는 것도 부적절하지 않은 것 같다. 그러므로 사람들이 덕과 악에 관하여 어떤 개념을 지니고 있다고 알고 있는지, 그리고 덕이 하느님 안에 있다고 말하는 것이 논리적인지[10] 아니면 그들이 말하는 대로 이 두 신들 안에 있다고 하는 것이 논리적인지 그들에게 물어보자. 내 생각에 그들은 당연히 선은 하나의 덕[11]이라고 인정할 것이다. 그들이 그렇게 대답한다면, 정의에 대해서는 어떻게 말할 것인가? 나는 그들이 정의[12]가 덕이라는 것을 부인할 정도로 어리석다고는 결코 생각하지 않는다. 그러므로 만일 선이 덕이고 정의도 덕이라면, 정의가 선이라는 사실은 의심할 여지가 없다. 그러나 만일 정의가 선하지 않다고 말한다면, 그것은 악하든지 아니면 〔선과는〕 상관없는 것 가운데 하나일 것이다.[13] 그리

10) 플라톤과 스토아학파 철학자들은 하느님 안에 덕이 있다고 인정하지만 아리스토텔레스는 이를 거부한다. 플로티노스는 『엔네아데스』 1,2에서 아리스토텔레스의 이론(異論)에 답변한다. 오리게네스에게 아버지는 덕의 기원이며 덕은 바로 그리스도의 명칭(ἐπίνοιαι)이다. 곧, 덕은 그리스도와 동일시된다.

11) 『원리론』 3,1,16(『필로칼리아』)은 오리게네스가 선에 '아가토테스'(ἀγαθότης)라는 용어를 사용한다는 사실을 입증한다. 스토아학파 철학자들은 친절(χρηστότης), 박애(φιλανθρωπία), 가족 간의 사랑(φιλοστοργία)도 사용한다(참조 SVF III, 71-72쪽). 이 용어들, 특히 첫 두 낱말을 오리게네스도 자주 사용한다. 덕과 선의 동일시에 관해서는 참조 SVF III, 36.71쪽. 덕의 일치에 관해서는 참조 SVF III, 15.63쪽; 알렉산드리아의 클레멘스, 『양탄자』 1,20,97.

12) 정의(δικαιοσύνη)는 스토아학파 철학자들에게 예지(φρόνησις), 절제(σωφροσύνη), 용기(ἀνδρεία)와 더불어 네 가지 기본적인 덕〔四樞德〕 가운데 하나다. 지혜 8,7에 채택된 이 분류는 교부 전통과 스콜라학파의 전통으로 이어진다. 기적가 그레고리우스(참조 『오리게네스 찬양 연설』 9,122-12,145)에 따르면, 이는 오리게네스가 학생들에게 알려 주는 도덕적 가르침의 범위를 구성한다. 여기서 오리게네스는 각 덕을 되풀이하여 정의한다. 정의에 대한 정의(定義)는 플라톤이 『국가』 4,441c-445e에서 정의한 것을 받아들인다.

13) 이는 선, 악, 선과도 악과도 상관없는 것(μέσον 또는 ἀδιάφορον)에 관한 스토아학파식 구분이다. 오리게네스는 스토아학파의 윤리에서 '아디아포론'(ἀδιάφορον) 개념을 넘겨받아 이를 줄곧 활용한다(참조 『원리론』 3,1,18; 3,2,7).

고 정의가 악하다고 말하는 이들에게는 대꾸하는 것조차 어리석다고 나는 생각한다. 아무 의미 없는 말이나 정신 나간 인간들에게 대답하는 것으로 보일 것이다. 그들 자신도 인정할 터이듯, 선한 이들에게 선으로 갚아 줄 수 있다면 그것을 어찌 악이라고 여길 수 있는가? 만일 그들이 정의가 〔선과는〕 상관없는 것이라고 말한다면, 정의가 〔선과〕 상관없기에 절제와 현명과 그밖의 모든 덕도 상관없다는 결론이 나온다. 그럴 경우 "덕이 있고 칭송받을 만한 것이 있다면, 여러분이 나에게서 배우고 받고 듣고 본 것을 마음에 간직하십시오"(필리 4,8-9)라고 말하는 바오로에게 우리는 뭐라고 대답할 것인가?

그러므로 그들은 성경을 잘 살펴보면서 덕 하나하나가 어떻게 묘사되어 있는지를 말해야 한다. 또 공로에 따라 각자에게 갚아주시는 하느님께서는 악인들에 대한 미움 때문에 악을 악으로 갚아 주신다고(시편 61,13 참조) 말함으로써 이 문제를 회피해서는 안 된다. 죄를 저지른 자들은 혹독한 치료를 통해 치유될 필요가 있기 때문에[14] 하느님께서는 나중에 그들이 교정될 것을 내다보시면서 지금은 고통스럽게 느껴지는 환난을 겪게 하신다. 그들은 홍수 때 죽은 이들의 희망에 관하여 기록된 말씀, 곧 베드로가

14) 벌에 교육적 가치가 있다는 것은 플라톤학파도 인정한다〔참조 플라톤, 『고르기아스』 525ab; 『국가』 2,380bc; 『법률』 11,934a; 플루타르코스, 『신적 복수의 지연』 4; 필론, 『창세기에 관한 질문과 해결』 4,51; 『탈출기에 관한 질문과 해결』 2,25; 『악인이 선인을 공격하다』 144-145; 로마의 클레멘스,『코린토 신자들에게 보낸 편지』 56,16; 알렉산드리아의 클레멘스, 『교육자』 1,8,64-65; 『양탄자』 4,24,153-154; 오리게네스, 『에제키엘서 강해』 1,2; 『탈출기 강해』 8,5-6; 『예레미야서 강해』 6,2; 12,5; 『켈수스 반박』 3,75; 4,72; 6,56; 『원리론』 1,6,3; 2,10,6; 『민수기 강해』 8,1; 『탈출기 단편』 10,27(『필로칼리아』 27,1-8)〕. 죽음 자체도 이와 같이 생각된다(참조 『마태오 복음 주해』 15,15; 『레위기 강해』 14,4). 오리게네스가 무엇보다도 고통의 치료적 측면을 제시한다면, 테르툴리아누스는 반대로 응보적인 관점을 역설한다(참조 『마르키온 반박』 1,26-27). 종말론적 정화에 관해서는 참조 H. Crouzel, *L'exégèse*.

자신의 첫째 서간에서 이렇게 말한 희망에 관하여 읽지 않는다. “그리스도께서는 육으로는 죽으셨지만 영으로는 생명을 받으셨습니다. 그리하여 감옥에 붙들려 있던 영들에게 가시어 선포하셨습니다.[15] 이 영들은 하느님께서 참고 기다리시던 때, 곧 방주가 만들어지던 노아 시대에 순종하지 않았던 자들입니다. 몇몇 사람, 곧 여덟 영혼만이 물을 통하여 구원을 받았고, 이제는 그와 비슷한 형상인 세례가 여러분을 구원합니다.”(1베드 3,18-21)[16] 소돔과 고모라에 관해서 그들이 예언서의 말씀을 불과 유황으로 된 비(창세 19,24 참조)를 그들 위에 내리신 창조자 하느님의 말씀이라고 믿고 있는지 우리에게 말해야 한다. 에제키엘 예언자가 그들에 관하여 뭐라고 하는가? “소돔이 예전대로 회복될 것이다”(에제 16,55)라고 하였다. 그런데 어째서 벌받아 마땅한 자들을 벌하는 것이 그들의 선을 위해서 벌하는 것이 아닌가? 또한 그분은 칼데아인에게도 “너는 불의 석탄들을 지니고 있고 그 위에 앉아 있는데 그것들이 너에게 도움이 될 것이다”(이사 47,14-15)라고 말씀하신다. 그리고 아삽이라는 표제가 붙은 시편 제77편이 사막에서 넘어진 자들에 대하여 어떻게 언급하고 있는지 그들은 들어야 한다. “그들을 죽이실 제야, 그들은 그분을 찾았다”(시편 77,34)라고 쓰여 있다. 여기서 어떤 이들은 다른 이들이 죽은 후에 하느님을 찾았다고 하지 않고, 죽임을 당한 이들이 죽음에 처하자 하느님을 찾았다고 한다. 이 모든 예를 볼 때 율법과 복음서의 의롭고 선하신 하느님은 한 분이고 같은 분이시며 그분께서 정의로 선을 행하시고 선으로 벌하시는 것은 분명하다. 정의가 없는

15) 오리게네스는 이 구절을 그리스도의 영혼이 하데스(저승)에 내려간 것으로 이해한다.
16) 이 구절을 통해 오리게네스가 비난하려는 대상은 마르키온이 아니다(예수의 저승에 내려감에 관한 마르키온의 가르침에 관해서는 참조 A. v. Harnack, *Marcion*, 294-295쪽).

선, 선이 없는 정의는 신적 본성의 존귀함을 드러낼 수 없기 때문이다.

이단자들의 논리가 간교하니 다음 말을 덧붙여야 하겠다. 〔그들 말대로〕 만일 정의가 선과 다른 것이라면, 악은 선에 반대되는 것이고 불의는 정의에 반대되는 것이므로 당연히 불의는 악과 다른 것이라는 말이 된다. 그대들의 주장대로 의로운 이가 선한 이가 아니라면, 불의한 이도 악한 이가 아닐 것이다. 반대로 선한 이가 의로운 이가 아니라면 악한 이도 불의한 이가 아닐 것이다. 선한 신에게는 악한 적대자가 있고, 선한 신보다 아래에 있다고 하는 의로운 신에게는 아무런 적대자가 없다는 주장을 어찌 어리석다 하지 않겠는가? 사실 악한 존재라 불리는 사탄은 불의하다고 일컬어지는 존재와 다르지 않다. 그렇다면 우리는 무엇을 해야 하는가? 우리가 논증한 것을 거꾸로 되짚어 보자. 그들은 악한 이는 불의한 이가 아니며 불의한 이는 악한 이가 아니라 말할 수 없을 것이다. 그러나 이러한 대립에서 불의로부터 악이 악으로부터 불의가 분리될 수 없을 정도로 결합되어 있다면, 선은 정의에서 정의는 선에서 분리될 수 없다는 점에는 의심할 여지가 없다. 악의와 불의가 하나이며 같은 악이라고 말하듯, 우리는 선과 정의는 하나이며 같은 덕이라고 주장한다.[17)]

4. 그런데 또다시 그들은 즐겨 인용하는 구절로 의문을 제기하면서 우리를 성경의 말씀으로 불러들인다. 그들은 "좋은 나무가 나쁜 열매를 맺을 수 없고 나쁜 나무가 좋은 열매를 맺을 수 없다. 나무는 열매로 알게 된다"[18)](마

17) 이 사고과정은 덕들의 '상호 함축'(ἀντακολουθία)에 관한 스토아학파의 가르침과 일맥상통한다.

18) 참조 『원리론』 1,8,2; 『요한 복음 주해』 13,11,73. 마르키온은 이 구절을 선하신 하느님과 의로우신 하느님을 구별하는 데 사용한다(참조 『Elenchos』 10,19,3; 테르툴리아누스, 『마르키온 반박』 4,7,11-12).

태 7,18; 12,33; 루카 6,43-44)라고 기록되어 있다며 이것이 무슨 뜻이냐고 묻는다. 율법이 어떤 나무인지는[19] 그 열매들로, 곧 계명들의 말로 밝혀진다는 것이다. 만일 율법이 선하다고 입증된다면 그 율법을 주신 분은 선한 하느님이라고 의심 없이 믿어야 할 것이다. 그러나 율법이 선하다기보다는 의롭다면 율법을 제정하신 분도 의로운 하느님이라고 여겨야 할 것이다. 바오로 사도는 단도직입적으로 이렇게 말하였다. "율법은 선합니다. 계명도 거룩하고 의롭고 선한 것입니다."(로마 7,12) 바오로는 의로운 것을 선한 것과 갈라 놓은 자들의 책에서 배운 것이 아니라 거룩하신 동시에 의로우시며 선하신 하느님에게서 배웠다는 사실, 그 하느님의 영으로 비추어졌다는 사실(1코린 2,12-13 참조)이 여기서 분명히 드러난다. 그는 그 영을 통하여 말하면서 율법의 계명은 거룩하고 의로우며 선한 것이라 말한다. 그리고 계명 안에는 정의와 거룩함을 넘어서는 선이 있다는 것을 더 분명하게 보여 주기 위하여 이 말을 반복하면서 〔정의와 거룩함과 선이라는〕 세 낱말 대신 '선'만을 언급하며 말하였다. "그 선한 것이 나에게 죽음이 되었다는 말입니까? 그렇지 않습니다."(로마 7,13) 그는 선이 덕의 상위 개념(類, genus)이고 정의와 거룩함은 그 상위 개념의 하위 개념(種, species)이라는 것을 알고 있었으며,[20] 위에서는 상위 개념과 하위 개념을 동시에 거명하고

19) 바오로의 몇몇 표현을 빌미로 영지주의자들은 율법을 나쁜 나무라고 내세웠다(1코린 15,56). 그러나 오리게네스는 바오로의 구절들을 반대의 의미로 해석하며 그들을 반박한다.

20) 따라서 선은 일반적으로 덕이고 다른 모든 것은 하위 개념〔種〕이다(참조 SVF III, 48쪽; 필론, 『아벨과 카인의 제물』 84; 『커룹』 5-6; 『우의의 법칙』 1,59; 1,63). 스콜라 신학에서 1코린 13,1-3과 연계하여 덕을 총칭하는 것이 사랑(ἀγάπη)이다. 이 사랑이 덕을 하느님께로 향하게 하고 그것들에게 은총의 초자연적 가치를 선사한다. 기적가 그레고리우스(『오리게네스 찬양 연설』 12,149)에 따르면 오리게네스는 신심(εὐσεβεία)을 다음과 같이 가르쳤다. "당연히 모든 덕의 어머니다. 신심은 실상 모든 (덕)의 원리이며 목표다. 신심에 바탕을 두면 우

이 말을 되풀이하면서는 상위 개념만을 말한 것이다. 더 나아가 그는 "죄가 선한 것을 통하여 나에게 죽음을 가져왔습니다"(로마 7,13)라고 말한다. 여기서 그는 위에서 하위 개념들을 통해 개진한 것을 상위 개념의 도움으로 요약한다. "선한 사람은 마음의 선한 곳간에서 선한 것을 내놓고, 악한 자는 악한 곳간에서 악한 것을 내놓는다"(루카 6,45)라는 말씀도 이런 식으로 알아들어야 한다. 여기서도 〔성경 저자는〕 선 또는 악을 상위 개념으로 삼고, 선한 사람 안에는 틀림없이 정의와 절제와 현명과 자비 그리고 선이라 말하거나 알아들을 수 있는 모든 것이 있다는 사실을 보여 준다. 이와 마찬가지로, 의심할 여지없이 불의하고 부정하고 불경스럽고 어떤 부분에서든 사람을 악하게 만드는 모든 것을 지니고 있는 자를 악한 사람이라 한다. 이런 사악이 없는 사람을 아무도 악한 사람이라 여기지 않고 악한 사람일 수도 없듯이, 그러한 덕이 없는 사람을 아무도 선하다고 여기지 않으리라는 것은 분명하다.

이제 그들에게는 주님께서 복음서에서 "하느님 한 분 외에는 아무도 선하지 않다"(마르 10,18; 루카 18,19)라고 하신 말씀이 남아 있는데, 그들은 이 말씀이 특히 자신들에게 주어진 방패라도 되는 양 생각한다.[21] 그들은 이 말씀이 만물의 창조자인 신과는 다른 분인 그리스도의 아버지에 관한 참된 진술이며, 그리스도는 그 창조자를 한 번도 선을 뜻하는 명칭으로 부

리는 다른 덕들도 매우 쉽게 지니게 될 것이다." 이 신심은 하느님에 대한 사랑과 이웃에 대한 사랑, 그리고 우리에게 선을 바라게 하고 행하게 하는 덕인 선과 동일시된다.

21) 『Elenchos』 5,7,26에 따르면 뱀파 또는 배사(拜蛇)파가 이 본문을 활용하였다(7,31,6에 따르면 마르키온과 그의 제자 프레포누스도, 알렉산드리아의 클레멘스의 『양탄자』 2,20,114에 따르면 발렌티누스도 이 본문을 활용하였다). 참조 이레네우스, 『이단 반박』 1,20,2와 발렌티누스파 프톨레마이우스의 『플로라에게 보낸 편지』.

른 적이 없다고 주장한다. 그러면 구약성경에서 예언자들의 하느님이며 세상의 창조주이고 율법을 제정하신 분께서 선하다고 일컬어지지 않는지 살펴보자.[22] 시편 구절들에서는 무어라고 하는가? "이스라엘아, 하느님은 마음이 깨끗한 이들에게 얼마나 좋은 분이신가!"(시편 72,1)라고 한다. 또 "이스라엘은 지금 말하여라. '주님은 좋으신 분, 그분의 자비는 영원하시다'"(시편 117,2). 또 예레미아의 애가에는 "주님은 당신께 의지하는 이들, 당신을 찾는 영혼에게 선하시다"(애가 3,25)라고 기록되어 있다. 이처럼 구약성경에서 하느님을 선하신 분이라 자주 말하는가 하면, 복음서에서는 우리 주 예수 그리스도의 아버지를 의로우신 분이라고 부른다. 사실 요한 복음서에서 우리 주님은 친히 아버지께 기도하실 때 "의로우신 아버지, 세상은 아버지를 알지 못하였습니다"(요한 17,25)라고 말씀하신다. 주님께서 육을 취하셨기 때문에 세상의 창조자를 아버지라고 부르며 그분을 의로운 분이라 칭한 것이라고 그들이 말하지 못하도록, 주님께서는 곧장 "세상은 아버지를 알지 못하였습니다"라고 하신 것이다. 그들의 주장에 따르면, 세상이 모르는 것은 선한 하느님일 뿐이라고 하는데,[23] "세상은 자기 것을 사랑한다"(요한 15,19 참조)고 주님께서 몸소 말씀하셨듯이, 세상은 자신의 창조주를 확실히 알고 있다. 그러므로 그들이 선한 하느님이라고 생각하는 분이 복음서에서 의로우신 분으로 불린다는 것이 확실하다. 시간이 나면, 우리

22) 구약성경의 가치를 인정하지 않는 영지주의자들은 이 논증의 설득력을 인정할 수 없다. 그러나 오리게네스는 이 이론들에 마음이 끌릴 수 있는 모교회의 구성원들에게 호소하고 있으며 더불어 두 성경의 일치도 입증한다.

23) 마르키온의 특징적인 가르침(A. v. Harnack, *Marcion*, 265-268쪽)이다. 영지주의자들은 여기서 세상을 요한의 의미에서, 곧 영혼적·물질적 구성 요소로 이루어졌다는 의미에서 부정적으로 이해한다. 데미우르구스의 무지에 관해서는 **참조** 『원리론』 2,4,1과 각주 9.

는 신약성경에서 우리 주 예수 그리스도의 아버지를 의로우신 분이라 부르고, 구약성경에서 하늘과 땅의 창조자를 선하신 분으로 말하는 더 많은 증언을 모아들일 수 있을 것이다. 그러면 수많은 증거로 설득당한 이단자들이 마침내 부끄러움으로 얼굴을 붉힐 것이다.

6장

구원자의 육화

(그리스어)

그리스도의 육화

(라틴어)

1. 이 문제들을 거론하였으니, 이제는 우리 구원자이신 주님의 육화에 관하여, 곧 어떻게 사람이 되어 사람들 사이에 거처하시게 되었는지에 관하여 다시 논의할 때가 되었다. 우리의 나약한 능력에 따라 우리는 우리 감각보다는 그분의 행적에 바탕을 두고 신적 본성을 숙고하였다. 우리는 그분의 가시적인 피조물들을 눈으로 보는 한편 비가시적인 피조물들도 믿음으로 관상하였는데, 인간의 나약함은 육안으로 모든 것을 볼 수 없을 뿐 아니라 이성으로도 모든 것을 이해할 수 없기 때문이다. 사실 우리 인간은 다른 모든 이성적 존재보다 더 허약하고 더 나약한 존재이지만 (하늘이나 하늘들 위에는 더 빼어난 존재들이 있다),[1] 이 모든 피조물과 하느님 사이의 중

1) 오리게네스가 여기서 말하고자 하는 것은 무엇일까? 인간이 『원리론』 1,5,2에서 말한 악마들보다 더 허약하고 나약하다는 것, 그리고 인간이 하늘(별)에 거주한다는 것? 오리게네스는

개자(1티모 2,5 참조), 곧 바오로 사도가 "모든 피조물의 맏이"(콜로 1,15)라고 선언한 중개자[2]를 탐구해야 하겠다. 성경에서 그분의 엄위에 관하여 말하는 것들을 보면 그분이 어떤 분인지 알게 될 것이다. "그분은 보이지 않는 하느님의 모상이시며 모든 피조물의 맏이십니다"(콜로 1,15)라고 하고, 또 "보이는 것이든 보이지 않는 것이든 왕권이든 주권이든 권세든 권력이든 만물이 그분을 통하여 그분 안에서 창조되었으며, 그분은 만물에 앞서 계시고 만물은 그분 안에서 존속합니다"(콜로 1,16-17)라고 쓰여 있다. 그분은 만물의 머리이시며, "그리스도의 머리는 하느님이시다"(1코린 11,3)라고 기록되어 있듯이, 하느님 아버지만을 머리로 모시고 있다(1코린 11,3 참조). 또 "아들 외에는 아무도 아버지를 알지 못하고, 아버지 외에는 아무도 아들을 알지 못한다"(마태 11,27)라고 기록되어 있기도 하다. (사실 지혜를 낳은 분이 아니면 지혜이신 분[3]이 누구인지 누가 알 수 있겠는가?[4] 진리의 아버지가 아니면 진리이신 분[5]이 누구인지 누가 명확하게 알 수 있겠는가? 오직 말씀과

어떤 상태에서 다른 상태로 변화하는 것에 관한 가설을 제기하긴 했지만 천사들은 선 안에서 어느 정도 안정된 상태에 있고 악마들은 악 안에서 안정된 상태에 있는 한편, 인간은 선과 악이 서로 팽팽하여 불안정한 상태에 있다. 이것이 인간을 허약하고 나약하게 만든다. 하늘은 고정된 영역이며, 하늘들 위에 있는 것, 곧 아홉째 영역은 복된 이들의 거주지다.

2) 세상과 하느님 사이의 중개자라는 이 개념은 당시 사람들에게도 그랬지만 오리게네스에게도 매우 중요하다. 그러나 이레네우스(참조『이단 반박』3,18,7; 5,17,1), 테르툴리아누스(참조『프락세아스 반박』27,15;『육신의 부활』51,2;『그리스도의 육신』15,1), 노바티아누스(참조『삼위일체론』23,134)는 중개자의 역할이 그의 이중 본성에서 비롯한다고 보았다면, 오리게네스는 그것이 그의 신성에 따라 로고스 안에 이미 있다고 여겼다. 그는 콜로 1,15에 따라 하느님과 '모든 피조물의 맏이'의 비가시적 모상의 특성을 로고스에 적용한다.

3) 참조『원리론』1,2,1.

4) 자주 인용되는 이 구절에 따르면 아버지가 아들을 인식하는 것은 아들을 낳았기 때문이다〔참조『요한 복음 단편』13(GCS 4, 495쪽)〕. 곧, 아버지는 아들을 생각하고 아들에 의해 생각된다. 참조『아가 주해』서론(GCS 8, 74쪽).

5) 참조『원리론』1,2,4.

더불어 계셨던 하느님이 아니라면 당신 말씀[6]과 하느님 자신의 모든 본성, 하느님으로부터 오는 본성을 그 누가 진정으로 탐구할 수 있겠는가?) 오직 아버지 말고는 어느 누구도 이 말씀('이성'이라고도 할 수 있다), 이 지혜, 이 진리를 알지 못한다(마태 11,27 참조)는 사실을 우리는 분명히 받아들여야 한다. 또 "이 세상이라도 그렇게 기록된 책들을 다 담아내지는 못할 것이라고 나는 생각한다"(요한 21,25)고 기록되어 있는데, 이것은 하느님 아들의 영광과 엄위에 관한 말이다. 구원자의 영광에 속하는 모든 것을 글로 표현하는 것은 불가능하기 때문이다.[7]

하느님 아들의 본성에 대한 이 엄청난 사실들을 숙고할 때, 우리는 모든 것보다 뛰어난 그분의 본성이 당신 엄위의 상태를 비우고 사람이 되시어 사람들 사이에 거처하셨다는 사실을 지극한 놀라움으로 찬탄해 마지않는다(필리 2,7 참조). 이 사실은 그분 입술에 부어진 은총이 증명해 주고[8](시편 44,3 칠십인역 참조), 하늘 아버지께서 그분을 증언해 주며(마태 3,17 참조), 그분이 행하신 여러 표징과 기적들이 확증해 준다. 그분은 육체 안에 나타나시어 이렇게 계시기 전에 예언자들을[9] 당신 오심의 선구자와 선포자로 보내셨다. 그리고 하늘에 올라가신 다음에는 세리나 경험 없고 무식한 어부였던 거룩

6) 참조 『원리론』 1,2,3.

7) 이 불가능은 알려진 사실들의 수에 기인하지 않고 오히려 그것들의 영적인 크기와 깊이에 관련이 있다. 곧, 인간은 오직 자신의 충만함 안에서 그리스도의 말과 행위의 의미를 이해하고 표현할 수 있다. 오리게네스는 요한 21,25를 자주 이렇게 해석한다[참조 『원리론』 4,3,14; 『마태오 복음 주해』 14,12; 『요한 복음 주해』 1,4(6),24; 13,5,26-32; 19,9(2),59; 20,34(27),304].

8) 참조 『시편 선별 강해』 44,3(PG 12,1429). 유대인들은 이미 시편 제44편(칠십인역)을 메시아적으로 생각하였다.

9) 아들은 오리게네스에게 있어 모든 구약성경에서 활동하고 있다(참조 『원리론』 1,서론,1; 『예레미야서 강해』 9,1; 『켈수스 반박』 3,14). 아들은 예언자들에게 보내진 신적 말씀이다(참조 G. Aeby, *Les missions divines*).

한 사도들을 당신의 신적 능력으로 충만하게 하여, 온 세상을 두루 다니며 모든 민족과 백성 가운데서 당신을 신실하게 믿는 백성을 모아들이셨다.

2. 그러나 그분에 대한 기묘하고 놀라운 모든 일 가운데서도 인간의 찬탄을 완전히 초월하며 사멸할 존재들의 나약한 이해력으로 어떻게 생각할 수도 이해할 수도 없는 것이 있다.[10] 신적 엄위의 위대한 능력이시고 아버지의 말씀 자체이시며 보이는 것과 보이지 않는 모든 것을 창조한 하느님의 지혜이신 분께서(콜로 1,16 참조) 유대아에 나타나신 그 사람의 틀 안에 계셨고, 하느님의 지혜께서 여자의 모태에 들어가 작은 아기로 태어나시고 우는 갓난아이들처럼 울음을 터뜨리셨으며,[11] 그분 친히 "내 영혼이 괴로워 죽을 지경이다"(마태 26,38)라고 고백하시듯이 죽음을 앞두고 고뇌하셨다고 전하고,[12] 끝내 사람들이 가장 수치스러운 죽음이라 여기는 그런 죽음을 당하셨지만 사흘 뒤에 부활하셨다는 사실이다. 우리는 그분 안에서 사멸할 존재들에게 공통된 연약함과 조금도 다르지 않은 듯 여겨지는 인간적 특징들을 보는가 하면, 이와는 달리 으뜸가며 형언할 길 없는 신적 본성에만 어울리는 그런 신적 특징들도 본다. 인간의 이해력은 빈약하기 때문에[13] 더 이상 나아가지 못하며 엄청난 경탄과 놀라움에 사로잡혀 어느 쪽을 향해야 할지 무엇을 잡아야 할지 어느 쪽으로 방향을 바꾸어야 할지

10) 참조 『요한 복음 단편』 18(GCS 4, 497-498쪽).

11) 오리게네스에게 그리스도의 인성은 영지주의자들의 가현설처럼 허울이 아니라 구체적 실재다(참조 『원리론』 1,서론,4; 『켈수스 반박』 4,19; 『요한 복음 주해』 2,26(21),163-166). 그리스도의 인성은 죄를 제외하고는 우리와 같다. 그분의 육은 '죄의 육'이 아니라 '죄의 육과 비슷'(로마 8,3)하다(참조 『로마서 주해』 5,9).

12) 죽음은 인간에게는 영향을 미칠 수 있지만 하느님에게는 그럴 수 없다(참조 『요한 복음 주해』 28,18(14),158-159; 『예레미야서 강해』 14,6).

13) 참조 『요한 복음 주해』 19,2(1),6-11; 20,30(24),268-275; 32,16(9),188.

를 모른다. 하느님을 느낀다고 생각하는데 실제로는 사멸하는 존재를 보고, 인간을 본다고 생각하는데 실제로는 죽음의 왕국을 쳐 이기신 다음 전리품을 가지고 죽음에서부터 되돌아오시는 분을 보기도 한다(에페 4,8 참조). 이런 이유로 두 본성의 실재가 어떻게 하나이며 같은 분 안에 있는지를 입증하기 위하여 지극한 두려움과 경외심을 지니고서 깊이 생각해야 한다. 이는 형언할 수 없는 신적 실체에 부당하고 어울리지 않는 그 어떤 것도 받아들이지 않으며, 한편으로 그분께서 행하신 것들을 속임수인 거짓 환상이라고 여기지 않기 위해서다.[14] 이것들을 사람들의 귀에 들려주고 말로 설명하는 일은 우리의 공로로 보나[15] 재능이나 말재간으로 보나 우리의 능력을 훨씬 넘어서는 것이다. 나는 이것이 거룩한 사도들의 한계도 넘어선다고 생각한다.[16] 이 신비에 대해 설명하는 일은 아마도 모든 천상 피조물의 능력으로도 불가능할 것이다. 그러니 이를 다루는 것은 우리가 무모해서가 아니라 〔이 책의〕 순서가 그것을 요구하기 때문이다. 그래서 우리는 인간 이성의 추론이 흔히 내세우는 내용보다는 우리의 신앙이 지니고 있는 내용을 제시하고, 그 사이사이에 명확한 확언보다는 우리의 가설을 소개하며 매우 짧게 거론할 것이다.[17]

14) 영지주의자들에게서 널리 퍼진 가현설적 견해에 대한 반박이다. 그리스도의 신비에서 그분의 신성과 인성의 사실성, 그분의 고통과 죽음의 사실성을 인정해야 한다(참조 『켈수스 반박』 4,19).

15) '공로를 통해' 사람은 더 높은 인식을 얻는다(참조 『원리론』 1,서론,3).

16) 사도들이 다른 이들보다 이를 더 잘 인식한다는 전제가 깔려 있다(참조 『루카 복음 강해』 1,4; 『요한 복음 주해』 13,5,28). 그리스도를 참으로 인식하는 것은 어렵다(참조 M. Harl, *Origène la fonction révélatrice*, 172-173쪽).

17) 오리게네스의 신중함에 관해서는 참조 『원리론』 1,6,1; 2,3,7; 『요한 복음 주해』 32,22(14), 291.294; 『마태오 복음 주해』 14,22; 『민수기 강해』 14,1.

3. 앞의 논증에서 배워 알게 되었듯이 보이는 것과 보이지 않는 것, 곧 만물이 하느님의 외아들로 말미암아 창조되었으며(콜로 1,16 참조), 성경 말씀대로 그분은 만물을 만드셨을 뿐만 아니라 당신께서 만드신 것들을 사랑하신다(지혜 11,24 참조). 그분 자신은 "보이지 않는 하느님"의 보이지 않는 "모상"(콜로 1,15)이시기 때문에 모든 이성적 피조물로 하여금 보이지 않게 당신께 참여할 수 있게 해 주시는데,[18] 각자가 지닌 그분에 대한 사랑의 강도에 따라 그분에게 참여하게 된다.[19] 그런데 자유의지의 능력으로 말미암아 영혼들이 다양성과 상이성을 지니게 되었기 때문에, 어떤 영혼은 자신의 창조자를 더 열렬하게 사랑하고 어떤 영혼은 더 약하고 더 나약하게 사랑한다. 그런데 예수님께서 "아무도 나에게서 내 영혼을 빼앗지 못한다"(요한 10,18)라고 말씀하신 그 영혼은 창조의 시작부터[20] 그 이후에도 그분, 곧 지혜이시며 하느님의 말씀이시고 진리이시고 참된 빛이신 분과 떨어지거나 분리될 수 없는 방식으로 결합되어 있으며, 전체를 온전히 받아들이고 그분의 빛과 광채 안으로 자신이 변화되어 들어감으로써 그분과 더불어 근본적으로 한 영이 된다.[21] 이는 사도께서 이 영혼을 본받아야 하는 사

18) 참조『원리론』1,3,5-6.

19) 인간은 성덕에 따라 말씀(로고스)에게 참여한다(참조『원리론』4,4,2;『예레미야서 강해』14,10).

20) 이어서 서술되는 예수의 영혼의 선재에 관한 가르침은 오리게네스의 반대자들에 의해 자주 언급된다. 히에로니무스: "구원자의 영혼은, 그분께서 마리아에게서 태어나시기 전에 존재하셨다." 유스티니아누스: "주님의 영혼은 선재하였으며 하느님-말씀께서는 동정녀에게서 육화하기 이전에 영혼과 하나가 되셨다."(쾨차우는 이 본문을 단편으로 착각하여『원리론』4,4,4에 배치하였다.) 유스티니아누스의 파문문 2조: "주님의 영혼은 선재하고 동정녀에게서 육화하고 태어나기 전에 하느님-말씀과 하나가 되었다."

21) 영혼과 말씀의 일치에 관해서는 참조『요한 복음 주해』1,32(36),231; 20,19(17),162;『켈수스 반박』5,39. 이 일치는 육체에도 확대된다〔참조『켈수스 반박』3,41;『요한 복음 주해』20,36(29),335〕. 오리게네스는 1코린 6,17을 하느님과 신자들의 일치를 나타내는 데 자주

람들에게[22] "주님과 결합하는 이는 그분과 한 영이 됩니다"(1코린 6,17)라고 약속하신 바다. 영혼의 이 실체가 하느님과 육 사이에서 중개 역할을 한다. 하느님의 본성은 중개자 없이는 육과 결합될 수 없기 때문이다. 따라서 앞에서 언급하였듯이, 신인(神人, deus-homo)[23]이 태어나셨고 이 실체가 중개 역할[24]을 하였다. 〔영혼에게는〕 육체를 취하는 것이 그 본성을 거스르지 않기 때문이다. 한편 이성적 실체인 이 영혼은, 앞에서 언급한 바와 같이, 말씀과 지혜와 진리 안에 들어감으로써 이미 하느님 안에 온전히 들어갔으므로 하느님을 받아들이는 것은 그 본성을 거스르지 않는다. 영혼이 하느님의 아들 안에 온전히 존재하며 하느님의 아들을 자기 안에 온전히 받아들이기 때문에, 이 영혼이 자기가 취한 육과 더불어 하느님의 아들과 하느님의 능력, 그리스도와 하느님의 지혜라고 불리는 것은 당연하다. 이와 반대로 만물을 창조하신 하느님의 아들은 예수 그리스도이며 사람의 아들이라 불린다[25](콜로 1,16 참조). 하느님의 아들이 죽으셨다고 하는데

사용한다〔참조 『켈수스 반박』 6,47; 『요한 복음 주해』 32,25(17),326〕.

22) 모든 사람은 그리스도와 결합하기 위해 이 영혼과 말씀의 일치를 본받아야 한다〔참조 『켈수스 반박』 7,17; 3,28; 『요한 복음 주해』 10,6(4),26; 『아가 강해』 2(GCS 8, 153쪽)〕. 이 영혼은 다른 사람들의 영혼과 같다.

23) 신인(神人, Deus-Homo)이라는 이 표현은 히에로니무스가 번역한 오리게네스의 『에제키엘서 강해』 3,3에도 있다. 따라서 오리게네스가 여기서 '테안트로포스'(θεάνθρωπος)라는 낱말을 사용한 것이 확실하다고 하겠다. 이는 루에(M. Rouer)가 편집한 『루카 복음 단편』(GCS 81, 48쪽) 초판에 있지만, 드브레스(R. Devresse, *Revue Biblique 42*, 1933, 144-145쪽)가 이 낱말에 이의를 제기했기 때문에 재판에는 없다. 그러나 바가기니(C. Vagaggini, *Maria*, 102쪽 각주 16과 109쪽 각주 47)는 이를 인정했다.

24) 참조 『로마서 주해』 3,8. 이 중개 기능은 영혼이 한편으로는 하느님(참조 『원리론』 1,1,7; 4,4,9-10)과 다른 한편으로는 육체(참조 『원리론』 2,8,1; 2,10,7)와 함께 있다는 관계에서 유래한다. 플라톤(『티마이오스』 35a)은 영혼이 신과 육체 사이의 중개 역할을 한다고 보았다.

25) 이 대목에서는 5세기에 널리 논의된 이른바 속성의 호환(communicatio idiomatum)이 아마도 처음으로 그리고 매우 분명하게 표현된다. 곧, 그리스도의 신성에 걸맞은 특성들과 속성

(로마 5,10 참조), 이는 죽음을 받아들일 수 있었던 본성 때문이다. 또 사람의 아들이라고 불리는 그분은[26] 장차 하느님 아버지의 영광 안에서 거룩한 천사들과 함께 오시리라고(마태 16,27 참조) 예언되어 있다. 이 때문에 성경 전체에서 신성은 인성과 연관된 용어들로 일컬어지고, 그분의 인성은 신성을 나타내는 표현들로 수식되곤 한다. "둘은 한 몸이 되리니 이제 둘이 아니라 한 몸이다"(마태 19,5-6; 창세 2,24)라는 성경 말씀은 다른 어느 결합보다도 이 결합을 두고 한 말이라 할 수 있다. 하느님의 말씀이 영혼과 더불어 한 몸이 되는 것이 남편이 아내와 더불어 한 몸이 되는 것보다 더 〔확고한 결합이라고〕 생각해야 하기 때문이다. 하느님과 함께 한 영이 된다는 말[27]이(1코린 6,17 참조) 자신을 사랑으로 하느님과 결합시켜[28] 그분과 한 영이라고 합당하게 일컬어지는 이 영혼에게보다 더 잘 어울리는 경우가 어디 있겠는가?

4. 사랑의 완전성, 순수한 애정의 진정성이 이 영혼과 하느님의 떨어질 수 없는 일치를 이루어주므로, 하느님이 이 영혼을 취하신 것은 우연이나 편애 때문이 아니라 그의 덕행의 공로 때문이다(1베드 1,17 참조). 예언자가 이 영혼에게 하신 말씀을 들어 보라. "당신께서 정의를 사랑하시고 불의를

들(ἰδιώματα)은 그리스도의 인성에 특유한 것으로 여겨진다. 그 반대의 경우도 마찬가지다(참조『로마서 주해』1,6).

26) 오리게네스는 다니 7,13에 따른 사람의 아들 칭호가 지닌 메시아적 중요성을 강조하지 않는다.

27) 두 인용문은『켈수스 반박』6,47에서도 말씀과 그의 영혼의 결합을 논증하는 데 사용된다. 결합을 나타내는 이 방식은 현대 신학의 관점에서는 부족하게 보일 수 있지만 오리게네스는 이를 더 잘 표현할 수 있는 개념적 도구들을 갖고 있지 못했다.

28) 이는 오리게네스가 말씀과 영혼의 결합을 오로지 도덕적인 결합으로만 이해했다고 보이게 하는 표현들 가운데 하나다.

미워하시기에 하느님께서, 당신의 하느님께서 기쁨의 기름을 당신의 동료들에 앞서 당신에게 바르셨나이다."(시편 44,8) 사랑의 공로 때문에 기쁨의 기름 부음을 받았다는 것은 이 영혼이 하느님의 말씀과 함께 그리스도가 되었다는 뜻이다.[29] 기쁨의 기름 부음을 받는다는 것은 성령으로 충만해진다는 뜻 말고 달리 알아들을 길이 없다. '당신의 동료들에 앞서'라는 말은 예언자들에게 주어지던 형식으로 영의 은총이 주어진 것이 아니라, 하느님 말씀 자체의 충만함이 본질적으로 영혼 안에 내재함을 가리킨다.[30] 이는 사도가 "온전히 충만한 신성이 육체의 형태로 그분 안에 머물러 있습니다"(콜로 2,9)라고 말한 대로다. 이 때문에 "당신께서 정의를 사랑하셨다"라고만 하지 않고, "불의를 미워하셨다"라는 말도 덧붙인 것이다. 불의를 미워한다는 것은 성경이 그분에 관하여 "그는 죄를 저지르지도 않았고 거짓을 입에 담지도 않았다"(이사 53,9)라거나 "그분은 죄 외에는 모든 면에서 유사하게 유혹을 받으셨습니다"(히브 4,15)라고 한 것과 같은 뜻이다. 그런데 주님께서 친히 "너희 가운데 누가 나에게 죄가 있다고 책망할 수 있겠느냐?"(요한 8,46)라고 말씀하신다. 그리고 또다시 당신 자신에 관하여 "보라. 이 세상의 우두머리가 오고 있지만 그는 나에게서 아무것도 찾지 못한다"(요한 14,30)라고 하신다. 이 모든 말씀은 그분 안에 죄에 대한 어떠한 생각도 존

29) '그리스도'는 '기름부음받은이'라는 뜻임을 잊지 말아야 한다. 『요한 복음 주해』 1,28(30), 191-197에서 왕으로 아들이 기름부음을 받는 것은 그의 신성에 관련되는 것 같고, 그리스도로 아들이 기름부음을 받는 것은 육화에 선재하는 그의 인성에 관련되는 것 같다. 그러나 이 둘은 한 분 로고스를 이룬다[참조 『요한 복음 주해』 1,28(30),196].

30) 말씀과 영혼의 결합은 외면적이고 도덕적인 결합(associatio)을 뛰어 넘는다. 곧, 인간 예수 안에 말씀과 성령의 충만함이 있다. 이는 『이사야서 강해』 3,2에 나오는 아름다운 대목을 상기시킨다. 이사 11,1-2가 예언했듯이, 세례자 요한은 성령이 예수 위에만 머무르는 것을 보았다(요한 1,33-34).

재하지 않는다는 사실을 보여 준다.[31] 예언자는 그분 안에 사악한 어떤 생각도 결코 들어가지 못한다는 점을 더 분명하게 지적하기 위하여, "이 아기가 아빠나 엄마라고 부를 줄 알기도 전에 자신을 죄악으로부터 멀리하였다"(이사 8,4; 7,16)라고 하였다.

5. 우리가 위에서 그리스도 안에 이성적 영혼이 있다고 논증하였고, 한편으론 영혼의 본성이 선과 악을 받아들일 능력을 지니고 있음도 여러 번 제시하였는데,[32] 만일 이것 때문에 이해에 어려움을 느끼는 사람이 있다면 우리는 이 문제의 어려움을 다음과 같이 풀어 보겠다. 그분 영혼의 본성이 모든 영혼의 본성과 같다는 사실은 의심할 수 없다. 그렇지 않다면, 다시 말해 그것이 참으로 영혼이 아니라면 영혼이라 불릴 수 없었을 것이다. 모든 영혼에게는 선과 악을 선택할 수 있는 능력이 있기 때문에, 그리스도의 이 영혼은 정의를 사랑하는 길을 선택하여 무한한 사랑으로 말미암아 변화될 수도 없고 분리될 수도 없는 방식으로 그분께 결합되어 있다. 그의 확고한 의지와 무한한 애정과 꺼지지 않는 사랑의 열기로 말미암아 변화와 변심의 모든 욕구가 파멸되어 버림으로써, 전에는 자유의지에 의존하던 것이 오랜 습관을 통해 본성으로 변화되기에 이른 것이다.[33] 이처럼 그리스도 안에는 인간적이며 이성적인 영혼이 있지만, 그 영혼은 죄에 대한 어떠한 생각이나 가능성도 지니고 있지 않다고 믿어야 한다.

31) 인용문은 모두 말씀과의 결합을 통해 본질적 방식으로 선을 소유한 그리스도의 영혼은 죄를 지을 수 없다는 점을 입증한다(참조『원리론』1,5,3; 1,5,5; 1,6,2). 성도들과 로고스의 일치가 이 세상에서 늘 불안정할지라도 영혼을 로고스와 연결하는 끈은 풀릴 수 없다.

32) 참조『원리론』1,서론,5; 1,3,6; 1,7,2; 1,8,3 등.

33) 마찬가지로『원리론』1,6,3에서 오리게네스는 악마의 뿌리 깊은 악의가 본성으로 바뀌지 않았나 생각한다.

6. 이 문제를 더 자세히 설명하기 위해 예를 드는 것이 어리석은 일은 아닐 것이다. 물론 이처럼 미묘하고 어려운 문제에 적절한 예를 찾기란 쉽지 않다. 그러나 다음의 예는 아무런 선입견 없이 받아들일 수 있을 것이다. 쇠는 냉기와 온기를 받아들일 수 있는 광물이다. 그래서 만일 쇳덩어리가 오랫동안 불 속에 있게 되면 불이 모든 결 그리고 모든 구멍에까지 스며들어 완전히 불이 되어 버린다.[34] 불이 쇳덩어리에서 떨어지거나 쇳덩어리가 불에서 분리되지 않는 한에는 그럴 것이다. 여기서 이렇게 말할 수 있겠다. 본성적으로 쇳덩어리인 것이 불 속에 있어 끊임없이 달구어지고 있을 때 냉기를 받아들일 수 있는가? 물론 받아들일 수 없다! 우리가 불가마에서 자주 목격하듯이 쇳덩어리가 온통 불덩어리가 되어 버렸다고 말하는 것이 더 정확하다. 거기서 불 이외에는 아무것도 보이지 않기 때문이다. 만일 누가 그것을 만지거나 잡아보려 한다면 쇠가 아니라 불의 힘을 느낄 것이다. 이와 마찬가지로 그리스도의 영혼은 쇠가 불 속에 있는 것처럼 늘 말씀 안에, 늘 지혜 안에, 늘 하느님 안에 있기 때문에 그가 행하고 생각하고 이해하는 모든 것이 하느님이다. 하느님의 말씀과 일치를 이루어 끊임없이 불타고 있기 때문에 불변성을 지니고 있는 이 영혼은 바뀌거나 변화될 수 없다고 말할 수 있다. 하느님 말씀의 열기가 어느 정도는 모든 성인에게 다 다른다고 여겨야 하지만, 이 영혼 안에는 신적인 불 자체가 본질적으로 머

34) 이 표상은 스토아학파 철학자들의 글에도 있다(참조 SVF II, 153.155쪽). 그러나 그들이 보기에 각 육체는 자신의 본성을 보존한다. 오리게네스는 불이 불이 된다고 말하려는 것 같다. 아리스토텔레스는 두 실체 가운데 현격히 우세한 한 실체로 합쳐지는 유형을 알았다(참조 아리스토텔레스, 『생성과 소멸』 1,5,320). 참조 H. A. Wolfson, *The Philosophy*, 395-396쪽. 이 표상을 지나치게 공격하면, 오리게네스를 (그 명칭이 생기기 전의) 단성설자로 만들 위험이 있다.

물러 있으며,[35] 바로 이 영혼으로부터 다른 영혼들에게로 그 열기의 일부가 옮겨간다고 믿어야 한다. "하느님께서, 당신의 하느님께서 기쁨의 기름으로 당신의 동료들에 앞서 당신을 바르셨나이다"(시편 44,8)라는 말씀은 이 영혼이 기쁨의 기름으로, 곧 하느님의 말씀과 지혜[36]로 기름부음 받았으며, 당신의 동료인 거룩한 예언자들과 사도들이 기름부음 받은 것은 이와 다르다는 뜻이다. 동료들은 그분의 향기가 나는 쪽으로 달려갔다고 하지만(아가 1,4 이하 참조), 이 영혼은 향기 자체를 담고 있는 그릇이다. 예언자들과 사도들은 그 향기에 참여하기에 합당한 이들이다. 향기의 냄새와 그 향기의 실체가 다른 것이듯이, 그리스도[37]와 그분에 참여하는 이들은 다르다. 향기의 실체를 담고 있는 그릇 자체는 어떠한 악취도 받아들일 수 없지만, 그 냄새에 참여하는 이들은 그 향기에서 조금 멀리 떨어지면 악취를 받아들이는 일이 생길 수 있다. 그리스도는 그 안에 향기의 실체가 담겨 있는 그릇 자체이기 때문에 이에 반대되는 냄새를 받아들일 수 없다. 그러나 그분에게 참여하는 이들은 그 그릇에 가까이 있는 정도만큼 향기에 참여하고 그것을 지닐 수 있게 된다.[38]

7. 나는 예레미야 예언자가 그리스도 안에 있는 하느님 지혜의 본성이 무엇이며, 세상 구원을 위해 그분이 취하신 이것(영혼)이 무엇인지를 깨닫

35) 삼위가 실체적으로 성성(聖性)을 지니고 있고 이성적 피조물들은 우유적 방식으로 성성에 참여하듯이(참조 『원리론』 1,5,3; 1,5,15; 1,6,2; 『민수기 강해』 11,8), 다른 영혼들과 말씀의 결합이 우유적인 반면 그리스도 영혼과 말씀의 결합은 실체적이다.

36) 여기서 기쁨의 기름은 말씀-지혜를 나타낸다. 마찬가지로 『원리론』 4,4,4와 2,6,4에서 기쁨의 기름은 성령을 상징한다.

37) 여기에서 그리고 조금 더 아래에서 그리스도는 특히 인간 영혼을 의미한다.

38) 그리스도의 영혼에 관한 오리게네스의 이 견해는 인성이 신성에 흡수된다고 보는 단성설이라고, 때로는 두 실체를 지나치게 분리하는 네스토리우스주의라고 비난받았다.

고 다음과 같이 말하였다고 생각한다. "우리 얼굴의 영이신 주 그리스도에 대해, 우리는 민족들 가운데서 그의 그림자 아래 살리라고 말하였다."[39](애가 4,20) 사실 우리 육체의 그림자는 육체와 분리될 수 없으며, 육체의 움직임과 동작을 그대로 받아들여 재현한다. 이처럼 그리스도의 영혼의 행위와 움직임은 그리스도와 뗄 수 없을 정도로 결합되어 있으며 그분의 움직임과 의지를 온전히 따른다. 그래서 예언자는 이 점을 지적할 의향으로 이 영혼을 주 그리스도의 그림자라 부르고, 우리는 민족들 가운데서 그 그림자 아래 살게 되리라고 말한 것이라고 나는 생각한다. 사실 민족들은 그분께서 이 영혼을 취하신 신비 안에 살고 있으며, 그 영혼을 본받음으로써[40] 믿음을 통해 구원에 이르게 된다.[41] 다윗이 "주님, 저들이 나에게 한 모욕을 기억하소서. 그들은 당신의 그리스도 대신에[42] 나를 모욕하였나이다"(시편 88,51-52)라고 말하였을 때 이 점을 지적한 것으로 나는 생각한다. 또 바오로가 "우리의 생명이 그리스도와 함께 하느님 안에 숨겨져 있습니

39) 오리게네스는 애가 4,20을 여러 번 해석하였다. 문자적 의미는 세데키아스 왕, 바빌론에 사로잡힌 주님의 기름부음받는이(그리스도)와 관련된다. 그러나 오리게네스에게 이 그림자는 그리스도의 영혼이다. 이레네우스(『사도적 가르침의 논증』 71)는 이 그림자를 그리스도의 육체로 이해한다. 그리스도교 초기 문헌의 애가 4,20 인용에 관해서는 참조 J. Daniélou, *Christos Kyrios*, 338-352쪽. 오리게네스의 저서 가운데서는 참조 『요한 복음 주해』 2,6(4),50; 『아가 주해』 3(GCS 8, 182쪽); 『여호수아기 강해』 8,4; 『헤라클리데스와의 논쟁』 27; 『마태오 복음 주해』 15,12; 『애가 단편』 16(GCS 3, 276쪽).

40) 이는 그리스도의 인간적 영혼을 본받는 '그리스도 따름'의 한 형태다(W. Völker, *Das Vollkommenheitsideal*, 225쪽).

41) 오리게네스는 청중들에게 단순한 믿음에 머물러 있지 말고 인식까지 진보할 것을 권고하지만(참조 『원리론』 3,5,8; 『켈수스 반박』 6,13; 『로마서 주해』 3,9; 9,38; 『헤라클리데스와의 논쟁』 19), 믿음만으로도 구원받기에 충분하다고 여겼다.

42) 그리스어로는 τὸ ἀντάλλαγμα τοῦ χριστοῦ σου, 라틴어로는 in commutatione Christi tui(시편 88,52). 이 표현은 번역하기가 쉽지 않다. 히브리어 본문을 직역하면 '당신 기름부음받은이의 발자국'이다.

다"(콜로 3,3)라고 말하였을 때 다른 어떤 것을 생각했겠는가? 또 다른 구절에서 "여러분은 그리스도께서 내 안에서 말씀하신다는 증거를 찾고 있습니까?"(2코린 13,3)라고 말하였다. 지금 바오로는 그리스도께서 하느님 안에 숨겨져 있다고 말하는 것이다.[43] 이러한 뜻이 위에서 언급한 예언자가 '그리스도의 그림자'라는 말을 통해 나타내려 한 뜻과 같지 않다면, 이것은 아마도 인간의 이해력을 넘어서는 것일 게다. 그러나 성경에서는 그림자[44]의 의미를 지니는 많은 표현들도 보게 되는데, 예컨대 루카 복음서에서 가브리엘이 마리아에게 "주님의 영이 너에게 내려오시고 지극히 높으신 분의 힘이 너를 덮을 것이다"(루카 1,35)라고 말한 경우가 그것이다. 또 사도는 율법 문제에 관하여 육적인 할례를 받은 이들이 "하늘에 있는 것들의 모상과 그림자에 대해 예배를 드린다"(히브 8,5)고 하였다. 또 "땅 위에서 우리 인생은 그림자가 아닌가?"(욥 8,9)라는 말씀도 있다. 그러므로 땅 위에 있는 율법이 그림자이고, 땅 위에 사는 우리 모두의 인생은 그림자이며, 우리는 민족들 가운데 그리스도의 그림자 안에서 살고 있는 것이다. 그렇다면 이 모든 그림자의 진상은 성인들이 하느님의 영광과 사물들의 원인과 진리를[45] 더 이상 거울을 통해 어렴풋이 보지 않고 얼굴에 얼굴

43) 『헤라클리데스와의 논쟁』 27에 미래의 생명에 비해 현재의 생명이 불완전하다는 점을 강조하는 같은 해석이 있다. 콜로 3,3은 『요한 복음 주해』 20,39(31),363; 『마태오 복음 주해』 12,33; 『로마서 주해』 5,10에서 요한 11,25 그리고 14,6과 서로 비슷한 의미로 해석된다.

44) 참조 H. Crouzel, *Connaissance*, 324-370쪽 사이의 여러 곳. 구약성경은 그림자이고, 신약성경은 상징, 영원한 복음(묵시 14,6에서 끌어낸 명칭인 종말론적 선), 진리다(참조 『시편 제38편 강해』 2,2). 그리스도의 그림자는 그리스도의 실재를 알려 주고 신적 능력을 주기 때문에 율법의 그림자보다 우세하다〔참조 『아가 강해』 2,6; 『아가 주해』 3(GCS 8, 182쪽)〕.

45) 참조 『원리론』 2,11,7; 『아가 주해』 2와 3(GCS 8,121.160.173.211쪽); 『요한 복음 주해』 1,7(9),39-40.

을 맞대고[46] 보기에 합당해지는 그 계시에서 알려질 것이다
(1코린 13,12 참조). 이 진상에 대해 성령을 통하여 이미 보증을 받은 사도는 (2코린 5,5 참조) "우리가 전에는 그리스도를 육에 따라 이해하였을지라도 이제는 더 이상 그렇게 이해하지 않습니다"(2코린 5,16)라고 말하였다.

이상이 그리스도의 육화와 신성이라는 어려운 문제들을 거론하면서 지금 우리에게 떠오른 견해였다. 그러나 누가 이보다 더 훌륭한 것을 찾아내고 성경에 있는 더 분명한 진술들로써 입증할 수만 있다면, 나의 말보다는 그의 견해를 받아들여야 할 것이다.[47]

46) 오리게네스는 부분적인 인식과 온전한 인식의 대비(1코린 13,9-10,12)를 논하는 많은 대목에서 1코린 13,12에 나오는 바오로의 비유를 이용하였다(참조 H. Crouzel, *Connaissance*, 345-350쪽).
47) 이런 방식의 표명은 매우 흔히 사용된다(참조 『원리론』 2,3,7).

7장

같은 성령이 모세와 다른 예언자들과 거룩한 사도들 안에 있었다

(그리스어)

[성령]

(라틴어)

1. 우리는 이 책의 앞부분에서[1] 주제의 순서에 따라 성부와 성자와 성령에 관하여 거론한 다음에, 같은 주제를 다음과 같이 되풀이하고 입증할 필요가 있었다. 세상을 창조하고 빚어내신 분과 우리 주 예수 그리스도의 아버지는 같은 하느님이라는 것, 곧 율법과 예언서들의 하느님과 복음서의 하느님은 한 분이고 같은 하느님이시라는 것이다.[2] 그리스도에 관해서는 앞에서 하느님의 말씀과 지혜로 설명되었던 분이 사람이 되셨다[3]는 점을 제시해야 했다. 성령에 관해서도 가능한 한 간략하게 다시 거론해야 하는 문제가 남아 있다.

1) 참조 『원리론』 1,1-3.
2) 참조 『원리론』 2,4-5.
3) 참조 『원리론』 2,6.

이제 능력이 닿는 대로 성령에 관하여 몇 가지 거론할 때가 되었는데, 우리 주님이신 구원자께서는 요한 복음서에서 성령을 파라클레투스(paracletus)[4] 라고 부르셨다(요한 14,16 참조). 사실 한 분이고 같은 하느님이 계시고, 또 한 분이고 같은 그리스도가 계시듯이[5] 한 분이고 같은 성령만 계신다. 성령은 예언자들 안에 계셨고 사도들 안에도 계셨으니, 그리스도께서 오시기 이전에 하느님을 믿었던 이들뿐만이 아니라 그리스도를 통하여 하느님께 온 이들 안에도 계셨다. 두 하느님이 계시고 두 그리스도가[6] 있다고 이단자들이 감히 말하는 것을 들은 적은 있지만, 두 성령이 있다고 외치고 다니는 사람이 있다는 말은 한 번도 들어 본 적이 없다.[7] 어떻게 그들이 성경에 근거해 이렇게 단언할 수 있겠으며, 한 성령과 다른 성령 사이에 무슨 차이를 제시할 수 있겠는가? 성령에 관한 어떤 정의나 묘사를 찾을 수 있다 하더라도 말이다. 설령 마르키온이나 발렌티누스[8]가 신성에 차별을 두

4) 가톨릭 『성경』에서는 "보호자"로 번역하였다.

5) 한 분이고 같은 하느님은 『원리론』 2,4-5에서 다룬 매우 명백한 주제였고, 한 분이고 같은 그리스도에 관해 논한 2,6의 목적은 인간의 영혼과 말씀이 한 분이고 같은 그리스도를 이룬다는 사실을 입증하는 것이었다.

6) 마르키온파는 두 하느님이 있다고 주장하였다(참조 『원리론』 2,4-5). 오리게네스는 두 그리스도가 있다는 견해에 관해 더 이상 언급하지 않지만, 이 역시 마르키온의 주장이었다(참조 A. v. Harnack, *Marcion*, 283쪽). 그밖의 영지주의자들도 비슷하게 생각하였다. 오리게네스는 하느님이신 그리스도와 십자가에 못 박힌 그리스도를 다양한 방식으로 구분하는 영지주의자들을 염두에 두고 있는 것이 확실하다.

7) 오리게네스는 『티토서 주해』(PG 14,1304-1305) 단편에서는 이보다 덜 단정적으로 말한다. 곧, 예언자들의 성령과 사도들의 성령을 구분하는 이들은 구약성경의 하느님과 신약성경의 하느님을 분리하는 이들과 같은 죄를 짓는다. 영지주의자들은 두 성령을 구분한 것 같지 않지만, 아버지의 성령은 사도들에게 영감을 주었고 데미우르구스의 성령은 예언자들에게 영감을 주었다고 주장하며 두 성경을 구분하는 이들의 교설에서 그러한 결론을 이끌어 낼 수 있다. 『사도 헌장』 49에서는 태어나지 않은 세 존재 또는 세 아들 또는 세 보호자의 이름으로 세례를 주는 주교들과 사제들을 문제 삼는다.

어 선한 분의 본성과 의로운 분의 본성을 서로 달리 묘사할 수 있다고 하더라도, 어떻게 성령 안에 차이가 있다고 상상하거나 조작할 수 있겠는가? 나는 그들이 어떠한 차이의 표지도 찾아낼 수 없으리라고 생각한다.

2. 우리는 모든 이성적 피조물이 아무 차별 없이 하느님의 지혜와 하느님의 말씀에 참여하는 것과 마찬가지로 성령에도 참여한다고 생각한다.[9] 그러나 나는 성령께서 사람들에게 본격적으로 내려오신 것은 그리스도께서 오시기 이전이 아니라 그리스도께서 하늘에 올라가신 다음이라고 여긴다. 전에는 백성들 가운데 합당한 이들인 예언자들과 소수의 사람만 성령의 선물을 받았다.[10] 그러나 구원자께서 오신 다음에는 "마지막 날에 나는

8) 오리게네스는 이단 창시자인 이 두 명의 이름과 함께 종종 바실리데스도 언급한다(참조 『원리론』 2,9,5; 『민수기 강해』 12,2; 『여호수아기 강해』 12,3; 『마태오 복음 강해』 38; 『사무엘기 상권 강해』 1,10; 『에제키엘서 강해』 8,2; 『예레미야서 강해』 10,5; 『마태오 복음 주해』 12,12; 12,23; 또한 알렉산드리아의 클레멘스, 『양탄자』 7,17,108).

9) 이는 성인들만 성령에 참여한다는 『원리론』 1,3,5와 모순되는 것 같지만 이 단락은 반영지주의적 문맥에서 읽어야 한다. 오리게네스가 말하고자 하는 바는, 성령에 참여하는 것은 발렌티누스파의 영적인 사람들처럼 본성에 의해 특권을 부여받는 범주에 제한되지 않고 그 행위에 따라 그 참여에 합당한 모든 사람에게 열려 있다는 사실이다.

10) 신약성경과 견주어 구약성경의 가치를 평가하는 문제에서, 오리게네스는 대화 상대자가 누구냐에 따라서 달리 말한다. 영지주의자들을 상대할 때 오리게네스는 구약성경을 신약성경과 거의 같게 평가하는 듯한 경향을 보인다[참조 『요한 복음 주해』 1,7(9),37-38; 2,34(28),199-209; 6,3-6(2-3),13-30]. 반면 유대인들을 대상으로 말할 때는 신약성경이 훨씬 탁월함을 강조한다[참조 『요한 복음 주해』 13,46-47(46),305-319; 32,27(17),336-343; 『여호수아기 강해』 3,2; 『마태오 복음 주해』 10,9]. 구약성경은 하느님을 아버지로 알지 못한다[참조 『요한 복음 주해』 1,7(9),37-40; 『마태오 복음 주해』 10,9]. 구약성경과 신약성경의 가치에 관한 이 문제는 오리게네스 신학에서 중요한 자리를 차지한다. 가장 완전한 해결책은 그림자(구약성경), 상징(일시적 복음), 진리(히브 10,1에서 이끌어낸 영원한 복음)의 구분이다. 곧, 상징은 그림자가 아닌 종말론적 진리에 대한 존재론적 참여를 표현한다. 일시적 복음과 영원한 복음은 사실상 하나의 '히포스타시스'(ὑπόστασις), 곧 같은 실재를 형성한다. 그것들은 '에피노이아'(ἐπίνοια), 곧 사물들을 보는 인간의 방식에 따라 다르며, 그 차이는 거울을 통해 어렴풋이 보는 것과 얼굴을 맞대고 보는 것으로 구별된다. 그

모든 사람 위에 내 영을 부어 주리니, 그들이 예언하리라"(사도 2,16-17; 요엘 3,1)라는 요엘 예언서의 말씀이 이루어졌다고 기록되어 있다. 또 "모든 민족이 그분을 섬길 것이다"(시편 71,11 참조)라는 말씀도 이와 같은 뜻이다. 성령의 은총을 통하여 드러난 수많은 일이 있지만[11] 그 가운데 가장 위대한 것은 이러하다. 예언서들이나 모세의 율법에 기록된 것을 그때에는 소수의 사람인 예언자들 자신과 온 백성 가운데 겨우 몇 사람만이 육체적 이해를 넘어서[12] 더 높은 의미, 곧 영적인 의미를 율법과 예언서에서 어느 정도 알아들을 수 있었다. 그러나 이제는 헤아릴 수 없는 수많은 신자가[13] 비록 모두가 체계적이고 명쾌하고 논리적으로 영적 의미를 설명하지는 못하더라도[14] 할례나 안식일의 휴식, 짐승의 피 흘림을(창세 17,10-14; 탈출 31,12-

러나 그리스도인은 이 세상에서 참된 선, 곧 종말론적 실재를 이미 소유하고 있다(참조 H. Crouzel, *Connaissance*, 280-370쪽). 오리게네스는 구약성경을 과소평가하는 것을 염려할 뿐 영지주의자들에게 이로운 논지를 펴지는 않는다.

11) 성령의 은총은 (모세 오경과 예언서를 포함한) 구약성경 저자들뿐 아니라 그들이 염두에 둔 성경 독자들에게도 주어진다[참조 『원리론』 1,서론,8; 『창세기 강해』 9,1; 『레위기 강해』 6,6; 『민수기 강해』 26,3; 『아가 주해』 서론(GCS 8, 77쪽); 『마태오 복음 강해』 40; 『코린토 1서 단편』 11(JTS 9, 240쪽); 『요한 복음 주해』 10,28(18),172-173; 기적가 그레고리우스, 『오리게네스 찬양 연설』 15,179].

12) 참조 『원리론』 4,1-3.

13) 그 당시 그리스도교의 빠른 전파에 관해서는 참조 『원리론』 4,1,1-2; 『켈수스 반박』 3,9; 3,68; 7,26; 『아가 주해』 3(GCS 8, 204쪽).

14) 참조 『켈수스 반박』 2,7; 『창세기 강해』 3,4-7; 『민수기 강해』 23,4; 『로마서 주해』 2,13. 오리게네스는 여기서 유대 제식의 관습들을 육체적 의미로 해석하지 않아야 한다는 사실을 아는, 더 단순한 이들의 믿음에 관해 긍정적으로 증언한다. 일반적으로 그는 이들에 대해 이보다 냉정하게 평가하며(참조 『레위기 강해』 16,4; 『이사야서 강해』 6,4), 유대교 예식을 맹목적으로 지키는 것을 때때로 비난한다[참조 『예레미야서 강해』 12,13; 『레위기 강해』 10,2; 『탈출기 강해』 12,43-45(PG 12,285D)]. 이런 이중적 태도는 『켈수스 반박』에서도 확인되는데, 한편으로는 단순한 이들의 믿음이 이교인의 모든 지식보다 더 낫다고 하면서 켈수스를 반박한다(참조 『켈수스 반박』 1,9; 1,13; 3,79; 5,16; 5,20).

17; 레위 1 참조) 육체적 〔의미〕로 이해해서는 안 되며, 이것은 하느님께서 모세에게 주신 계명들과 부합하지 않는다는 점을 확신하고 있다. 모든 이가 성령의 능력을 통하여 이렇게 이해했다는 사실에는 의심할 여지가 없다.

3. 그리스도에 관하여 이해하는 여러 가지 방법이 있다.[15] 예컨대 그분은 지혜이시지만 모든 이에게 지혜의 작용을 행사하시거나 완수하시는 것이 아니라 당신 안에서 지혜를 얻으려는 사람들에게만 그렇게 하신다. (또 그분은 의사[16]이시라고 하는데〔마태 9,12 참조〕, 모든 이에게 의사로서 활동하시는 것이 아니라 자기가 병들어 있다는 것을 깨닫고 건강을 얻기 위해 그분의 자비에 몸을 맡기는 사람들에게만 그렇게 하신다.) 나는 온갖 종류의 은사들을 지니고 계신 성령에 대해서도 이와 같이 생각한다.[17] 사실 어떤 이들은 성령을 통하여[18] 지혜의 말씀을 받고, 다른 이들은 지식의 말씀을 받고, 또 다른 이들은 믿음을 받는다(1코린 12,8-9 참조). 이처럼 성령을 받아들일 수 있는 이들 각자에게는 같은 성령이 당신께 참여하기에 합당한 사람에게 필요한 분으로 드러나거나 이해된다. 그런데 이러한 구분과 차이를 깨닫지 못한 자들은 복음서에서 성령을 파라클레투스라고 하는 말을 듣고는(요

15) '이해하는 방법'으로 옮긴 라틴어 'intellectus'는 틀림없이 그리스어 '에피노이아'(ἐπίνοια)의 번역이다. 곧, 『원리론』 1,2에서 다루어진 여러 명칭(ἐπίνοιαι)을 뜻한다.

16) 의사이신 그리스도와 하느님에 관한 개념은 마태 9,12와 플라톤 이래 그리스인들이 사용한 의학적 이미지에서 유래한다〔참조 『원리론』 2,10,6; 3,1,13-15; 『요한 복음 주해』 1,20(22),124; 『켈수스 반박』 2,7; 3,62; 『레위기 강해』 8,1; 『예레미야서 강해』 12,5; 『에제키엘서 강해』 1,2〕. 이 이미지는 그리스도인들에게 친숙한 전통적인 표현이다(참조 이그나티우스, 『에페소 신자들에게 보낸 편지』 7,2; 익명, 『디오그네투스에게 보낸 편지』 9,6; 알렉산드리아의 클레멘스, 『권고』 1,8; 『교육자』 1,1,1; 1,2,6; 1,9,83; 기적가 그레고리우스, 『오리게네스 찬양 연설』 17,200). 참조 G. Dumeige, *Le Christ Médecin*, 129-138쪽.

17) 참조 『원리론』 1,3,7. 특히 『요한 복음 주해』 2,10(6),77(성령은 은사들의 물질을 제공한다).

18) 참조 『에제키엘서 강해』 2,2; 6,6; 『민수기 강해』 9,9; 『켈수스 반박』 5,1; 6,70; 『로마서 주해』 3,8; 4,5.

한 14,16 이하 참조) 그분의 무슨 활동과 역할 때문에 파라클레투스라고 불리는지를 이해하지 못한 채, 내가 알지도 못하는 그런 형편없는 영들과 성령을 비교함으로써 그리스도의 교회들을 혼란에 빠뜨리려고 애쓰며, 그리하여 형제들 사이에 작지 않은 불화를 부추긴다.[19] 그러나 복음서는 성령이 엄청난 능력과 위엄을 갖추신 분임을 보여 준다. 복음서에 따르면, 사도들은 구원자께서 그들에게 가르쳐 주려 하신 것들을 그때는 깨달을 수는 없었지만 성령께서 오셔서[20] 그들 영혼에 당신 자신을 부어 삼위일체에 대한

19) 여기서는 틀림없이 몬타누스파가 문제다. 오리게네스는 성령이 황홀경에 빠진 상태에서 사람에게 영향을 미친다는 몬타누스파의 중심 학설을 명확히 제시하지 않지만, 다음과 같은 내용은 몬타누스파의 모든 것에 어울린다. 곧, 그들은 성령을 몇몇 활동 방식으로 국한하고, 성령이 저급한 영들처럼 일종의 신들린 상태에서 활동하며, 금욕을 통해 깊은 감명을 주었다는 것이다. 오리게네스는 『티토서 주해』 단편(PG 14,1306)에서도 이 단락의 마지막 부분에서처럼 혼인과 특정 음식들을 금하는 몬타누스파를 비난한다. 이런 비난은 익명으로 이루어질 때가 많다(**참조** 『마태오 복음 강해』 10; 『마태오 복음 주해』 14,16; 15,4; 17,27; 『레위기 강해』 10,2; 『로마서 단편』 5). 오리게네스는 몬타누스파를 거명하지는 않지만 황홀경에 관한 모든 가르침은 몬타누스파를 겨냥한 것이다. 몬타누스파는 성령이 예언자 안에 들어가 그의 지성을 몰아내고, 지성을 생기 없고 무의식적인 도구로 변화시켰다고 말한다. 오리게네스는 반대로 이런 종류의 황홀경-무의식을 악마의 행위로 여긴다(**참조** H. Crouzel, *Connaissance*, 197-207쪽). '형편없는 영들'이라는 용어는 몬타누스파의 견해가 아니라 오리게네스의 견해를 반영한 것이며, 전적으로 이 이단자들이 격찬한 황홀경-무의식에 반대하는 표현으로 이해해야 한다. 오리게네스에게 이 황홀경은 악마에 홀린 표시이자 증거였다. 하느님께서는 당신이 자유로이 창조하는 자유와 지성의 의식을 존중하신다. 반면 악마는 정신을 몽롱하게 하고 빼앗는다. 이는 오리게네스가 영들을 구분하는 기본 원칙들 가운데 하나다. **참조** Fr. Marty, *Le discernement des esprits*, 147-164. 253-273쪽.

20) 요한 16,2-3에 관해서는 **참조** 『원리론』 1,3,4. 슈니처(K. Fr. Schnitzer, *Origenes*, 128-129쪽)는 뒤따르는 구절(qui se eorum animabus infundens inluminare eos possit de ratione et fide Trinitatis)을 루피누스의 가필이라고 여긴다. 그 내용이 『원리론』 2,7,4의 첫 대목과 모순된다고 생각하기 때문이다. 그러나 모순된다고 판단하기는 어렵다. 삼위일체의 신비는 2,7,4의 둘째 대목에서 언급하는 말로 표현할 수 없는 진리 가운데 하나다. 그러나 첫째 대목은 성령의 은총이 전적으로 그리고 완전하게 이 신비에 가까이 가는 것이 아니라 제한적으로 가까이 간다는 것을 영혼에게 알려 준다는 의미로 이해해야 한다.

이해[21]와 믿음을 밝혀 주시자 비로소 깨닫게 되었다고 한다(요한 16,12-13 참조). 그러나 이(이단자)들은 지성적으로 미숙하여 올바른 것을 논리적으로 제시할 능력이 없을 뿐 아니라 우리의 말을 경청하려는 자세도 되어 있지 않다. 그들은 성령의 신성을 그분께 합당한 것보다 더 낮게 여김으로써 그들 자신을 오류와 거짓에 내맡기고 있으며, 성령의 지혜로운 가르침을 받기보다[22] 그릇된 영(1티모 4,1.3; 루카 2,34 참조)의 나쁜 영향을 받고 있다. 사도의 말에 따르면 "그들은 악마들의 영의 가르침을 따르고", 많은 이가 파멸하고 멸망하도록 "혼인을 금지하고, 불합리하게 음식을 끊으라고 요구"[23](1티모 4,1 이하 참조)하는데, 그들이 이렇게 하는 것은 더 엄격한 규율을 제시함으로써 순진한 이들의 영혼을 현혹하기 위해서다.[24]

4. 그러므로 우리는 성령이 파라클레투스라는 사실과 그분은 말로 표현하기에는 너무나 큰 진리, 말하자면 이루 말할 수 없고 사람에게 말하는 것이 허용되지 않는 진리(2코린 12,4 참조), 곧 인간의 말로는 알려줄 수도 없는 진리를 가르쳐 주신다는 사실을 알아야 한다.[25] 우리는 바오로가 "〔말하는 것이〕 허용되지 않는다"라는 표현을 '할 수 없다'는 뜻으로 사용했다고

21) 삼위일체에 관한 언급은 루피누스가 덧붙인 것이다(참조 Fr. H. Kettler, *Der ursprüngliche Sinn*, 36쪽 각주 156).

22) 참조 『마태오 복음 주해』 15,30.

23) 몬타누스파는 이 성경 구절을 바탕으로 혼인 거부와 음식 절제를 요구한다〔참조 에피파니우스, 『약상자』 48,8,6-8; 오리게네스, 『티토서 주해』(PG 14,1306)〕.

24) 슈니처(K. Fr. Schnitzer, *Origenes*, 129쪽)는 이를 루피누스의 의역으로 여긴다. 그러나 오리게네스는 1티모 4,1-3을 이 대목으로써 반박하려는 대상인 몬타누스파에게 적용할 때가 많다(*Origenes*, 129쪽 각주 16 참조).

25) 성령의 드러냄은 신비들을 표현할 수 있게 해 주지는 않지만 이해의 가능성을 열어 준다. 2코린 12,4에서 οὐκ ἐξόν(non licet)은 "~이 허락되지 않는다" 또는 "~을 할 수 없다"를 의미할 수 있는데 둘째 의미가 더 낫다. 아들만 말로 표현할 수 없는 이 말들을 표현할 수 있다〔참조 『요한 복음 주해』 32,28(18),351〕.

이해한다. 이는 바오로가 "'모든 것이 허용됩니다.' 하지만 모든 것이 유익하지는 않습니다. '모든 것이 허용됩니다.' 그러나 모든 것이 교화적이지는 않습니다"(1코린 10,23)라고 말한 경우와 같다. 우리의 권한 안에 있는 것들은 우리가 그것들을 소유할 수 있기 때문에 그는 우리에게 허용된다고 말하는 것이다. 성령에게 붙여진 파라클레투스라는 말은 '위로'라는 말에서 왔다['파라클레시스'(παράκλησις)는 라틴어로는 콘솔라티오(consolatio)다]. 성령에 참여할 자격을 갖춘 사람이라면 이루 말할 수 없는 신비들[26]을 깨달아 틀림없이 위로와 마음의 기쁨을 얻게 된다.[27] 생겨난 모든 것이 왜 또는 어떻게 생겨나게 되었는지 영의 가르침을 받아 알게 될 때(요한 14,26-27 참조), 그의 영혼은 절대로 동요하지 않으며 어떠한 슬픈 감정에도 빠지지 않게 된다.[28] 또 그 무엇에도 놀라지 않는다. 그 영혼은 하느님의 말씀

26) 이루 말할 수 없는 신비(ineffabilibus sacramentis)라는 표현은 바르디(G. Bardy, *Recherches*, 128쪽)에 따르면 전례에서 유래했을 것이다. 예컨대 사순절 넷째 주간 금요일의 짧은 기도문(Deus qui ineffabilibus mundum renovas sacramentis, 『그레고리우스 성사집』 64,1)과 부활절 기도문(Imple pietatis tuae ineffabile sacramentum, 『그레고리우스 성사집』 96,12) 등에 흔히 나오는 표현이기 때문이다(참조 G. Bardy, *Recherches*, 128쪽).

27) 인식하는 기쁨에 관해서는 참조 『요한 복음 주해』 1,30(33),205-208; H. Crouzel, *Connaissance*, 184-197쪽. 오리게네스는 '절제하는 취기'에 관한 필론의 모순 어법을 채택하지만(H. Lewy, *Sobria Ebrictas*, Gissen 1929, 118-128쪽), 필론에게 생소하지 않은 황홀경-무의식에 관한 가르침의 모든 흔적을 조심스럽게 지워 없앤다.

28) '아파테이아'(ἀπάθεια, 무감정)에 관한 가르침은 알렉산드리아의 클레멘스(『양탄자』 7,10-14)와 마찬가지로 4세기 오리게네스주의의 대표적 인물인 폰투스의 에바그리우스에게서 중요한 역할을 한다. 오리게네스는 매우 유사한 개념들을 사용하고는 있지만 '무감정'이라는 용어를 좋아하지는 않는 것 같다. 그는 '아파테스'(ἀπαθής)와 '아파테이아'(ἀπάθεια)라는 낱말은 거의 사용하지 않으며, 오리게네스가 말하는 이 상태는 감정의 근절을 가정하는 스토아학파의 '아파테이아'보다 아리스토텔레스의 '메트로파테이아'(μετροπάθεια, 감정이나 느낌의 자제)에 더 가까운 것 같다[참조 『원리론』 3,2,2; 『창세기 강해』 1,17; 2,6; 『코린토 1서 단편』 33(JTS 9, 500쪽)]. 어쨌든 클레멘스와 오리게네스에게 이는 단지 도덕적 노력이나 결과가 아니라 하느님의 선물이다.

과 그분의 지혜와 결합되어 있으며 성령 안에서 예수는 주님이시라고 말하기 때문이다(1코린 12,3 참조).

지금까지 파라클레투스에 관하여 이야기하며 그분에 대해 어떻게 생각해야 하는지 우리 능력이 닿는대로 설명하였다. 그런데 우리 구원자께서도 요한의 서간에서 파라클레투스라고 불린다. "우리 가운데 누가 죄를 짓더라도 우리는 아버지 앞에 파라클레투스[29]를 모시고 있습니다. 곧 의로우신 예수 그리스도이십니다. 그분은 우리 죄를 위한 속죄제물이십니다."(1요한 2,1-2) 여기서 파라클레투스라는 이 낱말이 구원자의 경우와 성령의 경우에 서로 다른 의미를 지니고 있지는 않은지 살펴보자. 파라클레투스가 구원자의 경우에는 중재자[30]라는 뜻으로 사용된 것으로 보이는데 그리스어로 파라클레투스는 위로자와 중재자 두 가지 뜻을 지니고 있기 때문이다. 뒤이어 "그분은 우리 죄를 위한 속죄제물이십니다"라고 하니, 이로 미루어 볼 때 파라클레투스라는 이름을 구원자의 경우에는 중재자로 알아들어야 할 것 같다. 그분은 우리 죄 때문에 아버지께 간청한다고 알려져 있기 때문이다. 그러나 성령의 경우 파라클레투스는 위로자로 알아들어야 하니, 그분은 영혼들에게 위로를 주시며 영적 지식의 의미를 열어 주고 계시하시기 때문이다.

29) 가톨릭 『성경』에서는 "변호자"로 번역되었다.

30) 참조 『레위기 강해』 7,2; 『기도론』 15,4; 『켈수스 반박』 3,49; 4,28.

8장

영혼

1. 이제 우리는 순서에 따라 영혼[1]에 대해 일반적으로 다룰 것인데, 하위 존재부터 상위 존재로 올라가는 방식으로 하겠다. 물에 사는 동물까지 포함하여 모든 동물에게는 영혼이 있다는 사실을 아무도 의심하지 않으리라고 나는 생각한다. 이는 모든 사람의 공통된 의견이며, 성경의 권위로도 확증된다. "하느님께서 큰 물고기들과, 기어 다니는[2] 것들과 물속에서 우글거리는 짐승들의 영혼을 그 종류대로 만드셨다"(창세 1,21)고 하기 때

1) 『요한 복음 주해』 6,14(7),85-87은 영혼에 관한 일련의 문제들을 제기한다. 여기서 죽은 뒤 영혼의 윤회(영혼이 다른 육체에 깃들기)는 영혼의 육화와 구분되지만, 이에 관한 논쟁은 뒷날 벌어진다. 『요한 복음 주해』 제6권은 233년 카이사리아에 간 뒤에 썼으므로 『원리론』보다 몇 년 늦게 저술되었다. 오리게네스의 영혼론에 관해서는 참조 H. Karpp, *Probleme*, 186-229쪽과 L. Brühle, *Die Erlösung*.

2) '헤르페타'(ἑρπετά, 칠십인역)에 상응하는 히브리어 낱말은 '우글거리는'을 뜻한다.

문이다. 공통된 이성에서 나온 이러한 인식은 정확한 용어로 영혼을 정의하는 이들에게서도 확인된다. 그들의 정의에 따르면 영혼은 '판타스티케'(φανταστική, 표상)와 '호르메티케'(ὁρμητική, 충동)[3]의 본질(substantia)이라고 하는데, 라틴어로 정확하게 옮길 순 없지만 느낌과 움직임(sensibilis et mobilis)[4]이라고 말할 수 있겠다. 영혼에 대한 이 정의는 물에 사는 것들을 포함한 모든 동물에게 잘 들어맞으며, 날짐승에게도 적용된다. 성경도 다음과 같은 말씀으로 이 정의에 힘을 실어 준다. "너희는 피를 먹어서는 안 된다. 모든 육의 영혼은 그의 피고, 너희는 육과 함께 영혼을 먹어서는 안 되기 때문이다."[5](레위 17,14) 여기서 모든 동물의 피는 그들의 영혼이라고 아주 분명하게 지적된다.[6] 만일 누가 모든 육의 영혼은 그의 피라는 말을 근거로 벌, 뱀, 개미 그리고 물에 사는 굴이나 조개, 또는 피를 지니고 있지

3) 루피누스는 먼저 그리스어 용어를 제시하고 그다음에 라틴어로 번역한다. 정의(定義) 자체는 스토아학파적으로 표현되지만(参조 SVF II, 458쪽; 필론, 『우의의 법칙』 2,7,23), 아리스토텔레스적 근본 표상에 바탕을 둔다(参조 아리스토텔레스, 『영혼론』 3,9,432a).

4) 학문적 정의에 관해서는 参조 아리스토텔레스, 『영혼론』 3,9,1,432a; 필론, 『우의의 법칙』 2,23; 『하느님의 불변성』 41; 테르툴리아누스, 『영혼론』 14-16; 오리게네스, 『원리론』 3,1,2-3; 『켈수스 반박』 6,48. 이 정의는, 이성적 원리가 문제가 아니기에 동물들에게도 들어맞는다. 『켈수스 반박』 4,85에서는 동물들의 이성적 움직임과 이성적 존재들의 움직임이 구별된다. 영혼의 이성적 부분은 플라톤학파의 성마름과 탐욕으로 나타나는 비이성적 부분과 대조를 이룬다. 짐승들의 영혼에 관해서는 参조 『필로칼리아』 2,4에서 『시편 주해』의 단편.

5) 철학적 영혼론과 더불어 성서적 '피-영혼'이 뒤이어 제기된다. 오리게네스는 나중에 '피-영혼'을 우의적으로 설명한다(参조 『헤라클리데스와의 논쟁』 10-24). 参조 F. Rüsche, *Blut*.

6) 레위 17,14와 비슷한 다른 구절들(레위 17,11; 신명 12,23)의 영향으로, 사람의 영혼은 피에 의해 형성된다고 여겨졌다(参조 『헤라클리데스와의 논쟁』 10; 알렉산드리아의 클레멘스, 『교육자』 1,6,39). 의사들의 견해도 이와 같았다(参조 갈레노스, 『히포크라테스와 플라톤의 가르침』 2,8,275). 오리게네스는 이를 신인동형론과 영적 오감(参조 『원리론』 1,1,9)에 관한 주제로 설명한다. 또한 내적 인간과 외적 인간의 상응에 관한 주제로도 설명한다. 곧, 외적 인간의 피는 내적 인간의 영혼에 상응한다. 피와 영혼은 모두 생명을 지니게 하는 두 가지 힘이다(参조 『헤라클리데스와의 논쟁』 16-23; 『원리론』 3,4,2).

는 않지만 분명히 영혼을 갖고 있는 것으로 밝혀진 다른 모든 생물에 관하여 묻는다면 이렇게 대답해야 한다. 다른 생물들의 경우에는 붉은 피에 생명력이 있지만, 위의 생물들의 경우에는 다른 색깔이기는 하지만 그들 안에 있는 체액이 그런 힘을 주는 것이다. 사실 실체에 생명력이 있다면 색깔은 중요하지 않다.[7] 짐바리 짐승이나 집짐승이 영혼을 지니고 있다는 통념에 대해서는 어떤 의심이 있을 수 없다. 성경 말씀도 이를 분명히 하고 있으니, 하느님께서 "땅은 살아 있는 영혼을 종류에 따라 내어라. 네 발 짐승과 기어 다니는 것과 땅의 짐승들을 제 종류에 따라 내어라"(창세 1,24 참조)라고 말씀하셨기 때문이다. 사람에 대해서는 의심할 여지도 없고 아무도 의문을 제기할 수도 없지만, 성경은 "하느님께서 그의 얼굴에 생명의 숨을 불어넣으시자, 사람은 살아 있는 영혼으로 창조되었다"(창세 2,7 참조)라고 진술한다.

이제 천사들의 서열에 관하여, 그들이 영혼을 지니고 있는지 아니면 그들 자신이 영혼인지 하는 의문을 제기하는 일이 남아 있다. 그리고 신적이며 천상적인 다른 능력들(virtutes)과 적대 권력들(potestates)에 대해서도 따져 볼 것이다. 우리는 천사들 또는 하느님을 시중드는 신적 영들(히브 1,14 참조)이 영혼을 지녔다거나 영혼들이라고 말하는 성경의 권위 있는 증언을 한 번도 발견하지 못하였다. 그런데도 많은 이는 그들이 영혼을 지닌 존재라고 여긴다. 우리는 성경에서 하느님에 관하여 "나는 피를 먹는 그 영혼 위에 내 영혼을 두어[8] 그의 백성에게서 영혼을 몰아내리라"(레위 17,10 참

7) 생명을 주는 힘이 본질적 요소다. 이는 피 또는 붉은 피가 없는 동물들이 지닌 다른 종류의 체액, 그리고 내적 인간의 영혼 안에 있다(참조 『마태오 복음 주해』 17,8).

8) 레위 17,10의 칠십인역은 "내 영혼을"(τὴν ψυχήν μου)이 아니라 "내 얼굴을"(τὸ πρόσωπόν μου)이다. 오리게네스는 '얼굴'(πρόσωπον)을 '영혼'(ψυχή)으로 대체했다.

조)라거나 "초하루와 안식일과 축제일을 나는 달가워하지 않는다. 내 영혼은 너희의 단식과 휴일과 축제일을 증오한다"(이사 1,13 이하)라는 말씀들을 찾아볼 수 있다. 그리스도에 관한 시편 제21편은(복음의 증언[9]에 따르면 이 시편은 그분 몸소 말씀하신 것이 분명하다) 이렇게 말한다. "주님, 당신의 도움을 멀리하시지 마시고 저를 지켜 주시어 제 영혼을 칼에서 건져 주시고 하나뿐인 제 영혼을 개의 발에서 구하소서."(시편 21,20-21) 이외에 육화하신 그리스도의 영혼에 관한 다른 증언도 많다.[10]

2. 그러나 육화의 이치를 생각하면 그리스도의 영혼에 관한 모든 문제가 사라진다. 그분은 참으로 육을 지니셨던 것처럼 영혼도 참으로 지니셨다. 그런데 성경에서 하느님의 영혼[11]이라 부르는 것을 어떻게 이해해야 하는지 생각하고 표현하기가 어렵다. 우리는 일단 그분의 본성은 단순하며, 그래서 어떠한 첨가나 혼합도 없다고 공언한다. 어떻게든 그렇게 알아들어야 하는데, 하느님의 영혼이 언급되는 때가 종종 있는 것 같다. 그렇지만 그리스도〔의 영혼〕에 관해서는 의심할 여지가 없다. 그러므로 거룩한 천사들과 다른 천상 능력들에 대해서도 같은 식으로 말하고 생각하는 것이 나에게는 어리석게 보이지 않으며, 영혼에 대한 앞의 정의가 그들에게도 적용된다고 본다. 그들이 이성적인 감각과 움직임의 존재라는 사실을 누가 부인할 수 있겠는가? 만일 영혼이 감각과 움직임의 실체라는 정의가 옳다면, 똑같은 이 정의가 천사들에게도 적용된다고 본다. 사실 천사들 안에 이성적 감각과 움직임 말고 다른 무엇이 있겠는가? 하나의 유일한 정의에

9) 시편 22,2를 사용하는 마태 27,46과 병행 구절.
10) 참조『원리론』2,6.
11) 오리게네스는『원리론』2,8,5에서 이 문제를 다룬다.

적용되는 존재들은 그 실체도 동일한 것이 틀림없다. 바오로 사도는 영혼적 인간(homo animalis)[12]에 관하여 말하는데, 그런 인간은 하느님의 영에 속하는 것들을 받아들일 수 없고 성령의 가르침이 그에게는 어리석은 것으로 보이며 영적으로 판단되는 것을 이해할 수 없다고 한다(1코린 2,14 참조). 그러나 바오로는 다른 곳에서 영혼적 육체(corpus animale)가 씨 뿌려지지만 영적인 육체가 일으켜진다고 하는데(1코린 15,44 참조), 의인들의 부활에서 복된 이들의 생명을 받아 누릴 이들 안에는 영혼적 요소가 전혀 없다는 것을 가르쳤다.[13] 그러므로 우리는 혹시라도 불완전한 영혼의 어떤 실체가 있지는 않은지 살펴보자. 그런 영혼이 완전한 상태에서 떨어져 나와 불완전하게 된 것인지 아니면 하느님께서 그렇게 만드신 것인지에 관해서는, 우리가 순서에 따라 문제를 개별적으로 다루기 시작할 때에 묻기로 하겠다.[14] 영혼적 인간은 하느님의 영에 관련된 것들을 받아들이지 않는다면, 영혼의 존재이기 때문에 상위의 본성인 신적 본성에 관한 인식을 받아들일 수 없다. 그렇다면 아마도 이런 이유 때문에 바오로는 영에 관련된 것들,

12) 바오로는 여기서 그리고 다음의 인용에서 언어의 관용을 따른다. 이에 따르면 영혼적인 것은 영적인 것보다 낮은 단계에 있다. 이는 영지주의자들에게 잘 알려진 표현방식이다. 곧, '영혼적 인간'(homo animalis)은 '영적 인간'(homo spiritalis)에 대비되는 개념이며, 영혼(ψυχή/anima)에 따라 사는 인간이기 때문에 영(πνεῦμα/spiritus)에 따라 사는 인간과 대비된다. 영혼을 영보다 못한 생명의 힘으로 생각하는 바오로의 이 구절에 따르면 천사들에게는 영혼이 없어야 한다. 오리게네스는 영혼에 관한 이 이론으로, 이성적 피조물들이 타락하기 이전에 천사들과 같은 상태에 있었다고 설명하려 한다.

13) '영혼적 인간'(homo animalis)을 참조하라. 부활에 관한 오리게네스의 모든 개념은 이와 같이 요약된다(참조 H. Crouzel, *La doctrine*; Ders., *Les critiques adressées par Méthode*, 679-716쪽).

14) 이 예고는 8장의 소실된 부분이 아니라(P. Koetschau, *Origenes, Vier Bücher von den Prinzipien*, CXVIII쪽) 9장(Simonetti, *Osservazioni*, 375쪽 각주 1)과 관련된다. 참조 『원리론』 2,9,1-2.

곧 영적인 것들에 관해 우리가 이해할 수 있는 것이 무엇인지를 우리에게 더욱 분명히 가르쳐 주고자, 영혼(anima)이 아니라 정신(mens)을 거룩한 영(spiritus sanctus)[15]과 결합시키고 연결하였을 것이다. "나는 영으로 기도하고 정신으로도 기도하겠습니다. 나는 영으로 시편을 읊고 정신으로도 시편을 읊겠습니다"(1코린 14,15)라는 바오로의 말은 이러한 사실을 제시한다고 나는 생각한다. 그는 영혼으로 기도하겠다고 하지 않고 영과 정신으로 기도하겠다고 하고, 영혼으로 시편을 읊겠다고 하지 않고 영과 정신[16]으로 시편을 읊겠다고 한다.

3. 그런데 만일 영과 함께 기도하고 찬양하는 것이 정신이고, 완성과 구원을 얻는 것도 정신이라면, 어찌하여 베드로가 "우리[17] 믿음의 목적인 우리 영혼의 구원을 얻으면서"(1베드 1,9)라고 말하였는가라는 의문을 제기할 수 있다. 만일 영혼이 영과 함께 기도하지도 찬양하지도 않는다면 어떻게

15) 오리게네스는 여기서 '누스'(νοῦς, 라틴어 mens, 정신)와 '프시케'(ψυχή, 라틴어 anima, 영혼)를 구분한다. 이 구분은 1세기부터 철학자들 사이에서 널리 퍼져 있었다(예를 들어 플루타르코스, 『달의 궤도에서 형태』 28,943a). 오리게네스는 '누스'와 '프네우마'(πνεῦμα, 라틴어 spiritus)를 연결시키면서, '누스'와 '프시케'의 구분을 '프네우마-프시케'의 다른 종류의 구분에 관련시킨다. 인용문에서 spiritus sanctus는 성령이 아니라 인간의 거룩한 영을 가리키는 것 같다(참조 J. Dupuis, *L'Esprit de l'homme*, 103쪽). 그리스어 본문은 『요한 복음 주해』 20,37(29),338에서처럼 관사 없는 πνεῦμα ἅγιον(거룩한 영)이지만 관사가 따로 없는 라틴어 본문에서는 뉘앙스가 다르다.

16) 오리게네스의 삼분법적 인간학(J. Dupuis, *L'Esprit de l'homme*; H, Crouzel, *L'anthropologie*)에서 영은 인간의 가장 높은 부분이며, 영혼의 인도자이고 지도자이며 하느님의 선물이다. 정신은 영혼의 높은 부분이며 영의 제자, 하느님의 이 선물을 받는 능력이다. 오리게네스가 '프네우마'와 '누스'를 구별했다는 해석에 최근 하우실트(W. D. Hauschild, *Gottes Geist*, 90-98쪽)가 반론을 제기했지만 이 구분은 오리게네스의 모든 저서에서 보인다. 참조 해제 6. 오리게네스의 인간 이해.

17) 신약성경 수사본에는 ὑμῶν(너희의)라고 적혀 있다. 루피누스(또는 오리게네스)는 명백히 훼손된 필사본에 적혀 있던 '헤몬'(ἡμῶν, 우리의)이라는 낱말의 존재를 알았다.

구원을 바라겠는가?[18] 영혼이 지복의 경지에 이르렀을 때에는 더 이상 영혼이라 부르지 말아야 하는가? 이에 대해 혹시 다음과 같이 대답할 수 있는지 살펴보자. 구원자께서는 파멸한 것을 구원하러 오셨고(루카 19,10 참조), 그분이 일단 구원하신 다음에는 전에 파멸한 것이라고 불리던 것은 더 이상 파멸한 것이 아니다. 이처럼 구원받는 것은 영혼이라고 불리겠지만, 일단 구원받고 나면 자신의 더 완전한 부분[19]에서 비롯하는 이름으로 불릴 것이다. 어떤 이들은 다음과 같은 내용도 덧붙일 수 있다고 여길 것이다. 파멸한 것은 의심할 나위 없이 이전에 존재하였고—파멸한 것과 다른 어떤 것이 있었는지는 나는 모른다—일단 파멸하지 않게 되면 확실히 존재하게 되듯이, 파멸한 것이라 불리는 영혼도 아직 파멸하기 전에는 달리 보일 것이며, 따라서 영혼이 파멸에서 해방된 다음에는 파멸하여 영혼이라고 불리기 이전의 상태로 되돌아갈 수 있을 것이다.

그러나 그리스어에서 영혼이라는 말이 지닌 뜻을 더욱 세심하게 살펴본 이들은 그것이 허투루 넘길 수 없는 의미를 제시할 수도 있다고 여긴다. 성경은 "우리의 하느님은 태워 버리는 불이십니다"[20](히브 12,29; 참조 신명 4,24; 9,3)라면서, 하느님을 불이라고 한다. 그리고 천사들의 본질에 관해서는 "당신 천사들을 영이 되게 하시고, 당신 일꾼들을 타오르는 불이 되게 하셨다"(히브 1,7; 시편 103,4 참조)라고 하며, 또 다른 곳에서는 "주님의 천

18) 1코린 14,15와 1베드 1,9의 비교는 영혼 안에 타락한 정신이 있음을 증명한다.

19) 다시 말하면 정신, 곧 영혼의 더 높은 부분이다.

20) 신명 4,24는 신인동형론적 표현을 피하려는 목적에서 영혼을 깨끗하게 하기 위해 죄를 태워 버리시는 하느님께 자주 적용된다(참조 H. Crouzel, *L'exégèse*). 여기서 하느님은 열과 생명의 원천인 불이시다. 이 개념은 오리게네스의 글에 자주 나오며, 불은 루카 24,32를 해석하는 많은 대목에서 그리스도에게 적용된다(참조 H. Crouzel, *Connaissance*, 193쪽 각주 4). 불은 성령에도 적용된다(참조 『레위기 강해』 9,9).

사가 떨기에 이는 불꽃 속에서 나타났다"(탈출 3,2)라고 한다.[21] 게다가 우리는 영으로 타오르라는 명령을 받았다(로마 12,11 참조). 따라서 하느님의 말씀이 불타는 뜨거운 것임은 의심할 여지가 없다. 한편 예레미야 예언자는 천사에게 "내가 너의 입에 나의 말인 불을 담아 주었다"(예레 5,14)라고 하신 분의 말씀을 들었다.[22] 이처럼 하느님은 불이시고 천사들은 불꽃이며 성인들은 영으로 타오르므로, 이와는 반대로 하느님의 사랑에서 떨어져 나간 자들은 의심할 나위 없이 그분에 대한 사랑이 식고 차가워졌다고 말해야 한다. 주님께서도 "불법이 성하여 많은 이의 사랑이 식어 갈 것이다"(마태 24,12)라고 말씀하셨다. 성경에서도 모든 적대세력은 무엇이든 늘 차가운 것으로 비유되는 것을 알 수 있다.[23] 악마는 뱀이나 용으로 불리는데(묵시 12,9; 20,2 참조), 이보다 더 차가운 것을 찾아볼 수 있는가? 용은 물속을 지배한다고 하고(에제 29,3 참조), 사악한 영들 가운데 하나라고 하며, 예언자는 용이 바닷속에 산다고 한다(에제 32,2 참조). 또 다른 예언서는 "그분은 도망치는 뱀인 용 위에 사악한 뱀인 용 위에 거룩한 칼을 빼어들어 그를 죽이시리라"(이사 27,1)라고 하고, 또 "그들이 내 눈을 피해 바다 밑바닥에 내려가더라도 나는 거기에 용들을 보내어 그것들을 물게 하리라"(아

21) 이 구절은 두 가지 의미로 해석된다. 여기서와 『시편 선별 강해』 27,1(PG 12,1284)에서는 긍정적 의미로, 『루카 복음 강해』 26,1과 『로마서 주해』 10,14에서는 선한 이들을 위한 빛과 악한 이들을 위한 벌이라는 두 가지 의미로 나타난다.

22) 여기서도 '불'은 처벌의 의미다[참조 『켈수스 반박』 4,1; 『예레미야서 강해』 20(19),8-9]. 스웨트의 칠십인역 판본에 따르면 '호스 피르'(ὡς πῦρ, 불처럼)는 예레 1,9에 없으며, 비판본에도 없다.

23) 뜨거움과 차가움은 각각 신적 세계와 악마의 세계를 의미한다. 바다와 강들은 악마의 나라이며 죽음의 나라이다[참조 『켈수스 반박』 4,50; 『마태오 복음 주해』 13,17; 『예레미야서 강해』 16,1; 『요한 복음 주해』 1,17,96-97; 6,48(29),248-250; 『시편기 선별 강해』 4,3(PG 12,1140D)].

모 9,3)라고 한다. 욥기에서는 용이 물속에 있는 모든 것의 왕이라고 한다(욥 41,26 참조). 어떤 예언자는 땅에 사는 모든 이에게 북쪽에서 악이 밀어닥친다고 한다(예레 1,14 참조). 지혜서에 "북새풍은 차갑다"[24](집회 43,20)고 기록되어 있듯이 성경에서 북새풍은 차갑다고 하는데, 이는 의심할 여지없이 악마에 관한 말씀으로 알아들어야 한다. 그러므로 거룩한 것들을 불과 빛과 뜨거움이라 부르고, 이에 반대되는 것들을 차가움이라 부르며, 죄인들의 사랑이 식었다고(마태 24,12 참조) 표현한다면, 그리스어로 '프시케'(ψυχή)라고 하는 영혼이라는 낱말은 더 거룩하고 더 나은 상태로부터 변화된 차가움[25]에서 비롯하지 않았는지 물어야 한다. 다시 말해, 본성적이며 신적인 열기가 식어 버려 지금의 상태와 명칭을 지니게 된 것은 아닌지 물어 보아야 한다.

한편 성경에서 영혼을 찬양하는 구절은 쉽게 찾을 수 있다. 그러나 영혼을 비난하는 경우도 흔한데, 예컨대 "악한 영혼은 그것을 지니고 있는

---

24) 그리스인들은 북풍이 해롭다고 여기며, 그 탓을 악한 영들에게 전가한다(참조 Pauly-Wissowa, Realencyclopädie, *Boreas*, III, 720-721쪽). 여기서 말하는 지혜서는 예수 벤 시라의 지혜, 곧 집회서다[참조 『요한 복음 단편』 74와 136(GCS 4, 541쪽과 573쪽)].

25) 영혼(ψυχή)과 차가움(ψῦχος, ψῦξις)을 비교한 것은 철학자들이다. 플라톤(『크라틸로스』 399 de), 아리스토텔레스(『영혼론』 1,2,405b; SVF II, 222-223쪽), 필론(『꿈』 1,31) 등이다. 테르툴리아누스(『영혼론』 25,6; 27,5)도 마찬가지다. 그러나 이 비교는 영지주의 문헌인 『진리의 복음서』 34처럼 부정적으로 판단하게 하지는 않는다. 오리게네스가 보여 주는 이런 영혼의 평가절하는, 유대인들과 바오로가 윤곽을 잡고 영지주의자들이 이를 받아들였다고 볼 수 있는 영-영혼 관계론에서 유래한다(참조 M. Simonetti, *Psyche e psychikos*, 9-10쪽). 영혼에 관한 이런 발언은 『레위기 강해』 9,11에서, 인간이 최초의 상태로 돌려질 때 더 이상 인간이 아닐 인간에게 적용된다. 따라서 영혼과 인간 사이에는 어떤 동일성이 있으며, 육체는 부차적이다. 『레위기 강해』 9,9는 영혼-차가움의 관계와, 뜨거움에 비하여 차가움이 지니는 부정적 의미를 재론한다. 에피파니우스는 『예루살렘의 요한에게 보낸 편지』(히에로니무스의 『서간집』 51,4)에서 '영혼-차가움'의 어원을 두고 오리게네스를 비난한다.

사람을 망하게 한다"(집회 6,4), 또 "죄짓는 영혼 자체는 죽으리라"[26](에제 18,4)라고 한다. 사실은 "모든 영혼이 나의 것이다. 아들의 영혼도 아비의 영혼처럼 나의 것이다"(에제 18,4)라는 말씀 다음에, '의를 행하는 영혼은 구원을 받을 것이나 죄짓는 영혼은 죽으리라'라고 말하는 것이 논리적인 순서로 보인다. 그런데 여기서 성경이 죄 지을 가능성을 영혼과 연결한 반면, 찬양받을 만한 것에 관해서는 침묵을 지키고 있다는 점을 보게 된다. 그러므로 명칭 자체에 관하여 이미 설명하였듯이 '프시케', 곧 영혼이라 불리는 것은 의로움에 대한 열정과 신적인 불에 참여하는 데 식어 버렸지만, 처음 있었던 열정의 상태로 회복할 능력을 잃어 버리지는 않았다는 점을 눈여겨보아야 한다. 예언자는 "내 영혼아, 네 안식처로 되돌아가라"(시편 114,7)라는 말로 이 점을 보여 주려 한 것 같다. 이 모든 내용은, 자신의 상태와 품위에서 추락한 정신은 영혼이 되거나 영혼이라 불리지만, 고치고 바로잡으면 원래의 정신으로 되돌아온다는 점을 보여 주는 것 같다.[27]

4. 사실이 그렇다면, 정신의 추락과 강등이 모두에게 똑같이 일어난 것이 아니라, 정신들은 영혼으로 변화된 정도에 크고 작은 차이가 있다고 여겨야 할 것 같다. 어떤 정신들은 이전의 힘을 일부 간직하고 있는 반면, 어떤 정신들은 전혀 간직하지 못하거나 아주 적은 힘만 간직하고 있다. 어릴 때부터 더 명석한 통찰력을 지닌 사람들이 있는가 하면, 어떤 이들은 다소 둔하며, 또 어떤 이들은 태어날 때부터 아주 우둔하여 도저히 가르칠 수 없는 것도 바로 이 때문이다. 그러나 정신이 영혼으로 변화되었다는 우리

26) 참조 『원리론』 2,3,2; 2,8,4. 세 가지 죽음에 관해서는 참조 『원리론』 1,서론,4 각주 25.
27) 영혼이 된 정신이 최초의 상태로 회복하는 것에 관해서는 참조 『순교 권면』 12; 『기도론』 9,2; 『원리론』 2,11,7; 영혼의 죄에 관해서는 참조 『요한 복음 주해』 20,19(17),160-162.

의 주장이나 이와 관련된 다른 것들을 독자들 스스로 주의 깊게 검토하고 정리해 보기 바란다. 우리는 이를 교의로 제안한 것이 아니라, 연구와 토론의 주제로 제시하였기 때문이다.[28]

독자는 다음 문제도 연구해 보기 바란다. 구원자의 영혼에 관하여 복음서에 기록된 구절들 가운데 영혼의 명칭으로 묘사된 것들과 영의 명칭으로 묘사된 것들이 서로 다르다는 사실을 관찰할 수 있다. 그분은 당신의 수난이나 근심을 가리키고자 할 때 영혼이라는 낱말을 사용하시는데, 예컨대 "지금 제 영혼이 산란합니다"(요한 12,27), 또 "내 영혼이 슬퍼서 죽을 지경이다"(마태 26,38), "아무도 내 영혼을 빼앗지 못하고 내가 스스로 그것을 내놓는 것이다"(요한 10,18)라고 말씀하셨다. 반면, 아버지의 손에 맡기신 것은 영혼이 아니라 영이고(루카 23,46 참조), 육은 약하다고 말씀하실 때 영혼이 날래다고 하지 않으시고 영이 날래다고 하셨다(마태 26,41 참조).[29] 이로 볼 때 영혼은 마치 약한 육과 날랜 영 사이의 중개물처럼 보인다.[30]

∴

28) 유사한 표현들에 관해서는 참조 『원리론』 1,6,1; 1,8,4; 2,3,7; 2,6,7. 영혼의 선재는 가설처럼 설명된다. 이 정식들에 관해서는 참조 Fr. H. Kettler, *Der ursprüngliche Sinn*, 20-21쪽.

29) 요한 13,21("예수께서는 영으로 산란하셨다")와 이 본문으로 제기되는 어려움에 관해서는 참조 『요한 복음 주해』 32,18(11),218-228. 의로운 이 안에서, 하물며 그리스도 안에서 영은 완전히 영적인 영혼이 되며, 영은 영혼이 겪는 것을 자신과 동일시한다.

30) 이는 1테살 5,23에 나오는 영-영혼-육체의 인간 삼분법이며, 여기에서는 영혼을 육체와 더 가까이 있는 것으로 보면서, 영혼의 낮은 부분을 나타내는 육체 대신에 육이 사용된다. 육은 로마 8,6-7에서는 '육의 관심사/생각'(φρόνημα τῆς σαρκός)이라 불리며, 루피누스는 이를 '육의 마음'(sensus carnis) 또는 '육적 마음'(sensus carnalis)으로 번역한다(참조 『시편 제37편 강해』 1,2). 자유의지의 중심인 영혼은, 영혼을 더 높은 부분인 정신 쪽으로 끌어당기며 선으로 몰고 가는 영과 영혼을 더 낮은 부분인 '육의 관심사/생각'으로 끌어당기며 악으로 몰고 가는 육 사이에 있다[참조 『원리론』 3,4,2-3; 『요한 복음 주해』 32,18(11),218-228; 『마태오 복음 주해』 13,2; 『마태오 복음 강해』 37; 『헤라클리데스와의 논쟁』 6; H. Crouzel, *L'anthropologie*)]. 이 개념은 타티아누스, 『그리스인에 대한 연설』 13; 영지주의 문헌인 『요한 외경』(*Apocryphon Joannis*) 65-66; 『필립보 복음서』 115,118; 이레네우

5. 우리가 앞에서 일깨워 준 명제들에 관하여 다음과 같이 반문하는 사람도 있을 것이다.[31] '어떻게 하느님의 영혼에 대하여 말하는가?' 우리는 그에게 이렇게 대답하고자 한다. 손가락, 손, 팔, 눈, 입, 발과 같이 하느님에 관하여 육체적으로 묘사하는 모든 것은 인간의 지체와 같은 것을 나타내는 말이 아니며, 육체적 지체들의 이러한 명칭들을 통하여 그분의 어떤 능력들을[32] 가리킨다. 이와 마찬가지로 하느님의 영혼이라는 표현도 다른 어떤 것을 가리킨다고 생각해야 한다. 이 주제에 대해 감히 무엇을 더 이야기해도 된다면, 하느님의 영혼은 어쩌면 그분의 외아들이라고 이해할 수도 있다. 온 몸에 두루 스며 있는 영혼이 모든 것을 움직이고 활동하고 모든 것을 이루어내듯이, 하느님의 말씀이시고 지혜이신 하느님의 외아들은 하느님의 모든 능력[33]에 미치고 맞닿아 있는데, 이는 그분께서 거기에 두루

스, 『이단 반박』 1,6,1에서도 발견된다. 오리게네스의 글에는 삼분법적 도식과, 선재와 타락에 관한 사변에서 기인하는 영혼-육체 이분법적 도식이 둘 다 나온다〔참조 『원리론』 3,4,2; 『요한 복음 주해』 20,22(20),182-183〕. 그러나 오리게네스에게 영은 정확히 말하면 인간의 구성요소가 아니라 거룩하게 하는 은총을 나타내는 신적 선물이다〔참조 『요한 복음 주해』 2,21(15),138〕. 에페 5,14에 따르면 영은 죄인에게 휴면의 상태로 머문다〔참조 『에페소서 단편』 26(JTS 3, 563쪽); 『시편 제107편 단편』 3; 『창세기 강해』 15,2-3; 『이사야서 강해』 6,5)〕. 한편으로 보면 이분법적 구조는 삼분법적 도식 안에 있다. 곧, 영으로 향하는 더 높은 부분과 육체로 향하는 더 낮은 부분으로 구성된 영혼은 '영-정신' 한 쌍과 '육체-육의 관심사' 한 쌍을 분리하면서 경계선을 긋는다. 그렇기 때문에 영혼은 자유의지의 중심이고 싸움터이며, 영혼에서 영적 투쟁이 시작된다. 육화한 그리스도에게서 구분되는 영혼과 영에 관해서는 참조 오리게네스의 『헤라클리데스와의 논쟁』 6,20-8,17; 『마태오 복음 주해』 13,2; 『로마서 주해』 1,10(PG 14,456A).

31) 『원리론』 2,9,1의 시작 부분이 말해주듯이 2,8,5는 특별한 문제에 관한 일종의 여담이다.

32) 참조 『창세기 강해』 3,2. 오리게네스는 하느님께 속한다고 여겨지는 육체의 지체나 열정을 나타내는, 이런 종류의 성경 속 신인동형론을 자주 해석한다〔참조 『요한 복음 주해』 13,22,131; 『원리론』 1,1,1〕. 하느님의 지체들은 그분의 덕을 나타낸다〔참조 『사무엘기 상권 단편』 (PG 12,992)〕.

33) 참조 『원리론』 1,2,10; 1,3,5-6.

스며 계시기 때문이다. 성경에서 하느님이 육체를 지니고 있다고 언급되거나 묘사되는 것은 아마도 이 신비에 대한 암시일 것이다[34](창세 3,8; 시편 10,4 이하 참조). 하느님의 외아들께서 고통의 이 땅에 오셨고, 눈물의 계곡(시편 43,20; 83,7 참조)에 또 비천한 우리의 자리에 내려오신 것도,[35] 그분을 하느님의 영혼으로 이해할 수 있는 또 한 가지 이유가 아닌지 숙고해 볼 필요가 있다. 이는 시편이 "당신은 우리를 고통의 자리로 낮추셨나이다"(시편 43,20 참조)라고 말하는 바와 같다. 어떤 이들은 구원자께서 복음서에서 "내 영혼이 슬퍼서 죽을 지경이다"(마태 26,38)라고 하신 것을 사도들에 관한 말씀으로 해석한다는 사실을 나는 알고 있다. 사도들은 그분 몸의 나머지 지체들보다 더 나으므로 그분께서 사도들을 당신 영혼이라고 부르셨을 수 있다는 것이다. 그들은 신자들의 무리를 그분의 몸이라고 일컬으니(1코린 10,17; 12,27 참조), 나머지 신자들보다 더 나은 사도들을 그분의 영혼이라 여겨야 한다는 것이다.

여기서 우리는 이성적 영혼에 관하여 규정하고 정의를 내리기보다는 독자들이 논의해야 할 바를 능력이 닿는 대로 제시하였다.[36] 그러나 짐승들의 영혼과 말 못하는 다른 존재들의 영혼에 관해서는 앞에서 간략하게 언급한 것[37]으로 충분할 것이다.[38]

34) 창세 3,8을 인용하는 『기도론』 23,3 참조.
35) 영혼이 영과 육체 사이의 중개자라 영보다 하위이듯이, 하느님과 세상 사이의 중개자인 아들은 아버지에게 종속된다. 그러나 아들이 이 땅에 내려옴은 육화와 관련된다. 어떤 영혼들은 과오가 없음에도 불구하고 다른 영혼들의 정화를 돕기 위해 내려왔다. 세례자 요한, 바오로, 다니엘, 에제키엘 등이 그러한 경우다.
36) 참조 『원리론』 2,8,4.
37) 참조 『원리론』 2,8,1.
38) 이 마지막 문장에 관해서는 참조 Fr. H. Kettler, *Der ursprüngliche Sinn*, 21쪽.

9장

세상과, 선하거나 악한 이성적 피조물들의 움직임과 그 원인

1. 이제는 우리가 계획한 논의의 순서로 되돌아가[1] 창조의 시작을 살펴보고, 정신이 꿰뚫어 볼 수 있는 한 하느님 창조 행위의 시작을 숙고하자.

하느님께서는 한처음에 우리가 앞서 정신들이라고 불렀던 지성을 지닌 이성적 피조물을 숫자에 맞게 창조하시고는, 그것이면 넉넉하리라 내다보셨다고 생각해야 한다. 그분께서 그들을 미리 계산된 한정된 수로 몸소 창조하셨다는 것은 확실하다. 일부 사람들이 생각하는 것처럼 피조물들의 수가 끝도 없다고 여겨서는 안 된다. 끝이 없는 것은 파악할 수도 한계를 지닐 수도 없기 때문이다. 만일 그렇게 창조되었다면 하느님께서는 피조물들을 품어 내거나 다스리실 수 없었을 것이다. 끝이 없는 것은 본성상 이

1) 논의를 중단시킨 여담은 『원리론』 2,8,5다. 시모네티(M. Simonetti, *Osservazione*, 375-377쪽)는 『원리론』 2,8 전부를 여담으로 본다.

해할 수 없기 때문이다. 더 나아가 성경이 전하는 바와 같이 하느님께서는 모든 것을 수와 척도에 따라(지혜 11,20 참조) 만드셨는데, 수는 이성적 피조물이나 정신에 잘 어울린다. 하느님의 섭리로 다스려지고 통치되며 보살펴질 수 있는 피조물의 수는 매우 많다. 반면 척도는 육체적 물질에 잘 어울리고, 하느님께서 세상을 꾸미는 데 충분하다고 여기신 만큼 창조하셨다고 믿어야 한다. 이것이 바로 하느님께서 한처음에, 곧 모든 것에 앞서 창조하신 것이라고 생각해야 한다. 모세가 "한처음에 하느님께서 하늘과 땅을 창조하셨다"(창세 1,1)고 〔창세기 첫머리에서〕 모호하게 시작하는 말은 이를 가리킨다고 여겨야 한다. 이는 궁창과 뭍(창세 1,6 이하 참조)이 아니라 이 하늘과 이 땅에 관하여 말하는 것이 확실하다. 우리가 보는 하늘과 땅은 나중에 이 용어에서 전용한 것이다.[2)]

2. 우리가 앞에서 한처음에 창조되었다고 말한 이 이성적 본성들은 그들이 존재하기도 전에 만들어졌다. 그들은 존재하지 않다가[3)] 존재하기 시작한 것이므로 필연적으로 변형과 변화를 겪을 수밖에 없다. 그들의 실체가 존재하는 능력을 지니는 것은 모두 본성에 의한 것이 아니라 창조자의 은혜 때문이었다. 그들이 존재하는 능력은 그들에게 고유하거나 영원한

2) 참조 『원리론』 2,3,6; 『켈수스 반박』 6,59.

3) 이 문장의 친저성에 관해서는 참조 Fr. H. Kettler, *Ewigkeit*, 293쪽 각주 136. 케틀러(Fr. H. Kettler, *Der ursprüngliche Sinn*, 23쪽 각주 102)는 오리게네스가 '무에서 창조'(creatio ex nihilo)를 물질 세계에 제한한다는 사실을 인정하면서도 이 문장의 친저성을 부인하는 이유를 이해하기 어렵다. 분명히 이 단락은 창조되었을 뿐 아니라 시대 안에 존재한 이성적 피조물들에게 시작이 있었다는 것을 단언한다. 무에서 창조에 관해서는 참조 『원리론』 1,3,3; 1,서론,4 각주 15. 신성의 실체적 특성과 상반된 피조물들의 우유적 특성에 관해서는 참조 『원리론』 1,2,10 각주 64와 『사무엘기 상권 강해』 1,11. 우리가 존재하는 것은 하느님의 선물이다(참조 『로마서 주해』 4,5; 6,5; 10,38). 창조주의 호의는 은총과 동일시된다. 이성적 피조물들이 타고난 가변성에 관해서는 참조 『원리론』 1,5,5; 1,6,2; 1,8,3.

것이 아니라 하느님께서 주신 것이다. 그것은 늘 존재하는 것이 아니며, 주어진 모든 것은 없어질 수도 있고 감소될 수도 있다. 감소되는 까닭은 영혼들의 움직임이 올바로 그리고 칭찬할 만한 방식으로 이루어지지 않기 때문일 것이다. 창조자는 자신이 창조한 정신들에게 자발적이고 자유로운 움직임[4]을 주었는데, 이는 그들이 받은 선을 제 것으로 삼고[5] 자신들의 의지로 그 선을 간직하게 하게 위해서다. 그러나 〔정신들은〕 선을 간직하는 데 나태하고 게으르며, 더 나은 것을 무시하고 소홀히 함으로써 선에서 멀어지기 시작하였다. 선에서 멀어진다는 것은 다름 아닌 악에 떨어지는 것이다. 분명 악은 선의 결핍[6]이기 때문이다. 그러므로 선에서 떨어져 나가는 그만큼 악에 다가가게 된다. 이처럼 모든 정신은 자신의 움직임으로 말미암아 선을 다소 소홀히 하면서 선의 반대편으로 이끌리게 되는데,[7] 이는 의심할 여지없이 악이다. 이 때문에 만물의 창조자는 다양하고 상이한 세상을 창조하기 위해 정신들, 곧 이성적 피조물들의 상이성[8]에 따라 (바로 이 원리에서 이러한 상이성이 유래했다고 우리는 앞서 밝힌 바 있다) 다양성과 상이성의 씨앗과 원인을 받아들인 것 같다. 우리가 다양하고 상이하다고 말할 때 가리키고자 하는 바가 이것이다.[9]

4) 참조 『원리론』 1,3,6; 1,5,2; 1,7,2; 1,8,3.

5) 참조 『원리론』 1,3,8; 2,6,3; 3,6,1.

6) 악에 대한 이러한 부정적 정의는 플라톤주의에 그 기원이 있다. 플라톤의 이 개념은 오리게네스의 모든 우주론과 인간론의 바탕이다〔참조 『요한 복음 주해』 2,13(7),91-99; 『원리론』 1,3,8〕.

7) 이는 모든 이성적 피조물이 타락했다고 생각하게 하는 『원리론』에 나오는 드문 대목 가운데 하나다.

8) 참조 『원리론』 2,1,1-2.

9) 참조 『켈수스 반박』 4,70; 『민수기 강해』 14,2; 알렉산드리아의 테오필루스, 『서간집』 98,10.

3. 이제 우리는 하늘 위나 하늘에, 땅 위나 저승[10]이라 부르는 곳, 그밖의 모든 곳에 존재하는 것들과 그 안에 살고 있다고 하는 모든 것을 아우르는 세상[11]에 관하여 말하고자 한다. 이 모든 것을 일컬어 세상이라고 한다. 이 세상 안에서 어떤 피조물들은 하늘 위에(1코린 15,40 참조) 있다. 예컨대 사도도 "해의 광채[12]가 다르고 달의 광채가 다르고 별들의 광채가 다릅니다. 별들은 또 그 광채로 서로 구별됩니다"(1코린 15,41)라고 말하는 것처럼, 피조물들 사이에도 많은 차이가 드러난다. 어떤 피조물들은 땅의 존재라고 불리는데, 사람들처럼 그 존재들 사이에는 작지 않은 차이가 있다.[13] 어떤 이들은 야만인이고 어떤 이들은 그리스인인데, 야만인 가운데서도 어떤 이들은 거칠고 사납지만 어떤 이들은 온순하다. 어떤 이들은 아주 탁월한 법을 이용하지만 다른 이들은 이보다 천박하거나 조잡한 법을 사용하며, 또 어떤 이들은 법을 따르기보다 비인간적이며 동물적인 관습을 따른다. 어떤 이들은 태어날 때부터 비천하고 예속되어 노예처럼 자라나며, 주인이나 군주나 폭군 아래 있다. 그러나 어떤 이들은 이보다 자유롭고 더 이성적으로 교육을 받으며, 어떤 이들은 육체가 건강하지만 어떤 이들은 어릴 때부터 병들어 있다. 어떤 이들은 보지 못하고, 어떤 이들은

10) 『원리론』 4,3,10에서 루피누스는 구약성경의 셰올(저승)이라는 표현을 가리키는 '코리온 하두'(χωρίον ᾅδου)를 inferus로 번역한다. 테르툴리아누스에게 inferus는 부활 이전에 영혼들이 머무르는, 경우에 따라 행복하거나 불행한 장소를 나타낸다(nunc animas torqueri fouerique penes inferos)(참조 『부활론』 17,2). 왜냐하면 순교자들에게만 낙원에서 구원자 가까이 있는 것이 허용되기 때문이다(참조 『같은 책』 43,4).

11) 『원리론』 2,3,4-5. 세상의 일치에 관해서는 참조 『원리론』 2,3,6.

12) 성경 본문의 낱말을 직역하면 '영광'이다.

13) 영지주의자들은 그들의 가르침을 위해 사람들이 태어나고 사는 조건의 차이를 활용하였다. 이는 오리게네스가 그들에게 반대해 제안한 해결책의 근본적인 주제 가운데 하나다(참조 『켈수스 반박』 3,39).

듣지 못하고 말하지 못한다. 그들 가운데 더러는 그렇게 태어나고, 더러는 태어난 직후에 이러한 감각들을 상실하며, 더러는 어른이 되어서야 이러한 상실을 겪기도 한다. 인간이 누구나 이러한 사실 하나하나를 스스로 숙고할 수 있다면, 어떤 이들은 거기에서 자유롭고 어떤 이들은 얽매여 있는 비참한 인간의 참상을 굳이 풀어놓고 늘어놓을 필요가 있겠는가? 보이지 않지만 지상에서 살아가는 이들을 돌보는 일을 맡은 어떤 능력들도(콜로 1,16 참조) 있다. 인간과 마찬가지로 그들 사이에도 작지 않은 차이가 있다고 믿어야 한다.[14] 바오로 사도는 저승의 존재들이 있다고 분명히 말하는데(에페 4,9 참조), 의심할 나위 없이 이들 사이에도 비슷한 방식으로 다양성의 원인이 발견될 것이다. 말 못하는 짐승들과 새들과 물속에 사는 것들에 관해서 탐구하는 것은 쓸데없어 보인다. 이들은 틀림없이 일차적 존재가 아니라 부차적 존재로 여겨져야 하기 때문이다.[15]

4. 바오로 사도가 분명히 말하는 바와 같이, 창조된 모든 것은 그리스도를 통하여 또 그리스도 안에서 만들어졌다.[16] "만물이 그분 안에서 창조되었기 때문입니다. 하늘에 있는 것이든 땅에 있는 것이든 보이는 것이든 보이지 않는 것이든 왕권이든 주권이든 권세든 권력이든 만물이 그분을 통하여 또 그분 안에서 창조되었습니다."(콜로 1,16) 요한도 복음서에서 똑같이 말한다. "한처음에 말씀이 계셨다. 말씀은 하느님과 함께 계셨는데 말씀은 하느님이셨다. 그분께서는 한처음에 하느님과 함께 계셨다. 모든 것이 그분을 통하여 생겨났고 그분 없이 생겨난 것은 하나도 없다."[17](요한

14) 참조 『원리론』 1,8,1.

15) 이들의 창조는 이성적 존재들의 타락 이후에 일어났다. 하느님 앞에서 이들은 사람보다 중요하지 않은 부차적 존재이기 때문이다(참조 『켈수스 반박』 4,74-79; 4,29).

16) 참조 『원리론』 1,2,10; 1,2,2.

1,1-3) 게다가 시편에도 이렇게 쓰여 있다. "당신은 모든 것을 지혜 안에서 만드셨나이다."(시편 103,24) 그리스도는 말씀이시고 지혜이시듯 의로움이시므로(1코린 1,30 참조), 말씀과 지혜 안에서 창조된 것들은 그리스도이신 의로움 안에서 창조되었다고 일컬어진다는 사실에는 의심할 여지가 없다. 이로써 창조되었을 때는 그것들 안에 어떠한 불의와 우연도 보이지 않았고,[18] 모든 것은 공평과 의로움의 원칙이 요구하는 대로 존재했다는 사실이 드러날 것이다. 사물의 이 엄청난 다양성과 상이성이 어째서 지극히 의롭고 공평한 것인지는 인간의 재주나 언변으로는 설명할 수 없다고 나는 확신한다. 우리가 말씀 자체이시고 지혜와 의로움이신 하느님의 외아들에게 엎드려 애원하며 기도함으로써, 그분께서 당신 은총을 통하여 당신 자신을 우리 감각들에 부어 주시면서 어두운 것은 비추어 주고[19] 닫힌 것은 열어 주고 감추어진 것은 드러내 주지 않으신다면 말이다. 우리가 합당하게 청하거나 구하거나 두드린다면, 청하여 얻어 누리기도 하고, 구하여 찾기도 하며, 두드려 문이 열리기도 할 것이다(1코린 4,5; 마태 7,7-8 참조).[20] 우리는 당장은 아무것도 주장할 수 없지만 우리의 재능에 의지하지 않고 우주를 창조하신 지혜이신 분의 도움과 모든 피조물 안에 계시다고 우리가 믿는 그분 의로움의 도움에 의지하면서, 세상의 이 큰 다양성과 상이성이 어떻게 온갖 의로움의 원리와 일치할 수 있는지 그분의 자비에 기대어

17) 요한 1,3의 마지막 부분에 관해서는 참조 『원리론』 1,2,10 각주 57.

18) 섭리에 대한 믿음은 유스티누스, 이레네우스, 알렉산드리아의 클레멘스 같은 초기 그리스도교 저자들에게만 고유한 사상이 아니었다. 이 믿음은 당시 철학자들의 글에도 보인다.

19) 빛을 비추는 분으로서의 그리스도에 관해서는 참조 『요한 복음 주해』 1,25(24),158; 13,42,279; 『켈수스 반박』 2,71; 3,61; 5,1; 6,65-66; 『마태오 복음 주해』 16,11.

20) 직역하면 다음과 같다. "… 청하면서 얻어 누리기도 하고, 구하면서 찾기도 하며, 두드릴 때 문을 열어 주라는 명령도 듣게 될 것이다."

탐구하고 살펴볼 것이다.[21] 내가 말하는 원리는 일반적 의미인데, 무지한 사람은 개별적 경우들에서 특별한 의미를 찾으려 하고,[22] 어리석은 사람은 그것을 설명하려고 한다.

5. 앞서 밝힌 바와 같이 하느님께서 이 다양성 안에서 창조하신 세상이 선하고 의롭고 매우 공평하다고 우리가 말할 때 많은 이들, 특히 영혼의 본성이 다양하다고 주장하는 마르키온파, 발렌티누스파, 바실리데스파[23]에 속한 이들은 우리에게 이렇게 이의를 제기하곤 하였다. 그들은 어떤 이들에게는 하늘에 거처를 마련해 주실 뿐 아니라 더 좋은 거처와 더 고귀하고 두드러지는 등급을 허락하셨다는 사실, 또 어떤 이들에게는 왕권을 주시고, 어떤 이들에게는 주권을, 어떤 이들에게는 권세를, 어떤 이들에게는 천상 법정의 가장 높은 권좌를 주셨다는 사실,[24] 또 어떤 이들은 눈부시게 빛나고 별의 광채로 반짝이게 하셨다는 사실, 그리하여 해의 광채와 달의 광채와 별의 광채를 각각 다르게 하였으며 별들이 그 광채로 서로 구별되게 만드셨다는 사실(콜로 1,16; 1코린 15,41 참조)이 세상을 만드신 하느님의 의로움과 어떻게 조화를 이룰 수 있는지 묻는다. 한마디로 창조자이신

---

21) 오리게네스는 육체 안에 있는 영혼의 타락을 말할 때 매우 신중을 기한다(참조 『켈수스 반박』 4,40; 5,29; 『창세기 강해』 15,5).

22) 개별적 경우들이 섭리를 벗어나서가 아니라 그것들에 대한 탐구가 우리의 약함을 능가하기 때문이다. 개인의 인식은 이 시대를 위한 것이 아니라 종말론을 위한 것이다(참조 『원리론』 2,11,5).

23) 참조 『원리론』 2,5. 본성들에 관한 이런 가르침은 발렌티누스의 것이다. 바실리데스의 가르침은 이와 비슷하지만, 마르키온은 이렇게 주장했다고 보지 않는다. 마찬가지로 영지주의적 신화는 마르키온과 발렌티누스, 바실리데스에게 생소하다[참조 『티토서 주해』 단편(PG 14,1303)]. 사실상 여기서는 세 이단자가 아니라 그 제자들이 문제이며, 제자들의 마르키온주의는 마르키온의 사상보다 영지주의에 더 가깝다(참조 A. v. Harnack, *Marcion*, 166-167쪽).

24) 좌품천사들, 곧 권좌 또는 왕권의 천사들의 등급이 문제다.

하느님께 지극히 위대하고 선한 업적을 행할 의지와 능력이 모자라지 않다면, 이성적 본성들을 창조하시면서 어떤 존재들은 더 높은 등급으로, 어떤 존재들은 이류나 삼류로, 또 많은 다른 존재는 더 낮고 더 못한 등급으로 만드신 까닭은 무엇인가? 그들〔이단자〕은 지상 존재들에 관해 우리에게 이의를 제기하여, 지상 피조물 가운데 어떤 이는 예컨대 약속으로 태어나 아브라함의 후손이 되듯이(창세 12,2-3; 로마 9,6-8 참조) 더 행복한 운을 지니고 태어나고, 어떤 이는 이사악과 레베카에게서 태어나 태중에 있을 때 자기 형을 속이고도(호세 12,4 참조)[25] 태어나기 전부터 하느님의 사랑을 받는 존재로 일컬어진다(창세 25,21 이하; 말라 1,2; 로마 9,10-13 참조)고 말한다. 일반적으로 말하자면 어떤 이는 하느님의 법을 아는 히브리인 가운데 태어나고, 어떤 이는 지혜롭고 적지 않은 지식을 지닌 그리스인 가운데 태어나는 반면, 어떤 이는 인육을 먹는 관습을 지닌 에티오피아인[26]에게서 태어나고, 어떤 이들은 존속살인이 법으로 인정되다시피 한 스키티아인[27]에게서 태어나며, 어떤 이들은 이방인들을 희생 제물로 바치는 타우루스인에게서 태어난다.[28] 그들은 우리에게 말하기를 사물의 다양성이 이토록 크고 태어나는 조건이 이렇게 다양하다면, 어디서 어떤 사람들로부터 어떤 조건에서 태어날지 스스로 선택할 수 없으므로 자유의지의 여지가 없다

25) "속였다"(그리스어 ἐπτέρνισεν)라는 표현은 야곱이 에사우의 다리(허리)를 붙잡았다(창세 25,26)는 것을 넌지시 암시한다. 창세 27,36의 표현.

26) 거의 같은 실례에 관해서는 참조 『켈수스 반박』 5,27. 또한 켈수스가 헤로도토스의 글 한 단락을 인용한 『켈수스 반박』 5,34 참조. 더 열등한 민족들의 실존에 대한 확신에 관해서는 참조 R. Cadiou, *La Jeunesse d'Origène*, 308-309쪽.

27) 참조 헤로도토스, 『역사』 1,216; 4,26; 오리게네스, 『켈수스 반박』 5,27.

28) 참조 헤로도토스, 『역사』 4,103; 알렉산드리아의 클레멘스, 『권고』 3,42,3; 오리게네스, 『켈수스 반박』 5,27; 5,34.

고 한다. 이것이 영혼 본성의 상이성, 곧 영혼의 악한 본성은 악한 민족으로 선한 본성은 선한 민족으로 운명이 결정된 데서 기인하는 것이 아니라면, 이러한 일은 재수와 우연으로 이루어진다고 여기는 도리밖에 없지 않겠느냐는 것이 그들의 주장이다. 그러나 이러한 주장을 받아들이면[29] 우리는 세상이 하느님으로부터 창조되었고 그분 섭리로 다스려진다고 더 이상 믿을 수 없고, 그 결과 하느님께서 각자의 행위에 대하여 심판하시리라는 것도 더 이상 기대할 수 없을 것이다.[30] 여기서 분명한 것은 사물의 진리는 모든 것과 하느님의 깊은 비밀(1코린 2,10 참조)까지도 살피는 사람만 알 수 있다는 점이다.

6. 단순한 인간인 우리는 침묵함으로써 이단자들의 교만을 키우는 일이 없도록, 힘닿는 한 그들의 이의에 맞서 이렇게 대응할 것이다. 성경의 진술에서 끌어낼 수 있었던 논리로써 우리가 앞에서 자주 밝힌 바와 같이,[31] 우주의 창조자이신 하느님은 선하시고 의로우시며 전능하시다. 한처음에(창세 1,1 참조) 당신께서 창조하시려던 이성적 본성들을 창조하실 때, 당신 자신, 곧 당신의 선 말고는 어떤 다른 창조 원인도 가지고 계시지 않았다.[32]

29) 영지주의자들에 따르면, 이는 정확히 말해 세상의 창조자인 분별없고 무지한 데미우르구스의 행위다. 오리게네스는 하느님의 의로움과 선을 내세우고자 한다(참조 P. Nemeshegyi, *La Paternité*, 111-112쪽).

30) 참조 『원리론』 2,5,2. 성경을 오로지 문자와 역사에 따라 해석하면 창조자는 의롭지 않고 악하다.

31) 참조 『원리론』 2,4,5.

32) 하늘과 창공, 땅과 뭍을 구분하는 단락들(참조 『원리론』 2,3,6; 2,9,1)과 필론에 따라(참조 『세상 만듦』 134; 『우의의 법칙』 1,31-32) 인간의 이중 창조, 곧 모상에 따른 이성적 인간의 창조(창세 1,26-27)와 흙으로 빚은 육체적 인간의 창조(창세 2,7)에 대해 언급한 구절들에 관해서는 참조 『창세기 주해』 1,13-15; 『아가 주해』 서론(GCS 8, 63쪽); 『예레미야서 강해』 1,10; 『헤라클리데스와의 논쟁』 12; 『요한 복음 주해』 20,22(20),182-183. 하느님의 선은 『티마이오스』 29e 이후 모든 시대의 플라톤학파 철학자들에게 세상 창조의 원인이었다.

그분은 창조되어야 할 존재들의 원인이었고 그분 안에는 어떤 다양성도 변화도 불가능도 없었으므로, 모든 것을 동등하고 비슷하게 창조하셨다. 그분 안에는 다양성과 상이성의 원인이 전혀 없었기 때문이다. 그러나 우리가 앞에서도 여러 번 밝혔고 또 앞으로도 적절한 곳에서 그렇게 밝히겠지만,[33] 이성적 피조물들 자체는 자유의지를 타고났고, 각자 하느님을 닮음으로써 진보할 것인지[34] 게으름으로 퇴보할 것인지는 자기의 의지에 따라 자유롭게 선택한다. 우리가 이미 앞에서 말한 대로, 이성적 피조물들 사이에 존재하는 다양성의 원인은 창조자의 의지나 판단에서 비롯하는 것이 아니라 자신의 자유의지로 말미암는 것이다. 한편 당신 피조물을 그 공로에 따라 배려하는 것이 정당하다고 여기시는 하느님께서는 정신의 다양성을 한 세상 안에서 조화시키셨는데,[35] 그것은 마치 한 집에 금 그릇과 은그릇만이 아니라 나무 그릇과 질그릇도 있어서 어떤 것은 귀하게 쓰이고 어떤 것은 천하게 쓰이는 것과 같다(2티모 2,20 참조). 판단컨대 세상이 이렇게 상이한 것은 이러한 원인들을 지니고 있기 때문이며, 하느님의 섭리가 각자의 움직임이나 영혼 상태의 다양성에 따라 베풀어지기 때문이다. 그러므로 이전의 원인들에 따라 공로에 어울리는 것을 각자에게 베풀어 주신다 하더라도 창조자가 불의하게 보이지 않을 것이며, 행복하게 태어나거나 불행하게 태어나는 모든 존재가 어떠한 상황을 겪게 될지라도 그것이

33) 참조 『원리론』 1,5,3; 1,7,2; 1,8,3; 2,1,2; 3,1,3-4.

34) 『원리론』 2,9,2(각주 7)에서 말한 것과는 다르게 오리게네스는 여기서 어떤 피조물들이 모상에 따라 창조된 뒤(참조 『원리론』 3,6,1) 하느님을 모방함으로써 진보하였다고(참조 『원리론』 4,4,4) 단언한다. 따라서 이 피조물들은 타락하지 않았다. 이를 루피누스의 가필이라고 설명하는 것은 너무 고지식하다.

35) 이미 여러 번 설명된 이 내용은 반영지주의적 의도를 강하게 드러낸다. 선한 사람과 덜 선한 사람이 있지만, 하느님께서는 세상을 조화롭게 만드셨다.

우연으로 여겨지지 않을 것이고, 다양한 창조자가 있다거나 영혼의 다른 본성이 있다고 믿는 일도 없을 것이다.

7. 그러나 이 신비의 이치에 대해 성경마저 완전히 침묵하고 있는 것 같지는 않다. 바오로 사도는 에사우와 야곱에 관하여 논의하면서 이렇게 말한다.[36] "그들이 태어나기도 전에, 또 그들이 어떠한 선이나 악도 행하기 전에, 하느님의 선택에 따라 이루어진 일을 지속시키시려고, 또 그것이 사람의 행위가 아니라 부르시는 당신께 달려 있음을 드러내시려고, '형이 동생을 섬기리라.' 하고 말씀하셨습니다. 이는 성경에 기록된 그대로입니다. '나는 야곱을 사랑하고 에사우를 미워하였다.'"(로마 9,11-13) 그런 다음 스스로 물음을 던지면서 이렇게 말한다. "그렇다면 우리가 무엇이라고 말해야 합니까? 하느님 쪽이 불의하다는 것입니까?" 이 문제들에 관하여 알아보고, 이러한 일들이 어째서 아무런 이유 없이는 일어나지 않는지 살펴볼 기회를 우리에게 주기 위하여 그는 스스로 이렇게 대답한다. "결코 그렇지 않습니다."(로마 9,14) 내 생각에 야고보와 에사우에 관하여 던진 물음을 모든 천상의 피조물과 지상의 피조물과 저승의 피조물들에게 던질 수 있을 것 같다. "그들이 태어나기도 전에, 또 그들이 어떠한 선이나 악도 행하기 전에"라는 말은 다른 모든 존재에게도 적용할 수 있을 듯하다. 그들이 아직 창조되기도 전에, 또 그들이 어떠한 선이나 악도 행하기 전에 하느님의 선택에 따라 이루어진 일을 지속시키시려고, 어떤 이들[37]이 생각하듯이 어떤 것들은 천상의 존재로 어떤 것들은 지상의 존재로 또 어떤 것들은 저승의 존재로 창조되었다. 그것은 사람의 행위가 아니라 부르시는 그분께 달

36) 참조 『원리론』 1,7,4.
37) 곧, 영지주의자들이다.

린 일이다. 사실이 이러하다면 우리가 무슨 말을 하겠는가? 하느님 쪽에 불의가 있는가? 결코 그렇지 않다! 야곱과 에사우에 관한 성경 구절을 더 열심히 연구해 보면, 태어나기 전이나 현재의 삶에서 그 무엇도 행하기 전에 형이 동생을 섬기리라고 말씀하셨으니 하느님 쪽에는 불의가 없다는 사실을 발견할 수 있다. 야곱이 분명 이전 삶의 공로로 말미암아 하느님으로부터 합당하게 사랑받았다는 사실을 믿는다면 그가 어머니의 태중에서 자기 형을 속인 것은 불의하지 않다는 사실을 알게 된다(창세 25,22 참조). 이와 마찬가지로 천상의 피조물들이 지니고 있는 이 다양성은 창조의 첫 상태가 아니라, 이전 원인으로 말미암아 창조자께서 개별 존재들에게 공로의 품격에 따라 마련해 주신 서로 다른 직무라고 생각한다. 모든 존재는 하느님에 의해서 정신 또는 이성적 영으로 창조되었으므로,[38] 정신의 움직임과 영혼의 감각에 따라 자신을 훌륭히 또는 부실하게 준비시켜 스스로를 하느님께 사랑스럽거나 혐오스러운 존재로 만드는 것이다. 그러나 여기서 우리가 알아야 할 것은 더 나은 공로[39]를 쌓은 존재들은 세상의 상황

38) 여기서 오리게네스는 플라톤(참조 『티마이오스』 40b; 위-플라톤, 『에피노미스』 981e), 아리스토텔레스(참조 『천체에 관하여』 2,12,292a), 스토아학파(SVF II, 200쪽)의 철학에 따라서 천체(별)들 안에 이성적이고 살아 있는 존재들이 있다고 보는 경향이 있다. 그러나 어떤 대목들에선 단정적인 발언을 하지 않는다(참조 『원리론』 1,서론,10; 2,11,17; 『켈수스 반박』 5,10; 『요한 복음 주해』 1,35(40),257).

39) 이성적 피조물들의 과실이 아니라 공로에 대한 언급이다. 물론 meritum(공로)에는 두 가지 의미가 있다. 여기에서 이 낱말과 함께 사용된 표현들(pro meriti dignitate; plus vel minus … meriti; melioribus meritis)은 긍정적 의미를 지닌다. 따라서 타락이 보편적이라고 생각할 필요가 없다. 인용된 본문 이외에 다른 본문들도 구약의 인물들을 사람들의 구원을 돕기 위해 육화한 천사로 본다[참조 『요한 복음 주해』 2,29(24),176-179(세례자 요한과 이사야); 2,31(25),186-192(세례자 요한과 성조들)]. 히에로니무스는 오리게네스에게서 직접 영향받은 『에페소서 주해』 1 이외의 글에서도 이 가르침을 자주 떠올리게 한다(참조 『서간집』 73,2). 오리게네스가 천사였다고 내세우는 멜키체덱에 관한 강해에 관해서는 참조 『하까이서 주

을 개선하기 위하여 다른 존재들과 더불어 고통을 겪도록 명을 받았고(1코린 12,26 참조), 어떤 존재들은 더 낮은 존재들에게 봉사하도록 명을 받았으니, 이는 그들이 창조자의 인내에 참여하게 하려는 의도라는 사실이다. 사도도 "피조물이 허무의 지배 아래 든 것은 자의가 아니라 희망 안에서 굴복시키신 분으로 말미암은 것입니다"[40](로마 8,20)라고 말한 바 있다.

"하느님 쪽이 불의하다는 것입니까? 결코 그렇지 않습니다"(로마 9,14)라고 에사우와 야곱의 탄생에 관하여 사도가 언급한 이 말씀을 살펴보면서, 이는 모든 다른 피조물에게도 적용되어야 한다고 나는 생각한다. 왜냐하면 우리가 이미 말한 대로 창조자의 의로움은 모든 존재 안에서 드러나야 하기 때문이다. 천상의 존재나 지상의 존재나 저승의 존재 하나하나는 육체적으로 태어나기도 전에 자신 안에 다양성의 원인을 지니고 있다고 말한다면, 이 말씀은 더 분명히 드러날 것 같다. 모든 것은 하느님의 말씀과 지혜로 창조되었고, 모든 것은 그분의 의로움으로 정돈되어 있다.[41] 그분은 자비의 은총을 통하여 모든 존재를 섭리하시고, 모두가 약으로 치유될 수 있도록[42] 권고하시고 구원으로 재촉하신다.

8. 다가올 심판 날에 선한 존재들은 악한 존재들에게서, 의로운 존재들

해』 1(세례자 요한, 하까이, 말라키); 『말라키서 주해』 서론(말라키).

40) 로마 8,20은 처벌 때문이 아니라 사람들에게 봉사하도록 의무가 부과된, 자신의 의지에 반해 육체적 상태로 떨어지는 것을 받아들인 천체(별)들에게 적용된다(참조 『원리론』 1,7,5; 2,8,3; 3,5,4; 『로마서 주해』 7,4).

41) 오리게네스의 그리스도는 필론이 말하는 두 권력의 천사가 지닌 기능, 곧 창조하는 기능과 세상을 통치하는 왕의 기능을 한다[참조 『아브라함』 121; 『도주와 발견』 100; 또한 『요한 복음 주해』 1,28(30),191-192].

42) 수술로 이해된 하느님께서 내린 벌을 뜻한다(참조 『원리론』 2,10,6). 참조 『예레미야서 강해』 6,2.

은 불의한 존재들에게서 분리되리라는 사실은 의심할 나위가 없듯이, 각자는 자신의 공로에 따라 하느님의 심판을 통하여 자기에게 합당한 곳에 자리 잡게 될 것이다.[43] 이에 관해서는 하느님께서 원하신다면 나중에 설명할 터인데,[44] 어떤 일들은 이미 이전에 일어났다고 나는 생각한다. 하느님께서는 모든 것을 언제나 심판으로 행하시고 다스리신다고 믿어야 한다. 사도도 이렇게 가르친다.[45] "큰 집에는 금 그릇과 은그릇만이 아니라 나무그릇과 질그릇도 있어서, 어떤 것은 귀하게 쓰이고 어떤 것은 천하게 쓰입니다."(2티모 2,20) 그리고 이렇게 덧붙인다. "누구든지 자신을 깨끗이 씻어 버리면 거룩하게 되어 주인에게 요긴한 그릇, 온갖 좋은 일에 쓰이도록 갖추어진 그릇이 될 것입니다."(2티모 2,21) 이 말씀은 이승에서 자신을 깨끗이 씻는 이는 훗날 온갖 좋은 일에 쓰이도록 갖추어지겠지만, 자신을 깨끗이 씻지 않는 이는 그 더러움의 정도에 따라 천하게 쓰이는 그릇, 곧 부당한 존재가 되고 만다는 사실을 분명하게 알려 준다. 이처럼 예전에도 깨끗한 이성적 그릇이나 덜 깨끗한 이성적 그릇, 곧 자신을 깨끗이 씻은 그릇이나 깨끗이 씻지 않은 그릇이 있었는데, 모든 그릇은 자신의 깨끗함이나 더러움의 정도에 따라 결정된 자리나 지역 또는 탄생 조건이나 이 세상에서 펼쳐야 할 일의 조건을 수용하게 된다고 생각할 수도 있다.[46] 하느님께서는 당신 지혜의 능력으로 모든 것을 세세한 부분까지[47] 배려하시고 당신

43) 오리게네스가 생각하는 세상의 조화에서, 이성적 존재들은 그들의 자유의지가 놓인 범주에 따라 정해진 자리를 차지한다. 놓인 장소와 영적 상황 사이에 긴밀한 상관성이 있다(참조 『예레미야서 강해』 8,2).

44) 참조 『원리론』 2,10,4-5.

45) 참조 『민수기 강해』 14,2.

46) 유사한 추론은, 끝이 시작과 비슷하다는 원리에 바탕을 두고 있다(참조 『원리론』 1,6,2).

47) 참조 『레위기 강해』 9,8.

판단으로 식별하시면서, 지극히 의로운 벌로써 만물을 정돈하셨는데, 이는 각자의 공로에 따라 구제되거나 도움을 받게 하려는 것이다. 바로 여기서 동등성의 모든 원리가 분명히 드러나는데, 조건들이 동등하지 않은 까닭은 공로에 대한 상급의 동등성을 지키기 때문이다. 각자가 쌓은 공로의 정도에 관해서는 외아들이신 말씀과 당신 지혜와 당신 성령과 더불어 오직 하느님만이 참되고 분명하게 아신다.

10장
부활
(그리스어)[1]

1. 지금까지의 논의가 우리에게 미래의 심판과 상급과 죄벌에 대해 상기시켜 주었으니, 심판 때에는 죄인들을 위하여 영원한 불과 바깥 어둠과 감옥과 불구덩이와 이와 비슷한 다른 것들이 마련되어 있다고 성경이 경고하고(마태 8,12; 13,42; 25,41; 1베드 3,19 참조) 교회가 가르치는 대로,[2] 이 주제에 대해서는 무엇을 생각해야 하는지 살펴보자.

그러나 질서 있게 이 주제에 다다르기 위해서는, 벌이나 안식과 지복에 이르게 하는 것이 무엇인지 알 수 있도록 우선 부활에 관하여 논해야 할 것 같다. 이 주제는 우리가 부활에 관하여 쓴 다른 책들[3]에서 두루 다루

1) 내용적으로나 형식적으로나 포티우스의 판본이 더 적절하다. 포티우스의 판본은 제2권을 부활(1-3장), 벌(4-8장)로 세분하고 셋째 관점인 약속(11장)으로 이어진다.

2) 참조 『원리론』 1,서론,5.

3) 오리게네스는 『원리론』 이전에 두 권으로 구성된 『부활론』을 저술했다(참조 에우세비우스,

며 그것에 관한 우리의 견해를 밝힌 바 있다. 그러나 지금은 강의의 논리적 연속성을 위하여 그 책에서 다룬 논제를 조금 되풀이하더라도 불합리할 것 같지 않다. 특히 어떤 이들은[4] 교회의 신앙에 반대하며, 부활에 대한 우리의 믿음이 완전히 어리석고 허황되다고 여기기 때문이다. 이단자들에게는 이렇게 대응할 필요가 있다고 생각한다. 만일 그들 자신이 죽은 이들의 부활이 있으리라는 사실을 인정한다면 이러한 물음에 대해 우리에게 대답해야 한다. 죽은 것은 무엇인가? 그것은 육체가 아닌가?[5] 그렇다면 육체의 부활은 이루어질 것이다. 게다가 그들은 〔부활한 뒤로〕 우리가 육체를 지닐 것이라고[6] 생각하는지 아닌지 우리에게 말해야 한다. "영혼적 육체로 묻히지만 영적인 육체로 되살아납니다"(1코린 15,44 참조)라고 바오로 사도가 말했으니, 육체가 되살아나거나 부활할 때 육체를 지닐 것이라는 사실

「교회사」 6,24,2; R. Cadiou, *La Jeunesse d'Origène*, 117-129쪽). 단편들은 팜필루스의 『오리게네스를 위한 변론』(PG 11,91-94)과 고대 슬라브어 번역본에 남아 있으며, 포티우스의 그리스어 본문(참조 『저서 평론』 234)에 따르면 오리게네스를 논박하는 메토디우스의 『부활론』 제3권에도 남아 있다.

4) 영지주의자들은, 한편으로 성경을 문자적으로 해석하여 부활한 육체가 물질성에서 지상의 육체와 온전히 같다고 상상하는 '단순한 이들'의 분별없는 믿음에 대해 반발한다. 영지주의자들은 그러한 믿음이 어리석고 지각 없다고 판단한다. 다른 한편으로 육체를 경멸하는 그리스인의 영향으로 영지주의자들은 부패로 예정된 육체의 부활을 인정하지 않았으며, 부활한 육체에 관해 말하는 성경 본문들을 우의적 의미로 해석하였다. 테르툴리아누스는 자신의 『부활론』에서 특히 바실리데스와 발렌티누스, 마르키온, 아펠레스를 반박하면서 이 교의에 관한 그들의 특징적 해석을 소개한다. 오리게네스는 1코린 15,35-49의 씨앗과 흙으로 비유되는 지상의 육체와 영광스런 육체의 동일성과 차이에 대한 신학적·철학적 표현을 제시하면서, 영지주의자들이 부정하는 것과 단순한 이들이 이해하는 것 사이에서 중용의 길을 찾으려 애썼다(참조 R. Cadiou, *La Jeunesse d'Origène*, 124쪽).

5) 참조 영지주의자들의 우의적 해석에 반대하여 테르툴리아누스의 『부활론』 17-27에서 상세하게 논증된 내용.

6) 직역은 "이용할 것이라고"다.

을 그들은 부인할 수 없으리라고 나는 생각한다. 그러면 무슨 결론이 나오는가? 우리가 육체를 이용해야 하고, 넘어진 육체가 다시 일어난다고 예고된 것이 분명하다면—먼저 넘어지지 않는다면 다시 일어난다고 말할 수 없는 법이다—의심의 여지 없이 육체는 되살아날 것이며, 부활로써 이 육체를 다시 입게 될 것이다. 하나는 또 다른 하나의 결과이므로, 육체가 되살아난다면 의심할 나위 없이 우리가 그 육체를 입고서 되살아나는 것이다. 우리가 육체 안에 있을 필요가 있다면(분명 필요한 일이지만), 다른 이들의 육체가 아니라 바로 우리 육체 안에 있어야 한다. 육체가 되살아나되 영적으로 되살아나는 것이 사실이라면, 부패를 물리치고 죽음을 떨쳐버린 채(1코린 15,53 참조) 죽은 이들로부터 되살아난다는 말이다. 그렇지 않다면 다시 죽기 위하여 죽은 이들로부터 부활하는 것이 되니 헛되고 쓸데없는 일처럼 보일 것이다. 영혼적 육체가 지닌 특성을 주의 깊게 살펴보면 이 개념을 더 분명하게 이해할 수 있는데, 영혼적 육체가 땅에 묻히면 영적 육체의 특성이 재생될 수 있다(1코린 15,44 참조). 부활의 능력과 은총[7]이란 비천함에서 영광으로 옮겨감으로써 영혼적 육체로부터 영적 육체를 이끌어내는 것이다(1코린 15,43 참조).

2. 이단자들은 자신들이 아주 똑똑하고 지혜롭다고 여기니, 모든 육체는 어떤 형상을 지니고 있는지, 다시 말해 어떤 모양새로 형성되어 있는지[8] 우리는 묻고자 한다. 만일 그들이 어떤 모양새를 지니지 않은 육체가 있다고

7) 하느님의 은총만이 육체의 영혼적 특성을 영적 특성으로 바꿀 수 있다.

8) 부가어 id est aliquo habitu deformetur는 외래어 스케마(schema)에 관한 루피누스의 설명이다. 반대자들은 부활한 사람이 개인적 형상을 지니고 있다는 사실을 명백히 부인하는 반면, 오리게네스는 영적 육체에서도 개인이 이승에서 지닌 형상의 특징을 다시 알아볼 수 있다고 여긴다(참조 『부활론』 1,20-24, 특히 22).

말한다면, 모든 이 가운데 가장 무식하고 가장 어리석은 자임을 드러내는 것이다. 아무것도 모르는 자를 제외하고는 아무도 이를 부인하지 않을 것이기 때문이다. 그러나 그들이 만일 모든 육체는 어떤 모양새를 지니고 있다고 논리에 맞게 말한다면, 영적 육체의 모양새를 우리에게 보여 주고 묘사해 줄 수 있는지 그들에게 물을 것이다. 그러나 그들은 무슨 수로도 그리하지 못할 것이다. 게다가 되살아나는 이들 사이에는 어떤 차이가 있는지 그들에게 물어보기로 하자. 다음의 말씀이 참임을 그들이 어떻게 입증하겠는가?[9] "날짐승의 살이 다르고 물고기의 살이 다릅니다. 천상의 육체들도 있고 지상의 육체들도 있습니다. 그러나 천상 육체들의 광채가 다르고 지상 육체들의 광채가 다릅니다. 해의 광채가 다르고 달의 광채가 다르고 별들의 광채가 다릅니다. 별들은 또 그 광채로 서로 구별됩니다. 죽은 이들의 부활도 이와 같습니다."(1코린 15,39-42) 그들은 천상 육체들이 차이가 있듯이 되살아나는 이들이 지닌 광채에 차이가 있다는 것을 우리에게 입증해야 한다. 그들이 어떤 식으로든 천상 육체들의 차이를 설명해 낸다면, 우리는 지상 육체들과 비교함으로써 부활에서 나타나는 차이를 지적해 달라고 그들에게 요구할 것이다. 사도는 영광 속에 되살아나는 이들(1코린 15,43 참조), 곧 성인들의 차이가 얼마나 큰지를 그려내고 싶어서 천상 육체들과 대비하여 "해의 광채가 다르고 달의 광채가 다르고 별들의 광채가 다릅니다"(1코린 15,41)라고 말했다고 생각한다. 그는 이승에서 깨끗이 씻지 않은 채 부활에 이른 이들의 차이를 다시금 설명하고 싶어서 이렇

9) 참조 팜필루스의 글에 남아 있는 오리게네스의 『부활론』의 단편(PG 11,94). 오리게네스는 부활한 이들 사이에 영광의 차이가 있다는 것을 입증하기 위해 1코린 15,39-42를 자주 인용한다. 이 점에서 그는 바오로의 생각을 충실하게 따른다.

게 지상 동물들의 예를 들었다. "날짐승의 살이 다르고 물고기의 살이 다릅니다."(1코린 15,39) 천상의 것들은 당연히 성인들에 비유되고, 지상의 것들은 죄인들에 비유된다. 우리는 죽은 이들의 부활, 곧 육체의 부활을 부인하는 이들을 반박하기 위하여 이런 말을 한 것이다.

3. 이제 우리는, 이해력이 부족하거나 〔우리가 성경을 충분하게〕 설명하지 않아서 육체의 부활에 관하여 우리들 가운데 매우 천박하고 진부한 개념을 지니고 있는 어떤 이들[10]에게로 강의의 방향을 돌리고자 한다. 타고난 육체가 부활의 은총으로 변하여 영적인 것이 되고, 약한 것으로 묻히지만 강한 것으로 되살아나며, 비천한 것으로 묻히지만 영광스러운 것으로 되살아나고, 썩을 것으로 묻히지만 썩지 않는 것으로 되살아난다(1코린 15,42-43)는 것을 그들이 어떻게 생각하는지 묻고자 한다. 육체가 영광과 능력 안에서 썩지 않는 것으로 되살아나 이미 영적인 것이 되었다고 하는 사도의 말을 믿는다면, 육체가 아직도 살과 피의 욕정에 얽매여 있다고 말하는 것은[11] 어리석을 뿐 아니라 사도의 뜻을 거스르는 것으로 보인다. 왜

10) '더 단순한 이들'(simpliciores, ἁπλούστεροι)이 문제다. 이는 지나치게 물질적 표상을 지닌 그리스도인을 가리킨다(참조 『원리론』 2,11,2). 또한 이 용어에는 무지한 그리스도인뿐 아니라 정통신앙인 가운데 천년왕국설 전통이 아시아에서 기원한 것이라고 생각하는 경향도 포함된다. 이들은 묵시 20,1-6을 문자적으로 해석함으로써, 마지막 부활 이전에 성도들이 지상 예루살렘에서 그리스도와 함께 천 년 동안 다스릴 것이라고 생각하였다. 이 견해에 유스티누스(『유대인 트리폰과의 대화』 80-82)를 비롯하여, 파피아스의 매우 어처구니없는 본문을 칭찬하면서 인용하는 이레네우스(참조 『이단 반박』 33,3-4; 5,32-36) 등 저명한 인물들도 동조하였다. 바르나바와 테르툴리아누스가 천년왕국설을 지지했는지는 확실하지 않다. 천년왕국설을 내세우는 이들은, 영적 해석을 인정하지 않는 문자주의자 및 성경의 신인동형론을 문자 그대로 해석하는 신인동형론자들과 같은 부류다. 이 세 명칭은 스토아학파의 물질주의에 영향받고, 오리게네스가 줄곧 논박하는 아시아 전통에서 유래하는 같은 정신상태의 세 관점을 나타낸다〔참조 『마태오 복음 주해』 17,35; 『아가 주해』 서론(GCS 8, 66쪽); 『시편 주해』 단편(『필로칼리아』 26,6)〕.

나하면 사도는 "살과 피는 하느님의 나라를 지니지 못하고, 썩는 것은 썩지 않는 것을 지니지 못합니다"[12](1코린 15,50)라고 분명하게 말하기 때문이다. "우리는 모두 변화할 것입니다"(1코린 15,51)라는 사도의 말을 그들은 어떻게 받아들이는가? 우리는 앞에서 말한 기준에 따라 이러한 변화가 이루어지기를 기대해야 하며, 의심할 나위 없이 하느님의 은총에 합당한 무언가를 희망하는 것이 바람직하다. 사도가 밀알이나 땅에 심어진 다른 씨앗에 관하여 묘사한 것과 같은 방식으로 〔변화가〕 일어날 것이라고 우리는 믿지만, 하느님께서는 먼저 밀알 자체가 죽고 나야 비로소 당신 원하시는 대로 육체를 주시기 때문이다.[13] 그러므로 우리 육체도 밀알처럼 땅에 떨어진다고 생각해야 한다. 그 육체 안에 형성된 힘[14]은 육체적 본질을 담고 있는 원리이며, 육체가 죽고 썩어 흩어져도 그 원리 자체는 하느님의 말씀 덕분에 육체의 본질 안에 늘 보존되어, 육체를 땅에서 일으켜 복원하고 회복한다고 여겨야 하겠다. 이는 마치 밀알이 썩어서 죽은 다음 밀알 속에 있는 힘이 밀알을 줄기와 이삭으로 이루어진 몸통으로 복원하고 회복하는 것과 같다.[15] 이처럼 우리가 앞서 말한 육체가 회복되는 원리는 다음과 같다. 하늘 나라를 상속하게 될 사람들의 경우 하느님의 명령에 따라 지상의

11) 여기에서는 하늘에서 연회와 그와 비슷한 것을 생각나게 한다.

12) 오리게네스는 1코린 15,50을 부활한 영광스러운 육체가 지상의 육체와 같은 특성을 지니지 않는 것으로 이해한다. 그 육체는 천상의, 바꾸어 말하면 에테르의 특성을 받아들여야 한다(참조 『기도론』 26,6; 『순교 권면』 47; 『켈수스 반박』 5,19).

13) 오리게네스는 1코린 15,35-38을 부활에 관한 논의에서 자주 인용한다(『켈수스 반박』 5,18; 5,23).

14) 라틴어로 ratio, 그리스어로 '로고스'(λόγος). 오리게네스는 여기에서 '씨뿌려진 로고스'(λόγος σπερματικός), 곧 스토아학파의 '이성적인 생명력/발아력'을 생각한다. 이는 씨앗의 비유를 통해 암시된다(참조 R. Cadiou, *La Jeunesse d'Origène*, 120-121쪽).

15) 참조 『켈수스 반박』 5,18-19; 5,23; 7,32.

육체와 타고난 육체로부터 하늘에서 살 수 있는 영적 육체로 회복된다[16] (1코린 15,44 참조). 그러나 공로가 적거나 빈약한 이들 그리고 꼴찌와 낙오자들에게도 각자의 삶과 영혼의 품격에 따라 육체의 영광과 품위가 주어질 것이다. 영원한 불이나 벌로 나아갈 운명 지닌 이들(마태 25,41.46 참조)도 마찬가지로, 되살아나는 육체가 부활의 변화 자체를 통하여 썩지 않는 것이 되어, 벌로써 썩을 수도 파괴될 수도 없다.[17]

심판(라틴어)

4. 죽은 이들로부터 다시 살아나는 육체가 이러한 특성을 지니고 있다면, 이제는 영원한 불(마태 25,41 참조)의 위협이 무엇을 뜻하는지 살펴보자.[18] 이사야 예언서는 불로써 벌을 받는 것은 각자의 몫이라 정의하면서 이렇게 말한다. "너희는 너희의 불빛 속으로, 너희가 자신에게 댕긴 불길 속으로 걸어간다."(이사 50,11) 이 말씀은 모든 죄인은 스스로 자신의 불길을 댕

16) 이 육체는 천상의 물질로 만들어지고(참조 『기도론』 26,6) 에테르적 특성을 타고난(참조 『켈수스 반박』 3,41-42) 천사들의 육체와 같은 것이다(참조 『마태오 복음 주해』 17,30). 육체는 영혼이 살아야 하는 모든 상태와 환경에 적응해야 한다(참조 『시편 제1편 주해』; 에피파니우스, 『시편 주해』 66,14; 오리게네스, 『켈수스 반박』 4,57). 2코린 5,4에 나오듯이, 우리는 육체(천막)를 벗어 버리기를 바라지 않고 썩지 않는 특성을 덧입기를 바란다(참조 『켈수스 반박』 5,19; 7,32-33).

17) 쾨차우는 오리게네스가 이 대목에서 부활한 육체에 관해서도 다루었다고 추정한다.

18) 뒤이어 나오는 대목에 관해서는 참조 G. Anrich, *Clemens und Origenes*, 95-120쪽. 여기서는 저승에서 받는 치유적인 벌에 관한 표상이 플라톤에게서 유래했음을 보여 준다. 오리게네스 자신은 불로 받는 벌에 관한 그리스도교 표상을 고대 철학자들의 '정화-불'과 연결 짓는다(참조 『켈수스 반박』 5,15; H. J. Horn, *Ignis aeternua*, 76-88쪽; H. J. Horn, *Die Hölle als Krankenheit*, 55-64쪽; W. C. van Unnik, *The Wise Fire I*, 277-288쪽).

길 따름이며, 전에 다른 사람이 댕겨 놓은 불이나 자신보다 먼저 존재하던 다른 불 속에 떨어지지 않는다는 사실을 제시하는 것 같다.[19] 이 불의 양분과 재료는 우리의 죄이며, 사도는 이를 "나무와 건초와 짚"(1코린 3,12 참조)이라고 표현한다.[20] 몸에 양분이 너무 많거나 음식의 양과 질이 우리에게 맞지 않으면 열이 나고, 그 열은 누적된 무절제가 빚어낸 물질[21]과 불쏘시개의 정도에 따라 종류와 기간이 다양할 뿐더러, 온갖 무절제로 누적된 이 물질의 특성은 더 고약하거나 더 오래가는 병의 원인이 된다고 나는 판단한다. 이처럼 영혼도 수많은 악행과 엄청난 죄를 자기 안에 모아 두면, 이렇게 모아진 모든 악은 적절한 때에 벌로 끓어오르고 형벌로 불타게 된다고 생각한다. 한편 정신이나 양심은 죄를 지을 때[22] 자신 안에 그 표지와 형상을 남기는 모든 행위를 신적 능력을 통하여 기억 속에 담게 되므로, 추하고 부끄러운 행동과 악행의 역사라고 할 만한 것이 그의 눈앞에 펼쳐지게 된다. 그러면 양심은 스스로 자극을 받아 가책을 느끼고,[23] 자기 스스로 고소인과 증인이 된다. 바오로 사도도 이런 의미로 다음과 같이 말하고

19) 참조 『레위기 강해』 9,8; 『로마서 주해』 2,6. 이 두 본문은 죄인에게 지당한 이 불과 죄를 태워 버리는 하느님 자신인 다른 불을 구분한다.

20) 나무와 건초와 짚을 태우는 불은 '태워버리시는 불'(신명 4,24)인 하느님이시다(참조 『켈수스 반박』 4,13; 『예레미야서 강해』 2,3; 16,6; 『요한 복음 주해』 13,23,137-138; H. Crouzel, *L'exégèse*).

21) 오리게네스는 여기서 음식을 많이 먹어 소화를 시킬 수 없을 정도로 음식이 위에 남아 있으면 그것이 병의 원인이 된다는 의학 이론을 끌어댄다.

22) 우리의 행위가 영혼에 흔적을 남기고 심판날에 드러날 것이며 모든 사람이 그것들을 알아볼 것이라는 견해가 자주 반복된다(참조 『로마서 주해』 2,10; 『예레미야서 강해』 16,10; 『시편 제38편 강해』 2,2; 『기도론』 28,5; 플라톤, 『고르기아스』 524d).

23) 신적 심판에 뒤따르는 고통은 지금 육체를 괴롭히는 고통보다 훨씬 더 심하다[참조 팜필루스의 글(PG 12,1177)에 나오는 『시편 선별 강해』 6]. 죄 때문에 양심에서 일어나는 고통에 관해서는 참조 『시편 제38편 강해』 2,7.

있다고 생각한다. "나의 복음이 전하는 대로 하느님께서 예수 그리스도를 통하여 사람들의 숨은 행실을 심판하실 날, 그들은 엇갈리는 생각들로 서로 고발하기도 하고 변호하기도 할 것입니다."(로마 2,15-16) 이로써 영혼의 본질 자체에는 죄인들의 해로운 성정에서 생기는 어떤 고통이 있다는 사실을 이해해야 한다.

5. 그대가 이 설명이 이해하기 어렵다고 생각하는 일이 없도록, 영혼 안에서 흔히 일어나는 욕망의 악습에 관하여 생각해 볼 수 있겠다. 예컨대 영혼이 사랑의 불길로 타오르거나 시기나 질투의 화염에 소진될 때, 분노의 광기에 휘말리거나 엄청난 슬픔으로 바싹 여윌 때, 어떤 이들은 이러한 악이 너무 심해 견딜 수 없다고 여긴 나머지 이런 식으로 고통을 견디기보다는 죽는 것이 더 낫겠다고 생각한다. 우리가 앞에서 말한 악습에서 생기는 사악에 얽매여 이승의 삶에서 악습을 전혀 고치지 못하고 이 세상을 떠났다면, 이승에서 살아가는 동안 어떠한 치유제로도 완화시킬 수 없었던 치명적인 독인 해로운 성정, 곧 화나 분노나 광기나 슬픔이 그들 자신 안에 계속 남아 있을 것이다. 그로 인한 괴로움만으로도 벌로 충분한지, 아니면 이러한 성정들이 바뀌어 일반적인 〔양심의〕 가책으로 벌을 받게 될 것인지 그대는 물을 것이다.

그러나 나는 또 다른 종류의 벌을 생각할 수 있다고 본다. 몸의 지체들이 서로 연결된 상태에서 벗어나고 떨어져 나가면 극심한 고통을 느끼게 되듯, 영혼이 선하게 행하고 유익하게 경험하도록 하느님께서 창조하신 질서와 연결과 조화에서 벗어나[24] 이성적 움직임과 연결된 조화를 스스로 이

24) 잘 조화된 조직체인 영혼에 관해서는 참조 플라톤, 『국가』 3,410cd; 9,591d; SVF III, 121쪽; 필론, 『하느님의 불변성』 24; 알렉산드리아의 클레멘스, 『양탄자』 4,4,18.

루어 내지 못한다면,[25] 영혼은 자기 분열로 말미암아 형벌과 고통을 겪고 자신의 불안정과 무질서로 말미암아 벌을 느낀다고 여겨야 하겠다. 이러한 영혼은 자신의 분열과 해체로 불의 시험을 겪은 뒤,[26] 의심할 나위 없이 내적 일치의 강화와 회복으로 굳건해질 것이다.[27]

6. 또한 우리에게는 감추어져 있고 우리 영혼의 의사이신 분에게만 알려진 다른 벌도 많다.[28] 먹는 것과 마시는 것으로 생긴 병에서 육체의 건강을 되찾기 위해서는 때로는 더 독하고 쓴 약을 처방하는 것이 필요하고, 병의 특성상 필요하다면 때로는 과감하게 칼로 고통스러운 수술을 하며, 이 정도로도 치료가 되지 않는 병일 경우 마지막에는 불로 지지기까지 한다면,[29] 다양한 죄악과 범죄로 생긴 우리 영혼의 병을 씻어내길 원하시는 우리 의사이신 하느님께서도 이와 비슷한 형벌 치료법을 사용하시고, 영혼의 건강까지 잃어버린 사람들에게는 불의 형벌까지 내리시지 않겠는가?[30]

이러한 비유적 표현은 성경에도 있다. 신명기에서 신적 말씀은 죄인들이 열병과 동상과 황달로 벌받게 되고, 시력 약화와 정신병과 반신불수와 실

25) 영혼의 내적 질서와 조화에 관한 표상은 플라톤에게서 유래한다(참조 『고르기아스』 504b).

26) 'explorare'(그리스어 대응어는 아마도 βασανίζειν)는 '시험하다' 외에도 '고문하다/괴롭히다'라는 뜻을 지닐 수도 있다.

27) 대장장이는 부수어진 기구를 원상복구하기 위해 먼저 불로 그 기구를 달군다. 오리게네스는 "그는 은 제련사와 정련사처럼 앉아 레위의 자손들을 깨끗하게 하고 그들을 금과 은처럼 정련하여 주님에게 의로운 제물을 바치게 하리라"(말라 3,3)라는 성경 말씀을 바탕으로 영혼의 정화 과정을 설명한다.

28) 의사이신 그리스도와 의사이신 하느님에 관해서는 참조 『원리론』 2,7,3 각주 16. 플라톤의 의약적 벌에 관해서는 참조 H. Koch, *Pronoia und Paideusis*, 193-195쪽.

29) 참조 히포크라테스, 『명언집』 7,87("약이 고치지 못하는 것은 철이 고치고, 철이 고치지 못하는 것은 불이 고치며, 불이 고치지 못하는 것은 고칠 수 없는 것으로 여겨야 한다").

30) 벌의 치료 효과에 관해서는 참조 『원리론』 1,6,3; 2,5,3.

명과 신부전증[31]으로 고통을 받으리라고 위협한다(신명 28,22.28.29 참조). 누군가 한가한 시간에 모든 성경 구절에서 병에 대한 온갖 언급을 모은다면, 죄인들을 위협하기 위하여 육체의 병명을 상기시키는 이 대목들은 영혼의 악습이나 고통을 상징적으로 가리킨다는 사실을 발견할 것이다. 의사들이 환자의 건강을 회복시키려고 세심한 치료를 통해 그들을 도와 주는 것과 똑같은 방식으로, 하느님께서는 걸려 넘어지고 죄에 떨어진 이들을 위하여 활동하신다는 사실을 증명해 주는 구절이 있다. 예레미야 예언자를 통한 이 말씀은, 마시고 정신을 잃고 토하도록 모든 민족이 하느님 분노의 잔을 받아 마시라고 명한다(예레 25,15-16 참조). 마시려 하지 않는 자는 깨끗해지지 않으리라고 위협도 한다. 하느님의 복수에서 나오는 분노는 영혼을 정화하는 데 도움이 된다는 사실을 바로 여기서 깨닫게 된다. 이사야가 가르치듯이, 불을 통하여 내린다고 하는 벌도 도움을 주기 위한 것으로 이해된다. 이사야는 이스라엘에 관하여 이렇게 말한다. "주님께서는 시온의 딸들과 아들들의 오물을 씻어 내시고 심판의 영과 불의 영으로 그들 가운데서 피를 닦아 내시리라."[32](이사 4,4) 또 칼데아인에 관해서는 이렇게 말한다. "네가 숯불을 가지고서 그들 위에 앉으면, 그 숯불이 너에게 도움이 되리라."[33](이사 47,14-15) 다른 이들에 관해서는 이렇게 말한다. "주님께서는 그들을 타오르는 불로 거룩하게 하시리라."(이사 66,16-17?) 또 말라키 예언자는[34] 이렇게 말한다. "주님께서는 앉으시어 당신 백성들

31) 신명기 구절에 나오지 않는 신부전증은 아마도 욥 16,13과 19,27을 기억하여 덧붙인 것 같다. 그밖에 시력 약화(oculorum vacillationes)라는 표현은 아모 4,9에 영향을 받은 것으로 보인다.

32) 정화하는 벌들에 관해 논하는 『기도론』 29,16에서도 이사 4,4와 말라 3,2를 인용한다.

33) 이사 47,14-15에 관해서는 참조 『원리론』 2,5,3; 『켈수스 반박』 5,15(말라 3,2); 6,56.

을 금과 은처럼 정련하실 것이며, 유다의 자손들을 정련하고 정화하고 깨끗하게 만드실 것이다."(말라 3,3)

7. 자신들의 것이 아닌 몫은 다른 곳으로 보내지게 되어 있듯이, 선하지 않은 종들은 갈라져서 불충실한 자들과 같은 몫을 누리게 되리라고 하는 복음 말씀(루카 12,42-46 참조)도 영혼에서 영이 분리된 이들이 받는 벌의 종류를 가리키는 것이 분명해 보인다. 이 영이 신적 본성에 속한다고, 곧 성령이라고 우리가 이해한다면[35] 이 구절을 성령의 선물에 적용할 것이다. 이 선물은 세례를 통해서나 영의 은총을 통해서 받게 되는데, 어떤 이에게는 지혜의 말씀이나 지식의 말씀이 주어지고(1코린 12,8 참조), 어떤 이는 선물을 받지만 제대로 관리하지 않는다. 영의 선물을 땅 속에 파묻어 두거나 수건에 싸 둔다면(마태 25,25; 루카 19,20 참조) 영혼에서 떨어져 나가게 되고, 남아 있는 부분인 영혼의 본질은 주님께 결합하여 한 영(1코린 6,17 참조)이 되어야 할 바로 그 영에서 갈라지고 분리되어 불충실한 자들

34) 참조 『켈수스 반박』 4,13에서 기술되는 말라 3,2.

35) 오리게네스는 여기에서 이 복음 구절을 이해하는 세 가지 방식을 지적한다. 첫째, 영(spiritus, πνεῦμα)과 영혼의 분리처럼 이해하는 것이다. 영은 하느님의 선물이며, 엄밀히 말하면 인간 인격의 한 부분을 이루지 않고 죄를 공유하지 않는 성령에 참여하는 어떤 것이다. 이는 오리게네스의 삼분법적 인간학에서 인간의 영에 대한 일반적인 의미다. 이 첫 번째 해석은 같은 성경 구절을 설명하는 『마태오 복음 강해』 62와 『로마서 주해』 2,9에도 나온다. 둘째, 영혼의 상위 부분과 하위 부분의 내적인 분리처럼 이해하는 것이다. 영의 학생인 상위 부분은 정신(νοῦς, mens) 또는 주도적 능력(ἡγεμονικόν, pricipale cordis)이다. 주도적 능력은 인간 전체에 영향을 미치는 주도적 기능을 나타내는 스토아학파에서 유래한 낱말이다. 셋째, 수호천사와 그 피후견인의 분리처럼(참조 『원리론』 2,10,7 각주 36) 이해하는 것이다. 오리게네스는 보통 영(πνεῦμα)과 정신(νοῦς)을 선생과 학생, 신적 선물과 선물을 받는 인간의 자격으로 구분한다(참조 『레위기 강해』 6; 『마태오 복음 주해』 13,2; 『로마서 주해』 7,3). 참조 『원리론』 2,8 각주 16과 30; J. Dupuis, *L'esprit de l'homme*, 150-153쪽; 해제 6. 오리게네스의 인간 이해.

과 같은 운명을 맞게 될 것이다(루카 12,46 참조). 그러나 이것이 성령에 관한 말이 아니라 영혼 자체의 본성에 관한 말이라고 이해해야 한다면, 영혼의 더 나은 부분은 하느님의 모상대로 비슷하게 만들어졌지만(창세 1,26 참조) 다른 부분은 처음 창조되었을 때의 순수한 본성을 거슬러 자유의지가 불러일으킨 타락으로 말미암아 나중에 받아들인 것이라고 볼 수 있다. 이 부분은 육체적 물질의 친구요 연인이므로 불충실한 자들과 같은 운명을 겪고 벌을 받는다. 그러나 이러한 분리에 관해서는 제3의 의미로도 이해할 수 있다. 교회에서 가장 보잘것없는 이를 포함하여 모든 신자에게 각기 천사가 있다고 하는데[36](마태 11,11 참조), 구원자의 말씀에 따르면 이 천사는 늘 하느님 아버지의 얼굴을 뵙고 있다[37](마태 18,10 참조). 이 천사는 분명 자신이 맡은 이와 하나였지만, 그 사람이 불순종으로 말미암아 자격 없는 자가 되면 하느님의 천사는 그에게서 떨어져나간다. 그렇게 되면 '그

36) 수호천사에 관해서는 참조 『원리론』 1,8,1. 『원리론』 3,2,4에서 오리게네스는 수호천사에 관한 이 가르침의 근거로 헤르마스의 『목자』 계명 6,2와 『바르나바의 편지』 18을 든다. 『켈수스 반박』 8,34는 수호천사를 이교인의 귀신 이야기라 여긴다. 수호천사에 관한 성경 전거는 마태 18,10이다(참조 『여호수아기 강해』 9,4; 23,3; 『에제키엘서 강해』 1,7; 『루카 복음 강해』 3; 23,8; 24,3; 『원리론』 1,8,2; 알렉산드리아의 클레멘스, 『양탄자』 5,14,91). '철부지들, 보잘것 없는 이들'(마태 18,10)은 믿음이 나약한 이들이며, 그들이 진보하면 그리스도의 보호 아래 있게 된다[참조 『여호수아기 강해』 9,4; 『민수기 강해』 20,3; 『기도론』 11,5; 『켈수스 반박』 8,34.36; 『아가 주해』 2(GCS 8, 133쪽); 『마태오 복음 주해』 13,26]. 기적가 그레고리우스의 『오리게네스 찬양 연설』 6,40-47에는 오리게네스의 가르침을 반영하는 수호천사에 관한 긴 대목이 있다. 참조 M. Simonetti, *Due note*, 165-179쪽.

37) 하느님의 얼굴을 본다는 것은 신적 실재의 원리들을 인식한다는 뜻이다(참조 『이사야서 강해』 6,1). 오리게네스는 영지주의에서 유래했다는 이유로 하느님의 얼굴을 아들과 동일시하는 클레멘스의 견해(참조 『테오도투스 작품 발췌집』 10-11)를 받아들이지 않는다(참조 이레네우스, 『이단 반박』 1,13,3; 1,13,6; 1,14,1; 알렉산드리아의 클레멘스, 『양탄자』 4,13,89-90).

의 몫',[38] 곧 인성 부분은 하느님 몫에서 떨어져서 불충실한 자들과 함께 헤아려질 것이라고 한다(루카 12,46 참조). 하느님께서 그에게 배정하신 천사의 경고를 충실히 따르지 않았기 때문이다.

8. 바깥 어둠(마태 8,12 참조)에 관해서는 빛이 전혀 없는 대기[39]의 어두운 곳으로 이해해서는 안 되고, 깊은 무지의 어둠에[40] 잠겨 이성과 지성의 모든 빛에서 벗어나 있는 이들을 가리킨다고 나는 생각한다. 또한 이 말이, 성인들이 이승에서 거룩하고 깨끗하게 살아 부활한 다음 빛나고 영광스러운 육체를 받듯이, 이승에서 오류의 어둠과 무지의 밤을 사랑한 불경한 이들은 이 세상에서 그들 정신의 내적 부분을 점유한 무지의 어둠이 미래에는 외적 육체의 외투처럼 보이도록 부활한 뒤 어둡고 시커먼 육체를 입게 되리라는 것을 의미하지는 않는지 살펴볼 필요가 있다. 감옥(1베드 3,19 참조)이라는 말도 비슷하게 알아들어야 하겠다.

그러나 여기서는 강의 순서를 지키기 위하여, 이쯤 해 두면 될 것 같다.

38) 천사와 피후견인은 최후의 심판 때 함께 심판받을 것이다(참조 『마태오 복음 주해』 13,28; 『민수기 강해』 11,4; 20,4).

39) 대기는 고대 자연학에서 밝음과 어둠의 운반자로 여겨졌다.

40) 참조 『요한 복음 주해』 2,20(14),133-136.

11장

약속들

1. 이제는 약속들에 관하여 무엇을 이해해야 하는지 간단히 살펴보자.

살아 있는 어떤 존재도 비활동적이고 움직이지 않는 상태로 결코 있을 수 없고, 어떤 식으로든 움직이고 늘 활동하며 무언가를 하고자 하는 것은 확실하다.[1] 그러한 본성이 영혼을 지닌 모든 존재 안에 있는 것이 명백하다고 나는 생각한다. 인간과 같은 이성적 동물은 더더욱 언제나 무언가를 움직이거나 활동할 필요가 있다. 자신을 잊고 자신에게 이로운 것이 무엇인지 알지 못하는 사람은 모든 지향을 육체적 경험에 두며 모든 활동에서 육체적 쾌락과 욕정을 찾게 된다. 그러나 공동선을 돌보거나 제공하려는 사람은 국가에 봉사하거나 당국에 순종하거나[2] 백성에게 분명히 유익하다고 여겨지는 것을 행할 것이다. 그러나 이런 육체적인 것들보다 더 나은 무

1) 참조 『원리론』 3,1,1-2. 이 확증은 철학적 가르침에 속한다(참조 SVF II, 35쪽).

엇이 있다는 것을 깨닫고 지혜와 지식 활동에 헌신하는 사람은 두말할 것도 없이 이렇게 진리를 탐구함으로써 사물의 원인과 원리를 알기 위해 모든 노력을 쏟을 것이다.[3] 어떤 이는 현세의 삶에서 최고선을 육체의 쾌락이라 여기고, 다른 이는 공동선이라 하고, 또 다른 이는 공부와 지성의 활동이라고 하듯이,[4] 우리는 그리스도와 함께 하느님 안에 숨겨져 있는(콜로 3,3 참조) 참된 생명[5]인 그 삶, 곧 영원한 생명 안에 우리를 위한 그러한 삶의 질서나 조건이 있는지 살펴보고자 한다.

2. 지성의 노력을 거부하면서 율법의 표면적이고 문자적인 의미만 추구하는 이들은[6] 자신들의 죄악과 쾌락에는 관대하고 오직 문자에만 매달리는 제자들로서, 향락과 육체적 쾌락에서 미래의 약속들을 기대해야 한다고 생각한다. 이 때문에 그들은 영적 육체의 부활에 관한 바오로의 가르침(1코린 15,44 참조)을 따르지 않고,[7] 부활한 뒤에도 먹고 마시며 살과 피(1코린 15,50 참조)에 속하는 모든 것을 행할[8] 능력이 전혀 부족하지 않은 육체

2) 이는 한편으로 공직자의 활동, 다른 한편으로 순종하는 국민의 활동을 뜻한다. 참조 아리스토텔레스, 『정치학』 3,4,1277b("훌륭한 시민은 통치하는 것도 순종하는 것도 이해해야 한다").

3) 루피누스는 베르길리우스의 글을 무의식적으로 되풀이하는 것 같다〔참조 『게오르기카』 2,49: "사물의 원리를 알 수 있었던 이는 행복하다"(Felix qui potuit rerum cognoscere causas)〕.

4) 세 가지 삶의 유형 곧, '향락적 삶, 정치적 삶, 관상적 삶'(βίος ἀπολαυστικός, πολιτικός, θεωρητικός)에 관한 이론은 아리스토텔레스의 글(참조 『니코마코스 윤리학』 1,3)에서 고전적으로 표현된다. 참조 W. Jaeger, *Über Ursprung und Kreislauf*, 390-421쪽.

5) 그리스도와 하느님을 뜻하는 참된 생명은 이성적 존재들과 이성 없는 동물들의 일반적인 생명과 종종 대립된다〔참조 『요한 복음 주해』 1,27(25),181-182; 2,24(19),155-157; 13,23,140; 『마태오 복음 주해』 16,28; 『로마서 주해』 6,14; 『마태오 복음 주해』 19,4; 『시편 선별 강해』 26,1(PG 12,1276); G. Gruber, *ΖΩΗ*, 9-72쪽〕.

6) 천년왕국설을 내세우는 이들을 가리킨다(참조 『원리론』 2,10,3 각주 10).

7) 오리게네스는 영적 육체에 관한 자신의 견해가 1코린 15장에 나타난 바오로의 가르침에 충실하다고 여긴다.

를 다시 입기를 간절히 열망한다. 그 결과 그들은 부활한 뒤에도 혼인 생활과 자녀 출산이 있다고 늘어놓으며, 보석으로 기초를 놓고 벽옥으로 성벽을 쌓고 수정으로 장식한 요새가 있는 예루살렘 지상 도성이 다시 세워지리라고 상상한다(이사 54,11-12; 묵시 21,18-19 참조).[9] 또한 그들은 그 도성이 벽옥, 청옥, 옥수, 취옥, 마노, 줄마노, 감람석, 녹옥수, 자옥, 자수정 등 엄선된 다양한 보석으로 그 벽을 두르고(묵시 21,19-20; 에제 28,13 참조), 파괴되고 무너진 자신들의 도성을 다시 지을 시골 사람들이나(이사 60,10 참조) 포도 농부나 막노동꾼 같은 이방인들이(이사 61,5 참조) 자신들의 죄악의 심부름꾼으로 주어지리라고 여긴다. 그들은 생계를 위하여 민족들의 재산을 받고 그들의 부를 누리며, 미디안과 에파의 낙타들도 금과 유향과 보석들을 가지고 오리라고 생각한다(이사 61,6; 60,5-6 참조). 그들은 예루살렘에 대한 약속들이 기록된 성경 구절을 바탕으로 이러한 가설을 예언자들의 권위로써 입증하려 한다. 하느님을 섬기는 이들은 먹고 마시겠지만 죄인들은 굶주리고 목마를 것이며, 의인들은 기뻐하겠지만 악인들은 혼란에 사로잡힐 것이라고 성경에서 말하기 때문이라는 것이다(이사 65,13 이하). 또 그들은 신약성경에서도 포도주의 기쁨을 제자들에게 약속하신 구원자의 말씀을 끌어댄다. "내 아버지의 나라에서 너희와 함께 새 포도주를 마실 그날까지, 이제부터는 마시지 않겠다."(마태 26,29) 또한 지금 굶주리고 목마른 사람들은 행복하다고 하시며 그들이 배부르게 되리라고 약

8) 켈수스는 먹고 마시고 살과 피에 속하는 모든 것을 행하는 저급한 그리스도인이 많다고 비판하였다(참조 『켈수스 반박』 5,14; 8,49). 오리게네스는 이러한 지적을 거듭 논박하였다[참조 『아가 주해』 서론(GCS 33, 66쪽); 『마태오 복음 주해』 17,35(GCS 40, 698-699쪽)].

9) 천년왕국설을 신봉하는 이들의 이러한 추론은 이레네우스의 『이단 반박』 5,34,4에서 상세히 설명된다(참조 유스티누스, 『유대인 트리폰과의 대화』 81).

속하시는 구원자의 말씀도 덧붙인다(마태 5,6 참조). 그들은 성경에서 이외에도 수많은 구절을 인용하면서도, 상징적이고 영적인 의미로 알아들어야 하는 그 구절들의 뜻을 깨닫지 못한다. 그래서 그들은 복음서에서 "너도 다섯 고을에 대한 권한을 지니게 될 것이다"(루카 19,19 참조)라고 했으니, 이승의 조건과 세속 품위나 서열 또는 권력의 탁월함에 따라 임금들과 군주들이(예레 17,25 참조)[10] 이 지상에서 존재하는 것처럼 그때에도 있으리라고 판단한다. 간단히 말해 그들은 약속에서 기대할 수 있는 모든 것이 이승의 생활 방식과 완전히 같기를 원한다. 곧, 지금 있는 그대로 다시 있기를 바라는 것이다. 이것이 그리스도를 믿는다는 자들의 생각이다. 그들은 성경을 유대인들의 방식대로 이해하는 까닭[11]에 신적 약속들에 합당한 그 무엇도 성경에서 끄집어 내지 못한다.

3. 그러나 성경의 해석[12]을 사도들의 의미대로 받아들이는 사람들은 거룩한 이들이 먹는 것을 자신도 먹을 수 있기를 희망한다. 이들은 진리와 지혜의 음식인 생명의 빵[13]으로 영혼을 양육하고[14] 정신을 비추며, 거룩한 지혜의 음료[15]로 갈증을 풀어 주기를 바란다.(요한 6,32-35; 6,51 참조). 이에

---

10) 참조 유스티누스, 『유대인 트리폰과의 대화』 139,5. 루카 19,19의 해석에 관해서는 참조 『마태오 복음 주해』 14,2.

11) 문자주의자들에 대한 비난이다(참조 『마태오 복음 강해』 15; 『원리론』 4,2,1).

12) 여기서 우리말로 '해석'이라고 옮긴 '테오리아'(theoria, θεωρία)라는 용어는 신적 실재들에 대한 '관상'이라는 뜻이다. 때로는 활동(πρᾶξις)과 구별되는 관상 행위를[참조 『켈수스 반박』 6,61; 『기도론』 27,10; 『요한 복음 주해』 1,16,94; 6,19(11),103; 13,33,206], 때로는 종종 성경의 영적 의미와 동일시되는 관상의 대상을(참조 『켈수스 반박』 1,18; 2,6; 2,69; 3,56; 7,10; 8,21; 『요한 복음 주해』 13,24,146) 뜻한다(참조 H. Crouzel, *Connaissance*, 375-382쪽). 여기서 이 낱말의 의미는 알렉산드리아학파가 바오로적 의미(갈라 4,24, "여기에는 우의적인 뜻이 있습니다")에서 우의(알레고리아)라고 일컫는 용어와 구분되며, 타르수스의 디오도루스를 비롯한 안티오키아학파가 사용한 '테오리아'(θεωρία)에 가깝다.

관해 성경은 이렇게 말한다. "지혜가 제 상을 차렸다. 자기 제물을 잡고, 자기 포도주를 대접에 섞고 큰 목소리로 외친다. '너희는 나에게 와서 내가 너희를 위하여 준비한 빵을 먹고 내가 너희를 위하여 섞은 포도주를 마셔라.'"(잠언 9,1-5) 지혜의 음식으로 온전하고 완전하게 양육된 정신은 한처음에 인간이 창조되었을 때처럼 완전히 하느님의 모상대로 비슷하게 회복될 것이다[16](창세 1,26 참조). 그렇다면 인간이 이승의 삶에서 덜 배운 채로 떠날지라도 칭송받을 만한 업적을 세운 바 있다면 성인들의 도성인 저 예루살렘에서 배울 수 있을 것이다(묵시 21,2 참조). 곧, 교육[17]을 받고 준비를

---

13) 참조 『기도론』 10,2; 27,4; 『요한 복음 주해』 20,43(33),406. 오리게네스는 대체로 생명의 빵(요한 6,26-65)에 관한 요한의 이야기에 성찬의 의미를 부여하지 않고 영혼들의 양식인 말씀의 의미로 해석한다〔참조 『요한 복음 주해』 20,43(33),406; 『마태오 복음 주해』 11,14; 『아가 주해』 1(GCS 8, 104쪽); 『켈수스 반박』 6,44; 『레위기 강해』 16,5〕.

14) 다양한 양식들은 말씀이 영혼들을 양육하는 다양한 형태를 상징한다. 풀은 영혼적인 사람들을 위한 것이고, 젖은 어린이들을 위한 것이며, 야채는 병든 이들을 위한 것이고, 딱딱한 음식, 곧 어린양의 고기와 하늘에서 내려온 빵은 영적인 성인(成人)들을 위한 것이다(참조 『레위기 강해』 1,4; 『민수기 강해』 27,1; 『여호수아기 강해』 6,1; 9,9; 『에제키엘서 강해』 7,10; 『기도론』 27,5; 『순교 권면』 1; 『켈수스 반박』 3,53; 4,18; 『요한 복음 주해』 13,33,203-214; 13,37,241; 이레네우스, 『이단 반박』 4,38,1; 알렉산드리아의 클레멘스, 『양탄자』 5,10,66). 참조 H. Crouzel, *Connaissance*, 166-184쪽.

15) 그리스도-지혜인 포도나무의 포도주는 절제된 취기로 취하게 한다〔참조 『요한 복음 주해』 1,30(33),205-208; 13,33,213; 『아가 강해』 2,7; 『아가 주해』 3(GCS 8, 220쪽); 『레위기 강해』 7,1-2〕. 참조 H. Crouzel, *Connaissance*, 184-191쪽.

16) 죄는 악마의 모상으로 하느님의 모상을 덮어씌우지만 하느님의 모상을 없앨 수는 없다(참조 『원리론』 3,1,13; 4,4,9-10; H. Crouzel, *Théologie de l'Image*, 181-215쪽). 때때로 오리게네스는 인간이 "하느님의 모상대로"(ad imaginem Dei) 창조되었다는 것과 "하느님과 비슷하게"(ad similitudinem Dei) 창조되었다는 것을 구별하지 않는다〔참조 『창세기 강해』 1,13; 『루카 복음 강해』 39,5; 『요한 복음 주해』 2,23(17),144〕. 그밖의 경우에는 한처음에 주어진 비슷한 모상과 종말까지 유보된 완전한 모상을 구별한다(참조 『원리론』 3,6,1). 참조 H. Crouzel, *Théologie de l'Image*, 217-222쪽.

갖추어 살아 있는 돌, 선택된 고귀한 돌이 될 수 있을 것이다[18](1베드 2,4-6; 이사 28,16 참조). 그는 인생의 전투와 신앙의 투쟁을 용감하고 끈기 있게 참아냈기 때문이다. "사람은 빵으로만 살지 않고 하느님의 입에서 나오는 모든 말씀으로 산다"(마태 4,4; 참조 신명 8,3)고 이미 여기서 예고된 말씀을 거기서는 더 참되고 분명하게 알게 될 것이다. 군주들과 통치자들[19]은 더 낮은 존재들을 거룩한 것을 향하여 다스리고 교육하고 가르치고 준비시키는 이들이라고 이해해야 하겠다.

4. 그러나 이러한 설명이 약속을 문자적으로 희망하는 이들의 정신에 훌륭한 열망을 좀처럼 불러일으키지 못하는 듯이 보인다면, 이러한 실재에 대한 열망이 우리에게 얼마나 자연스럽고 영혼에 타고난 것인지 좀 더 살펴보자. 이는 성경을 영적으로 읽음으로써 생명의 빵(요한 6,51 참조)의 참 면모와 그 포도주(잠언 9,2 참조)의 특성과 군주들의 고유한 특징을 묘사하기 위해서다. 통상 손으로 만드는 작품들[20]의 경우 무엇을 어떻게 어떤 용도로 만들 것인지에 관한 구상[21]은 마음속에 들어 있지만 그 효력은 손재주를 통하여 펼쳐지듯이, 하느님께서 만드신 작품들의 구상과 의미는 그분께서 행하신 일들 안에 숨어 있다고 이해해야 한다. 이와 마찬가지로 장

17) '파이데이아'(παιδεία, 교육)는 당시의 철학과 오리게네스의 사상에서 중요한 개념이다. 죄인들은 교육으로 깨끗해질 수 있으며(참조『원리론』1,6,2-3), 죽은 뒤 영혼은 교육을 통하여 인식에서 진보한다(참조 알렉산드리아의 클레멘스,『예언 시선집』57).

18) 참조『켈수스 반박』8,19;『탈출기 강해』13,3.

19) 복된 이들을 가르치는 천사들을 가리킨다(참조『원리론』3,6,9;『예레미야서 강해』10,8).

20) 플라톤 전통에 따르면 창조주인 하느님은 데미우르구스(직공)로 불리기 때문에 "손으로 만드는 작품들"이라는 표현은 쉽게 이해된다.

21) 여기서는 라틴어 'ratio'(그리스어 λόγος)를 '구상'이라고 옮겼지만, '계획, 구상, 구조, 의미, 사물의 완전한 정신적 관계' 등의 뜻을 지닌 이 낱말은 획일적으로 번역될 수 없다.

인이 만들어 낸 것을 우리 눈이 볼 때, 특별한 솜씨로 만들어졌다는 사실을 알아차리면 영혼은 곧장 무엇으로 어떻게 또 무슨 용도로 그것을 만들었는지 알고 싶어 달아오른다. 훨씬 더 광범위하고도 온갖 비유를 뛰어넘는 방식으로, 영혼은 우리가 보고 있는 하느님의 작품들의 이유를 알고픈 이루 표현할 수 없는 열망으로 타오른다. 하느님께서 그러한 열망과 그러한 사랑을 의심할 나위 없이 우리 안에 심어 주셨다고 우리는 믿는다. 눈이 자연스레 빛과 보이는 것을 찾고 우리 육체가 본성적으로 음식과 음료를 열망하듯, 우리 정신은 하느님의 진리를 이해하고 사물의 원인들을 알고 싶어 하는 고유하고 본성적인 열망을 품고 있다.[22] 그런데 우리는 이 열망이 결코 채워져서도 안 되고 채워질 수도 없다는 조건하에 하느님으로부터 그것을 받은 것이 아니다. 만약 그런 조건으로 이 열망을 받았다면, 진리에 대한 사랑(2테살 2,10 참조)은 아무런 목적도 없이 창조자 하느님에 의해 우리 정신 안에 심어진 것이 된다. 이승에서 상당한 노력을 기울여 경건하고 종교적인 것들을 연구하는 데 헌신하는 사람들은 헤아릴 수 없이 많은 신적 지식의 보화 가운데(콜로 2,2-3 참조) 비록 적은 것만 이해한다 할지라도, 자신의 영혼과 정신을 이것들에 붙들어 놓고 그 안에서 열심히 나아간다는 사실 자체로 말미암아 거기에서 큰 유익을 얻게 된다. 자신의 정신을 진리에 대한 탐구와 진리에 대한 사랑으로 돌려 놓음으로써, 앞으로의 가르침을 받아들일 수 있도록 스스로를 더 잘 준비시키기 때문이다. 초상화를 그리려고 할 때면 예정된 형상의 선들을 긋기 전에 가는 철필로 밑그림을 그리고 얼굴에 어울리는 표시들을 준비한다. 밑그림을 통하여 윤곽을 미리 마련해 놓으면 실제로 색깔을 칠하는 것이 훨씬 쉽다는 것은

22) 참조 아리스토텔레스의 『형이상학』 첫머리("모든 인간은 본성상 … 지식을 얻고자 애쓴다").

두말할 필요도 없다. 우리 주 예수 그리스도의 철필로 우리 마음의 화판에 형체와 윤곽의 밑그림이 그려져 있다면 우리도 그렇게 될 것이다(2코린 3,3 참조). 아마도 그분은 이런 이유로, 누구든지 가진 자는 받고 더 받으리라(마태 13,12; 25,29 참조)[23]고 말씀하셨을 것이다. 현세의 삶에서 이미 진리와 지식의 윤곽을 지니고 있는 이들에게는 장차 완전한 초상(肖像)의 아름다움이 더해질 것이다.[24]

5. "나는 이 둘 사이에 끼여 있습니다. 나의 바람은 〔이 세상을〕 떠나 그리스도와 함께 있는 것입니다. 그편이 훨씬 낫습니다"(필리 1,23 참조)라고 말한 사람이 일컬은 자신의 바람이란 바로 이런 것이었다고 나는 생각한다.[25] 그〔바오로〕는 그리스도께로 돌아가면 지상에 벌어지는 모든 일의 이유, 곧 인간,[26] 인간의 영혼이나 정신, 인간의 구성 요소들에 관련된 이유를 더 분명하게 이해하리라는 것도 알고 있었다. 게다가 근본적인 영, 활동하는 영(에페 2,2; 1코린 12,11 참조), 생명을 주는 영(지혜 15,11 참조)[27]은 무엇이며 신자들이 받는 성령의 은총(1코린 12,4 또는 히브 10,29? 참조)[28]은 무엇[29]인지를 더 분명하게 이해하리라는 것도 알고 있었다. 〔그리스도께 돌아갈〕 그때에는 이스라엘이 뜻하는 바가 무엇이고,[30] 다른 민족들과의 차이점이 무

23) **참조** 『마태오 복음 강해』 69.

24) **참조** 『시편 제36편 강해』 5,1.

25) **참조** 『원리론』 1,7,5.

26) 아래에서는 오리게네스가 몰두하는 신학적 문제들이 열거된다. 이 문제들은 대부분 지금의 주제, 곧 지복의 상태로 올라가는 영혼의 상승과 관계가 있다.

27) 시편 50,12-14에 관해서는 **참조** 『시편 강해』 50,14(PG 12,1456)과 『시편 단편』 50,14. 마찬가지로 H. Ch. Peuch, *Origène et l'exégèse trinitaire*, 180-194쪽.

28) **참조** 『원리론』 1,3,5; 2,7.

29) **참조** 『원리론』 2,8,3.

30) **참조** 『원리론』 4,3,12에서도 이 내용과 비슷하게 열거된다. 지상 이스라엘의 모든 실재는 천

엇이며,[31] 이스라엘의 열두 지파는 무슨 뜻이며, 각 지파의 개별 씨족[32]들은 무슨 의미인지를 알 것이다. 또한 사제들과 레위인들과 다양한 사제 서열의 의미[33]와 모세 안에 보였던 것이 누구의 예형이었는지를 알 것이며,[34] 하느님께서 보시는 희년과 연중 주간[35]들의 참된 의미가 무엇인지도 알 것이다(레위 25 참조).[36] 거룩한 날들과 축제일들의 의미를 알고(레위 23 참조),[37] 모든 희생제사와 정결례의[38] 목적을 꿰뚫어 볼 것이며(레위 1-7; 11-16 참조),[39] 나병과 또 다른 나병류[40]에 대한 정결례의 이유가 무엇인지(레위 13-14 참조),[41] 정액을 흘린 이들의 정결례가 무슨 의미인지도 알 것이다(레위

상 이스라엘 실재들의 모상이다(참조 『원리론』 2,3,7; 『탈출기 강해』 1,2; 『레위기 강해』 13,4; 『민수기 강해』 1,3; 3,3; 『켈수스 반박』 7,29).

31) 『원리론』 4,3,9-10.

32) 여기에서 populus는 지파 아래에 있는 인간 집단을 나타내는 '씨족'으로 옮겼다. '데모스'(δῆμος)는 『원리론』 4,3,7-8의 그리스어 본문에서 '필레'(φυλή)보다 더 아래인 씨족의 의미를 지닌다. 곧, 지파의 개조(開祖)인 열두 성조 다음에 씨족의 통치자들은 '데마르코이'(δήμαρχοι)로 불리며, 그 다음이 단순한 이스라엘인이다(참조 민수 1-2장).

33) 이미 필론과 영지주의자들, 클레멘스의 글에서 사제들과 레위들은 상징이었다[참조 필론, 『우의의 법칙』 3,82; 『악인이 선인을 공격하다』 132-133; 『세부 규정』 1,66; 2,164; 오리게네스, 『요한 복음 주해』 10,33(19),21(헤라클레온의 글 인용); 알렉산드리아의 클레멘스, 『양탄자』 3,11,72; 4,25,157; 5,6,32; 오리게네스, 『민수기 강해』 3,2; 『레위기 강해』 2,3-4; 3,1; 6,3-4; 7,1-2; 8,2-3].

34) 이는 모세가 그리스도의 예형론적 전형임을 뜻하는 것 같다[참조 『레위기 강해』(특히) 5-7; 『민수기 강해』(특히 3-5; 10-11); J. Daniélou, *Sacramentum futuri*, 1950, 191-192쪽].

35) 필론의 글에서 희년(禧年)은 죄의 용서를 상징한다(참조 『세부 규정』 2,122,176; 『십계명』 164; 『이름의 변경』 228). 오리게네스의 글에서 연중 주간들은 마지막 회복 때까지 현 세상을 뒤따르는 세상들에 적용된다(참조 『마태오 복음 주해』 15,32; 『기도론』 27,13-16).

36) 참조 『레위기 강해』 15.

37) 참조 『레위기 강해』 13.

38) 참조 『레위기 강해』 3. 4. 5. 9.

39) 참조 『레위기 강해』 1-8; 『민수기 강해』 23-24.

40) 참조 『레위기 강해』 13,5-6.

15,16-18 참조). 또한 선한 능력〔의 천사〕들이 무엇이며 그들의 능력이 얼마나 크고 특성은 무엇인지, 적대적인 능력〔의 천사〕들이 어떠한지 알 것이며(1코린 12,10 참조),[42] 선한 능력의 천사들[43]이 인간들에게 지닌 애정과 적대적인 능력의 천사들이 품고 있는 미움이 무엇인지 알 것이다.[44] 또한 영혼들의 본성이 무엇이고, 물에 사는 동물이나 날짐승이나 들짐승의 다른 점이 무엇인지, 개별 유(類)가 수많은 종(種)으로 나누어지는 원인이 무엇이고 창조자의 의도가 무엇이며, 당신 지혜[45]의 어떤 생각이 개별 사물들 안에 숨겨져 있는지 알 것이다. 또한 어떤 뿌리나 풀이 어떤 방식으로 특별한 효능을 지니는지, 그와 반대로 다른 풀이나 뿌리에는 효능이 없는지 알 것이다.[46] 또한 천사들이 배반한 동기는 무엇이며,[47] 온전한 믿음으로써 그들을 경멸하지 않는 자들을 어떻게든 꼬드길 수 있고 사람들을 오류에 빠

41) 참조 『레위기 강해』 8,5-11.
42) 참조 『원리론』 3,3,4.
43) 참조 『원리론』 1,5,1-2; 1,6,2; 1,8,1. 1,6,2에서 이들은 권좌/왕권과 주권의 천사 계열 이외의 천사들에 속하는 것으로 이해된다. 마찬가지로 『마태오 복음 주해』 17,2에서는 선한 천사들과 악한 천사들을 다룬다.
44) 참조 『원리론』 3,2,1-2.
45) 참조 『원리론』 1,8,4.
46) 참조 『원리론』 2,8,1-2. 오리게네스는 『원리론』에서 물질 세계에 완전히 무관심하고, 일차적이 아니라 부차적이라 할 수 있는 이성이 없는 존재들(참조 『원리론』 2,9,3)에도 전혀 관심을 보이지 않는다. 그런데 이 문맥에서는 당시의 학문에서 얻은 지식(참조 『원리론』 2,3,6-7에서 천문학)을 활용한다. 그는 하느님의 창조 업적을 찬양하도록 자신의 학생들에게 자연에 관한 학문을 가르쳤다(참조 기적가 그레고리우스, 『오리게네스 찬양 연설』 8,109-114). 오리게네스의 '신적 철학'의 부분들을 이루는 자연학은 "각 사물의 본성을 조사한다. 이는 생명이 있는 아무것도 본성을 거스르지 않고 모든 것이 창조주가 의도한 용도에 따라 사용되기 위해서다". "자연학은 존재의 원인들과 본성들을 구분한다."〔참조 『아가 주해』 서론(GCS 8, 75-78쪽)〕
47) 참조 『원리론』 3,1,12; 『에제키엘서 강해』 9,5.

지게 하고 속이기 위해 존재하도록 그들에게 허락된 까닭이 무엇인지를 알 것이다.[48] 또한 모든 개별 존재에 대한 신적 섭리의 판단을 깨달을 것이다.[49] 곧, 인간들에게 벌어지는 일은 운이나 우연으로 일어나는 것이 아니라 신중하게 고려된 어떤 이유로 말미암은 것이며, 비록 이해하기는 어렵지만 그분은 성인들뿐 아니라 모든 인간의 머리카락 수까지도 놓치지 않으시므로(마태 10,29 참조), 이 섭리의 원인이 한 닢에 팔리는 참새 두 마리에게까지 펼쳐진다는 사실을 깨달을 것이다.[50] 여기서 참새들이란(마태 10,29 참조) 영적으로 이해할 수도 있고[51] 문자적으로 이해할 수도 있다. 지금 이 세상에서는 아직 묻고 있지만[52] 거기에서는 분명하게 볼 것이다(1코린 13,12? 참조).

6. 이 모든 것으로[53] 미루어 볼 때, 인생이 끝난 후 합당하고 마땅한 이에게 지상에서만 벌어지는 일들의 의미가 밝혀져서 이 모든 것에 대해 알고 충만한 지식의 은총으로 이루 말할 수 없는 기쁨을 누릴 수 있기까지는 적지 않은 시간이 지나야 할 것이라고 생각해야 한다. “그 안에서 여러분

48) 참조 『원리론』 3,2; 『켈수스 반박』 8,6; 『에제키엘서 강해』 6,8.

49) 참조 『원리론』 2,1,2; 2,9,4.

50) 마찬가지로 마태 10,29-30은 섭리를 입증하기 위해 원용된다(참조 『순교 권면』 34; 『기도론』 11,5; 『켈수스 반박』 8,70; 『루카 복음 강해』 32,3; 알렉산드리아의 클레멘스, 『양탄자』 6,17,153).

51) 『마태오 복음 주해』에는 마태 10,29-30을 해석하는 내용이 없다. 참새들에 대한 주석에 관해서는 참조 『루카 복음 단편』 192(GCS 9^2, 308쪽), 『마태오 복음 단편』 212(GCS 12/1, 101쪽). 머리카락에 대한 주석에 관해서는 참조 『민수기 강해』 1,1; 『원리론』 4,3,12.

52) 직역은 “찾고 있지만”이다.

53) 카디우(R. Cadiou, *La Jeunesse d'Origène*, 154쪽 각주 3)는 『원리론』 2,11,6과 『요한 복음 주해』 13,40-43,260-293을 비교하고 이렇게 기술한다. “이 마지막 대목들은 루피누스 번역의 그리스어 대응어와 매우 정확히 일치한다. 그래서 『원리론』 원문의 주요한 표현들을 재구성하기가 쉽다.”

은 한때 이 세상의 풍조에 따라 공중을 다스리는 지배자, 곧 지금도 순종하지 않는 자들 안에서 작용하는 영을 따라 살았습니다"(에페 2,2)라는, 그리고 "우리는 구름 속으로 들려 올라가 공중에서 주님을 맞이할 것입니다. 이렇게 하여 우리는 늘 주님과 함께 있을 것입니다"(1테살 4,17)라는 사도의 말대로 땅과 하늘 사이의 이 공중에 살아 있는 존재들[54]과 이성적 존재들이 있다면,[55] 되풀이하건대 성인들은 공중에서 두 가지 형태로 벌어지는 모든 일의 의미를 알게 될 때까지 한동안 거기 남아 있을 것이라고 생각해야 한다. 내가 '두 가지 형태'라고 말한 뜻은 이러하다. 지상에 있을 때 우리는 예컨대 동물들과 식물들을 보았고, 그것들의 차이와 인간들의 엄청난 다양성을 파악하였다. 우리는 차이와 다양성을 보면서도 그 이유를 이해하지 못했지만, 우리가 본 사물들의 다양성은 도대체 무슨 동기로 모든 존재가 서로 다르게 창조되었고 다른 방식으로 질서 잡혔는지 연구하고 탐구하도록 우리를 재촉하였다. 우리가 지상에서 이러한 인식에 대한 열의와 사랑을 품었다면, 우리의 바람대로 일이 전개될 경우 우리는 죽은 다음 그 이유를 인식하고 이해할 것이다. 이 모든 것의 의미를 완전히 이해하였을 때, 우리는 지상에서 본 것을 두 가지 형태[56]로 이해할 것이다.

54) 공중의 악마들은 위-플라톤 『에피노미스』 984e에서 언급된다. 후기 그리스 문화에서 하데스는 땅과 달 사이의 공중 영역으로 점점 더 옮겨간다(참조 플루타르코스, 『달의 궤도에서 형태』 28,943c).

55) 천사들과 악마들이 하늘과 땅 사이의 공중에 산다는 믿음은 유대교와 그리스도교 묵시 문학과 그리스 묵시 문학에 널리 퍼져 있었다(참조 3바룩 2; 2에녹 4-5; 필론, 『거인』 6; 『옮겨 심기』 14; 『언어의 혼란』 77; 『꿈』 1,135; SVF II, 321쪽).

56) 루피누스의 장황한 서술에서 '두 가지 형태'가 무엇을 의미하는지는 전혀 명백하지 않다. 단순하게 생각하면 한편으로는 사실들을 아는 것, 다른 한편으로 그 사실들에 대한 의미를 아는 것을 뜻하는 것 같다.

공중의 영역[57]에서도 비슷하게 말할 수 있다. 내 생각에 성인들은 이승을 떠나면 성경이 낙원이라고 부르는(창세 2,8 이하; 루카 23,43 참조) 땅[58]의 어떤 장소에 머물 것이다.[59] 그곳은 교육의 장소로서 이를테면 영혼들의 강의실이나 학교인데, 거기서는 지상에서 본 모든 것에 대한 교육을 받을 것이고, 이미 이승의 삶에서 그러하듯이 미래의 것들에 관한 암시도 받을 것이다. 마찬가지로 그들이 이승의 삶에 머물러 있을 때에도 거울에 비친 듯이 그리고 수수께끼처럼 미래의 사물들에 대한 개념을 지니긴 하지만 이러한 개념들은 적절한 장소와 때에 부분적으로(1코린 13,12 참조) 성인들에게 더 분명하고 명확하게 드러난다. 누군가 마음이 깨끗하고[60](마태 5,8 참조) 정

57) 직역은 "공중의 의자"(aeria sedes)다. 이 주제에 관해서는 참조 베르길리우스, 『아이네이스』 12,810.

58) 여기서 말하는 땅은 문맥에 따르면 뭍과 상반되는 참된 땅, 곧 고정된 별들이 있는 하늘 위쪽에 있는 땅이 아니라(참조 『원리론』 2,3,6-7), 우리가 사는 땅이다. 오리게네스는 이성적 피조물들이 태어난 곳과 복된 이들이 앞으로 있을 장소—어떤 본문들에서는 초자연적 기쁨의 상태—를 낙원이라는 우의적 표현으로 설명한다[참조 『레위기 강해』 16,15; 『민수기 강해』 12,3; 『1사무 강해』 1,1; 『아가 주해』 1(GCS 8, 104쪽)]. 따라서 오리게네스는 창세 2,8-9에 나오는 낙원 창조를 영적으로 해석하며[참조 『창세기 선별 강해』 2,8(PG 12,97-98)], 다양한 종류의 낙원에 관해 말한다[참조 『에제키엘서 강해』 13,2; 『창세기 선별 강해』 2,15(PG 12,100)]. 이 세상이 죄와 저주, 죽음의 땅이라면 낙원이 어째서 거기에 존재할 수 없는지 알 수 있다(참조 『에제키엘서 강해』 4,1; 『예레미야서 강해』 8,1; 『켈수스 반박』 7,29). 낙원은 타락 이전에 이성적 피조물들이 있던 장소이며(참조『에제키엘서 강해』 13,1), 바오로 서간(2코린 12,2-4)과 외경(2에녹 8; 『모세의 묵시록』 40), 그리스도교 초기 저자들(멜리톤, 『부활절』 47-48; 이레네우스, 『이단 반박』 5,5,1)이 제시하는 천상의 장소이며, 다른 세상에 있는 장소다(참조 『요한 복음 주해』 2,29(24),175-176; 『민수기 강해』 26,4). 『민수기 강해』 26,5는 아담이 죄 때문에 참된 땅에서 뭍으로 떨어졌기에, 낙원은 뭍이 아니라 참된 땅에 있다고 단언한다.

59) 오리게네스는 성인들이 공중의 영역에 체류하기 전에 '땅에 있는 낙원' 머문다고 여긴다. 이는 유대 전통에서 유래하는 종말론적 표상이다(참조 Kittel 5, 764-765쪽).

60) 깨끗한 마음은 인식을 가능하게 하는 기본적인 덕이다(참조 H. Crouzel, *Connaissance*, 430-434쪽). 이 예비적 가르침은 땅에서 얻은 인식의 정도에 따라 하늘 나라에 다다르는

신이 더 순수하고 감각이 더 잘 훈련받는다면(히브 5,14 참조), 더욱 빠르게 진보하고 공중에 올라가[61] 여러 지역을 거쳐 하늘 나라에 다다를 것이다. 나는 이곳을 거처들(mansiones)이라고 부르고자 하는데(요한 14,2 참조), 그리스인들은 이를 '스파이라스'(σφαίρας), 곧 천체[62]라고 불러 왔고 성경은 하늘이라고 부른다(에페 4,10; 히브 7,26 참조). 이 각각의 천체에서 그는 먼저 거기서 일어나는 모든 일을 볼 것이고, 그런 다음 그 원인을 알 것이다. 그는 이렇게 단계적으로 하늘에 들어가신 분, 곧 하느님의 아들 예수를(히브 4,14 참조) 따르면서 나아갈 것이다. 그분은 "그들도 제가 있는 곳에 저와 함께 있게 되기를 바랍니다"(요한 17,24)라고 말씀하셨고, "아버지의 집에는 거처할 곳이 많다"[63](요한 14,2)라고도 하면서 이 장소들이 다양하다는 사실을 알려 주신다. 그분은 모든 곳에 계시며 만물을 관통하고 계신다.[64]

∴

시간에 다소 차이가 있을 것이다(참조『시편 제36편 강해』5,1).

61) 복된 이들의 올라감〔上昇〕개념은 플라톤의『파이드로스』246-247와『티마이오스』42ab를 떠올리게 한다. 이들에 관한 상상은 헬레니즘 문학, 플루타르코스의 글과 유대교, 그리스도교 묵시록에 나오며(참조『이사야의 승천』), 영지주의자들의 글에도 이러한 주제가 있다(참조 이레네우스,『이단 반박』1,21,5; 1,24,6).『켈수스 반박』7,31에서 오리게네스는 하까 2,6을 바탕으로 뭍과 땅을 구분한다.『켈수스 반박』6,21-24에서는 그리스도인들이 영혼의 올라감에 관한 가르침을 페르시아인들에게서가 아니라 구약성경에서 얻었다고 켈수스를 논박하며, 야곱의 사다리에 관한 필론의『꿈』1,133을 인용한다. 클레멘스가 말한 영혼의 올라감에 관해서는 참조『양탄자』2,11,51; 7,2,10; 7,3,13; 7,13,82.

62) 참조『원리론』2,3,6-7. 필론의『꿈』1,22에서는 육체에서 분리된 영혼들이 땅에 더 가깝고 더 낮은 공중에 머무른다.

63) 오리게네스는 요한 14,2도 하늘에 있는 복된 이들의 다양한 상태에 적용한다(참조『여호수아기 강해』10,1; 23,4;『민수기 강해』27,2).

64) 참조『요한 복음 주해』6,38(22),188-190;『원리론』2,1,3. 말씀(로고스)의 보편적 현존과 육화를 통한 제한의 대조에 관해서는 참조『원리론』4,4,3;『마태오 복음 강해』65;『요한 복음 주해』10,10(8),43-47. 말씀의 낮춤과 인간과 같은 한계에 관해서는 참조『원리론』2,6,2;『켈수스 반박』4,15;『기도론』23,2.

우리는 이제 더 이상 그분을, 그분께서 우리를 위하여 사셨던 좁은 형상 안에 갇혀 있는 분으로 생각하지 않는다(필리 2,7-8 참조). 다시 말해, 지상에서 인간들 가운데 우리와 같은 몸으로 사실 때의 제한된 곳에 계신 분으로 보지 않는다. 그때는 한정된 장소에 있는 존재로 볼 수 있었다.

7. 성인들은 하늘의 장소들에 다다르면, 별들의 본성을 하나하나 분명히 보고[65] 그것들이 살아 있는 피조물들인지[66] 아닌지 진실을 알 것이다. 그들은 하느님의 작품들의 다른 원인들도 알 터인데, 하느님 몸소 그들에게 그것을 드러내 주실 것이다. 그분은 마치 자녀들에게 하시듯[67](로마 8,14; 9,8 참조) 사물의 원인들과 당신 창조의 능력을 보여 주시며, 왜 저 별은 하늘의 저 자리에 있는지, 왜 다른 별과 그토록 먼 공간을 두고 떨어져 있는지 가르쳐 주실 것이다. 예컨대 저 별이 더 가까이 있거나 더 멀리 있었다면 무슨 일이 생겼을지,[68] 또는 이 별이 저 별보다 더 컸더라면 우주가 비슷하게 남아 있지 않고 모든 것이 다른 꼴로 어떻게 바뀌었을지 가르쳐 주실 것이다. 이처럼 별들의 본성과 천상 존재들의 본성에 관한 모든 것을 알고 나면, 이제까지 우리가 이름만 들어본(에페 1,21 참조) 보이지 않는 것(로마 1,20; 콜로 1,16 참조), 곧 비가시적 사물들(2코린 4,18; 콜로 1,16 참조)에 이를 것이다.[69] 바오로 사도는 〔눈에 보이지 않는〕 많은 것이 어떤 것인지 어떻게 서로 구분되는지 우리가 조금도 상상할 수 없다고[70] 가르쳤다. 이

65) 참조 『원리론』 1,서론,10; 1,7,2-5.

66) 참조 『원리론』 1,7,3.

67) 참조 『요한 복음 주해』 1,16,92-93. 하느님의 아들로 다시 태어나는 주제는 『헤르메스 전집』 13,6-7.10에도 나온다.

68) 우주와 그 요소들의 상관성에 관한 스토아학파의 견해.

69) 항성들 위에 자리한 참하늘과 참땅에 머무는 복된 이들은, 지성적 세계로서 지성적 실재들을 지니는 그리스도-지혜를 관상하면서 지성적 실재들(참조 『원리론』 2,3,6-7)을 관상한다.

처럼 이성적 본성은 단계적으로 성장한다. 이승에서 이성적 본성은 육이나 육체 또는 영혼으로 자라나지 않고 정신과 감각으로 자라나 정신은 완성에 이르고 완전한 지식에 도달한다. 더 이상 육적 감각에 방해받지 않고 지성의 감각으로 발전하여, 말하자면 사물들의 원인들을 "얼굴에 얼굴을 맞대고"(1코린 13,12 참조) 순수하게 볼 것이다. 이렇게 정신은 완성에 이르는데, 먼저 이 〔완성의〕 상태까지 올라가고 그다음에는 거기에 머물게 되며, 관상[71]과 사물들의 이해와 그 원인의 이해를 양식으로 삼는다. 우리의 이 육체적 삶에서 처음에는 지금 우리의 상태에 이르기까지 어린 시절 충분한 음식을 섭취함으로써 육체적으로 자라나지만, 나중에는 자라기 위해서가 아니라 살아서 생명을 유지하기 위하여 음식을 먹는다. 이처럼 정신도 완성에 이르게 되면 모자라지도 넘치지도 않을 정도[72]로 적절하고 알맞은 음식을 먹고 이용한다고[73] 생각한다. 어느 모로든 이 음식은 하느님에 대한 관상이나 인식이라고 이해해야 하며, 그 정도(mensura)는 만들어지고 창조된 이 본성에 적절하고 알맞아야 한다.[74] 하느님을 뵙기 시작하는 사

70) 참조 『원리론』 4,1,7; 1,6,3; 『요한 복음 주해』 6,46(28),241; 10,40(24),283-284.

71) 루피누스의 글에서 관상(theoremata, θεωρήματα)은 학문적 인식이든〔참조 『켈수스 반박』 6,57; 7,15; 『요한 복음 주해』 13,46,302; 32,15(9),181〕 종교적 인식이든〔참조 『기도론』 13,3; 30,3; 『켈수스 반박』 6,19.20; 『요한 복음 주해』 1,30(33),208; 1,38(42),283; 6,1,2; 10,17(13),102〕 인식하는 행위보다 인식의 대상을 나타낸다. 아들은 지혜로서 그가 지니고 있는 관념, 이성, 신비인 'theorema'(θεωρήμα, 관상)의 총체다〔참조 『요한 복음 주해』 1,34(39),244; 2,18(12),126; 5,5〕.

72) 아리스토텔레스적 경향이 엿보인다〔참조 『코린토 1서 단편』 33(JTS 9, 500쪽)〕.

73) 천상의 식사를 뜻한다. 이 은유에 관해서는 참조 플라톤, 『파이드로스』 248b; 알렉산드리아의 클레멘스, 『양탄자』 7,13,1. 신적 신비들은 종말론적 혼인 잔치의 음식(참조 마태 22,2-3)처럼 제공된다(참조 『마태오 복음 주해』 17,5; 『기도론』 27,13).

74) 복된 이들은 지복의 상태에서도 인간의 본성을 훨씬 초월하는 신적 신비에 관해서 완전히 인식할 수 없다(참조 『원리론』 4,3,14; 『이사야서 강해』 1,2; 4,1).

람, 곧 깨끗한 마음으로 그분을 인식하기 시작하는 사람은 누구나 이 정도를 지킴이 마땅하다(마태 5,8 참조).

제3권[1]

제1장: 『필로칼리아』 그리스어본
제1-6장: 루피누스의 라틴어 역본

루피누스의 머리말

나는 『원리론』 첫 두 권을 그대의 간청과 이어진 독촉을 받고 사순시기 동안 번역했다.[2] 신심 깊은 형제 마카리우스, 그대는 그즈음 〔나와〕 가까이 살았고 〔지금보다〕 여가 시간이 더 많았기에, 나는 〔그러한 여건에서〕 더 많은 작업을 했다. 그러나 뒤의 두 권은 번역이 더디게 진행되었는데[3] 그대가 도시의 저 끄트머리에 살고 있어서 내게 와 독촉하는 일이 드물었기 때문이다. 그건 그렇고 내가 앞의 머리말[4]에서 말한 대로, 우리가 오리게네

1) 제3권은 바실리우스와 나지안주스의 그레고리우스가 오리게네스의 저서들에서 발췌한 모음집 『필로칼리아』 21장에 보존되어 있다.

2) 역사적 배경에 관해서는 참조 해제 4. 오리게네스와 『원리론』의 영향사, 특히 125-128쪽.

3) 루피누스가 뒤의 두 권(제3권과 제4권)을 번역할 때는 문체에 더 세심한 주의를 기울인 것 같다. 대체로 베르길리우스의 문체를 연상시키기 때문이다. 루피누스는 자신의 번역이 잘못 해석되는 것을 피하기 위해 명료성에도 매우 신경을 쓴 것 같다.

4) 곧, 『원리론』 1권, 루피누스의 머리말, 4.

스에 대해 나쁘게 말하지 않는 것을 어떤 이들이 듣는다면 분노하리라고 했던 말을 그대가 기억한다면, 그런 일[5]이 곧바로 벌어졌음을 그대도 알고 있으리라고 나는 생각한다. 오리게네스가 〔책의 앞부분에서〕 악마들의 비밀을 아직 완전히 드러내지도 않았는데 사람들의 혀를 악으로 부추기는 악마들이 이 저서의 이 부분에 그토록 격노한다면, 사람들의 마음에 슬며시 들어가 연약하고 허약한 영혼들을 속이는 악마들의 음흉하고 은밀한 모든 방법을 오리게네스가 밝혀낸 나머지 부분에 대해서는 과연 어떤 일이 일어날 것 같은가?[6] 복음의 등불로 무지라는 악마의 어둠을 몰아내고자 애쓴 사람을 단죄하려고 도처에서 혼란과 분쟁이 일어나고 아우성이 온 도시에 퍼지는 것을 보게 될 것이다. 그러나 가톨릭 신앙 규범을 지키면서 하느님에 대한 지식으로 훈련받기를 갈망하는 이들은 그런 것들에 개의치 말아야 한다.

나는 첫 두 권에서처럼 여기〔뒤의 두 권에〕서도 저자의 나머지〔이 책에 언급되지 않은〕 견해들과 우리 신앙에 어긋나 보이는 문장들을 번역하지 않고, 다른 이들이 끼워 넣거나 변조한 문장을 생략한다는 원칙을 지켰음을 밝힐 필요가 있겠다.[7] 그러나 저자가 이성적 피조물들에 관해 새로운 내용을 말하는 것처럼 보이는 부분은, 신앙의 본질이 담겨 있지는 않지만 지식과 훈련에 도움이 되기에, 나는 그것을 첫 두 권에서 그랬던 것처럼 이번 두 권에서도 생략하지 않았다. 어떤 이단들에게는 이런 방식으로 대답할 필요가 있기 때문이다. 그렇지만 저자가 첫 두 권에서 말한 것을 뒤 두

5) 히에로니무스와의 논쟁을 가리킨다.
6) **참조** 인간과 투쟁하는 악마에 관한 『원리론』 3,2-4를 구성하는 둘째 논고에 대한 암시.
7) **참조** 『원리론』 1권, 루피누스의 머리말, 3.

권에서 되풀이하였다면, 간략함〔의 원칙〕 때문에 그 가운데 일부를 삭제하는 것을 타당하다고 여겼다.[8] 그러나 헐뜯을 의도 없이 유익한 것을 얻으려는 열망으로 이 작품을 읽는 사람이 더 정통한 사람들에게 설명을 듣는다면 훨씬 좋을 것이다.[9] 문법학자들[10]이 시인의 꾸며낸 시가나 우스꽝스러운 희극 이야기들을 해설한다면, 그리고 어떤 사람이 선생이나 해설자 없이 이교인 철학자들이나 이단자들의 고약한 오류를 논박하기 위해 하느님이나 하늘의 능력들과 우주에 관하여 논의된 바를 모두 스스로 이해할 수 있다고 생각한다면 그것은 어리석은 일이다. 〔그런데도〕 사람들은 어렵고 모호한 것들을 성실히 노력하여 이해하려 하기보다 오히려 무모함과 무지로 단죄하기를 더 좋아하는 법이다.

8) 루피누스는 앞서 서술한 것들에 관해서는, 간략함이라는 서술 원칙의 경우를 제외하고 이성적 피조물과 관련하여 본질적인 것은 아무것도 빠뜨리지 않았다고 밝힌다. 영혼의 기원 문제에 관해 아직 어떤 일반적인 견해가 정립되지는 않았다. 참조 『원리론』 1,서론,5; 루피누스, 『로마의 주교 아타나시우스에게 보낸 변론』 6; 팜필루스, 『오리게네스를 위한 변론』 8-9. 그렇지만 오리게네스의 해결책은 이미 여러 반론을 불러일으켰다. 종말 때의 비육체성과 육체성에 관한 원문에서 루피누스가 삭제한 부분들은 『원리론』 3,6,1과 4,4,8의 히에로니무스와 유스티니아누스의 저술에 남아 있는 간접 자료와 비교함으로써 밝혀낼 수 있다. 참조 J. Rius-Camps, *La suerte final*.

9) 장님 디디무스는 『원리론』의 일부 구절을 설명하기 위해 이미 발췌 주해를 썼다(참조 히에로니무스, 『루피누스 저서 반박 변론』 1,6; 2,16; 3,28; 소크라테스, 『교회사』 4,25). 주해서들은 반오리게네스파가 악의를 지니고 해석하였기 때문에 더욱 필요하게 되었다. 그래서 『필로칼리아』와 루피누스의 라틴어 역본을 비교하면 알 수 있듯이 루피누스는 라틴 독자들이 더 잘 이해하도록 길게 풀어 부연 설명하였으며, 요약·결론·논리적 연결 부분을 덧붙였다.

10) 문법학자들은 문학 교사다. 우리는 필론의 글(참조 『필요한 교육을 위한 만남』 148; 『꿈』 1,205; 『농업』 18)에 바탕을 두고 문법 교육의 두 단계를 구분할 수 있다. 첫 단계에서는 '그람마티스테스'(γραμματιστής)가 기초(ἀτελέστερα) 문법 또는 아동을 위한(παιδική) 문법—'그람마티스케'(γραμματισκή)로 불리는 이들은 읽기와 쓰기를 지도한다—을 가르친다. 둘째 단계에서는 '그람마티코스'(γραμματικός)가 시인과 산문가, 역사가의 저서들을 설명하는 더 완전한(τελειοτέρα) 문법을 가르친다.

1장

자유의지, 이를 부인하는 듯한 성경 본문들에 대한 풀이와 설명 (그리스어)[1]

1. 교회의 선포[2]는 하느님의 공정한 심판(요한 5,30; 7,24 참조)에 관한 가르침을 담고 있기에 그 가르침을 듣고 그것이 참되다고 믿는 이들에게 선하게 살고[3] 어떤 방식으로든지 죄를 멀리 하라고 권고한다. 이에 관한 전제조건은, 칭찬받을 만한 일이나 비난할 만한 짓을 행하는 것이 우리에게

1) 긴 제목이 붙은 이 글은 『필로칼리아』에 수록된 것이며, 포티우스와 루피누스의 글에는 짧은 제목(자유의지)이 붙어 있다.

2) 선포(κήρυγμα, praedicatio)에 관해서는 참조 『원리론』 1,서론; 『켈수스 반박』 1,7; 5,18. 교회는 자유의지가 있다는 사실을 가르치며(참조 『원리론』 1,서론,5), 이를 부인하는 이들을 이단자로 규정한다〔참조 『티토서 주해 단편』 (PG 14,1305A)〕. 이 주제에 관해서는 참조 H. Koch, *Pronoia und Paideusis*, 280-291쪽; W. Völker, *Das Vollkommenheitsideal*, 27-30쪽; H. Holz, *Über den Begriff des Willens*.

3) 자유의지는 도덕적 삶을 위한 필수적인 토대다〔참조 『켈수스 반박』 4,3; 『티토서 주해 단편』 (PG 14,1305A)〕.

달려 있다는 사실에 당연히 동의하는 것이다. 그렇다면 가장 긴급한 문제 가운데 하나인 자유의지에 관해 몇 관점을 따로 따로 검토하자.

자유의지가 무엇인지 이해하기 위해 그 개념을 설명해야 한다. 이 개념이 명확해지면 탐구의 대상을 정확히 설명할 수 있을 것이다.

2.[4] 움직이는 것들 가운데 더러는 움직임의 원인이 그 자신 안에 있고 더러는 오직 밖에서 〔힘을 받아〕[5] 움직인다. 오로지 밖에서 〔힘을 받아〕 움직이는 것들,[6] 예를 들어 목재와 돌 그리고 자신의 구성분자를 통해서만 결합되는 모든 것은 운반할 수 있는 것이다.[7] 지금의 논점에서는 육체의 흐름[8]

---

4) 프라트(F. Prat, *Origène*, 79쪽 각주 2)는 『원리론』 3,1,2-3에 관해 이렇게 쓴다. "이 단락의 용어는 매우 주목할 만하다. 사물은 네 범주로 구분된다. 첫째, 밖에서(ἔξοθεν) 힘을 받아 움직이며 물질과 형상으로 구성되어 있는(ἡ ὑπὸ ἕξεως μόνης συνεχομένη ὕλη) 움직이지 않는 실체(φορητά). 둘째, 영혼이 없으며(ἄφυχα) 본능적으로 움직이거나(αὐτοκίνητα) 그 자신에서(ἐξ ἑαυτῶν) 움직이는 생명력이 있는 식물들(φυτά). 셋째, 명칭이 나타내듯이 영혼(ψυχή)이 있으며 자체의 움직임(ὁρμή, 충동)을 결정짓는 표상(φαντασία)에 따라 그 자신으로부터(ἀφ' ἑαυτῶν) 움직이고, 때때로 일련의 조직적인 본능적 행위를 하는(τῆς φανταστικῆς φύσεως τεταγμένως ἐπὶ τοῦτο προκαλουμένης) 동물들(ἔμψυχα). 넷째, 이러한 계층의 정점에 표상력과 본능 이외에 이성을 지닌 이성적 동물(τὸ λογικὸν ζῷον)이 있다. 같은 용어에 관해서는 참조 필론, 『우의의 법칙』 2,22,33; 『누가 신적 사물들의 상속자인가?』 137-138; 알렉산드리아의 클레멘스, 『양탄자』 2,20,110-111.

5) 참조 플라톤, 『파이드로스』 245e; 『법률』 894bc.

6) 스토아학파의 철학자들은 존재의 여러 단계에서 다양하게 결합하는 힘을 추정했다. 곧, 무기물의 경우에는 구성분자(ἕξις), 식물의 경우에는 성장(φύσις), 동물의 경우에는 영혼(ψυχή), 인간의 경우에는 이성(λόγος). 참조 Max Pohlenz, *Die Stoa*, (^{2}1959=) ^{3}1964.

7) 오리게네스는 단락 전체에서 명백히 스토아학파의 문헌을 따른다. 비슷한 구절이 오리게네스의 『기도론』 6,1에도 나온다. 『기도론』에는 많은 것이 여기에서보다 더 명백하게 상술된다. 이 단락에서 사용되는 그리스어 전치사는 ἐξ(…에서 밖으로), ἀπό(…으로부터), διά(…을 통하여)다.

8) 오리게네스의 『기도론』 6,1에 따르면, 모든 물질적 사물에는 불안전하고 쇠잔하는 고유한 경향이 있다고 한다(루피누스는 더 명백하게 육체의 소멸과 해체라고 말한다). 이는 내부에서 야기된 움직임으로 잘못 여겨질 수 있다. 오리게네스는 여기서는 이 문제를 다루지 않는다.

을 움직임이라고 표현하는 언어의 폭넓은 용법을 제쳐 두자. 이는 우리의 주제에 중요하지 않기 때문이다. 동물과 식물, 그리고 간단히 말해서 그 본성[9]과 영혼으로 결합되는 모든 것은 자기 안에 움직임의 원인이 있다. 그것들에 금속도 속한다고 한다. 게다가 불도 스스로 움직이며, 아마도 〔물의〕 원천도 그러하다고 여겨진다.[10] 모든 것은 자신 안에 자기 움직임의 원인이 있지만 그 자신에서(ἐξ ἑαυτῶν) 움직이는 것이 있고, 그 자신으로부터(ἀφ' ἑαυτῶν) 움직이는 것이 있다.[11] 살아 있지 않은 것들은 그 자신에서, 살아 있는 것들은 그 자체로부터 〔움직인다〕.[12] 살아 있는 것들은 충동을 일으키는 표상이 그 자신 안에서 일어나기 때문에 그 자신으로부터 움직인다.[13] 요컨대 어떤 동물들에게는 질서정연하게 움직이려는 충동을 자극하는 표상적 본성[14]이 있고, 이러한 충동을 야기하는 표상들이 일어난다. 곧, 거미의 경우 〔거미집을〕 지으려는 표상이 일어나고, 엮으려는 충동이 뒤따른다. 이 경우 곤충의 표상적 본성은 질서정연하게 〔거미집을〕 짓도록 자극한다. 이 곤충은 이 표상적 본성 이외에는 다른 아무것도 지니지 않기 때문이다. 마찬가지로 벌들의 경우 벌집을 지으려는 충동이 일어난다.[15]

∴

9) 괴르게만스(H. Görgemanns)와 카르프(H. Karpp)는 '성장'으로, 크루젤(H. Crouzel)과 시모네티(M. Simonetti)는 '자연적 성장력'으로 번역하였다.

10) 광맥과 샘은 자체의 고유한 힘으로 생겨나고 고갈된다. 스토아학파 철학자에게 불은 이성과 생명의 전달자로, 밖으로부터 움직이는 것이 아니다. 참조 『원리론』(자유의지: 루피누스의 라틴어 역본) 3,1,2 각주 5.

11) 두 전치사 ἐκ과 ἀπό에서, ἐκ은 성장하는 식물과 자르는 칼처럼 존재의 본성에서 생기는 움직임에 적용되며, ἀπό는 동물 자신에게서 생기는 충동인 움직임에 적용된다. 이에 관해서는 참조 SVF II, 161쪽. 『기도론』 6,1은 동물의 움직임인 ἀφ' αὐτῶν과 이성적 존재의 움직임인 δι' αὐτῶν을 비교한다. 참조 A. Orbe, *En los albores*, 209-210쪽.

12) 여기에서는 스토아학파 전문용어(SVF II, 499쪽)를 변용한 것 같다.

13) 참조 『원리론』(자유의지: 루피누스의 라틴어 역본) 3,1,2 각주 6.

14) 참조 『원리론』(자유의지: 루피누스의 라틴어 역본) 3,1,2 각주 7.

3(2). 그러나 이성적 동물은 표상적 본성 이외에 이성[16]을 지닌다. 이성은 표상을 판단하여 어떤 표상은 거부하고 어떤 표상은 받아들이며, 생물은 이러한 표상에 따라 행동한다. 이성은 그 본성 안에 선과 악[17]을 인식하는 능력[18]이 있는데 그 능력을 선과 악을 인식하는 데 활용하여, 선을 선택하고 악을 거부한다. 우리는 선을 행하는 데 전념하면 칭찬을 받아 마땅하고, 그 반대로 행하면 질책을 받아 마땅하다. 그러나 〔이성적〕 동물에게는 모든 종류의 활동을 할 수 있도록 할당된 본성[19]이 어느 정도 있지만 더러는 더 많이 더러는 더 적게 지닌다는 사실을 잊어서는 안 된다. 사냥개와 군마(軍馬)[20]의 행위는 이른바 이성적 행위에 가깝다.[21] 이러이러한 표상을 일으키는 어떤 외적 자극은 확실히 우리에게 달려 있지 않다.[22] 그러나 그렇게 생겨난 표상을 이 방식으로 또는 다른 방식으로 사용하도록 결정하

15) 스토아학파의 동물심리학에 관해서는 참조 M. Pohlenz, *Stoa I*, 84쪽; II, 49쪽; 오리게네스, 『켈수스 반박』 4,86-87. 거미와 꿀벌에 관해서는 참조 SVF II, 731쪽.

16) 이성은 말(λόγος)을 나타내는 동시에, 말씀과 신적 이성이신 하느님의 아들에 대한 참여를 나타낸다.

17) 직역은 (도덕적으로) "아름다운 것과 추한 것"이다.

18) '아포르메'(ἀφορμή)는 여기에서 '호르메'(ὁρμή)의 반대말, 곧 혐오를 의미하지 않고(참조 SVF III, 40.42쪽) 성향(참조 SVF I, 129쪽; II, 64쪽)과 능력, 힘을 의미한다.

19) 여기서는 스토아학파의 이성적인 영을 염두에 두어야 한다.

20) 이성적 인간의 행위와 사냥개와 군마의 행위를 비교하는 것은 스토아학파에서 유래한다. 제시된 본보기는 관례적이다. 참조 SVF II, 201쪽.

21) 참조 SVF II, 727쪽. 루피누스는 이 다음에 이성이 아니라 자연적 충동이 중요하다는 단언을 끼워 넣었다.

22) "우리의 자유의지에 달려 있지 않다/우리의 능력 안에 있지 않다"로 번역할 수도 있다. 오리게네스는 자유의지를 일반적으로 '토 에페민'(τὸ ἐφ' ἡμῖν)과 '오토 아우텍수시온'(τὸ αὐτεξούσιον)이라는 용어로 표현한다. 첫 번째 용어는 '타 엑토스'(τὰ ἐκτός)와 상반되는 스토아학파의 용어다(참조 H. Koch, *Pronoia und Paideusis*, 209쪽). 같은 문제를 논한 아리스토텔레스의 견해에 관해서는 참조 『니코마코스 윤리학』 III,1,1110.

는 유일한 주체는 우리 안에 있는 이성이다.[23] 이성은 둘 중 하나를 택하는 상황에서 우리에게 선하고 알맞은 것[24]을 자극하는 충동을 강화하거나 그 반대의 길로 우리를 이끈다.[25]

4(3). 외적 자극이 그러하기에 그러한 방식으로 일어나는 자극에 저항할 수 없다고 말하는 사람이 있다면, 그는 자신의 감정과 움직임에 주의를 기울여야 한다. 이는 어떤 특별한 설득력[26] 때문에 특정한 행위에 대한 주도적 능력의 호의와 동의와 경향[27]이 없었는지 알기 위해서다.[28] 예를 들어 어

23) 이는 후기 스토아학파의 가르침이다(참조 에픽테토스, I 1,7 등). '표상들의 사용'(χρῆσις φαντασιῶν)만 자유롭고, 그것만 윤리적으로 중요하다. 이로써 고대 스토아학파의 결정론은 완화되었다. 따라서 오리게네스는 사람들이 생각하듯이(참조 E. de Faye, *Origene*, 87쪽 각주 1.) 자유의지에 관한 자신의 가르침을 아리스토텔레스에게 의지할 필요가 없었다(참조 G. Bardy, *Origene et l'aristot lisme*, 82).

24) 알맞은 것(τὸ καθῆτον)은 스토아학파 도덕의 기본적 범주이며, 이성에 따라 사는 데서 나온다. 선(καλόν, 도덕적으로 아름다운 것)은 윤리적으로 무조건 요구되는 것이지만, 알맞은 것은 관계에 맞게 이성적으로 행위하는 것이다.

25) 정통 스토아학파는 그릇된 행동의 원인을 이성의 그릇된 판단에서 찾았다(참조 M. Pohlenz, *Stoa I*, 143-144쪽).

26) 설득력(πιθανότης)에 관해서는 참조 SVF III, 53.55쪽. 여기에서 설득력은 영혼이 이성에 따라 사는 것을 방해하는 외적 인상이다. 드 뤼박(H. de Lubac)은 '어떤 특별한 매력 때문에'로 번역한다.

27) 주도적 능력(ἡγεμονικόν), 호의(εὐδόκησις), 동의(συγκατάθεσις), 경향(ῥοπή). 플루타르코스에게서 거의 동일한 표현들을 찾을 수 있다(참조 SVF III, 111쪽). 첫 세 용어는 거의 비슷한 말이다. 스토아학파의 전문용어인 동의(συγκατάθεσις)와 마찬가지로 영혼의 중심적 역할을 하는 이성적 능력인 주도적 능력(ἡγεμονικόν)도 스토아학파의 전문용어다. 오리게네스는 마지막 낱말 '경향'을 자주 사용하는데, 이는 플라톤에게서 유래하는 '누스'(νοῦς)와 성경의 표현인 '카르디아'(καρδία)와 동의어다. 이 용어들은 정신을 나타내며 영혼의 상위 인자다. 루피누스와 히에로니무스의 번역본에서는 principale cordis(mentis 또는 animae)로 번역된다.

28) 여기에 루피누스는 법원의 결정과 영혼의 결정 과정을 비교하는 내용을 끼워 넣는다. 이 경우 이성이 재판관이다.

떤 사람이 절제하면서 성관계를 끊으려고 결심했을 때, 어떤 여인이 나타나 그의 의도[29]와 달리 행동하도록 그를 자극한다 해도 그 여인은 남자의 결심을 포기하게 하는 결정적 원인[30]이 아니다. 왜냐하면 그가 가벼운 쾌감과 육욕의 달콤함을 전적으로 즐기며, 그것에 저항하려고도 자신의 결심을 고수하려고도 하지 않으면서 무절제하게 행한 것이 사실이기 때문이다. 같은 유혹이 더 많이 교육받고 훈련받은[31] 사람에게도 일어날 수 있지만 이런 사람은 정반대로 행동한다. 곧, 가벼운 쾌감과 자극이 있지만 이성은 더 높은 수준으로 강화되고 훈련[32]으로 양육되며, 가르침(δόγμασι)으로 선을 향한 〔진보〕를 견고하게 하면서—또는 적어도 그러한 확신에 가까이 이르면서—자극을 물리치고 욕망을 약화시킨다.

5(4). 그러나 우리에게 그런 일이 일어난 것에 대해 외적 자극을 비난하며, 자신을 외부의 힘에 의해 움직이는 나무나 돌과 동일시하면서[33] 자신을 비난하지 않는 것은 올바르지도 이치에 맞지도 않다. 그러한 것은 자유의지의 개념을 변조하려는 사람[34]의 근거다. 우리가 그에게 자유의지가 무엇인지 묻는다면 그는 이렇게 말할 것이다. 그것은 내가 어떤 행위를 하려고 결심했을 때 〔결심과〕 반대되는 것을 하도록 나에게 영향을 미치는 어

29) 의도(πρόθεσις)는 해야 할 행위의 목표다(참조 SVF III, 41쪽).
30) 스토아학파 원인론에 관한 용어. 참조 SVF II, 120.346.997쪽. '아우토텔레스'(αὐτοτελής)는 목적을 실현하는 데 충분한 원인이다(참조 SVF II, 120쪽).
31) 훈련과 교육의 중요성에 관해서는 참조 『원리론』 1,4,1; 1,6,2-3.
32) '멜레테'(μελέτη)는 훈련, 묵상, 탐구를 뜻한다. 이 의미 가운데 하나를 선택하는 것은 쉽지 않다. 참조 『예레미야서 강해』 5,13; 『루카 복음 단편』 157.
33) 참조 『원리론』 3,1,2-3. 인간에게 자유의지의 능력을 인정하지 않는 것은 '프시케'(ψυχή, 영혼)뿐 아니라 '피시스'(φύσις, 본성)를 지니지 않은 존재들과 동일시하는 것이다.
34) 오리게네스는 『기도론』 4,2에서 자유의지 반대자를 논박한다.

떤 외적 원인이 아무것도 일어나지 않는 것이다.[35] 마찬가지로 단순히 〔우리의〕 타고난 소질[36]을 비난하는 것도 명백히 불합리하다. 왜냐하면 교육〔적인 말〕은 지나치게 무절제하고 매우 난폭한 사람들에게 영향을 미칠 수 있고, 그들이 〔교육적〕 권고[37]를 따른다면 그들을 변화시킬 수 있기 때문이다. 권고와 더 나아지기 위한 변화[38]는 매우 큰 차이를 야기한다. 매우 방탕한 이들은 〔변화하면〕 이전에 본성상 방탕해 보이지 않았던 이들보다 흔히 더 나아지고, 매우 포악한 이는 전혀 난폭하지 않았던 사람[39]과 비교할 때 후자가 오히려 난폭해 보일 정도로 온화하게 바뀌기도 한다. 그리고 우리는 매우 근실하고 품행이 방정한 이들이 타락[40]하여 근실하고 품행이 방정한 생활방식에서 더 나쁜 생활방식에 빠져 방탕한 생활을 하는 것을 보기도 한다. 그런 이들은 이러한 방탕한 생활을 종종 중년의 나이에 시작하며, 본디 가장 불안정한 젊은 시절[41]이 지난 다음에 문란한 생활에 빠진다. 이성은 외적 사건들이 우리에게 달려 있지 않음을 보여 준다. 그러나 우리는 그러한 외적 사건들에 대처해야 하는 방법을 연구하고 판단하기 위해 이성을 받았기에, 그것들을 이러저러한 방법으로 사용하는 것은 우리의 과제다.

35) 사실상 스토아학파는 밖으로부터 받은 인상에 순응하는 자의적 결정의 다른 가능성을 인간에게 있다고 보지 않는다(参조 SVF II, 285쪽).
36) '타고난 소질'로 번역되는 그리스어는 '카타스케우에'(κατασκευή)다(参조 SVF III, 89.104쪽).
37) 권고(προτροπή)에 관해서는 参조 SVF III, 3쪽.
38) 변화(μεταβολή)는 여기에서는 선에 대해, 다른 곳에서는 악에 대해 사용된다(参조 SVF I, 50쪽; III, 111쪽).
39) 난폭(ἀγροικία)에 관해서는 参조 SVF III, 169쪽.
40) 타락(διαστροφή)은 스토아학파 철학자들에게 본성에 따르는 삶을 벗어나는 것을 뜻한다(参조 SVF III, 53-54쪽; 『켈수스 반박』 3,69).
41) 스토아학파 철학자들의 관점에서 청춘 시절은 가장 지혜롭지 못한 시기다(参조 SVF III, 181쪽).

6(5). 선하게 사는 것은 우리 자신의 몫이다. 그리고 하느님께서는 선한 삶을 우리 자신의 몫으로 요구하신다.[42] 곧, 그것은 하느님의 몫도 아니고[43] 다른 사람의 몫도 아니며, 어떤 이들이 생각하듯이 운명[44]에 달려 있는 것도 아니고 우리의 몫이다. 미카 예언자는 이렇게 말하면서 증언할 것이다. "사람아, 무엇이 선한지 너에게 말씀하시지 않았느냐? 그리고 주님께서 너에게 요구하시는 것은 정의를 실천하고 자비를 사랑하며 네 하느님, 주님과 함께 걸을 준비를 하라는 것이 아니냐?"[45](미카 6,8) 모세는 이렇게 말한다. "나는 너희 앞에 생명의 길과 죽음의 길[46]을 내놓았다. 선을 선택하고 선 안에서 걸어라."(신명 30,19) 그리고 이사야는 "너희가 원하고 내 말에 복종한다면 이 땅의 좋은 것을 먹게 되리라. 그러나 너희가 원하지 않고 내 말에 복종하지 않는다면 칼이 너희를 먹으리라. 주님께서 친히 그렇게 말씀하셨기 때문이다"(이사 1,19-20)라고 한다. 그리고 시편에는 "내 백성이 내 말을 듣고 이스라엘이 내 길을 걸었다면, 나는 그들의 적들을 아무것도 아닌 것으로 깎아내리[고 그들을 괴롭히는 이들에게 내 손을 대었

42) 스토아학파, 점성술 지지자, 영지주의자들을 반박하려는 발언이다.

43) 루피누스는 펠라기우스적 색채 때문에 이 단언을 신중하게 생략한다. 따라서 이 단언은 선행이 하느님의 능력이 아니라 단지 인간의 능력에 달려 있다는 펠라기우스적 의미로 이해해서는 안 되며, 선과 악을 선택하는 것은 인간의 몫이라고 알아들어야 한다. 오리게네스는 인간이 구원받기 위해 은총이 필요하다는 것을 명백히 밝힌다. 참조 『원리론』 3,1,19.

44) 운명(εἱμαρμένη)은 고대의 결정론, 특히 점성술적 결정론의 핵심어다. 참조 D. Amand, *Fatalisme et liberté*.

45) 히브리어 본문에서 앞 문장은 의문문이 아니다("사람아, 무엇이 선한지 그분께서 너에게 말씀하셨다"). 칠십인역의 이 문장은 수사학적으로 더 잘 이해되면서도 히브리어 본문과 대등한 의문문이다. 첫째 문장에서는 하느님의 계명이 문제이고 둘째 문장에서는 이에 대한 인간의 자유로운 결정이 문제이기에 오리게네스에게 이 인용문은 중요하다. 오리게네스가 뒤에서 상술하듯이, 계명은 인간이 자유로운 결정을 하는 경우에만 의미가 있다.

46) 매우 자유로운 인용이다. 길에 관한 은유는 시편 15,11에 근거한다.

으리라[47)]"(시편 80,14-15)라고 쓰여 있다. 여기서 〔보면〕 말씀을 듣고 하느님의 길을 걷는 것은 백성에게 달려 있다는 것이 전제된다. 게다가 구원자께서 이렇게 말씀하신다. "그러나 나는 너희에게 말한다. 악인에게 맞서지 마라"(마태 5,39), "자기 형제에게 성을 내는 자는 누구나 재판에 넘겨질 것이다"(마태 5,22), 또한 "음욕을 품고 여자를 바라보는 자는 누구나 이미 마음으로 간통한 것이다"(마태 5,28).[48)] 그리고 그분께서 주신 어떤 다른 계명들에서도 명령을 지키는 것은 우리에게 달려 있으며, 우리가 명령을 위반한다면 당연히 "재판에 넘겨질 것"이라고 우리에게 단언하신다. 그래서 그분께서는 "나의 이 말을 듣고 실행하는 이는 모두 자기 집을 반석 위에 지은 슬기로운 사람과 같다"(마태 7,24)와 같은 구절들, 또한 "이 말을 듣고 실행하지 않는 자는 모두 자기 집을 모래 위에 지은 어리석은 사람과 같다"(마태 7,26)와 같은 말씀을 남기셨다. 그리고 〔당신〕 오른쪽에 있는 이들에게 "내 아버지께 복을 받은 이들아, 나에게 오너라"라거나 "너희는 내가 굶주렸을 때에 먹을 것을 주었고, 내가 목말랐을 때에 마실 것을 주었기 때문이다"(마태 25,34-35)라고 말씀하실 때, 그분께서는 칭찬받을 원인이 〔자신에게〕 있는 이들에게 매우 분명히 이 약속을 하신다. 반면 그와 반대로 〔곧, 전자들과 달리〕 비난받아야 할 다른 이들에게는 "저주받은 자들아, 영원한 불 속으로 들어가라"(마태 25,41)라고 말씀하신다.

47) 시편 80,14-15 인용의 끝부분은 루피누스의 번역과 『필로칼리아』의 일부 사본에는 없는 반면 『필로칼리아』의 어떤 수사본에는 들어 있다. 이는 루피누스나 아니면 루쿨라누스의 필경사가 부주의로 빠뜨렸을 것이다(참조 P. Koetschau, *Origenes, Vier Bücher von den Prinzipien*, CIII쪽).

48) 비슷한 문맥에서 같은 인용을 한 예에 관해서는 참조 알렉산드리아의 클레멘스, 『양탄자』 2,15,66. 죄인들이 받는 벌을 개인의 책임으로 이해하면, 이는 하느님의 의로움과 서로 모순되지 않는다.

자유의지를 지녔으며 자신이 파멸과 구원의 원인인 우리에게 바오로가 어떻게 말하는지 살펴보자. "또는 그대는 그분의 그 큰 호의와 관용과 인내를 업신여기는 것입니까? 하느님의 호의가 그대를 회개로 이끌려 한다는 것을 모릅니까? 그대는 회개할 줄 모르는 완고한 마음에 따라, 하느님의 의로운 재판이 이루어지는 진노의 날과 계시의 날에 그대 자신에게 쏟아질 진노를 쌓고 있습니다. 하느님께서는 각자에게 그 행실대로 갚으실 것입니다. 꾸준히 선행을 하면서 영광과 명예와 불멸을 추구하는 이들에게 영원한 생명을 〔주십니다〕. 그리고 싸우기 좋아하고 진리를 거스르고 불의를 따르는 자들에게는 진노와 격분이 쏟아질 것입니다. 먼저 유대인이 그리고 그리스인까지, 악을 저지르는 사람들의 모든 영혼은 환난과 고통을 겪을 것입니다. 그러나 먼저 유대인에게 그리고 그리스인에게까지, 선을 행하는 모든 이에게는 영광과 명예와 평화가 내릴 것입니다."(로마 2,4-10) 성경에는 자유의지를 매우 명백히 입증하는 수많은 구절이 있다.

7(6).[49] 구약성경과 신약성경의 어떤 구절들에서 반대되는 의미—곧, 계명들을 지킴으로써 구원받거나 그것들을 위반하여 파멸하는 것이 우리에게 달려 있지 않다—를 이끌어 낼 수 있으므로, 그러한 구절들 가운데 일부를 제시하여 그것들을 어떻게 설명할 수 있는지 살펴보자. 〔여기에〕 제시된 구절들에 바탕을 두고 각자는 자유의지와 모순되어 보이는 모든 〔다른 구절도〕 비슷한 방식으로 〔성경에서〕 찾아내 그 해결책을 검토할 수 있다. "나는 파라오의 마음을 완고하게 하겠다"(탈출 4,21; 7,3)며 하느님께서 여

49) 여기에서는 오리게네스가 종종 몰두하는 운명론에 관한 문제가 다루어진다(참조 『탈출기 주해』, 『필로칼리아』 27,1-12; 『탈출기 강해』 4; 『아가 주해』 128-129(=『필로칼리아』 27,13); 『로마서 주해』 7,13-16). 이미 스토아학파는 신적 작용에 관한 믿음과 자유의지의 관계를 상론했다. 참조 A. Lesky, *Göttliche und menschliche Motivation*, 18쪽 이하.

러 번 말씀하신 주제인 파라오에 관한 이야기 때문에 많은 사람이[50] 애를 먹었다. 파라오가 하느님에 의해 완고하게 되고 이 완고함 때문에 죄를 지었다면, 그는 〔그 자신이 지은〕 죄의 원인이 아니다.[51] 만일 그렇다면 파라오에게는 자유의지가 없다. 그와 마찬가지로 파멸하는 이들[52]에게는 자유의지가 없으며, 그들은 자신 때문에 파멸하는 것이 아니라고[53] 어떤 사람은 말할 것이다. 이에 관해 에제키엘서에는 이렇게 쓰여 있다. "나는 그들의 돌로 된 마음을 치워 버리고 그들 안에 살로 된 마음을 넣어 주어, 그들이 나의 규정들 안에서 걷고 나의 법규들을 지키게 하겠다."(에제 11,19-20) 여기에서 어떤 사람은 〔하느님을〕 "그분의 계명들 안에서 걷고 그분의 법규들을 지키"게 하시는 분이라고 생각할 수 있을 것이다. 하느님께서 장애물, 곧 돌로 된 마음을 없애고 더 좋은 것, 곧 살로 된 마음을 넣어 주셨기 때문이다.

구원자께서 복음서에서 군중에게 비유로 말씀하신 이유를 물은(마태 13,10 참조) 이들에게 대답하신 말씀도 살펴보자. 그분은 "그들이 보아도 보지 못하고 들어도 듣지 못하고 깨닫지 못하여, 그들이 언젠가 돌아와 용서받는 일이 없게 하려는 것이다"(마르 4,12)라고 말씀하신다. 게다가 바오로는 이렇게 말한다. "그것은 원하는 사람과 달리는 사람에게 달려 있는 것이 아니라 하느님의 자비에 달려 있습니다."(로마 9,16) 그리고 다른 곳에

50) 『원리론』 3,1,8의 내용으로 미루어보건대 이들은 파라오 이야기에 자유의지에 관한 모순이 있다고 여긴 영지주의자였던 것 같다.

51) "그는 〔자신이 지은〕 죄에 책임이 없다"고 번역할 수도 있다.

52) 뒤에 종종 나오는 분사적 명사 '파멸하는 이들'(οἱ ἀπολλύμενοι)은 영지주의 어법에서 유래하며, 본디 '파멸로 정해진 이들'을 뜻한다. 바오로는 이를 2코린 4,3에서 사용한다. '구원받는 본성'(φύσει σῳζόμενοι)과 '파멸하는 본성'(ἀπολλύμενοι)에 관한 영지주의의 가르침에 관해서는 **참조** L. Schottroff, *Animae naturaliter salvandae*, 65-97쪽.

53) "스스로 파멸한 것이 아니라고"로도 번역할 수 있다.

서는 이렇게 말한다. "원하는 것도 실행하는 것도 하느님에게서 옵니다." (필리 2,13 참조) 또 다른 곳에서는 "이렇게 그분께서는 당신이 원하시는 어떤 사람에게는 자비를 베푸시고 당신이 원하시는 어떤 사람은 완고하게 만드십니다. 이제 그대는, 나에게 '그분께서 왜 〔사람을〕 여전히 책망하십니까? 누가 그분의 뜻을 거역할 수 있겠습니까?' 하고 물을 것입니다." 〔그리고 "설득하는 것은 우리에게서 오는 것이 아니라 (우리를) 부르신 분에게서 오는 것입니다".〕[54] "아, 인간이여! 하느님께 말대답을 하는 그대는 누구인가? 〔그리고 다시〕 작품이 제작자에게 '나를 왜 이렇게 만들었소?' 하고 말할 수 있습니까? 또는 옹기장이가 같은 진흙을 가지고 한 덩이는 귀한 데 쓰는 그릇으로, 한 덩이는 천한 데 쓰는 그릇으로 만들 권한이 없습니까?" (로마 9,18-21)라고 말한다. 이 구절들은 그 자체로 많은 이[55]를 혼란에 빠뜨리고 인간에게는 자유의지가 없으며, 하느님께서는 원하시는 대로 어떤 사람은 구원하고 어떤 사람은 파멸시키시는 분이라고 생각하게 만들기에 충분하다.

8. 따라서 파라오에 관해 하신 말씀, 곧 하느님께서 파라오를 완고하게 하시어 그가 〔이스라엘〕 백성을 떠나가지 못하게 한 대목으로 시작하자.[56]

54) 루피누스는 갈라 5,8을 인용하지 않는다. 이 구절은 아마도, 로마 9,18-21을 터무니없게 갈라 놓으면서 그리스어 본문에 삽입된 것 같다. 그 뒤에 '그리고 다시'(καί πάλιν)라는 말도 삽입되었다.

55) '투스 폴루스'(τοὺς πολλούς), '매우 단순한 사람들'이며, 영적으로 이해할 수 없는 이들이다. 같은 의미에 관해서는 참조 『요한 복음 주해』 13,6,33; 『켈수스 반박』 6,6.

56) 하느님께서 파라오의 마음을 완고하게 하셨다는 주석에 관해서는 참조 『필로칼리아』 27의 여러 구절; 『탈출기 선별 강해』(PG 12,281C); 『탈출기 강해』 3,3; 4,1-7; 6,3-4.9; 『기도론』 29,16; 『로마서 주해』 7,16. 이 주석에 관해서는 참조 W. J. P. Boyd, *Origen on Pharaoh's hardened heart*, 260-268쪽.

이와 함께 "이렇게 그분께서는 당신이 원하시는 사람에게는 자비를 베푸시고, 당신이 원하시는 사람은 완고하게 만드십니다"(로마 9,18)[57]라는 사도의 말도 검토할 것이다. 어떤 이단자들[58]은 자유의지를 거의(σχεδόν) 없애기 위해 이 구절을 사용한다. 이들은 한편으로는 구원받을 수 없는 파멸한 본성이, 다른 한편으로는 파멸할 수 없는 구원받은 본성이 있다고 내세운다. 그들은 파라오가 파멸한 본성을 지녔기 때문에 하느님께서 그를 완고하게 만드셨다고 말한다. 하느님께서는 영적인 사람들에게는 자비를 베푸시고 세속적인 사람들[59]은 완고하게 만드신다는 것이다. 그러면 이단자들이 실제로 말하려는 것이 무엇인지 살펴보자. 우리는 그들에게[60] 파라오가 세속적 본성에 속했는지 물을 것이다. 그들이 〔그렇다고〕 대답하면, 세속적 본성을 지닌 사람은 어떤 경우에도 하느님께 복종하지 않는다고 우리는 말할 것이다. 그가 복종하지 않는다면, 왜 한 번이 아니라 여러 번 그의 마음을 완고하게 만들 필요가 있었겠는가? 파라오가 복종할 수 있다는 것이 사실이라면, 그는 세속적 〔인간〕이 아니었기에 기적과 표징으로 말미

57) 사도만 설명할 수 있는 신비를 확언하는 것으로 만족한 『탈출기 강해』 6,2에 나오는 인용. 『필로칼리아』 27에도 여기와 비슷한 논증이 나온다.

58) 마르키온과 발렌티누스, 바실리데스 추종자들을 가리킨다.

59) 오리게네스는 영적인 사람들(πνευματικοί)과 세속적인 사람들(χοϊκοι) 같은 발렌티누스파 용어를 그대로 사용한다. 세속적인(χοῦς, 땅) 사람들은 물질적인(ὕλη, 물질) 사람들로도 불린다. 이레네우스는 『이단 반박』 4,37,2에서 이 가르침에 반론을 펼친다.

60) 오리게네스는 발렌티누스파를 논박하기 위해 늘 그렇듯이 먼저 엄격한 문자적 의미로 본문을 해석한다(참조 『필로칼리아』 27; M. Simonetti, *Eracleone e Origene*, 1966, 111-112쪽; 1967, 23-24쪽). 파라오가 본디 사악하였다면, 하느님께서는 그의 마음을 완고하게 하시지 않았을 것이다. 하느님께서 사악하게 만드신 것이라면, 파라오는 달리 행동할 수도 있었다. 따라서 그는 본디 사악한 본성을 갖도록 절대적으로 결정되지 않았다. 카인에 관한 같은 추론이 카푸아의 빅토르가 인용한 오리게네스 단편 가운데 나온다. 이에 관해서는 참조 A. Hamman, *Patroligiae cursus completus*, col. 1192.

암아 괴로워했을 때 전적으로 복종하였을 것이다. 그러나 하느님께서 많은 이를 구원하기 위해 당신의 놀라운 일을 보여 주시고자 했으므로 파라오가 반복적으로 복종하지 않는 것이 필요했고,[61] 이 때문에 하느님께서 그의 마음을 완고하게 하셨다.

이는 파라오가 파멸한 본성에 속했다는 이단자들의 가정을 뒤엎으려고 그들에게 한 첫째 답변이다. 우리는 사도의 말에 관해서도 같은 것을 그들에게 말해야 한다. 그러면 하느님께서 어떤 사람들을 완고하게 하시는가? 파멸한 사람들? 그러나 그들이 완고하지 않았다면, 그들에게 어떤 일이 일어났을까? 다시 말해 그들이 파멸한 본성에 속하지 않았다면 그들은 명백히 구원받았을 것이 아닌가? 하느님께서는 어떤 사람에게 자비를 베푸시는가? 구원받을 사람들? 이들은 구원을 위해 결정적으로 창조되고, 여하간 그들의 본성으로 말미암아 지복을 누리도록 예정되어 있는데 다시 자비가 필요한 이유는 무엇인가? 그들이 자비를 받지 못하면 파멸할 수 있기에 하느님께서는 그들이 마주칠 수 있는 것, 곧 파멸과 마주치지 않고[62] 구

61) 추론의 밑바닥에 그리스어 개념이 있다. 이 개념에 따르면 악은 우주의 조화 안에 그의 자리가 있다(참조 SVF II, 335-336쪽; 플라톤, 『법률』 10,903b-905d). 오리게네스가 생각한 악의 기능에 관해서는 참조 『로마서 주해』 8,11; 『켈수스 반박』 4,10; 6,55-56; 『민수기 강해』 14,2; 『예레미야서 강해』 12,5; 또한 알렉산드리아의 클레멘스, 『양탄자』 1,17,82-84.

62) 여기에서는 영지주의자들의 마르키온적 관점이 고려된다. 영지주의자들은 자신들이 더 이상 운명적 본성에 속하지 않고 반드시 구원받는다고 여겼다. 그들은 이 세상에서 스스로를 타향인이라고 생각하고 지금 자신의 신분을 잃었다 할지라도 더 높은 세상에 참여한다. 그들은 신적 본성을 타고난 존재는 죄를 지을 수 없다고 생각했다. 따라서 사람은 하느님의 자비를 결코 필요로 하지 않는다. 헤라클레온이 영적 인간으로 제시한 사마리아 여인에 관해서는 참조 『요한 복음 주해』 13,11,67-74. 오리게네스는 모상에 따른 창조의 결과로서 이성적 본성들이 신적 본성에 어느 정도 참여한다고 주장한다. 그러나 이는 동일성이 아니라 유사함과 참여이며, 실체적이 아니라 우유적인 참여다. 다시 말하면 많아질 수도 줄어들 수도 있다. 이성적 피조물이 신적 본성에 참여하는 것과 하느님 아들이 성부에 참여하는 것은

원받은 이들의 장소에 이르도록 그들에게 자비를 베푸셨다는 것이 사실이다. 이것이 그들(곧, 이단자들)에 대한 답변이다.

9(8). '그분께서 완고하게 하셨다'라는 말을 이해했다고 생각하는 이들[63]에게 이렇게 묻고자 한다. 하느님께서 마음을 완고하게 하셨다는 것이 실제로 무슨 뜻이며 그분께서 어떤 목적으로 그렇게 하신다는 것인가? 그들은 올바른 가르침에 따라 하느님은 의롭고 선하신 분이라는 개념을 고찰해야 한다. 그러나 그들이 이 개념을 받아들이지 않는다면, 잠시 그들에게 양보하여 그분이 단지 의로우신 분이라고 해 두자.[64] 선하고 의로우신 분 또는 단지 의로우신 분이 사람의 마음을 완고하게 하시고 결국 이 완고함 때문에 파멸하게 하시는 것이 어째서 의롭게 행동하시는 것인지, 그리고 의로우신 분이 어떻게 그들의 완고함과 그분에 대한 불복종 때문에 벌받는 이들의 파멸과 불복종의 원인이 되실 수 있는지, 그들은 입증해야 한다. "너는 내 백성을 내보내지 않을 것이다. 보라, 나는 이집트에 있는 모든 맏아들, 너의 맏아들까지 죽이겠다"(탈출 4,23; 9,17; 11,15; 12,12 참조)라는 말씀과, 하느님께서 모세를 통하여 파라오에게 말씀하신 것으로 기록된 다른 모든 말씀으로 파라오를 질책하시는 까닭은 무엇인가? 성경이 참되며 하느님께서 의로우시다고 믿는 이는, 현명한 이라면 그러한 말을 통해 어떻게 하느님께서 의로우신 분으로 분명히 이해될 수 있는지 입증하기 위해 애써야 한다. 그러나 어떤 사람이 뻔뻔스럽게[65] 이의를 제기하며[66] 창

근본적으로 다르다. 참조 『원리론』 4,4,9-10.

63) 마르키온파를 비롯한 영지주의자들(참조 『원리론』 2,9,3).

64) 이는 문자적으로 이해하는 마르키온파에게 하느님께서 의로우신 분이라는 사실을 입증하기 위해 일시적으로 양보하자는 말이다.

65) 직역하면 "머리를 드러내고/얼굴을 가리지 않고"가 되는데 이 어구는 플라톤의 『파이드로

조주(데미우르구스)가 악하다〔라는 가르침〕을 옹호하면, 그에게는 다른 논증을 사용해야 한다.[67]

10(8.9).[68] 그러나 그들은 그분(하느님)을 의로우신 분으로 이해한다고 말하고 우리는 선하실 뿐 아니라 의로우신 분이라고 이해한다. 그러니 선하시고 의로우신 분이 어떻게 파라오의 마음을 완고하게 하실 수 있는지 살펴보자. (9). 그다음엔 사도(바오로)가 히브리인들에게 보낸 서간에서 사용한 실례로, 하느님께서 하나의 행위[69]로 어떤 사람에게는 자비를 베푸시고 어떤 사람은 완고하게 하시는지를 우리가 입증할 수 있는지 생각해 보자. 이 경우 하느님께서는 사람을 완고하게 하려는 의도가 아니라 선의를 지

∴

스』 243b 이래 '부끄럼 없는, 거리낌 없는, 파렴치한, 뻔뻔스러운'을 뜻하는 관용구로 사용되었다. 요한 크리소스토무스와 나지안주스의 그레고리우스도 이 표현(γυμνῇ τῇ κεφαλῇ)을 격언으로 사용한다. 루피누스는 플라톤의 인용을 알지 못하며, 이를 번역하지 않는다.

66) 직역은 "고발하며"다.

67) 오리게네스와 테르툴리아누스가 이따금 지적히듯이, 데미우르구스가 악하다는 둘째 가설은 마르키온파를 겨냥하는 것이 틀림없다. 이러한 마니교적 주장은 이미 몇몇 마르키온파 사람에 의해 제기되었다(참조 A. v. Harnack, *Marcion*, 164-165쪽). 오리게네스가 탈출 4,21과 『원리론』 2,5,2에서 검토한 구절들에 대한 문자적 해석이 사실상의 결론이다. 그러나 영지주의자들도 마르키온파도 감히 이 결론을 끌어내지 않았다. 카르포크라테스파는 세상의 창조를 악마의 공으로 돌렸다(참조 이레네우스, 『이단 반박』 1,25,4). 마니교도만 창조주를 악한 하느님으로 이해했다. 그러나 216년경 태어난 마니는 오리게네스가 『원리론』을 저술했을 때 어린아이였고 그의 가르침은 오리게네스가 죽은 뒤에야 로마제국에 전해졌을 것이다.

68) 『원리론』 3,1,10-11에 관해서는 참조 F. Prat, *Origène*, 146-152쪽.

69) 여기에서 오리게네스는 자유의지뿐 아니라 하느님의 선과 정의를 보호하면서 탈출 4,21에 대해 설명하려 한다. 하느님께서는 인간의 선만 찾으시지만 자유의지를 타고난 인간은 호의적으로 반응하거나 신적 주도에 따르지 않고 선이나 악을 택한다. 오리게네스는 늘 바오로의 히브리서를 인용한다. 그러나 에우세비우스의 『교회사』 6,25,11-14에 인용된 단편에 따르면, 오리게네스는 히브리서의 개념은 바오로의 것이지만 문체는 그의 것이 아니라고 인정했으며 사도(바오로)나 루카, 또는 로마의 클레멘스와 가까운 사람이 히브리서를 썼다고 생각한다.

니셨다. 완고한 마음은 그들 자신 안에 내재하면서 악을 이루는 악의의 기체 때문에 지니게 된 것이다. 그래서 하느님께서는 〔자신의 악의 때문에〕 완고하게 된 사람을 완고하게 하신다고 쓰여 있다. 〔바오로는〕 "땅 위에 내리는 비를 빨아들여,[70] 경작하는 이들에게 유익한 풀을 내주는 땅은 하느님에게서 복을 받습니다. 그러나 가시나무와 엉겅퀴를 내게 되면 쓸모가 없어져 오래지 않아 저주를 받고, 마침내는 불에 타버립니다"(히브 6,7-8)라고 말한다. 따라서 비〔가 내린다〕라는 하나의 행위가 있다. 그러나 비라는 이 하나의 행위에 바탕을 두고 경작된 땅은 열매를 맺는 반면, 버려져 메마른 땅은 가시나무들을 생기게 한다. 비를 내리게 하는 분이 '땅에서 열매도 가시나무도 전부 내가 만든다'라고 말한다면 부당하게 생각될 수 있겠지만 그것은 사실이다. 비가 없었더라면 열매도 가시나무도 있을 수 없기 때문이다. 그러나 비가 적당한 때에 적절하게 내렸기 때문에 둘 다 생겨났다. 땅 위에 내리는 비를 빨아들여 가시나무와 엉겅퀴를 내는 땅은 쓸모가 없어져 오래지 않아 저주를 받는다.[71] 비의 호의는 더 나쁜 땅에도 내렸지만, 내버려져 경작되지 않은 상태에 있었기에 기체[72]는 가시나무와 엉겅퀴를 생기게 했다. 이와 같이 하느님께서 행하신 놀라운 일들도 비에 비유할 수 있다. 반면 〔사람들의〕 다양한 의도[73]는 경작된 땅이나 내버려둔 땅에 비유할 수 있다. 두 땅은 하나의 본성을 지닌 같은 땅이다.

70) 참조 『원리론』(자유의지: 루피누스의 라틴어 역본) 3,1,10 각주 33.
71) 참조 『원리론』(자유의지: 루피누스의 라틴어 역본) 3,1,10 각주 35.
72) 여기에서 무정형 기체(ὑποκείμενον)의 의미는 매우 명백하다. 그것은 땅이나, 땅으로 상징되는 영혼을 나타낸다(참조 『원리론』 3,1,22; 3,6,7).
73) 스토아학파에 따르면 의도(προαίρεσις)는 행동하려는 충동을 나타내는 개념 가운데 하나다(참조 SVF III, 41쪽). 오리게네스는 이 낱말을 매우 자주 사용한다.

11(10). 녹이는 것과 말리는 것은 상반되는 일이지만 해가 '나는 〔사물들을〕 녹이고 말린다'라고 소리내어 말했다 해서, 해가 문제의 관점에 관해[74] 잘못 말한 것은 아니다. 하나이며 〔같은〕 열로 밀랍은 녹고 진흙은 마르기 때문이다. 마찬가지로 모세에 의해 이루어진 〔하느님의〕 하나이며 〔같은〕 행위는 한편으로는 파라오의 악의 때문에 그의 완고함을 드러냈고, 다른 한편으로는 히브리인에 섞여 그들과 함께 떠난 이집트인들의 유순함(탈출 12,38 참조)을 드러냈다. 파라오가 "그러나 너무 멀리 가서는 안 된다. 사흘 길〔만〕 가고 부인들은 남겨 두어라"(탈출 8,24.23; 10,9.11 참조) 하고 말했을 때 파라오의 마음이 점차 누그러졌다고 기록된 사실과 그가 놀라운 일들에 점차 굴복해서 한 말은 전부, 여러 기적이 파라오〔의 생각〕을 완전히 바꾸어 놓을 수는 없었을지라도 그에게 어떤 영향을 미쳤다는 것을 입증한다. 그러나 "나는 파라오의 마음을 완고하게 하겠다"라는 구절을 듣고 대다수의 사람이 생각하는 것이 〔실제로〕 그분, 곧 하느님에 의해 이루어졌다면 이런 영향도 일어날 수 없었을 것이다.[75]

일상적 언어 방식에 따라 그러한 말들을 설명하는 것이 적절하다. 선한 주인들은 자신의 선함과 참을성 때문에 버릇없어진 종에게 자주 이렇게 말하기 때문이다. '내가 너를 나쁘게 만들었다.' 또는 "네가 그러한 심각한

74) 직역은 "기체 때문에"다.

75) 오리게네스는 『탈출기 주해』 10,27에서 파라오의 완고한 마음을 주제로 다룬다. 이는 『필로칼리아』 27,1에도 있다. 오리게네스는 많은 독자가 이 구절을 이해하기 매우 어려워한다고 말한다. 그들 가운데 더러는 하느님께서 어떤 이들에게는 자비를 베푸시고 어떤 이들에게는 단순히 완고하게 하셨다고 생각했다. 더러는 이 구절이 어떤 독창력으로도 통찰할 수 없는 신앙으로 받아들여야 할 신비 가운데 하나라고 여겼다. 더러는 더 나아가 두 하느님, 곧 의로우신 분과 선하신 분을 상상했다. 오리게네스는 하느님께서는 훌륭한 의사처럼 때때로 고통스러운 치료법을 사용하시지만 모든 이를 구원하기 위해 일하신다고 생각했다.

잘못을 저지르게 된 것은 내 탓이다."(욥 31,31? 참조) 이러한 말의 어조와 〔본디의〕 의미에 유의해야 한다. 그리고 이 말[76]을 하려 한 사람〔의 의도〕를 이해하지 못하면서 이 말을 헐뜯어서는 안 된다. 그래서 바오로는 이 모든 것을 명백히 검토한 뒤 죄인에게 이렇게 말했다. "또는 그대는 그분의 그 큰 호의와 관용과 인내를 업신여기는 것입니까? 하느님의 호의가 그대를 회개로 이끌려 한다는 것을 모릅니까? 그대는 회개할 줄 모르는 완고한 마음에 따라, 하느님의 의로운 재판이 이루어지는 진노의 날과 계시의 날에 그대 자신에게 쏟아질 진노를 쌓고 있습니다."(로마 2,4-5) 사도가 죄인에게 말하는 것을 파라오에게도 적용할 수 있으며, 그에게 이렇게 말한다면 매우 적절하다고 납득할 수 있을 것이다. 파라오는 "회개할 줄 모르는 완고한 마음에 따라 자신에게 쏟아질 진노를 쌓고 있었기" 때문이다. 기적이 일어나지 않았거나 그것이 일어났지만 그토록 다양하고 큰 규모로 일어나지 않았다면, 파라오의 완고함은 이렇게 입증되지 않고 명백하게 드러나지 않았을 것이다.

12 (11). 그러한 진술들이 믿기 어렵고 억지인 것처럼 여겨지면, 하느님의 큰 호의를 체험하고 착하게 살았지만[77] 그 뒤에 죄에 떨어진 이들이 말

---

76) '이 말' 또는 '말씀', 곧 로고스로 이해할 수 있다. 성경의 말은 성경에서 자신의 생각을 표현하는 말씀(로고스)이다. 말씀과 성경은 모두 하느님의 말씀이며, 다른 두 말씀이 아니라 하나의 말씀이다. 성경은 말씀의 육화처럼 육과 유사한 문자 안에 이미 있다. 참조 J. Crehan, *The analogy*, 87-90쪽. 특별히 오리게네스에 관해서는 참조 H. de Lubac, *Histoire et Espirit*, 336-355쪽; 오리게네스 저서에서 『에제키엘서 강해』 1,9; 『요한 복음 주해』 5,5-6(『필로칼리아』 5); 『레위기 강해』 1,1; 『이사야서 강해』 7,3 등.

77) 변조된 '메'(μή)는 번역하지 않는 것이 바람직할 것 같다. 전승된 판본은 이렇게 이해되어야 한다. "하느님의 큰 호의를 체험하고 〔그런 관점에서〕 착하게 살지 않았고(이 호의가 그들을 파멸시켰기 때문에, 참조 이전 단락), 그 뒤에(하느님의 호의를 받은 뒤에) 죄에 떨어진 이들."

한 것을 예언자들의 말에 바탕을 두고 살펴보자. "주님, 어찌하여 저희를 당신의 길에서 벗어나게 하셨습니까? 어찌하여 우리 마음을 완고하게 만드시어 우리가 당신 이름을 경외하지 않게 하셨습니까? 우리도 당신의 거룩한 산을 잠시 물려받도록 당신의 종들을 위해, 당신의 유산인 지파들을 위해 돌아오소서."(이사 63,17-18) 예레미야서에는 "주님, 당신께서 저를 꾀시어 저는 그 꾐에 넘어갔습니다.[78] 당신께서는 강하시고 이기셨습니다"(예레 20,7)〔라고 쓰여 있다〕. 그러나 "어찌하여 우리 마음을 완고하게 만드시어 우리가 당신 이름을 경외하지 않게 하셨습니까?"라는 문장이 자비를 청하는 이들의 말이라면, 이는 전의적 의미에서 다음과 같이 말한 것이다. '당신께서는 어찌하여 저희를 그토록 오래 너그럽게 봐주셨고, 죄 때문에 저희를 찾아오지 않으셨으며, 우리의 과오가 쌓일 때까지 저희를 내버려 두셨습니까?'[79] 하느님께서는 각 사람의 품행을 그들의 자유로운 결정에 바탕을 두고 시험하기 위해 대부분 사람을 벌하시지 않고 내버려 두신다. 따라서 더 나은 사람들은 그들이 치른 시험의 결과로 드러난다. 반면 다른 이들(곧, 더 나쁜 이들)은 하느님 앞에서는 드러나 있지만—하느님께서는 모든 것이 일어나기 전에 아시기(수산나 4,42 Θ; 집회 42,18) 때문이다[80]—

78) 오리게네스는 여기서는 하느님의 거짓말에 대해 설명하지 않는다. 그러나 유익한 거짓말이라는 플라톤적 주제를 성경 주석에 적용하면서 『예레미야서 강해』 19(18),15에서 이 구절을 더 상세히 다룬다〔참조 플라톤, 『국가』 3,389b; 5,459c; 오리게네스, 『켈수스 반박』 4,19; 『양탄자 단편』 (PG 11,101); 히에로니무스의 『루피누스 저서 반박 변론』 (PL 23,412A)에 남아 있다〕. 참조 H. de Lubac, *Tu m'as trompé*, 255-280쪽.

79) 참조 필론, 『악인이 선인을 공격하다』 144-149; 오리게네스, 『예레미야서 강해』(라틴어) 2,5; 『예레미야서 강해』(그리스어) 3,1-2; 『에제키엘서 강해』 1,2.

80) 하느님의 전지(全知)에 관해서는 참조 『요한 복음 주해』 42,280; 『창세기 주해』 3(=『필로칼리아』 23,3,15); 『원리론』 4,4,10. 하느님 또는 그리스도가 죄인들과 죄를 모른다고 말하는 성경의 구절들을 오리게네스가 해석한 의미에 관해서는 참조 H. Crouzel, *Connaissance*,

이성적 본성[81]과 그들 자신 앞에는 숨겨져 있다. 이는 그들이 후에 치유의 길을 찾게 하기 위해서다. 그들은 〔이전에〕 자기 자신을 비난하지 않았다면 〔신적〕 은혜[82]를 몰랐을 것이기 때문이다. 이 〔방법〕은 각자 자신에게 속하는 것이 무엇이고 하느님의 은총에 속하는 것이 무엇인지를 아는 데 유익하다. 자기 자신의 약점과 하느님의 은총을 알지 못하는 사람이 스스로 체험하거나 자기 자신을 단죄하기 전에 혜택을 받는다면, 하늘의 은총으로 그에게 선사된 것이 자기 자신의 행업 때문이라고 생각할 것이다. 이는 자만과 교만[83]을 낳기 때문에, 그를 몰락시키는 원인이 될 것이다(잠언 16,18 참조). 우리 견해에 따르면, 이는 흠 없이 살던 시절에 누린 특권을 자신의 공로로 돌린 악마의 경우에도 일어났다.[84] "누구든지 자신을 높이는 이는 낮아지고 자신을 낮추는 이는 높아질 것이다."(루카 14,11; 18,14) 이 때문에 신적인 것이 "지혜로운 이들과 현명한 이들에게 감추어졌다"(루카 10,21과 병행 구절 참조)는 구절도 숙고하자. 사도가 말하듯이, 이는 "어떠한 인간[85]도 하느님 앞에서 자랑하지 않게"(1코린 1,29) 하기 위해서다. 그리고 "철부지들에게 드러났다"(루카 10,21과 병행 구절 참조)[86]라는 구절도 숙고하자. 이

514-518쪽.

81) 이성적 본성은 하느님을 보호하도록 위임받은 영적 존재를 뜻하는 것 같다(참조 『원리론』 1,8,1; 2,10,7).

82) 참조 『원리론』(자유의지: 루피누스의 라틴어 역본) 3,1,12 각주 50.

83) 은총의 활동을 인정하기를 거부하는 자만과 교만은 사탄이 지은 가장 중한 죄다. 참조 『원리론』 1,5,5; 3,1,19; 『창세기 강해』 5,6; 『민수기 강해』 12,4; 『판관기 강해』 3,1; 『에제키엘서 강해』 9,2,4,5; 『루카 복음 강해』 31,5; 『시편 주해』 4(= 『필로칼리아』 26,7).

84) 참조 『민수기 강해』 12,4; 『에제키엘서 강해』 9,2.

85) 직역은 "어떠한 육"이다.

86) 오리게네스는 여기서 영적 의미를 명백히 이해한 '철부지들'에게—그들이 진보한다는 조건 하에—긍정적 가치를 부여한다. 그는 다른 곳에서는 이들을 '더 단순한 이들'과 동일시한다(참조 『원리론』 2,10,7과 각주 36).

들은 유년기 이후에 더 높은 것에 이르고, 그들이 가장 높은 지복에 이른 것이 자기 자신의 노력에 의한 것이 아니라 〔하느님의〕 이루 말할 수 없는 선행에 의한 것이라는 사실을 기억하는 이들이다.

13(12). 그러므로 버림받은 사람은 신적 판결로 버림받은 것이며, 하느님께서 어떤 죄인들에게 인내하고 계신 데는 이유가 없는 것이 아니라 영혼의 불사와 끝없는 시대를 고려할 때 그것이 그들에게 유익할 것이기 때문이다. 그들이 빨리 구원받지 않고 많은 악을 체험한 뒤 더 천천히 구원에 이끌린다면 말이다. 어떤 사람을 빨리 치료할 수 있는 의사들도 몸속 보이지 않는 곳에 독이 있다고 어렴풋이 느끼면 반대로 〔천천히〕 치료하는 일이 있다.[87] 그들은 환자를 더 확실하게 치료하길 원하기 때문에 이렇게 행한다. 환자를 염증과 아픈 상태에 오랫동안 있게 하는 것이 더 낫다고 생각하기 때문이다. 이는 환자가 외견상으로 더 빨리 체력을 회복하더라도 그 뒤 재발하여 더 빠른 치료가 단지 일시적이었음을 입증하는 것보다 더 확실한 방식으로 건강을 되찾게 하기 위해서다.[88] 마음의 비밀을 아시고(루카 16,15 참조) 미래를 예견하시는[89] 하느님께서도 이와 같은 방식으로 행하신다. 그분께서는 아마도 당신의 인내로 감추어진 악은 그대로 놓아 두는 것을 허락하시는 반면, 외적 사건들을 통해 감추어진 악은 끌어내신다. 이는 부주의 때문에 죄의 씨앗들을 자신 안에 받아들인 사람을 정화

87) 의사에 관한 비유는 오리게네스의 글에 자주 나온다(참조 『원리론』 2,7,3과 각주 16; 2,10,6; 3,1,13.15). 의술을 예로 드는 것은 의학적 고통이 문제일 때 일반적으로 사용된다. 참조 『원리론』 1,1,3; 1,4,1; 1,8,3.

88) 이 비교는 『탈출기 주해』(『필로칼리아』 27,5)에서 더 상세하게 서술된다. 여기에서 오리게네스는 미쳐 날뛰는 동물들에게 재갈을 물리는 것을 본보기로 언급한다(참조 『기도론』 29,13; 필론, 『탈출기에 관한 질문과 해결』 2,25).

89) 참조 『예레미야서 강해』 18,6; 『창세기 주해』 3(『필로칼리아』 23,4).

하기 위해서다.[90] 죄인은 죄의 씨앗들이 지면에 이르면 그것들을 내뱉어야 하며, 그 경우 그가 매우 오랫동안 악한 상태에 있을지라도 그는 마침내 사악을 정화할 수 있으며 그 뒤에 재생에 이를 수 있다. 왜냐하면 하느님께서는 이른바 이 세상의 삶 50년[91]뿐 아니라 끝없는 영원도 고려하여 영혼들을 주도하시기 때문이다.[92] 하느님께서는 지성적 본성[93]을 불멸하게 만드시고 당신 자신과 친척으로 만드셨으며,[94] 이성적 영혼은 〔그 치료가〕 지상의 삶에 〔한정되는 것〕처럼[95] 치료에서 배제되지 않는다.[96]

14(13). 이제 복음서에 나오는 다음의 실례를 사용하자. 표면에 흙이 많지 않은 어떤 바위가 있다. 씨앗들이 그곳에 떨어지면 빨리 싹튼다. 싹트지만 뿌리가 없기 때문에 "해가 솟아오르자 그것들은 시들어 말라 버렸다"(마태 13,5-6). 이 바위는 부주의[97] 때문에 완고해지고(탈출 4,21 참조) 악의 때문에 돌이 된(에제 11,19 참조) 인간의 영혼이다. 하느님께서는 누구도 돌로 된 마음으로 창조하시지 않았지만, 악의 때문에 그렇게 되기 때문이다. 어떤 사람이 돌이 많은 다른 땅이 씨앗을 받아들여 싹을 틔우는 것을 보

90) 여기서 이미 아리스토텔레스적 심리 요법에서 중요한 역할을 하는, 카타르시스(정화)라는 의학적 개념이 기초가 된다(참조 아리스토텔레스, 『정치학』 8,7과 『시학』 6,1449b 27).

91) 참조 『원리론』(자유의지: 루피누스의 라틴어 역본) 3,1,13 각주 56.

92) 참조 『원리론』 1,6,3.

93) 인식의 주체인 '지성 있는 〔자〕'와 인식의 객체인 지성이 구별되듯이 '노에로스'(νοερός)는 '노에토스'(νοητός)와 구별된다. 이 구별은 오리게네스에게 관용적이다. '코스모스 노에토스'(κόσμος νοητός, 말씀-지혜 안에 내포된 이성 또는 신비, 관념의 지성적 세계)와 '코스모스 노에로스'(κόσμος νοερός, 다시 말하면 선재 시대에 함께 창조된 지성의 지성적 세계)를 혼동해서는 안 된다.

94) 참조 『원리론』(자유의지: 루피누스의 라틴어 역본) 3,1,13 각주 58.

95) 하느님께서 때때로 죄인들을 그들의 죄 속에 내버려 두는 것 같다는 뜻 같다.

96) 따라서 인간이 완고한 상태로 죽을지라도 개선의 가능성이 있다.

97) 참조 『원리론』 1,3,8; 1,4,1; 2,9,2.

고서 〔왜〕 그 땅에 씨앗을 더 일찍 뿌리지 않았느냐고 농부를 비난한다면, 농부는 이렇게 대답할 것이다. '나는 이 땅에 더 늦게 씨 뿌리고 씨앗〔의 성장〕을 늦출 수 있는 방법으로 심을 것이다. 왜냐하면 더 일찍 그리고 흙이 얕은 상태에서 씨앗을 받아들인 땅보다 더 늦게 확실하게 〔씨앗을 뿌리는〕 것이 이 땅에 더 좋기 때문이다.' 우리는 농부가 이성적으로 말하고 현명하게 행했다고 동의할 것이다. 마찬가지로 모든 본성의 위대한 농부[98]께서도, 당신의 도움이 피상적으로 영향을 미치지 않도록 그 도움이 너무 이르다고 생각되면 그것을 미루신다. 이에 관해 어떤 사람은 우리에게 이렇게 이의를 제기할 것 같다. '왜 어떤 씨앗들은 흙이 얕은 곳, 말하자면 바위인 영혼에 떨어지는가?'[99] 이 질문에는 더 높은 것들을 너무 성급하게 원하였고, 더 높은 것들로 이끄는 길로 나아갈 생각이 없었던 영혼에게는 영혼이 원하는 것을 얻는 것이 더 좋다고 대답해야 한다. 영혼은 이 점에서 자신의 결점을 인정하면서, 오랜 시간이 지난 뒤 본성에 일치하게 경작될 수 있도록 떠밑기 위해 끈기 있게 기다려야 한다.

말하자면 영혼은 헤아릴 수 없이 많고 그들의 습성도 헤아릴 수 없이 많다.[100] 영혼들의 움직임과 의향, 경향, 충동도 매우 다양하다. 그것들을 탁월하게 관리하시는 한 분, 만물의 하느님이요 아버지께서만[101] 시기와

98) 의사의 비유와 동일한 비유에 관해서는 참조 『켈수스 반박』 4,69. 하느님은 자유의지를 강요하지 않으면서 가능한 모든 선을 이끌어내기 위해 개별적 방식으로 각 영혼에 영향을 미친다.

99) 이의는 비유를 통해 직접 암시되었고, 답변은 『원리론』 3,1,12에서 이미 상세히 설명된 주제로 이루어진다.

100) '아페이로스'(ἄπειρος)는 '무한한'이라는 엄격한 의미가 아니라, 『원리론』 2,9,1의 루피누스의 번역과 일치하는 유스티니아누스의 단편(Mansi 489와 525)에 따르면—루피누스의 이 구절은 그와 반대로 지성이 있는 존재들(νοερῶν)이 유한한 수로 창조되었음을 입증한다—넓은 의미로 '매우 수가 많은'을 뜻한다.

적절한 도움, 방법과 길[102]을 완전히 아신다. 그분은 파라오를 엄청난 사건들과 나아가 바다에까지 빠뜨리셨고 파라오를 어떻게 이끌어야 하는지[103] 아신다(탈출 14,28). 이는 결코 하느님께서 파라오를 이끄는 계획[104]의 끝이 아니다. 파라오는 바다에 빠졌을 때 파멸하지 않았기 때문이다. "우리 〔자신〕과 우리의 말, 모든 예지와 일솜씨가 하느님의 손안에 있기 때문이다."(지혜 7,16) 이는 파라오의 마음이 완고해졌다(탈출 4,21 참조)는 구절과 "그분께서는 당신이 원하시는 어떤 사람에게는 자비를 베푸시고 당신이 원하시는 어떤 사람은 완고하게 만드십니다"(로마 9,18 참조)라는 구절을 변론하는 데 적절할 것이다.

15 (14). 에제키엘이 이렇게 말하는 대목도 살펴보자. "나는 그들에게서 돌로 된 마음을 치워 버리고 그들 안에 살로 된 마음을 넣어 주어, 그들이 나의 규정들 안에서 걷고 나의 법규들을 지키게 하겠다."(에제 11,19-20) 인간이 그분의 법규를 준수하고 그분의 계명을 지키도록 하느님께서 당신이 원하실 때 돌로 된 마음을 치워 버리고 살로 된 마음을 넣어 주신다면, 악의를 물리치는 것은 우리에게 달려 있지 않다. 왜냐하면 돌로 된 마음을

101) 참조 『원리론』 1,1,6; 2,1,2; 4,2,2 등.

102) 섭리에 대한 적응 능력이 자주 강조된다(참조 『예레미야서 강해』 18,6; 『켈수스 반박』 7,41; 『레위기 강해』 9,8; 『원리론』 3,2,3). 그리스도는 예를 들어 음식물에 관한 주제에서 자주 소개된다. 그리스도는 자신이 양육하는 이들의 완성 정도에 따라 모든 종류의 영적 음식물이 된다. 동물적 영혼을 위해서는 풀, 어린이 같은 영혼을 위해서는 젖, 병든 영혼을 위해서는 채소, 어른이 된 튼튼한 영혼을 위해서는 단단한 음식물이 된다. 이는 각자의 필요에 적합하고, 이성적 피조물에게 알맞은 유일한 음식물인 하느님의 본성이 그에게 이르게 하기 위해서다(참조 H. Crouzel, *Connaissance*, 166-184쪽).

103) 파라오가 입은 고통의 의학적 가치에 관해서는 참조 『필로칼리아』 27,6; 『에제키엘서 강해』 3,3; 『기도론』 29,16. 벌인 죽음에 관해서는 참조 『마태오 복음 주해』 15,15; 『레위기 강해』 14,4.

104) 참조 『원리론』(자유의지: 루피누스의 라틴어 역본) 3,1,14 각주 62.

치워 버리는 것은, 하느님께서 원하시는 어떤 사람에게서 그를 완고하게 하는 악의를 제거하는 것 이외에 다른 것이 아니기 때문이다. 하느님의 법규 안에서 걷고 그분의 계명을 지키도록 살로 된 마음을 넣어 주는 것도, 사람이 유순해지고 진리에 맞서지 않고[105] 덕을 행하는 것 이외에 무엇을 뜻하는가? 하느님께서 이렇게 하겠노라 약속하시며 돌로 된 마음을 치워 버리시기 전에 우리가 자신에게서 돌로 된 마음을 없애지 않는다면, 악의를 제거하는 일은 우리에게 달려 있지 않은 것이 분명하다. 마찬가지로 우리 안에 살로 된 마음을 심기 위해 우리가 어떤 것을 하는 것이 아니라 그것을 심는 것이 하느님의 일이라면, 덕스럽게 사는 것[106]은 우리의 일이 아니라 전적으로 하느님의 은총일 것이다.

이는 문자적 의미[107]에만 바탕을 두고 자유의지를 인정하지 않으려는 사람이 말하는 것이다. 그러나 우리는 이 대목을 다음과 같이 이해해야 한다고 답변할 것이다. 무지하고 교양이 없지만 선생의 권고[108]나 자신의 성찰로 자신의 결점을 자각한 사람은 자신을 교양이나 덕으로 이끌 수 있다고 생각하는 사람에게 자신을 맡긴다. 그가 교육자에게 자신을 맡기면, 교육자는 그의 무지를 없애고 교양을 가르쳐 주리라고 약속한다. 이는 교육의 목표를 이루고 무지에서 벗어나기 위해 스스로 〔영적〕 치료를 받으러 온 사람이 아무것도 할 수 없는 것처럼 〔말하는 것이〕 아니다. 오히려 교육자는

105) 히브 9,24와 1베드 3,21에서 모상이나 상징의 의미로 사용되는 '안티티포스'(ἀντίτυπος)를 때때로 오리게네스는 '맞서는'이라는 뜻으로 사용한다(참조 『켈수스 반박』 2,61: 사도들에게 나타난 부활한 그리스도의 육체는 유령이 아니다). 또는 '반대하는, 복종하지 않는'이라는 의미도 나타낸다(참조 『예레미야서 강해』 6,3: 파라오의 완고한 마음에 관해).

106) 스토아학파의 표현(SVF I, 46-47쪽; III, 13과 34쪽).

107) 참조 『원리론』(자유의지: 루피누스의 라틴어 역본) 3,1,15 각주 63.

108) 참조 『원리론』 3,1,5.

개선하기를 바라는 사람에게 개선을 약속한다. 이처럼 신적 말씀(λόγος)은 당신에게 오는 사람들에게서 돌로 된 마음이라고 하는 악의를 없애 줄 것을 약속하신다. 그러나 그들이 마지못해 하는 때가 아니라 그들 자신을 병자의 의사인 말씀에게 맡길 때 그렇게 하신다. 마찬가지로 병자들이 구원자께 다가가서 치유해 주시기를 청하고, 마침내 치유되는 것을 복음서에서 보게 된다. 말하자면 "눈 먼 이들이 보는 것"(마태 11,5)은 그들이 치유될 수 있다는 믿음에서 청하는(마태 9,28 참조) 한, 병자들의 일이다. 그러나 시력 회복에 관한 것은 우리 구원자[109]의 일이다. 그들이 신적 계명 안에서 걷고 신적 법규를 지킬 수 있도록, 하느님의 말씀은 이와 같이 그들에게서 악의를 뜻하는 돌로 된 굳은 마음을 치워 버리시고, 말씀에게 오는 사람들에게 지식[110]을 주기로 약속하신다.

16 (15). 그다음에 복음서에 나오는 구절이 있는데, 구원자께서는 밖에 있는 이들에게 비유로 말씀하신 이유를 이렇게 설명하셨다. "그들은 보아도 보지 못하고 들어도 깨닫지 못하여, 그들이 회심하여 용서받는 일이 없게 하려는 것이다."(마태 13,13-15; 루카 8,10; 마르 4,11-12; 이사 6,9-10 참조) 여기에서 우리의 반대자는 이렇게 말할 것이다. '그들이 가르침을 더 분명히 들었다면, 그들은 확실히 회심하여 죄의 용서를 받기에 합당한 그러한 방식으로 돌아설 것이다. 게다가 더 분명히 말한 것을 듣는 것은 그들에게 달려 있지 않고, 그들이 보지 못하고 깨닫지 못하도록 그들에게 가르침을

109) 은총과 인간 행위의 문제는 『원리론』 3,1,19에서 집중적으로 다루어진다.
110) 지식(ἐπιστήμη)은 그리스어권에서 근본적인 덕행과 인간 삶의 목표로 이해된다(SVF I, 49.85.92쪽; III, 60쪽). 그리스도인의 근본 덕행과 삶의 목표에 관해서는 참조 『바르나바의 편지』 2,3; 21,5; 헤르마스의 『목자』 환시 3,8; 오리게네스, 『예레미야서 강해』 16,1; 『원리론』 3,1,24.

더 분명하게 선포하지 않은 선생에게 달려 있다. 따라서 구원받는 것은 그들에게 달려 있지 않다. 그렇다면 구원과 파멸에 관해 우리에게는 자유의지가 없는 셈이다.' "그들이 회심하여 용서받는 일이 없게 하려는 것이다"라는 문장이 덧붙여지지 않았다면,[111] 이 구절에 관해 확실한 방식으로 변론할 수 있다. 이 경우 구원자께서는 완전하지 않은 사람들[112]이 더 깊은 신비들을 이해하기를 바라지 않으셨고, 이는 그분께서 그들에게 비유로 말씀하신 이유였다. 그러나 "그들이 회심하여 용서받는 일이 없게 하려는 것이다"라는 문장이 있기에 변론하기가 더 어렵다.

무엇보다도 이 구절을, 구약성경에서 비슷한 구절을 찾는 이단자들을 반박하는 논증으로 언급해야 한다.[113] 이단자들은 창조주의 잔인함 또는 복수하고 악을 대갚음하는 그분의 의지 또는 그들이 이러한 특성으로 부르고자 하는 모든 명칭이 구약성경에 명백히 〔드러난다고〕 대담하게 말한다. 〔세상을〕 창조하신 분께 선이 내재하지 않는다고 말하는 것이 그들의 유일한 목표다. 그러나 그들은 신약성경을 비슷한 방식으로 그리고 분별 있게 검토하지 않는다. 그들이 구약성경에서 비난할 만하다고 여기는 구절

111) 실상 이 첨가 구절이 없다면 그리스도의 예지를 통해 자유의지를 설명할 수 있었다. 그리스도는 자신을 믿으려 하지 않는 사람들에게 신비를 드러내고자 하지 않았다. 그러나 첨가 구절은 그리스도의 이러한 태도가 그리스도의 명확한 의지에서 유래한다는 것을 입증하는 것 같다. 오리게네스는 파라오의 완고한 마음보다 이 문장을 정통 방식으로 설명하는 데 더 애를 먹었다.

112) 이러한 설명은 명백히, 단순한 그리스도인과 완전한 그리스도인의 구분에 바탕을 두고 있다(참조 『원리론』 1,서론,3과 각주 13). καλὸς καὶ ἀγαθός는 예를 들어 알렉산드리아의 클레멘스의 『양탄자』 7,74,6에서 완전한 이들을 나타내는 명칭이다.

113) 오리게네스는 자신의 해결책을 제시하기 전에 이 복음 구절이 의로우신 하느님과 선하신 하느님을 구별하는 내용이 아니라는 것을 입증한다. 그는 신약성경의 하느님도 구약성경의 하느님만큼 불의하고 잔인하다는 사실을 밝힌다. 비슷한 논증은 『원리론』 2,5,2에서도 전개되었다.

과 비슷한 〔신약성경의〕 구절들을 허투루 넘기기 때문이다. 또한 그들이 이전의 책들에 관해 주장하듯이,[114] 사람들이 회심하지 않도록 그리고 그들이 회심하여 죄를 용서받기에 합당하지 않도록 구원자께서 명백하게 말씀하지 않으셨다는 것이 복음서에서도 분명하게 나타나기 때문이다. 이 기술 자체는 그들이 구약성경에서 비난하는 비슷한 기술들과 다를 것이 없다. 그들이 변론하기 위해 복음서에 있는 구절을 찾는다면, 그들이 비슷한 문제들에 상이한 태도를 취하는 것이 비난받을 만한 짓으로 여겨지지 않는지 그들에게 이의를 제기해야 한다. 그들은 신약성경〔의 관련 구절〕을 비난하지 않고 그것을 변론하기 위해 찾는 반면, 신약성경〔의 관련 구절〕과 비슷한 방식으로 변론해야 하는 구약성경의 비슷한 구절은 비난한다. 이 논증에 바탕을 두고 우리는 성경[115]이 모두 유사하므로 한 분 하느님의 작품으로 여겨야 한다는 사실을 그들에게 입증할 것이다. 그러나 지금은 당면한 주제를 힘자라는 데까지 변론하자.

17(16). 우리는 파라오에 관해 검토할 때,[116] 너무 빨리 치유되는 것이 치유된 사람들에게 때로는 유익하지 않다고 말했다. 스스로 어려움에 빠진 뒤 그들이 빠진 어려움에서 손쉽게 벗어날 때 그러하다. 왜냐하면 그들은 악을 쉽게 치유될 수 있는 것으로 같잖게 여기고 악에 빠지는 것을 조심하지 않다가 다시 그 악에 떨어지기 때문이다. 따라서 그러한 사람들의 경우

114) '이전의 책들'은 구약성경을 가리킨다. 이는 구약성경이 신약성경의 하느님을 알지 못하며 그분의 가르침도 담고 있지 않다고 내세우는 마르키온파의 견해에 해당한다. 오리게네스는 마르키온파가 구약성경에서 본디의 진리를 은폐하였다는 사실을 논증하기 위해 이 단락을 서술한 것이다.

115) 직역은 "모든 책"이다.

116) 참조 『원리론』 3,1,13-14.

에, 숨겨진 것들을 알고 계시며 "모든 것이 일어나기 전에 아시는"(수산나 4,42 Θ; 5,42) 영원하신 하느님께서는 당신의 호의로 그들을 더 빨리 도와주는 것을 미루신다. 그들을 도와주지 않는 것이 도와주는 것이라 말할 수 있다. 그것이 그들에게 유익하기 때문이다. 아마도 여기에서 말하는 "밖에" 있는 사람들(마르 4,11 참조)[117]이 그들에게 말한 것을 더 분명하게 들었다면, 우리가 가정했듯 그들이 회심한 상태에 확고하게 머무르지 못하리라는 사실을 구원자께서는 아셨다. 그래서 주님께서는 더 심오한 진리를 더 분명하게 듣지 못하도록 예정하셨다. 이는 그들이 너무 빨리 회심하고 치유되어 용서를 받은 뒤, 사악이라는 자신의 상처를 대수롭지 않고 쉽게 치유될 수 있는 것으로 과소평가하지 않도록 그리고 너무 빨리 사악에 다시 빠지지 않도록 하시려는 것이다. 아마도 그들은 덕에서 벗어났을 때 덕을 거슬러 범한 이전의 죄에 대해서는 죗값을 치렀겠지만, 다음과 같은 적절한 시간을 아직 채우지 못했다. 곧, 신적 감독에서 벗어나고[118] 그들이 스스로 뿌린 악으로 점점 더 채워진 뒤, 그들은 이전에 이미 떨어진 악—그들이 선의 위엄을 조롱하고 더 나쁜 것에 골몰한 것—에 금방 다시 떨어지지 않도록 더 지속적으로 회개하는 적절한 시간 말이다. "안에" 있는 사람들(1코린 5,12 참조)과 명백히 비교되어 "밖에" 있는 사람들(마르 4,11 참조)로 불리는 이들이 안에 있는 이 사람들과 매우 멀리 떨어진 것은 아니다. "안에" 있는 사람들이 명확하게 듣는 반면, "밖에" 있는 사람들에게는

117) 슈니처(K. Fr. Schnitzer, *Origenes*, 186쪽)는 τοὺς ἔξω와 οἱ ἔσω(안에 있는 사람들)에서 영지주의적 의미를 고찰한다. 어쨌든 이것은 매우 오리게네스적인 표현이며, 예수가 비유로 말한 사람들과 그가 집안에서 비유를 설명해 준 이들을 구분하는 표현으로 알렉산드리아에서 통용되었다.

118) 참조 『원리론』 3,1,13.

비유로 말하기 때문에 그들은 명확하게 듣지 못한다. 그럼에도 그들은 듣는다.[119] 그러나 "밖에" 있는 사람들과 구분되는 이들 가운데, 티로 사람들이라고 불리는[120] 다른 이들도 있다. 그들은 오래 전에 자루옷을 입고 재를 뒤집어쓰고 앉아 회개했을 것이라고 미리 알려졌지만(루카 10,13 참조), 구원자께서 그들의 지역에 가까이 오셨을 때 그들은 "밖에" 있는 사람들이 듣는 것조차 듣지 못했다. 아마도 그들이 "밖에" 있는 사람들보다 품위에서 더 멀리 있기 때문일 것이다. 〔예수께서〕 티로 사람들을 언급하신 주제에 관한 말씀을 받아들이지 않은 이들보다 그들〔의 운명〕이 '견디기 더 쉬웠을' 것이라 말씀하셨으니(루카 10,14 참조), 그들은 다른 때에 〔하느님의 말씀을〕 더 좋은 기회에 듣고 더 지속적인 회개를 할 것이다.[121]

119) 비유로 듣는 사람들과 비유의 설명을 듣는 사람들에 관해서는 참조 『헤라클리데스와의 논쟁』 15; 『켈수스 반박』 2,64; 3,21; 3,46; 6,6; 『마태오 복음 주해』 10,1.4; 11,4; 『잠언 단편』 (PG 13,21). 예수가 비유로 말한 "밖에" 있는 사람들은 밖에 있고 그가 비유를 설명하는 "안에" 있는 사람들은 집안에 있다. "밖에"와 "안에"의 이 구별은 자주 반복해서 나타난다. 또한 요한 1,37-39에 따르면 제자들은 밖에서 예수를 찾고, 예수는 그들을 집안에 들어오도록 초대한다〔참조 『요한 복음 주해』 2,36(29),219-220〕. 마찬가지로 요한 11,20에서는 아직 완전하지 않은 마르타는 예수를 마중하러 나가지만 매우 완전한 마리아는 집안에서 예수를 기다린다〔참조 『요한 복음 단편』 80(GCS 4, 457쪽)〕.

120) 마태 13,10의 해석이 마태 11,21의 해석에 연결된다. 곧, 티로와 시돈 사람들은 코라진과 벳사이다에서 일어난 기적을 보았다면 회개하였을 것이다. 그러나 예수는 이 이방인 고을에 가지 않았다. 그러면 이들은 하느님의 호의와 어떻게 화해하는가?(참조 『원리론』 2,5,2) 오리게네스는 너무 빨리 그리고 일시적으로 회개하지 않게 하려는 것을 신적 의지를 통해 늘 설명한다. 따라서 오리게네스에게는 네 범주의 사람들이 있다. 비유가 설명된 "안에" 있는 사람들, 그리스도가 비유로 말한 "밖에" 있는 사람들, 그리스도가 비유로 말할 수 있을 만큼 아직 성숙되지 않은 티로 사람들, 말씀을 받아들이지 않은 호숫가 고을의 주민.

121) 오리게네스는 루카 10,13에 바탕을 두고 "안에" 있는 사람들과 "밖에" 있는 사람들과 더불어 하느님의 말씀이 주어지지 않은 제3의 무리를 내세운다. 그들은 티로 사람들로 서술된다. 오리게네스는 에제 28,12-18에 나오는 티로 사람들을 생각하기에(참조 『원리론』 1,5,4와 4,3,9) 시돈을 언급하지 않는다. 티로 사람들은 예수의 말씀을 받아들이지 않은 도시,

〔진리를〕 탐구하는 일과 더불어 죽지 않는 영혼[122]을 보살피는 하느님의 다양한 섭리[123]와 관련된 그렇게 중요한 문제들을 우리가 완전하게 설명하려 애쓰면서, '하느님과 그분의 기름부음받은이'(시편 2,2 참조)[124]를 향해 신심[125]을 지키려고 노력했는지 살펴보자. 예를 들어, 비난받은 사람들[126]에 관해 이런 의문을 제기할 수 있다. 그들은 기적을 보고 신적 말씀을 들었어도 아무런 이익을 얻지 못했지만 그와 같은 것들이 티로 사람들에게 행해지고 말해졌다면 그들은 회개했을 것이라고 한다면, 구원자께서는 그러한 사람들에게 불리한 〔기쁜 소식을〕 도대체 왜 선포하셔서 그들의 죄가 더 무겁게 그들에게 전가되도록 하신 것인지 물을 수 있다. 우리는 그〔렇게 묻는 이〕에게 이렇게 답변해야 한다. 그들은 다른 사람들이 볼 수 있도록 허용된 것을 볼 수도 없었고 다른 사람들이 자신의 유익함을 위해 들은 것을 들을 수도 없었기 때문에 〔그분을〕 믿지 않은 것이 그들 책임이 아니라지만, 당신의 섭리를 비난하는 모든 이의 속뜻을 아시는 〔구원자께서는〕 그 변명이 논리적이 아니라는 것을 입증하려고 당신의 관리 방식을 고발하는 이들이 청한 것을 그들에게 주신 것이다. 그들은 청한 것을 받은 뒤에도 그들에게 이익이 될 수 있는 것에 자신을 내맡기지 않았다는 점에서 매

코라진과 벳사이다보다 심판 때 견디기 더 나을 것이다.

122) 죽음의 다양한 의미와 상관관계가 있는 불사의 다양한 의미에 관해서는 참조『원리론』1,서론,4 각주 25.

123) 참조『원리론』2,1,2.

124) '그리스도'라는 의미다.

125) 신심(τὸ εὐσεβές)은 믿음에서 생기며, 신학적 탐구를 불러일으켜야 한다. 루피누스는 이를 신심 규범(regula pietatis)이라 부르면서 더 법적인 의미로 번역한다(참조『원리론』1,5,4; 3,1,7-8).

126) 다시 말하면 '예수가 비난한 사람들'(코라진과 벳사이다 주민들, 루카 10,13 참조)이다. 마태 11,21에 따르면 호숫가 고을 주민인 넷째 범주의 인간들이다.

우 불경건한 상태에 있었다는 사실을 〔스스로〕 납득하였다. 따라서 그들은 더 이상 뻔뻔스럽게 굴지 않아야 한다. 그리고 그들이 이러한 방식으로 자유롭게 되면 그들은 다음과 같은 사실을 배울 것이다. 하느님께서는 어떤 사람들에게 선을 행하시는 일을 때로는 지체하시고 미루시며, 그러한 것을 보고 듣는 것을 허락하지 않으신다. 이는 그렇게 위대하고 놀라운 체험을 한 뒤에도 믿지 않는 죄가 더 무겁고 위중하기 때문이다.

18 (17). 이제 이와 관련된 구절을 살펴보자. "그러므로 그것은 원하는 사람과 달리는 사람에게 달려 있는 것이 아니라 하느님의 자비에 달려 있습니다."(로마 9,16) 〔우리의〕 반대자들은 이렇게 말한다. '그것이 원하는 사람과 달리는 사람에게 달려 있는 것이 아니라 하느님의 자비에 달려 있다면, 구원은 우리에게 달려 있는 것이 아니라 우리를 그러한 체질로 창조하신 분에게서 기인하는 체질[127] 또는 원하실 때 자비를 베푸시는 분의 의지에 달려 있다.' 우리는 이들에게 이렇게 물어야 한다.[128] 선(τὰ καλά)을 원하는 것이 좋은 것인가 나쁜 것인가? 그리고 선을 얻고자 애쓰면서 목표에 이르려는 의도로 달리는 것은 칭찬받을 일인가 비난받을 일인가? 그들이

127) 두 가지 이유가 결정론의 근거로 제시된다. 본성에 관한 가르침, 그리고 인간의 의지와 상관없이 인간을 결정하는 하느님 계획에 관한 개념. 첫째는 영지주의, 특히 발렌티누스파가 제시하는 이유이고 둘째는 운명론을 신봉하는 모든 사람, 곧 스토아학파, 점성술 옹호자 등이 제시하는 이유다.

128) 오리게네스는 바오로 서간 구절을 해석하기 전에 반대자들 가르침의 모순을 입증하고자 한다. 영지주의자들은 구원받는 것이 인간의 노력에 달려 있다면, 그리고 그들의 본성이 이미 파멸로 정해졌다면 그들이 하느님에게서 자비를 얻을 수 없기 때문에 그들의 노력은 헛되다고 생각한다(참조 『필립보 복음서』 111과 114). 그에 따르면, 파멸로 예정된 어떤 본성이 구원을 바랄 수 있다는 것은 모순이다. 그들은 선과 악에 대한 스토아학파의 구별과 도덕적으로 선도 악도 아닌 중립적인 것(τὸ μέσον 또는 τὸ ἀδιάφορον)의 구별을 통해 자신들의 주장을 논증한다.

비난받을 일이라고 말한다면, 거룩한 이들은 원하고 달리며 비난받을 어떤 일을 명백히 행하지 않기에, 그들은 명증에 모순되게 답변한 것이다. 그들이 선을 원하고 그것을 향해 달리는 것이 좋은 것이라고 말한다면, 우리는 그들에게 파멸한 본성이 어떻게 선을 원할 수 있는지 물을 것이다. 선을 원하는 것이 좋은 것이라면, 이는 나쁜 나무가 좋은 열매를 맺는(마태 7,18 참조) 일과 다름 없기 때문이다.[129] 세 번째로 그들은 선을 원하는 것과 그것을 향해 달리는 것은 좋은 것도 나쁜 것도 아닌 중립적인 것에 속한다고 말할 수 있다. 그렇다면 우리는 이렇게 말해야 한다. 선을 원하는 것과 그것을 향해 달리는 것이 중립적인 것이라면, 이와 반대되는 것, 곧 악을 원하는 것과 그것을 향해 달리는 것도 중립적인 것이다. 그러나 악을 원하고 그것을 향해 달리는 것은 중립적인 것이 아니다. 따라서 선을 원하고 그것을 향해 달리는 것도 중립적인 것이 아니다.[130]

19(18).[131] 따라서 나는 다음과 같은 문장으로 이를 변론할 수 있다고 생각한다. "그러므로 그것은 원하는 사람과 달리는 사람에게 달려 있는 것이 아니라 하느님의 자비에 달려 있습니다."(로마 9,16) 솔로몬은 시편—우리가 인용하려는 올라감의 노래[132]도 그의 작품이다—에서 이렇게 말한다.

129) 마르키온 신학에서 주요 부분을 이루는 "좋은 나무는 나쁜 열매를 맺을 수 없다"(마태 7,18)라는 이 인용은 여기에서 반마르키온적 맥락에서 매우 강조된다(참조 A. v. Harnack, *Marcion*, 194-195쪽). 영지주의자들이 자주 사용하는 마태 7,18에 관해서는 참조 『원리론』 1,8,2; 2,5,4.

130) 이러한 논리적 결론은 스토아학파의 다른 증거가 없음(δεύτερος ἀναπόδεικτος) 도식을 따른다(참조 B. Mates, *Stoic Logic*, 70쪽). 참조 L. Roberts, *Origen and Stoic Logic*, 433-444쪽.

131) 『원리론』 3,1,19에 관해서는 참조 F. Prat, *Origène*, 159-163쪽. 『필로칼리아』 26,7에 있는 『시편 주해 단편』의 내용은 이와 매우 유사하다.

132) 시편 제126편은 히브리어 사본과 칠십인역 사본들에서 솔로몬의 작품으로 여겨진다. 이사

"주님께서 집을 지어 주지 않으시면 그 짓는 이들의 수고가 헛되리라. 주님께서 성읍을 지켜 주지 않으시면 그 지키는 이의 파수가 헛되리라."(시편 126,1) 여기에서 솔로몬은 우리에게 집짓는 것을 포기하게 하지 않으며, 우리 영혼 안에 있는 성읍을 지키기 위해 우리가 깨어 있도록 가르치고 있지만, 그와 동시에 하느님 없이 세워진 것과 그분의 보호를 받지 못하는 것은 헛되이 세워진 것이며 의미 없이 보호되는 것이라는 사실을 보여 주고 있다. 왜냐하면 하느님께서는 당연히 〔머릿돌에〕 건축물의 주인[133]으로 표현되고, 만물의 주님께서는 성읍을 지키는 이들의 통치자로 표현되기 때문이다. 그러므로 우리가 이 건물은 건축가의 작품이 아니라 하느님의 작품이며, 이 성읍이 적들에게서 어떤 해도 겪지 않은 것은 파수꾼의 업적이 아니라 "만물 위에 계시는 하느님의"(로마 9,5) 업적 때문이라고 말한다면, 우리는 잘못 말하는 것이 아니다. 이는 인간이 어떤 것의 일부를 만들었지만, 업적은 완성자(히브 12,2 참조)이신 하느님께 감사하면서 돌려드리는 것으로 이해할 수 있다. 마찬가지로 인간의 의지는 목표에 도달하기에 충분하지 않고, 육상선수 같은 사람들의 달음질도 "그리스도 예수님 안에서 하느님께서 주시는 천상 부르심의 상"(필리 3,14)을 얻기에 충분하지 않기에—이 모든 것은 하느님의 도움으로 완성되기 때문이다—"그것은 원하는 사람과 달리는 사람에게 달려 있는 것이 아니라 하느님의 자비에 달려 있습니다"(로마 9,16)라고 말하는 것이 옳다. 더 나아가 농사일과 관련해서도 그렇게 말할 수 있으며 실제로 다음과 같이 기록되어 있다. "나는 심고 아폴

30,29는 순례자들이 축제를 지내기 위해 예루살렘으로 올라가면서 부르는 올라감의 노래(시편)를 암시한다. 참조 탈출 34,24; 1열왕 12,27; 이사 30,29.

133) 건축주의 이름은 일반적으로 건축물 머릿돌에 새겨진다.

로는 물을 주었습니다. 그러나 자라나게 하신 분은 하느님이십니다. 그러니 심은 이와 물을 주는 이는 아무것도 아닙니다. 자라게 하시는 하느님만이 중요합니다."(1코린 3,6-7) 열매가 영그는 것은(마르 4,28 참조) 농부의 업적이나 물주는 이의 업적이 아니라 하느님의 업적이라고 말하는 것은 불경스럽지 않다. 마찬가지로 우리의 완성도 우리가 어떤 것을 행하지 않는다면 일어나지 않지만, 그 완성은 우리 노력의 결과로 성취되는 것이 아니라 대부분 하느님께서 이루시는 것이다.[134] 이것이 〔바오로 서간에 나오는 구절〕이 뜻하는 바라는 점을 더 명백히 하기 위해, 항해술에서 예를 들어 보자. 바람의 세기, 대기의 고요함, 별들의 반짝임, 항해하는 이들의 안전에 도움이 되는 모든 것과 비교해 볼 때 우리는 항해술이 배를 귀항시키는 데 얼마나 더 도움이 된다고 말할 수 있는가?[135] 선원들조차도 경건한 두려움을 느끼며 자신들이 배를 구한 것이라고 감히 말하지 않고, 모든 것이 하느님 덕분이며 자기들이 한 것은 아무것도 없고 〔하느님〕 섭리의 부분이 기술적 부분보다 훨씬 더 크다고 자주 말하곤 한다. 확실히 우리의 구원에 있어서도 하느님의 몫이 우리 자유의지의 몫보다 훨씬 더 크다. 나는 이것이 "그것은 원하는 사람과 달리는 사람에게 달려 있는 것이 아니라 하느님

134) 오리게네스는 이성적 피조물들이 자신의 구원이나 파멸을 결정하는 것처럼 줄곧 말한다(참조 『원리론』 1,3,6; 1,5,2; 1,8,3; 2,1,2; 2,9,2; 2,9,6; 3,2,3; 『로마서 주해』 1,18; 3,6 등). 그렇지만 『민수기 강해』 20,3에서 그리스도는 구원으로 인도하기 위해 "힘쓴다"(vim facit). 그리스도는 초대만 하지 않고 주저하는 이들을 당신에게 이끈다. 인간의 구원에는 신적 은총과 의지의 자유로운 선택이 필수적이다(참조 『원리론』 3,1,24; 『시편 제4편 주해』(=『필로칼리아』 26,7; 『켈수스 반박』 7,42). 이 마지막 구절(참조 『켈수스 반박』 7,42)에 따르면 인간은 그가 찾은 분의 도움 없이 하느님을 찾을 수도 발견할 수도 없다. 대부분 그것을 행하시는 분은 하느님이시다〔참조 『시편 제4편 주해』(=『필로칼리아』 26,7); 『민수기 강해』 7,6; 『원리론』 3,2,4〕.

135) 참조 『원리론』(자유의지: 루피누스의 라틴어 역본) 3,1,19 각주 79.

의 자비에 달려 있습니다"(로마 9,16)[136]라고 말해진 이유라고 생각한다. "그것은 원하는 사람과 달리는 사람에게 달려 있는 것이 아니라 하느님의 자비에 달려 있다"라는 문장을 우리의 반대자들처럼 이해하면 계명들은 쓸데없고, 바오로 자신이 떨어져 나간 이들을 질책하고 선을 행한 이들을 인정하며 교회에게 율법을 주어 봤자 헛된 일이다.[137] 우리가 더 좋은 것을 원하려고 전념하는 것도 달리려고 전념하는 것도 헛된 일이다. 그러나 바오로가 어떤 조언을 하며, 어떤 이들을 질책하고 다른 이들을 인정한다면 그것은 헛된 일이 아니다. 우리가 더 좋은 것을 의도하려고 전념하며 뛰어난 것을 열심히 추구하는 것은 헛된 일이 아니다. 그러므로 우리의 반대자들은 이 구절의 의미를 올바르게 이해하지 못한 것이다.

20 (19). 이 구절들 외에 "원하는 것과 실행하는 것은 하느님의 것이다"(필리 2,13)라는 구절이 있다. 이것을 두고 어떤 이들은 이렇게 말한다. 원하는 것이 하느님의 것이고 실행하는 것이 하느님의 것이라면, 우리가 악한 〔것을〕 원하고 악한 〔것을〕 실행하는 것도 하느님의 것이다. 그렇다면 우리에게는 자유의지가 없다.[138] 마찬가지로 우리가 더 좋은 것을 원하고 뛰어난 행위를 실행한다면 원하는 것과 실행하는 것은 하느님에게서 비롯하

136) 오리게네스가 여기에서 두 번 반복하는 로마 9,16의 인용을, 루피누스는 아마도 제3권 서론에서 말한 간략함의 원칙에 따라 번역하지 않은 것 같다.

137) 이 문제점은 『원리론』 3,1,21에서 되풀이된다. 카르네아데스 이래 스토아학파 결정론에 대한 고전적 논증이다. 곧, 자유의지가 없다면 인간의 모든 도덕적 노력은 허사다. 영지주의자들은 자유의지를 인정하지 않으려고 바오로의 일부 본문들을 근거로 삼는다. 그런데 바오로는 서간 수취인들에게 도덕적 계명을 지키도록 권고한다. 이는 영지주의자들이 내세운 본문들이 그에게 이 의미가 아니었음을 입증해 준다. 오리게네스의 논증은 인간의 행위를 배제하는 모든 종류의 예정론을 반대한다.

138) **참조** 루피누스는 "마찬가지로 우리가 … 자유의지가 없다"(πάλιν τε αὖ κρείττονα … αὐτεξούσιοι)를 번역하지 않는다.

기에, 뛰어난 행위를 한 이는 우리가 아니다. 우리가 뛰어난 행위를 한 것처럼 보이지만 우리에게 그것을 주신 분은 하느님이시다. 따라서 이 점에서도 우리에게는 자유의지가 없다. 이에 대해 우리는, 사도의 말은 악(τὰ κακὰ)을 원하는 것이 하느님의 것이라거나 선(τὰ ἀγαθὰ)을 원하는 것이 하느님의 것이라는 사실을 의미하지 않으며, 더 좋은 것이나 더 나쁜 것을 실행하는 것이 하느님의 것이라는 사실을 의미하는 것도 아니라고 말해야 한다. 그러나 일반적으로 원하는 것과 일반적으로 실행하는 것은 〔하느님의 것이다〕. 우리가 살아 있는 피조물로서의 존재와 인간으로서의 존재를 하느님에게서 받듯이, 우리는 일반적으로 원하는 것과 일반적으로 움직이는 능력도 그분에게서 받는다고 나는 말했다. 우리는 살아 있는 피조물로 존재하기 때문에 움직일 수 있는 능력을 지니며, 예를 들어 손이나 발 같은 우리의 지체를 움직일 수 있다. 우리는 때리거나 죽이거나 다른 사람의 재산을 빼앗기 위해 움직이는 특별한[139] 능력을 하느님에게서 받았다고 이성적으로 말할 수 없지만 움직이는 일반적인 능력을 하느님에게서 받았으며, 더 나쁜 것이나 더 좋은 것을 위해 이 능력을 사용하는 것은 우리다.[140]

139) 루피누스는 전문용어 '에이디콘'(εἰδικόν, 특별한)과 '게니콘'(γενικόν, 일반적)을 번역하지 않는다.

140) 우리의 판단에 따르면, 이 정식은 부족한 면이 있다. 왜냐하면 이는 선과 악을 선택할 수 있도록 우리를 창조한 뒤 우리의 선택을 무관심하게 지켜보는 하느님을 암시할 수 있기 때문이다. 그러나 오리게네스는 무엇보다도 먼저 인간의 자유의지를 보호하기 위해 성경 구절들을 해석하는 데 몰두한다. 그래서 필리 2,13을 고찰한다. 우리는 창조될 때 하느님에게서 이미 선을, 다시 말하면 하느님을 향해 실행하는 것을 받았다. 그것이 하느님의 모상(오리게네스는 '하느님의 모상'을 동적인 의미로 파악했다)에 따라 우리를 창조한 의미다. 왜냐하면 모상은 그 전형과 비슷하게 되려는 경향을 지니기 때문이다(참조 H. Crouzel, *Théologie de l'Image*, 165-166쪽; 『원리론』 2,2,4; 『순교 권면』 47). 자유의지는 개인적으로 이 행위(이는 그 반대인 거부도 포함한다)를 하도록 인간에게 주어진 능력이다.

따라서 우리는 살아 있는 피조물인 한, 실행하는 것을 하느님에게서 받았으며 원하는 것도 창조주[141]에게서 받았다. 그러나 원하는 것과 마찬가지로 실행하는 능력을 더 좋은 것이나 더 나쁜 것에 사용하는 주체는 우리다.

21(20). 우리에게 자유의지가 없다고 믿게 하는 것처럼 생각되는 사도의 말이 또 있다. 여기에서 사도는 이렇게 이의를 제기한다.[142] "이렇게 그분께서는 당신이 원하시는 어떤 사람에게는 자비를 베푸시고, 당신이 원하시는 어떤 사람은 완고하게 만드십니다. 이제 그대는 나에게, 그렇다면 '그분께서 왜 여전히 책망하십니까? 사실 누가 그분의 뜻을 거역할 수 있겠습니까?' 하고 물을 것입니다. 아, 인간이여! 하느님께 말대답하는 그대는 누구인가? 작품이 제작자에게 '나를 왜 이렇게 만들었소?' 하고 말할 수 있습니까? 또는 옹기장이가 같은 진흙을 가지고 한 덩이는 귀한 데 쓰는 그릇으로, 한 덩이는 천한 데 쓰는 그릇으로 만들 권한이 없습니까?"(로마 9,18-21) 〔이에 대해〕 어떤 사람은 이렇게 말할 것이다. 옹기장이가 같은 진흙을 가지고 어떤 것은 귀한 데 쓰는 그릇으로 어떤 것은 천한 데 쓰는 그릇으로 만들듯이, 하느님께서도 어떤 사람들은 구원받도록 어떤 사람들은 파

141) 오리게네스는 두 성경에 나오는 하느님을 자주 데미우르고스(δημιουργός)로 표현한다(참조 『켈수스 반박』 2,3; 2,44; 3,40; 4,75). 영지주의자들은 이 용어를 구약성경에 나오는 열등한 하느님에게 적용한다.

142) 오리게네스는 로마 9,18-21의 시작 부분을 『원리론』 3,1,8에서 탈출 4,21과 관련해 이미 인용했다. 여기에서 그는 특히, 매우 쉽게 결정론적 의미에 이용할 수 있는 바오로 본문들 가운데 하나인 옹기장이와 그 그릇에 관한 마지막 부분을 해석한다. 오리게네스는 『원리론』 3,1,20에서도 이 주제를 다루면서 사도가 선을 행한 이들을 인정하고 죄인들을 질책한다면 이 구절을 비결정론의 의미에서 받아들여야 하며, 그렇지 않으면 사도가 모순되게 말한 것이라는 결말을 짓기 위해 많은 인용문을 들어 이 주제를 상세히 설명한다. 그러고 나서 오리게네스는 영혼의 선재를 근거로 삼는다. 곧, 인간의 현 상황은 하느님의 임의적 의지에서 기인하는 것이 아니라 지상의 육체로 있기 이전의 공로와 과실의 결과다. 『로마서 주해』 7,17에서는 선재에 관한 암시가 여기보다 분명하지 않다.

멸하도록 만드셨다면,[143] 구원받거나 파멸하는 것은 우리에게 달려 있지 않으며 우리에게는 자유의지가 없다. 우리는 이 구절을 이렇게 해석하는 사람에게 사도가 모순된 말을 한다고 생각할 수 있는지 물어야 한다. 감히 그렇다고 말할 수 있는 사람은 아무도 없으리라고 나는 생각한다. 사도가 모순되게 말하지 않는다면, 그 대목을 이렇게 이해한 사람들〔의 견해〕를 따를 경우 사도가 코린토에서 간음자(1코린 5,1-5 참조)와 "그들이 저지른 그 더러운 짓과 방탕에 떨어지고 회개하지 않고"(2코린 12,21) 떨어져 나간 사람들을 어떤 이유로 질책할 수 있는가? 또한 그가 칭찬한 사람들을—예를 들어 오네시포로스 집안을—다음과 같이 말하면서 선을 행한 사람들로 칭찬할 수 있는가? "주님께서 오네시포로스 집안에 자비를 베푸시기를 빕니다. 그는 여러 번 나에게 생기를 돋워 주었으며, 내가 사슬에 매인 것을 부끄러워하지 않고 오히려 로마에 와서는 열심히 나를 찾아 만나 주었습니다. 그날에 주님께서는 그가 주님 곁에서 자비를 얻게 해 주시지 않겠습니까?"(2티모 1,16-18) 죄인이 질책할 만하다면 그를 질책하고 선을 행한 사람이 칭찬할 만하다면, 〔이를〕 인정하는 동일한 사도가 한편으로는 아무것도 우리에게 달려 있지 않은 것처럼 창조주의 뜻에 따라 어떤 것은 귀한 데 쓰는 그릇으로 어떤 것은 천한 데 쓰는 그릇으로 만들어진다고 말하는 것은 일관성이 없다. 그리고 이렇게 쓰여 있다. "우리 모두 그리스도의 심판석 앞에 나서야 합니다. 각자는 좋은 것이든 나쁜 것이든, 이 몸으로 그가 한 일에 따라 어떤 것을 받게 됩니다."(2코린 5,10) 악을 행한 사람들이

143) 두 종류의 그릇으로 구분하는 것은 각각 영적 사람들과 물질적 사람들을 나타내는, 본성에 관한 발렌티누스파 가르침과 잘 어울린다. 영혼적 사람들은 도덕적 삶에 따라 좌우되는 중간 위치에 있다.

'천한 데 쓰는 그릇'으로 창조되었기 때문에 그러한 행위에 이르렀고, 덕스럽게 산 사람들이 처음부터 이 목적으로 만들어지고 '귀한 데 쓰는 그릇'으로 되었기 때문에 선을 행했다면, 〔바오로가 위에 말한 구절이〕 어떻게 이치에 맞을 수 있는가? 게다가 그들이 우리가 인용한 말들에서 모은 견해, 곧 어떤 그릇은 귀한 데 쓰이고 어떤 그릇은 천한 데 쓰이게 된 원인이 창조주라는 견해는 다른 곳에 있는 다음과 같은 진술과 모순되지 않는가? "큰 집에는 금 그릇과 은그릇만이 아니라 나무 그릇과 질그릇도 있어서, 어떤 것은 귀하게 쓰이고 어떤 것은 천하게 쓰입니다. 그러므로 어떤 사람이 자신을 깨끗이 하면 귀하게 쓰이는 그릇, 곧 거룩하게 되어 주인에게 요긴하게 쓰이고 또 온갖 좋은 일에 쓰이도록 갖추어진 그릇이 될 것입니다."[144](2티모 2,20-21) 그러므로 자신을 깨끗이 하는 사람은 '귀하게 쓰이는 그릇'이 되고, 더러움을 깨끗이 하는 데 소홀히 한 사람은 '천하게 쓰이는 그릇'이 된다면, 이 구절들에서 창조주는 결코 그 원인이 아니라고 추론할 수 있다. 창조주께서는 처음부터 당신의 예지[145]로 '귀하게 쓰는 그릇'과 '천하게 쓰는 그릇'을 만드시지 않기 때문이다. 또한 그분께서는 이 예지로 미리 단죄하거나 의롭게 하지 않으시고 자신을 깨끗이 하는 사람들을 '귀하게 쓰는 그릇'으로 만드시고, 더러움을 깨끗이 하는 데 소홀히 한 사람들을 '천하게

144) 2티모 2,20-21과 로마 9,18-21을 비교하는 것은 매우 적절하다. 같은 이미지가 같은 용어—귀하게 쓰이는 그릇(σκευή είς τιμήν)과 천하게 쓰이는 그릇(σκεύη είς ἀτιμίαν)—로 사용되기 때문이다. 두 구절은 놀랄 만큼 서로 보완된다. 이 비교는 『로마서 주해』 7,17에서도 이루어지며, 두 본문의 관점 차이는 문맥에서 상세하게 설명된다. 로마 9,21의 문맥은 논쟁적이지만, 2티모의 문맥은 그 정도는 아니다.

145) 하느님의 예지는, 오리게네스가 여기에서 갑자기 끌어들이는 결정론의 대표자들에 대한 계속되는 논증이다. 그는 이러한 앎을 인간의 자유와 일치하는 것으로 여긴다. **참조** 『창세기 주해』 3(『필로칼리아』 23,3-5.7-11); 『켈수스 반박』 2,20).

쓰는 그릇'으로 만드시기 때문이다. 따라서 어떤 사람이 귀하게 〔태어나고〕, 어떤 사람이 천하게 〔태어나는〕 것은 '귀하게 쓰이는 그릇과 천하게 쓰이는 그릇'을 만들기 이전 원인의 결과다.[146)]

22 (20.21). 그러므로 우리가 '귀하게 쓰이는 그릇'과 '천하게 쓰이는 그릇'에 이전의 어떤 원인이 있다고 받아들이고 나서,[147)] 영혼에 관한 주제로 되돌아가는 것은 얼마나 터무니없는가? 야곱이 아직 육체를 취하기 전에 그리고 에사우가 아직 레베카의 태 안에 들어가기 전에 야곱이 사랑받고 에사우가 미움받은 데[148)] 이전의 원인이 있다고 생각하는 것도 얼마나 터무니없는가?(창세 25,25-26; 말라 1,2-3; 로마 9,13 참조)[149)]

(21.) 옹기장이가 한 종류의 흙을 마음대로 사용할 수 있듯이, 한 덩이에서 귀한 데 쓰이는 그릇과 천한 데 쓰이는 그릇이 생겨나는 것은 기체의 역할을 하는 본성에 관한 한 매우 명백히 입증된다. 따라서 하느님께서는 모든 영혼에 있는 하나의 본성을 마음대로 사용할 수 있으며,[150)] 이전의 어

146) 오리게네스가 지금까지 선한 행위나 악한 행위의 원인인 인간 소질의 불일치를 될 수 있는 한 부인했다면, 지금은 신학적 논증을 곁들이면서 그러한 불일치를 허용한다.

147) 이 구절은 히에로니무스의 『서간집』 124,8(아비투스에게 보낸 편지)에서 인용된다. "따라서 제3권에서 다음과 같은 오류가 발견된다. 어떤 그릇이 귀하게 쓰이기 위해 창조되고 다른 그릇이 천하게 쓰이기 위해 창조되었다는 것이 이전의 원인에서 비롯한 것이라는 견해를 우리가 일단 받아들이면, 왜 우리는 영혼에 관한 심원한 이야기를 회상하지 못하고, 먼 옛적의 행위 때문에—야곱의 경우는 탈취자가 되기 전에 그리고 에사우의 경우는 그의 뒤꿈치가 자기 형제에 의해 잡히기 전에—어떤 사람은 사랑받고 다른 사람은 미움받는다고 결론내릴 수 있는가?"

148) 오리게네스는 야곱과 에사우의 경우를, 육체적 출생에 이전의 공로 또는 과실에 관한 가르침을 뒷받침해 주는 성경 구절로 거듭 언급한다(참조 『원리론』 1,7,4; 2,8,3; 2,9,7; 『로마서 주해』 7,17).

149) "그러므로 우리가 … 터무니없는가?"(Εἰ γὰρ… Ῥεβέκκας γενέσθαι)에 관해서는 참조 F. Prat, *Origène*, 154-155쪽.

150) 『원리론』 2,1,4에서 설명된 물질적 본성에 관한 스토아학파의 개념, 곧 이성적 본성들이 본

떤 원인이 어떤 것은 귀한 것으로 어떤 것은 천한 것으로 만들지라도 모든 이성적 본성은 말하자면 한 덩이에서 생겨난다.[151] 사도가 "아, 인간이여! 하느님께 말대답하는 그대는 정녕 누구인가?"(로마 9,20)라고 말하면서 질책하는 것[152]은, 아마도 자신의 신실하고 훌륭한 삶 때문에 하느님께 자유로이 말할 수 있는 사람은 "하느님께 말대답하는 그대는 누구인가?"라는 말을 듣지 않았다는 사실을 우리에게 가르치는 것일 터이다. 그러한 사람은 모세였다.[153] "모세는 아뢰었고, 하느님께서는 그에게 우렛소리로 대답하셨"다(창세 19,19). 그리고 하느님께서 모세에게 대답하셨듯이 성인도 하느님께 대답한다.[154] 그러나—그가 파멸하였기 때문이든지 또는 그가 배우려는 열망이 아니라 논쟁욕[155]에서 이것들을 탐구하기 때문이든지—이 신

디 평등하다는 사실은 지성적 실체에 잘 적용되어 나타난다. 이는 본성에 관한 발렌티누스파의 가르침을 부인하려는 의도를 나타낸다. 지성적 실체에 관해서 오리게네스는 플라톤적 개념을 지니고 있으며, 물질적 실체에 관해서는 스토아학파를 따른다. 참조 『원리론』 3,6,7에 나오는 일반적인 두 본성과 『기도론』 27,8에 나오는 두 본성(οὐσίαι). 루피누스는 전문용어 '기체의'(ὑποκειμένης)를 번역하지 않고 관념만 번역한다.

151) 참조 『원리론』(자유의지: 루피누스의 라틴어 역본) 3,1,22 각주 85.

152) 바오로가 하느님께 말대답하려는 사람을 질책하는 것이 탈출 19,19와 비교된다. 모세는 하느님과 대화하기를 원하였다. 따라서 이는 그 자체로는 비난할 만한 것이 아니다. 그러나 바오로가 질책하는 사람은 이 권리를 특권처럼 가로채고, 모세의 도덕적 상태와 같지 않은 그의 도덕적 상태는 그에게 이 권리를 누리도록 허용하지 않는다. 바오로의 질책은 자기 영혼의 발전을 위해서가 아니라 반항하기 위해 하느님께 이야기하는 죄인에게 적용된다. 욕망의 사람인 다니엘에 관한 동일한 설명이 『로마서 주해』 7,17에 나온다.

153) 시나이 산에서 모세의 환시는 하느님을 향한 신비적 상승(이 삶에서 인간이 이룰 수 있는 가장 높은 단계)에 대한 상징이다. 이에 관해서는 참조 『민수기 강해』 22,3(죽기 전 느보산에 오른 모세가 주제다); 『켈수스 반박』 1,9; 『시편 제36편 강해』 4,1.

154) 모세의 대화는 하느님과 인간 사이의 대답이 가능하다는 사실을 입증한다.

155) 『마태오 복음 주해』에서 여러 번, 특히 17,2와 17,28에서 오리게네스는 바리사이들이 진리를 알기 위해서가 아니라 결점을 찾기 위해서 질문하기 때문에 예수께서 그들에게 대답하지 않은 것을 주목한다. 곧, 그들이 공감하지 않기에 그들이 이해할 수 있는 모든 참된 가

뢰를 얻지 못한[156] 사람, 그리고 그러한 동기에서 "그분께서 왜 여전히 책망하십니까? 누가 그분의 뜻을 거역할 수 있습니까?"라고 말하는 이 사람은 "아, 인간이여! 하느님께 말대답하는 그대는 정녕 누구인가?"라는 말에 담겨 있는 질책을 들을 만하다.

23 (22). 그러나 〔상이한〕 본성들〔에 관한 가르침〕을 소개하고 〔인용된〕 이 구절을 사용하는 사람들에게 우리는 다음과 같이 말해야 한다. 파멸한 이들과 구원받은 이들이 '한 덩이'에서 생기며, 구원받은 이들의 창조주가 또한 파멸한 이들의 창조주라는 가르침을 이들이 고수한다면,[157] 그리고 영적 인간들뿐 아니라 세속적 인간들을 만드신 분이 선하시다면(이는 그들 추론의 결과다), 이전에 이루어진 선한 행위들의 결과로 지금 귀하게 쓰이는 그릇이 되었지만 귀하게 쓰이는 그릇에 상응하고 부합하는 것을 행하지 않은 사람은 〔생애의〕 다른 시기에 천하게 쓰이는 그릇이 될 수도 있다. 마찬가지로 이 생애 이전에 있었던 원인의 결과로서 이 세상에서 천하게 쓰이는 그릇이 된 어떤 사람도, 자신의 행실을 고치고 '새 창조'(갈라 6,15)에서 귀하게 쓰이는 그릇, 곧 거룩하게 되어 주인에게 요긴하게 쓰이고 또 온갖 좋은 일에 쓰이도록 갖추어진 그릇이 될 수 있다.[158]

능성을 없앤다. 마찬가지로 『요한 복음 주해』 28,11(10),85에서 유대인들은 라자로의 부활을 목격했지만 예수가 행한 모든 선을 밀고한 그들은 이 장면을 물질적으로 보았기에 영적으로 그것을 볼 수 없었다.

156) 곧, '자유롭게 말할 수 있는 이 권리를 지니지 못한' 사람을 뜻한다.

157) 참조 『원리론』(자유의지: 루피누스의 라틴어 역본) 3,1,23 각주 87.

158) 히에로니무스는 위에서 말한 내용을 이렇게 번역한다〔참조 『서간집』 124,8(아비투스에게 보낸 편지)〕. "그러나 우리의 견해에 따르면 이전의 공로 때문에 고귀하게 만들어진 그릇이 그 명칭에 적합한 행위를 게을리 한다면, 다른 시기에 천하게 쓰이는 그릇이 될 것이다. 다른 한편으로 이전에 지은 죄의 결과로 천하게 쓰이는 명칭을 받은 그릇은 현재의 삶에서 그것을 바로잡기를 원했다면, 새 창조에서 거룩하게 되고 주인에게 요긴하게 쓰이고 또

아마도 현재의 이스라엘인들[159]은 그들의 고귀한 혈통에 어울리는 삶을 살지 않았다면 이 민족에서 배제되고, 귀하게 쓰이는 그릇에서 천하게 쓰이는 그릇으로 변할 것이다. 그리고 이스라엘에 가까이 온 현재의 많은 이집트인과 이두매아인[160]은 많은 열매를 맺을 때 "주님의 교회에 들어갈"(신명 23,8-9 참조) 것이고, 더 이상 이집트인이나 이두매아인으로 여겨지지 않고 이스라엘인이 될 것이다. 따라서 이 방식에 따라 어떤 이들은 그들 의지의 결심으로 더 나쁜 것에서 더 좋은 것으로 나아가는 반면, 다른 이들은 더 좋은 것에서 더 나쁜 것으로 떨어진다. 또한 어떤 이들은 선에 머무르거나 좋은 것에서 더 좋은 것으로 올라가는 반면, 다른 이들은 여전히 악에 머무르며 악의가 퍼지면 나쁜 것에서 더 나빠진다.[161]

24 (23). 어떤 대목에서[162] 사도는, 우리가 귀하게 쓰이는 그릇이나 천하게 쓰이는 그릇이 되는 것은 하느님에게 달려 있는 것이 아니라, 전적으로 우리의 책임이라고 내세우면서 이렇게 말한다. "그러므로 어떤 사람이 자

온갖 좋은 일에 쓰이도록 갖추어진 그릇이 될 것이다."

159) 이는 오늘날의 하느님 백성인 교회를 뜻한다. 이집트인들과 이두매아인들은 믿지 않는 이들이다. 이 민족명의 우의적 사용에 관해서는 **참조** 『원리론』 2,11,5; 4,3,6-12; 『그레고리우스에게 보낸 편지』(『필로칼리아』 13,2); 『민수기 강해』 11,7. 이 문장의 관심사는 그리스도를 받아들이지 않은 오리게네스 당시의 유대인이 아니라 영적 이스라엘인들, 곧 구약성경에 나오는 이스라엘인들이 상징하는 그리스도인들이다. 마찬가지로 이집트인들과 이두매아인들은 이교인을 상징한다. 이 모든 것은 『원리론』 4,3,6-9에 따라 이해된다.

160) 이두매아인과 이집트인의 결합에 대한 견해는 1열왕 11,14 이하; 신명 23,7-8에서 암시된다. **참조** 『필로칼리아』 13,3.

161) **참조** 『원리론』(자유의지: 루피누스의 라틴어 역본) 3,1,23 각주 93.

162) 오리게네스는 구원 활동에서 하느님의 부분과 인간의 부분에 관한 자신의 가르침을 다시 제시하기 위해 2티모 2,21과 로마 9,21의 비교를 재론한다(**참조** 『원리론』 3,1,19). 이 본문에 관해서는 **참조** F. Prat, *Origène*, 152-154쪽.

신을 깨끗이 하면 귀하게 쓰이는 그릇, 곧 거룩하게 되어 주인에게 요긴하게 쓰이고 또 온갖 좋은 일에 쓰이도록 갖추어진 그릇이 될 것입니다."(2티모 2,21) 그러나 다른 대목에서는 그것이 우리에게 달려 있는 것이 아니라 완전히 하느님의 몫이라고 내세우면서 이렇게 말한다. "옹기장이가 같은 진흙을 가지고 한 덩이는 귀한 데 쓰는 그릇으로, 한 덩이는 천한 데 쓰는 그릇으로 만들 권한이 있다."(로마 9,21) 그가 말한 이 두 구절에는 모순이 없기 때문에 두 구절을 전체적으로 보아야 하며, 거기서 하나의 완전한 설명을 이끌어 내야 한다. 하느님의 (예)지[163] 없이 〔진보하는 것은〕 우리에게 달려 있지 않으며,[164] 우리 자신이 선한 것을 하도록 〔스스로〕 어떤 기여를 하지 않으면 하느님의 (예)지는 우리에게 그 〔도덕적〕 진보를 강요하지도 않는다. 우리의 의지는 하느님의 예지 없이, 그리고 우리의 결정에 알맞은 〔신적〕 기여를 완전하게 사용하는 능력[165] 없이 어떤 사람을 귀하거나 천하게 〔쓰이는 그릇으로 만들도록〕 영향을 미칠 수 없다. 또한 하느님의 처분권도 그분께서 더 좋은 것이나 더 나쁜 것으로 기우는 우리의 의도에서 상이한 〔결정을 위한〕 토대[166]를 발견하시지 않으면, 그 자체만으로 어떤 사람을

163) 하느님의 (예)지는 오리게네스가 끌어들이는 결정론 대표자들에 대한 논증이다. 그는 이 (예)지를 인간의 자유와 모순되지 않는 것으로 여긴다〔참조 『창세기 주해』 3(『필로칼리아』 23,3-5.7-11); 『켈수스 반박』 2,20〕.

164) "우리의 고유한 행동은 하느님의 (예)지 없이는 아무것도 아니며"라고 번역할 수도 있다.

165) 그리스어 표현법이 모호하다. 루피누스는 이렇게 번역한다. "우리가 앞에서 상술했듯이(참조 『원리론』 3,1,20), 하느님께서 우리에게 원하고 실행하는 능력을 주셨다는 것에 관한 지식 없이." '테스'(τῆς)는 '자유의지를 적절히 사용하지 않고' 또는 '그리고 하느님께서 우리의 자유로운 결정을 (인간의 낮춤과 높임을 위해) 그 가치에 따라 사용하지 않고'라는 의미일 수 있다. 마지막 표상(하느님께서 세상을 창조하실 때 스스로 자유롭게 결정하는 존재를 "사용하신다")은 『원리론』 3,6,3에도 나온다.

166) 이를 직역한 표현은 "어떤 물질"(ὕλην τινα)인데, 여기서는 단순히 '토대'라는 의미를 지니는 것 같다.

귀하거나 천하게 〔쓰이는 그릇으로〕 만들 수 없다. 자유의지라는 주제에 관한 논증은 이 정도면 충분할 것이다.

자유의지
(루피누스의 라틴어 역본)

1. 우리가 자신의 지성을 영원하고 끝없는 저 시대에 관한 관상에 투사(投射)하고, 말로 표현할 수 없는 기쁨과 행복을 관상할 때, 우리는 〔앞서 살펴본〕 이러한 신적 약속에 관해 생각해야 한다.[1)]

교회의 선포는 앞으로 일어날 하느님의 심판에 관한 믿음, 곧 행복하고 선하게 살고 어떤 방식으로든지 죄를 멀리하라고 사람들을 권고하고 설득하는 믿음을 담고 있다. 이는 칭찬받을 만하거나 비난받을 만한 삶을 엮어가는 것이 우리에게 달려 있다는 것을 의미하는 것이 분명하다. 그래서 나는 우리의 자유의지에 관해 몇 가지 관점을 검토할 필요가 있다고 생각

1) 이 대목은 『필로칼리아』에 없다. 이에 관해 쾨차우는 이 대목을 루피누스의 가필이라고 여기지만 바르디(Bardy, *Recherches*, 42쪽)는 판단을 유보한다. 어떤 논고를 다른 논고와 연결하는 이러한 대목들은 『원리론』에서도 자주 발견되기에 번역자의 가필이라고 여길 필요는 없다(참조 『원리론』 1,7,1; 2,1,1; 2,4,1).

한다. 매우 많은 사람이 이 문제를 공공연하게 논했기 때문이다.

자유의지가 무엇인지 더 쉽게 이해할 수 있도록 자유의지의 본성과 의지의 본성이 무엇인지 알아보자.

2. 움직이는 모든 것 가운데 더러는 자기 움직임의 원인이 자신 안에 있고, 더러는 밖에서 〔힘을〕 받는다. 예를 들어 돌과 목재, 그리고 자신의 물질적 또는 육체적 구조를 통해서만 존재하는 이런 종류의 사물들처럼 생명이 없는 모든 것은 밖에서 〔힘을 받아〕 움직인다. 물체가 소멸하여 해체되는 것[2]을 움직임이라고 여기는 견해는 당분간 제쳐 두어야 한다. 이는 〔우리가 다루는〕 주제에 전혀 도움이 되지 않기 때문이다. 동물이나 나무, 자연적 생명[3]이나 영혼으로 존재하는[4] 모든 것처럼 다른 존재들은 자신 안에 움직임의 원인이 있다. 어떤 사람들은 광맥[5]도 여기에 포함시켜야 한다고 생각한다. 또 불도 스스로 움직인다고 생각하고 물의 원천도 그러할 것이라 확신한다. 그러나 자신 안에 자기 움직임의 원인이 있는 것들 가운데

2) '육체의 흐름'(τὴν ῥύσιν τῶν σωμάτων)은 소멸 현상에 국한되지 않지만, 루피누스는 그리스어의 의미를 제한적으로 사용한다. 메토디우스(『부활론』 1,22)와 에피파누스(『약상자』 64,15)가 인용하는 『시편 주해』에 따르면, 육체의 본성이 유동적인(ῥευστή) 한, 영혼은 흘러나가지 않는다(οὐ ῥεῖ). 육체는 흐름에 비길 수 있고, 육체의 물질적 요소들이 유기체 안에서 끊임없이 새로워지기 때문이다. 영적 '실체'(οὐσία)에 대립되는 물질적 실체에 관한 이 낱말의 사용에 관해서는 참조 『기도론』 17,8. 그러나 『기도론』 6,1에서는 육체가 유동적이라는 사실이 부패 현상에만 연관되어 있다고 한다.

3) 참조 알렉산드리아의 클레멘스, 『양탄자』 6,12,96.

4) '시네케타'(συνέχεται)의 번역. 스토아학파는 영의 활동이 존재들을 결합시킨다고 보았지만, 루피누스는 그렇게 여기지 않았다.

5) 루피누스는 금속(μέταλλον)을 광맥(metalorum vena, 금속의 맥)이라고 번역했다. 이는 금속 안에 어떤 생명력이 있다고 여긴 스토아학파 포세이도니오스의 견해와 관련이 있다(참조 W. Theiler, *Die Vorbereitung*, 74쪽). 만약 그것을 금속이라고 번역한다면, 자력(磁力) 현상이라 생각할 수도 있다. 『기도론』 6,1은 그와 같이 이야기한다.

더러는 그 자신에서(ex se) 움직이고, 더러는 그 자신으로부터(ab se) 움직인다고 한다. 따라서 살아 있지만 활기가 없기 때문에 그 자신에서 움직이는 것들과 그 자신으로부터 움직이고 활기가 있는 것들을 구분한다. 활기가 있는 것들은 표상(fantasia)을 지니고 있는데, 이는 움직이게 하거나 어떤 것으로 향하게 하는 일종의 의지나 충동이다.[6] 요컨대 어떤 동물들에게는 그러한 표상, 곧 어떤 자연적 충동을 자극하여 질서정연하고 일정하게 움직이게 하는 의지나 감정이 일어난다.[7] 거미들이 하는 일에서 우리가 보듯이 거미들은 표상, 곧 거미집을 지으려는 의지나 열망으로 매우 질서정연하게 얽는 일을 완성한다. 이 행위는 의심할 나위 없이 이 일에 대한 충동을 불러일으키는 자연적 움직임이다. 우리는 이 곤충이 〔거미집을〕 지으려는 자연적 열망 이외의 다른 감정을 지녔는지 알 수 없다.[8] 마찬가지로 벌들도 벌집을 지어 이른바 하늘에서 내린 꿀을 모은다.[9]

3. 그러나 이성적 동물은, 이 자연적 움직임들 이외에 다른 동물들보다 더 이성적인 능력을 자신 안에 지닌다. 이 이성적 능력으로 이성적 동물

6) 표상(φαντασία)은 동물이 밖으로부터 받는 인상이다. 충동(ὁρμή)은 영혼이 있는 존재가 외적·내적 자극에 직접 반응하는 것이다. 이에 관해서는 참조 SVF III, 40쪽; 필론, 『우의의 법칙』 1,30; 『하느님』 41-44; 알렉산드리아의 클레멘스, 『양탄자』 2,20,110-111. '판타시아'(φαντασιά, 표상)와 '호르메'(ὁρμή, 충동)에 관해서는 참조 『원리론』 2,8,1과 각주 3.

7) 참조 SVF II, 208쪽. 안에서부터 생기는 표상(φαντασία)에 관한 문제다. 크리시포스는 '판타스티콘'(φανταστικόν)을 '디아케노스 엘키스모스'(διάκενος ἑλκυσμός), 곧 공허한 견인력으로 정의하였다. 외적 동인에 의해 자극받지 않은 채 영혼을 통해 받은 인상이라는 의미다. 참조 SVF II, 21-22.25쪽. 루피누스의 번역은 정확하지만 전문용어를 올바로 이해하지 못했다.

8) 루피누스가 전개한 부분이다.

9) 루피누스는 여기에 베르길리우스의 『게오르기카』 4,1: "다음으로 나는 하늘에서 내린 선물인 꿀에 관하여 말하겠다"(Protinus aerii mellis dona exsequar)를 연상시키는 내용을 끼워 넣는다.

은 자연적 움직임들을 판단하고 식별하여 그 가운데 더러는 배척하고 거부하며 더러는 승인하고 받아들인다. 이 이성의 판단으로 인간의 움직임은 칭찬할 만한 삶으로 인도되고 나아갈 수 있다. 인간 안에 있는 이 이성의 본성은 선과 악을 구분하는 능력을 지니고, 이성이 선과 악을 구분할 때면 승인한 것을 선택하는 능력도 지니게 된다. 그래서 선한 것을 선택하면 당연히 칭찬받을 만하다고 하고, 수치스럽고 악한 것을 따르면 질책받을 만 하다고 여긴다. 그러나 말 못하는 어떤 동물들, 이를테면 영리한 개나 군마(軍馬)에게는 다른 동물들보다 더 질서정연한 움직임들이 발견된다는 사실을 잊어서는 안 된다. 따라서 어떤 이들은 이것들이 일종의 이성적 감각에 의해 움직인다고 생각한다. 그러나 이것은 이성보다는 오히려 이러한 용도로 개나 군마에게 더 많이 주어진 본능적이고 자연적인 움직임에서 비롯한다고 생각해야 한다.[10] 앞에서 말했듯이 이성적 동물이 이러한 면모를 지니고 있다면, 우리 인간은 시각이나 청각이나 다른 감각을 통하여 우리에게 좋은 움직임이나 나쁜 움직임을 일으키고 야기하는 어떤 자극들을 밖으로부터 받을 수 있다.[11] 이 자극들은 밖에서 일어나는 까닭에 그것들을 일어나지 않게 하거나 생기게 하는 것은 우리에게 달려 있지 않다. 그러나 자극이 일어날 때 그것들을 어떻게 사용해야 하는지 판단하고 시험하는

10) "그러나 이것은 … 생각해야 한다"라는 구절은 그릇된 해석을 피하기 위해서 루피누스가 덧붙인 대목이다.

11) "앞에서 말했듯이 … 받을 수 있다"라는 구절에서 루피누스는 오리게네스가 서둘러 언급한 내용을 더 상세하게 다룬다. 루피누스의 이러한 설명은 오리게네스가 인간과 동물의 차이에 관하여 『켈수스 반박』 4,81-99에서 밝힌 견해를 충실히 반영한다. 동물은 하느님의 모상대로 창조된 인간이 소유하고 있는 이성적 특성에 참여하지 못한다. 이 때문에 오리게네스를 데카르트의 사상에서 볼 수 있는 동물-기계 개념의 창시자로 보는 매우 과장된 주장을 하는 이도 있다(참조 M. J. Denis, *De la philosophie*, 205-210쪽).

것은 우리 안에 있는 이성, 곧 우리 판단의 일이며 몫일 따름이다. 이 이성의 판단으로 우리는 이성 자체가 승인한 것이 무엇이든 밖에서 오는 자극을 사용하며, 이성은 선이나 악에 대한 승인 〔여부〕에 따라 우리의 자연적 움직임을 이끈다.

4. 우리의 움직임을 일으키는 외적 자극이 그러한 까닭에 우리를 선이나 악으로 몰아붙이는 그 자극에 저항할 수 없다고 말하는 이가 있다면, 이처럼 생각하는 그는 자신의 내적 움직임들을 세심하게 고려하면서 자신에게 잠시 주의를 기울일 일이다. 그렇게 한다면 어떤 욕망에 대한 매력이 느껴질 때, 영혼이 동의하고 정신이 사악한 꼬드김에 빠지도록 허락하기 전에는 아무것도 이루어지지 않는다는 사실을 깨달을지 모른다. 이는 마치 우리 마음의 법정 안에 거주하는 재판관에게 〔원고와 피고〕 양측이 어떤 그럴 듯한 이유로 항소하는 것과 같다. 먼저 이유를 설명한 뒤 이성의 판단으로 행위에 대한 판결이 이루어지게 하려는 것이다.[12] 예를 들어 어떤 사람이 절제 있고 정숙한 삶을 살고 모든 성관계를 끊으려고 결심했을 때, 어떤 여인이 나타나 그의 결심에 어긋나는 어떤 것을 행하도록 그를 자극하고 유혹한다 해도 그 여인은 남자의 그릇된 행동의 원인이나 결정적 동기가 아니다. 정욕의 자극을 억제하고 덕이라는 엄격한 꾸짖음으로 자신을 꼬드기는 유혹의 즐거움을 억누르려는 결심을 되새기면서, 쾌락에 대한 모든 감각을 떨쳐 버리고 자신의 결심을 확고하고 지속적으로 지켜 내는 일은 그에게 달려 있기 때문이다.[13] 마침내 이 종류의 자극이 신적 가르침으

12) "이는 마치 … 이루어지게 하려는 것이다"는 루피누스가 덧붙인 구절이다. 루피누스는 이 대목에서 설득력(πιθανότης)을 법정 이미지와 연결하는데, 이는 그 자신이 자주 사용하는 벌의 이미지다.

13) 루피누스가 전개하고 있는 부분이며, 같은 목적에 도달하기 위해 내용을 전도시킨다. 오리

로 강해지고 더 많이 교육받은 사람들에게 일어난다면, 그들은 자신이 오래 전에 묵상하고 배운 것을 되새기며, 더 거룩한 가르침의 버팀목으로 스스로를 지켜 내면서 자신이 누구인지 즉시 기억할 것이다.[14] 그들은 자극을 일으키는 모든 유혹을 거부하고 뿌리치며 그들 안에 있는 이성의 도움으로 사악한 욕망에 대항한다.[15]

5. 이 자극들이 이러하다는 것은 일종의 자연적 증거로 입증되었다. 그렇다면 우리 안에 모든 원인이 있는데도 우리 행위의 원인을 외적인 것으로 돌리고 스스로를 탓하지 않는 것은 정당하지 못한 일이 아니겠는가? 이는 마치 그 안에 어떠한 움직임도 없고 움직임의 원인을 밖에서 받는 나무나 돌과 같다고 우리가 말하는 것과 비슷하지 않은가? 이는 참되고 알맞게 말하는 것이 아니며, 단지 의지의 자유를 부인하기 위해 꾸며낸 것일 따름이다.[16] 결국 의지의 자유가 없다고 생각한다면, 외적인 어떤 것[17]도 우리를 선이나 악으로 자극하여 밀어붙일 수 없다. 만일 어떤 사람이 잘못의 원인들을 육체의 타고난 소질 탓으로 여긴다면, 이는 명백히 모든 교육이 입증하는 논리에 상반된다. 이전에 절제하지 않고 방종한 삶을 살고 사치와 정욕의 포로가 된 사람들이 가르침과 교육을 통해 더 나은 삶을 엮어가

게네스가 유혹에 빠질 뻔한 사람에 대해 이야기한다면 루피누스는 저항할 수 있는 사람에 대해 이야기한다.

14) 루피누스의 이 번역문은 전례적 표현을 연상시킨다(참조 G. Bardy, *Recherches*, 130쪽). 그레고리우스 성사집(*Sacramentarium Gregorianum* 90,3, ed. Lietzmann, 57쪽)의 연중 제3주일 영성체후 기도 참조.

15) 루피누스는 "적어도 그러한 확신에 이르면서"(ἢ ἐγγύς γε τοῦ βεβαιωθῆναι γεγενημένος)를 번역하지 않았다.

16) 루피누스는 더 길게 설명한다.

17) 직역은 "밖으로부터 우리에게 일어나는 어떤 것"이다.

도록 초대받았을 때, 사치스럽고 수치스러운 상태에서 근실하고 매우 정숙한 모습으로, 사납고 포악한 상태에서 매우 온화하고 상냥한 모습으로 바뀌는 것을 우리는 많이 보기 때문이다.[18] 또 우리는 조용하고 품행이 방정한 다른 사람들에게서 정반대의 것을 보게 된다. 그들이 난폭하고 부도덕한 사람들과 교제하였을 때, 그들의 좋은 습관은 나쁜 교제로 인하여 변질되었으며,[19] 모든 종류의 사악을 다 지닌 이들과 같은 부류의 사람으로 변하였다. 이런 일이 중년의 사람들에게 종종 일어난다. 이로써 그들은 나이가 많아져 자유로운 삶을 살 수 있을 때보다 젊었을 때 더 정숙하게 살았음을 입증한다. 따라서 이성의 논리는 외적 사건[20]들이 우리에게 달려 있지 않음을 보여 준다. 그러나 우리 안에 있는 이성이 외적 사건들을 어떻게 사용해야 하는지 식별하고 결정할 때, 그것들을 좋게 또는 나쁘게 사용하는 것은 우리에게 달려 있다.

6. 성경의 권위로 이성의 논리가 보여 준 바를 확증하는 것, 곧 올바르게 또는 올바르지 않게 사는 것은 우리의 몫이지[21] 외적 원인들에 달려 있지 않으며, 어떤 이들이 생각하듯이 우리를 짓누르는 운명에 달린 것도 아니다. 미카 예언자는 이렇게 말하면서 증언할 것이다. "사람아, 무엇이 선한지 너에게 말씀하시지 않았느냐? 그리고 주님께서 너에게 요구하시는 것은 정의를 실천하고 자비를 사랑하며 네 하느님, 주님과 함께 걸을 준비

18) 루피누스가 번역한 이 대목은 원문보다 더 짧다. 회개한 사람들은 회개할 필요를 느끼지 못한 사람들이 무절제하고 난폭하다는 사실을 드러낸다는 개념을 루피누스가 제대로 이해하지 못한 듯하다.

19) **참조** 1코린 15,33. 이 성경 구절을 연상케 하는 이 표현은 루피누스가 끼워 넣은 것이다. 여기서 루피누스는 메난드로스의 『타이스』 단편 75를 인용한다.

20) 직역은 "밖으로부터 오는 어떤 것"이다.

21) **참조** 『원리론』(『필로칼리아』 그리스어본) 3,1,6 각주 43.

를 하라는 것이 아니냐?"(미카 6,8) 모세도 이렇게 말한다. "나는 너희 앞에 생명의 길과 죽음의 길을 내놓았다. 선을 선택하고 선 안에서 걸어라."(신명 30,15.19) 그리고 이사야는 "너희가 원하고 내 말을 듣는다면 이 땅의 좋은 것을 먹게 되리라. 그러나 너희가 원하지 않고 듣지 않는다면 칼이 너희를 먹으리라. 주님께서 친히 그렇게 말씀하셨기 때문이다"(이사 1,19-20)라고 한다. 그리고 시편에 "내 백성이 내 말을 듣고 이스라엘이 내 길을 걸었다면, 나는 그들의 적들을 아무것도 아닌 것으로 깎아내렸으리라"(시편 80,14-15)라고 쓰여 있다.[22] 이 구절들은 말씀을 듣고 하느님의 길을 걷는 것은 백성에게 달려 있다는 사실을 보여 준다. 게다가 구원자께서 이렇게 말씀하신다. "그러나 나는 너희에게 말한다. 악인에게 맞서지 마라"(마태 5,39), 또한 "자기 형제에게 성을 내는 자는 누구나 재판에 넘겨질 것이다"(마태 5,22), 또한 "음욕을 품고 여자를 바라보는 자는 누구나 이미 마음으로 간통한 것이다"(마태 5,28). 그리고 그분께서 주신 다른 계명들에서 명령을 지키는 일이 우리에게 달려 있다는 것, 그리고 우리가 확실히 지킬 수 있는 것을 위반한다면 당연히 재판에 넘겨지리라는 것 이외에 그분이 무엇을 일러주시는가? 그분께서는 "나의 이 말을 듣고 실행하는 이는 모두 자기 집을 반석 위에 지은 슬기로운 사람과 같다"(마태 7,24)라거나 "이 말을 듣고 실행하지 않는 자는 모두 자기 집을 모래 위에 지은 어리석은 사람과 같다"(마태 7,26)라는 말씀을 남기셨다. 그리고 그분께서는 〔당신〕 오른쪽에 있는 이들에게 "내 아버지께 복을 받은 이들아, 나에게 오너라"라거나 "너희는 내가 굶주렸을 때에 먹을 것을 주었고, 내가 목말랐을 때에 마실 것을 주었기 때문이다"(마태 25,34-35)라고 말씀하셨다. 〔이 말씀은〕 그들이 계

22) 참조 『원리론』(『필로칼리아』 그리스어본) 3,1,6 각주 47.

명을 지키고 약속하신 것을 받아서 칭찬받을 만하든, 그와 반대로 그릇된 행동 때문에 "저주받은 자들아 영원한 불 속으로 들어가라"(마태 25,41)라는 말을 듣는 다른 사람들처럼 비난받을 만하든, 문제는 그들 자신에게 달려 있음을 분명히 보여 준다.

의지력을 지니고 있으면서 자신 안에 구원과 파멸의 원인이 있는 우리에게 바오로 사도가 어떻게 말하는지 살펴보자. "그대는 그분의 그 큰 호의와 관용과 인내를 업신여기는 것입니까? 하느님의 호의가 그대를 회개로 이끌려 한다는 것을 모릅니까? 그대는 회개할 줄 모르는 완고한 마음에 따라, 하느님의 의로운 재판이 이루어지는 진노의 날과 계시의 날에 그대 자신에게 쏟아질 진노를 쌓고 있습니다. 하느님께서는 각자에게 그 행실대로 갚으실 것입니다. 꾸준히 선행을 하면서 영광과 명예와 불멸을 추구하는 이들에게 영원한 생명을 〔주십니다〕. 그리고 싸우기 좋아하고 진리를 거스르고 불의를 따르는 자들에게는 진노와 격분이 쏟아질 것입니다. 먼저 유대인이 그리고 그리스인까지, 악을 저지르는 모든 영혼은 환난과 고통을 겪을 것입니다. 그러나 먼저 유대인에게 그리고 그리스인에게까지, 선을 행하는 모든 이에게는 영광과 명예와 평화〔가 내릴 것입니다〕."(로마 2,4-10) 우리가 의지력을 지니고 있다는 것을 명백히 보여 주는 다른 많은 구절을 그대는 성경에서 수없이 찾을 수 있을 것이다. 계명들을 지킬 능력도 없는데 우리에게 계명을 주어 그것을 지킴으로써 구원받거나 위반함으로써 단죄받도록 했다는 것은 터무니없다.[23]

7. 그러나 성경 자체에서 반대되는 의미로 이해될 수 있을 듯한 어떤 구절들이 발견되기에, 이 구절들을 펼쳐놓고서 신심 규범[24]에 따라 검토하

23) 이 마지막 대목에서는 루피누스가 아무런 설명도 덧붙이지 않는다.

며 그 해결책을 제시할 것이다.[25] 의지력을 배제하는 듯한 다른 비슷한 말씀들에 대한 해답이 우리가 제시하는 몇 구절에서 명백해질 것이다. “나는 파라오의 마음을 완고하게 하겠다”(탈출 4,21; 7,3)며 하느님께서 파라오에게 여러 번 하신 말씀 때문에 많은 사람이 애를 먹었다. 파라오가 하느님에 의해 완고하게 되고 이 완고함 때문에 죄에 빠졌다면, 그는 〔자신이 지은〕 죄의 원인이 아니다. 만일 그렇다면 파라오에게는 자유의지가 없는 것처럼 보일 것이다. 그 결과, 〔그들은〕 파멸하는 모든 사람의 파멸의 원인은 그의 자유의지가 아니라는 사실을 이 예가 입증한다고 내세울 것이다. 이에 관해 에제키엘서에는 이렇게 쓰여 있다. “나는 그들의 돌로 된 마음을 치워 버리고 그들 안에 살로 된 마음을 넣어 주어, 그들이 나의 규정들 안에서 걷고 나의 법규들을 지키게 하겠다”(에제 11,19-20). 여기에서 어떤 사람은 “그분의 계명들 안에서 걷거나 그분의 법규들을 지키게” 하신 분이 하느님이라고 생각할 수 있을 것이다. 그들에게 계명들을 지키지 못하게 하는 돌로 된 마음을 없애고, 더 좋고 더 민감한 마음, 곧 여기에서 살로 된 마음이라고 부르는 것을 그들 안에 심어 주신 분이 하느님이셨기 때문이다.[26]

주님이신 구원자께서 복음서에서 군중에게 비유로 말씀하신 이유를 물은(마태 13,10 참조) 이들에게 대답하신 말씀의 의미도 살펴보자. 그분은 “그들이 보아도 보지 못하고 들어도 듣지 못하고 깨닫지 못하여, 그들이

24) 루피누스가 말하는 신심 규범(regula pietatis)은 그리스어 본문에는 없다. 『원리론』 3,1,23에서도 마찬가지다. 루피누스가 라틴어로 번역한 『원리론』 3,5,3에는 이 용어가 나오지만 히에로니무스의 작품에는 없다.

25) 라틴어 번역이 그리스어 본문보다 더 짧고 설명이 적다.

26) 루피누스는 일부 내용을 덧붙인다.

언젠가 돌아와 용서받는 일이 없게 하려는 것이다"(마르 4,12)라고 말씀하신다. 게다가 바오로 사도는 이렇게 말했다. "그것은 원하는 사람과 달리는 사람에게 달려 있는 것이 아니라 하느님의 자비에 달려 있습니다."(로마 9,16) 그리고 다른 곳에서는 이렇게 말한다. "원하는 것도 실행하는 것도 하느님에게서 옵니다."(필리 2,13) 또 다른 곳에서는 "이렇게 그분께서는 당신이 원하시는 어떤 사람에게는 자비를 베푸시고 당신이 원하시는 어떤 사람은 완고하게 만드십니다. 이제 그대는 나에게 '그분은 왜 〔사람을〕 여전히 책망하십니까? 누가 그분의 뜻을 거역할 수 있겠습니까?' 하고 물을 것입니다. 아, 인간이여! 하느님께 말대답을 하는 그대는 누구인가? 작품이 제작자에게 '나를 왜 이렇게 만들었소?' 하고 말할 수 있습니까? 또는 옹기장이가 같은 진흙을 가지고 한 덩이는 귀한 데 쓰는 그릇으로, 한 덩이는 천한 데 쓰는 그릇으로 만들 권한이 없습니까?"(로마 9,18-21)라고 말한다. 이 구절들과 이와 비슷한 다른 구절들은 평범한 사람들을 혼란에 빠뜨릴 수 있으며, 인간에게는 자유의지가 없고 어떤 사람이 구원되거나 파멸하는 것은 하느님의 의지에 달려 있다고 생각하게 할 수 있다.

8. 따라서 하느님께서 파라오에게 하신 말씀, 곧 하느님께서 파라오를 완고하게 하시어 그가 〔이스라엘〕 백성을 떠나가지 못하게 한 대목으로 시작하자.[27] 이와 함께 "그분께서는 당신이 원하시는 사람에게는 자비를 베푸시고, 당신이 원하시는 사람은 완고하게 만드십니다"(로마 9,18)라는 사도의 말도 다룰 것이다. 이단자들은 특히 이 구절에 바탕을 두고서 구원받는 것은 우리 능력에게 달려 있지 않으며, 영혼의 본성은 전적으로 파멸하거나 구원받는 그러한 것이라고 말한다. 그리고 악한 본성을 지닌 영혼은

27) 이 단락 전체에서 루피누스는 설명을 덧붙이려는 목적으로 여러 번에 걸쳐 내용을 전개한다.

결코 선해질 수 없으며, 선한 본성을 지닌 영혼은 악해질 수 없다고 말한다. 따라서 이단자들은 파라오가 파멸하는 본성을 지녔기 때문에 하느님께서 그를 완고하게 만드셨다고 말한다. 하느님께서는 세속적 본성을 지닌 사람들은 완고하게 만드시지만 영적 본성을 지닌 사람들에게는 자비를 베푸신다는 것이다. 그러면 그들이 이렇게 주장하는 바가 무엇인지 살펴보자. 과연 파라오가 파멸되었다고 하는 세속적 본성을 지녔는지 먼저 이단자들에게 물어 보자. 그들은 틀림없이 "세속적 본성"을 지녔다고 대답할 것이다. 만일 파라오가 세속적 본성을 지니고 있었다면, 본성이 거부하는 까닭에 그는 하느님을 전혀 믿을 수 없었거나 그분께 복종할 수 없었을 것이다. 그러나 그가 본성상 그분께 복종할 수 없었다면, 파라오를 설득할 수 없는데도 하느님께서 왜 한 번이 아니라 여러 번 그의 마음을 완고하게 하실 필요가 있었겠는가? 그가 설득될 수 없다면, 그렇게 〔완고하게 할〕 아무런 이유가 없다고 우리는 추정한다. 누구나 스스로 완고해질 따름이며, 다른 사람 때문에 완고해진다고 말할 수 없다.[28] 그러나 파라오가 스스로 완고해지지 않았다면, 결과적으로 그는 세속적 본성이 아니라 표징과 놀라운 일로 인하여 놀랐을 때 낙심할 수 있는 그러한 종류의 본성을 지닌 것이다. 파라오가 하느님의 뜻을 거슬러 오래 저항하고 투쟁하는 동안 하느님께서는 많은 이를 구원하시기 위해 파라오 안에서 당신 능력을 보여 주실 필요가 있었고, 이 때문에 그의 마음이 완고해졌다고 하겠다.

이는 파라오가 본성상 파멸하였다고 생각하는 이단자들의 확신을 뒤엎기 위해 그들을 반박한 첫째 답변이다. 바오로 사도의 말에 관해서도 비슷한 방식으로 이단자들을 반박해 보자. 그대들은 하느님께서 어떤 사람들

28) 루피누스가 덧붙인 대목이지만 오리게네스의 사상을 반영한다.

을 완고하게 하신다고 생각하는가? 그대들이 말하는 이들은 파멸한 본성을 지닌 자들인가? 그들이 완고하지 않았다면 달리 행동했을 것이라는 말인가? 그러나 그들이 완고함 때문에 파멸한다면, 그들은 이미 본성적으로 파멸한 것이 아니라 우연히 파멸한 것이다. 하느님께서 어떤 사람들에게 자비를 베푸시는지 우리에게 말해 보아라. 구원받을 사람들인가? 그렇다면 본성적으로 구원을 받기로 결정적으로 예정되고 본성적으로 지복에 다다른 이들에게 둘째 자비가 왜 필요한가? 그들의 경우에서 밝혀진 대로라면, 그들은 파멸할 수도 있고, 파멸하지 않고 구원에 이르러 거룩한 이들의 왕국을 소유할 수 있도록 자비를 얻기도 한다. 이는 꾸며낸 이야기로 선한 본성이나 악한 본성, 곧 세속적 본성이나 영적 본성이 있다고 내세우는 이들을 거슬러 한 말이다. 그들에 따르면 이 본성으로 각자의 구원이나 파멸이 이루어진다고 한다.[29]

9. 이제는 율법의 하느님께서는 의로우실 뿐 선하시지는 않다고 믿으려 하는 이들에게 답변해야 하겠다. 하느님께서 파라오의 마음을 어떤 방법으로 그리고 어떤 목적으로 완고하게 하셨다고 생각하는가? 우리에 따르면 의로우시고 선하시며, 그들에 따르면 의롭기만 하신 하느님에 대한 관념과 개념을 살펴보자. 완고함 자체로 말미암아 죄를 짓고 파멸한다면, 그들 자신도 의롭다고 인정하는 하느님께서 사람의 마음을 완고하게 하시는 것이 어째서 의롭게 행동하시는 것인지 그들은 우리에게 입증해

29) "이는 꾸며낸 … 이루어진다고 한다"는 루피누스가 논의를 요약하고 마무리하기 위하여 덧붙인 대목이다. 루피누스에 따르면 이 답변은 발렌티누스파를 향한 것이고, 『원리론』 3,1,9에서 이어지는 답변은 의로운 하느님과 선한 하느님을 구분하는 마르키온파를 향한 것이다. 루피누스는 뜻을 더 분명하게 밝히기 위해 오리게네스의 글이 전제하고 있는 내용을 자세히 설명한다.

야 한다. 또한 완고하고 믿지 않는 까닭에 심판관의 권위로 나중에 단죄하실 이들이 겪을 파멸의 원인이 하느님 자신에게 있다고 한다면, 어떻게 하느님의 의로움이 보존될 수 있는지 우리에게 밝혀야 하지 않겠는가? "너는 내 백성을 내보내지 않을 것이다. 보라, 나는 이집트에 있는 모든 맏아들, 너의 맏아들까지 죽이겠다"(탈출 4,23; 9,17; 11,15; 12,12 참조)라는 말씀과, 하느님께서 모세를 통하여 파라오에게 말씀하신 다른 기록들로 파라오를 질책하시는 까닭은 무엇인가? 성경이 전하는 모든 것이 참되다고 믿으며 율법과 예언서의 하느님께서 의로운 분이심을 밝히고자 하는 사람들은 이 모든 구절을 설명해야 하고, 그 구절들이 하느님의 의로움에 전혀 반대되지 않음을 입증해야 한다. 그들은 하느님께서 선하시다는 것은 부인할지라도 심판관과 세상의 창조자께서 의로우시다는 것은 여전히 인정하기 때문이다.[30] 이 세상의 창조주가 사악한 존재, 곧 악마라고 주장하는 이들에게는 달리 답변해야 한다.[31]

10. 그러나 우리는 모세가 말한 하느님께서 의로우실 뿐 아니라 선하시다고 고백한다. 그러므로 의로우시고 선하신 분께서 파라오의 마음을 완고하게 하신 것이 어째서 그분께 걸맞는지 주의 깊게 살펴보자. 우리가 바오로 사도가 사용한 본보기나 실례로 이 어려운 문제를 과연 풀 수 있는

30) "하느님께서 … 때문이다"는 루피누스가 덧붙인 대목이다.

31) 오리게네스는 악마와 마르키온파의 창조자를 동일시하지 않지만, 루피누스는 자유분방하게 해석한다. 마르키온에게 구약성경의 하느님은 악마가 아니며, 악마가 하느님 곁에 있을 따름이다(A. von Harnack, *Marcion*, 97쪽). 발렌티누스파 프톨레마이우스는 『플로라에게 보낸 편지』(에피파니우스, 『약상자』 33,3,2)에서 창조자가 악마라고 말하는 자들을 반박한다(참조 G. Quispel, SC 24 bis, 76쪽의 주해). 루피누스의 이러한 해석은 오리게네스가 마니교 이단에 대해 알고 있었다고 여겼거나, 마니교에서 최초의 윤곽을 잡은 마르키온파가 후기에 접어들면서 마니교와 연합했기 때문일 것이다.

지 살펴보자. 바오로는 하느님께서 하나의 같은 행위로 어떤 사람에게는 자비를 베푸시고 어떤 사람은 완고하게 하시는지 보여 준다. 하느님의 행위와 의지는 완고해진 사람을 완고하게 만들려는 것이 아니다. 그러나 하느님의 호의와 인내를 경멸과 교만으로 다루는 사람들에게 그분께서 호의와 인내를 드러내실 때, 그들은 지은 죄에 대한 벌이 연기되는 동안 마음이 완고해진다. 반면 그분의 호의와 인내를 참회와 교정의 기회로 받아들인 사람들은 자비를 얻는다. 우리가 말한 것을 더 명백히 입증하기 위해, 바오로 사도가 히브리인들에게 보낸 서간에서 사용한 실례를 들어 보자.[32] "땅 위에 자주[33] 내리는 비를 빨아들여, 경작하는 이들에게 유익한 풀을 내주는 땅은 하느님에게서 복을 받습니다. 그러나 가시나무와 엉겅퀴를 내게 되면 쓸모가 없어져 오래지 않아 저주를 받고 마침내는 불에 타버립니다."(히브 6,7-8) 우리가 인용한 바오로의 이 구절에서, 땅 위에 비를 내린 하느님의 하나이며 같은 행위를 바탕으로 땅의 어떤 부분은 정성들여 경작되어 좋은 열매를 맺는다. 반면 내버려 두어 경작되지 않은 다른 땅은 가시나무와 엉겅퀴를 산출한다. 누가 비의 입장에서 '좋은 열매를 만든 비도 나였고 가시나무와 엉겅퀴를 만든 비도 나였다'라고 말한다면, 거슬리는 말로 여겨질 수도 있지만 참되게 말한 것이다.[34] 비가 없으면 열매도 가시나무도 엉겅퀴도 자라지 않기 때문이다. 그러나 비가 내린 뒤 땅은 자기로부터 온갖 것을 수확한다. 땅은 비 덕분에 두 종류의 싹을 틔우지만, 싹

32) "그러나 하느님의 … 들어 보자"는 루피누스가 앞으로 전개할 논의들을 미리 설명하는 대목이다.

33) 그리스어 본문에는 히브 6,7-8에 자주(πολλάκις)가 없어진 반면 라틴어 본문(frequenter)에는 있다.

34) 루피누스는 하느님을 개입시키지 않고 비를 의인화한다.

의 상이성은 비에게 귀착되지 않으며 나쁜 종자에 대한 비난은 당연히 이러한 사람들에게 돌아가야 한다.[35] 그들은 비가 올 것에 대비하여 자주 쟁기질을 하면서 땅을 갈고 무거운 곡괭이로 딱딱한 흙덩어리를 뒤집어엎고 부수며 쓸모없고 해로운 모든 잡초를 뿌리 뽑으며 그러한 개간에 요구되는 모든 수고와 열성으로 땅의 경작을 준비할 수 있었지만 이를 게을리 하였고, 그들의 게으름에 매우 잘 어울리는 열매들, 곧 가시나무와 엉겅퀴를 수확하였다. 따라서 비의 호의와 공정함은 온 땅에 똑같이 내리지만, 비라는 하나이며 같은 행위가 경작된 땅에서는 부지런하고 유능한 경작자에게 축복을 내려 유익한 열매를 맺게 하는 반면, 경작자의 게으름 때문에 굳어진 땅에서는 가시나무와 엉겅퀴를 싹틔운다.[36] 그러므로 하느님으로 말미암아 이루어진 이 표징과 놀라운 일들을 그분께서 하늘에서 내려주신 비라고 이해하자. 사람들의 의향과 의지는 경작되거나 경작되지 않은 땅으로 이해되어야 한다. 모든 땅이 하나의 땅에 비교되었듯이, 그것들은 하나이며 같은 본성에 속하지만 하나이며 같은 방식으로 경작된 것이 아니다. 여기서 각자의 의향이 경작되지 않고 황폐하고 황량해지면, 그것은 하느님의 놀라운 일들과 기적으로 말미암아 완고해져 지금보다 더 거칠어지고 가시투성이가 된다. 그러나 의향이 악습에서 정화되고 일구어지면 더 온화해지고 온 마음으로 복종하게 된다.[37]

35) 루피누스는 ἐκφέρουσα … ἐγγύς를 번역하지 않고 그것을 긴 구절(Sed quamuis … metent)로 대체한다. 밭일이 묘사된 이 부분은 베르길리우스의 문체를 연상하게 한다.(참조 베르길리우스, 『아이네이스』 VII, 725-727; 『시화집』 1,70; 『게오르기카』 1,94-95). 이 상세한 설명은 번역자가 밭일에 관한 지식을 지니고 있다는 사실을 명백하게 드러낸다(참조 G. Bardy, *Recherches*, 117쪽).

36) "따라서 비의 … 싹 틔운다"는 루피누스가 길게 늘여서 번역한 대목이다.

37) 이 문장은 그리스어 본문에 없다. 이 문장을 전술한 논증의 요약으로 여기는 로빈슨(J. A.

11. 그러나 이 문제를 더 분명하게 입증하기 위해 또 다른 실례를 든다 해도 무익하지 않을 것이다.[38] 예를 들어 묶고 푸는 일이 상반되는 것이기는 하지만, 해가 묶고 푼다고 말하는 것이 잘못된 것은 아니다. 왜냐하면 해는 열이라는 하나이며 같은 행위로 밀랍은 녹이고, 진흙은 말리고 수축시키기 때문이다. 해의 능력이 진흙에서는 이런 식으로 밀랍에서는 저런 식으로 작용하는 것은 아니다. 진흙과 밀랍 둘 다 흙에서 생겨나기 때문에 본성으로는 같지만 진흙의 특성이 다르고 밀랍의 특성이 다르기 때문이다.[39] 따라서 표징과 기적으로 모세를 통해 실현된 하느님의 하나이며 같은 행위는 한편으로는 파라오의 사악한 의도에서 비롯한 그의 완고함을 드러냈고, 다른 한편으로는 이스라엘 사람들에 섞인 일부 이집트인들의 복종을 나타내었다. 〔성경에 따르면〕 그들은 히브리 사람들과 함께 이집트를 떠났다고 한다. 게다가 파라오의 마음이 조금 누그러졌다고 기록된 곳에서는 이렇게 말하기도 한다. "너무 멀리 가서는 안 된다. 사흘 길〔만〕 가고 부인들과 아이들과 양 떼들은 남겨 두어라"(탈출 8,24.23; 10,9.11 참조).[40] 이 구

Robinson, *The Philocalia*, 33쪽)과 바르디(G. Bardy, *Recherches*, 42쪽과 117쪽)는 이 문장을 루피누스가 덧붙인 것으로 본다. 그러나 쾨차우(P. Koetschau, *Origenes, Vier Bücher von den Prinzipien*)는 루피누스가 이 문장을 덧붙이지 않았다고 생각한다. 쾨차우는 이 문장이 어떤 의심스러운 관념도 담고 있지 않기에 원문이라고 여긴다. 그러나 『필로칼리아』의 편집자들이 이를 누락한 이유는 알 수 없다.

38) 이 문장은 이어지는 대목을 위하여 루피누스가 덧붙인 머리말이다.

39) "해의 능력이 … 다르기 때문이다"는 루피누스의 번역에만 있다. 밀랍과 진흙은 무정형의 물질적 기체로서 같은 본성을 지니고 있지만 기체에 형태를 부여하는 특성에 의해 서로 다른 모습을 지닌다는 대목을 루피누스의 글로 여기는 것은, 내용의 전문적 특성 때문에 쉽지 않다. 그런데 『필로칼리아』의 편집자들이 이 대목을 왜 지워 버렸는지는 의문으로 남는다.

40) 아이들과 양떼들에 대한 언급은 탈출 10,9에는 없고 루피누스의 번역에만 있는데, 그 이유는 분명하지 않다. 그리스어 본문과 라틴어 본문 둘 다 칠십인역 성경을 글자 그대로 인용하지 않았고, 몇 가지 구절들을 뭉뚱그려 놓았다(참조 G. Bardy, *Les Citations bibliques*, 119쪽).

절 및 파라오가 여러 표징과 놀라운 일들에 점차 굴복하는 것으로 나타나는 다른 구절들은 표징과 놀라운 일의 능력이 파라오에게 어느 정도 영향을 미쳤다는 것 말고 도대체 무엇을 일러 주는가? 비록 그 영향이 필요한 만큼 일어나지는 않았지만 말이다. 하지만 (파라오의) 완고함이 대부분의 사람이 생각하는 것과 같았다면, 그만큼 사소한 것에라도 복종하는 파라오의 모습을 우리는 찾아볼 수 없었을 것이다.

나는 '완고함'에 관하여 쓰인 비유적 표현이나 언어 형식을 일반적인 방식으로 설명하는 것도 어리석은 일은 아니라고 생각한다. 선한 주인들은 상당한 참을성과 온화함으로 대해 주자 더 불손하고 사악하게 된 종들에게 종종 이처럼 말하기 때문이다. '내가 너를 이렇게 만들었다. 내가 너를 망쳐버렸다. 내 참을성이 너를 더 나쁘게 만들었다. 네가 그렇게 고집 세고 나쁜 심성을 지니게 된 것은 내 탓이다. 내가 너의 공과에 따라 모든 잘못에 대해 너를 즉시 벌하지 않았기 때문이다.' 우선 비유적 표현과 언어 형식에 주목할 필요가 있고, 그가 궁극적으로 말하려 한 바를 이해해야 한다. 내적 의미를 더 주의 깊게 탐구하지 않은 채 이 말을 헐뜯어서는 안 된다. 그래서 바오로 사도는 명백히 이러한 문제를 다루면서, 죄에 머물러 있는 이에게 이렇게 말하였다. "그대는 그분의 그 큰 호의와 관용과 인내를 업신여기는 것입니까? 그분의 호의가 그대를 회개로 이끌려 한다는 것은 모릅니까? 그대는 회개할 줄 모르는 완고한 마음에 따라, 하느님의 의로운 재판이 이루어지는 진노의 날과 계시의 날에 그대 자신에게 쏟아질 진노를 쌓고 있습니다."(로마 2,4-5) 사도가 죄 속에 있는 사람에게 말한 것을 파라오에게 적용해 보자. 그리고 파라오에 관하여 그렇게 말하는 것이 적절한지 살펴보자. 파라오는 회개할 줄 모르는 완고한 마음에 따라 진노의 날에 자신에게 쏟아질 진노를 쌓고 축적하였다. 표징과 기적이 그토록 많이 그토록 큰 규모로 이어지지 않았더라면, 파라오의 완고함은 결코 이렇게 입증되지 않고 명백하게 드러나지 않았을 것이다.

12. 그러나 우리가 제시한 증거들이 불충분한 듯 보이고, 사도가 제시한 실례가 설득력이 약한 듯 보인다면,[41] 예언자들의 권위 있는 증언을 덧붙여 제시하겠다. 그리고 예언자들이 처음에는 착하게 살면서 하느님의 호의를 매우 많이 체험하지만 여느 사람들처럼 나중에 죄에 떨어진 이들에 관해 무엇을 선포했는지 살펴보자. 예언자는 자신을 그들 가운데 하나로 삼아 이렇게 말한다.[42] "주님, 어찌하여 저희를 당신 길에서 벗어나게 하셨습니까? 어찌하여 우리 마음을 완고하게 만드시어 우리가 당신 이름을 경외하지 않게 하셨습니까? 우리도 당신의 거룩한 산을 잠시 물려받도록 당신의 종들을 위해, 당신의 유산인 지파들을 위해 돌아오소서."(이사 63,17-18) 예레미야도 비슷하게 말한다. "주님, 당신께서 저희를 꾀시어 저희는 그 꾐에 넘어갔습니다. 당신께서는 지배하시고 이기셨습니다."(예레 20,7) 그러나 "주님, 어찌하여 우리 마음을 완고하게 만드시어 우리가 당신 이름을 경외하지 않게 하셨습니까?"라는 문장이 자비를 청한 이들의 말이라면, 이는 전의적 의미에서 다음과 같이 받아들여야 한다. '당신께서는 어찌하여 저희를 그토록 오래 너그럽게 봐주셨고, 저희가 죄를 지었을 때 찾아오지 않으셨으며, 저희의 사악이 더 커지고, 당신께서 벌을 내리시지 않음으로써 저희가 제멋대로 더 많은 죄를 범하도록 저희를 내버려 두셨습니까?' 마찬가지로 말은 기수의 박차를 계속 느끼지 못하고 거친 재갈 때문에 입에 상처를 입으면 완고해진다. 또한 어린이를 매질로 계속 복종시키지 않으면

41) "사도가 … 보인다면"은 루피누스의 라틴어 역본에만 있는 문장이다.
42) "예언자는 … 말한다"는 이어지는 대목을 위해 루피누스가 덧붙인 말이다.

오만한 젊은이로 자라나 악습에 빠질 것이다. 이처럼 하느님께서는 꾸짖을 가치가 없다고 판단하신 이들을 내버려 두고 무시하신다.[43] "주님께서는 사랑하시는 이를 혼내시고 벌주시며, 당신께서 인정하신 모든 아들을 채찍질하신다."(히브 12,6)[44] 이 점에서 그들은 이미 하느님 자녀의 지위를 누리고, 하느님으로부터 채찍질과 꾸짖음을 받기에 합당한 자로서 사랑받는다고 생각해야 한다. 이는 분명 그들이 시련과 환난을 겪은 뒤에 이렇게 말할 수 있게 하려는 것이다. "누가 우리를 예수 그리스도 안에 있는 하느님의 사랑에서 갈라놓을 수 있겠습니까? 환난입니까? 역경입니까? 굶주림입니까? 헐벗음입니까? 위험입니까? 칼입니까?"(로마 8,35)[45] 이 모든 말씀은 각 사람의 의도를 명백하게 드러내며, 모든 것이 생기기도 전에 알고 계시는 하느님보다는 인간의 구원을 위하여 협조자와 봉사자로 임명된[46] 이성적 천상 능력들[47]에게 그의 한결같은 끈기를 보여 준다.[48] 큰 끈기와 사랑으로

43) "마찬가지로 말이 … 무시하신다"는 루피누스 번역에만 있다. 『필로칼리아』의 편집자들이 베르길리우스의 문체를 연상시키는(참조 『아이네아스』 11,714) 말(馬)의 이미지에 관한 이 대목을 빠뜨렸다는 주장도 있지만(참조 K. Fr. Schnitzer, *Origenes*, 179쪽), 루피누스가 덧붙인 대목이라는 것이 통설이다(참조 G. Bardy, *Recherches*, 43쪽).

44) 이 인용문과 다음에 나오는 성경 인용 구절은 루피누스가 덧붙인 것이다.

45) "꾸짖을 가치가 없다고 … 칼입니까"에 나오는 인용은 그리스어 본문에는 없다. 쾨차우(P. Koetschau, *Origenes, Vier Bücher von den Prinzipien*, 서론, CXXXIV쪽)는 루피누스가 이 대목을 오리게네스의 다른 저서에서 인용하였기에 원문이 아니라고 생각한다. 쾨차우와 바르디(G. Bardy, *Recherches*, 43쪽)는 루피누스가 이 대목을 덧붙였다고 보면서도 다른 한편으로 이러한 견해를 내세우는 데 주저한다. 인용문들을 나열하는 것이 오리게네스의 특징이라 보기 때문이다. 슈니처(179쪽 각주)는 그것을 『필로칼리아』의 단순한 누락이라 여기며, 시련을 겪는 이들과 그렇지 않은 이들의 구별에서 히브 12,6을 어렴풋이 회상했다고 본다.

46) 참조 『원리론』 1,8,1.

47) 루피누스가 '이성적 천상 능력들'(rationalibus caelestibusque virtutibus)이라고 번역한 것에 대해 쾨차우(P. Koetschau, *Origenes, Vier Bücher von den Prinzipien*, CXXXIV쪽)는 루

하느님께 자신을 봉헌하지 않을 뿐 아니라, 그분을 섬길 준비도 되어 있지 않고 자기 영혼을 시련에 준비시키지도 않은 이들을 하느님께서는 내버려 두신다고 한다. 곧, 그들은 훈육받을 준비가 되어 있지 않기에 하느님으로부터 훈육되지 못한다는 것이다. 이 때문에 하느님께서는 그들을 보살피시고 치유하시는 때를 의심할 나위 없이 나중으로 미루신다.[49] 먼저 은혜[50]를 얻고자 하는 열망에 이르지 못하면, 그들은 자신이 하느님에게서 얻게 될 것이 무엇인지도 알 수 없다. 우선 자기가 누구인지 알고, 자신에게 부족한 것이 무엇인지 느끼고, 부족한 것을 누구에게서 찾아야 하며 또 찾을 수 있다는 사실을 깨달을 때 비로소 이런 일이 일어날 것이다. 먼저 자신의 허약함과 아픔을 깨닫지 못하는 사람은 의사를 찾을 줄 모른다.[51] 또는 먼저 자기 병의 위험성을 알지 못한 사람은 건강을 되찾고 나서도 의사에게 감사하지 않을 것이다. 이처럼 자기 영혼의 악습과 자기 죄의 사악을 먼저 인정하고 자기 입으로 고백하지 않는 이는 깨끗해질 수 없고 용서받을 수도 없다. 그는 자신이 지니고 있는 것이 은총으로 주어졌다는 사실도 알지 못한 채, 하느님의 너그러우심을 자신의 선이라고 여겼을 터이다. 이는 확실히 다시금 오만하고 교만한 마음을 낳음으로써 그를 몰락시키는 원인이

피누스가 '에우아투'(ἑαυτούς)를 수호천사 개념과 관련하여 '에푸라니우스'(ἐπουρανίους, 하늘의)로 읽었다고 생각한다. "인간의 구원을 위하여 협조자와 봉사자로 임명되다"라는 대목은 루피누스의 가필이다.

48) 참조 『원리론』 1,8,1.

49) "큰 끈기와 … 미루신다"는 루피누스가 손질한 대목이다(참조 G. Bardy, *Recherches*, 43쪽).

50) 은혜(beneficium)에 관해서는 참조 『기도론』 13,3; 『켈수스 반박』 1,61; 『요한 복음 주해』 6,57(37), 294-295.

51) 의사의 비유는 오리게네스의 저서에 자주 나오지만(참조 『원리론』 2,7,3과 각주 16; 2,10,6; 3,1,13.15) 여기서는 루피누스가 첨가한 것 같다.

될 것이다. 자신이 흠 없이 살았을 때 누린 특권들이 하느님께서 주신 것이 아니라 자기 자신의 것이라고 생각한 악마의 경우가 바로 이러했다고 생각해야 한다. "누구든지 자신을 높이는 이는 낮아질 것이다"(루카 14,11; 18,14)[52]라는 말씀이 악마에게서 실현된 것이다. 내 생각에 신적 신비는 "슬기로운 이들과 지혜로운 이들에게 감추어진"(루카 10,21; 마태 11,27) 것 같다. 이는 성경에 쓰인 대로 "어떠한 인간도 하느님 앞에서 자랑하지 않게"(1코린 1,29)[53] 하기 위해서다. 하느님의 신비는 "철부지들에게 드러났다"(루카 10,21; 마태 11,27 참조). 아기와 철부지가 된 뒤에, 바꾸어 말하면 철부지의 단순함으로 돌아간 이후에 진보한 다음 완성에 이르렀을 때, 자신이 누리는 지복이 자기 덕이 아니라 하느님의 은총과 자비로 말미암은 것임을 기억하게 된다.

13. 그러므로 버림받아야 하는 사람은 하느님의 판결로 버림받은 것이며, 하느님께서 어떤 죄인들에게 인내하고 계신 데는 분명한 이유가 있다. 그분께서 인내하시는 것은 죄인들의 유익을 위해서인데, 그분께서 돌보시고 섭리하시는 영혼은 죽지 않기 때문이다. 영혼은 죽지 않고 영원한 까닭에, 빨리 치유되지 않더라도 구원에서 배제되지 않으며 더 적절한 때로 미루어질 따름이다. 게다가 더 심한 사악이라는 독으로 감염된 이들에게는 천천히 구원을 얻는 편이 나을 것이다.[54] 마치 의사들이 상처 자국을 더 빨리 없앨 수 있을 때에도, 더 좋고 더 튼튼한 건강을 되찾아주기 위해 때로는 당장의 회복을 무시하고 미루는 것과 같다. 의사들은 〔치료를〕 늦추는

52) 그리스어 본문과는 달리, 루피누스는 루카 18,14의 절반밖에 인용하지 않는다.
53) 직역은 "모든 살이 하느님 앞에서 자랑하지 않게"다.
54) "게다가 더 … 나을 것이다"는 루피누스가 덧붙인 해설이다.

것이 상처에 더 좋으며, 나쁜 고름을 잠시 흐르게 두는 것이 표면적인 치료에만 급급해 독한 고름 찌꺼기를 정맥 안에 가두어 버리는 것보다 더 낫다는 것을 알기 때문이다. 염증을 일으키는 해로운 것이 종양 구멍으로 배출되지 못하면 틀림없이 서서히 몸속에 들어가 생명을 유지하는 기관들로 스며들고 육체의 병뿐 아니라 죽음까지 초래하기 때문이다. 마음의 비밀을 아시고 미래를 아시는 하느님께서도 이와 같은 방식으로 행하신다. 그분께서는 당신의 큰 인내로 어떤 외적 사건들이 인간들에게 벌어지도록 허락하시며, 안에 감추어진 감정과 악습이 드러나고 빛으로 나아가도록 북돋우신다. 따라서 엄청난 태만과 부주의 때문에 죄의 뿌리와 씨앗들을 자신 안에 받아들인 이들은 정화되고 치유될 수 있다. 씨앗들은 어떻게든 싹을 틔우고 퍼져나가기 위해 밖으로 뻗어나가 지면에 이른다. 누군가 온몸에 경련을 일으키는 심각한 악에 휘둘리는 듯이 보일지라도 언젠가는 떨치고 벗어날 수 있으며, 악에 진저리를 치고 수많은 고통을 겪은 뒤에 자신의 본디 상태로 회복될 수 있다.[55] 왜냐하면 하느님께서는 약 60년[56] 또는 이를 약간 웃도는 우리 인생 시기뿐 아니라, 끝없고 영원한 시기도 고려하여 영혼들을 주도하시며, 당신 자신이 영원하고 불멸하시기에 죽지 않는 영혼들을 섭리로 배려하시기 때문이다.[57] 하느님께서 당신 모상으로 비슷

55) "누군가 … 회복될 수 있다"는 『필로칼리아』의 편집자들이 신중하게 고려해 삭제한 오리게네스 원문의 라틴어 번역일 수도 있다. 선에 대한 "싫증"(진저리, satietas, κόρον)이 타락의 원인이었듯이(참조 『원리론』 1,3,8), 악에 대한 싫증이 치유를 재촉하고 최초의 상태로 돌아간다는 암시를 제거하려는 의도일 수도 있기 때문이다(참조 『원리론』 3,1,17; 3,4,3; 『켈수스 반박』 5,32; 『기도론』 29,13). 이와 비슷한 이유로 『필로칼리아』가 일부러 빠뜨린 또 다른 경우는 참조 『원리론』 3,1,23.

56) 오리게네스는 50년으로 쓰고 루피누스는 60년으로 번역한다. 평균 수명에 대한 다양한 산정을 말해준다. 3세기 초 알렉산드리아와 4세기 말 로마의 차이는 아닐 것이다.

하게 창조하신(창세 1,26 참조)[58] 우리의 이성적 본성은 소멸하지 않는다. 따라서 죽지 않는 영혼은 우리의 짧은 이승의 삶 때문에 신적 치유와 치료에서 배제되지 않는다.

14. 우리가 말하는 것에 관한 몇 가지 실례를 복음서에서 들어 보자. 흙이 얕게 조금 덮여 있는 어떤 바위에 관한 이야기다. 씨앗이 거기에 떨어지면 빨리 싹튼다. 그러나 싹튼 뒤 뿌리를 깊이 내리지 않아 "해가 솟아오르자 싹이 시들어 말라 버렸다"(마태 13,5-6 참조)고 한다. 이 바위는 의심할 나위 없이 자신의 부주의 때문에 완고해지고(탈출 4,21 참조) 악의 때문에 돌이 된(에제 11,19 참조) 인간의 영혼을 나타낸다. 하느님께서는 누구도 돌로 된 마음으로 창조하지 않으셨지만, 각자의 악의와 불복종 때문에 돌로 된 마음이 되었다고 한다. 어떤 사람이 돌이 많은 다른 땅이 씨앗을 받아들여 빨리 싹을 틔우는 것을 보고서 왜 돌 많은 땅에 씨앗을 더 일찍 뿌리지 않았느냐고 농부를 비난한다면, 농부는 분명 이렇게 대답할 것이다. '땅이 받아들인 씨앗을 보존할 수 있도록 나는 이 땅에 더 늦게 씨를 뿌린다. 식물이 너무 빨리 싹트고 얕은 흙을 뚫고 나와 햇볕을 견디지 못하는 일이

57) "죽지 않는 영혼들에 필요한 것을 마련해 주시기 때문이다"로 번역할 수도 있다(참조 『원리론』 1,6,3).

58) 루피누스가 창조를 통한 모상 그리고 모상의 원천인 유사함과 같은 의미로 번역하는, 하느님과 인간의 혈연관계에 관해서는 참조 『원리론』 1,1,7; 3,6,1; 4,2,7; 4,4,10; 『켈수스 반박』 3,40; 『마태오 복음 주해』 17,27; 『순교 권면』 47. 『원리론』 4,4,9에서 다시 관심을 갖고 다루는 하느님과 친척에 관한 사상에 관해서는 참조 É. des Places, *Syngeneia*. 죄는 모상을 어둡게 할 수 있지만 그것을 없애지 못한다(참조 『켈수스 반박』 4,83; 『창세기 강해』 13,4; 참조 H. Crouzel, *Théologie de l'Image*, 206-211쪽). 따라서 이성적 피조물은 혈연관계에 참여하는 우유적 특성에도 불구하고 썩지 않는다[참조 『원리론』 1,5,5; 1,6,2; 1,8,3; 2,9,2; 『요한 복음 주해』 2,18(12),129]. 이 가르침은 플라톤-스토아 철학만이 아니라 그리스도교에도 보편적이다.

없도록 이런 땅에는 더 늦게 씨 뿌리는 것이 좋다.' (그러면 그 사람은 농부의 논리와 능력을 인정하고, 전에 비논리적으로 보였던 것이 정작 이치에 맞게 행해졌다는 사실에 동의하지 않겠는가?)[59] 이처럼 모든 창조물의 가장 숙련된 농부이신 하느님께서는, 건강이 더 빨리 회복되어야 한다고 우리가 생각하는 경우에도 분명 모른 체하시고 다른 때로 미루신다. 이는 피상적 치료가 아니라 내적 치유가 이루어지게 하려는 것이다. 그러면 어떤 사람은 우리에게 이렇게 이의를 제기할 것이다. '어떤 씨앗들은 왜 돌이 많은 땅, 곧 완고하고 돌 같은 영혼에 떨어졌는가?' 이에 대하여 우리는 그러한 일도 하느님의 배려하시는 섭리 없이는 일어날 수 없다고 대답해야 한다. 듣는 데 경솔하고 살피는 데 오만하다는 것이 비난받아야 한다는 사실을 이 이야기를 통하여 깨닫지 못한다면, 이 영혼은 질서정연하게 훈육받는 것이 유익하다는 점도 인정하려 들지 않을 것이다. 모름지기 영혼은 자신의 결점을 알고 스스로를 꾸짖으며, 이어지는 경작 과정을 받아들이고 자신을 내맡겨야 하는 법이다. 먼저 끊어 버려야 할 결점을 들여다본 다음 지혜의 가르침에 다가가야 한다.

영혼은 헤아릴 수 없이 많고 그 습성과 의도, 매우 상이하고 개별적인 다양한 움직임, 경향, 충동도 헤아릴 수 없기에 인간의 정신은 영혼의 다양성을 도무지 성찰할 수 없다.[60] 따라서 우리는 영혼을 보살피는 데 필요한 솜씨와 능력과 지식을 하느님께만 맡겨야 한다. 하느님께서만 각 영혼의 치료법을 아시며 치유 시기를 결정하실 수 있기 때문이다. 우리가 말했듯이 하느님께서만 죽을 운명을 지닌 한 사람 한 사람이 가야 할 길을 알

59) 괄호로 묶은 이 부분은 루피누스가 덧붙인 대목이다.
60) "인간의 정신은 … 없다" 부분은 루피누스의 설명이다.

고 계시며, 파라오를 어떤 길로 이끌어야 하는지도 아신다. 그분은 "당신을 통해 당신의 이름을 온 세상에 떨치"(로마 9,17; 탈출 9,16)기 위해 먼저 수많은 역병으로 벌을 내리시고, 바다에까지 빠지게 이끄셨다.[61] 이렇게 바다에 빠짐으로써 파라오에 대한 하느님 섭리[62]가 끝났다고 생각해서는 안 된다. 파라오가 바다에 빠져서 즉시 죽었다고 여겨서는 안 된다는 것이다. "우리 〔자신〕과 우리의 말, 모든 예지와 일솜씨가 하느님의 손안에 있다"(지혜 7,16)고 쓰여 있기 때문이다. 이상이 하느님께서 파라오의 마음을 완고하게 하셨다(탈출 10,20 참조)는 성경 구절과 "그분께서는 당신이 원하시는 어떤 사람에게는 자비를 베푸시고 당신이 원하시는 어떤 사람은 완고하게 만드십니다"(로마 9,10)라는 말씀에 관해 우리가 힘닿는 데 까지 제시한 논증이다.

15. 이제는 에제키엘이 이렇게 말하는 대목도 살펴보자. "나는 그들에게서 돌로 된 마음을 치워 버리고 그들 안에 살로 된 마음을 넣어 주어, 그들이 나의 규정들 안에서 걷고 나의 법규들을 지키게 하겠다."(에제 11,19-20). 인간이 그분의 법규를 준수하고 그분의 계명을 지키도록 하느님께서 당신이 원하실 때 돌로 된 마음을 치워 버리시고 살로 된 마음을 넣어 주신다면, 악의를 물리치는 것은 우리에게 달려 있지 않은 것처럼 보일 것이다. 돌로 된 마음을 치워 버린다는 것은, 하느님께서 원하시는 어

61) 탈출 9,16을 참조하는 로마 9,6의 인용은 루피누스가 그리스어 본문에서 말하는 내용을 약간 더 발전시키기 위해 덧붙인 것이다.

62) 관례적으로 라틴어 dispensatio로 번역되는 '오이코노미아'(οἰκονομία, 구원경륜)는 하느님의 섭리가 세상과 존재들을 인도하는 방식을 나타낼 때가 많다. 특히 육화와 그리스도의 지상적 삶을 통해 이루어지는 하느님 섭리의 계획을 나타낸다. 그러나 여기서는 이러한 의미가 아니다. 이 낱말은 교부들의 전문용어다. 루피누스는 라틴어 독자가 이해하기 쉽도록 이를 섭리(providentia)로 번역했다.

떤 사람에게서 그를 완고하게 하는 악의를 제거한다는 것 이외의 다른 것이 아니기 때문이다. 하느님의 법규 안에서 걷고 그분의 계명을 지키도록 살로 된 마음을 넣어 주는 것도, 사람이 유순해지고 진리에 맞서지 않고 덕을 행한다는 것 이외에 아무것도 아니다. 하느님께서 이렇게 하겠노라 약속하시며 돌로 된 마음을 치워 버리시기 전에 우리가 자신에게서 돌로 된 마음을 없앨 수 없다면, 결과적으로 악의를 제거하는 일은 우리에게 달려 있지 않고 하느님께 달려 있는 셈이다. 마찬가지로 우리 안에 살로 된 마음이 생기게 하는 것이 우리의 행위에 달려 있지 않고 오직 하느님의 일이라면, 덕스럽게 사는 것도 우리의 일이 아니라 전적으로 하느님 은총의 일로 보일 것이다.

이는 아무것도 우리 능력에 달려 있지 않다는 것을 성경의 권위로[63] 입증하려는 이들의 말이다. 우리는 이 대목을 그렇게 이해할 것이 아니라 다음과 같이 이해해야 한다고 그들에게 답변할 것이다. 교양이 없고 무식한 사람이 교양 없는 자신의 치욕을 알고 있다면, 다른 사람의 권고나 현명한 사람들에 대한 경쟁심으로 자극을 받아 자신을 부지런히 훈육하고 유능하게 교육할 수 있다고 여겨지는 사람에게 자신을 맡겨야 한다. 우리가 말했듯이 선생에게 온 마음을 맡기고 모든 것에 순종하기로 약속한다면, 그의 의도와 의향을 분명히 간파한 선생은 그에게서 온갖 무지를 제거하고 교양을 채워 줄 것이다. 거부하거나 맞서는 제자에게는 이러한 약속을 하지 않겠지만, 전적으로 순종하기로 서약하고 자신을 내어 주는 이에게는 약속할 것이다.[64] 이처럼 신적 말씀은 당신에게 오는 사람들에게서 돌로 된

63) 루피누스는 단순하게 말해진 것(τὰ ψιλὰ ῥητά)이 문자적 의미(가능하면 영감받은 저자의 생각을 파악하려고 애쓰지 않는 것)를 나타내는 것이라고 이해하지 않은 듯하다.

마음을 없애 주시기로 약속하시되, 당신 말씀을 듣지 않는 사람들이 아니라 당신 가르침의 계명을 받아들이는 사람들에게서 그리하신다.[65] 마찬가지로 병자들이 구원자께 다가가서 치유해 주시기를 청하고, 마침내 치유되는 것을 복음서에서 보게 된다. 예를 들어 치유받아서 볼 수 있기를 원하는 눈먼 사람들이 있는데, 구원자에게 청하고 그분으로 말미암아 자신이 치유되리라고 믿은 것은 치유된 사람들의 일이다. 그러나 그들에게 시력을 되돌려 주신 것은 구원자의 일이다(마태 11,5 참조). 이처럼 신적 법규 안에서 걷고 율법의 계명을 지킬 수 있도록, 신적 말씀은 돌로 된 마음을 치워 버리면서, 다시 말해 악의를 제거하시면서 가르침을 주시기로 약속하신다.

16. 이 다음에 복음서에 나오는 구절이 우리에게 제시되는데, 구원자께서는 이렇게 말씀하셨다. "내가 밖에 있는 사람들에게 비유로 말하는 이유는 그들이 보고 보아도 알아보지 못하고 듣고 들어도 깨닫지 못하여, 그들이 회심하여 용서받는 일이 없게 하려는 것이다."(마태 13,13-15; 루카 8,10; 마르 4,11-12; 이사 6,9-10 참조) 이에 관해 우리의 반대자는 이렇게 대답할 것이다. '그들이 더 분명히 들었다면 교정되고 회심하여 죄의 용서를 받기에 합당한 모습으로 돌아설 것이다. 게다가 분명한 말씀을 듣는 것은 그들에게 달려 있지 않고, 더 숨김없이 더 분명하게 가르치는 분의 능력에 달려 있다. 그러나 가르치는 분이 들어도 깨닫지 못하고 회심하지 않고 구원받지 못하도록 그들에게 말씀을 더 분명하게 선포하지 않는다고 한다면, 구원되는 것은 그들에게 달려 있지 않을 것이다. 그렇다면 구원과 파멸에 관

64) 루피누스가 은총과 자유의지의 문제에 관해서 매우 큰 관심을 기울이고 있었음을 입증하는 구절들이 대단히 많지만, 이 대목들이 오리게네스의 사상에 어긋나지는 않는다(참조 『원리론』 3,1,19).

65) 루피누스는 의사의 비유를 삭제한다.

해 우리에게는 어떤 자유도 없는 셈이다.' "그들이 회심하여 용서받는 일이 없도록"이라는 말이 덧붙지 않았더라면, 답변은 더 쉬울 수 있었을 것이다. 구원자께서는 선해지지 않으리라고 예견하신 이들이 하늘 나라의 신비들을 이해하기를 바라지 않으셨기 때문에 그들에게는 비유로 말씀하셨다고 말할 수 있다. 그러나 "그들이 회심하여 용서받는 일이 없도록"이라고 덧붙어 있기에 설명하기가 더 어렵다.

무엇보다도 이 구절이 이단자들을 거슬러 어떤 변론을 담고 있는지 살펴보아야 한다.[66] 이단자들은 자신들이 이해하고 있다고[67] 여기는 말씀들을 구약성경에서 뽑아 내곤 한다. 이는 창조주 하느님을 잔인하고 비인간적인 존재, 복수심이나 벌주려는 마음을 지닌 존재로 묘사하고, 그들이 이러한 행동에 어떤 명칭을 부여하든지 간에 창조주 안에 선이 존재한다는 사실을 부인하기 위한 것이 분명하다. 그러나 그들은 복음서에 관하여 같은 정신과 같은 감각으로 판단하지 않으며, 구약성경에서 비판하거나 비난하는 그런 구절들이 복음서에도 있는지 살펴보지 않는다. 이단자들 자신이 말하듯이, 그들이 회심하지 않도록 그리고 회심했을 때 죄를 용서받지 않도록 구원자께서 명백하게 말씀하지 않으셨다는 것이 〔이런 구절들에서는〕 분명히 드러나기 때문이다. 그러므로 이런 구절을 문자적 의미로만 이해한다면, 그것은 구약성경에서 비난받는 구절들과 다를 것이 없다. 만일 그러한 구절들이 신약성경에서 발견되고 그에 대한 설명이 필요하다고 그들이 느낀다면, 구약성경에서 비난받는 구절들도 비슷한 설명으로 정당화되고 비난을 벗어나게 될 것이다.[68] 이로써 두 성경은 한 분이며 같은 하

66) 참조 『원리론』 2,4,5.
67) 곧, 문자적 의미를 말한다.

느님의 작품이라는 것이 입증된다. 그러면 힘 자라는 데까지 이 주제를 검토하자.

17. 우리는 앞에서 파라오에 관해 검토할 때, 너무 빨리 치유되는 것이 때로는 좋은 결과를 낳지 않는다고 말했다. 특히 병이 신체 내부 기관에 갇힌 채 더 맹렬하게 퍼져나갈 때 그러하다.[69] 따라서 숨겨진 것들을 알고 계시며 "모든 것이 일어나기 전에 아시는"(수산나 4,42 Θ; 5,42)[70] 하느님께서는 당신의 큰 호의로 그러한 사람들의 치유를 미루시고 더 오래 연기하신다. 섣부른 치료가 그들을 불치병자로 만들지 않도록 그분께서는 치유하지 않음으로써 그들을 치유하신다고 말할 수 있다. 우리 주님이신 구원자께서 "밖에" 있는 사람들(마르 4,11 참조)에게 말씀하셨을 때, 그분은 "마음과 속을 살피시면서"(시편 7,10 참조) 그들이 더 분명한 말씀의 가르침을 받아들이기에 아직 합당하지 않다고 예견하시고는, 더 심오한 신비에 관한 믿음을 너울 씌운 말씀으로 감추셨다고 풀이하는 것도 가능하겠다. 이는 그들이 빨리 회심하고 치유되어, 곧 그들이 죄의 용서를 신속히 받음으로써 아무런 어려움 없이 치유될 수 있었다고 여긴 똑같은 죄의 병에 다시 빠지지 않게 하시려는 것이다. 만일 이러한 일이 벌어진다면 벌은 배가 되며 악이 늘어나고 쌓인다는 사실은 의심할 여지가 없다. 그러면 용서받은 것처럼 보였던 죄가 되풀이될 뿐 아니라, 그 안에 가득한 감추어진 사

68) 루피누스는 καὶ κατὰ μὲν τὴν καινὴν … κατηγοροῦτες(그들은 신약성경 … 비난한다)를 번역하지 않는다.

69) 루피누스가 번역한 "우리는 … 그러하다" 부분은 그리스어 원문 전체를 번역한 것이 아니며 원문에 비해 상당히 짧다. 그가 3권의 머리말에 명시한 것처럼 같은 내용을 반복하지 않으려는 의도로 보인다.

70) 루피누스만 시편 7,10을 인용한다(참조 『기도론』 8,2).

악과 교활하고 타락한 정신에 짓눌려 덕의 궁전도 더러워진다. 사악이라는 불결하고 더러운 음식을 먹은 다음, 덕의 감미로움을 맛보고 그 달콤함을 자기 목구멍으로 받아 삼키고서도 또 다시 죄악이라는 유해하고 치명적인 음식으로 되돌아가는 그런 자들에게 도대체 무슨 약이 있겠는가? 언젠가 죄악에 싫증을 느끼기 시작하고 지금 즐기고 있는 더러움에 몸서리칠 수 있을 때까지 그들을 미루어 두고 당분간 내버려 두는 것이 더 낫다는 것을 누가 의심하겠는가? 그때에야 마침내 하느님의 말씀이 그들에게 효과적으로 드러날 수 있다. 거룩한 것을 개에게 주지 말고, 돼지 앞에 진주를 던져 그 발에 짓밟혀 더러워지지 않게 하며, 돌아와서는 자신들에게 하느님의 말씀을 선포한 이들을 때리고 공격하는 일은 없어야 하지 않겠는가?(마태 7,6 참조) 이들은 "밖에"(마르 4,11 참조) 있다고 하는 사람들이다. 이들은 "안에"(1코린 5,12 참조) 있었고 하느님의 말씀을 더 명백히 들었다고 표현되는 사람들과 확실히 비교된다.[71] "밖에" 있는 이들도 말씀을 듣지만, 그 말씀은 비유로 감추어지고 격언으로 숨겨져 있다. "밖에" 있는 이들 이외에 다른 이들도 있다. 이들은 티로 사람들이라고 불리는데, 도무지 말을 듣지 않는 자들이다. 구원자께서는 그들에 관하여 미리 아시고는 "다른 이들 가운데서 행해진 놀라운 일들이 그들에게 행해졌다면, 그들은 오래 전에 자루옷을 입고 재를 뒤집어쓰고 앉아 회개하였을 것이다"(마태 11,21-

71) 루피누스는 마태 7,6에 나오는 돼지들 앞에 던져진 진주에 대한 암시를 덧붙인다. 루피누스는 "만일 이러한 일이 … 확실히 비교된다"라는 구절을 제대로 이해하지 못한 채 자신의 방식대로 번역한 것처럼 보인다. 오리게네스는 루피누스가 여기서 인용하는 마태 7,6을 다른 대목에서 인용한다[참조 『켈수스 반박』 5,29; 『아가 주해』 3(GCS 8, 218쪽); 『창세기 강해』 10,1; 『여호수아기 강해』 21,2; 『에제키엘서 강해』 1,11; 12,1; 『마태오 복음 주해』 10,8; 알렉산드리아의 클레멘스, 『양탄자』 1,12,55].

22; 루카 8,13)[72]라고 말씀하셨다. 그런데도 그들은 "밖에" 있는 이들이 들은 것조차 듣지 못한다. 이런 자들은 "밖에" 있다고 하는 이들, 곧 "안에" 있는 이들과 그리 멀리 떨어져 있지 않고 말씀을 비유로 들을 만한 이들[73]에 비하여 훨씬 더 못하고 사악에 있어서는 더 나쁘다고 나는 생각한다.[74] 아마 그들의 치유는, 성경에 기록된 놀라운 일들이 이루어지는 것을 눈앞에서 겪은 이들보다 그들의 운명이 섭리로 "심판 날 더 견디기 쉬울"(마태 11,22 참조) 때로 연기되었을 것이다. 그리하여 마침내 그들은 자기 악의 무게에서 벗어나 더 쉽고 더 참을성 있게 구원의 길을 걸어갈 것이다.

그러나 내가 독자들에게 강조하고 싶은 것은 이것이다. 곧, 이 구절들처럼 매우 어렵고 모호한 구절들에서 우리는 문제의 해결을 분명히 논하기—이는 각자가 성령께서 주실 표현 능력대로 할 것이다[75]—보다 신심 규범을 지키기 위해 매우 신중을 기한다는 것이다.[76] 그분은 만물을 의롭게 다스리시고 공평하기 그지없는 배려로 각자의 공로와 동기에 따라 죽지 않는 영혼들을 다스리신다는 사실을 우리는 밝히고자 한다. 왜냐하면 인간에 대한 배려는 현세의 삶에 한정되지 않고, 공로의 이전 상태는 언제나 미래 상태의 원인이 되기 때문이다. 이처럼 공정하고 공평하게 이루어지는

72) 루피누스는 두 개의 요소를 반대로 엮으며 제시하여 마태 11,21의 인용을 보충하는 반면, 오리게네스는 하나의 요소만을 제시한다.

73) 비유는 밖에 있는 이들을 위한 것이며, 안에 있는 이들에게는 설명이 주어진다.

74) 루피누스는 이 대목을 길게 늘이고, 앞서 인용한 마태 11,21에 이어 22도 덧붙인다.

75) "이는 각자가 … 할 것이다"와 1코린 12,7.11에 대한 암시는 루피누스에게서만 발견된다. 하지만 성서적 암시와 소박한 문체는 오리게네스의 방식이다.

76) 루피누스와 오리게네스의 차이가 잘 드러난다. 오리게네스는 하느님의 절대적 선을 입증하기를 갈망하고 루피누스는 교회의 신앙과 일치하여 독자들을 지키고자 한다(참조 『원리론』 1,4,4; 3,1,7).

불멸하고 영원한 이끄심 덕분에 죽지 않는 영혼은 완성의 정점에 이르게 된다.[77] 매우 타락하고 사악한 이들에게는 말씀 선포가 일부러 연기된다고 말했다고 해서 누군가 우리에게 맞선다면, 그리고 어찌하여 말씀은 확실히 경멸받은 티로 사람들보다 더 못한 다른 이들에게 선포되어 그들이 말씀을 들었으나 믿지 않아 오히려 그들의 불행이 늘어나고 벌이 더 무거워졌느냐고 묻는다면, 어쩐지 그렇게 보인다면, 다음과 같이 대답해야 한다. 모든 인간의 마음을 아시는 하느님께서는, 특히 다음과 같이 말하는 사람들이 당신의 섭리를 거슬러 늘어놓는 불평을 미리 알고 계신다. '다른 이들이 본 것을 우리는 보지도 못했고 다른 이들에게 선포된 것을 듣지도 못했으니, 어찌 우리가 믿을 수 있겠는가? 그들에게 말씀이 선포되고 아무런 지체 없이 표징이 드러나, 깜짝 놀란 그들이 당신 기적의 능력을 믿은 것은 우리 탓이 아니다.' 그래서 하느님께서는 이러한 불평의 핑계들을 드러내시고, 파멸의 원인은 신적 섭리의 연기가 아니라 인간 정신의 의지라는 사실을 밝히시고자 합당하지도 않고 믿지도 않는 사람들에게조차 당신 은혜의 은총을 주셨다. 이는 참으로 "모든 입이 다물어지고"(로마 3,19), 인간의 정신이 자신에게 모든 잘못이 있으며 하느님께는 전혀 잘못이 없다는 사실을 알게 하려는 것이다. 이와 동시에, 자기에게 전해진 신적 은혜를 경멸한 사람이 그 은혜를 누리지도 듣지도 못한 이들보다 더 엄한 심판을 받게 되는데, 이것도 거룩하시고 지극히 공평하신 그분의 배려요 자비임을 알고 깨달아야 한다. 어떤 이들에게 신적 능력의 신비를 보거나 들을 기회

77) "왜냐하면 … 이르게 된다"는 루피누스의 라틴어 역본에만 있다. 선재설을 암시하는 이 대목을 루피누스가 가필했다기보다는 『필로칼리아』의 편집자들이 신중하게 고려해 삭제했다고 보는 것이 더 합리적이다.

를 한동안 미루어 두시는 까닭도 그들이 표징들의 능력을 보고 당신 지혜의 신비들을 알고 들은 뒤에도 그것들을 경멸하고 무시함으로써 더 큰 불경을 저질러 벌받는 일이 없도록 하려는 것이다.

18. 이제 이와 관련된 말씀을 살펴보자. "그것은 원하는 사람과 달리는 사람에게 달려 있는 것이 아니라 하느님의 자비에 달려 있습니다."(로마 9,16) 우리의 반대자들은 이렇게 말한다. '그것이 원하는 사람과 달리는 사람에게 달려 있지 않고, 하느님께서 자비를 베푸시는 이가 구원된다면, 구원은 우리에게 달려 있지 않다. 왜냐하면 우리의 본성은 우리가 구원받을 수 있거나 없는 그러한 것이거나, 원하실 경우 자비를 베풀어 구원하시는 그분의 의지에만 확실히 달려 있는 그러한 것이기 때문이다.' 우리는 먼저 우리의 반대자들에게 다음과 같이 묻는다. '선을 원하는 것이 좋은 것인가 나쁜 것인가? 달리는 사람이 선의 목적지에 다다르기 위하여 서둘러 달려가는 것이 칭찬받을 일인가 비난받을 일인가? 그들이 비난받을 일이라고 말한다면 그들은 분명 미친 것이다. 모든 거룩한 이들은 선을 원하고 선을 향하여 달려가므로 비난받을 일이 없다. 구원받지 못하는 이가 나쁜 본성을 지니고 있다면, 선을 찾지 못하면서도 어떻게 선을 원하고 선을 향하여 달려가겠는가?' 그들은 나쁜 나무는 좋은 열매를 맺지 못한다고 하고, 좋은 나무란 선을 원하는 것이라고 한다. 나쁜 나무의 열매가 어떻게 선한가? 선을 원하는 것과 그것을 향하여 달리는 것은 중립적인 것, 곧 선하지도 악하지도 않은 것이라고 그들이 말한다면, 우리는 그들에게 이렇게 말할 것이다. '선을 원하는 것과 그것을 향하여 달리는 것이 중립적인 것이라면, 이와 반대되는 것을 원하고 그것을 향하여 달리는 것도 중립적인 것이다. 그러나 악을 원하고 그것을 향하여 달리는 것은 중립적인 것이 아니라 명백히 악한 것이다. 따라서 선을 원하고 그것을 향해 달리는 것은 중립적

인 것이 아니라 명백히 선한 것이다.'

19(18). 이러한 답변으로 그들을 물리쳤으니 이제 문제가 되는 다음 구절을 서둘러 설명하자. "그것은 원하는 사람과 달리는 사람에게 달려 있는 것이 아니라 하느님의 자비에 달려 있습니다."(로마 9,16) 시편에서 솔로몬의 작품이라고 하는 '올라감의 노래'에는 이렇게 쓰여 있다. "주님께서 집을 지어 주지 않으시면 그 짓는 이들의 수고가 헛되리라. 주님께서 성읍을 지켜 주지 않으시면 그 지키는 이의 파수가 헛되리라."(시편 126,1) 솔로몬이 이 말씀을 통하여 우리가 집 짓는 것을 그만두거나 우리 안에 있는 성읍을 지키기 위해 깨어 있기를 그만두라고 제시하지 않는 것은 분명하다. 그는 하느님 없이 집을 짓고 하느님 없이 지키는 자는 누구나 헛되이 집을 짓고 이유 없이 지키는 것임일 보여 주고 있다. 잘 지어지고 잘 보존된 모든 것에서 그분은 건축물의 주인과 파수꾼의 우두머리로 묘사되기 때문이다. 예를 들어, 만일 우리가 어떤 위대한 작품을 보거나 건축미를 갖추어 멋지게 지어 올린 건물을 본다면, 그것은 인간의 능력이 아니라 하느님의 도우심과 능력으로 지어졌다고 말해야 올바르고 당연하지 않겠는가? 그러나 이것은 인간적 열정이 배어 있는 노동과 활동이 멈추고 아무것도 행하지 않았다는 뜻은 아닐 것이다.[78] 마찬가지로 어떤 성이 적들에게 철저하게 포위되어 위협적인 무기들이 성벽으로 옮겨지고 성읍이 화살과 불과 온갖 파괴적인 전쟁 도구로 공격받는 것을 보다가, 적들에게 타격을 입히고 물리칠 수 있게 되었다면, 하느님께서 성읍을 해방시키기 위하여 구원을 마

78) "예를 들어, 만일 … 뜻은 아닐 것이다"는 오리게네스의 더 짧고 단순한 그리스어 본문을 루피누스가 수사학적 기교로 늘여 놓은 것이다. 루피누스는 로마 9,5의 "만물 위에"(ἐπὶ πάντων)를 번역하지 않으면서 "만물 위에 계시는 하느님의"(τοῦ ἐπὶ πάντων θεοῦ)를 생략한다.

련해 주셨다고 말하는 것은 올바르고 당연하다. 그러나 이것은 파수꾼들이 망보지 않았고 젊은이들이 전투태세를 갖추지 않았으며 보초들이 밤새우지 않았다는 뜻이 아니다. 사도의 말도 이런 의미로 이해해야 한다. 인간의 의지만으로는 구원을 이루기에 충분하지 않고, 인간의 달음질도 천상의 것을 얻기에 알맞지 않으며, 우리의 선한 의지와 준비된 결단과 우리가 할 수 있는 모든 활동이 하느님의 도우심을 받거나 그 도우심으로 보호받지 않는다면 "그리스도 예수님 안에서 하느님께서 주시는 천상 부르심의 종려가지"(필리 3,14 참조)를 받을 수 없다. 그래서 사도는 이렇게 매우 논리적으로 말했다. "그것은 원하는 사람과 달리는 사람에게 달려 있는 것이 아니라 하느님의 자비에 달려 있습니다."(로마 9,16) 더 나아가 농사일과 관련지어 말하듯이 다음과 같이 쓰여 있다. "나는 심고 아폴로는 물을 주었습니다. 그러나 자라게 하신 분은 하느님이십니다. 그러니 심은 이와 물을 주는 이는 아무것도 아닙니다. 자라게 하시는 하느님만이 중요합니다."(1코린 3,6-7) 땅이 완전히 익어 탐스러운 열매를 많이 맺었을 때, 이 열매들을 농부가 만들었다고 불경스럽고도 비논리적으로 말하는 사람은 아무도 없고, 오히려 하느님으로 말미암아 열매 맺었다는 사실을 모두가 인정할 것이다. 마찬가지로 우리의 완성도 우리가 쉬거나 아무것도 행하지 않는 동안에는 일어나지 않지만, 그 완성은 우리의 덕분이 아니라 그것의 대부분을 이루시는 하느님 덕분으로 돌려야 한다. 배가 바다의 위험에서 벗어났을 때, 선원들이 많은 수고를 하고 온갖 항해술을 활용하며 선장이 열성적으로 일하면서 불어오는 바람의 방향과 별들의 조짐을 세심하게 살펴보았을지라도, 큰 물결로 흔들리고 파도에 뒤흔들린 후 배가 마침내 안전하게 항구에 다다르면 분별력 있는 사람은 누구나 안전한 귀항을 어떤 것의 덕분이 아니라 하느님의 자비 덕분이라 여길 것이다.[79] 게다가 선원들 자신이나 선장도 '내가 배를 구했다'고 감히 말하지 않고, 모든 것을 하느님의 자비로 돌릴 것이다. 이는 그들이 자신의 기술과 수고가 배를 구하는 데 전혀 이바지 하지 않았다고 여긴다는 뜻이 아니다. 오히려 그들은 자신들이 수고했지만 배가 구조된 것은 하느님 덕분이라는 사실을 안다. 따라서 우리는 삶의 여정에서 수고를 하고 열성을 쏟고 부지런히 일해야 하지만, 우리 수고의 열매인 구원은 하느님께 바라야 한다. 한편 하느님께서 우리의 어떤 행위도 요구하지 않으신다면, 계명들은 필요치 않은 것처럼 보일 것이다. 그렇다면 바오로 자신이 진리에서 떨어져 나간 이들을 질책하고 신앙 안에 서 있는 다른 이들을 칭찬하는 것도 헛되고, 교회에 계명과 가르침을 주는 것도 헛된 일이다. 또 우리 자신이 선을 원하고 선을 향하여 달리는 것도 헛된 일이다. 그러나 분명히 이것들은 헛되이 일어나지 않으며, 사도는 헛되이 계명을 전하는 것이 아니고 주님께서 아무 이유 없이 율법을 주신 것이 아닌 것도 확실하다. 이토록 좋은 말들에 트집 잡는 것이 헛되다는 것을 이단자들은 자인해야 한다.

20 (19). 이 구절들 다음에 "원하는 것도 실행하는 것도 하느님의 것이다"(필리 2,3)라는 문제가 뒤따른다. 〔반대자들은〕 이렇게 말한다. '원하는 것이 하느님의 것이고 실행하는 것이 하느님의 것이라면, 우리가 선하거나 악한 〔것을〕 원하거나 실행하는 것도 하느님의 것이다. 그렇다면 우리에게는 자유의지가 없다.' 이에 대하여 이렇게 대답해야 할 것이니, 사도의 말은 악을 원하는 것이 하느님에게서 비롯한다거나 선을 원하는 것이 하느님에게서 비롯한다는 말이 아니며, 선이나 악을 실행하는 것이 하느님의

79) 항해에 관한 표상은 철학자들(플라톤, 『고르기아스』 511d)과 연설가들에게서도 발견된다. 루피누스는 오리게네스가 말한 것을 수사학적으로 다시 상세히 설명한다.

것이라는 말도 아니고, "원하는 것과 실행하는 것은 하느님의 것이다"라는 것을 일반적으로 표현한 것이다. 우리가 인간으로서 숨 쉬고 움직이는 능력을 하느님에게서 받듯이, 의지의 능력도 하느님에게서 받는다. 우리의 움직이는 능력이 하느님의 것이라고 말하는 것이나 우리의 각 지체가 고유한 기능을 수행하고 움직이는 것도 하느님의 것인 것과 같다. 그러나 예컨대 손이 어떤 사람을 부당하게 때리기 위해 움직이거나 훔치려고 움직이는 것을 하느님의 것이라고 여겨서는 안 된다. 움직이는 능력은 하느님의 것이지만, 우리가 하느님에게서 받은 이 움직임을 선으로 돌리거나 악으로 돌리는 것은 우리 몫이다. 사도가 말하는 바도 이와 같다.[80] 우리는 하느님에게서 의지력을 받지만, 의지를 선한 욕구나 악한 욕구로 사용하는 것은 우리다. 실행에 관해서도 이와 비슷하게 생각해야 한다.

21(20). 사도가 이렇게 말하는 구절도 있다. "이렇게 그분께서는 당신이 원하시는 어떤 사람에게는 자비를 베푸시고, 당신이 원하시는 어떤 사람은 완고하게 만드십니다. 이제 그대는 나에게, 그렇다면 '하느님께서 왜 여전히 책망하십니까? 사실 누가 그분의 뜻을 거역할 수 있겠습니까?' 하고 물을 것입니다. 아, 인간이여! 하느님께 말대답하는 그대는 누구인가? 작품이 제작자에게 '나를 왜 이렇게 만들었소?' 하고 말할 수 있습니까? 또는 옹기장이가 같은 진흙을 가지고 한 덩이는 귀한 데 쓰는 그릇으로, 한 덩이는 천한 데 쓰는 그릇으로 만들 권한이 없습니까?"(로마 9,18-21) [이에 대해] 어떤 사람은 이렇게 말할 것이다. 옹기장이가 같은 진흙을 가지고 어떤 것은 귀한 데 쓰는 그릇으로 어떤 것은 천한 데 쓰는 그릇으로 만들듯이, 하느님께서도 어떤 사람들은 구원받도록 어떤 사람들은 파멸하

80) 사도의 말씀에 관한 언급은 루피누스의 라틴어 역본에만 있다.

도록 만드셨다면, 구원받거나 파멸하는 것은 우리에게 달려 있지 않다. 이는 우리에게 자유의지가 없다는 것을 분명히 보여 준다. 우리는 이렇게 생각하는 사람들에게 사도가 모순된 말을 할 수 있는지 물어야 한다. 사도에 대해 그렇게 생각할 수 없다면, 그리고 그들의 말대로 〔우리에게 자유의지가〕 없다면, 코린토에서 간음하거나 떨어져 나간 사람들과 방탕과 간음과 더러운 행위를 회개하지 않는 이들을 사도가 꾸짖는 것이 어떻게 정당하게 보이겠는가?(1코린 5,1-5; 2코린 12,21 참조) 또한 오네시포로스 집안처럼 의롭게 처신한 사람들을 어떻게 다음과 같이 말하면서 칭찬할 수 있겠는가? "주님께서 오네시포로스 집안에 자비를 베푸시기를 바랍니다. 그는 여러 번 나에게 생기를 돋워 주었으며, 내가 사슬에 매인 것을 부끄러워하지 않고 오히려 로마에 와서는 열심히 나를 찾아 만나 주었습니다. 그날에 주님께서는 그가 주님 곁에서 자비를 얻게 해 주시지 않겠습니까?"(2티모 1,16-18) 질책받을 만한 사람, 곧 죄지은 사람을 질책하고 선행을 베풀어 칭찬받을 만한 사람을 칭찬하는 사도의 진지한 말과, 인간은 선이나 악을 행하는 능력이 전혀 없는 것처럼 창조주께서 어떤 것은 귀한 데 쓰는 그릇으로 어떤 것은 천한 데 쓰는 그릇으로 만드셨기에 각자가 선하거나 악하게 행하는 것은 창조주의 행위라고 한 말은 일관성이 없다. 게다가 어찌하여 바오로는 이러한 말도 덧붙이는 것일까? "우리 모두 그리스도의 심판석 앞에 나서야 합니다. 우리 각자는 좋은 것이든 나쁜 것이든, 자기 몸으로 한 일에 따라 받게 됩니다."(2코린 5,10 참조) 창조주께서 그렇게 만드셨기 때문에 악을 행할 수 없었던 사람이 선에 대하여 받을 보상은 무엇인가? 또는 창조주께서 그렇게 창조하신 까닭에 선을 행할 수 없었던 사람이 마땅히 받을 벌은 무엇인가? 이러한 주장은 다른 곳에 나오는 다음과 같은 진술과 모순되지 않는가?[81] "큰 집에는 금 그릇과 은그릇만이 아니라 나무 그릇과 질그릇도 있어서, 어떤 것은 귀하게 쓰이고 어떤 것은 천하게 쓰입니다. 그러므로 어떤 사람이 자신을 깨끗이 하면 귀하게 쓰이는 그릇, 곧 거룩하게 되어 주인에게 요긴하게 쓰이고 또 온갖 좋은 일에 쓰이도록 갖추어진 그릇이 될 것입니다."(2티모 2,20-21) 어떤 사람이 자신을 깨끗이 하면 귀하게 쓰이는 그릇이 된다. 그러나 자신의 더러움을 깨끗이 하는 일을 하찮게 여기는 사람은 천하게 쓰이는 그릇이 된다. 이러한 말들에 비추어 볼 때, 우리 행위의 원인을 결코 창조주에게 돌릴 수 없다고 나는 생각한다. 왜냐하면 창조주 하느님께서는 어떤 것은 귀한 데 쓰는 그릇으로 어떤 것은 천한 데 쓰는 그릇으로 만드시기는 하지만, 모든 더러움에서 자신을 깨끗이 한 그릇은 귀한 데 쓰는 그릇으로, 죄악의 진창에서 자신을 더럽힌 그릇은 천한 데 쓰는 그릇으로 만드시는 것이기 때문이다. 저마다 행위의 원인은 이전으로 거슬러 올라가며, 각자는 자기 공로에 따라 하느님에 의해 귀한 그릇도 되고 천한 그릇도 된다는 결론을 여기서 내리게 된다. 그러므로 그릇 하나하나는 창조주에 의해 귀하게 쓰거나 천하게 쓰이도록 만들어지는 원인과 계기를 자기 스스로 창조주께 제공하였다.[82]

22(20). 그러므로 각 그릇이 이전의 원인 때문에 하느님에 의해 귀하게 또는 천하게 쓰이도록 마련되었다는 이 진술이 분명히 정당하고 모든 신심과 일치하는 것처럼 보인다면, 이전 원인들에 관하여 똑같은 의미와 논리로 논의하면서 영혼들에 관해서도 똑같이 생각하는 것이 터무니없어 보이지는 않는다. 야곱이 이 세상에 태어나기 전에도 사랑받았고, 에사우가 아직 어머니의 태 안에 있었을 때 미움받은 이유가 여기에 있기 때문이다

81) "이러한 주장은 … 모순되지 않는가?"는 루피누스가 그리스어 본문을 축약하여 번역한 것이다.
82) "그러므로 … 제공하였다"는 루피누스가 이전의 논의를 요약하며 매듭짓는 대목이다.

(창세 25,25-26; 말라 1,2-3; 로마 9,13 참조).[83]

(21.) 또한 같은 덩이에서 귀한 그릇과 천한 그릇이 만들어졌다는 말이 우리를 난처하게 만들 수도 없을 것이다. 왜냐하면 진흙 한 덩이가 옹기장이의 손 안에 있다고 하듯이, 우리는 모든 이성적 영혼에 하나의 본성이 있다고 말하기 때문이다. 옹기장이가 〔진흙〕 한 덩이에서 〔그릇을〕 만들듯이 모든 이성적 피조물에 하나의 본성이 있기에,[84] 하느님께서는 이 하나의 본성에서 이전 공로의 원인에 따라 더러는 귀하게 쓰이도록 더러는 천하게 쓰이도록 빚어내시거나 창조하셨다.[85] "아, 인간이여! 하느님께 말대답하는 그대는 누구인가?"(로마 9,20)라는 사도의 말은 질책처럼 보이지만, 여기서 사도는 이러한 질책은 올바르고 의롭게 살아가면서 하느님을 신뢰하는 이, 곧 모세와 같은 사람을 향한 것이 아니라는 점을 밝히려는 것이라고 나는 생각한다. 모세에 관해서는 성경이 이렇게 말하고 있기 때문이다. "모세는 아뢰었고, 하느님께서는 그에게 우렛소리로 대답하셨다."(탈출 19,19) 하느

83) "그러므로 우리가 … 터무니없는가?"(Εἰ δ' ἅπαξ … Ῥεβέκκας γενεσθαι), "그러므로 각 그릇이 … 있기 때문이다". 이 대목은 『필로칼리아』, 루피누스, 히에로니무스가 번역한 세 텍스트가 있다. 히에로니무스는 자신이 문자적으로 번역했다고 주장하지만(예를 들어 『파울라에게 보낸 편지』 85,3), 적어도 이 대목에서는 루피누스가 히에로니무스보다 더 문자적으로 정확하게 번역했다. 루피누스는 신심, 곧 신앙 규범을 암시하는 내용을 덧붙이지만 실질적으로는 그리스어에 충실하다. 히에로니무스는 오리게네스의 이단적 특성을 두드러지게 하려는 의도로 그리스어 본문의 선재에 관한 가르침과 야곱과 에사우 이야기를 분명하게 언급한다. 그러나 루피누스는 에사우에 관한 내용을 부드럽게 손질한다. 『필로칼리아』에 따르면, 에사우의 과실은 그가 어머니의 태 안에 있기 이전 시간에서 비롯한다. 루피누스에 따르면 에사우는 레베카의 태 안에 있을 때 미움의 대상이었다.

84) 참조 『원리론』(『필로칼리아』 그리스어본) 3,1,22 각주 150.

85) "이전의 어떤 … 만들지라도"(πρεσβύτερά τινα … ἀτιμίαν), "이 하나의 … 창조하셨다". 참조 히에로니무스 『서간집』 124,8: "영혼들 가운데 어떤 것들은 귀하게 만들어졌고 다른 것들은 천하게 만들어졌다는 것은 이전 공로의 원인에서 비롯한다." 히에로니무스의 라틴어 번역은 루피누스의 라틴어 역본보다 그리스어 원문에 덜 충실하다.

님께서 모세에게 대답하셨듯이 성인도 하느님께 대답할 것이다. 그러나 신실하지 않고 보잘것없는 자신의 삶과 행실 때문에 하느님 앞에 드려야 할 신뢰를 잃어버린 사람은 배우고 진보하기 위해서가 아니라 다투고 맞서려고 여기에 관하여 질문한다. 더 분명히 말하자면, 그런 자는 사도가 "왜 여전히 책망하십니까? 누가 그분의 뜻을 거역할 수 있겠습니까?"(로마 9,19)라고 말하면서 가리키는 사람이다. 이 질책은 "아, 인간이여! 하느님께 말대답하는 그대는 누구인가?"라고 사도가 말하는 이 사람에게 제대로 향하고 있다. 그러므로 이 질책은 신실한 사람과 성인들이 아니라 신실하지 않고 불경한 이들에게 한 말이다.[86)]

23 (21). 그러나 영혼들의 상이한 본성을 제시하며, 자신들의 가르침을 입증하기 위해 사도가 말한 이 구절을 인용하는 이들에게는 이렇게 대답해야 한다. 사도가 말하는 대로 귀하게 쓰이도록 만들어진 이들과 천하게 쓰이도록 만들어진 이들, 곧 구원받을 본성과 파멸할 본성을 지녔다고 하는 이들이 한 덩이에서 생겨난다는 사실에 동의한다면, 영혼의 본성은 상이하지 않고 모두에게 똑같은 본성일 것이다. 한 명의 같은 옹기장이가 의심할 나위 없이 한 분이신 창조자를 가리킨다는 사실을 받아들인다면, 구원받는 이들의 창조주와 파멸하는 이들의 창조주가 다르지 않을 것이다. 그렇다면 악하고 파멸한 이들을 창조하신 선하신 하느님으로 이해하려는지, 아니면 선하고 귀하게 쓰이도록 준비된 이들을 창조하신 선하지 않으신 하느님으로 이해하려는지 이제 그들이 선택해야 할 것이다. 그들은 대답하되, 두 가지 답변 가운데 하나를 택해야 한다.[87)] 그러나 이전의 원인 때

86) "그러므로 … 한 말이다"는 루피누스가 덧붙인 구절이다.
87) "사도가 말하는 대로 … 택해야 한다"라는 대목의 루피누스 번역은 "파멸한 이들과 … 추론

문에 하느님께서는 귀하게 쓰이는 그릇이나 천하게 쓰이는 그릇을 만드셨다고 하는 우리의 주장에 따르면, 하느님의 의로움에 대한 증거는 어떤 식으로도 제한되지 않는다.[88] 이전의 원인 때문에 이 세상에서 귀하게 쓰이도록 만들어진 그릇이 너무 게으르게 일한다면, 다른 시대에는 그 행위의 공로에 따라 천하게 쓰이는 그릇이 될 수도 있다. 이와 반대로 이전의 원인 때문에 이승의 삶에서 천하게 쓰이는 그릇으로 창조자에 의해 만들어졌지만 자신을 바로잡고 모든 악습과 더러움을 깨끗이 하면, 새로운 시대에는 귀하게 쓰이는 그릇, 곧 거룩하게 되어 주인에게 요긴하게 쓰이고 또 온갖 좋은 일에 쓰이도록 갖추어진 그릇이 될 것이다(2티모 2,21 참조). 하느님께서 이 시대에는 이스라엘인으로 만드셨지만 자신의 고귀한 혈통에 어울리지 않는 삶을 살고 자기 가문의 온갖 너그러움에서 떨어져 나간 이들은, 자신의 불신으로 말미암아 다가올 시대에는 이른바 귀한 그릇에서 천한 그릇으로 뒤바뀐다. 이와 반대로 이승의 삶에서 이집트인이나 이두매아인의 그릇들 가운데 하나로 여겨지고 이스라엘인의 신앙과 행실을 기꺼이 받아들인 많은 사람은 주님의 교회에 들어가 "하느님의 자녀들이 나타날 때"

의 결과다"(εἰ σῴζουσι … ἕπεται)라는 그리스어 본문보다 훨씬 길다. 영지주의자를 반박하기 위해 순서를 바꾼 바오로의 글을 인용하는 두 구절에서는 영지주의자들을 거슬러 창조주 하느님과 인간 본성의 일치를 입증한다. 『필로칼리아』의 그리스어 본문과 루피누스의 번역 가운데 무엇이 정확한 텍스트인지 따져볼 수 있다. 그리스어 본문은 매우 짧으며, 영지주의자들을 거슬러 입증해야 하는 바를 밝힌 것 같지만, 이 모든 것은 거의 오리게네스 방식이 아니다. 반대로 루피누스 번역은 잘 연결되며 결점 없이 논리적으로 이어진다. 이는 요약적으로 설명하며, 다소 수사학적이면서도 매우 평범하고 명확하게 표현하는 루피누스의 방식인 듯하다. 요약한 듯한 『필로칼리아』보다 루피누스의 번역이 원문을 더 충실하게 재현한 것 같다.

88) "그들은 대답하되 … 제한되지 않는다"는 루피누스가 덧붙인 것일까 아니면 『필로칼리아』에서 누락된 것일까? 『필로칼리아』의 편집자들이 선재설을 암시하는 '이전의 원인들'(causa praecedens)을 지나치게 강조하지 않기 위해 이 문장을 누락시켰을 것이다.

(신명 23,7-8; 로마 8,19 참조) 귀하게 쓰이는 그릇으로 남아 있을 것이다.[89)] 따라서 모든 이성적 피조물이 자신의 의지와 행위에 따라 때때로 나쁜 것에서 좋은 것으로 바뀌고 때때로 좋은 것에서 나쁜 것으로 떨어진다고 생각하는 것은 신심 규범과 더 잘 들어맞는다.[90)] 어떤 이들은 좋은 것에 머무르고, 어떤 이들은 더 좋은 것을 향해 나아가며, 만물의 가장 높은 단계에 이를 때까지 계속 더 높은 곳으로 올라가기도 한다. 그러나 다른 이들은 악한 것에 머무르고, 자신 안에 악의가 퍼지기 시작하면 더 나쁜 데로 나아가며 마침내 악의의 심연에 빠진다.

처음에는 작은 죄에서 시작한 사람들이 엄청난 죄악에 빠져들고 수많은 악의의 정점에 도달하여 그 불법이 적대 세력들과도 겨룰 지경이 될 수도 있음을 새겨야 한다.[91)] 이와 반대로, 많은 혹독한 벌과 매우 모진 징벌을 통해 언젠가 뉘우칠 수 있고 자신의 상처를 치료하기 위해 조금씩 애쓴다면, 그들은 자신의 악의가 끝날 때 선으로 회복될 수 있다. 그러므로 우리가 자주 말했듯이 영혼은 죽지 않고 영원하기에, 엄청나고 끝없는 공간 속에서 무한하고 상이한 시대들[92)]을 통하여 가장 높은 선에서 가장 낮은 악

89) 로마 8,19와 조금 뒤에 이어지는 로마 9,18-21의 인용은 루피누스의 라틴어 역본에만 있다.

90) 루피누스는 신심 규범(regula pietatis)에 관하여 덧붙여 언급한다.

91) 악에 빠져드는 과정에 관해서는 참조 『마태오 복음 강해』 30.

92) 이 표현은 오리게네스가 가설로 내세우는 이성적 본성의 '영구적 불안정성'(instabilitas perpetualis)을 떠올리게 한다(참조 『원리론』 2,3,3; 3,6,3; 4,4,8). 오리게네스는 『마태오 복음 주해』 13,1에서 영혼은 자신의 잘못 때문에 육체를 두 번 입을 수 있다는 주장을 반박한다. 성경에 기록된 대로 세상 종말에는 그런 일이 없을 것이기 때문이다. 오리게네스는 지복의 최종적 특성에 관하여 여러 차례 표현한 바 있다[참조 『에제키엘서 강해』 4,8; 『요한 복음 주해』 10,42(26),289; 『원리론』 3,6,6; 『로마서 주해』 5,10]. 오리게네스에 따르면, 자유의지는 우리를 그리스도의 사랑에서 떼어 놓지 못할 것이다. 그리스도의 사랑은 우리가 새롭게 타락할 가능성을 배제하기 때문에(참조 『로마서 주해』 5,10), 모든 이성적 피조물은 그리스도의 영혼의 불변성을 닮을 때까지 로고스와 일치할 수 있다는 것이다(참조 『원리론』 2,6,6-7).

으로 내려가거나 가장 낮은 악에서 가장 높은 선으로 회복될 수 있다고 우리는 생각한다.[93)]

24. 사도는 귀한 그릇과 천한 그릇에 관한 대목에서 이렇게 말한다. "어떤 사람이 자신을 깨끗이 하면 귀하게 쓰이는 그릇, 곧 거룩하게 되어 주인에게 요긴하게 쓰이고 또 온갖 좋은 일에 쓰이도록 갖추어진 그릇이 될 것입니다."(2티모 2,21) 이는 하느님께는 아무런 책임도 돌리지 않고 모두 우리 책임으로 돌리는 듯하다. 그러나 다음의 대목에서는 바오로가 이렇게 말한다. "옹기장이가 같은 진흙을 가지고 한 덩이는 귀한 데 쓰는 그릇으로, 한 덩이는 천한 데 쓰는 그릇으로 만들 권한이 있다."(로마 9,21) 이 구절에서 사도는 모든 것을 하느님께 돌리려는 것 같다. 우리는 이 구절들이 서로 모순된다고 여겨서는 안 된다. 오히려 두 구절의 의미를 하나로 모아내고, 두 가지에서 하나의 해석이 이루어져야 한다. 곧, 우리는 자신의 의지에 달려 있는 것들이 하느님의 도움 없이 실현될 수 있다고 생각

---

93) 루피누스의 번역 "처음에는 … 우리는 생각한다"는 그리스어 본문 『필로칼리아』에는 일치하는 내용이 없지만 히에로니무스의 글에는 있다. 이는 『필로칼리아』에 누락이 있다는 명백한 증거다. 히에로니무스는 『서간집』 124,8에서 "어떤 이들은 작은 잘못들에서 시작하여 그러한 악의에까지 이를 수 있다. 그들이 더욱 좋은 것으로 회심하고 참회로 자신의 죄를 고치겠다고 원하지 않았다면, 그들은 심지어 적대 세력이 된다. 반대로 어떤 이들은 적수와 적대 세력의 〔상태〕에서 치료제인 많은 시간이 지나가는 동안 그들의 상처에 주의를 기울이고 그들의 이전 잘못이 이루는 급류를 막아, 마침내 선인들의 서열로 옮겨갈 수 있다고 생각한다. 영혼이 존재하고 살아가는 무한하고 영속적인 시대들의 흐름 속에서, 몇몇 사람이 더 악한 것을 향해 달려가고 결국 악의의 서열 맨 마지막에 서 있듯이, 어떤 이들은 악의의 가장 마지막 단계에서 나와 완전하고 완벽한 덕에 이를 때까지 진보한다."라는 오리게네스의 글을 인용했다. 따라서 『필로칼리아』의 편집자들이 이 부분을 신중하게 고려하여 생략했다고 볼 수 있다. 여기서 루피누스에게는 이 시대를 뒤따르는 헤아릴 수 없는 시대들이 문제이며, 히에로니무스에게는 인간이 악마로 또는 악마가 천사로 변하는 것이 문제다. 루피누스의 번역과 히에로니무스의 번역은 기본적으로는 상통한다.

하지 말아야 하며, 하느님의 손에 있는 것들도 우리의 행위와 열정과 의향 없이 완성될 수 있다고 생각하지 말아야 한다. 앞에서 말한 구분에 따라, 우리가 원하거나 행할 수 있는 것은 하느님께서 우리에게 주셨기 때문이라는 사실 자체를 인식하지 않고서는[94] 어떤 것도 우리 의지로 원하거나 행할 수 없다. 이와 반대로 하느님께서 그릇들을 더러는 귀하게 더러는 천하게 만드셨을 때, 우리의 의지나 의도나 공로를 마치 어떤 물질처럼 우리를 귀하거나 천하게 만드는 원인으로 삼으셨다고 여겨서도 안 된다. 그릇이 귀하게 만들어졌든 천하게 만들어졌든지 간에, 영혼의 움직임 자체와 정신의 의도는 마음과 영혼의 생각을 숨길 수 없는 분께 스스로를 드러내기 때문이다.[95] 자유의지에서 비롯하는 문제들에 관하여 힘 자라는 데까지 살펴본 이 논증이면 우리에게 충분할 것이다.

94) 참조 『원리론』(『필로칼리아』 그리스어본) 3,1,24 각주 163.

95) "앞에서 말한 구분에 따라 … 드러내기 때문이다"라는 대목은 그리스어 본문을 길게 늘어놓은 것이다. 바오로 서간에 관한 더욱 정확한 인용과 『원리론』 3,1,20에서 다룬 주제로 미루어 볼 때, 이는 루피누스의 번역 관행에서 비롯한 단순한 부연설명이 아니다. 그리스어 본문에 있는 '프로아이레시오'(προαίρεσις, 의도), '디아포라'(διαφορά, 상위)와 같은 스토아 철학의 전문용어들에 정확히 상응하는 라틴어 자체가 없었기 때문이다.

2장

성경에서 악마와 적대 세력들이 어떻게 인류와 맞서 싸우는가? (그리스어)[1]

적대 세력들 (라틴어)

1. 이제, 성경에서 적대 세력들과 악마 자신이 어떻게 인류와 싸우면서 죄를 짓도록 자극하고 부추기는지 살펴보아야 한다. 먼저 창세기는 뱀이 하와를 유혹했다고 기술한다(창세 3,1-6 참조). 또한 유다 사도는 자신의 서간에서 『모세의 승천』[2]이라는 책의 내용을 언급하며, 미카엘 대천사가

1) 그리스어 제목은 포티우스의 『저서 평론』 8에 나온다. 이 제목은 본문의 첫 문장에서 끌어낸 것 같다.

2) 본문이 소실된 외경이다(참조 알렉산드리아의 클레멘스, 『양탄자』 1,23,153; 6,15,132). 이 외경에 관해서는 참조 Kautzsch, *Apok. u. Pseud*, II 311쪽; RGG III 337쪽. 유다 서간(9절)은 『모세의 승천』(그리스어 Analepsis 또는 Anabasis)을 암시하지만, 제목을 언급하지는 않는다(참조 Ch. L. Feltoe, *The Apocrypha and Pseudepigraphia*, 407-412. 421쪽 이하; E. M. Laperrousaz, *Le Testament*). 오리게네스는 외경 문헌을 중요하게 취급하지만 영감을 받은 것으로 여기지는 않는다(참조 R. P. C. Hanson, *Tradition*, 134-136쪽; J. Ruwet, *Les apocryphes*, 143-166. 311-334쪽).

모세의 시신을 놓고 악마와 다툴 때 악마가 〔자신의 생각을〕 불어넣은 이 뱀이 아담과 하와가 저지른 범죄의 원인이 되었다고 말한다(유다 9 참조). 게다가 어떤 이들은 "나는 네가 하느님을 두려워하고, 네가 사랑하는 사랑스런 아들마저 나 때문에 아끼지 않았음을 이제 알았다"(창세 22,12)라고 하늘에서 아브라함에게 말하는 천사가 누구인지[3] 묻는다. 아브라함이 하느님을 두려워했고 그의 사랑스런 아들을 아끼지 않았다고 말한 사람은 천사라고 성경에 분명하게 쓰여 있다. 그러나 천사는 〔아브라함이 이를 행한 것이〕 하느님을 위해서인지 그 자신, 곧 그렇게 말한 사람을 위해서인지 단언하지 않는다.[4] 또한 모세가 이집트로 돌아가려 했기 때문에 그를 죽이려 했다는, 탈출기에 나오는 인물(탈출 4,24 참조)이 〔천사〕인지도 검토해야 한다.[5] 그다음에 "파괴자"라는 천사(탈출 12,23 참조)가 누구이며,[6] 레위기에서 언급되는 아포폼파이우스(apopompaeus), 곧 막는 자(transmissor)[7]라고 불리

3) 오리게네스는 『창세기 강해』 8,8에서 천사의 형상으로 아브라함에게 나타난 이는 말씀(Logos)이라고 설명한다. 이는 구약성경의 모든 신현이 하느님과 피조물 사이의 중개자인 '말씀'께서 하신 일이라는 고대 교회의 일반적인 개념과 일치한다(참조 『원리론』 2,4,3).

4) 오리게네스는 이 문장에서 천사가 하느님이라든가 적어도 외부로 드러나는(ad extra) 성자를 가리킨다고 결론내리지 않는다.

5) 탈출 4,24에서 칠십인역은 '주님의 천사'(ἄγγελος κυρίου)라고 기술하는 반면, 히브리어 성경은 야훼(주님)로 기술한다〔참조 『켈수스 반박』 5,48("천사는 모세의 아내가 아들에게 할례를 베풀자 더 이상 모세를 위협하지 않는다. 천사는 할례 받지 않은 히브리인들에 대해 적의를 품고 있다.")〕.

6) 이 천사는 통상적으로 선한 세력과 그리스도의 모습으로 여겨진다(참조 『판관기 강해』 3,6; 『민수기 강해』 3,4). 하지만 『켈수스 반박』 6,43에서는 사탄과 동일시된다. 첫 번째 경우에 오리게네스는 이스라엘의 해방을 강조하고 이집트인들을 적대 세력의 상징으로 삼으며, 이들을 전멸시키는 이를 십자가 위에서 승리하는 그리스도(콜로 2,14-15)의 상징으로 이해한다. 사탄과 그의 활동을 다루는 문맥인 두 번째 경우에 오리게네스는 이집트인들을 그들이 신뢰하는 바로 그 사탄에 의해 파멸하는 존재로 이해한다.

7) 칠십인역: '아포폼파이오스'(ἀποπομπαῖος), 히브리어: 아자젤. 이는 이스라엘 백성의 죄와

는 천사는 누구인가? 아포폼파이우스에 관해 성경에는 이렇게 쓰여 있다. "제비 하나는 주님을 위한 것이고 다른 제비는 아포폼파이우스를 위한 것이다."(레위 16,8) 게다가 사무엘기 상권[8]에는 악령이 사울을 질식시켰다고 쓰여 있다(1사무 18,10).[9] 열왕기 상권[10]에서 미카야 예언자는 이렇게 말한다. "나는 이스라엘의 하느님께서 어좌에 앉으시고 하늘의 온 군대가 그분 오른쪽과 왼쪽에 서 있는 것을 보았습니다. 그런데 주님께서 '누가 이스라엘의 왕 아합을 꾀어내어 그를 라못 길앗으로 올라가 쓰러지게 하겠느냐?' 하고 물으셨습니다. 그러자 저마다 이런저런 의견을 내놓는데, 어떤 영이 주님 앞에 나서서 '제가 그를 꾀어내겠습니다.' 하고 말하였습니다. 주님께서 그 영에게 '어떻게 〔그를 꾀어내겠느냐〕?' 하고 물으시자, 그는 '제가 나가 그의 모든 예언자의 입에서 거짓말하는 영이 되겠습니다.' 하고 대답하였습니다. 주님께서 '네가 그를 꾀어내어라, 분명 너는 그것을 할 수 있을 것이다. 가서 그렇게 하여라.' 하고 그에게 말씀하셨습니다. 그래서 주님께서는 이제 그의 모든 예언자의 입에 거짓말하는 영[11]을 넣으셨습니다. 주님께서 그를 거슬러 악을 선언하신 것입니다."(1열왕 22,19-23) 여기에서는 어떤 영이 자신의 의지와 의도로 꾀어내고 거짓말을 하기로 결정했으며, 하느님께서 죽음을 당하기에 마땅한 아합을 죽이기 위해 이 영을 이용하셨

허물들을 짊어지고 사막으로 추방된, 속죄 염소로 상징되는 악마 아자젤과 관련된다. 오리게네스는 이를 악마들의 으뜸으로 여긴다(참조 『켈수스 반박』 6,43; 『레위기 설교』 9,4).

8) 직역은 "열왕기 제1권"이다.

9) 이 구절은 열왕기 제1권(사무엘기 상권) 18,10을 옮긴 칠십인역의 일부 사본에만 나온다. 이 칠십인역 사본에서 사용된 개념인 '어페센 에피'(ἔπεσεν ἐπὶ)를 루피누스는 라틴어 'offocare'(질식시키다, 목을 조르다)로 번역하였다. 불가타에서는 invasit로 적었다.

10) 직역은 "제3권"이다.

11) 참조 『요한 복음 주해』 20, 29(23), 256-267, 특히 258-261.

다는 사실을 분명하게 보여 준다. 역대기 상권에서는 "악마는 이스라엘에서 사탄을 부추겨 다윗으로 하여금 백성의 인구를 조사하게 했다"(1역대 21,1)[12]고 하고, 시편에 따르면 악한 천사는 어떤 사람들을 괴롭힌다(시편 34,5-6 참조). 코헬렛에서도 솔로몬은 "권력을 가진 사람의 영이 너를 거슬러 들고일어나면 네 자리를 떠나지 마라. 치유가 많은 범죄를 막을 수 있기 때문이다"[13](코헬 10,4)라고 말한다. 우리는 즈카르야서에서 악마가 예수아[14]의 오른쪽에 서 있으며 그에게 맞섰다(즈카 3,1 참조)는 대목을 읽는다. 이사야는 하느님의 칼이 용,[15] 구불거리는 뱀을 거슬러 들고일어나리라고 말한다(이사 27,1 참조). 또 에제키엘은 티로의 군주에 관한 둘째 환시에서 적대 세력에 관해 매우 분명하게 예언하면서 용이 이집트의 강들에 산다고 말하니(에제 29,3 참조) 내가 무엇을 더 말해야 하겠는가?[16] 욥에 대해

12) 칠십인역 1역대 21,1 본문은 "악마가 이스라엘에서 부추기다"(Καὶ ἔστη διάβολος ἐν τῷ 'Ισραήλ)로, 루피누스의 번역과 조금도 다르지 않다. 반면에 에돔 사람 하닷에 관한 칠십인역 1열왕 11,14 본문은 "그리고 주님께서는 에돔 사람 하닷을 솔로몬의 〔적대자〕 사탄으로 일으키셨다"(Καὶ ἤγειρεν κύριος σατὰν τῷ Σαλωμὼν τὸν 'Αδὲρ τὸν 'Ιδουμαῖον)라고 기술한다. 『켈수스 반박』 4,72는 1역대 21,1을 병행 구절인 2사무 24,1과 비교하면서 인구조사를 실시하게 한 것을 '하느님의 분노'라고 일컫는다. 이 본문에서 오리게네스는 1역대 21,1의 악마(διάβολος)를 하느님의 분노와 동일시한다.

13) 루피누스가 사용한 sanitas는 그리스어 '히아마'(ἴαμα, 치유)에 해당한다. 이는 아마도 성내게 하는 영과 상반된, 치유하는 영을 가리키는 것이 분명하다. 히브리어 성경 코헬 10,4는 "왕이 네게 화(ruah)를 내어도 네 자리를 떠나지 마라. 침착함이 잘못들을 잘 피하기 때문이다"라고 기술한다. 칠십인역은 "ἐὰν πνεῦμα τοῦ ἐξουσιάζοντος ἀναβῇ ἐπὶ σέ, τόπον σου μὴ ἀφῇς, ὅτι ἴαμα καταπαύσει ἁμαρτίας μεγάλας"라고 기술한다. 오리게네스는 이 본문 뒷부분을 생략한 채 『민수기 강해』 27,12에서 광야에 체류하는 히브리인들을 설명하는데 인용한다. 이는 에페 4,27 "악마에게 자리를 주지 마십시오"라는 내용과 비슷하다. 권력을 가진 자는 여기서 악마를 의미한다.

14) 예수아 또는 예수스(칠십인역에서 'ησοῦς)는 요세덱의 아들로 대사제다.

15) 참조 『원리론』 2,8,3.

16) 이보다 더 상세한 내용에 관해서는 참조 『원리론』 1,5,4.

쓰여 있는 욥기 전체는 그의 모든 소유물, 그의 아들들, 더욱이 욥 자신의 육체에 대한 권한까지 자신에게 주기를 청한 악마에 관한 이야기 이외에 무엇을 담고 있는가?(욥 1,11-19; 2,4-8 참조) 그러나 악마는 욥의 인내로 패배하였다. 이 욥기에서 주님께서는 욥의 답변을 통하여 우리에게 적대적인 이 용의 세력에 관해 많은 가르침을 주셨다(욥 40-41장 참조). 내가 지금 기억할 수 있는 구약성경의 이 본문들은 성경에서 적대 세력들을 언급하면서 그들이 인류와 적대적으로 맞서고 있으며 훗날에 벌받을 것이라는 예증으로 인용한 것이다.

또한 신약성경에서 사탄이 구원자를 유혹하기 위해 그분께 다가가는 구절(마태 4,1-11과 병행 구절 참조)을 살펴보자. 매우 많은 사람을 홀린 사악한 영들과 더러운 마귀들은 구원자에 의해 앓는 사람들의 몸에서 내쫓기고, 그들은 그분에 의해 자유롭게 되었다고 한다(마르 1,23 이하; 1,32-34; 5,1 이하 참조). 그리고 악마가 그리스도를 배반할 생각을 유다의 마음속에 불어넣은(요한 13,2 참조) 뒤, 유다는 사탄을 전적으로 자신 안에 받아들였다. 〔성경에는〕 "빵 조각을 받은 뒤 사탄이 그에게 들어갔다"(요한 13,27)라고 쓰여 있다. 바오로 사도는 "악마에게 자리를 주지 말라"(에페 4,27 참조)고 우리를 가르치고, "악마의 간계에 맞설 수 있도록 하느님의 무기로 무장하라"고 말하며, 성도들이 "살과 피가 아니라 권세와 권력들과 이 어두운 세상의 지배자들과 하늘에 있는 사악한 영들에 맞서" 싸운다(에페 6,11-12 참조)고 설명한다.[17] 또한 바오로는 구원자께서 파멸하게 되어 있는 이 세상의 우두머리들에 의해 십자가에 못 박히셨으며, 그들의 지혜에 관해

17) 『원리론』 1,5,2에서는 적대 세력들의 이름이 언급되지만, 여기서는 인간에 대한 그들의 활동이 열거된다.

말씀하지 않으셨다(1코린 2,8.6 참조)고 말한다. 따라서 이 모든 것을 통해 성경은 우리를 거슬러 싸우는 보이지 않는 적들이 있다고 우리에게 가르쳐 주며, 그들에게 맞서 무장해야 한다고 엄명한다. 이 때문에 주님이신 그리스도를 믿는 이들 가운데 더 단순한 이들은[18] 사람들이 저지르는 모든 죄가 죄인들의 정신을 집요하게 공격하는 이 적대 세력들 때문에 일어난다고 생각한다. 이 보이지 않는 싸움에서 이 세력들이 더 뛰어나다고 입증되기 때문이며, 말하자면 악마가 존재하지 않는다면 어떤 사람도 죄짓지 않으리라는 것이다.

2. 그러나 사물들의 이치를 더 주의 깊게 따져, 명백히 육체적 필연성 때문에 일어나는 행위들을 숙고해 보면 그렇지 않다고 우리는 생각한다. 가령 우리가 배고프고 목마른 원인이 악마라고 생각해야 하는가? 나는 아무도 감히 이와 같이 주장하지 못하리라고 생각한다. 악마가 우리의 배고픔이나 목마름의 원인이 아니라면, 각 사람이 혼인 적령기에 이르고 타고난 성욕을 일으키는 자극이 있는 이유는 무엇인가? 악마가 배고픔과 목마름의 원인이 아니듯이 성년(成年)에 자연적으로 일어나는 충동, 곧 성관계를 갖고자 하는 욕구도 악마에 의한 것이 아니라는 점은 의심할 바 없이 논리적이다. 이 충동이 항상 악마에 의해 일어나지 않는 것이 확실하기에, 악마가 존재하지 않는다면 육체는 그와 같은 성적 결합에 대한 욕구를 지니

18) 마귀들이 사람을 죄에 물들도록 강요한다는 생각은 점성술적 미신과 연관된다는 것이 당시의 일반적 견해였다. 교양을 갖추지 못한 그리스도인들이 이러한 생각에서 벗어나기란 쉽지 않았다. 사람은 마귀에게 저항하기엔 너무 나약한 존재라는 운명론과 자신의 죄에 대한 책임을 져야 한다는 확신이 팽배해 있었다. 오리게네스는 이러한 운명론과 확신을 깨뜨리기 위해 노력한다. 마찬가지로 알렉산드리아의 클레멘스, 『양탄자』 6,12,96-98; 메토디우스, 『부활론』 2,6,2(에피파니우스, 『약상자』 64,60,2)에서는 악마가 물질적 욕심의 근원으로 여겨진다.

지 않았을 것이라고 생각할 수 없다. 그러면 앞서 지적했듯 인간들의 식욕이 악마에게서 오는 것이 아니라 자연적 충동에서 기인한다면 이렇게 숙고해 보자. 악마가 존재하지 않는다 가정하면, 인간은 음식을 먹을 때 결코 일정량 이상을 먹지 않기 위해, 곧 상황이 요구하는 것 이외의 다른 음식이나 이성이 허용하는 양보다 결코 더 많이 먹지 않으며 적당하게 음식의 양을 조절하지 못하는 일이 결코 일어나지 않도록 많은 체험에 바탕을 두고 자제할 수 있을까?[19] 나는 사람들이 악마의 충동에 빠지지 않았을지라도, 그들이 오랜 습관과 체험으로 배운 뒤에도, 음식을 적당한 양 이상 먹는 이가 아무도 없을 만큼 이 〔습관〕을 그렇게 잘 지킬 수 있다고 결코 생각하지 않는다. 그렇다면 어떻게 되는가? 가령 자제하지 않고 조심성이 없으면, 우리는 악마의 충동이 없어도 음식과 음료에 관해 그르칠 수 있다. 성적 결합의 욕구와 본성적 욕구에 대한 절제에 있어서는 비슷한 방식으로 영향받지 않는다고 생각해야 하는가? 나는 탐욕, 분노, 슬픔과 같은 본성적 감성, 그리고 절제를 모르고 자연적 적량의 한도를 넘어서는 다른 모든 것에도 같은 추론 방식이 적용될 수 있다고 생각한다.

19) 오리게네스는 스토아적 '아파테이아'(ἀπάθεια, 무감정)보다 아리스토텔레스적 '메트리오파테스'(μετριοπαθής, 감정이나 느낌의 자제)로 많이 기운다. 그는 그 기원이 자연적이지만 다만 기준을 벗어나면 사악한 방향으로 기우는 성향들을 완전히 없애는 것보다 자제할 것을 주장한다. 그의 작품에서 '아파테이아' 개념의 사용은 손가락으로 꼽을 정도로 거의 나타나지 않는다. 이는 알렉산드리아의 클레멘스나 오리게네스의 제자 폰투스의 에바그리우스와 대비된다. 『코린토 1서 단편』(JTS 9, 500쪽)에는 1코린 7장에 관해 고대 격언(in medio stat virtus, 덕은 중용에 있다)에서 요약될 수 있는 매우 아리스토텔레스적인 진술이 있다(참조 H. Crouzel, *Virginité*, 172-176쪽). 『창세기 강해』 1,17과 2,6에서 오리게네스는 성마름(θυμός)과 열망(ἐπιθυμία)은 그 자체로 본성적이며 좋은 것이라고 단언한다. 곧, 이는 거룩한 사람들과 그리스도조차 억제할 수 없는 영혼의 더 낮은 부분이지만, '사람 안에 있는 영'의 조명으로 더 높은 부분으로 이끌리어 그 부분처럼 영화(靈化)된다.

따라서 실상은 명백히 이렇다. 선에 관하여 인간의 의지는 그 자체로만은 선을 실행할 수 없듯이—왜냐하면 선은 모든 경우에 신적 도움으로 완성되기 때문이다[20]—반대되는 것에 있어서도 우리는 시작, 말하자면 죄의 씨앗을 본성적으로 사용하도록 우리에게 주어진 이 욕구들로부터 끌어낸다. 그러나 우리가 이것들에 지나치게 빠지고 무절제한 최초의 자극들에 저항하지 않으면, 이 최초의 과오로 기회를 잡은[21] 적대 세력은 우리가 죄를 더 많이 짓도록 부추기면서 모든 면에서 우리를 자극하고 몰아댄다.[22] 우리 인간이 죄의 실마리와 시작을 제공하지만 적대 세력들은 그 죄를 널리, 두루 그리고 가능하면 끝없이 퍼뜨린다. 〔예를 들어〕 사람들은 처음에 얼마 안 되는 돈을 갈망하다가, 악이 자라듯이 욕구가 늘어나면 탐욕에 빠지게 된다. 그 뒤 그들의 열정이 정신도 눈멀게 하고, 적대 세력들의 자극과 강요로 그들은 이제 돈에 대한 열망에서 그치지 않고 폭력으로 빼앗거나 〔다

20) 참조 『원리론』 3,1,19.

21) 기준을 벗어나기 시작한 자연적 성향들은, 피해를 늘리려고 하는 적대 세력들과 타협한다. 이는 "최초에 저항하라"(Principiis obsta)라는 고대 격언의 교훈을 떠올리게 한다(참조 유스티누스 『첫째 호교론』 14; 아테나고라스 『Legatio』 27). 그럼에도 오리게네스는 악마를 마치 모든 '악한 욕망'과 '사악한 경향'의 아버지처럼 묘사한다〔참조 『예레미아서 강해』 17,2; 『마태오 복음 주해』 12,40; 13,23; 『에페소서 주해 단편』 33(JTS 3, 571쪽); 『요한 복음 주해』 20,22; 20,40〕. 죄가 그릇된 판단에서 유래한다는 스토아학파의 개념은 죄를 적대 세력들의 선동으로 돌리는 성경의 개념과 연결된다. 오리게네스에게 모든 죄는 심리적 양상과 악마적 양상을 지닌다. 히브리어 개념 '예세르 하-라'(yeser hā-ra)에 따른 그리스어 개념 'πονηρός διαλογισμός'(악한 의도)는 사악한 경향과 이를 부추기는 악마를 동시에 나타낸다〔참조 『아가 주해』 3(GCS 8, 211쪽); 『마태오 복음 주해』 11,15〕. 오리게네스는 상황에 따라 이 둘 중의 한 양상을 강조한다. 여기서는 책임을 적대 세력의 탓으로만 돌리려는 이들을 논박하기 위해서 자유의지의 중요성을 특히 강조한다. 그러나 『원리론』 3,2,4에서는 우리를 악으로 모는 악마에 대해 상론한다.

22) 참조 『민수기 강해』 20,3. 탐욕에 대한 스토아학파의 예는 키케로의 『투스쿨라눔 담론』 4,10,23(SVF III, 103쪽)에도 나온다.

른 사람의] 피를 흘리게 하면서 돈을 끌어모은다. 도를 넘은 이러한 악습들이 악마에게서 기인한다는 확실한 증명을 다음과 같은 사실에서 쉽게 알 수 있다. 지나친 사랑, 억제할 수 없는 분노, 극단적인 슬픔에 짓눌린 이들은 악마가 육체적으로 괴롭히는 이들 못지않은 고통을 당한다. 전해지는 어떤 이야기들에서도[23] 많은 사람이 사랑 때문에, 또 어떤 사람들은 분노 때문에, 더러는 슬픔이나 지나친 기쁨 때문에 미쳐 버렸다고 한다.[24] 나는 이 적대 세력, 곧 악마들이 이전에 무절제로 자신들에게 기회를 준 이들의 정신 안에서 자리를 발견하고 그들의 의식을 완전히 차지하면 이런 일이 일어난다고 생각한다. 특히 덕의 영광에 대한 생각이 적대 세력에 저항할 마음을 불러일으키지 못하면 말이다.

3. 따라서 적대 세력에게서 기인하지 않고 육체의 본성적 충동에서 시작되는 어떤 죄들이 있다는 사실[25]을, 바오로 사도는 이런 말로 매우 분명하게 단언한다. "육은 영을 거슬러 욕망하고 영은 육을 거슬러 욕망합니다. 이 둘은 서로 반대되기 때문에 여러분은 자기가 원하는 것을 하지 못합니다."(갈라 5,17) 사실 육이 영을 거슬러 욕망하고 영이 육을 거슬러 욕망한다면, 우리는 때때로 살과 피를 거슬러 싸워야(에페 6,12 참조) 한다. 곧, 우

23) 이는 신화적 인물들, 곧 파이드라(사랑, 참조 에우리피데스의 『히폴리투스』의 처음에 나오는 광기 발작)나 아이아스(분노, 참조 소포클레스의 희곡)를 생각나게 한다. 스토아학파 철학자들도 감정과 광기의 결합을 이야기한다(참조 M. Pohlenz, *Die Stoa I*, 154쪽). 알렉산드리아의 클레멘스의 『양탄자』 2,63-64에도 감정론에 관한 신화적 예가 나온다.

24) 어리석음과 죄의 비교는 『민수기 강해』 8,1에서 언급되고, 취기와 죄의 비교는 『예레미아서 강해』 2,8(라틴어)에서 설명된다. 스토아 철학은 무지를 어리석음과 동일시한다(참조 SVF III, 164-165쪽). 이 철학은 죄의 목록을 열거하는 바오로를 통해 오리게네스에게 간접적인 영향을 미쳤다(참조 『레위기 강해』 7,1; 『여호수아기 강해』 12,3; 『시편 제38편 강해』 2,2).

25) 『에페소서 단편』 33(JTS 3, 571쪽)에서 오리게네스는 에페 6,12를 주해하며 살과 피에서 기인하는 유혹을 적대 세력의 탓으로 돌린다.

리가 인간이고(1코린 3,4 참조) 육에 따라 산다면[26](2코린 10,2 참조) 말이다. 이 상황에서 우리가 인간적인 유혹보다 더 강한 유혹을 받을 수는 없다. "여러분은 인간적인 유혹 이외에 어떤 유혹을 받지 않습니다. 하느님은 성실하시어 여러분을 능력 이상으로 유혹받게 하지 않으십니다"(1코린 10,13)라고 우리에 관해 말하고 있기 때문이다.[27] 경기를 감독하는 이들은[28] 시합 참가자들을 정해진 방식없이 무작위로 경쟁하게 하지 않고 신체적 상태와 연령을 주의 깊게 검사한 뒤, 예를 들어 어린이는 어린이들과 어른은 어른들과 한 조를 이루게 하여 공정하게 경쟁하도록 한다. 연령이나 체력에서 서로 비슷하게 어울리는 방식으로 말이다. 신적 섭리에 관해서도 이와 같이 생각해야 한다. 신적 섭리는 사람의 마음을 보는(루카 16,15 참조) 분만 아시는, 각자가 지닌 덕의 정도에 따라 인간 삶의 투쟁으로 내몰린 모든 이를 매우 공평하게 이끈다. 따라서 어떤 이는 육적인 것[29]을 거슬러 투쟁하고 다른 이는 다른 것을 거슬러 투쟁한다. 어떤 이는 이런 기간 동안 다른 이는 저런 기간 동안 투쟁하고, 어떤 이는 이 〔행동〕이나 저 〔행동〕으로 육에 의해 자극받고 다른 이는 다른 〔행위〕로 자극받는다. 어떤 이는 이 적대 세력이나 저 적대 세력과 맞서 투쟁하고 다른 이는 동시에 두 적대 세력이

26) 직역은 "걷는다면"이다.

27) 오리게네스는 여기서 1코린 10,13을 주해하며, 하느님은 우리의 능력을 넘어서는 유혹을 받게 하지 않으신다는 일반적인 특성을 제시한다. 그럼에도 그는 에페 6,12와 로마 8,38-39에 바탕을 두고, 신적 도움이 뒤따를 경우에는 인간적인 것을 넘어서는 유혹을 받을 가능성이 있다고 언급한다.

28) 원형경기장에서 행하는 시합에 대한 비유는 소피스트나 그리스도인의 글에 자주 나온다. 바오로가 이를 처음으로 받아들였다(**참조** 1코린 9,24-26; 갈라 2,2; 필리 2,16; 2티모 4,7-8; 히브 12,1).

29) 육 또는 '육의 관심사'(로마 8,6)는 후대 신학의 탐욕에 해당하는 영혼의 더 낮은 부분이다.

나 세 적대 세력과 맞서 투쟁한다.[30] 또는 지금은 어떤 적대 세력을 거슬러 그 뒤에는 다른 적대 세력을 거슬러 투쟁하며, 어떤 일정한 때에는 어떤 적대 세력을 거슬러 다른 때에는 다른 적대 세력을 거슬러 투쟁하거나, 어떤 행위들 다음에는 어떤 적대 세력들을 거슬러, 다른 행위들 다음에는 다른 적대 세력들을 거슬러 투쟁한다. 여러분은 "하느님은 성실하시어 여러분을 능력 이상으로 유혹받게 하지 않으십니다"(1코린 10,13)라는 사도의 말이 이러한 것을 가리키는 것이 아닌지, 곧 각자는 그가 지닌 덕의 정도나 가능성에 따라 유혹받는다는 말은 아닌지 잘 생각해 보아야 한다.[31]

따라서 각자는 하느님의 공정한 결정에 따라 자기 덕의 정도에 맞게 유혹받는다고 우리가 말했지만, 유혹받는 이가 모든 경우에 승리해야 한다는 말이라고는 생각하지 말아야 한다. 곧, 선수도 경기에서 같은 체중의 경쟁자와 한 조를 이룬다 할지라도 모든 경우에 승리할 수 없을 것이다. 그러나 선수들의 체력이 같지 않다면 승리자의 월계관은 정당하지도 않고 패자도 당연히 비난받지 않을 것이다. 그래서 하느님께서는 우리가 유혹받도록 허락하시지만 능력에 부치게 하지는 않으신다. 우리는 우리 능력만큼 유혹받기 때문이다. 하느님께서는 우리가 유혹을 견디어 내는 길을 마련해 주실 것이라고 기록되어 있지 않고, 우리가 유혹을 견디어 낼 수 있도록 길을 마련해 주실 것이라고 기록되어 있다(1코린 10,13 참조). 곧, 하느님께서는 우리에게 유혹을 견디어 낼 수 있는 능력을 주셨지만, 그분께

30) 오리게네스는 살과 피, 곧 인간적인 수준의 유혹에 대한 투쟁에서 인간적인 유혹을 넘어서는 악마에 대한 투쟁으로 넘어간다(참조 『마태오 복음 주해』 13,23; 『원리론』 3,2,4와 각주 46).

31) 이 싸움에서는 신적 섭리의 도움을 받으리라는 신뢰감을 나타낸다(참조 『레위기 강해』 16,6; 『여호수아기 강해』 4,1; 『켈수스 반박』 8,27).

서 주신 능력을 열심히 또는 게으르게 사용하는 것은 우리의 몫이다.[32] 우리가 이와 같이 주어진 능력을 제대로 사용하기만 한다면, 모든 유혹을 이겨 낼 수 있다는 것은 확실하다. 사도 자신이 세심하게 택한 언어로 "하느님께서는 여러분이 그것을 견디어 내는 길이 아니라, 그것을 견디어 낼 수 있는 길을 마련해 주실 것입니다"(1코린 10,13) 하고 지적하듯이, 승리할 능력을 지니는 것과 승리하는 것은 같지 않다. 많은 이가 유혹을 견디지 못하고 그것에 굴복한다. 하느님께서 우리에게 주신 것은 우리가 (유혹을) 견디어 낸다는 보증이 아니라(그렇다면 투쟁할 일도 없을 것이다), 견디어 낼 수 있는 가능성이다.

승리할 수 있도록 우리에게 주어진 이 능력을, 우리가 자유의지로 열심히 사용하면 승리하고 게으르게 사용하면 패배한다. 모든 경우에 승리할, 곧 어떠한 경우에도 패배하지 않을 능력이 우리에게 전적으로 주어졌다면, 패배할 수 없는 이가 투쟁할 까닭이 무엇이 있겠는가? 또는 경쟁자가 승리할 가능성이 없는 경우, 월계관을 얻는 것이 무슨 공적이 되겠는가? 승리할 가능성이 우리 모두에게 똑같이 주어졌고, 우리가 이 가능성을 열심히 또는 게으르게 사용하는 것이 우리에게 달려 있다면, 패배자를 비난하고 승리자에게 월계관을 주는 것은 정당할 것이다. 우리가 힘 닿는 데까지 숙고한 이 상론을 통해 악한 세력들의 영향과 별도로 우리가 범하는 어떤 과

32) 이 문장만 떼어 놓고 본다면, 하느님은 시합을 하게 한 뒤 그것을 냉정하게 심판하는 심판관처럼 이해될 수 있다. 그러나 하느님의 도움은 이 시합이 끝날 때까지 계속된다(참조 『원리론』 3,1,19). 오리게네스는 그리스도인에게 이렇게 경고한다. 그리스도인은 하느님의 도우심을 신뢰해야 하지만 이것 때문에 시합의 결과에 대해 잘못 생각하지 말아야 하며, 자유의지를 올바르게 사용해야 하는 자신의 노력을 늦추지 말아야 한다. 우리에 대한 악마의 행위는 우리 자신이 스스로 양보하지 않는 한 우리의 저항 가능성을 약화시킬 수 없다. 또한 하느님의 도우심이 자동적으로 승리를 보장하지는 않는다.

오들이 있으며, 악한 세력들의 부추김 때문에 파렴치하고 무절제한 것으로 강화되는 다른 과오들이 있다는 것이 매우 명백히 드러났다고 나는 생각한다. 따라서 이제는 이 적대 세력들이 우리 안에 이러한 자극을 어떻게 일으키는지 알아보아야 한다.[33]

4. 우리는 마음[34]에서 나오는 생각들[35](마태 15,19; 마르 7,21 참조)이 과거의 행동에 대한 기억이든 어떤 사물들 또는 어떤 이유들에 관한 고찰이든, 〔그것들이〕 때로는 우리 자신에게서 나오고 때로는 적대 세력들에 의해 일어나며, 가끔 하느님이나 거룩한 천사들에 의해 우리 안에 주입된다는 사실을 안다.[36] 이러한 사실이 성경의 증언으로 입증되지 않는다면 그것은 아마도 터무니없는 허구처럼 보일 것이다. 다윗은 생각이 우리 자신에게서

33) 이 문장은 이어지는 내용을 소개하는 것처럼 보이지만 실제로는 그렇지 않다. 왜냐하면 이어지는 대목에서 문제는 우리에게 미치는 악마의 행동 양식에 대한 것이 아니라, 유혹의 세 번째 원천인 육체의 충동과 악마의 충동에 곁들여지는 것으로 보이는 우리의 생각에 관한 것이기 때문이다. 유혹이 일어나는 3등분에 관한 설명은 『시편 설명 강해』 10,5(PG 12,1192-1193)에서 나오는데, 이 단편을 오리게네스의 것으로 여길 수 있을 경우에만 그러하다. 이 단편의 마지막 부분은 에바그리우스의 글이기 때문이다. 육체에서, 영혼에서, 밖에서 일어나는 유혹은 오리게네스가 특히 『시편 제4편 주해』(=『필로칼리아』 26)와 『켈수스 반박』 54와 56에서 논하는 아리스토텔레스의 세 종류의 선(善)에 관한 가르침에 상응한다(참조 아리스토텔레스, 『니코마코스 윤리학』 1,8; SVF III, 24쪽). 연결 부분 역할을 하는 이 문장은 루피누스가 다소 용의주도하게 덧붙인 대목일 수도 있다.

34) 오리게네스에게 있어서 마음을 나타내는 카르디아(καρδία)는 영혼의 상위 부분을 가리키는 성서적 기원을 둔 명칭으로, 이 부분은 플라톤적 용어로는 정신(νοῦς), 스토아학파의 용어로는 주도적 능력(ἡγεμονικόν)에 해당한다. καρδία 또는 cor와 νοῦς 또는 mens의 유사성에 관해서는 참조 『요한 복음 단편』 13(GCS 4, 495쪽); 『원리론』 1,1,9; 『켈수스 반박』 6,69; 『마태오 복음 주해』 17,9. καρδία 또는 cor와 ἡγεμονικόν 또는 principale cordis(principale mentis 또는 principale animae)의 유사성에 관해서는 참조 『기도론』 29,2; 『예레미야서 강해』 5,15; 『아가 주해』 1(GCS 8, 93쪽), 『마태오 복음 주해』 11,15. 참조 H. Crouzel, *Il cuore secondo Origene*.

35) 이 생각들은 심리학적 이론에서 '표상들'(φαντασίαι)에 상응한다(참조 『원리론』 3,1,2-3).

일어난다는 것을 시편에서 이렇게 증언한다. “사람의 생각이 당신을 찬송하고 그 생각의 나머지는 당신을 위한 축제날을 기념하리라.”(시편 75,11) 솔로몬은 생각이 적대 세력에게서도 나온다고 코헬렛에서 증언한다. “세력을 지닌 이의 영이 너를 거슬러 들고 일어나면 네 자리를 떠나지 마라. 치유가 많은 범죄를 없앨 것이기 때문이다.”(코헬 10,4) 바오로 사도도 같은 사실에 관해 “그리스도에 대한 지식을 거슬러 일어서는 생각들과 모든 교만을 무너뜨리면서”(2코린 10,5)라고 증언한다.[37] 한편 다윗은 시편에서 생각이 하느님에게서도 기인한다는 것을 “주님, 당신을 이해하는[38] 이는 행복하여라. 상승이 그의 마음속에 있으리라”(시편 83,6)라는 말로 증언한다. 사도는 “하느님께서 티토의 마음속에도 그것을 주셨습니다”(2코린 8,16)라고 말한다. 〔하느님께서〕 선한 천사들이나 악한 천사들을 통하여 사람의 마음에 어떤 생각들을 불어넣으신다는 것은, 토비야와 동행한 천사에 의해서도 입증되며(토빗 5,5 이하 참조), “내 안에서 말하는 천사가 대답했다”(즈카 1,14)라는 예언자의 말로도 입증된다. 『목자』에도 같은 내용이 나온다

36) 여기서 제기된 문제는 오리게네스가 『원리론』 3,3,4-6에서 근본 규칙을 제시하고 그에 관해 설명할 ‘영들의 식별’에 관한 것이다. 문제는 우리 안에 어떤 영이 활동하는지를 식별하는 것과 그 영을 따라야 하는지 또는 그것에 대항해야 하는지 아는 것이다. 이는 영성 신학에서 늘 중요한 주제로 다루어졌다. ‘영들의 식별’이라는 표현은 바오로가 1코린 12,10에서 구별한 성령의 은사들에 관한 표현에서 유래한다. 헤르마스의 『목자』는 오리게네스의 가르침과 연관 있는 많은 요소를 담고 있는데, 특히 예언자들의 식별에 관한 열한 번째 계명이 그러하다. 영적 전통은 중세를 거쳐 로욜라의 이냐시오의 『영신 수련』이 제시하는 유명한 규칙에 이르기까지 계속 이어진다. 참조 *Dictionnaire de Spiritualité III*, 1957, 1222-1291쪽에서 ‘영들의 식별’에 관한 여러 저자의 글.

37) 2코린 10,5 성경 본문은 “그리스도에 대한”(Χριστοῦ)이 아니라 “하느님에 대한”(θεοῦ)이다.

38) 칠십인역의 ‘안티렘프시스’(ἀντίλημψις)는 ‘확고한 지지’라는 의미를 지닌다. 오리게네스는 이 낱말을 철학적 전문용어에서 잘 알려진 의미(곧, 정신적 이해)로 이해한다.

(계명 6,2). 『목자』[39]는 두 천사가 각 사람과 동행하며,[40] 우리 마음속에 좋은 생각들이 일어나는 것은 선한 천사가 불어넣는 것이고 반대되는 생각들은 악한 천사의 자극에 의한 것이라고 가르친다. 『바르나바의 편지』도 똑같이 단언한다.[41] 그는 빛과 어둠의 두 가지 길이 있는데 하느님의 천사들은 빛의 길을, 사탄의 천사들은 어둠의 길을 관장한다고 말한다. 그러나 우리 마음에 선한 생각이나 악한 생각을 부추기는 모든 것은, 우리에게 선한 행동이나 악한 행동을 일으키는 선동과 자극 이외에 아무것도 아니라는 사실을 잊지 말아야 한다. 어떤 악한 세력이 우리를 악으로 내몰기 시작하

39) 오리게네스가 헤르마스의 『목자』를 참고한 것에 관해서는 참조 『원리론』 1,서론,4 각주 15. 『바르나바의 편지』에 관해서는 참조 『켈수스 반박』 1,63(『바르나바의 편지』는 여기서 가톨릭 서간으로 다루어진다); 『로마서 주해』 1,18(바르나바의 이름을 말하지 않은 채 그의 가르침을 암시한다). 오리게네스는 이 두 저서를 성령의 영감으로 쓰인 책으로 여긴다.

40) 수호천사에 대한 가르침에 관해서는 참조 『원리론』 2,10,7과 각주 36. 모든 사람이 착한 천사와 나쁜 천사의 영향 아래 있다는 사상은 고전적 기원에서 유래한다. 참조 P. Boyancé, *Les deux démons personnels*, 189-202쪽. 이 개념의 히브리적 기원에 관해서는 참조 『유다의 유언』 20,1; 필론, 『탈출기에 관한 질문과 해결』 1,35. 이 사상은 두 가지 길에 대한 가르침과 연결되는데, 고대의 기원(크세노폰, 『소크라테스 회상』 2,1,21-24, 덕과 악습에 의해 유혹을 받는 프로디코스와 헤라클레스에 관한 신화), 성서적 기원(예레 21,8; 신명 30,15; 집회 15,16; 마태 7,13-14), 유대교적 기원(『아세르의 유언』 1,3-4; 2에녹 30,15; 『시빌라의 신탁』 8,399-400), 그리스도교적 기원('두 가지 길'에 대한 두 논고, 곧 『사도들의 가르침』을 시작하는 대목인 1-4와 『바르나바의 편지』를 마무리하는 대목인 18-21)과도 연결된다. 두 천사에 대한 오리게네스의 가르침에 관해서는 참조 『여호수아기 강해』 23,3; 『에제키엘서 강해』 1,7; 『루카 복음 강해』 12,4; 35,3; 『기도론』 31,6. 각 사람에게는 수호천사뿐 아니라 그를 담당하는 개인적 악마가 있다. 우리는 죄의 각 유형이 한 개인에게 고유한 악마와 그에 종속되어 있는 여러 악마의 영향을 받는다는 사상을 발견하는데, 이들의 역할은 그 개인이 어떤 죄를 짓도록 부추기는 것이다(참조 『여호수아기 강해』 15,5-6; 『레위기 강해』 12,7; 『민수기 강해』 20,3). 『여호수아기 강해』 15,6에서 오리게네스는 각 죄인 안에 존재하는 사탄을 입증하기 위해 『르우벤의 유언』 2,1-3,7을 근거로 든다. 수호천사와 수호악마에 관해서는 참조 J. Daniélou, *Origène*, 235-242쪽.

41) 참조 『바르나바의 편지』 18.

면, 우리는 이 악한 부추김을 내쫓고 사악한 유혹에 저항하며 비난받을 만한 어떤 것도 절대적으로 하지 않을 수 있다. 그 반대로 어떤 신적 세력이 더 좋은 것을 하도록 계기를 부여해도, 그의 지시를 따르지 않을 수 있다. 두 경우 다 자유의지의 능력은 우리에게 온전하게 있기 때문이다.[42]

우리는 앞 단락에서, 선과 악에 관한 어떤 기억들이 신적 섭리를 통해서든 적대 세력들을 통해서든 우리에게 떠오른다고 말했다. 이는 에스테르기에서 입증된다(에스 6-8 참조). 여기에서 아르타크세르크세스[43]가 매우 의로운 모르도카이의 선행을 기억하지 못하고 불면증으로 괴로워할 때, 하느님께서는 아르타크세르크세스의 마음에 '역사의 주요 사건들을 담고 있는 일지(日誌)를 요구해야 한다'는 생각을 떠오르게 하셨다. 이 일지 덕분에 그는 모르도카이의 공무를 기억해 냈으며 모르도카이의 적 하만을 〔말뚝에〕 매달라고 명하였다. 그는 모르도카이에게 커다란 영예를 수여하고, 당시 매우 절박한 위험에 처했던 성도들의 온 민족을 구하였다(에스 6-8 참조). 이와 달리, 수석 사제들과 율법 학자들이 빌라도 앞에서 "나리, 저 사기꾼이 살아 있을 때 '나는 사흘 만에 되살아날 것이다' 하고 말한 것을 저희는 기억합니다"(마태 27,63)라고 말하도록 기억을 되살려 준 것은 악마의 어떤 세력이었다고 생각해야 한다. 구원자를 배반하려는 유다의 생각도 그의 악한 영에서만 나온 것이 아니었다. 성경은 악마가 구원자를 배반할 생

42) 참조 『요한 복음 주해』 6,36(20),180-183. 이 대목에서는 오랑주 교회회의(529년)에서 개진된 은총과 자유의지의 관계에 대한 정식이 발견된다. 『마태오 복음 주해』 10,19에서 예수님은 기적을 행하기 위해 신앙을 요구하신다.

43) 칠십인역에서 아르타크세르크세스라고 일컫는 이 인물을 불가타에서는 라틴어로 아수에루스(Assuerus)라고 부른다. 하지만 여기서 언급하는 사람은 아르타크세르크세스(Artaxerxès) 1세 자신이 아니라 그의 부친 크세르크세스(Xerxès) 1세인 것 같다.

각을 그의 마음에 집어넣었다(요한 13,2 참조)고 증언한다. 그런 점에서 솔로몬이 "어떤 방법으로도 너의 마음을 지켜라"(잠언 4,23)[44]라고 권고한 것은 옳다. 바오로 사도는 "우리는 우리가 들은 것을 더욱 더 명심하여, 빗나가지 않도록 해야 하겠습니다"(히브 2,1)라고 하며, "악마에게 자리를 주지 마십시오"(에페 4,27)라고도 한다. 이로써 그는 어떤 행위나 어떤 게으름이 악마에게 영의 자리를 내주어 악마가 우리 마음에 한 번 들어오면, 악마는 우리를 손에 넣거나[45] 영혼을 완전히 손에 넣을 수 없을 경우 적어도 영혼을 더럽히기 위해 우리에게—때로는 우리에게 깊이 파고드는 상처를 입히기도 하고 때로는 우리를 불타게 하는—"불화살"(에페 6,16 참조)을 쏜다는 점을 인식하게 한다. 몇몇 사람들은 드물게 악마의 불화살을 끌 수 있어, 이 화살들은 상처를 입힐 자리를 발견하는 데 실패하곤 한다. 곧, 어떤 사람이 매우 굳세고 강한 "믿음의 방패"(에페 6,16)로 보호받으면 말이다. 그러나 "우리는 살과 피를 거슬러 싸워야 하는 것이 아니라, 권세와 권력과 이 어두운 세계의 지배자들과 하늘에 있는 악령들을 거슬러 싸워야 합니다"(에페 6,12)라고 쓰여 있는 에페소 신자들에게 보낸 서간[46]에서 바오로가

44) '마음의 지킴'—마음은 지성이다(참조 『원리론』 3,2,4 각주 34)—도 또한 영성 신학의 주제 가운데 하나다. 곧, 나쁜 표상들을 몰아내고 그것들이 다가오지 못하도록 상상과 생각들을 관찰하는 행위를 말한다. 참조 *Dictionnaire de Spiritualité VI*, 1967, 100-117쪽(P. Adnès).

45) 이러한 소유는 굴복으로 설명된다(참조 『탈출기 강해』 6,9; J. Alcain, *Cautiverio*).

46) 오리게네스는 여기서 에페 6,12와 1코린 10,13을 대립시킨다. 코린토 신자들은 살과 피에서 비롯하는 인간적 유혹에 노출되어 있으며, 에페소 신자들은 인간적인 것을 넘어서는 악한 영들의 유혹에 노출되어 있다. 완전함의 길에서 에페소 신자들은 초심자인 코린토 신자들보다 앞서 있기 때문이다. 영적으로 더 높이 올라갈수록 하느님께서 허락하신 유혹들은 더욱더 견디기 힘들어진다(참조 『여호수아기 강해』 11,4; 『로마서 주해』 7,12; 『기도론』 29,2). 하지만 신적 도움 역시 그에 비례하여 증가한다(참조 『로마서 주해』 7,12).

말한 '우리'란 글을 쓰는 바오로 자신과 편지 수신인인 에페소 신자들, 그리고 살과 피를 거슬러 싸울 필요가 없는 모든 사람을 의미하는 것으로 이해해야 한다. 이들은 "권세와 권력과 이 어두운 세계의 지배자들"과 싸워야 하기 때문이다. 따라서 이는 살과 피를 거슬러 싸워야 했고, 인간적인 유혹 이외에 어떤 유혹도 받지 않은(1코린 10,13 참조) 코린토 신자들의 경우와는 다르다.[47]

5. 각자가 이 모든 세력(곧, 에페소서에 열거된 세력들)을 거슬러 투쟁해야 한다고 생각해서는 안 된다. 나는 어떤 사람도, 그가 거룩한 사람이라 할지라도 동시에 이 모든 세력을 거슬러 투쟁할 수는 없다고 생각한다. 실제로 일어날 수 없는 것이 만일 일어난다면, 인간 본성은 이 투쟁을 견디어 내지 못하고 완전히 파멸하고 말 것이다.[48] 예를 들어 군인 50명이 다른 군인 50명과 벌일 전투가 임박해 있다고 생각해 보자. 이를 그들 가운데 한 사람이 다른 50명과 전투해야 하는 것으로 이해해서는 안 된다. 오히려 각자는 당연히 이렇게 말할 수 있다. '우리는 50명을 거슬러, 곧 모두가 모두를 거슬러 전투해야 한다.' 따라서 그리스도의 모든 경기자와 군인들은 앞에 열거된 이 모든 적을 거슬러 싸우고 투쟁해야 한다는 바오로 사도의 말도 이와 같이 이해해야 한다. 모두는 싸움에 참여할 것이며 각자는 각각의 적을 거슬러 싸우거나, 이 경기의 공정한 심판관이신 하느님께서 인정하실 방식으로 싸울 것이다. 나는 인간 본성에는 일정한 한계가 있다고 생각한다. 바오로에 관해 "그는 내가 선택한 그릇이다"(사도 9,15)[49]라고 쓰여 있고, 베드로에 관해 "저승의 문도 그를 이기지 못한다"(마태 16,18 참조)라고

47) 참조 『에페소서 단편』 33(JTS 3, 571쪽).
48) 참조 『로마서 주해』 7,12.

쓰여 있으며, 모세에 관해서는 "하느님의 친구"(탈출 33,11 참조)라고 쓰여 있다. 그렇다 할지라도 "용기를 내어라. 내가 세상을 이겼다"(요한 16,33)라고 말씀하신 그분의 능력이 그 안에서 활동하지 않는다면, 이들 가운데 아무도 어떤 손상도 입지 않은 채 동시에 적대 세력들의 온 무리를 거슬러 대항할 수 없을 것이다. 바오로는 그분을 신뢰하여 확신을 갖고 "나는 나에게 힘을 주시는 분 그리스도 안에서 모든 것을 할 수 있습니다"(필리 4,13)라거나, 더 나아가 "나는 그들 가운데 누구보다도 더 많이 일했습니다. 그러나 그것은 내가 아니라 나와 함께 있는 하느님의 은총이 한 것입니다"(1코린 15,10)라고 단언한다.

바오로는 자신 안에서 활동하고 말하는, 분명히 인간의 것이 아닌 이 능력 때문에 이렇게 말했다. "나는 확신합니다. 죽음도, 삶도, 천사도, 권세도, 세력도, 현재의 것도, 미래의 것도, 권능도, 높은 것도, 깊은 것도, 다른 어떤 피조물도 우리 주 예수 그리스도 안에 있는 하느님의 사랑에서 우리를 떼어 놓을 수 없습니다."(로마 8,38-39) 나는, 인간 본성이 그 자체로만은 천사들이나 높은 곳, 깊은 곳 또는 다른 어떤 피조물을 거슬러 투쟁을 지속할 수 있다고 생각하지 않는다. 그러나 인간 본성은 그 안에 현존하시고 사시는 주님을 느끼면[50] 신적 도움을 받았다는 확신에서 이렇게 말할 것이다. "주님은 나의 빛, 나의 구원. 나 누구를 두려워하랴? 주님은 내 생명의 요새. 나 누구를 무서워하랴? 악인들이 내 살을 먹어 없애려 나에게

49) 이 인용은 쾨차우(*Origenes, Vier Bücher von den Prinzipien*)가 사용한 수사본에는 없으나 들라뤼(PG 11을 보라)의 판본에는 있다. 들라뤼가 오늘날 소실된 수사본에서 그것을 찾았는지 아니면 짐작으로 그것을 복원했는지는 알 수 없다(참조『로마서 주해』2,14).

50) 참조『로마서 주해』7,12. 인간적인 수준 이상의 유혹들을 견디어 내는 것은 그리스도 홀로 이루시는 업적이다(콜로 2,15 참조).

달려올 때 나에게 고통을 주는 나의 적인 그들은 비틀거리다가 쓰러지리라. 나를 거슬러 군대가 진을 친다 하여도 내 마음은 두려워하지 않으리라. 나를 거슬러 전쟁이 일어난다 해도 나는 그분께 희망을 두리라."(시편 26,1-3)

나는 어떤 사람이 신적 도움 없이 혼자서는 결코 적대 세력을 이길 수 없을 거라고 확신한다. 천사가 야곱과 함께 싸웠다(창세 32,25 참조)는 말도 그래서 있는 것이다. 우리는 이 구절을 이렇게 이해한다. 천사가 야곱과 싸웠다는 것은 야곱을 거슬러 싸웠다는 뜻이 아니라, 야곱의 구원을 위해 곁에 있었고 그의 진보를 안 뒤 그에게 이스라엘이라는 이름을 준(창세 32,28 참조)[51] 천사가 그와 함께 싸웠다는 것, 곧 싸움에서 그의 편에 있었고 투쟁에서 그를 도왔다는 것을 의미한다. 야곱이 맞서 싸우고 있었고 그가 투쟁한 어떤 다른 세력이 확실히 존재했기 때문이다.[52] 그래서 바오로는 우리가 권세와 권력과 더불어 싸워야 한다고 말하지 않고 권세와 권력을

51) 이 독특한 해석은 『창세기 선별 강해』(PG 12,128)에도 나오는데, 이 글은 창세기 첫 몇 장만을 다루는 『창세기 주해』와는 다른 작품이다. 두 곳 모두에서 오리게네스는 이스라엘을 다음과 같이 해석한다. "너는 주님과 함께('맞서'가 아니라) 강하게 싸웠다." 이는 창세 32,28이 제시하는 어원을 참고한 것이다. 이 해석은 유스티누스가 『유대인 트리폰과의 대화』 125에서 이야기하는 '권세를 이기는 인간'과 비슷하다. 다른 곳에서 오리게네스는 이스라엘을 자주 '하느님을 보는 이'로 해석한다. **참조** 『원리론』 4,3,8과 12; 『요한 복음 주해』 2,31(25),189; 『민수기 강해』 11,4. 이러한 해석은 관례적이다(**참조** 필론, 『아브라함』 57; 『상급과 처벌』 44; 멜리톤, 『부활절』 82; 클레멘스, 『교육자』 1,7,57; 1,9,77; 마찬가지로 외경 『요셉의 기도』1). 하지만 오리게네스가 제시하는 해석, 곧 하느님께 '맞서'가 아닌 하느님과 '함께'[또는 그분의 말씀(Logos)과 함께, **참조** 『창세기 선별 강해』 PG 12,128에서]라고 한 해석은 독창적이다. 가장 흔한 것은 원문에 가장 가까운 해석으로, 주님이신 천사와 맞서 싸우는 야곱이다. 이 마지막 설명은 오리게네스의 『예레미야서 단편』 25(GCS 3, 210쪽)에서도 찾아볼 수 있다.

52) 싸움, 투쟁이라고 이중으로 표현한 것은 루피누스가 그리스어에서 넘겨받은 agones에 라틴어 대응어 'certamina'를 추가했기 때문이다.

거슬러[53] 싸워야 한다고 말한다(에페 6,12 참조). 야곱이 싸웠다면 결론적으로 그는 인류, 특히 거룩한 이들을 반대하며 공격한다고 바오로가 열거한 이 세력들 가운데 한 세력을 거슬러 싸운 것이 틀림없다. 이 때문에 성경은 야곱이 천사와 함께 싸웠고 하느님을 향해 나아가면서 힘을 얻었다[54](호세 12,4 참조)고 말하는 것이다. 그의 싸움은 천사의 도움을 받았고, 완덕의 월계관은 승리자를 하느님께 인도했다.

6. 그와 같은 투쟁들이 육체적 힘과 훈련된 씨름 기술로써 치러진다고 생각해서는 안 된다. 이 투쟁은 영이 영을 거슬러 싸우는 것이다. 이는 현재 우리의 투쟁이 "권세와 권력, 이 어두운 세계의 지배자들을" 거스르는 것이라고 바오로가 지적한 것과 같다. 이런 종류의 투쟁은 이렇게 이해되어야 한다. 손실과 위험, 모독, 고발[55]이 우리에게 제기되었을 때, 적대 세력들의 목표는 우리로 하여금 이러한 고통만 겪게 하는 것이 아니라 그것들로 인해 극심한 분노와 엄청난 슬픔 또는 절망의 막다른 골목까지 가도록 우리를 자극하는 것이다. 더 심각한 것은, 지칠 대로 지치고 권태를 극복하지 못한 우리가 하느님께서 인간의 삶을 공정하고 의롭게 주도하시지 못했다고 그분께 불평하게 만든다는 점이다. 적대 세력들의 목표는

53) 이는 오리게네스가 본문을 설명하기 위해 종종 사용하는 자의에 구애되는 해석방식의 예로서 랍비적 해석 유형과는 다르다(참조 갈라 3,16).

54) 여기서 오리게네스는 구별되는 두 인물, 곧 천사와 하느님으로 나누어 설명하는 것으로 보이는데, 사실상 두 인물은 다 모든 신현의 행위자인 '아들'을 나타낸다(참조 『원리론』 3,2,1 각주 3-4). 하지만 오리게네스는 동일 인물의 두 명칭(ἐπίνοιαι) 또는 두 측면을 구별하기도 한다. 예를 들어 『요한 복음 주해』 10,8(6),31은 '에피노이아'(ἐπίνοια)를 통해 요한 1,41-42의 베드로와 마태 4,18-19의 베드로를 구별한다.

55) 『켈수스 반박』 8,73에서는 전쟁의 책임이 악마들의 탓으로 여겨진다. 『켈수스 반박』 4,32에서 악마들은 그리스도인들에 대한 박해를 선동했다. 이와 마찬가지로 유스티누스, 『첫째 호교론』 12; 『둘째 호교론』 12; 『유대인 트리폰과의 대화』 39에도 박해에 대한 암시가 있다.

이를 통해 우리의 믿음을 약하게 하고, 우리가 희망을 잃거나 참된 가르침을 포기하며 하느님에 관한 불경한 신념을 갖도록 설득하는 것이다.[56] 악마가 하느님께 욥의 재산에 관한 권한을 〔달라고〕 청했을 때, 악마의 목표가 무엇이었는지 〔성경에〕 쓰여 있다(욥 1,11-12 참조). 욥에 관한 이야기에서 우리는 그러한 재산의 손실이 우리에게 닥칠 때 우리가 당한 불운은 우연이 아니며, 우리 가족 가운데 누군가 감옥에 갇히거나 집이 무너져 사랑하는 사람들 가운데 누군가 깔려 죽는 것도 우연이 아니라는 것을 배운다.[57] 이 모든 상황에서 믿음을 지닌 모든 이는 "네가 위로부터 받지 않았으면 너는 나에 대해 아무런 권한도 없었을 것이다"(요한 19,11)라고 말해야 한다. 악마가 먼저 욥의 자녀들에 대한 권한을 받지 않았다면 욥의 집이 그의 자녀들 위로 무너져 내리지 않았을 것이며(욥 1,19 참조), 기병들이 자발적으로 복종하여 자신들을 종으로 넘겨준 〔악한〕 영들에 의해 부추겨지지 않았다면(로마 6,16 참조) 그들이 세 무리를 지어 욥의 낙타와 소와 다른 가축들을 약탈하러 침입하지도 않았을 것이다(욥 1,17 참조). 악마가 하느님께 "당신께서 그의 집 안과 밖에 있는 모든 것과 나머지 재산에 울타리를 쳐 주지 않으셨습니까? 그러나 지금 손을 펴시어 그의 모든 소유를 쳐 보십시오. 그가 당신을 면전에서 저주하지[58] 않는지 볼 것입니다"(욥 1,1-11)라고 말하기 전에는, 불로 보였고 번개로 여겨진 것도 욥의 양 떼에게 떨

56) 다시 말하면 배교하고 영지주의적·점성술적 또는 철학적(에피쿠로스학파의 운명론) 원천에서 유래하는 운명론을 고백하며, 하느님의 섭리를 부정하는 이들의 견해를 우리로 하여금 따라가도록 부추기는 것이다.

57) 유혹과 시련은 우리가 선하기를 바라시는 하느님 섭리의 계획에 속한다.

58) 라틴어 원문은 '축복하다'(benedicere)이지만, 본디 뜻은 '저주하다'(maledicere)다. 성경에 어울리지 않는 신성모독적 표현을 피하기 위하여 오히려 정반대의 뜻을 지닌 낱말을 사용하는 완곡어법(euphemismus)이다.

어지지 않았을 것이다(욥 1,16 참조).

7. 이 모든 고찰은, 이 세상에서 일어나는 모든 사건—좋은 일도 나쁜 일도 아니라고 여겨지는[59] 것들이든 위에 나온 것 같은 재앙이든 또는 다른 종류의 사건이든—은 하느님에 의해 행해지는 것도 하느님 없이 일어나는 것도 아니라는 사실을[60] 입증한다. 악하고 적대적인 세력들이 이와 같

59) 루피누스가 사용하는 media는 '아디아포라'(ἀδιάφορα, indifferens)와 동의어인 '메사'(μέσα, 참조『원리론』1,6,4)에 상응하는 낱말이다(참조『원리론』2,5,3; 3,1,18). 이 용어들은 스토아학파 윤리에서는 좋지도 나쁘지도 않은 것, 곧 가치중립적인 행위와 사건을 나타낸다. 오리게네스는 이에 관해『로마서 주해』4,19(PG 14,994B)에서 상세하게 말한다. 그는 선이나 악으로 결정될 수 있는 행위들에 공통되는 일종의 기체가 있다고 보는데, 이성을 지닌 피조물들은 한 방향이나 다른 방향으로 결정할 수 있는 능력을 지니고 있기 때문이다(참조『원리론』1,3,6; 1,5,2; 1,7,2; 1,8,3;『켈수스 반박』5,5). 가치중립적인 것들은 그것의 사용방식에 따라 좋은 것도 나쁜 것도 될 수 있다. 오리게네스는 인식과 의지와 함께 행해진 인간의 구체적 행위에서 가치중립적인 것이라고 할 수 있는 것이 존재한다고 보지 않는다. 다음은 스토아학파의 창시자인 제논이 정의한 글로, 요한 스토배우스의『시선집』에 인용되었다. "존재들 가운데 더러는 좋고 더러는 나쁘며 더러는 중립적이다. 좋은 것은 예지, 절제, 정의, 용기(곧, 사추덕) 그리고 덕이거나 덕에 참여하는 모든 것이고, 나쁜 것은 광기, 무절제, 불의, 비겁(사추덕에 반대되는 것) 그리고 악의나 악의에 참여하는 모든 것이며, 중립적인 것은 삶 또는 죽음, 영광 또는 어둠, 기쁨 또는 고통, 부유 또는 가난, 건강 또는 질병, 그리고 그것들과 비슷한 모든 것이다."(2,7,5a. 참조 SVF I, 47쪽) 이 모두는 오리게네스가 세 종류의 선에 대한 아리스토텔레스의 가르침에 맞서 끊임없이 행하는 비판들과 일치한다. 왜냐하면 아리스토텔레스는 오리게네스가 유일한 참된 선으로 인정하는 영혼의 선인 덕뿐 아니라 오리게네스가 중립적인 것으로 여기는 육체의 선, 밖에서 오는 선을 인정하기 때문이다〔참조『로마서 주해』3,1 또는『로마서 단편』2(Scherer, 130);『시편 제4편 주해』(=『필로칼리아』26); 기적가 그레고리우스,『오리게네스 찬양 연설』2,11-12; 3,28; 4,75-77; 9,122〕. 세 종류의 선에 관한 아리스토텔레스의 가르침은 중플라톤주의자 알비노스와 아티코스(참조 H. Koch, *Pronoia und Paideusis*, 265와 269쪽)와『Elenchos』(1,20)에서도 논박된다.

60) 참조『여호수아기 주해』15,5. 하느님은 우리가 나쁜 세력의 행동을 이겨 낼 기회를 주시기 위해 우리에게 그것들을 허용하시거나 심지어 교사하신다.『창세기 강해』3,2는 하느님의 뜻과 섭리를 구별한다. 세상에서 일어나는 모든 것이 하느님의 뜻에 의한 것은 아니다. 왜냐하면 창조물의 자유의지를 고려해야 하기 때문이다. 하지만 모든 것은 그분에 의해 그리고 그분 섭리의 계획에 따라 활용된다. 자연적인 악은 이처럼 하느님의 행동에 도움이 될

은 사건들을 실현시키기 원할 때 하느님께서는 그들을 방해하지 않으실 뿐 아니라 그 사건들을 행하도록, 물론 특정한 시기와 특정한 사람들에게만, 허락하시기 때문이다. 욥 자신에 관해서도 욥이 특정한 시기에 다른 사람들의 세력 아래에 떨어지고 사악한 사람들이 그의 집을 약탈하도록 정해졌다고 쓰여 있다(욥 1,11-12 참조). 우리는 어떤 일도 하느님 없이 일어나지 않는다는 것을 알기 때문에, 성경은 우리에게 일어나는 모든 것은 하느님께서 보내신 것으로 받아들이라고 가르친다. 구원자 우리 주님께서 "참새 두 마리가 한 닢에 팔리지 않느냐? 그 가운데 한 마리라도 하늘에 계신 너희 아버지의 허락 없이 땅에 떨어지겠느냐?"(마태 10,29)라고 분명히 말씀하시는데, 실상이 그렇다는 것, 곧 하느님 없이는 아무것도 일어나지 않는다는 것을 우리가 어떻게 의심할 수 있는가?[61]

적대 세력들이 인간들을 거슬러 이끄는 투쟁에 관한 문제로 본론을 다소 벗어나긴 했지만,[62] 인류에게 일어나는 더 불행한 사건들, 곧 욥이 "땅 위에서 사람들의 온 삶은 유혹이 아닌가?"(욥 7,1)라고 말한 이 삶의 유혹에 관해서도 논하였다. 우리의 목적은 이 사건들이 어떻게 일어나며 그것들을 어떻게 이해해야 경건한 믿음인지 더 명쾌하게 밝히는 것이었다. 이제는 사람들이 어떻게 거짓 지식이라는 죄에 빠지며 적대 세력들이 어떤 의도로 이 문제에서도 우리를 거슬러 싸움을 일으키는지 알아보자.

수 있으며 심지어 윤리적 악인 죄 또한 그러하다(참조 『켈수스 반박』 6,56; 『에제키엘서 강해』 1,2; 『원리론』 2,5,3). 참조 A. Orbe, *En los albores*, 328-329쪽.

61) 참조 『원리론』 2,11,5.

62) 이 대목은 이전 글의 결론인 동시에 앞으로 다룰 것을 예고한다.

3장

지혜의 세 가지 형태

1. 지식과 지혜에 관해 중요하고 감추어져 있는 〔진리〕를 우리에게 가르치고 싶어하는 거룩한 사도는, 코린토 신자들에게 보낸 첫째 서간에서 이렇게 말한다. "그러나 우리는 완전한 이들 가운데서 지혜를 말합니다. 그 지혜는 이 세상의 것도 아니고 파멸하게 되어 있는 이 세상 우두머리들의 것도 아닙니다.[1] 우리는 신비 안에 감추어져 있는 하느님의 지혜를 말합니다. 그것은 세상이 시작되기 전, 하느님께서 우리의 영광을 위하여 미리 정하신 지혜입니다. 이 세상의 우두머리 가운데 아무도 그 지혜를 깨닫지 못하였습니다. 그들이 깨달았더라면 그들은 결코 영광의 주님을 십자가에

1) 악마를 '이 세상의 우두머리'라고 부르는 요한 12,31의 영향을 받은 것 같은 바오로의 이 표현은 나라들을 다스리는 악마들을 의미한다. '나라의 천사들'에 대한 오리게네스의 가르침은 모호하다. 때로는 여기서처럼 악한 세력이 문제이듯이 때로는 선한 세력이 문제다.

못 박지 않았을 것입니다."(1코린 2,6-8) 여기서 그는 상이한 종류의 지혜들이 있다는 것을 제시하려는 의도에서, 먼저 '이 세상의 지혜'가 있고 그다음에 '이 세상 우두머리들의 지혜'가 있으며, 궁극적으로 이와 다른 '하느님의 지혜'[2]가 있다고 말한다. 그가 말하는 '이 세상 우두머리들의 지혜'는 이 세상의 모든 우두머리를 위한 하나의 지혜가 있다는 뜻이 아니라, 〔이 세상〕 우두머리 각자에게 고유한 지혜가 있음을 가리킨다고 나는 생각한다.[3] 마찬가지로 그가 "우리는 신비 안에 감추어져 있는 하느님의 지혜를 말합니다. 그것은 세상이 시작되기 전 하느님께서 우리의 영광을 위하여 미리 정하신 지혜입니다"라고 말할 때, 감추어져 있고 다른 시대와 세대에는 사람의 아들들에게 알려지지 않았으나 이제는 거룩한 사도들과 예언자들에게 드러난 하느님의 이 지혜가, 이미 구원자께서 오시기 전에 있었고 솔로몬을 지혜롭게 한 하느님의 지혜와 동일한 것을 의미하는지 물어 보아야 한다. "보라, 솔로몬보다 더 큰 이가 여기에 있다"(마태 12,42)라는 구원자 자신의 말씀은 그분의 가르침이 솔로몬의 가르침보다 더 중요하다는 것을 뜻한다.[4] 이는 구원자께서 가르친 사람들이 솔로몬이 알고 있는 것보다

2) 『아가 주해』 1(GCS 8, 100쪽)도 같은 본문에 의거하여 동일한 구분을 한다.

3) 이 다수성은 『원리론』 3,2,4에 나오는 죄처럼 다양한 악마들에게 주어진 인간 지혜의 다양한 규율들에 해당한다. 하나와 다수의 대립 개념은 그리스 철학에서 통용되는 것으로, 단일성/완전, 다수성/불완전의 관계는 세상의 여러 지혜나 세상 우두머리들의 지혜에 대한 한 분 하느님의 지혜의 우월성을 돋보이게 한다.

4) 이는 구약성경과 신약성경의 관계에 관해 마르키온이 제기한 문제다(참조 『원리론』 2,4,7). 오리게네스는 본질적 구분이 아니라 단계적 구분을 받아들이는 방식으로 이 문제를 이 단락 끝부분에서 해결한다. 구약에 대한 신약의 우월성에 관하여 이레네우스는 『이단 반박』 4,27,1에서 동일한 방식으로 같은 목적을 갖고 마태 12,42를 인용한다. 다른 곳에서 오리게네스는 마르키온과 영지주의자들이 구약성경을 경시하는 것에 대한 반작용으로 이 우월성을 상대화한다〔참조 『요한 복음 주해』 6,5(2),28-30; 『원리론』 2,7,2〕. 이 두 경향보다 더 균형 잡힌 종합이 『요한 복음 주해』 13,48(46),314-319에서 발견되는데, 앞에서와 마찬가지로 마태 12,42

더 많은 것을 배웠다는 사실을 나타낸다. 구원자가 솔로몬보다 더 많이 알았지만 다른 이들에게 이 지식을 〔그보다 더〕 알려 주지 않았다고[5] 어떤 사람이 말한다면, 그런 생각과 구원자께서 "심판 때에 남방 여왕이 되살아나 이 세대의 사람들을 단죄할 것이다. 그 여왕이 솔로몬의 지혜를 들으려고 땅 끝에서 왔기 때문이다. 그러나 보라, 솔로몬보다 더 큰 이가 여기에 있다"(마태 12,42)라고 말씀하신 것이 어떻게 논리적으로 일치할 수 있으며 모순되지 않는다고 여길 수 있는가? 따라서 이 세상의 지혜도 있고, 이 세상의 우두머리 각자에게 속하는 지혜가 있으리라는 것도 확실하다. 그러나 한 분이신 하느님의 지혜란, 옛 사람들 사이에서는 더 적게 작용했으나 그리스도를 통해 더 폭넓고 더 분명하게 드러난 지혜를 가리킨다고 우리는 생각한다. 하느님의 지혜에 관해서는 더 적절한 곳에서[6] 다룰 것이다.

2. 이제 우리는 적대 세력들에 관해 다루어야 하고 이 적대 세력들이 우리를 거슬러 어떻게 싸움을 일으키는지 물어야 한다.[7] 이들이 인간의 정신에 거짓 지식을 불어넣으면 영혼들은 미혹당하면서도[8] 자기가 지혜를 발견했다고 생각한다. 따라서 나는 "이 세상의 지혜"와 "이 세상 우두머리들

⁚

을 참고하여 심도 깊게 논의되는 이 문제는 구약 인물들의 뛰어남과 그리스도가 제시한 계시의 충만을 절충하며 해결을 시도한다.

5) 그것은 『요한 복음 주해』 6,5(2),28-30의 결과로 드러날 수 있는 것으로 보일 수 있겠다(참조 『원리론』 3,3,1 각주 4). 1열왕 3,12에서 솔로몬이 사람들과 심지어 앞으로 태어날 사람들 가운데 가장 지혜로운 사람이었다는 결론을 이끌어 낼 수 있다. 사바의 여왕은 참된 바다—솔로몬은 바다의 상징이다—를 향해 나아가는 나라들로 이루어진 교회의 모상이다〔참조 『아가 주해』 2(GCS 8, 120쪽)〕.

6) 참조 『원리론』 4,3,14. 오리게네스는 여기서 악마의 유혹과 관계 있는 지혜를 다룬다.

7) 이 문장은 『원리론』 3,3이 3,2와 한 묶음을 이루고 있음을 잘 보여 준다.

8) 이는 성경을 잘 아는 사람에게도 가장 위험한 유혹이다〔참조 『민수기 강해』 20,3; 『그레고리우스에게 보낸 편지』(『필로칼리아』 13)〕.

의 지혜"가 무엇인지 분간하고 구분할 필요가 있다고 여긴다. 그렇게 함으로써 우리는 이 지혜의—정확히 말하면 이 지혜들의—원조가 누구인지 밝혀낼 수 있다. 앞에서 말했듯이 "이 세상의 지혜"는 "이 세상 우두머리들의 지혜"와 다르다고 나는 생각한다. "이 세상의 지혜"를 통해서 사람들은 이 세상의 사물들을 인식하고 이해하는 것 같이 보인다. 그러나 이 지혜 안에는 신성, 세상의 이치 또는 더 높은 범주에 속하는 어떤 것들 또는 선하고 복된 삶의 원칙들에 관해 판단할 수 있게 해 주는[9] 것은 아무것도 담겨 있지 않다. 그 지혜는 예를 들면 시학, 문법, 수사학, 기하학, 음악에 관한 것이다.[10] 여기에 의술을 끼워 넣을 수도 있겠다. 우리는 이 모든 학예에 '이 세상의 지혜'가 있다고 생각한다.[11] 우리는 "이 세상 우두머리들의

9) 곧, 형이상학과 자연학과 윤리학.

10) 이는 자유인에게 어울리는 지식으로 생각된 고대의 학예(artes liberales)다.

11) 세상의 지혜는 여러 종류의 학예 또는 기술에 해당한다. 동일한 견해가 『로마서 주해』 4,9에 나온다. 하느님을 아는 것을 가르치지 않는 인간적 지혜는 indifferens와 media라고 일컬어지며 그 자체로는 좋지도 나쁘지도 않은 것이다. 수사학에 대한 그리 열정적이지 않은 평가에 관해서는 참조 『켈수스 반박』 1,62; 『코린토 1서 단편』 9(JTS 9, 238-239쪽). 하지만 오리게네스는 인간의 지혜를 이 세상의 우두머리들의 그릇된 지혜와 구별하고 그것을 중립적인 것이라 판단하면서, 그 지혜를 실행하는 것을 비난하지는 않는다. 학예와 기술이 이루는 집합체 안에 고대 그리스의 교육(παιδεία)을 구성하던 과목들이 자리한다. 오리게네스는 그것들이 허용될 수 있다고 평가한 반면 다른 그리스도인은 그것들을 비난하였다〔참조 테르툴리아누스, 『이단자에 대한 항고』 7; 『디다스칼리아』(또는 『사도 헌장』) 1,6〕. 오리게네스는 『민수기 강해』 18,3에서 집회 1,1과 탈출 31,1-6을 대조하면서 더 낙관적으로 평가하며, 그릇된 지혜와 구별되는 기하학·음악·의학 등 인간 삶에 유용한 학문들의 기원을 하느님에게까지 끌어올린다. 기적가 그레고리우스가 『오리게네스 찬양 연설』의 두 번째 부분에서 서술한 오리게네스의 교과과정은 그가 자연학·자연현상학(φυσιολογία)·기하학·천문학(8,109-114)을 모두 하느님에 대한 인식과 연관지어 가르쳤음을 알려 준다. 하지만 그레고리우스는 자신의 스승이 수사학을 경시하였다는 사실도 알려 주는데(7,107), 이 경시는 오리게네스의 저서에서 문체와 문학의 배려에 대한 경시와 더불어 종종 표현된다(참조 『탈출기 강해』 4,6; 『켈수스 반박』 4,38; 4,50; 7,6; 『여호수아기 강해』 7,7 등). 하지만 사

지혜"에는 예를 들어 이집트인들의 신비스럽고 비밀스러운 철학,[12] 초월적인 것들에 관한 지식[13]을 약속하는 칼데아인들과 인도인들의 점성술,[14] 나아가 신성에 관한 그리스인들의 다양하고 상이한 견해들이[15] 속한다고 이해한다. 따라서 우리는 각 민족에게 우두머리들이 있음을 성경에서 발견한다. 곧, 우리는 다니엘서에서 "페르시아 나라의 우두머리"와 "그리스 나라의 우두머리"(다니 10,13.20)가 있다고 읽는데, 그는 인간이 아니라 어떤 세력이라는 사실이 이러한 구절 자체에서 명백하게 드러난다. 에제키엘 예언

람과 악마는 이 지혜를 악으로 돌아서게 할 수 있다(참조 알렉산드리아의 클레멘스, 『양탄자』 6,8,68). 이 모든 것에 관해서는 참조 H. Crouzel, *Origène et la philosophie*, 125-157쪽. 필론이 자신의 여러 책, 특히 『필요한 교육을 위한 만남』에서 보여 준 평가와 비교해 볼 수 있다. 이 학문들에 상응하는 전반적인 교육(ἐγκύκλιος παιδεία)은 하가르로 상징화된다. 아브라함은 지혜-덕을 상징하는 사라를 임신시키기에 앞서 하가르에게 접근해야 한다. 하지만 그는 지혜를 향해 계속 길을 가지 않고 그 자리에 멈추는 이는 소피스트이며 유대교 신학자들에게 단죄의 대상이다. 그는 이스마엘로 상징된다.

12) 이집트인들의 비밀스럽고 신비스런 지혜는 아마도 연금술사의 글을 생각나게 하는 헤르메스 트리스메기스토스의 저서들에 대한 암시일 것이다.

13) 그리스어 '페리 메테오론'(περί μετεώρων)은 하늘의 현상에 관한 사변을 나타내는 고대의 표현이다(참조 『켈수스 반박』 5,12; 『민수기 강해』 12,4; 『마태오 복음 주해』 13,6).

14) 『켈수스 반박』 5,12, 『민수기 강해』 12,4, 『마태오 복음 주해』 13,6에서, 특히 『창세기 주해』 3(=『필로칼리아』 23)에서는 점성술에 관한 주제가 다루어진다. 이 마지막 저서는 플로티노스의 『엔네아데스』 2,3에서와 마찬가지로 별들이 지상에서 일어나는 사건들의 작인(作因)은 아니지만 그것들의 표징이라는 점을 받아들인다. 이 사건들은 신의 뜻에 의해 하늘에 새겨진 것들로서, 하늘에서 천사들은 그 뜻을 풀이할 수 있다.

15) 오리게네스는 그리스인들의 매우 깊은 철학적 교육을 지속적으로 활용함에도 불구하고 철학에 대해 애정어린 태도를 보이지 않는다. 철학적 교육은 그 자신이 받아들이는(참조 『켈수스 반박』 7,46) 진리들(참조 『창세기 강해』 14,3)을 내포하고 있지만 오류로 오염되었으며(참조 『레위기 강해』 7,6; 『예레미야서 강해』 16,9), 그 교육 자체가 오류의 원천이다(참조 『여호수아기 강해』 7,7). 그리고 그리스도의 가르침과 달라질 때 그것은 광기가 된다〔참조 『코린토 1서 단편』 16 (JTS 9, 247쪽)〕. 참조 H. Crouzel, *Origène et la philosophie*, 19-67. 103-114쪽.

자는 “티로의 군주”(에제 28)가 어떤 영적 세력이라는 사실을 매우 명백히 알려 준다.[16] 따라서 이들과 이 세상의 〔다른〕 유사한 우두머리들은 그들 각자의 지혜를 지니고 각자의 가르침과 다양한 견해들을 제시하였다. 그들은 우리 구원자 주님께서 “거짓으로 그렇게 불리는 지식”[17](1티모 6,20 참조)의 모든 가르침을 타파하기 위해 이 세상에 오셨다고 단언하고 선언하시는 것을 보자(요한 18,37 참조), 그리고 그분 안에 감추어진 분이 누구신지 몰랐던 까닭에[18] 즉시 그분을 잡을 함정을 파놓았다. “세상의 임금들이 들

16) 오리게네스는 ‘이 세상의 우두머리들’과 나라의 천사들을 동일시한다(참조 『원리론』 1,5,4; 4,3,9). 티로의 군주에 관해서는 참조 『원리론』 1,5,4.

17) 1티모 6,20의 ‘프세우도니모스 그노시스’(ψευδώνυμος γνῶσις)는 이레네우스의 『이단 반박』의 그리스어 제목에 사용되었다.

18) 적대 세력들은 그분이 하느님의 아들임을 알지 못한 채 그를 십자가에 못 박도록 교사하였다〔참조 『애가 선별 강해』 4,12(GCS 3, 273쪽)과 시편 2,2 인용〕. 이러한 방식으로 그리스도는 자신의 영혼을 악마에게 몸값으로 내어주셨다(참조 J.A. Alcain, *Cautiverio*, 177-178쪽). 콜로 2,15에 따르면 구속은 인간을 노예살이에 가두어 놓은 세력들에 대한 그리스도의 승리다(참조 콜로 2,15를 인용하는 『마태오 복음 주해』 12,40; 시편 2,2를 인용하는 13,9; 두 본문 모두를 인용하는 『창세기 강해』 9,3; 『여호수아기 주해』 8,3; 유스티누스, 『유대인 트리폰과의 대화』 41과 93). 구원에 대한 악마의 무지는 유대-그리스도교의 개념과 유사한데, 그 개념에 따르면 그리스도의 육화는 천사 세력들에게 감추어져 있었다(참조 오리게네스가 『루카 복음 강해』 6,3-4에서 인용하는 이그나티우스, 『에페소 신자들에게 보낸 편지』 19,1; 『이사야의 승천』 11,6; 마술사 시몬에 관하여: 이레네우스, 『이단 반박 1,23,3; 알렉산드리아의 클레멘스, 『예언 시선집』 53). 이는 구원자가 십자가에서 죽는 척하며 적대 세력들을 속였다는 영지주의적 주제와 비슷한 것 같다(『테오도투스 작품 발췌집』 61; 바실리데스에 관해 이야기하는 이레네우스, 『이단 반박』 1,24,4). 하지만 오리게네스에게 있어 구원 질서에 관한 악마들의 무지는 영적 가르침에 대한 중요한 관점에 확고하게 기반을 두고 있다. 하느님을 더 잘 알기 위해 하느님을 더욱더 닮아야 한다면, 하느님과의 관계를 부정한 악마들이 하느님과 그분의 일들을 어떻게 알 수 있겠는가?〔참조 『켈수스 반박』 8,33; 『사무엘기 상권 강해』 28,5(GCS 3, 287쪽); 『루카 복음 강해』 6,3-4; 『루카 복음 단편』 96(GCS IX² 또는 SC 87)〕. 난점은 어떤 악마가 예수님을 하느님의 아들이라고 부르는 마태 8,29에서 비롯한다. 오리게네스는 『루카 복음 강해』 6,4-6에서 악마가 그 사실에 대한 어떠한 관념을 가질 수 있지만, 그 악의가 매우 심한 세상의 우두머리는 그럴 수 없었다고 대답한다(참조 H.

고 일어나며 우두머리들이 주님과 그분의 그리스도를 거슬러 함께 모였구나."(시편 2,2) 그러나 그들이 영광의 주님을 십자가에 못 박았을 때, 그들의 함정은 알려졌고 그들이 하느님의 아들을 거슬러 꾸민 음모는 간파되었다. 그래서 사도는 "우리는 완전한 이들 가운데서 지혜를 말합니다. 그 지혜는 이 세상의 것도 아니고 파멸하게 되어 있는 이 세상 우두머리들의 것도 아닙니다. 이 세상의 우두머리 가운데 아무도 그 지혜를 깨닫지 못하였습니다. 그들이 깨달았더라면 그들은 결코 영광의 주님을 십자가에 못 박지 않았을 것입니다"(1코린 2,6-8)라고 말한다.

3. 다음과 같은 점을 당연히 물어야 한다. 이 세상 우두머리들의 이 지혜는—우두머리들은 사람들에게 이 지혜를 배어들게 하려고 애쓴다—우리를 함정에 빠뜨리고 해치려는 의도로 적대 세력에 의해 사람들 가운데 들어왔는가? 또는 이 지혜는 사람들을 해치기 위해서가 아니라, 이 세상의 우두머리들 자신이 그들의 지혜가 참되다고 여기고 그들 자신이 참되다는 것을 다른 이들에게 가르치려 애쓰기 때문에 단순히 오류의 결과로서 우리에게 알려졌는가? 내게는 둘째 경우가 더 그럴듯하게 보인다.[19]

Crouzel, *Connaissance*, 421-425쪽). 자신의 영혼을 몸값으로 내주는 예수에 의해 실현되고, 악마의 능력으로부터의 해방으로 이해되는 그리스도에 의한 구원 개념에 관해서는 참조 『마태오 복음 강해』 12,28; 16,8; 『요한 복음 주해』 6,53(35),273-275; 『탈출기 강해』 6,9.

19) 오리게네스는 바로 앞서 세상의 우두머리들이 그리스도를 십자가에 못 박았다고 비난하였지만, 여기서는 그들의 오류가 본의가 아닌 것이라고 보는 것이 더 그럴듯하다고 판단한다. 이 점에 관한 오리게네스의 가르침은 모호하다. 그는 때로는 세상의 우두머리들 안에 좋은 천사들이 있다고 본다[참조 『원리론』 1,5,2; 『루카 복음 강해』 12,3; 『요한 복음 주해』 13,59(58),412-413]. 비록 이 천사들이 홀로 그들에게 예속된 이들의 구원을 보장해 줄 능력이 없을지라도 말이다. 때로 그들은 자신의 잘못 때문에 나라 전체가 벌을 받게 만드는 고통스러운 주인이기도 하다(참조 『켈수스 반박』 5,30). 오리게네스는 다양한 전통의 상속자다. 클레멘스에게 있어 나라의 천사들은 그들에게 예속된 이들에 선을 마련해 주는 좋은 천사들이다(참조 『양탄자』 6,17,157; 7,2,6). 또 다른 전통들에 따르면 이들은 인간에게 다

예를 들면 그리스 저술가들이나 모든 이단의 우두머리들은[20] 처음에 그릇되고 오류가 있는 가르침을 진리로 받아들이고 그것이 진리라고 스스로 결정하였으며, 그 뒤에 그들이 스스로 참되다고 판단한 것을 다른 이들에게 설득시키려 애썼다. '이 세상의 우두머리들'도 이와 같이 행동했다고 생각해야 한다. 이들은 이 세상에서 어떤 민족들을 통치하도록 임명된 어떤 영적 세력이기 때문에 '이 세상의 우두머리들'이라고 불린다.

뿐만 아니라 이 우두머리들 외에 이 세상의 어떤 특별한 활동력들[21]이

양한 기술을 가르치는 타락한 천사들이며(1에녹 8,1), 그들의 역할은 백성들을 주님의 길에서 벗어나게 하는 것이다(『희년사』 15,31). 오리게네스는 이 모호함을 알았기에(『민수기 강해』 11,4) 나라의 천사들에는 좋은 천사와 나쁜 천사가 있음을 인정하였다. 하지만 그리스도께서 오시기 이전에 선한 천사들은 자신에게 예속된 이들을 도와줄 힘이 크지 않았다(참조 『루카 복음 강해』 12,5; 『원리론』 3,5,6). 이는 그들이 의도하지 않았는데도 오류로 이끌 수 있었다는 사실을 설명한다. 왜냐하면 오리게네스의 일반적 우주론에 따르면 천사들 자신도 안정되지 못한 조건에 머물러 있기 때문이다〔참조 『원리론』 1,6,2; 『마태오 복음 주해』 13,28; 『요한 복음 주해』 13,59(58),411-415〕. 개개인의 수호천사들은 자신의 피후견인들과 함께 최후의 심판 날에 심판을 받을 것이며 그들이 게을리 활동했다면 견책받을 것이다(참조 『민수기 강해』 11,4). 나라의 천사들도, 만일 그들이 좋은 천사라 하더라도 마찬가지일 수 있다. 나라의 천사들에 관해서는 참조 J. Daniélou, *Origène*, 222-235쪽; J. Ratzinger, *Menschheit und Staatenbau*, 664-682쪽. 마태 22,15-22의 조세를 내기 위해 사용된 동전에 새겨진 황제의 얼굴에 대한 오리게네스의 해석은 문제의 가르침에 가깝다. 황제의 얼굴은 악마의 얼굴과 동일시된다(참조 『루카 복음 강해』 39,5; 『마태오 복음 주해』 13,10; 17,28; 『로마서 주해』 9,30; 『에제키엘서 강해』 13,2).

20) '이단의 우두머리'(haereseos principes)는 어떤 학문을 도입하는 다양한 철학 학파, 의학 학파를 뜻한다(참조 『켈수스 반박』 3,12). 신약성경에서 이 낱말은 유대인들 사이에 존재하던 여러 분파, 곧 사두가이파(사도 5,17), 바리사이파(사도 15,5; 26,5)를 지칭할 때 사용된다. 유대인들은 그리스도인들도 분파로 여겼다(참조 사도 24,5: 나자렛 사람들의 '하이레시스'(αἵρεσις). 하지만 바오로는 이 낱말을 수용하지 않는다〔사도 24,14: "저들이 분파(αἵρεσις)라고 일컫는 새로운 길(ὁδός)에 따라"〕. 바오로는 이 낱말을 그리스도인들 사이의 불화를 가리키는 데 사용한다(참조 1코린 11,19; 갈라 5,20; 마찬가지로 2베드 2,1). 여기서는 철학 학파들을 말하는 것인지 그리스도교 이단들을 말하는 것인지 확실하지 않다.

있다. 이 활동력들은 자신의 자유의지로 스스로 택한 특정 행위들을 관장하는 어떤 영적 세력이다. "이 세상의 지혜"에 영향을 미치는 영들이 여기에 속한다. 예를 들어 시상(詩想)이나 기하학에 영감을 주는 어떤 특별한 활동력이나 세력이 있으며, 예술과 학문의 각 분야에 생기를 부여하는 〔어떤 특별한 활동력이나 세력이 있다〕. 또한 많은 그리스인은 시상(詩想)이 광기 없이 있을 수 없다고 생각하였다.[22] 따라서 그들이 '보는 사람들'이라고 부르는[23] 이들이 갑자기 일종의 광기의 영으로 가득 찼다는 기록이 그리스인의 전승사에 때때로 남아 있다. 악마들의 지배를 받고 그들의 영향으로 정교하게 연결된 시구들로 〔신탁의〕 답변을 전하는 이른바 신적 인간들에 관해서는 무엇을 더 말하겠는가?[24] 게다가 그들이 마술사 또는 주술사라고

21) 루피누스는 그리스어 '에네르게이아이'(ἐνέργειαι)에 대한 설명으로 '어떤 영적 세력들'이라고 분명하게 덧붙인다.

22) 참조『여호수아기 강해』23,3.『민수기 강해』18,3에 따르면 인간의 지혜, 기술 그리고 예술의 기원은 하느님이시다. 그러므로 이 영들을 착한 천사들로 이해할 수도 있겠다. 하지만 예언적 영감에 대한 오리게네스의 가르침에 비추어 볼 때, 광기에 골몰한 시적 영감은 그에게 있어 악마들의 활동일 수밖에 없다(참조『원리론』2,7,3과 그에 해당하는 몬타누스파에 대한 각주 19; 3,3,4). 마찬가지로 오리게네스는 마술이나 미래를 예견하는 것이 악마에게서 비롯했다고 생각하여 그것들을 그리스도인에게 금지시켰다(참조『켈수스 반박』3,25; 7,3;『민수기 강해』12,4; 16,6-7). 오리게네스의 사상적 변화가 발견되는데, 시적 예술에 대한 언급은 시인의 영감을 광기와 동일시하는 가르침을 상기시킨다(참조 데모크리토스,『단편집』18과 21; 플라톤,『이온』533e;『파이드로스』245-246). 여기서 오리게네스는 주술과 마술을 악마적 행위의 다른 측면으로 이해했다. 알렉산드리아의 테오필루스(히에로니무스,『서간집』92,2)는 오리게네스가『원리론』에서 점성술과 마술을 장려한다고 이의를 제기하였지만, 이러한 이의 제기는 포티우스가 읽은 익명의『변론』에서 해결되었다. 오리게네스는 점성술과 마법을 악마에게서 비롯하는 것으로 비난했다.

23) vates는 그리스어에 대응어가 없는 '영감을 받은 시인'을 나타내는 라틴어 표현이다. "보는 사람들이라고 부르는"(Quos vates appelant)은 루피누스가 덧붙인 것 같다.

24) 영감을 통한 점복술을 생각나게 한다. 이 점복술의 가장 유명한 대표자는 델피의 피티아다(참조『켈수스 반박』3,25; 7,3).

부르는 이들은 때때로 어린 아이들에게 악마가 내리기를 기원한 뒤, 어린 아이들에게 시구를 읊게 하여[25] 모든 사람을 놀라게 하고 경악하게 만들었다. 이 과정은 다음과 같이 일어난다고 설명할 수 있다. 거룩하고 흠 없는 영혼들[26]은 애정과 순수함을 다 쏟아 하느님께 헌신하고, 악마와의 모든 접촉을 멀리하며 철저한 절제로 스스로 정화되고, 경건한 종교적 가르침을 받음으로써 신성에 참여하며,[27] 예언을 비롯한 신적 선물들의 은총을 얻는다. 마찬가지로 적대 세력들에게 굴복하는 이들은 적대 세력의 마음에 드는 생활방식이나 열망을 통해 그들의 영감을 받고 그들의 지혜와 가르침에 참여[28]하게 된다고 생각해야 한다. 그 결과, 적대 세력의 노예로 예속된 그들은 이 세력들의 활동 주체가 된다.[29]

4. 성경 규범이 허용하는 것과 다르게 그리스도에 관해 가르치는 사람들에 관하여,[30] 적대 세력들이 그리스도에 대한 믿음을 거스르려는 음흉한 의도에서 허구적이고 동시에 불경건한 어떤 가르침을 꾸며 냈는지 고

25) 어린 아이들은 마술행위에서 때때로 영매(靈媒)로 사용된다. 이에 관해서는 참조 A. Abt, *Die Apologie*, 161.171-172쪽.

26) 예언자들을 지칭하는데, 그들의 영감은 신적 소유가 아니라 그들에게 신적 활동에 자유로이 협력하게 하는 의식과 자유의 고양을 통해 얻은 것이다〔참조 『요한 복음 주해』 6,4(2),21-23; 『에제키엘서 강해』 6,1; 『켈수스 반박』 7,3-4〕. 그들이 지닌 덕은 그들의 사명이 지니는 진정함의 가장 확실한 표징이다(참조 『켈수스 반박』 2,51; 4,95; 5,42; 7,3; 『루카 복음 강해』 17,9-10; 『사무엘기 상권 강해』 28,9).

27) 참조 『원리론』 4,4,4; 『켈수스 반박』 1,2; 1,46. 순수함은 그러한 참여에 이르기 위해 필요하다(참조 『원리론』 3,3,3 각주 26; 『마태오 복음 주해』 15,5).

28) 그리스도에 대한 참여와 상반되는 그리스도의 적에 대한 참여가 있는데(『마태오 복음 강해』 33), 이는 죄를 지은 영혼 안에 악마가 사는 것이다(참조 『로마서 주해』 2,6).

29) 이 주제에 관해서는 참조 G. Bardy, *Origène et la magie*, 126-142쪽.

30) 신심 규범(regula pietas), 신앙 규범(regula fidei) 등과 동의어인 성경 규범(scriptuarum regula)과 같은 표현에 관해서는 참조 『원리론』 1,5,4와 각주 12.

찰하는 것은[31] 무익하지 않다. 또는 그들이 그리스도의 말씀을 들은 뒤 양심의 깊숙한 곳에서 이 말씀을 떨쳐 버릴 수도 없고 순수하고 거룩한 형태로 그것을 간직할 수도 없자, 그들의 목적에 부합하는 그릇들, 이른바 그들의 예언자들을 통해 그리스도교 진리의 규범과 반대되는 여러 가지 오류를 도입했는지 고찰하는 것도 무익하지 않다. 가장 그럴듯한 가설은 하느님에게서 멀어진 배교자와 변절자 세력들이 사악한 정신과 의지 때문에, 또는 진리를 깨달은 뒤 자기들이 떨어진 곳으로 올라갈 준비된 이들에 대한 시기 때문에 그러한 진보를 방해하기 위하여 그릇된 가르침의 오류들과 속임수들을 만들어 냈다는 것이다.[32]

인간의 영혼이 육체 안에 있는 한, 선하거나 악한 다양한 영들의[33] 여러 가지 활동이나 행위에 지배될 수 있다는 사실은 이렇듯 많은 증거로 분명히 입증된다.[34] 악한 영들은 두 가지 방식으로 영향을 미친다. 〔첫째,〕 악한 영들은 〔인간의〕 정신을 완전히 그리고 전적으로 소유하여 〔이 영들에〕 사로잡힌 이들이 이해하지도 생각하지도 못하게 한다. 이에 관한 본보기가 일

31) 이단이 악마에게서 기원한다는 견해에 관해서는 참조 유스티누스, 『첫째 호교론』 26; 56; 58; 이레네우스, 『이단 반박』 1,16,3. 이 이단들에 영감을 주는 적대 세력들은 그리스도 메시지의 진리를 이해할 능력이 없기 때문에 그렇게 하는 것일까? 아니면 속이려는 의도를 가지고 있는 것일까? 이전의 전통처럼 오리게네스는 후자로 기우는 경향이 있다. 이단의 확산은 배반한 천사들의 활동이며, 그들은 이 세상의 우두머리들과는 다르다〔참조 『티토서 주해 단편』(PG 14,1303-1304); 『마태오 복음 강해』 33〕.

32) 교회일치 정신(에큐메니즘)은 고대 교부들에게서는 거의 찾아볼 수 없다. 이는 매우 최근에 깨달은 것이다.

33) 다음에 나오는 단락은 오리게네스에 따르면 '영들을 식별하기 위한 규범' 가운데 가장 근본적인 것을 표현한다. 악한 영은 영혼을 괴롭히고 혼미하게 하며 영혼을 '소유한다'. 반대로 선한 영은 영혼에게 평온함 안에서 자신의 의식과 자유를 충분히 드러내게 한다.

34) 여기서 영의 식별에 관한 주제의 두 번째 부분이 시작된다. 이 문제는 이미 『원리론』 3,2,4에서 제기되었다. 해당 각주 36을 보라.

반적으로 마귀들린 이들(energumenoi)라고 불리는 사람들이다.[35] 구원자께서 치유해 주셨다고 성경에 기록된 이들처럼, 제 정신이 아니거나 미쳤다고 우리가 보는 사람들이다. 〔둘째,〕 악한 영들은 영혼이 생각하고 이해하는 동안 여러 종류의 생각과 사악한 자극들로 해로운 영향을 주어 영혼을 타락시킨다.[36] 이에 관한 본보기가 유다다. 성경에 "악마가 이미 유다 이스카리옷의 마음속에 그분을 팔아넘길 생각을 불어넣었다"(요한 13,2)라고 쓰여 있듯이, 악마가 자신의 생각을 유다에게 불어넣어 유다는 배반의 죄를 짓게 되었다. 다른 한편으로 어떤 사람이 선을 향하여 움직이고 영향받으며 천상의 것들과 신적인 것들을 얻으려고 고취될 때, 그는 선한 영의 행위와 활동을 받아들인다. 거룩한 천사들과 하느님께서 거룩한 암시로 더 좋은 것을 하도록 예언자들을 자극하고 권유하면서 예언자들 안에서 활동한 것과 같다. 그러나 인간이 거룩하고 신적인 것들에 대한 하느님의 부르심을 따르거나 따르지 않는 것은 인간 자신의 의지와 판단에 달려 있다. 이로써 영혼은 더 좋은 영의 현존을 통해 움직이는 때가 언제인지 분명하게 식별할 수 있다.[37] 곧, 영혼이 자신에게 영향을 미친 영감의 결과로 어떠

35) 문자 그대로는 '어떤 힘의 영향 아래에 있는 이들'을 뜻하는 초기 교회의 표현. 마귀들린 이들(energumenoi)은 미사에 참석할 수 있었다. 이에 관해서는 참조 RAC, *Energumenoi*; RE, *Dämonische*.

36) 영혼은 죄를 통해 거리낌 없이 악마의 노예가 된다. 그러면 영혼은 "소유된다"〔『로마서 주해』 5,3; 『요한 복음 주해』 32,13(8),147-151, 여기에서는 요나의 예가 설명된다〕.

37) 여기서 관심사는 바오로가 1코린 12,10에서 말하는 '영들의 식별', 곧 영혼 안에서 활동하는 영이 어떤 것인지를 구별하는 규범이 관심사다. 악마가 영혼을 소유하고 혼미하게 만들 때, 신적인 영감이 지성적이며 의지적인 능력들을 억누르기는커녕 오히려 더 예민하게 한다는 사실을 오리게네스가 강조하는 것은, 우리가 앞의 각주에서 보았듯이 이교적 사조들, 특히 그리스 점술(占術)을 반박하려는 의도다. 마찬가지로 몬타누스파(참조 『원리론』 2,7,3 각주 19)를 반박하는 오리게네스의 논거들은 에우세비우스가 『교회사』 5,16에서 몬타누스파를 반박하는 글, 그리고 『교회사』 5,17에서 밀티아데스의 글이 제시하는 논거들과 비교될 수 있

한 정신적 혼란도 착오도 겪지 않으며 의지의 자유로운 판단력을 잃지 않을 때다. 그 본보기가 어떠한 정신적 혼란도 없이 하느님 말씀에 봉사한 모든 예언자와 사도다. 게다가 우리는 앞에서 모르도카이와 아르타크세르크세스의 예[38]를 제시함으로써, 선한 영의 암시로 인간의 기억은 더 좋은 것들을 떠올리도록 자극받는다는 사실을 입증하였다.

5. 이어서 이제, 인간의 영혼이 때로는 선한 영들에게 때로는 악한 영들에게 영향받는 원인이 무엇인지 탐구해야 한다고 나는 생각한다. 나는 우리가 육체적으로 태어나기 이전에 그 원인들이 있지 않을까 생각한다. 마리아가 인사하는 소리가 요한의 어머니 엘리사벳의 귀에 들리자 요한은 어머니 태 안에서 뛰놀며 기뻐하는 것을 알려 주었고(루카 1,41-44 참조), 예레미야 예언자[39]는 하느님께서 "그가 어머니의 태에서 모습을 갖추기 전에 아셨고, 태중에서 나오기 전에 성별하셨으며, 그는 아직 어린아이로 예언의 선물을 받았다"[40](예레 1,5-6)고 말하였듯이 말이다. 다른 한편으로 어떤 이들은 유아기 때부터 적대적인 영에 사로잡힌 채, 곧 마귀를 지닌 채 태어나고, 어떤 이들은 역사적 전승이 입증하듯이 어릴 적부터 초자연적

다. 예언자적 영감은 무의식으로 이해되는 황홀경과 양립될 수 있다. 필론은 황홀경-무의식의 영감적 성격을 주장하였다〔참조 『꿈』 2,232(하지만 여기에 기술된 황홀경은 단순히 심리학적인 차원의 것으로 보인다)〕. 유대교의 위대한 신학자 필론의 진술들을 너무 엄격하게 이해하지 말고, 오히려 수동성과 은총을 강조하는 것으로 보아야 한다(참조 A. Beckaert, *La connaissance de Dieu*, 184-209쪽). 황홀경-무의식에 대한 오리게네스의 견해에 관해서는 참조 W. Völker, *Das Vollkommenheitsideal*, 125-144쪽; H. Crouzel, *Grégoire de Nysse*, 191-202쪽.

38) 참조 『원리론』 3,2,4.

39) 이 두 예에 관해서는 참조 『원리론』 1,7,4. 세례자 요한과 마리아의 엘리사벳 방문에 관해서는 참조 『요한 복음 주해』 6,49(30),252-257; 『루카 복음 강해』 7; 9; 10.

40) 참조 『원리론』 1,7,4.

힘의 지배를 받으며, 어떤 이들에게는 어려서부터 피톤(사도 16,16 참조), 곧 복화술(腹話術)의 영[41]이라고 하는 마귀가 내재한다.[42] 이 모든 예를 고려할 때 이 세상의 모든 것이 신적 섭리의 지배를 받는다—이는 우리 신앙의 한 부분이기도 하다[43]—고 단언하는 이들은 하느님의 섭리가 불의에 관한 어떠한 의심도 받을 수 없다는 점을 입증해 줄 말 외에는 다른 대답을 할 수 없을 것이다. 곧, 영혼들은 육체 안에 태어나기 이전에 그들의 감각적이고 감정적인 본성 안에서 어느 정도 죄에 물들게 하는, 그래서 이러한 고통을 겪을 만하다고 신적 섭리가 판결한 이전의 어떤 원인들이 있다고[44] 말하는 것 이외에 다른 대답을 하지 못할 것이다. 영혼은 육체 안에 있든 육체 밖에 있든 늘 자유의지를 지니고 있기[45] 때문이다. 자유로운 의지는 선 쪽으로나 악 쪽으로 늘 움직이며, 이성적 감각 능력(rationabilis sensus),[46] 곧 정

41) 용-악마인 피톤은 복화술사들이 자주 사용하는 표상이다. 루피누스의 해석 "곧, 복화술의"(id est ventriloquum)는 플루타르코스, 『신탁의 쇠퇴』 9(Morales 414e)에 의해 정당화된다. 이 해석은 어원에는 부합하지 않는다. 곧, '피토'(Πυθώ)는 델피의 옛 명칭이며, '피톤'(Πύθων)은 델피에서 요람에 있는 아폴로를 거의 숨막혀 죽게 한 괴물 같은 뱀을 지칭한다.

42) 직역은 "마귀가 괴롭혔다"다.

43) 이는 신앙 규범에 종종 바탕을 두는 루피누스가 덧붙여 설명한 것 같다(참조 『원리론』 1,서론,2 각주 6). 오리게네스는 가끔 신앙 규범을 암시하지만, 루피누스는 『원리론』 3,1,7과 각주 24에서처럼 신심 규범을 첨가한다.

44) 영혼들의 선재에 대한 암시에 관해서는 참조 『원리론』 1,7,4와 해당 각주들.

45) 오리게네스는 자신의 사상 전체의 바탕을 이루는 이 일반적 진술이 어떻게 마귀들린 이들과 열광하는 이들이 악마를 소유하는 것과 양립할 수 있는지 설명하지 않는다. 이승에서 또는 존재하기 전에, 처음에 의도적으로 지은 죄는 영혼의 자유의지 사용을 강하게 감소시키면서 영혼을 악마에게 넘겨주었다. 하지만 이 상황들은 일시적인 것으로 여겨야 한다. 이 벌은 다른 벌들과 마찬가지로 치유적이기 때문이다. 태어나기 이전의 잘못들로 인해 어려서부터 악마의 지배를 받은 이는 악마에게서 빠져나올 수 있어야 한다. 구원자 그리스도의 필요성에 관해서는 참조 J. A. Alcain, *Cautiverio*, 305-314쪽.

46) '로기카'(λογικά, 이성적)의 현상 양태는 정신(νοῦς)뿐 아니라 영혼(ψυχή)도 포함한다(참조 『원리론』 2,8).

신이나 영혼은 선하거나 악한 움직임 없이는 존재할 수 없다. 이 움직임들은 이성적 감각 능력들이 이 세상에서 어떤 것을 행하기 전에도 그 공로에 대한 원인들을 제시하는 것이 거의 확실하다. 이러한 원인과 공로에 따라 인간들은 태어날 때부터, 말하자면 태어나기 전부터 신적 섭리에 의해 좋거나 나쁜 운명을 겪도록 정해졌다.[47]

6(5). 이 단언들은 인간들이 태어날 때부터 또는 세상의 빛을 보기 이전에 일어난 듯 보이는 사건들에 관한 것이다. 서로 다른 영들이 영혼, 곧 인간의 생각에 불어넣은 것 그리고 영혼에게 선하거나 그 반대되는 쪽으로 영향을 미치는 것에도 때로는 육체적으로 태어나기 이전의 원인들이 있다는 점을 생각해야 한다. 깨어 있고 악한 것을 물리치는[48] 정신은 때때로 선한 〔영들〕의 도움을 받는다. 또는 반대로 부주의하고 게으른 정신은 조심하지 않기 때문에, 강도들처럼 매복해 있다가 〔인간의〕 게으름으로 말미암아 자신들에게 주어지는 자리가 보이면 언제든 인간의 정신에 침입하려는 영들에게 자리를 내주고 만다. 베드로 사도가 "여러분의 적대자 악마가 으르렁거리는 사자처럼 여러분 주위를 돌아다니고 누구를 삼킬까 찾습니다"

47) 참조 알렉산드리아의 클레멘스, 『양탄자』 4,12,83. 영지주의자 바실리데스에 따르면 영혼은 다른 삶에서 저지른 잘못들에 대한 벌을 이 세상에서 받는다. 『양탄자』 3,3,20은 이와 같은 의미에서 플라톤의 『국가』 273bc를 인용한다. 히에로니무스(『서간집』 120)는 영혼들이 하늘에서 추락하여 자신들이 이전에 지은 죄에 대한 벌을 현재 육체 안에서 속죄하고 있다는 생각을 피타고라스, 플라톤 그리고 그들의 그리스도교 제자들(오리게네스)에게 전가한다(참조 로마 9,14-29 그리고 에사오와 야곱에 관계되는 구절).

48) 깨어 있음과 마음의 감시, 그리고 악마에게 기회를 주지 않기 위해 우리 자신을 지키는 통제에 관해서는 참조 『요한 복음 주해』 20,22(20),176-184; 『에제키엘서 강해』 11,4; 『여호수아기 강해』 16,5; 『판관기 강해』 2,5; 『창세기 강해』 9,3. 신앙을 순수하게 간직하고 이단에 빠지지 않기 위한 경계심에 관해서는 참조 『마태오 복음 강해』 33; 93. 모든 죄의 원천인 게으름에 관해서는 참조 『원리론』 1,4,1; 1,6,2; 2,9,2.

(1베드 5,8)라고 말한 대로다. 따라서 우리의 마음을 밤낮 매우 주의 깊게 지켜야 하고 악마에게 자리를 내주지 말아야 한다(에페 4,27 참조). 우리는 하느님의 심부름꾼들, 곧 "구원을 상속받도록" 불린 "이들에게 봉사하도록 파견된 영들"(히브 1,14 참조)이 덕과 거룩함의 실천으로 장식된 우리 마음의 주거지를 발견한다면(마태 12,44 참조), 우리 안에 자리를 발견하고 우리 영혼의 손님방으로 들어가는 것을 기뻐하며 그들이 우리 안에, 곧 우리 마음 안에 살면서 우리를 더 좋은 조언으로 이끄는 모든 것을 행해야 한다.

인류에게 적대적인 이 세력들에 관해서는 우리가 힘 자라는 데까지 숙고한 이 논증으로 충분할 것이다.[49]

49) 이는『원리론』3,4,1의 처음처럼 한 부분에서 다른 부분으로 넘어가는 연결 부분이다.

4장

[사람들이] 각각 두 영혼을 지니고 있다는 어떤 이들의 말이 옳은가?

1. 이제 우리는 인간적인 유혹들에 관해 침묵하지 말아야 한다고 생각한다. 이 유혹들은 때때로 "살과 피"(에페 6,12 참조)에서 또는 하느님과 반목한다고 하는 살과 피의 슬기로움[1](prudentia, 로마 8,6-8 참조)에서 생긴다. 우리는 초자연적이라고 하는(1코린 10,13 참조) 유혹들, 곧 우리가 "권세와 권력들과 이 어두운 세계의 지배자들과 하늘에 있는 악령들"(에페 6,12 참조)을 거슬러 싸우고 사악한 영들과 불결한 악마들을 거슬러 투쟁한 것에 관해 이미 앞에서 다루었다. 이 주제에 관해 우리가 논리적이고자 한다면, 영혼과 육체와 생명의 영[2](1테살 5,23; 지혜 15,1 참조)으로 구

1) 이 표현은 로마 8,6-8의 '육의 관심사'(φρόνημα τῆς σαρκός)에 상응하는 것이 틀림없다. 오리게네스는 종종 이 표현을 영혼의 하위 부분을 가리키는 데 사용한다(『순교 권면』 5; 『켈수스 반박』 8,22-23 등).

2) 오리게네스의 이 분류는 여기에서 내적 힘의 삼분법에 근거한다. 이 경우 영혼은 '생명의 영'

성되어 있는 우리 인간 안에 악[한 방향]으로 내모는 고유한 성향이나 움직임을 지닌 또 다른 어떤 것이 존재하는지 물어야 한다고 나는 생각한다. 첫째로, 어떤 이들은 이러한 질문을 제기하곤 하였다. 우리는 말하자면 우리 안에 두 영혼,[3] 하나는 더 신적이고 천상적 영혼이며 다른 하나는 더 낮은 영혼이 있다고 말해야 하는가? 둘째로, 우리가 육체들로 결합되어 있다는 사실에서—육체는 자체의 고유한 본성에 따라 그 생명을 우리, 곧 우리 영혼을 통해 얻지만[4] 그 자체로 분명히 영에 대립적이고

보다 더 높은 부분이다. 따라서 이는 오리게네스가 일반적으로 사용하는 삼분법과는 관련이 없다(오리게네스의 영혼 구분론이 일관성이 없는 데 관해서는 참조 E. R. Redepenning, *Origenes*, 368쪽 이하; F. Rüsche, *Blut*, 412쪽 이하; Leo Brühl, *Die Erlösung*, 32-33쪽). 그렇지 않다면 '생명'을 '일반적인 생명'이 아니라 '참된 생명', 곧 초자연적인 것으로 이해해야 할 것이다. 여기서 생물학적 본성의 '프네우마'(πνεῦμα)는 창세 2,7에 나오는 진흙으로 빚은 인간을 생명 있는 존재로 만드는 영으로 보는 것이 가장 타당하다. 오리게네스에게 창세기 2장의 설화는 육체의 창조, 창세기 1장의 설화는 이성적 실체로서 인간의 창조와 관련이 있다.

3) 누메니오스(참조 『단편집』 44)는 하느님과 물질의 구별에 비추어, 세상의 두 영혼과 각 사람 안의 두 영혼을 구별하였다. 인간 안에는 물질에서 유래하는 생명의 원리가 있으며 하느님에게서 유래하는 이성적 원리가 있다(참조 요한 스토배우스의 『시선집』 1,49,25; 포르피리오스, 『육식 절제』 1,40; A. J. Festugière, *La Révélation*, 45쪽). 크세노폰은 『키로스의 교육』 7,1,21에서 각 사람이 지니는 선하고 악한 두 개의 영혼에 대한 고대 페르시아인의 믿음이 있음을 증언한다. 영지주의자들에게서도 그러한 믿음이 발견된다(『테오도투스 작품 발췌집』 50). 그들에게는 데미우르구스의 모상대로 만들어진 물질적 영혼과 그 자신을 본떠 만든 영혼적 영혼이 있다. 클레멘스는 『양탄자』 2,20,112-114에서 이 가르침을 바실리데스파, 특히 바실리데스의 아들 이시도루스의 것으로 돌린다. 참조 H. Langerbeck, *Die Verbindung*, 38-82쪽과 W. D. Hauschild, *Gottes Geist*, 26-27쪽. 알렉산드리아 클레멘스도 비슷한 견해를 보인다(참조 『양탄자』 6,134,1; 6,135,1; 6,136,1; 7,79,6). 이 배후에는 한편으로는 플라톤의 영혼분류론, 다른 한편으로는 스토아학파의 변형된 심리학이 있다(참조 D. Baur, *Plutarque*, 62-66쪽).

4) 아테나고라스와는 달리 오리게네스에게 인격자, 주체, 개별적 실체로서 인간은 본질적으로 자신의 영혼과 동일시된다. 육체는 부차적인 역할을 하며, 이성적 피조물들은 죄를 지은 결과 선재 상태에 있었고 부활 때 다시 얻게 될 에테르로부터 지상의 존재가 되었다. 인간으로

적대적이기 때문에[5] 육체들은 그 고유한 본성에 따라 죽어 있고 전적으로 생명이 없다[6]—우리는 육체의 마음에 드는 악〔한 것들〕에 이끌리고 부추겨지는가?[7] 또는 셋째로, 어떤 그리스인들이 생각하였듯이 우리 영혼은 실체에서는 하나이지만 여러 부분, 곧 이성적이라고 하는 부분과 비이성적이라고 하는 부분으로 구성되어 있으며 비이성적이라고 하는 부분은 욕망과 분노라는 감정적 요소들로 다시 구분되는가?[8] 우리는 사람들이 영혼에 관

∴

서 그리스도는 무엇보다 그의 영혼이다(참조 『원리론』 2,6,4와 7). 『켈수스 반박』 7,38과 『원리론』 4,2,7은 인간이 육체를 사용하는 영혼이라고 거의 비슷한 표현으로 정의한다. 『판관기 강해』 6,5에서 육체는 짐바리 짐승 또는 탈것처럼 영혼에게 봉사하기 위해 존재한다. 그 자체로는 죽은 상태에 있으며, 영혼을 통해서만 살아 있는 육체의 개념에 관해서는 참조 유스티누스, 『부활론』 10; 플라톤, 『크라틸로스』 399de. 마르키온과 바실리데스에 따르면 육체는 구원에 참여하지 않는다(참조 이레네우스, 『이단 반박』 1,27,3; 1,24,5).

5) 여기에서 표현된 육체-영혼 이원론은 그리스 철학 전통에 상응한다. 이 이원론은 바오로의 이원론적 두 개념, 육-영으로 뒷받침된다. 이 개념에 죽음-생명 개념이 덧붙는다(참조 로마 8,6).

6) 이교인과 그리스도인 모두 질료로서의 육체는 영혼에 의해 생명을 부여받지 못하면 그 자체로 살 수 없다고 생각하였다.

7) 이는 플라톤의 초기 견해다(참조 『파이드로스』 81b; 83d). 그러나 이러한 견해는 매우 널리 퍼져 있었으므로, 오리게네스가 특정한 대표자를 염두에 두었다고 말할 수 없다.

8) 이는 영혼의 부분에 관한 플라톤의 이론이다(참조 『국가』 434d-441c; 『파이드로스』 246ab; 『티마이오스』 69c-72d). 영혼은 이성적 부분(logistikon)과 비이성적 부분(alogon)으로 구분되고, 비이성적 부분은 다시 욕구하는 부분(epithymetikon)과 용기를 나타내는 부분(thymoeides)으로 세분된다. 플라톤에 따르면 용기를 나타내는 부분에는 특히 용기와 명예심에 관한 자극이 포함된다. 후기 헬레니즘 문화에서 이 개념은 분노로 옮겨간다. 오리게네스는 이 삼분법을 『켈수스 반박』 5,47에서 플라톤의 이론으로 제시한다. 하지만 오리게네스는 플라톤의 삼분법을 거부하였고, 플라톤의 삼분법은 오리게네스가 전개하는 삼분법에 전혀 영향을 끼치지 못했다. 어떤 이는 아직도 가끔 오리게네스의 삼분법이 플라톤에게서 유래한다고 주장하는데, 사실 그 둘 사이에 공통점은 거의 없다. 오리게네스의 삼분법은 인간 전체와 관계되며 플라톤의 삼분법은 영혼과 관계 있다. 오리게네스의 영적 프네우마는 플라톤의 개념에 상응하는 것이 없으며, 스토아학파와 후기 플라톤주의에서 물질적으로 이해되는 프네우마와도 관계가 거의 없다. 오리게네스의 '프네우마'(πνεῦμα)는 바오로와 필론의 사상을 거친 것으로 히브리어 '루아흐'(ruah)에서 유래하였다. 오리게네스가 더러 영혼을 성마르

해 위에서 언급한 세 가지 〔방식으〕로 생각한다는 것을 알았다. 그러나 이 세 가지 견해 가운데 영혼이 세 부분으로 구성되었다고 일부 그리스 철학자들이 인정하였다는 〔세 번째〕 견해는 성경의 권위로[9] 제대로 확증되지 않는다고 나는 생각한다. 반면 다른 두 견해에 관해서는 그것들에 적용될 수 있다고 보이는 몇몇 성경 구절을 찾아볼 수 있다.

2. 이 견해들 가운데 우리 안에는 선하고 천상적인 영혼과 더 낮고 지상적인 영혼이 있다는[10] 일부 사람들의[11] 주장을 먼저 다루자. 그들은 더 좋

고 탐욕스럽다고 말하는 것은(『에제키엘서 강해』 1,16; 『루카 복음 단편』(GCS 9², 187쪽 또는 SC 87, 79쪽; 『시편 선별 강해』 17,29(PG 12,1236A)) 고상한 경향들과 저급한 경향들의 차이를 구별하지 않고 성마르고 탐욕스러운 것들이 뒤섞여 있는 영혼의 하위 부분을 뭉뚱그려 일컫기 때문이다. 이 삼분법과 관련된 역사, 오리게네스 이전과 오리게네스에게서의 삼분법의 용법, 오리게네스 이후 삼분법의 급속한 사라짐에 관해서는 **참조** H. Crouzel, *Geist*, 511-524쪽.

9) 진리의 근거로 성경을 참조하는 것에 관해서는 **참조** 『원리론』 1,3,1과 각주 4; 마찬가지로 4,1,1. 실제로 오리게네스가 물리치는 것은 영혼을 구별된 개체들로 나누는 것(『원리론』 2,10,7; 레위 17,14는 육의 영혼으로서의 피에 대해 말한다)이 아니라, 영혼을 세 부분으로 나누는 것이다. 인간에 대한 그의 개념은 정적이기보다는 상당히 역동적이다.

10) 『테오도시우스의 글에서 발췌』 50에서는 이른바 영혼적 영혼과 공존하는 짐승들의 지상적·물질적·비이성적인 영혼이 문제다. 알렉산드리아의 클레멘스는 육체적 영혼과 육체적 프네우마에 대해 이야기한다(**참조** 『양탄자』 6,16,136; 7,12,79). 지상의 영혼과 천상의 영혼의 구별은 영혼과 육체 두 부분으로 나뉜 도식에 잘 부합한다. 왜냐하면 육체적 영혼은 스스로 살아갈 능력이 없는 육체에 생명을 불어넣는 주체이며(『요한 외경』 51, in: Texte und Untersuchungen 60), 육체와 결합된 만큼 육체적 영혼은 다른 영혼과 대립하기 때문이다. 유사한 의미에서 오리게네스는 습관적으로 '육체'와 구별되는 '육'이라는 낱말을 사용한다(『원리론』 2,8,4와 각주 30). 요한 스토배우스의 『시선집』(1,49,40)에 인용된 얌블리쿠스에 따르면 중플라톤주의자 아티코스는 이성적 영혼과 함께 '비이성적, 결함이 있는(πλημμελής), 물질적' 영혼을 가정한다.

11) 그들은 아마도 오리게네스가 수차례에 걸쳐 호의적으로 이야기하였고 에우세비우스(『교회사』 6,16,5-8)가 인용한 중플라톤주의자인 아파메아의 누메니오스 또는 어떤 영지주의자일 것이다.

은 영혼이 하늘에서 심어졌다는 예로 아직 어머니 태중에 있던 야곱이 속아 넘어간 형 에사우를 제치고 승리의 종려나무 가지를 차지한 것(호세 12,4; 창세 25,25-26; 말라 1,2-3; 로마 9,12-13 참조)[12]이나 예레미야의 영혼이 모태에서 성별된(예레 1,15 참조) 것, 요한의 영혼이 모태에서부터 성령으로 가득 찬(루카 1,14 참조) 것을 든다.[13] 그들은 이른바 더 낮은 영혼이 육체적 씨앗에서 육체와 동시에 생겨났다고 내세우며,[14] 그 결과 그 영혼이 육체 밖에 살 수 있다거나 존재할 수 있다는 것을 부인한다. 이 때문에 그들은 이 영혼을 자주 육(肉)이라고 부른다. 그들은 "육이 영을 거슬러 욕망한다"(갈라 5,17)라는 구절을 육이 아니라 좁은 의미로 육의 영혼인 이 영혼에 적용한다. 그들은 레위기에 나오는 "모든 육의 영혼은 육의 피다"[15](레위 17,14)라는 구절로 이를 뒷받침하려 애쓴다. 모든 육에 두루 퍼져 있는 피

12) 참조 『원리론』 2,9,5.7.

13) 『원리론』 1,7,4; 2,9,7; 3,3,5에 이미 나온 예들이다. 그러므로 더 높은 영혼은 태초의 지복에서 떨어져 지상의 육체에 깃든 이성적 피조물이다.

14) 성경 구절들이 입증하듯이, 더 높은 영혼은 선재하며(참조 『원리론』 1,7,4; 3,3,5), 더 낮은 영혼은 태어날 때 생긴다. 스토아학파와 관계 있고 특히 테르툴리아누스가 주장하는(H. Karpp, *Probleme*, 41쪽 이하) 이른바 영혼유전설은 태어날 때 영혼이 생성된다고 가르친다(참조 『원리론』 1,서론,5; 테르툴리아누스, 『영혼론』 27). 영혼이 선천적으로 불사하는 것이 아니며 은총에 의해서만 불사한다는 사상은 당시 그리스도교 저자들 사이에 상당히 널리 퍼져 있었다[참조 유스티누스, 『유대인 트리폰과의 대화』 6; 타티아누스, 『그리스인에 대한 연설』 13; 오리게네스,『요한 복음 주해』 13,60(59),417-418에 나오는 헤라클레온의 견해]. 오리게네스는 『켈수스 반박』 4,30에서 철학자들이 제기한 문제들을 풍자하면서 육체와 함께 씨앗이 뿌려지지 않은(συσπαρεῖσαι) 영혼들을 거론한다[마찬가지로 참조 『요한 복음 강해』 2,30(24),182].

15) 참조 『원리론』 2,8,1과 각주 7. 갈라 5,17과 레위 17,14의 비교는 인간 본성에서 비롯하는 유혹을 다루는 『기도론』 29,2에 나온다. 오리게네스는 레위 17,14를 바탕으로 영혼이 영적 인간의 생명이라고 상징적으로 설명한다(참조 『헤라클리데스와의 논쟁』 16-23). 그것은 피가 육체적 인간의 생명으로 설명된 것과 같은 방식이다[참조 『에제키엘서 선별 강해』 18,10 (PG 13,817)].

가 육에 생명을 부여한다는 사실에서, 그들은 "모든 육의 영혼"이라고 하는 이 영혼이 피 안에 있다고 말한다.[16] "육은 영을 거슬러 싸우고 영은 육을 거슬러 싸운다"(갈라 5,17 참조)[17]와 같은 구절은 "모든 육의 영혼은 육의 피다"라는 구절과 같은 뜻이라는 것이다. 따라서 그들은 이를 다른 말로 "육의 슬기로움"(로마 8,7 참조)이라고 하며 그것이—세속적 의도와 육체적 욕구[18]를 지니기 때문에—"하느님의 법에 복종하지 않고 결코 복종할 수 없는"(로마 8,7 참조) 어떤 물질적 영이라고 단언한다.[19] 그들은 "내 지체들 안에서 내 이성의 법과 투쟁하고 있고, 나를 내 지체들 안에 있는 죄의 법에 사로잡히게 하는 다른 법을 나는 봅니다"(로마 7,23)라는 사도의 말이 이와 관련 있다고 생각한다.

그러나 배고픔과 목마름과 추위를 원하지 않고, 과다나 부족에서 기인하는 어떤 곤경을 겪는 것을 원하지 않는다고 외치는 육 자체의 소리가 있다고 말할 수 있는 것처럼,[20] 어떤 사람은 〔위의〕 이 서술들이 그 고유한 본성에 따라 죽어 있으며 "하느님께 적대적"(로마 8,7 참조)이거나 "영을 거슬러 싸우는"(갈라 5,17 참조) 정신이나 지혜[21]를 지녔다고 말해지는 육체의

16) 참조 『기도론』 29,2. 반대로 이성 또는 주도적 능력(ἡγεμονικόν), 곧 천상의 영혼 또는 영혼의 상위 부분은 마음으로 불린다. 성경에 따르면 이성적 원리인 마음은 영혼의 이 부분에 관한 비유적 명칭이다〔참조 『요한 복음 주해』 2,35(29),215; 4,38(22),189; 『기도론』 29; 『원리론』 3,2,4 각주 34〕.

17) 루피누스는 갈라 5,17 인용에서 '욕망하다'(concupiscit)를 '싸우다'(repugnat/pugnat)로 바꾸어 번역했다. 아마도 오리게네스가 이미 원문을 자유로이 바꾼 것 같다.

18) 참조 알렉산드리아의 클레멘스, 『양탄자』 6,136,1; 7,79,6; 『테오도시우스의 글에서 발췌』 50,1; 이레네우스, 『이단 반박』 1,5,5.

19) 참조 『요한 복음 주해』 13,23,140; G. Gruber, *ΖΩΗ*, 176-177쪽.

20) 오리게네스는 과다와 부족을 병의 원인으로 생각한 것 같다.

21) "정신이나 지혜"(sensum vel sapientiam)는 관심사(φρόνημα)의 이중 번역인 것 같다.

본성에[22] 관한 말이라고 〔그들을〕 반박할 수 있다. 그러면 그들은 영혼은 결코 육에서 그 기원을 얻지 않는 다양한 감정을 지니고 있으며, 영은 예를 들어 야심과 탐욕, 질투, 시기, 교만 등과 반대되는 것이라는 점을 입증하여 이 이의를 해결하고 극복하려 애쓸 것이다.[23] 그들은 인간의 정신이나 영[24]이 이것들과 싸우고 있다는 것을 입증하면서, 그러한 모든 악의 원인이 우리가 위에서 언급한 대로 씨앗을 매개로 생겨난[25] 이른바 육체적

22) 반대자에 따르면 육의 영혼, 육의 지혜와 같은 다양한 표현들은 육체가 선천적으로 소유하지 못하는 생명력 또는 심지어 인격을 육체에 부여하는 비유적 언어에 속한다.

23) 이러한 이의에 대한 답변은 육의 영혼이 육체에 생명을 부여하는 것뿐 아니라 육체와 구별되기 시작한다는 것을 보여 준다. 뒤따르는 단락에서 인간의 이성 또는 영에 대한 언급은 이분법 도식에 영과 영혼과 육체라는 삼분법 도식(**参照** 『원리론』 2,8,4 각주 30과 『원리론』 2,10,7 각주 35)을 겹쳐 놓는다. 여기에서 우리는 육과 영의 중간에 위치하는, 육이나 영에 봉사할 자유를 지닌 개별 영혼에 대한 개념으로 조금씩 넘어간다. 무엇보다도 두 영혼에 대한 사상의 추종자들을 대신하여 말하는 오리게네스는 육의 영혼을 육체에 생명을 불어넣는 것으로, 육체적 영을 더 높은 영에 대립하며 육체 없이 살 수 없는 것으로 묘사한다. 그런 다음 그는 생명을 지닐 수 있고 고유한 행위들을 할 수 있으며, 선과 악, 영과 육을 선택할 수 있는 영혼에 대해, 나아가 영혼의 불사에 대해 말한다〔**参照** 『요한 복음 주해』 13,61(59),429〕. 이러한 견해는 오리게네스에게서 기인하는 것인가, 그가 대신해서 말하는 이들에게서 기인하는 것인가 또는 오리게네스의 생각을 미세한 부분들과 논리적 연결까지 꿰뚫어 보지 못했을 수 있는 루피누스에게서 기인하는 것인가? 이는 일단 루피누스에게서 기인하는 것으로는 보이지 않는다. 왜냐하면 『원리론』 3,4,2의 마지막 부분과 3,4,3에서 다룰 본론에서 벗어나는 여담의 실마리가 이미 여기에서 발견되기 때문이다.

24) 루피누스의 이 표현은 오리게네스가 구별한 영(πνεῦμα)과 정신(νοῦς)을 고려하지 않은 단순한 중복어일까, 아니면 육을 거슬러 싸우는 두 주역, 곧 선생인 영(πνεῦμα)과 제자인 정신(νοῦς)을 정확히 구분한 번역일까?

25) “씨앗을 매개로 생겨난”(ex seminis traduce)이라는 표현은 루피누스의 글에서 발견된다(**参照** 『원리론』 1,서론,5; 『로마의 주교 아나스타시우스에게 보낸 변론』 6; 『열두 성조의 축복』 2,26). 이 표현은 이미 전문용어가 되어, 육체는 씨앗을 매개로 다른 육체에서 유래하고, 영혼은 씨앗을 매개로 다른 영혼에게서 유래한다는 뜻으로 사용된다. 이를 영혼유전설이라고 한다(**参照** 테르툴리아누스, 『영혼론』 9,6; 36,4; 『발렌티누스 반박』 25,3; 『원리론』 3,4,2 각주 14). 영지주의 사상에서도 씨앗을 매개로 전해지는 물질적 영혼 개념이 엿보인다(**参照** 『테오두토스의 글에서 발췌』 50.55).

영혼이라고 단언한다. 그들은 이를 뒷받침하기 위해 다음과 같은 사도의 증언도 인용하곤 한다. "육의 행실은 자명합니다. 그것은 곧 간음, 더러움, 방탕, 우상 숭배, 마술, 적개심, 분쟁, 시기, 격분, 이기심, 분열, 분파, 질투, 만취, 흥청대는 술판, 그밖에 이와 비슷한 것들입니다."(갈라 5,19-21) 이 모든 것이 육의 사용이나 쾌락에 기원하지는 않기 때문에 사람은 이러한 모든 감정이 영혼을 지니지 않은 실체, 곧 육에 원인이 있다고 생각할 수 없다.[26] 더욱이 "형제들이여, 여러분이 부르심을 받았을 때를 생각해 보십시오, 왜냐하면 여러분 가운데 많은 이는 육에 따르면 지혜롭지 않습니다"(1코린 1,26)라는 문장은 영에 따른 지혜와 구별되는 육적이며 물질적인 어떤 고유한 지혜가 있다고 지적하는 것처럼 보인다. 육의 지혜라고 부르는 이 지혜를 지니고 있는 육의 영혼이 없다면, 육적이며 물질적인 지혜는 지혜라 일컬을 수 없을 것이다.[27] 이들은 여기에 이런 말도 덧붙인다. "육이 영을 거슬러 싸우고, 영이 육을 거슬러 싸워 우리는 원하는 것을 하지 못합니다."(갈라 5,17) 그렇다면 "우리는 원하는 것을 하지 못한다"라고 바오로가 말한 사람들은 누구인가? 그러면서 그들은 이것이 영에 관한 것을 의미하지 않는 것이 확실하다고 말한다. 영의 의지는 방해받지 않기 때문이라는 것이다.[28] 또 육은 어떤 고유한 영혼을 지니지 않으면[29] 어떤 의지도

26) 달리 표현하자면, 사도가 언급한 악습들의 한 부분은 육과 관계없기 때문에 우리는 그것들의 존재를 영혼과는 이질적인 개체로 이해되는 육에 돌릴 수 없지만, 더 낮은 영혼에게 돌릴 수는 있다.

27) 그러므로 육의 영혼은 더 이상 육의 생명을 유지하는 단순한 원리가 아니며, 그것이 비록 나쁜 지혜라 할지라도 지혜를 지닐 능력이 있는 개체다. 육의 영혼은 발렌티누스파의 물질적 영혼처럼, 감각을 통해서뿐 아니라 지성을 통해서도 영혼을 악의 방향으로 인도할 수 있다(참조 M. Simonetti, *Psychè e psychikos*, 18쪽).

28) 바오로의 이해에 따르면, 여기서 문제가 되는 영은 인간의 상위 부분이 아니라 신적 요소다.

확실히 지니지 않기 때문에 육에 관한 것을 의미하는 것도 아니라고 한다. 따라서 이것은 이 영혼의 의지를 의미할 수밖에 없다고 한다. 이 영혼은 영의 의지에 저항하는 고유한 의지를 지닐 수 있기 때문이라는 것이다. 그것이 사실이라면 이 영혼의 의지가 육과 영 사이의 중개물처럼 있으며,[30] 자신이 복종하기로 선택한 둘 가운데 하나를 섬기고 그것에 복종하는 것이 명백하다. 영혼의 의지가 육의 쾌락에 굴복하면 그것은 사람들을 육적으로 만든다. 그러나 영혼의 의지가 영과 결합되면 사람을 영 안에 있게 하며, 이 때문에 그는 영적 인간이라 불린다.[31] "여러분은 육 안에 있지 않고

영은 인간을 선으로 이끌 수 있는데, 그 이유는 영이 내재적으로 선하기 때문이다. 만약 육이 고유한 영혼을 지니지 못한다면 육은 생기를 지닐 수 없으며, 자신의 의지를 영의 의지에 대립시킬 수 없다. 그러므로 스스로 영의 의지에 반대할 수 있고 악을 원할 수 있는 육의 영혼이 지닌 의지를 생각해야 한다. 그러므로 두 개의 의지, 곧 영의 의지와 육의 영혼이 지닌 의지를 상상해야 한다. 하지만 다음 부분은 영의 의지와 육의 의지 사이에 있는 중개적 영혼의 의지를 다룬다.

29) 이는 두 영혼론의 의미가 아니라 오리게네스의 의미에서다. 따라서 여기에서부터 다루어지는 내용은 이 가르침의 대표자들이 아니라 오리게네스의 논거다(루피누스의 표현법은 이를 명백하게 식별하게 하지 않고 요약하였다). 오리게네스는 분명히 의지의 자유에 관한 자신의 견해로, 여기서 제시된 가르침을 수정하였다. 인간 본디의 의지가 선과 악을 스스로 결정할 수 있다는 것은 인간 자유의 본질이다. 인간의 의지는 육의 의지와 영의 의지의 중간에 있다[참조 『로마서 주해』 1,18(PG 14,866)]. 따라서 이는 두 영혼론을 보충하는 데 적합한 일종의 삼분법이라는 사실이 분명하다.

30) 참조 『요한 복음 주해』 32,18(11),218; 『로마서 주해』 1,18; 『레위기 강해』 2,2; 『원리론』 2,8,4와 각주 30; 3,2,7. 육의 영혼이라 불리는 영혼은 지금 영과 육의 중개물이며 선 쪽으로도 향할 수 있다.

31) 영혼의 운명은 영이나 물질이 집착하는 것을 자유로이 선택할 수 있다는, 발렌티누스파가 말하는 영혼적 인간의 운명과 비슷한 방식으로 설명된다(참조 이레네우스, 『이단 반박』 2,2; 『원리론』 2,8,4와 각주 30). 사용하는 용어도 실질적으로 동일하다. 하지만 발렌티누스파가 주장하는 것과는 달리 오리게네스에게 있어서 인간들은 그들의 본성이 아니라 의지에 의해 서로 구별된다[참조 『요한 복음 주해』 2,21(15),137-139; 『원리론』 1,8,2; 2,9,5]. 슈니처(K. Fr. Schnitzer, *Origenes*)는 222쪽 각주에서, 이 모든 요소를 통합할 수 없기 때문에 루피누

영 안에 있습니다"(로마 8,9)라는 사도의 말도 이를 의미하는 것처럼 보인다.

따라서 우리는 육이나 영에 속한다고 말하는 의지와 더불어 육과 영 사이 중간에 있는 이 의지가 정확히 무엇인지 탐구해야 한다. 영에 속한다고 하는 모든 〔행실〕은 영의 의지에 기인하고, "육의 행실"이라고 하는 모든 것(갈라 5,19-21 참조)은 육의 의지에 기인한다는 것은 확실하다. 이 의지들 이외에 다른 명칭으로 불리는 영혼의 의지, 곧 사도가 "여러분이 원하는 것을 행하지 않기 위해"(갈라 5,17)라고 말할 때 우리가 행하지 않기를 바라는 영혼의 의지는 무엇인가? 여기서 이 의지는 이 둘 가운데 어느 것에도,[32] 곧 육에도 영에도 속하지 않는 것을 나타내는 것 같다. 그러나 육의 의지를 행하는 것보다 영혼의 고유한 의지를 행하는 것이 영혼에 더 좋고, 영혼의 고유한 의지를 행하는 것보다 영의 의지를 행하는 것이 영혼에 더 좋다고 어떤 사람은 말할 수 있다. 그러면 사도는 왜 "여러분이 원하는 것

스가 잘못 이해하고 잘못 번역하였다고 생각한다. 이러한 주장은 오리게네스가 자신의 견해로 말하지 않고 서로 조화시킬 수 없는 다양한 개념을 따르는 이들의 견해를 받아들이는 부분이 문제일 때는 입증하기가 어렵다.

32) 바오로 서간의 이 부분은 육과 영 사이에 중개적 영혼의 고유한 의지가 있음을 인정하면서, 육과 영에 의해 반대 방향으로 이끌리는 영혼은 자신의 의지대로 행하지 못하며 반드시 육의 의지나 영의 의지 한쪽에 자리를 잡아야 한다는 의미로 해석될 수 있다. 바오로가 지적하는 것이 그러한 내용이라고 생각할 수 있지만, 이 여담에서 오리게네스가 취하는 전망에서는 그와 같은 해석을 오히려 거부한다. 오리게네스의 일반적 삼분법에서 영혼이 영과 육 사이의 중개물이라고 말할 수 있다면, 영혼은 고유한 의지를 지니지 않는다는 것에 주목해야 한다. 보통의 경우 영혼은 자신의 상위 부분, 곧 영의 제자인 이성으로 이끄는 영의 의지를 따라야 한다. 하지만 영혼이 이성을 포기한 결과로 영혼의 하위 부분을 이끄는 육의 의지를 따르는 경우도 있다. 그러한 이유로 『원리론』 3,4,3에서 영혼의 이와 같은 고유한 의지에 대해 내려진 부정적인 도덕적 판단은 오리게네스의 삼분법에서 영혼에게 돌아오지 않는다. 그 부정적 판단은 영혼의 이러한 의지가 도덕적으로 좋은 것도 나쁜 것도 아니고 무도덕(無道德)적이며, 도덕적인 영의 의지와 비도덕적인 육의 의지에 반대된다는 사실에서 기인한다.

을 행하지 않기 위해"라고 말하는가? 육과 영의 싸움에서 영의 승리는 결코 확실하지 않다. 많은 경우에 육이 이기는 것이 명백하기 때문이다.[33]

3. 이로써 우리는 매우 근본적인 문제에 관한 토의에 이르렀기에,[34] 모든 관점에서 제기될 수 있는 논증들을 논의하는 것이 필요하다. 이 주제에 관해 다음과 같이 검토할 수 없는지 살펴보자. 영이 육을 이겼을 때 영을 따르는 것은 영혼에 더 좋은 반면, "영을 거슬러 싸우며"(갈라 5,17 참조) 영혼을 자기편으로 끌어당기려고 하는 육을 따르는 것은 영혼에 더 나쁜 것으로 보인다. 그럼에도 불구하고 영혼이 자신의 고유한 의지[의 영역]에 머물러 있는 것보다는 육에 의해 지배받는 것이 영혼에 더 유익한 것으로 보일 수 있다. 영혼은 자신의 고유한 의지에 머물러 있는 한, "차지도 않고 뜨겁지도 않다"[35](묵시 3,15)는 상태에 있다. 일종의 미적지근한 상태에 머무르

33) 만약 영혼이 육과 영의 중개물로 간주된다면, 바오로의 표현은 영혼의 의지에 대항하라는 권유로 이해된다. 영혼의 의지는 영보다 오히려 육으로 기울 때가 훨씬 많기 때문이다.

34) 『원리론』 3,4,2의 마지막 부분은 『원리론』 3,4,3에서 오리게네스가 본론에서 벗어나 여담으로 설명하고 있음을 보여 준다. 3,4,3은 두 영혼에 관한 문제를 직접적으로 다루지 않는다. 오히려 이 대목은 도덕적 주제를 다루고 있는데, 앞에서 말한 내용을 부분적으로 바꾸고 영혼이 육의 의지보다 고유한 의지를 따르는 것이 더 좋은지를 묻고 있다. 무도덕(無道德)한 것이 비도덕적인 것보다 바람직하다고 보일 수 있기에 전자가 이론적으로 더 낫다 할지라도, 도덕적으로 선하지도 악하지도 않은 위치에 머물기보다 실제로는 악에 빠지는 것이 낫다. 왜냐하면 과도한 악은 우리가 미지근함과 무관심 속에서 머무는 것보다 더 빨리 더 쉽게 선에 대한 혐오를 일으키거나 선으로 돌아가게 하기 때문이다. 자유의지를 의사(醫師)의 행위에 비유한 주제(**참조** 『원리론』 3,1)를 여기서 다시 만나는데, 3,1에서 의사는 병에 대한 저항력을 길러 더 근본적으로 고치기 위해 병중에 머물도록 병자를 내버려 둔다. 이 판단은 일종의 실천적 진리를 담고 있지만, 온갖 위험에 노출되어 있다.

35) 영과 영혼과 육체의 삼분법은 영혼과 육체의 이분법과 비교할 때 영혼에 더 작은 가치를 부여한다(**참조** M. Simonetti, *Psych e psychikos*, 9-10쪽). 세 개념이 각기 구별되는 요소들을 표현하는 정적(靜的)인 삼분법에서 영혼은 좋지도 나쁘지도 않은 위치에 있다. 역동적인 삼분법에서는 그렇지 않다. 가령 오리게네스의 삼분법에서 인격의 중심 요소인 영혼은 영과 육에 의해 두 방향으로 이끌리는데, 여기서 영과 육은 요소들보다는 힘들을 구성한다. 첫째

면, 영혼은 회개하는 데 늦을 수도 있고 그 길을 찾는 일이 더 어려워질 수도 있다. 그러나 영혼이 육에 집착하면, 영혼은 육의 악습의 결과로 어쩔 수 없이 받아들이는 이 사악들에 때때로 싫증이 나고[36] 그것들로 가득 찰 것이며, 이른바 방종과 욕정이라는 매우 무거운 짐 때문에 지칠 대로 지칠 것이다. 그러면 영혼은 물질의 더러움에서 천상적인 것들에 대한 열망과 영적 은총으로 더 쉽게 더 빨리 개심할 것이다.[37] 영은 "육을 거슬러 싸우고 육은 영을 거슬러 싸우기" 때문에 "우리는 자기가 원하는 것"(갈라 5,17)—이는 틀림없이 영의 의지와 육의 의지 바깥에 있는 것을 가리킨다—을 할 수 없다는 사도의 말은 다음과 같은 것을 의미한다고 생각해야 한다. 말하자면, 인간은 덕의 상태나 사악의 상태에 있는 것이 이 두 가지 가운데 아무 데도 속하지 않는 상태보다 더 낫다는 것이다.[38] 영혼이 아직 영으로 돌아서지 않고 영과 하나가 되지 않으면, 그리고 육체에 집착하고 육적인 생각에 전념한다면, 영혼은 좋은 상태에 있지도 않으며 명백히 사악한 상태에 있지도 않은 것으로 보인다. 이른바 동물〔의 영혼〕과 비슷한 상태다.[39]

∴

전망에 관해서는 참조 『원리론』 3,2,7과 각주 59. 히에로니무스는 1코린 2,14를 근거로 철학자들을 영적 실재들을 이해할 수 없는 동물로 여긴다. 그런 다음 땅(=육)속에 숨겨져 있는 금(=영혼)은 땅과 뒤섞이며, 불(=영)로써 정련된 뒤에야 자신의 가치를 얻는다는 예를 든다(참조 『갈라티아서 주해』 3). 채굴은 되었지만 정련되지 못한 상태의 금은 명칭만 금일 뿐 금의 가치는 지니지 못한다. 그런데 바오로 서간에 대한 히에로니무스의 초기 주해서들처럼 『갈라티아서 주해』는 오리게네스에게서 영감을 받은 것이며, 이러한 비교는 오리게네스의 삼분법에 기초한 것이다.

36) 악에 대한 싫증에 관해서는 참조 『원리론』 3,1,13(루피누스)와 각주 55; 마찬가지로 『원리론』 3,1,17.

37) 참조 『원리론』 3,1,12; 『기도론』 29,13-19.

38) 오리게네스가 영혼의 도덕적 중립성의 부정적인 면에 가치를 둔다면, 우리는 바오로의 말을 영혼의 의지를 따르지 않고 영을 향하여 돌아서는 것이 더 낫지만 육을 향하여 돌아서는 것도 바람직할 것이라는 의미로 이해할 수 있다.

영혼이 영에 집착하고 영적으로 되는 것이 가능하다면 그것이 더 유익하다. 그러나 이것이 불가능하다면, 영혼의 고유한 의지에 머무르면서 비이성적 동물의 상태에 있는 것보다 육의 사악을 따르는 것이 영혼에게 더 유익하다.

우리는 제기된 모든 견해를 논하고자 하였기에 이 관점들을 우리가 본디 원했던 것보다 더 긴 여담에서 다루었다. 이는, 천상적이고 이성적인 영혼 이외에 본성상 이러한 영혼에 상반되고[40] '육' 또는 '육의 지혜' 또는 '육의 영혼'이라고 하는 다른 영혼이 우리 안에 있는지 묻는 이들이 일반적으로 제기하는 문제들을 우리가 알지 못한다고 생각하는 이가 없도록 하기 위해서다.

4. 이제 우리 안에는 동일한 한 영혼의 한 움직임과 한 생명만 있고, 그 영혼의 구원이나 파멸의 책임은 마땅히 자기 행위의 결과에 따라 영혼 자체에게 돌려야 한다고 주장하는 이들에게는 어떻게 대답할지 살펴보자. 먼저 우리 마음속에서 상반된 생각들이 서로 부딪치거나 그럴듯한 생각들이 떠올라 한때는 이쪽으로 기울었다가 한때는 저쪽으로 기울며, 이 때문에 이번에는 비난을 받고 또 다른 때에는 스스로 괜찮다고 여기게 될 때,

39) 이 비교는 그리스 주지주의 노선인데, 이 주지주의에 따르면 도덕적 선은 이성을 따르는 삶과 동일시되며, 따라서 인간의 이성적 부분인 정신(νοῦς)은 신적인 것으로 여겨진다. 하지만 오리게네스에게 이성(λόγος) 개념은 영적 · 신학적으로 매우 함축적 의미를 지닌다. 모든 인간적 이성이 참여하는 하느님의 이성은 성자이시기 때문이다〔참조 『요한 복음 주해』 6,38(22),188-192; 『원리론』 1,3,6〕. 따라서 오리게네스에게 영혼의 이러한 가치중립적 상태는 육적인 삶의 상태에 집착하기 시작하는 것으로 보인다.

40) 지금까지 논의된 영혼에 대한 개념들은 물질적 영혼 또는 육의 영혼이든지, 영혼적 또는 가치중립적 영혼이든지 영지주의적 개념으로 보인다. "우리는 제기된 … 하기 위해서다"로 시작하는 대목은 첫 번째 견해에 대한 논쟁, 곧 두 영혼에 대한 논쟁의 결론임과 동시에 여담에 대한 결론이다.

우리가 이쪽저쪽으로 끌려가고 있다고 느끼면서 겪는 영혼의 감정들이 어떤 종류인지 검토하자(로마 2,15 참조). 사악한 인간들이 변덕스럽고 모순된 판단을 내리며, 스스로와 조화를 이루지 못한다고 말해도 아무것도 놀라울 것이 없다. 불확실한 사실을 고려하고 어떤 것이 더 올바르거나 더 유익한[41] 선택인지 앞일을 생각하고 숙고할 때, 모든 사람이 이런 경우에 처하기 때문이다. 그렇기에 두 가지 그럴듯한 생각들이 번갈아 떠오르며 상반되는 생각을 부추겨 영혼을 서로 다른 방향으로 끌고 간다 해도 전혀 놀랍지 않다. 예컨대 어떤 사람의 생각이 하느님에 대한 신앙과 두려움으로 그를 이끈다면, 그때에는 "육이 영을 거슬러 싸운다"(갈라 5,17 참조)고 말할 수 없다. 그러나 그것이 참되고 유익한지 확실치 않은 한, 영혼은 서로 다른 방향으로 끌려 다니게 된다. 이와 마찬가지로 몸이 욕정을 불러일으키고 더 나은 생각이 이러한 유혹에 맞설 때, 이를 한 생명이 다른 생명에 맞서는 것이라고 여겨서는 안 되고, 오히려 정액이 가득 차 있는 곳을 텅 비워 없애려고 애쓰는 육체의 본성이라고 여겨야 한다. 마찬가지로 이것이 어떤 반대되는 힘이라거나, 우리에게 갈증을 불러일으켜 물을 마시도록 재촉하고 배고픔을 느끼게 하여 음식을 먹도록 부추기는 다른 영혼의 생명이라고 생각해서도 안 된다. 육의 자연스러운 움직임을 통하여 이러한 욕구들이 느껴지거나 해소되듯이, 일정한 때에 제자리에 모인 자연적인 씨앗의 수분[42]도 출구를 찾아 배출하려고 애쓰며, 때때로 저절로 사정(射精)되기 때문에 이는 결코 외적 자극의 행위로만 일어나는 것이 아니다.

41) 여기에서 '유익한'이라는 낱말은 도덕적 의미에서 유익함, 곧 선을 표현하는 '크레스톤'(χρηστόν)을 번역한 것이다(참조 K. Fr. Schnitzer, *Origenes*, 225쪽 각주).

42) 정액을 일컫는다.

"육이 영을 거슬러 싸운다"(갈라 5,17 참조)는 말을 그들은 육의 작용이나 욕구나 쾌락이 인간을 자극하여 신적이고 영적인 것에서 멀어지도록 꾀어 낸다는 뜻으로 이해한다.[43] 우리가 육의 욕구에 이끌릴 때, 영원에 도움이 되는 신적인 것들에 시간을 내는 것이 허락되지 않기 때문이라는 것이다. 반면 영혼이 신적이고 영적인 것들에 자신의 시간을 바치며 하느님의 영과 하나 되어 있을 때도 육에 맞서 싸운다고 한다. 게으름으로 느슨해지거나 자연적인 즐거움을 일으키는 쾌락에 이리저리 떠밀려 다니는 것을 영혼 스스로 허락하지 않기 때문이라고 한다. 그들은 "육의 지혜는 하느님을 적대하는 것"(로마 8,7)이라는 구절에 이런 의미를 부여한다. 육이 실제로 고유한 영혼이나 지혜를 지녀서가 아니라, 땅이 목말라하고 물을 마시고 싶어 한다고 독특한 표현법을 써서 흔히 말하듯이—집이 재건축을 '원한다'고 하거나 이와 비슷한 여러 표현들처럼 '원한다'는 말을 문자 그대로가 아니라 독특한 의미로 사용하는 식으로[44]—"육의 지혜"나 "육이 영을 거슬러 욕망한다"는 말도 그렇게 해석해야 한다고 한다. 그들은 이 구절들에 "네 아우의 피가 땅바닥에서 나에게 울부짖고 있다"(창세 4,10)라는 구절도 흔히 덧붙인다. 하느님께 울부짖는 것은 실제로 흘린 피가 아니며, 남의 피를 쏟게 한 자에게 하느님께서 앙갚음해 주시기를 요구하는 것을 언어의 독특한 표현법을 활용하여 피가 울부짖는다고 했다는 것이다. 사도가 "나는 내 지체 안에 있는 다른 법을 봅니다"(로마 7,23)라고 말한 데 대해서도 그들은 하느님 말씀에 전념하려는 사람이 육체 안에 일종의 '법'처럼 존재

43) 하나의 영혼만 있다면 그 영혼은 이성적 삶의 원리인 동시에 육체의 삶의 원리가 된다. 그러므로 영에 대항하려는 욕망을 품는 육은 육체의 생리적 욕구에 의해 이끌리는 영혼이며, 영혼은 그 욕구에서 나쁜 쾌락을 취한다.

44) 이는 『원리론』 3,4,2에서 이미 개략적으로 그려진 논거다.

하는 육체의 욕구와 작용들 때문에 마음이 산란해지고 탈선하고 방해를 받아 "하느님의 지혜"(1코린 1,21.24)에 전념하며 신적 신비들을 관상할 수 없게 되었다는 하소연으로 이해한다.

5. 이단, 시기, 분열과 다른 것들이 "육의 행실"(갈라 5,19.21)로 묘사되어 있다는 사실과 관련하여, 그들은 이를 이렇게 해석한다. 육체의 욕정에 복종함으로써 영혼의 감각이 둔감해지면, 악덕의 무게에 짓눌린 영혼은 섬세하거나 영적인 것을 아무것도 느끼지 못한다. 그다음에 영혼은 그 열정이나 의도가 더 많이 목표로 삼고 있는 것에서 그 이름을 받아, 육이 되었다고 불리게 된다. 그들은 이런 질문도 던진다. '육의 마음(sensus carnis)[45]이라고 불리는 이러한 악한 마음을 누가 만들었으며 그것을 빚어낸 이가 누구라고 해야 하는가?' 그들은 하느님 말고는 영혼과 육의 다른 창조자가 없다는 신념을 주장한다. 선하신 하느님께서 당신이 창조하신 것 안에 당신에게 적대적인 무언가를 만들어 놓으셨다고 우리가 말한다면, 이는 분명 터무니없는 소리로 들릴 것이다. "육의 지혜는 하느님을 적대하는 것"(로마 8,7 불가타 성경)이라고 적혀 있고, 이것이 창조의 결과라고 말한다면, 하느님께서 당신에게 적대되는 어떤 본성, 당신이나 당신 법에 복종할 수

45) '육의 마음'(sensus carnis)은 『원리론』 3,4,1의 '육의 슬기로움'(prudentia carnis)처럼, 오리게네스에게 있어 영혼의 하위 부분을 나타내는 명칭 가운데 하나인 로마 8,6-7의 '육의 관심사'(φρόνημα τῆς σαρκός)를 나타내는 것으로 보인다. 1코린 5,5에서 언급되는 근친상간이라는 불륜에 관해, 나쁜 정욕과 같은 의미인 '육의 마음'(sensus carnis)과 '육적 마음'(sensus carnalis)이라는 표현이 『시편 제37편 강해』 1,2에 여러 번 나온다. 그런데 루피누스가 번역한 『시편 제36, 37과 38편 강해』의 상당 부분에 해당하는 그리스어 본문은 갈랑(A. Galland, PG 17)이나 피트라(J. B. Pitra, *Analecta Sacra*, tome II)가 간행한 단편들에 보존되어 있다. 이 단편에 따르면, 우리말로 '육적 마음'으로 옮긴 라틴어 sensus carnis에 상응하는 그리스어는 φρόνημα τῆς σαρκός 이다(참조 J. B. Pitra, *Analecta Sacra*, tome III, 15-17쪽). 사실 sensus라는 낱말은 루피누스에게 있어서 종종 '생각'의 의미를 지닌다.

없는 본성을 몸소 만들어 놓으신 것처럼 보일 것이다. 동물에 관해서라면 그렇게 말할 수 있을 것이다. 그러나 이 구절을 이런 식으로 이해한다면, 영혼들이 본성상 다양하게 창조되어 본성에 따라 구원받거나 파멸할 운명으로 정해져 있다고 말하는 이들과 무슨 차이가 있겠는가? 이러한 생각은 분명 이단자들에게만 만족스러울 뿐이다. 그들은 경건한 추론으로 하느님의 정의를 두둔할 수 없기 때문에 이런 불경한 생각들을 만들어 낸다.

각 견해에 관한 논의에서 언급될 수 있는 주장들을 그들의 입장이 되어 우리 능력껏 제시하였다. 그러나 어떤 이론이 더 받아들일 만한지 고르는 일은 읽는 이의 몫이다.[46]

46) 이와 비슷한 표현들은 독자로 하여금 다양한 해결책을 선택할 수 있는 여지를 남겨 둔다(『원리론』 1,6,4; 1,7,1; 2,3,7).

5장

시대 안에서 시작되었기에 세상은 생성되었고 소멸한다
(그리스어)

시대 안에서 시작된 세상
(라틴어)

1. 그다음에 우리의 역사적 전승[1]에 바탕을 둔 교회의 교의 가운데 하나는 이 세상이 창조되고 어떤 특정한 시점에 시작하였다는 것이며,[2] 모두에게 알려진 시대의 완성에 〔관한 가르침에〕 따르면 세상이 자체의 타락 때문에 소멸된다는 것이다.[3] 따라서 이 주제에 관한 몇 가지 관점을 다시 다루는 것이 불합리한 것 같지 않다. 성경의 증거에 관한 한, 이 가르침을 입증하기는 매우 쉬울 것 같다. 다른 많은 문제에서 의견이 갈리는 이단자들도 이 관점에서는 의견이 일치해 성경의 권위를 따른다.[4]

1) 직역은 "우리 역사의 신앙"이다. 이는 이교인 역사 기록과 다르게 창조에 관한 보고를 담고 있는 구약성경을 의미한다.
2) 이는 『원리론』 1,서론,7과 거의 문자 그대로 일치한다.
3) 세상의 시작은 창세기에서 입증되며, 세상의 종말은 성경의 많은 구절에 바탕을 둔 교회의 가르침이다(참조 『원리론』 1,서론,7).

세상 창조에 관해 어떤 다른 성경 〔구절〕이 모세가 세상의 기원에 관해 쓴 〔성경〕 구절(창세 1장 참조)보다 우리에게 더 잘 가르칠 수 있는가? 이 서술은 역사적 사건에 관한 이야기처럼 보이는 것보다 더 깊은 의미들을 숨기고 있고, 많은 구절에 영적 의미를 담고 있으며 문자를 신비적이고 깊은 실재를 〔감추기〕 위한 너울[5](2코린 3,14-15 참조)로 사용한다. 그럼에도 불구하고 화자(話者)의 이 말은, 가시적인 모든 것이 어떤 특정 시점에 창조되었음을 알려 준다. 세상의 완성에 관해서는, 자기 아들들에게 다음과 같이 유언한 야곱이 그것에 관해 최초로 말한 사람이다. "야곱의 아들들아 내 주위에 모여라. 내가 마지막 날들에" 또는 "마지막 날들 다음에 무엇이 일어날지 너희에게 알려 주리라"[6](창세 49,1-2 참조). "마지막 날들"이 있거나

4) 영지주의자들을 비롯한 이단자들도 세상의 시작과 끝이 있다고 주장한다. 그렇지만 테르툴리아누스(참조 『헤르모게네스 반박』)가 논박하는 헤르모게네스는 물질이 하느님과 함께 영원히 공존한다고 생각한다. 『원리론』 3,5,3에서 문제가 되는 반대자들은 이교인이다.

5) 이 표현의 의미에 관해서는 참조 『원리론』 4,1,6 끝부분. "문자의 너울"이라는 표현은 모세가 시나이 산에서 내려올 때 자기 얼굴을 가린 너울(탈출 34,29-35)과 유대인에게 구약성경의 의미를 줄곧 감춘 너울에 관해, 바오로가 2코린 3,12-16에서 행한 해석과 관계 있다. 오리게네스에게 문자적 의미는 영적 의미를 감추며, 그리스도만 너울을 벗겨 영적 의미를 드러낼 수 있다(참조 『창세기 강해』 6,1; 7,1; 『탈출기 강해』 2,4; 『레위기 강해』 1,1; 『민수기 강해』 4,1; 『마태오 복음 주해』 10,14; 11,14; 『마태오 복음 강해』 10). 성경의 문자는 상징을 감추고 있으며(참조 『켈수스 반박』 6,70), 인간의 이해를 넘어서고 말로 표현할 수 없는 신비를 담고 있다〔참조 『마태오 복음 주해』 11,11; 17,11; 『요한 복음 주해』 2,28(23),173; 『여호수아기 강해』 13,4; 『원리론』 1,1,5; 2,4,4; 4,1-3〕. 또한 너울은 오리게네스에게서 다른 의미, 곧 죄의 의미도 지닌다(참조 H. Crouzel, *Connaissance*, 409-428쪽). 창조에 관한 성경 이야기에서 오리게네스는 하느님께서 모든 것을 창조하셨다는 근본적인 의미를 고수하지만 하느님에 관한 신인동형론적 표현들은 우의적으로 해석한다(참조 『원리론』 4,3,1; 『켈수스 반박』 4,37.39). 단편만 남아 있는 『창세기 주해』에서 오리게네스는 확실히 성경 본문을 이성적 존재들의 타락에 관한 가르침으로 해석한다(참조 『켈수스 반박』 4,40). 마찬가지로 그는 많은 구절에서 창세 1,27에 나오는 하느님 모상에 따른 인간 창조와 창세 2,7에 나오는 육체 창조를 구별한다〔참조 『창세기 강해』 1,14; 『요한 복음 주해』 20,22(20),182-183〕.

"마지막 날들 다음에" [무엇이] 있으려면, 시작된 날들이 끝나야 한다. 다윗도 이렇게 말한다. "하늘들이 사라져 가도 당신께서는 그대로 계실 것입니다. 그것들은 다 옷처럼 닳아 없어질 것입니다. 당신께서 그것들을 옷가지처럼 바꾸시니 그것들은 바뀔 것입니다. 당신은 그대로이시고, 당신의 햇수는 끝이 없습니다."[7](시편 101,27-28) 우리 주님이요 구원자께서는 "한처음에 창조하신 분께서 그들을 남자와 여자로 만드셨다"(마태 19,4)라는 말씀으로 세상이 창조되었다는 사실을 증언하신다. 게다가 그분은 "하늘과 땅은 사라질지라도 내 말은 사라지지 않을 것이다"(마태 24,35)라고 말하면서 세상이 덧없으며 끝나도록 정해졌다는 사실을 나타내신다. 사도도 "피조물이 허무의 지배 아래 든 것은 자의가 아니라 그렇게 하신 분의 뜻이었습니다. 그러나 그것은 희망을 간직하고 있습니다. 피조물도 타락의 종살이에서 해방되어 하느님의 자녀들이 누리는 영광스러운 자유를 얻을 것이기 때문입니다"[8](로마 8,20-21)라고 하고, 나아가 "이 세상의 형체가 사라지고 있기 때문입니다"(1코린 7,31)라고 말하면서 세상의 끝을 분명히 단언한다. 한편 그는 바로 이 "피조물이 허무의 지배 아래에 들었다"라는 말로 세상의 시작이 있었음도 밝히고 있다. 피조물이 어떤 희망 때문에 허무의 지배 아래에 있었다면, 피조물은 어떤 원인 때문에 지배 아래에 있었던 것이다. 어떤 원인 때문에 존재하는 것은 시작이 있을 수밖에 없다. 피조물은 시작 없이 허무의 지배 아래에 있을 수 없었고, 애초에 타락의 종이 되

6) 이 인용은 1절과 2절을 함께 묶고 있다. 부가어 '또는 마지막 날들 다음에'는 루피누스가 덧붙인 것이다.

7) 비슷한 문맥에서 이 인용과 1코린 7,31을 연결시키는 『원리론』 1,6,4 참조.

8) 이 인용에 관해서는 참조 『원리론』 1,7,5와 각주 24. 세상이 허무의 지배 아래에 있었다면, 이는 이성적 피조물들이 타락한 결과다. 이 타락으로 육체적이고 가시적인 세상이 시작되었다.

지 않았다면 타락의 종살이에서 해방을 희망할 수 없었을 것이다. 게다가 성경에서 세상에 시작이 있었고 그 끝이 예상된다고 말하는 구절을 시간을 두고 찾는다면, 이러한 종류의 많은 다른 구절도 발견할 수 있다.

2. 그러나 이 관점에 관해 우리 성경의 권위나 신앙을 반대하는 어떤 사람이 있다면,[9] 우리는 그에게 하느님께서 모든 것을 이해하실[10] 수 있다거나 또는 이해하실 수 없다고 단언하는 것이냐고 물을 것이다.[11] 〔하느님께서 모든 것을 이해하실 수〕 없다고 말하는 것은 분명히 불경한 것이다. 그러나 하느님께서 모든 것을 이해하신다고 그가 말한다면, 마땅히 그는 그렇게 말해야 하지만, 모든 것이 이해될 수 있다는 바로 이 사실로부터 모든 것에 시작과 끝이 있다는 결과가 나온다. 절대적으로 시작이 없는 것은 결코 이해될 수 없기 때문이다. 이해할 수 있는 범위가 실제로 어떻든 간에, 시작이 없는 경우 이해의 가능성은 사라지고 끝없이 멀어진다.

3. 그러나 사람들은 우리에게 다음과 같이 이의를 제기하곤 한다. '세상이 어떤 시점부터 시작했다면, 하느님께서는 세상이 시작하기 전에는 무엇을 하셨는가?'[12] 하느님의 본성이 한가하고 움직이지 않는 것이라고 말하는 것, 또는 〔그분의〕 호의가 선을 행하지 않고 〔그분의〕 전능이 그 능력

9) 오리게네스는 시작도 끝도 없는 세상은 영원하기 때문에 영원한 것은 이해할 수 없다고 『원리론』 2,9,1에서 말한 것을 성서적으로 고찰했으며 이제 이성적 고찰로 넘어간다.

10) 라틴어 compraehendere는 '이해하다'와 '내포하다'라는 이중 의미를 지닌 그리스어 '코레인'(χωρεῖν)에 상응하는 것 같다. 이 낱말에 관해서는 참조 H. Crouzel, *Connaissance*, 392-395쪽.

11) 참조 『원리론』 2,9,1; 4,4,7.

12) 이 문제는 이미 『원리론』 1,2,10에서 제기되었으며 『원리론』 1,4,3-5에서 폭넓게 논의되었다(참조 그곳의 각주 12). 여기에서 오리게네스는 이 문제를 해결하는 것이 매우 어렵다는 사실을 숨기지 않지만 신앙을 지키기 위해 해결책을 제안했다. 간결하지 않고 장황하게 기술된 『원리론』 3,5,3의 논의에서는 이전의 세상뿐 아니라 연속적인 세상이 다루어진다.

을 행사하지 않은 때가 있었다고 생각하는 것은 불경한 동시에 어리석다. 이 세상이 어떤 특정한 때에 시작했다고 우리가 말하면, 더욱이 성경의 증언에 따라 세상이 얼마나 오래되었는지 계산하면, 그들은 우리에게 이의를 제기하곤 한다.[13] 우리의 주장에 대해 이단자 가운데 누구도[14] 자신의 교의 체계와 일치하는 답변을 쉽게 내놓을 수 없으리라고 나는 생각한다. 그러나 우리는 신심 규범[15]을 지키면서 논리적으로 답변할 것이다. 하느님께서는 이 가시적인 세상을 만드셨을 때 처음으로 활동하기 시작하신 것이 아니며, 이 세상이 소멸한 다음에 또 다른 세상이 있을 것처럼 이 세상이 존재하기 전에도 다른 세상들이 있었다고 우리는 생각한다.[16] 이 두 관점은 성경의 권위로 확증된다. 이사야는 이 세상 다음에 다른 세상이 있을 것이라고 가르치기 때문이다.[17] 그는 "내가 내 앞에서 오랜 기간 존속하게 할 새

13) 세상이 창조된 연도를 밝혀내려는 시도는 오리게네스 당시에 여러 번 이루어졌다. 참조 RE 21,923 s.v. "Zeitrechnung"; E. Bickermann, *Chronologie*, Leipzig ^{2}1963, 47쪽.

14) 이단자들은 실제로 세상의 시작과 끝을 인정하였다. 따라서 이에 이의를 제기하는 이들은 이교인들이다. 신플라톤학파 철학자들은 세상의 영원성에 관한 견해가 서로 달랐다. 중플라톤학파의 알비노스는 세상이 시작도 끝도 없다고 주장했으며 플루타르코스와 아티코스는 세상에 시작은 있지만 끝은 없다고 내세웠다(참조 프로클로스, 『티마이오스』 2,48-49; 3,170). 참조 C. Andresen, *Logos und Nomos*, Berlin 1955, 276-277쪽; A. Orbe, *Hacia la primera teologia*, 179-180쪽.

15) 히에로니무스는 여기서 신심 규범에 관해 말하지 않는다. 이는 아마도 루피누스가 삽입한 구절인 것 같다(참조 『원리론』 1,서론,2 각주 6; 3,1,7).

16) 포티우스(참조 『저서 평론』 109)에 따르면 알렉산드리아의 클레멘스는 『소묘』에서 아담 이전의 세상에 관해 몇 번 말했다.

17) 오리게네스는 『원리론』 1,4,3-5에서는 이 세상을 창조하기 이전의 하느님의 활동을 다룬 반면, 지금은 이 세상 이후의 하느님의 활동에 관해 말하기 때문에 1,4,3-5에서보다 더 상세히 설명한다. 이 세상 창조 이전의 하느님의 활동에 관해서는 코헬 1,9이 근거가 되었다. 『원리론』 1,4,5에서 코헬 1,9-10은 이전 세상의 존재를 입증해 주는 구절로 이해된다. 『원리론』 1,6,2에서 이사 66,22은 이성적 피조물의 타락에 관한 가르침과 관련된 다가올 세상의 실존을 확증하는 데 사용되었다.

하늘과 새 땅이 있을 것이다. 주님께서 말씀하신다"(이사 66,22)라고 말한다. 설교자(코헬렛)도 이 세상 이전에 이미 다른 세상들이 존재했다는 것을 알려 준다. 그는 "생겨난 것은 무엇인가? 생겨날 바로 그것이다. 창조된 것은 무엇인가? 창조될 바로 그것이다. 태양 아래 새로운 것이란 아무것도 없다. 어떤 사람이 '보아라, 이것은 새롭다'라고 말하면 그것은 우리 이전 시대에 이미 있던 것이다"(코헬 1,9-10)라고 말한다. 이 증언들로 두 관점이 동시에 입증된다. 곧, 이전에도 시대들이 있었고 이후에도 시대들이 있을 것이다. 하지만 여러 세상이 동시에 존재한 것이 아니라[18] 이 세상 다음에 또 다른 세상이 그 사이에(interim) 존재할 것이라고 생각해야 한다.[19] 우리는 이 주제들을 앞에서 이미 다루었기 때문에[20] 지금 이것을 상세하게 되풀이할 필요가 없다.

4. 성경이 세상의 창조를 세상의 '카타볼레'(καταβολή, 기초 놓음)[21]라는

18) 『원리론』 2,3,6에서 오리게네스는 우리의 세상과 그보다 더 높고 더 완전한 세상이 있을 수 있다는 공존 가능성을 부인하였다. 곧, 이데아계는 성자 안에 있으며, 아홉째 영역 안에 자리한 복된 이들의 거처는 우리 세상에 속한다. 오리게네스는 신적 플레로마와 물질적 세계라는 이원론을 피하기 위해, 반영지주의적 의도에서 세상이 동시에 존재하지 않는다고 단언한다. 여기에서 부인된 것은 플루타르코스의 가르침이다(참조 H. Koch, *Pronoia und Paideusis*, 240쪽 각주 4).

19) 오리게네스는 다수의 세상을 상정하지만, 그 세상들은 공존하지 않고 연속적이다. 두 가지 가능성은 그리스 우주론에서 제시되었다.

20) 참조 『원리론』 2,3,1-5. 하느님의 영원한 활동에 관해서는 참조 『원리론』 1,4,3-5; 세상의 유일성에 관해서는 참조 『원리론』 2,3,6.

21) 오리게네스는 성경에서 세상의 창조에 사용되는 낱말 '카타볼레'(καταβολή)에 주목한다. 왜냐하면 이는 철학적·신학적 전문용어로 자주 사용되지 않기 때문이다. 이는 위에서 아래로 움직이는 개념을 암시한다. 라틴어 성경 본문 '세상의 구성'(constitutio mundi)은 적절한 동의어가 아니다. 이 때문에 루피누스는 여기에서 그리고 이어진 대목에서 여러 번 그리스어 낱말과 그 낱말을 번역할 수 없다는 점을 암시하는 내용을 삽입한다. 오리게네스는 '카타볼레'라는 낱말을 자신의 신념에 대한 증거로 사용한다. 곧, 현 세상은 이에 앞선 가장 완

새롭고 고유한 낱말로 부른다는 사실을 허투루 넘겨서는 안 된다고 나는 생각한다.[22] 이 낱말은 라틴어에서 세상의 콘스티투티오(constitutio, 구성)라고 매우 부정확하게 번역되었다. 그러나 그리스어에서 '카타볼레'는 오히려 데이케레(deicere, 떨어뜨리다), 곧 아래로 향하여 던지는 행위(deorsum iacere)를 의미한다. 앞에서 말했듯이, 이는 라틴어에서 세상의 콘스티투티오(constitutio)라고 부정확하게 번역되었다. 예를 들어 요한 복음에서 구원자께서 "그때에 환난이 닥칠 터인데, 그런 일은 세상의 기초 놓음 때부터 없었다"(마태 24,21?[23])라고 말씀하셨을 때 여기서 '기초 놓음'은 '카타볼레'를 의미한다. '카타볼레'의 의미는 우리가 앞에서 설명한 것처럼 이해해야 한다. 게다가 사도도 에페소 신자들에게 보낸 서간에서 같은 말을 사용

⁂

전한 상태에서 하강한 것이며 인간 대다수의 영혼들은 육체 안에 갇혀 있고 이전에 지은 죄에 대한 벌로 이 세상에 보내졌으며, 바오로 같은 일부 위대한 인물들은 다른 사람들의 지도자와 스승으로 오는 것이 허락되었다. 오리게네스는 '카타볼레'의 어원과 성경에서 창조의 의미로 사용되는 이 낱말을 여러 번 설명하며 특히 『요한 복음 주해』 19,22(5),149-150에서는 타락의 결과로 물질적 세계가 형성되었다고 주장하기 위한 근거로 삼는다. 요한 17,24에 대한 해설에서 오리게네스는 이 의미가 '카타볼레'의 특성이라고 주장한다. 그렇지 않으면 '크티시스'(κτίσις, 창조)가 사용되었으리라는 것이다. 히에로니무스는 주로 오리게네스의 『에페소서 주해』에 의존하는 자신의 『에페소서 주해』 서론에서 에페 1,4("세상의 기초 놓음 이전에")에 관해 같은 해석을 한다. 이를 실마리로 루피누스는 『히에로니무스 반박 변론』(1,25-27)에서 히에로니무스가 오리게네스의 가르침을 따르고 있다고 공격했다. 영지주의자들은 이 용어를 물질적 세계의 창조뿐 아니라 플레로마 안에서 최고의 하느님으로부터 에온이 유출되는 것에도 적용하였다[참조 『Elenchos』 7,21,4-5; 7,22,8; 10,14,3(바실리데스); 『진리의 복음서』 2,11,20]. 필론이 사용한 같은 용법에 관해서는 참조 『모세의 생애』 1,279; 『세부 규정』 3,36.

22) 뒤따르는 내용에 관해서는 참조 A. Orbe, *Hacia la primera teologia*, 669-670쪽.

23) 요한 복음에는 이런 구문이 없다. 마태오 복음에 나오는 구절도 이 인용문과 정확하게 일치하지는 않는다. 왜냐하면 여기에서는 '카타볼레'(καταβολή, 기초 놓음)가 아니라 '아르케'(ἀρχή, 시작)가 사용되기 때문에다. '카타볼레'는 마태 25,34에 나온다. 요한 17,24에서는 "세상 창조"(καταβολὴ κόσμου)가 사용된다.

하여 “세상의 기초 놓음 이전에 우리를 선택하신 분”(에페 1,4)이라고 한다. 여기에서도 세상의 ‘기초 놓음’은 ‘카타볼레’를 나타낸다. 이것도 우리가 앞에서 설명한 것과 같은 의미로 이해해야 한다. 따라서 이 새로운 낱말이 나타내는 것이 무엇인지 탐구하는 것은 가치가 있어 보인다. 성인들의 끝과 완성은 “보이지 않고 영원한”(2코린 4,18 참조) 실재들 안에서 이루어질 것이기에, 우리가 앞에서 자주 설명한 대로[24] 이 끝에 관한 고찰을 통해 이성적 피조물들에게도 비슷한 시작이 있었다는 사실을 추론할 수 있다고 나는 생각한다. 그리고 이성적 피조물들에게 그들이 기대하는 끝과 상응하는 시작이 있었다면, 틀림없이 그들은 “보이지 않고 영원한”[25](2코린 4,18 참조) 이 세상들에 처음부터 이미 있었던 것일 터이다. 그들의 다양한 움직임 때문에 높은 곳에서 낮은 곳으로 내려오기에 합당한 영혼들이 있다. 뿐만 아니라 온 세상에 봉사하기 위해[26] 원하지 않을지라도 더 높고 더 비가시적인 실재들로부터 더 낮고 가시적인 실재들로 내려보내진 이들도 있다.[27] 왜냐하면 “피조물이 허무의 지배 아래 든 것은 자의가 아니라 그렇게 하신 분의 뜻이었다. 그러나 그것은 희망을 간직하고 있기”(로마 8,20) 때문이다. 해, 달, 별들과 하느님의 천사들은 세상을 위해, 그리고 그들 정신의 엄청난 결점 때문에 더 크고 더 튼튼한 육체를 필요로 하는 이 영혼들을 위해 봉사해야 한다. 이러한 배치가 필요한 이들을 위해 가시적인 이 세계가 만

24) 끝은 시작과 비슷하다는 것(참조 『원리론』 1,6,2; 2,1,1; 2,1,3 끝부분).

25) 참조 필론, 『세상 만듦』 12; 플라톤, 『티마이오스』 28.

26) 히에로니무스의 글에도 나오는 이 단락은 이성적 피조물들의 타락이 오리게네스만의 견해가 아니라는 점을 입증한다. 어떤 피조물들은 그들의 과실 때문이 아니라 죄지은 피조물을 돕기 위해 세상에 내려왔다(참조 『원리론』 1,7,5; 2,9,7과 각주 39-40; 『에제키엘서 강해』 1,1; 『마태오 복음 주해』 15,35; 『요한 복음 주해』 1,17,98-100).

27) 참조 『원리론』 1,7,8; 특히 1,7,5.

들어졌다. 이러한 고찰을 바탕으로 할 때, '카타볼레'라는 낱말은 이 모든 존재가 높은 곳에서 낮은 곳으로 내려오는 것을 가리키는 것 같다.[28] 그럼에도 떨어지거나 흩어진 하느님의 자녀들이 하나로 모였을(요한 11,52 참조) 때, 그리고 이들이 이 세상에서 만물의 창조주이신 하느님께서만 알고 계시는 그들의 나머지 사명들을 실행하였을 때, 모든 피조물은 해방에 대한 희망, 타락의 종살이에서 해방(로마 8,21 참조)되리라는 희망을 간직하고 있다. 그러나 우리는 세상에서 훈련받도록 정해진 모든 영혼 그리고 그 영혼들을 곁에서 보살피고 다스리고 도울 준비가 된 모든 세력을 담을 수 있는[29] 속성과 크기로 세상이 창조되었다는 것을 인정해야 한다. 게다가 모든 이성적 피조물이 하나의 본성에 속한다는 것[30]은 많은 증거로 입증되고, 이 가정 아래서만 그들을 다스리는 모든 행위에서 하느님의 의로움이 변론될 수 있다. 왜냐하면 각각의 〔이성적 피조물〕에게는 그가 삶의 이러이러한 상태에 놓인 이유가 있기 때문이다.

5. 그런즉 하느님께서는 이 배치[31]를 나중에서야 이행하셨다. 하지만 그분은 이미 세상의 시작부터, 이성의 결점 때문에 육체 안으로 내려올 만한 이들의 동기와 까닭들, 가시적인 것들에 대한 욕구에 마음이 끌린 이들의

28) 히에로니무스는 에페 1,4에 관한 『에페소서 주해』에서 '카타볼레'에 관한 오리게네스의 해석을 전하기 전에 다른 사람, 아마도 장님 디디무스의 것으로 보이는 해석을 기술한다. 디디무스는 이 낱말을 '기초 놓음의 시작'(initium fundamenti)으로 설명하고 이를 마니교도, 그리고 물질이 창조되지 않았다고 주장하는 모든 이를 거슬러 무에서 창조 개념과 대조한다.

29) 참조 『원리론』 2,1,4.

30) 반영지주의적 단언(참조 『원리론』 1,8,2; 2,9,5; 3,1,8 등). 같은 물질이 모든 육체의 기체인 것과 마찬가지로 이성을 타고난 모든 존재 안에는 유일하고 같은 본성이 있다. 모든 존재는 공로와 과실에 따라 각각 대천사, 인간, 악마가 된다. 이 명칭들은 다른 본성이 아니라 다른 기능들을 나타낸다(참조 『요한 복음 주해』 2,23(17),144-148).

31) 섭리에 관한 암시는 히에로니무스의 글에서 더 명확하다(참조 『원리론』 2,1,1-3).

동기와 까닭들, 이 상태에 떨어진 이들을 위해 어떤 봉사를 행하도록 자발적으로든지 마지못해서든지[32] 하느님에 의해 강요된 이들—그분께서는 이 희망 안에서 그들을 굴복시키셨다—의 동기와 까닭들을 예견하셨다. 어떤 이들은[33] 이 다양한 배치가 자유의지에서 비롯된 이전 원인의 결과로서 하느님에 의해 실행에 옮겨졌다는 것을 이해하지도 알지도 못하기 때문에, 그들은 이 세상에서 일어난 모든 것이 우연한 움직임 또는 운명적인 필연성에 의해 이끌리며 아무것도 우리 의지에 달려 있지 않다고 생각하였다. 그 결과 그들은 하느님의 섭리를 탓하지 않을 수 없었다.

6. 그러나 우리가 말했듯이 이 세상에 머무른 모든 영혼이 많은 봉사자와 통치자, 조력자를 필요로 하였다. 그리하여 마지막 때에, 세상의 종말이 임박하고 온 인류가 궁극적인 멸망을 향해 서둘러 가고 있을 때 다스림 받는 이들뿐 아니라 다스릴 임무를 맡은 이들[34]에게도 나약함이 덮치자 〔인류는〕 더 이상 이러한 종류의 도움이나 그 자신과 〔본질적으로〕 비슷한 변론자의 도움을 필요로 하는 것이 아니라, 타락하고 세속적인 질서—다스림 받는 이들에게는 복종〔의 재능〕을, 다스릴 임무를 맡은 이들에게는 통치〔의 재능〕—를 회복시켜 줄 창작자이자 창조자이신 분의 직접적인 도

32) 히에로니무스의 글이 더 명확하다. 자신의 죄 때문이 아니라 죄를 지은 이들을 돕기 위해 땅에 내려온 이성적 피조물 가운데 더러는 이 사명을 받아들였으며 더러는 두려움과 강요로 땅에 내려갔다. 이 둘째 범주는 오리게네스가 가시적 육체의 승천으로 이해한 로마 8,20에 근거한다(참조 『원리론』 1,7,5; 2,9,7; 3,5,4).

33) 이는 모든 결정론자, 스토아학파 철학자, 점성술 옹호자, 영지주의자들을 가리킨다.

34) 개인 또는 국가의 수호천사들, 특히 인류를 구원하기 위해 말씀에 의해 파견된 모세, 성조들과 예언자들의 수호천사들을 뜻한다〔참조 『원리론』 4,3,12; 『마태오 복음 강해』 28; 『아가 주해』 2(GCS 8, 157쪽); 『창세기 강해』 15,5〕. 오리게네스는 구약성경의 위인들을 천사의 특성을 지닌 이들로 보았다(참조 『원리론』 2,9,7과 각주 39). 국가의 수호천사들에 관해서는 참조 『원리론』 3,3,2-3과 각주 16.

움을 절실히 요구하였다. 그래서 아버지의 말씀이요 지혜인 하느님의 외아들께서는 "세상이 존재하기 전에"(요한 17,5 참조) 지닌 영광 안에서 아버지와 함께 계셨을 때, "자신을 비우시고 종의 모습을 취하시면서[35] 죽음에 이르기까지 순종하셨다"(필리 2,7-8 참조). 이는 순종하지 않고는 다른 방법으로 구원받을 수 없는 그들에게 순종을 가르치기 위해서이며,[36] 또한 그분(그리스도)께서 "모든 원수를 당신 발아래 잡아다 놓으심"(1코린 15,27)으로써 다스리고 통치하는 타락한 율법을 회복시키기 위해서였다. 그분께서는 "당신의 원수를 당신 발아래 잡아다 놓으시고 마지막 원수를 죽음으로 파멸시키실 때까지 다스리셔야 한다"(1코린 15,25-26)는 말로 통치자들에게 통치 기술을 가르치신다. 앞서도 말했듯이 그분께서는 통치하고 다스리는 기술뿐 아니라 순종의 기술을 회복시키기 위해 오셨기 때문에 다른 이들이 성취하기를 바란 것을 먼저 자기 자신 안에서 성취하셨고, "십자가 죽음에 이르기까지"(필리 2,8) 아버지께 순종하셨다고 한다.[37] 또한 시대의 완성 때 그분께서 "아버지께 굴복시키고"(1코린 15,28), 자신을 통해 구원에 이르는 모든 이를 그 자신 안에 껴안으면서 당신 자신도 그들과 함께 그리고 그들 안에서 "아버지께 굴복하셨다"(1코린 15,28 참조)고 한다. "만물이 그분 안

35) 참조 『원리론』 4,4,5; 『요한 복음 주해』 20,18(16),153-156. 여기서 하느님의 모습을 버리고 종의 모습을 취하시는 이는 아들 자신이다(참조 필리 2,6-11)

36) 오리게네스는 그리스도 속죄 행위의 다른 관점들을 강조한다. 때때로 오리게네스는 죄를 속죄한 그리스도의 죽음을 강조하지만(참조 『원리론』 3,3,2) 여기서는 그리스도 사명의 본보기적 가치에 중점을 둔다. 필리 2,6-11의 아버지에 대한 복종에서 그리스도는 복종의 모범이며, 그리스도는 적대 세력들에게 승리함으로써 그리고 약속된 질서를 회복시킴으로써 통치하는 이들의 모범이 된다.

37) 이 구절은 그리스도의 속죄 행위의 다양한 특징, 곧 아버지의 뜻에 대한 전적인 복종, 모든 이가 복종할 때까지 끝나지 않는 구속의 계속성(참조 『원리론』 1,6,1), 죄 때문에 분리된 아버지와 인류를 일치시키는 예수 안에서의 모든 인류의 회복을 간결하게 표현한다.

에 존속하고" 그분은 "만물의 머리이시며", "그분 안에" 구원에 이르는 사람들의 "충만함"이 있기 때문이다(콜로 1,17-19; 에페 1,22-23 참조). 이는 사도가 그분에 관해 말한 것이다. "모든 것이 그분께 굴복할 때, 아들 자신도 모든 것을 아들에게 굴복시킨 그분(아버지)께 굴복하실 것입니다. 그리하여 하느님께서는 모든 것 안에서 모든 것이 되실 것입니다."(1코린 15,28)[38]

7. 그러나 이단자들은[39] 사도의 이 말들에 담겨 있는 의미를 이해하지 못하고는 아들과 관련된 '굴복'이라는 용어를 비방하는데, 나는 그 이유를 알지 못하겠다. 이 낱말의 의미는 반대로 생각함으로써 쉽게 찾을 수 있다. 굴복하는 것이 좋은 것이 아니라면 그 반대, 곧 굴복하지 않는 것은 좋은 것임이 틀림없다. 게다가 "모든 것이 그분께 굴복할 때, 아들 자신도 모든 것을 자신(아들)에게 굴복시킨 그분(아버지)께 굴복할 것입니다"(1코린 15,28)라는 사도의 말은 이단자들의 견해에 따르면 아들이 지금 아버지께 굴복하지 않으며, 아버지께서 먼저 모든 것을 아들에게 굴복시키시고 나면 그때에 아버지께 굴복하리라는 의미로 보일 수 있다. 그러나 그분은 모든 것이 아직 당신께 굴복하지 않는 한 스스로 굴복하지 않으신다. 그런 분께서 모든 것이 당신께 굴복하고 만물을 지배하는 임금이 되며 우주를

38) 오리게네스의 종말론에 매우 중요한 1코린 15,25-28의 의미에 관해서는 참조 P. Nemeshegyi, *La Paternité*, 206-210쪽; E. Schendel, *Herrschaft*, 81-110쪽. 오리게네스는 『레위기 강해』 7,2에서도 비슷하게 해석한다.

39) 이 이단자들이 누구인지 밝히는 것은 쉽지 않다. 시모네티는 1코린 15,28을 삭제한 것으로 여겨지는 마르키온일 것이라고 하지만 이는 확실치 않다. 오리게네스가 염두에 둔 반대자들은 이 구절을 없애지 않은 것 같다. 여하튼 1코린 15,28은 양자설적 의미 또는 양태설적 의미로 해석될 수 있었다. 푸아티에의 힐라리우스(참조 『삼위일체론』 11,8)에 따르면 양자설적 의미는 그리스도가 신이 아니라 인간이라고 내세우는 아리우스파에게서 보이며, 양태설적 의미는 아들이 유일한 신적 위격에 흡수된다고 주장하는 안키라의 마르켈루스(참조 『단편집』 113-117,121)에게서 보인다.

지배하는 권력을 지니게 되었을 때, 이전에는 〔하느님께〕 굴복하지 않았지만 〔지금은〕 굴복해야 한다고 생각하는 〔이단자들의 견해가〕 나는 의아하다. 그들은 그리스도께서 아버지께 굴복하신 것이 우리의 완전함이라는 지복을 드러내고 그리스도께서 맡으신 작업의 영광스러운 업적을 표현하는 것임을[40] 이해하지 못한다. 그 작업에서 그분은 온 피조물 안에서 바로잡으신 모든 통치와 다스림뿐 아니라 인류 안에서 순종과 굴복의 관계도 수정하고 회복한 규범들을 아버지께 바치셨다. 따라서 아들이 아버지께 순종했다는 이 굴복이 좋고 유익하다고 인정된다면, 하느님의 아들에게 일어났다고 하는 그의 원수들의 굴복도 유익하며 유용하다고 이해하는 것은 매우 논리적이고 일관성 있다. 아들이 아버지에게 굴복한다고 말한다면 이와 함께 온 피조물의 완전한 회복이 표명되며, 원수들이 하느님의 아들에게 굴복한다고 말한다면 이는 굴복한 이들의 구원 그리고 파멸한 이들의 회복과 관련된다.[41]

8. 그러나 이 굴복은 일정한 방식과 규율과 시기를 통해 성취될 것이다. 곧, 온 세상은 그것을 굴복시키는 어떤 필연적인 압박이나 폭력의 결과로[42] 하느님께 굴복하는 것이 아니다. 오히려 온 세상은 말과 이성, 가르침, 더 좋은 것들을 하게 하는 권고와 가장 좋은 교육 방식,[43] 또한 자신의 구원과

40) 참조 『레위기 강해』 7,2. 그리스도가 우리의 죄를 더 이상 한탄하지 않고, 우리를 위해 적대 세력들을 거슬러 투쟁하지 않을 때, 그분의 기쁨은 완전할 것이다.

41) 참조 『원리론』 1,6,1과 각주 3. 오리게네스는 『켈수스 반박』 8,72에서 모든 것이 불로 변화한다는 대화재에 관한 스토아학파의 개념을 본보기로 따르면서, 로고스가 악의 세력보다 더 강할 것이며, 강요하지 않은 채 자신을 로고스의 완전한 모상으로 변화하도록 맡긴 모든 이성적 피조물을 마침내 굴복시키실 것이라고 말한다.

42) 참조 『원리론』 2,1,2.

43) 여기에서는 강요와 설득에 관한 플라톤적 대립명제가 그 바탕을 이룬다(참조 『티마이오스』 48a).

유익과 치유에 마음 쓰는 것을 소홀히 하는 이들에게 올바른 방식으로 제시되는 가치 있고 적절한 위협 때문에 하느님께 굴복할 것이다. 인간인 우리도 아직 이성적인 나이가 되지 않은 노예나 자녀를 교육할 때 위협과 두려움으로 압박을 가하기 때문이다.[44] 그러나 그들이 선하고 유익하며 고귀한 것을 이해하고 나면 〔더 이상〕 정신적 압박을 두려워하지 않기에 말과 이성으로 설득할 수 있으며 그들은 선한 모든 것에 동의한다. 그런데 모든 이성적 피조물에게 자유의지가 존재함을 인정하되, 각자는 〔구원 질서에서〕 어떤 방식으로 다루어져야 하는가? 준비되어 있으며 받아들일 능력이 있다는 것을 하느님의 말씀께서 발견하시고 그에 맞게 가르치시는 이들은 누구이며, 그분께서 잠시 동안 미루어 두신 이들은 누구이고, 말씀이 완전히 감추어진 이들은 누구이며, 말씀을 듣는 데 멀리 떨어져 있도록 정해진 이들은 누구인가? 또한 그들에게 선포되고 설교된 하느님의 말씀을 경멸하여 구원을 위해 〔하느님의〕 징계와 벌을 받고, 일종의 회개가 강력히 요구되고 강요된 이들은 누구인가? 그리고 〔하느님께서〕 구원을 위한 특별한 기회를 주시어, 단순한 대답만으로 믿음이 드러나[45] 확실한 구원을 얻는 이들은 누구인가?[46] 이 모든 것은 어떤 이유에서 그리고 어떤 기회로 일어나고, 어떤 신적 지혜가 이 사람들을 들여다보듯이 보며, 그들 의지의 어떤

44) 자유인의 자녀들은 사랑으로, 노예의 자녀들은 위협으로 인한 두려움으로 하느님 가까이 있다. 그러나 두려움은 초보 또는 하급 단계다(참조 『창세기 강해』 7,4). 하느님의 분노는 교육적 목적을 담고 있다(참조 『원리론』 2,4,4). 폭력이 아니라 두려움에 관한 매우 비슷한 개념에 관해서는 참조 알렉산드리아의 클레멘스, 『교육자』 3,12,87.

45) 오리게네스가 루카 18,41-42에 묘사된 사건(예리코에서 눈먼 이를 고치심) 같은 것을 염두에 두고 하는 말이다. 참조 『원리론』 2,6,7.

46) 이는 요한 9,35-39와 같은 사건들을 기억나게 한다. 단순한 믿음 행위를 통해 구원받는 것에 관해서는 참조 오리게네스, 『로마서 주해』 3,9.

움직임들이 하느님께서 이 모든 것을 이렇게 배치하시도록 이끄는가? 〔이 모든 것은〕 하느님과,[47] "모든 것을 창조하시고"(요한 1,3 참조) 회복하시는(시편 3,21 참조) 그분의 외아들과, 모든 것을 성화하시며 "아버지 자신에게서 나오시는"[48](요한 15,26) 성령에게만 알려져 있다. 영광이 영원토록 있기를 빕니다. 아멘.

47) 참조 『원리론』 2,9,8.
48) 성령의 '발함'을 나타내는 procedere의 의미에 관해서는 참조 『원리론』 1,2,13과 각주 73.

6장
종말
(그리스어)

세상의 완성
(라틴어)

1. 종말과 모든 것의 완성에 관해서는, 성경의 권위가 허락하는 한 우리의 능력껏 이미 앞에서 다루었다.[1] 그 정도면 충분한 가르침이라고 생각한다. 하지만 탐구의 과정에서 이 주제로 되돌아왔기에, 이제 몇 가지 내용을 더 언급하고자 한다. 모든 이성적 본성이 지향하고[2] 모든 것의 목표라 불리는 최고선을 매우 많은 철학자는 다음과 같이 정의한다. 곧, 최고선은 가능한 한 하느님과 비슷해지는 것이다.[3] 그러나 이 정의는 그들 자신이 발견했다기보다 성경에서 받아들인 것이라고 나는 생각한다.[4] 왜냐하면 누구

1) 참조 『원리론』 2,10-11.
2) 직역은 "급히 가고"다.
3) 이는 윤리적 지향점을 표현하는 플라톤의 상투어다["능력에 따라 신과 비슷해지는 것" (ὁμοίωσις θεῷ κατὰ τὸ δυνατόν), 『테아이테토스』 176b]. 이는 알렉산드리아의 클레멘스가 매우 좋아하는 구절이다(참조 『권고』 12,122,4; 『양탄자』 2,19,97; 2,19,100).

보다 먼저 모세가 이를 알려 주기 때문이다. 그는 인간의 첫 창조에 관한 이야기에서 이렇게 말한다. "그리고 하느님께서 말씀하셨다. 사람을 우리의 모상으로 비슷하게 만들자."(창세 1,26) 그다음에 그는 이렇게 덧붙인다. "그리고 하느님께서는 사람을 창조하셨다. 당신의 모상으로 사람을 창조하시되 남자와 여자로 그들을 창조하셨다. 그리고 그들에게 복을 내리셨다."(창세 1,27-28) 모세가 여기에서 "하느님께서 당신의 모상으로 사람을 창조하셨다"라고 말하면서 하느님과의 비슷함에 관해 침묵한 사실은, 사람이 첫 창조에서 (하느님) 모상의 품위를 받은 반면, 하느님과 비슷해지는 완전함은 완성 때까지 유보되었다는 바로 그 사실을 가리킨다.[5] 다시 말하면, 사람은 하느님을 본받으면서[6] 자신의 진지한 노력으로 이 비슷함을 스스로 얻어야 한다. 완전함에 이를 가능성이 한처음에 '모상'의 품위를 통해

4) 플라톤이 모세의 책에서 표절했다는 주장은 누메니오스에게서 시작되었다. 플라톤과 그리스 철학자들이 선에 관해 말한 모든 것은 성경에서 얻었다는 논증은 그리스도교 호교서에도 나온다(참조 유스티누스, 『첫째 호교론』 59-60; 타티아누스, 『그리스인에 대한 연설』 31-32; 안티오키아의 테오필루스, 『아우톨리쿠스에게』 1,14; 3,23; 알렉산드리아의 클레멘스, 『양탄자』 1,15,4; 1,17,87; 1,22,150; 5,13,90; 6,2,27). 오리게네스도 그리스인의 표절에 관해 논증했다[참조 『아가 주해』 서론(GCS 8, 75쪽); 1(GCS 8, 141쪽); 『켈수스 반박』 1,15; 6,19; 7,30].

5) 모상(imago)과 비슷함(similitudo)의 구별에 관해서는 참조 오리게네스, 『켈수스 반박』 4,30; 『로마서 주해』 4,5; 『기도론』 27,2; 『에제키엘서 강해』 13,2; 『요한 복음 주해』 20,22(20),183; 이레네우스, 『이단 반박』 5,6,1; 알렉산드리아의 클레멘스, 『양탄자』 2,38,5; 2,22,131; 『권고』 12,122.

6) 하느님과 그리스도를 본받는 것에 관해서는 참조 『원리론』 1,6,2; 1,9,6,; 3,5,7; 4,4,4,; 4,4,10. 이 본받음은 특히 이웃 사랑과 원수 사랑에서 발견된다[참조 『요한 복음 주해』 20,13,106-107; 20,17(15),141-143; 20,33(27),280); 『기도론』 22,4; 『켈수스 반박』 4,28]. 또한 그리스도와의 완전한 동화인 순교를 통해 인간이 그리스도의 삶, 그의 덕, 죽음을 본받는 것에 관해서는 참조 『요한 복음 주해』 2,34(28),210-211; 19,22(5),150; 28,3,18-22; 『로마서 주해』 5,5; 『판관기 강해』 7,2; 『예레미야서 강해』 14,7; 『순교 권면』 36; 42; 50. 클레멘스가 말한 하느님 본받음에 관해서는 참조 『권고』 11,17; 『양탄자』 4,26,177.

사람에게 주어졌는데, 그는 자신의 활동을 완수함으로써 종말에 완전한 비슷함을 스스로 얻어야 한다. 요한 사도는 다음과 같이 말하면서 더 명백하고 더 분명하게 단언한다. "자녀 여러분, 우리는 무엇이 될지는 아직 알지 못하지만, 그분께서 나타나시면"—이는 틀림없이 구원자에 관해 말하는 것이다—"우리는 그분과 비슷해질 것입니다"(1요한 3,2).[7] 이로써 그는 자신이 아직 모른다고 하는 모든 것의 종말에 관한, 그리고 공로의 완전함에 따라 하느님과 비슷해지는 것에 관한 희망을 매우 분명하게 알려 준다. 주님 자신도 복음서에서 이것이 일어날 뿐 아니라 당신의 중개를 통해 일어날 것이라고 말씀하신다.[8] 그분은 자신을 낮추시어 제자들을 위해 아버지께 이렇게 간청하신다. "아버지, 제가 있는 곳에 그들도 저와 함께 있게 되기를 바랍니다."(요한 17,24) 그리고 "저와 당신이 하나이듯이 그들도 우리 안에 하나가 되기를 바랍니다."(요한 10,30과 17,21) 여기서 '비슷함'이란 말하자면 '진보하여 비슷한 어떤 것에서 하나가 되는 것'을 의미하는 듯하다.[9] 완성 또는 종말에 틀림없이 "하느님께서는 모든 것 안에서 모든 것"(1코린 15,28 참조)이시기 때문이다.

7) 1요한 3,2는 『탈출기 강해』 6,5와 『예레미야서 강해』 13,2에서도 창세 1,26과 연결된다. 『마태오 복음 주해』 17,19에서 1요한 3,2는 이승에서 하느님을 불완전하게 보는 것과 하늘에서 완전하게 보는 것의 차이를 특징짓는다. 오리게네스는 이 구절을 인용하면서 하느님과의 비슷함을 그리스도와의 비슷함과 동일시한다.

8) 우리는 그리스도를 통해 진리와 아버지의 신성에 참여하고 그분의 양아들이 된다〔참조 『요한 복음 주해』 1,27(29),189; 2,1,8; 20,28(22),245-248; 28,12(11),88; 『이사야서 주해 단편』 (PG 13,217)〕.

9) 하나가 되는 것, 곧 일치는 완전함이며 다수는 불완전함이다〔참조 『기도론』 21,2; 27,8(물질적 실체는 나눌 수 있기 때문에 하나가 되지 않는다); 『사무엘기 상권 강해』 1,4; 『요한 복음 단편』 5(『필로칼리아』 5); 『호세아서 주해 단편』 (PG 13,825)〕. 피타고라스의 이 개념(단자와 양자)은 전통적으로 플라톤주의에서 활용되었다. 그러나 하느님과 이성적 피조물들이 궁극적으로 하나가 되는 것은 범신론적 흡수가 아니다.

이 문맥에서[10] 어떤 이들은 육체적 본성의 본질이 완전하게 정화되어 전적으로 영적이 되면, 그것이 〔하느님과〕 비슷함의 품위와 〔그분과의〕 일치를 위한 속성에 장애물이 되지 않는지 묻는다. 확실히 신적 본성이 근본적으로 비육체적이듯이 육체 안에 있는 본성은 신적 본성과 비슷하다고 할 수도 없고, 신적 본성과 하나라고 말할 수도 없을 것 같다. 특히 신앙 진리는 "아들이 아버지와 하나입니다"(요한 10,30 참조)라는 말씀이 아들의 고유한 본성과 관련되어 있다고 가르쳐 주기 때문이다.

2. 하느님께서 종말에 "모든 것 안에서 모든 것"(1코린 15,28 참조)이시라는 약속 말씀을 논리적으로만 따져서, 가축이든 야생짐승이든 동물들이 이 종말에 다다를 것이라고 생각해서는 안 된다. 그렇게 생각한다면, 하느님께서 가축이든 야생짐승이든 동물들 안에도 계신다는 것이 된다. 또한 하느님께서 나무나 돌 안에 계신다고 말해지는 일이 없도록, 그것들이 〔종말에 다다르리라는 것이 논리적이라고 생각해서도 안 된다〕. 따라서 어떠한 악도 이 종말에 다다를 것이라고 생각하지 말아야 한다. 이는 하느님께서 "모든 것 안에 계신다"는 말이 악의의 어떤 그릇 안에라도 그분께서 계신다는 말이 되지 않도록 하기 위해서다. 아무것도 하느님 없이 존재할 수 없다는 의미로 하느님께서 지금도 모든 곳에 그리고 모든 것 안에 계신다고 우리는 말하지만, 그분께서 지금 내재하시는 것 안에서 모든 것이라는 뜻으로 말하는 것은 아니다. 따라서 지복의 완전함과 사물들의 종말이 나

10) 루피누스는 이 단락의 나머지 부분에서, 이성적 본성들이 세상 종말 뒤 육체 없이 존재하는지 짧게 다룬다. 이와 달리 히에로니무스는 이 주제에 관해 길게 상론한다. 두 본문을 비교해 보면 루피누스의 라틴어 역본은 오리게네스의 그리스어 본문 전체를 신중하게 발췌한 것임을 알 수 있다. 이 주제는 이미 『원리론』 2,3,2-3에서 다루어졌으며, 루피누스는 그곳에서도 내용을 축약했다. 참조 『원리론』 2,11,7(히에로니무스-본문).

타내는 이 상태가 무엇인지 더 주의 깊게 살펴보아야 한다. 그 상태에서 하느님께서는 모든 것 안에 계실 뿐 아니라 모든 것이시라고 한다. 그러니 하느님께서 "모든 것 안에서" 되실 이 "모든 것"이 무엇인지 알아보자.

3. 하느님께서 "모든 것 안에서 모든 것"이시라는 이 표현은 하느님께서 각 인간 안에서 "모든 것"이시기도 하다는 뜻이라고 나는 생각한다.[11] 하느님께서는 다음과 같은 방식으로 "모든 것"이실 것이다. 곧, 죄의 모든 찌꺼기에서 깨끗해지고 악의의 모든 구름이 완전히 걷힌 이성적 정신은 하느님께서 모든 것이시리라는 사실을 느끼거나 이해하거나 생각할 수 있다. 그 정신은 하느님을 느끼고 하느님을 생각하고 하느님을 보고 하느님을 지니는 것 말고는 다른 어떤 일도 하지 않으며, 하느님께서는 그 모든 움직임의 척도[12]이실 것이다.[13] 이렇게 하느님께서는 정신의 모든 것이실 것이다. 악이 어디에도 존재하지 않기에, 더 이상 선과 악의 차이가 없을 것이다. 왜냐하면 악과 더 이상 접촉하지 않는 이에게는 하느님이 모든 것이시기 때문이다. 늘 선 안에 있고, 하느님이 모든 것인 사람은 "선과 악을 알게 하는 나무에서 먹기를"(창세 2,17 참조) 더 이상 열망하지 않는다.[14] 따라서

11) 하느님은 이성적 피조물 안에서 각자에게 관상과 사랑의 유일한 대상일 것이다. 그러나 각자의 인격과 자유를 강조하는 것은 모든 범신론적 의미를 배제한다. 곧, 피조물은 신적 본질에 흡수되지 않는다(참조 H. Koch, *Pronoia und Paideusis*, 240쪽 각주 4). 오리게네스는 모든 것이 신적 불 안에 흡수된다는 스토아학파의 가르침을 거부한다. 그에게 1코린 15,28은 이성적 피조물이 하느님의 선에 전적으로 참여하는 것을 의미한다(참조 『켈수스 반박』 3,75; 6,71).

12) '척도'(modus et mesura)는 '메트론'(μέτρον)의 이중 번역으로 보인다. 이에 관해서는 참조 플라톤, 『법률』 4,716c("신은 우리에게 가장 먼저 모든 사물의 척도가 될 만하다").

13) 불이 불 안에서 불이 되듯이, 그리스도의 영혼이 말씀 안에 있다는 『원리론』 2,6,6〔"(그리스도의 영혼이) 행하고 생각하고 이해하는 모든 것이 하느님이다"(omne quod agit, quod sentit, quod intellegit, deus est)〕과 비교하라.

14) 이미 선 안에 확고하게 있는 사람과 처음 및 마지막 상태에 있는 사람이 선인인지 악인지

끝이 처음으로 돌아가고 사물들의 결과가 시작과 일치하며 이성적 본성이 처음에 한때 누렸던 상태가 회복되면, 그리고 이성적 본성이 "선과 악을 알게 하는 나무"에서 더 이상 먹을 필요가 없어지면, 악에 대한 모든 의식은 진실하고 깨끗한 것에게 자리를 양보하고 사라진다. 그러면 유일한 선이신 하느님 홀로 모든 것이 되신다. 그분 자신이 몇몇 사물 안에서나 많은 사물 안에서가 아니라 모든 것 안에서 모든 것이시라면, 어디에도 더 이상 "죽음"이 없고[15] 어디에도 "죽음의 독침"이 없으며(1코린 15,55-56 참조), 어디에도 악이라고는 없다. 그때 참으로 하느님께서는 모든 것 안에서 모든 것이실 것이다. 그러나 어떤 사람들은 이성적 본성들의 완전함과 지복이 우리가 앞에서 말한 상태, 곧 모든 존재가 하느님을 소유하고 하느님께서 그들에게 모든 것이신 상태에서만 지속될 수 있다고 생각한다.[16] 모든 존재가 육체적 본성과의 일치 때문에 방해받는 일이 결코 없다면 말이다. 그렇지 않을 경우, 그들은 물질적 실체의 혼합이 지극히 높은 지복의 영광을 방해한다고 다르게 생각한다. 이 관점에 관해 우리는 앞에서 우리의 견해를 상세하게 설명하고 상론하였다.[17]

4. 그러나[18] 바오로 사도의 서간에 "영적 육체"를 언급하는 구절이 있으

구별하기를 원하는 것은 이미 악이다. 오리게네스는 이성적 피조물의 타락에 관한 창세기 3장을 이렇게 해석한 것 같다[참조 『창세기 선별 강해』 (PG 12,100CD)].

15) 아마도 영적 죽음, 죄를 가리키는 것 같다[참조 『원리론』 2,8,3; 『요한 복음 주해』 20,25(21), 220-230].

16) 이는 틀림없이 오리게네스 자신의 명제다. 이 단락에서 루피누스는 다시 비육체성에 관한 명제를 부드럽게 바꾸었으며, 그밖에 새로운 육체-세계의 가능성도 없애버렸다.

17) 참조 『원리론』 2,3,2-3.

18) 여기에서 에테르적 유형적 존재에 관한 가설이 시작된다. 오리게네스는 『원리론』 2,3과 매우 비슷하게 내용을 전개하며, 변하기 쉬운 특성들에 따라 변화할 수 있는 무정형의 물질에 관한 스토아학파의 개념을 사용한다(참조 『원리론』 2,1,4; 3,6,7).

니(1코린 15,44), 이 구절에서 말하는 그런 육체에 관해 어떤 것을 생각해야 하는지 힘닿는 데까지 탐구하자.[19] 우리의 이해력이 이를 파악할 수 있는 한에서는, 우리는 영적 육체의 특성이 거룩하고 완전한 영혼들뿐 아니라 "타락의 종살이에서 해방될"(로마 8,21 참조) 모든 피조물이[20] 적절하게 거주할 수 있는 어떤 것이라고 생각한다. 이 육체에 관해 사도는 "우리는 손으로 만든 것이 아니라 하늘에", 곧 복된 이들의 거처에 "있는 영원한 집을"(2코린 5,1) 지닌다고 말한다. 여기서 우리는 이 육체를, 하늘에 있고 매우 눈부시지만 손으로 만들어진 눈에 보이는 육체와 비교하면[21] [영적] 육체의 특성이 얼마나 깨끗하고 얼마나 섬세하며 얼마나 영광스러운지 추측할 수 있다. 왜냐하면 이 육체에 대해서는 손으로 만든 집이 아니라 "하늘에 있는 영원한" 집이라고 하기 때문이다. "보이는 것은 일시적이지만 보이지 않는 것은 영원하다."(2코린 4,18 참조) 따라서 보이지도 않고 손으로 만들어지지도 않았으며 영원한 저 육체는 볼 수 있고 손으로 만들어졌으며 영원하지 않은, 땅에서나 하늘에서 우리가 보는 이 모든 육체를 훨씬 능가한다. 이 비교에서 우리는 영적 육체의 아름다움, 빛남, 밝기가 얼마

19) '영적 육체'에 관해 이미 『원리론』 2,3,2에서 간략히 다루었다. 여기에서 오리게네스는 영적 육체를 무육체성으로 변하는 과정의 중간 단계로 이해하는 것 같다. 『원리론』 3,6,4에서는 이 표상을 무육체성과 무관한 대안으로 피력한다. 결론(참조 『원리론』 3,6,9)에서는 『원리론』 2,3,7에서처럼 두 가지 가능성을 선택에 맡긴다.

20) 영적 육체에 관한 개념은 특히 소생한 인간 육체(참조 『원리론』 2,3)에 적용된다. 그다음에 로마 8,20-21의 해석에 따라 이해된 모든 창조물, 곧 천사와 악마와 별들에게(참조 『원리론』 1,7,5; 2,9,7; 3,5,4) 적용된다.

21) 별에 관한 논의다. 곧, 손으로 만든 것은 육체적이고 멸망하는 것과 동의어다. 2코린 4,18과 5,1과의 유사함에 관해서는 참조 『원리론』 2,3,6. 죽은 뒤 영혼들이 지니는 에테르적이고 정묘한 육체에 관해서는 참조 『켈수스 반박』 7,5와 특히 메토니우스의 『부활론』 3,17에서 인용되는 오리게네스의 단편적인 글.

나 크며, "눈이 본 적이 없고 귀가 들은 적이 없으며 사람의 마음에도 떠오른 적이 없는 것들을 하느님께서는 당신을 사랑하는 이들을 위하여 마련해 두셨다"(1코린 2,9)라는 말이 참되다는 것을 어렴풋이 느낄 수 있다. 그러나 우리가 지금 지니고 있는 이 육체의 본성이 그렇게 창조하신 하느님의 뜻에 따라, 그리고 사물들의 상태가 필요로 하고 이성적 본성의 공로가 요구하는 것에 따라 창조주에 의해 매우 섬세하고 매우 깨끗하며 매우 빛나는 육체의 특성으로 바뀔 수 있다는 것을 의심해서는 안 된다. 사실상 세상이 다양성과 상이성을 필요로 할 때, 물질은 그 주인이며 창작자이신 창조주께서 사물들을 다양한 모습과 종류로 자유로이 만드실 수 있도록 자신을 그분께 모두 내맡겼으며,[22] 창조주는 물질로부터 하늘과 땅에 있는 사물들의 다양한 형상들을 만드실 수 있었다. 그러나 "아버지가 아들과 하나"이시듯이 "모든 것이 하나가 되는"(요한 17,21; 10,30 참조) 것을 향해 모든 존재가 서둘러 가기 시작했을 때, 모든 것이 하나인 그곳에는 더 이상 어떤 상이성도 없을 것이라고 이해하는 것이 논리에 맞다.[23]

5. 이 때문에 "죽음이라고 부르는" 마지막 "적은 파멸될 것"(1코린 15,26 참조)이라고 한다. 따라서 죽음이 없는 곳[24](묵시 21,4 참조)에는 더 이상 어

22) 참조 『원리론』 2,1,2.4.

23) 참조 『원리론』 3,6,8. 이는 개체성의 소멸을 의미하지 않는다. 오리게네스에게 이성적 존재의 개별성에 관한 원리는 무정형의 물질 안에 있는 것이 아니라 각자에게 주어진 개체로서 결정할 수 있는 자유의지 안에 있기 때문이다(참조 『원리론』 3,6,7; 1,6,2). 루피누스는 모든 영적 존재의 궁극적 일치에 관한 오리게네스 진술 일부를 분명히 생략했다. 참조 제2차 콘스탄티노플 공의회의 마지막 네 파문문(12-15조).

24) 죽음은 죄와 동일시된다[참조 『마태오 복음 주해』 12,33에서 1코린 15,26 인용; 『예레미야서 강해』 17,3(히에로니무스의 번역에 따르면 그리스어 본문에 누락된 부분이 있다)]. 『레위기 강해』 9,11과 『여호수아기 강해』 8,4에서 마지막 적인 죽음은 악마와 명백히 동일시되며, 『기도론』 25,3에서는 명백하지 않지만 동일시될 수 있다.

떤 슬픔도 없고, 적이 없는 곳에는 상이성도 없다. "마지막 적의 파멸"이란 하느님께서 창조하신 적의 실체는 없어지지 않으며, 하느님으로부터 생기지 않고 그 자체에서 생겨난 적대적인 의도와 의지는 사라질 것이라는 의미로 이해되어야 한다. 따라서 적은 〔앞으로〕 존재하지 않는다는 의미에서가 아니라, 〔앞으로〕 더 이상 적과 죽음이 없다는 의미에서 파멸될 것이다.[25)]전능하신 분께는 "아무것도 불가능하지 않고"[26)](욥 42,2 참조), 창조주께서는 모든 것을 치유하실 수 있기 때문이다. 그분께서는 모든 것이 존재하도

25) 이 본문은 악마의 회심과 회복에 관한 『원리론』의 더 명백한 단언으로 여겨질 수 있다. 사실상 『원리론』 3,6,5 각주 24에서 인용된 두 강해는 악마와 마지막 적인 죽음을 동일시하며, 이 대목에서 악마는 명명되지 않지만 이 표현들은 악한 의도가 사라지고 이성적 존재로 존속할 사람에게 적용된다(참조 알렉산드리아의 클레멘스, 『양탄자』 1,17,83). 더욱이 오리게네스에게 악, 곧 죄는 부정적인 어떤 것이며, 실체에 속하는 것도 요한 1,3에 따라 말씀 안에서 창조된 것도 아니다〔참조 『요한 복음 주해』 2,13(7),92-99〕. 악마에게 적용된 이 단언은 다양한 비난의 대상이었다(참조 히에로니무스, 『서간집』 124,4,10; 『예루살렘의 요한 반박』 7; 알렉산드리아의 테오필루스, 『서간집』 92,2; 아우구스티누스, 『신국론』 21,17). 하지만 우리는 이미 『원리론』 1,6,3에서 이를 오리게네스의 확고한 신념이라고 여길 수 없는 상반되는 가설을 찾았다. 오리게네스는 악마들에게 자유의지가 남아 있기에 그들이 회심할 수 있는지, 그리고 뿌리 깊고 지속적인 악의가 본성으로 변하지 않는지 자문한다. 『요한 복음 주해』 20,21(19)와 『마태오 복음 단편』 141(GCS 12/1)은 악마들의 악의가 본성이 되었다는 사실을 논증한다. 이 대목(『원리론』 3,6,5)은 동시대 사람들에 의해 악마의 구원에 대한 단언으로 이해되었으며, 오리게네스는 『알렉산드리아의 친구들에게 보낸 편지』에서 이를 명백히 부인하며 반박하였다. 이 편지의 일부 내용은 루피누스(참조 『오리게네스 저서 변론』 7)와 히에로니무스(참조 『루피누스 저서 반박 변론』 2,18)의 글에 보존되어 있다. 이들은 당시 서로 적대적인 입장에 있었지만 이 증언에서는 일치하였다.

26) 로고스의 능력은 죄의 세력을 능가한다(참조 『켈수스 반박』 8,72). 하느님은 당신께서 창조하시고 생명을 준 것을 없애지 않으신다. 오리게네스는 악의 궁극적인 폐기를 역설한다(참조 『예레미야서 강해』 1,16). 여기에는 반영지주의적 관점이 있다. 이 이단자들은 물질은 없어진다고 여겼기 때문이다. 오리게네스에 따르면 선만 참으로 존재하고 악은 선의 결핍이다〔참조 『원리론』 2,9,2; 『요한 복음 주해』 2,13(7),92-99〕. 따라서 악은 우유적 상태이며 이성적 피조물의 의지에서 생기고 사라지도록 운명지어져 있다. 하느님께서는 악의 창조주가 아니시며 창조 때 만드신 것을 없애지 않으신다.

록 만드셨으며, 존재하도록 만들어진 모든 것은 존재하지 않을 수 없기 때문이다. 따라서 모든 것에는 변화와 상이성이 부여될 것이고[27] 공로에 따라 더 좋은 상태나 더 나쁜 상태에 배치될 것이다. 그러나 하느님에 의해 만들어진 것들은 존재하고 존속하기 위해 실체의 파멸을 겪지 않을 수 있다.[28] 없어졌다고 일반 사람들이 생각하는 것들은 실제로는 없어지지 않았으며, 신앙 규범과 진리 규범도 그렇게 인정한다.[29] 무식하고 믿지 않는 이들은, 죽은 뒤에 우리의 육(caro)이 소멸하여 그 실체 가운데 아무것도 남지 않는다고 생각한다.[30] 그러나 육의 부활을 믿는 우리는, 죽음이 육에 어떤 변화를 일으키지만 육의 실체는 확실히 존속하고 창조주의 뜻에 따라 어떤 정해진 때에 생명으로 회복되며 그 뒤 다시 변화를 겪는다고 이해한다. 따라서 처음에 "땅에서 나와 흙으로 된"(1코린 15,47) 육은 죽은 뒤에 해체되어 다시 "먼지와 흙"(창세 18,27 참조)이 된다. "너는 흙이니 흙으로 돌아가야 한다"(창세 3,19)라고 쓰여 있기 때문이다. 육은 다시 흙에서 소생되고 그다음에 육 안에 거주하는 영혼의 공로가 요구하는 대로 영적 육체의 영광에 이를 것이다.[31]

27) 참조 『원리론』 2,1,2; 3,6,3. 이는 물질에 관한 오리게네스의 생각과 어울린다(참조 『원리론』 2,1,4; 3,6,7).

28) 이 문장은 하느님에 대한 오리게네스의 견해를 특징짓는 낙관주의를 드러낸다.

29) 어떤 것이 절대적으로 소멸하지 않는다는 인식은 철학에 바탕을 둘 수 있지만 신학적 의미도 지닌다. 곧, 하느님의 창조 행위는 철회될 수 없다.

30) 육체의 부활에 관한 교의는, 이미 바오로가 아테네인들을 설득하는 데 실패했듯이(사도 17,32), 그리스인들이 받아들이기 매우 어려운 개념 가운데 하나였다. 여기서 문제가 되는 무식한 이들은 가장 단순한 그리스도인들이 아니다. 오리게네스는 물질적 형상으로 부활하리라는 지나친 상상을 비난한다(참조 『원리론』 2,11,2; 2,10,3 각주 12). 종말 때 비육체성을 내세우는, 특히 물질적 모든 실체의 소멸을 고수하는 그리스도인들, 더 정확히 말하자면 테르툴리아누스가 『부활론』에서 논박한 마르키온과 그의 제자 아펠레스, 바실리데스, 발렌티누스와 같은 이단자들과 영지주의자들이 문제일 수 있다.

6. 따라서 우리 육체의 모든 실체는 모든 것이 회복되어 하나가 되며 "하느님께서 모든 것 안에서 모든 것이실" 때 이 상태에 이를 것이라고 생각해야 한다. 그러나 그것은 갑자기 일어나는 것이 아니라 헤아릴 수 없고 끝없이 긴 시대의 흐름에서 점차적으로 그리고 단계적으로 일어나며,[32] 천천히 그리고 개별적으로 향상되고 교정될 것이라고 이해해야 한다. 더러는 선두에 서서 가장 높은 목표를 향해 더 빠른 경로로 갈 것이고,[33] 더러는 그들을 가까이에서 뒤따를 것이며, 더러는 뒤에 많이 처져서 따라갈 것이다. 적의의 상태에서 하느님과 화해하며 진보하는 사람들의 수많은 서열이 있을 것이고, 마침내 "죽음"이라고 부르는 마지막 적에 이르게 된다. 이는 그 적이 파멸되고 더 이상 적으로 남아 있지 않게 하기 위해서다.[34]

따라서 모든 이성적 영혼이 이 상태로 회복되었을 때, 우리 육체의 본성은 영적 육체의 영광에 이를 것이다. 이성적 본성들의 경우 자기 죄로 인해 비천하게 산 존재들이 자기 공로로 인해 지복으로 초대받은 존재와 다르지 않다는 사실을 우리는 알고 있다. 그들은 같은 본성이며 이전에는 죄인이었지만, 그 뒤 회개하여 하느님과 화해함으로써 다시 지복으로 불려 갔다는 사실을 알고 있다.[35] 마찬가지로 육체의 본성에 관해서도 우리가 지금

31) 참조 『켈수스 반박』 2,62; 7,5; 7,32; 『시편 제118편 강해』 25(PG 12,1592). 부활은 더 낮은 실재에서 높은 실재로 끌어올리는 것처럼 표현된다. 물질적 육체의 변화 가능성에 관해서는 참조 『원리론』 2,3,2; 2,10,3. 소생된 육체와 천사들 육체의 유사성에 관해서는 참조 『마태오 복음 주해』 17,30. 여기에서는 이 변화를 세 단계(이승의 육체, 그다음에 재와 흙, 그다음에 영적 육체)로 구분하여 설명한다. 영적 육체는 『원리론』 2,11,7과 3,6,9에 따르면 영혼이 하늘에서 진보하면서 점차 세련되어진다.

32) 참조 『원리론』 1,6,2-3; 3,1,23.

33) 참조 『원리론』 2,11,6; 3,1,17; 3,5,8. 회심 속도의 차이는 상태의 다양성을 설명하는 데 도움이 된다.

34) 참조 『원리론』 3,6,5.

"비천한 것, 썩어 없어질 것, 약한 것으로" 사용하는 어떤 육체가 있고, "썩지 않은 것, 강한 것, 영광스러운 것으로"(1코린 15,42-43 참조) 사용하는 다른 육체가 있는 것이 아니라고 생각해야 한다. 〔같은〕 이 육체가 지금 지니고 있는 약함을 벗고 영광스러운 것으로 변하여 영적 〔육체가〕 될 것이다. 그 결과 "천한 데 쓰는 그릇"이었던 것 자체가 깨끗해져 "귀한 데 쓰는 그릇"(로마 9,21 참조)이자 지복의 거처가 될 것이다.[36] 그리고 "우리는 손으로 짓지 않은 영원한 집을 하늘에 갖고 있다"(2코린 5,1)라는 바오로 사도의 말이 입증해 주듯이, 육체가 창조주의 뜻에 따라 영원히 변하지 않고 이 상태로 남아 있다고 믿어야 한다.[37]

왜냐하면 교회의 신앙은, 네 요소로 이루어진 이 육체 이외에 우리의 육체와 완전히 다르고 구별되는 다섯째 〔요소를 지닌〕 육체가 있다는[38] 어

35) 여기서 오리게네스는 본성에 대한 영지주의적 다원론을 거슬러 자신의 우주론과 인간학의 일원적 견해를 종합적으로 진술한다. 이성적 피조물에게는 하나의 본성, 하나의 물질적 본성만 있다. 이 본성은 피조물들이 자유의지로 다양하게 실행한 결과에 따라 변화한다. 또한 피조물들이 자유로이 얻은 다양한 상태 때문에 변화한다. 천사와 인간과 악마의 실체의 동일성에 관해서는 참조 『요한 복음 주해』 20,23(20),198-201.

36) 참조 『원리론』 3,1,21-24.

37) 이 간명한 표현이 오리게네스의 것이라면, 이는 오리게네스가 『원리론』 3,6,3에서 지복에 있는 이들이 다시 죄를 지을 수 있다고 말했다는 히에로니무스의 분석과 상반된다. 곧, 이는 "종말에서 시작이 다시 일어난다"(참조 『원리론』 1,6,2; 3,6,1, 히에로니무스 본문; 3,6,3, 히에로니무스 본문)라는 명제와 모순된다. 이는 루피누스가 추가한 것이라 추정할 수 있는데, 문맥에서 사고의 과정이 끊겨 있기 때문이다(다음 단락이 뜬금없이 "왜냐하면 … 때문이다"이라는 말로 시작된다). 참조 P. Nemeshegyi, *La Paternité*, 224쪽 각주 3.

38) 오리게네스는 이렇게 말하면서, '영적 육체'는 이승의 육체와 다르지 않다는 이전의 명제를 재확인한다. 아리스토텔레스가 젊은 시절에 저술했지만 소실된 저서 『철학』에서 주장한, 에테르라는 다섯째 육체 요소(πέμπτον σῶμα)가 문제다. 참조 E. Zeller, *Die Philosophie*, 437-438쪽. 코흐(H. Koch, *Pronoia und Paideusis*, 271쪽)는 에우세비우스의 글(참조 『복음의 준비』 15,7)에서 중플라톤주의 철학자 아티코스가 다섯째 요소인 에테르에 대해 논한 내용을 찾아내었다. 오리게네스는 『요한 복음 주해』 13,21,123-128과 『켈수스 반박』 4,56에

떤 그리스 철학자들의 가르침을 인정하지 않기 때문이다. 우리는 성경에서 그러한 가르침을 암시하는 내용을 전혀 발견할 수 없고, 그러한 가르침을 추론하는 것을 논리적으로도 허용하지 않는다. 특히 거룩한 사도는 죽은 이들 가운데서 부활한 이들에게 어떤 새로운 육체가 주어지는 것이 아니고 그들은 살아 있을 때 지녔던 것과 동일한, 단지 더 나쁜 상태에서 더 좋은 상태로 변한 그 육체를 지닌다고 분명히 말한다. 그는 이렇게 말한다. "영혼적 육체로 묻히지만 영적 육체로 되살아납니다."(1코린 15,44) 그리고 "썩어 없어질 것으로 묻히지만 썩지 않는 것으로 되살아납니다. 약한 것으로 묻히지만 강한 것으로 되살아납니다. 비천한 것으로 묻히지만 영광스러운 것으로 되살아납니다"(1코린 15,42-43). 그런즉 사람은 〔이전의 상태에서〕 진보하며, 처음에는 "하느님의 영에게서 오는" 것을 이해하지 못하는 "영혼적[39] 인간"이지만 가르침을 받아 영적 인간이 되고, "그 자신은 아무에게도 판단 받지 않지만 모든 것을 판단하게 되는 단계에 이른다"[40] (1코린 2,14-15 참조). 따라서 육체의 상태에 있어서도 영혼이 하느님과 결합하고 하느님과 "하나의 영"(1코린 6,17 참조)이 되면, 지금 영혼을 위해 봉

서 이 가르침을 또다시 논박한다. 여기에서 그는 플라톤학파와 스토아학파 철학자들의 견해를 반박한다. 오리게네스는 이 다섯째 요소가 스토아학파에서 영감을 받은 물질에 관한 자신의 일원적 견해와 일치하지 않기에 이를 거부한다. 그는 실체적 요소로서의 에테르는 인정하지 않지만 그것을 특성으로 받아들이며, 더 순수한 상태를 에테르로 자주 표현한다(참조 『원리론』 2,3,7; 2,1,1). 오리게네스는 이 용어를 하늘에 있는 장소들, 하늘에 머무르는 예수의 영광스러운 육체(참조 『켈수스 반박』 4,56; 7,5), 천사의 육체와 소생된 이들의 육체(참조 『마태오 복음 주해』 17,30)에 적용한다.

39) 코린토 신자들에게 보낸 서간에서 관습적으로 '물질적'으로 번역된 '프시코스'(ψυχικός)는 본디 '프네우마티코스'(πνευματικός, 영적, 정신적)와 대조되는 '영혼적'이라는 의미다. 아래의 글에서 이 낱말은 영혼과 특별한 관계가 있다.

40) 영혼적 인간은 영적 인간이 될 수 없다는 발렌티누스파를 반박하는 관점. 참조 M. Simonetti, *Eracleone e Origene*, 124-125쪽.

사하기 때문에 영혼적 육체라고 불리는 같은 육체는 어느 정도 영에게 봉사하면서 그 상태와 특성에서 영적으로 진보한다고 생각해야 한다.[41] 특히 육체적 본성은, 우리가 자주 입증했듯이, 창조주에 의해 그렇게 만들어졌기에 하느님께서 바라시거나 그 환경이 요구하는 어떤 특성으로든 쉽게 변할 수 있다.

7. 이 모든 고찰은 하느님께서 두 개의 일반적인 본성, 곧 육체적인 가시적 본성과 비육체적인 비가시적 본성을 창조하셨다는 것을 전제한다.[42] 이 두 본성은 상이한 변화를 겪는다. 이성적인 비가시적 본성은 자유의지를 부여받았다는 사실 때문에 사고방식과 의지 결정에 따라 변화되며, 그 결과 때로는 선한 것들 안에 있는 것으로 때로는 그 반대에 있는 것으로 발견된다. 그러나 육체적 본성은 실체의 변화를 겪기에,[43] 만물의 제작자이

41) 육체와 영의 일치에 관해서는 참조 『마태오 복음 주해』 14,3과 『켈수스 반박』 7,4. 이 두 본문에서 육체와 영의 일치는 이미 이승의 삶에서도 예외적인 경우에는 가능한 것으로 여겨진다.

42) 같은 견해가 『로마서 주해』 8,11에도 나온다. 『기도론』 27,8에 나오는, 두 본성(οὐσίαι)에 관한 짧은 논증도 이 견해에 상응한다. 플라톤의 『파이드로스』 79ab에서 유래하는 반대 견해는, 스토아학파의 개념에 따라 물질적 본성을 그 특성들에 의해 바뀐 무정형의 기체로 이해한 중플라톤주의에 의해 대중화되었다(참조 H. Cornelis, *Les fondements cosmologiques*, 51-80. 201-216쪽). 오리게네스는 영적 실체를 플라톤학파의 방식으로 생각하면서, 스토아학파의 육체적 실체론에 따른 어떤 특징들과 비교하였다. 곧, 일종의 무정형 기체는 변하기 쉬운 자유의지에 의해 유발된 움직임들에 따라 다양한 형상을 취할 수 있다(참조 『원리론』 3,1,22). 그리고 물질적 본성은 육체를 이성적 존재들의 다양한 상태에 적응시킨다. 육체적 본성과 비육체적 본성의 관계에 관해서는 참조 『원리론』 1,7,1과 각주 4; 2,2,2; 4,4,8. 두 개의 일반적인 본성에 관해서는 참조 M. Simonetti, *Note sulla teologia trinitaria*, 280-281쪽.

43) 루피누스가 '실체의'(substantialis)라고 번역한 용어는 무엇일까? 문맥에 따르면, 오리게네스는 물질적 본성이 가지각색의 육체를 형성할 수 있다고 말하려고 한 것 같다. 아래 단락에서 그는 물질의 다양한 "형상들 또는 모습들"(formas vel species)에 관해 더 자세하게 말한다.

신 하느님께서는 계획하거나 만드시거나 다시 손질하려는 작품이 무엇이든지 모든 것에 이 물질을 사용하실 수 있다. 따라서 하느님께서는 사물들의 공로가 요구하는 것에 따라 당신께서 요구하시는 모든 형상과 모습으로 그(육체적) 본성을 변화시키거나 옮기실 수 있다. 예언자는 이렇게 말하면서 이를 분명하게 지적한다. "하느님께서는 모든 것을 만드시고 바꾸신다."(아모 5,8 칠십인역)[44]

8. 이제 하느님께서 "모든 것 안에서 모든 것"이시고 더불어 모든 것이 완성될 때, 모든 육체적 본성이 하나의 모습으로 있을지,[45] 영적 육체에 속할 것이라고 생각해야 하는 이루 말할 수 없는 영광 안에서 빛날 육체의 유일한 특성이 존재할지 확실히 탐구해야 한다. 모세가 자신의 책 처음에 모든 창조의 시작을 의미하며 "한처음에 하느님께서 하늘과 땅을 창조하셨다"(창세 1,1)라고 쓴 구절을 정확하게 이해한다면,[46] 모든 것의 종말과

44) 이성적 피조물의 처음과 마지막 상태에 관련된 본문은 전해지는 과정에서 오리게네스의 견해가 다소 바뀌었고 불확실하기 때문에 두 본성에 관한 오리게네스의 가르침을 간명하게 평가하는 것은 쉽지 않다. 그가 비육체성에 관한 플라톤학파의 견해를 받아들였다면, 두 본성의 관계는 외적이고 우유적인 것이 된다. 곧, 육체적 본성은 이따금 존재한다(참조 『원리론』 2,3,3; 3,6,3). 그러나 오리게네스는 두 본성의 관계가 본질적이고 필연적이라는 바오로의 개념을 따른다. 이성적 본성은 변하기 쉬운 물질적 육체, 곧 이승의 육체 또는 천상의 육체를 반드시 지니고 태어난다. 이 의미에서, 삼위만 변하지 않기에 비육체적이라는 단언이 정당화된다(참조 『원리론』 1,6,4; 2,2,2; 4,4,8).

45) 히에로니무스가 『서간집』 124,10에서 문자 그대로 인용하지 않고 내용만 전하는, 곧 모든 육체적 실체는 빛나는 하나의 유일한 육체로 변화하리라는 내용과 이 단락의 내용이 일치한다. 구형(球刑)의 영광스러운 육체들에 관해 543년 유스티니아누스가 고발한 내용과 매우 유사함을 알 수 있다.

46) 오리게네스는 여기서 창세 1,1의 땅과 창세 1,10의 뭍 그리고 창세 1,1의 하늘과 창세 1,8의 궁창에 관해 『원리론』 2,3,6-7에서 구분하면서 전개한 표상을 바탕으로 이성적 피조물들이 처음의 상태와 마지막 상태에 있는 하늘의 장소가 창조되는 내용을 담은 창세기의 앞부분을 해석한다. 『원리론』 2,11,6-7도 이와 같이 구분한다. 오리게네스에 따르면 현재 우리가

완성이 이 시작으로 되돌아가는 것은 적절하다. 이 구절에서 말하는 하늘과 땅은 경건한 이들의 거처요 안식처이며, 성도들과 온유한 이들은 이 땅을 최초로 상속받을 것이다.[47] 이것이 율법서와 예언서와 복음서의 가르침이기 때문이다(신명 4,38; 시편 36,11; 마태 5,4-5; 히브 4,9 참조). 나는 이 땅에 모세가 율법의 "그림자"(히브 10,1 참조)를 통해 전한 규정들의 참되고 살아 있는 형상들이 있다고 생각한다. 그 형상들, 곧 율법 아래서 섬기는 이들에 관해 이렇게 쓰여 있다. "그들은 하늘에 있는 것들의 모상이며 그림자인 것을 섬긴다."[48](히브 10,1 참조) 모세 자신도 다음과 같은 말을 듣는다. "산에서 너에게 보여 준 모형에 따라 그리고 비슷하게 네가 만드는 모든 것을 보아라"[49](탈출 25,40; 참조 히브 8,5) 따라서 율법은 내게 이 땅에서 사람들을 그리스도에게 인도해야 하는(갈라 3,24 참조) 일종의 교육자인 것처럼 생각된다. 그들은 율법으로 훈육된 뒤 그리스도의 더 완전한 모든 가르침을 더 쉽게 받을 수 있도록 가르침을 받고 훈육되어야 한다. 마찬가지로 성도들을 받아들인 이 땅[50]은 그들을 먼저 참되고 영원한 율법의 규정에 젖게 하고 가르친다. 이는 그들이 아무것도 덧붙일 수 없는 하늘의

있는 땅과 하늘이 아니라 창세 1,1의 하늘과 땅, 곧 더 높은 세상이 인간의 원래 고향이다.

47) 참조 『원리론』 2,3,7.

48) 참조 『원리론』 1,1,4와 각주 16.18.

49) 참조 『탈출기 강해』 9,2; 『여호수아기 강해』 2,2-3. 우리가 있는 땅과 참된 땅에 관한 대목은 문자와 영에 관한 대목과 유사하다. 상징(τύπος)과 실재의 관계는 플라톤주의적 의미를 지닌다. 곧, 더 낮은 세상은 더 높은 세상의 모상으로 만들어졌지만 두 세상은 오리게네스에게 다른 세상이 아니라 유일한 세상의 두 부분이다(참조 『원리론』 2,3,6; 3,5,3과 해당 각주들).

50) 참된 땅은 하느님을 향해 상승하는 단계다. 하늘의 지형학과 복된 이들이 공로에 따라 사는 다양한 집에 관한 진술(참조 『원리론』 2,3,7; 2,11,5)은, 하느님과 복된 이들—이들은 신적인 것들을 인식하는 진보에 이른 다음에 곧 다음 단계로 진보한다—의 관계에 대한 오리게네스의 동적(動的)인 견해에 비추어 해석되어야 한다(참조 『원리론』 2,11,6-7).

완전한 가르침을 더 쉽게 받아들이게 하기 위해서다. 여기〔하늘〕에는 "영원한 복음"[51](묵시 14,6)이라고 일컬어지는 것과, 결코 낡지 않고(히브 8,13) 늘 "새로운 계약"(히브 9,15; 12,24)이 진실로 있을 것이다.

9. 그러므로 우리는 이렇게 생각해야 한다. 모든 것이 완성되고 회복될 때, 영혼들은 순서와 규정에 따라[52] 점차 진보하고[53] 상승하면서 먼저 저 땅과 그곳에 있는 가르침에 이르고, 그곳에서 그들은 아무것도 더 이상 덧붙여질 수 없는 더 좋은 가르침을 위해 준비될 것이다. "관리인들과 후견인들"[54](갈라 4,2 참조) 대신 만물의 임금이신 주 그리스도께서 몸소 나라를 떠맡으실 것이다. 곧, 거룩한 세력들이 〔일차적으로〕 가르친 다음 그분께서는 지혜이신 당신을 이해할 수 있는[55] 이들을 몸소 가르치실 것이며,[56] "당

51) **참조** 『원리론』 4,3,13. 그리스도에 관한 율법의 대목은 참된 땅의 복된 이들과 하늘에 관한 대목의 상징이다. 동시대의 사람들처럼 오리게네스는 상징에서 그 실재를 배제하지 않는다. 천사들에게 선포된(**참조** 『로마서 주해』 1,4) 영원한 복음(묵시 14,6)은 신적 실재들에 관한 영적이고 완전한 이해다. 오리게네스는 히브 10,1을 바탕으로 참된 실재들의 그림자를 넘겨주는 구약성경, 곧 모상으로 나타나고 어렴풋이 거울을 통해 보는 일시적 복음과, 실재들을 얼굴과 얼굴을 맞대고 완전하게 인식하게 하는 영원한 복음을 구별한다. 또한 그것들은 인간적으로 보는 방식〔**참조** 『요한 복음 주해』 1,8(10),44-45〕, 곧 어렴풋이 거울을 통해 보는 것과 얼굴과 얼굴을 맞대고 보는 것만큼 상이하다고 결론지을 수 있다〔**참조** H. Crouzel, *Connaissance* 324-370쪽; 『시편 제38편 강해』 2,2; 『요한 복음 주해』 10,18(13),108-111; 이레네우스, 『이단 반박』 4,9,2〕.

52) **참조** 『원리론』 2,11,6-7. 여기에서 오리게네스는 땅과 하늘의 구분에 관해 이전 단락의 마지막 부분에서 이미 종합적으로 지적한 것을 더 분석적으로 서술한다.

53) **참조** 『민수기 강해』 17,2-3.

54) 이는 『원리론』 2,11,3에서 다루는 천사들이다. 복된 이들은 진보의 단계에서 점점 더 높은 위계의 천사들에게 맡겨진다. 그들의 품위는 파멸되었지만 그들은 천사의 상태로 돌아감으로써 권리를 회복할 수 있다(**참조** 『레위기 강해』 9,11; 『루카 복음 강해』 39,2; 알렉산드리아의 클레멘스, 『예언 시선집』 57; 『소묘』 24).

55) 루피누스의 라틴어 역본 '…할 수 있다'(capere와 capax)는 오리게네스에게 '내포하다'와 '이해하다'의 이중 의미를 지닌 '코레인'(χωρεῖν)과 '코레티코스'(χωρητικός)에 해당한다(**참조**

신께 모든 것을 굴복시켜 주신"(1코린 15,28) 아버지께 그들을 굴복시키실 때까지 그들을 통치하실 것이다. 다시 말하면 그들이 하느님을 받아들일 수 있게 되었을 때[57] 하느님께서는 그들에게 "모든 것 가운데 모든 것"이실 것이다(1코린 15,28 참조). 그때엔 그들의 육체적 본성도 더 이상 아무것도 덧붙여질 수 없는 최고의 상태를 받아들일 것이다.

지금까지 육체적 본성과 영적 육체의 존재 방식에 관해 상론하였다. 이 두 가지 견해 가운데 더 좋은 견해[58]를 선택하는 것은 독자의 결정에 맡긴다.[59] 이상으로 제3권을 끝맺는다.

H. Crouzel, *Connaissance*, 394-395쪽).

56) 이전에는 천사들의 후견을 받았지만, 이제는 그리스도가 몸소 그리스도인을 후견한다. 오리게네스는 이 문맥에서 갈라 4,1-2를 다시 인용한다[참조 『아가 주해』 2(GCS 8, 164쪽); 『마태오 복음 주해』 13,26-28; 『민수기 강해』 24,3].

57) 오리게네스는 『요한 복음 주해』 1,27(29),181에서 그리스도를 아버지께 통하는 문으로 여긴다. 사실상 아들의 역할은 끝나지 않고 방법이 바뀐다. 왜냐하면 복된 이들은 그들의 개성을 잃지 않고 아들과 하나가 되기 때문이다. 아들 육체의 지체인 그들은 하느님을 본 아들 자신처럼 하느님을 볼 것이며[참조 『원리론』 3,5,7; 『요한 복음 주해』 1,16,93; 2,7(4),57], 아들과 함께 유일한 아들이 될 것이다[참조 『요한 복음 주해』 1,16,92; 『에페소서 단편』 9(JTS 3, 402쪽)]. 마찬가지로 참조 『요한 복음 주해』 19,4(1),23(인식은 성부와 성자와의 일치다); H. Crouzel, *Théologie de l'Image*, 254쪽.

58) 곧, 비육체성 또는 영적 육체 개념.

59) 오리게네스는 문제의 두 명제, 곧 비육체성과 육체성을 상론하지만 독자에게 결론을 강요하지는 않는다.

제4권

제1장 1절-3장 11절: 『필로칼리아』 그리스어본
제1-4장: 루피누스의 라틴어 역본

1장

성경[1]은 거룩하다. … 성경을 어떻게 읽고 이해해야 하는가?

(포티우스)

성경의 영감[을 어떻게 이해해야 하며], 성경을 어떻게 읽고 이해해야 하는가? 성경이 불명료하고, 문자에 따라 여러 구절의 [해석이] 불가능하며 불합리한 이유는 무엇인가?

(『필로칼리아』 1)

1. 이렇게 중요한 주제들을 탐구할 때, 일반적인 개념과 가시적인 것들에 관한 증거[2]를 바탕으로 하는 것으로는 충분하지 않다. 따라서 우리는 말한 것들을 논증하기 위해 우리가 거룩하다고 믿는, 구약이라 말하고 신약이라 부르는 성경[3]에 나오는 증언들을 인용하고 우리의 믿음을 이성적

1) 직역은 "책들"이다. 성경은 본문에서 각 권을 나타내기에 복수로 표기되지만, 대표 단수인 '성경'으로 옮겼다. '거룩한 책'(θεία γραφή)의 복수(거룩한 책들)도 '성경'으로, '옛 책들'은 '구약성경'으로, '새 책들'은 '신약성경'으로 옮겼다.

2) 루피누스는 이 단락의 나머지 부분에서 이성적 본성들이 세상 종말 뒤 육체 없이 존재하는지에 관해 짧게 다룬다. 이와 달리 히에로니무스는 이 주제를 길게 상론한다. 두 본문을 비교해 보면 루피누스의 라틴어 역본은 오리게네스의 그리스어 본문 전체를 신중하게 발췌한 것임을 알 수 있다. 이 주제는 이미 『원리론』 2,3,2-3에서 다루어졌으며, 루피누스는 그곳에서도 내용을 축약했다. 참조 『원리론』 2,11,7(히에로니무스-본문).

3) 성경은 가장 뛰어난 인식의 원천이다(참조 『원리론』 1,3,1). 오리게네스는 반영지주의적이며 반마르키온적 의향에서, 아래에서 모세와 그리스도를 연결하듯이 신·구약의 일치를 강조한

으로 굳건하게 하겠다.[4] 성경의 거룩함에 관해 아직 말하지 않았기 때문에 이 주제에 관해 몇 관점을 요약하듯이 간략하게 말하고,[5] 성경이 거룩하다고 여길 수 있는 이유를 설명하자. 그리고 우리는 〔성경〕 본문과 성경의 표현들을 사용하기 전에, 우선 히브리인들의 입법자인 모세와 그리스도교 구원론의 창시자인 예수 그리스도에 관해 다음과 같은 것을 논의해야 한다.[6]

그리스인과 비그리스인[7] 가운데서 매우 많은 입법자가 나왔고, 진리를 공언한 교사들이 가르침(δόγματα)[8]을 전했다. 그럼에도 우리는 〔자기 민족 말고〕 다른 민족들에게 자신의 가르침(λόγους)을 받아들이려는 열의를 일으킨 어떤 입법자도 알지 못한다. 또한 진리에 관한 철학적인 문제를 사색하겠다고 공언한 이들이 합리적이라고 여긴 논증을 아주 그럴듯하게 제시했음에도 불구하고, 그들 가운데 아무도 자신이 깨달은 진리를 다른 민족들이나 한 단일 민족에 속하는 많은 이에게 전파할 수 없었다. 입법자들은 자신이 옳다고 여긴 법들이 가능하면 온 인류에게 인정받기를, 또 교사들은 자신이 진리라고 생각한 것이 세상 도처에[9] 유포되기를 바랐을 것이다. 그러나 그들은 다른 언어를 사용하거나 〔다른〕 여러 민족에 속하는 사람들

다(참조 『예레미야서 강해』 10,1). 이와 다른 맥락에서 모세와 예수의 연결하는 대목은 참조 『켈수스 반박』 1,45.

4) 『원리론』 제1-3권에서도 성경의 거룩함에 관한 믿음은 이성적이고 방법적인 설명을 필요로 한다는 내용이 나온다. 오리게네스는 성경의 영감이 믿음의 토대라는 사실을 이성으로 논증하는 것이 적절하다고 여긴다. 따라서 이 논증은 주로 그리스도교 가르침에 관심을 보이는 이교인을 대상으로 한 것이다.

5) 이 논문은 성경에 관한 개요인 셈이다.

6) 구원론의 교사인 예수에 관해서는 참조 『켈수스 반박』 1,32.37.56.

7) 직역은 "야만인들"이다.

8) 가르침(δόγματα) 개념에 관해서는 참조 『원리론』 3,1,4; Fr. H. Kettler, *Der ursprüngliche Sinn*, 각주 78.79.128.

9) 루피누스는 '세상 도처에'(πανταχοῦ τῆς οἰκουμένης)를 번역하지 않는다.

에게 그 법을 지키게 하고 그 가르침을 받아들이게 할 수 없었기에, 처음부터 그렇게 하려는 시도조차 하지 않았다. 그 같은 일이 자신들에게 일어날 수 없다는 것을 매우 잘 알았기 때문이다. 반면 그리스와 야만인 지역을 포함한 우리 세상의 모든 곳에 그들 조상으로부터 전해 온 법들과 그 지역에서 믿는 신들을 저버리고 모세의 율법을 지키며 예수 그리스도께서 〔선포하신〕 말씀의 제자가 되고자 열망하는 사람은 매우 많다. 모세의 율법에 헌신하는 이들은 우상 숭배자들로부터 미움을 받고, 예수 그리스도의 말씀을 받아들이는 이들은 미움뿐 아니라 사형선고를[10] 받기도 하였는데도 그렇다.

2. 그리스도교를 〔믿고 있음을〕 고백한 이들이 박해받고[11] 더러는 이 때문에 죽임을 당하고[12] 더러는 재산을 잃었음에도, 게다가 교사가 많지 않았음에도 말씀[13]은 불과 몇 년 만에 "세상 도처에 선포"(마태 24,14 참조)되었다. 그리하여 "그리스인들과 비그리스인들, 지혜로운 이들과 어리석은 이들"(로마 1,14)이 예수께서 세우신 종교를 받아들였다.[14] 이를 고려할 때, 우리는 이 일이 인간의 능력을 뛰어넘는 것이라고 주저 없이 말할 수 있다.

10) τὴν ἐπὶ θανατῷ에서는 τὴν 다음에 δίκην(형벌을)이 생략되었다. 이는 일반적으로 사용되는 표현이다. 오리게네스는 그리스도인에 대한 유대인의 미움과 그리스도인을 위협하는 순교를 분명히 구분하지만, 이러한 구분은 그리스도인만을 상대로 하는 루피누스에게서는 사라진다. 참조 『켈수스 반박』 1,26-27.

11) 직역은 "그리스도교를 고백한 이들을 거슬러 음모가 꾸며지고"다.

12) 『켈수스 반박』 3,8은 그리스도인들이 공격을 받고도 대응하지 않았다는 점을 강조한다. "그리스도인들의 피는 씨앗이다"(『호교론』 50,13)라는 테르툴리아누스의 유명한 정식에서 알 수 있듯이, 그리스도교는 신자들이 당한 모욕과 형벌 자체를 선교로 연결시켰다. 팜필루스의 『오리게네스를 위한 변론』 5에서도 루피누스의 같은 번역이 나온다.

13) 우리가 지금까지 자주 보았듯이, 이 말씀은 하느님의 아들이다. 참조 『요한 복음 주해』 1,5(7),27-28; 『마태오 복음 주해』 12,38.

14) 직역은 "예수에 의한 하느님 공경에 동의했다"다.

예수께서는 당신 말씀이 인정받을 만큼 모든 권위와 설득력을 지니고 가르치셨다(마태 24,35 참조).[15] 따라서 우리는 그분의 말씀을 당연히 예언으로 여길 수 있다. 예를 들어 "너희는 나 때문에 임금들과 총독들 앞에 끌려가, 그들과 〔다른〕 민족들에게 증언할 것이다"(마태 10,18)라는 말씀과, "그날에 많은 사람이 나에게, '주님, 주님! 저희가 당신의 이름으로 먹었고, 당신의 이름으로 마셨으며, 당신의 이름으로 마귀들을 쫓아내지 않았습니까?' 하고 말할 것이다. 그때에 나는 그들에게, '내게서 물러들 가라, 불법을 일삼는 자들아! 나는 너희를 도무지 알지 못 한다'[16] 하고 선언할 것이다"(마태 7,22-23; 참조 루카 13,26-27)라는 말씀의 경우가 그렇다. 〔그때에는〕 이 일들이 실제로 일어나지 않았기 때문에 사람들은 그분께서 이것들을 깊이 생각하지 않고 말씀하셨다고 여길 수 있었다. 그러나 그분께서 그렇게 큰 권위로 말씀하신 것들이 실현되자, 하느님께서 실제로 사람이 되시고 사람들에게 구원의 가르침을 전해 주셨다는 것이 밝혀졌다.[17]

3. 그리고 그리스도에 대해 예언하였다는 사실과 관련하여 "그것", 곧 왕국을 "맡은 이가 오고, 민족들의 기대가 실현될" 때 "유다에게서 나온 대신들, 그의 허벅다리들에서 나온 통치자들이라고 불리는 이들[18]이 끝나리

15) 참조 『켈수스 반박』 1,31.

16) 사랑 안에서의 일치를 표현하는 '안다'라는 용어를 엄격한 의미로 사용할 경우, 하느님께서도 그리스도께서도 죄인들을 알지 못하신다. 참조 H. Crouzel, *Connaissance*, 514-518쪽.

17) 그리스도의 말씀이 실현되는 것은 그분의 신성에 의해서이며 따라서 그러한 실현은 그분의 말씀을 담고 있는 성경, 곧 신약성경이 신적 특성을 지녔다는 증거다. 구약성경이 지닌 신적 특성의 증거는 그리스도 안에서 이 예언이 실현되었다는 사실에서 비롯한다.

18) 오리게네스는 인용에 '불리는 이들'(εἰρημένους)을 끼워 넣는다. 바로 뒤에서 '대신들과 통치자들' 대신 더 친숙한 개념인 '임금들'을 사용하기 때문이다. 참된 임금의 통치는 오리게네스가 왕국을 '맡은 이'로 이해하는 사람의 종말론적 통치다.

라"(창세 49,10 참조 칠십인역)[19]라고 예고된 사실에 대해 무슨 말을 할 필요가 있겠는가? 예수 시대 이후에, 유대인들에게 임금이 더 이상 없었다는 사실은 역사에서 그리고 오늘날 보는 모든 일에서 명백히 알 수 있다. 유대인들이 자랑스럽게 여기던 모든 제도—이는 성전과 제대, 예배 수행, 대사제의 의복 등과 관련된 것을 의미한다—는 폐지되었다. "이스라엘 자손들은 오랫동안 임금도 대신도 없이, 희생 제물도 제대도 없이, 사제직도 타랍[20]도 없이 주저앉아 있을 것이다"(호세 3,4 칠십인역)라는 예언이 실현되었기 때문이다.

우리는 이 증언들을 창세기에서 야곱이 유다에게 한 말의 내용에 당황하는 이들, 그리고 유다 가문 출신의 통치자[21]가 〔아직도〕 백성을 다스리며

19) 창세 49,10에 대한 메시아적 해석은 히브리어 『성조들의 축복』에 관한 쿰란 제4동굴의 단편(참조 J. Maier, *Die Texte*, 182-183쪽), 『바빌로니아 탈무드』 7,430(L. Goldschmidt, *Der Babylonische Talmud*), 『창세기 미드라쉬』 484(A. Wünsche, *Bibliotheca Rabbïnica*)로 거슬러 올라간다. 그리스도의 유래를 최초로 언급하는 글에 관해서는 참조 히브 7,14; 묵시 5,5; 유스티누스, 『첫째 호교론』 32; 『유대인 트리폰과의 대화』 52; 이레네우스, 『이단 반박』 4,10,2; 『사도적 가르침의 논증』 57; 테르툴리아누스, 『마르키온 반박』 4,11,1; 4,40,6; 알렉산드리아의 클레멘스, 『교육자』 1,6,47; 히폴리투스, 『이사악과 야곱의 축복』(*Patrologia Orientalis* 27, 68-69쪽). 오리게네스, 『요한 복음 주해』 1,23,142-143; 13,26,254; 『예레미야서 강해』 9,1. 오리게네스는 οὐκ을 삭제하고 οὐδέ를 καί로, ἕως를 ὅταν으로 대체하여 창세 49,10을 인용한다. 루피누스는 오리게네스의 이 인용문을 그대로 옮기지 않는다.

20) 히브리어 '테라핌/타랍'은 일종의 집안 수호신을 가리키는데, 그리스어로는 '델로이'(δήλοι)다. 사람들은 이 수호신의 도움으로 신탁을 받았다. 1사무 28,6에서는 이와 달리 '델로이'가 추첨 신탁(우림)을 나타낸다. '델로이'는 칠십인역에서 '우림'(Urim)을 나타내는 용어로 몇 번 사용된다.

21) 많은 유대인이 '유다에게서 나온 통치자들'의 시대가 그 통치자들(ἐθνάρχοι, 또는 성조들)을 통해 변함없이 계속되리라고 믿었다. 오리게네스는 모든 유대인과 로마인도 인정하는 이 최고의 왕직을 이 통치자들의 권력과 동일시한다〔참조 『아프리카누스에게 보낸 편지』 14(PG 11,84A); *Encyclopaedia Judaica II*, 1971, s.v. Ethnarch〕. 오리게네스와 루피누스는 라삐직에 속한 성조에 대해 이야기하는데 그들은 성전이 파괴된 이후부터 팔레스티나 지

그들(유대인들)이 생각하는 그리스도(기름부음받은이)께서 오실 때까지 통치자 후손〔의 통치〕가 끝나지 않으리라고 말하는 이들을 거슬러 사용한다. “이스라엘 자손들은 오랫동안 임금도 대신도 없이, 희생 제물도 제대도 없이, 사제직도 타랍도 없이 주저앉아 있을 것이”라면, 그리고 성전이 파괴된 이후로 희생 제물도 제대도 사제직도 없었다면, “유다에게서 나온 대신, 그의 허벅다리들에서 나온 통치자”가 끝났다는 것은 명백하다. 따라서 “그것(왕국)을 맡은 이가 올 때까지 유다에게서 나온 대신, 그의 허벅다리들에서 나온 통치자가 끝나지 않으리라”[22]라는 예언은 “그것(왕국)을 맡은 이가 왔다는 것과 민족들의 기대〔가 실현되었다는 것〕”을 명백히 알려 준다. 이는 그리스도를 통해 하느님을 믿은 다른 민족들이 많다는 사실에서 분명하〔게 유추할 수 있〕다.

4. 신명기의 노래에서도, 이전에 〔하느님께 속한〕 백성이 지은 죄 때문에 어리석은 민족들이 선택되리라는 사실을 예언을 통해 알려 준다. 예수 이외에 아무도 이런 선택을 하지 않았다. 왜냐하면 그 노래에 “그들은 신(神)이 아닌 것으로 나를 질투하게 하고 자신의 우상들로 나를 분노하게 하

역에 사는 유대 민족의 통치자였다. 루피누스 시대에 이르러서도 마찬가지였다. 성조들 또는 최고의회 통치자의 후계자인 나시(nasi)는 유대인의 통치자로 대사제를 대신하였으며, 대 가말리엘—그는 대 힐렐의 손자였다—의 손자인 가말리엘 2세 또는 그의 아들인 유다 1세는 로마 당국으로부터 그러한 직책을 인정받았다. 이는 그들의 먼 후손인 가말리엘 6세까지 지속되었는데, 그는 5세기에 호노리우스 황제와 테오도시우스 2세 황제가 반포한 법령에 의해 폐위되었다. 성조 제도는 대 힐렐 가문에서 실제로 세습되었다. 후대의 전통은 대 힐렐을 다윗, 곧 유다 부족 가문의 인물로 여긴다(참조 Israël Levi, “L'origine davidique de Hillel”, in: *Revue des Études Juives 31*, 1895, 202-211쪽; 33, 1896, 143-144쪽). 오리게네스는 창세 49,10을 그리스도에 적용하는 것에 반대하는 유대인들의 주장에 맞서서 해석하고자 애쓴다. 곧, 다윗 가문에서 유래하는 성조의 존재는 유다로부터 나온 통치자가 사라지지 않았음을 보여 주었다.

22) 두 인용문은 유스티누스, 『유대인 트리폰과의 대화』 120에서 입증된다.

였다. 따라서 나는 민족이 아닌 것[23]으로 그들을 질투하게 하고, 어리석은 민족으로 그들을 분노하게 하리라"[24](신명 32,21)라고 쓰여 있기 때문이다. "신이 아닌 것으로 하느님을 질투하게 했고, 자신의 우상들로 그분을 분노하게" 했다는 히브리인들이 그리스도 예수의 오심[25]과 그 제자들을 통해 하느님께서 선택하신 민족이 아닌 것, 곧 어리석은 민족으로 말미암아 어떤 방식으로 분노하고 질투하게 되었는지는 매우 분명하게 알 수 있다. 우리는 "우리가 어떻게 불렸는지" 안다.[26] 곧, 하느님께서는 지혜로운 이들을 부끄럽게 하시려고 육(肉)〔의 기준〕에 따라 많은 지혜로운 이와 많은 권세가와 많은 고귀한 이가 아니라 세상의 기준으로 볼 때 어리석은 것들을 선택하셨고, 비천하고 천대받는 것들을 선택하셨다. 또한 하느님께서는 이전에 있던 것을 무력하게 만드시려고 없는 것들을 선택하셨다(1코린 1,26-29 참조). 이는 "육적 이스라엘"(1코린 10,18 참조)(사도는 이를 육이라고 표현한다)이 "하느님 앞에서 자랑하지 못하게 하기 위해서"다.

5. 시편 가운데 '연인을 위해'라는 제목이 붙은 노래[27]에 나오는 그리스도에 관한 예언들에 대해 무엇을 말해야 하는가? 〔그 노래에는 그의〕 "혀"가

23) 이스라엘 백성이 아닌 이들, 곧 다른 민족들이다.

24) 같은 해석이 유스티누스, 『유대인 트리폰과의 대화』 119; 이레네우스, 『사도적 가르침의 논증』 95; 테르툴리아누스, 『마르키온 반박』 4,31,6; 클레멘스, 『양탄자』 2,9,43에 나온다. 루피누스는 인용문의 일부를 삭제하였다. 앞부분, 곧 "그들은 신이 아닌 것으로 나를 질투하게 하였다"(παρεζήλωσάν με ἐπ' οὐ θεῷ)와 "민족이 아닌 것으로"(ἐπ' οὐκ ἔθνει)가 없다.

25) 유대인들이 인정하고 싶지 않은 예수의 오심(참조 『켈수스 반박』 2,8)으로 하느님의 말씀들은 유대아와 세상에 전파될 수 있었다. 그리고 유대인들의 제도는 예수의 오심으로 그 의미를 잃었다(참조 『레위기 강해』 10,1). 오리게네스는 이 제도들이 영적 의미를 잃었기 때문에 "유대인들의 신화"(티토 1,14)가 되었다고 여긴다.

26) 직역은 "본다"다.

27) 시편 제44편의 혼인축가는 시편 제71편과 마찬가지로 전통적으로 메시아와 관련된 것으로 여겨진다.

"빨리 쓰는 서기의 붓이라고 불리며, 그의 입술은 은총을 쏟아내고 있기에 사람들의 자녀들보다 더 아름답다"(시편 44,1-3)[28] [라고 쓰여 있다]. 그의 입술이 은총을 쏟아냈다는 표상의 증거는,[29] 그분께서 가르치신 기간은 짧았지만(일 년 몇 달 동안 가르치셨다[30]) 세상이 그분의 가르침과 그분께서 세우신 종교로 가득 찼다는 것에 있다. "그분의 시대"에, 달이 없어진다고 하는 종말 때까지 지속되는 "정의와 큰 평화가 일어났고"[31] 그분은 "바다에서 바다까지, 강에서 땅 끝까지 다스리기"(시편 71,7-8 참조)를 지속하신다. 그리고 다윗 가문에도 표징이 주어졌다. "동정녀가 잉태하여 아들을 낳고 그 이름을 임마누엘—이는 '하느님께서 우리와 함께'라는 뜻이다—이라고 하리라."(이사 7,14 칠십인역; 마태 1,23)[32] 같은 예언자가 "하느님께서 우리와 함께! 민족들아, 이를 알고 패배하여라. 너희는 강하지만 패배하여라"[33](이사 8,8-9 참조)라고 한 말도 실현되었다. 다른 민족 출신인 우리는 패배하

28) 오리게네스는 인물이 아니라 그리스도의 선포('혀')를 찬양한다고 인용문을 바꾼다.

29) 그리스도의 육화로 세상에 퍼진 은총에 관해서는 참조 『예레미야서 강해』 1,12; 『마태오 복음 주해』 10,22; 『켈수스 반박』 5,50; 『요한 복음 주해』 19,5(1),28.

30) 이레네우스는 예수의 공생활 기간이 1년이라고 내세우는 발렌티누스파의 견해(참조 『이단 반박』 1,3,3)를 반박한다(참조 『이단 반박』 2,22,3). 오리게네스는 『루카 복음 강해』 32,5에서는 이를 받아들이지만 『마태오 복음 강해』 40(GCS 38, 79쪽)과 『켈수스 반박』 2,12에서는 예수가 3년 정도 가르쳤다고 말한다. 오리게네스가 어림잡은 예수의 공생활 기간이 2년 남짓이라고 보는 학자들도 있다(참조 J. M. Pfättisch, *Die Dauer*, 15쪽 이하; G. Ogg, *The Chronology*, 특히 139-140쪽).

31) 오리게네스는 예언이 실현되었다는 사실을 말하기 위해, 미래 시제인 본문을 현재와 현재완료 형태로 바꾸어 인용한다. 뒤에서 인용하는 이사 7,14도 마찬가지다.

32) 이 예언은 메시아와 관련된 것으로 인용된다. 칠십인역의 '파르테노스'(παρθένος, 동정녀)와 다른 번역본들의 '네아니스'(νεᾶνις, 젊은 여자)에 관해 켈수스와 벌인 토론에 관해서는 참조 『켈수스 반박』 1,34-35; 또한 유스티누스, 『유대인 트리폰과의 대화』 66; 이레네우스, 『이단 반박』 4,33,11; 테르툴리아누스, 『유대인 반박』 9,1-2.

33) 루피누스는 성경 인용문의 끝부분을 번역하지 않는다.

고 정복되었으며 그분 말씀의 은총으로 사로잡혔기 때문이다. 게다가 미카서에 그분께서 탄생하실 곳이 이렇게 예언되었다.[34] "유다 땅 베들레헴아, 너는 유다의 통치자들 가운데 결코 가장 작지 않다. 너에게서 통치자가 나와 내 백성 이스라엘을 보살피리라."(마태 2,6; 참조 미카 5,1) 다니엘(다니 9,24-25)은 통치자 그리스도〔께서 오실〕 때까지 일흔 주간[35]이 채워졌다고 말한다. 욥에 따르면 "커다란 바다 괴물을 제압한"(욥 3,8 참조) 분, 그리고 "뱀과 전갈에게서 어떤 해도 입지 않도록 그것들을 밟고 원수의 모든 힘을 억누르는 권한을"(루카 10,19) 당신의 참제자들에게 주신 분께서 오셨다. 예수께서 복음을 선포하도록 파견하신 사도들이 도처에 나타났다는 점을 숙고하는 사람은 그 대담한 행위가 인간의 능력을 넘어서며 그 결과가 신적이라는 것을 알 것이다. 새로운 가르침들과 낯선 말들을[36] 들은 사람들이 그 사람들(사도들)을 어떻게 받아들였는지, 그들이 사도들을 함정에 빠뜨리고자 했을 때 사도들을 보호한[37] 어떤 신적 권능이 그들을 제어했는지를 우리가 조사한다면, "하느님께서 표징과 기적과 갖가지 권능을 통하여 그들의 말을 증언해 주셨"(히브 2,4)〔다는 사실을 알 수 있〕기 때문에 우리는

34) 참조 『켈수스 반박』 1,51; 유스티누스, 『첫째 호교론』 34; 『유대인 트리폰과의 대화』 78; 이레네우스, 『사도적 가르침의 논증』 63; 테르툴리아누스, 『유대인 반박』 13,2.

35) 일흔 주간에 관해서는 참조 오리게네스, 『마태오 복음』 40(GCS 38, 78쪽); 테르툴리아누스, 『유대인 반박』 8,2; 알렉산드리아의 클레멘스, 『양탄자』 1,21,125. 루피누스는 일흔(ἑβδομήκοντα)을 번역하지 않는다.

36) 켈수스는 교양인들이 이 새로운 가르침을 경멸했다고 한다(참조 『켈수스 반박』 7,53; 8,41). 오리게네스는 켈수스에게 답변하면서, 그리스도교를 선포하는 데 뒤따르는 어려움은 그 성과의 가치를 부각시키는 것이라고 강조한다(참조 『켈수스 반박』 1,31; 1,46). 당시의 철학적 환경에서 가르침의 오래됨(antiquitas)은 그 가르침이 참되다는 것을 밝히는 강력한 논증이었다. 이는 켈수스뿐 아니라, 그리스도교가 모세와 예언자들을 합법적으로 상속했음을 증명하는 호교가들과 오리게네스의 글에서도 확인된다.

37) 참조 사도 9,1 이하; 『요한 행전』 38-43.

사도들이 기적을 행했다는 것을 더 이상 의심하지 않을 것이다.

6. 우리는 예수에 관한 예언들을 이용해 그분의 신성을 간결하게 입증하면서, 그분에 관해 예언하는 성경이 하느님의 영감을 받았다는 것[38](2티모 3,16 참조)과 그분의 오심과 가르침을 선포하는 기록들(γράμματα)이 모든 권능과 권위 아래 쓰였으며, 그리하여 민족들 가운데 선택된 이들을 사로잡았다는 사실도 입증하였다. 예수께서 오셨을 때〔에야 비로소〕, 예언서에 쓰인 말들의 신적 영감[39]과 모세 율법의 영적 특성이 빛났다고 말해야 한다.[40] 구약성경에서 영감으로 쓰였다는 분명한 본보기들은 그리스도께서 오시기 전에는 제시될 수 없었기 때문이다. 그러나 예수의 오심은, 〔그때까지〕 율법과 예언서들[41]이 신적인 것이 아니라고 여기던 사람들에

38) '하느님의 영감을 받은'(θεόπνευστος)에 관해서는 參조 『요한 복음 주해』 6,48(29),248; 10,39(23),266. 유대인과 그리스도인의 전통적인 견해에 관해서는 參조 『원리론』 1,서론,8; 『켈수스 반박』 5,60; 『민수기 강해』 26,3. 성경의 신적 특성은 예언된 사건들이 예기치 않게 실현된다는 점에서 드러난다(參조 『켈수스 반박』 6,10; 테르툴리아누스, 『호교론』 20,3). 구약성경의 예언은 그리스도의 신성과 그리스도 안에서 예언이 실현됨을 증명한다(參조 『켈수스 반박』 1,45). 따라서 그리스도가 오기 이전에는 구약성경의 영감을 입증할 수 없었다.

39) '신적 영감'(τὸ ἔνθεον)은 성경이 영감을 받아 쓰였다는 사실을 의미한다. 켈수스는 '신적 영감'(ἔνθεος)을 시인들의 영감, 신탁을 전해 주는 사람들의 영감 등의 의미로 사용한다. 이 경우 이 용어는 종교성을 띠는 어떤 정신을 나타낸다(參조 『켈수스 반박』 4,36; 6,38; 6,17; 6,80; 7,41; 8,45). 오리게네스는 이 낱말을 성경의 영감, 유대인 입법의 영감, 예언자들의 영감을 뜻하는 데도 사용한다(參조 『켈수스 반박』 3,7; 6,46; 7,10; 7,11; 7,30; 7,41).

40) 오리게네스는 두 성경이 균형을 이루고 있다고 본다(參조 『원리론』 2,7,2; 3,3,1). 여기서 오리게네스는 구약성경 안에 감추어진 것, 구약성경의 영적 의미(參조 『마태오 복음 주해』 10,5), 또는 문자적 의미에서 영적 의미로 넘어갈 수 있는 해결의 실마리에 관한 완전한 지식을 그리스도께서 제시하셨다고 단언한다〔參조 『민수기 강해』 5,1; 『요한 복음 주해』 1,6(8),32-36; 13,46,305-306; 알렉산드리아의 클레멘스, 『양탄자』 4,21,134; 6,8,68; 유스티누스, 『유대인 트리폰과의 대화』 100; 이레네우스, 『이단 반박』 4,26,1; 『원리론』 4,2,3; H. Crouzel, *Connaissance*, 324-370쪽〕.

41) 직역은 "예언자들"이다.

게 그것들이 하늘의 은총으로 기록되었다는 것을 확실히 증명했다. 예언이 담긴 말들을 면밀하고 주의 깊게 연구하는 사람은 그것들을 읽을 때 신적 영감의 흔적을 느낄 것이며, 그 말들이 인간이 쓴 것이 아니라 하느님의 말씀이라는 우리의 믿음을 그 느낌으로 확신할 것이다.[42] 모세의 율법에 담겨 있으나 너울로 가리어 율법 안에 숨겨진 빛이 예수의 오심으로 빛나게 되었으며, 그분은 "너울을 치우셨고"(2코린 3,15-16), "문자의 그림자가 지니고 있는 좋은 것들"(히브 10,1)을 점차[43] 알게 하셨다.

7. 옛 예언들이 신적 영감으로 쓰였다는 것을 의심하는 사람이 그를 주저하고 망설이게 만드는 모든 것을 물리치고 온 영혼으로 하느님의 말씀에 몰두하도록, 앞으로 일어날 모든 사건을 기록한 옛 예언들을 우리가 여기에 다 제시하는 것은 매우 힘든 일일 것이다. 교육받지 않은 이들에게 (성경) 각 낱말에 담겨 있는 사유(思惟)[44]의 초인간적 요소가 명확히 드러나지 않는다 해도, 이는 결코 놀라운 일이 아니다. 전 우주에 걸친 섭리의 활동들은 더러는 섭리의 활동임이 매우 명확하게 드러나지만 더러는 숨겨져 있어서,[45] 말로 표현할 수 없는 솜씨(τέχνη)와 권능으로 만물을 관장하

---

42) '신적 영감의 흔적'(ἴχνος ἐνθουσιασμοῦ)에 관한 표상은 플라톤의 『이온』 특히 553e를 연상시킨다. 오리게네스에게 성경은 그리스도와 예언자들, 사도들 안에서 이루어진 신적 활동의 증거 또는 증언이다. 그러나 구약성경의 신적 기원은 예수께서 신적·영적 내용을 드러내셨을 때에야 명백하고 확실해졌다. 그 점에서 구약성경의 신적 영감은 결코 형식적인 것이 아니라, 예수라는 인물과 그가 열어 놓은 구약성경에 관한 그리스도교 해석학과 일치를 이룬다. 영감에 관해서는 참조 H. Campenhausen, *Die Entstehung*, 363-364쪽.

43) '카타 브라키'(κατὰ βραχύ)는 '곧, 머지않아'도 뜻한다.

44) 사유(νόημα)는 문자적 의미와 관련해 쓰이는 경우는 거의 없고[참조 『요한 복음 주해』 32,21(13),268], 대부분 영적 의미에 적용된다[참조 『켈수스 반박』 7,60; 『요한 복음 주해』 13,33,204.206; 『예레미야서 강해』 19,11; H. Crouzel, *Connaissance*, 384-385쪽].

45) 참조 『에제키엘서 강해』 4,7; 『원리론』 2,1,2.

는 하느님을 믿지 못하게 만드는 원인이 되는 것 같다.[46] 〔신적〕 섭리의 솜씨 있는 활동 방식은 지상 사물의 경우 해나 달, 별들에 관한 경우만큼 분명하지 않고, 인간들에게 일어나는 일들의 경우 동물들의 영혼과 육체에 관한 경우만큼 명백하지 않다. 동물이 지닌 충동과 표상과 본성의 목적과 이유, 그리고 신체 구조[47]는 이것들을 연구한 이들에 의해서만 정확하게 밝혀질 수 있다. 그러나 섭리는, 적어도 섭리를 올바로 한 번 인정한 사람들이 보기에 우리가 무지하다고 해서 없어지지 않는다. 이와 마찬가지로 우리의 약함이 평범하고도 쉽게 업신여길 수 있는 낱말들[48]로 이루어진 성경 각 구절의 표현[49]에 담긴 감추어진 광채에 다가가지 못한다고 해도, 성경 전체에 퍼져 있는 성경의 신적 특성은 조금도 줄어들지 않는다. "하느님의 크나큰 힘이 빛나고, 그 힘이 우리 인간에게서 나오는 것으로 생각할 수 없도록 우리는 질그릇들 속에 보물을 지니고 있습니다."(2코린 4,7 참조) 만약 성경에서 인간적 증명을 따르는 방식들이 발견되고 그것들이 사람들을 설득했다면, 우리의 믿음은 당연히 "하느님의 힘"이 아니라 "인간의 지혜"(1코린 2,5 참조)에서 기인한다고 여길 수 있을 것이다. 그러나

46) 개별적인 일에서의 섭리의 활동과 내밀함에 관해서는 참조 『원리론』 3,5,8; 3,5,5; 2,9,8; 2,11,5.

47) 동물들은 둘째 창조의 결과다. 따라서 동물들의 존재는 이성적 피조물들이 지은 죄에서 유래한다(참조 『원리론』 2,2,2). 『시편 제1편 선별 강해』(PG 12,1081 또는 『필로칼리아』 2,5)에 따르면 독이 있는 동물들이 그렇게 많이 창조된 이유를 이해하는 것은 불가능하다.

48) 성경 낱말 자체의 가치가 보잘것없다는 사실은 결론적으로 영적 의미가 중요함을 뜻하며, 따라서 영적 의미의 신적인 성격을 부각시킨다(참조 『민수기 강해』 9,6; 『원리론』 4,3,15; 『요한 복음 주해』 4,1-2).

49) 오리게네스는 성경의 모든 말이 영적 의미를 지닌다고 여긴다〔참조 『민수기 강해』 27,1; 『시편 제1편 선별 강해』(PG 12,1081 또는 『필로칼리아』 2,4); 알렉산드리아의 클레멘스, 『교육자』 1,5,15; 1,6,36; 1,7,60; 『양탄자』 6,6,36〕. 테르툴리아누스는 이와 반대로 이해한다(참조 『부활론』 20,7).

더 정확히 바라보는 사람에게[50] "말과 [복음] 선포는 많은 이에게 지혜롭고 설득력 있는 언변을 통해서가 아니라, (성)령과 힘의 드러남으로"(1코린 2,4 참조) 이루어졌다는 것은 명백하다. 하늘의 힘 또는 초천상적[51] 힘도 우리의 창조주만 경배하도록 우리에게 강력히 촉구하므로 "그리스도에 관한 교리의 시작", 곧 "초보적인 교리를 뒤에 남기고 완전한 경지로 나아가자"[52](히브 6,1; 참조 히브 5,12). 이는 완전한 이들에게 선포된 지혜가 우리에게도 선포되도록 하기 위해서다. 지혜를 지닌 사람[53]이 "지혜를 완전한 이들에게 선포하리라"라고 약속했고, 그 지혜는 "이 세상의 지혜[54]와 이 세상 통치자들의 덧없는 지혜"와 다르다(1코린 2,6 참조). 이 지혜는 "오랜 세월 감추어져 있었지만 이제 예언자들의 책들과 우리 주님이요 구원자이신 예수 그리스도의 나타남을 통해 신비의 계시로"[55] 우리 안에 분명하게 새

50) 직역은 "눈들을 들어올리는 사람"이다. 믿음에 대한 더 깊은 이해뿐 아니라 단순한 그리스도인의 믿음도 성령의 활동에 바탕을 두고 있다.

51) 오리게네스는 중플라톤학파 철학자들에게 친숙한 이 표현을 하느님의 절대적 초월에 관해 사용하며, 여기서는 하느님의 영을 절대적 초월과 연관짓는다. 이미 구약의 예언자들이 하느님의 숭고함과 내밀함에 대해 말했기 때문에, 그는 이 낱말을 그리스도인이 사용하는 것을 정당화하면서 켈수스를 반박한다(참조 오리게네스, 『켈수스 반박』 4,17.19).

52) 영적 의미를 끊임없이 연구하기 위해서는 단순한 이들을 대상으로 한 가르침을 넘어서야 한다[참조 『헤라클리데스와의 논쟁』 15; 『요한 복음 단편』 63(GCS 4. 534쪽); 『잠언 단편』 1,6(PG 13,20-21); 『마태오 복음 주해』 10,4; 12,30.33; 『창세기 강해』 7,4]. 십자가에 못 박힌 그리스도에서 말씀(로고스)으로 올라가야 한다(참조 『레위기 강해』 4,6; 『요한 복음 주해』 2,3,21-23; 『마태오 복음 주해』 16,8; 알렉산드리아의 클레멘스, 『양탄자』 6,15,132).

53) 바오로를 가리킨다.

54) 세상의 지혜에 관해서는 참조 『원리론』 3,3,1. 하느님 지혜와 차이점에 관해서는 참조 『켈수스 반박』 1,13.

55) 오리게네스는 1티모 6,14("우리 주 예수 그리스도의 나타나심")와 2티모 1,10("우리 구원자 그리스도 예수님의 나타나심")을 뒤섞고 로마 16,25-27은 줄여 인용한다. 영광송에 관해서는 참조 『원리론』 3,5,8; 4,3,14.

겨질 것이다. "예수 그리스도께 영원히 영광이 있기를 빕니다. 아멘."[56](로마 16,25-27 참조)

56) 오리게네스는 강해의 매 단락을 마무리지을 때면 일반적으로 "그분(예수)께서는 영원무궁토록 영광과 권능을 누리십니다. 아멘"(1베드 4,11)이라는 표현을 사용한다.

2장

성경을 어떻게 읽고 이해해야 하는가?

1 (8). 성경의 영감에 관해 간략하게 말했으니, 성경을 읽고 이해하는 방법을 논구해야 한다. 많은 사람이 거룩한 기록들을 해석하는 방법을 알지[1] 못해 많은 오류가 생겨났기 때문이다. 한편으로 할례 받은 이들[2] 가운데 완고한 이들과 무지한 이들은 우리의 구원자를 믿지 않았다. 그들은 그분에 관한 예언들을 문자 그대로[3] 따라야 한다고 여겼기 때문이다. 그들은 구원자께서 "잡혀간 이들에게 해방을 선포하셨고"(이사 6,1; 루카 4,18), 그들이 참으로 "하느님의 도성"(시편 45,5)으로 여긴 도성을 세우셨으며, "에프라임에서 병거를, 예루살렘에서 군마를 없애셨고"(즈카 9,10), "엉긴 젖과

1) 직역은 "주파하는 길을 찾지"다.
2) '유대인들'을 가리킨다.
3) 또는 "문자적 의미로"다.

꿀을 먹었고 악을 알게 되거나 좋아하기 전에 선을 선택하였다"[4](이사 7,15 칠십인역)는 사실을 문자 그대로[5] 행하시지 않았다는 것을 알았다. 게다가 그들은 "늑대가 새끼 양과 나란히 풀을 뜯고 표범이 새끼 염소와 함께 쉬리라. 송아지와 황소, 사자가 함께 풀을 뜯고 어린아이가 그들을 지키리라. 암소와 곰이 함께 풀을 뜯고 그 새끼들이 함께 자라리라. 사자가 소처럼 여물을 먹으리라"(이사 11,6-7)라는 예언에서, 늑대를 네 발 달린 짐승이라고 생각했다. 따라서 그들은 우리가 그리스도라고 믿는 분이 오셨을 때, 이 사건들 가운데 아무것도 문자 그대로 성취되지 않았다는 것[6]을 알았다. 따라서 그들은 우리 주 예수님을 받아들이지 않았으며, 그분이 부당하게 스스로를 그리스도라고 불렀다고 하여 그분을 십자가에 못 박았다. 다른 한편으로 이단자들[7]은 "나의 분노로 불이 타올랐다"(이사 15,14), "나는

4) 유대인들은 이 성경 구절들을 메시아와 관련하여 생각하였다. 그러나 그들은 상징적 의미가 아니라 육체적 의미에서 그 실현을 기다렸다. 즈카 9,10의 영적 해석에 관해서는 참조 『마태오 복음 강해』 27. 필론은 『상급과 처벌』 89에서 이사야서 본문을 육체적 의미로 해석하였다. 그러나 그는 성경 본문을 너무 조잡스럽게 문자적으로 해석하는 것을 매우 자주 비난하였다(참조 『하느님』 21-22; 『세상 만듦』 13; 『창세기에 관한 질문과 해결』 4,168). 오리게네스도 유대인의 이러한 조잡스러운 해석을 자주 비난하였다(참조 『창세기 강해』 13,2; 『탈출기 강해』 7,1; 『예레미야서 강해』 12,13; 『마태오 복음 강해』 10과 27.

5) 직역은 "감각적으로 느낄 수 있게/명백하게"(αἰσθητῶς)다.

6) 켈수스는 이에 관해 상세히 이의를 제기하며, 오리게네스는 『켈수스 반박』 7,18-19에서 같은 논증으로 켈수스에게 답변한다.

7) 영지주의자들을 가리킨다. 참조 『원리론』 2,4-5. 극단적인 문자주의는 특히 마르키온을 비난하는 것이다. 마르키온은 문자적 해석에 근거하여 구약성경의 의로우신 창조주 하느님과 신약성경의 선하신 하느님이 양립할 수 없다고 주장했다. 오리게네스는 영지주의자들이 자신들의 고유한 가르침을 찾아내기 위해 성경을 지나치게 우의적으로 해석하곤 했기 때문에 그들에게도 같은 비난을 하였다(참조 이레네우스, 『이단 반박』 1,3,1-2; 1,18,1-2). 여기서 오리게네스는 영지주의자들이 구약성경의 불완전한 하느님인 데미우르구스와 신약성경의 최고의 하느님을 구분하기 위해 구약성경의 신인동형론을 문자적으로 해석한다고 비난한다. 신인동형론에 관해서는 참조 『원리론』 2,4,4와 각주 22.26.

조상들의 죄악을 삼 대 사 대 자손들에게까지 갚는 질투하는 하느님이다”(탈출 20,5), “나는 사울을 임금으로 기름 부은 것을 후회한다”(1사무 15,11), “나는 평화를 만들고 악을 일으키는 하느님이다”(이사 45,7), “주님께서 만들지 않으신 악은 성읍에 없다”(아모 3,6), “악이 주님으로부터 예루살렘 성문 위로 내려왔다”(미카 1,12), “하느님께서 보내신 악령이 사울을 숨 막히게 했다”(1사무 18,10)라는 구절들 그리고 이와 비슷한 많은 구절을 읽을 때, 이것들이 하느님의 저서가 아니라고 감히 말하지는 못하였지만 유대인들이 섬기는 데미우르구스(곧, 창조주)의 것이라고 믿었다. 이단자들은 데미우르구스(창조주)가 불완전하고 선하지 않기 때문에, 구원자께서 더 완전한 하느님—그들은 더 완전한 하느님은 데미우르구스(창조주)와 같은 분이 아니라고 말한다—을 선포하기 위해 오셨다고 생각했다. 그들은 그분(곧, 더 완전한 하느님)에 관해 견해가 달랐다. 그들은 태어나지 않고[8] 유일한 하느님이신 창조주를 한 번 저버린 뒤, 망상에 빠져 허구적인 가설들을 만들어 냈다.[9] 이 가설에 따르면 더러는 가시적 실재, 더러는 비가시

8) ‘태어나지 않은’(ἀγέννητος)에 관해서는 참조 『켈수스 반박』 8,14; 『요한 복음 주해』 1,27(25),187; 2,10(6),73; 13,25,149. 그러나 다른 곳에서는 ‘창조되지 않은’(ἀγένητος)이 사용된다〔참조 『켈수스 반박』 2,51; 4,38; 『요한 복음 주해』 1,29(32),204; 2,2,14〕. 두 용어는 4세기에 아리우스 논쟁의 결과로 ‘겐네토스’(γεννητός)는 ‘태어난’이라는 의미를 지니고 ‘게네토스’(γενητός)는 ‘창조된’이라는 의미를 지니는 것으로 명확하게 규정되었지만, 오리게네스는 아직 이 둘을 동의어로 사용한다. 아리우스 논쟁 이전에 이 용어들 때문에 벌어진 혼동에 관해서는 참조 『원리론』 1,서론,4와 각주 18. 오리게네스는 ‘태어나지 않음/창조되지 않음’이라는 특성이 최고의 하느님에게만 걸맞다고 지적한 점에서는 영지주의자들과 같다. 그러나 영지주의자들에 따르면 데미우르구스는 둘째 시대에 창조되었다(참조 『테오도투스 작품 발췌집』 47; 이레네우스, 『이단 반박』 1,5,1). 루피누스는 반영지주의적 의도를 고려하지 않은 채 ‘만물의 하느님’(omnium deus)으로 번역하였다.

9) 신화적 우주론을 전개하는 영지주의자 발렌티누스의 학설체계에 따르면 플레로마 세계에는 30개의 에온(신적 존재)이 있으며, 이 에온들 가운데 소피아가 가장 낮은 에온이다. 발렌티

적 실재[10]라고 하는데, 이 모든 것은 그들의 정신이 멋대로 지어 낸 것이다. 게다가 교회의 일원임을 자랑스럽게 여기는 사람들 가운데 더 단순한 이들[11]은 참으로 데미우르구스(창조주)보다 더 위대한 분은 없다고 믿는다. 이 점에서 그들은 옳다. 그러나 그들은 그분에 관하여 가장 잔인하고 불의한 사람들에 대해서도 상상하지 않는 것을 받아들인다.[12]

2 (9). 그런데 앞에서 말한 모든 이가 하느님에 관해 그릇된 견해를 지니고서 불경스럽고 무지하게 말하는 이유는, 성경을 영적 의미로 이해하지 않고 단지 문자에 따라 해석하기 때문인 것 같다. 그러니 우리는 성경이 인간의 작품이 아니라 만물의 아버지의 뜻에 따라 예수 그리스도를 통하여 성령의 영감으로 쓰였으며[13] 우리에게 전해졌다고 확신하는 이들에게 〔성경을 이해하는 데〕 우리에게 옳다고 보이는 〔해석〕 방법을 보여 주어야 한다.[14] 이는 사도 계승[15]을 통해 전해진 예수 그리스도의 천상 교회[16]

누스는 구약의 하느님인 데미우르구스가 물질 세계에서 자신의 천사들과 함께 궁극적으로 가시적인 세상을 창조했다고 여긴다.

10) 오리게네스는 가시적 실재와 비가시적 실재를 구분하지만(참조 『원리론』 1,7,1), 여기서는 플레로마의 비가시적 세계, 곧 최고의 하느님이 창조한 세계 또는 더 정확히 말하면 유출된 세계와 데미우르구스가 창조한 세계라는 영지주의적 구분을 비난한다(참조 이레네우스, 『이단 반박』 1,1,1-2; 1,5,1). 참조 『원리론』(루피누스의 라틴어 역본) 4,2,1 각주 4.

11) '아케라이오스'(ἀκέραιος, 혼합되지 않은 순수한 사람)는 신약성경에서 도덕적으로 순수한 사람, 순진한 사람을 가리키지만 여기서는 '하플루스테로스'(ἁπλούστερος, 더 단순한 사람)처럼 학문과 관계없는 사람을 가리킨다(참조 『원리론』 1,서론,3과 각주 13). 오리게네스에 따르면 사람은 영지주의와 같은 이원론적 이단을 단순한 교의적 충실함으로는 극복할 수 없고 영적 의미에 대한 인식으로만 극복할 수 있다. 루피누스는 이들 가운데 일부를 하느님의 위엄에 걸맞지 않게 생각하는 배우지 못한 그리스도인이라고 완곡하게 표현한다.

12) 참조 『원리론』 2,5,2와 다른 여러 곳.

13) 삼위 모두 신적인 모든 일에서처럼 성경의 영감을 위해 협력한다. 곧, 성부는 기원이고, 성자는 집행자이며 그의 행위는 성령의 영감을 통해 성경 저자들 안에서 이루어진다(참조 『원리론』 1,3,7; 4,2,7; 4,4,5). 영감을 주는 성령에 관해서는 참조 『민수기 강해』 26,3.

의 규범[17]을 지키는 이들을 위한 것이다.

모든 사람, 그리고 〔우리의〕 말을 신뢰하는 사람들 가운데 가장 단순한 사람들도 성경을 통해 알려진 어떤 신비적 구원경륜들(οἰκονομίαι)[18]이 있다고 믿는다. 그러나 현명하고 겸손한 사람들은 이 구원경륜들이 무엇인지 알지 못한다고 고백한다. 예를 들어 롯이 자기 딸들과 맺은 육체관계[19](창세 19,30 이하 참조)나 아브라함의 두 아내(창세 16장 참조)나 야곱과 혼인한 두 자매[20](창세 29,21 이하 참조)나 야곱에게서 자식들을 낳은 두 몸종(창세 30,1-13 참조)에 관한 내용에 어떤 사람이 난처해하면, 그들은 이것들이

---

14) **참조** 『원리론』 1,서론,2.8. 이미 알렉산드리아의 클레멘스는 소실된 『교회의 정경 또는 유대화한 이들 반박』을 저술했으며, 여기서 구약성경을 영적 의미로 이해했다. 왜냐하면 그는 정경을 "주님의 공현 때 맡겨진 계약, 그리고 율법과 예언서들의 일치"로 규정했기 때문이다(**참조** 『양탄자』 6,125,3).

15) 사도 계승은 '디아도케'(διαδοχή)의 번역이다(**참조** 발렌티누스파 프톨레마이우스, 『플로라에게 보낸 편지』 7,9; 이레네우스, 『이단 반박』 1,27,1; 3,2,2; 3,3,3 등).

16) 교회가 천상 교회일 경우에만 영적 인식을 지닌다.

17) '카논'(κανών)이라는 낱말의 의미에 관해서는 상이한 해석들이 있다. 어떤 이들은 '카논'을 교회의 선포에 관한 신앙 규범만으로 인정한다(신앙 규범에 관해 오리게네스는 『원리론』 서론과 여러 곳에서 자주 말한다). 어떤 이들은 문자에 따른 해석 방법이 아니라 영에 따른 해석 방법으로 이해한다. 또 다른 이들은 '더 단순한 이들'의 기초 교육과 상반된 '완전한 이들'의 최고 지식으로 생각한다(**참조** D. van den Eynde, *Les normes*, 307-308쪽). 오리게네스에게서 '카논'의 의미는 상당히 일반적이다. 여기서는 '진보한 그리스도인이 알기 쉬운 규범'으로 이해하는 것이 바람직하다.

18) 이 낱말은 '구원계획, 섭리, 계획' 등으로도 번역된다.

19) **참조** 『창세기 강해』 5,5. 여기서 롯은 율법의 상징으로, 그의 딸들은 예루살렘과 사마리아의 상징으로 서술된다. 롯과 그의 딸들의 근친상간에 관해서는 필론(『창세기에 관한 질문과 해결』 4,56), 이레네우스(**참조** 『이단 반박』 4,31,1-2)도 설명하며, 『켈수스 반박』 4,45에서는 스토아학파의 도덕 원칙에 바탕을 두고 서술된다. 여기에 언급된 사건들이 상징하는 바에 관해서는 **참조** 『원리론』 4,3,7; 『창세기 강해』 11,1; 프로코피우스, 『팔경 주해 선집』 29,30(PG 87,433-434).

20) 이는 레위 18,18의 내용과 상충된다.

단지 우리가 이해하지 못하는 신비라고 말할 것이다. 성막에 갖추어야 할 것들[21]에 관한 구절들(탈출 25-31장과 35-40장 참조)을 읽으면, 그들은 기록된 내용들이 예형들(τύποι)[22]을 나타낸다고 확신하면서, 성막에 관해 언급된 상세한 각 기술에 적용할 수 있는 것들을 찾는다. 성막이 어떤 것의 예형이라고 확신하는 것은 잘못이 아니다. 그러나 그들은 성경에 나오는 말을 성막의 원형인 어떤 실재에 적절한 방식으로 적용하려 할 때, 때때로 갈팡질팡한다. 혼인과 자녀 출산 또는 전쟁에 관해 말하는 듯 보이는 모든 이야기나, 대부분의 사람이 역사적 이야기로 받아들일 수 있는 것도 그들은 예형이라고 단언한다. 그러나 그것들이 무엇의 예형인지 〔물으면〕, 때로는 철저히 훈련받지 않았기 때문에, 때로는 깊이 생각하지 않기 때문에, 그리고 때로는 훈련을 받고 깊이 생각하였음에도 불구하고 사람들이 실재들[23]을 발견하기 매우 어렵기 때문에 구체적 내용의 명백한 의미를 설명하지 못한다.

3 (10). 그리고 우리 모두가 알고 있는 "수수께끼들"과 "모호한 말들"[24]

21) 성막의 우의적 해석에 관해서는 참조 필론, 『모세의 생애』 2,89-94; 『탈출기에 관한 질문과 해결』 2,68; 알렉산드리아의 클레멘스, 『양탄자』 5,6,35-36; 6,11,86; 『테오도투스 작품 발췌집』 27; 오리게네스, 『탈출기 강해』 9.

22) '본보기들' 또는 '상징들'로 번역할 수도 있다(참조 『여호수아기 강해』 2,3; H. Crouzel, *Connaissance*, 221-225쪽). 예형론적 해석을 적용하려면, 구약성경과 신약성경의 사건들이 비교될 수 있어야 한다. 예를 들어 모세가 재앙 때 구리 뱀을 기둥에 단 것은 예형이고 그리스도가 십자가에 못 박히는 것은 원형이다(1베드 3,21 참조).

23) 실재들(πραγμάτα)은 그리스도교 성경 주석에서, 시간적 간격을 두고 본보기 또는 상징으로써 나타내려고 하는 실질적인 구원 자산이다. 이와 달리 철학적 어법에는 시간적 관계가 없다. 플라톤 철학에서 '프라그마타'(πραγμάτα)는 시간의 경과와 무관하게 생각되는 정신적 실재(참조 예를 들어 플라톤, 『크라틸로스』 386e; 필론, 『누가 신적 사물들의 상속자인가?』 63과 66)이며, 상징과는 대조적으로 종말론적 질서의 참된 실재인 신비를 나타낸다. 그래서 '프라그마타'(πραγμάτα, 실재들)는 '미스테리온'(μυστήριον, 신비)과 '알레테이아'(ἀλήθεια, 진리)로도 표현된다(참조 H. Crouzel, *Connaissance*, 36쪽).

(잠언 1,6 참조)로 가득 찬 예언들에 관해서는 뭐라고 하겠는가? 그리고 복음서로 넘어가면, 그리스도의 정신(νοῦς)[25]인 복음서를 정확히 해석하기 위해서는 다음과 같이 말한 이(곧, 바오로)에게 주어진 은총이 필요하다. "우리는 하느님께서 우리에게 거저 주신 것들을 알 수 있도록 그리스도의 정신을 지니고 있습니다." "우리가 말하는 것들은 인간의 지혜가 가르쳐 준 말이 아니라 성령이 가르쳐 주신 말입니다."(1코린 2,16.12.13 참조) 그리고 요한에게 계시된 것들[26]을 읽은 사람은 그 안에 숨겨진 이루 말할 수 없는[27]—기록된 것을 이해하지 못하는 사람에게도 명백한—신비들을 〔확인하고〕 놀라지 않을 수 있겠는가? 사도들의 서간에서 많은 구절이 매우 깊고 많은 통찰을 마치 좁은 틈을 통해 어렴풋이 들여다 볼 기회를 제공한다 할지라도, 본문을 세심하게 검토할 수 있는 사람들 가운데 누가 사도들의 서간을 명백하고 쉽게 이해할 수 있다고 생각하겠는가? 보다시피 이러한 어려움들

24) 잠언 1,6은 『켈수스 반박』 3,45; 7,10; 『요한 복음 주해』 2,28(23),173; 『잠언 단편』 1,6(PG 13,20-21)에서 같은 의미로 원용된다.

25) 그리스도의 마음 또는 정신(1코린 2,16). 성경, 특히 복음서를 이해하기 위해서는 성경에 표현된 그리스도의 마음 또는 정신을 지녀야 한다. 이는 명백히 은총을 통해 지니게 된다. 곧, 비슷한 것만이 비슷한 것을 이해한다. 그리스도는 성경과 동일시되고, 그리스도의 영은 성경에 영감을 부어 넣은 성령이다. 따라서 이 성령이 독자에게 그리스도의 마음 또는 정신을 전한다. 핵심 대목이 『요한 복음 주해』 1,4(6),21-24이다. 그리스도의 가슴에 기대어 있고 예수에 의해 마리아의 아들이 됨으로써, 그리스도 자신이 된 요한의 복음을 이해하기 위해서는 우리가 예수가 되어야 한다〔참조 『요한 복음 주해』 10,41(25),286; 『마태오 복음 주해』 15,30; 17,13; 그리고 강해와 주해의 많은 구절; H. Crouzel, *Connaissance*, 119-123쪽〕.

26) 요한 묵시록을 가리킨다. 이 구절은 오리게네스가 묵시록을 영감 받은 책으로 인정하고 요한 사도가 묵시록의 저자라고 여긴다는 사실을 확실히 입증한다. 『여호수아기 강해』 7,1에는 경전 목록이 실려 있는데 묵시록은 어떤 사본에는 있지만 어떤 사본에는 빠져 있다.

27) "이루 말할 수 없는"은 그리스어로 '아포레토이'(ἀπόρρητοι)다. 이 낱말은 유대인과 영지주의자의 비밀 전승에도 적용된다〔참조 『요한 복음 주해』 6,12-14(7),73.76.83; 19,15(4),92〕. 또한 문자 안에 감추어진 신비하고 끝없는 내용을 의미한다.

이 있고, 무수한 사람이 잘못을 저지르고 있기 때문에, 구원자의 말씀에 따르면 율법 교사들이 지니고 있다는 지식의 열쇠가 필요한 내용들을 〔성경을〕 읽을 때 쉽게 이해할 수 있다고 단언하는 것은 위험하다. 그리고 그리스도께서 오시기 전에 이 사람(곧, 율법 교사)들이 진리를 지니고 있었다는 사실을 받아들이려 하지 않는 이들이 있다.[28] 이러한 이의를 제기하는 이들은 율법 교사들이 지식(γνῶσις)에 관해 말로 표현할 수 없는 완전한 신비들을 담은 책들[29]을 지니지 않았었다고 말하지만, 그렇다면 어째서 우리 주 예수 그리스도께서 지식의 열쇠가 율법 교사들에게 있었다고[30] 말씀하셨는지 그들은 우리에게 설명해야 한다. 본문은 이렇게 쓰여 있다. "불행하여라, 너희 율법 교사들아! 너희가 지식의 열쇠를 치워 버리고서, 너희 자신들도 들어가지 않고 또 들어가려는 이들도 막아 버렸기 때문이다."(루카 11,52)[31]

4 (11). 그러므로 성경을 연구하고 그 의미를 이해하는 데 우리에게 올바르게 보이는 방법은 이러하다. 그 방법은 성경 자체에서 발견된다. 우리는 솔로몬의 잠언에서 신적 가르침에 관해 기록된 다음과 같은 규정을 발견한다. "너에게 묻는 이들에게 진리의 말들로 대답할 수 있도록 이것들을 〔너의〕 조언과 지식 안에 삼중으로 기술하라."[32](잠언 22,20-21 참조 칠

28) 구약성경을 배척하거나 경멸하는 마르키온과 영지주의자들을 가리킨다.

29) 그와 반대로 영지주의자들은 자신의 가르침과 비밀 전승에 사도의 권위를 부여하기 위해 그들이 쓴 수많은 외경을 지니고 있다고 내세운다.

30) 동일한 문맥에서 언급된 지식의 열쇠 이야기에 관해서는 참조 『시편 제1편 선별 강해』 (PG 12,1077 또는 『필로칼리아』 2).

31) 오리게네스는 시편 제1편의 해석에서 묵시 3,7과 봉인된 책에 관한 묵시 5,1 이하에 따라, 그리스도께서 지니셨다는 '다윗의 열쇠'에 관해 더 상세하게 다룬다.

32) 『민수기 강해』 9,7에서도 성경의 삼중 의미에 관한 가르침을 뒷받침하기 위해 잠언 22,20-

십인역)[33] 그러므로 성경의 의미를 자신의 영혼 안에 삼중으로 기술해야 한다. 더 단순한 사람은 말하자면 성경의 육[34]—우리는 이를 명백한 해석[35]이라고 부른다—으로 교화될 수 있다. 반면 어느 정도 진보를 이룬 사람은 말하자면 성경의 영혼으로 교화될 수 있다. 그리고 사도의 "우리는 완전한 이들 가운데서 지혜를 말하지만 그 지혜는 이 세상의 지혜도 아니고 파멸하게 되어 있는 이 세상 통치자들의 지혜도 아니며, 신비에 감추어져 있는 하느님의 지혜, 세상이 시작되기 전 하느님께서 우리의 영광을 위해 미리 정하신 지혜입니다"(1코린 2,6-7)라는 말 속의 이들과 비슷한 완전한 사람

21을 같은 방식으로 주석한다. 『창세기 강해』 2,6에서 이 주석은 창세 6,15로 확증된다. 오리게네스 이전에 성경과 인간 육체의 관계에 관해 언급한 저자로는 필론(参照 『아브라함의 이주』 93; 『관상 생활』 78)과 클레멘스(参照 『양탄자』 6,15,132)가 있다. 성경의 영적 해석은 완전한 지식으로 여겨진다(参照 『바르나바의 편지』 6.9; 알렉산드리아의 클레멘스, 『양탄자』 2,12,54; 3,12,83; 6,15,131 등).

33) 이 인용은 잠언 22,20-21의 칠십인역 본문을 완전하게 옮긴 것이 아니다. 곧, εἰς βουλὴν καὶ γνῶσιν 대신에 ἐν βουλῇ κὰ γνώσει가 사용된다. 그 다음 인용은 τοῦ ἀποκρίνασθαι 앞에 ἐπὶ τὸ πλάτος τῆς ψυχῆς σου. Διδάσκω οὖν σε ἀληθῆ λόγον καί γνῶσιν ἀγαθὴν ὑπακούειν을 삭제한다.

34) 参照 알렉산드리아의 클레멘스, 『양탄자』 6,15,132. 여기에서 말들(λέξεις)과 이름들(ὀνόματα)은 성경의 육체(σῶμα τῶν γραφῶν)와 같다.

35) 문자적 의미 또는 문법적-역사적 의미를 이미 필론은 때때로 '육체'로, 이 말들(λέξεις)에 있는 보이지 않는 의미를 '영혼'으로 부른다(参照 『관상 생활』 78; 또한 알렉산드리아의 클레멘스, 『양탄자』 6,132,3). 필론도 초심자들과 진보한 이들과 완전한 이들을 구별하였다(参照 『이름의 변경』 19; 『농사』 157; 『우의의 법칙』 3,249). 이는 오리게네스에게서도 발견된다(参照 『레위기 강해』 1,4; 『마태오 복음 주해』 12,20). 『여호수아기 강해』 9,9에는 네 범주가 있다. 이 분류의 의미는 과대평가할 필요가 없으며, 단순한 이들과 완전한 이들 사이의 원칙적인 구분〔参照 『원리론』 4,1,7; 『요한 복음 주해』 6,51(32),264-265; 13,37,239-246; 19,9(2),55-56; 『마태오 복음 주해』 12,32〕은 상대적이며, 전적인 완전함은 앞으로의 삶에서만 존재한다는 것을 잊어서는 안 된다. 이 세상에서 어떤 사람도 완전할 수 없으며, 이 개념은 상대적 가치만 지닌다(参照 『로마서 주해』 10,10). 게다가 오리게네스 자신도 성경을 해석할 때 이중의 의미로 구분하는 것으로 만족한다.

은 "앞으로 일어날 좋은 것들의 그림자를 지니고 있는[36] 영적 율법"[37](히브 10,1; 로마 7,14 참조)으로 교화될 수 있다. 인간이 육체와 영혼과 영으로 이루어져 있듯이, 하느님께서 당신의 섭리에 따라 인간을 구원하기 위해 주신 성경도 그러하다.[38]

그래서 우리는 어떤 이들[39]이 경멸하는 작품인 『목자』[40]의 구절들도 이 방식으로 해석한다. 헤르마스는 책 두 권을 베껴 쓰고 나서 영에게서 배운

36) 히브 10,1에 관해서는 **참조** 『원리론』 3,6,8 각주 48. 곧, 구약성경은 그림자이며, 복음서는 일시적 모상이자 영원한 실재다. 『레위기 강해』 5,1에 따르면 성경의 육체는 우리보다 앞서 산 이들을 위한 것이다. 도덕적 해석인 영혼은 진보하고 있는 우리를 위한 것이며, 영은 미래의 시대에 영원한 삶을 물려받은 이들을 위한 것이다. 이 본문은 영적 의미가 이 세상에서 조금이라도 완전을 향해 진보하는 이들을 위한 것임을 암시한다.

37) **참조** 『원리론』 1,서론,8. 오리게네스는 로마 7,14의 이 표현을 구약성경의 문자로 감추어진 영적 의미로 이해할 때가 많다[**참조** 『요한 복음 주해』 6,44(26),227; 『창세기 강해』 12,5; 『민수기 강해』 1,1; 『여호수아기 강해』 9,8; 18,2]. 게다가 오리게네스는 『로마서 주해』 6,9에서 바오로의 의미를 따른다.

38) 오리게네스는 삼중 의미에 관한 가르침을 실제로 철저하게 적용하지 않는다. 그렇다면 이 가르침은 실제적이라기보다는 이론적인 것 같다. 드 뤼박은 오리게네스를 사중 의미라는 가르침의 선구자로 여긴다(**참조** H. de Lubac, *Histoire et Esprit, passim; Exégèse Médiévale II*, 198-211쪽). 사중 의미는 요한 카시아누스(『담화집』 14,8)에 의해 처음으로 명백하게 표현되었으며, 다키아의 아우구스티누스의 유명한 이행시[문자적 의미는 사실들을, 우의적 의미(알레고리아)는 네가 믿어야 하는 것은 가르친다. 도덕적 의미는 네가 행해야 하는 것을, 신비적 의미(아나고기아)는 네가 어디를 지향해야 하는지를 가르친다]가 증언하듯이 사중 의미는 중세에 큰 인기를 끌었다.

39) 『목자』를 경멸하는 "어떤 사람들"은 누구인가? 오리게네스는 『원리론』을 저술할 때 『정덕』 10,12를 쓴 테르툴리아누스를 염두에 두었는가? 테르툴리아누스는 몬타누스주의에 빠진 뒤 헤르마스의 『목자』가 과부의 재혼을 허용한 것을 간통이라고 말하고, 이를 성경을 거스르는 짓으로 여겼다. 그러나 오리게네스는 라틴어를 몰랐으며, 그가 테르툴리아누스를 알았다는 어떤 증거도 없다.

40) 이레네우스와 알렉산드리아의 클레멘스도 오리게네스처럼 헤르마스를 영감을 받은 저자로 여겼다. 헤르마스의 『목자』는 교회에서 몇 세기 동안 정경으로 여겨져 낭독되었지만 히에로니무스 시대에 서방에서는 사용되지 않았다(**참조** 『명인록』 10; 『원리론』 1,3,3; 1,서론,4 각주 15).

것을 교회의 장로들에게 선포하라는 명을 받는다. 본문은 이렇다. "너는 책[41] 두 권을 〔베껴〕 써서 한 권은 클레멘스[42]에게, 한 권은 그랍테에게 보내야 한다. 그 뒤에 그랍테는 과부들과 고아들에게 권고해야 한다. 클레멘스는 그것을 밖에 있는 도시들로 보내야 하고 너는 교회의 장로들에게 선포해야 한다."[43] "과부들과 고아들에게 권고하는" 그랍테는, 영혼이 성숙하는 과정에서 아직 하느님을 아버지로 고백할 수 없는 어린이들에게 권고하는 단순한 문자다.[44] 이 때문에 이들은 고아라고 불린다. 그리고 그랍테는 부도덕한 신랑과 헤어진 이들에게도 권고한다. 이들은 아직 '하늘의 신랑'[45](마태 25,1 이하; 마르 2,19 참조)에 어울리지 않기 때문에 여전히 과부[46]다. 그러나 이미 문자를 넘어선 클레멘스는 『목자』에 쓰여 있듯이 밖에 있는 도시들, 말하자면 육체적인 것과 저급한 생각들 바깥에 있는 영혼들에게 소식을 보낸다. 영의 제자[47]는 더 이상 문자가 아니라 살아 있는 말[48]로, 통

41) 직역은 "작은 책"이다.

42) 『목자』에서 말하는 클레멘스가 로마의 클레멘스인가? 이는 『목자』의 시작 부분인 네 개의 환시가 로마의 클레멘스 시대에 쓰였다는 것을 전제로 한다(참조 St. Giet, *Hermas*, 294쪽).

43) 헤르마스의 『목자』 환시 2,4,3(하성수 역주, 교부 문헌 총서, 14,113-114). 여기서는 참회에 관한 삼중의 가르침이 주제다.

44) 우의적 주석에서 통례이듯이, 오리게네스도 더 깊은 의미를 설명하기 위해 기꺼이 어원론을 사용한다. 그랍테는 어원론적으로 '쓰인 것' 곧, 책을 뜻한다.

45) 오리게네스는 (아가에 나오는) '신부'를 교회뿐 아니라 개별 영혼들과 관련지어 해석하였다. 참조 J. Schmid, RAC II s.v. *Brautschaft, heilige*.

46) 여기에 나오는 과부는 남편이 죽은 여자가 아니라 남편과 헤어지고 재혼하지 않은 상태의 여자다. 테르툴리아누스도 『인내』 12,5와 『정덕』 16,17에서 배우자와 헤어지고 재혼하지 않은 상태를 '과부 신분'(viduitas)이라고 일컫는다.

47) 이 개념에 관해서는 참조 H. Karpp, *Viva Vox*, in: Mullus. Festsch. Theodor Klauser. Jahrbuch für Antike und Christentum, Ergänzungsband 1, 1964, 190-198.

48) 헤르마스는 어떤 사본도 이용하지 않았다. 헤르마스는 자신이 하늘의 편지를 통해 계시를 받았다고 주장했지만 이를 오리게네스는 대수롭지 않게 여긴다.

찰력 때문에 노인이 된 하느님 교회 전체의 장로들[49]에게 선포하라는 명을 받는다.

5(12). 그러나 우리가 아래에서 입증하려는 바와 같이, 육체적 의미[50]가 전혀 없는 성경 〔구절〕들이 있다. 말하자면 성경의 영혼과 영만 찾아야 하는 경우들이다. 이것이 아마도 요한 복음서에서 "유대인들의 정결례를 위해 놓여 있다고 하는 물독들이 두세 동이들"[51](요한 2,6 참조)을 담고 있었다고 하는 이유다. 이 말씀은 사도가 "속으로[52] 유대인"(로마 2,29 참조)이라고 한 이들을 가리키는 듯한데, 그들이 성경 말씀을 통해 깨끗해졌음을 뜻한다(요한 15,3 참조). 성경은 때로는 두 동이, 곧 영혼적 의미와 영적 의미를 담고 있고, 때로는 세 동이를 담고 있다. 어떤 구절들은 우리가 앞서 말한 것들[53] 이외에 〔사람들을〕 교화할 수 있는[54] 육체적 의미도 지닌다. 여섯 물독은 당연히 완전한 숫자인 6일 동안 창조된, 세상에서 깨끗해진 이들

49) 참조 오리게네스, 『창세기 강해』 3,3. 여기에서 사라와 아브라함은 정신적 성숙함 때문에 장로라고 불린다. '프레스비테로이'(πρεσβύτεροι)는 교회의 장로 또는 연장자와 노인이라는 이중 의미를 지닌다. 대부분의 경우 오리게네스는 이중 해석, 곧 문자적 해석과 우의적 해석에서 그친다. 도덕적(영혼) 주석과 영적 또는 신비적 주석 사이의 관계는 늘 분명하지 않다.

50) 오리게네스가 말하는 육체적 또는 문자적 의미는 현대의 문자적 의미와 같지 않다. 성경이 상징적 또는 비유적 언어로 말하는 경우, 현대인에게 문자적 의미는 상징이나 비유를 표현하는 것이다. 이 경우에 현대의 문자적 의미는 오리게네스의 영적 의미에 해당한다. 오리게네스에게 육체적 또는 문자적 의미는 사용된 낱말 그대로의 구체성으로 이루어진다.

51) 참조 『창세기 강해』 2,6. 여기서는 노아 방주가 2층 또는 3층으로 되어 있다는 것은 문자적 의미가 있기도 하고 없기도 하다는 것을 나타낸다.

52) 바오로는 로마 2,28-29에서 "겉모양을 갖춘 유대인"과 "속으로 유대인"으로 대조하는데, 후자는 그리스도인을 뜻한다〔참조 『원리론』 4,3,6; 『요한 복음 주해』 1,1,1; 1,35(40),259; 13,17,103; 『요한 복음 단편』 8과 114(GCS 4); 『예레미야서 강해』 12,13; 『로마서 주해』 6,5와 『로마서 주해 단편』〕.

53) 곧, 영혼적 의미와 영적 의미.

54) '교화할 수 있는'이라는 이 표현은, 문자적 의미가 역사적으로 모순되거나 받아들일 수 없기

에게 적용된다.[55]

6(13). 진실되고 더 단순하게 믿는 이들 가운데 많은 사람은, 첫 번째 의미(영혼적 의미와 영적 의미)가 자신들의 방식에 유용하며 이로부터 유익을 얻을 수 있다고 증언한다.[56] 이른바 영혼에 관계되는 해석[57]에 대한 실례는 바오로가 코린토 신자들에게 보낸 첫째 서간에서 발견된다. 그는 "'타작 일을 하는 소에게 부리망을 씌워서는 안 된다'[58]고 기록되어 있습니다"(9,9-10과 신명 25,4)라고 말한다. 그러고 나서 그는 이 율법에 대해 설명하

때문만이 아니라 문자적 의미에서 승인할 만한 어떤 가르침을 이끌어 낼 수 없었기 때문에, 문자적 의미가 가치 없거나 보잘것없는 것으로 여겨진다는 사실을 입증한다. 사목적 배려는 오리게네스의 주석을 이끄는 본질적 요소다. 참조 H. Crouzel, *La distination*, 161-174쪽. 많은 경우에 문자적 의미가 없다는 것은, 그 구절이 역사적으로 사실이 아니라는 것을 의미하는 것이 아니라 문자로 교화하지 않는다는 사실을 의미한다.

55) 피타고라스학파 전승에 따르면 '완전한 숫자'는 (1을 포함하여) 인수(因數)의 합계가 같다. 6은 가장 작은 완전한 수(數)다(1×2×3=1+2+3). 필론은 『세상 만듦』 13과 『우의의 법칙』 1,3에서 숫자 6이 완전한 이유를 상세히 설명한다. 더 상세한 내용은 참조 Th. Heath, *A History*, 74쪽. 영지주의자에게 6은 물질 세계의 숫자다[참조 오리게네스가 인용하는 헤라클레온, 『요한 복음 주해』 10,38(22),261; 13,11,71-72]. 그러나 영지주의자에게서 긍정적 가치도 지닌다(참조 이레네우스, 『이단 반박』 1,14,4).

56) 참조 『마태오 복음 강해』 9; 『켈수스 반박』 3,37; 4,9; 5,16. 오리게네스는 이러한 이해 방식에 대해 비교적 부정적이다[참조 『마태오 복음 강해』 66; 『코린토 1서 단편』 1(JTS 9, 232쪽)].

57) '아나게인'(ἀνάγειν, 더 높은 의미로 해석하다, 우의적으로 해석하다)과 '아나고게'(ἀναγωγή)에 관해서는 참조 『원리론』 4,3,4.6.7과 각주 27.

58) 신명 25,4의 인용은 문자적 의미에서 비이성적인 동물의 건강에 관한 계명을 담고 있다. 이를 인간에게 적용할 경우 실질적인 인생의 지혜(φυσιολογία; 『켈수스 반박』 5,36)를 낳지만, 감추어진 하늘의 자산이나 종말론적 자산에 관한 지혜를 낳지는 않는다. 그래서 오리게네스는 이 의미를 단지 '영혼적'이라고 부른다. 유대인은 이미 신명 25,4을 우의적으로 해석했다(참조 I. Heinemann, *Altjüdische Allegoristik*, 40쪽). 필론도 이미 옷이나 동물들에 관한 성경 구절의 문자적 이해는 하느님에게 어울리지 않는다고 설명했다(참조 『꿈』 1,93-94). 이 구절은 오리게네스가 바오로에게서 자신의 해석학적 실마리를 분명하게 찾았다는 데 더 큰 의미가 있다.

며 이렇게 덧붙인다. “하느님께서 소에게 마음을 쓰시는 것입니까? 또는 그분께서 전적으로 우리를 위해 말씀하시는 것입니까? 물론 우리를 위해 그렇게 기록된 것입니다. 밭을 가는 이는 마땅히 희망을 가지고 밭을 갈고, 타작하는 이는 제 몫을 받으리라는 희망으로 그 일을 합니다.” 대부분의 사람에게 적합한, 더 깊은 의미를 이해할 수 없는 이들을 교화하는 대부분의 일반적인 해석은 대체로 이와 같은 특성을 지닌다.

(13.) 그러나 “육을 따르는”(로마 8,5 참조) 유대인들이 섬기는 “모상과 그림자”[59]의 〔원형인〕 “하늘에 속한 것들”(히브 8,5 참조)이 어떤 것이고, 그림자를 지니고 있는 율법의 〔원형인〕 “장차 일어날 어떤 좋은 것들이”(히브 10,1 참조) 무엇인지[60]를 어떤 사람이 제시한다면 그것은 영적 해석이다. 간단히 말해 우리는 사도의 약속에 따라 모든 것에서, 신비 안에 감추어져 있는 지혜―“하느님께서 세상이 시작되기 전 의로운 이들의 영광을 위하여 미리 정하셨으며, 이 세상의 우두머리들은 아무도 깨닫지 못한 지혜”(1코린 2,7-8 참조)―를 찾아야 한다. 이 사도(바오로)는 탈출기와 민수기에 나오는 어떤 이야기들을 인용한 다음에 이렇게 말한다. “이 일들은 예형으로(τυπικῶς) 그들에게 일어난 것인데, 세상 종말에 다다른 우리를 위해 기록되었습니다.”(1코린 10,11) 그러고는 이 사건들이 무엇의 예형인지 암시하면서 이렇게 말한다. “그들은 자기들을 따라오는 영적 바위에서 솟는 물을 마셨는데, 그 바위가 그리스도이셨습니다”(1코린 10,4). 다른 서간에서 그는 성막에 관해 약술(略述)하며[61] 이 말씀을 인용한다. “너는 산에

59) 이는 영적 해석에 관해 설명할 때 오리게네스가 자주 쓰는 용어다(참조 『원리론』 1,1,4).
60) 이 구절은 독자들이 쉽게 이해할 수 있도록 낱말에 구애받지 않고 번역했다.
61) 참조 『원리론』 4,2,2와 각주 21.

칠천 명을 나를 위하여 남겨 두었다."(로마 11,4) 바오로는 이들을 "선택된" (로마 11,5) 이스라엘인으로 이해했다. 왜냐하면 그리스도께서 오심으로 다른 민족들뿐 아니라 하느님의 민족에 속하는 이들 일부도 유익을 얻기 때문이다.

7(14). 사실이 이러하니, 우리는 성경 이해의 특징이라고 여겨지는 것들을 약술해야 하겠다. (성)령이 하느님의 섭리에 따라 그리고 "한처음에[72] 하느님과 함께 계셨던"(요한 1,2) 말씀을 통해 진리의 봉사자들, 곧 예언자들과 사도들을 비추었을 때, (성)령의 목적은 특히 인간—여기서 내가 말하는 인간은 육체를 사용하는 영혼을 지칭한다[73]—의 일과 관련된 이루 말할 수 없는 신비와 관계 있다. (성)령[74]의 목적[75]은 가르침을 받을 능력이 있는 사람들로 하여금 본문을 연구하고 본문의 〔영적 의미 안에 드러나 있는〕 깊은 의미[76](1코린 2,10 참조)에 몰두함으로써 (성)령이 조언하는 모든 가르침에 참여하게 하는 것이었다. 그리고 하느님에 관한 풍요롭고 지혜로운 진리를 통하지 않고서는 완전함에 이를 수 없는 영혼들에게 무엇이 필요한지 이야기할 때, 우리는 하느님과 그분의 외아들에 관한 가르침을 무

72) 요한 1,1에 대한 오리게네스의 해석〔참조 『요한 복음 주해』 1,19(22),109-118〕은 이러하다. 시작(한처음)은 지혜이고 성자의 주요한 첫째 명칭(ἐπίνοια)이며 이성의 선재성이다. 로고스, 말씀-이성은 시작 안에 내포된 둘째 명칭(ἐπίνοια)이다.

73) 인간은 본질적으로 타락한 영혼이며, 육체의 기능은 도구적이다(참조 『원리론』 2,6,4; 『켈수스 반박』 7,38; 『판관기 강해』 6,5). 성경에 담겨 있는 계시의 본디 목적은 인간을 처음과 마지막 상태인 지복으로 되돌아가게 하는 것이다. 그러나 인간은 성경에서 얻을 수 있는 하느님에 대한 인식을 늘리지 않으면 지복으로 나아갈 수 없다.

74) 성경 해석을 위한 삼위의 협력에 관해서는 참조 『원리론』 4,2,2와 각주 13.

75) 오리게네스와 아타나시우스가 반복적으로 사용하는 성령의 목적(σκοπός) 개념에 관해서는 참조 H. J. Sieben, *Heméneutique*, 205-214쪽.

76) 문자 안에 감추어진 가장 깊은 의미에 관해서는 참조 『원리론』 4,2,9; 『요한 복음 주해』 1,31(34),224.

엇보다 중요하게 여긴다.[77] 성자의 본성은 무엇이며, 그는 어떤 방식으로 하느님의 아들인가? 그분이 육화하시어[78] 인성을 완전히 취하신 이유는 무엇인가? 그리고 그분의 활동은 무엇이며, 그 활동은 누구를 향해 그리고 언제 이루어지는가? 인간과 유사한 존재이면서 신적인 것에 더 가까운 이성적 피조물들과 또 지복 상태에서 떨어진 이성적 피조물들에 관한 가르침,[79] 그리고 이들이 타락한 이유에 관한 가르침을 신적인 가르침에 관한 주제에 반드시 포함시켜야 한다. 또한 우리는 영혼들 사이에 차이가 있다는 사실과 그 차이의 기원, 세상이 무엇이고 그것이 존재하는 이유, 또한 악은 어떻게 세상에 생겨났으며 어째서 그렇게 많고 그렇게 무서운지, 악이 세상뿐 아니라 다른 곳에도 있는지까지, 이 모든 것을 배워야 한다.

8(15). 진리의 거룩한 봉사자들의 영혼을 비추신 (성)령께서 이 주제들과 더불어 비슷한 〔다른〕 주제들을 마음에 품고 계셨는데, 그러한 〔신비〕들을 탐구하는 짐을 감당할 수 없는 사람들도 있었다. 이들을 고려하여 (성)령은 둘째 목표도 세워 두었다. (성)령은 가시적 피조물의 창조, 인간의 창조, 첫 인간부터 인간이 많아질 때까지 세대를 통해 이어지는 이야기를 담고 있는 본문들에서 위에 언급된 주제들에 관한 가르침을 숨기려 하였다.[80] 또한 의

77) 오리게네스는 로마 11,33을 넌지시 언급하면서, 영혼들이 하느님을 인식하는 진리로 하느님에 관한 풍요와 지혜를 든다. 그것에 이어 오리게네스는 제1-3권에서 다룬 주된 주제들을 말한다. 오리게네스의 전체 체계와 영혼론의 관계에 관해서는 **참조** H. Karpp, *Probleme altchristlicher Anthropologie*, 201쪽 이하와 223쪽 이하.

78) 직역은 "그분이 인간의 육까지 내려오시고"다. 육화의 이유에 관해서는 **참조** 『켈수스 반박』 4,2; 이레네우스 『이단 반박』 1,10,3; 2,14,7. 루피누스는 당시의 문맥에서 아폴리나리스적 의미로 해석될 수 있는 표현들을 피하기 위해 이 대목을 요한 1,14와 필리 2,7에 연결시키며 번역한다.

79) 여기에서 낱말 '알론'(ἄλλων)은 중복어로 이해되어 번역되지 않는다. **참조** 루피누스 번역과 『원리론』 1,서론,2와 각주 5(de aliis creaturis에 관해).

로운 이들의 행위, 그리고 그들도 인간이기에 때때로 저지른 죄, 또한 불법적이고 불경건한 이들의 사악하고 음란한 행동과 탐욕을 기록한 다른 이야기들에서도[81] 그렇게 하였다. 그러나 놀랍게도 전쟁과 정복자들, 정복된 이들에 관한 이야기들을 통해 이를 정확히 탐구할 수 있는 이들에게는 어떤 비밀스러운 진리들을 드러낸다. 그리고 기록된 입법을 통해 진리의 율법이 예언되는데, 이 모든 것이 진실로 하느님의 지혜[82]에 속하는 능력에 의해 논리적 순서로 기록되었다는 것은 더욱 놀랍다. 영적 의미[83]의 겉옷[84]—나는 성경의 육체적 부분을 이렇게 빗대어 말한다—도 많은 구절에서 무익하지 않고 많은 사람이 그것을 어떻게 이해하느냐에 따라 그들을 개선시킬 수 있는 유익한 것이 되게 하려는 것이 〔성령의〕 의도였다.

9 〔16(15)〕.[85] 그러나 모든 구절에서 입법이 유익하고[86] 역사적 이야기가

80) 오리게네스는 이 진리들이 문자의 가면 아래 감추어진 이유를 설명한다. 진리들을 책임질 수 없는 이들에게는 넘겨지지 말아야 한다는 것이 요점이다. 따라서 그리스도인과 성경 사이에는 정적이고 한결같은 관계가 아니라 개인적이고 동적인 관계가 있다. 곧, 본문은 그것을 대하는 그리스도인의 더 깊은 지식 수준에 따라 더 심오한 신비를 드러낸다.

81) 『원리론』 4,2,6의 끝부분에서 오리게네스는 모세오경 외의 역사서에서도 우의적으로 해석해야 하는 지식에 관한 문제를 제기한다. 창세기 1장은 오래전부터 정통신앙인들과 이단자들 사이에서 우의적 해석의 대상이었다.

82) 하느님의 지혜는 성령에 의하여 영감 받은 아들이다. 아들이 지혜로운 이유에 관해서는 참조 『켈수스 반박』 3,45; 6,7; 6,49; 7,50; 『요한 복음 주해』 10,13(11),67.

83) 직역은 "영적인 것들"이며, '영적 진리'로 옮길 수도 있다.

84) 겉옷(ἔνδυμα)은 문자적 의미를 나타내는 표현이다(참조 『원리론』 3,5,1; 『마태오 복음 주해』 12,38; 『민수기 강해』 26,3). 성경의 문자의 가치에 관해서는 참조 『마태오 복음 강해』 50; 『켈수스 반박』 4,47; 『민수기 강해』 20,1; 22,2; 『레위기 강해』 3,2; 『판관기 강해』 5,2; 『시편 제36편 강해』 3,6.

85) 추측건대, 『원리론』 제4권 3장은 본디 여기서부터 시작했을 것이다.

86) 오리게네스의 주석적 가르침의 기준은 이렇다. 성경 본문의 표현이 사실같지 않거나 신적 위엄과 일치하지 않는 어떤 것을 나타내는 경우, 이 표현은 독자의 관심을 끌기 위한 목적으로 그리고 문자의 심층에 있는 영적 의미를 찾게 하려는 목적으로 성령에 의해 삽입된 것이

논리적으로 일관성 있게 전개되고 있다는 사실이 그 자체로 명백하다면,[87] 우리는 성경에 명백한 의미 이외에 다른 것도 있음을 믿지 않을 것이다. 이러한 까닭에 하느님의 말씀께서는 율법과 이야기 사이에 말하자면 어떤 걸림돌, 불쾌한 것(로마 9,33; 14,13 참조)과 불가능한 것[88](로마 8,3 참조)을 끼워 넣으셨다. 이는 우리가 본문의 결점 없는 매력에만 전적으로 사로잡히지 않도록 하기 위해서다. 그렇지 않을 경우 우리가 하느님께 걸맞은 것

다. 이 원칙은 헬레니즘에 기원을 두고 있으며 이교 신화의 우의적 주석에 적용되었다. 여기서 신성은 부적당한 방식으로 제시된다(참조 J. Pépin, *l'histoire de l'exégèse allégorique*, 395-413쪽). 필론은 이 방식을 구약성경에 적용하였다(참조 『악인이 선인을 공격하다』 13; H. Wolfson, *Philo*, Cambridge Mass., 1948, I, 123-124쪽). 이 기준은 라삐 주석의 영향 아래, 오리게네스 이전에 매우 엄격한 방식으로 이해된 문자적 의미를 상세하게 검토하면서 적용된 것으로 보인다(참조 『요한 복음 주해』 13,11,67에 따르면 헤라클레온; 알렉산드리아의 클레멘스, 『교육자』 1,6,47; 『양탄자』 7,16,96). 오리게네스는 이 기준을 받아들여, 우의적으로 해석하기 위해 본문을 철저히 문자적으로 해석하면서 문자적 의미를 때때로 불합리한 것으로 여기게 한다. 실례에 관해서는 참조 H. de Lubac, *Histoire et Esprit*, 99-101쪽; H. Crouzel, *La distinction*, 161-174쪽. 아우구스티누스는 이 점에 관해 『시편 제103편 강해』 1,18에서 오리게네스처럼 말한다: "우리가 가시적인 것들을 문자에 따라 이해할 수 없기에 우리에게 그것들을 영적으로 탐구하게 하려는 것이 아니라면, 성령은 가시적인 것들 안에 불합리한 것처럼 보이는 것들을 왜 섞었는가?"(Quare quaedam in rebus visibilisbus quasi absurda miscet Spritus sanctus, nisi ut ex eo quod non possumus accipere ad litteram, cogat nos ista spiritaliter quaerere?); 그 의미가 하느님께 어울려야 한다는 원칙에 관해서는 참조 『예레미야서 강해』 12,1: "그것은 하느님께 어울려야 한다"(ὀφείλει ἄξιον εἶναι τοῦ θεοῦ); 마찬가지로 『민수기 강해』 26,3: "이것들을 품위에 따라, 더욱이 말하는 사람의 품위에 따라 이해해야 한다"(conveniens videtur haec secundum dignitatem, immo potius secundum maiestatem loquentis intellegi).

87) 참조 『원리론』(루피누스의 라틴어 역본) 4,2,9 각주 23.

88) 여기서도 오리게네스는 바오로를 화제의 실마리로 삼는다. 바오로는 이사 28,16; 8,14과 관련된 로마 9,33에서 하느님께서 의도하신 불쾌한 것(σκάνδαλον)과 걸림돌(πρόσκομμα)에 관해 말하며, 로마 8,3-4에서는 그리스도 안에서 파기되고 성령에 따라 사는 그리스도인 안에 채워지는 율법의 '아디나톤'(ἀδύνατον, 불가능한 것/지킬 수 없음)을 다룬다. 아래에서 '아디나톤'은 문맥에 따라 '지킬 수 없는 (것)' 또는 '이해할 수 없는 (것)'으로 번역한다.

을 〔성경에서〕 아무것도 배우지 않았다는 이유로 〔그리스도교〕 가르침을 전적으로 거부하거나 또는 문자에 얽매어 더 신적인 것을 아무것도 배우지 않으려 하게 되기 때문이다. 그리고 이미 일어났거나 앞으로 일어날 행위들을 통해 영적 사건들의 논리적 관계를 제시하는 것[89]이 주요한 목적이었다는 점도 알아야 한다. 그래서 말씀께서는 이 신비적 사건들과 조화될 수 있는 역사적 사건을 발견할 때마다, 역사적 사건의 더 깊은 의미를 대부분의 사람에게 숨기는 방식으로 그것들을 사용하셨다.[90] 그러나 이전에 기록된 어떤 특정한 행위들이—더 신비적인 의미를 지니기 때문에—지성으로 이해할 수 있는 사실적 인과관계와 일치하지 않을 때 성경[91]은 그 이야기 안에 때로는 일어나지 않은 일, 때로는 일어날 수 없는 일, 그리고 때로는 일어날 수는 있지만 실제로 일어나지 않은 일들을 엮어 넣었다. 때로는 육체적 의미에서 사실이 아닌 어떤 표현들이 삽입되기도 하고, 때로는 더 많은 표현이 삽입되기도 한다. 율법서에서도 비슷한 방법을 알아볼 수 있다. 율법서에서 그 자체로 유익하고 율법이 생겨난 시기에 적절했던 것을 가끔 발견할 수 있는데, 때로는 유익해 보이지 않는 것도 발견된다. 더 숙련되

89) 따라서 역사적 서술과 율법을 통하여.

90) 더 깊은(또는 더 높은) 의미란 오리게네스에게 문자적 의미에 대한 자의적 보완이 아니라, 영적인 것을 직접적으로 감추고 있지만 깊게 인식하는 이에게 간접적으로 암시하는 의미다(유감스럽게도 오리게네스는 두 의미의 내적 관계를 더 정확히 규정하지 않는다). 따라서 성경 독자가 육체적 의미나 영혼적 의미로 만족하여 하느님의 의도를 파악하지 못하는 것은 위험하다. 오리게네스는 이런 위험을 피하기 위해, 몇몇 예(참조 『원리론』 4,3,4)에서 본문에 육체적 의미가 없다는 것을 명백히 밝히고 있다. 오리게네스의 이런 주석학적 성찰은 성경의 저술이 영적 인식의 거대한 체계(εἱρμός, ἀκολουκθία) 안에서 이루어졌다는 신학적 판단을 전제로 한다(참조 『원리론』 4,3,5).

91) 오리게네스는 자신의 영감론에 따라서, 이전에 언급된 로고스나 종종 언급된 (성)령 대신에 위격화된 성경 자체를 첨가된 내용의 저자로 삼는다(이 점에서 루피누스는 그를 따르지 않았다). 바오로는 성경의 위격화에서도 선구자다(참조 갈라 3,8.22).

고 탐구적인 이들에게 불가능한 것(곧, 이해될 수 없는 것)이 기록된 다른 구절들도 있다. 이는 이들이 본문을 매우 세심하게 연구하는 데 골몰함으로써 그러한 표현들에서 하느님께 맞갖은 의미를 찾을 수 있다는 진지한 확신을 주기 위해서다. (16). (성)령은 〔그리스도께서〕 오시기 이전에 생겨난 성경에 이렇게 관여하셨을 뿐 아니라, 그분은 같은 (성)령[92]이시고 한 분의 하느님에게서 발하시기 때문에, 복음서들에서도 사도들의 서간들에서도 같은 방식으로 작용하셨다. 이것들도 실제로 일어나지 않았지만 육체적 의미로 꾸며져 덧붙인 부분과 섞여 있으며, 거기에 담긴 입법과 계명들도 그 안에 늘 이성적인[93] 것만을 담고 있지는 않다.

92) 참조 『원리론』 2,7.

93) 이성적(εὔλογον)은 『원리론』 4,3,3에 나오는 '비이성적/이치에 맞지 않는'(ἄλογον)과 반대되는 말이다(참조 『예레미야서 강해』 12,1).

3장

성경이 모호한 이유, 그리고 몇 구절에서 문자적 의미가 불가능하거나 이성적이 아닌 이유

1〔17(16)〕. 그런데 "첫날과 이튿날과 사흗날 및 저녁과 아침"에 해와 달과 별들이 없었으며, 이른바 첫날엔 하늘조차 없었다(창세 1,5-13 참조)고 어떤 이성적 인간이 생각할 수 있는가?[1] 그리고 하느님께서 농부인 사람

1) 오리게네스는 창세 1,1-2,4a에 나오는 6일 창조를 해석한다. 야훼계 문헌은 이른바 사제계 문헌에 나오는 이전에 일어난 사건의 서술에 개의치 않고 "야훼께서 땅과 하늘을 만드신 날에"를 삽입한다. 이 점에서 오리게네스는 창세기 1-2장에서 하느님의 모든 창조를 동시적인 행위로 이해한다(참조 예를 들어 『켈수스 반박』 6,50과 60). 오리게네스도 현대의 주석가들도 창세기의 첫 몇 장을 역사가 아니라 비유라고 여긴다(참조 H. de Lubac, *Exégèse Médiévale* I/2, 388-395쪽). 유스티니아누스는 창세기 첫 몇 장과 여기에 나오는 신인동형론을 엄격하게 문자적 방식으로 해석하지 않는 오리게네스를 비난한다. 이는 오리게네스 논쟁의 밑바닥에 깔려 있는 편협한 선입견을 잘 보여 준다. 오리게네스 시대에 '더 단순한 사람들'의 고지식한 문자주의는 구약성경의 하느님과 신약성경의 하느님을 구별하려 하는 영지주의파와 마르키온파의 비판을 두둔하였다. 오리게네스는 이성에 근거하여 이 대목을 해석하였다. 창세기 시작 부분에 대해 문자적 주석을 반대하고 우의적 주석을 찬성하는 것에 관해서는 참조 『원리론』 3,5,1; 『켈수스 반박』 4,4; 6,60-61; 7,50; 『기도론』 23,3-4.

처럼 동쪽에 있는 에덴에 낙원을 심으셨고 그곳에 눈에 보이고 손으로 만질 수 있는 생명 나무를 두셨으며, 육체적 이〔齒〕[2]로 그 나무의 과일을 맛보면 생명을 얻으며, 또한 이 나무[3]에서 딴 과일을 씹어 먹으면 선과 악에 〔관한 것에〕 참여할 수 있다고(창세 2,8-9 참조)[4] 생각할 만큼 어리석은 사람이 어디 있는가?[5] "하느님께서 저녁에 낙원을 거니셨고 아담이 나무 뒤에 숨었다"(창세 3,8-9)라고 쓰여 있다면, 나는 이것들이 문자 그대로(σωματικῶς) 일어난 사건이 아니라 그럴듯한 이야기 형태로 어떤 신비를 나타내는 상징적 표현이라는 것을 누구도 의심하지 않으리라고 생각한다. 게다가 "카인이 하느님의 얼굴에서 물러 나왔다"(창세 4,16 참조)고 할 때, 이 진술이 독자로 하여금 '하느님의 얼굴'[6]이 무엇이며, '얼굴에서 물러 나오는 것'이 무엇인지 숙고하게 한다는 것은 생각이 깊은 사람에게 자명한 일이다. 전혀 우둔하지 않은 이들이 문자 그대로 일어나지 않았지만 실제로 일어난 사건처럼 기록된 수많은 예를 모을 수 있다면, 내가 무엇을 더 말할 필요가 있는가? 복음서들도 이와 같은 유형[7]의 표현들로 가득하다. 악마가 높은 산에서 "온 세상의 나라들과 그 영광"(마태 4,8 참조)을 예수께 보여 주기 위

2) 영적 이, 다시 말하면 이로 상징된 영적 실재와 대비된다. 참조 메토디우스, 『부활론』 1,24 또는 에피파니우스, 『약상자』 64,16에 나오는 『시편 제1편 단편』.

3) 참조 『원리론』(루피누스의 라틴어 역본) 4,3,1 각주 2.

4) 참조 필론, 『우의의 법칙』 1,14〔"하느님께서 농부처럼 일하시고 정원에 (나무를) 심으셨다고 추론하는 그러한 엄청난 불경을 인정하지 말자"〕.

5) 직역은 "누가 그렇게 어리석은가?"다.

6) 오리게네스는 "하느님의 얼굴"의 의미를 특히 마태 18,10을 통해 설명한다(참조 『원리론』 1,8,1; 2,10,7과 각주 37; 필론, 『카인의 후손』 1-2).

7) 그리스어로 '에이도스'(εἶδος, species, 유형). 오리게네스는 다양한 문학 유형을 구분할 줄 안다〔참조 『아가 주해』 서론(GCS 8, 77쪽); 『켈수스 반박』 4,39; 5,29; 5,31〕. 『마태오 복음 주해』에서는 비유, 직유 등에 관해 많이 언급한다(10,2; 10,4; 10,15 등).

해 그분을 높은 산으로 데리고 갔을 때처럼 말이다. 그러한 구절들을 주의 깊게 읽은 사람들 가운데 누가, 육적 눈으로 더 낮은 곳에 있는 것을 보기 위해 어떤 높은 곳이 필요하며, 페르시아인과 스키티아인, 인도인, 파르티아인의 나라들 그리고 사람들에게서 누리는 왕들의 영광을 볼 수 있다고 생각하는 이들을 비난하지 않겠는가? 그리고 주의 깊은 독자는 복음서들에서[8] 수많은 비슷한 예를 발견할 것이고, 결코 일어나지 않았던 다른 이야기들이 문자 그대로 일어난 이야기들로 꾸며졌다는 사실에 동의할 것이다.

2〔18(17)〕. 모세의 입법[9]으로 넘어가면 문자 그대로 지키는 것이 관심사일 경우 많은 율법은 분명히 이치에 맞지 않으며, 어떤 율법들은 지킬 수도 없다. 독수리를 먹지 말라(레위 11,14 참조)는 것은 이치에 맞지 않는다. 기근이 아무리 극심해도 이 동물을 먹으려 들 만큼 극도의 궁핍에 내몰리는 이는 없기 때문이다. 그리고 여드렛날에 할례를 받지 않은 아이들은 "자기 백성 가운데서 몰살될 것이다"(창세 17,14 참조 칠십인역)라는 계명도 〔이치에 맞지 않는다〕. 이 아이들과 관련된 입법이 문자적 의미(κατὰ τὸ ῥητὸν)로 실행하는 것을 의미했다면,[10] 그들 부모나 그들을 키워 준 이들

8) 복음서에 관해서는 참조 『요한 복음 주해』 10,5(4),18-20.

9) 구약성경의 율법적 계명, 그리고 『원리론』 4,3,3에서 복음서의 어떤 지침들을 문자적으로 준수하는 것에 대한 오리게네스의 비판은 전체적으로 본문에 대한 매우 엄격한 이해에 바탕을 두고 있다. 이 비판은 오리게네스의 문자적 의미와 현대인들의 문자적 의미가 뜻하는 내용이 다르다는 사실로 설명된다. 구약성경에 관해 오리게네스는 유대인들이 자주 엄격한 문자주의적 의미를 바탕으로 과장한다고 말한다. 아래에 인용된 창세 17,14처럼 어떤 계명들을 지나치게 글자 그대로 따르는 것은 하느님의 호의와 일치하지 않는 것 같다. 참조 『레위기 강해』 7,5("하느님의 율법들을 문자적 의미로 받아들여야 한다면, 다른 민족들의 좋은 법률들이 더 뛰어난 것 같다"); 『민수기 강해』 11,1.

10) 직역은 "이에 관한 어떤 것이 문자적 의미에 따라 율법으로 규정되어야 했다면"이다.

을 죽이도록 명령해야 했다. 그러나 성경에 "여드렛날에 할례를 받지 않은, 곧 할례를 받지 않은 모든 남자는 자기 백성 가운데서 몰살될 것이다"(창세 17,14 참조 칠십인역)라고 말하고 있다. 율법에 규정되었지만 지킬 수 없는 계명들도 알고 싶다면, 모세가 정결한 짐승이라며 희생 제물로 바치도록 명령한 염소-수사슴(신명 14,5)[11]에 주목하자. 염소-수사슴은 존재할 수 없는 동물이다. 또한 입법자는 독수리의 머리와 날개에 사자의 몸통을 지닌 짐승[12]을 먹지 말라고 금하지만(레위 11,13; 신명 14,12 참조), 그런 짐승이 사람에 의해 길들여졌다는[13] 기록은 단 한 곳에도 없다. 게다가 사람들 입에 자주 오르내리는 안식일에 관해서도, 주의 깊은 독자는 "너희는 저마다 너희 집에 앉아 있어야 한다. 너희 가운데 아무도 이렛날에 제자리에서 나가지 말아야 한다"(탈출 16,29)라는 계명을 문자적 의미대로 지킬 수 없다는 것을 알 것이다. 왜냐하면 살아 있는 어떤 피조물도 제자리에서 움직이지 않고 하루 종일 앉아 있을 수 없기 때문이다. 할례 받은 이들,[14] 그리고 문자로 표현된 것 이상은 아무것도 들어 있지 않다고 믿는 모든 사람

11) 칠십인역 신명 14,5에 등장하는 '트라겔라포스'(τραγέλαφος)는 이스라엘인이 먹어도 되는 동물들 가운데 하나이며, 실제로 있는 동물을 가리킨다. 이 피조물은 실제로는 '엘라포스'(ἔλαφος), 곧 수사슴 또는 아마도 수컷 노루나 야생 염소 또는 영양이다. 아리스토텔레스 이래 많은 저술가가 이 낱말을 반은 염소, 반은 사슴의 모습을 지닌 상상의 동물로 여겼는데, 오리게네스 역시 이를 비실제적인 것에 대한 본보기로 삼은 그리스어의 관용적 표현으로 이해한다. 이 낱말은 칠십인역 신명 14,5의 두 필사본에만 나타난다(참조 Hastings, D. B., art. *Hart*. G. E. Post).

12) 그리스어 '그리프스'(γρύψς)는 독수리의 변종으로 상상의 새다. 이 낱말은 칠십인역 레위 11,13에서 사용된다.

13) 직역은 "사람의 손에 맡겨졌다는"이다.

14) 오리게네스는 할례 받은 이들, 곧 유대인들이 이 규정들을 실행할 수 없는데도 그것들을 유지하고 문자에 충실하기 위해 꼬치꼬치 캐거나 지나치게 부조리한 결론에 이른다는 사실을 이용한다.

은 〔예를 들어〕 염소-수사슴, 독수리의 머리와 날개에 사자의 몸통을 지닌 짐승, 독수리 같은 것들을 결코 문제 삼지 않는다. 반면 그들은 다른 것들에 관해서는 횡설수설하고 쓸데없이 많이 말하며, 안식일에 관해 각 사람이 이동할 수 있는 거리[15]는 이천 암마[16](민수 35,5 참조)라고 말할 때처럼[17] 따분한 전승[18]을 증거로 든다. 그런데 사마리아 사람 도시테우스[19]를 비롯한 이들은 이러한 해석을 비판하면서도, 사람이 안식일이라는 것을 알고 놀랐을 때 그가 있던 위치에 저녁까지 머물러야 한다고 생각했다. "안식일에 짐을 나르지 말라"(예레 17,21)고 하는 〔계명〕도 지킬 수 없다. 이에 관해 유대인 학자들은 다음과 같은 쓸데없는 이야기를 늘어놓았다. 어떤 종류의 신발은 짐이지만 어떤 종류는 짐이 아니며, 징 있는 샌들은 짐이지만 징 없는 샌들은 짐이 아니고, 한쪽 어깨로 나르면 짐이지만 양쪽 어깨로 나르면 짐이 아니다.[20]

15) 직역은, "각 사람의 자리"다.

16) 한 암마는 팔뚝 길이에 해당한다.

17) 안식일에 어떻게 쉬었는지를 상세하게 알려면 **참조** J. Bonsirrem, *Textes rabbiniques*, 764-765쪽. 이천 임마에 관해서는 **참조** L. Ginzberg, *Die Haggada*, 211쪽.

18) 오리게네스는 때때로 유대인의 전승, 해석, 제식, 관습, 비밀 가르침을 예로 든다〔**참조** 『켈수스 반박』 2,52; 『요한 복음 주해』 13,27,162; 13,5(1),28; 19,17(4),104; 『마태오 복음 주해』 11,9; 『마태오 복음 강해』 17; G. Bardy, *Les traditions juives*, 217-252쪽; J. Daniélou, *Origène*, 176-179쪽〕. 유대인의 전승과 '히브리인 교사'(**참조** 『원리론』 4,3,14의 Hebraeus doctor; 『원리론』 1,3,4의 Hebraeus magister) 같은 유대계 그리스도인의 가르침은 구별되어야 한다.

19) 도시테우스는 금욕 종파의 창시자다. 오리게네스, 『켈수스 반박』 1,57에 따르면 도시테우스는 메시아와 하느님의 아들로 자처했다고 한다. 오리게네스는 『켈수스 반박』 6,11에서 그 당시에 도시테우스파의 전체 숫자가 30여 명이라고 말하지만 사마리아에서 이 종파는 적어도 몇세기 동안 존속하였다. **참조** LThk s.v. *Disitheos*; 『요한 복음 주해』 13,27,162; 『마태오 복음 강해』 33; 위-클레멘스, 『재인식』 2,8; 에피파니우스, 『약상자』 13.

20) **참조** 바빌로니아 탈무드, *Traktat Schabbath VI* 2.

3 〔19(18)〕. 복음서에서 비슷한 예들을 찾아보자. 단순한 사람들은 구원자께서 사도들에게 "길에서 아무에게도 인사하지 마라"[21](루카 10,4)라고 명하셨다고 생각했다. 그러나 이 말보다 더 이치에 맞지 않는 말이 어디 있는가? 또한 오른뺨을 때린다는 말(마태 5,39와 루카 6,29 참조)은 이해하기 매우 어렵다. 모든 사람은 어떤 육체적 결함이 없는 이상, 때릴 때 오른손으로 왼뺨을 때리기 때문이다.[22] 게다가 복음서에서 죄짓게 하는 오른 눈을 빼어 버리라(마태 5,29 참조) 하는 말도 받아들일 수 없다. 어떤 사람이 보는 것으로 죄를 지을 수 있다는 사실을 인정한다 할지라도, 두 눈으로 보는 데 왜 오른 눈에만 책임을 돌려야 하는가? 그리고 어떤 사람이 "음욕을 품고 여자를 바라보았기"(마태 5,28 참조) 때문에 자신을 고발하였을 경우, 그의 오른 눈에만 책임을 돌려 이 눈을 빼어 버린다면, 그는 이성적으로 행동한 것인가? 게다가 사도는 이렇게 훈계한다. "누가 할례 받는 사람으로 부르심을 받았습니까? 할례 받지 않은 상태로 되돌아가지 마십시오." (1코린 7,18) 여기서 첫째로, 누구나 이 말씀들이 사도가 지금 다루는 주제와는 관련이 없다는 것을 쉽게 알 것이다. 사도가 지금 혼인과 정결에 관한 입법을 다루고 있음을 우리가 기억한다면, 이 말씀들이 이유 없이 삽입되었다고 어찌 생각하지 않을 수 있는가?[23] 둘째로, 대부분의 사람은 할례

21) 같은 종류의 개념에 관해서는 참조 『마태오 복음 주해』 15,2.
22) 참조 『원리론』(루피누스의 라틴어 역본) 4,3,3 각주 10.
23) 오리게네스는 『코린토 1서 단편』 37(JTS 9, 506쪽)에서와 마찬가지로, 할례에 관한 1코린 7,18-20의 언급이 혼인과 동정만을 다루는 1코린 7장에서 우의(알레고리)적 의미만 지닌다는 개념을 발전시킨다. 곧, 할례 받은 사람은 독신자를, 할례 받지 않은 사람은 기혼자를 나타낸다(참조 H. Crouzel, *Virginité*, 85-87쪽). 이 구절들은 실상 여담이다. 오리게네스는 『요한 복음 주해』 8,17,102에서 해석할 때 주제에서 벗어나지 말 것을 요구하지만 이 황금률을 늘 따르지는 않는다.

받은 상태에 있는 것을 수치로 여기기 때문에, 만약 할례 받지 않은 상태로 되돌릴 수 있어서 그렇게 한다면, 그가 그릇된 일을 했다고 누가 비난할 수 있는가?

4〔20(19)〕. 우리에게 성경을 주신 신적 능력의 목적은 문자로 표현된 것만 받아들이게 하려는 것이 아님을 보여 주기 위해 우리는 이 모든 것을 말했다. 문자적 의미로 이해된 것들은 때로 사실이 아니며 이치에 맞지 않고 지킬 수도 없다. 또한 실제로 일어난 역사적 사건이나 문자적 의미에서 유익한 입법에도 다른 내용들이 〔추가로〕 엮여 있다. (19.) 그러나 이 말이 모든 성경에 해당한다고 추정하고, 우리의 말을 다음과 같이 오해하는 이들이 있다. 곧, 역사 가운데 어떤 사건들이 일어나지 않았으므로 〔성경에 기록된〕 역사적 사건은 아무것도 일어나지 않았다. 어떤 입법은 문자적 의미로 이해하면 이치에 맞지 않고 지킬 수 없으므로 따라서 모든 입법을 문자적으로 지키지 말아야 한다. 구원자〔의 삶〕에 관한 기록들은 감각적 의미(κατὰ τὸ αἰσθητόν)[24]에서 사실이 아니다. 그리고 이들은 우리가 구원자의 입법이나 계명들을 지키지 말아야 한다고 말하는 것이 아닌지 의심한다.[25] 그러므로 우리는 많은 경우에 역사적 이야기가 사실이라는 것을

24) '감각적 의미'(κατὰ τὸ αἰσθητόν)라는 표현은 자주 문자적 의미를 나타낸다. 이 의미로 사용되는 경우에 관해서는 참조 『켈수스 반박』 6,70; 『요한 복음 주해』 1,4(6),24; 1,8(10),44. 이에 대응하는 '영적 의미'를 나타내는 용어는 κατὰ τὸ νοητόν이다.

25) 오리게네스는 정해진 원칙을 무조건 적용하는 일이 위험하다는 것을 알고 있었다. 곧, 그는 하급의 이 세상과 플레로마 실재 사이의 불연속을 나타내기 위해 우의적 해석을 하는 영지주의자들을 늘 염두에 두었다. 그는 역사적 실재와 영적 실재 사이의 유사점을 전제하면서, 대부분의 경우 문자적 의미의 가치를 변론한다. 위의 원칙은 단지 문자적 의미에 실재가 없다고 밝혀진 경우에만 해당한다(참조 『원리론』 4,2,8 각주 81). 게다가 더 논쟁적인 문맥에서 오리게네스는 1코린 4,6에 바탕을 두면서, 성경이 말하고자 하는 것을 넘지 말라고 요구한다〔참조 『코린토 1서 단편』 19(JTS 9, 357쪽); 『요한 복음 주해』 13,5,32-33; 『원리론』 4,2,8〕.

명백히 말해야 한다. 예를 들어 아브라함은 헤브론에 있는 이중 동굴에 이사악과 야곱과 그들 각각의 아내들과 함께 묻혔으며[26](창세 23,2; 9,19; 25,9-10; 49,29-32; 50,13 참조), 스켐은 요셉의 몫으로 주어졌고(창세 48,22; 여호 24,32 참조), 예루살렘은 솔로몬이 하느님의 성전을 지은(1열왕 6 참조) 유대아의 주요 도시(이사 1,26 참조 칠십인역)라는 것, 그리고 다른 수많은 사실들이 이에 해당한다. 역사적으로 사실인 구절이 순수하게 영적 의미로 꾸며진 구절보다 훨씬 많다. 마찬가지로 "아버지와 어머니를 공경하여라. 그러면 너는 잘 될 것이다"(탈출 20,12)라는 계명은 더 깊은 의미(ἀναγωγή)[27]

일반적으로 문자적 의미는 오리게네스에게 영적 의미의 토대다. 우의적 해석을 이끌어내기 전에 당시의 모든 학문(문법, 어휘론, 철학, 역사, 지리학)의 도움을 받아 문자적 의미를 매우 철저히 연구해야 한다. 주석가는 각 식물을 이용하는 데 필요한 장점들을 알고 있는 식물학자나 육체의 각 지체의 본성을 아는 해부학자에 비유할 수 있다[참조 『예레미야서 강해 단편』 39,2 (『필로칼리아』 10,2)].

26) 오리게네스가 실제로 헤브론에 갔다는 학설도 있다(참조 R. Cadiou, *La Jeunesse d'Origène*, 112쪽). 그러나 오리게네스가 팔레스티나에 첫 번째 체류한 때는 사실상 『원리론』을 집필하기 이전이었다. 215년경 카라칼라 황제가 알렉산드리아인들의 조롱에 대한 보복으로 그곳에서 학살을 자행하고 지성인들을 내쫓았을 때 오리게네스는 알렉산드리아를 떠나야 했다. 오리게네스가 카이사리아에 처음으로 머문 시기는 그때였다(참조 에우세비우스, 『교회사』 6,19,15-19). 그는 230년 카이사리아에 다시 들른 다음 그리스에 가기 전에 카이사리아의 주교 테오테크누스와 예루살렘의 알렉산더에 의해 사제로 서품되었다. 이 서품은 알렉산드리아에서 오리게네스에 대한 격론을 불러일으켰다(참조 에우세비우스, 『교회사』 6,19,15-19). 데메트리우스가 오리게네스를 단죄한 뒤, 그는 이집트를 떠나 마침내 231년 또는 233년경 카이사리아에 거처를 잡았다(참조 에우세비우스, 『교회사』 6,26).

27) 오리게네스는 낱말 '아나고게'(ἀναγωγή, 더 높은 의미)를 그리스도교 주석의 중요한 전문용어로 만든다. 그는 이 낱말로, 성경과 신적 신비에 관해 그리스도를 통해 인식될 수 있는 영적 의미의 탐구를 가리킨다. 다른 한편으로는 특히 영적 해석을 통해 야기된, 완전함을 추구하는 영혼의 도덕적·구원론적 상승을 가리킨다. 그는 이 개념으로 자신의 방식을, 일반적으로 전문적이며 지성적이라고 이해된 비그리스도교 해석 방식의 알레고리아와 차별화하려 했다. 개념의 전사(前史)에서 특히 알렉산드리아의 클레멘스가 중요한 역할을 했다. 클레멘스에게서 동사 '아나게인'(ἀνάγειν)은 종종 '인식을 위해 끌어올리다'와 '더 높은 의미로

와 관계없이 유익하며, 특히 바오로 사도도 그 계명을 말마디 그대로 인용(에페 6,2-3)했으니, 그것을 지켜야 한다는 것을 누가 부인할 수 있는가?[28] 또 "살인해서는 안 된다. 간통해서는 안 된다. 도둑질해서는 안 된다. 거짓 증언을 해서는 안 된다"(탈출 20,13-16)라는 〔계명에 관해서〕 무엇을 말해야 하겠는가? 문자 그대로 지켜야 하는지, 지키지 말아야 하는지 물을 필요가 없는 계명들은 복음서에도 있다. 예를 들면 이렇다. "나는 너희에게 말한다. 자기 형제에게 성을 내는 자"(마태 5,22), (그리고 뒤이어 나오는 구절들) "나는 너희에게 말한다. 아예 맹세하지 마라"(마태 5,34).[29] 문자적 의미를 지켜야 하는 사도의 〔말〕도 있다. "무질서하게 지내는 이들을 타이르고 소심한 이들을 격려하고 약한 이들을 도와주며, 참을성을 가지고 모든 사람을 대하십시오."(1테살 5,14) 하지만 더 열심한 독자들은 각각의 의미를 모두 찾아내는 것이 가능하다. 곧, 계명의 문자적 의미를 무시하지 않으면서[30] "하느님의 깊은 지혜"(로마 11,33; 1코린 2,10 참조)를 찾아낼 수도 있다.

∴

해석하다'를 뜻한다(참조 『양탄자』 5,115,3; 참고문헌 목록에 실린 Gögler와 Hanson의 저서들; W. A. Bienert, *Allegoria*).

28) 오리게네스는 문자적 의미의 가치를 입증하기 위해 바오로가 십계명을 다시 인용한 사실을 근거로 삼는다. 실제로 오리게네스는 탈출 20,3-17과 신명 5,7-21을 문자적으로 이해한다. 발렌티누스파 프톨레마이우스(『플로라에게 보낸 편지』 5)는 다른 관점에서 동일한 의견을 제기한다. 부모를 사랑하라는 계명은 오리게네스에게서 다섯 번째 계명이다〔참조 『에페소서 단편』 31(JTS 3, 568쪽); 『마태오 복음 주해』 11,9〕.

29) 맹세에 관해서는 참조 『마태오 복음 강해』 110. 『필로칼리아』는 마태 5,22와 5,34를 예로 인용하는 반면, 루피누스는 마태 5,34와 5,28을 제시한다. 그리스어 원문이 세 가지 예를 담고 있는데 두 전승에서 두 개로 줄었는지, 아니면 루피누스 자신이 하나를 없애고 다른 하나를 추가했는지는 본문비평으로 더 연구되어야 한다.

30) 오리게네스는 문자적 의미가 가치 있기는 하지만 더 열심한 사람들에게는 영적 의미로 넘어가야 할 책임이 있다는 사실을 설명하려고 애쓴다.

5 〔21(19.20)〕. 그럼에도[31] 정확히 이해하길 바라는 사람은, 역사〔적 사건이〕라고 생각된 특정한 이야기가 문자적 의미에 따라 일어났는지 일어나지 않았는지, 그리고 특정한 입법을 문자에 따라 지켜야 하는지 지키지 않아야 하는지를 상세히 탐구하지 않고는 결정할 수 없다는 사실을 알기에 어떤 구절들에 관해서는 망설일 것이다. 이 때문에 정확한 방식으로 읽는[32] 이는 "성경을 연구하라"[33](요한 5,39)는 구원자의 명령을 충실히 신뢰하면서 문자적 의미가 어느 경우에 사실이 되고 어느 경우에 이해할 수 없는지 주의 깊게 탐구해야 하며, 성경 여러 곳에 흩어져 있는, 문자적으로 이해할 수 없는 구절의 의미를 비슷한 표현들을 통해 힘닿는 대로 찾아야 한다. (20).

31) 여기에서 오리게네스는 영지주의자들의 무람없는 태도를 억제하기 위해 성경 표현에 문자적 의미가 없는 경우를 찾아내려고 애쓴다. 그리 명료하지 않은 표현들의 의미를 이해하기 위해서는, 호메로스를 호메로스로 설명하는 알렉산드리아 문헌학의 전통적 원칙을 따르면서, 그 표현들이 발견되는 다른 대목들을 참조해야 한다. 이 원칙은 포르피리오스에 따르면 사모트라케의 아리스타르쿠스에게서 유래하는 방법이다(참조 R. Gögler, *Zur Theologie*, 44-46쪽). 마찬가지로 본문의 영적 의미도 어떤 표현을 임의적으로 고립시키지 않은 채, 전체적으로 조화 있게 그리고 그 목적에 맞게 조사하면서 찾아야 한다. 오리게네스는 성령이 성경의 모든 책의 참된 저자라고 단언하고 인간 저자를 전혀 고려하지 않으면서, 성경을 성경을 통해 설명한다는 원칙을 한결같이 고수한다. 오리게네스는 『시편 제1편 단편』(PG 12,1080 또는 『필로칼리아』 2,3)에서 이러한 우화를 전한다. 성경은 수많은 방이 있는 집이다. 각 방에는 열쇠가 있으며, 이 열쇠들은 집 전체에 여기저기 흩어져 있다. 따라서 각 구절의 열쇠는 다른 구절에서 발견된다. 참조 『아가 주해』 3(GCS 8, 206-216쪽).

32) 여기에서와 아래에서 '읽다'는 '연구하다'를 뜻할 수도 있다.

33) 루피누스는 여기에서 한 구절을 생략하였다. 아마도 이해할 수 없었기 때문인 듯하다. 확실하지 않지만, 오리게네스의 의미는 다음과 같다. 성경은 많은 혼합된 이야기를 담고 있다. 더러는 역사적으로 사실이지만 더러는 그렇지 않다. 예를 들어 타락에 관한 이야기에서 그는 아담과 하와를 역사적인 실제 인물로 여기지만 정원에서 걷는 하느님은 역사적 사실이 아니라고 여겼다. 따라서 그는 이야기 전체를 우의적으로 해석하며, 문자적 또는 육체적 의미는 가치가 없다고 생각한다. 계명이나 그밖의 여러 예들은 문자적 의미만으로 가치를 지니기도 한다. 그러나 여기서도 더 깊은 의미가 발견되면, 그 의미가 더 중요하다.

읽는 이들에게 명백히 드러나겠지만, 연속된 대목 전체가 문자적으로 이해될 수 없는 반면 그 대목의 주요한[34] 부분이 이해될 수 있고 사실이라면, 독자는 〔영적〕 의미 전체를 파악하려고 애써야 한다. 곧, 독자는 지성적 과정을 통해 문자적으로 이해할 수 없는 이야기를 이해할 수 있을 뿐 아니라 역사적 의미로도 사실인 부분들—이 부분들을 문자적으로 결코 일어나지 않은 부분들과 함께 우의적으로 해석하면서—과 연결시켜야 한다. 우리는 성경 전체에 관해, 영적 의미는 모든 구절에 있지만 육체적 의미는 그렇지 않다고 생각한다. 육체적 의미는 이해할 수 없는 것인 경우가 많기 때문이다. 따라서 하느님의 저서라고 생각하면서 경외심을 품고 성경을 읽는 사람은 상당한 주의를 기울여야 한다. 우리가 성경을 〔영적으로〕 이해하는 방법은 다음과 같다.[35]

6 〔22(20.21)〕. 〔성경의〕 이야기들[36]은 하느님께서 세상에서 어떤 민족을 선택하셨다고 말하며, 이 민족을 여러 이름으로 부른다. 이 민족은 전체로서 이스라엘이라고 하며, 야곱이라고도 불린다. 그러나 느밧의 아들 예로보암 시대에 이 민족이 갈라졌을 때, 그의 지배를 받았다고 하는 열 지파는 이스라엘로 불렸고, 다른 두 지파와 레위 지파는 다윗의 후손들이 통치한 유다라고 불렸다(1열왕 12,2 이하 참조). 하느님께서 이 민족 사람들에게 주신 거주 지역 전체는 유대아라고 불리며, 그곳의 수도는 예루살렘이다. 예루살렘은 여러 다른 도시의 모도시(母都市)다.[37] 이 도시들의 이름은 성경

34) 영적 또는 정신적 의미는 문자적 의미가 유효하지 않은 경우 본디의 의미이며 첫 번째 의미다. 참조 『원리론』 4,2,9와 각주 86.

35) 아래에서 오리게네스는 『원리론』 4,2,7-4,3,5에서 전개된 성경 이해에 관한 견해를 하느님 백성에 관한 성경의 이야기에 적용한다.

36) 직역은 "말들"이다.

의 다른 많은 구절에 흩어져 있지만 눈의 아들 여호수아기[38]에는 목록으로 작성되어 있다(참조 여호 13-21, 특히 15장). 〔21〕. 이와 관련하여 사도는 우리를 더 높은 인식[39]으로 이끈다. 곧, 그는 어느 곳에서 "육에 따른 이스라엘을 보십시오"(1코린 10,18)라고 말하면서 영에 따른 이스라엘[40]이 있다는 것을 암시한다. 그는 다른 곳에서도 "육의 자녀가 하느님의 자녀가 되는 것이 아닙니다"(로마 9,8),[41] "이스라엘 자손이라고 다 이스라엘 〔백성〕이 아닙니다"(로마 9,6)라고 말한다. 또한 "겉모양을 갖추었다고 유대인이 아니고 육에서 겉모양으로 나타난다고 할례가 아닙니다. 오히려 속으로 유대인인 사람이 유대인이며, 문자가 아니라 영으로 마음에 받는 할례가 할례입니다"(로마 2,28-29)라고 말한다. 우리가 '속으로 유대인'이라는 구(句)에 관해 판단하자면, 육체적인 유대인 민족이 있듯이 '속으로 유대인'인 민족도 있다는 의미다. 영혼이 말로 표현할 수 없는 어떤 이유에서 이 고귀함을 지니고 있다면 말이다. 이스라엘과 유다, 그리고 그들에게 앞으로 일어날 일을 선포하는 많은 예언이 있다. 그런데 이 백성에 대해 기록된 그렇게

---

37) 필론(『가이우스 알현 사절단』 281)은 수도 예루살렘에서 생겨난 많은 지방을 열거한다. 이 도시 설립에 담겨 있는 영적 의미가 오리게네스의 관심사다.

38) 직역은 "예수의 책"이다. 여호수아는 칠십인역에서 늘 예수스('Ιησοῦς)로 지칭된다.

39) '누스'(νοῦς)와 '헤게모니콘'(ἡγεμονικόν), '카르디아'(καριδία)의 대용어인 인식(διανοητικόν)은 영혼의 상위 부분이다〔참조 『요한 복음 주해』 1,30(33),206; 28,4,24〕.

40) 육에 따른 이스라엘과 영에 따른 이스라엘이라는 대립은 구약의 구원경륜을 영적으로 해석하는 열쇠다. 이 표상은 바오로가 제시하였다. 오리게네스는 수평적인 구약성경과 신약성경보다 수직적인 지상 예루살렘과 천상 예루살렘을 더 강조한다. 후자는 바오로가 제시한 표현이다. 곧, 갈라 4,26("하늘에 있는 예루살렘은 자유의 몸으로서 우리의 어머니입니다")의 대목이다.

41) 루피누스는 여기서 긴 구절을 생략했는데, 이 구절이 비정통적인 가르침을 담고 있지 않은 것을 고려할 때 그 이유는 단순히 루피누스가 이 구절에 담긴 모호한 암시들을 이해하지 못했기 때문인 듯하다.

많은 약속이 문자적으로 보면 보잘것없고, 하느님의 약속에 걸맞은 숭고함을 보여 주지 않는다면, 그것들이 신비적 해석을 필요로 한다는 것이 분명하지 않은가? 감각적 표상을 통해 표현된 약속들이 영적이라면, 그 약속이 이루어진 이들은 육체적 〔이스라엘인〕이 아니다.

7〔23(21)〕. 우매하지 않은 이들[42]에게는 앞에서 말한 것들로 충분하다. 따라서 우리는 '속으로 유대인'은 누구며 '내적 인간으로' 이스라엘인은 누구인지 논의하는 데 시간을 낭비하지 말아야 한다. 당면한 주제로 돌아가자. 우리는 야곱이 열두 성조의 아버지였고, 열두 성조는 씨족 통치자[43]들의 아버지였으며, 씨족 통치자들은 그들 뒤를 이은 이스라엘인들의 아버지였다고 말한다. 따라서 육체적 이스라엘인들의 혈통은 씨족의 통치자들에게로 거슬러 올라가고, 씨족 통치자들의 혈통은 성조들에게로 거슬러 올

42) 또는 "머리가 둔하지 않은 이들"을 뜻한다.

43) '데마르코이'(δήμαρχοι)는 백성(δῆμοι) 또는 씨족의 통치자들이다. 지파는 씨족에서 갈라진다. 민수기에 나오는 인구조사에서 '데모스'(δῆμος)라는 낱말은 다양한 지파의 씨족들에게 사용된다(민수 1,20-47). '데마르코이'(δήμαρχοι)는 성조들의 아들들이며 야곱의 아들들이다. '데모스'는 그리스의 행정 용어에서도 비슷한 의미를 지닌다. 아테네에서 지파는 행정 지역을 구분하는 데 사용된다. 오리게네스는 마태오의 족보를 육에 따른 이스라엘인에게 적용하며, 따라서 '데마르코이'는 유다의 왕들, 곧 백성의 통치자들이다. 루카의 족보는 영적 이스라엘인의 족보로 야곱, 이사악, 아브라함을 거쳐 그리스도인 아담에게로 거슬러 올라간다. 그러나 그리스도의 두 족보의 비교는 본문에서 뒷받침되지 않는다. 이 문제에 관한 오리게네스의 견해는 참조『루카 복음 강해』17,1과 그리스어 단편; 28,1-4;『마태오 복음 단편』3-10(GCS 12/1). 가장 완전한 서술은『루카 복음 강해』28에 있다. 이는 거의 대부분이 그리스어로 남아 있으며 히에로니무스의 라틴어 번역도 있다. 마태오는 내려가고 루카는 올라간다. 마태오는 태어난 이들을 제시하며 루카는 이름을 붙인다. 마태오는 "…를 낳았다"라고, 루카는 "…의 아들"이라고 서술한다. 마태오는 여자 죄인들을 가로질러 내려가고 그리스도가 우리의 죄를 짊어졌음을 보여 준다. 루카는 죄인 솔로몬이 아니라, 같은 이름을 지닌 예언자와 혼동한 나탄을 거쳐 하느님에게까지 거슬러 올라간다. 마태오에 따르면 세대는 육적이고 죄스러운 죄인들로 나타나며, 루카에 따르면 세대는 영적이고 세례를 바탕으로 한다.

라가며, 성조들의 혈통은 야곱과 그 이전에 산 이들에게로 거슬러 올라간다. 영적 이스라엘인들의 예형은 육체적 이스라엘인들이다.[44] 영적 이스라엘인들은 씨족들에게서 내려오지 않고, 씨족들은 지파들에게서 내려오지 않으며, 지파들은 단 한 사람[45]에게서 내려왔다. 다른 이들처럼 육체적이 아닌 더 높은 방식으로 태어난 그는 이사악에게서 태어났고 이사악은 아브라함에게서 내려왔으며, 모든 이는 사도가 그리스도라고 말하는 아담[46]에게로 거슬러 올라가지 않는가?(1코린 15,45 참조) 우주의 하느님의 자손인 모든 가문의 기원은 그리스도에게로 거슬러 올라간다.[47] 그리스도는 우주의 하느님이요 아버지이신 분 다음에 오며(루카 3,38 참조), 아담이 모든 인간의 아버지이듯이 그리스도는 모든 영혼의 아버지다.[48] 바오로가 하와

44) 오리게네스는 물질적 세계의 실재와 영적 세계의 실재 사이에 영지주의자들이 말하는 중단이 없다고 말한다. 왜냐하면 물질적 세계의 실재는 영적 세계의 실재의 상징이기 때문이다[참조 『요한 복음 주해』 1,26(24),167; 『요한 복음 단편』 6(GCS 4, 488쪽); 『아가 주해』 2(GCS 8, 160쪽); 필론, 『아브라함의 이주』 40]. 발렌티누스파 프톨레마이우스와 헤라클레온은 물질적 세계를 배제하면서 이 관계를 영적 세계와 관련된 영혼적 세계에 관한 상징에 국한시킨다[참조 헤라클레온, 『요한 복음 주해』 10,33(19),210; 13,19,115-116; 프톨레마이우스, 『플로라에게 보낸 편지』 5-6; 『테오도투스 작품 발췌집』 47].

45) 영적 이스라엘인들의 아버지인 야곱을 가리킨다. 그는 이스라엘이고 하느님을 본 사람이다. 창세 25,21-23에서 야곱의 탄생(두 아기가 어머니의 태 안에서 서로 부딪치며, 주님께서는 두 아이가 두 백성이 되리라고 예언하신다)에 관해서는 참조 『창세기 강해』 12; 야곱/이스라엘이라는 이름의 이중성에 관해서는 참조 『창세기 강해』 15,4; 『민수기 강해』 15,2-4; 16,5-17; 17,3-4; 18,4 등. 야곱은 육적 이스라엘인들의 조상의 이름이고, 이스라엘은 영적 이스라엘인들의 조상의 이름이다.

46) 오리게네스는 바오로적 문맥에서, 아담을 인류의 조상으로 여긴다(참조 『요한 복음 주해』 20,3,11-12). 오리게네스는 영혼의 선재와 관련해서는 아담에게서 모든 인류의 상징을 보기도 한다[참조 『켈수스 반박』 4,40; 『요한 복음 주해』 1,18(20),108]. 오리게네스는 『로마서 주해』 4,1과 4에서, 모든 인간은 "아담의 허리 안에" 있었다고 말하지만 그 뜻을 명확하게 밝히지는 않는다.

47) 직역은 "그리스도에게서 더 아래로 시작한다"다.

를 교회와 연관지어 해석한다면(에페 5,31-32 참조), 카인이 하와에게서 태어나고[49] 그의 뒤를 잇는 모든 이가 하와에게서 기원을 찾기에 이 둘이 교회의 모상[50]이라는 것은 놀라운 일이 아니다.[51] 모든 〔영혼〕은 영적 의미에서 교회로부터 유래한다.[52]

8 〔24(22)〕. 이제 우리가 이스라엘과 그 씨족, 지파에 관해 앞에서 말한 것에 대해 확신한다면, 구원자께서 "나는 오직 이스라엘 집안의 잃어버린 양들에게 파견되었을 뿐이다"(마태 15,24)라는 말씀을 하실 때, 우리는 이 말씀을 정신이 가난한 에비온파[53]—이들은 명칭 자체가 정신이 가난함을 나타낸다. 히브리어 에비온(ebion)은 '가난한'이라는 뜻이기 때문이다—와 같은 의미로 이해하지 않는다. 우리는 그리스도께서 특별히 육적 이스라엘인들에게 오셨다고 생각하지 않는다. "육의 자녀는 하느님의 자녀가 아니기"(로마 9,8 참조) 때문이다. 사도는 예루살렘에 관해 바로 그러한 것들을 다시 가르친다. "위에 있는 예루살렘은 자유인이고 우리의 어머니입니다."

48) 생각할 수 있는 모든 혈통 또는 부자 관계는 하느님의 영원한 아버지 신분(참조 에페 3,15)과 비교되지 않는다. 하느님은 그리스도의 아버지시며, 그리스도는 피조물들의 아버지다.

49) 여기에서 카인이 하와의 모든 후손을 상징한다고 판단하는 것은 이상하다. 창세기는 셋을 통해 아담의 족보가 이어진다고 묘사하기 때문이다.

50) 타락한 지체들이 교회에 있음을 암시한다.

51) 이미 필론은 카인의 모습을 자기애 때문에 하느님을 저버린, 그릇된 가르침과 타락의 예형으로 해석했다.

52) 교회사가 소크라테스는 오리게네스가 아담과 하와를 그리스도와 교회로 우의적으로 해석했다고 증언한다(소크라테스, 『교회사』 3,7). 그러나 『오리게네스를 위한 변론』을 쓴 팜필루스와 에우세비우스는 "오리게네스가 이 해석을 처음으로 창안한 것이 아니라 교회의 신비주의적 전통에서 이를 찾아냈다"고 말한다(참조 J. A. Robinson, *The Philocalia*, XXXIII쪽). 선재하는 교회에 관해서는 참조 J. Chênevert, *L'Église dans le Commentaire*, 13-43쪽. 이 구절에 따른 어머니 교회에 관해서는 참조 H. J. Vogt, *Das Kirchenverständnis*, 225쪽.

53) 참조 〈루피누스의 라틴어 역본〉 4,3,8 각주 25.

(갈라 4,26) 다른 서간에서 "여러분이 나아간 곳은 시온 산이고 살아 계신 하느님의 도성이며 천상 예루살렘으로, 무수한 천사들의 축제 집회와 하늘에 등록된 맏아들들의 모임이 이루어지는 곳입니다"(히브 12,22-23)라고 한다. 따라서 이스라엘이 영혼이라는 종족으로 이루어져 있고 예루살렘이 하늘에 있는 도시라면, 이스라엘의 도시들은 하늘에 있는 예루살렘을 모도시로 지니고 있다는 결론이 나오며 이는 온 유대아에 적용된다. 그러므로 우리가 바오로의 말들을 하느님의 말씀이나 지혜의 발언처럼 듣는다면,[54] 예루살렘에 관한 모든 예언과 예루살렘에 관한 모든 것은 성경이 천상 도시와 거룩한 나라의 도시들을 포함하는 온 공간에 관한 말로 이해해야 한다. 구원자께서 돈을 잘 활용한 이들을 칭찬하면서 그들에게 열 도시나 다섯 도시를 다스리는 권한을 주실 때(루카 19,17-19 참조), 우리가 주목하기 바라시는 곳이 이 도시들이다.

9 〔25(22)〕. 그러므로 우리가 이해하기에 유대아와 예루살렘, 이스라엘, 유다, 야곱에 관한 예언들이 육적인 것이 아니고 그러한 신비들을 암시한다면, 이집트와 이집트 사람들, 바빌론과 바빌론 사람들, 티로와 티로 사람들, 시돈과 시돈 사람들 또는 다른 나라들에 관한 예언들도 단지 육체적 이집트 사람들, 바빌론 사람들, 티로 사람들, 시돈 사람들[55]에 관해 예고된

54) "바오로(의 말들)을 하느님의 말씀처럼 듣다"라는 표현은 사도를 하느님과 대등하게 만드는 것이 아니다. '테우'(θεοῦ, 하느님의)에 관사 없이 사용되었기 때문에 이 표현은 오히려 "한 분이신 하느님의 말씀처럼" 또는 "신적 존재의 말처럼"을 뜻한다〔참조 바오로를 거룩한 사람(θεῖος ἀνήρ)으로 인정하는 『원리론』 4,2,6〕. 후대의 필경사들은 이 비교를 인정하지 않아 사도의 이름을 없애 버렸다. 루피누스는 이름을 보존했지만〔"그리스도께서 그 안에서 말씀하실 때 우리가 바오로의 말들을 들으면"(2코린 13,3)〕 독자의 불쾌감을 불러일으키지 않으려 조심했다.

55) 오리게네스는 인접한 국가의 백성에 관한 예언을 바탕으로 이웃 국가들의 상징을 조리 있게

것이 아니라는 결론이 나온다. 곧, 지성적 이스라엘 사람들이 있다면, 지성적 이집트 사람들과 지성적 바빌론 사람들도 있다는 것이 논리에 맞는다. 왜냐하면 에제키엘서를 주의 깊게 읽는 사람들에게 명백히 드러나듯이, 이집트 임금 파라오에 관한 기술들은 이집트를 통치하였거나 통치할 어떤 사람에게도 결코 적용될 수 없기 때문이다(에제 29,1-9 참조). 마찬가지로 티로의 군주에 관한 기술도 티로를 통치한 어떤 사람〔에 관한 것〕으로 이해할 수 없다(에제 28장 참조). 특히 이사야서에서 네부카드네자르에 관한 많은 이야기(이사 14,3-23 참조)를 어떻게 그 사람에 관한 것으로 이해할 수 있는가?[56] 네부카드네자르라는 사람은 "하늘에서 떨어지지"도 않았으며, "샛별"도 아니었고 "아침에 땅위로 오르지"도 않았다[57](이사 14,12 참조). 이성적인 사람이라면 누구도 이집트가 "사십 년 동안" 황폐해져 그곳에서 "사람의 발자국도" 발견되지 않고, 어느 날 전쟁으로 완전히 파멸되어 온 지역에 피가 무릎까지 차오르리라는 에제키엘서의 진술들(에제 29,11-12; 30,7.10-12; 32,5-6.12-13 참조)을 해로 말미암아 육체가 검게 된 에티오피아인들과 〔지역적으로〕 경계를 맞대고 있는 이집트에 관한 것이라고 이해하지 않을 것이다.[58]

10 〔26(23)〕. 그리고 아마도[59] 이곳 세상에 있는 이들이 공통된 죽음[60]으

⁝

전개한다. 티로의 군주에 관해서는 참조『원리론』1,5,4와 각주 16. 이집트와 바빌론에 대한 상징적 해석에 관해서는 참조『창세기 강해』15,5;『마태오 복음 주해』12,1;『민수기 강해』11,4;『예레미야서 강해』(라틴어) 2,2;『에제키엘서 강해』11,4; 12,2-3; 13,1-4.

56) 참조『원리론』1,5,4.

57) 이 대목에서는『원리론』1,5,4-5이 간결하게 반복된다.

58)『필로칼리아』는 여기서 루피누스 번역에 보존된 한 단락을 생략한다.

59) 참조 히에로니무스,『서간집』124,11(아비투스에게 보낸 편지): "따라서 이 저서의 마지막 권인 제4권에서 그(오리게네스)는 그리스도의 교회들이 단죄해야 하는 이러한 진술을 끼워 넣

로 죽어 하데스[61]라고 하는 곳에 알맞다는 판결을 받으면 그들은 세상에서 행한 행위의 결과로 자신이 지은 죄의 정도에 따라 다른 장소를 얻는다.[62] 마찬가지로 저 높은 곳에 있는 이들도, 말하자면 죽었을 때 현세의 전 지역 가운데 더 좋거나 더 나쁜 다른 거처들에 알맞다거나 그러그러한 부모들의 집에 알맞다는 판결을 받으면 이 하데스로 내려온다. 따라서 이스라엘인이 언젠가 스키티아인들 가운데 떨어질 수 있고, 이집트인이 유대아로 내려올 수도 있다. 그럼에도 구원자께서는 "이스라엘 집안의 잃어버린 양들"[63](마태 15,24; 요한 11,5 참조)을 모으기 위해 오셨다. 이스라엘에서 많은 이가 그분의 가르침을 따르지 않아 다른 민족들도 부름을 받았다.

11 〔27(23)〕. 우리는 이 〔진리〕들이 역사적 이야기들 안에 감추어져 있다고 생각한다. "하늘 나라는 밭에 숨겨진 보물과 같다. 그 보물을 발견한 사람은 그것을 다시 숨겨 두고서는 기뻐하며 돌아가서 가진 것을 다 팔아

는다. '그리고 아마도, 육체와 영혼이 분리됨으로써 이 세상에서 죽은 이들이 그들 행위의 차이에 따라 밑에 있는 세상에서 다른 장소들을 얻듯이, 말하자면 천상 예루살렘의 왕국에서 죽은 이들은 우리 세상의 더 낮은 지역에 내려가 그들의 공로에 비례하여 땅에서 다른 장소들을 차지한다.'"

60) 공통된(κοινός) 죽음은 중립적이며, 선도 악도 아니다(ἀδιάφορος, μέσος). 조금 뒤에 나오는 "저 높은 곳에 있는 이들"의 죽음은 일상적 죽음이 아니라 사악한 죽음이며 죄다.

61) 하데스는 '지옥, 저승'으로도 옮길 수 있다. 영지주의자들은 '하데스'라는 명칭으로 현세의 세상을 아래의·물질적이며·덧없는 세상으로 경시하였다. 이레네우스는 육체적 부활에 대한 변론에서 이 표현법을 논박한다(참조 『이단 반박』 5,31,2). 오리게네스의 체계에서 하데스의 의미에 관해서는 참조 Hans Jonas, *Gnosis und spätantiker Geist*. Teil 2. 1. Hälfte: Von der Mythologie zur mystischen Philosophie, Göttingen 1954, 196-197쪽.

62) 여기에는 죄인에게 주어진 벌이 죄에 비례한다는 가르침이 들어 있다.

63) 이들은 다시 말하면 가장 높은 상태에서 떨어진 이성적 피조물이며, 현세의 이스라엘인들은 그들의 상징이다.

그 밭을 사기"(마태 13,44)[64] 때문이다. 여러 가지 식물로 가득 찬 밭 전체가 성경에서 가시적이고 외면적이며 명백한 의미가 아닌지 숙고하자. 그리고 밭 밑에 있는 것, 모든 이에게 보이지 않고 보이는 식물들 밑에 묻혀 있는 것들이 (성)령이 이사야를 통해 "어둡고 보이지 않으며 숨겨졌"(이사 45,3 참조)다고 하는 "지혜와 지식의" 숨겨진 "보물들"(콜로 2,3)이 아닌지 숙고하자. 이 보물들을 발견하기 위해서는 홀로 그것들을 숨긴 "청동 문들을 부수시고 문에 있는 쇠 빗장들을 부러뜨리실"(이사 45,2 참조) 수 있는 하느님[의 도움]이 필요하다. 창세기(10.11.25.36.46장 참조)에 여러 민족들, 말하자면 이스라엘과 가까이 있든 멀리 떨어져 있든 영혼들의 참된 자손들에 관해 기록된 것, 그리고 "하늘[65]의 별처럼 번성"(히브 11,12; 창세 22,17 참조)하도록 이집트로 내려 보낸 일흔 영혼의 자손(신명 10,22 참조)에 관한 모든 것을 발견하기 위해서는 하느님[의 도움]이 필요하다.[66] 그러나 그들의 모든 자손이 "세상의 빛"(마태 5,14)은 아니다. 저 일흔 영혼에게서 "바닷가의 모래[67]처

64) 마태 13,44 해석은 『마태오 복음 주해』 10,6에도 나온다. 밭은 그리스도를 상징한다.

65) 오리게네스가 땅과 하늘에 관해 명확하게 구분하는 개념과, 세상을 포로 상태로 있는 곳으로 여기는 개념은 창세 22,17에서 하느님께서 아브라함에게 하신 약속, 곧 하늘의 별과 바닷가 모래의 차이를 구별하지 않겠다는 약속에 영향을 미쳤다. 그러나 『원리론』 4,3,1.9에서 오리게네스는 별들, 자신의 결점 없이 다른 이들을 돕기 위해 세상에 내려오도록 선택된 영혼들, 바닷가의 모래, 자신이 지은 범죄의 결과로 세상에 내려온 이들을 구별한다. 적대 세력들의 장소인 바다의 개념은 모래가 지닌 경멸적 가치에 영향을 미쳤다(참조 『예레미야서 강해』 16,1; 『마태오 복음 주해』 13,17; 16,26). 더 단순한 문맥에서 별들과 모래에 관한 유사한 해석은 『창세기 강해』 9,2에 있다. 오리게네스는 여기에서 창세기 10-11.25.36.46장을 암시한다.

66) 하느님께서만 영혼에게 당신 지혜의 신비를 드러내실 수 있다[참조 『욥기 선별 강해』 22,2(PG 12,1036); 『예레미야서 강해 단편』(GCS 3, 195쪽 또는 『필로칼리아』 1,28); 『에페소서 단편』 5(JTS 3, 240쪽); 『여호수아기 강해』 9,6; 26,1; 『레위기 강해』 5,5].

67) 오리게네스는 별과 모래를 양(量) 개념이 아니라 가치 개념으로 사용한다. 그는 이렇게 얻어진 영적 의미로 자신의 사변을 강화할 수 있었다.

럼 셀 수 없는"(히브 11,12; 창세 22,17 참조) 자손이 나왔지만 "이스라엘 자손이라고 다 이스라엘 백성이 아니"(로마 9,16)기 때문이다.[68]

68) 『필로칼리아』의 그리스어 본문은 여기에서 끝난다. 이 다음에 나오는 본문은 히에로니무스와 유스티니아누스의 몇몇 단편과 루피누스의 번역으로 남아 있다.

루피누스의 라틴어 역본 4,1-4,4

1장
신적 영감을 받은 성경

1. 이렇게 많고 중요한 주제를 논의할 때, 인간의 지능[1]과 상식에 문제의 결론을 맡겨두는 것으로는 충분하지 않다. 이를테면 비가시적인 것들에 관하여 가시적으로 천명하고, 우리가 말하는 바를 논증하기 위해서는 성경[2]의 증언들도 받아들여야 한다. 우리가 말하려는 것이나 이미 말한 것에 관하여 이 증언들이 확실하고 의심할 나위 없는 신뢰를 지니려면, 우선 성경 자체가 거룩하다는 것, 곧 하느님 영의 감도를 받았다는 사실을 밝히는 것이 필요할 것 같다.[3] 그래서 우리에게 주로 영향을 끼치는 성경 본문 자체를 가능한 한 간략하게 소개할 터인데, 예를 들면 우선 히브리 민족의

1) sensus(지능)는 '정신, 마음, 지성, 영, 혼, 감각'으로도 옮길 수 있다.
2) 참조 『원리론』(『필로칼리아』 그리스어본) 4,1,1 각주 3.
3) 참조 『원리론』(『필로칼리아』 그리스어본) 4,1,1 각주 4.

입법자 모세를 통하여, 또 그리스도교 신앙과 가르침의 창시자요 으뜸이신 예수 그리스도의 말씀으로 이를 확증할 것이다.[4)]

그리스인과 비그리스인 가운데서 많은 입법자가 나왔고, 많은 교사나 철학자도 진리를 가르치겠노라고 공언하였지만, 다른 민족들[5)]로 하여금 자신의 법을 자발적으로 받아들이게 하거나 온 힘으로 그것을 지켜내려는 의지와 열의를 불러일으킬 수 있었던 어떠한 입법자도 우리는 기억하지 못한다.[6)] 또한 다른 뭇 민족들뿐 아니라 한 단일 민족 안에서도, 자신이 진리로 여기는 것을 그것에 관한 지식이나 믿음이 생길 정도로 모든 이에게 널리 소개하고 심어 준 입법자도 없었다. 입법자들은 가능하다면 모든 사람이 자신의 법을 지키기를 바랐을 것이고, 교사들은 자신이 진리로 여기는 것을 모든 사람이 알게 되기를 바랐으리라는 것은 의심할 수 없다.[7)] 그러나 그들은 이것이 전혀 불가능하며, 다른 민족들에게 자신의 법이나 가르침을 지키도록 할 만큼 스스로 큰 영향력을 지니지 못했음을 알고 있었기에 감히 그렇게 하려는 시도조차 하지 않았다. 그들이 그렇게 했을 경우 일어났을 결과를 짐작해 보면 그것은 어리석은 생각이 아니다. 그러나 온 세상 곳곳, 그리스 전체 그리고 다른 모든 나라에는 조상으로부터 전해 온 법들과 신이라고 여겨왔던 것들을 저버리고 모세의 율법을 지키며 그리스도의 제자가 되어 그분을 경배하는 이들이 수없이 많다. 이들은 우상을 숭

4) 참조 『원리론』(『필로칼리아』 그리스어본) 4,1,1 각주 6.

5) 직역은 "민족들의 영혼들"(animi gentium)이다.

6) 사람들을 도덕적으로 개심시키려는 철학적 가르침의 무능과 그리스도의 가르침이 가져온 인간적으로 설명할 수 없는 성과를 대립시키는 것은 『켈수스 반박』 1,27; 1,64; 3,51; 6,2의 주된 호교론적 논거다. 『켈수스 반박』은 그리스도교적 가르침과 그 가르침을 담고 있는 성경의 신적 특성을 증명한다.

7) 참조 『원리론』(『필로칼리아』 그리스어본) 4,1,1 각주 9.

배하는 이들에게 지독한 미움을 받아, 종종 그들에게 고문을 당하거나 때로는 죽음에 이르기도 했다.[8] 그럼에도 그들은 그리스도께서 가르치신 말씀을 온갖 애정으로 감싸안고 지켜낸다.[9]

2. 신자들이 박해와 죽음을 당하고[10] 재산을 빼앗기고 온갖 고문을 겪었음에도 이 종교는 짧은 기간 안에 엄청나게 성장했다. 교사들 자신이 매우 능숙하지도, 교사 수가 많지도 않았기에 더 놀라운 일이다. 이 모든 것에도 불구하고 이 말씀은 온 세상에 선포되어(마태 24,14 참조), 그리스인들과 비그리스인들, 지혜로운 이들과 어리석은 이들이(로마 1,14 참조) 모두 그리스도교를 받아들였다. 그러므로 그리스도의 말씀이 권위와 설득력을 지니고 모든 사람의 정신과 영혼에 자리 잡게 된 것은 인간의 힘이나 능력 덕분이 아님[11]은 의심할 여지가 없다. 이것은 그분께서 미리 말씀하셨고, "너희는 나 때문에 임금들과 총독들 앞에 끌려가, 그들과 〔다른〕 민족들에게 증언할 것이다"(마태 10,18)라는 말씀이나, "이 복음이 모든 민족들에게 선포될 것이다"(마태 24,14 참조)[12]라는 말씀, 또한 "그날에 많은 사람이 나에게 '주님, 주님! 저희가 당신의 이름으로 먹고 마셨고, 당신의 이름으로 마

8) 참조 『원리론』(『필로칼리아』 그리스어본) 4,1,1 각주 10.
9) "그럼에도 … 지켜낸다"는 루피누스의 라틴어 역본에만 있는 결론이다.
10) 참조 『원리론』(『필로칼리아』 그리스어본) 4,1,2 각주 11.
11) "인간의 힘이나 능력 덕분이 아님"은 베르길리우스를 연상시키는 대목이다(참조 『아이네이스』 12,427).
12) 둘째 인용은 루피누스의 라틴어 역본에만 나온다. 쾨차우와 바르디(G. Bardy, *Recherches*, 43쪽)는 이 인용이 최초의 원문에 속한 것이라 생각한다. 바르디는 그것이 한 필사본에서 사라진 것으로 본다. 첫째 인용과 둘째 인용이 한 줄 간격을 두고 ἔθνεσι와 gentibus로 끝나기 때문에 부주의로 인해 둘째 인용이 자주 생략되었다는 것이다. 루피누스는 둘째 인용을 팜필루스의 『오리게네스를 위한 변론』 5의 번역본에서 생략하는데, 이 번역은 『원리론』 번역보다 앞서 이루어졌다. 따라서 둘째 인용은 『필로칼리아』에서도 팜필루스의 그리스어본에서도 누락되었을 것이다.

귀를 쫓아내지 않았습니까?' 하고 말할 것이다. 그때에 나는 그들에게 '내게서 물러들 가라, 불법을 일삼는 자들아, 나는 너희를 도무지 알지 못한다.' 하고 선언할 것이다"(마태 7,22-23; 루카 13,26 참조)라는 거룩한 응답을 통하여 확인하셨다는 것이 분명하다. 그분께서 이렇게 말씀하셨으나 예언된 바가 성취되지 않았다면, 이 말씀은 별로 참되지 않고 아무런 권위도 지니지 못한 것처럼 보일 것이다. 그러나 이제 그분께서 예언하신 사건들이 실제로 일어났을 때, 게다가 매우 큰 권능과 권위로 예언되었기에, 그분은 사람이 되시어 인간에게 구원의 계명을 전해 주신 참하느님이심을 분명하게 보여 주었다.

3. "〔분명히 왕국을〕 맡은 이가 올 때까지, 민족들의 기대가 이루어질 때까지 임금들이 유다에서 끊어지지 않고, 통치자들이 그 허벅다리들에서 끊임없이 나올 것이다"(창세 49,10 참조 칠십인역)라고 일찍이 예언자들은 그분에 관하여 예언했는데, 이에 관해서는 무슨 말을 할 필요가 있겠는가? 그리스도 시대 이후에 유대인들에게 임금이 없었다는 사실은 역사 자체에서 드러나는 것과 오늘날 보는 것을 통해서 매우 명백히 입증된다. 유대인들이 그토록 자랑스럽게 여기고 뽐내던 온갖 자랑거리들, 이를테면 성전 장식과 제대 꾸밈, 대사제들의 의복에 관련된 모든 것은 폐지되었다. "이스라엘 자손들은 오랫동안 임금도 대신도 없이, 희생 제물도 제대도 없이, 사제직도 신탁도 없이 주저앉아 있을 것이다"(호세 3,4 참조)라는 예언이 실현되었기 때문이다.

우리는 이 증언들을 창세기에서 야곱이 한 말은 유다에 관한 것이라고 주장하는 사람들, 그리고 유다 가문 출신의 통치자가 아직도 남아 있다고 하는 이들, 다시 말해 그들 민족의 통치자인 이른바 성조(patriarcha)[13]와 끊임없는 그 후손들이 자신들이 그려내는 그리스도가 오실 때까지 남아 있으리라고 하는 사람들을 거슬러 사용한다. 그러나 "이스라엘 자손들은 오랫동안 임금도 대신도 없이, 희생 제물도 제대도 없이, 사제직도 신탁도 없이 주저앉아 있을 것이다"(호세 3,4 참조)라고 한 예언자의 말이 사실이라면, 또 분명히 성전이 파괴된 이후로 희생 제물도 바쳐지지 않았고 제대도 발견되지 않았으며 사제직도 없었다면, 성경에 쓰여 있는 "맡은 이가 올 때까지, 임금들이 유다에서 끊어지지 않으며, 통치자가 그 허벅다리들에서 끊임없이 나올 것"(창세 49,10 참조)이라는 말 역시 분명히 맞다. 그렇다면 당신에게 맡겨진 것을 위해 민족들의 기대를 담고 계신 그분께서 오셨다는 것도 분명하다. 여러 다른 민족 출신의 많은 사람이 그리스도를 통하여 하느님을 믿게 되었다는 사실에서 이는 분명히 실현된 것으로 보인다.

4. 게다가 신명기의 노래에서도, 이전에 〔하느님께 속한〕 백성의 죄 때문에 어리석은 민족이 선택되리라는 사실을 예언을 통하여 알려 준다. 그러한 선택은 다름 아니라 바로 그리스도를 통해 이루어진 것이 분명하다. 그래서 이렇게 말하고 있다. "그들은 헛것들로 나를 분노하게 하였다. 나 또한 그들을 질투하게 하고 어리석은 민족으로 그들을 분노하게 하리라."[14](신명 32,21 참조) 신도 아닌 것들로 하느님을 노엽게 하고 헛것들로 하느님을 분노하게 했다는 히브리인들이, 예수 그리스도의 오심과 그 제자들을 통해 하느님께서 선택하신 어리석은 민족으로 말미암아 어떤 방식으로 분노하고 질투하게 되었는지는 매우 분명하게 알 수 있다. 그래서 사도는 이렇게 말한다. "형제 여러분, 여러분이 〔어떻게〕 부르심을 받았는지 보십시오. 여러분 가운데는 육〔의 기준〕에 따라 지혜로운 이가 많지 않았고 유력한 이

13) 참조 『원리론』(『필로칼리아』 그리스어본) 4,1,3 각주 21.
14) 참조 『원리론』(『필로칼리아』 그리스어본) 4,1,4 각주 24.

도 많지 않았으며 가문이 좋은 사람도 많지 않았습니다. 그런데 하느님께서는 그들 앞에 있는 것들을 무너뜨리시려고 세상의 어리석은 것과 없는 것들을 선택하셨습니다."[15](1코린 1,26-29) 사도가 이렇게 말했으므로 나는 "육적 이스라엘이 영광 받지 않도록 하느님 앞에서 육이 영광 받지 않도록 하십시오"라고 말한다.

5. 시편, 특히 '연인을 위한 노래'라는 제목이 붙은 시편에 나오는 그리스도에 관한 예언들에 대해 무엇을 말해야 하는가? 시편은 그의 혀가 "빨리 쓰는 서기의 붓"이라고 불리며, "은총이 그의 입술에 쏟아졌기에 사람들의 자녀들보다 더 아름답다"(시편 44,1-3)고 한다. 은총이 그의 입술에 쏟아졌다는 표상은, 그분께서 가르치신 기간은 짧았지만(일 년 몇 달 동안 가르치셨다) 온 세상이 그분의 가르침과 경건한 믿음으로 가득 찼다는 뜻이다. "그분의 시대에" 달이 없어진다고 하는 종말 때까지 지속되는 "정의와 큰 평화가" 일어났고, 그분은 "바다에서 바다까지, 강에서 땅 끝까지 다스린다"(시편 71,7-8 참조). 그리고 다윗 가문에도 표징이 주어졌다. "동정녀가 잉태하여 임마누엘을 낳았는데 이는 '하느님께서 우리와 함께'라는 뜻이다."(이사 7,14; 마태 1,23) 같은 예언자가 "하느님께서 우리와 함께! 민족들아, 이를 알고 패배하여라"[16](이사 8,8-9 참조 칠십인역)라고 한 말도 실현되었다. 다른 민족 출신인 우리는 패배하고 정복되었으며 그분 승리의 전

15) 루피누스는 인용문의 둘째 부분을 삭제한다. 반대로 그다음에 이어지는 부분에서는 더 상세히 설명한다. 둘째 부분이 삭제된 이유는 인용문 두 부분이 모두 '호 테오스'(ὁ θεός, 하느님)로 끝나기 때문이다. 둘째 부분은 부주의로 누락되었는데 루피누스의 잘못이거나 루쿨라누스의 필경사의 잘못이다. 둘째 부분이 없어진 이 필사본은 그 뒤에 쓰인 모든 필사본의 토대가 되었다.

16) 참조 『원리론』(『필로칼리아』 그리스어본) 4,1,5 각주 34.

리품처럼[17] 그분 은총에 우리 고개를 숙였기 때문이다. 게다가 미카서에 그분이 태어난 곳이 이렇게 예언되었다. "유다 땅 베들레헴아, 너는 유다의 통치자들 가운데 결코 가장 작지 않다. 너에게서 통치자가 나와 내 백성 이스라엘을 보살피리라."(마태 2,6; 참조 미카 5,1) 또한 통치자 그리스도께서 오실 때까지의 기간[18]도 다니엘 예언자가 예언한 대로 이루어졌다(다니 9,24 참조). 욥이 "거대한 야수를 무찌를"(욥 3,8 참조 칠십인역) 분이라고 예언한 분, 그리고 뱀과 전갈에게서 어떤 해도 입지 않도록 당신 제자들에게 "그것들을 밟고 원수의 모든 힘을 억누르는 권한을 주신"(루카 10,19) 분께서 오셨다. 그리스도께서 복음을 선포하도록 파견하여 온갖 곳을 두루 다닌 사도들의 여정을 생각해 보면, 그들이 대담하게 무릅써야 했던 일은 인간의 능력을 넘어서며 그들이 감히 이루어낼 수 있었던 것은 하느님 덕분임을 알게 될 것이다. 사도들로부터 새로운 가르침을 들은 사람들이 그들을 어떻게 받아들일 수 있었는지, 또는 흔히 그들을 파멸시키기를 바라는 이들이 그들에게서 드러나는 어떤 신적 능력에 억눌렸는지 생각해 보면, 이 일에서 어떤 것도 인간의 힘으로 이루어지지 않았으며 모두 하느님의 권능과 섭리, "그들의 말과 가르침을 증언하는 분명하기 그지없는 표징과 권능"(히브 2,4; 사도 5,12 참조)으로 이루어졌음을 알게 될 것이다.

6. 이제 이러한 점들을 간단히 입증하였기에, 예수 그리스도의 신성과 그분에 관한 모든 예언의 실현은, 그분의 오심이나 힘 있는 가르침이나 모든 민족을 모으심에 관해 예언한 성경 자체가 하느님의 영감으로 쓰였다는 사실도 입증했다고 생각한다. 여기에 덧붙여야 할 것이 있다. 예언자들

17) '그분 승리의 전리품처럼'은 시적 표현을 낮추어 보지 않는 루피누스가 덧붙인 대목이다.
18) 참조 『원리론』(『필로칼리아』 그리스어본) 4,1,5 각주 35.

의 신탁과 모세의 법이 거룩하고 신적 영감을 받았다는 사실은 특히 그리스도께서 이 세상에 오신 이후로 빛을 받고 증명되었다는 것이다. 이들의 예언이 실현되기 이전에는, 비록 그것들이 참되고 하느님의 영감을 받았다 해도 참되다는 것이 드러날 수 없었기에 아직 그 완성이 입증되지 않았다. 그리스도께서 오심으로써 예언된 내용이 참되며 신적 영감을 받았다는 것이 증명되었지만, 예전에는 이 예언들이 실현되었는지 불확실하다고 여겼을 것이 분명하다. 더구나 예언 말씀을 아주 정성스럽고 마땅한 경외심을 지니고 숙고해 보면, 이를 읽고 성실히 연구하는 행동 자체에서 신적 숨결이 그의 정신과 지성을 어루만져 그가 읽는 말씀이 인간의 말이 아니라 하느님의 말씀임을 알게 될 것이다. 이로써 그는 자신의 경험을 통해 이 책들이 인간의 재주나 능변으로 쓰인 것이 아니라, 말하자면 신적인 문체로 쓰였음을 깨닫게 될 것이다.[19] 그리스도의 오심이 지닌 광채는 모세의 법을 진리의 빛으로 밝힘으로써 그 문자를 가리고 있던 너울을 벗기고, 그 안에 숨겨져 있던 온갖 "좋은 것들"(2코린 3,15-16; 히브 10,1 참조)을 그분을 믿는 모든 이를 위해 드러냈다.

7. 의심하는 이들에게 확증을 주고자 하는 마음에서, 예언자들이 오래전에 예언한 모든 사건이 어떻게 그리고 언제 실현되었는지 일일이 열거하는 것은 매우 수고로운 일이 될 것이다. 비록 이러한 일들을 더 신중히 알고자 하여 진리의 책들 자체에서 풍부한 증거를 모으는 일이 가능하더라도 말이다. 그러나 문자의 의미를 언뜻 보아서는, 신적 규율에 대한 교육

19) 문체(coturnus)는 본디 사냥용 반장화, 비극 배우가 신은 반장화를 뜻하였다. 이로부터 비극과 서사시와 같은 고상한 문체라는 의미로 변화하였다. "이로써 그는 … 깨닫게 될 것이다"는 루피누스가 상세하게 설명을 덧붙인 대목이다. 참조 G. Bardy, *Recherches*, 44쪽.

을 거의 받지 않은 이들에게 인간을 넘어서는 의미가 즉시 드러나지 않는다고 해서 전혀 놀라울 것은 없다. 신적인 것들은 다소 모호한 방식으로 인간에게 전해지며, 신앙이 없거나 합당하지 못한 이에게는 더욱 가려져 있기 때문이다.[20] 이 세상에 존재하거나 일어나는 모든 일이 하느님의 섭리로 이루어진다는 사실은 확실하지만, 어떻게 섭리의 다스림으로 정돈되어 있는지 아주 명백하게 보여 주는 일들이 있는가 하면 어떤 것들은 아주 모호하고 이해하기 어려운 방식으로 펼쳐지기에 하느님 섭리의 방식(ratio)이 완전히 숨겨져 있는 경우도 있다. 이 때문에 어떤 일들이 섭리와 관련이 있음을 믿지 않는 이들이 가끔 있다. 이루 말할 수 없는 솜씨로 마련된 하느님 섭리의 활동 방식은 그들에게 숨겨져 있기 때문이다.[21] 이 방식이 모든 것에 관해 똑같이 숨겨져 있지는 않다고 해도 말이다. 게다가 인간들 가운데서도 어떤 사람은 덜 숙고하고 어떤 사람은 더 많이 숙고한다. 반면 하늘에 사는 이들은 누구든 지상의 모든 인간보다 더 잘 알고 있다. 육체와 나무와 동물의 존재 방식이 각기 다르게 드러나는 반면, 영혼의 존재 방식은 다르게 감추어져 있다. 이성과 정신의 다양한 움직임이 어떻게 하느님 섭리에 따라 정해지는지는 인간에게 대부분 숨겨져 있으며, 천사들에게도 적잖이 숨겨져 있다고 나는 생각한다.[22] 그러나 특히 하느님 섭리가 존

20) "신적인 것들은 … 가려져 있기 때문이다"는 루피누스의 라틴어 역본에만 있지만, 오리게네스의 사상을 담고 있다.

21) "이 세상에 … 숨겨져 있기 때문이다"는 루피누스가 길게 설명한 부분이다. 신적 섭리는 우리가 그분의 업적을 볼 수 없다고 해서 줄어들지 않는다. 마찬가지로 성경이 영감을 받았다는 특성도 우리가 그 의미를 인식하지 못한다고 해서 줄어드는 것은 아니다[참조 『시편 제1편 선별 강해』(PG 12, 1081) 또는 『필로칼리아』 2,4]. 섭리에 대한 관념은 당시에 이교인들에게 상당히 퍼져 있었고, 이러한 관념은 성경의 애매모호함을 비교하는 데 도움이 될 수 있었다.

재한다고 확신하는 이들은 섭리가 펼쳐지거나 베풀어지는 방식을 인간 지성으로 이해할 수 없다고 해서 하느님 섭리를 부정하지 않는 것처럼, 말씀 하나하나에 담긴 숨겨지고 감추어진 의미들을 연약한 우리 지성이 찾아낼 수 없다고 해서 성경 전체에 펼쳐져 있는 하느님의 영감이 존재하지 않는다고 여기지는 않을 것이다. 하느님 지혜의 보화는 보잘것없고 초라한 말씀의 그릇 속에 숨겨져 있기 때문이다. 사도는 이렇게 지적한다. "우리는 이 보물을 질그릇 속에 지니고 있습니다." 인간 능변의 어떠한 얼룩도 가르침의 진리 안에 섞이지 않게 하여 "하느님의 크나큰 힘이 더욱 빛날 수 있게 하려는 것입니다"(2코린 4,7 참조). 수사학적 기교나 철학적 명료함으로 저술된 우리 책들이 사람들을 믿음으로 이끌었다면, 사람들은 의심할 나위 없이 "우리 믿음은 하느님의 힘이 아니라 말솜씨와 인간의 지혜 속에 있다"(1코린 2,5 참조)고 여길 것이다. 그러나 지금 모두에게 알려져 있듯이, 거의 온 세상에서 수많은 이가 "이 선포된 말씀"을 받아들였고,[23] 그들은 "지혜가 설득하는 말이 아니라 성령과 힘의 드러남 덕분에"(1코린 2,4 참조) 믿게 되었다고 생각한다. 우리는 만물의 창조주인 우리 하느님만을 경배하기 위하여 하늘의 힘, 아니 초천상적인 힘을 통하여 신앙과 믿음에 이르게 되었다. 그렇기에 우리는 "그리스도에 관한 초보적 이야기들", 곧 기초 지식을 뒤에 남기고 완전한 이들에게 전해진 그 지혜가 우리에게도 전해질

22) 루피누스의 라틴어 번역문 "게다가 인간들 가운데서도 … 나는 생각한다"는 그리스어 본문과 다르며, 더 길다. 그러나 이것이 루피누스의 가필인지는 확실하지 않다. 지상 존재들과 천상 존재들의 비교, 천사들의 무지 같은 주제를 담은 오리게네스의 사상을 『필로칼리아』의 편집자들이 현명하게 고려해 생략했을 수도 있기 때문이다.

23) 복음 선포의 보편성에 관한 이 진술은 루피누스의 번역에만 있다. 오리게네스도 종종 이 주제에 관하여 균형 잡힌 표현을 하지만, 루피누스처럼 당대의 '수많은 이가'(a quam plurimis) 선포된 말씀을 받아들일 수 있으리라고 믿지는 않았다.

수 있도록 "완성에 이르기 위해"(히브 6,1 참조) 열심히 노력해야 한다. 이것이 이 지혜의 선포를 맡은 이, "우리가 완전한 이들 가운데서 지혜를 말한다 해도, 그 지혜란 이 세상의 지혜도 사라지고 말 이 세상 통치자들의 지혜도 아닙니다"(1코린 2,6 참조)[24]라고 말한 이의 약속이다. 말의 아름다움에 관한 한, 우리의 지혜는 이 세상의 지혜와 어떠한 공통점도 지니지 않는다는 것을 여기서 알 수 있다.[25] 그러므로 "영원한 시간 속에 감추어져 있다가 지금 예언서들을 통하여, 또 우리 주님이요 구원자이신 예수 그리스도의 오심을 통하여 드러난 신비의 계시에 따라"(로마 16,25-27; 2티모 1,10; 1티모 6,14 참조) 이 지혜가 우리에게 알려진다면, 〔지혜는〕 우리 마음에 더 분명하고 완벽하게 새겨질 것이다. 예수 그리스도께 영원히 영광이 있기를 빕니다. 아멘.

24) 루피누스는 기억에 의존했을 법한 그리스어 본문의 성경 인용문을 정확하게 바로잡는다.
25) "말의 아름다움에 … 보여 준다"는 루피누스의 해설이다.

2장
성경을 영적으로 이해하지 못하고 잘못 해석한 많은 이가 이단에 빠졌다

1 (8). 성경이 성령의 영감을 받았다는 것을 간략하게 살펴보았으니, 성경을 올바르게 읽거나 이해하지 못한 이들이 어떻게 수많은 오류에 빠지게 되었는지 설명하는 것도 필요할 것 같다. 거룩한 문자들을 해석하는 길을 어떻게 걸어가야 하는지 많은 이가 모르고 있기 때문이다. 유대인들의 경우, 자신의 완고한 마음과 스스로에게 현명해 보이고 싶은 마음 때문에 우리 주님이신 구원자를 믿지 않았다. 그들은 그분에 관한 예언들을 문자 그대로 이해해야 한다고 여겼다. 이를테면 그분이 갇힌 이들에게 해방을 감각적이고 가시적으로 선포해야 했고(이사 61,1; 루카 4,19 참조), 그들이 참으로 하느님의 도성이라고 여긴 도시를 먼저 세웠어야 하고(시편 45,5 에제 48,15 이하 참조), 에프라임의 병거와 예루살렘의 군마를 없애야 했으며(즈카 9,10 참조), 엉긴 젖과 꿀을 먹었고 악을 좋아하는 것을 알기 전에 선을 선택했어야 한다고 생각했던 것이다(이사 7,15 참조). 게다가 그들은 그

리스도께서 오실 때 새끼 양과 함께 먹는다고 예언된 네 발 짐승은 늑대여야 하며, 표범이 새끼 염소와 함께 누워 있고, 송아지와 황소가 사자들과 더불어 먹고 어린아이가 풀밭으로 몰고 다니며, 암소와 곰이 목장에 함께 누워 있고 그 새끼들이 더불어 자라며, 사자들도 소들과 더불어 구유 곁에 서서[1] 여물을 먹어야 한다고 생각했다(이사 11,6-7 참조). 그분에 관해 예언된 이 모든 것, 그리스도께서 오실 때 구체적으로 목격되리라고 믿었던[2] 표징들이 역사적으로 일어나지 않았기에, 그들은 우리 주 예수 그리스도께서 오셨음을 인정하려 들지 않았다. 그들은 도리어 권위와 정의를 거슬러, 다시 말해 예언에 대한 믿음을 거슬러, 그분께서 그리스도를 자처했다는 이유로 그분을 십자가에 못 박았다. 이단자들은 율법에서 "나의 진노로 불이 타올랐다"(신명 32,33; 예레 15,14), "나는 조상들의 죄악을 삼 대 사 대 자손들에게까지 갚는 질투하는 하느님이다"(탈출 20,5), "나는 사울을 임금으로 기름 부은 것을 후회한다"(1사무 15,11), "나는 평화를 만들고 악을 일으키는 하느님이다"(이사 45,7), "주님께서 만들지 않으신 악은 성읍에 없다"(아모 3,6), "악이 주님으로부터 예루살렘 성문 위로 내려왔다"(미카 1,12), "하느님께서 보낸 악령이 사울을 숨 막히게 했다"(1사무 18,10)라는 구절들 그리고 이와 비슷한 다른 많은 성경 구절을 읽을 때, 이것들이 하느님의 저서가 아니라고 감히 말하지는 못하였지만 유대인들이 섬기는 창조주 하느님의 것이라고 여겼으며, 이 창조자는 정의로울 뿐 선하지는 않다고 믿어야 한다고 생각했다. 그래서 그들은 더 완전한 하느님을 우리에게 선포하기 위해 구원자가 오셨다고 생각했으며, 이 하느님이 세상의 창조주이심을 부인

1) "구유 곁에 서서"(adstare praesepibus)는 루피누스가 덧붙인 대목이다.
2) "그리스도께서 오실 때 구체적으로 목격되리라고 믿었던"은 루피누스의 설명이다.

하면서 그분에 관하여 여러 가지 의견들을 내놓았다. 만물의 하느님[3]이신 창조주 하느님에 대한 신앙에서 한 번 멀어진 뒤로 그 마음의 환상과 허영심이 그들을 꼬드겼다. 그럼으로써 그들은 그릇된 주장들을 펼치며 이런 가시적인 것들은 이런 이가 만들어냈고 또 저런 비가시적인 것들은 저런 이가 창조했다고 말하면서[4] 온갖 허구와 동화에 빠져들었다. 교회의 신앙 안에 머물러 있는 듯 보이는 이들 가운데 더 단순한 이들 대부분은 창조주 하느님보다 더 위대한 분이 존재하지 않는다는 옳고 건전한 생각을 지니고 있으면서도, 그분에 관하여 가장 불의하고 잔인한 인간에 대해서도 생각할 수 없는 것을 생각한다.

2(9). 위에서 말한 이들이 이 모든 문제에 대해 잘못 이해한 까닭은 다름이 아니라, 그들이 성경을 영적 의미로 이해하지 않고 단지 문자적 의미로[5] 이해하기 때문이다. 그러니 우리는 우리의 이 보잘것없는 지성[6]이 허락하는 한, 성경이 인간의 말로 쓰인 것이 아니라 성령의 영감으로 쓰였으며 하느님 아버지의 뜻에 따라 당신 외아들 예수 그리스도를 통해 우리에게 전해 내려오고 맡겨졌음을 믿는 이들에게 우리가 옳다고 여기는 해석 방법을 보여 주도록 애써야 한다. 우리는 예수 그리스도로부터 사도들에게 전해지고, 사도 계승을 통해 사도들의 후계자인 천상 교회의 교사들에게도 전해진 규범과 규율을 지킨다.

---

3) 참조 『원리론』(『필로칼리아』 그리스어본) 4,2,1 각주 9.

4) 『필로칼리아』에는 병행구절이 없는 "이런 이가 만들어 냈고 … 저런 이가 창조했다"라는 표현은 발렌티누스파의 사고방식을 가리킨다.

5) 직역은 "문자의 소리에 따라"(secundum litterae sonum)다.

6) 『원리론』 1,1,9; 1,5,1; 1,5,4 등에도 나오는 이러한 겸손의 표현은 그리스어 본문에는 없고 루피누스의 라틴어 역본에만 있지만, 다른 그리스어 문헌들에서 오리게네스가 보여 준 태도와 일치한다.

내가 생각하기에는, 어떤 신비로운 계시들이 성경을 통해 알려졌다는 것은 가장 단순한 신자들까지 모두 인정하는 바다. 그러나 과시욕에 사로잡히지 않은 올바른 정신의 소유자라면 이 계시들이 무엇인지, 또는 어떤 것인지는 모르노라고 더욱 경건하게 고백한다. 예를 들어 어떤 사람이 신적 계명을 거슬러 아버지와 관계를 맺은 것으로 보이는 롯의 딸들(창세 19,30 이하 참조)이나 아브라함의 두 아내(창세 16장 참조)나 야곱과 혼인한 두 자매(창세 29,21 이하 참조)나 야곱에게 자녀수를 더 늘려 준 두 여종(창세 30,1-13 참조)에 관하여 우리에게 묻는다면, 이것들은 신비[7]이며 영적 실재에 관한 형상들일 뿐 우리는 그 본질은 모른다고밖에 할 수 없지 않겠는가? 또한 성막에 갖추어야 할 것들(탈출 25장 이하 참조)에 관해 읽을 때, 우리는 여기에 적힌 것들이 어떤 감추어진 실재의 예형이라고 확신하지만, 일일이 의미를 부여하고 하나하나 밝히고 논의하는 것은 불가능하지는 않을지라도 매우 어려우리라고 나는 생각한다. 그러나 이미 말했듯이, 이러한 묘사가 신비들로 가득 차 있다는 사실은 평범한 지성도 알 수 있다.[8] 혼인이나 자녀 출산, 다양한 전쟁이나 온갖 다른 역사에 관하여 기록된 것으로 보이는 이 모든 이야기는 숨겨진 영적 실재의 형상이나 예형이 아니고 달리 무엇이라 생각할 수 있겠는가? 사람들은 재능을 단련시키는 데 별로 열성을 기울이지 않거나 배우지 않아도 이미 안다고 생각하는 탓에 아는 것이 없다. 스승이 없더라도 열성이 부족하지 않으면, 이 문제들을 단순히 인간적인 것이 아니라 신적인 것으로 보고 경건하고 신심 깊게 연구한다

7) 신비(sacramenta)는 '표징, 성사'의 뜻도 지니고 있다.

8) 루피누스는 "성막이 어떤 것 … 때때로 갈팡질팡한다"(ὅσον μεν … ἀποπίπτοντες)를 번역하지 않고 앞의 내용을 부연하는 "또한 성막에 … 지성도 알 수 있다"로 교체한다. 직역은 "평범한 지성을 비껴가지 않는다"다.

사도의 "우리는 완전한 이들 가운데서 지혜를 말하지만 그 지혜는 이 세상의 지혜도 파멸하게 되어 있는 이 세상 통치자들의 지혜도 아니며, 신비에 감추어져 있는 하느님의 지혜, 세상이 시작되기 전 하느님께서 우리의 영광을 위해 미리 정하신 지혜입니다"(1코린 2,6-7 참조)라는 말 속의 이들과 비슷한 완전한 사람들은 "장차 일어날 좋은 것들의 그림자"(히브 10,1)를 지니고 있는 영적 율법(로마 7,14 참조)과 같은 영으로 교화될 수 있어야 한다. 인간이 육체와 영혼과 영으로 이루어져 있듯이, 너그러우신 하느님께서 인간을 구원하기 위해 주신 성경도 그러하다.

어떤 이들은 경멸하는 듯이 보이는 『목자』라는 책도 우리는 이 방식으로 해석한다. 헤르마스는 책 두 권을 베껴 쓰고 나서 영에게서 배운 것을 교회의 장로들에게 선포하라는 명을 받는다. 분문은 이렇게 쓰여 있다. "너는 책 두 권을 〔베껴〕 한 권은 클레멘스에게, 한 권은 그랍테에게 보내야 한다. 그 뒤에 그랍테는 과부들과 고아들에게 권고해야 하며, 클레멘스는 그것을 밖에 있는 모든 도시로 보내야 하고, 너는 교회의 장로들에게 선포해야 한다."[12] 고아와 과부들에게 권고하도록 명받은 그랍테는, 아직 하느님을 아버지로 모실 자격이 없기에 고아라 불리는 어린 영혼들을 가르치는 문자 그대로의 의미에 해당한다. 과부들은 율법을 거슬러 결합했던 못된 남편과는 헤어졌지만, 아직 하늘의 신랑과 결합할 정도까지는 이르지 못했기에 여전히 과부로 남아 있다. 클레멘스는 이 말씀을, 밖에 있는 도시들에 머무르며 이미 문자를 벗어난 이들에게 보내도록 명령받는다. 그들은 말하자면 육체적 관심과 육적 욕구에서 벗어나 이 말씀들을 통해 양성되기 시작한 영혼들을 가리킨다. 헤르마스 자신은 성령에게서 배운 것을

12) 『목자』 환시 2,4,3(하성수 역주, 교부 문헌 총서, 14,113-114).

그리스도의 교회의 장로들에게, 말하자면 영적 가르침을 받을 능력이 있기 때문에 무르익은 지혜의 정신을 지닌 이들에게 문자와 책을 통해서가 아니라 살아 있는 목소리로 선포하라는 명을 받는다.

5 (12). 우리가 아래에서 입증하려는 바와 같이, 우리가 육체라 부르는, 이를테면 역사적 의미의 결과를 언제나 찾을 수는 없는 구절들도 성경에 있다는 사실을 잊어서는 안 된다. 우리가 영혼이나 영이라고 일컫는 것들만 이해해야 하는 구절들도 있다. 물독 여섯 개가 "유대인들의 정결례를 위해 놓여 있었는데, 모두 두세 동이들을 담고 있었다"(요한 2,6 참조)라고 한 복음서 속의 구절이 이러한 사실을 드러낸다고 생각한다. 이 복음 말씀은 사도가 "속으로 유대인"(로마 2,29 참조)이라고 한 이들을 가리키는 듯하다. 이들은 성경 말씀을 통해 깨끗해진 사람들로서 어떤 경우에는 "두 동이", 곧 우리가 앞에서 말한 영혼이나 영의 의미를 받아들이는 사람들을 가리킨다. "세 동이"라고 〔표현된〕 경우에는 독서가 기초를 놓을 수 있는 육체적 의미, 곧 문자적 의미까지 포함할 수 있다. 여섯 물독은 당연히 이 세상에 살면서 깨끗해진 이들을 일컫는다. 성경에서 이 세상과 그 안의 모든 것은 완전한 숫자인 여섯 날 동안 완성되었다고 말하기 때문이다.

6. 우리가 역사적 의미라 일컫는 이 첫 의미가 얼마나 유용한지 매우 충실하고 단순하게 믿는 모든 신자가 한결같이 증언한다. 그리고 이 점은 모든 이에게 명백하기 때문에 길게 논의할 필요가 없다.[13] 그러나 우리가 위에서 이른바 성경의 영혼이라 일컬은 해석에 관해서는, 바오로 사도가 우리에게 여러 실례를 보여 주고 있다. 우선 코린토 신자들에게 보낸 서간에서 사도는 "'타작 일을 하는 소에게 부리망을 씌워서는 안 된다'고 기록되

13) "그리고 이 점은 … 논의할 필요가 없다"는 루피누스가 덧붙인 대목이다.

어 있습니다"(1코린 9,9-18)라고 말한다. 그러고나서 그는 이 계명을 어떻게 이해해야 하는지 설명하면서 이렇게 덧붙인다. "하느님께서 소에게 마음을 쓰시는 것입니까? 또는 그분께서 전적으로 우리를 위하여 말씀하시는 것입니까? 물론 우리를 위하여 그렇게 기록된 것입니다. 밭을 가는 이는 마땅히 희망을 가지고 밭을 갈고, 타작하는 이는 제 몫을 받으리라는 희망으로 그 일을 합니다."(1코린 9,9-10; 신명 25,4) 나아가 율법에서 이런 방식으로 해석되는 다른 많은 비슷한 구절도 듣는 이들에게 훌륭한 가르침을 준다.

(13). 영적인 해석은 "육을 따르는"(로마 8,5 참조) 유대인들이 어떤 "천상의 것들"의 모상과 그림자 노릇을 하는지(히브 8,5 참조), 율법은 어떤 "장차 일어날 좋은 것들"(히브 10,1)에 대한 "그림자"를 지니고 있는지(히브 10,1 참조), 또는 성경에서 이와 비슷한 방식으로 발견되는 문제들이 무엇인지, 또는 신비 안에 감추어진 지혜, 곧 〔사도가 말하는〕 "하느님께서 세상이 시작되기 전 우리의 영광을 위하여 미리 정하셨으며 이 세상의 우두머리들은 아무도 깨닫지 못하는 지혜"(1코린 2,7-8 참조)가 무엇인지 우리가 궁금해 할 때나 같은 사도가 탈출기나 민수기의 이야기들을 사용하여 "이 일들은 예형으로 그들에게 일어난 것인데 세상 종말에 다다른 우리를 위하여 기록되었습니다"(1코린 10,11)라고 말하는 의미가 무엇인지 물을 때, "그들은 자기들을 따라오는 영적 바위에서 솟는 물을 마셨는데 그 바위가 그리스도이셨습니다"(1코린 10,4)라고 말함으로써 그들에게 일어난 사건들이 무엇의 예형이었는지 알려 주기 위한 것이다. 다른 서간에서 그는 모세가 받은 성막에 관한 명령을 되새긴다. "내가 산에서 너에게 보여 준 모형에 따라 모든 것을 만들어야 한다."(히브 8,5; 탈출 25,40 참조) 게다가 그는 갈라티아 신자들에게 보낸 서간에서는 율법을 읽지만 이해하지는 못한다고 생

각하는 이들은 이러한 책들 안에 우의(allegoria)가 있다는 것을 깨닫지 못하기 때문이라며 꾸짖는 투로 이렇게 말한다. "율법 아래 있기를 바라는 여러분, 나에게 말해 보십시오. 여러분은 율법〔이 말하는 것〕을 듣지 못합니까? 아브라함에게는 두 아들이 있었는데 하나는 여종에게서 났고 하나는 자유의 몸인 부인에게서 났다고 기록되어 있습니다. 그런데 여종에게서 난 아들은 육에 따라 태어났고, 자유의 몸인 부인에게서 난 아들은 약속에 따라 태어났습니다. 이 말들은 우의적인 뜻을 담고 있습니다. 이 여자들은 두 계약이기 때문입니다."(갈라 4,21-24) (그리고 뒤이어 나오는 구절들) 여기서 우리는 사도가 "율법 아래 있는 여러분"이라고 말하지 않고 "율법 아래 있기를 바라는 여러분, 여러분은 율법〔이 말하는 것〕을 듣지 못합니까?"라고 얼마나 주의 깊게 말하는지 생각해 보아야 한다. 듣지 못한다는 말은 이해하거나 알지 못한다는 뜻이다. 그는 콜로새 신자들에게 보낸 서간에서 율법 전체의 의미를 간략하게 개괄하여 이렇게 말한다. "그러므로 먹거나 마시는 일로, 또는 축제나 초하룻날이나 안식일[14] 문제로 아무도 여러분을 심판하지 못하게 하십시오. 그런 것들은 앞으로 올 것들의 그림자일 뿐입니다."(콜로 2,16-17) 그리고 히브리인들에게 보낸 서간에서는 할례 받은 이들에 관하여 "그들은 하늘에 있는 것들의 모상이며 그림자를 섬깁니다"(히브 8,5)라고 말한다. 아마도 이러한 예들을 통해 사도의 글을 하느님의 말씀으로 받아들이는 이들은 모세오경에 관하여 어떤 의구심도 갖지 않을 것이다. 그러나 나머지 역사에 관해 그들은 거기에 기록된 사건들이 그 당사자들에게 "예형으로 일어난"(1코린 10,11 참조) 것이라고 말해야 하는지 물어올 것이다. 사도가 로마 신자들에게 보낸 서간에서

14) 참조 『원리론』(『필로칼리아』 그리스어본) 4,2,6 각주 66.

열왕기 상권[15]에 나오는 예를 들며 이에 관하여 다음과 같이 말하고 있다는 사실을 눈여겨보자. "나는 바알에게 무릎을 꿇지 않는 사람 칠천 명을 나를 위하여 남겨 두었다."(로마 11,4; 1열왕 19,18 참조) 바오로는 이 구절을 "선택된"(로마 11,5) 이스라엘인이라 불리는 이들에 관하여 예형적으로 한 말씀으로 받아들인다. 그리스도의 오심은 다른 민족들뿐 아니라 구원으로 부름받은 많은 이스라엘 민족에게도 유익했음을 보여 주기 위해서다.

7(14). 사실이 이러하니, 이 개별적인 것들에 관해서 성경을 어떻게 이해해야 하는지 우리가 찾을 수 있는 예와 형상을 사용하여 윤곽을 잡아 보자. 우선 성령께서는 "한처음에 하느님과 함께 계셨던"(요한 1,2 참조) 당신 말씀이신 외아들의 권능을 통하여 하느님 섭리와 뜻에 따라 진리의 봉사자들, 곧 예언자들과 사도들을 비추어 주었고, (무엇보다 그들을 가르치기를 바랐으며) 인간들 사이에서나 인간들에 관하여 벌어지는 일들의 신비와 원인을 알게 해 주었다는 점을 〔우리는〕 되풀이하여 증명해야 한다. 여기서 인간이란 육체 안에 자리 잡고 있는 영혼들을 말한다. 그들은 영을 통하여 자신들에게 알려지고 계시된 이 신비들을 인간사에 관한 이야기나 법적 규정과 계명의 전달을 통하여 예형적으로 묘사하였다. 이는 이 신비를 발로 짓밟고 내팽개치는 사람들이 아니라[16](마태 7,6 참조), 다른 곳을 가리킬 수도 있는 평범한 이야기 속에 감추어진 하느님 영의 숨겨진 깊은 의미

15) 참조 『원리론』(『필로칼리아』 그리스어본) 4,2,6 각주 70.

16) "그들은 영을 통하여 … 사람이 아니라"는 『필로칼리아』에는 없지만, 루피누스가 덧붙인 것으로 보기는 어렵다. 오리게네스의 특성들이 고스란히 들어 있고, 문맥도 매끄럽기 때문이다. 마태 7,6은 이해할 능력이 없는 이에게는 줄 필요가 없다는 뜻으로 오리게네스가 자주 인용하는 구절이다. 그렇지 않으면 계시가 그 사람에게 해를 끼치거나 그릇된 이해로 말씀을 욕되게 할 수 있기 때문이다〔참조 『원리론』 3,1,17; 『여호수아기 강해』 1,11; 12,1; 『아가 주해』 3(GCS 8, 218쪽); 『창세기 강해』 10,1; 『탈출기 강해』 13,1; 『레위기 강해』 6,6; 12,7〕.

를 찾기 위하여 온전한 순수함과 진지함으로 밤새워 이런 연구에 헌신하는 사람들이 영의 지식을 나누어 갖고 신적 조언에 참여할 수 있게 하려는 것이다.[17] 영혼은 하느님 지혜의 진리로 영감을 받지 않고는 완전한 지식에 이를 수 없기 때문이다. 이는 주로 하느님의 영으로 충만한 이들이 근본적으로 알려 주는[18] 하느님에 관한 가르침, 곧 성부와 성자와 성령에 관한 가르침이다. 하느님의 영으로 충만한 이들이 하느님 아드님에 관한 신비들, 말하자면 말씀이 어떻게 육이 되셨고[19] 어떤 이유로 "종의 모습을 취하시"(필리 2,7)기까지 하셨는지는 우리가 말했듯이 하느님의 영으로 충만한 이들이 알려 주었다. 또한 더 복된 이들이든 더 비천한 이들이든[20] 천상과 지상의 〔모든〕 이성적 피조물에 관해, 또 영혼들의 차이가 무엇이며 이러한 차이가 어디에서 생기는지에 관해, 죽을 운명을 지닌 인류를 하느님의 가르침을 통해 일깨울 필요가 있었다. 이 세상은 무엇이며 왜 만들어졌는지, 어째서 지상에는 이토록 많고 큰 악이 있는지, 또 악은 이 세상에만 있는지 아니면 다른 곳에도 있는지에 관해서도 우리는 하느님의 말씀에서 배울 필요가 있었다.[21]

8〔15(14)〕. 이 문제들과 더불어 비슷한 문제들에서 진리에 봉사하는 데 헌신한 거룩한 영혼들을 비추는 것이 성령의 의도이기는 하나, 다음으로

17) "다른 곳을 … 하려는 것이다"는 그리스어 본문보다 더 길다.

18) "하느님의 영으로 충만한 이들이 근본적으로 알려 주는"은 루피누스가 덧붙인 결론이다.

19) 참조 『원리론』(『필로칼리아』 그리스어본) 4,2,7 각주 78.

20) 루피누스는 '쉉게논'(συγγενῶν, 혈연관계에 있는)을 번역하지 않는다. 이성적 존재 가운데 더 신적인 존재들과 지복의 상태에서 떨어진 존재들을 구별하는 것은 더 신적인 존재들이 타락에 참여하지 않았음을 입증하는 것으로 보인다. 반면 대부분의 오리게네스 전문가들은 그리스도의 영혼만이 타락하지 않았다고 생각한다(참조 『원리론』 1,5,5; 1,6,2; 2,9,2.6).

21) "우리는 하느님의 말씀에서 배울 필요가 있었다"는 루피누스의 결론이다.

이러한 목표가 있다. 성령께서는 가시적인 일들에 관한 역사적 기록이나 이야기로 엮어서 평범한 말 속에 은밀한 신비들을 감싸고 감추어 놓으신다. 우리가 앞에서 말한 바와 같이 이는 자신이 이토록 소중하고 중요한 문제들을 배우거나 알게 될 자격이 있음을 입증하기 위해 이러한 수고와 노력을 기울일 수도 없고 그러기를 바라지도 않는 이들을 위해서다. 그래서 가시적 피조물이나 첫 인간의 창조와 빚어냄[22]에 관한 이야기, 그에게서 이어지는 후손의 이야기가 소개된다. 또한 의로운 이들의 행위들도 기록되며, 인간이기에 그들이 때때로 지은 죄들도 언급되며, 불경한 이들이 저지른 수많은 음란하고 사악한 행동들도 묘사된다. 전쟁 이야기도 놀라운 방식으로 제시되고, 정복자들과 정복된 이들의 서로 다른 운명들이 서술된다. 이로써 이런 말씀을 어떻게 연구해야 하는지 아는 이들에게는 이루 말할 수 없는 신비들이 드러난다. 또한 율법서들에는 지혜의 경탄스러운 규율을 통해 진리의 율법이 들어가 있고 예언되어 있다. 이 모든 것은 지혜의 거룩한 솜씨로 짠 영적인 의미를 위한 일종의 겉옷과 너울이 되는데, 이는 우리가 성경의 육체라고 일컫는 것이다. 우리가 지혜의 솜씨로 짠 문자의 겉옷이라 일컫는 것을 통해서도 많은 사람이 교화되고 진보될 수 있었을 것이고, 그렇지 않았다면 교화와 진보는 불가능했을 것이다.

9〔16(15)〕. 이 겉옷의 모든 것, 곧 모든 역사에서 율법의 연속성과 질서가 그대로 지켜지고 보존되었다면,[23] 우리는 성경을 연속적인 과정으로 이

22) 빚어냄(figmentum)은 그리스어 '플라스마'(πλάσμα)에 상응하는 낱말이다. 오리게네스는 필론을 따라서 종종 창세기 1-2장의 두 부분에서 영적 인간의 창조(ποίησις)와 육적 인간의 빚어냄(πλάσμα)을 구별한다(참조 H. Crouzel, *Théologie de l'Image*, 148-153쪽). 그러나 이러한 구별은 『필로칼리아』에는 없고, 루피누스도 이 낱말을 특별한 이유 없이 장광설을 풀어내는 과정에 사용했을 따름이다.

해하거나 성경 안에는 첫 눈에 드러나는 것 이상의 다른 무엇이 담겨 있다고 믿지 않을 것이다. 이러한 까닭에 하느님의 지혜는 본문 가운데 어떤 불가능한 일과 어울리지 않는 것들을 끼워 넣으심으로써 역사적 의미의 걸림돌이나 단절을 마련해 놓으셨다. 이는 이야기의 단절 자체가 마치 어떤 장애물 역할을 하여 독자들을 방해하고, 쫓겨나 떨고 있는 우리를 다른 길이 시작되는 곳으로 다시 부르고, 좁은 오솔길의 입구[24]를 통해 우리를 더 높이 우뚝 솟은 길로 이끌어 한없이 넓은 하느님 지혜를 드러내시려는 것이다.[25] 성령의 주된 목표는 일어나야 할 일에서든 이미 이루어진 일에서든 영적 의미의 결론을 지켜내는 것이기 때문에, 역사상 이미 일어난 일들이 영적 의미와 조화를 이룰 수 있을 때에는 언제나 하나의 이야기 안에 두 가지 의미로 이루어진 본문을 만들면서도 은밀한 의미는 더욱 깊이 숨겨 두신다. 그러나 일어난 일들에 관한 이야기가 영적 결론과 어울릴 수 없을 때에는 개연성이 덜하거나 전혀 일어날 수 없는 일들, 일어날 수는 있지만 실제로 일어나지는 않은 일들을 가끔 끼워 넣으셨다. 성령께서는 때로 육체적 의미로는 진리를 보존할 수 없을 것처럼 보이는 적은 말씀으로써, 또 때로는 수많은 말을 끼워 넣음으로써 이런 일을 하신다. 특히 입법에서 이런 일들이 일어난다. 입법에서 많은 것은 육체적 계명으로서 분명히 유익하지만, 상당수에서는 어떠한 유익한 원리도 드러나지 않으며, 나아가 불

23) 이 문장에서 오리게네스가 먼저 입법을, 다음으로 역사를 언급하는 반면, 루피누스는 입법의 문자적 의미를 역사에서 본다. 오리게네스가 입법의 율법과 역사의 율법을 언급한 반면 루피누스는 유일한 하나의 율법만을 언급한다.

24) '좁은 오솔길의 입구'(angusti callis ingresus)는 베르길리우스를 연상시킨다(참조 『아이네이스』 4,404 이하).

25) 루피누스가 자유로이 에둘러 표현하는 "이는 이야기의 … 드러내시려는 것이다"는 "그렇지 않을 경우 우리가 … 되기 때문이다"(ἵνα μὴ πάντη … μάθωμεν)에 해당한다.

가능한 것들이 발견되기도 한다. 이미 말했듯이 성령께서 이 모든 것을 감독하신다. 얼핏 보기에 참되거나 유익할 수 없는 것처럼 보이는 경우에는 더 깊이 되새기고 더 부지런히 성찰하면서 진리를 연구하고, 하느님의 영감을 받은 것으로 믿는 성경에서 하느님께 걸맞은 의미를 찾게 하려는 것이다. (16). 성령께서는 그리스도께서 오실 때까지 기록된 것들만 감독하신 것이 아니라, 하나이며 같은 영으로서 한 분 하느님에게서 발하시기 때문에 복음서들과 사도들 안에서도 마찬가지로 행하셨다. 그들을 통하여 영감을 주신 이야기들도, 우리가 위에서 설명한 바와 같이 그분 지혜의 솜씨 없이 엮어지지 않았기 때문이다. 그 안에서도 성령께서는 이야기의 역사적 순서를 방해하거나 단절시키는 것들을 적잖이 섞어 놓으심으로써 그 (문자적) 의미를 알아낼 수 없게 하여 내적 의미를 탐구하도록 독자의 주의를 환기시키신다.[26]

26) 이 부분에서 루피누스는 "거기에 담긴 … 담고 있지 않기 때문이다"(οὐδὲ τὴν νομοθεσίαν ἐμφαίνοντα)를 번역하지 않지만 뒤따르는 부분("성령께서는 … 환기시키신다")을 길게 설명한다.

3장
성경을 이해하는 방법에 관해 성경에서 이끌어낸 실례들

1〔17(16)〕. 우리가 말하는 것을 사실들 자체로부터 알아보기 위해, 이제 성경 구절 자체를 검토해 보자.[1] 내가 묻거니와, 저녁과 아침이라고 불리는 첫날과 이튿날과 사흗날에 해와 달과 별들이 없었으며, 첫날에는 심지어 하늘조차 없었다는 말(창세 1,5-13 참조)이 제정신을 지닌 어떤 사람에게 논리적으로 보이겠는가? 하느님께서 농부인 사람처럼 동쪽에 있는 에덴 낙원에 나무들을 심으셨고, 그곳에 눈에 보이고 손으로 만질 수 있는 생명 나무를 심으셨으며, 그 나무에서 나온 것을 육체적 이〔齒〕로 먹으면 생명을 얻게 되고, 다른 나무[2]에서 난 것을 먹으면 선과 악을 알게 되리라

1) 루피누스가 덧붙인 도입부다(참조 G. Bardy, *Recherches*, 44쪽).
2) 오리게네스는 선과 악을 알게 하는 나무와 생명 나무를 혼동한 것 같다. 그러나 루피누스는 이를 바로 잡는다.

고 생각할 만큼 그렇게 어리석은 사람을 찾을 수 있겠는가?(창세 2,8-9 참조) 하느님께서 오후에 낙원을 거니셨고 아담이 나무 뒤에 숨었다고 할 때(창세 3,8 참조), 나는 이 말들이 어떤 신비를 가리키기 위해 성경에서 상징적인 말로 표현되었다는 것을 누구도 의심하지 않으리라고 생각한다. 또한 카인이 "하느님 얼굴에서 물러 나왔다"고 할 때, 사려 깊은 독자라면 분명 "하느님 얼굴"이 무엇인지, 또 어떻게 거기서 "물러 나올" 수 있는지 물을 것이다(창세 4,16과 필론, 『카인의 후손』 1,1 참조). 그러나 우리가 다루고 있는[3] 이 주제를 지금 더 폭넓게 펼칠 필요는 없다. 그러길 원하는 모든 이들은, 실제로 벌어진 일이라고 성경에 기록되어 있지만 역사적으로 일어날 수 있었다고 믿기에는 부적절하고 합리적이지 않은 경우들을 수집하는 편이 나을 것이다. 이러한 종류의 성경 〔구절〕은 복음서에서도 상당히 많이 찾을 수 있다. 악마가 세상의 모든 나라와 그 영광을 보여 주기 위해 예수님을 매우 높은 산으로 데리고 갔다는 구절이 그러하다(마태 4,8 참조). 악마가 예수님을 높은 산으로 데리고 갔다든지, 마치 세상의 모든 나라, 예컨대 페르시아인, 스키타이인, 인도인의 나라들이 하나의 산자락 아래 다닥다닥 붙어 있고 그 통치자들이 사람들에게 영광을 받는 것처럼 그분의 육적 눈에 비쳤다든지 하는 일들이 어떻게 문자 그대로 일어날 수 있는가? 더 사려 깊은 독자라면 누구나 이와 비슷한 다른 많은 이야기를 복음서에서 발견할 것이며, 문자 그대로 기록된 것처럼 보이는 이러한 이야기들 가운데는 역사가 인정하지는 않지만 영적 의미를 지니고 있는 것들도 끼어 함께 엮어져 있음을 알아차릴 것이다.

3) 직역은 "손에 쥐고 있는"이다.

2 〔18(17)〕. 계명을 담고 있는 구절들에서도 비슷한 것들이 발견된다.[4] "여드렛날에 할례를 받지 않은 모든 남자 아이는 몰살하여라"(창세 17,14 참조 칠십인역)라고 명령하는 모세의 율법에서,[5] 이 법이 역사에 따라 준수되어야 한다면 자기 자녀에게 할례를 베풀지 않은 부모나 그런 어린 아이들을 키운 이들이 벌을 받도록 명령해야 하므로 이 구절은 대단히 비논리적이다. 그런데도 성경은 "할례를 받지 않은 남자 아이", 곧 "여드레 날에 할례를 받지 않은 사람은 자기 백성 가운데서 몰살될 것이다"(창세 17,14 참조 칠십인역)라고 말하고 있다. 지킬 수 없는 율법들을 찾아보면, 염소-수사슴이라 불리는 동물에 대한 언급을 발견하게 된다. 이런 동물은 도무지 존재할 수 없지만, 모세는 먹어도 되는 정결한 짐승 가운데 하나로 규정하고 있다. 또한 입법자가 먹지 말라고 금한 독수리의 머리와 날개에 사자의 몸통을 한 짐승(레위 11,13; 신명 14,12 참조)과 관련해서는, 그런 짐승이 인간의 손에 맡겨진 적이 있다는 이야기를 전혀 기억하거나 들어 보지 못하였다.[6] 게다가 사람들 입에 자주 오르내리는 안식일 규칙에 관해서는 이렇게 말한다. "너희는 저마다 너희 집에 앉아 있어야 한다. 이렛날에는 아무도 제자리에서 움직이지 말아야 한다."(탈출 16,29 참조) 이 계명을 문자 그대로 지키는 일은 분명 불가능하다. 자리에서 움직이지 않고 하루 종일 앉아 있을 수 있는 사람은 아무도 없기 때문이다. 할례 받은 이들과, 성경의 어떤 것도 문자가 가리키는 것 이상 이해하지 않으려는 모든 이는 이런 여러 문제를 다룰 때 염소-수사슴, 독수리의 머리와 날개에 사자의 몸통을

4) 루피누스가 쓴 도입부인데, 그리스어 본문보다 짧다.

5) 루피누스는 독수리를 먹지 말라는 금령을 번역하지 않는다. 이는 루피누스가 오리게네스보다 더 논리적으로 생각하였기 때문일 것이다.

6) "전혀 기억하거나 들어 보지 못하였다"는 루피누스가 덧붙인 말이다.

지닌 짐승, 독수리에 관해서 아무런 의문도 가질 필요가 없다고 생각한다. 그러면서도 안식일에 관해서는 내가 알지도 못하는 전승들을 끌어대면서 쓸데없고 하찮은 이야기들을 만들어 내고, 각 사람이 이동할 수 있는 거리는 이천 암마〔팔뚝 길이〕(민수 35,5 참조)로 여겨진다고 말한다. 사마리아 사람 도시테우스를 비롯한 이들은 이러한 해석을 비판하면서도 스스로는 훨씬 더 우스꽝스러운 일들, 이를테면 안식일에 어떤 자세나 자리, 위치에 있었더라도 저녁 때까지 계속 그대로 있어야 한다고 생각한다. 예컨대 앉아 있었으면 하루 종일 앉아 있어야 하고, 누워 있었으면 하루 종일 누워 있어야 한다는 것이다.[7] 게다가 "안식일에 짐을 나르지 마라"(예레 17,21 참조)라는 〔계명〕도 내가 보기에는 지킬 수 없다. 이런 말씀들 때문에 유대인 학자들은 징 없는 신발을 신으면 짐이 아니지만 징 있는 덧신을 신으면 짐이라고 여기고, 한쪽 어깨로 나르면 짐이지만 양쪽 어깨로 나르면 짐이 아닌 것으로 판단한다고 말하며, 거룩한 사도가 말하는 바와 같이 "끝없는 신화들"(1티모 1,4 참조)에 빠지게 되었다.[8]

3〔19(18)〕. 복음서에서 이와 비슷한 경우들을 찾아보면, "길에서 아무에게도 인사하지 마라"(루카 10,4)라는 구절을 문자 그대로 이해하는 일이 어찌 어리석게 보이지 않겠는가? 그러나 더 단순한 이들은 우리 구원자께서 사도들에게 이렇게 명령하셨다고 생각한다. 특히 겨울이면 얼음 같은 서리 때문에 날씨가 더욱 혹독해지는 이런 곳들에서, 여벌 옷도 신발도 지니지 말아야 한다는 계명을 지키는 일이 어떻게 가능하겠는가?(마태 10,10 참조).[9] 오른손으로 때리는 모든 사람은 왼뺨을 때릴 텐데, 오른뺨을 때리거든 왼뺨

7) "예컨대 … 한다는 것이다"는 루피누스가 덧붙인 설명이다.
8) "게다가 … 빠지게 되었다"에서 루피누스는 원본보다 장황하게 설명을 덧붙인다.

도 내주라는 명령[10]은 또 어떤가?(마태 5,39 참조) "오른 눈이 죄짓게 하거든 빼어 버려라"(마태 5,28-29; 18,9 참조)[11]라고 복음서에 기록된 말씀도 지킬 수 없는 것들 가운데 하나로 보아야 한다. 이것이 육적 눈에 관하여 말한 것임을 전제할지라도, 두 눈으로 보면서도 죄의 탓을 한 눈에, 곧 오른 눈에만 돌리는 것이 어떻게 논리적으로 보이겠는가? 또는 자신에게 안수하는 사람이 어떻게 대죄에서 벗어나겠는가?[12] 아마도 바오로 사도의 서간들은 이러한 어려움에서 벗어나 있는 것처럼 보일 것이다. 그렇다면 "누가 할례 받은 사람으로 부르심을 받았습니까? 할례 받지 않은 상태로 되돌아가지 마십시오"[13](1코린 7,18)라는 구절은 무슨 의미인가? 이 구절을 더 열심히 살펴보면, 첫째로 이 말씀은 사도가 그 글에서 다루는 주제와 관련이 없어 보인다. 그는 혼인과 정결에 관하여 규정하는 설교를 하고 있는데, 이 말씀들은 그런 이유에서 분명 불필요하게 언급된 것으로 보

9) "특히 겨울이면 … 가능하겠는가?"는 오리게네스의 고향 알렉산드리아보다 더 추운 곳에 살았던 루피누스의 가필이 분명하다. 게다가 젊은 오리게네스는 이 계명을 글자 그대로 지켰고 또 지킬 수 있다고 여겼기 때문이다(참조 에우세비우스, 『교회사』 6,3,10). 이 대목은 분명 베르길리우스의 문체를 연상시킨다〔참조 베르길리우스의 『게오르기카』 2,263: "얼음과 서리 바람이 분다"(Id venti curant gelidaeque pruinae)〕.

10) 이는 때리는 이가 왼손잡이라는 말이다. 루피누스 번역본에는 이러한 설명이 없다.

11) 참조 『마태오 복음 주해』 15,2. 그리스어 본문에서는 성경의 내용이 암시되어 있지만 루피누스의 번역에서는 직접 인용된다. 마르키아누스 사본(Codex Venetus Marcianus 47)에는 어떤 독자의 난외각주가 있다. "하지만, 오, 선하고 친애하는 오리게네스여! 우리 하느님 구원자께서 '음욕을 품고 어떤 방식으로 여자를 바라보는 자는 누구나 이미 마음으로 간통한 것이다'라시며, '너의 눈이 너를 죄짓게 하거든' 등을 덧붙이신 말씀을 들을 때, 우리는 그것이 실제로 일어나는 일(πράγματα)이라고 이해한다."

12) "또는 자신에게 … 벗어나겠는가?"에서 루피누스는 마태 5,28 언급을 번역하지 않는다. 아마도 부주의 때문일 것이다.

13) "할례 받지 않은 상태로 되돌아가지 마십시오"의 직역은 "포피(包皮)를 달고 다니지 마십시오"다.

일 것이다. 둘째로, 할례에서 비롯한 그릇된 일을 피하기 위해 할례 받지 않은 상태로 되돌릴 수 있다면[14]야 무슨 문제가 되겠는가? 셋째로, 그런데 이렇게 하기란 전적으로 불가능하다는 것이 분명하다.[15]

4〔20(19)〕. 이 모든 것을 우리에게 말씀하신 까닭은 우리에게 성경을 주신 성령의 목적은 우리가 문자만으로 또는 모든 구절에서 문자로 교화될 수 있지 않음을 보여 주려는 것이다. 문자란 흔히 〔이해가〕 불가능하고 그 자체와 모순된다는 것을 우리는 알고 있다. 말하자면, 때로 문자를 통하여 이치에 맞지 않을 뿐만 아니라 지킬 수 없는 것들도 표현된다. 그러나 (성령의 목적은) 우리가 이러한 눈에 보이는 이야기에 어떤 것들이 엮어져 있음을 깨닫게 하시려는 것이다. 그것을 더 내적으로 숙고하고 이해할 때 인간에게는 유익하고 하느님께는 걸맞은 법을 우리에게 제시하려는 것이다. (19). 그러나[16] 우리가 성경 역사 가운데 어떤 것은 일어나지 않았다고 의심하기 때문에 성경의 역사가 하나도 일어나지 않았다고 여긴다면서, 우리가 말하는 바를 의심하는 사람이 있어서는 안 되겠다. 또는 우리가 이성이나 실현 가능성의 면에서 인정할 수 없는 것들은 문자 그대로 지킬 수 없다고 말하기 때문에 우리가 율법의 어떤 가르침도 문자에 따라서는 존속하지 않는다고 여긴다거나, 구원자에 관하여 기록된 것이 감각적으로도 실

14) 직역은 "포피(包皮)를 되돌릴 수 있다면"이다.

15) 루피누스가 덧붙인 이 구절은 모순이다. 왜냐하면 오리게네스는 이런 일이 불가능하다고 여기지 않았기 때문이다(참조 에우세비우스, 『교회사』 6,3,10).

16) 이 문장부터 4절 끝까지는 팜필루스의 『오리게네스를 위한 변론』 6장의 루피누스 번역에 인용되는데, 그 첫머리는 이렇게 시작한다. "그(오리게네스)가 성경의 모든 구절을 우의적으로 해석하는 것을 못마땅하게 여겨, 그를 비난하는 이에게 답변하는 일이 우리에게 남아 있다. 우리는 그를 중상하는 이들이 가장 비난하는 저서, 곧 『원리론』 제4권을 바탕으로 성경의 이야기가 문자적으로 기록되었음을 그가 부인하지 않는다는 점을 입증할 것이다."

현되었다고 여기지 않는다거나, 그분의 가르침을 문자 그대로 지키지 말아야 한다고 생각한다고 여겨서는 안 될 일이다. 따라서 대부분의 경우 역사적 사실이 보존될 수 있고 보존되어야 한다는 사실을 우리는 당연히 여기고 있다고 대답해야 한다. 아브라함이 헤브론에 있는 이중 동굴에 이사악과 야곱, 그리고 그들 각각의 아내들과 함께 묻혀 있다는 것을 누가 부인할 수 있겠는가?(창세 23,2.9.19; 25,9.10; 49,29-32; 50,13 참조) 스켐이 요셉의 몫으로 주어진 사실을 누가 의심하는가?(창세 48,22; 여호 24,32 참조) 예루살렘은 솔로몬이 하느님의 성전을 지은 유대아의 주요 도시임을, 또 그밖의 무수한 다른 사실들을 누가 의심하겠는가? 순전히 영적인 의미만 지닌 구절들보다 역사적으로 사실인 구절들이 훨씬 많다. 마찬가지로 "아버지와 어머니를 공경하여라. 그러면 너는 잘 될 것이다"(탈출 20,12 참조)라는 계명은 어떤 영적 해석 없이도 충분하며, 특히 바오로가 계명 자체를 말마디 그대로 되풀이하면서 확인해 준 것을 생각할 때(에페 6,2-3 참조) 이것이 지켜야 하는 계명이라는 사실을 누가 인정하지 않겠는가? 또 "간통해서는 안 된다. 살인해서는 안 된다. 도둑질해서는 안 된다. 거짓 증언을 해서는 안 된다"(탈출 20,13-16)라는 구절이나, 이와 비슷한 다른 구절들에 관해서는 무엇을 말해야 하겠는가? 복음에 나오는 계명들에 관해서라면, 많은 것을 문자에 따라 지켜야 한다는 것은 의심할 수 없다. "그러나 나는 너희에게 말한다. 아예 맹세하지 마라"(마태 5,34)라거나, "음욕을 품고 여자를 바라보는 자는 누구나 이미 자기 마음으로 그 여자와 간통한 것이다"(마태 5,28)라는 구절, 그리고 "무질서하게 지내는 이들을 타이르고 소심한 이들을 격려하고 약한 이들을 도와주며, 참을성을 가지고 모든 사람을 대하십시오"(1테살 5,14)라는 바오로 사도의 명령, 그밖의 많은 다른 것이 그러하다.[17)]

5〔21(19.20)〕. 그럼에도 더 신중히 읽는 사람이라면 어떤 이야기를 문자적 의미에 따라 참되다고 여기거나 덜 참되다고 여길 것인지, 어떤 계명을 문자적 의미에 따라 지킬 것인지 아닌지에 관해 많은 경우 궁금해 하리라는 것을 나는 의심치 않는다. 이 때문에[18] 독자들 한 사람 한 사람은 자신

17) "그러나 나는"(ἐγὼ δέ와 Ego autem)부터 단락 마지막까지는 『필로칼리아』와 루피누스의 라틴어본 사이에 차이가 있다. 『필로칼리아』는 마태 5,28을, 루피누스는 마태 5,22를 생략한다. 그리고 "하지만 더 열심한"(εἰ καὶ παρὰ)으로 시작하는 그리스어 문장은 루피누스의 글에 상응하는 부분이 없으며, 루피누스는 다만 "그밖의 많은 다른 것"(et alia quam plurima)을 추가한다. 그런데 팜필루스의 『오리게네스를 위한 변론』의 루피누스 번역본에는 『원리론』의 이 부분과 동일한 글이 들어 있다. 따라서 루피누스가 마태 5,22를 의도적으로 두 번역에서 모두 삭제하였다고 생각할 수 없으며, 마태 5,28을 의도적으로 첨가했다고도 볼 수 없다. 1) 『필로칼리아』에 마태 5,28이 없는 것은 『필로칼리아』 편집자들이 의도하지 않게 생략한 것이거나 그들이 사용한 필사본에서 생략되었을 것이다. 2) 마태 5,22가 루피누스의 번역에서 빠진 것은 세 가지로 가정할 수 있다. ① 『필로칼리아』의 편집자들 또는 그들 이전의 다른 이들이 마태 5,28이 빠진 결과 하나의 인용으로는 부족하다고 보아 마태 5,22를 축약하여 추가하였다. ② 루피누스가 『오리게네스를 위한 변론』을 번역하면서 이 구절을 본의 아니게 생략한 후, 『원리론』을 번역할 때 생략된 것을 발견하지 못한 채 이전 번역을 그대로 활용하였다. ③ 마태 5,22와 5,34 두 인용문 모두 '에고 데'(ἐγὼ δέ, 그러나 나는)로 시작하기 때문에, 루피누스나 다른 필경사(루쿨라누스의 필경사는 현존하는 모든 사본의 시조다)가 부주의로 마태 5,22를 생략하였다(참조 G. Bardy, *Recherches*, 44-45쪽). 루피누스가 자신의 두 번역에서 그리스어본의 간략한 결어를 생략하고 'et alia quam plurima'(그밖의 많은 다른 것)으로 대체한 것은 ②의 가정을 강하게 뒷받침한다.

18) 여기서 루피누스는 "따라서 정확한 방식으로 … 경우가 많기 때문이다"(διὰ τοῦτο … σωματικόν)에 해당하는 본문의 많은 부분을 누락한다. 쾨차우는 루피누스가 "상당히 요약하였다"고 말하고 로빈슨(J. A. Robinson, *The Philocalia*, XXXIII쪽)은 본문의 첫 문장을 빼먹고 그 자리에 단조로운 말을 덧붙였다고 여긴다. 버터워스(G. W. Butterworth)는 영어 번역본(*Origen on First Principles*)의 각주에서 루피누스가 자신이 이해하지 못한 부분을 생략하였다고 기술한다. 바르디는 루피누스가 이 누락된 부분을 알지 못했다고 생각한다. 이 누락의 책임을 루피누스에게 돌리기 전에 달리 설명할 방법은 없는가? 그리스어 본문 가운데 'διόπερ … φαίνεται' 단락의 마지막 문장은 루피누스에 의해 두 개의 문장(Propter quod arbitramur)으로 번역되었다. 루피누스는 아무것도 첨가하지 않았고 약간 장황하게 설명하였다. 누락된 부분은 necne와 Propter quod 사이에 있다. 그런데 누락된 부분에 해당하는 그리스어본의 두 낱말이 모두 διὰ τοῦτο로 시작하고, 누락된 부분 다음의 첫 낱말

이 다루고 있는 것은 인간의 말이 아니라 거룩한 책들에 들어 있는 하느님의 말씀임을 온갖 경외심으로 깨달을 수 있도록[19] 많은 노력과 수고를 들여야 한다. 합당하게 논리적으로 지켜야 하는 성경 해석 방식은 다음과 같다고 생각한다.

6〔22(20.21)〕. 성경은 하느님께서 지상에서 어떤 민족을 선택하셨다고 알리며, 이 민족을 여러 이름으로 일컫는다. 때로 이 민족 전체가 이스라엘이라 불리기도 하고, 때로는 야곱이라 불리기도 한다. 특히 느밧의 아들 예로보암에 의해 이 민족이 두 갈래로 갈라졌을 때, 그의 지배 아래 있던 열 지파는 이스라엘이라 불렸고, 다른 두 지파와 레위 지파와 다윗 왕조로부터 내려온 지파는 유다라 불렸다(1열왕 12,2 이하 참조).[20] 하느님께서 이 민족에게 주신 거주 지역 전체는 유대아라고 불렸는데, 수도 예루살렘은 마치 수많은 도시의 어머니처럼 모도시(母都市)[21]라고 불린다. 이 도시들의 이름은 다른 거룩한 책들 여기저기서도 자주 언급되지만, 눈의 아들 여호수아의 책에 한 묶음으로 제시된다(여호 13-21장 참조). (21.) 거룩한 사도는 우리의 이해를 지상 너머로 끌어올리고 고양시키고자 어디에선가 이렇게

이 διόπερ다. 루피누스는 이 낱말을 propter quod로 번역하였으며, 그것은 διὰ τοῦτο의 일반적 번역이기도 하다. 따라서 루피누스는 그리스어본 전체를 번역하였다고 할 수 있다. 두 문장이 모두 몇 줄을 사이에 두고 Propter quod로 시작하기 때문에, 루쿨라누스나 그 이전의 필사본의 필경사가 이곳에서 본의 아니게 첫 문장을 빼먹은 것이 틀림없다.

19) quatenus(…하기 위하여/하도록). 이러한 용법을 쓰는 이들로는 법률 고문들, 루피누스(이 대목과 『로마서 주해』 5,1), 마크로비우스, 인노켄티우스 교황, 카시오도루스(매우 자주)와 아프리카의 저자들이 있다.

20) 루피누스는 가벼운 오역을 하였다. 오리게네스는 다윗 왕조가 통치하는 세 지파(유다와 시메온과 레위 지파)를 인용하는데 루피누스는 다윗의 후손들을 네 번째 지파로 여겨 네 지파를 제시한다. 열 지파 가운데 요셉의 후손들로서 두 지파로 나뉜 에프라임과 므나쎄 지파를 꼽아야 한다.

21) 직역은 "수도"다.

말한다. "육에 따른 이스라엘을 보십시오."(1코린 10,18 참조) 이를 통하여 그는 육이 아니라 영에 따른 또 다른 이스라엘이 있음을 분명히 암시한다. 또 다른 곳에서는 이렇게 말한다.[22] "이스라엘에서 나온 모든 이가 다 이스라엘은 아닙니다."(로마 9,6)[23]

22) 루피누스 또는 루쿨라누스의 필경사가 부주의로 한 구절을 생략하였는데, 그 이유는 이 대목이 다음 인용문과 마찬가지로 부정어 οὐ, οὐδέ로 시작하기 때문이다(참조 G. Bardy, *Les citations bibliques*, 117-118쪽).

23) 『원리론』 4,3,6 끝부터 4,3,7 전체가 라틴어 본문에 없다. 쾨차우(*Origenes, Vier Bücher von den Prinzipien*, CIV쪽)는 이 누락된 부분은 다른 곳에 수록된 것으로 『필로칼리아』의 편집자들이 이곳에 첨가했다는 가설을 제기한다. 그는 "우매하지 않은 이들에게 … 낭비하지 말아야 한다"(Καί ἵνα … Ἰσραηλίτου)라는 문장이 이전과 이후의 내용을 이어주며 그리스어본의 일관성을 보여 주기에, 루피누스가 이 부분을 쓸모없다고 여겼거나 이 부분이 담고 있는 신비적 해석을 받아들이기 어려워 누락시켰다는 것이다. 바르디(*Recherches*, 45쪽)는 쾨차우의 의견을 되풀이하지만 쾨차우가 서술한 다음 문장에 대해서는 회의적인 반응을 보인다. "루피누스가 이 부분을 쓸모없다고 판단했을까? 아니면 오리게네스가 이 대목에 우의적 방법을 사용하였기 때문에 삭제했을까? 아마도 풀 수 없을 이 질문을 계속 제기하지 않는 것이 바람직하지 않을까?" 로빈슨(The *Philocalia*, XXXIII쪽)은 어느 설명도 시도하지 않은 채 누락된 사실만을 전한다. 버터워스는 자신의 영역본 각주에서 루피누스가 이 부분을 이해하지 못했기 때문에 생략했다고 여긴다.

이 가운데 어떠한 해석도 만족스럽지 않다. 생략한 것이 신중함 때문일까? 하지만 생략된 이 부분은 바오로에 직접 기반을 두며 이야기하기 때문에 어떤 위험한 내용도 없으며, 루피누스는 이 점에 있어 『필로칼리아』의 편집자들보다 그리 용의주도하지 않았다. 왜냐하면 그는 그들이 생략한 많은 대목을 4,1-3에 남겨두었기 때문이다. 그렇다면 간략하게 쓰고 필요 없는 반복을 피하고자 하는 의도인가? 하지만 『원리론』 4,3,7에는 이 저서의 다른 부분에서 발견되지 않는 해석, 곧 아담을 그리스도로 그리고 하와를 교회로 해석하는 독특한 관념들이 나온다. 그 내용이 루피누스의 교회론적 개념을 뛰어넘는 것이거나 그가 받아들이기 힘든 민감한 내용이었을까? 쾨차우는 루피누스가 누락한 것이 아니라 『필로칼리아』의 편집자들이 다른 곳에 수록된 것을 첨가했다고 내세운다. 이 편집자들은 종종 그렇게 했다. 그들은 『켈수스 반박』의 어떤 단락에 같은 책의 이곳저곳에서 취한 몇 부분을 끼워 넣었으며, 심지어 『필로칼리아』 15,19에 나오는 거룩한 변모에 관한 단편—그것의 원전이 불분명함에도 불구하고—을 『켈수스 반박』의 어떤 부분에 끼워 넣기도 하였다. 하지만 여기서는 그 경우와 다르다. 왜냐하면 루피누스는 같은 내용을 담고 있는 일련의 인용문 가운데 일부도 누락하였기 때문이다.

7(21. 23). (누락)

8〔24(22)〕. 이제 육에 따른 이스라엘과 영에 따른 또 다른 이스라엘이 있음을 사도로부터 배웠기에,[24] 구원자께서 "나는 오직 이스라엘 집안의 잃어버린 양들에게 파견되었을 뿐이다"(마태 15,24) 하고 말씀하실 때 우리는 이 말씀을 "세상 일에 마음 쓰는 자들", 곧 명칭 자체로 "가난한 이들"이라고 불리는(히브리어에서 '에비온'이라는 말은 '가난한' 이라는 뜻이다)[25] 에비온파처

∴

그러므로 루피누스가 이 본문을 의도적으로 빼먹었다고 할 수 있는 충분한 어떠한 이유도 없다. 그렇다고 우리가 『원리론』 4,3,5에서 살펴본 누락 부분처럼 후대의 필경사가 생략한 것이라고 주장할 수도 없다. 우리는 다음의 가설이 설득력 있다고 본다. 6절이 급히 마무리된 점으로 미루어 볼 때 루피누스가 사용한 사본의 종이 한 장이 떨어져나가는 바람에 이 본문이 빠지게 되었다는 가설이다. 루피누스는 이 공백을 메우기 위해서 4,3,8의 첫 문장을 앞서 4,3,6에서 이미 다루었던 주제와 적절히 엮어냈다는 것이다(H. Crouzel et M. Simonetti, *Traité des Principes*, SC 269, 208쪽). 『예레미야서 강해』 17,3-4의 그리스어 본문에서도 한 대목이 이와 같은 방식으로 떨어져나간 종이 때문에 빠져 있다. 이 부분은 히에로니무스의 라틴어 번역본으로만 남아 있다.

24) 그리스어 본문 4,3,7에서 다루고 있는 이스라엘 지파와 씨족들에 관한 이야기가 루피누스가 사용한 사본에서 빠져 있었을 것이다. 루피누스는 4,3,6 마지막 대목에서 던졌던 물음인 '영에 따른 이스라엘'과 '육에 따른 이스라엘'의 주제로 라틴어 번역의 빈 부분을 채운다.

25) 교부들에 따르면 에비온파는 2세기 말부터 이단이 된 유대계 그리스도인의 한 분파다. 이들은 성경을 엄격하게 문자적으로 해석하여 율법을 철저하게 지켰다. 『켈수스 반박』 2,1에서 오리게네스는 그들이 율법에 따라 살지만 그들의 명칭은 율법에 관한 그들 해석의 빈곤에서 기인한다고 말한다. 『켈수스 반박』 5,61("더러는 동정녀 잉태를 받아들이고 더러는 받아들이지 않는다"); 5,65; 『마태오 복음 주해』 11,12("그들은 율법을 문자적으로 지킨다"); 『예레미야서 강해』 19,12("그들은 바오로를 중상한다"); 『티토서 단편』(PG 14,1303)에서도 에비온파에 관해 언급한다. 또한 **참조** 이레네우스, 『이단 반박』(1,26,2); 에우세비우스, 『교회사』 3,27; 5,8,10; 6,17. 에비온이라는 본디의 명칭은 원시 공동체의 영예로운 칭호였다. 그들의 명칭은 그들이 적어도 처음에는 사도 2,44-45에 기술된 대로 가난하고 검소한 삶을 살았음을 나타낸다. 물론 그것은 오리게네스가 단언하듯이, 영의 가난함과는 관계가 없다. 이미 오리게네스 시대에, 스스로 에비온이라고 한 창립자에게서 유래한 그들 명칭의 그릇된 기원이 널리 퍼졌다(**참조** 테르툴리아누스, 『이단자에 대한 항고』 10,8; 33,5; 『그리스도의 육신』 14,5; 18,1; 24,2; 『Elenchos』 7,35; 에피파니우스, 『약상자』 30,1). 이들에 관한 상세한 내용에 관해서는 **참조** *Dictionary of Christian Biography*, Ebionism과 Ebionites; RGG II,

럼 받아들이지는 않는다. 오히려 우리는 명칭 자체의 뜻이 가리키는 대로, 이스라엘이라 불리는 영혼들의 부류로 이해한다. 이스라엘은 "하느님을 보는 정신" 또는 "하느님을 보는 사람"이라고 해석되기 때문이다.[26] 사도는 "위에 있는 예루살렘은 자유인이고 우리의 어머니입니다"(갈라 4,26)라고 예루살렘에 관하여 계시한다. 또 다른 서간에서는 이렇게 말한다. "여러분이 나아간 곳은 시온 산이고 살아 계신 하느님의 도성이며 천상 예루살렘으로, 무수한 천사들의 축제 집회와 하늘에 등록된 맏아들들의 모임이 이루어지는 곳입니다."(히브 12,22-23) 이 세상에 이스라엘이라 불리는 영혼들이 있고 천상에는 예루살렘이라 불리는 도성이 있다면, 이스라엘 민족의 것이라 일컬어지는 도시들은 천상 예루살렘을 모도시로 지니며, 우리는 유대아 전체에 관한 모든 언급을 이런 방식으로 이해하는 것이 논리적이다. 그러므로 예언자들이 유대아나 예루살렘에 관한 예언들을 할 때, 또는 유대아나 예루살렘이 이런저런 종류의 공격[27]을 받았다고 선언할 때, 예언자들도 신비적인 이야기들을 통해 이 천상 도시에 관하여 말하고 있다고 우리는 생각한다.[28] 우리가 바오로의 말을 마치 그리스도께서 그 안에서 하시

297-298쪽; RAC II, 1117쪽과 IV, 487쪽 이하. 루피누스는 오리게네스 본문의 관점을 제대로 옮기지 않았다.

26) 루피누스는 "우리는 그리스도께서 … 아니기 때문이다"(ὥστε … τοῦ θεοῦ)를 누락하였으며, 따라서 로마 9,8의 인용문도 누락하고 그 자리에 "세상 일에 마음 쓰는 자들"을 넣었다. 그 반면에 "오히려 우리는 … 해석되기 때문이다"는 루피누스가 덧붙인 것이 아니라 『필로칼리아』의 편집자들이 신중하게 고려하여 누락한 것인데, 선재와 관련된 암시가 나타나기 때문이다. 이스라엘이라는 말의 다양한 어원학에 관해서는 참조 『원리론』 3,2,5 각주 51.

27) 전쟁과 파괴에 관한 예언은 천상 세계의 신비를 담고 있는 이미지다. 예를 들어 여호수아의 전쟁에 관해서는 참조 『여호수아기 강해』.

28) 유대아에 대한 비슷한 지형학적 상징, 그리고 지상의 장소들과 천상의 장소들에 관해서는 참조 『여호수아기 강해』 23,4. 하늘의 상징적 지형학에 대해 논하는 오리게네스의 성향에 관해서는 참조 『원리론』 2,3,7; 3,6,8-9. 이곳부터 Ἰουδαίᾳ와 ὅσα 사이에 있는 단락을 『필로칼

는 말씀으로 듣는다면,[29] 우리는 분명히 이 도시에 관한 그의 진술을 천상 예루살렘이라 일컫는 나라, 곧 예루살렘을 모도시로 삼는 성지에 속하는 모든 장소나 도시에 관한 말씀으로 이해해야 한다. 우리를 더 높은 차원의 이해로 끌어올리시고자, 당신이 맡기신 돈을 잘 활용한 이들은 열 고을이나 다섯 고을을 다스리는 권한을 갖게 되리라고 구원자께서 약속하신 말씀도(루카 19,17-19 참조) 이 도시들에 관한 것으로 생각해야 한다.[30]

9 〔25(22)〕. 그러므로 우리가 이해하기에 유대아와 예루살렘, 이스라엘, 유다, 야곱에 관한 예언들이 육적인 것이 아니고 여러 가지 신적 신비들을 뜻한다면, 이집트와 이집트 사람들, 바빌론과 바빌론 사람들,[31] 시돈과 시돈 사람들에 관한 예언들도 지상에 자리 잡은 이집트나 지상의 바빌론, 티로, 시돈에 관한 것으로 이해해서는 안 된다(에제 29장 이하 참조). 본문의 전후 문맥이 분명히 알려 주듯이, 에제키엘 예언자가 이집트 임금 파라오에 관하여 예언한 것들도 이집트에서 다스렸다고 여겨지는 어떤 특정인에게 적용될 수 없다(에제 29,1-9 참조). 마찬가지로, 티로의 군주에 관한 진

∴

리아』의 편집자들은 신중하게 고려하여 누락하였다. 이 본문은 루피누스의 번역 "그러므로 예언자들이 … 우리는 생각한다"에 남아 있다.

29) 『필로칼리아』 필사본들에는 "하느님의 말씀을 하느님의 말씀으로"라고 기록되어 있다. 쾨차우는 루피누스의 글에 의거하여 "바오로의 말을 하느님의 말씀으로"로 고친다. 루피누스가 번역하지 않은 "그리고 지혜의 발언"(καὶ σοφὶαν φθεγγομένου)은 아마도 1코린 2,6("우리는 완전한 이들 가운데에서는 지혜를 말합니다")을 반영한 표현일 것이다.

30) 주인이 충실한 종들에게 주는 보상은 그들이 천상 유산으로 지니게 될 명령을 상징한다(참조 『여호수아기 강해』 23,4). 오리게네스는 동일한 성경 구절(루카 19,17-19)에 관한 또 다른 해석에서, 하느님께서는 공로를 쌓은 이들에게는 지상의 재물 대신 하늘의 재물을 줄 것이라고 일반적으로 풀이한다(참조 『루카 복음 강해』 39,7). 루피누스의 라틴어 역본이 그리스 본문보다 더 명백하다.

31) 루피누스는 여기서 부주의로 첫 번째 목록에 나오는 티로와 티로 사람들을 잊었는데, 두 번째 목록에서는 티로를 빠뜨리지 않는다.

술들은 티로의 임금이라 불린 어떤 사람에 관한 것으로 이해할 수 없다(에제 28장 참조). 또 성경의 여러 곳들과 특히 이사야서에서 말하는 네부카드네자르에 관한 이야기들을 어떻게 인간에 관한 말씀으로 받아들일 수 있겠는가? 그는 인간이 아니라 하늘에서 떨어진 자라고 하며, 샛별[32]이었거나 아침에 떠올랐던 자라고 하기 때문이다(이사 14,12 참조). "사십 년 동안" 황폐해져 그곳에서 "사람의 발자국도" 발견되지 않고 전쟁이 휩쓸고 지나가 온 땅에 사람의 피가 무릎까지 차오르리라는 이집트에 관한 에제키엘서의 진술들과 관련해(에제 29,11-12; 30,7.10-12; 32,5-6.12-13.15 참조), 이성적인 사람이 이 구절들을 에티오피아와 붙어 있는 이 지상의 이집트에 관한 것으로 이해하는 것이 가능할지 나는 모르겠다.

다음과 같이 더 합당하게 이해할 수 있을지 살펴보아야 한다. 천상 예루살렘과 유대아가 있고 거기 사는 민족은 분명 이스라엘이라 불리듯이, 그 가까이에는 이집트나 바빌론, 티로나 시돈이라 불리는 것처럼 보이는 어떤 곳들이 있을 수 있다. 또 그곳들의 통치자들과 거기 거주하는 영혼들이 있을 경우 그 영혼들은 이집트 사람들, 바빌론 사람들, 티로 사람들, 시돈 사람들이라 불릴 것이다. 그들 가운데는 거기서 지니고 있던 자신의 생활 방식에 따라 일종의 포로 상태가 된 것처럼 보이며, 이 때문에 더 좋고 더 높은 장소들로부터 바빌론이나 이집트로 내려왔거나 다른 민족들 사이에 흩어졌다고 표현되는 이들이 있다.[33]

32) 여기서 '샛별'이라고 번역한 루키페르(Lucifer)는 '배반한 천사'라는 뜻도 지니고 있다.

33) 루피누스의 라틴어 역본에만 남아 있는 이 대목("다음과 같이 … 흩어졌다고 표현되는 이들이 있다")을 『필로칼리아』에서는 의도적으로 생략했다. 아마도 영혼선재설을 염려했던 것 같다(참조 G. Bardy, *Recherches*, 46쪽). 오리게네스에 따르면, 이스라엘로 상징된 이성적 피조물은 천상 세계에서 탁월하면서도 불안정한 지위를 차지하게 된다. 자유의지의 움직임

10 〔26(23)〕. 아마도[34] 이 공통된 죽음으로 이 세상을 떠나는 이들이 자신들의 행위와 공로에 따라 어떤 이들은 '하데스'라고 불리는 곳에 알맞다는 판결을 받고, 다른 이들은 아브라함의 품(루카 16,22 참조)이나 다양한 장소나 거처로 흩어져 마땅하다는 판결을 받는 것과 마찬가지로, 저 위의 장소들에 사는 이들도 죽으면 높은 곳에서 이 '하데스'로 내려온다고 말할 수 있겠다. 이러한 구분으로 말미암아, 지상에서 죽어가는 이들의 영혼들이 가는 이 지옥은 "당신은 제 영혼을 더 낮은 하데스에서 풀어주셨습니다"(시편 85,13 참조)라고 시편에서 말하는 바와 같이, 성경에서는 "더 낮은 하데스"라 불린다고 나는 생각한다.[35] 그러므로 지상으로 내려오는 이들은

으로 타락할 수도 있기 때문이다. 오리게네스는 이 대목과 『원리론』 4,3,10에서 "최초의 죄"(참조 『원리론』 2,9,2)는 언급하지 않고, 죄로 말미암아 이미 구분된 영적 세계 안에서 벌어지는 일들, 곧 자기에게 상응하는 품위와 장소의 서로 다른 등급에 관하여 말한다. 영적 세계 안에서 살아가는 이들은 다양한 행실에 따라 저마다 상승과 하강을 거듭한다. 역사적으로 이집트나 바빌론에 붙잡혀 있던 히브리인들은 이성적 피조물들이 겪는 하강, 곧 더 높은 곳에 있던 이스라엘이 더 낮은 장소인 이집트와 바빌론으로 곤두박질치는 하강을 상징한다는 것이다.

34) 루피누스의 해당 본문처럼 히에로니무스가 번역한 이 본문도 『필로칼리아』에서 사용된 그리스어 '하데스'를 inferus 또는 infernus로 번역하는데, 이는 영벌을 받은 이들의 장소인 지옥과 혼동을 피하기 위해서다. 여기서는 구약성경의 '셰올'(저승) 개념과 비슷한 것으로, 그리스도께서 저승에 가심을 이야기할 때 쓰는 말이다. 『요한 복음 주해』 6,35(18),174에서 오리게네스는 '하데스'에 관하여 "하데스라는 말로 무엇을 이해해야 하든 간에"라고 말한다. 이 개념은 불명확하게 남아 있다. 테르툴리아누스처럼 루피누스에게도 지옥은 '게헨나'(Γέεννα, Gehenna)다. 오리게네스에게 있어 하데스는 종말론적 정화 교리에 관한 여러 표현 가운데 하나다. 이 단락은 『필로칼리아』와 루피누스와 히에로니무스의 번역이 다 남아 있는 본문으로, 두 번역자가 어떤 방식으로 번역했는지를 알려 준다. 내용상 세 본문은 대체로 일치한다. 루피누스는 약간 부연하며 "아브라함의 품"을 첨가하고 "자신이 지은 … 장소를 얻듯이"(τόπων … ἁμαρτημάτων)를 생략한다. 하지만 히에로니무스는 스스로 정확하게 번역했다는 주장과 달리 문자 그대로 해석하지 않았다. 참조 『서간집』 85(파울라에게 보낸 편지 3); 『루피누스 저서 반박 변론』 1,6-7.

35) "이러한 구분으로 … 나는 생각한다"는 『필로칼리아』에는 없는 부분으로, 그리스어 첫 문

모두 자신의 공로나 자신이 지니고 있던 자리에 따라 이 세상 안에 있는 다양한 장소나 민족 가운데 유력한 이들이나 힘없는 이들로부터 태어나기도 하고, 신실한 부모에게서나 덜 경건한 부모에게서 출생하기도 한다.[36] 그래서 때로 이스라엘 사람이 스키타이인들 가운데 떨어지고, 가난한 이집트인이 유대아로 옮겨가기도 하는 것이다. 그럼에도 우리 구원자께서는 "이스라엘 집안의 잃어버린 양들"(마태 15,24 참조)을 모으러 오셨으며, 이스라엘인 대부분이 그분의 가르침을 따르지 않았기에 다른 민족 사람들이 부름을 받았다.

따라서[37] 개별 민족들에 관한 예언들은 특히 영혼들과 그들의 다양한 천

장의 καταβαίνουσιν과 κρινόμενοι 사이에 위치할 법 하다. 로빈슨(J. A. Robinson, The Philocalia, XXXIII쪽)은 이 부분을 루피누스가 첨가한 것으로, 쾨차우는 『필로칼리아』의 누락으로, 바르디(G. Bardy, Recherches, 46쪽)는 필경사의 누락으로 본다. 그러나 루피누스가 첨가하지 않은 것은 분명하다. 그러한 생각은 너무 독특하며, 더 낮은 하데스의 존재에서 더 높은 하데스의 존재로 결론을 이끌어내는 문학 양식은 매우 오리게네스적인 것이기 때문이다(참조 『원리론』 2,9,5-7). 따라서 『필로칼리아』의 편집자들이 생략하였다고 추론할 수 있는데, 아마도 선재와 타락 사상이 지나치게 드러나는 본문을 없애기 위해 문장을 새롭게 고쳤을 것이다. 시편 85,13의 인용에 관하여 칠십인역은 사실상 최상급을 사용하였다. "가장 낮은 하데스로부터"(ἐξ ᾅδου κατωτάτου). 오리게네스는 비교급으로 읽었으며 루피누스도 그렇게 번역하였을 가능성이 크다(참조 『마태오 복음 강해』 69와 그리스어 단편들; 또한 『창세기 강해』 1,1의 심연).

36) 루피누스는 『필로칼리아』의 'κρινόμενοι … πατράσιν'에 상응하는 "그러므로 지상으로 … 출생하기도 한다"에서 더 개진된 내용을 펼친다.

37) 이곳에서 『필로칼리아』에는 4,3,10의 마지막 부분부터 4,3,11의 앞부분까지, 곧 Unde consequens와 quae omnia 사이에 긴 대목이 누락되었다. 하지만 루피누스의 번역에도 누락된 부분이 있는데, 4,3,10의 마지막 부분, 곧 putandae sunt와 Si uero 사이에 히에로니무스 번역본에 있는 다음과 같은 본문(『서간집』 124,11)이 놓여야 할 것 같다. "그리고 우리는 이 세상에서 (더 낮은) 하데스로 가는 영혼들을 더 높은 하늘에서 우리가 거주하는 곳으로 내려오는 영혼들과 비교했기 때문에, 우리가 각 영혼의 탄생과 관련하여 같은 방식으로 말할 수 있는지를 신중하게 검토해야 한다. 이 경우에 우리가 사는 이 땅에서 태어난 영혼들은 더 나은 것들을 갈망한 결과 (더 낮은) 하데스에서 더 높은 곳으로 다시 가거나 더 나

상 거처들을 가리킨다는 것이 논리적일 듯하다.[38] 이스라엘 민족이나 예루살렘이나 유대아에 일어났다고 하는 역사적 사건들에 관한 이야기들도, 그들이 이 민족 또는 저 민족에게 공격을 받았다고 할 때 많은 경우 그 사건들은 육체적으로 일어난 것이 아니기 때문에, 사라지리라고(마태 24,35 참조) 하는 그 하늘에 살았거나 지금도 거기 살고 있다고 여겨야 하는 영혼인 민족들에게 더 적절히 해당되지 않는지 살펴보고 논의해야 한다.

11 〔27(23)〕. 그러나 어떤 사람이 우리에게 이 문제들에 관해 성경에서 찾을 수 있는 아주 분명하고 확실한 진술들을 요구한다면, 성령의 의도는 오히려 이러한 것들을 감추고 실제 사건의 이야기처럼 보이는 것들 안에 더 깊숙이 숨겨 두는 것이라고 대답해야 한다.[39] 이러한 이야기들에서, 어떤 사람들은 이집트[40]로 내려가거나 바빌론으로 잡혀가 그곳에서 엄청난 굴욕을 겪고 주인들에게 매인 노예 처지가 되기도 했지만, 다른 이들은 붙잡혀 간 바로 그 지역들에서 유명해지고 위대해짐으로써 권력과 권능을 쥐고 민족들을 다스리게 되었다고 한다.[41] 우리가 말한 바와 같이, 이 모든 것은

은 곳에서 우리에게 내려온다. 마찬가지로 우리가 거주하는 곳을 떠나 더 나은 것들을 향해 진보하는 영혼들, 그리고 하늘에서 창공으로 떨어졌지만 우리가 거주하는 더 낮은 곳으로 내쫓길 만한 죄를 아직 짓지 않은 영혼들은 창공에서 우리보다 높은 곳들을 차지한다." 히에로니무스는 다음과 같이 주석한다. "이 말들로 그(오리게네스)는 창공, 곧 하늘이 〔창공 위에 있는〕 하늘과 비교될 때 창공은 하데스이며, 우리가 거주하는 이 땅이 창공과 비교될 때 이 땅은 하데스라고 불리고, 우리 아래에 있는 하데스와 비교될 때 이 땅은 하늘이라고 불리는 것을 입증하려고 애쓴다. 이처럼 어떤 이들에게 하데스라고 불리는 것이 어떤 이들에게는 하늘이라고 불린다."

38) 히브리인들이 이 세상에서 천상 거처로 행하는 영적 여행의 단계들에 관해서는 참조『민수기 강해』27,2.

39) 오리게네스는 자신의 해석에 증거가 부족하다는 사실을 인정하는 듯하다.

40) 참조『창세기 강해』4,5.

41) 인간의 지상 조건이 다양한 것은 지은 죄의 무게가 서로 다르기 때문이다.

성경 이야기들 안에 숨겨져 있고 감추어져 있다. “하늘 나라는 밭에 숨겨진 보물과 같다. 그 보물을 발견한 사람은 그것을 다시 숨겨 두고서는 기뻐하며 돌아가서 가진 것을 다 팔아 그 밭을 사기”(마태 13,44) 때문이다. 이를테면 성경의 흙 자체와 표면, 곧 그 문자적 의미[42]는 온갖 종류의 식물이 무성하게 덮여 있는 밭이며, 더 높고 더 깊은 영적 의미는 성령께서 이사야를 통해 “어둡고 보이지 않으며 숨겨진 보물”(이사 45,3 참조)이라고 하신 “지혜와 지식의” 숨겨진 “보물”(콜로 2,3)을 가리키는 것은 아닌지 더 주의 깊게 생각해 보자. 이 보물을 발견하기 위해서는 하느님의 도우심이 필요하다. 하느님만이 보물들이 격리되어 숨겨져 있는 〔곳의〕 “청동 문들을 부수고”(이사 45,2 참조), 그 안으로 들어가 이 모든 것에 이르지 못하도록 우리를 가로막는 쇠 빗장들을 부러뜨리실 수 있기 때문이다. 이 모든 것은 창세기(창세 10.25.36.46장 참조)에는 감추어진 방식으로, 영혼들의 여러 민족, 그 자손들과 후손들, 곧 그들이 이스라엘과 가까운 친족인지 그 후손에서 멀리 떨어졌는지, 또한 “하늘의 별처럼 많아”(신명 10,22; 창세 22,17 참조)지도록 일흔 영혼들이 이집트로 내려간 의미는(창세 46,27; 탈출 1,5 참조) 무엇인지 기록되어 있다. 그러나 이들에게서 나온 이들이 모두 “이 세상의 빛”(마태 5,14)은 아니다. 이 일흔 영혼에게서 “바닷가의 모래처럼 셀 수 없는”(히브 11,12) 이들이 나왔지만 이스라엘 자손이라고 다 이스라엘은 아니”(로마 9,6 참조)기 때문이다.

12 (24). 거룩한 아버지들이 이집트, 곧 이 세상에 이렇게 내려온 것은 다른 사람들을 계몽[43]하고 인류를 가르치도록, 곧 거룩한 아버지들에 의

42) 직역은 “문자 그대로 읽히는 것”이다.

43) 계몽(inlumitatio)은 ‘빛을 비춤’〔照明〕이라는 뜻도 지니고 있다.

해 다른 영혼들이 계몽되고 도움을 받도록 하느님의 섭리로 허락된 것이라고 보일 것이다.[44] "그들에게 하느님의 말씀들이 처음으로 맡겨졌고"(로마 3,2) 그들은 "하느님을 본다"고 일컬어지는 유일한 민족이기 때문이다. 이스라엘이라는 명칭은 이 의미로 번역된다.[45] 하느님 백성의 탈출을 가능하게 한, 이집트가 겪은 열 가지 재앙(탈출 7,14-12,36 참조)이나 광야에서 백성에게 일어난 일(탈출 19장 이하 참조), 모든 백성이 이바지한 성막의 건설(탈출 25장 이하 참조)이나 사제복을 짜는 규정(탈출 28장 참조), 또는 제구들에 관하여 말한 모든 것(탈출 30,17 이하 참조)을 이 원리에 따라 설명하고 해석하는 것이 논리적이다.[46] 왜냐하면 〔성경에〕 쓰여 있듯이, 이것들은 참으로 '하늘에 있는 것들'의 그림자와 형상을 그 안에 담고 있기 때문이다. 바오로는 "그들이 하늘에 있는 것들의 그림자와 모상에 봉사한다"(히브 8,5)[47]라고 분명히 말한다. 같은 율법에, 사람들이 어떤 율법과 규정들에 따라 거룩한 땅[48]에 살아야 하는지에 관한 것도 담겨 있다. 율법을 위반한 이들에 대한 위협도 들어 있다. 마찬가지로 정화할 필요가 있는 사람들이 자주 더러워진다는 가정에서, 그들을 위한 여러 종류의 정화가 서술된다(레위 12-15장 참조). 이는 그들이 이러한 과정을 통하여 마침내 유일한 정

44) 자신의 결점 없이 죄인들을 돕기 위해 세상에 온 이성적 피조물에 관해서는 **참조** 『원리론』 1,7,5; 2,9,7; 3,5,4; 『에제키엘서 강해』 1,1.

45) 이스라엘의 어원에 관해서는 **참조** 『원리론』 3,2,5와 각주 51; 4,3,8(루피누스). 이미 필론은 『아브라함』 57에서 Is-ra-el의 어원을 '하느님을 보는 사람'이라고 제시한 바 있다. 오리게네스는 '이스라엘'을 하느님을 본 모든 사람으로 이해하기도 한다〔**참조** 『민수기 강해』 11,4 (GCS 30, 83쪽)〕.

46) 열거되는 관점들은 복된 이들이 천상의 장소에 이르면 완전하게 알게 된다는 신비에 관한 『원리론』 2,11,5의 관점들과 부합한다.

47) 히브 8,5에 관해서는 **참조** 『원리론』 1,1,4; 3,6; 4,2,6.

48) 메마른 땅과 상반되는 '살아 있는/참된 땅'(**참조** 『원리론』 3,6,8-9).

화에 다다른 다음에는 더 이상 더러워질 수 없게 하려는 것이다(히브 9장과 6,6 참조).

그러나 〔인구 조사에서〕 모든 백성의 수효가 헤아려진 것은 아니다(민수 1장-4장; 26장 참조). 어린 영혼들은 신적 명령에 따라 헤아려지기에는 아직 나이가 차지 않았기 때문이다(민수 1,3 참조). 다른 사람들의 머리가 될 수 없고 오히려 머리인 다른 이들에게 종속되어 있는 영혼들, 곧 성경이 여자라고 부르는 영혼들도 계산에 포함되지 않았다.[49] 이들은 하느님께서 명령하신 수효에 포함되지 않는다. 남자로 불리는 이들만 계산되었다. 이는 여자들이 따로따로 계산될 수 없고 남자라고 불리는 이들 안에 포함된다는 것을 나타낸다. 특히 이스라엘이 벌이는 전쟁에 나갈 준비가 된 이들은 거룩한 수효에 든다. 그들은 모든 권세와 권력을 없애도록(에페 1,20-22; 1코린 15,27.24 참조) 성부께서 당신 오른쪽에 앉아 있는 성자에게 굴복시킨 적들과 원수들에 맞서 싸울 수 있다. 성자께서는 하느님을 위해 싸우며 이 세상의 일에 얽매여 있지 않은 당신 군사들의 이 편제[50](2티모 2,4 참조)로 적대자들의 왕국을 뒤엎으려 하신다.[51] 그들은 믿음의 방패를 지니고 지혜

49) 인구조사에 계산된 영혼들은 더 높은 곳에 있는 이들이다. 그들에게 종속되어 있는 이들은 어린이나 여자로 상징되는 이들이다. 인구조사에 관한 해석에서(참조 『민수기 강해』 1,1; 4,1) 히브리인의 전쟁은 천상의 투쟁과 관계된다(참조 『민수기 강해』 7,5; 16,1-2). 오리게네스의 우의적 해석에는 남성 우위가 자주 드러난다〔참조 『창세기 강해』 1,15; 4,4; 5,2; 8,10; 『탈출기 강해』 2,2; 『레위기 강해』 1,2-3; 8,4; 『민수기 강해』 11,7; 『탈출기 선별 강해』 23,17(PG 12,296D)〕. 여성들은 인간이며 일부 여성은 남성 영혼을 지니고 있다(참조 『여호수아기 강해』 9,9). 성(性)이 아니라 영혼이 문제이지만(참조 『민수기 강해』 11,7), 우의(알레고리) 자체는 어느 정도 여성 혐오를 나타낸다.

50) 직역은 "수효들"(numeros)이다.

51) 이스라엘에서 일어난 역사적인 전쟁들은 완성으로 나아가는 데 방해가 되는, 천상의 세력들에 맞선 종말론적 전투의 본보기다. 히에로니무스의 『서간집』 124,11(아비투스에게 보낸 편지)에서 발췌한 다음 글은 이와 관련 있는 것 같다. "이것으로 만족하지 않고 그(오리게

의 화살을 쏜다. 그들 안에서 구원의 희망인 투구들이 반짝이고 사랑의 갑옷은 하느님으로 가득 찬 마음을 지킨다(에페 6,16; 1테살 5,8 참조).[52] 내가 보기에 성경에서 하느님의 계명에 따라 헤아려지도록 명령받아 이러한 전투를 준비한 군사들이 그러하다. 그들 가운데 "그들 머리의 머리카락까지도 세어졌다"[53](마태 10,30과 병행 구절)라고 쓰여 있는 이들은 훨씬 더 훌륭하고 완전하다고 서술된다. 그러나 죄를 지어 벌받는 이들과 육체가 광야에 나자빠진 이들은 적잖은 진보를 이루기는 했지만 여러 이유로 아직 완성이라는 목표에 이를 수 없었던 이들을 비유하는 것 같다. 왜냐하면 그들은 투덜거렸거나 우상을 숭배했거나 간음했거나, 성경이 말하듯이, 사람이 결코 생각해서는 안 되는 그밖의 어떤 짓을 저질렀다고 하기 때문이다(민수 11.14.16.21.25장; 탈출 32장; 1코린 10,5-10 참조).

많은 가축과 많은 짐승을 소유한 어떤 이들이 가축들을 먹이고 기르는 데 적합한 곳을 먼저 가서 차지하는 것도 어떤 신비를 담고 있다고 나는 생각하는데, 그곳은 이스라엘 군대가 전쟁으로 가장 먼저 확보한 지역이

네스)는 만물의 종말에(1베드 4,7 참조) 우리가 천상 예루살렘으로 돌아갈 때, 적대 세력들이 하느님 백성을 거슬러 전쟁을 일으키리라고 말한다. 이는 하느님 백성의 용맹이 무능하지 않고 그들이 전투에서 용맹을 드러내며, 맨 먼저 (곧, 역사적인 여러 전투에서) 적대자들에 용감하게 저항하지 않았다면 얻을 수 없었던 힘을 얻기 위해서다. 그리고 우리는 민수기(참조 민수 31장)에서 이들이 전략과 규율, 그리고 숙련된 전투력으로 (적대자들을) 정복했다고 읽는다." 참조 오리게네스, 『민수기 강해』 7,5("그러므로 너희는 하늘에 있는 장소들에 있다는 사악한 영적 무리를 정복해야 한다. 이는 너희가 천상의 왕국으로 급히 넘어가고 그들 대신에 그곳에 살기 위해서다"). 적대적인 영적 세력들과 전투에 관해서는 참조 『원리론』 1,5,2와 3,2 등.

52) 바오로의 이 표현들(에페 6,16; 1테살 5,8)은 교부시대에 크게 유행했다. 에페 6,14-15는 『민수기 강해』 7,6 가운데 악마의 세력과 투쟁하는 문맥에서 인용된다.

53) 참조 『원리론』 2,11,5; 『헤라클리데스와의 대화』 22; 판관 16,17(삼손의 머리카락)에 관한 『민수기 강해』 1,1.

다(민수 32장 참조). 그들은 모세에게 이 지역을 달라고 간청했으며, 그 결과 그들은 요르단 강 너머에 따로 자리 잡아[54] 거룩한 땅의 소유권에서 배제되었다.[55] 목마른 영혼들과 강가에 가까이 있는 정신(sensus)들에 물을 대고 넘치게 하는 이 요르단 강[56]은 "하늘에 있는 것들의 모상"(히브 8,5)으로 생각될 수 있다. 모세는 레위기의 율법에 묘사된 모든 것을 하느님에게서 〔직접〕 들은 반면, 신명기에서 백성은 모세의 청중이 되어 자신들이 하느님에게서 들을 수 없었던 것을 모세에게서 배웠다(신명 5,23-31 참조)는 사실이 여기에서 결코 무의미하게 보이지는 않을 것이다(레위 1,1; 신명 1,1; 5,1 참조). 이런 까닭에 신명기는 둘째 율법을 뜻하는 데우테로노미움(Deuteronomium)이라고 불린다.[57] 어떤 이들은 모세를 통해 주어진(요한 1,17 참조) 첫째 율법이 끝났을 때, 모세가 자기 후계자인 여호수아에게 특별하게 전한 둘째 입법(신명 31장 참조)이 만들어졌다고 생각할 것이다. 여호수아는 분명히 우리 구원자의 예형이라고 여겨지고,[58] 구원자의 둘째 율

54) 참조 『민수기 강해』 26,3-4. 여기서 요르단 건너편에 자리 잡은 이들은 첫째로 태어난 백성 이스라엘을 상징하며, 동생인 그리스도인들이 자리 잡은 약속된 땅 바깥에 머무른다. 오리게네스는 여기에서 『민수기 강해』 21,1의 더 일반적인 해석을 고려한 것 같다. 곧, 하늘 나라에서 가장 좋은 곳들은 현세에서 가장 적게 소유한 이들의 몫이며, 이들은 세상의 물성(物性)으로 가장 적게 짓눌릴 것이다. 이 개념은 복음적일 뿐 아니라 플라톤적이다(참조 『국가』 9,591).

55) 르우벤과 가드, 므나쎄의 자손들은 서요르단을 정복하기 전에 요르단 강 동쪽 일부 지역들을 달라고 간청했다. 오리게네스는 이 보고를 『민수기 강해』 26,4-7에서 아주 상세하게 영적으로 해석하였다.

56) 요르단 강은 세례의 상징이다〔참조 『요한 복음 주해』 6,43-44(26),222-232; 『여호수아기 강해』 4〕. 또한 육화한 그리스도의 상징이기도 하다〔참조 『요한 복음 주해』 6,46(28),240〕.

57) '데우테로노미온'(δευτερονόμιον)이라는 낱말은 칠십인역의 잘못된 번역이다(신명 17,18). 직역인 "둘째 율법"(velut secunda lex)라는 구문은 아마도 루피누스가 설명하기 위해 덧붙인 것 같다.

58) 모세 율법의 이중 편집은 옛 율법 구절과 그리스도의 율법 구절로 해석될 수 있으며, 모세에

법, 곧 복음의 계명들을 통해 모든 것이 완전함에 이른다.

13(25). 그럼에도 (성경이) 오히려 다음의 것을 가리키고 있지는 않은지 살펴보아야 한다. 처음에 쓰인 책들보다 신명기에서 입법이 더 분명하고 명백하게 선포되었듯이, 구원자께서 종의 모습을 취하시며(필리 2,7 참조) 겸손하게 오신 것은 당신 "아버지의 영광에 싸인(마태 16,27과 병행 구절) 더 찬란하고 영광스러운 재림"[59]을 암시한다. 그리고 하늘 나라에서 모든 성도가 이 "영원한 복음"(묵시 14,6 참조)[60]의 율법에 따라 살 때, 신명기의 예

게서 여호수아(전통적으로 그리스도의 상징이며 칠십인역에서 눈의 아들 예수라 불린다)로 넘어간 권한으로 이해할 수 있다. 그리스도의 상징인 여호수아에 관해서는 **참조** 『바르나바의 편지』 12,8-9; 유스티누스, 『유대인 트리폰과의 대화』 79; 클레멘스, 『교육자』 1,7,60; 테르툴리아누스, 『마르키온 반박』 3,16,3-4; 오리게네스, 『민수기 강해』 28,2; 『여호수아기 강해』 여러 곳. 여호수아가 에발 산에 세운 제단 돌에 새긴 율법의 모사(τὸ δευτερονόμιον)와 혼동된 데우테로노미움(Deuteronomium)은 복음서로 해석되거나 성령이 마음속에 새긴 내면의 율법으로 해석된다. **참조** 콤모디아누스, 『가르침』 1,25,11; 1,35,8; 1,36,11; 1,38,5.

59) 그리스도의 재림에 관한 그리스도교적 표상에 관해서는 **참조** 『원리론』 4,1,3.

60) 묵시 14,6에 나오는 영원한 복음으로, 오리게네스는 모세 율법의 첫째 편집과 둘째 편집의 관계를 더 개인적인 방법으로 설명한다. 첫째 편집은 그리스도께서 육으로 오심, 곧 일시적인 복음에 대한 상징이며, 둘째 편집은 성도들이 영원한 복음의 율법에 따라 살 때 그리스도께서 영광 안에 두 번째 오심으로써 첫 번째 오심의 어둡고 불완전한 머무름을 완전하게 실현하는 것에 대한 상징이다(**참조** 『원리론』 3,6,8과 각주 51; 4,2,4와 각주 36; 『마태오 복음 주해』 12,29-30; 『로마서 주해』 1,4; 4,8). 따라서 그리스도의 첫 번째 오심은 이중의 역할을 한다. 그것은 그림자였던 모세의 율법을 실현하지만, 히브 10,1이 말하는 두 번째 오심의 완전한 실현에 대한 모상이다. 히브 10,1에서 끌어낸 모상의 구별에 관해서는 **참조** 『시편 제38편 강해』 11,2; 『로마서 주해』 5,1. 일시적인 율법은 더러는 모상이고, 더러는 율법의 그림자와 상반된 그리스도의 그림자다〔**참조** 『요한 복음 주해』 1,7(9),39-40; 2,6(4),48-50; 『아가 주해』 3(GCS 8, 182쪽)〕. 일시적인 복음과 영원한 복음의 관계에 관해서는 **참조** H. de Lubac, *Histoire et Esprit*, 217-227쪽; H. Crouzel, *Connaissance*, 324-368쪽. 이 문제를 다루는 히브 10,1에 따르면 일시적인 복음인 모상은 구약성경인 그림자와 구별되며, 영원한 복음인 실재와 함께 실체(ὑπόστασις)의 동일성과 1코린 13,9-10.12에서 바오로가 대립적으로 표현하는 '보는 것'(ἐπίνοια)의 차이를 내포한다. 1코린 13,9-10.12에서 '거울에 비친 모습으로' 보는 것 또는 '부분적으로' 보는 것은 일시적인 복음에 상응하고,—이 용어들은 구

형은 그분 오심에서 완성될 것이다. 그분은 지금 오심으로써 "장차 일어날 좋은 것들의 그림자"(히브 10,1)를 지니고 있는 율법을 성취하셨듯이, 이 영광스러운 재림을 통하여 이 오심의 그림자가 성취되고 완전해질 것이다. 그래서 예언자는 그분에 관하여 이렇게 말한다. "우리 얼굴의 숨결은 주님 그리스도[61]이며, 우리는 그분의 그늘 아래 민족들 사이에서 살리라고 말한다."(애가 4,20) 곧, 그분은 요한이 묵시록에서 영원한 복음이라고 일컬은 바에 따라, 모든 성도를 일시적인 복음에서 "영원한 복음"(묵시 14,6 참조)으로 더 합당하게 옮기실 것이기 때문이다.

14 (26). 그러나 이 모든 것에서 우리의 정신(sensus)[62]이 신심 규범[63]에

약성경에 적용되지 않는다— '얼굴과 얼굴을 마주' 보는 것 또는 '완전하게' 보는 것은 영원한 복음에 상응한다. 오리게네스는 루피누스보다 영원한 복음을 더 중요시한다. 참조 히에로니무스, 『서간집』 124,12(아비투스에게 보낸 편지): "그리고 그(곧, 오리게네스)가 그리스도의 가르침이 옛 율법의 예식들보다 훨씬 뛰어나듯이 요한 묵시록의 '영원한 복음', 곧 하늘에 존재하는 복음이 우리의 복음보다 훨씬 뛰어나다고 말했을 때, 그는 그리스도께서 악마들을 구원하기 위해 공중에서 그리고 더 높은 곳에서 고난을 겪으실 것(이렇게 생각하는 것은 신성모독이다!)을 지나칠 정도로 길게 추론한다. 그리고 그는 실제로, 하느님께서 인간들을 자유롭게 하기 위해 사람을 만드셨듯이 악마들을 구원하기 위해 그분께서 악마를 존재하도록 만드셨고 그들의 구원을 위해 그분께서 나중에 오시는 것은 논리적 귀결로 이해해야 한다고 말하지는 않았을 것이다. 그리고 우리가 그의 진술들을 해석해야 한다면, 우리는 그 자신이 한 말들로 표현할 것이다. '그분이 복음의 그림자를 통하여 율법의 그림자를 성취하셨듯이 모든 율법이 천상 예식들의 모상과 그림자이기 때문에, 우리는 천상의 율법과 더 높은 경배 예식들도 완전함을 지니는 것으로 여겨야 하는지 아니면 세상에서 그리고 지나가도록 정해진 시대에 설교된 우리의 일시적인 이 복음과 비교하여 요한 묵시록에서 '영원한 복음'으로 불리는 그 복음의 진리가 필요한 것으로 여겨야 하는지 주의 깊게 탐구해야 한다.'"

61) '주님 그리스도'는 칠십인역에서 히브리어 '주님의 기름부음받은이'를 잘못 옮긴 것이다.

62) 'sensus'와 'mens'는 '마음, 지성, 영, 혼'으로 번역될 수도 있다.

63) 이 부분에서 나온 신심 규범은 루피누스가 덧붙인 것 같다. 그는 교회의 신앙에 충실히 머무르길 원하는 마음이 오리게네스의 정신에 여전히 있으며, 그가 자신의 가설에 한계를 설정했음을 부각시킨다(참조 『원리론』 1,6,1; 1,8,4; 2,2,2; 2,3,7; 2,8,5; 2,9,5 등. 참조 『원리론』 1,서론,2와 각주 6).

순응하고 성령에 관해 생각하는 것으로 충분하다. 성령의 말씀은 나약한 인간의 말솜씨로 엮어지지 않고,[64] "임금님의 모든 영광이 내부에 있다"[65](시편 44,14)라고 쓰여 있으며, 신적 의미들의 보물은 보잘것없는 문자의 깨지기 쉬운 그릇 안에 담긴 채 숨겨져 있다(2코린 4,7 참조). 그러나 어떤 사람이 더 알고 싶고 상세한 설명을 원한다면, 와서 "하느님의 깊은 비밀까지도 통찰하시는"(1코린 2,10) 성령의 도움으로 "신적 지혜와 지식의 깊이"(로마 11,33 참조)를 탐구하는 바오로[66] 사도가 어떻게 말하는지 우리와 함께 들어 보게 하자. 바오로는 아직 목표, 이른바 가장 깊은 인식에 이를 수 없다는 사실에 실망하고 놀라워하면서 "오! 하느님의 풍요와 지혜와 지식은 정녕 깊습니다!"(로마 11,33)라고 외친다. 그리고 그가 완전히 이해하지 못한 것에 얼마나 실망했기에 이렇게 외쳤는지 그의 말을 들어 보자. "하느님의 심판은 얼마나 헤아릴 수 없고 그분의 길은 얼마나 찾아낼 수 없는가?"(로마 11,33). 그는 하느님의 심판이 그냥 헤아리기 어렵다고 하지 않고 전혀 헤아릴 수 없다고 말한다. 그분의 길도 그냥 찾아내기 어렵다고 하지 않고 찾아내기 불가능하다고 한다. 어떤 사람이 탐구하면서 향상되고, 열성

64) 참조 『요한 복음 주해』 1,4(6),24; 4,1-2(『필로칼리아』 4); 『원리론』 4,1,7. 오리게네스는 문체에 관한 일반적 규범과 너무 동떨어지게 생각하는 이교인과 교양 있는 그리스도인의 불신을 극복하기 위해, 성경이 표현된 형식과 성경의 내용을 구별하는 데 몰두한다[참조 『켈수스 반박』 7,59-61; 『코린토 1서 단편』 5(JTS 9, 235쪽)].

65) 시편 44,14의 인용은 상황에 따라 알맞게 변용된다. 칠십인역에서는 임금이 아니라 그의 딸이 문제이기 때문이다.

66) 『원리론』 4,3,14에서 바오로에 관한 이 대목은 팜필루스의 『오리게네스를 위한 변론』에도 나온다. "성부께서 존재하는 모든 것의 시작과 끝을 아시듯이, 성자께서도 성령께서도 그것을 아신다. 하느님께서는 모든 피조물을 아실 수 있기 때문이다." 팜필루스는 사람들이 오리게네스를 고발하자 『오리게네스를 위한 변론』에서 이 대목을 인용하면서 오리게네스에게 이단적 사고방식이 있다는 주장을 반박하였다.

적인 연구로써 진보하며, 하느님 은총의 도움을 받고 이성이 조명을 받는다 할지라도(에페 1,18 참조),[67] 그는 연구의 최종 목적지에 결코 다다를 수 없을 것이다. 창조된 어떤 정신(mens)도 결코 모든 것을 이해할 수 없다. 그는 찾고 있는 것의 일부분을 발견하자마자 또다시 찾아야 할 다른 것들을 보게 된다. 그래서 다른 것에 이르게 되면 다시 그것에서 또 찾아야 하는 더 많은 것을 거듭 보게 될 것이다.[68] 이것이 바로 가장 현명한 솔로몬이 사물의 본성을 지혜로 눈여겨보면서 이렇게 말한 이유다. "나는 지혜롭게 되리라고 말해 보았지만 지혜 자체는 내게서 멀리 있었다. 이전에 있었던 것보다 더 멀리 있었다. 누가 심오한 깊이를 찾을 수 있는가?"(코헬 7,23-24 칠십인역) 죽을 본성으로는 사물의 시작을 발견할 수 없고, 만들어지거나 창조되었지만 인간 본성보다 더 신적인 본성으로도 그리할 수 없다는 사실을 알았던 이사야는, 그 어떤 본성으로도 시작이나 끝을 발견할 수 없음을 깨닫고서 이렇게 말한다. "이전에 있었던 일들을 말하라. 그러면 우리는 너희가 신이라는 것을 알 수 있을 것이다. 마지막에 있을 일들을 선포하여라. 그러면 우리는 너희가 신이라는 것을 볼 수 있을 것이다."(이사 41,22-23) 이에 관하여 〔나의〕 히브리인 선생은[69] 다음과 같이 설명했다. 우

---

67) 성경을 이해하기 위한 신적 조명의 필요성에 관해서는 참조 『요한 복음 주해』 13,23,135-137; 『민수기 강해』 26,3; 『여호수아기 강해』 20,4. 그러나 이 도움으로도 인간은 신적 실재를 제한적으로 알 수밖에 없다(참조 『원리론』 2,6,1). 어떤 신비들은 인간뿐 아니라 창조된 모든 피조물에게도 알려져 있지 않다(참조 H. Crouzel, *Connaissance*, 85-95.98-101쪽).

68) 이 탐구의 제한된 특성에 관해서는 참조 『원리론』 2,3,7. 특히 『민수기 강해』 18,4의 본문은 여기에 나오는 본문보다 더 자세하며 더 설득력 있다.

69) 이 히브리인은 유대계 그리스도인이다. 그의 주석이 그리스도교적이기 때문이다. 오리게네스는 여기서 자신이 이미 『원리론』 1,3,4에서 말한 것을 되풀이한다. 또 신적 실재는 시작도 끝도 알 수 없다는 사실을 더 상세히 설명한다(참조 『이사야서 강해』 1,2; 4,1). 사람은 이러한 환경에서 끝에 관한 어떤 개념을 추측으로만 얻을 수 있다〔참조 『아가 주해』 3(GCS 8,

리 주 예수 그리스도와 성령 이외에 아무도 만물의 시작과 끝을 이해할 수 없기 때문에, 이사야는 두 '사랍'(Seraphim)만 있었다고 환시의 형태로 말했다는 것이다. 두 '사랍'은 두 날개로는 하느님의 얼굴[70]을 가리고 두 날개로는 〔그분의〕 발을 가리고 두 날개로는 날아다니면서 서로 외치며 말했다. "거룩하시다, 거룩하시다, 거룩하시다, 만군의 주님! 온 땅에 당신 영광이 가득합니다."(이사 6,2-3) 두 사랍만이 그들의 날개를 하느님의 얼굴과 발에 드리우고 있으므로 거룩한 천사들의 군대도, 거룩한 왕권도 주권도, 권세도 권력도(루카 2,13과 콜로 1,16 참조) 만물의 시작과 우주의 끝을 완전히 알 수 있다고 감히 내세워서는 안 된다.[71] 그러나 여기에 열거된 이 거룩한 영들과 권능들은 〔사물들의〕 시작 자체에 가장 가까이 있으며, 나머지 존재들이 이를 수 없는 곳에 이를 수 있다고 이해해야 한다. 이 권능들이 하느님의 아들과 성령의 계시를 통해 인식하는 것이 무엇이건 그들은 많은 지식을 얻을 수 있을 것이고, 더 높은 권능은 더 낮은 권능보다 더 많이 얻을 것이다. 그렇다고 해도 그들은 모든 것을 이해할 수는 없다. "하느님의 위업 가운데 대부분은 감추어져 있기"(집회 16,21) 때문이다.

그러므로 각자는 늘 자신의 능력에 따라 "자기 앞에 있는 것들을 얻으려고 애쓰고 자기 뒤에 있는 것들을 잊으려"(필리 3,13 참조) 하는 것이 바람직하다. "영광이 영원토록 있으신" "우리 구원자 예수 그리스도"(티토 3,8.6;

210쪽)〕. 유대계 그리스도인의 다른 전통에 관해서는 참조 『민수기 강해』 13,5; 『루카 복음 강해』 34,3; 『예레미야서 강해』 20(19),2.

70) 오리게네스는 이사 6장에 나오는 하느님의 얼굴과 발을, 그분의 알아볼 수 없는 시작과 끝으로 해석한다〔참조 『이사야서 강해』 1,2(GCS 8, 244-245쪽)〕. 하느님의 얼굴에 관해서는 참조 M. Simonetti, *Due note*, 165-208쪽; 『원리론』 1,8,1; 2,10,7과 각주 37.

71) 인간보다 뛰어난 피조물의 무지에 관해서는 참조 『아가 주해』 2(GCS 8, 186쪽), 『켈수스 반박』 6,62; 『순교 권면』 13.

로마 16,27)를 통해 더 나은 행위와 더 순수한 이해와 지식을 얻으려고 애쓰는 것이 바람직하다.

15(27).[72] 따라서 진리에 관심을 갖는 모든 사람은 "명칭들과 말들"(사도 18,15)에 신경 쓰지 말기를 바란다. 각 민족에게는 다양한 언어 관습이 있기 때문이다.[73] 오히려 특별히 중대하고도 어려운 문제들에서는,[74] 표현하는 말보다 표현된 의미에 더 주의를 기울여야 한다. 예를 들어 우리는 색으로도 모습으로도 접촉으로도 크기로도 인식할 수 없고 오직 정신으로만 이해할 수 있으며, 각자 자신이 원하는 대로 부를 수 있는 어떤 실체(substantia)가 있는지 물을 수 있다. 그리스인은 이 실체를 '아소마토스'(ἀσώματος), 곧 '비육체적'이라고 부르는 반면 성경은 이를 '비가시적'이라고 한다.[75] 사도는 그리스도가 '보이지 않는 하느님의 모상'이라고 말하면서 하느님은 보이지 않는다고 단언한다. 그러나 다른 한편으로 그는 보이는 것이든 보이지 않는 것이든 만물이 그리스도를 통하여 창조되었다고 말한다(콜로 1,15-16 참조). 그는 피조물 가운데 고유의 본성에 따라 보이지 않는 어떤 실체들이 있다고 단언한다. 그러나 이 실체들은 비가시적이고 육체적 실

72) 레데페닝(E. R. Redepenning, *De Principiis*, 367쪽)은 『원리론』 4,3,15를 작품 전체의 예비 결론으로 여긴다. 이에 따르면 『원리론』 4,4의 요약은 부록이거나 보완이다.

73) 그렇지만 오리게네스는 고유명사들에서 명사가 의미하는 명칭과 특징의 관계를 인정한다(참조 『여호수아기 강해』 23,4). 이는 필론에 뒤이어 오리게네스의 주석에서 중요한 역할을 하는 어원론적 상징에 근거한다. 오리게네스는 명사의 기원에 관한 철학자들의 논쟁에 관심을 보이며, 자신이 비난하는 구마와 마법적 주술을 구실 삼아 명사의 기원을 제시한다(참조 『켈수스 반박』 1,24-25; 5,45-46; H. Crouzel, *Connaissance*, 254-258쪽).

74) 오리게네스는 말을 잘하는 기교를 결코 중요시하지 않는다(참조 H. Crouzel, *Origène et la philosophie*, 125-133쪽).

75) '비육체적'과 '비가시적'이라는 표현의 같은 의미에 관해서는 참조 『원리론』 1,서론,8-9; 1,7,1. 오리게네스는 엄격한 의미의 비육체성과, 기체와 미세한 물체에 적용되는 넓은 의미의 비육체성을 구별한다.

체보다 더 낫기는 하지만, 육체를 사용한다.[76] 이와 달리, 만물의 근원이고 원인이며 "만물이 그 실체에게서 나오고 만물이 그 실체를 통하여 있으며 만물이 그 실체 안에 있는"(로마 11,36 참조) 삼위일체의[77] 실체는 육체이거나 육체 안에 있다고 여겨서는 안 되며 전적으로 비육체적[78]이라고 생각해야 한다.[79]

잠시 본론에서 벗어나 이 문제들에 관해 간략히 논했지만, 주제의 논리적 전개상 필요한 일이었다. 이는 사물들의 의미가 인간의 어떤 언어(1코린 2,4? 참조)로도 적절하게 설명될 수 없고, 오히려 말로 된 표현들보다[80] 단순한 생각으로 더 분명해지는 사물들이 있다는 것을 보여 주는 것으로 충분할 것이다. 성경을 이해하는 데에도 이 규칙을 적용해야 한다. 이는 성경에서 말해진 것을 저속한 표현에 따라 평가하지 않고 성경을 저술할 때 영감을 준 성령의 신성에 따라 평가하기 위해서다.[81]

76) 참조 『켈수스 반박』 6,71; 7,32; 『원리론』 1,7,1,; 2,2,2,; 4,4,10.

77) '삼위일체의'(trinitatis)라는 낱말은 루피누스가 덧붙인 것이다. 참조 Fr. H. Kettler, *Der ursprüngliche Sinn*, 37쪽 각주 156.

78) 참조 『원리론』 1,6,4; 2,2,2.

79) 이 문제에 관해서는 참조 『원리론』 1,서론,8-9와 1,1.

80) 직역은 "말들의 어떤 속성을 통해서보다"다.

81) 다른 곳에서 성경의 영감에 삼위 모두의 협력을 강조하는(참조 『원리론』 4,2,2; 4,2,7) 오리게네스는 여기서 전통에 따라 성경의 영감에 특히 성령을 관련시킨다(참조 『원리론』 1,서론,4; 『켈수스 반박』 5,60). 영감에서 말씀과 성령의 관계에 관해서는 참조 『요한 복음 주해』 20,29(23),263; 『루카 복음 강해』 22,1.

4장
성부와 성자와 성령, 그리고 앞에서 다룬 다른 주제들에 관한 요약

1 (28). 우리가 앞에서[1] 말한 것들을 힘닿는 대로 훑어본 다음, 따로따로

1) 4장을 시작하는 "우리가 앞에서 … 지녀야 한다"라는 이 대목은 카이사리아의 에우세비우스가 『마르켈루스 반박』 1,4(GCS 4, 21쪽과 안키라의 마르켈루스의 『단편집』 32)에서 인용한 마르켈루스의 글에 그리스어로 남아 있다. 마르켈루스는 오리게네스의 글을 인용한 티루스의 파울리누스와의 논쟁에서 이를 인용하였다. "성부와 성자와 성령에 관한 것을 재론하면서 아직 다루지 않은 몇 가지 관점을 논의할 때가 되었다. 성부에 관해서, 모든 것이 분리될 수 없고 떼어 놓을 수 없기에, 성부께서는 성자의 아버지가 되시지만, 어떤 이들이 생각하듯이, 생출로 아버지가 되신 것이 아니다. 과연 성자가 성부의 생출이고 동물의 새끼들과 같은 방식으로 낳은 생식이라면, 낳은 성부도 태어난 성자도 당연히 육체임에 틀림없다."(ρα, ἐπανα λαβόντα περὶ πατρὸς καὶ υἱοῦ καὶ ἁγίου πνεύματος, ὀλίγα τῶν τότε παραλελειμμέν ων διεξελθεῖν΄ περὶ πατρός, ὡς ἀδιαίρετος ὢν καὶ ἀμέριστος υἱοῦ γίνεται πατήρ, ο ὐ προβαλὼν αὐτόν, ὡς οἴονταί τινες. Εἰ γὰρ πρόβλημά ἐστιν ὁ υἱὸς τοῦ πατρὸς καὶ γέννημα ἐξ αὐτοῦ, ὁποῖα τὰ τῶν ζῴων γεννήματα, ἀνάγκη σῶμα εἶναι τὸν προβαλόν τα καὶ τὸν προβεβλημένον) 에우세비우스에 따르면, 『마르켈루스 반박』의 인용 바로 다음에 오는 대목에서 마르켈루스는 오리게네스가 성자를 니케아 공의회 의미에서 둘째 실체(δευτέραν ὑπόθεσιν)로 이해하였다고 생각했으며, 이 때문에 오리게네스를 비난하였다. 이

말한 몇 가지 관점을 되풀이하는 대신에 요약하고, 무엇보다도 성부와 성자와 성령에 관해 재론할 때가 되었다.[2] 하느님 아버지는 비가시적이고[3] 성자와 분리될 수 없기에 어떤 이들이 생각하듯이[4] 그분은 자신에게서 생출(生出, prolatio)로 아들을 낳으신 것이 아니다. 프롤라티오(prolatio)[5]라는 낱

단편에 관해서는 **참조** A. Orbe, *Hacia la primera teologia*, 624-625쪽.

2) "우리가 앞에서 … 때가 되었다"는 루피누스의 『원리론』 번역 그리고 루피누스에 의한 팜필루스의 『오리게네스를 위한 변론』 번역에서 다른 형태의 라틴어로 인용된다. Tempus est decursis his quae de Patre et Filio et Spiritu sancto disseruimus, de illis quoque quae a nobis relicta fuerant, pauca repetere("우리가 성부와 성자와 성령에 관해 논한 것들을 훑어본 다음 우리가 아직 다루지 않은 것을 재론할 때가 되었다"). 루피누스의 『오리게네스를 위한 변론』 번역은 마르켈루스에게서 보존되고 있는 본문과 매우 비슷한 반면, 루피누스의 『원리론』 번역과는 다르다. 그러면 루피누스는 왜 자신의 본문을 『원리론』 번역에서 바꾸었나? 그는 재론(retractatio)하는 것이 문제임에도 불구하고 다른 두 본문이 입증하듯이, 제목 '만유회복'(recapitulatio)의 관점을 더 많이 강조하고자 한 것 같다. 따라서 루피누스는 '요약'(anakephaleosis)이라는 제목을 알았으며, 이 제목을 수사본 전승에서 받아들인 것으로 보인다.

3) 마르켈루스 글에 나오는 '분리될 수 없는'(ἀδιαίρετος)을 루피누스는 『오리게네스를 위한 변론』과 『원리론』에서 indivisibilis가 아니라 invisibilis로 번역한다. 이를 후대의 필경사의 실수라고 생각하기는 어렵다. 왜냐하면 이는 『오리게네스를 위한 변론』의 필사본 전통과 『원리론』의 필사본 전통에서 동시에 나타나기 때문이다. 루피누스는 아마도 『오리게네스를 위한 변론』을 번역할 때 이를 잘못 번역하였으며, 『원리론』을 번역할 때 이 잘못을 알아차리지 못하고 또다시 그렇게 번역한 것 같다. 이 대목 전체에 관해서는 **참조** A. Orbe, *Hacia la primera teologia*, 674-678쪽.

4) **참조** 히에로니무스, 『루피누스 반박 변론』 2,19("그리스에서 오리게네스는 발렌티누스 이단의 변론자인 … 칸디두스와 토론을 벌였다. 칸디두스는 성자가 성부의 실체라는 점을 인정했지만 '프로볼레', 곧 생출을 내세운다는 점에서 잘못 생각하였다. 다른 한편으로 오리게네스는 아리우스와 에우노미우스 방식으로 하느님 아버지를 부분들로 나누는 일이 없도록, 성자가 생출되거나 태어났다는 주장을 논박하였다. 그러나 그는 성자가 다른 모든 피조물처럼 성부의 뜻에 따라 생긴 탁월하며 가장 뛰어난 피조물이라고 주장하였다"). 다음 단락에 관해서는 **참조** 『원리론』 1,2,6.

5) 『원리론』 1,2,6과 각주 35에서 보았듯이, 오리게네스는 '프로볼레'(루피누스는 프롤라티오로 번역한다)를 인간과 동물의 생식처럼 생출(生出)로 이해한다. '프로볼레'는 신적 실체, 곧 하느님의 육체성 안에서 나뉨을 내포하고, 성부가 성자 안에 존재하듯이 성자가 성부 안

말이 동물이나 인간의 낳음과 같은 생식(生殖)을 뜻하므로, 성자가 성부의 생출이라면 낳은 성부도 태어난 성자도 당연히 육체를 지녀야 한다. 따라서 이단자들이 생각하듯이 하느님 실체의 한 부분이 성자로 변화했다거나[6] 성자가 성부에 의해 무에서,[7] 곧 성부의 실체 밖 어떤 것에서 생겨나지 않았기에[8] 성자가 존재하지 않은 때가 있었다[9]고 우리는 말하지 않는다. 오

⁝

에 머무를 때 성자를 성부에게서 분리하는 것을 뜻한다(『요한 복음 주해』 6,48(29),249; 20,18(16),152-159; 참조 기적가 그레고리우스, 『오리게네스 찬양 연설』 4,36-37; 클레멘스, 『양탄자』 7,2,5). 성자는 성부의 '프로블레마'(πρόβλημα), 곧 성부에 바탕을 둔 프로볼레(προβολή)의 산물이 아니다. 루피누스는 이 모든 용어를 프롤라티오로 번역한다. 한국어에서 이에 대한 정확한 대응어를 찾을 수 없기에 임의적으로 '생출'로 번역하였다.

6) 발렌티누스파 가르침에 따른 이 표현은 이례적이며, 오리게네스에 의해 논쟁적으로 첨예화된 것 같다.

7) 무에서 로고스가 창조되었다는 것은 바실리데스의 단언이다(『Elenchos』 7,22,2-3). 로고스의 비영원성과 무에서 로고스 창조에 관한 단언을 연결시키는 라틴어 본문은 전형적으로 아리우스에 의해 야기된 문제를 대상으로 삼는다. 오리게네스가 이 대목에서 영지주의를 대상으로 삼았음에도 불구하고 루피누스는 반아리우스적 의미로 이 대목을 수정하였다고 생각할 수 있다. 루피누스가 형태를 조금 바꾸었을지라도 내용은 오리게네스적이다.

8) 어떤 낱말들을 루피누스가 삽입한 것으로 여긴다면, 그것들은 반아리우스 방식으로 이해되어야 한다. 곧, 성자는 성부의 실체에서 유래하며 같은 실체에 속한다. 반대로 그 낱말들이 진본이라면 그 의미는 분명하지 않다. 왜냐하면 루피누스가 사용한 숩스탄티아(substantia, 실체)가 '우시아'(οὐσία)나 '히포스타시스'(ὑπόστασις)에 해당하는지 알 수 없기 때문이다. 오리게네스는 성자가 성부 안에 있으며 성부가 성자 안에 있다고 단언하면서, 성자가 성부와 '히포스타시스'뿐 아니라 '우시아'에 따라 구분된다고 자주 진술한다. 따라서 두 용어는 동의어이며 사실상 위격을 나타낸다. 오리게네스는 양태설파를 거슬러 성자의 위격성을 내세운다(참조 『원리론』 1,2,2; 1,2,6; 1,2,9와 각주 45). 이 표현은 성자가 무에서 생겨나지 않았다는 의미로 이해되는 것이 옳다고 본다. 성자는 신적 본성에서 나셨으며 성부와 구분되지만 성부 안에 존재하기 때문이다.

9) 이 표현에 관해서는 참조 『원리론』 1,2,9와 각주 49. 이 표현은 아리우스파의 표어가 되었다. 이미 테르툴리아누스(『헤르모게네스 반박』 3,4)는 "성자가 존재하지 않은 때가 있었다"(Fuit autem tempus, cum … filius non fuit)라는 이 문장을 과감히 사용했다. 그러나 그는 이 표현으로 로고스가 하느님 안에 '말씀'으로 나타나기 전에 늘 '사고'(思考)로 존재했다는 것에 이론을 제기하려 하지는 않았다. 이미 2세기의 몇몇 호교가처럼 그는 이 구분으로 '내재하는 이

히려 우리는 모든 육체적 표상을 무시하고, 의지가 정신(mens)에서 비롯하듯이 말씀(로고스)과 지혜가 비가시적이고 비육체적인 하느님[10]에게서 어떠한 육체적 과정 없이 나셨다고[11] 말한다. 그가 "사랑의 아들"[12](콜로 1,13)로 불리고, 이와 같은 방식으로 "의지의 아들"로 여겨지는 것도 불합리하게 보이지 않는다. 게다가 요한은 "하느님은 빛이다"(1요한 1,5 참조)라고 하며, 바오로는 "아들은 영원한 빛의 광채"(히브 1,3)라고 일컫는다. 빛이 광채 없이 결코 존재할 수 없듯이, 성부 실체의 각인된 상이요 그분의 말씀과 지혜라고 불리는 성자도 성부 없이는 생각할 수 없다. 그러니 성자가 존재하지 않은 때가 있었다[13]고 어떻게 말할 수 있는가? 이는 진리가 존재하지 않은 때가 있었다, 지혜가 존재하지 않은 때가 있었다, 생명이 존재하지 않은 때가 있었다[14]고 말하는 것과 조금도 다르지 않다. 오히려 이 모든 것 안에 하느님 아버지의 실체가 완전하게 있다〔고 이해해야 한다〕.[15] 이

성'(λόγος ἐνδιάθετος)과 '표현된 말'(λόγος προφορικός)에 관한 스토아학파의 가르침을 받아들였다.

10) 참조『원리론』1,1.

11) 참조『원리론』1,2,6과 각주 32. 성자의 기원을 성부의 의지에서 찾는 것은 성부와 성자의 본질의 일치를 위태롭게 할 수 있기 때문에, 오리게네스는 의지 개념을 신적 사랑의 개념으로 제한한다.

12) 참조 울프슨(H. A. Wolfson, *The Philosophy*, 226쪽)은 스토아학파의 영향으로 사랑(ἀγάπησις)이 의지(βούλησις)의 한 형태였다고 생각한다. 반대되는 의미에 관해서는 참조 A. Ordo, *Hacia la Primera*, 398-399쪽.

13) 아리우스가 사용한 "성자가 존재하지 않는 때가 있었다"라는 표현은 아리우스 논쟁에서 성자가 성부와 함께 영원부터 공존하지 않는다는 개념이다. 이 표현은 이미『원리론』1,2,9와 각주 49와『로마서 주해』1,5에도 나온다. 아타나시우스가 사용한 본문들은 이 표현이 오리게네스에게 유래하며 루피누스가 덧붙이지 않았다는 사실을 입증한다.

14) 참조『묵시록 발췌 주해』7(TU 38/3, 23-24쪽). 그리스도의 생명은 피조물의 생성과 상반된다.

15) 아들이 논리적으로도 시간적으로도 아버지 다음에 있다고 생각될 수 있음에도 불구하고,

것들은 결코 성부에게서 떼어 놓을 수 없고 그분의 실체에서 분리될 수 없기 때문이다. 성부와 성자는 생각으로는 다수라고 말할 수 있을지라도 실제로 그리고 실체로는 하나이며 그들 안에 "충만한 신성"[16](콜로 2,9)이 있다.

성자가 존재하지 않은 때가 결코 없었다는 우리의 단언을 신중하게 알아들어야 한다.[17] '… 할 때' 또는 '결코 … 아니다'라는 이 말들 자체는 시간적 의미를 지니는 낱말이지만, 우리가 성부와 성자와 성령에 관해 말한 것은 모든 시대와 모든 세기와 모든 영원함[18]을 뛰어넘는 것으로 이해되어야 하기 때문이다.[19] 이 삼위일체만, 시간적 특성뿐 아니라 영원한 특성으로 이해할 수 있는 모든 의미를 능가한다. 이와 달리 삼위일체 밖에 있는 다른 것들은 세기와 시대에 따라 재어져야 한다.[20] 따라서 하느님의 이 아들이 "한처음에 하느님과 함께 계신"(요한 1,2) 하느님-말씀이신 한, 또한 그

오리게네스는 아들-개념에서 모든 시간적 표상을 없앤다. 그는 아들-개념을 하느님의 특성뿐 아니라 하느님의 독자적인 위격(오리게네스, 『켈수스 반박』 5,39)도 나타낼 수 있는 지혜와 말씀, 생명과 같은 개념으로 이해한다.

16) 그리스도 명칭(ἐπίνοια)의 다양성에서 그리스도의 히포스타시스(ὑπόστασις)적 일치에 관해서는 **참조** 『원리론』 1,2,1과 각주 3.

17) 일시적인 것을 나타내는 모든 명제는, 영원성만 말할 수 있는 신성의 특성과 양립될 수 없다(**참조** 플라톤, 『티마이오스』 37e). 이는 4세기에 반아리우스적 의미에서 되풀이된다〔**참조** 알렉산드리아의 알렉산더, 『테살로니카의 알렉산더에게 보낸 편지』(324),48-49(éd. H. G. Opitz, *Athanasius Werke* III/1, 27쪽); 힐라리우스, 『삼위일체론』 12,26-27; 『원리론』 1,3,4〕.

18) 시대(tempus)는 '크로노스'(χρόνος)에, 영원함(aeternitas)은 '아이온'(αἰών)에 해당하는데, 오리게네스에게서 이 낱말들은 간단하게 설명하기 어렵다.

19) 이 역설적인 표현들은 오리게네스가 『원리론』 4,3 끝부분에서 말한 인간 언어의 부족함을 지적한다. 가령 '시대 전에'(1코린 2,7)라는 정식이 이런 예다(**참조** 『원리론』 1,3,4).

20) 시대는 창조와 생성과 함께 시작한다. 오리게네스의 이 명확성은, 로고스가 비인격적 방식으로 성부 안에 존재하는 시대와 인격적인 존재로 태어난 순간을 구분하는 호교론자들에게서 발견되는 개념이 지지받을 수 없음을 입증한다.

분이 지혜 또는 진리 또는 생명 또는 의로움, 거룩함, 속량(1코린 1,30 참조) 이신 한, 누구도 그분이 어떤 장소에 갇혀 있다고[21] 생각해서는 안 된다. 왜냐하면 이 모든 명칭들은 행하거나 실행하는 데 장소가 필요하지 않으며, 그것들 하나하나는 아들의 능력과 활동에 참여하는 방식에 따라 이해되어야 하기 때문이다.[22]

2(29). 어떤 사람이 하느님의 말씀(로고스)과 그분의 지혜, 진리 또는 생명에 참여하는 사람들을 통하여 말씀과 지혜 자신도 장소 안에 존재하는 것 같다고 말한다면,[23] 그리스도께서 말씀과 지혜와 다른 모든 명칭으로 바오로 안에 계셨다는 사실은 틀림없다고 그에게 대답해야 한다. 이에 관해 바오로는 "또는 여러분은 나를 통하여 말씀하신 분이 그리스도이시라는 증거를 찾고 있습니까?"(2코린 13,3)라고 말하며, 또한 "내가 사는 것이 아니라 그리스도께서 내 안에 사시는 것입니다"(갈라 2,20)라고 말하기 때문이다. 그러면 그리스도께서 그때에 바오로 안에 계셨으니, 마찬가지로 베드로와 요한, 성인들 각자, 지상에 있는 이들뿐 아니라 하늘에 있는 이들 안에도 계셨다는 것을 누가 의심하겠는가? 그리스도께서 베드로와 바오로 안에는 계셨지만 미카엘 대천사[24]와 가브리엘 〔대천사〕 안에는 계시지

21) 신적 로고스는 어디에나 있으며 인간은 로고스를 어느 곳에 제한할 수 없다〔참조 『켈수스 반박』 4,5; 5,12; 『요한 복음 주해』 20,18(16),152-159; 알렉산드리아의 클레멘스, 『양탄자』 7,2,5〕.

22) 성자께서는 상이한 방식으로 피조물에 영향을 미치기 때문에, 그분은 자신 안에 모든 상응하는 특성을 조화시킨다(참조 『원리론』 1,2,1-4).

23) 이성적 존재들이 신적 이성과 지혜, 정의에 참여하는 다양한 방법에 관해서는 참조 『원리론』 1,3,6-7. 말씀과 지혜, 정의, 진리로서 성자의 편재성에 관해서는 참조 『마태오 복음 강해』 65; 『로마서 주해』 8,2.

24) 대천사들에 관해서는 참조 『원리론』 1,8,1 시작 부분.

않았다고 하는 것은 정말 어처구니없는 말이다. 이 사실에서 하느님 아들의 신성은 어떤 장소 안에 갇혀 있지 않다는 것을 분명히 알 수 있다. 그렇지 않다면 그 신성은 이곳에만 존재했고 다른 곳에는 존재하지 않았을 것이기 때문이다. 그러나 신성은 비육체적 본성의 위엄에 따라 어떤 장소에도 갇혀 있지 않기에,[25] 다른 한편으로는 신성이 안 계신 장소는 어디에도 없다고 이해해야 한다. 그러나 우리가 말한 베드로와 바오로, 미카엘, 가브리엘과 같은 여러 개인 안에 신성이 계신다 할지라도 신성이 모두 안에 똑같이 계시지 않는다는 이 한 가지 차이점은 잊지 말아야 한다. 신성은 다른 거룩한 사람들보다 대천사들 안에 더 충만하고 더 영광스럽게, 이를테면 더 명백히 계시기 때문이다.[26] 이는 거룩한 이들이 최고의 완덕에 이르면 복음서의 말씀에 따라 천사들[27]과 비슷하거나 같아진다(마태 22,30; 루카 20,36 참조)는 사실에서 명백하다. 따라서 그리스도께서는 각자의 공로에 상응하는 정도에 따라 각 사람 안에 현존하시는[28] 것이 분명하다.

3(30). 삼위일체의 존재 방식(ratio)에 관해 간단히 되새겨 보았으니,[29] 우

25) 사람은 로고스의 한계를 정할 수 없으며, 로고스는 모든 존재를 자신에게 참여시킬 수 있다. 성령도 마찬가지다(참조 『켈수스 반박』 6,70; 클레멘스, 『양탄자』 3,10,69; 이레네우스, 『사도적 가르침의 논증』 34).

26) 각자는 자신의 공로에 따라 그리스도에게 많게 또는 적게 참여한다(참조 『원리론』 1,3,6; 2,6,3과 해당 각주들). 로고스와 각 피조물 사이에는 각자의 그리고 늘 변할 수 있는 공로에 따라 개인적 관계가 형성된다. 따라서 성자는 각 피조물에게 끊임없이 다른 방식으로 마음을 털어놓는다〔참조 『켈수스 반박』 2,64-65.67; 4,16; 6,77; 『마태오 복음 강해』 100; 『민수기 강해』 9,9; 『예레미야서 강해』 8,2; 『요한 복음 주해』 1,20(22),119-124〕.

27) 부활한 거룩한 이들의 육체는 천사들의 육체와 같을 것이다(참조 『마태오 복음 주해』 17,30).

28) effici(나타나다, 현존하다)에 관해서는 참조 『원리론』 2,11,6.

29) 다른 많은 대목에서처럼 여기서도 루피누스가 삼위일체 개념을 삽입하지 않았는지 검토해야 한다. 참조 B. Studer, *Zur Frage der dogmatischen Terminologie*, 406쪽.

리는 성자를 통하여[30] "만물이 창조되었습니다. 하늘에 있는 것이든 땅에 있는 것이든 보이는 것이든 보이지 않는 것이든 왕권이든 주권이든 권세든 권력이든 만물이 그분을 통하여 그분 안에서 창조되었습니다. 그분께서는 만물에 앞서 계시고 만물은 머리이신 그분 안에 존속합니다"(콜로 1,16-18)라고 쓰여 있는 말씀도 똑같이 상기해야 한다. 이는 요한이 복음서에서 "모든 것이 그분을 통하여 생겨났고 그분 없이 생겨난 것은 아무것도 없다"(요한 1,3)라고 말한 것과도 일치한다. 다윗도 우주의 창조에서 삼위일체 전체의 신비를 지적하면서 이렇게 말한다. "주님의 말씀으로 하늘이 견고해지고 그분 입의 영[31]으로 그들의 모든 능력이 견고해졌습니다." (시편 32,6)[32]

그 다음으로 하느님 외아들의 육체적 오심과 육화를 상기하는 것이 적절하다.[33] 그분 신성의 모든 위엄이 매우 작은 육체의 울타리 안에 갇히는 바람에[34] 하느님의 말씀(로고스) 전체, 그분의 지혜, 실체적 진리, 생명이 성부에게서 분리되어 이 비좁은 육체 안에 속박되고 갇혔다고 상상해서는 안 되며, 그밖의 다른 어떤 곳에서도 활동하지 않았다고 생각해서도 안 된다. 오히려 경건한 고백은 두 극단 사이에서 신중하게 유지되어야 하며, 신성의 어떤 특성이 그리스도 안에 없었다고 생각해서도 안 되고, 어디에나

30) 참조 『원리론』 1,2,10; 1,7,1; 2,6,1; 2,9,4 등.

31) 오리게네스는 여기서 우주의 창조 때 성령도 작용하였다고 보는 반면, 『원리론』 1,3,7에서 같은 인용을 해석할 때는 성령의 활동을 명확히 성화(聖化)로 제한하였다. 루피누스가 두 구절에서 본문을 수정한 것 같다.

32) 시편 32,6의 삼위일체 해석에 관해서는 참조 『원리론』 1,3,7과 각주 38.

33) 다음의 내용에 관해서는 참조 『원리론』 2,6, 특히 2,6,1-2.

34) 그리스도의 신성은 그의 육화로 말미암아 인간의 육체 안에 제한되지 않는다(참조 『켈수스 반박』 7,17).

계시는 성부의 실체로부터 어떤 분리가 일어났다고 추정해서도 안 된다.[35] 예수께서 육체적으로 계시지 않았음에도 세례자 요한이 군중에게 "너희 가운데에는 너희가 모르는 분이 서 계신다. 내 뒤에 오시는 분이신데, 나는 그분의 신발 끈을 풀어 드리기에도 합당하지 않다"(요한 1,26-27)라고 말한 것은 이러한 사실을 알려 준다. 그분이 육체적으로 계시지 않았는데도 그들 가운데 서 계셨다는 것은, 육체적 현존과 관련하여 부재중인 사람에 대해 결코 그렇게 말할 수 없는 법이다.[36] 이는 하느님의 아들이 그분의 육체 안에 전적으로 계셨을 뿐 아니라 전적으로 어디에나 현존하셨다는 것을 입증한다.

4 (31). 그러나 우리의 이 말이 하느님의 아들이 지닌 신성의 어떤 부분은 그리스도 안에 있었던 반면, 나머지 부분은 다른 곳에 또는 어디에나 있었다고 단언하는 것이라고 생각하는 사람이 있어서는 안 된다. 비육체적이고 비가시적 실체의 본성을 알지 못하는 사람들만 이렇게 생각할 수 있다. 비육체적인 것에 관해서는 부분이라고 말하는 것이 불가능하고, 어떠한 분할도 있을 수 없기 때문이다. 오히려 비육체적인 것은 우리가 앞에서 말했듯이[37] 지혜와 말씀, 생명, 진리가 이해되는 방식, 곧 모든 공간

35) 다음과 같은 문제가 다시 제기된다. 오리게네스는 루피누스가 '성부의 실체'(paterna substantia)로 번역한 대목을 어떻게 표현했을까? 아마도 『요한 복음 주해』 20,18(16),152-159〔"육화에서 말씀(로고스)은 성부의 내부에 있는 동시에 말씀의 인간적 영혼과 함께 지상에 있다"〕에서처럼 성부와 성자의 분리에 관해 말했을 것이다.

36) 이 주석은 오리게네스에게 친숙한 엄격한 문자주의에 바탕을 두고 있다. 세례자 요한이 이 대목을 말했을 때, 예수는 요한의 청중들 가운데 있지 않았으며, 육체적으로 있지 않았다. 따라서 오리게네스가 이 주석을 재현하는 본문들에서도 예수가 로고스로서 세상에 있다는 것과 마음(정신 또는 주도적 능력) 안에 있다는 것이 문제다〔참조 『요한 복음 주해』 2,35(29),215; 6,30(15),154; 6,38(22),189; 6,49(30),257; 『민수기 강해』 3,2〕.

37) 참조 『원리론』 4,4,1-3.

적 제한을 확실히 배제한 방식으로 이해되며, "모든 것 안에, 모든 것을 통하여 모든 것 위에"[38](에페 1,22-23 참조) 존재한다. 그러므로 인류를 구원하기 위해 인간들에게 나타나시고 인간들 가운데 살고자 하신 하느님의 아들은, 어떤 사람들이 생각하듯이 인간의 육체만이 아니라 영혼도 취하셨다.[39] 그 영혼은 본성에 따라서는 우리의 영혼과 같지만 의도와 능력에 따라서는 성자 자신과 같으며, 그 결과 말씀과 지혜의 모든 의지와 구원경륜(dispensatio)[40]을 확고히 실행할 수 있다.[41] 성자가 영혼을 지녔다는 것은 구원자 자신이 복음서에서 매우 분명히 이렇게 말하면서 증언한다. "아무도 나에게서 내 영혼을 빼앗지 못한다. 내가 스스로 그것을 나에게서 내놓는 것이다. 나는 영혼을 내놓을 권한도 있고 그것을 다시 얻을 권한도 있다."(요한 10,18) 또 "내 영혼이 너무 괴로워 죽을 지경이다"(마태 26,38과 병

38) 참조『원리론』4,4,2-3.

39) 참조『원리론』2,6; 2,8,2-4. 오리게네스 시대에 말씀(로고스)이 인간의 영혼(또는 정신)이 아니라 인간 육체만 취했다고 내세우는 아폴리나리스와 아폴리나리스주의의 선구자가 있었는가? 이미 알렉산드리아의 클레멘스는 이 표상에 근접하였다. 3세기 말에 확산된 이 학설은 아리우스 논쟁 때는 주의를 끌지 않았을 것이다. 이 논쟁에서 이단자들도 정통신앙인들(곧, 안티오키아의 에우스타티우스와 힐라리우스)도 이 학설을 단언하지 않았을 것이다. 사람들이 요한 1,14에 따라 그리스도께서 취한 육(肉)에 관해 자주 말하긴 했지만, 오리게네스 이전 시대에 이 점에 관해 논쟁했는지는 알 수 없다. 참조 A. Grillmeier, *Das Konzil I*, 30-31쪽. 논쟁적 문맥에서 그리스도의 완전한 인성에 대한 단언에 관해서는 참조 이레네우스,『이단 반박』5,1,1; 테르툴리아누스,『그리스도의 육신』10,1. "어떤 사람들이 생각하듯이"는 루피누스가 반아폴리나리스적 의도에서 덧붙인 것 같다(참조 B. Studer, *Zur Frage der dogmatischen Terminologie*, 412쪽).

40) 구원경륜(dispensatio)은 창조에 관한 하느님의 계획을 나타내는 그리스어 '오이코노미아'(οἰκονομία)의 일상적인 번역이다.

41) 아래의 대목에서 오리게네스는『원리론』2,6와 2,8에서 다룬 상론을 매우 확대한다. 영혼이 영과 육체의 중재자로 없어서는 안 된다는 플라톤 사상의 수용은 후대 교회의 그리스도론 형성에 중요하다. 그러나 이때 영혼의 선재 개념과 오리게네스의 단계적인 사상은 포기되었다.

행 구절), "지금 제 영혼이 산란합니다"(요한 12,27)라고도 한다. 너무 괴롭고 산란한 영혼이라는 말을, "나는 내 영혼을 내놓을 권한이 있다"고 신성의 권위를 지니고서 말씀하시는 하느님의 말씀으로 이해해서는 안 된다. 또한 우리는 하느님의 아들이 바오로의 영혼, 베드로의 영혼, 다른 성인들의 영혼 안에 계신 것과 같은 방식으로 이 영혼 안에 계셨다고 말하지 않으며, 그리스도께서 바오로 안에서 말씀하신 것과 같은 방식으로 그 영혼들 안에서 말씀하셨다고 믿지 않는다.[42] 오히려 그들 모두에 관해서는 다음과 같은 성경 말씀의 뜻대로 이해해야 한다. "아무도, 자기 목숨이 하루만 남아 있다 하더라도 부정한 것에서 정결하게 되지 않는다."(욥 14,4-5 칠십인역) 그러나 예수 안에 있었던 이 영혼은 "악을 알기 전에 선을 선택했고"[43](이사 7,15 칠십인역), "정의를 사랑하고 불의를 미워하기에 하느님께서 그의 동료들에 앞서 기쁨의 기름을 부어 주신"(참조 시편 44,8; 히브 1,9) 영혼이다. 그 영혼은 하느님의 아들을 선하고 충만하게 받아들일 수 있었기 때문에, 하느님의 말씀과 흠 없는 결합으로 하나가 되었고, 이로써 모든 영혼 가운데 유일하게 죄를 지을 수 없게 되었을 때 영혼에게 기쁨의 기름이 부어졌다. 그래서 영혼은 말씀과 하나이고 그분의 명칭들로 불리며 예수 그리스도라고 일컬어지는데, 모든 것이 그분을 통해서 만들어졌다고 한다(요한 1,3; 콜로 1,16 참조).[44]

42) 성인들 안에 그리스도가 계심을 분명히 표명하기 위해 자주 인용되는 2코린 13,3를 암시한다〔참조 『창세기 강해』 1,13; 『요한 복음 주해』 6,6(3),42; 28,7(6),54〕.

43) 모든 인간은 그리스도를 제외하고 죄인이다〔참조 『요한 복음 주해』 20,36(29),335; 『민수기 강해』 3,2; 『로마서 주해』 5,4; 『루카 복음 강해』 19,1〕.

44) 로고스 또는 아들과 인간 세상 사이의 중개는 매우 중요하기에, 선재에서 로고스와 하나가 되고 '기름이 부어진' 영혼은 로고스에 대한 사랑에서 검증되었기 때문에 모든 신자를 위한 구원의 본보기가 된다(참조 『원리론』 2,6,3-6과 각주 21). 553년 공의회에서 이루어진 비판

이 영혼은 하느님의 지혜와 진리와 생명 전부를 자신 안에 받아들였다. 사도가 "여러분의 생명은 그리스도와 함께 하느님 안에 숨겨져 있습니다. 여러분의 생명이신 그리스도께서 나타나실 때 여러분도 그분과 함께 영광 속에 나타날 것입니다"(콜로 3,3-4)라고 말한 것은 이 영혼에 관한 것이라고[45] 나는 생각한다. 하느님 안에 숨겨져 있었고 나중에 나타나기로 예정된 그리스도를 기쁨의 기름부음을 받으신 분, 곧 지금은 하느님 안에 숨겨져 있다고 하지만 실체적으로[46] 하느님으로 채워지신 분 말고 달리 누구라고 이해해야 하겠는가? 이것이 그리스도가 모든 신자에게 본보기로 제시된 이유다. 그분은 늘 그리고 "악을 알기도 전에 선을 선택하셨고", "정의를 사랑하고 불의를 미워하였기에 하느님께서 그에게 기쁨의 기름을 부어 주셨"다. 이와 같이 각자는 타락하거나 잘못을 저지른 뒤 〔자신에게〕 제시된 본보기에 따라 얼룩에서 깨끗해져야 하고, 그분을 여정의 길잡이로 모시고서 덕행의 가파른 길[47]을 걸어야 한다. 이는 "그리스도를 믿는다고 말하는 사람은 자기도 그분께서 걸으신 것처럼 걸어야 합니다"(1요한 2,6)라고 성경에 쓰인 대로, 우리도 이 방식으로 그분을 본받으면서 가능하면 "하느님의 본성에 참여하"(2베드 1,4)기 위해서다. 우리는 이 말씀과 이 지

(콘스탄티노플 공의회의 파문문 6.8.9)은 중개하는 그리스도-본질을 영혼(ψυχή)이 아니라 정신(νοῦς)이라고 부른다.

45) 그리스도의 영혼은 본받아야 할 모델이다(참조 『원리론』 2,6,3과 해당 각주들). 그리스도 모방에 관해서는 참조 M. Harl, *Origène et la fonction révélatrice*, 288-296쪽. 인간은 무엇보다도 영혼이기 때문에, 그리스도-인간은 본질적으로 그의 영혼을 지칭한다. 육체는 부차적 기능을 지닌다(참조 『원리론』 4,2,7).

46) 실체적으로(substantialiter, οὐσιωδῶς)는 우유적으로(accidentaliter, κατά συμβεβηκὸς)와 대비된다(참조 『켈수스 반박』 6,44; 『원리론』 4,2,7).

47) '덕행의 가파른 길'(arduam viam virtutis)에 관해서는 참조 헤시오도스, 『일과 날』 289쪽 이하. 비슷한 표현에 관해서는 참조 A. Otto, *Die Sprichwörter*, 36쪽.

혜를 본받음으로써 지혜롭고 이성적이라고 불린다. 이 말씀과 이 지혜는 "모든 이를 얻기 위해 모든 이에게 모든 것"[48]이 되고 "약한 이들을 얻으려고 약한 이들에게 약한 사람"(1코린 9,22)이 된다. 그분은 약하게 되셨기 때문에 그분에 관해 이렇게 쓰여 있다. "그분은 약함으로 말미암아 십자가에 못 박히셨지만, 하느님의 힘으로 살아 계십니다."(2코린 13,4) 바오로는 나약한 코린토 신자들에게 자기는 "그들 가운데 있으면서 예수 그리스도, 십자가에 못 박히신 그분 외에는 아무것도 알지 않겠다"(1코린 2,2)라고 단언한다.

48) 『원리론』 4,4,2에서 모든 피조물은 자신이 쌓은 공로의 정도에 따라 그리스도에게 많게 또는 적게 참여한다고 한다. 여기서 그리스도는 자신에게로 향한 영혼의 움직임을 최대한으로 용이하게 하기 위해, 영혼에게 가장 적합한 형태로 나타나는 자신의 능력들에 순응한다. 그리스도는 "모든 창조의 유일한 양식, 곧 하느님의 본성"(『이사야서 강해』 3,3)을 각자의 힘이 미치는 범위 안에 놓기 위해, 아직 동물적인 영혼을 위해서는 풀이 되고 어린애 같은 영혼을 위해서는 젖이 되며, 병든 영혼을 위해서는 야채가 되고 튼튼한 영혼을 위해서는 딱딱한 음식이 된다. **참조** H. Crouzel, *Connaissance*, 166-184쪽; C. Blanc, "Les nourritures spirituelles d'après Origène", *Didascalia 6*, 1976, 3-19쪽. 비슷한 주제에 관해서는 **참조** 『요한 복음 주해』 1,20(22),119-124. 오리게네스는 이 관점을 우주적 계획으로 넓히면서, 로고스가 인간들을 위해 인간이 되고 천사들을 위해 천사가 되었다고 말한다[**참조** 『요한 복음 주해』 1,31(34),217-218; 『창세기 강해』 8,8; 『창세기 선별 강해』 32,24(PG 12,128)]. 오리게네스는 이러한 관점을 자주 육화에 적용한다[**참조** 『요한 복음 주해』 1,18(20),107-108; 『아가 주해』 1(GCS 3, 108쪽)]. **참조** 『바르나바의 편지』 5,10; 이레네우스, 『이단 반박』 3,20,2; 클레멘스, 『양탄자』 7,2,8. 오리게네스에 따르면 '더 단순한 이들'의 상징인 코린토인들은 십자가에 못 박힌 그리스도만을 이해할 수 있는 반면, 완전한 이들만 접근할 수 있는 로고스는 이해할 수 없다(**참조** 『원리론』 3,2,4; 4,1,7과 해당 각주들). 그리스도가 커룹들을 위해서는 커룹이 되고 사랍들을 위해서는 사랍이 되며, 천사들을 위해서는 천사가 된다는 견해는—543년의 파문문 4조는 이를 오리게네스의 견해로 여기며, 553년의 파문문 7조는 오리게네스파의 견해로 여긴다—오리게네스 이전에도 있었으며, 오리게네스가 신현에 관한 제한된 문맥들 이외에서 이러한 견해를 표명했다는 증거가 우리에게는 없다. 이를 위해 바르디(G. Bardy, *Recherches*, 62쪽)는 『우리 주 예수 그리스도의 갈릴래아에서의 유언』 24-25(Patrologia Orientalis IX/3); 『사도들의 편지』 13-14(TU 43/1); 『피스티스 소피아』(Schmidt-Till, GCS 45); 『이사야의 승천』(Tisserand) 등을 인용한다.

5(32). 어떤 이들은 사도(바오로)가 "그분께서는 하느님의 모습을 지니셨지만 하느님과 같음을 약탈로 여기시지 않으시고 오히려 당신 자신을 비우시어 종의 모습을 취하셨다"(필리 2,6-7)라고 말한 것도 마리아에게서 처음 육체를 취하셨을 때의 영혼 자체에 적용하기를 원한다.[49] 이는 의심할 나위 없이 더 나은 본보기들과 가르침들을 통해 영혼을 하느님의 모습으로 회복시키고, 자신을 비운 충만함(콜로 1,19; 2,9 참조)으로 영혼을 되돌아가게 하기 위해서다.[50]

사람은 하느님의 아들에 참여함으로써 자녀로 받아들여지고 지혜에 참여함으로써 하느님 안에서 지혜롭게 되듯이, 성령에 참여함으로써 거룩해지고 영적으로 된다.[51] 삼위의 본성[52]은 하나이고 비육체적이기 때문에, 성

49) **참조** 알렉산드리아의 테오필루스(『교회회의 서간』 4 (히에로니무스, 『서간집』 92))는 이렇게 말한다. "그밖에 그는 『원리론』에서, 하느님의 살아 있는 말씀께서 인간의 육체를 취하지 않으셨다고 우리를 설득하려 하였다. 사도의 견해(필리 2,5-7 참조)에 맞서 그는 하느님의 모습에서 하느님과 같은 분은 하느님의 말씀(로고스)이 아니라, 천상의 장소에서 내려왔으며 영원한 위엄의 모습을 비우시고 인간의 육체를 취하신 영혼이라고 썼다." 분명히 루피누스는 오리게네스의 혐의를 풀기 위해 이를 '어떤 이들'의 견해로 내세웠다. 오리게네스가 그리스도 영혼의 선재를 주장하는 이 단락, 그리고 천사의 위계에 관한 그의 여러 표명은 루피누스에 의해 상당히 수정되고 생략되었다. 그가 원문을 더 바꾸었는지 또는 줄였는지는 인용된 증언들(유스티니아누스의 『메나스에게 보낸 편지』와 콘스탄티노플 공의회 파문문 4와 7)에서 확실한 결론을 내릴 수 없다. 그리스도의 여러 번 내려감에 관해 이 증언들에 담겨 있는 가르침은 확실히 여기에서 삽입되었다. 이 가르침에 관해서는 **참조** 오리게네스, 『요한 복음 주해』 1,31,217; G. Bardy, *Recherches*, 61-62쪽. 오리게네스의 필리 2,6-7의 해석에 관해서는 **참조** L. Brühl, *Die Erlösung*, 176쪽 이하(각주 111).

50) 그리스도께서는 '종의 모습'을 '하느님의 모습'으로 회복시키고자 하신다. 그리스도의 영혼은 종의 상태에 이르기 위해 '종의 모습'을 취하신다. 오리게네스가 요한 10,35-36에 따라 시편 제81편을 설명하면서 입증하였듯이, 구원받은 영혼들은 지복 안에서 '하느님의 모습'으로 있을 것이다(**참조** 『요한 복음 주해』 1,31(34),212-233; 2,2-3.17-20; 『탈출기 강해』 6,5; 8,2; 『아가 주해』 서론(GCS 8, 71쪽); 『에제키엘서 강해』 1,9 등).

51) 하느님의 아들이 다양한 양상으로 나타나듯이, 우리는 다양한 모습으로 그분께 참여할 수

령에 참여하는 것과 성부와 성자에 참여하는 것은 하나이고 같은 것이다. 우리가 영혼의 참여에 관해 말한 것은, 영혼들을 이해하는 것과 비슷한 방식으로 천사들과 하늘의 권력들을 이해하기 위해서다.[53] 왜냐하면 모든 이성적 피조물은 삼위일체에 참여하는 것을 필요로 하기 때문이다.

이 가시적 세계의 존재 방식에 관해서도 종종 매우 중요한 문제가 제기되기에 우리는 앞에서 힘닿는 대로 말했다.[54] 이는 우리의 신앙에서 믿음의 근거를 탐구하는 데 익숙한 이들과, 이단적 주제로 우리와 맞서 싸우고 물질이란 낱말의 의미를 그들 스스로 전혀 이해할 수조차 없었으면서도 끊임없이 문제를 제기하는 이들을 위해서였다. 나는 여기서 이 주제에 관해 간략하게 재론하는 것이 필요하다고 생각한다.[55]

6(33). 우선 육체의 기초가 된다고 하는 실체를 나타내는 데 사용되는

있다. 그러나 근본적으로 같은 실재인 성부께 참여하는 것이 늘 문제다. 성자에 참여함으로써 하느님의 양아들이 된 인간에 관해서는 참조 『이사야서 단편』(PG 13,217); 『요한 복음 단편』 109(GCS 4, 563쪽); 『기도론』 22,4. 지혜에 참여에 관해서는 참조 『원리론』 1,2,4; 1,3,8. 성령에 참여에 관해서는 참조 『원리론』 1,1,3; 1,3,8; 2,7,2-3. 루피누스는 이 문장과 다음 문장의 끝 부분에서 삼위일체(와 그 본성)에 관한 상론을 삽입하거나 확대한 것 같다. 참조 B. Studer, *Zur Frage der dogmatischen Terminologie*, 406-407쪽.

52) '삼위의 본성'(natura Trinitatis)이라는 표현은 결코 오리게네스가 사용한 것은 아니지만, 인간이 신적 본성에 참여할 수 있는 다양한 양상과 근본적으로 일치한다는 점에서 분명히 오리게네스적이며, 루피누스의 개입은 부수적이다.

53) 인간과 천사의 차이는 오리게네스에게 본질적 요소가 아니다. 그들은 하나의 유일한 종(種)으로 모두 이성적 창조물에 속한다.

54) 이 대목부터 둘째 주제인 세상이 다루어지기 시작한다. 세상에 관해서는 참조 『원리론』 2,1-3. 근거에 관해서는 참조 『원리론』 1,서론,3과 4,2,7.

55) 『원리론』 4,4,6-8의 시작 부분은 2,1,4-2,2,2에서 육체적 본성과 물질에 관해 간략하게 다룬 것을 추가적으로 언급한다. 4,4,6-8에서 우리와 맞서 싸우는 이단자들은 물질에서 하느님의 적대 세력을 보는 이원론자인 것 같다.

물질[56]이라는 낱말 자체는 지금까지 우리가 정경서[57] 어디에서도 발견하지 못했다는 사실을 알아야 한다.[58] 이사야가 "그리고 그것(불)이 힐레(ὕλη)", 곧 물질[59]을 "건초처럼 먹어 버릴 것이다"(이사 10,17 칠십인역)라고 했는데, 이는 벌 받아야 하는 이들에 관하여 말한 것이고, 여기서 물질은 죄를 나타낸다. 그리고 〔성경의〕 다른 구절에 혹시라도 물질이라는 낱말이 있다면, 내 생각으로는 모든 사람이 권위 있는 책이라고 인정하지는 않는 이른바 솔로몬의 지혜서[60]에 나오는 경우가 유일할 뿐 우리가 지금 탐구하는 것과 관련된 의미는 어디에서도 발견하지 못할 것이다. 우리는 이 책에서 다음과 같이 쓰인 것을 발견한다. "당신의 전능하신 손, 꼴을 갖추지 않은 물질로 세상을 창조하신 그 손이 그들에게 곰의 무리나 사나운 사자들을 보내는 것은 난처한 일이 아니었습니다."(지혜 11,17) 실로 매우 많은 사람[61]

56) 물질은 아래에서 '질료'로 번역될 수도 있다.

57) '정경서에'[(in scripturis) canonicis]라는 용어는 오리게네스가 아니라 루피누스에서 유래한다. 오리게네스가 '카논'(κανών)이라는 낱말을 성경의 표준에 적용하지는 않았을 것이다. 이 낱말에 관해서는 참조 『원리론』 4,2,2와 각주 17.

58) 물질이 신적 원리의 타락에서 유래한다고 추정해 물질을 악한 것으로 여기는 영지주의자가 문제다. 무정형의 기체인 물질에 관한 스토아학파의 개념은 오리게네스가 지속적인 변화를 거친 인간 육체의 연속성을 설명하는 데 도움이 된다. 오리게네스는 이로써 『켈수스 반박』 4,66에서처럼 내재적으로 나쁜 물질이라는 개념을 배척할 수 있었다(참조 『원리론』 2,1,4와 각주 25).

59) 이사 10,17에서 '힐레'(ὕλη)는 나무와 숲을 의미한다. 오리게네스의 해석은 나무(ξύλον)와 건초, 짚이 죄를 나타내는 1코린 3,12에 영향을 받았다(참조 『원리론』 2,10,4와 각주 20). 아래에서 물질을 죄로 해석하는 것은 영혼적 해석의 본보기로 이용될 수 있다.

60) 직역은 "솔로몬의 것이라고 하는 지혜"다. 오리게네스는 솔로몬의 지혜서를 『켈수스 반박』 3,72; 11,17에서 영감 받은 것으로 내세우지만, 여기서 그는 이 책이 경전성을 인정받지 못했다는 사실을 알고 있다. 이 책의 저자인 알렉산드리아인에게 익숙한 물질 개념은 오리게네스의 물질 개념과 같다.

61) 예를 들어 알렉산드리아의 클레멘스, 『양탄자』 5,90,1.

은 이 물질이, 모세가 "한처음에 하느님께서 하늘과 땅을 창조하셨다. 땅은 보이지 않고 무질서하였다"(창세 1,1-2 칠십인역)라고 창세기 첫머리에 쓴 구절에 있는 사물이라고 생각한다. 그들은 "땅은 보이지 않고 무질서하였다"라는 모세의 표현이[62] "꼴을 갖추지 않은 물질"을 나타낸 것이라고 생각한다. 그것이 정말 물질이라면, 이 구절에서 육체의 원리는 변할 수 없는 것이 아니라는 결론이 나온다. 원자들 또는 부분으로 나누어질 수 없는 것들 또는 동질의 부분으로 나눌 수 있는 것들 또는 〔네 요소 가운데〕 하나의 요소를 육체적 사물의 원리들로 생각하는 사람들은 물질의 개념, 곧 물질의 본원적이고 근원적 의미를 이 원리들 안에 포함시킬 수 없기 때문이다. 또한 그들이 물질을 모든 것으로 바뀔 수 있고 변화할 수 있으며 나눌 수 있는 실체, 모든 육체의 기체(基体)라고 생각한다면, 그들은 이 실체가 그 자체의 고유한 본성에 따라, 곧 특성 없이 존재한다고 내세울 것이다. 우리는 물질이 생겨나지도 창조되지도 않았다[63]고 말하는 것을 모든 점에서 부인하지만, 앞에서 힘닿는 대로 설명한 이유에 따라 그들의 견해에 동의한다. 우리는 앞에서 물과 땅, 공기, 열로 말미암아 다른 종류의 열매가 서로 다른 종류의 나무에서 산출된다고 지적하였고, 불과 공기, 물, 땅이 서로 변화하며 일종의 상호적인 관계에 의하여 한 요소가 다른 요소로 분해된다고 설명하였으며, 나아가 육의 실체가 사람들과 동물들의 음

62) 칠십인역의 본문은 실상 그렇다(ἀόρατος καὶ ἀκατασεύαστος, 보이지 않고 무질서한). 참조 『Elenchos』 6,30,8-9; 이레네우스, 『이단 반박』 1,2,3; 플라톤학파의 알비노스, 『개요』 8,2(Louis, 1945); 칼키디우스, 『플라톤의 티마이오스 주해』 278(Waszinck 7, 282쪽).

63) 모든 철학적 영향에도 불구하고 창조주-신앙에 대해 오리게네스는 단호하다. 이에 관해서는 참조 『원리론』 2,3-4와 3,1-2. 물질의 특성 없음과 창조됨에 관해서는 참조 『원리론』 2,1,4.

식물에서 생기고, 자연적 씨앗의 액(液)이 단단한 살과 뼈로 변한다는 것을 입증했다. 이 모든 것은 육체적 실체가 변할 수 있으며, 어떤 특성에서 다른 특성으로 바뀔 수 있다는 것을 알려 준다.[64)]

7(34). 한편 실체는 결코 특성 없이 존속하지 않으며, 육체의 기초가 되고 특성을 받아들일 수 있는 이 실체는 지성(intellectus)에 의해서만 물질로 식별된다는 사실을 알아야 한다.[65)] 이 때문에 이 문제들을 더 깊이 규명하고자 하는 어떤 이들은 육체적 본성이 특성 이외에 아무것도 아니라고 감히 말하기도 했다.[66)] 딱딱함과 부드러움,[67)] 따뜻함과 차가움, 축축함과 메마름이 특성이라면, 이 특성들과 또 그와 같은 다른 특성들을 모두 빼 버릴 경우 기초가 되는 것이 아무것도 없다는 것을 알게 될 것이고, 특성들이 전부인 것처럼 보일 것이다. 그래서 이 견해를 내세우는 사람들은[68)] 다음과 같이 논증하려 하였다. 물질이 창조되지 않았다고 하는 모든 사람은 그

64) 참조 『원리론』 2,1,4.

65) 참조 『원리론』 2,1,4와 2,2,2.

66) 오리게네스가 어떤 철학자를 두고 한 말인지 확실하지 않지만 람프사코스의 스트라토니오스일 수 있다. 이에 관해서는 참조 F. Wehrli (hrsg.), *Die Schule*.

67) 『원리론』 2,1,4에서는 이 특성들이 아니라 다음의 네 가지 특성이 문제다.

68) 물질이 기체(基体)가 없는 특성들의 전체일 뿐이라는 개념은, 여기에서 하느님께서 창조하신 물질에 대한 그리스도교 신앙과 물질을 창조되지 않은 것으로 여기는 그리스 철학의 대립을 없애기 위해 사용되었다. 물질이 창조되지 않았고 그다음에 우주를 형성하기 위해 하느님이 물질을 가공하고 정돈하였다면, 이는 스토아학파의 용어로 말하는 것이 된다. 곧, 특성들은 하느님에 의해 창조되었지만 무정형의 물질은 창조되지 않았다는 것이다. 그러나 물질이 특성들의 전체라는 사실을 받아들이면, 특성들의 전체로 환원된 물질은 하느님에 의해 창조되었다고 결론지을 수 있다. 참조 플루타르코스, 『스토아학파 반박 공통 인식』 50(참조 M. Pohlenz, *Die Stoa II*, 39-41쪽); 디오게네스 라에르티오스, 『생애』(제논) VII 137; 마리우스 빅토리누스, 『칸디두스에게』 10(SC 68). 드니(J. Denis, *De la philosophie*, 148-150쪽)에 따르면, 에우세비우스가 『복음의 논증』 7(SC 215, 270-271쪽)에서 인용하는 『창세기 주해』의 단편은 "물질의 비영원성을 논증하는 … 최초의 소론(小論)"이다.

특성들이 하느님에 의해 창조되었다고 인정한다. 따라서 모두가 이의 없이 단언하듯이 특성들이 하느님에 의해 창조되었고 특성들이 전부라면, 그들 자신의 논리에 따라 물질도 창조되었다는 결론이 나온다. 이와 달리 특성들이 밖으로부터 기초가 되는 물질에 첨가되었다는 것을 입증하고자 하는 이들은 다음과 같은 종류의 본보기들을 이용한다. 바오로는 틀림없이 침묵하거나 말하거나, 깨어 있거나 잠자는 등 어떤 육체적 상태에 있다. 그는 앉아 있거나 서 있거나 누워 있다. 이런 것들은 인간의 우유적 특성(accidentia)이다.[69] 인간은 이 특성들 없이는 좀처럼 인지될 수 없다. 그럼에도 우리의 정신은 이 특성들의 어떤 것을 명백히 인간에 대한 정의에 포함시키지 않는다. 오히려 우리는 인간을 그가 처한 상황의 일반적 개념—곧, 그가 깨어 있거나 자거나, 말하거나 침묵하거나, 인간들에게 반드시 일어나는 그밖의 어떤 우연한 상황—을 고려하지 않은 채 그를 생각하고 관찰한다. 어떤 사람이 이 모든 우유적 특성 없이 바오로를 생각할 수 있듯이, 특성 없이 기체도 생각할 수 있다. 우리의 정신(sensus)이 자신의 이해력으로 모든 특성을 무시하고 이른바 기체(基体)의 관점만 주시하며, 실체의 딱딱함이나 부드러움, 따뜻함이나 차가움, 축축함과 메마름을 고려하지 않은 채 기체 자체에 집중하면서 일종의 인위적 사고방식[70]으로 이 모든 특성이 제거된 물질을 바라보는 것과 같다.

69) 우유성의 개념에 관해서는 참조 『원리론』 1,5,3.5. 본보기는 우유적 특성들에 관해 말하기 때문에, 물질을 본질적인 특성 없이도 생각할 수 있다는 것은 입증될 수 없다.

70) '인위적 사고방식'(simulata cogitatio)은 알비노스, 『개요』 8,2(Louis)의 '어중간한 추론'(νόθῳ λογισμῷ)에 해당한다. 이 표현은 플라톤, 『티마이오스』 52B에 나온다. 오리게네스는 명백히 플라톤의 인식론을 전제한다. 알비노스의 물질 이해에 관해서는 참조 H. Koch, *Pronoia und Paideusis*, 253-254쪽. 오리게네스의 이 대목에 관해서는 참조 H. Cornélis, *Les fondements cosmologiques*.

8(35). 우리가 성경에서 이러한 관점을 이해할 수 있는 어떤 근거를 찾을 수 있는지 묻는 사람도 있을 수 있다. 내 생각으로는 그러한 암시는 시편에서 "나의 두 눈이 당신의 불완전함[71]을 보았습니다"(시편 138,16)라고 하는 예언자의 말에 나타나 있다고 보인다. 이 구절에서 예언자의 정신(mens)은 사물의 원리들(initia)을 더 통찰력 있게 탐구하고 이해력과 이성만으로 그 특성들에서 물질을 분리하면서, 특성들을 첨가한 다음에야 완전한 것으로 이해되는 하느님의 불완전함을 인식한 것 같다. 에녹도 그의 책[72]에서 "나는 불완전한 것에까지 걸어갔다"[73]라고 말한다. 나는 이 구절을 비슷한 방식으로 이해할 수 있다고 생각한다. 곧, 예언자의 정신은 가시적인 모든 사물을 연구하고 상론하면서 불완전한 물질을 그 특성들 없이 보는 원리에 이를 때까지 걸어갔다. 같은 책에 에녹 자신의 말이 이렇게 쓰여 있다. "나는 모든 물질을 통찰한다."[74] 이는 명백히 이런 뜻이다.

71) 칠십인역은 히브리어 낱말 골미(golmi)를 τὸ ἀκατέργαστόν μου(나의 불완전함)로 옮긴다. 골미는 구약성경에서 이 구절에만 사용되며 '태아'로 해석된다. 루피누스는 칠십인역의 τὸ ἀκατέργαστον을 '불완전함'(imperfectum)으로 번역한다. 푸아티에의 힐라리우스(『시편 주해』 138,32)는 이 용어를 imperfectum과 inoperatum 두 가지로 번역하며 '창조되지 않은 것'으로 해석한다.(『시편 주해』 138,32: CSEL 22,766-767) 오리게네스는 하느님의 불완전함을 통해 창조의 불완전함을 이해한다. 불완전한 창조는 특성들을 덧붙이면서 다양성 안에서 우주를 형성하도록 예정된 무정형의 물질이다. 오리게네스는 여기서와 아래에서 이를 '꼴을 갖추지 않은 것, 무질서한 것'으로 매우 개인적인 해석을 한다. 이 모든 것은 무정형 물질의 창조로 이해된 창세 1,1과 일치한다. **참조** 『원리론』 2,2,5. 이 해석에 관한 견해는 에녹서의 두 번째 인용에서 유래하는 것이 틀림없을 것이다(물질 = 불완전함).

72) 이 제2경전에 대한 오리게네스의 태도에 관해서는 **참조** 『원리론』 1,3,3과 각주 17. 오리게네스는 『켈수스 반박』 5,54에서 에녹서가 어느 교회에서도 영감 받은 책으로 인정받지 못했다고 말한다.

73) 1에녹 21,1(GCS 5, 50쪽). 그리스어 본문은 창세기 1,2에 나오는 '아카타스케우아스토스'(ἀκατασκεύαστος, 무질서한)를 사용한다. **참조** 『원리론』 4,4,6.

74) 1에녹 19,3: πέρατα πάντων(모든 것의 끝을). 알렉산드리아의 클레멘스(『예언 시선집』 2,1)

나는 하나의 물질에서 개개의 모든 종류, 곧 사람이나 동물, 하늘이나 해, 이 세상에 있는 모든 것으로 분리되는 물질의 모든 분할을 통찰했다.

그다음에 우리는 앞에서, 존재하는 모든 것은 하느님에 의해 만들어졌고 성부와 성자와 성령의 본성 이외에 만들어지지 않은 것은 아무것도 없다[75]는 것을 힘닿는 대로 입증하였다.[76] 더욱이 본성상 선하신 하느님께서는 당신이 선을 행할 수 있는 존재들[77]과 당신의 은혜를 받은 것을 기뻐하는 존재들을 갖기 원하셨기 때문에 당신에게 어울리는 피조물들, 곧 그분을 합당하게 이해할 수 있는 피조물들을 만드셨고,[78] 그분께서 말씀하시듯이 그들을 "당신의 아들들로 낳으셨다"(이사 1,2 참조)는 것도 입증하였다.[79] 그런데 그분은 모든 것을 수효와 정도[80]에 따라 만드셨다(이사 11,21 참조). 하느님에게는 끝없는 것도 과도한 것도 없기 때문이다. 하느님께서는 당신 능력으로 모든 것을 이해하시지만, 당신 자신은 어떤 피조물의 정

도 오리게네스처럼 '힐라스'(ὕλας, 물질)라고 전한다. 이 인용의 그리스어 본문은 클레멘스의 『예언 시선집』 2에 있다. 클레멘스의 해석은 오리게네스의 해석과 매우 비슷하다.

75) 루피누스는 여기서 한편으로 성자와 성령의 피조물성에 관한 사상, 다른 한편으로 육체 없이 존재하는 (성)령에 관한 사상을 멀리하려고 애썼다.

76) 참조 『원리론』 1,3,3; 1,4,3-4; 1,7,1.

77) 참조 『원리론』 1,4,3. 피조물의 선을 위한 하느님의 배려에 관해서는 참조 『켈수스 반박』 4,6; 8,62.

78) 참조 『원리론』 4,4,1 끝 단락과 4,4,9 끝 단락: mens, quae dei capax est("하느님께 할 수 있는 정신"). 피조물의 매 상황에 따라 단계를 낮추신 하느님께 피조물이 참여하는 것을 뜻한다.

79) 참조 『원리론』 4,4,5와 각주 51; 마찬가지로 『레위기 강해』 11,3; 『에제키엘서 단편』 18,14(PG 13,817). 이 본문과 그리스도교적이고 플라톤적인 개념에 관해서는 참조 H. de Lubac, *Histoire et Esprit*, 227-245쪽.

80) 수효와 정도의 개념에 관해서는 참조 『요한 복음 주해』 6,57(37),295; 32,16(9),183-184. 여기서 다룬 주제에 관해서는 참조 『원리론』 2,9,1; 3,5,2.

신으로도 이해되지 않는다.[81] 그분의 본성은 그 자체에게만 알려지기 때문이다. 아버지만 아들을 알고 아들만 아버지를 알며(마태 11,27; 요한 10,15; 17,25 참조), 성령만 하느님의 깊은 〔비밀〕까지도 통찰한다(1코린 2,10 참조).[82]

그러므로 모든 피조물은 하느님 앞에서는 확정된 수효나 정도에 따라, 곧 이성적 본성의 경우 수효로, 육체적 물질의 경우 정도의 범위 안에서 구분된다.[83] 이성적 본성은 육체를 사용할 필요가 있었으며, 이 본성은 창조되었다는 사실 때문에 바뀔 수 있고 변할 수 있는 것으로 입증된다. 존재

81) 오리게네스는 이 맥락에서 인식에 관한 것처럼 능력에 관해 말하지만 이 둘은—유스티니아누스와 히에로니무스도 구분하듯이—주의 깊게 구분되어야 한다. 이와 달리 루피누스는 위의 문장에서 원문을 거칠게 요약한 것 같다. 참조 히에로니무스, 『서간집』 124,13(아비투스에게 보낸 편지): "그리고 다시 그(오리게네스)는 다음과 같이 말함으로써 성자를 모독하였다. 곧, 장인(匠人)의 정신이 자신이 지닌 기술의 정도를 안다고 말할 수 있는 것처럼 성자가 성부를 안다면, 이 지식의 능력으로 성자는 성부를 이해할 수 있는 것 같다. 성부께서 성자 안에 계시다면 성부께서는 당신이 계신 성자에 의해 이해된다는 것을 우리는 의심할 수 없다. 그러나 우리가 이해라는 이 낱말을 생각과 지혜를 통해 이해하는 것뿐만이 아니라 우리가 이해하는 모든 것을 그분의 권위와 능력을 통해 얻는 것이라고 말한다면, 우리는 성자가 성부를 이해한다고 말할 수 없다." 루피누스는 이것을 짧은 한 문장으로 요약하고 오리게네스가 제기한 모든 관점을 피하였다.

82) 참조 『단편』 39; 유스티니아누스, 『메나스에게 보낸 편지』(Mansi 9,525); 이 편지의 라틴어 번역은 히에로니무스, 『서간집』 124,13(아비투스에게 보낸 편지)에 있다. "그러나 성부께서는 모든 것을 이해하신다. 그러나 성자께서는 모든 것 가운데 계신다. 따라서 성부께서는 성자를 이해하신다. 우리는 성부께서 성자를 이해하시는 반면 성자께서는 성부를 이해하실 수 없다는 이유를 아는 것을, 그(오리게네스)는 다음과 같이 첨가한다. 주의 깊은 독자는, 성부께서 아들에 의해 알려지는 것과 같은 방식으로 스스로 알려지는지를 탐구할 것이다. 그는 '나를 보내신 아버지께서 나보다 더 위대하시다'(요한 14,28.24 참조)라는 성경 말씀을 기억하면서 이 말씀이 모든 점에서 옳다고 결정할 것이다. 따라서 성부께서는 당신의 지식에서도 성자보다 더 위대하시며 아들에 의해서보다 당신 자신에 의해 더 완전하고 명백하게 알려지신다." 루피누스는 이 구절을 "그분의 본성은 … 하느님의 깊은 〔비밀〕까지도 통찰한다"라는 짧고, 더 정통신앙적인 구절로 대체하였다.

83) 참조 『원리론』 2,9,1.

하지 않았다가 존재하기 시작한 것은, 이 사실 자체 때문에 그의 본성이 변할 수 있으며 덕이나 악의를 실체적이 아니라 우유적으로 지니고 있다는 것을 드러낸다. 우리가 말했듯이, 이성적 본성은 변할 수 있고 바뀔 수 있기에[84] 그 공로들에 따라 이러이러한 특성의 상이한 육체적 의복을 사용해야 했다. 이 때문에 영혼들과 영적 능력들 가운데 앞으로 일어날 상이성을 미리 아신 하느님께서는, 창조주의 뜻에 따라 특성의 변화를 통해 상황이 요구하는 모든 상태로 변할 수 있는 육체적 본성도 창조하셔야 했다.[85] 이 〔육체적 본성〕은 의복처럼 본성을 필요로 하는 존재들이 존속하는 만큼 그렇게 오래 존속해야 한다. 육체적 의복을 필요로 하는 이성적 본성들은 늘 있을 것이다. 따라서 이성적 피조물들이 의복으로 사용해야 하는 육체적 본성도 늘 있을 것이다. 이성적 본성이 육체 없이도 살아갈 수 있다는 사실을 어떠한 명제들로도 입증할 수 없다고 여긴다면 말이다. 우리는 이것이 얼마나 어려우며 거의 이해할 수 없다는 것을 앞에서 상세하게 논할 때 보여 주었다.

9(36). 그러나 이성적 본성의 불사(不死)에 관해 가능하면 간략히 재론하는 것이 우리의 이 작업에 적절하게 보인다고 나는 생각한다.[86] 어떤 실재

84) 이성적 본성과 물질적 본성의 관계는 필연적이고 영속적인 것으로 제시된다. 물질적 본성은 말하자면 이성적 본성의 변하기 쉬움이 외부로 드러난 것이기 때문이다. 삼위일체만 변할 수 없으며 비육체적이다(**참조**『원리론』1,6,4; 2,2,2). 피조물이 선을 지니는 것의 우유적 특성에 관해서는 **참조**『원리론』1,5,3.5; 1,6,2; 1,8,3과 해당 각주들. 이성적 본성과 물질적 본성의 관계에 관해서는 **참조**『원리론』1,7,1; 2,2,2; 3,6,6-7; 4,3,15와 해당 각주들. 피조물이 변하기 쉽다는 개념은 피조물이 존재하기 시작하고 그 실존에서 하느님에게 종속되어 있다는 사실과 관계가 있다. 이 개념은 매우 오리게네스적이며 이를 고안한 사람은 루피누스가 아니다.

85) 이 부분에 다다라서야 물질에 관한 스토아학파의 가르침이 변신론(辯神論)을 포함하여 오리게네스의 신학 체계에서 얼마나 중요한지 확실하게 알 수 있다.

에 참여하는 모든 존재는 의심할 나위 없이 같은 실재에 참여하는 것과 동일한 실체, 동일한 본성을 지닌다. 예를 들면 모든 눈은 빛에 참여하며, 따라서 빛에 참여하는 모든 눈은 하나의 본성에 속한다.[87] 그러나 모든 눈이 빛에 참여한다 하더라도 어떤 눈은 더 명확히 보고 어떤 눈은 더 흐릿하게 보기에 모든 눈이 빛에 균등하게 참여하는 것이 아니다.[88] 마찬가지로 모든 청각이 목소리나 소리를 지각하기 때문에 모든 청각은 하나의 본성에 속한다. 그러나 각자는 청각의 순수하고 완전한 상태에 따라 더 빨리 또는 더 늦게 듣는다. 감각에 관한 이러한 본보기로부터 지성적 존재에 관한 고찰로 넘어가자.

지성적인 빛에 참여하는 모든 정신[89]이 지성적인 빛에 비슷하게 참여하

86) 참조 『원리론』 2,3,3.

87) 영혼의 불사를 증명하는 두 논증 가운데 첫째 논증은 전통적인 원리에 바탕을 두고 있다. 오리게네스는 여기서 같은 것만 같은 것으로 인식된다는 널리 알려진 가르침을 따른다(참조 A. Schneider, *Der Gedanke*, 71쪽 이하). 개별 존재들은 같은 본성의 실체들과 관계를 맺을 수 있다. 게다가 천사의 능력들과 마찬가지로 인간의 정신들은 지성적인 빛에 참여한다. 따라서 그것들은 같은 본성이다. 그런데 천사의 능력들은 죽지 않는다. 따라서 인간의 정신도 죽지 않아야 한다.

88) 여기서는 본성의 참여가 문제다. 하지만 이 참여는 영지주의자들이 주장하듯이 공로와 전혀 관계없지 않다(참조 『원리론』 4,2,2-3).

89) 오리게네스는 이보다 더 나아가 인간과 하느님의 유사함을 역설한다. 참조 히에로니무스, 『서간집』 124,14(아비투스에게 보낸 편지): "이 경우에도 우리는, 앞선 이 인용들이 보인 불경이 거의 없다고 생각해야 한다. 같은 책의 끝부분에 그는 다음과 같은 내용을 첨가한다. 모든 이성적 본성, 곧 성부와 성자, 성령, 모든 천사, 권세, 주권, 다른 모든 능력, 인간 영혼의 위엄 덕분에 인간 자신도 하나의 실체에 속한다. 왜냐하면 그는 하느님과 그분의 외아들, 성령이 지성적이고 이성적인 본성임을 알고 있다고 말하기 때문이다. 천사와 권세와 다른 모든 능력도 그러하며 하느님의 모상으로 비슷하게 만들어진 내적 인간도 그렇다. 여기서 하느님과 이 모든 피조물이 어떤 방식에서 하나의 실체에 속한다는 결론이 나온다. 그는 엄청난 불경의 책임을 피하기 위해 '어떤 방식에서'라는 구를 첨가한다." 참조 오리게네스, 『순교 권면』 47.("인간은 하느님과 어떤 방식에서 유사하듯이 영혼의 이성적 본성에서 유래

는 다른 모든 정신과 같은 하나의 본성에 속한다는 데는 의심의 여지가 없다. 하늘의 능력들이 지혜와 성화에 참여하면서 지성적인 빛, 곧 신적 본성에 참여한다면, 그리고 인간의 영혼이 같은 빛과 지혜에 참여한다면 그들은 둘 다 하나의 본성과 하나의 실체에 속할 것이다. 그런데 하늘의 능력들은 썩지 않고 죽지 않는다. 따라서 인간 영혼의 실체도 틀림없이 썩지 않고 죽지 않을 것이다. 이것이 전부가 아니다.[90] 창조계 전체가 참여하는 지성적인 빛은 오로지 성부와 성자와 성령에게만 속하며 삼위의 본성은 썩지 않고 영원하므로, 이 영원한 본성에 참여하는 모든 실체 역시 늘 썩지 않고 영원하다는 것은 매우 논리적이고 당연하다. 따라서 신적 선의 영원함은 그 은혜를 받은 이들도 영원하다는 사실에서 밝혀진다. 그러나 앞에서 예를 들면서 개인적 시력이 더 약하다거나 더 강하다는 말로 우리가 저마다 다른 정도로 빛을 받아들인다고 인정하였듯이, 성부와 성자와 성령에 참여하는 데 있어서도 생각의 의도와 정신의 능력에 비례하여 저마다

하는 것을 확신하기 때문에 진지한 삶을 갈망한다")

90) 영혼의 불사에 관한 둘째 논증도 참여 개념에 근거를 두고 있지만, 천사라는 능력들의 중재를 거치지 않은 채, 인간의 영혼을 직접적으로 신성과 접촉하게 한다. 인간의 영혼은 신성에 참여한다. 그런데 신성은 썩지 않는다. 따라서 인간의 영혼은 썩지 않고 죽지 않으며, 신적 은혜에서 늘 혜택을 입을 수 있다. 영혼이 하느님께 참여하는 것은 영혼이 하느님의 모상으로 비슷하게 창조된 결과이기 때문에 무익할 수 없다. 루피누스가 둘째 논증에서 오리게네스의 논증을 변조한 것은 확실하다(참조 B. Studer, *Zur Frage des westlichen Origenismus*, 409쪽). 그러나 루피누스 자신이 부드럽게 표현한 논증을 첨가했는지는 불확실하다. 왜냐하면 히에로니무스가 발췌문들에서 불쾌감을 유발하지 않는 부분을 빠뜨렸을 수 있었기 때문이다. 명백히 오리게네스는 인간과 하느님의 본질적인 유사함에 관해 스토아 학파와 매우 비슷한 사상을 펼치는 이곳에서도 피조물과 창조주의 차이에 관한 성서의 가르침과 교회의 가르침을 포기하려 하지 않았다. 이미 사도행전의 저자도 아라투스의 유명한 말 "우리도 그분의 자녀다"(사도 17,28)를 비슷하게 인용했으며, 이 사상을 창조주 신앙에 받아들였다. 참조 E. Haenchen, *Die Apostelgeschichte*, 464쪽과 472쪽(5판 1965 462쪽).

다른 정도로 참여한다는 사실을 인정해야 한다.[91]

한편, 하느님을 이해할 수 있는 정신이 그 실체의 파멸에 속하는 것을 받아들일 수 있다고 말하는 것이 불경스럽게 보이지 않는지 생각해 보자. 그렇게 말하는 것은 정신이 하느님을 이해하고 생각할 수 있다는 바로 그 사실만으로는 정신에 영원함을 부여할 수 없다고 하는 것과 같다. 더 신빙성이 있는 〔가설은〕 이렇다. 정신은 부주의 때문에[92] 약해져 하느님을 그 자신 안에 순수하고 완전하게 받아들일 수 없게 되더라도, 이성적 인간이라고도 불리는(1코린 2,15 참조) 내적 인간이 "자신을 창조하신 하느님의 모상과 유사함으로 새로워지면"(2코린 4,16; 콜로 3,10 참조) 더 나은 이해를 회복하고 되찾아줄 씨앗을 자신 안에 늘 지니고 있다는 것이다.[93] 그래서 예언자도 "세상 끝이 모두 주님을 기억하고 그분께 돌아설 것이고 민족들의 모든 가문이 그분 앞에 경배할 것이다"(시편 22,28)라고 말한다.

10(37). 그러나 어떤 사람이 실체가 부패한 책임을 "하느님의 모상으로 비슷하게 만들어진"(창세 1,26-27 참조) 사람에게 감히 돌린다면,[94] 그것은 하느님의 아들에게 탓을 지우는 불경이라고 나는 생각한다. 하느님의 아들도 성경에서 "하느님의 모상"[95](콜로 1,15; 2코린 4,4)으로 불리기 때문이다.

91) 참조 『원리론』 1,3,6; 2,6,3; 4,4,2와 해당 각주들.

92) 참조 『원리론』 1,3,8; 1,4,1; 3,3,6.

93) 오리게네스는 인간이 하느님의 모상에 따라 창조된 뒤 죄 때문에 인간에게 주어진 특성을 잃었다고 때때로 말하는 것처럼 보이지만(참조 『로마서 주해』 1,17; 『레위기 강해』 2,2), 그의 주된 개념은 이 특성이 죄를 통해 완전히 없어지는 것이 아니라 흐려질 수도 있고 회복될 수도 있다는 것이다(참조 『창세기 강해』 13,4; 『켈수스 반박』 2,11; 4,25; 4,83). 영혼의 불사에 관한 오리게네스의 확신은 특히 이 논증에 바탕을 두고 있다.

94) 중플라톤주의에서 하느님과의 유사성 때문에 불사한다는 증거에 관해서는 참조 알비노스, 『개요』 14,17,25(d. Louis); H. Koch, *Pronoia und Paideusis*, 264쪽.

95) 콜로 1,15에서 제시된 하느님의 모상인 성자에 관해서는 참조 『원리론』 1,2,6. 오리게네스는

좌우간 이렇게 생각하는 사람은 인간이 "하느님의 모상으로 만들어졌다"라고 말한 성경의 권위에 이의를 제기하는 것이다. 인간에게서 식별되는 신적 모상의 표시는 썩는 육체의 형태가 아니라 영혼의 현명과 의로움, 자제, 용맹, 지혜, 규율, 짧게 말해 덕들의 모든 합창에서 분명하게 드러난다.[96] 이것들은 하느님 안에는 본질적으로 존재하며, 인간 안에는 그의 노력과 하느님 모방[97]을 통해 존재할 수 있다. 이에 관해 주님께서는 복음서에서 다음과 같은 말로 지적하신다. "너희 아버지께서 자비하신 것처럼 너희도 자비로운 사람이 되어라."(루카 6,36) 그리고 "너희 아버지께서 완전하신 것처럼 완전한 〔사람이〕 되어라"(마태 5,48). 이는 하느님 안에 이 모든 덕이 늘 존재하여[98] 그분께 결코 다가갈 수도 물러날 수도 없는 반면, 인간들은 모든 덕을 점차적으로 그리고 하나씩 얻는다는 것을 분명하게 알려 준다. 이를 통해 인간들은 하느님과 일종의 혈연관계[99]를 맺고 있는 것으로 보인다.

『창세기 강해』 1,13에서 "성자는 하느님의 이 모상이며, 이에 따라 인간이 창조되었다"라고 한다. 따라서 그는 성자만 그의 신성에 따라 하느님의 모상이라고 부르며, 그리스도의 인간적 영혼으로 이해된 인간은 '모상에 따른 것' 또는 '모상의 모상'이다.

96) 알렉산드리아의 클레멘스(『권고』 10,98; 『양탄자』 5,14,94)에 따라 오리게네스는 신적 모상을 인간의 이성적 부분에 놓으며 신적 본성이 육체 안에 있다고 생각하는 이들을 논박한다(참조 『켈수스 반박』 6,63; 『헤라클리데스와의 논쟁』 12). 『창세기 선별 강해』 1,26(PG 12,93-94)에서 오리게네스는 이 점에 관해서 사르데스의 멜리톤의 신인동형론을 논박한다(참조 『원리론』 1,1,1과 각주 2). 이 견해와 늘 일치하여, 여기서 그는 인간 안의 하느님 모상을 동적인 방법으로 제시한다. 곧, 하느님의 모상인 인간은 하느님을 모방하는 덕을 실천함으로써 진보하게 된다. 덕의 실천을 통한 모상의 강화, 또는 반대로 죄와 악마의 모상의 누적을 통한 하느님 모상의 약화에 관해서는 참조 『루카 복음 강해』 8,2-3; 『켈수스 반박』 7,66.

97) 참조 『원리론』 3,6,1과 해당 각주들. 모상과 모방, 덕의 실천의 연결 관계에 관해서는 참조 『사무엘기 상권 강해』 1,4.

98) 참조 『원리론』 1,5,3; 1,5,5; 1,6,2 등.

99) 혈연관계(consanguinitas, συγγένεια)는 플라톤학파의 개념이다〔참조 『원리론』 3,1,13(루피누스)과 각주 58〕. 이 낱말에 관해서는 참조 E. des Places, *Syngeneia*, 191-192쪽).

하느님 아버지, 그분의 외아들, 성령께서만 당신께서 창조하신 것을 아실 뿐 아니라 당신 자신에 관해서도 아신다. 그러므로[100] 하느님께서는 모든 것을 아시고 지성적 실재 가운데 아무것도 그분에게서 숨어 있을 수 없지만,[101] 이성적 정신도 작은 것에서 더 큰 것, 보이는 것에서 보이지 않는 것(콜로 1,16 참조)으로 진보하면서 더 완전한 이해에 이를 수 있다. 정신은 육체 안에 자리 잡고 있지만, 육체적인 감각적 실재에서 비육체적이고 지성적인 비감각적 실재로 진보해야 한다.[102] 아무도 감각적 실재를 지성적 실재로 잘못 부르지 않도록, 본보기로 솔로몬의 말을 인용하자. "너는 신적 감각을 찾게 되리라."[103](잠언 2,5) 이 말로 솔로몬은 지성적 실재들을 육체적 감각으로 찾지 말고 '신적'이라고 부르는 다른 감각으로 찾아야 한다는 것을 알려 준다.

우리가 각각의 이성적 본성에 관해 앞에서 말한 것도 이 〔신적〕 감각[104]으로 고찰해야 한다. 이 감각으로 우리가 말하는 바를 들어야 하고 우리가

100) 참조 『원리론』 2,6,1; 『이사야서 강해』 1,2; 4,1; 『켈수스 반박』 6,17; 『로마서 주해』 8,13.

101) 참조 『요한 복음 주해』 13,42,280-284.

102) 참조 『아가 주해』 3장과 4장(GCS 8, 220쪽과 224쪽); 『시편 제38편 강해』 1,11. 진보에 관해서는 참조 『원리론』 3,1,23-24. 이러한 진보의 양상에 관해서는 참조 H. Crouzel, *Connaissance*, 460-474쪽.

103) 인용을 이해하기 위해서는 참조 『원리론』 1,1,9와 각주 47. 잠언 2,5의 이 구절은 다섯 영적 의미의 가르침에 관한 성경의 증거다. 클레멘스도 잠언 2,5의 같은 본문을 사용한다(참조 『양탄자』 1,4,27). 하느님은 비육체적이시기에, 비육체적 실재들을 알게 하는 데 적합한 비육체적 감각이 필요하다. 하느님의 모상으로 창조된 인간은 비육체적 감각을 지니고 있다〔참조 『켈수스 반박』 1,48; 7,34; 『요한 복음 주해』 20,43(33),401-412〕. 감각적 실재와 영적 실재의 유사성에 관해서는 참조 『요한 복음 주해』 1,26(24),167. 감각적인 것에서 지성적인 것으로 올라감이라는 플라톤적 주제에 관해서는 참조 클레멘스, 『양탄자』 4,23,148; 6,8,68.

104) 궁극적으로 오리게네스는 '〔신적〕 감각'(sensus)에 지성적 세계에 관한 자신의 사변뿐 아니라 다른 진술들도 포함시킨다.

쓴 것을 숙고해야 한다. 신적 본성은 우리가 침묵하면서 마음속으로 바라는 것조차 아시기 때문이다. 우리가 말한 문제들 그리고 거기서 이끌어 낸 모든 결론은, 우리가 앞에서 설명한 이 원칙[105]에 따라 생각해야 한다.

105) 마지막에 말하는 '원칙'(forma)이 이 신적 감각을 의미하는지, 오리게네스가 이 저서의 서론에서 근거로 삼는 신앙 규범을 다시금 언급하는 것인지는 확실하게 알 수 없다.

찾아보기

저자 · 저서명

ㄱ

갈레노스

『히포크라테스와 플라톤의 가르침』(*De placitis Hippocratis et Platonis*) 484

『겔라시우스 교령』(*Decretum Gelasianum*) 132, 138

겐나디우스

『명인록』(*De viris illustribus*) 27, 28, 40, 53, 59, 120, 257, 275, 762

그레고리우스 (기적가)

『오리게네스 찬양 연설』(*In Origenem oratio panegyrica / Oratio prosphonetica et panegyrica in Origenem*) 12, 21, 32, 43~49, 77, 145, 288, 332, 448, 452, 525, 536, 667, 672, 857

그레고리우스 (니사의)

『아가 강해』(*In Canticum canticorum homiliae XV*) 76, 104, 105, 211, 256, 258, 43, 470, 531

『육일 창조 변론』(*Apologia in Hexaëmeron / Explicatio apologetica in hexaemeron*) 425

ㄴ

노바티아누스

『삼위일체론』(*De Trinitate*) 315, 458, 714, 859

누메니오스

『단편집』(*Fragmenta*) 686

ㄷ

다마스키오스

『최초 원리에 대한 어려움과 해결』 147

대 그레고리우스

『욥기의 도덕적 해설』(*Moralia sive Expositio in Iob / Expositio in beatum Job sive Moralium libri XXXV*) 125, 192

데모크리토스

『단편집』(*Fragmenta*) 677

디디무스 (알렉산드리아의)

『욥기 주해』(*Commentarii in Iob*) 86, 211

디오게네스 라에르티오스

『생애』(제논) 872

『디오그네투스에게 보낸 편지』(*Epistula ad Diognetum*) 477

디오도루스 (타르수스의)

『시편 주해』(*Commentarii in Psalmos*) 192

ㄹ

락탄티우스

『신적 가르침』(*Divinae Institutiones*) 345

『(로마) 황제 역사』(세베루스) (*Historia Augusta*) 14

루키아누스 (사모사타의)

『알렉산더 또는 거짓 예언자』 82

루피누스

『로마의 주교 아나스타시우스에게 보낸 변론』(*Apologia ad Anastasium Romanae*

urbis episcopum) 131, 274, 691
『(열두) 성조의 축복』(*De benedictionibus [duodecim] patriarcharum*) 691
『오리게네스 저서 변조』(*De adulteratione librorum Origenis*) 34, 259, 727
『히에로니무스 반박 변론』(*Apologia [contra Hieronymum]*) 119, 130, 131, 256, 257, 293, 709

ㅁ

마르키온
『대립 명제』(*Antitheses*) 431
마르켈루스 (안키라의)
『단편집』(*Fragmenta*) 714, 855
마리우스 빅토리누스
『칸디두스에게』(*Ad Cadidum*) 872
마크로비오스
『스키피오의 꿈』(*Somnium Scipionis*) 324
메난드로스
『타이스』(*Thais*) 605
메토디우스 (올림푸스의)
『부활론』(*De resurrectione*) 78, 514, 600, 650, 776
『자유의지』(*De libero arbitrio [et unde malum]*) 345
『피조물』(*De creatis / De rebus creatis*) 123
멜리톤 (사르데스의)
『부활절』(*De Pascha*) 49, 197, 539, 664
『창세기 선별 강해』 279
『모세와 예수의 일치』 24
『모세의 승천』 645

ㅂ

『바룩 묵시록』(그리스어) 383, 425
『바오로와 테클라 행전』 301

바실리우스
『육일 창조에 관한 강해』(*Homiliae in hexaemeron / Homiliae in Hexaëmeron*) 222, 425
『소 수덕집』(*Asceticon parvum*) 128
베르길리우스
『게오르기카』(*Georgica*) 528, 601, 614, 829
『시화집』(*Eclogae*) 614
『아이네이스』(*Aeneis*) 539, 614
『부활절 연대기』 57

ㅅ

『성 사투르니누스의 수난』 55
소크라테스 (교회사가)
『교회사』(*Historia ecclesiastica*) 12, 76, 549, 789
소포클레스
『아이아스』(*Aias*) 653

ㅇ

아나스타시우스
『예루살렘의 요한에게 보낸 편지』(*Epistula ad Ioannem / Ioannem Hierosolymitanum*) 130
『아르콘의 실체』(*Hypostasis Archonton*) 434
아리스토텔레스
『니코마코스 윤리학』(*Ethica Nicomachea*) 528, 554, 657
『생성과 소멸』(*De generatione et corruptione*) 467
『시학』(*Poetica*) 573
『영혼론』(*De anima*) 399, 484, 491
『정치학』(*Politica*) 528, 573
『천체에 관하여』(*De Caelo*) 508
『철학』(*De philosophia*) 730

『형이상학』(*Metaphysica*) 533
아리스티데스
『호교론』(*Apologia*) 269, 326
아에티우스
『Placita』 423
아우구스티누스
『고백록』(*Confessiones*) 124
『그리스도교 교양』(*De doctrina christiana*) 219, 220
『마니교 기조 서간 반박』(*Contra epistulam Manichaei quam vocant fundamenti*) 219
『시편 상해』(*Enarrationes in Psalmos*) 192
『신국론』(*De civitate Dei*) 313, 344, 727
『신앙과 신경』(*De fide et symbolo*) 186, 187
아타나시우스 (알렉산드리아의)
『디오니시우스의 명제』(*De sententia Dionysii*) 191
『이교인 반박 연설』(*Oratio contra gentes / Oratio adv. Gentes / Contra gentes*) 191
『세라피온에게 보낸 편지』(*Epistulae I-IV ad Serapionem*) 327
아타나시우스 (로마의)
『서간집』(밀라노의 심플리키아누스에게 보낸 편지) 131
아테나고라스
『Legatio』 274, 652
알렉산드리아의 알렉산더
『(테살로니카의) 알렉산더에게 보낸 편지』(*Epistula ad Alexandrum[Thessalonicensem]*) 280, 859
알비노스
『개요』 147, 300, 376, 401, 871, 873, 880
『교육자』(*Didascalicus*) 259
『서간집』(*Epistualae*) 399
에녹서 327, 874
에우리피데스
『히폴리토스』 653

에우세비우스 (카이사리아의)
『교회 신학』(*De ecclesiastica theologia*) 191
『교회사』(*Historia ecclesiastica*) 12, 14~18, 21, 22, 25, 27~35, 40~42, 44, 49, 50, 52~54, 56~59, 65, 66, 69, 70, 72, 98, 120, 122, 128, 141~143, 204, 221, 266, 275, 301, 432, 566, 680, 688, 782, 829, 830, 835
『마르켈루스 반박』(*Contra Marcellum*) 145, 146, 265, 855
『복음의 논증』(Demonstratio evangelica [*sive Eclogae propheticae*]) 872
『복음의 준비』(*Praeparatio evangelica*) 193, 282, 730
에피파니우스 (살라미스의)
『서간집』(예루살렘의 요한에게 보낸 편지 *Epistula ad Ioannem Hierosolymitanum*) 131, 491
『시편 제1편 단편』 776
『약상자』(*Panarion / Adversus haereses*) 125, 126, 160, 136, 315, 612, 650, 776, 779, 835
엠피리쿠스
『수학자들 반박』 401
요한 스토배우스(Johannes Stobaeus)
『시선집』(*Anthologium*) 147, 378, 667, 686, 688
『요한 외경』(*Apocryphon Ioannis*) 493, 688
요한 카시아누스
『담화집』(*Conlationes / Collationes patrum*) 762
요한 크리소스토무스
『로마서 강해』(*In epistulam ad Romanos homiliae 1-32*) 197
『이사야서 강해』(*In Isaiam homiliae*) 194
유스티누스
『둘째 호교론』(*Apologia / Apologia secunda sive brevior [Sp.]*) 298, 665
『부활론』(*De ressurectione*) 167
『유대인 트리폰과의 대화』(*Dialogus cum Tryphone Iudaeo*) 202, 285, 298, 304, 311, 326, 529, 530, 664, 665, 674, 689, 743~747, 847
『첫째 호교론』(*Apologia / Apologia prima pro christianis*) 195, 287, 399, 405, 665, 679, 720, 743, 747

유스티니아누스
『서간집』 330
『교회회의에 보낸 편지』(*Epistula ad synodum de Origene*) 135, 136
『메나스에게 보낸 편지』 161, 319, 868, 876
율리우스 아프리카누스
『연대기』(*Chronographiae*) 143
위-바르나바
『바르나바의 편지』(*Epistula Barnabae*) 196, 201, 285, 525, 577, 659, 761, 768, 847, 867
위-클레멘스
『야고보에게 보낸 베드로 서간』(*Epistula Petri ad Iacobum*) 128
『재인식』(*Recognitiones*) 78, 779
위-플라톤
『에피노미스』(*Epinomis*) 508, 538
이그나티우스
『스미르나 신자들에게 보낸 편지』(*Epistula ad Smyrnaeos*) 275
『에페소 신자들에게 보낸 편지』(*Epistula ad Ephesios*) 674
이냐시오 (로욜라의)
『영신 수련』(*Exercitia spiritualia*) 658
이레네우스
『사도적 가르침의 논증』(*Demonstratio praedicationis apostolicae [Epideixis]*) 274, 306, 326, 425, 469, 743, 745, 861
『이단 반박』(*Adversus haereses [lat.]*) 167, 193, 197, 199, 202~204, 218, 298, 304, 319, 326, 327, 333, 338, 350, 385, 425, 429, 433, 434, 453, 458, 517, 529, 531, 539, 540, 563, 566, 670, 674, 679, 687, 690, 693, 720, 735, 743, 746, 748, 754~757, 765, 770, 835, 867, 871
『이사야의 승천』 540, 674, 867

ㅈ

『진리의 복음서』(*Evangelium Veritatis*) 709

ㅋ

카시오도루스

『시편 해설』(*Expositio psalmorum*) 192

칼키디우스

『플라톤의 티마이오스 주해』(*Commentarius in Platonis Timaeum*) 871

켈수스

『참말』(*Discursus verus*) 56, 82

콤모디아누스

『가르침』(*Instructiones* [adv. Gentium deos pro christiana disciplina]) 847

크세노폰

『소크라테스 회상』(*Memorabilia*) 134, 659

『키로스의 교육』(*Cyropedia*) 686

클레멘스 (로마의)

『코린토 신자들에게 보낸 편지』(*Epistula ad Corinthios*) 423, 449

클레멘스 (알렉산드리아의)

『교육자』(*Paedagogus*) 205, 287, 306, 390, 433, 442, 477, 664, 716, 743, 772, 847

『교회의 정경 또는 유대화한 이들 반박』 757

『권고』(*Protrepticus-cohortatio ad gentes*) 205, 306, 477, 504, 719, 720, 881

『소묘』(*Hypotyposes*) 204, 311, 707, 735

『양탄자』(*Stromata*) 17, 66, 194, 205, 206, 266, 268, 282, 286~289, 300, 306, 312, 327, 333, 350, 386, 390, 442, 448, 449, 453, 475, 480, 521, 525, 531, 537, 540, 542, 552, 559, 564, 578, 600, 601, 629, 645, 650, 653, 675, 683, 686, 688, 690, 719, 720, 727, 757, 747, 748, 750, 751, 757, 758, 761, 772, 783, 857, 860, 861, 867, 881, 882

『어떤 부자가 구원받는가?』(*Quis dives salvetur?*) 49, 205

『예언 시선집』(*Eclogae propheticae*) 532, 674, 735, 874, 875

『테오도투스 작품 발췌집』(*Excerpta e Theodoto / Excerpta ex Scriptis Theodoti*) 285, 525, 674, 686, 755, 758, 788

키케로

『국가』(*De re publica*) 425

『신들의 본성』(*De Natura Deorum*) 419

『투스쿨라눔 담론』(*Tusculanae disputationes*) 652

ㅌ

타티아누스

『그리스인에 대한 연설』(*Oratio ad Graecos*) 269, 287, 304, 493, 720

테르툴리아누스

『그리스도의 육신』(*De carne Christi*) 297, 458, 835, 864

『기도론』(*De oratione*) 192, 306

『동정녀의 베일』(*De virginibus velandis*) 268

『마르키온 반박』(*Adversus Marcionem*) 63, 192, 297, 434, 743, 745, 768, 847

『발렌티누스 반박』(*Adversus Valentinianos*) 691

『영혼론』(*De anima*) 326, 333, 351, 484, 491, 689, 691

『유대인 반박』(*Adversus Iudaeos*) 746, 747

『육신의 부활』(*De resurrectione carnis / De carnis resurrectione*) 458

『이단자에 대한 항고』(*De praescriptione haereticorum*) 268, 672, 835

『인내』(*De patientia*) 763,

『정덕』(*De pudicitia*) 762, 763

『프락세아스 반박』(*Adversus Praxean*) 268, 280, 458

『헤르모게네스 반박』(*Adversus Hermogenem*) 326, 403, 438, 704, 857

『호교론』(*Apologeticum*) 276, 741, 748

테오필루스 (안티오키아의)

『아우톨리쿠스에게』(*Ad Autolycum libri III*) 269, 286, 311, 326, 333, 720

테오필루스 (알렉산드리아의)

『교회회의 서간』(*Epistula synodica ad Palaestinoset ad Cyprios episcopos*) 131, 868

『부활절 서간』 129, 131, 376

『서간집』(*Epistulae*) 131, 499, 727

ㅍ

파울루스 오로시우스

『프리스킬라누스파와 오리게네스파의 오류에 관한 회상록』 (*Commonitorium de errore Priscillianistarum et Origenistarum / Ad Augustinum commonitorium de errore Priscillianistarum et Origenistarum*) 423

팔라디우스
『라우수스에게 바친 수도승 이야기』(*Historia Lausiaca*) 31
팜필루스
『오리게네스를 위한 변론』(*Apologia pro Origene / Apologeticum pro Origene*) 12, 21, 34, 70, 77, 123, 149, 257, 258, 391, 549, 741, 789, 799, 830, 832, 849, 856
포르피리오스
『그리스도인 반박』(*Adversus Christianos*) 12, 24
『육식 절제』(*De Abstinentia ab esu anmalium*) 686
『플로티노스의 생애』 24
포티우스
『저서 평론』(*Bibliotheca*) 12, 21, 34, 56, 59, 77, 121, 123, 143, 162, 514, 645, 707
『열 가지 질문과 답변』 41
프로코피우스
『팔경 주해 선집』(*Catena in Octateuchum*) 333, 409, 757
프톨레마이우스
『플로라에게 보낸 편지』(*Epistula ad Floram*) 285, 435, 453, 612, 783, 788
플라톤
『고르기아스』(*Gorgias*) 265, 449, 520, 522, 635
『국가』(*Res publica*) 378, 448, 449, 521, 570, 683, 687
『법률』(*Leges*) 291, 449, 552, 564, 723
『서간집』(*Epistuale*) 324
『이온』(*Ion*) 191, 677, 749
『크라틸로스』(*Cratylus*) 491, 687, 758
『테아이테토스』(*Theaetetus*) 175, 719
『티마이오스』(*Timaeus*) 277, 287, 324, 343, 399, 401, 426, 463, 508, 540, 687, 710, 715, 859, 873
『파이드로스』(*Paedrus*) 257, 376, 540, 552, 677, 687, 732
『향연』(*Convivium*) 257
플루타르코스
『달의 궤도에서 형태』(*De facie in orbe lunae*) 488, 538
『스토아학파 반박 공통 인식』(*De communibus notitiis*) 401, 872
『신적 복수의 지연』(*De sera numinis vindicta*) 449

『신탁의 쇠퇴』(*De defectu oraculorum*) 682
플로티노스
『엔네아데스』(*Enneades*) 300, 324, 448, 673
필론
『가이우스 알현 사절단』(*De legatione ad Gaium*) 786
『거인』(*De gigantibus*) 377, 538
『관상 생활』(*De vita contemplativa*) 761
『꿈』(*De somniis*) 379, 491, 538, 540, 549, 681, 765
『농사』(*De agricultura*) 761
『누가 신적 사물들의 상속자인가?』(*Quis rerum divinarum Heres?*) 339, 552, 758
『도주와 발견』(*De fuga et inventione*) 509
『모세의 생애』(*De vita Mosis*) 709, 758
『상급과 처벌』(*De praemiis et poenis*) 754
『세부 규정』(*De specialibus legibus*) 535, 709
『세상 만듦』(*De opificio mundi*) 291, 373, 505, 710, 754, 765
『십계명』(*De decalogo*) 535
『아벨과 카인의 제물』(*De sacrificiis Abelis et Caini*) 452
『아브라함』(*De Abrahamo*) 339, 509, 664, 843
『아브라함의 이주』(*De migratione Abrahami*) 285, 761, 788
『악인이 선인을 공격하다』(*Quod Deterius potiori insidiari solet*) 449, 535, 570, 772
『언어의 혼란』(*De confutione linguarum*) 306, 538
『필요한 교육을 위한 만남』(*De congressu quaerendae eruditionis gratia*) 549, 673
『옮겨심기』(*De plantatione*) 538
『우의의 법칙』(*Legum allegoriae*) 287, 452, 484, 505, 535, 552, 761, 765, 776
『이름의 변경』(*De mutatione nominum*) 535, 761
『창세기에 관한 질문과 해결』(*Questiones et solutiones in Genesim*) 449, 572, 659, 758
『카인의 후손』(*De posteritatae Caini*) 339, 776, 826
『커룹』(*De Cherubim*) 452
『탈출기에 관한 질문과 해결』(*Questiones et solutiones in Exodus*) 449, 572, 659, 758

「하느님」(*De Deo*) 601, 754
「하느님의 불변성」(*Quod Deus immutabilis sit*) 442, 484, 521

ㅎ

헤라클레온
「단편」 199, 200
「요한 복음 주해」(*Commentarii in Ioannem (fragm.)*) 788
헤로도토스
「역사」(*Historiae*) 504
헤르마스
「목자」(*Pastor*) 269, 326, 327, 404, 525, 577, 658, 659, 762, 763, 815
「헤르메스 전집」(*Corpus Hermeticum*) 20, 541
헤시오도스
「일과 날」(*Operes et dies*) 866
히에로니무스
「갈라티아서 주해」(*Commentarii in Epistulam ad Galatas*) 219, 258, 696
「루피누스 저서 반박 변론」(*Apologia adversus libros Rufini [seu Epistula Hieronymi adversus Rufinum]*) 34, 38, 131, 160, 258, 260, 293, 420, 549, 570, 727, 839
「말라기 주해」(*Commentarii in Prophetas minores*) 192
「명인록」(*De viris illustribus*) 27, 28, 40, 53, 59, 120, 275, 762
「비길란티우스 반박」(*Contra Vigilantium*) 55
「서간집」(*Epistulae*) 12, 28, 36, 40, 41, 65, 66, 68~70, 126, 127, 129, 131, 145, 160, 161, 207, 255, 256, 258, 270, 271, 306, 310, 368, 380, 411, 438, 491, 508, 639, 643, 683, 727, 733, 840, 868
「마르켈라에게 보낸 편지」 47
「아비투스에게 보낸 편지」 149, 159, 592, 594, 791, 844, 848, 876, 878
「파울라에게 보낸 편지」 40, 839
「팜마키우스와 오케아누스에게 보낸 편지」 28, 59, 70, 74, 125, 159
「테오필루스에게 보낸 편지」 130
「에제키엘서 강해」(*Commentarii in Ezechielem*) 52, 119, 164, 256~258, 282, 324,

333, 334, 341, 349, 357, 364, 367, 384, 390, 424, 442, 449, 475, 477, 525, 531, 536, 537, 539, 569~571, 575, 629, 642, 659, 668, 676, 678, 683, 688, 689, 710, 720, 749, 791, 843, 868, 875

『에페소서 주해』(*Commentarii in Epistulam ad Ephesios*) 258, 364, 377, 508, 652, 709, 711

『예레미아서 주해』(*In Hieremiam prophetam libri VI*) 192

『예루살렘의 요한 반박』(*Contra Ioannem Hierosolymitanum / Contra Ioannem*) 130, 260

『이사야서 주해』(*Commentarii in Isaiam / In Isaiam commentarii*) 275

『티토서 주해』(*Commentarii in Epistulam ad ad Titum*) 258

『필레몬서 주해』(*Commentarii in Epistulam ad Philemonem*) 258

히포크라테스

『명언집』(*Aphorismen*) 522

히폴리투스 (로마의)

『모든 이단 반박』(*Refutatio omnium haeresium / Philosophoumena*) 198, 280, 327, 434

『이사악과 야곱의 축복』(*Benedictiones Isaac et Iacob [Gen. 27 et 49] / De benedictione Jacobi*) 743

『그리스도와 그리스도의 적』(*De Christo et Antichristo*) 49

힐라리우스 (푸아티에의)

『삼위일체론』(*De Trinitate*) 315, 714, 859

『시편 주해』(*Tractatus super psalmos / Commentarii in psalmos*) 425, 874

저자 불명

『Elenchos』 433~435, 451, 453, 667, 709, 835, 857, 871

인명 · 주제

ㄱ

가브리엘 383, 470, 860

게으름/태만 339, 341, 342, 359, 364, 375, 380, 506, 614, 621, 661, 683, 699

겔라시우스 (로마의 주교) 132, 138

계명 21, 214, 219, 269, 273, 365, 404, 433, 435, 436, 452, 477, 525, 535, 558, 575~577, 587, 606~608, 624, 626, 635, 658, 765, 774, 777~779, 782, 783, 800, 812, 817, 822, 827, 831, 832, 845, 847

계시 23, 30, 72, 144, 148, 180, 189, 191, 198, 200, 204, 307, 309, 328~330, 332, 342, 344, 365, 385, 471, 481, 560, 569, 607, 616, 618, 671, 751, 759, 763, 769, 807, 812~814, 819, 836, 851

교리교육 학교 16, 17, 23, 47, 56, 123, 146

교육적 지도 367, 441, 442, 449

교회(의) 규범 61, 219, 220, 297, 353, 756, 757

교회에 대한 사랑 61

교회의 선포 267, 274, 277, 551, 559, 757

구약성경과 신약성경 144, 197, 212, 223, 431, 560, 670, 758, 786

구약성경과 신약성경의 일치 206, 223, 454, 748, 749

구원경륜/구원계획 270, 297, 624, 757, 786, 864

그레고리우스 (기적가) 12, 15, 21, 23, 32, 43~49, 77, 81, 145, 217, 218, 288, 315, 332, 448, 452, 476, 477, 525,

536, 667, 672, 857
그레고리우스 (나지안주스의) 77, 124, 127, 128, 149, 154, 547, 566
그레고리우스 (니사의) 124, 211, 425
그리스도 55, 62~64, 182, 184, 201, 211, 212, 265~276, 297, 298, 304, 306, 308, 310~312, 314, 315, 318, 320, 324, 336, 337, 352, 365, 369, 380, 388, 414, 415, 431, 432, 436, 453, 463, 468~470, 474, 475, 486, 528, 534, 575, 582, 586, 618, 637, 649, 662, 663, 675, 678, 713, 734, 735, 741, 742, 744, 751, 756, 760, 769, 782, 787~789, 793, 798~801, 803, 804, 810, 813, 814, 819, 823, 834, 836, 847, 851, 860, 862, 863, 865~868
그리스도 모방 183
그리스도교 (전파) 83, 218, 476
그리스도교 규범 353
그리스도께 만물의 굴복 362, 417, 428, 714
그리스도께 원수들의 굴복 362, 363, 368, 715, 844
그리스도안에서 실현된 예언 202, 209, 748, 803
그리스도에 대한 믿음 530, 678, 754, 866
그리스도의 고난 420
그리스도의 명칭 179, 183, 297, 298, 320, 448, 859
그리스도의 부활 576
그리스도의 성화 337
그리스도의 신성과 인성 297, 461
그리스도의 영 266, 493, 494, 759
그리스도의 영혼 364, 450, 466~469, 486, 674, 687, 723, 820, 862, 866, 868
그리스도의 영혼 안에 있는 성령 465
그리스도의 육화 152, 298, 332, 457, 471, 674, 746
그리스도의 의로움 502
그리스도의 재림 163, 182, 357, 847, 848
그리스도의 통치 43, 517
그리짐 284, 285
금욕(적) 21, 45, 64, 70, 174, 185, 478, 779
기적 30, 83, 446, 459, 563, 568, 569, 581, 582, 614~616, 631, 660, 747, 748
길인 그리스도 302

ㄴ

나라의 천사 669, 674~676
네부카드네자르 791, 838
니케아 (공의회) 11, 35, 40, 124, 176, 270, 272, 855

ㄷ

다마수스 (로마의 주교) 69, 256
다양성/상이성 152, 298, 378, 385, 396, 397, 400, 418, 462, 499, 501~504, 506, 508, 509, 538, 614, 726~729, 859, 874, 877

다윗 195, 325, 362, 368, 436, 469, 648, 657, 658, 705, 744, 746, 760, 785, 802, 833, 862
단순한 그리스도인 211, 578, 728, 751
덕(행) 30, 45, 48, 126, 169, 183, 184, 337, 348, 351, 380, 384, 385, 387, 418, 448, 449, 451~453, 464, 494, 539, 576, 577, 580, 603, 620, 625, 629, 643, 651, 653~655, 659, 667, 673, 678, 684, 695, 720, 866, 877
데메트리우스 (알렉산드리아의 주교) 17, 22, 29, 34~37, 39~42, 50, 55, 64, 122, 123, 782
데키우스 (황제) 55~59, 82, 125
도시테우스 779, 828
동물 167, 174, 180, 187, 202, 206, 214, 222, 300, 303, 328, 350, 399, 400, 421, 483, 484, 500, 517, 527, 528, 536, 538, 552~554, 572, 575, 600~602, 696, 697, 722, 750, 765, 777, 778, 805, 827, 855~857, 867, 871, 875
두 그리스도 63, 474
두 하느님 (영지주의자 마르키온) 38, 200, 272, 474, 568
디디무스 (장님) 54, 73, 119, 124, 127, 129, 135, 167, 211, 260, 293, 549, 711

ㄹ

라파엘 383
레베카 504, 592, 636
레위(인) 522, 535, 785, 833
롯 195, 212, 757, 812
루키페르 356~7, 838
루피누스 (아퀼레이아의) 17, 31, 34, 37~39, 71, 73~77, 80, 83, 119, 123, 126~128, 130, 131, 138, 146, 149, 155~61, 185, 186, 209, 255~260, 265, 267, 270, 272, 274, 283, 287, 293, 299, 302, 306, 313, 319, 325, 326, 330, 335, 341, 343, 353, 364, 366, 371, 379, 386, 391, 395, 402, 404, 407~409, 420, 422, 423, 439, 440, 478, 479, 484, 488, 493, 500, 506, 515, 528, 537, 538, 542, 547~549, 551~555, 558, 559, 562, 566, 567, 570, 571, 573~576, 582, 586~588, 593~596, 599~605, 607~615, 617~626, 628~631, 633, 635, 636, 638~644, 647, 648, 657, 664, 667, 677, 682, 690, 691, 693, 696, 700, 705, 707~709, 722, 724, 726, 727, 730, 732, 735, 739~741, 743, 744, 746, 747, 755, 756, 768, 770, 772, 773, 776, 780, 783, 784, 786, 789~791, 794, 795, 799, 802~807, 810, 812, 813, 816, 819~823, 825, 827~830, 832~840, 843, 846~848, 853, 856~858, 861~864, 868~870, 874~877, 879

ㅁ

마귀 199, 349, 363, 389, 649, 650, 680~682, 742

마르켈라 (히에로니무스의 친구) 47

마르키온(파) 20, 38, 63, 192, 198, 200, 201, 269~271, 297, 320, 431, 432, 434, 437, 439~441, 443, 446, 450, 451, 453, 454, 474, 503, 514, 563~566, 579, 584, 611, 612, 670, 714, 728, 739, 743, 745, 754, 760, 768, 847

마리아 63, 325, 377, 462, 470, 581, 681, 759, 868

마카리우스 130, 131, 155, 257, 547

막시미누스 (황제) 31~33, 56, 81

만물의 시작 305, 363, 851

만유회복 132, 134, 160, 362, 363, 366, 400, 856

말씀/이성에 참여 331, 332, 335, 337, 462

맘마이아 (세베루스 황제의 어머니) 29, 33

메나스 (콘스탄티노플의 총대주교) 135, 161, 319, 868, 876

메토디우스 (올림푸스의) 78, 126, 514, 600, 650, 776

모르도카이 660, 681

모세 60, 63, 82, 178, 191, 195~198, 208, 219, 266, 269, 280, 282, 331, 418, 419, 431, 433, 437, 439, 473, 476, 498, 535, 539, 558, 565, 568, 593, 606, 612, 615, 639, 640, 645, 646, 663, 704, 709, 712, 720, 733, 734, 739~741, 747~749, 758, 767, 768, 771, 777, 778, 798, 804, 817, 818, 827, 846, 847, 871

무지(한 사람) 212, 276, 329, 335, 338, 439, 454, 503, 505, 517, 526, 548, 549, 576, 625, 653, 674, 750, 753, 756, 806, 851

물질 120, 147, 165, 188, 199, 281, 286, 288, 292, 310, 318, 319, 326, 367, 379, 398, 400~407, 410, 412~416, 427, 431, 438, 477, 498, 520, 525, 552, 596, 563, 644, 686, 693, 696, 704, 711, 724, 726, 727, 730~733, 756, 869~877

물질 세계/물질적 세계 319, 396, 498, 536, 708, 709, 756, 765, 788

물질에 참여 286

물질의 창조 874

물질적 본성 368, 416, 417, 592, 732, 877

물질적 실체 368, 386, 408, 409, 593, 600, 724

물질적 인간 272, 273, 377, 386, 446

물질적 존재 168, 291, 352, 385, 386

물질주의 277, 290, 291, 397, 438

미카엘 383, 646, 860, 861

믿음/신앙 17, 20, 28, 31, 46, 53, 60, 61, 79, 82, 120, 124, 125, 134, 143, 144, 146, 148, 151, 152, 156, 185~187, 189, 202, 204, 217, 219, 224, 255, 258~260, 266, 268, 269, 310, 324, 334, 361, 365, 371, 386, 391, 431, 435, 461, 469, 476, 479, 488, 502, 514, 525, 532, 536, 538,

548, 560, 568, 577, 582, 599, 628, 630, 635, 641, 660, 661, 666, 668, 678, 682, 683, 686, 698, 703, 706, 716, 722, 730, 739, 740, 749~751, 798, 802, 805, 806, 810, 811, 844, 848, 869, 871, 879

ㅂ

바빌론/바빌론 사람/바빌로니아 357, 469, 743, 779, 790, 791, 837~839, 841
바실리데스 269, 434, 446, 475, 503, 514, 563, 674, 683, 686, 687, 728, 857
바실리우스 (대 카이사리아의 주교) 77, 124, 128, 149, 222, 223, 425, 547
바오로 63, 125, 163, 175, 180, 183, 191, 197, 200, 201, 207, 210, 211, 215, 256, 266, 285, 287, 295, 298, 301, 304, 308, 319, 325, 331, 336, 337, 347~349, 362, 363, 365, 367, 368, 372, 373, 378~380, 384~386, 389, 399, 413, 418, 420, 421, 423, 425, 427, 436, 437, 449, 452, 458, 469~471, 479, 480, 487, 488, 491, 501, 507, 514, 516, 520, 528, 530, 534, 541, 560, 561, 566, 567, 569, 583, 586, 587, 589, 591, 593, 607, 609, 610, 613, 616, 635, 637, 641, 643, 644, 649, 653, 658, 661~665, 669, 676, 680, 687, 692, 694~696, 704, 709, 724, 728, 730, 733, 751, 759, 762, 764~769, 772, 773, 783, 786, 788, 790, 816, 819, 829, 831, 834~837, 843, 845, 847, 849, 858, 860, 861, 865, 867, 868, 873
발람 391
발렌티누스(파) 19, 26, 38, 39, 66, 75, 166, 198, 199, 203, 272, 273, 287, 289, 298, 307, 319, 329, 333, 350, 352, 385, 386, 407, 431~434, 436, 438, 445, 446, 453, 474, 503, 514, 563, 583, 590, 611, 612, 691~693, 731, 746, 755, 757, 783, 788, 811, 856, 857
벌 123, 134, 152, 200, 348, 362, 367, 385, 429, 444~446, 449, 450, 484, 490, 509, 511, 513, 519~525, 559, 565, 570, 575, 603, 613, 616~618, 621, 624, 627, 628, 632, 637, 642, 649, 675, 682, 683, 709, 716, 741, 792, 839, 845, 870
베드로 201, 275, 276, 384~387, 449, 488, 662, 665, 683, 860, 861, 865
베릴루스 (보스트라의 주교), 53
별들의 영혼 136, 277, 373~37
병 30, 289, 342, 477, 500, 520, 522, 523, 531, 535, 575, 577, 619, 624, 626, 628, 667, 690, 695
보이지 않는 하느님의 모상인 그리스도 175, 176, 292, 852
북풍 491
불멸/썩지 않음/소멸하지 않음 153, 272, 295, 326, 368, 408, 410, 413~416, 426, 517, 519, 560, 573, 607, 621,

622, 631, 728, 731, 879
불사/죽지 않음 55, 150, 152, 413~417, 572, 582, 620~622, 630, 642, 689, 877~880
불인 하느님 280, 281
비가시적 (비육체적 대신에 사용된 성경 표현) 852
비육체성 172, 173, 408, 409, 549, 724, 728, 733, 736, 852
비육체적 개념 275
비육체적 본성 307, 440, 732, 861
비육체적 존재 279, 286, 291, 371, 373, 398, 417
비육체적이지만 실체적인 성령 282, 409
비육체적인 삼위일체 177, 276, 868, 877
비육체적인 세상 423
비육체적인 영혼 172, 177, 372
비육체적인 이성적 존재 372, 374, 408
비육체적인 존재/본성 279, 286, 291, 307, 371, 373, 398, 409, 440, 732, 861
비육체적인 하느님 172, 176, 275, 858
빌라도 660
빛 179, 187, 205, 212, 277, 280, 281, 285, 286, 304, 305, 307~310, 317, 320, 357~358, 375, 376, 379, 388, 390, 460, 490, 502, 526, 533, 621, 659, 663, 683, 749, 793, 804, 813, 842, 858, 878, 879
빛/광채인 그리스도 179, 304, 502
빛의 광채 305, 308, 311, 317, 858
빛의 천사 357
빛인 하느님 280, 304, 308, 317

ㅅ

사도 계승 220, 756, 757, 811
사도 전승 152, 219
사랍 134, 328, 851, 867
사랑 77, 127, 138, 171, 220, 327, 377, 390, 431, 452, 464~466, 491, 504, 508, 521, 526, 533, 538, 558, 605, 618, 638, 642, 653, 716, 723, 742, 783, 845, 858, 865, 866
사마리아(인) 199, 284, 285, 386, 564, 757, 779, 828
사악한 악마 57
사울 51, 76, 221, 647, 755, 810
사탄 83, 349, 356~358, 380, 451, 571, 646, 648, 649, 659
삼분법적 인간(학) 163, 164, 166~168, 171, 174, 182, 185, 187, 210, 213, 289, 390, 488, 493, 494, 524, 685~688, 691, 694, 695, 762, 815
삼위일체(론), 47, 79, 80, 120, 124, 125, 139, 152, 160, 172, 177, 276, 314, 315, 325, 329, 335~337, 343, 352, 361, 440, 458, 478, 479, 714, 853, 859, 861, 862, 869, 877
생명 179, 302, 415
생명에 참여 414, 415, 860
선과 악 39, 419, 583, 588, 660, 693, 723, 724, 776, 825
선과 악을 행할 수 있는 이성적 존재 332, 350, 374, 387, 458, 466, 554, 558, 602, 691
선을 원하는 하느님 312

선을 행할 수 있지만 그것을 원하지 않는 악마 387
선의 결핍인 악 499, 727
선한 아버지 38, 200, 201, 209, 268, 270, 272, 319, 343, 443, 444, 446, 447, 452, 454, 611, 640, 700, 754, 875
섭리 44, 203, 210, 286, 311, 318, 323, 343, 344, 364, 395, 397, 398, 402~404, 424, 446, 498, 502, 503, 505, 506, 509, 537, 575, 582, 586, 620, 621, 623, 624, 630, 631, 654, 655, 660, 666, 667, 682, 683, 711, 712, 749, 750, 757, 762, 769, 803, 805, 806, 819, 843
성경 15, 18, 21, 23, 26, 28, 29, 38, 46, 49~51, 60~63, 65~68, 71~74, 76, 78, 81, 83, 120, 125, 127, 128, 136~138, 141, 143, 144, 146, 150, 153, 155, 160, 163~166, 168, 172, 173, 175, 179, 183, 184, 189~225, 255, 258, 266, 269, 272, 274~277, 279~282, 284, 285, 292, 295, 297, 298, 300, 304, 306, 312, 314, 320, 324~327, 331, 347, 349, 353, 357, 362, 369, 372, 374, 376~378, 385, 386, 391, 404, 405, 410, 414, 417, 421, 422, 425, 429, 431~433, 436, 438~441, 444, 446, 447, 449, 451, 454, 455, 459, 462, 464, 465, 470, 471, 474~476, 479, 483~486, 488~492, 495, 498, 500, 505, 507, 508, 513, 514, 517, 522~525, 529~532, 539, 540, 551, 555, 560, 565, 569, 570, 578, 579, 588, 589, 592, 605, 607, 612, 615, 618, 620, 624, 625, 627, 628, 630, 639, 642, 645~650, 652, 657, 658, 660, 665, 668, 670, 671, 673, 676, 678, 680, 688, 703, 704, 706~709, 712, 719, 720, 731, 735, 739~742, 746, 748~750, 753, 754, 756~762, 764, 765, 768, 769, 771~773, 775, 777, 778, 781, 782, 784~786, 790, 793, 797, 798, 801, 809~811, 814~817, 821~823, 825~827, 830, 833, 838, 839, 841~845, 847~851, 853, 865, 866, 870, 874, 880, 881, 882
성경 규범 678
성경의 세 가지 의미 209, 210, 216, 760, 761
성경의 영감 152, 209, 214, 218, 223, 224, 324, 748, 753, 756, 784, 797, 803, 805, 806, 809, 811, 853
성령에 참여 169, 282, 283, 328, 335, 337, 338, 475, 480, 524, 868, 869
성령을 거스르는 죄 326, 335
성령의 기원 320, 407, 717
성령의 성화 337, 338, 717
성령의 은사/은총/선물 217, 275, 334, 336, 337, 375, 475, 476, 524, 534, 658
성령의 활동 174, 268, 330, 751, 862
성부와 성자에 참여 178, 330, 337, 869
성부와 성자와 성령에 참여 879

성자에 참여 179, 337, 861, 867, 869
성자의 시작 없음 300, 317
성자의 아버지 300, 304
세례 13, 20, 44, 48, 53, 57, 197, 325, 334, 412, 450, 474, 524, 787, 840
세상 20, 21, 46, 60, 61, 79, 144, 147, 150, 152, 153, 165, 170, 173, 174, 181, 199, 210, 215, 268, 269, 272, 274, 280, 297, 307, 309, 311, 316, 320, 331, 345, 346, 356, 358, 362, 364, 368, 375, 379, 385, 395~405, 407, 411, 412, 418~420, 422~424, 426~428, 432, 433, 438, 444, 454, 458~460, 466, 468, 476, 495, 497, 502, 503, 505, 506, 508~510, 521, 526, 534, 535, 537~539, 564, 573, 594, 624, 638, 641, 663, 667, 669, 670~672, 674~676, 682, 683, 686, 703~713, 715, 719, 726, 734, 740, 741, 745, 746, 756, 761, 762, 764, 766, 768, 770, 776, 781, 785, 791~793, 798, 800, 802, 804~807, 815~817, 820, 826, 835, 836, 839~844, 848, 863, 869, 875, 880
세상(의) 우두머리인 악마 215, 349, 465, 649, 669, 670, 672, 674~676, 679, 766, 817
세상(의) 종말 153, 362, 375, 380, 400, 412, 642, 703, 712, 722, 739, 766, 817
세상(의) 창조 79, 120, 136, 143, 152, 176, 269, 274, 312~314, 326, 327, 385, 405, 431, 454, 473, 505, 596, 612, 703, 704, 707~709, 711, 810
세상의 시작 274, 395, 400, 411, 412, 669, 670, 703~70, 711, 761, 766, 813
세상의 지혜 210, 670~672, 677, 751, 761, 807
세상의 창조자/창조주 385, 431, 454, 505, 612, 810
셋 269, 306, 789
소돔과 고모라/소돔 사람 444, 450
솔로몬 294, 297, 301, 304, 310, 327, 346, 379, 422, 433, 584, 585, 633, 648, 658, 670, 671, 760, 782, 787, 814, 831, 850, 870, 882
수호천사 384, 524, 525, 619, 659, 676, 712
스미르나 275, 384
스승에 대한 사랑 45
스키티아인 504, 777, 792
스테파노 418, 435
스토아/스토아학파 147, 158, 169, 183~185, 271, 277, 279~281, 286, 289~291, 311, 331, 348, 397, 399, 401, 402, 408, 412, 418, 419, 423, 444, 448, 451, 467, 484, 508, 517, 518, 524, 541, 552~558, 560, 567, 576, 583, 584, 587, 592, 593, 600, 622, 644, 651~653, 657, 686, 687, 689, 712, 715, 723, 724, 731, 732, 858, 870, 872, 877, 879
시돈/시돈 사람 446, 581, 790, 837, 838,
신성에 참여 307, 363, 564, 678, 721, 866, 869, 879

신심 규범 267, 353, 582, 607, 608, 630, 642, 678, 682, 707, 848
신앙 규범 23, 79, 120, 144, 148, 219, 259, 267, 268, 344, 353, 373, 548, 639, 678, 682, 728, 757, 883
신앙 인식의 원천인 성경 164, 739
신약성경을 통한 구약성경 규명 144, 197, 212, 213, 285
신약성경의 우위 475
신적 감각 170, 294, 295, 882
실체와 생명을 지닌 영혼 272
십자가에 못 박힌 그리스도 474

ㅇ

아나스타시우스 (로마의 주교) 130, 131, 157, 274, 691
아담 181, 201, 269, 306, 333, 350, 409, 418, 539, 646, 707, 776, 784, 787~789, 826, 834
아리우스(파) 124, 126, 270~272, 299, 301, 312, 327, 402, 714, 755, 856~859, 864
아버지께 그리스도의 굴복 713~715
아버지에게 아들의 참여 315, 564
아브라함 33, 77, 181, 195, 197, 201, 211, 221, 269, 285, 339, 431, 433~436, 509, 646, 664, 673, 757, 761, 764, 767, 782, 787, 788, 793, 812, 818, 831, 839, 843
아비투스 (히에로니무스의 친구) 131, 149, 159, 160, 592, 594, 791, 844, 848, 876, 878
아타나시우스 (알렉산드리아의) 80, 124, 191, 312, 334, 769, 858
악마와 천사 152
악마의 구원 가능성 38, 366, 727
악마의 명칭/이름 349, 351, 352, 358, 490, 682
악마의 충동 651, 727
악한 천사 196, 536, 648, 658, 659
안티파테르 (보스트라의) 132
알렉산더 (예루살렘의 주교) 29~31, 35, 50, 51, 57, 782
알렉산더 세베루스 (황제) 33, 41, 81, 141
알렉산드리아 11, 13~20, 25, 28~30, 32~37, 39~43, 53, 54, 56, 81, 123, 129, 130, 141~143, 212, 221, 222, 224, 280, 321, 530, 621, 727, 782, 784, 829, 870
암브로시우스 (오리게네스 후원자) 26, 27, 32, 43, 47, 53, 56, 81, 82, 141~144
야곱/야곱의 사다리 199, 215, 269, 350, 377, 431, 433, 435, 504, 507, 508, 540, 592, 638, 639, 664, 665, 683, 689, 704, 743, 757, 782, 785, 787, 788, 790, 800, 812, 831, 833, 837
야곱의 하느님 431, 433, 435
약속 19, 165, 212, 215, 256, 267, 269, 365, 379, 380, 425, 427, 428, 436, 437, 444, 463, 504, 513, 527~530, 532, 559, 576, 577, 599, 607, 625, 626, 673, 713, 722, 751, 766, 767, 787, 793, 807, 837, 846

양심 55, 63, 436, 520, 521
양태설 53, 55, 298, 714, 857
에덴 776
에비온(파) 31, 789, 835
에사우 195, 379, 504, 507~509, 592, 638, 639, 689
에우세비우스 (카이사리아의 주교), 11~15, 17, 18, 21~24, 26~35, 40~42, 44, 49, 50, 52~54, 56~59, 65, 66, 69~72, 74, 77, 81, 120, 122, 128, 141~143, 145~147, 149, 191, 193, 204, 221, 222, 265, 266, 275, 282, 301, 432, 513, 566, 680, 688, 730, 782, 789, 829, 830, 835, 855, 872
에테르 (다섯째 원소) 368, 369, 379, 396, 428, 518~9, 686, 724, 725, 730, 731
에티오피아(인) 504, 838
에페소 384, 477, 661, 662, 674, 709
에피파니우스 (살라미스의 주교) 21, 36, 71, 78, 125~127, 130, 131, 136, 270, 315, 320, 334, 440, 491, 612, 650, 776, 779, 835
엘리사벳 183, 377, 681
엘리오가발루스 (황제) 33
여호수아 444, 786, 836, 846, 847
영 55, 124, 125, 165, 167, 169~171, 174, 177, 182, 187, 201, 208, 210, 216, 225, 266, 280, 282, 284, 325, 327~329, 352, 333, 337, 376, 379, 390, 404, 428, 452, 462~465, 469, 470, 476, 479, 480, 488, 489, 493, 494, 524, 538, 554, 600, 647, 648, 653, 658, 661, 665, 679~681, 690~696, 689~696, 698, 699, 731, 732, 751, 759, 762, 763, 797, 815, 816, 819, 20, 835
영과 육 사이에 있는 영혼 170, 174, 493, 495, 694, 695
영이신 하느님 280, 281, 284
영적 육체 410, 414, 515, 516, 519, 528, 724, 725, 728~730, 733, 736
영적 이스라엘인 595, 787, 788
영적 인간 17, 166, 199, 272, 377, 386, 390, 487, 564, 594, 693, 731, 821
영지주의(자) 18~20, 28, 75, 145, 146, 166, 193, 194, 198~203, 206~209, 212, 216, 268, 269, 271~273, 280, 285, 298, 304, 306, 319, 326, 332, 359, 372, 377, 378, 385, 386, 396, 402, 403, 414, 420, 424~426, 431~434, 439, 443, 445, 452, 454, 460, 461, 474~476, 487, 491, 500, 503, 505~507, 514, 525, 535, 540, 558, 561, 564~566, 580, 583, 584, 587, 589, 641, 666, 670, 674, 683, 686, 688, 691, 697, 704, 708, 712, 727, 728, 730, 739, 754~756, 760, 765, 767, 775, 784, 788, 792, 814, 857, 870, 878
영혼 23, 27, 42~44, 46, 48, 60, 80, 132, 152, 159, 163~165, 167~175, 177, 178, 182, 184~187, 199, 209, 210, 214, 216, 256, 268, 272, 273, 277, 281, 289~292, 294, 295, 311,

325, 326, 330, 332, 333, 343, 350, 355, 356, 362, 374, 377, 378, 380, 384~386, 390, 396, 398, 399, 408, 414, 415, 418, 435, 450, 454, 460, 462~466, 468, 478~481, 483~495, 499, 500, 503, 505, 506, 508, 514, 515, 519~525, 527, 530~534, 536, 539, 540, 542, 548, 549, 552, 553, 555, 560, 567, 573, 574, 575, 585, 590, 592, 600, 601, 603, 607, 619, 623, 630, 631, 638, 643, 651, 654, 657, 661, 667, 671, 674, 675, 678~682, 684~701, 709~712, 725, 728, 729, 731, 732, 735, 749, 750, 761~765, 769, 770, 782, 786, 788, 792, 793, 798, 799, 805, 814~816, 819, 820, 839~845, 863~868, 877, 879, 881
영혼에 속하는 민족 790, 836, 838
영혼유전설 273, 687, 691
영혼의 갈등 397
영혼의 본성 (영지주의 가르침) 187, 466, 503, 609, 640
영혼의 부활 136
영혼의 불사/불멸 55, 413, 415, 417, 582, 620, 621, 622, 642, 691, 878~880
영혼의 비육체성 172, 372
영혼의 선재 120, 123, 134, 136, 158, 326, 376~378, 462, 493, 589, 682, 689, 838, 868
영혼의 어원 134
영혼의 움직임/이전 136, 376, 379, 397, 486, 499, 574, 644, 683, 697
영혼의 의사인 하느님 477, 522, 283, 568
영혼인 피 484, 688~690
영혼적 육체 487, 514, 515, 731, 732
예루살렘 30, 31, 35, 51, 126~7, 132~134, 199, 213, 284, 285, 429, 517, 529, 585, 753, 755, 757, 782, 785, 786, 789, 790, 792, 809, 810, 833, 836, 837, 845
예수 24, 28, 33, 38, 47, 56, 60, 62~63, 66, 79, 83, 127, 134, 163, 165, 183, 197, 200, 201, 209, 10, 218, 220, 265~6, 269~71, 275, 303, 316, 318, 325, 330, 335, 336, 343, 349, 363, 365, 414, 431, 433, 436, 443, 446, 450, 454, 455, 462, 463, 465, 473, 481, 491, 493, 521, 534, 540, 580~582, 585, 593, 594, 618, 634, 648, 660, 663, 674, 675, 713, 731, 740~749, 751, 752, 754, 756, 759, 760, 776, 786, 798, 801, 803, 807, 810, 811, 814, 826, 847, 851, 863, 865, 867
예수에 대한 사랑 28, 62, 865
예지 301, 448, 575, 578, 591, 596, 624, 667
완전한 그리스도인 211, 212, 518
외아들인 그리스도 296, 811
요르단 (강) 846
요한 (사도) 182, 280, 292, 302, 315, 317, 372, 377, 454, 501, 531, 721, 759, 858, 860, 862

요한 (세례자) 183, 465, 495, 508, 509, 681, 689, 863
요한 (예루살렘의 주교) 126, 127, 130, 260, 491
요한 크리소스토무스 57, 126, 129, 130, 194, 197, 566
우유적 특성/실체적 특성 498, 622, 727, 873
우의적/영적 의미와 문자적 의미 205, 211, 212, 274, 355
우주론 23, 206, 395, 398, 499, 676, 708, 730, 755
움직임 318, 359, 363, 364, 380, 390, 396~398, 408, 419, 469, 484, 486, 497, 499, 506, 521, 552, 553, 555, 574, 600~604, 636, 644, 683, 697, 698, 710, 712, 717, 723, 732, 805, 838, 867
위-클레멘스 78, 128
유다 (배반자) 62, 418, 649, 660, 680
유다 (성조) 524, 742~744, 785, 790, 800, 801, 833, 837
유대아 20, 32, 52, 460, 782, 785, 790, 792, 831, 833, 836~838, 840, 841
유대인 30, 31, 72, 82, 83, 175, 183, 192, 196, 201, 202, 205, 208, 209, 216, 284, 285, 298, 304, 311, 326, 459, 475, 491, 517, 529, 530, 560, 594, 595, 607, 664, 665, 674, 676, 689, 704, 741, 743~748, 753~755, 759, 764~768, 777~789, 786, 787, 800, 809, 8110, 816, 817, 828, 847
유비 279, 285
유스티니아누스 (황제) 73, 80, 133~136, 144, 149, 158, 161, 277, 319, 330, 462, 549, 574, 733, 775, 794, 868, 876
유출 298, 304, 308, 310, 312~314, 316, 331, 392, 399, 709, 756
유혹 79, 145, 171~4, 465, 556, 603, 604, 645, 649, 653~657, 659, 660, 661~663, 666, 668, 671, 685, 698
육 69, 163, 165, 166, 171~174, 177, 178, 185, 205, 216, 271, 273, 276, 279~284, 287~294, 298
육의 영혼 484, 683, 692, 693, 697
육적 이스라엘인 745, 788, 802
육체 299, 310, 326, 367, 368, 372, 375, 376, 380, 396, 399, 400, 401, 408, 409, 413, 414, 415~418, 438, 440, 462, 463, 465, 467, 469, 491, 494, 500, 503, 514~516, 576, 592, 600, 604, 621, 642, 649, 650, 653, 665, 667, 679, 681~683, 685~691, 698~710, 704, 705, 709~712, 722, 724~726, 729~733, 739, 750, 757, 761, 762, 769, 776, 780, 782, 791, 792, 805, 814~816, 819, 821, 822, 825, 845, 853, 855, 857, 861~864, 866, 868~872, 875, 876, 881, 882
육체와 영혼으로 결합된 인간, 210, 289, 792
육체와 영혼의 관계 54, 134, 376~378, 679, 682

육체와 영혼의 이분법 210, 289, 494, 695
육체의 본성/육체적 본성 185, 279, 286, 290, 291, 293, 379, 390, 400, 407, 408, 417, 722, 724, 732, 733, 736, 869, 872, 877
육체의 부활 69, 123, 134, 177, 367, 408, 514~5, 517, 528, 728, 792
육체의 옷인 영혼 372, 413, 414
육체의 충동 657
육체적 물질 292, 318, 401, 402, 407, 409, 412, 413, 415, 416, 418, 498, 525, 876
육체적 실체 368, 408, 413, 428, 732
육체적 존재 276, 279, 285, 286, 291, 371, 373, 413, 415, 438
율리우스 아프리카누스 52, 81, 96, 143
율법 125, 196, 198, 201~203, 205, 208, 210, 213, 216, 282, 413, 417, 434, 437, 443, 447, 452, 454, 470, 528, 587, 611, 626, 635, 713, 735, 741, 748, 749, 757, 765, 767, 768, 771~773, 777~779, 798, 810, 813, 815, 818, 821, 822, 827, 830, 835, 843, 846~848
율법과 복음서 450
율법과 예언서 164, 193, 270, 324, 431, 435, 436, 443, 473, 476, 612, 734, 748, 757, 813
율법의 영적 이해 215, 217, 275, 762, 815, 817
율법의 예형론적 의미 196, 601, 764
은총 36, 39, 125, 169, 170, 179, 182, 183, 199, 217, 265, 283, 289, 334~337, 375, 410, 417, 418, 421, 452, 459, 465, 476, 478, 494, 498, 502, 509, 515, 517, 518, 524, 534, 537, 558, 571, 576, 577, 586, 619, 620, 625, 626, 631, 660, 662, 678, 681, 689, 696, 746, 747, 749, 759, 802, 803, 850
의로운 하느님 200, 209, 268, 445, 447, 452, 578, 611
의사인 그리스도/하느님 283, 477, 522
이단/이단자 16, 18, 20, 24, 26, 34, 37~40, 61, 64, 80, 121, 125~6, 135, 136, 138, 139, 144, 145, 151, 156, 157, 159, 160, 166, 186, 194, 209, 259, 270, 285, 289, 361, 374, 386, 407, 418, 434, 435, 437, 440, 443, 445, 447, 451, 455, 475, 478, 479, 503~505, 514, 515, 548, 549, 551, 563~566, 578, 609, 610, 612, 627, 635, 639, 676, 679, 683, 700, 701, 703, 704, 707, 714, 715, 727, 728, 754~756, 771, 809, 810, 835, 849, 856, 857, 864, 869
이두매아인 595, 641
이성 23, 134, 164, 178, 180, 217, 281, 301, 302, 308, 316, 323, 324, 330~332, 335, 336, 337, 348, 367, 374, 376, 378, 384, 387, 388, 399, 408, 457, 459, 461, 484, 526, 528, 536, 542, 552~555, 557, 573, 602~605, 651, 667, 690, 694, 697,

711, 715, 716, 740, 769, 775, 805, 830, 850, 874
이성의 천사 332
이성적 감각 486, 602, 682, 683
이성적 본성 152, 277, 343, 347, 348, 350, 371, 384, 390, 395, 407~409, 412, 418, 440, 498, 504, 505, 542, 571, 592, 622, 642, 719, 722, 724, 726, 729, 733, 739, 876~878, 882
이성적 본성의 수효 876
이성적 존재 134, 150, 153, 172, 179, 302, 331, 332, 336~337, 358, 364, 372~376, 388, 396, 402, 409, 457, 484, 501, 510, 528, 538, 553, 726, 727, 732, 820, 860
이성적 존재/본성인 영혼 134, 371, 372, 390, 409, 573
이성적 존재의 직분과 서열 348
이성적 존재의 하나의 본성 272
이성적 존재인 별 373, 375, 376
이성적 피조물 147, 157, 179, 300, 314, 330, 331, 380, 389, 397, 400, 402, 409, 416~419, 426, 462, 468, 475, 487, 497~499, 506, 508, 539, 548, 564, 575, 586, 622, 639, 642, 686, 689, 705, 707, 710~712, 716, 721, 723, 724, 730, 733, 750, 770, 792, 820, 838, 839, 843, 877
이성적 피조물의 시작 400, 710
이웃 사랑 220, 435, 453, 720
인간의 창조 79, 176, 182, 505, 686, 704, 706, 770, 821
인도인 673, 777, 826
인식 23, 62, 146, 153, 164, 166, 197, 199, 205, 207, 219, 260, 276, 279, 282, 287, 291, 293, 295, 299, 308, 318, 323, 324, 328, 332, 344, 369, 416, 420, 424, 429, 431, 440, 458, 461, 469, 471, 480, 484, 487, 503, 525, 532, 538, 539, 542, 543, 554, 573, 644, 661, 667, 672, 728, 734~736, 739, 756, 757, 769, 770, 773, 782, 786, 805, 849, 851, 852, 873, 874, 876, 878
인식할 수 없는 하느님 279, 285
입양설 53, 55

ㅈ

자유의지 39, 78, 79, 132, 152, 155, 170, 174, 180, 272, 273, 332, 345, 352, 366, 367, 378, 380, 387, 398, 417, 418, 462, 466, 493, 494, 504, 506, 510, 525, 551~556, 560~563, 566, 567, 571, 573~576, 578, 586~590, 593~600, 608, 609, 635, 637, 644, 652, 656, 660, 667, 677, 682, 695, 712, 716, 726, 727, 730, 732, 838
적대 세력 273, 274, 348, 352, 355, 358, 359, 366, 389, 642, 643, 645, 646, 648~650, 652~655, 657, 658, 660, 664, 665, 668, 671, 674, 675, 678, 679, 713, 715, 845, 869
점성술과 운명론 273, 558, 560, 583, 650,

666, 673, 677, 712
정신 163, 168, 169, 186, 188, 191, 286~291, 294, 295, 299, 301, 306, 307, 311, 324, 332, 361, 364, 387, 397, 398, 408, 412, 423, 424, 435, 439, 449, 478, 488, 489, 492, 494, 497~499, 506, 508, 517, 520, 523, 524, 526, 530~534, 542, 555, 603, 623, 627, 629, 631, 644, 650, 652, 653, 657, 671, 679~683, 690~1, 710, 723, 748, 756, 758, 759, 764, 789, 797, 799, 804, 805, 812~814, 816, 836, 846, 848, 850, 858, 863, 864, 866, 873~875, 878~880, 882
정의(正義) 317, 331, 337, 384, 388, 389, 448~451, 464~466, 558, 566, 605, 667, 701, 746, 802, 810, 860, 865
정통신앙 26, 53, 54, 61, 63, 64, 70, 121, 122, 124, 127, 131, 133, 135, 145, 156~157, 219, 285, 439, 517, 771, 864, 876
정화 199, 292, 369, 402, 412, 415, 417, 420, 426, 428, 449, 495, 519, 522~524, 572, 573, 614, 621, 678, 722, 839, 843
죄/죄악/범죄 79, 169~173, 177, 180~182, 184, 225, 266, 271, 273, 281, 325, 326, 330, 341, 348, 350, 354, 355, 357, 358, 362, 374, 386, 387, 380, 396, 397, 402, 409, 413, 415, 417, 420, 429, 444~445, 449, 453, 460, 465, 466, 474, 481, 489, 492, 520, 522~524, 528, 529, 531, 535, 539, 561, 564, 569~573, 577, 579, 580, 582, 583, 594, 599, 608, 611, 613, 616, 617, 619, 621, 622, 627~629, 638, 642, 645, 646, 648, 650, 652, 653, 658, 659, 668, 670, 680, 682, 683, 686, 690, 704, 709, 710, 712, 713, 715, 723, 724, 726, 727, 729, 730, 744, 750, 755, 771, 780, 787, 792, 793, 801, 810, 821, 829, 839, 841, 845, 865, 870, 880, 881
죄인 292, 330, 331, 333, 334, 363~367, 445, 491, 494, 513, 517, 519~523, 529, 559, 569, 570, 572, 573, 589, 590, 593, 620, 637, 650, 659, 678, 729, 742, 787, 792, 843, 865
지복 173, 179, 182, 184, 272, 338, 350, 354, 355, 359, 364, 408, 489, 513, 534, 542, 564, 572, 611, 620, 689, 722, 724, 729, 730, 769, 770, 820, 868
지상의 육체 172~174, 177, 178, 514, 516, 518, 589, 689
지옥/하데스 83, 121, 123, 356, 450, 792, 839~841
지혜 사랑 268
지혜에 참여 388, 678, 869
지혜인 그리스도 285, 298, 331, 337, 388, 477, 502, 531, 541
진리 사랑 63, 533
진리(의) 규범 268, 353, 679, 728
(이성적 존재의) 진보 48, 210, 268, 313,

331, 337, 338, 342, 348, 351, 367, 376, 389, 398, 412, 416, 418, 429, 469, 506, 525, 532, 540, 556, 571, 596, 620, 640, 643, 664, 679, 721, 729, 732, 735, 757, 761, 762, 814, 821, 841, 845, 850, 881, 882
진보한 그리스도인 757

ㅊ

참회의 천사 326, 327
창조된 이성적 존재 409, 497, 498, 505
창조에서 그리스도의 역할 373, 501, 852
창조의 시작 462, 497, 733
창조의 원인 372
창조주 하느님 38, 79, 437, 627, 638, 754, 768, 810, 811
천사 48, 77, 146, 150, 173, 184, 259, 267, 293, 320, 325, 347, 350, 351, 356, 365, 373, 374, 377, 381, 383, 388~390, 398, 458, 464, 486, 489, 490, 503, 508, 509, 519, 526, 536, 538, 645~647, 657~659, 663~665, 673, 675, 677, 680, 710, 725, 729~731, 735, 736, 756, 790, 805, 806, 836, 838, 851, 860, 861, 867, 869, 878, 879
천사가 될 수 있는 악마 380
천사들의 공로 383, 711
천사들의 배려와 교육 532
천사의 계급 364, 365, 383, 485, 868
천사의 변화 274, 380, 643
천상 예루살렘 429, 517, 786, 790, 792, 836, 837, 845
천상의 육체 174, 409, 516
천상의 율법 848
철학자 13, 16, 18, 23, 24, 46, 60, 61, 70, 78, 120, 146, 147, 175, 183, 205, 259, 273, 276, 289, 323, 326, 346, 397, 401, 402, 423, 448, 467, 488, 491, 502, 519, 549, 553, 557, 635, 689, 707, 712, 719, 720, 730, 731, 751, 798, 852, 872

ㅋ

카이사리아 (카파도키아의) 31~33, 124, 154
카이사리아 (팔레스티나의) 11~13, 24, 29, 30~36, 40~44, 47, 48, 51, 52, 59, 70, 74, 75, 77, 81, 123, 128, 133, 141, 145, 146, 191, 193, 204, 207, 221, 222, 299, 483, 782, 855
카인 195, 339, 452, 503, 776, 789, 826
칼데아(인) 221, 450, 523, 673
커룹 134, 354, 355, 387, 452, 867

ㅋ

클레멘스 (로마의 주교) 49, 195, 287, 422~424
클레멘스 (알렉산드리아의) 16, 17, 22, 25, 31, 49, 60, 69, 78, 147, 183, 194, 204~206, 266, 268, 282, 286~289,

300, 306, 311, 312, 327, 350, 377, 386, 390, 432~434, 442, 448, 449, 453, 475, 477, 480, 484, 502, 504, 521, 525, 531, 532, 535, 537, 542, 552, 559, 564, 578, 600, 601, 645, 650, 651, 673, 683, 686, 688, 690, 707, 716, 719, 720, 727, 735, 747, 748, 750, 751, 757, 758, 761, 762, 772, 782, 860, 864, 870, 874, 881

ㅌ

타락 39, 79, 171, 173, 178,274, 342, 358, 364, 389, 390, 400, 412, 417, 487, 494, 499, 503, 506, 525, 539, 557, 621, 629, 676, 680, 703~706, 709~713, 724, 769, 770, 784, 789, 820, 839, 866, 870
타우루스인 504
테오크티스투스 (카이사리아의 주교) 29, 30, 35, 40, 42, 50
테오필루스 (안티오키아의) 269, 286, 311, 326, 333
테오필루스 (알렉산드리아의) 80, 126, 129~131, 260, 269, 376, 499, 677, 727, 868
티루스/티로, 티로인/티로 사람 57~9, 126, 353~356, 446, 581, 582, 629, 631, 648, 674, 790, 791, 837, 838, 855

ㅍ

파라오 266, 561~565, 568, 569, 575, 579, 608~610, 612, 615~617, 624, 628, 791, 837
파라오의 마음을 완고하게 함 560~563, 566, 568, 575, 576, 578, 608, 609, 611, 612, 624
파라클레투스인 성령 474, 477, 479~481
파울리니아누스 (히에로니무스의 형제) 36
판타이누스 16, 31
팜마키우스 (히에로니무스의 친구) 28, 59, 70, 74, 125, 131, 159
팜필루스 (오리게네스 변론자) 12, 34, 39, 42, 58, 70, 77, 122, 123, 130, 149, 155, 257, 258, 391, 514, 516, 549, 741, 799, 830, 832, 849
페니키아 356
포티우스 (콘스탄티노플의 총대주교) 12, 21, 34, 35, 39~42, 56, 58, 59, 77, 121~123, 137, 143, 149, 162, 341, 513, 514, 551, 645, 677, 707, 739
프로토크테투스 (카이사리아의 사제) 32, 56, 81, 135
피톤 682

ㅎ

하나의 본성인 영혼 272, 592, 639
하느님 말씀에 참여 178, 331, 332, 475
(삼위일체) 하느님에 참여 179, 180, 282, 333, 364, 462, 869
하느님 모방 183, 364, 506, 881

하느님 사랑 62, 134, 220, 341, 435, 453, 462, 490, 663, 726
하느님 아버지에 참여 178, 330, 869, 875, 879
하느님과 유사함/비슷함 179, 182, 184, 291, 343, 344, 721, 878, 879, 880
하느님과 친척 관계 573, 622
하느님께 만물의 굴복 316, 715, 736
하느님께서 존재를 주시다 330, 337, 403
하느님은 보이는가 보이지 않는가? 136, 293, 438, 439
하느님을 바라봄 134, 166, 186, 282, 341
하느님의 능력 134, 277, 280, 298, 304, 311, 312, 335, 373, 374, 397, 399, 403, 463, 558
하느님의 모상 167, 170, 171, 174~177, 181, 183, 185, 292, 304~306, 319, 438, 458, 525, 531, 588, 602, 852, 878, 880~882
하느님의 모상에 참여 170, 173, 174, 176
하느님의 섭리 286, 364, 397, 398, 402, 498, 506, 666, 682, 712, 769, 805, 843
하느님의 아들에 참여 554, 868
하느님의 영광 308, 311, 316, 342, 470
하느님의 의지/뜻 169, 220, 311, 312, 398, 426, 609, 610, 667
하느님의 자녀 181, 184, 378, 390, 641, 705, 711, 786, 789
하느님의 전능 313, 402
하느님의 창조 536, 728
하늘과 땅 316, 363, 368, 372, 379, 396, 404, 420, 423, 426, 435, 455, 498, 538, 705, 726, 733, 734, 871
하와 418, 645, 646, 770, 784, 788, 789, 834
할례 197, 219, 470, 476, 646, 753, 768, 777, 778, 780, 781, 786, 818, 827, 829, 830
해와 달과 별 277, 316, 373, 374, 379, 775, 825
허무에 피조물의 굴복 387~389
허무인 육체 379
헤라클레스 41
헤라클레온 (영지주의자) 20, 75, 199, 200, 285, 352, 386, 433, 435, 446, 535, 564, 689, 772, 788
헤르마스 269, 326, 327, 404, 525, 577, 658, 659, 762, 763, 815
히브리인 27, 42, 119, 169, 327, 328, 568, 646, 648, 740, 745, 779, 801, 839, 841, 844, 850
히에로니무스 12, 26, 28, 34, 36~41, 47, 53, 59, 65~71, 73, 74, 76, 80, 122, 124, 125, 127~130, 132, 145, 155, 158~161, 192, 207, 219, 255~258, 260, 270~272, 293, 306, 310, 364, 368, 380, 391, 411, 420, 438~441, 462, 463, 508, 548, 549, 555, 570, 592, 594, 639, 643, 677, 683, 696, 707, 709~712, 722, 726, 727, 730, 733, 739, 787, 791, 794, 839, 841, 844, 856, 868, 876, 878, 879

히에로니무스와 루피누스의 논쟁 126, 128, 131, 157
히에로니무스의 베들레헴 수도원 126
히에로니무스의 오리게네스 찬양 119, 120, 127
히에로니무스의 『원리론』 번역, 83, 127, 131, 159, 160

성경

구약성경

창세

1 … 686, 704, 771
1,1 … 426, 498, 733, 734, 874
1,1-2 … 305, 871
1,1-2,4 … 775
1,2 … 327, 874
1,5-13 … 775, 825
1,6 이하 … 498
1,7 이하 … 223, 426
1,8 … 426, 733
1,8-10 … 426
1,10 … 173, 426, 733
1,12 … 173
1,16 … 373, 376
1,17 … 374
1,18 … 173
1,21 … 173, 483
1,24 … 333, 464, 485
1,25 … 173
1,26 … 182, 305, 409, 525, 531, 622, 720, 721
1,26-27 … 174, 505, 880
1,27 … 182, 704
1,27-28 … 720
1,31 … 173
1-2 … 177, 821
2 … 177
2,7 … 333, 409, 485, 505, 686, 704
2,8 이하 … 539
2,8-9 … 776, 826
2,17 … 723
2,24 … 333, 464
3 … 178, 724
3,1-6 … 645
3,8 … 495, 826
3,8-9 … 776
3,19 … 728
3,21 … 409
4,10 … 699
4,16 … 776, 826
5,1-3 … 174
5,3 … 306
6,3 … 333
6,4 … 445
6,5-7 … 444

6,12 … 333
6,15 … 761
6,16 … 213,
7,21-22 … 444
9,6 … 174
9,19 … 782
10 … 793, 842
11 … 793
12,2-3 … 504
16 … 757, 812
17,10-14 … 219, 476
17,14 … 777, 778, 827
18,29 … 728
19,19 … 593
19,24 … 450
19,24-25 … 444
19,30 이하 … 757, 812
22,12 … 646
22,17 … 793, 794, 842
23,2 … 782, 831
23,9 … 831
23,19 … 831
25 … 793, 842
25-27 … 215
25,9 … 831
25,9-10 … 782
25,10 … 831
25,21 이하 … 504
25,22 … 508
25,21-23 … 788
25,22-26 … 377
25,25-26 … 377, 592, 639, 689
25,26 … 504
27,36 … 504
29,21 이하 … 757, 812
30,1-13 … 757, 812
32,25 … 664
32,28 … 664
36 … 793, 842
46 … 793, 842
46,27 … 842
48,22 … 782, 831
49,1-2 … 704
49,10 … 218, 743, 744, 800, 801
49,29-32 … 782, 831
50,13 … 782, 831

탈출

1,5 … 842
3,2 … 490
3,8 … 428
3,14 … 331
4,16 … 191
4,21 … 560, 566, 573, 575, 589, 608, 622
4,23 … 565, 612
4,24 … 646
7,3 … 608
7,14-12,36 … 843
8,23 … 568, 615
8,24 … 568, 615
9,16 … 624
9,17 … 565, 612
10,9 … 568, 615
10,11 … 568, 615
10,20 … 624
11,15 … 565, 612
12,12 … 565, 612
12,23 … 646
12,38 … 568
14,28 … 575
16,29 … 778, 827
19 이하 … 843
19,19 … 593, 639
20,3-17 … 783
20,5 … 445, 755, 810
20,12 … 437, 782, 831
20,13-16 … 783, 831
21,28 … 391
25 이하 … 812, 843
25-31 … 758
25,40 … 734, 767, 817
28 … 843
30,17 이하 … 843
31,1-6 … 672
31,12-17 … 219, 476
32 … 845
33,11 … 663
33,23 … 439
34,7 … 445
34,24 … 585
34,29-35 … 704
34,35 … 282
35-40 … 758

레위
1 … 219
1,1 … 846
1-7 … 535
2,1 … 165
11,2 이하 … 202
11-16 … 535
11,13 … 778, 827
11,14 … 777
12-15 … 843
13-14 … 535
15,16-18 … 535
16,8 … 647
17,10 … 485
17,11 … 484
17,14 … 484, 688, 689
18,18 … 757
19,18 … 435
20,16 … 391
23 … 535
25 … 535

민수
1-2 … 535
1-4 … 844
1,3 … 844
1,20-47 … 787
11 … 845
14 … 845
14,11-24 … 444
14,30 … 444
16 … 845
21 … 845
22,28 이하 … 391
25 … 845
31 … 845
32 … 846
35,5 … 779, 828

신명
1,1 … 846
4,24 … 280, 281, 489, 520
4,38 … 734
5,1 … 846
5,7-21 … 783
5,9 … 445
5,23-31 … 846
6,5 … 435
8,3 … 532
9,3 … 489
10,22 … 793, 842
12,23 … 484
14,5 … 778
14,12 … 778, 827
17,18 … 846
21,10-13 … 23
23,7-8 … 595
23,8-9 … 595
25,4 … 437, 765, 817
28,22 … 523
28,28 … 523
28,29 … 523
30,12-14 … 331
30,15 … 659
30,19 … 558
31 … 846
32,9 … 350
32,21 … 218, 745
32,33 … 810

여호
13-21 … 786, 833
24,32 … 782, 831

판관
16,17 … 845

1사무
15,11 … 755, 810
18,10 … 647, 755, 810
20,4 … 165
28 … 221
28,6 … 743

2사무
3,21 … 165
24,1 … 648

1열왕
6 … 782
11,14 이하 … 595, 648
12,2 이하 … 785, 833
12,27 … 585
19,18 … 768, 819
22,19-23 … 647

1역대
21,1 … 648

에스
6-8 … 660

욥
1,1-11 … 666
1,11-12 … 666, 668
1,11-19 … 649
1,16 … 667
1,17 … 666
1,19 … 666
2,4-8 … 649
3,8 … 747, 803
7,1 … 668
8,9 … 470
9,13 … 211
14,4-5 … 865
16,13 … 523
19,27 … 523
25,5 … 374, 376
26,13 … 358
31,31? … 569
40,25 … 358
40-41 … 649
41,26 … 491
42,2 … 727

시편
2,2 … 582, 674, 675
2,5 … 441
3,21 … 717
7,10 … 628
8,4 … 427
10,4 이하 … 495
15,11 … 558
21,20-21 … 486
22,2 … 486
22,28 … 880
24,1 … 165
26,1-3 … 664
26,13 … 425
29,4 … 165
32,6 … 336, 862
33,8 … 384
34,5-6 … 648
35,10 … 280
36,11 … 734
36,34 … 429
41,2 … 165
43,20 … 495
44 … 745
44,1-3 … 746, 802
44,3 … 459
44,8 … 465, 468, 865
44,14 … 849
45,5 … 753, 809
50,12-14 … 534
50,13 … 325
61,2 … 362
61,13 … 449
71 … 745
71,7-8 … 746, 802
71,11 … 476
72,1 … 454
75,11 … 658
77,34 … 450
78,12 … 445
80,14-15 … 559, 606
81 … 179, 868
83,5 … 421
83,6 … 658
83,7 … 495
85,13 … 839, 840
88,51-52 … 469
88,52 … 469
101,27 … 368
101,27-28 … 705
103,4 … 489
103,24 … 314, 345, 502
103,29-30 … 334
103,30 … 334
109,1 … 362
114,6 … 316
114,7 … 492
117,2 … 454
126 … 584
126,1 … 585, 633
138,16 … 874
141,6 … 425
144,6 … 316
148,5 … 405

잠언
1,6 … 759, 813

2,5 … 294, 882
4,23 … 661
8,22 … 301
8,22-25 … 298
8,25 … 300
8,30-31 … 345
9,2 … 532
9,1-5 … 531
16,18 … 571
22,20-21 … 760, 761, 814

코헬
1,2 … 379
1,9 … 707
1,9-10 … 346, 707, 708
1,14 … 379
7,23-24 … 850
10,4 … 648, 658

아가
1,1-2,15 … 75
1,4 … 256

이사
1,2 … 875
1,13 이하 … 486
1,19-20 … 558, 606
1,26 … 782
3,17 … 422
3,24 … 422
4,4 … 523
6 … 851
6,1 … 753
6,2-3 … 851
6,3 … 328
6,9-10 … 577, 626
7,14 … 746, 802
7,15 … 754, 809, 865
7,16 … 466
8,4 … 466
8,8-9 … 802
8,14 … 772, 772
9,6 … 48
10,17 … 870
11,1-2 … 465
11,6-7 … 754, 810
11,21 … 875
14,3-23 … 791
14,11 … 358
14,12 … 791, 838
14,12-22 … 357
15,14 … 754
25,8 … 413
27,1 … 490
28,16 … 532, 772
30,29 … 585
33,16 … 202
35,10 … 388
41,22-23 … 850
42,5 … 328
45,2 … 793, 842
45,3 … 793, 842
45,5 … 434
45,7 … 755, 810
45,12 … 375
46,9 … 434
47,14-15 … 450, 523
50,11 … 519
53,9 … 465
54,11-12 … 529
60,5-6 … 529
60,10 … 529
61,1 … 809
61,5 … 529
61,6 … 529
63,17-18 … 570, 617
65,13 이하 … 529
65,17 … 365, 368
66,1 … 399, 433
66,2 … 427
66,16-17 … 523
66,22 … 365, 707, 708
66,24 … 156, 261

예레
1,5 … 377
1,5-6 … 681
1,9 … 490
1,14 … 491
1,15 … 689
5,14 … 490
11,19 … 425
15,14 … 810
17,21 … 779, 828
17,25 … 530

20,7 … 617
21,8 … 659
22,27 … 165
23,24 … 399
25,15-16 … 523
44,17-19 … 376

애가
3,25 … 454
4,20 … 177, 469, 848

에제
11,19 … 573, 622
11,19-20 … 561, 575, 608, 624
16,55 … 450
18 … 445
18,2-3 … 445
18,4 … 492
28 … 674
28,1-10 … 353
28,11-19 … 353, 355
28,12-18 … 571
28,13 이하 … 387, 529
28,18 … 358
29 이하 … 837
29,1-9 … 791, 837
29,3 … 490, 648
29,11-12 … 791, 838
30,7 … 791, 838
30,10-12 …791, 838
32,2 … 490
32,5-6 … 791, 838
32,12-13 … 791, 838
32,15 … 838
48,15 이하 … 809

다니
4,6 … 325
4,10 … 44
7,13 … 464
9,24 … 803
9,24-25 … 747
10,13 이하 … 350, 673
10,20 … 673
12,3 … 421

호세
1 … 197
3,4 … 743, 800, 801
10,12 … 277
12,4 … 504, 689
13,14 … 413

요엘
3,1 … 476

아모
3,6 … 755
4,9 … 523
5,8 … 733
9,3 … 491

미카
1,12 … 755, 810
5,1 … 747, 803
6,8 … 558, 606
7,1 … 165

하바
3,2 … 328

하까
2,6 … 540

즈카
1,14 … 658
3,1 … 648
9,10 … 753, 754, 809

말라
1,2 … 504
1,2-3 … 592, 639, 689
3,2 … 523, 524
3,3 … 522, 524

토빗
3,17 … 383
5,5 이하 … 658
5,22 … 320

지혜
7,16 … 575, 624
7,25 … 305, 308, 312, 313, 316

7,25-26 … 311
7,26 … 317, 318, 319
11,17 … 870
11,20 … 498
11,24 … 462
15,1 … 685
15,11 … 534
18,24 … 422

집회
1,1 … 672
6,4 … 492
15,16 … 659
16,21 … 851
17,17 … 350
42,18 … 570
43,20 … 491

수산나
4,42 … 570, 580, 28

2마카
7,28 … 404

1에녹
2-5 … 327
8,1 … 676
19,3 … 874
21,1 … 874
40,9 … 383
89,51-52 … 350

2에녹
4-5 … 538
8 … 539
30,15 … 659

3바룩
2 … 538
11,4-5 … 383

신약성경

마태
1,23 … 746, 802
2,6 … 747, 803
2,15 … 432
3,16 … 325
3,17 … 459
4,1-11 … 649
4,4 … 532
4,8 … 776, 826
4,14 … 432
4,18-19 … 665
5,3 … 429
5,4 … 428, 429,
5,4-5 … 335, 734
5,5 … 425
5,6 … 530
5,8 … 294
5,9 … 390
5,14 … 358, 793, 842
5,22 … 559, 606, 783, 832
5,28 … 559, 606, 780, 829, 831, 832
5,28-29 … 829
5,29 … 780
5,34 … 783, 831
5,34-35 … 399, 433
5,39 … 559, 606, 780, 829
5,45 … 432, 433
5,48 … 432, 433, 881
6,9 … 433
7,5 … 308
7,6 … 629, 819
7,7-8 … 502
7,13-14 … 659
7,17 … 320
7,18 … 386, 584
7,22-23 … 742, 800
7,24 … 559, 606
7,26 … 559, 606
8,12 … 156, 261, 513, 526
8,29 … 674
9,12 … 477
9,17 … 334
9,28 … 577
10,10 … 828
10,18 … 742, 799
10,29 … 537, 668
10,29-30 … 537
10,30 … 845
11,5 … 577, 626

11,11 … 525
11,21 … 446, 581
11,21-22 … 629
11,22 … 630
11,27 … 164, 293, 305, 308, 309, 324, 328, 440, 458, 459, 620, 876
12,31 … 335
12,32 … 326, 335
12,42 … 670, 671
12,44 … 684
12,55 … 320
13,5-6 … 573, 622
13,10 … 561, 581, 608
13,12 … 534
13,13-15 … 577, 626
13,39 … 349
13,42 … 513
13,44 … 793, 842
15,19 … 657
15,21 … 446
15,24 … 269, 789, 792, 835, 840
16,18 … 662
16,27 … 464, 847
18,9 … 829
18,10 … 384, 525, 776
18,19-20 … 17
19,4 … 705
19,5-6 … 464
19,12 … 22
19,17 … 320
20,1-16 … 21
21,18-22 … 221
21,33-41 … 441
22,2-3 … 542
22,10 … 447
22,11-13 … 447
22,15-22 … 181, 676
22,30 … 410, 861
22,31-32 … 433
22,34-27,66 … 67
22,31 … 434
22,36-40 … 435
24,12 … 491
24,14 … 741, 799
24,21 … 709
24,27 … 357
24,29-30 … 67
24,35 … 705, 742, 841
24,36 이하 … 362
25,1 이하 … 763
25,21 … 320
25,25 … 524
25,29 … 534
25,34 … 709
25,34-35 … 559, 606
25,41 … 156, 260, 274, 320, 349, 366, 446, 513, 519, 559, 607
26,29 … 529, 529
26,38 … 460, 493, 495, 864
26,41 … 493
26,72 … 386
26,75 … 387
27,46 … 486
27,63 … 660
28,19 … 269

마르

1,23 이하 … 649
1,32-34 … 649
2,19 … 763
4,11 … 580, 628, 629
4,11-12 … 577, 626
4,12 … 561, 609
4,28 … 586
5,1 이하 … 649
7,21 … 657
8,38 … 347, 350
9,48 … 156, 261
10,18 … 319, 320, 444, 453

루카

1,14 … 689
1,35 … 325, 470
1,41 … 377
1,41-44 … 681
1,44 … 377
2,13 … 851
2,34 … 479
3,38 … 788
4,18 … 753

4,19 … 809
4,33 … 349, 352
6,29 … 780
6,36 … 881
6,43 … 386
6,43-44 … 452
6,45 … 320, 453
7,21 … 349, 352
8,8 … 425, 428
8,10 … 577, 626
8,13 … 630
8,15 … 320
10,4 … 780, 828
10,6 … 390
10,13 … 446, 581, 582
10,14 … 581
10,16 … 204
10,18 … 357
10,19 … 747, 803
10,20 … 425
10,21 … 571, 620
11,52 … 813, 814
12,42-46 … 524
12,46 … 525, 526
13,26 … 800
13,26-27 … 742
14,11 … 571, 620
14,16 … 67
16,8 … 390
16,15 … 572, 654
16,22 … 839
17,20-21 … 332
17,24 … 357
18,14 … 571, 620, 620
18,19 … 319, 453
18,20 … 320
18,41-42 … 716
19,10 … 489
19,11-27 … 441
19,17-19 … 790, 837
19,19 … 530
19,20 … 524
20,36 … 390, 410
22,43-48 … 56
22,62 … 387
23,43 … 539
23,46 … 493
24,25-27 … 324
24,32 … 489
24,36-39 … 275

요한

1,1 … 769
1,1-2 … 302
1,1-3 … 372
1,2 … 769, 819, 859
1,3 … 270, 314, 373, 502, 717, 727, 862, 865
1,5 … 388
1,9 … 307, 308, 320
1,14 … 770, 864
1,17 … 846
1,18 … 292, 305, 437
1,26-27 … 863
1,33-34 … 465
1,37-39 … 591
1,41-42 … 665
2,6 … 764, 816
2,13 … 199
2,16 … 433
2,17 … 199
3,8 … 329
3,16 … 305
4 … 199
4,12 이하 … 386
4,20 … 284
4,21 … 199, 284
4,24 … 280, 281, 284, 284
4,34 … 199
4,35 … 199
4,36 … 199
4,46 이하 … 199
5,19 … 306, 318
5,30 … 551
5,39 … 194, 324, 784
5,43 … 270
6,26-65 … 531
6,32-33 … 294
6,32-35 … 530
6,50-51 … 294
6,51 … 530, 532
7,24 … 551
8,46 … 465
9,35-39 … 716
10,7 … 320
10,9 … 320

10,15 … 876
10,18 … 462, 493, 864
10,30 … 310, 721, 722
10,35-36 … 868
10,38 … 310
11,5 … 792
11,20 … 581
11,25 … 303, 470
11,52 … 711
12,27 … 493, 865
12,31 … 349, 357, 358, 669
13,2 … 649, 661, 680
13,21 … 493
13,27 … 649
14,2 … 540
14,6 … 265, 280, 302, 303, 307
14,9 … 308, 310, 439
14,16 이하 … 474
14,23 … 281
14,24 … 876
14,26 … 329
14,26-27 … 480
14,28 … 876
14,30 … 349, 358, 465
15,3 … 764
15,15 … 369
15,19 … 454
15,22 … 332
15,26 … 320, 329, 717
16,2-3 … 329, 478
16,11 … 349, 358
16,12-13 … 479
16,14 … 329
16,33 … 663
17,3 … 319
17,5 … 713
17,10 … 315
17,14 … 423
17,20-21 … 365
17,21 … 421, 726
17,22 … 365
17,24 … 421, 540, 709, 721
17,25 … 876, 454
18,17 … 386
18,37 … 674
19,11 … 666
20,22 … 325, 334
21,25 … 459

사도

1,8 … 335
2,16-17 … 476
2,44-45 … 835
3,13 …435
3,18 … 435
3,21 … 421
4,24 … 435
5,12 … 803
5,17 … 676
7,32 … 435
7,34 … 435
7,40 … 435
8,13-19 … 334
8,18 … 325, 334
9,1 이하 … 747
9,15 … 662
10 … 334
12,7 … 384
14,12 … 191
15,5 … 676
16,16 … 682
17,28 … 399, 879
17,32 … 728
18,15 … 852
24,5 … 676
24,14 … 676
26,5 … 676
27,23 … 384

로마

1,1-4 … 436
1,14 … 741, 799
1,20 … 319, 541
2,4 … 388
2,4-5 … 569, 616
2,4-10 … 560, 607
2,11 … 378, 389
2,15 … 698
2,15-16 … 521
2,28-29 … 786
2,29 … 764, 816
3,2 … 843
3,19 … 631

5,10 … 464
5,14 … 197
6,4 … 334
6,16 … 666
7,12 … 452
7,13 … 452, 453
7,14 … 210, 217, 275, 762, 815
7,23 … 690, 699
8,3 … 460, 772
8,3-4 … 772
8,5 … 766, 817
8,6 … 654, 687
8,6-7 … 493, 700
8,6-8 … 685
8,7 … 690, 699, 700
8,9 … 694
8,14 … 390, 541
8,15 … 369
8,19 … 378, 642
8,20 … 509, 710, 712
8,20-21 … 378, 705, 725
8,21 … 426, 711, 725
8,22 … 378
8,35 … 618
8,38-39 … 654, 663
9,5 … 585, 633
9,6 … 624, 786, 834, 842
9,6-8 … 504
9,8 … 541, 786, 789, 836
9,10 … 624
9,10-13 … 504
9,11-13 … 507
9,12-13 … 689
9,13 … 592, 639
9,14 … 378, 507, 509
9,14-29 … 683
9,16 … 561, 583, 584, 585, 587, 632, 633, 634, 794
9,17 … 624
9,18 … 563, 575, 609
9,18-21 … 562, 589, 591, 609, 636, 642
9,19 … 640
9,20 … 593, 639
9,21 … 591, 595, 596, 643, 730
9,33 … 772
10,6-8 … 331
11,4 … 769, 819
11,5 … 769, 819
11,33 … 257, 342, 770, 783, 849
11,36 … 853
12,11 … 490
13,14 … 414
14,13 … 772
15,6 … 269
16,25 … 342
16,25-27 … 751, 807
16,27 … 852

1코린

1,10 … 366
1,21 … 700
1,24 … 280, 298, 305, 312, 700
1,26 … 692
1,26-29 … 745, 802
1,29 … 571, 620
1,30 … 320, 337, 502, 860
2,2 … 867
2,4 … 751, 806, 853
2,5 … 750, 806
2,6 … 349, 751, 807, 837, 650
2,6-7 … 210, 761, 815
2,6-8 … 670, 675
2,7 … 859
2,7-8 … 215, 766, 817
2,8 … 650
2,9 … 726
2,10 … 328, 505, 769, 783, 849, 876
2,12-13 … 452
2,12 … 759, 813
2,13 … 194, 759, 813
2,13 이하 … 385
2,14 … 487, 686
2,14-15 … 731
2,15 … 390, 880
2,16 … 759, 813
3,4 … 654
3,11-15 … 412

3,6-7 … 586, 634
3,12 … 281, 520, 870
4,5 … 502
4,6 … 781
4,17 … 330
5,1-5 … 590, 637
5,5 … 700
5,12 … 580, 629
6,17 … 390, 428, 462, 463, 464, 524, 731
7 … 651
7,14 … 197
7,18 … 780, 829
7,18-20 … 780
7,31 … 368, 423, 705
9,9-10 … 437, 817
9,9-18 … 817
9,22 … 867
9,24-26 … 654
10,4 … 197
10,5-10 … 845
10,6 … 197
10,11 … 197, 211, 766, 768, 817, 818
10,13 … 654, 655, 656, 661, 662, 685
10,17 … 495
10,18 … 745, 786, 834
10,23 … 480
11,3 … 458
11,10 … 364
11,19 … 676
12,3 … 325, 335, 481
12,4 … 534
12,4-6 … 336
12,6 … 337
12,7 … 630
12,7-9 … 269
12,8 … 217, 257, 268, 275, 337, 524
12,8-9 … 477
12,10 … 536, 658, 660
12,11 … 534, 630
12,12 … 398
12,26 … 509
12,27 … 495
13,1-3 … 452
13,9 … 416, 439
13,9-10 … 471, 768, 847
13,12 … 211, 342, 416, 439, 471, 539, 542, 847
14,15 … 488, 489
15 … 528
15,9 … 386, 387
15,10 … 663
15,24 … 368, 380, 411
15,24-28 … 363, 417
15,25 … 362
12,25-26 … 713
15,25-28 … 714
15,26 … 726
15,27 … 362, 713
15,28 … 368
15,33 … 605
15,35-38 … 518
15,35-49 … 514
15,39 … 517
15,39-42 … 516
15,40 … 409, 500
15,41 … 500, 503, 516
15,41-42 … 410
15,42-43 … 272, 517, 730, 731
15,43 … 515, 516
15,44 … 410, 487, 514, 515, 519, 528, 725, 731
15,45 … 201, 788
15,45-49 … 197
15,47 … 728
15,50 … 518
15,51 … 518
15,52 … 428
15,53 … 414, 415, 416, 515
15,53-56 … 416
15,55-56 … 417, 724
15,56 … 452

2코린

3,3 … 534
3,6 … 124, 282
3,10 … 768
3,12-16 … 704
3,14-15 … 704

3,15-16 … 749, 804
3,15-17 … 282
3,16-18 … 282
3,18 … 184
4,3 … 561
4,4 … 880
4,7 … 806
4,16 … 849, 880
4,18 … 367, 427, 541, 710, 725
5,1 … 427, 725, 730
5,4 … 519
5,5 … 471
5,10 … 590, 637
5,16 … 471
5,17 … 334
8,16 … 658
10,2 … 654
10,5 … 658
11,14 … 357
11,22 … 436
12,2 … 425
12,2-4 … 539
12,4 … 479
12,21 … 590, 637
13,3 … 266, 470, 790, 860, 865
13,4 … 867

갈라

1,13 … 386
1,18-24 … 201
2,2 … 654
2,20 … 860
3,3 … 328
3,8 … 773
3,15-25 … 201
3,16 … 665
3,22 … 773
3,24 … 734
4,1-2 … 736
4,2 … 735
4,4 … 201
4,21-24 … 767, 818
4,22-26 … 197
4,24 … 211, 530, 767
4,26 … 285, 786, 790, 836
5,8 … 562
5,17 … 653, 689, 690, 692, 694, 695, 696, 698, 699
5,19 … 700
5,19-21 … 692, 694
5,20 … 676
5,21 … 700
5,22 … 327
6,15 … 594

에페

1,4 … 709, 710, 711
1,18 … 217, 850
1,20-22 … 844
1,21 … 348, 541
1,22-23 … 714, 864
2,2 … 534, 538
2,7 … 421
2,10 … 330
2,15 … 334
3,15 … 789
4,6 … 287
4,8 … 461
4,9 … 501
4,10 … 540
4,13 … 365
4,27 … 648, 649, 661, 684
5,14 … 494
5,31-32 … 789
6,2-3 … 437, 783, 831
6,11-12 … 649
6,12 … 273, 349, 351, 366, 653, 654, 661, 665, 685
6,14-15 … 845
6,16 … 661, 845

필리

1,23 … 380, 534
1,24 … 380
2,3 … 635
2,5-7 … 868
2,6-7 … 309, 868, 868
2,6-8 … 309
2,6-11 … 713
2,7 … 270, 459, 770, 847

2,7-8 … 541, 713
2,8 … 713
2,10 … 316, 349, 363
2,10-11 … 316
2,13 … 562, 587, 588, 609
2,16 … 654
3,13 … 851
3,14 … 585, 634
4,3 … 17
4,8-9 … 449
4,13 … 663

콜로
1,3 … 305
1,13 … 858
1,15 … 292, 298, 304, 305, 319, 438, 358, 462, 880
1,15-16 … 852
1,16 … 269, 347, 351, 373, 460, 462, 463, 501, 503, 541, 851, 865, 882
1,16-17 … 458
1,16-18 … 372, 862
1,17-19 … 714
1,18 … 334
1,19 … 868
2,2-3 … 533
2,3 … 793, 842
2,9 … 309, 465, 859, 868
2,14-15 … 646
2,15 … 663, 674
2,16-17 … 197, 768, 818
3,3 … 470, 528
3,3-4 … 866
3,5 … 390
3,9 … 334
3,10 … 880

1테살
4,17 … 538
5,8 … 845
5,14 … 783, 831
5,23 … 493, 685

2테살
2,10 … 533

1티모
1,4 … 828
2,5 … 309, 458
4,1 … 479
4,3 … 479
4,1-3 … 479
6,14 … 751, 807
6,20 … 674

2티모
1,3 … 436
1,10 … 751, 807
1,16-18 … 590, 637
2,4 … 844
2,20 … 506, 510
2,21 … 510, 595, 596, 641, 643
2,20-21 … 591, 638
3,16 … 748
4,7-8 … 654

티토
1,14 … 745
3,5 … 334
3,6 … 851
3,8 … 851

히브
1,2 … 269, 270
1,3 … 304, 308, 309, 858
1,5 … 305
1,7 … 489
1,9 … 865
1,14 … 277, 347, 485, 684
2,1 … 661
2,4 … 747, 803
4,9 … 734
4,14 … 540
4,15 … 465
5,12 … 751
5,14 … 540
6,1 … 751, 807
6,6 … 844
6,7-8 … 567, 613
7,14 … 743
7,26 … 540
8,5 … 284, 470, 734, 766,

767, 768, 817, 818, 843, 846
8,13 … 735
9 … 844
9,15 … 735
9,24 … 576
9,26 … 420
10,1 … 210, 475, 734, 735, 749, 762, 766, 804, 815, 817, 847, 848
10,29 … 534
11,12 … 793, 794, 842
11,24-26 … 266
12,1 … 654
12,2 … 585
12,6 … 618
12,22-23 … 790, 836
12,24 … 735
12,29 … 489

야고
2,23 … 369
4,17 … 332

1베드
1,3 … 330
1,9 … 488, 489
1,17 … 464
2,4-6 … 532
3,18-21 … 450
3,19 … 513, 526
3,21 … 197, 576, 758
4,7 … 845
4,11 … 752
5,8 … 684

2베드
1,4 … 866
2,1 … 676
2,16 … 391

1요한
1,5 … 280, 304, 308, 317, 858
2,1-2 … 481
2,6 … 866
2,13 …349
3,2 … 182, 721
4,13 … 331
5,19 … 330

유다
9 … 646

묵시
1,8 … 315
2,1 … 384
2,8 … 384
3,7 … 760
3,15 … 695
5,1 … 760
5,5 … 743
8,10 … 357
9,1 … 357
12,4 … 67
12,7 … 349
12,9 … 349, 490
14,6 … 470, 735, 847, 848
20,1-6 … 517
20,2 … 490
21,2 … 531
21,4 … 726
21,18-19 … 529
21,19-20 … 529

지은이

오리게네스 Origenes, 185년경~254년경

니케아 공의회 이전 시대의 가장 위대한 신학자로 손꼽히는 오리게네스는 185년경 알렉산드리아에서 유복한 그리스도교 가정의 일곱 남매 가운데 장남으로 태어났다. 철저히 금욕적인 신앙을 견지하고 성경과 교육에 몰두했으며 막대한 분량의 책을 저술한 것으로 알려졌다. 주요 저작으로 『원리론』을 비롯해 『켈수스 반박』, 『육중역본(헥사플라)』 등이 있다. 무엇보다도 그리스도교 신앙에 관한 명제들을 폭넓게 다룬 『원리론』은 고대 교회에서 포괄적이며 체계적인 신학적 구상을 최초로 제시한 저작으로 평가된다. 그는 이 저서를 통해 모든 정통 신앙의 아버지와 모든 이단의 아버지라는 상반된 칭호를 얻었다. 한편 오리게네스는 성경 해석사에서도 이정표 역할을 했는데, 특히 구약성경과 신약성경의 내적 관계에 관한 논증은 오늘날에도 주목을 받고 있다.

해제 · 역주

이성효

수원가톨릭대학교에서 수학하였다. 독일 트리어가톨릭대학교에서 교부신학 석사학위를, 프랑스 파리가톨릭대학교에서 교부신학 박사학위를 받았으며 수원가톨릭대학교 교수를 지냈다. 현재 수원교구 총대리 주교로 봉직하고 있다. 『교부 문헌 용례집』(수원가톨릭대학교출판부 2014, 공저)을 지었고, 아우구스티누스의 『인내론』(수원가톨릭대학교출판부 2005), 아우구스티누스의 『입문자 교리교육』(수원가톨릭대학교출판부 2005), 『교부들의 성경 주해 - 야고보서, 베드로 1 · 2서, 요한 1 · 2 · 3서, 유다서』(분도출판사 2015)를 우리말로 옮겼다.

이형우

한국교부학연구회 1대 회장과 성 베네딕도 왜관수도원 아빠스를 역임했다. 가톨릭대학교와 대학원을 거쳐 로마 아우구스티누스대학교에서 교부학 박사학위를 받았다. 『내가 사랑한 교부들』(분도출판사 2005, 공저)을 지었고, 아돌라르 줌켈러의 『아우구스티누스 규칙서』(분도출판사 1990), 레오 대종의 『성탄·공현 강론집』(분도출판사 1990), 베네딕도의 『수도 규칙』(분도출판사 1990), 히폴리투스의 『사도 전승』(분도출판사 1990), 테르툴리아누스의 『그리스도의 육신론』(분도출판사 1990), 레오 대종의 『사순시기 강론집』(분도출판사 1990), 그레고리우스 대종의 『베네딕도 전기』(분도출판사 1990), 『그레고리오 미사곡』(분도출판사 1990), 『교부들의 성경 주해. 신약 VI: 요한 복음서 11-20장』(분도출판사 2013) 등을 우리말로 옮겼고, 2016년 11월 27일에 선종했다.

최원오

광주가톨릭대학교와 대학원을 졸업하고, 로마 아우구스티누스 대학에서 교부학 박사학위를 받았다. 부산가톨릭대학교 교수로 일했으며, 현재 대구가톨릭대학교 교수다. 『내가 사랑한 교부들』(분도출판사 2005, 공저), 『종교 간의 대화』(현암사 2009, 공저), 『교부들에게 배우는 삶의 지혜』(분도출판사 2017, 공저), 『교부들의 사회교리』(분도출판사 2020)를 지었고, 포시디우스의 『아우구스티누스의 생애』(분도출판사 2008, 공역주), 아우구스티누스의 『요한 서간 강해』(분도출판사 2011, 공역주), 『교부들의 성경 주해 · 마르코 복음서』(분도출판사 2011), 암브로시우스의 『나봇 이야기』(분도출판사 2012)와 『토빗 이야기』(분도출판사 2016), 오리게네스의 『원리론』(아카넷 2014, 공역주), 키프리아누스의 『선행과 자선 · 인내의 유익 · 시기와 질투』(분도출판사 2018), 요한 크리소스토무스의 『참회에 관한 설교』(분도출판사 2019, 해제), 히에로니무스의 『명인록』(아카넷 2022), 『성 아우구스티누스』(분도출판사 2015, 공역), 『교부와 만나다』(비아출판사 2019, 공역), 『교부학 사전』(한국성토마스연구소 2021, 공역)을 우리말로 옮겼고, 『교부 문헌 용례집』(수원가톨릭대학교출판부 2014)을 함께 엮었다.

하성수

가톨릭대학교를 졸업한 뒤, 독일 프라이부르크 대학교에서 교부학 전공으로 신학 박사학위를 받았다. 현재 한국교부학연구회 선임연구원으로 일하고 있다. 역서와 저서로는 폴리카르푸스의 『편지와 순교록』(분도출판사 2000), 드롭너의 『교부학』(분도출판사 2001), 헤르마스의 『목자』(분도출판사 2002), 『그리스어 문법』(분도출판사 2005, 공저), 『내가 사랑한 교부들』(분도출판사 2005, 공저), 다스만의 『교회사 I』(분도출판사 2007), 『교부들의 성경 주해-창세기 1-11장』(분도출판사 2008), 『고대 교회사 개론』(가톨릭출판사 2008), 『교부학 인명 · 지명 용례집』(분도출판사 2008), 다스만의 『교회사 II/1』(분도출판사 2013), 『교부들의 성경 주해 - 요한 복음서 11-20장』(분도출판사 2013, 공역), 『교부 문헌 용례집』(수원가톨릭대학교출판부 2014, 공저), 다스만의 『교회사 II/2』(분도출판사 2016), 『교부들의 가르침에 나타난 자비』(한국천주교주교회의 2016, 공역), 『교부들에게 배우는 삶의 지혜』(분도출판사 2017, 공저), 알렉산드리아의 클레멘스의 『어떤 부자가 구원받는가?』(분도출판사 2018), 요한 크리소스토무스의 『라자로에 관한 강해』(분도출판사 2019), 『교부학 사전』(한국성토마스연구소 2021, 공역), 『교부들의 가르침』(분도출판사 2022)이 있다.

원리론

1판 1쇄 펴냄 | 2014년 6월 13일
1판 3쇄 펴냄 | 2023년 3월 24일

지은이 | 오리게네스
해제 및 역주 | 이성효 · 이형우 · 최원오 · 하성수

펴낸이 | 김정호
펴낸곳 | 아카넷

출판등록 2000년 1월 24일(제406-2000-000012호)
10881 경기도 파주시 회동길 445-3
전화 | 031-955-9511(편집) · 031-955-9514(주문)
팩시밀리 | 031-955-9519
책임편집 | 김일수
www.acanet.co.kr

© 한국연구재단, 2014

Printed in Seoul, Korea.

ISBN 978-89-5733-363-1 94200
ISBN 978-89-5733-214-6 (세트)